Burhoff/Neidel/Grün (Hrsg.) • Messungen im Straßenverkehr

VRR-Schriften für die Verkehrsrechtspraxis

Messungen im Straßenverkehr

Fehlerquellen bei Geschwindigkeits- und Abstandsmessung, Rotlichtüberwachung, Bildidentifikation

herausgegeben von

Detlef Burhoff,
Rechtsanwalt, RiOLG a.D.,
Prof. Herrmann & Kollegen, Augsburg/Münster

Olaf Neidel
Sachverständiger,
VUT Sachverständigengesellschaft mbH & Co. KG, Püttlingen

Hans-Peter Grün
Dipl.-Verwaltungswirt, Sachverständiger,
VUT Sachverständigengesellschaft mbH & Co. KG, Püttlingen

unter Mitarbeit von

Julian Backes
Master of Science (Informatik),
VUT Sachverständigengesellschaft mbH
& Co. KG, Püttlingen

Dr. med. Daniela Bellmann
Fachärztin für Rechtsmedizin,
REMAKS Rechtsmedizin am Klinikum
Saarbrücken GmbH, Saarbrücken

Dr. Ing. Steffen Brückner
Dipl.-Physiker, Sachverständiger,
Dr. Brückner Messtechnik, München

Detlev Groß
Dipl.-Ingenieur, öffentlich bestellter und
vereidigter Sachverständiger für KFZ-
Schäden und Bewertung, Geschwindigkeits- und Abstandsmessungen im
Straßenverkehr (IHK),
VUT Sachverständigengesellschaft mbH
& Co. KG, Püttlingen

Mathias Grün
Dipl.-Physiker, Master of Science (Physik), Sachverständiger,
VUT Sachverständigengesellschaft mbH
& Co. KG, Püttlingen

2., überarbeitete und wesentlich erweiterte Auflage des Werks „Geschwindigkeits- und Abstandsmessungen im Straßenverkehr"

ISBN: 978-3-89655-519-9

© ZAP Verlag
LexisNexis Deutschland GmbH, Münster 2010
Ein Unternehmen der Reed Elsevier Gruppe

Alle Rechte sind vorbehalten.

Dieses Werk und alle in ihm enthaltenen Beiträge und Abbildungen sind urheberrechtlich geschützt. Mit Ausnahme der gesetzlich zugelassenen Fälle ist eine Verwertung ohne Einwilligung des Verlages unzulässig.

Druck: Bercker, Kevelaer

Vorwort

Der Rechtsanwalt, der in straßenverkehrsrechtlichen OWi-Verfahren verteidigt, muss sich vor allem auch mit Messverfahren auseinandersetzen. Das gilt nicht nur für den Bereich der Geschwindigkeitsüberschreitungen und Abstandunterschreitungen, sondern auch für den Rotlichtverstoß. Dies sind die „großen Drei", die sicherlich zu den am häufigsten begangenen Verkehrsordnungswidrigkeiten im Straßenverkehr gehören. Für den Mandanten sind sie vor allem deshalb von erheblicher Bedeutung, weil ihm gerade in diesen Bereichen bei massiven Verstößen ein Fahrverbot droht, das zu möglicherweise weitreichenden Folgen, bis hin zum Verlust des Arbeitsplatzes führen kann. Daneben spielen in der Praxis die Fragen der Täteridentifikation eine erhebliche Rolle. Sie sind häufig der erste Ansatz für eine erfolgreiche Verteidigung. Nachdem wir uns in der 1. Auflage auf die Bereiche der Geschwindigkeitsüberschreitung und der Abstandsunterschreitung konzentriert hatten, haben wir nun in der 2. Auflage – aufgrund der aus dem Kreis der Nutzer des Buches an uns herangetragenen Wünsche – den Bereich der Rotlichtverstöße und der Täteridentifikation mit aufgenommen.

Sowohl bei der „Geschwindigkeitsüberschreitung" als auch bei der „Abstandsunterschreitung" oder beim „Rotlichtverstoß" muss sich der Verteidiger eingehend nicht nur mit den rechtlichen, sondern vor allem zunehmend auch mit den technischen Fragen beschäftigen. Erst deren Kenntnis ermöglicht eine sachgerechte Verteidigung. Eine hohe Sachkompetenz des Verteidigers in diesem Bereich ist die beste Voraussetzung für eine erfolgreiche Verteidigung. Deshalb stellt das vorliegende Werk die im Bereich der Geschwindigkeitsüberschreitung, Abstandsunterschreitung und Rotlichtverstoß in der Praxis gebräuchlichsten Messverfahren vor. Dargestellt werden die technischen Abläufe und Vorgaben der Messverfahren sowie die möglichen Fehlerquellen. Dies ermöglicht es dem Verteidiger, in „seinem Fall" nach Messfehlern und Messungenauigkeiten zu suchen und so ggf. einen höheren Toleranzabzug oder sogar die völlige Unverwertbarkeit der jeweiligen Messung zu erreichen, um so möglicherweise eine dem Mandanten drohende Verurteilung oder zumindest ein drohendes Fahrverbot zu verhindern. Im Bereich der Täteridentifikation wird erläutert, wie der Sachverständige an sein Gutachten „herangeht" und wo hier ggf. Fehlerquellen liegen, um so die Möglichkeit zu geben, gegen die im Verfahren erfolgte Identifikation des Mandanten als Fahrer zum Zeitpunkt des Verkehrsverstoßes argumentieren zu können.

Das vorliegende Werk will dem Rechtsanwalt, der als Verteidiger im straßenverkehrsrechtlichen OWi-Verfahren tätig ist, vor allem technische Fachkenntnisse hinsichtlich Geschwindigkeits-, Abstands- und Rotlichtmessungen vermitteln und ihn so bei seiner Arbeit unterstützen. Für die Vermittlung dieser Kenntnisse bringen die beiden (Mit-)Herausgeber Olaf Neidel und Hans-Peter Grün (beide Püttlingen) als auf diesem Gebiet tätige Fachleute gute Voraussetzungen mit. Sie haben nach langjähriger Tätigkeit

Vorwort

als Sachverständige im Mai 2006 die Verkehr-Unfall-Technik Sachverständigengesellschaft mbH (www.vutonline.de) gegründet, deren Tätigkeitsschwerpunkt in der Überprüfung amtlicher Messungen im Straßenverkehr auf ihre ordnungsgemäße Durchführung und auch vollständige Dokumentation im Sinne des Anforderungsprofils an ein standardisiertes Messverfahren liegt. Die dafür erforderlichen Fachkenntnisse sind in dieses Werk eingeflossen und werden mit den zahlreichen (authentischen) Bildern verdeutlicht. Sie werden ergänzt durch die neu hinzugewonnenen Mitautoren/-innen, die ebenfalls auf den von ihnen bearbeiteten Gebieten über Fachwissen verfügen, das in ihre Ausführungen eingeflossen ist. Die entsprechenden Ausführungen sollen und werden dem Verteidiger das Rüstzeug an die Hand geben, im Verfahren ggf. erfolgreich Messfehler geltend machen zu können.

Die im Vordergrund stehende Vermittlung von technischen Kenntnissen wird ergänzt durch die rechtlichen Ausführungen von Rechtsanwalt und RiOLG a.D. Detlef Burhoff (Münster/Augsburg), der in einem Überblick die mit Geschwindigkeitsüberschreitung, Abstandsunterschreitung und Rotlichtverstoß zusammenhängenden Rechtsfragen darstellt, wobei die (spätere) Überprüfung des tatrichterlichen Urteils im Fokus steht, aber auch der ein oder andere taktische Ansatz für die Verteidigung im Verfahren bei der Verwaltungsbehörde bzw. im gerichtlichen Verfahren ist mit eingeflossen. Darüber hinaus werden einige für das OWi-Verfahren wesentliche Fragen behandelt, um auch insoweit einen ersten Überblick zu verschaffen. Die Ausführungen geben aber nur einen ersten Einblick in die Materie und müssen ggf. in Burhoff (Hrsg.), Handbuch für das straßenverkehrsrechtliche OWi-Verfahren, 2. Aufl., 2009, in Burhoff, Handbuch für das strafrechtliche Ermittlungsverfahren, 5. Aufl., 2010, oder in Burhoff, Handbuch für die strafrechtliche Hauptverhandlung, 6. Aufl., 2010, ergänzt werden.

Beigefügt ist den technischen und rechtlichen Fragen noch ein Rechtsprechungslexikon, das ca. 600 (obergerichtliche) Entscheidungen enthält, die sich mit Geschwindigkeitsüberschreitungen, Abstandsunterschreitungen, Rotlichtverstößen und Bildidentifikation befassen. Diese Entscheidungen sind – soweit vorhanden – auch im Volltext auf der beigefügten CD enthalten. Sie sollen ermöglichen, sich mit den rechtlichen Fragen möglichst schnell ohne Hinzuziehung weiterer Hilfsmittel beschäftigen zu können. Abgerundet werden die Hilfsmittel durch die „Richtlinien" der Bundesländer, die diese zu Geschwindigkeitsmessungen erlassen haben und deren Beachtung für die vollständige Verwertbarkeit der durchgeführten Messung von erheblicher Bedeutung ist.

Das Werk will allen Benutzern eine praktische Arbeitshilfe sein. Es wendet sich in erster Linie an den Rechtsanwalt als Verteidiger. Darüber hinaus soll aber auch der Richter oder die Verwaltungsbehörden angesprochen werden, die ebenfalls ohne fundierte technische Kenntnisse nicht die richtige Entscheidung treffen können.

Vorwort

Unser Ziel war es, in den ausgewählten Bereichen „Geschwindigkeitsüberschreitung", „Abstandsunterschreitung", „Rotlichtverstoß" und „Täteridentifikation" möglichst alle, vor allem alle technischen, Fragen zu beantworten. Daher ist der technische Teil gegenüber der 1. Auflage um neu „auf den Markt" gekommene Messverfahren ergänzt worden. Trotz dieser Zielsetzung werden beim Leser wahrscheinlich doch noch Fragen offenbleiben. Wir würden uns deshalb freuen, wenn Sie uns Anregungen und Fragen, die Sie noch haben, mitteilen würden. Dafür besteht die Möglichkeit der Kontaktaufnahme, und zwar für technische Fragen an VUT Sachverständigengesellschaft mbH, Matthias-Nickels-Straße 17a, 66346 Püttlingen, Telefon: 06806/3005-0, Fax: 06806/3005-180 oder an info@vutonline.de, bzw. für rechtliche Fragen an detlef@burhoff.de. Dankbar sind wir darüber hinaus auch für Bedenken und Kritik. Wir werden sie – ebenso wie Fragen und Anregungen – bei einer sicherlich bald folgenden 3. Auflage berücksichtigen.

Zum Schluss möchten wir danken: Besonderer Dank gebührt Frau Assessor iur. Stefanie Kawik und Herrn Rechtsanwalt Dennis Flohr, die das Werk lektoriert und uns bei der Erstellung des Stichwort-, Abkürzungs- und Literaturverzeichnisses tatkräftig unterstützt haben. Frau Kawik hat zudem den Schriftwechsel mit den Verwaltungsbehörden hinsichtlich der Übersendung der Richtlinien des jeweiligen Bundeslandes geführt. Das Rechtsprechungslexikon hat Herr Florian Blatz zusammengestellt und mit den Herausgebern abgestimmt. Neben ihnen danken wir allen anderen Mitarbeitern des ZAP-Verlags und von LexisNexis, die in gewohnt bewundernswerter Weise bei der Erstellung des Werkes aktiv mitgeholfen haben.

Münster/Püttlingen, im September 2010

Detlef Burhoff - Olaf Neidel - Hans-Peter Grün

Inhaltsübersicht

	Seite
Vorwort	V
Inhaltsübersicht	IX
Hinweise zur Benutzung der CD-ROM	XV
Literaturverzeichnis	XVII
Abkürzungsverzeichnis	XIX

	Rn.
Teil 1: Messverfahren	1
A. Allgemeine Anforderungen an die Anwendung von technischen Geräten in der Verkehrsüberwachung	1
I. Grundlagen des EichG	2
II. Zulassung von Messgeräten durch die PTB	10
III. Eichung von Messgeräten, Dauer und Wegfall der Eichgültigkeit	35
IV. Eichsiegel/Eichplomben	46
V. Eichfehlergrenze/Verkehrsfehlergrenze	50
VI. Verkehrsüberwachungsvorschriften (VKÜ)	60
VII. Lebensakten	63
VIII. Bedienungsanleitungen	72
IX. Anforderungen an eine korrekte amtliche Messung	76
B. Abstandsmessverfahren	79
I. Historie	79
II. Rechtsprechung	89
III. Differenzierte Bußgeldandrohung, Abstand als zeitlicher Abstand	102
IV. Einzelne Messverfahren	107
V. Die Piller Problematik – der Zeichengenerator JVC Piller CG- P 50 E/ „Zeitgeber bei Abstandsmessungen"	149
VI. Fehlermöglichkeiten im Bewegungsablauf	188
VII. Checkliste für eine korrekte Messung	193
VIII. Beispiele zur Auswertung	194
IX. Das Urteil des BVerfG vom 11.08.2009 (2 BvR 941/08)	227
X. Abstandsüberwachung mittels ES 3.0	242
XI. Messverfahren der Marke „Eigenbau"	243
C. Lasermessverfahren	244
I. Lasermessverfahren ohne Bilddokumentation	245
II. Lasermessverfahren mit Videodokumentation am Beispiel des Lasermessgerätes „LEIVTEC XV2"	345

		Rn.
III.	Lasermessverfahren mit Bilddokumentation am Beispiel des Lasermessgerätes „LEIVTEC XV3"	380
IV.	Lasermessverfahren „PoliScanspeed" (Firma Vitronic)	412

D. Lichtschrankenmessverfahren ... 430
    I. Lichtschranke „µP 80" ... 430
    II. Lichtschranke „LS4.0" ... 474
    III. Einseitensensormessverfahren „ES1.0" ... 518
    IV. Einseitensensormessverfahren „ES 3.0" ... 558

E. Stationäre Messgeräte (Piezo-Kabel-Geschwindigkeitsmessgeräte) ... 584
    I. Geschwindigkeitsmesssystem Traffiphot S / Traffiphot S-digital ... 584
    II. Geschwindigkeitsmesssystem TraffiStar S 330 ... 597
    III. Integrität, Authentizität und Datenschutz bei digitalen Messdaten ... 607
    IV. TRUVELO Geschwindigkeitsüberwachungsanlage M42 ... 625
    V. TRUVELO Geschwindigkeitsüberwachungsanlage VDS M5 ... 637
    VI. Geschwindigkeitsmesssystem V-Control IIb mit Kamerasystem KA 1.1 ... 647

F. Geschwindigkeitsmessungen durch Nachfahren ... 655
    I. Messen durch Nachfahren mit nicht geeichtem Tachografen ... 658
    II. Messung durch Nachfahren mit geeichtem Tachografen ... 684
    III. Messbeispiele ... 730
    IV. Checkliste: Korrekte Messung ... 747
    V. Messen durch Nachfahren mit einem Polizeimotorrad ... 748

G. Radarmessverfahren ... 754
    I. TRAFFIPAX Speedophot ... 754
    II. MULTANOVA 6F ... 813
    III. Fallbeispiele ... 853
    IV. Zur Streuung und Reflexion von Radarstrahlung an der Fahrbahnoberfläche ... 867

H. Rotlichtüberwachung ... 880
    I. Allgemeines ... 880
    II. Stationäre Rotlichtüberwachungsanlagen ... 890
    III. Anlagen mit automatischer Berechnung der vorwerfbaren Rotzeit ... 941

Teil 2: Morphologische Bildgutachten ... 1
A. Einleitung ... 1
B. Allgemeine Grundlagen ... 2
    I. Identifizieren und Wiedererkennen ... 2
    II. Gutachter und Auftraggeber ... 8
C. Gutachten ... 14
    I. Arbeitsgrundlagen ... 14
    II. Grundlegender Aufbau eines Gutachtens ... 51

Inhaltsübersicht

	Rn.
Teil 3: Rechtsfragen in Zusammenhang mit Geschwindigkeitsüberschreitung, Abstandsmessung und Rotlichtverstoß	1
A. Allgemeine Vorüberlegungen zur Verteidigung	1
I. Allgemeines	1
II. Verteidigung im OWi-Verfahren	2
B. Videomessung im Straßenverkehr – BVerfG 2 BvR 941/08 und seine Folgen	3
I. Eingriff in das Recht auf informationelle Selbstbestimmung	3
II. Folgerungen aus der Rechtsprechung des BVerfG	7
III. Verfahrensfragen	12
IV. Zusammenstellung der Rechtsprechung	14
C. Geschwindigkeitsüberschreitungmessung	14a
I. Allgemeine Fragen	15
II. Standardisierte Messverfahren	27
III. Geschwindigkeitsmessung in der Nähe der Geschwindigkeitsbeschränkung	43
IV. Geschwindigkeitsmessung mit PPS/Videonachfahrsystemen	44
V. Geschwindigkeitsmessung durch Nachfahren	45
VI. Exkurs: Rechtfertigungsgründe bei einer Geschwindigkeitsüberschreitung	58
VII. Exkurs: Fahrlässigkeit/Vorsatz?	60
D. Abstandsunterschreitung (§ 4 StVO)	62
I. Allgemeines	63
II. Messverfahren	71
III. Anforderungen an das tatrichterliche Urteil	83
E. Rotlichtverstoß (§ 37 StVO)	90
I. Grenzfälle	91
II. Allgemeine tatsächliche Feststellungen	95
III. Qualifizierter Rotlichtverstoß nach Nr. 132.3 BKat	99
F. Ausgesuchte Verfahrensfragen	110
I. Akteneinsicht	111
II. Identifizierung des Betroffenen anhand eines Radarfotos	135
III. Beweisaufnahme im OWi-Verfahren	152
IV. Rechtsbeschwerde	177
Teil 4: Arbeitshilfen	1
A. Rechtsprechungslexikon	1
Abstandsbestimmung	1
Abstandsmessung	6
Abstandsmessverfahren	44
Beweisverwertungsverbot	63

Inhaltsübersicht

	Rn.
Bildidentifikation	78
Eichung	93
ESO-Lichtschranke	107
Geschwindigkeitsmessung	112
Geschwindigkeitsüberschreitung	201
Lasermessverfahren	320
Laser/Riegl	327
Lichtschrankenmessverfahren	332
Messanlage, stationär	341
Messgeräte	348
Messung durch Nachfahren	433
Messverfahren	473
PTB	542
Radarmessverfahren	554
Rotlichtverstoß	557
Standardisierte Messverfahren	562
Video-Abstands-Messverfahren	609
B. Ausgewählte Gesetze und Verordnungen	618
C. Richtlinien für die Geschwindigkeitesüberwachung der einzelnen Bundesländer	622
I. Baden-Württemberg	622
II. Bayern – Richtlinie für die polizeiliche Verkehrsüberwachung (VÜ-Richtlinie – VÜR)	624
III. Berlin	625
IV. Brandenburg	626
V. Bremen	627
VI. Hamburg	628
VII. Hessen – Verkehrsüberwachung durch örtliche Ordnungsbehörden und Polizeibehörden	629
VIII. Mecklenburg-Vorpommern – Erlass zur Geschwindigkeitsüberwachung im öffentlichen Straßenverkehr in Mecklenburg-Vorpommern	630
IX. Niedersachsen	631
X. Nordrhein-Westfalen	633
XI. Rheinland-Pfalz – Richtlinie über die polizeiliche Geschwindigkeitsüberwachung (PolGeschwüRS)	635
XII. Saarland – Richtlinien für die polizeiliche Verkehrsüberwachung	636
XIII. Sachsen	637
XIV. Sachsen-Anhalt – Grundsätze für die Verkehrsüberwachung durch Polizei und Kommunen (Verkehrsüberwachungserlass)	638
XV. Schleswig-Holstein	639

	Rn.
XVI. Thüringen – Verwaltungsvorschrift zur Verfolgung und Ahndung von Straßenverkehrsordnungswidrigkeiten durch die Polizei und die Gemeinden (VwV VA-StVOWi)	640
D. Glossar	641

	Seite
Stichwortverzeichnis	1073

Hinweise zur Benutzung der CD-ROM

A) Installation der Software

Legen Sie die CD-ROM in Ihr CD-ROM-Laufwerk ein.

Sie starten die Installation durch einen Klick mit der linken Maustaste auf den Punkt „LEXsoft installieren".

Weitere Informationen zur Installation der CD-ROM finden Sie auch unter dem Punkt „Installationsanleitung".

B) Erster Programmstart

Beim ersten Start von LEXsoft® öffnet sich das Fenster „Bibliothekenauswahl".

Per Doppelklick oder per Klick auf die Schaltfläche „Öffnen" können Sie „Burhoff/Neidel/Grün – Messungen im Straßenverkehr – BeilagenCD" starten.

C) Nutzung der Datenbank

Sie haben unterschiedliche Möglichkeiten, die LEXsoft®-Datenbank aufzurufen:

- Starten Sie das Programm über das Startmenü: Start → Programme → LexisNexis → LEXsoft oder
- starten Sie das Programm durch einen Doppelklick auf die angelegte Verknüpfung auf Ihrem Desktop (roter Ball).

Das Programm ist intuitiv bedienbar, enthält neben der zentralen Suche auch eine Inhaltsgliederung und alle wichtigen Funktionen. Eine ausführliche Anleitung finden Sie im Menüpunkt „Hilfe".

D) Erforderliche EDV-Ausstattung

- Mindestvoraussetzung:
  PC ab 600 MHz, min. 128 MB frei verfügbarer Arbeitsspeicher (RAM).
- Empfohlene Konfiguration:
  PC ab 1 GHz, min. 512 MB frei verfügbarer Arbeitsspeicher (RAM).
- Festplattenkapazität:
  Bei Komplettinstallation 200 MB Platz auf der Festplatte erforderlich.
- Unterstützte Betriebssysteme:
  Windows 2000/XP/2003 Server/Vista (mindestens im XP-Modus)/Windows 7

Literaturverzeichnis

K.-P. Becker, Geschwindigkeitsüberschreitung im Straßenverkehr, 6. Aufl. 2008;

Beck/Berr, OWi-Sachen im Straßenverkehrsrecht, 5. Aufl. 2006;

Burhoff, Handbuch für das strafrechtliche Ermittlungsverfahren, 5. Aufl. 2010;

Burhoff (Hrsg.), Handbuch für das straßenverkehrsrechtliche OWi-Verfahren, 2. Aufl. 2009;

Burhoff, Handbuch für die strafrechtliche Hauptverhandlung, 6. Aufl. 2010;

Dahs/Dahs, Die Revision im Strafprozess, 7. Aufl. 2008;

Göhler, Gesetz über Ordnungswidrigkeiten: OWiG, 15. Aufl. 2009;

Hentschel/König/Dauer, Straßenverkehrsrecht, 40. Aufl. 2009;

Junker, Beweisantragsrecht im Strafprozess, 2007;

Karlsruher Kommentar zur Strafprozessordnung, 6. Aufl. 2008;

Ludovisy/Eggert/Burhoff (Hrsg.), Praxis des Straßenverkehrsrechts, 4. Aufl. 2008;

Meyer-Goßner, StPO, 53. Aufl. 2010.

Abkürzungsverzeichnis

A

a.A.	anderer Auffassung
Abl.	Amtsblatt
Abs.	Absatz
a.E.	am Ende
AEUV	Vertrag über die Arbeitsweise der Europäischen Union
a.F.	alte Fassung
AG	Aktiengesellschaft
	Die Aktiengesellschaft (Zs.)
AktG	Aktiengesetz
Alt.	Alternative
amtl. Begr.	amtliche Begründung
Anh.	Anhang
Anm.	Anmerkung
AnwBl.	Anwaltsblatt (Zs.)
Art.	Artikel
Aufl.	Auflage
Az.	Aktenzeichen

B

BayObLG	Bayerisches Oberstes Landesgericht
BB	Betriebs-Berater (Zs.)
Bd.	Band
Begr.	Begründung
Beschl.	Beschluss
BGB	Bürgerliches Gesetzbuch
BGBl.	Bundesgesetzblatt
BGH	Bundesgerichtshof
BGHR	Rechtsprechung des Bundesgerichtshofes (systematische Entscheidungssammlung)
BGHZ	Entscheidungen des Bundesgerichtshofes in Zivilsachen (Entscheidungssammlung)
Bl.	Blatt
BMJ	Bundesministerium der Justiz
BRD	Bundesrepublik Deutschland
BR-Drucks.	Bundesrats-Drucksache

bspw.	beispielsweise
BT-Drucks.	Bundestags-Drucksache
Buchst.	Buchstabe
BVerfG	Bundesverfassungsgericht
BVerfGE	Entscheidungen des Bundesverfassungsgerichts
bzw.	beziehungsweise

D

DB	Der Betrieb (Zs.)
ders.	derselbe
d.h.	das heißt
dies.	dieselbe/n
DIS	Deutsche Institution für Schiedsgerichtsbarkeit e.V.
DIS-ERGeS	Ergänzende Regeln für gesellschaftsrechtliche Streitigkeiten der Deutschen Institution für Schiedsgerichtsbarkeit e.V.
DIS-SchO	DIS-Schiedsgerichtsordnung
DNotZ	Deutsche Notar Zeitschrift
DStR	Deutsches Steuerrecht (Zs.)

E

EG	Europäische Gemeinschaft
EGAktG	Einführungsgesetz zum Aktiengesetz
EGBGB	Einführungsgesetz zum BGB
EFTA	European Free Trade Association
EGGVG	Einführungsgesetz zum Gerichtsverfassungsgesetz
EGHGB	Einführungsgesetz zum HGB
EGInsO	Einführungsgesetz zur Insolvenzordnung
EGV	Vertrag zur Gründung der Europäischen Gemeinschaft
etc.	et cetera
EU	Europäische Union
EuGH	Europäischer Gerichtshof
EuGVVO	Verordnung über die gerichtliche Zuständigkeit und die Vollstreckung gerichtlicher Entscheidungen in Zivil- und Handelssachen
EuZW	Europäische Zeitschrift für Wirtschaftsrecht
e.V.	eingetragener Verein
EWR	Europäischer Wirtschaftsraum
EWS	Europäisches Wirtschafts- und Steuerrecht (Zs.)

F
f.	folgende
FamFG	Gesetz über das Verfahren in Familiensachen und in den Angelegenheiten der freiwilligen Gerichtsbarkeit
ff.	fortfolgende
Fn.	Fußnote
FS	Festschrift

G
GbR	Gesellschaft bürgerlichen Rechts
gem.	gemäß
GenG	Gesetz betreffend die Erwerbs- und Wirtschaftsgenossenschaften
ggf.	gegebenenfalls
GmbH	Gesellschaft mit beschränkter Haftung
GmbHG	Gesetz betreffend die Gesellschaften mit beschränkter Haftung
GmbHR	GmbH-Rundschau (Zs.)
grds.	grundsätzlich
GVG	Gerichtsverfassungsgesetz

H
HGB	Handelsgesetzbuch
h.M.	herrschende Meinung
Hrsg.	Herausgeber

I
ICC	International Chamber of Commerce
i.d.R.	in der Regel
i.E.	im Ergebnis
i.H.v.	in Höhe von
IHK	Industrie- und Handelskammer
InsO	Insolvenzordnung
IPR	Internationales Privatrecht
IPRax	Praxis des Internationalen Privat- und Verfahrensrechts (Zs.)
i.S.d.	im Sinne der/des
i.S.v.	im Sinne von
i.V.m.	in Verbindung mit
IZPR	Internationales Zivilprozessrecht

J
JuS	Juristische Schulung (Zs.)

Abkürzungsverzeichnis

JZ	JuristenZeitung (Zs.)

K

Kap.	Kapitel
KG	Kommanditgesellschaft
Kammergericht	

L

Lit.	Literatur
LG	Landgericht
LS	Leitsatz
LugÜ	Luganer Übereinkommen

M

m. Anm.	mit Anmerkung(en)
MDR	Monatsschrift für Deutsches Recht (Zs.)
Mio.	Million(en)
MitbestG	Gesetz über die Mitbestimmung der Arbeitnehmer
MoMiG	Gesetz zur Modernisierung des GmbH-Rechts und zur Bekämpfung von Missbräuchen
Mrd.	Milliarde(n)
m.w.N.	mit weiteren Nachweisen
m. zahlr. Nachw.	mit zahlreichen Nachweisen

N

n.F.	neue Fassung
NJW	Neue Juristische Wochenschrift (Zs.)
NJW-RR	NJW-Rechtsprechungsreport (Zs.)
Nr.	Nummer(n)
n.v.	nicht veröffentlicht
NZG	Neue Zeitschrift für Gesellschaftsrecht

O

OHG	Offene Handelsgesellschaft
OLG	Oberlandesgericht
OLGR	OLG Report (Zs.)

P

PartGG	Gesetz über Partnerschaftsgesellschaften Angehöriger Freier Berufe

R
RefE	Referentenentwurf
RegE	Regierungsentwurf
RG	Reichsgericht
RGZ	Entscheidungen des Reichgerichts in Zivilsachen (Entscheidungssammlungen)
RIW	Recht der Internationalen Wirtschaft (Zs.)
Rn.	Randnummer(n)
Rspr.	Rechtsprechung
RVG	Rechtsanwaltsvergütungsgesetz

S
S.	Satz/Seite
s.	siehe
s.a.	siehe auch
SCE	Societas Cooperativa Europaea
SchiedsVZ	Zeitschrift für Schiedsverfahren
s.o.	siehe oben
sog.	sogenannte/r/s
SpruchG	Gesetz über das gesellschaftsrechtliche Spruchverfahren
str.	streitig
st. Rspr.	ständige Rechtsprechung

T
Tz.	Textziffer

U
u.a.	unter anderem
UMAG	Gesetz zur Unternehmensintegrität und Modernisierung des Anfechtungsrechts
UmwG	Umwandlungsgesetz
UNCITRAL	United Nations Commission on International Trade Law
Urt.	Urteil

V
v.	vom
v.a.	vor allem
vgl.	vergleiche
VO	Verordnung
Vorbem.	Vorbemerkung

Abkürzungsverzeichnis

W
WM	Zeitschrift für Wirtschafts- und Bankrecht (Zs.)
www	World Wide Web

Z
z.B.	zum Beispiel
ZHR	Zeitschrift für das gesamte Handelsrecht und Gesellschaftsrecht
Ziff.	Ziffer
ZIP	Zeitschrift für Wirtschaftsrecht
zit.	zitiert
ZPO	Zivilprozessordnung
Zs.	Zeitschrift
z.T.	zum Teil

Teil 1: Messverfahren

Inhaltsverzeichnis

			Rn.
A.	Allgemeine Anforderungen an die Anwendung von technischen Geräten in der Verkehrsüberwachung		1
I.	Grundlagen des EichG		2
1.	Zweck des EichG		2
2.	Zuständigkeit.		4
3.	PTB in Braunschweig und Berlin		5
	a) Zuständigkeit		5
	b) Aufgaben der PTB		8
II.	Zulassung von Messgeräten durch die PTB		10
1.	Gesetzliche Pflicht zur Eichung von Messgeräten für die amtliche Überwachung des Straßenverkehrs		10
2.	Werdegang des Messgerätes von der Entwicklung bis zum Einsatz.		13
	a) Ablauf bis zur Zulassung		13
	b) Bauartzulassung		15
	c) Eichfähigkeit/konkrete Vorgaben an die Zulassung und Eichung		16
	d) „Standardisiertes Messverfahren"		23
III.	Eichung von Messgeräten, Dauer und Wegfall der Eichgültigkeit.		35
IV.	Eichsiegel/Eichplomben.		46
V.	Eichfehlergrenze/Verkehrsfehlergrenze		50
VI.	Verkehrsüberwachungsvorschriften (VKÜ)		60
VII.	Lebensakten		63
VIII.	Bedienungsanleitungen		72
IX.	Anforderungen an eine korrekte amtliche Messung		76
B.	Abstandsmessverfahren		79
I.	Historie		79
II.	Rechtsprechung		89
III.	Differenzierte Bußgeldandrohung, Abstand als zeitlicher Abstand		102
IV.	Einzelne Messverfahren		107
1.	Videoabstandsmessverfahren Saarland.		108
	a) Messverfahren		108
	b) Toleranzen beim saarländischen Messverfahren		115
	aa) Toleranzbetrachtung innerhalb der Messstrecke von 50 m		116
	bb) Zusammenfassend zur Toleranzbetrachtung innerhalb der Messstrecke		120
2.	Bayerisches Videoabstandsmessverfahren		122
3.	VAMA-Brückenabstandsmessverfahren/NRW		124
4.	VIBRAM-BAMAS-Verfahren/Baden-Württemberg		127
5.	VIDIT/VKS.		133
	a) Allgemeine Ausführungen.		133
	b) Einzelne Messsysteme der VKS- Familie		134
	c) Allgemeine Ausführungen zum mobilen Messverfahren 3.0 mit Softwarestand 3.1 (Zulassung ab 16.10.2008).		135
	aa) Mobiles System 3.0 in der Version 3.1 mit „select"- Anbindung. .		138
	bb) Mobile Version 3.0 in der Version 3.1 ohne Modul „select"		140
	d) Signalverarbeitung.		141
	e) Auswertung		144

Teil 1: Messverfahren

				Rn.
	f)	Videoaufzeichnung		148
	g)	Tatkamera und deren Aufzeichnung		148d
		aa) Erklärung der Begriffe für das Videoverfahren		148d
		bb) Bewertung		148g
		cc) Interpolation		148l
	h)	Zusammenfassung		148p
V.	Die Piller Problematik – der Zeichengenerator JVC Piller CG- P 50 E/„Zeitgeber bei Abstandsmessungen"			149
	1.	Der Zeichengenerator bei Abstandsmessungen ist keine Uhr – der Versuch		149
	2.	Die neue Zulassung		167
		a) Gebrauchsanweisung/Bauartzulassung		172
		b) Technische Hintergründe des Messverfahrens (Zeitmessung)		181
VI.	Fehlermöglichkeiten im Bewegungsablauf			188
VII.	Checkliste für eine korrekte Messung			193
VIII.	Beispiele zur Auswertung			194
	1.	Normale Auswertung im Grenzbereich		194
	2.	Änderung von Geschwindigkeit und Abstand		206
	3.	Genügt eine Momentaufnahme zur Feststellung des Abstandes von 50 m für Lkw?		214
	4.	Abstandsüberwachung mit Videokamera ohne Zeiteinblendung an ungeeigneten Messstellen ohne Messstellenmarkierung – kein standardisiertes Messverfahren		224
IX.	Das Urteil des BVerfG vom 11.08.2009 (2 BvR 941/08)			227
	1.	Zeitpunkt der Fixierung des Identifikationsbilds bei Geschwindigkeitsmessverfahren		233
	2.	Zeitpunkt der Fixierung des Identifikationsbilds bei Abstandsmessanlagen		234
	3.	Geschwindigkeitsmessung mittels Video mit Leivtec XV 2 (Nachfolgesystem: Leivtec XV 3)		238
X.	Abstandsüberwachung mittels ES 3.0			242
XI.	Messverfahren der Marke „Eigenbau"			243
C.	**Lasermessverfahren**			**244**
I.	Lasermessverfahren ohne Bilddokumentation			245
	1.	Allgemeines		245
	2.	Messprinzip und Funktionsweise von Lasermessgeräten		252
		a) Allgemeines		252
		b) Geschichte		254
		c) Beispiel: Lasermessgerät Riegl FG 21P		255
	3.	Gerätetests und Messdurchführung bei Lasermessverfahren ohne Videoaufzeichnung		259
		a) Allgemeines		259
		b) Notwendige Gerätetests		263
		aa) Geräteselbsttest		263
		bb) Nulltest		264
		cc) Anzeige (Segment-)Test		265
		dd) Visiertest		266
		ee) Der geänderte Visiertest bei Handlasermessgeräten – Auswirkungen auf die sichere Messwertzuordnung am Beispiel Riegl FG 21P		274
		(1) Bedeutung der korrekten Justierung der Visiereinrichtung für die Messwertzuordnung		279
		(2) Zu den Anforderungen an den Test der Visiereinrichtung des Lasermessgerätes FG21-P der Firma Riegl		284
		(a) Mögliche Vorgehensweisen		285
		(b) Diskussion der Vorgehensweisen		291

Teil 1: Messverfahren

				Rn.
		(c)	Fehlermöglichkeits- und Einflussanalyse	294
	c)	Messdurchführung		299
		aa)	Messort	299
		bb)	Anvisieren der Fahrzeuge	301
4.	Tabellarische Übersicht			305
5.	Fehlermöglichkeiten bei Lasermessungen			306
	a)	Allgemeines		306
		aa)	Beschulung der Messbeamten	306
		bb)	Durchführung der vorgeschriebenen Gerätetests	307
		cc)	Dokumentation der Geschwindigkeitsmessung	311
	b)	Benutzerabhängige Fehlerquellen		315
		aa)	Allgemeines	315
		bb)	Zeitdauer der Messung	317
		cc)	Aufweitung des Laserstrahles	319
		dd)	Messungen am Rand des Zielerfassungsbereiches	325
		ee)	Überprüfung des Ausbreitungsgrads des Laserstrahles	328
		ff)	Zuordnungsfehler bei Messungen im Fahrzeugpulk oder beim Überholen	332
		gg)	Zuordnungsfehler bei Messungen durch Fahrzeugverglasung und Fahrzeuginnenraum	340
		hh)	Messwertverfälschung durch Cosinuseffekt	343

II. Lasermessverfahren mit Videodokumentation am Beispiel des Lasermessgerätes „LEIVTEC XV2" 345
 1. Allgemeines 346
 2. Messprinzip und Funktionsweise 347
 3. Notwendige Gerätetests 355
  a) Geräteinterne Überprüfungen 355
  b) Überprüfungen durch den Messbeamten 357
 4. Durchführung von Messungen/Anforderungen an die Messörtlichkeit/ Temperaturbereich 359
 5. Auswertung von Messungen 364
  a) Verwertbare Messungen 371
  b) Nicht verwertbare Messungen 373
 6. Nachtmessungen 374
 7. Beschulung 378
  a) Bedienungspersonal 378
  b) Beschulungspersonal 379

III. Lasermessverfahren mit Bilddokumentation am Beispiel des Lasermessgerätes „LEIVTEC XV3" 380
 1. Allgemeines 380
 2. Messprinzip und Funktionsweise 387
 3. Notwendige Gerätetests 392
  a) Geräteinterne Überprüfungen 392
  b) Überprüfungen durch den Messbeamten 396
 4. Durchführung von Messungen/Anforderungen an die Messörtlichkeit 397
 5. Prinzip der Datenverarbeitung/Auswertung von Messungen 399
  a) Verwertbare Messungen 402
  b) Nicht verwertbare Messungen 406
 6. Nachtmessungen 408
 7. Beschulung 410
  a) Bedienungspersonal 410
  b) Beschulungspersonal 411

IV. Lasermessverfahren „PoliScan^{speed}" (Firma Vitronic) 412
 1. Allgemeines 412

Neidel/Groß 3

Teil 1: Messverfahren

				Rn.
	2.	Messprinzip		416
	3.	Die korrekte Messung		424
	4.	Die auffällige Messung		427
	5.	Die nicht verwertbare Messung		428
D.	**Lichtschrankenmessverfahren**			**430**
	I.	Lichtschranke „µP 80"		430
		1.	Messprinzip	433
		2.	Fotoauslösung	444
		3.	Fehlermöglichkeiten	446
			a) Zwei Fahrzeuge seitlich versetzt	446
			b) Parallel fahrende Fahrzeuge	453
			c) Nicht komplett abgebildete Messlinie	460
			d) Aufstellgeometrie – Neigungswasserwaage	466
			e) Testfotos	470
		4.	Anforderungen an eine korrekte Auswertung	472
		5.	Ordnungsgemäße Messung	473
	II.	Lichtschranke „LS4.0"		474
		1.	Messprinzip	475
		2.	Fotoauslösung und Fotoposition	486
		3.	Fehlermöglichkeiten	491
			a) Messwertzuordnung bei zwei oder mehreren Fahrzeugen im Messbereich	491
			b) Testdurchführung	499
			aa) Test 1	499
			bb) Test 2	503
			c) Aufstellgeometrie – Neigungswasserwaage	506
		4.	Anforderungen an eine korrekte Auswertung	513
		5.	Beispiel einer nicht zu verwertenden Messung	515
	III.	Einseitensensormessverfahren „ES1.0"		518
		1.	Messanlage	518
		2.	Messprinzip	520
		3.	Fotoauslösung	527
		4.	Komplettabbildung des Messbereiches	532
		5.	Fehlermöglichkeiten	539
			a) Messwertzuordnung bei zwei oder mehreren Fahrzeugen im Messbereich	539
			b) Testfotos	544
			c) Aufstellgeometrie	548
		6.	Nicht zu verwertende Messungen	553
		7.	Anforderungen an eine korrekte Auswertung	556
	IV.	Einseitensensormessverfahren „ES 3.0"		558
		1.	Messanlage	558
		2.	Messprinzip	562
		3.	Fotoauslösung/Fotolinie	566
		4.	Testfotos	570
		5.	Aufstellung des Sensorkopfes	571
			a) Justieren des Sensorkopfes	571
			b) Abstand des Sensorkopfes zur Straße/Fahrspurbreiten	576
		6.	Zuordnungskriterien bei der Auswertung der Messfotos	577
		7.	Fehler in Messbetrieb und Auswertung	579
		8.	Anforderungen an eine korrekte Auswertung	582
E.	**Stationäre Messgeräte (Piezo-Kabel-Geschwindigkeitsmessgeräte)**			**584**
	I.	Geschwindigkeitsmesssystem Traffiphot S / Traffiphot S-digital		584
		1.	Wesentliche Gerätevarianten	586
		2.	Testdurchführung	592

Teil 1: Messverfahren

			Rn.
	3.	Anforderungen an eine korrekte Auswertung.............................	593
	4.	Ordnungsgemäße Messung...	595
II.		Geschwindigkeitsmesssystem TraffiStar S 330...............................	597
	1.	Anforderungen an eine korrekte Auswertung.............................	604
	2.	Ordnungsgemäße Messung...	606
III.		Integrität, Authentizität und Datenschutz bei digitalen Messdaten.................	607
IV.		TRUVELO Geschwindigkeitsüberwachungsanlage M4²........................	625
	1.	Testdurchführung...	631
	2.	Anforderungen an eine korrekte Auswertung.............................	632
	3.	Ordnungsgemäße Messung...	634
	4.	Nicht verwertbare Messung..	635
V.		TRUVELO Geschwindigkeitsüberwachungsanlage VDS M5.....................	637
	1.	Testdurchführung...	643
	2.	Anforderungen an eine korrekte Auswertung.............................	644
	3.	Ordnungsgemäße Messung...	646
VI.		Geschwindigkeitsmesssystem V-Control IIb mit Kamerasystem KA 1.1.............	647
	1.	Testdurchführung...	651
	2.	Anforderungen an eine korrekte Auswertung.............................	652
	3.	Ordnungsgemäße Messung...	654
F.		Geschwindigkeitsmessungen durch Nachfahren.................................	655
I.		Messen durch Nachfahren mit nicht geeichtem Tachografen.....................	658
	1.	Allgemeines...	658
	2.	Technischer Messfehler..	659
	3.	Ablesefehler...	668
	4.	Beobachtungsfehler oder Abstandsfehler.................................	671
	5.	Anforderungen an die Überprüfbarkeit einer Messung durch Nachfahren......	678
	6.	Entscheidung des OLG Celle..	682
II.		Messung durch Nachfahren mit geeichtem Tachografen........................	684
	1.	Allgemeines...	684
	2.	Allgemeine Ausführungen zur Messanlage...............................	688
		a) Allgemeines..	688
		b) Kalibrierbox...	690
		c) Police-Pilot..	695
		aa) Zeitmesseinheit..	696
		bb) Wegstreckenmesseinheit....................................	697
		cc) Steuereinheit..	698
		dd) Rechner...	699
		ee) Zusammenfassung...	700
		d) Video-Datengenerator...	701
	3.	Messmethoden – Prinzip der Messwertbildung...........................	703
		a) Allgemeines..	703
		b) Geschwindigkeitsmessung durch Zeitmessung bei einer bekannten Wegstrecke...	705
		c) Messung beim Verfolgen über eine Messstrecke vorgegebener Länge bei gleichem Anfangs- und Endabstand................................	706
		d) Messung beim Verfolgen bei gleichem Anfangs- und Endabstand.......	709
		e) Messung beim Verfolgen mit ungleichem Anfangs- und Endabstand....	712
		f) Messung bei gleich bleibendem Abstand mittels des geeichten Geschwindigkeitsmessers.......................................	716
	4.	Andere Messverfahren...	717
	5.	Vidista-Messverfahren...	720
	6.	Toleranzbetrachtung...	723
	7.	CAN-Bus Problematik...	726

Teil 1: Messverfahren

				Rn.
	III.	Messbeispiele		730
		1.	Messen durch Nachfahren bei ungleichem Anfangs- und Endabstand sog. Festpunktmessung	731
		2.	Messen durch Nachfahren bei ungleichem Anfangs- und Endabstand, sog. Festpunktmessung – fehlerhafte Festpunktbestimmung	735
		3.	Messen durch Nachfahren bei gleichem Anfangs- und Endabstand, sog. auto2 Messung – ungleicher Abstand zwischen Messbeginn und Messende	743
	IV.	Checkliste: Korrekte Messung		747
	V.	Messen durch Nachfahren mit einem Polizeimotorrad		748
G.	**Radarmessverfahren**			**754**
	I.	TRAFFIPAX Speedophot		754
		1.	Allgemeines	754
		2.	Funktionsweise	756
		3.	Messwertbildung	759
		4.	Fotoauslösung	762
		5.	Fahrbahnparalleler Aufbau der Messanlage – Messörtlichkeit	767
			a) Allgemeines	767
			b) Fahrbahnparalleler Aufbau der Messanlage	772
			c) Gerade Straße – Aufbau im Kurvenbereich	780
			d) Sonstige Anforderungen an den Messort	783
		6.	Reichweite	784
		7.	Mögliche Reflexionen	790
			a) Knickstrahlreflexion	791
			b) Doppelreflexion	797
			c) Dreifache Reflexion	800
			d) Übertragung von Messwerten	801
		8.	Aufmerksamer Messbetrieb	804
		9.	Testfotos	809
	II.	MULTANOVA 6F		813
		1.	Allgemeines	813
		2.	Funktionsweise	816
		3.	Messwertbildung	823
		4.	Fotoauslösung	826
		5.	Aufbau der Messanlage und Messörtlichkeit	831
		6.	Empfindlichkeit der Dopplerradarsonde	837
		7.	Mögliche Reflexionen	839
		8.	Aufmerksamer Messbetrieb	840
		9.	Testfotos	843
	III.	Fallbeispiele		853
		1.	Einrichtung der Messanlage nicht parallel zum Fahrbahnrand	853
		2.	Messung in Kurven	856
		3.	Knickstrahlreflexion	863
		4.	Reflexionsmessung	865
	IV.	Zur Streuung und Reflexion von Radarstrahlung an der Fahrbahnoberfläche		867
		1.	Grundlagen	869
		2.	Wechselwirkung von Radarstrahlung mit einer Fahrbahndecke	871
		3.	Mögliche Strahlengänge	873
		4.	Diskussion der Strahlengänge	874
			a) Korrekter Messaufbau	878
			b) Streuung an der Fahrbahnoberfläche	879
H.	**Rotlichtüberwachung**			**880**
	I.	Allgemeines		880

Teil 1: Messverfahren

				Rn.
II.	Stationäre Rotlichtüberwachungsanlagen			890
	1.	Anlagen ohne automatische Berechnung der vorwerfbaren Rotzeit		890
		a)	Traffiphot III (der Fa. ROBOT Visual Systems GmbH)	890
		b)	TRUVELO Rotlicht-Überwachungsanlage	906
		c)	2000 VKÜ RG-Control	918
		d)	9052 VKÜ Rotlicht	926
		e)	Rotlichtüberwachungs-Fotoanlage RK 3.0 (RK 3.1 funktionsgleich)	931
	2.	Anlagen mit automatischer Berechnung der vorwerfbaren Rotzeit		940
III.	Anlagen mit automatischer Berechnung der vorwerfbaren Rotzeit			941
	1.	Multanova MultaStar C (Rotlicht- und Geschwindigkeitsüberwachungsanlage)		941
	2.	Variante MultaStar C speed (abgeschaltete Rotlichtüberwachung)		946
	3.	Gatso TC-RG1 (Rotlicht- und Geschwindigkeitsüberwachungsanlage)		947

Teil 1: Messverfahren

A. Allgemeine Anforderungen an die Anwendung von technischen Geräten in der Verkehrsüberwachung

1 **Das Wichtigste in Kürze:**
1. Ein Messgerät für die amtliche Überwachung des Straßenverkehrs muss über eine Zulassung verfügen.
2. Beim Einsatz in der amtlichen Verkehrsüberwachung müssen das Messgerät und seine Komponenten über eine gültige Eichung verfügen. Dazu gehört, dass keine eichamtlichen Sicherungen beschädigt oder gebrochen waren. Dies ist im Einzelfall zu prüfen.
3. Die gültige Eichung erlischt mit Ablauf der Eichfrist oder vorzeitig u.U. durch Reparaturen am Messgerät oder Beschädigungen der Eichsiegel.
4. Ordnungsgemäße Messergebnisse sind nur zu crwarten, wenn das Messgerät gemäß den Vorgaben aus der Gerätezulassung undder Bedienungsanleitung eingesetzt wird. Abweichungen hiervon können Messwertabweichungen zugunsten oder zuungunsten des Betroffenen bedingen.
5. Im Einzelfall ist zu prüfen, ob das Messergebnis verwertet werden darf oder ob erhöhte Toleranzen anzuwenden sind.

I. Grundlagen des EichG

1. Zweck des EichG

2 Ein Messgerät wird für die Durchführung einer amtlichen Messung verwendet. Dies klingt erst einmal einfach. Der Weg dorthin ist jedoch kompliziert und setzt voraus, dass eine Reihe von bestimmten Gesetzen und Zulassungsvoraussetzungen beachtet werden.

Die folgenden Abschnitte sollen diese Vorschriften darstellen und die chronologische Abfolge von der Herstellung über die Zulassung bis zur Inbetriebnahme eines Messgeräts erläutern.

3 Die Grundlagen zur Eichung lassen sich dem EichG v. 23.03.1992 („Eichgesetz in der Fassung der Bekanntmachung vom 23. März 1992 [BGBl. I, S. 711], das zuletzt durch Artikel 2 des Gesetzes vom 3. Juli 2008 [BGBl. I, S. 1185] geändert worden ist") entnehmen.

Auf Grundlage des EichG wird gefordert, dass Messgeräte im gewerblichen Verkehr und anderen Bereichen zugelassen und geeicht sein müssen.

A. Allg. Anf. a.d. Anwendung von technischen Geräten in der Verkehrsüberwachung

Verstöße gegen das EichG werden als Ordnungswidrigkeiten (§ 19 EichG) mit Bußgeldern geahndet.

Änderungen des EichG zur Umsetzung der Europäischen Messgeräterichtlinie (MID) sind am 08.02.2007 in Kraft getreten.

In § 1 Nr. 1 bis Nr. 3 EichG wird der Zweck des EichG dargelegt. Demnach ist der **Zweck des EichG**

- „den Verbraucher beim Erwerb messbarer Güter und Dienstleistungen zu schützen und im Interesse eines lauteren Handelsverkehrs die Vorraussetzungen für richtiges Messen im geschäftlichen Verkehr zu schaffen" (**§ 1 Nr. 1 EichG**),
- „die Messsicherheit im Gesundheitsschutz, Arbeitsschutz und Umweltschutz und in ähnlichen Bereichen des öffentlichen Interesses zu gewährleisten" (**§ 1 Nr. 2 EichG**) und
- „das Vertrauen in amtliche Messungen zu stärken" (**§ 1 Nr. 3 EichG**).

2. Zuständigkeit

Die zur Ausführung des EichG zuständigen Behörden werden durch die in § 11 EichG enthaltene Regelung bestimmt. Nach § 11 Abs. 1 EichG bestimmt die Landesregierung oder die von ihr bestimmten Stellen die für die Ausführung des EichG zuständigen Behörden, soweit nicht die Physikalisch-Technische Bundesanstalt (PTB) zuständig oder aufgrund des EichG etwas anderes bestimmt ist.

3. PTB in Braunschweig und Berlin

a) Zuständigkeit

Die Zuständigkeiten sind im § 11 EichG verankert:

„Die Landesregierungen oder die von ihnen bestimmten Stellen bestimmen die für die Ausführung dieses Gesetzes zuständigen Behörden, soweit nicht die Physikalisch-Technische Bundesanstalt zuständig oder auf Grund dieses Gesetzes etwas anderes bestimmt ist (§ 11 Abs. 1 EichG)."

Örtlich zuständig für die Eichung und sonstige Prüfung von Messgeräten an der Amtsstelle ist jede nach § 11 Abs. 1 EichG sachlich zuständige Behörde, bei der eine solche Amtshandlung beantragt wird (§ 11 Abs. 2 EichG).

Der § 12 EichG ist weggefallen.

b) Aufgaben der PTB

8   Die Aufgaben der PTB sind im § 13 EichG festgelegt. Gem. § 13 Abs. 1 EichG hat die PTB zur Sicherung der Einheitlichkeiten des gesetzlichen Messwesens
- Bauarten von Messgeräten zuzulassen (§ 13 Abs. 1 Nr. 1 EichG),
- Normalgeräte und Prüfungshilfsmittel der zuständigen Behörden und der staatlich anerkannten Prüfstellen auf Antrag zu prüfen (§ 13 Abs. 1 Nr. 2 EichG),
- die für die Durchführung diese Gesetzes zuständigen Landesbehörden sowie die staatlich anerkannten Prüfstellen zu beraten (§ 13 Abs. 1 Nr. 3 EichG) und
- die Zusammenarbeit der nach § 3 Abs. 1 Satz 2 Nr. 3 lit. c EichG anerkannten Stellen abzustimmen (§ 13 Abs. 1 Nr. 4 EichG).

9   Ferner hat die PTB gem. § 13 Abs. 2 EichG
- das physikalisch-technische Messwesen wissenschaftlich zu bearbeiten, insb. wissenschaftliche Forschung auf diesem Gebiet zu betreiben (§ 13 Abs. 2 Nr. 1 EichG) und
- Prüfungen und Untersuchungen auf dem Gebiet des physikalisch-technischen Messwesens vorzunehmen (§ 13 Abs. 2 Nr. 2 EichG).

II. Zulassung von Messgeräten durch die PTB

1. Gesetzliche Pflicht zur Eichung von Messgeräten für die amtliche Überwachung des Straßenverkehrs

10   Messgeräte, die zur amtlichen Überwachung des Straßenverkehrs eingesetzt werden, unterliegen nach § 2 Abs. 1 EichG einer Eichpflicht. Dort wird normiert, dass die Messgeräte, die im geschäftlichen oder amtlichen Verkehr, Arbeitsschutz, Umweltschutz oder Strahlenschutz oder im Verkehrswesen verwendet werden, zugelassen und geeicht sein müssen, sofern dies zur Gewährleistung der Messsicherheit erforderlich ist. Das Gleiche gilt für Messgeräte im Gesundheitsschutz, soweit sie nicht in anderen Rechtsvorschriften geregelt sind.

11   In § 25 Abs. 1 Nr. 3 EichG wird das Verbot beschrieben, Messgeräte für die amtliche Überwachung des Straßenverkehrs ungeeicht zu verwenden.

Aufgrund der Regelungen in den §§ 2 Abs. 1, 25 Abs. 1 Nr. 3 EichG ist somit eine eindeutige gesetzliche Regelung für die Eichung von Messgeräten für die amtliche Überwachung im Straßenverkehr gegeben.

12   Die Eichordnung (EO – „Eichordnung vom 12. August 1988 [BGBl. I, S. 1657], die zuletzt durch Artikel 3 § 14 des Gesetzes vom 13. Dezember 2007 [BGBl. I, S. 2930]

A. Allg. Anf. a.d. Anwendung von technischen Geräten in der Verkehrsüberwachung

geändert worden ist") regelt ergänzend zum EichG die Eichung von Messgeräten. Die aktuelle EO wurde am 12.08.1988 erlassen.

2. Werdegang des Messgerätes von der Entwicklung bis zum Einsatz

a) Ablauf bis zur Zulassung

Die nachfolgenden Ausführungen beschreiben den Werdegang eines Messgerätes von der Entwicklung bis zum Einsatz beim Gerätebetreiber.

Ablaufschema:

Der jeweilige Hersteller entwickelt ein Messgerät oder eine Weiterentwicklung von bestehenden Messgeräten

Erstellung einer **Bedienungsanleitung** für das betreffende Messgerät

Schriftlicher Antrag bei der PTB als Zulassungsbehörde auf Zulassung (innerstaatliche Bauartzulassung oder EWG-Bauartzulassung), damit die Eichfähigkeit und die in Verkehrbringung (§ 17 EichO).

Die Zulassung des Messgerätes wird von der PTB erteilt, wenn die Bauart des Gerätes

- eine **Messrichtigkeit** (§ 36 EichO – Erfüllung der vorgegebenen Anforderungen an die Messrichtigkeit unter Nenngebrauchsbedingungen/Einsatzbedingungen),
- eine **Messbeständigkeit** (§ 37 EichO – Erwartung richtiger Messergebnisse. Der Zeitraum sollte mindestens der Gültigkeitsdauer der Eichung entsprechen) und
- eine **Prüfbarkeit** (§ 38 EichO – Messgeräte müssen so ausgeführt sein, dass sie gefahrlos und ohne besonderen Aufwand an Prüfmitteln und Zeit geprüft werden können) gewährt.

b) Bauartzulassung

§ 16 EichO beinhaltet die Vorschrift für die Bauartzulassung eines Messgerätes:

„(1) Die innerstaatliche Bauartzulassung ist die Zulassung von Messgerätbauarten zur innerstaatlichen Eichung.

(2) Die Bauart eines Messgeräts, die nicht zu einer allgemein zugelassenen Art gehört, wird zur innerstaatlichen Eichung zugelassen, wenn die Bauart richtige Messergebnisse und eine

Teil 1: Messverfahren

ausreichende Messbeständigkeit erwarten lässt (Messsicherheit). Die Bauart muss den Anforderungen dieser Verordnung und den anerkannten Regeln der Technik entsprechen. Soweit die Verordnung keine Anforderungen an die Bauart enthält oder anerkannte Regeln der Technik nicht bestehen, werden die Anforderungen bei der Zulassung festgelegt.

(3) Die Bauart eines Messgeräts, die von den Anforderungen dieser Verordnung oder den anerkannten Regeln der Technik abweicht, wird zur innerstaatlichen Eichung zugelassen, wenn die gleiche Messsicherheit auf andere Weise gewährleistet ist. Die Anforderungen an die Bauart werden bei der Bauartzulassung festgelegt."

c) **Eichfähigkeit/konkrete Vorgaben an die Zulassung und Eichung**

16   Über die Anforderungen zur Bauartzulassung hinaus muss das Messgerät den Anforderungen der EichO zur Eichfähigkeit entsprechen. Gem. § 14a Abs. 1 EichO ist die Eichfähigkeit eines Messgeräts dann gegeben, wenn seine Bauart durch die PTB oder die Art des Maßgerätes allgemein zur Eichung zugelassen ist.

In Anlage 18 Abschnitt 11 zur EO sind die Einzelheiten zur Zulassung, Begriffsbestimmung, zu den Aufschriften auf den Messgeräten und zur Höhe der Fehlergrenzen von Geschwindigkeitsüberwachungsgeräten im Straßenverkehr geregelt.

17   Konkrete Vorgaben an die Zulassung und die Eichung von Messgeräten wurden von der PTB in den „PTB-Anforderungen" (PTB, 18.11.2006) verankert.

Hinweis:

Diese PTB-Anforderungen legen u.a. fest,

- unter welchen Umständen ein Messgerät eingesetzt werden darf,
- welche Toleranzen der Auswertung von Messergebnissen zugrunde gelegt werden müssen,
- unter welchen Umständen die Eichung zu erfolgen hat; besonders in welchem Zeitraum und
- unter welcher Zusammensetzung von technischen Baugruppen das jeweilige Gerät zum Einsatz kommen darf,
- wie die Zuordnung von Messwerten bei mehreren gleichzeitig überwachten Fahrspuren gewährleistet werden soll,
- wie die Anbindung an Wechselverkehrszeichenanlagen erfolgen muss,
- wie die Dokumentation der Messsituation und der Messdaten realisiert werden soll,
- und beschreiben Maßnahmen gegen Manipulation.

A. Allg. Anf. a.d. Anwendung von technischen Geräten in der Verkehrsüberwachung

Punkt 3.1 der PTB-A 18.11 beschreibt hinsichtlich des Messwertes, dass die Abweichung des Geschwindigkeitsmesswertes vom wahren Wert bei Einhaltung der in der Gebrauchsanweisung getroffenen Festlegungen – auch unter besonderen Einflüssen, wie z.b. Karosserieform, Verkehrsdichte, Klima – die zulässigen Verkehrsfehlergrenzen (Anlage 18 EO, Abschnitt 11, Nr. 4.1.2) nicht überschreiten darf. 18

Dies impliziert:
1. Das Messgerät darf sich im normalen Messbetrieb innerhalb der Verkehrsfehlergrenze in der Messrichtigkeit/Messbeständigkeit bewegen.

Daraus folgt:
2. Die Verkehrsfehlergrenze dient nicht dazu, einen von den Forderungen der Bedienungsanleitung abweichenden Messaufbau oder eine abweichende Messdurchführung auszugleichen, sondern nur die normalen Schwankungen im Betrieb abzufangen.

Hinweis:
Ein Messwert ist in seiner Höhe nur dann zu verwerten, wenn die jeweilige Messung nach den Forderungen der geltenden Bedienungsanleitung durchgeführt wurde.

I.R.d. Bedienungsanleitung bzw. Gebrauchsanweisung muss eindeutig festgelegt sein, wie die **Aufstellung** und die **Handhabung des Gerätes** zu erfolgen hat. Des Weiteren müssen die Fehlermöglichkeiten des Gerätes und die Vermeidbarkeit dieser Fehler dort beschrieben sein. **Nachträgliche Änderungen im Inhalt der Bedienungsanleitung/ Gebrauchsanweisung** bedürfen wieder der Genehmigung durch die PTB. Nach erneuter Prüfung und Zulassung der Änderungen muss ein Hinweis auf die entsprechende Änderung vom Gerätehersteller an alle Gerätebetreiber ergehen. 19

Die Anforderungen an die Form und den Inhalt einer Bedienungsanleitung kann aus dem Inhalt des Punkt 4. der PTB-A 18.11 entnommen werden.

Das folgende Beispiel zeigt einen Zulassungsschein für das Laser-Geschwindigkeitsmessgerät Leivtec XV-3: 20

Teil 1: Messverfahren

Physikalisch-Technische Bundesanstalt
Braunschweig und Berlin

Innerstaatliche Bauartzulassung
Type-approval certificate under German law

Zulassungsinhaber: *Issued to:*	LEIVTEC Verkehrstechnik GmbH Walter-Zapp-Str. 4 35578 Wetzlar
Rechtsbezug: *In accordance with:*	§ 13 des Gesetzes über das Mess- und Eichwesen (Eichgesetz) vom 23. März 1992 (BGBl. I S. 711), zuletzt geändert am 03.07.2008 (BGBl. I S. 1185)
Bauart: *In respect of:*	Geschwindigkeitsüberwachungsgerät XV3
Zulassungszeichen: *Approval mark:*	18.11 09.04
Gültig bis: *Valid until:*	unbefristet
Anzahl der Seiten: *Number of pages:*	13
Geschäftszeichen: *Reference No.:*	PTB-1.32-4037148
Ort, Ausstellungsdatum: *Date of issue:*	Braunschweig, 02.07.2009

Zertifizierer:
Certifier:
Im Auftrag
By order

Dr. Frank Jäger

Siegel

Bewerter:
Evaluator:
Im Auftrag
By order

Matthias Fischer

Merkmale zur Bauart sowie ggf. inhaltliche Beschränkungen, Auflagen und Bedingungen sind in der Anlage festgelegt, die Bestandteil der innerstaatlichen Bauartzulassung ist. Hinweise und eine Rechtsbehelfsbelehrung befinden sich auf der ersten Seite der Anlage.
Characteristics of the instrument type approved, restrictions as to the contents, special conditions and approval conditions, if any, are set out in the Annex which forms an integral part of the type-approval certificate under German law. For notes and information on legal remedies, see first page of the Annex.

In der PTB-A 18.11 ist weiter unter Punkt 3.2 zu lesen, dass Geschwindigkeitsmessgeräte seitens ihrer Konstruktion sicherstellen müssen, dass der jeweils angezeigte

A. Allg. Anf. a.d. Anwendung von technischen Geräten in der Verkehrsüberwachung

Geschwindigkeitswert nicht einem falschen Fahrzeug zugeordnet werden kann. Nur wenn dies sichergestellt ist, kann eine Zulassung erteilt werden.

Werden innerhalb eines Messvorganges die Geschwindigkeiten mehrerer Fahrzeuge gemessen und dokumentiert, sind die Werte den Fahrzeugen eindeutig zuzuordnen. Dies z.B. durch Angabe der Fahrspur. Dies geschieht z.b. bei den Messverfahren „Vitronic Poliscan", „Einseitensensor ESO ES 3.0" und „Traffistar S 330".

In diesem Zusammenhang wird deutlich, wie eng die entsprechenden Zulassungsvoraussetzungen und die Zulassung selbst mit der Einhaltung der jeweiligen Bedienungsanleitung während der Bedienung des Messgerätes verknüpft sind.

Hinzuweisen ist an dieser Stelle auf Laser-Geschwindigkeitsmessgeräte, die auch in der freien Handhabung, d.h. ohne Stativ oder sonstige stabilisierenden Einrichtungen bedient werden dürfen. Bei falscher Handhabung oder einem Verwackeln kann nicht mehr sicher bewiesen werden, dass der angezeigte Geschwindigkeitswert dem richtigen Fahrzeug zugeordnet werden kann.

Punkt 3.2 Abs. 3 und Punkt 3.5.2 der PTB-A runden die Voraussetzungen für eine Zulassung mit der Aussage ab, dass bei Messverfahren ohne Dokumentationseinrichtung eine eindeutige Zuordnung eines Fahrzeuges zu einem Messwert durch den Benutzer ermöglicht werden muss (z.B. markierter Bereich in der Zieleinrichtung) und die Anzeige des Geschwindigkeitswertes unter allen Bedingungen von zwei Personen gleichzeitig abgelesen werden kann und bis zur Bildung des nächsten Messwertes bestehen bleiben muss.

Hinweis:

Nachdem die PTB eine Zulassung erteilt hat, dürfen entsprechende amtliche Stellen das Messgerät nach den bestehenden Vorgaben eichen, der Gerätebetreiber darf amtliche Messungen im geeichten Zeitraum nach den Vorgaben der Bedienungsanleitung durchführen.

Obwohl für die Zulassung, die Eichung und die Inverkehrbringung der Messgeräte klare Vorschriften durch das EichG, die EichO und die PTB-A bestehen, musste in der Vergangenheit jedoch auch während des Betriebs der Messgeräte durch die Geräteanwender vonseiten der Hersteller und der PTB immer wieder nachgebessert werden, um im Nachhinein das jeweilige Messgerät so zu optimieren, dass es während des Betriebes die Anforderungen an Messrichtigkeit und Messbeständigkeit erfüllt.

21

Beispiel:

Weiterentwicklung des „ESO-Geschwindigkeitsmessgerätes ES 3.0

Teil 1: Messverfahren

Beim Betrieb des Messgerätes mit Softwarestand 1.001 sind in der Anwendung nicht sichere Abstandsmessungen vom Messsensor zum gemessenen Objekt aufgetreten, sodass damit eine zweifelsfreie und eindeutige Messwertzuordnung unter diesen Umständen infrage zu stellen ist. Mit Update des Messgerätes auf den Softwarestand 1.002 wurde dieses Problem behoben.

Dies setzt natürlich voraus, dass bei Auftreten von Fehlern unverzüglich alle Gerätebetreiber vom Hersteller über die PTB informiert werden, dass nicht eindeutige oder mit Zweifeln behaftete Messwertzuordnungen i.S.v. Eichgesetz und Eichordnung umgehend ausgeschlossen werden. Die Fairness gebietet es, dass der jeweilige Gerätebetreiber solche Messungen nicht verwertet.

22 Zur Pillerproblematik sei hier auf die zusammenfassende Betrachtung unter Rn. 149 ff. verwiesen.

d) „Standardisiertes Messverfahren"

23 Das „**Standardisierte Messverfahren**" (zum Begriff s.a. BGHSt 39, 291 = NJW 1993, 3091) soll beweissichere Messergebnisse durch intensiv geprüfte und ordnungsgemäß geeichte Messgeräte liefern. Zweifel sind nur in Einzelfällen beachtens- und bewertungswürdig. Der Verlass auf die Technik führt erfahrungsgemäß jedoch oft zu Schwierigkeiten im Umgang mit den Messergebnissen. Transparente Prüfbarkeit der Messergebnisse und sorgsame Einhaltung der bestehenden Bedienvorschriften im Messbetrieb können Fehler eingrenzen und das Vertrauen, so wie in § 1 Abs. 3 EichG gefordert, in amtliche Messungen stärken.

24 Das folgende Beispiel zur **CAN-Bus-Problematik** ist zwischenzeitlich nicht mehr aktuell, die Fehlermöglichkeiten durch die Zulassung und Verwendung so genannter Wegstreckensignalkonverter behoben. Das Beispiel fordert aber auf, bestehende Verfahrensweisen immer wieder kritisch im Hinblick auf technische Neuerungen zu prüfen. So lässt sich ein wesentlicher Beitrag leisten, das Erlöschen gültiger Eichungen zu vermeiden.

25 Probleme hinsichtlich der Eichung sind bei dem Videonachfahrsystem „ProViDa" eingetreten. Die Diskussion hierzu basiert auf der Entscheidung des AG Lüdinghausen v. 23.03.2007 – 10 Owi 89 Js 18/07 (VRR 2007, 196).

Moderne Fahrzeuge sind mit einem sog. **CAN-Bus** ausgestattet, einem asynchronen, seriellem Bussystem (= industrielles Kommunikationssystem, welches z.B. Sensoren mit einem Steuerungsgerät verbindet), das 1983 von Bosch für die Vernetzung von Steuergeräten in Automobilen entwickelt und 1987 zusammen mit Intel vorgestellt wurde, um die Kabelbäume bei Fahrzeugen zu reduzieren. Des Weiteren wird durch die Verwendung dieses Systems Gewicht gespart.

A. Allg. Anf. a.d. Anwendung von technischen Geräten in der Verkehrsüberwachung

Eben jenes CAN-Bus-System ist bei vielen Fahrzeugen in NRW, die mit einem ProViDa-System ausgerüstet sind, eingebaut und wird auch für die ProViDa-Messeinrichtung genutzt. Die so ausgerüsteten Wagen arbeiten daher mit nachgebildeten Wegimpulsen. Das CAN-Bus-System verfügt aber über keine Bauartzulassung der PTB.

Das Fehlen einer Bauartzulassung der PTB hat zur Folge, dass die entsprechende Messanlage nach EichG und EichO nicht geeicht werden kann.

In der Entscheidung des AG Lüdinghausen (a.a.O.) hat dies zur Einstellung des Verfahrens geführt, da das zuständige Eichamt die Vorraussetzungen zur Eichung als nicht vorliegend bewertet hat.

Hinweis:
Für die Praxis der Verkehrsüberwachung hat dies wiederum zur Folge, dass Überwachungsergebnisse zur Anzeige gebracht werden, die letztendlich durch nicht zugelassene und nicht geeichte Messgeräte entstanden sind. Eine solche Praxis anzuwenden, also Ergebnisse zu verwerten, die mit solchen Geräten gebildet wurden, bedeutet, das gesamte gesetzlich vorgeschriebene Zulassungsprozedere von der Genehmigung bis zur Eichung außer Kraft zu setzen.

Die Überprüfung einer ordnungsgemäßen Eichung ist nur dann möglich (wie auch weiter oben bereits beschrieben), wenn die **Gerätezulassung** der PTB zur „ProViDa-Messanlage" **bekannt** ist. Aus dieser Gerätezulassung ergibt sich die Zusammensetzung der technischen Baugruppen für dieses Gerät, so auch die Art, der Aufbau und die Wirkungsweise des Wegimpulsgebers. Mit diesem Wissen kann die ordnungsgemäße Verwendung solcher Baugruppen überprüft werden. 26

Eine solche Überprüfung empfiehlt sich wohl in jedem Fall, hat sich doch die Fahrzeugtechnik seit Einführung der Videonachfahrsysteme entscheidend geändert. 27

Im betreffenden Fall bleibt nachzuweisen, ob auch jeweils eine entsprechende Änderung der Bauartgenehmigung erfolgt ist und ob diese Änderungen den durch die PTB selbst auferlegten „PTB-Anforderungen: Messgeräte im Straßenverkehr – Videonachfahrsysteme" entsprechen (PTB-A 18.3/Dezember 2005).

Bei dem gegenständlichen Fall handelte es sich um eine korrekte Bauartzulassung durch die PTB, die im Nachhinein durch die Verwendung von nicht genehmigten Bauteilen oder die Veränderung der Baugruppe zum Erlöschen der Eichung führen musste. 28

Mit einem Schreiben des Innenministeriums NRW vom April 2007 erging an alle Bezirksregierungen und alle Kreispolizeibehörden die Information, dass alle Vierradfahrzeuge und Kräder mit Videonachfahrsystemen in bestimmte Kategorien eingeteilt werden, um dem oben beschriebenen Problem Rechnung zu tragen. 29

Teil 1: Messverfahren

Demnach ist bei einigen Fahrzeugen eine Eichfähigkeit absehbar nicht herzustellen. Werden diese Fahrzeuge eingesetzt, ist ein Toleranzabzug gemäß Nachfahren mit nicht justiertem Tacho umzusetzen.

Bei einigen Fahrzeugen kann die Eichfähigkeit durch eine Nachrüstung hergestellt werden und bei anderen Fahrzeugen (hier mit CAN-Bus ausgestattet) besteht nach Aussagen des Fahrzeugherstellers ein eichfähiger Abgriff des Geschwindigkeitssignals (Wegimpuls).

Auf den Rest der aufgeführten Fahrzeuge traf die Problemstellung nicht zu.

30 **Hinweis:**

Zusammenfassend ist zu sagen, dass für die Zulassung, Eichung und in Verkehrbringung klare gesetzliche Regeln bestehen. Werden diese Regeln strikt eingehalten, kann man davon ausgehen, dass die Messgeräte über den Eichzeitraum zum größten Teil zuverlässige Messdaten liefern. Jedoch nur dann, wenn bei **Problemen im Messbetrieb und Weiterentwicklungen** der Messgeräte der Weg der Zuständigkeiten beachtet wird und Änderungen zeitnahe Umsetzung erfahren.

31 **Detaillierte Zulassungsunterlagen** zu den einzelnen Messverfahren sind weitestgehend nur behördlichen Stellen zugänglich. Dies sollte – gerade im Hinblick der beschriebenen Probleme – transparenter gestaltet werden.

32 Da die zum heutigen Zeitpunkt neu in Gebrauch kommenden Geräte einer „einfachen" Analyse nicht mehr zugänglich sind und die Beweismittel im Messbetrieb nur noch sehr eingeschränkt gesichert werden, kann die Zukunftsperspektive in keinem Fall sein, dass solche unabhängigen Prüfungen zu unterlassen sind. Vielmehr müssen, wie in allen Naturwissenschaften üblich, sämtliche Parameter des Aufbaus und der Messergebnisse bekannt gegeben werden. Dies erstreckt sich selbstverständlich auch auf die Offenlegung der Betriebssoftware, da ansonsten eine Prüfung der Geräteeigenschaften komplett unmöglich ist.

33 Erst wenn eine unabhängige Prüfung sämtlicher Eigenschaften eines solchen Messgerätes möglich ist, wird das in der Wissenschaft bewährte Prinzip der Nachprüfbarkeit ordnungsgemäß und transparent für alle Beteiligte umgesetzt.

34 „**Technikgläubigkeit**" muss daher durch beweissichere „**Prüfbarkeit**" ersetzt werden.

III. Eichung von Messgeräten, Dauer und Wegfall der Eichgültigkeit

35 Die **Gültigkeitsdauer der Eichung** ergibt sich aus der Eichordnung (§ 12 EichO).

A. Allg. Anf. a.d. Anwendung von technischen Geräten in der Verkehrsüberwachung

Gem. § 12 Abs. 1 EichO ist die Gültigkeitsdauer der Eichung auf zwei Jahre befristet, soweit sich nicht aus diesem Teil oder Anhang B etwas anderes ergibt. 36

Gem. des in § 12 Abs. 1 EichO aufgeführten Anhang B beträgt die Eichgültigkeitsdauer für Geschwindigkeitsmessgeräte, die für die amtliche Überwachung des Straßenverkehrs eingesetzt werden, lediglich ein Jahr (Anhang B Nr. 18.3 zu § 12 EichO). 37

§ 12 Abs. 3 EichO enthält folgende Regelung:

„Beträgt die Gültigkeitsdauer der Eichung nicht weniger als ein Jahr, so beginnt die Gültigkeitsdauer mit Ablauf des Kalenderjahres, in dem das Messgerät zuletzt geeicht wurde.
Bei einer verspäteten Nacheichung in den ersten drei Monaten eines Kalenderjahres wird die Gültigkeitsdauer im Anschluss an die Gültigkeitsdauer der vorhergehenden Eichung bemessen."

Die Folge dieser Regelungen ist, dass ein entsprechendes Messgerät im Ausnahmefall max. 24 Monate lang gültig geeicht sein kann, bevor es erneut einem Eichamt vorgestellt werden muss, um eine weitere Eichgültigkeit zu erlangen. Wenn ein Messgerät z.B. am 01.01. eines Jahres geeicht wird, so ist es bis zum 31.12. des folgenden Jahres gültig geeicht. Dies kann jedoch für dieses Messgerät nur einmal passieren. Erfolgt dann am 31.12. eine Folgeeichung, so ist diese nur bis zum 31.12. des nächsten folgenden Jahres gültig. Die weiteren Eichungen erfolgen dann weiter im Einjahresabstand. 38

Erfolgt die **Folgeeichung** verspätet nach max. 24 Monaten, etwa drei Monate nach Ablauf, so wird dies auf die erste Eichdauer angerechnet und das Messgerät ist dann nur noch neun Monate gültig geeicht.

Wird der **Termin für die Nacheichung** über die drei Monate herausgezögert, so verliert das Gerät seine Zulassung, wird stillgelegt und muss vor erneuter Inbetriebnahme einer **Grundeichung** (wie Ersteichung) unterzogen werden.

Für **mechanische Stoppuhren** gilt eine Eichgültigkeitsdauer von einem Jahr, für **elektronische Stoppuhren** gilt eine 2-jährige Eichgültigkeitsdauer. 39

Gem. § 13 EichO erlischt die Eichgültigkeit, wenn das betreffende Messgerät 40
- die Verkehrsfehlergrenzen nicht einhält,
- ein Eingriff vorgenommen wird, der Einfluss auf die messtechnischen Eigenschaften des Gerätes haben kann oder seinen Verwendungsbereich erweitert oder beschränkt,
- die vorgeschriebene Bezeichnung des Messgerätes geändert wurde,
- der Hauptstempel, ein Sicherungsstempel oder Kennzeichnungen entwertet oder entfernt wurden,

Teil 1: Messverfahren

- ein Messgerät mit Zusatzeinrichtungen ausgerüstet wurde, die nicht zulässig sind, oder
- die in Verkehrbringung, die Inbetriebnahme, die Verwendung oder die Bereithaltung von Messgeräten untersagt oder einstweilen verboten wird.

> **Hinweis:**
> Dies gilt nicht für instand gesetzte Messgeräte, sofern das Messgerät nach der Instandsetzung die Verkehrsfehlergrenzen einhält, die erneute Eichung unverzüglich beantragt wird und die Instandsetzung durch das Zeichen des Instandsetzers nach Nr. 6 des Anhangs D zur EichO („Verzeichnis der Stempel und Zeichen") kenntlich gemacht ist.

41   Regelmäßig **erlischt** die **Eichgültigkeit** eines Messgerätes mit dem Ablauf der Eichdauer. Dies gilt auch für Geschwindigkeitsmessgeräte, die der amtlichen Überwachung des Straßenverkehrs dienen.

42   Das EichG und die EichO dienen also dazu, eine qualitative Sicherheit der Messung zu gewährleisten.

Dies wirft die Frage auf, wie mit Messergebnissen zu verfahren ist, die von Messgeräten stammen, die zwar eichpflichtig sind, aber nicht oder nicht mehr geeicht sind.

43   Gemäß der obergerichtlichen Rechtsprechung zum Thema **Nachfahren**, sind solche Messergebnisse, die mit solchen Messgeräten erlangt wurden, **nicht völlig unverwertbar** (OLG Celle, NZV 1996, 419; KG, NZV 1995, 457; 1992, 251; OLG Hamm, NZV 1993, 361). In diesem Fall wird bei dem grds. **standardisierten Messverfahren** Police-Pilot-Messverfahren ein **Sicherheitsabschlag** von 20 % für angemessen erachtet (so auch KG, NZV 1995, 37).

44   Die entscheidende Frage ist aber, wie mit solchen Entscheiden umzugehen ist. Zum einen ist der Einsatz von ungeeichten Messgeräten ausdrücklich verboten (s. unter Rn. 10), zum anderen soll jedoch das Messergebnis unter einem größeren Toleranzansatz verwertbar sein. Das erscheint unter den gegebenen Umständen im Einzelfall kaum darstellbar zu sein.

45   Das Thema hat sich weitestgehend überholt und ist unter den Rn. 597 ff. (Gerät „Traffistar S330") abgehandelt.

A. Allg. Anf. a.d. Anwendung von technischen Geräten in der Verkehrsüberwachung

IV. Eichsiegel/Eichplomben

Ist ein zugelassenes und eichpflichtiges Messgerät zur amtlichen Überwachung des Straßenverkehrs gültig geeicht, muss dies durch einen sog. **Hauptstempel** sichtbar gemacht werden. 46

Die Stempelzeichen können **unterschiedlicher Art** sein, ihre Differenzierung ist in § 34 EichO und ihre Ausführung im Anhang D zur EichO festgelegt. In aller Regel bestehen die **Sicherungszeichen** bei Verkehrsmessgeräten aus **Eichsiegeln** (verklebt) oder **Eichplomben**.

Der **geeignete Ort zum Aufbringen** der Sicherungszeichen ist unter § 43 EichO geregelt. Hier heißt es in Abs. 1: 47

„An den Messgeräten muss eine geeignete Stelle für vorgeschriebene Stempel und Zeichen vorhanden sein (Hauptstempel). Die **Stempelstelle** muss leicht zugänglich und so beschaffen und befestigt sein, dass die Stempelzeichen deutlich erkennbar sind."

Im Betrieb sind Messgeräte einer **besonderen Belastung** ausgesetzt, da zum einen die Messbeamten wechseln und sich zum anderen ein etwas gröberer Umgang mit dem Messgerät selbst im Messbetrieb teilweise nicht vermeiden lässt (vgl. dazu die Lasermessung mit anschließender Verfolgung Rn. 307 ff.). Dabei können die Sicherungszeichen oder Eichplomben beschädigt werden, in diesem Fall ist das Gerät dem zuständigen Eichamt vorzuführen.

> **Hinweis:**
> Sollten im konkreten Einzelfall Anhaltspunkte für eine Beschädigung vorliegen, sollte auch geprüft werden, ob sich zum Zeitpunkt der Messung die Sicherungszeichen in einem ordnungsgemäßen Zustand befunden haben.

Gem. § 13 EichO **erlischt die Gültigkeit der Eichung** vorzeitig, wenn gem. Abs. 1 Satz 4 *„der Hauptstempel, ein Sicherungsstempel oder Kennzeichnungen nach § 7m (Inhalte der Kennzeichnung) unkenntlich, entwertet oder vom Messgerät entfernt sind".* 48

Für die Frage, ob der Sicherungsstempel (Eichplombe) eines Geschwindigkeitsmessgeräts durch das Abdecken mit Klebeband unkenntlich geworden ist und ob daher gem. § 13 EichO das vorzeitige Erlöschen der Eichung eingetreten ist, kommt es aber nicht darauf an, ob zu Entfernung des Klebebands mehr oder weniger Kraft oder Geschicklichkeit erforderlich ist. Nicht die „Mühelosigkeit des Abziehens" ist entscheidend, sondern das Fortbestehen der Möglichkeit, trotz der Abdeckung und ggf. durch deren Beseitigung die Plombe der Wahrnehmung zugänglich zu machen (vgl. dazu OLG Köln, DAR 2001, 421 = VRS 101, 140; zfs 2002, 453 = NZV 2002, 471 = VRS 103, 451, jeweils m.w.N.).

Teil 1: Messverfahren

49 Nachfolgendes Bild zeigt den **Rechner eines „ProViDa-Nachfahrsystems"** mit aufgebrachtem Hauptstempel.

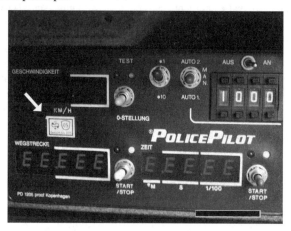

V. Eichfehlergrenze/Verkehrsfehlergrenze

50 Messgeräte bieten im Einzelfall **nicht immer die absolute Gewähr** einer genauen Messung. Angezeigte Messwerte können vom wahren Wert positiv oder negativ abweichen.

51 Von einer **Messbeständigkeit** kann dann gesprochen werden, wenn das Messgerät nach § 37 EichO Messergebnisse über einen längeren Zeitraum in den **zulässigen Fehlergrenzen** liefert. Als Messzeitraum wird hier mindestens der Eichzeitraum definiert.

Zusätzlich zur Verkehrsfehlergrenze gibt es Abweichungen innerhalb festgelegter Toleranzen bei der Eichung selbst, die als **Eichfehlergrenze** bezeichnet wird.

Die Eichfehlergrenze gilt für eine Geräteprüfung unter labormäßigen Bedingungen und ist für Geschwindigkeitsmessgeräte in einer Höhe von **1,5 km/h bei Messwerten bis 100 km/h** und **1,5 % bei Geschwindigkeitsmesswerten über 100 km/h** festgelegt (§ 33 EichO i.V.m. Anlage 18 Abschnitt 11 Nr. 4.1).

52 Die **Verkehrsfehlergrenze** (Toleranzabzug vom gemessenen Wert) definiert den Fehler, den das Messgerät im Betrieb vom richtigen Messwert abweichen darf. Das sind für Geschwindigkeitsmessgeräte bei einem Messwert **bis 100 km/h 3 km/h** und bei Messwerten **über 100 km/h 3 %** des gemessenen Wertes. Bei ProViDa-Messgeräten erfolgt ein Toleranzabzug von 5 km/h oder 5 %. Hierbei wird auf den nächsten ganzzahligen Wert aufgerundet und dieser vom angezeigten Wert zugunsten des Betroffenen abgezogen.

A. Allg. Anf. a.d. Anwendung von technischen Geräten in der Verkehrsüberwachung

Durch den Toleranzabzug wird technischen Schwankungen bei der Messwertbildung Rechnung getragen. Dabei können Fehler, die zu technischen Schwankungen führen, auftreten, auch wenn den Vorgaben in der Bedienungsanleitung genau gefolgt wurde. Es ist zwischen folgenden Fehlern zu unterscheiden:
- Fehler, die nur eine geringe Auswirkung auf den Messwert zuungunsten des Betroffenen haben oder
- mehrere Fehler (hier: mit Fehlern in der Aufstellgeometrie des Messgerätes), die sich derart summieren, dass das Messergebnis ganz erheblich negativ beeinflusst wird.

Fehlergrenzen stellen **Höchstbeträge in den Abweichungen** (negativ wie positiv) vom korrekten Messwert dar und betragen nach § 33 EichO das Doppelte der Eichfehlergrenzen, soweit in den Anlagen nichts anderes vorgesehen ist. 53

> **Hinweis:**
> Unter dem Aspekt der abzuziehenden Toleranzen oder der Verwertbarkeit des Messwertes sollte im Einzelfall immer eine genaue Prüfung der Messumstände – zum einen am Messgerät (vgl. das folgende Beispiel Rn. 54) und zum anderen an der Messdurchführung selbst – stattfinden.

Siehe hierzu insbesondere die Ausführungen unter den Rn. 658 ff. zur Messung durch Nachfahren mit ungeeichtem Tachografen

Ferner ist auch im Fall der **Umbereifung** von Fahrzeugen u.U. ein Toleranzabzug vorzunehmen. 54

Beispiel: Wechsel der Bereifungen an Messfahrzeugen mit Videonachfahrsystemen.

*Durch die Einsichtnahme des der Akte beigefügten Eichscheins ist anzunehmen, dass das Messgerät zum Tattag gültig geeicht war. Dennoch ist durch den Gerätebetreiber sicherzustellen, dass nicht durch einen **Reifenwechsel** nach der Eichung und vor dem Tattag der Reifenabrollumfang in der Art verändert wurde, dass außer Toleranz liegende Messwerte nicht ausgeschlossen werden können.*

> **Hinweis:**
> In der Praxis ist daher zu empfehlen, in solchen Fällen die Informationen zum Wechsel der Bereifung am Messfahrzeug beim Gerätebetreiber zu erfragen!

Bei dem vorstehenden Beispiel ist zu berücksichtigen, dass bei der betriebsmäßigen Prüfung (Eichfehlergrenze) bei der Wegstreckenmessung die zulässige Abweichung 2 % mindestens 2 m der Messstrecke beträgt. Die Verkehrsfehlergrenze für die Weg-

Teil 1: Messverfahren

streckenmessung beträgt mithin 4 % der zugrunde gelegten Messstrecke, mindestens jedoch 4 m.

55 Wird an geeichten Messanlagen ein Reifenwechsel vorgenommen, so verändert sich zwangsläufig der **Außenradius des Reifens** und damit die Basis der Wegstreckenmessung.

Dabei muss man beachten, dass nach Industrienorm grds. eine **Abweichung der Reifengröße bei der Herstellung** von – 1,5 % bis + 2,5 % der Normgröße zulässig ist. Damit kann prinzipiell jeder Reifenwechsel die zulässige Fehlertoleranz überschreiten.

56 Bei **früheren Bedienungsanleitungen** des Herstellers war deshalb nach jedem Reifenwechsel ein 1.000 m Abgleich erforderlich. Wurde bei dieser Wegstreckenmessung ein Fehler größer als 1 % festgestellt, war eine Neueichung der Messanlage erforderlich.

57 | **Hinweis:**
    | Beim Eichamt Fellbach gab es eine **Serienmessung bei ProViDa-Anlagen** gewechselter Reifen. Dabei wurde bei etwa 250 Reifenvergleichen festgestellt, dass die Abweichungen regelmäßig geringer als die nach DIN zulässige Abweichung waren. Zusätzlich wurde festgestellt, dass Winterreifen i.d.R. eher einen größeren und Sommerreifen eher einen geringeren Reifenabrollumfang haben.

Aus dieser Untersuchung wird gefolgert, dass eine Überprüfung des Reifenabrollumfanges nach einem Reifenwechsel grds. zu erfolgen hat, wenn (regelmäßig größere) Winterreifen auf (regelmäßig kleinere) Sommerreifen **derselben Größe** gewechselt werden.

Der **umgekehrte Reifenwechsel** braucht hingegen nicht überprüft zu werden. Dieser Auffassung ist nicht unkritisch zu begegnen, da die Überprüfung (Eichamt Fellbach) einer wissenschaftlichen Grundlage entbehrt. Allein aus einer geringen Anzahl überprüfter Reifenwechsel kann nicht geschlossen werden, dass Reifengrößen prinzipiell dem Untersuchungsergebnis folgen.

58 Die Feststellung des unkritischen Reifenwechsels von Sommer- auf Winterreifen beruht auf der „Vermutung", dass durch den Reifenwechsel immer Veränderungen „zugunsten" des Betroffenen eingetreten sind.

59 Aber auch wenn dies tatsächlich der Fall ist, kann bei einem **negativen Eichfehler** (zu niedrige Werte) dieser Wert weiter verringert werden (Tausch eines nach Fertigungsnorm „kleinen" Sommerreifens gegen einen „großen" Winterreifen), was insgesamt zu einem falschen Messwert außerhalb der Verkehrsfehlergrenze führen kann,, was zum Erlöschen der Eichung führt.

A. Allg. Anf. a.d. Anwendung von technischen Geräten in der Verkehrsüberwachung

Auch dabei stellt sich die Frage, ob amtliche Messungen, die mit einer eichpflichtigen, aber nicht geeichten Messanlage durchgeführt werden, auch **verwertet werden dürfen** (s.a. die Ausführungen unter Rn. 44).

Grds. sollte daher nach einem Reifenwechsel die Wegstreckenmessung analog dem früheren 1.000 m Abgleich überprüft werden.

VI. Verkehrsüberwachungsvorschriften (VKÜ)

Den **Richtlinien der Bundesländer zur Geschwindigkeitsüberwachung** (Verkehrsüberwachungsvorschriften, VKÜ) kommt eine entscheidende Bedeutung zu, und zwar zum einen für die Eindeutigkeit der Messdurchführung und Anwendung verschiedener Toleranzen durch den Messbeamten und zum anderen für die anwaltliche Verteidigung im Einzelfall. 60

Die Richtlinien schreiben u.a. Folgendes vor: 61

- behördlicher Geltungsbereich,
- Auswahl der Messstellen,
- zeitliche Vorgaben,
- Entfernung zur Geschwindigkeitsbeschränkung,
- Unterschreitungen zu derselben bei besonderen Umständen (z.B. 30 km/h-Zone),
- Messwerttoleranzen,
- Anforderungen an das Messpersonal (Ausbildung),
- privates Messpersonal,
- Anforderungen an das Messprotokoll und
- Anforderungen an das Anhalteprozedere.

Dabei stellen die vorgenannten Punkte nur eine **ausgewählte Auflistung** dar. Die jeweiligen Vorschriften sind durchweg umfangreicher und werden ständig aktualisiert.

Durch die Richtlinien zur Geschwindigkeitsüberwachung wird die Verkehrsüberwachung in einen **definierten Rahmen** gesetzt. In der anwaltlichen Verteidigung kann die Kenntnis dieser Richtlinien bspw. von Nutzen für den Mandanten sein, wenn eine Messstrecke bei einer Messung durch Nachfahren entgegen der bestehenden Vorschriften für dieses Bundesland unter bestimmten Umständen verkürzt wurde (Starken, DAR 1998, 85). In diesem Fall ist es **Aufgabe des Tatrichters** auf die bestehenden Umstände der Messung und der Vorschriften einzugehen, was u.U. sogar zu einer Verfahrenseinstellung führen kann (Starken, DAR 1998, 85; zur Messung durch Nachfahren s. Teil 3 Rn. 45 ff. und auch zur Messung in der Nähe des geschwindigkeitsbeschränkenden Schildes s. Teil 3 Rn. 43 ff.). 62

Teil 1: Messverfahren

VII. Lebensakten

63 Die Frage, ob eine **Lebensakte eines Messgerätes** (vgl. dazu auch Teil 2 Rn. 121 ff., 126 ff.) zur amtlichen Überwachung zu führen ist und ob diese Bestandteil der Beweismittel in der Verfahrensakte sein muss, wurde noch nicht eindeutig beantwortet.

> **Hinweis:**
>
> Weitere Begrifflichkeiten für Lebensakte sind
>
> • Reparaturbuch,
> • Gerätebuch,
> • Gerätestammkarte und
> • Werkstattkarte.

64 Die **Eichgültigkeit** für diese Messgeräte beträgt abweichend von § 12 EichO ein Jahr. Dies ist ein recht kurzer Zeitraum, zumal keine Erfahrungssätze derart vorliegen, dass sicher gestellt ist, dass Messgeräte für die amtliche Überwachung über den gesamten Eichzeitraum technisch mängelfrei bleiben und ordnungsgemäß funktionieren.

§ 13 EichO (s. Rn. 40) beschreibt die **Voraussetzungen für das vorzeitige Erlöschen** der Eichgültigkeit.

65 In diesem Zusammenhang muss jedoch auch berücksichtigt werden, dass die Eichgültigkeit eines Messgerätes **nicht der Garant** dafür ist, dass das Messgerät über den gesamten Eichzeitraum **ohne technische Mängel funktioniert**, da ein Messgerät doch von einer Vielzahl verschiedener Personen bedient wird und einer allgemein hohen Beanspruchung unterliegt. So ist ein Messgerät, welches fest in ein Messfahrzeug eingebaut ist, weniger beansprucht als ein Messgerät, das überwiegend im Handbetrieb verwendet wird. Dennoch kann es notwendig werden, das Messgerät **innerhalb des Eichzeitraums einer Reparatur** zuzuführen, bei dem ein Defekt behoben wird oder ein Eingriff augrund einer technischen Verbesserung notwendig ist.

Beispiele:

Änderung an Bauteilen, Softwareupdates etc.

66 Aufgetretene Mängel, Reparaturen, Erweiterungen, Anschluss von Zusatzeinrichtungen oder Nacheichungen werden in der Lebensakte dokumentiert. Dies entspricht nicht nur den gesetzlichen Vorgaben, sondern ist auch Inhalt der **Rechtsprechung der OLG** (KG, NZV 2002, 335 = VRS 101, 456 ff.; OLG Düsseldorf, VRS 86, 118). Die Zuständigkeiten bei der Überwachung der Eichgültigkeit von Messgeräten regeln die Bundesländer selbst.

A. Allg. Anf. a.d. Anwendung von technischen Geräten in der Verkehrsüberwachung

Aus der Lebensakte lassen sich also Informationen über die Art und den Umfang sowie den Zeitpunkt der Reparaturen erfahren. Für die **Verteidigung** ist dies insofern bedeutsam, als dass eine Messung kurz vor einer evtl. Reparatur des betreffenden Messgerätes stattgefunden hat und unter diesem zeitlichen Aspekt besondere Beachtung erfahren muss, da die Messung durch den Reparaturvorgang fehlerhaft sein kann.

67

> **Hinweis:**
>
> Auch ist interessant zu prüfen, ob nach erfolgter Reparatur und anschließender Reparatureichung das Messgerät „unverzüglich" (§ 13 Abs. 2 EichO) dem zuständigen Eichamt zur Überprüfung vorgeführt wurde. In diesem Fall lässt sich die Einsichtnahme in die Lebensakte begründen, weil überprüft werden muss, dass die zuständige Eichbehörde gem. § 72 Abs. 5 EichO über die Instandsetzung in Kenntnis gesetzt und eine Nacheichung unverzüglich beantragt wurde.

Das **Recht auf Akteneinsicht** im Verfahren ist in den einzelnen Bundesländern unterschiedlich geregelt. So ist in Bayern nach einer Richtlinie des Bayerischen Staatsministeriums vorgeschrieben, dass Eichurkunden, Stammkarten (sog. Lebensakten) nicht von der Akteneinsicht erfasst sind.

68

Bei Stellung eines Antrages auf Beiziehung der Lebensakte ist zu beachten, dass dieser mit einer **Beweisbehauptung** zu versehen ist. Im vorgerichtlichen Verfahren stellt dieser Umstand den Verteidiger vor Schwierigkeiten, da doch die Beweistatsache oder das Beweismittel erst gesucht werden. Im gerichtlichen Verfahren obliegt die Beiziehung der richterlichen Anordnung (s.a. unten Teil 3 Rn. 126 ff.).

69

Die **PTB** als Zulassungsbehörde hat mit einer Stellungnahme aus dem Januar 2004 nicht zur Auflage gemacht, zwingend eine Lebensakte zu den einzelnen Messgeräten zu führen. Hier heißt es:

70

„(...) Aus der Sicht der Zulassungsbehörde kann daher auch keine Verpflichtung bestehen, derartige Akten, die möglicherweise zu anderen Zwecken aus betriebsinternen Gründen gelegentlich geführt werden, gegebenenfalls herauszugeben.

(...) Zu berücksichtigen ist, dass jedes geeichte Gerät eichamtlich gesichert ist, sodass Reparaturen oder sonstige Eingriffe nur nach Brechen von eichamtlichen Siegeln, Plomben o.ä. möglich sind. Vor jeder erneuten Inbetriebnahme ist eine Neueichung erforderlich.

(...) Vielfältige interne Überwachungen und die regelmäßige Eichung sorgen dafür, dass bereits sich anbahnende Gefahren der Überschreitung von Fehlergrenzen rechtzeitig erkannt werden und die Geräte nicht messbereit werden bzw. nicht zum Einsatz kommen. Das Führen von „Lebensakten" zur nachträglichen Feststellung eines Überschreitens zugelassener Fehlergrenzen ist daher nicht relevant, da die Zulassung und die Eichpflicht bereits wesentlich wirksamer und schärfer diesbezüglich Vorsorge treffen."

Teil 1: Messverfahren

71 Die PTB stützt sich in ihrer Stellungnahme auf die vor jeder Messung automatisch ausgelösten oder entsprechend der jeweiligen Bedienungsanleitung zu erstellenden **Kalibrierfotos (Testfotos)**.

Hierbei ist zu beachten, dass sich einige Messgeräte unter **Umgehung dieser vorgeschriebenen Test** in den Messbetrieb schalten lassen. Dann sind zwar keine Testfotos als Aktenbeweis vorhanden, die Messung ist aus diesen Gründen im Nachhinein nicht verwertbar, aber eine Messung lässt sich dennoch durchführen.

VIII. Bedienungsanleitungen

72 Grundlage für die **Inverkehrbringung eines Messgerätes** zur amtlichen Überwachung des Straßenverkehrs ist der **Zulassungsschein** (s. Rn. 15 ff.) mit seinen Voraussetzungen i.V.m. einer gültigen Bedienungsanleitung für das jeweilige Gerät. Die **Bedienungsanleitung** schreibt vor, wie ein Messgerät und unter welchen Bedingungen zu handhaben ist, um eine beweissichere verwertbare Messung durchzuführen. Sie schreibt vor, wie das Gerät aufzustellen ist, wie die erforderlichen Tests durchzuführen sind und wie der Messablauf im Einzelnen zu erfolgen hat, um die Anforderungen an die sichere Messwertzuordnung, die Fahrereigenschaften und die zweifelsfreie Erkennung des amtlichen Kennzeichens zu erfüllen.

73 Erfahrungsgemäß werden die Forderungen der **Bedienungsanleitung häufiger nicht beachtet** (zu den Folgen OLG Koblenz, VRR 2005, 349). Die Einsichtnahme in die Bedienungsanleitung sollte jedem Messbeamten jederzeit ermöglicht werden. § 74 Nr. 13 EichO schreibt eindeutig vor, dass ordnungswidrig gehandelt wird, wenn die Bedienungsanleitung (Wartungs- und Gebrauchsanweisung) nicht oder nicht in der vorgeschriebenen Weise aufbewahrt wird.

Hinweis:

Bei Unsicherheiten ist es daher in der Praxis ratsam, die Bedienungsanleitung jederzeit an den Messplatz mitzuführen und im Zweifelsfall das jeweilige Problem nachzuschlagen.

Das reine Vertrauen auf die Technik kann im Einzelfall für die Beweissicherheit der Messung schwer wiegende Folgen haben, da kein Messgerät für sich die absolute Sicherheit einer ordnungsgemäßen Messung gewährleistet.

---

74 Diesem Umstand wird von den Herstellern Rechnung getragen, indem **umfangreiche Bedienungsanleitungen** für die verschiedenen Geräte erstellt und die technischen Eigenheiten eines jeden Gerätes damit berücksichtigt werden.

A. Allg. Anf. a.d. Anwendung von technischen Geräten in der Verkehrsüberwachung

Die **erforderlichen Tests**, die notwendig sind bevor bspw. ein Lasermessgerät in Betrieb genommen werden kann, müssen in einer bestimmten und ausschließlich dieser Entfernung durchgeführt werden. Werden die Tests außerhalb dieser vorgeschriebenen Entfernung durchgeführt, so wird vom Messbeamten eine beweissichere Messung durch den Verstoß gegen die BA (durch sein eigenes Handeln) ausgeschlossen.

Immer wieder liegen Akten vor, bei denen bspw. bei Lichtschrankenmessungen nicht die Abbildung des Messbereichs in dem Umfang wie vorgeschrieben vorgenommen wurde. Dies ist aber notwendig, damit der Messwert nur dem Betroffenenfahrzeug zugeordnet werden kann. Befinden sich zwei Fahrzeuge im Messbereich oder lässt die fotografische Aufnahme dies vermuten, ist diese Messung u.U. nicht zu verwerten.

In solchen Fällen ist zu prüfen, ob ein Verstoß gegen die Bedienungsanleitung die Verwertbarkeit der Messung verbietet oder ob das Messergebnis abgeändert werden muss (Toleranzabzug), um zur Verwertbarkeit zu gelangen.

Der Hersteller weist damit auf die **technische Eigenheit seines Messgerätes** hin, beschreibt aber in der Bedienungsanleitung, wie die fotografische Abbildung des Betroffenenfahrzeuges eindeutig zu erfolgen hat und rüstet die Messanlage dementsprechend umfangreich aus.

Daher mutet es seltsam an, dass in Verfahren Einspruch eingelegt werden muss, nur weil die **beweissichere Zuordnung des Messergebnisses** anhand des Messfotos nicht erfolgen kann, obwohl die Anlage i.V.m. der Bedienungsanleitung dafür durchaus geeignet ist.

Dieses Abweichen von den Forderungen der BA und das eigene interpretieren dieser Forderungen durch die Gerätebetreiber ist ein den Herstellern der Messgeräte bekanntes Problem. Dennoch kommt es immer wieder zu nicht eindeutigen Messumständen und nicht eindeutig zuzuordnenden Messergebnissen. Vielfach werden in **Hauptverhandlungen** immer wieder dieselben Messbeamten als Zeugen gehört, die zuvor durch die gleichen, immer wiederkehrenden Fehler bei einer Messung aufgefallen sind. Zumal in der Hauptverhandlung überhaupt erst geklärt werden kann, ob der Messbeamte den korrekten Aufbau und die korrekte Bedienung des Messgerätes durchgeführt hat (vgl. OLG Koblenz, VRR 2005, 349). Hier sind insb. Lasermessungen zu nennen.

Hinweis:

Änderungen der Gebrauchsanweisung bedürfen der Genehmigung durch die PTB und müssen vom Gerätehersteller allen Betreibern mitgeteilt werden.

Teil 1: Messverfahren

IX. Anforderungen an eine korrekte amtliche Messung

76 Zusammenfassend ist zu sagen, dass für die Zulassung von Messgeräten für die amtliche Überwachung des Straßenverkehrs, für die Eichung und für die letztendliche Inbetriebnahme durch den Gerätebetreiber **eindeutige gesetzliche Vorschriften** (EichG/ EichO) bestehen. Diese Vorschriften bedürfen keiner Interpretation, sondern sind klar formuliert abgefasst.

77 Wird gegen diese Vorschriften verstoßen – sei es durch die falsche Umsetzung der Inhalte einer Bauartzulassung bei der Zusammensetzung der Geräte oder der Eichung selbst oder durch Verstoß gegen die Regelungen der Bedienungsanleitungen – gilt: Entweder ist es verboten, mit diesem Messgerät weiter amtliche Messungen durchzuführen oder das jeweilige Messergebnis darf nicht oder nur eingeschränkt in der Verfolgung von Ordnungswidrigkeiten verwertet werden (vgl. auch OLG Koblenz, VRR 2005, 349).

Folgend sollen die Anforderungen an eine **korrekte amtliche Messung** aufgezeigt werden:

78 **Checkliste: Korrekte amtliche Messung**

> ☐ Ein Messgerät für amtliche Messungen muss über eine **Bauartzulassung** verfügen. . Das Messgerät muss in seiner Wirkungsweise über eine Messrichtigkeit, eine Messbeständigkeit und über eine Prüfbarkeit mindestens innerhalb des Eichzeitraumes verfügen. Seine Eichfähigkeit erhält das Messgerät mit der Bauartzulassung.
>
> ☐ Das Messgerät muss zum Tatzeitpunkt **gültig geeicht** sein. Das Eichprozedere hat den Inhalten des Zulassungsscheins zu folgen. (Achtung: Der Eichschein besteht u.U. aus mehreren Seiten!) Das Messgerät darf in seiner Zusammensetzung nicht von den Vorgaben des Zulassungsscheins abweichen.
>
> ☐ Zum Tatzeitpunkt dürfen **Eichsiegel** oder **Eichplomben nicht verletzt** oder unkenntlich gemacht worden sein. Ob überklebte Eichsiegel eine gültige Eichung bescheinigen können (s. § 13 EichO), ist juristisch strittig (vgl. Rn. 48 f.).
>
> ☐ Je nach Messgerät muss der **Messbeamte** an dem jeweiligen Gerät **geschult** sein. Ein Nachweis darüber ist im Einzelfall zu erbringen. Bei einigen Messverfahren muss auch der mit der Auswertung der Messungen betraute Messbeamte (z.B. bei Radarmessverfahren) ebenfalls geschult worden sein.
>
> ☐ Der **Messplatz** ist entsprechend der Bedienungsanleitung zu wählen.
>
> ☐ Das **Messgerät** muss entsprechend den Vorgaben der Bedienungsanleitung **aufgebaut** und betrieben werden. Messrelevante Bereiche sind aus Gründen

der korrekten Messwertzuordnung umfassend fotografisch abzubilden. Weiterhin ist der fotografischen Fahrereigenschaft sowie der Identität des amtlichen Kennzeichens Rechnung zu tragen. Ist ein Messgerät nicht mit einer Aufnahmeeinheit ausgestattet (hier überwiegend Lasermessgeräte), so ist vor Ort die Fahrereigenschaft zu klären und die korrekte Messwertzuordnung sicherzustellen.

☐ Über den Messeinsatz ist ein **Messprotokoll** zu führen, das die gültige Eichung des verwendeten Messgerätes, den Messzeitraum, die Messbeamten und eine Übersicht über die Messörtlichkeit wiedergibt Verwendete Filme sind zu kennzeichnen. Besonderheiten des Messbetriebes sind nach den Anforderungen der jeweiligen Bedienungsanleitung aufzuführen.

☐ Stellt der Messbeamte **technische Unregelmäßigkeiten** fest, so ist der Messbetrieb zu unterbrechen.

☐ Der Auswerter hat sich zu überzeugen, dass **nicht eindeutige** Messkonstellationen nicht zur Anzeige gebracht werden.

☐ Weiterhin ist durch den Auswerter zu prüfen, dass das notwendige **Beweismaterial zur Verfügung** steht, der Messbetrieb wie in der Bedienungsanleitung gefordert, auch durchgeführt wurde Wurden die erforderlichen Tests durchgeführt? War das Gerät geeicht? Ist der zur Beanzeigung vorgesehene Messwert dem Betroffenfahrzeug eindeutig zuzuordnen? Ist das Tatfoto so beschaffen, dass es eine zweifelsfreie Fahrereigenschaft zulässt?

☐ Kann im Einzelfall (im Einspruchsverfahren) die **Verfahrensakte** mit allen relevanten **Beweismaterialien**, die eine korrekte Messung belegen, ausgestattet werden?

Teil 1: Messverfahren

B. Abstandsmessverfahren

I. Historie

79 Die Nichteinhaltung des Sicherheitsabstandes gehört mit zu den **Hauptunfallursachen** in der Verkehrsunfallstatistik, weshalb der Abstandsüberwachung zunehmend Bedeutung beigemessen wird.

80 Das richtige Abstandsverhalten ist in § 4 StVO geregelt, wobei drei Abstandsregeln unterschieden werden (vgl. auch Teil 3 Rn. 63):

(1) Der Abstand von einem vorausfahrenden Fahrzeug muss i.d.R. so groß sein, dass auch dann hinter ihm gehalten werden kann, wenn **plötzlich gebremst** wird. Der Vorausfahrende darf dabei nicht ohne zwingenden Grund stark bremsen.

(2) **Kfz**, für die eine **besondere Geschwindigkeitsbegrenzung** gilt, sowie Züge, die länger als 7 m sind, müssen außerhalb geschlossener Ortschaften ständig so großen Abstand von dem vorausfahrenden Kfz halten, dass ein überholendes Kfz einscheren kann. Das gilt nicht,

1. wenn sie zum Überholen ausscheren und dies angekündigt haben,
2. wenn in der Fahrtrichtung mehr als ein Fahrstreifen vorhanden ist oder
3. auf Strecken, auf denen das Überholen verboten ist.

(3) Lastkraftwagen mit einem zulässigen Gesamtgewicht über 3,5 t und Kraftomnibusse müssen auf Autobahnen, wenn ihre Geschwindigkeit mehr als 50 km/h beträgt, von vorausfahrenden Fahrzeugen einen Mindestabstand von 50 m einhalten.

81 Durch die Abstandsregelung sollen in erster Linie Auffahrunfälle verhindert werden. Die Abstandsregelung in § 4 StVO enthält aber keine konkrete Regelung wie groß der Abstand zum vorausfahrenden Fahrzeug sein soll. Hier hat die Rechtsprechung die ersten exakten Größen mit

- dem „**gefährdenden Abstand**" (= Fahrstrecke in 0,8 s; vgl. dazu auch OLG Karlsruhe, VRS 34/295) und

- dem „**erforderlichen Sicherheitsabstand**" (= Fahrstrecke in 1,5 s; vgl. dazu auch BGH, VRS 34, 89)

definiert.

Jedoch ist nicht nur die Größe des Abstandes von Bedeutung, vielmehr ist auch die **Dauer der Abstandsunterschreitung von Bedeutung**. So verlangt die Rechtsprechung für die gravierende Androhung eines Bußgeldes „eine nicht nur ganz vorübergehende Unterschreitung des Sicherheitsabstandes" wobei zum Zeitpunkt der Entscheidung von einer Wegstrecke von 250 m bis 300 m ausgegangen wurde.

B. Abstandsmessverfahren

Bei einigen Abstandsüberwachungsanlagen scheint man solche älteren Anforderungen gerne zu vergessen. Nur so lässt es sich erklären, dass bspw. bei den ersten bayerischen Abstandsmessverfahren die technische Voraussetzung zur Bewertung des Abstandsverhaltens in Entfernungen von mehr als 150 m gar nicht erst geschaffen wurde, oder die Möglichkeit bei der Anwendung des Überwachungsgerätes zugelassen wurde, dass solche Anforderungen nicht erfüllt werden müssen (wie bspw. bei VKS-Vidit). 82

Eine Entscheidungshilfe zur Feststellung des vom Gesetz- und Verordnungsgeber „Gewollten" bietet auch der Blick in die Sanktionsnormen. Früher waren in Verwarnungsgeldkatalog und Bußgeldkatalog für den gleichen Verstoß unterschiedliche Regelungen aufgeführt. 83

Gem. § 49 StVO handelt ordnungswidrig i.S.d. § 24 StVG, wer vorsätzlich oder fahrlässig gegen eine Vorschrift über den Abstand nach § 4 StVO verstößt. 84

Die hierzu ergangene BKatV wurde in 2001 neu gefasst und trat am 01.01.2002 in Kraft. Die davor gültige BKatV v. 04.07.1989, zuletzt geändert durch Art. 6 des Gesetzes v. 19.03.2001 (BGBl. I, S. 386) trat gleichzeitig außer Kraft.

Bei der **Abstandsbewertung seit 1970** wurde zunächst ein Verwarnungsgeldtatbestand zugrunde gelegt, der erst dann als Bußgeldtatbestand beanzeigt und sanktioniert werden konnte, wenn folgende, aus der Rechtsprechung formulierte Parameter erfüllt waren: 85

1. die **Geschwindigkeit** lag über 80 km/h,
2. der **Abstand** war gefährdend, betrug also weniger als die Fahrstrecke in 0,8 s,
3. die **Abstandsunterschreitung** dauerte über eine nicht nur ganz vorübergehende Wegstrecke, also mindestens 250 m bis 300 m und
4. es traten keine **Abstandsveränderungen durch Abbremsen des vorausfahrenden Fahrzeuges** oder **durch Einscheren anderer Fahrzeuge** ein.

Die jetzt gültige BKatV beschränkt sich auf die Feststellung der Geschwindigkeit über 80 km/h und des Abstandes weniger als 5/10 des halben Tachowertes in Metern.

Dabei gab es in der BKatV ursprünglich nur eine Bußgeldandrohung. Erst mit **Einführung der Abstandsüberwachungen** mittels Video und demfolgend der Einführung der o.a. BKatV v. 04.07.1989 wurden mehrere Bußgeldkategorien geschaffen. Hier wurden je nach Geschwindigkeit (mehr als 80 km/h – mehr als 100 km/h – mehr als 130 km/h) und Abstand **zehn Bußgeldkategorien** mit und ohne Fahrverbot unterschieden.

Betrachtet man neben der Entwicklung der Verordnungsgebung die Entwicklung der Technik, so ist im zeitlichen Ablauf eine gewisse Parallelität zu erkennen. 86

Teil 1: Messverfahren

87 Die **Entwicklung der Abstandsmessverfahren** setzt in den 70er-Jahren ein. Stationäre Messverfahren wurden zunächst mit Fotoaufnahmetechnik eingeführt. Die Messverfahren erforderten allerdings eine sehr zeitaufwändige Auswertung, weshalb sie Mitte der 80er-Jahre von der Videotechnik abgelöst wurden.

Mit **Einführung der „bewegten" Bilder** in der Beweisführung lassen sich Abstandsverstöße effizient und nachvollziehbar dokumentieren.

Mitte der 80er-Jahre wird die Videotechnik zur Abstandsüberwachung eingesetzt und ab diesem Zeitpunkt kommen die ersten Abstandsüberwachungen in Serie zustande.

88 Bezeichnend war, dass die ersten Videoabstandsüberwachungsanlagen von den Überwachungsbehörden selbst entwickelt wurden, wobei im Wesentlichen handelsübliche Videoprodukte Verwendung fanden.

> **Hinweis:**
> Der Vorteil der Videoüberwachung ggü. der Fotodokumentation besteht darin, dass mit einer Kamera das gesamte Verkehrsgeschehen an einer Kontrollstelle aufgezeichnet wird und erst im Nachhinein, nach dem Durchfahren der Messstelle die individuelle Aufnahme von Fahrer und Fahrzeug mit einer zweiten Fotoeinheit erfolgt, wenn die Beobachtung des Fahrablaufes den konkreten Verdacht einer Ordnungswidrigkeit ergibt.

II. Rechtsprechung

89 Im Folgenden werden zunächst nur die grundlegenden Entscheidungen angesprochen, aus denen die Anforderungen an die von der Verfolgungsbehörde entwickelten Abstandsmessverfahren abgeleitet wurden.

90 Die Anforderungen, die an die Sanktion von Verstößen gestellt werden, sind in den entsprechenden Erlassen der Innenministerien der Länder zu entnehmen. Wenn die so seit 1970 entwickelten Anforderungen an die Sanktion von Abstandsverstößen auf den Einzelfall angewendet werden, sollte man bei der weiteren Entwicklung auch berücksichtigen, dass seit den ersten Entscheidungen Fahrzeugtechnik, gefahrene Geschwindigkeiten und insb. die Verkehrsdichte erhebliche Veränderungen erfahren haben.

91 Wenn folglich das Fahrverhalten eines Betroffenen bewertet wird, so muss geprüft werden, ob der Betroffene, insb. bei dichtem Kolonnenverkehr, verantwortlich für die eingetretene Abstandssituation gewesen ist und – sofern dies verneint wird – ob er überhaupt noch die Möglichkeit gehabt hatte, nach Eintritt der Abstandssituation einen korrekten Abstand wiederherzustellen.

B. Abstandsmessverfahren

Grds. ist anzumerken, dass die nachfolgend aufgeführten Entscheidungen technisch verschiedene Messverfahren betreffen. Diese **Methoden zur Abstandsüberwachungen** wurden aus der Praxis entwickelt. Dabei beschränkte sich die Überwachung zunächst auf die Einhaltung des von der Rechtsprechung entwickelten Gefährdungsabstandes (Fahrstrecke in 0,8 s). Hier wurde die fotografische Messstrecke auf 150 m festgelegt und im Bereich von 40 m bis 190 m vor dem Messposten (Brücke) gewählt (z.B. Traffipax-Verfahren). Die davor liegende Strecke von 150 m (190 m bis 340 m vor der Brücke) wurde als „Beobachtungsstrecke" lediglich visuell vom Messbeamten während des Messbetriebes dahingehend „ausgewertet", dass der Fahrverkehr auf abrupte Geschwindigkeits- und Abstandsänderungen durch Fahrstreifenwechsel oder Bremsmanöver bewertet wurde. Eine fotografische Dokumentation der Bewegungsabläufe auf dieser „Beobachtungsstrecke" erfolgte nicht.

92

In seinem ophtalmologischen Gutachten vom 27.12.1983 zu der Rechtsprechung des OLG Köln (VRS 66, 463) hält der Biophysiker, Herr Prof. Dr. E. Hartmann von der Universität München, das **Seh-, Wahrnehmungs- und Merkvermögen des Menschen grds. für ungeeignet**, gleitende Abstandsveränderungen in einer Entfernung von 340 m bis 190 m vom Beobachter einigermaßen sicher wahrzunehmen, wenn sie nicht mindestens 25 % betragen.

93

Die Schwierigkeit, die Messung eines Abstandsverstoßes als korrekt zu bestätigen oder im Zweifelsfall Toleranzen festzulegen, besteht darin, dass über die Länge der Messstrecke und die Konstanz eines Abstandsverhaltens keine einheitliche und detaillierte Vorgabe besteht.

94

Zudem wird bei der Überwachung des Abstandes zwischen Fahrzeugen keine „Momentaufnahme" gefertigt, wie etwa bei der stationären Geschwindigkeitsüberwachung, sondern der Fahrablauf über eine längere Wegstrecke beurteilt. Dabei ist zu berücksichtigen, dass Fahrabläufe über eine Wegstrecke von ca. 300 m nur selten völlig gleichförmig ablaufen. Vielmehr muss ständig von geringfügigen Geschwindigkeits- und Abstandsschwankungen ausgegangen werden.

Ferner ist zu beachten, dass Gerichtsentscheidungen vor den Bußgeldkatalogverordnungen v. 04.07.1989 und v. 13.11.2001 sich nur mit der Überwachung des sog. „gefährdenden Abstandes" (0,8 Sekunden-Abstand) befassten, während die Höhe der Sanktionierung mit Geldbuße und Fahrverbot seither an den einzelnen Abstufungen ab 5/10 des halben Tachowertes angeknüpft ist (0,9 Sekunden-Abstand).

95

In einer der neuesten Entscheidungen zum zwischenzeitlich nicht mehr angewendeten Traffipax-Abstandsmessverfahren vom 28.03.1984 (VRS 66, 463) hat das OLG Köln zu den Anforderungen formuliert:

96

„In der Rechtsprechung ist anerkannt, dass der Sicherheitsabstand in der Regel der in 1,5 Sekunden durchfahrenen Strecke entsprechen muss; ein gefährdender Abstand besteht, wenn

Teil 1: Messverfahren

der Abstand auf ein Maß absinkt, das geringer ist, als die in 0,8 Sekunden durchfahrene Strecke.

...

Wenn in der Rechtsprechung gefordert wird, dass der Sicherheitsabstand auf einer Strecke von 250 – 300 Meter unterschritten sein muss, heißt dies nicht, dass auf dieser Strecke ein exakt gleich bleibender Abstand nachgewiesen werden muss. Grund dieser zu Gunsten des Betroffenen erhobenen Forderung ist, dass es auf der Autobahn immer eine Reihe von Situationen geben kann, die für Augenblicke zu einem sehr geringen Fahrzeugabstand führen können, ohne dass allein darin eine dem Fahrer anzulastende Pflichtwidrigkeit gefunden werden könnte; so wenn infolge plötzlichen Bremsens des Vorausfahrenden der Abstand des Nachfolgenden sich schlagartig für kurze Zeit stark verringert, oder wenn ein rechts Fahrender plötzlich kurz vor einem dort Nachfolgenden auf die Überholspur wechselt.

Ein Verstoß gegen §§ 1 Abs. 2, 4 Abs. 1 StVO kann daher schon angenommen werden, wenn auf der eigentlichen Messstrecke von 150 Meter der Sicherheitsabstand gleich bleibend unterschritten und ferner festgestellt worden ist, dass sich auf den vorangehenden 150 Meter die Verkehrssituation nicht in einer Weise geändert hat, dass dem Betroffenen aus dem zu dichten Auffahren kein Vorwurf gemacht werden kann."

97 Im Wesentlichen gleiche Ausführungen machen auch **OLG Düsseldorf** (VRS 64, 376) und OLG Oldenburg (VRS 67, 54).

98 Nach Änderung der BKatV und Einführung der Videoabstandsmessverfahren führt das **OLG Hamm** zum VAMA-Messverfahren in seinem Beschl. v. 28.10.1993 (NZV 94/99, 120) an:

„Der Senat hat mit Beschluss vom 14.07.1992 den Antrag auf Zulassung der Rechtsbeschwerde ... zugelassen, da bisher noch keine obergerichtliche Entscheidung vorliege, in dem zur Frage der Beweiserheblichkeit des hier angewandten Abstandsmessverfahrens VAMA Stellung genommen worden ist."

99 In der **Urteilsbegründung** beschränkt das **OLG Hamm** die Messstrecke auf die markierte Messstrecke von 50 m (bei VAMA 90 m bis 40 m vor der Brücke):

„Somit sind die vom AG getroffenen Feststellungen über den Abstand beider Fahrzeuge auf der Messstrecke von 50 Meter in Übereinstimmung mit dem Gutachten der PTB, das durch die Ausführungen des Sachverständigen für den hier in Betracht kommenden Geschwindigkeitsbereich nicht in Frage gestellt wird, fehlerfrei getroffen worden. Auch die Darlegung über den Fernbereich (Strecke von insgesamt deutlich mehr als 300 Meter), auf denen der Betroffene mit seinem Pkw deutlich zu nahe auf das vorausfahrende Fahrzeug aufgefahren ist, sind rechtlich nicht zu beanstanden.

Im Gutachten der PTB ist unter näherer Begründung dargelegt, dass bei einer Entfernung von mehr als 200 Meter (von der Kamera aus gemessen) mit Fehlern von ca. 10 Meter bei der Abstandsmessung bzw. bei der Angabe von möglichen Abstandsänderungen gerechnet werden muss. Der Sachverständige kommt zu dem Ergebnis, dass Geschwindigkeits- und Abstandsänderungen von 5 % auf einer Strecke von 200 bis 300 Meter bei der Auswertung von Videoaufnahmen nicht erkannt werden können. Für den Fernbereich ist jedoch eine genaue Ermittlung des Abstandes nicht erforderlich.

Wenn in der obergerichtlichen Rechtsprechung gefordert wird, dass der Sicherheitsabstand auf einer Strecke von 250 bis 300 m unterschritten sein muss, heißt dieses nicht, dass auf der ganzen Strecke ..... auf die Überholspur wechselt (so OLG Köln VRS 66, 463). Dass eine solche Änderung der Verkehrssituation im vorliegenden Fall kurz vor der Messung eingetreten ist, ohne dass der Betroffene hierfür verantwortlich gemacht werden könnte, hat das AG rechtsbedenkenfrei ausgeschlossen. Hierfür reicht ohne weiteres die Inaugenscheinnahme des Videofilmes, auch unter Berücksichtigung der in beiden Sachverständigengutachten aufgezeigten Fehlerquellen für den Fernbereich."

Aber auch die ersten Betrachtungen zu Videoauswertungen zeigen auf, dass man urspünglich zu großzügig mit der Bewertung der Qualität gelieferter Videoaufzeichnungen umgegangen ist. Die ersten Bewertungen des „sicheren" bayerischen Messverfahrens wurden in der Entscheidung des AG Wolfrathshausen (Beschl. v. 28.06.1994 – 3 OWi 52 Js 35231/93) kritisch betrachtet. 100

Hinweis:

Insgesamt muss man deutlich darauf hinweisen, dass alleine das Vorhandensein einer Videoaufzeichnung nicht automatisch einen korrekten Messablauf dokumentiert. Oftmals täuschen Videoaufzeichnungen beim Betrachten einen klaren Ablauf vor. Brennweite des Aufnahmeobjektivs und die Aufzeichnungsentfernung bestimmen i.V.m. den Lichtverhältnissen und i.V.m. der Qualität der Aufnahmetechnik alleine die Güte des Beweismittels. Hieran orientiert sich das „technisch Mögliche" an Auswertung.

Zur Qualität der einzelnen Messverfahren s. weiter unter Rn. 107 ff. 101

III. Differenzierte Bußgeldandrohung, Abstand als zeitlicher Abstand

Auch die Bußgeldkatalogverordnung legt die tatsächlich einzuhaltenden Abstände nicht für alle Fälle fest. Für die Verwarnungsgeldtatbestände nach den lfd. Nr. 12.1 bis 12.4 ist wieder nur vom „erforderlichen Abstand" die Rede, wobei die Geschwindigkeit unter 80 km/h und über 80 km/h unterschieden wird. 102

Erst wenn bei Geschwindigkeiten von mehr als 80 km/h der Abstand in Metern weniger als 5/10 des halben Tachowertes betrug, kommen die Tabellen nach den lfd. Nr. 12.5 und 12.6 zum Tragen, in denen jeweils der Abstand in Metern in 1/10-Kategorien des halben Tachowertes angegeben ist.

Die Berechnung, zunächst der **Geschwindigkeit des beanzeigten Fahrzeuges** und anschließend aus der Geschwindigkeit die Berechnung des Abstandes in Metern, führt nur umständlich zu korrekten Rechenergebnissen. 103

Teil 1: Messverfahren

In den Videoabstandsmessverfahren wird zunächst über eine definierte Wegstrecke die **Durchfahrzeit** gemessen und über eine Weg-Zeit-Berechnung die Fahrgeschwindigkeit des Fahrzeuges errechnet.

Anschließend wird der zeitliche **Abstand zwischen den beiden Fahrzeugen** des Betroffenen und des Vorausfahrenden ermittelt und zur Beanzeigung hieraus der Abstand in Metern berechnet.

104 Einfacher ist dagegen die **Betrachtung der Zeit**. Die Geschwindigkeit von 100 km/h bedeutet die Fahrstrecke von

$$100 \text{ km}/1 \text{ h} = 100.000 \text{ m}/3.600 \text{ s} = 100 \text{ m}/3,6 \text{ s}.$$

Der Tachowert in Metern wird also immer in 3,6 s zurückgelegt. Der empfohlene Sicherheitsabstand i.H.d. halben Tachowertes beträgt in Metern die Hälfte der Strecke, also 50 m.

Die Größe ist aber auch als die Fahrstrecke in der halben Zeit, also in 1,8 s, darzustellen.

$$100 \text{ m}/3,6 \text{ s} = 50 \text{ m}/1,8 \text{ s}.$$

Beträgt nach dem Bußgeldkatalog der Abstand in Metern weniger als ein Viertel des Tachowertes (bei einer Geschwindigkeit von mehr als 80 km/h), so ist ein Bußgeld zu verhängen.

Bei einer Geschwindigkeit von 100 km/h bedeutet dies weniger als 25 m. Als Größe in der Zeit lässt sich die Strecke als die Fahrstrecke in 0,9 s darstellen.

$$50 \text{ m}/1,8 \text{ s} = 25 \text{ m}/0,9 \text{ s}.$$

Über die gleiche Betrachtung lassen sich die nun folgenden Bußgeldkategorien „weniger als 5/10 des halben Tachowertes" bis „weniger als 1/10 des halben Tachowertes" in der gleichen Art darstellen.

$$25 \text{ m}/0,9 \text{ s} = 20 \text{ m}/0,72 \text{ s} = 15 \text{ m}/0,54 \text{ s} = 10 \text{ m}/0,36 \text{ s} = 5 \text{ m}/0,18 \text{ s}.$$

105 Während der Abstand in Metern nur für runde Werte wie 100 km/h so einfach zu berechnen ist, hat die Berechnung des zeitlichen Abstandes den Vorteil, dass die Kategorien für alle Geschwindigkeiten gleich sind.

Weniger als 5/10 des halben Tachowertes in Metern ist immer die Fahrstrecke in weniger als 0,9 s.

B. Abstandsmessverfahren

Die Bußgeldkategorien bestimmen sich weiter in Fahrstrecke weniger als 0,72 s, weniger als 0,54 s, weniger als 0,36 s und weniger als 0,18 s.

Zudem wird die Betrachtung der einzelnen Abstandsmessverfahren zeigen, dass der Abstand sich aus der Videoaufzeichnung zunächst immer nur als zeitlicher Abstand ermitteln lässt, der dann in Metern umzurechnen ist.

Tabelle 2
Nichteinhalten des Abstandes von einem vorausfahrenden Fahrzeug

Lfd. Nr.		Regelsatz in Euro	Fahrverbot
12.5	Der Abstand von einem vorausfahrenden Fahrzeug betrug in Metern a) bei einer Geschwindigkeit von mehr als 80 km/h		
12.5.1	weniger als $5/_{10}$ des halben Tachowertes	40	
12.5.2	weniger als $4/_{10}$ des halben Tachowertes	60	
12.5.3	weniger als $3/_{10}$ des halben Tachowertes	100	Fahrverbot 1 Monat soweit die Geschwindigkeit mehr als 100 km/h beträgt
12.5.4	weniger als $2/_{10}$ des halben Tachowertes	150	Fahrverbot 2 Monate soweit die Geschwindigkeit mehr als 100 km/h beträgt
12.5.5	weniger als $1/_{10}$ des halben Tachowertes	200	Fahrverbot 3 Monate soweit die Geschwindigkeit mehr als 100 km/h beträgt
12.6	b) bei einer Geschwindigkeit von mehr als 130 km/h		
12.6.1	weniger als $5/_{10}$ des halben Tachowertes	60	
12.6.2	weniger als $4/_{10}$ des halben Tachowertes	100	
12.6.3	weniger als $3/_{10}$ des halben Tachowertes	150	Fahrverbot 1 Monat
12.6.4	weniger als $2/_{10}$ des halben Tachowertes	200	Fahrverbot 2 Monate
12.6.5	weniger als $1/_{10}$ des halben Tachowertes	250	Fahrverbot 3 Monate

Interessant ist auch die Betrachtung des heutigen Verkehrsaufkommens. Unterstellt sei bei einem korrekten Sicherheitsabstand zuzüglich der eigenen Fahrzeuglänge ein zeitlicher Abstand zwischen Fahrzeugfront und Fahrzeugfront des nachfolgenden Fahrzeuges in der Größe der Fahrstrecke = halber Tachowert = Fahrzeit in 1,8 s.

Wird dieser Abstand von allen Verkehrsteilnehmern eingehalten, so können, unabhängig von der gefahrenen Geschwindigkeit, nur 2.000 Fahrzeuge in 3.600 s – also in einer

Teil 1: Messverfahren

Stunde – diesen Fahrstreifen passieren. Würden die Fahrzeuge einfach schneller fahren, müsste sich selbstverständlich auch der Abstand im selben Verhältnis vergrößern.

Berücksichtigt man, dass je nach Bundesautobahn regelmäßig ein Fahrstreifen von Lkw belegt ist, reduziert sich die Verkehrsmenge für diesen Fahrstreifen, wegen der Fahrzeuglängen und des vorgeschriebenen 50 m Abstandes, auf ca. 1.200 Fahrzeuge.

Das bedeutet, dass schon bei einer Fahrzeugdurchfahrtsmenge von mehr als 3.200 Fahrzeugen pro Stunde auf einer zweispurigen Autobahn ein verkehrsgerechtes Verhalten aller Verkehrsteilnehmer nicht mehr möglich ist.

Da Verkehrsmengen von mehr als 6.000 Fahrzeugen auf zweispurigen Autobahnen durchaus erreicht werden, lassen sich sogar die 0,9 s-Abstände nicht in jedem Fall einhalten.

Die Geschwindigkeitsreduzierung für Pkw unter 80 km/h und für Lkw unter 50 km/h muss die Folge sein, will man einer Sanktion in diesem Fall entgehen.

> **Hinweis:**
> Diese Betrachtung ist im Stau sicherlich nicht angebracht, mag aber aufzeigen, dass in den Übergangsphasen von freiem Verkehr zu den Verkehrsspitzen – und hier handelt es sich oftmals um die Überwachungszeiten – eine kritische Betrachtung der Handlungsmöglichkeiten geboten erscheint.

IV. Einzelne Messverfahren

107 Die im folgenden aufgeführten Messverfahren wurden von den jeweiligen Länderpolizeien in eigener Verantwortung entwickelt. In allen Verfahren werden Messstrecken durch Markierungen auf der Fahrbahn oder durch Setzen von Linien an Passpunkten bestimmt und anschließend Zeitmessungen zur Bestimmung von Geschwindigkeit und Abstand durchgeführt. Lediglich die Entwicklung des VKS-Verfahrens (Rn. 133) stellt eine unternehmerische Variante dar (zu VAMA s.a. Krumm, DAR 2005, 55 und Teil 3 Rn. 75, 84 f.).

1. Videoabstandsmessverfahren Saarland

a) Messverfahren

108 Beim saarländischen Videoabstandsmessverfahren wird von einer geeigneten Brücke aus der zulaufende Fahrverkehr mit einer Videokamera aufgezeichnet. Ein Zeichengenerator versieht die einzelnen Bilder der Videoaufzeichnung mit Zeitinformationen.

Auf der Fahrbahn sind in bestimmten Entfernungen Markierungen quer zum Fahrbahnverlauf aufgebracht, sodass sich i.V.m. der in das Video eingeblendeten Zeitinformation durch Weg-Zeit-Berechnungen Geschwindigkeiten und beim Überfahren der Linien zeitliche Abstände ermitteln lassen.

Ggü. anderen Videoabstandsmessverfahren sind zur Erhöhung der Beweissicherheit beim saarländischen Abstandsmessverfahren auf der Fahrbahn vier Markierungen aufgebracht. In der Entfernung von 100 m und 150 m von der Brücke in der Breite von 30 cm, in der Entfernung von 250 m von der Brücke in der Breite von 50 cm und in der Entfernung von 400 m vor der Beobachtungsbrücke in der Breite von 100 cm.

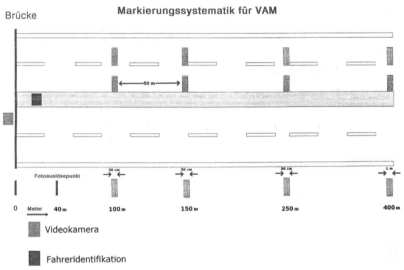

Die vor der Brücke markierte Strecke von 400 m bis 100 m stellt dabei die Mess- und Beobachtungsstrecke dar.

An der jeweiligen Messörtlichkeit ist mit den beiden Messmarkierungen 100 m und 150 m vor der Brücke die eigentliche **Auswertestrecke** markiert. Durch die Innenkanten dieser Fahrbahnmarkierungen ist eine Wegstreckenlänge von 50 m festgelegt.

In die Videoaufzeichnung wird mit einem Charaktergenerator eine Stoppuhrzeit in 1/100-Sekunden eingeblendet (zur Problematik der gültigen Eichung s. Rn. 149 ff.).

Wird vom Messbeamten bei Beobachtung des fließenden Verkehrs ein Verkehrsverstoß „vermutet", so wird von ihm 50 m nach der markierten Messstrecke per Handauslösung, mit einer getrennt von der Anlage arbeitenden Videoanlage, eine Videosequenz von Fahrzeugführer und Fahrzeug gefertigt.

Teil 1: Messverfahren

Die eigentliche Feststellung des Verkehrsverstoßes erfolgt erst bei der späteren Auswertung des Videofilmes im Büro.

Hierbei wird zunächst die Geschwindigkeit in der Art ermittelt, dass anhand der eingeblendeten Stoppuhrzeit die Zeit gemessen wird, die ein Fahrzeug benötigt, die letzten 50 m der Messstrecke zu durchfahren. Die Weg-Zeit-Berechnung ergibt dabei die gefahrene Geschwindigkeit.

111 Da die Videoaufzeichnung im gegenständlichen Verfahren mit einer Aufzeichnungsgeschwindigkeit von 50 Halbbildern je Sekunde arbeitet, wird nicht von jeder 1/100-Sekunde ein Bild gefertigt.

In der Auswertung werden die in der Aufzeichnung „fehlenden" 1/100-Sekunden zugunsten des Betroffenen in der Art berücksichtigt, dass grds. ein Fahrzeug jeweils mit seiner Vorderachse auf die jeweilige Fahrbahnmessmarkierung geführt wird.

Wenn diese Fahrzeugstellung nicht aufgezeichnet wurde, wird zu Beginn der Geschwindigkeitsauswertung das Einzelbild, auf dem die Vorderachse noch vor der Messmarkierung bei 150 m steht, zur Auswertung herangezogen. Zum Ende der Auswertung wird in diesem Fall das Einzelbild herangezogen, auf dem die Vorderachse bereits hinter der letzten Messmarkierung steht.

112 Neben dieser Geschwindigkeitsermittlung erfolgt eine **Abstandsermittlung zweier hintereinander fahrender Fahrzeuge** in der Art, dass der zeitliche Abstand beim Überfahren einer Messmarkierung zwischen der Hinterachse des vorausfahrenden Fahrzeuges und der Vorderachse des nachfahrenden Fahrzeuges gemessen wird.

Hierzu wird zunächst, analog der Geschwindigkeitsermittlung, das vorausfahrende Fahrzeug so an die letzte Messmarkierung herangeführt, dass seine Hinterräder **auf oder vor** der Messmarkierung stehen. Anschließend wird das hinterherfahrende Fahrzeug so an die gleiche Messmarkierung herangeführt, dass seine Vorderräder **auf oder hinter** der Messmarkierung stehen.

Die **Fahrzeugüberhänge**, von der Hinterachse zum Fahrzeugheck beim vorausfahrenden Fahrzeug und von der Vorderachse zur Fahrzeugfront beim nachfahrenden Fahrzeug, sowie die „fehlenden" 1/100-Sekunden der Aufzeichnung bleiben dabei als nicht vorgeschriebene Messtoleranz zugunsten des Betroffenen unberücksichtigt.

Hinweis:
Die Beweiskraft dieser Messmethode hängt im Wesentlichen von der Aufnahmequalität ab. Dabei entscheidet insb. die benutzte Brennweite über die realistische Wiedergabe eines aufgezeichneten Fahrablaufes.

B. Abstandsmessverfahren

Bei dem im Saarland angewendeten Messverfahren wurde die Gesamtmessstrecke im Bereich von 400 m bis 100 m vor der Videokamera gewählt. Dies ermöglicht aufnahmetechnisch die Benutzung einer großen Brennweite von über 100 mm (dies entspricht bei einer Kleinbildkamera einer Brennweite von über 200 mm). 113

Die **Verwendung großer Brennweiten** hat den **Vorteil**, dass insb. im Fernbereich eine vergrößerte Aufzeichnung der Verkehrsabläufe erfolgt, wodurch eine detailliertere technische Auswertung erfolgen kann. 114

Der **Nachteil** einer mit großer Brennweite durchgeführten Aufzeichnung liegt darin, dass ein Bewegungsvorgang „gestaucht" wird, d.h. eine längere Wegstrecke erscheint optisch verkürzt in der Aufzeichnung. Hierdurch scheinen sich Fahrzeuge langsamer zu bewegen, als es ihrer tatsächlich gefahrenen Geschwindigkeit entspricht.

> **Hinweis:**
> Vorsicht ist beim einfachen Betrachten solcher Aufnahmen geboten. Während schon bei kleineren Brennweiten Veränderungen von Geschwindigkeit und Abstand durch bloßes Betrachten nur eingeschränkt festzustellen sind, ist bei der Verwendung einer so großen Brennweite selbst eine Geschwindigkeitsveränderung von mehr als 30 km/h im Messbereich nicht direkt festzustellen.
> Hier sind immer Auswertungen in den markierten Teilbereichen durchzuführen.

b) Toleranzen beim saarländischen Messverfahren

Beim saarländischen Videoabstandsmessverfahren treten bei der Auswertung Abweichungen von den tatsächlichen Werten von Geschwindigkeit und Abstand auf. Die im Folgenden beschriebenen Abweichungen können dabei sowohl als positive (zugunsten des Betroffenen) wie als negative (zuungunsten des Betroffenen) Toleranzen auftreten. 115

aa) Toleranzbetrachtung innerhalb der Messstrecke von 50 m

■ **Zeitfehler der „Uhr"**

Gemäß Zulassung der PTB ist bei der Eichung die **Laufzeit der Uhr** zu überprüfen. Dabei darf die Abweichung von der Eichuhr nicht mehr als 0,1 % der gemessenen Zeit betragen. Die hieraus i.V.m. der Eichordnung sich ergebende Verkehrsfehlergrenze beträgt 0,2 % (negative Toleranz). 116

Der Zeitgeber hat eine Auflösung von 0,01 s. Das Videosystem ist jedoch nur in der Lage alle 0,02 s ein Halbbild aufzuzeichnen. Hieraus ergibt sich zwangsläufig das „Fehlen" jedes zweiten Zeitimpulses. Darüber hinaus ging man bei Festlegung der

Teil 1: Messverfahren

Eich- und Verkehrsfehlergrenzen davon aus, dass sich aus der fehlenden Synchronisation zwischen Zeitgeber und Videoaufzeichnung eine Schwankung von 0,01 s, die sich im Verlauf der Videoaufzeichnung ständig auf- und anschließend wieder abbaut ergibt.

Dieser Synchronisationsfehler beträgt für jede ermittelte Zeitdifferenz (neben der Verkehrsfehlergrenze) max. 0,01 s (negative Toleranz).

Markierungsfehler

117 Die **Markierungen zur Ermittlung der Geschwindigkeit** sind auf der Fahrbahn im lichten Abstandsmaß von 50 m zueinander in einer Markierungsbreite von 30 cm aufgebracht.

Damit beginnt die **Geschwindigkeitsermittlung** jeweils vor der Einfahrt in die 50 m Messstrecke und endet nach der Ausfahrt aus der Messstrecke. Bei der Auswertung verlängert sich dadurch die Messstrecke um mindestens 30 cm (Radaufstandspunkt zu Beginn und Ende der Zeitmessung jeweils auf der Mitte der Markierung), was zu einer längeren Messzeit und damit zu einer niedrigeren Geschwindigkeit führt (positive Toleranz).

Auswertefehler

118 Dadurch, dass in der **Videoaufzeichnung** nur alle 0,02 s ein Halbbild aufgezeichnet wird, stellt sich der Fahrablauf in der Einzelbildauswertung als eine Serie von „Sprüngen" dar, bei denen sich das Fahrzeug zwischen zwei Aufnahmen um eine Strecke nach vorne bewegt hat.

Ein **korrektes Auswerteergebnis** liegt nur dann vor, wenn sowohl bei der Geschwindigkeits- als auch bei der Abstandsermittlung die Fahrzeuge in dem zur Auswertung herangezogenen Einzelbild exakt auf der jeweiligen Messlinie stehen.

Wurde diese Fahrsituation nicht aufgezeichnet, wird dasjenige Halbbild zur Auswertung herangezogen, auf dem (jeweils zugunsten des Betroffenen) das Fahrzeug vor (bei Messbeginn), bzw. nach (bei Messende) der jeweiligen Markierung steht.

Hierdurch kann die ermittelte **Zeitdifferenz** sowohl bei der Abstandsermittlung, als auch bei der Geschwindigkeitsermittlung um bis zu 0,02 s zu hoch sein (positive Toleranz).

Fahrzeugüberhänge

119 Die **Abstandsermittlung** erfolgt jeweils zwischen der Hinterachse des vorausfahrenden Fahrzeuges und der Vorderachse des nachfahrenden Fahrzeuges. Die Fahrzeugüberhänge bleiben bei dieser Auswertung unberücksichtigt.

Die **Summe dieser Fahrzeugüberhänge** liegt, bis auf wenige Ausnahmen, in der Größenordnung von mehr als 1 m.

Bei Geschwindigkeiten um 90 km/h entspricht dies einem zeitlichen Abstand von ca. 0,04 s und bei Geschwindigkeiten um 180 km/h einem zeitlichen Abstand von ca. 0,02 s.

Um diese Zeitspanne ist der tatsächliche Abstand geringer als der ermittelte (positive Toleranz).

bb) Zusammenfassend zur Toleranzbetrachtung innerhalb der Messstrecke

Die **positiven Toleranzen**, die sich aus der Markierung und den fehlenden Einzelbildaufnahmen bei der Auswertung ergeben, lassen sich in ihrer Größenordnung nicht generell bestimmen und sollten deshalb (zugunsten des Betroffenen) nicht berücksichtigt werden.

120

Bei der Geschwindigkeitsermittlung sind **die negativen Toleranzen** zugunsten des Betroffenen in der Art zu berücksichtigen, dass die ermittelte Durchlaufzeit für die Messstrecke von 50 m um die durch Eichschein vorgegebene Verkehrsfehlergrenze von 0,2 % und den Zeitfehler in der Größe von 0,01 s erhöht wird, bevor die Geschwindigkeitsberechnung erfolgt.

Die **negativen Toleranzen bei der Abstandsermittlung** belaufen sich max. auf 0,01 s Zeitfehler zuzüglich der Verkehrsfehlergrenze von 0,2 % von 0,89 s (weniger als 5/10 des halben Tachowertes) = 0,00178 s, also insgesamt 1,178 1/100-Sekunden.

Dem steht die positive Toleranz der Fahrzeugüberhänge ggü., die sich selbst bei Geschwindigkeiten um 180 km/h noch bei 2/100-Sekunden bewegt.

Insgesamt ist bei der Abstandsermittlung daher kein über die Auswertetoleranz hinausgehender Abzug erforderlich.

121

> **Hinweis:**
> Innerhalb der aufgeführten Toleranzen sind sowohl die ermittelte Geschwindigkeit, als auch der ermittelte Abstand korrekt. Weitergehende Toleranzen sind für den Bereich der Messstrecke nicht erforderlich.

2. Bayerisches Videoabstandsmessverfahren

Das bayerische Videoabstandsmessverfahren funktioniert grds. gleich dem saarländischen Messverfahren. Die Markierungen wurden jedoch anders gestaltet.

122

Teil 1: Messverfahren

123 Zunächst wurde der Mess- und Auswertebereich näher zur Überwachungsbrücke verlegt. Die mit 50 m festgelegte Auswertestrecke ist 90 m bis 40 m vor der Brücke markiert. Markierungen im Fernbereich der Beobachtungsstrecke unterbleiben im Allgemeinen, sodass konkrete Auswertungen in der Annäherung nicht möglich sind. Die beschriebenen Markierungen werden mit einem geeichten Bandmaß festgelegt.

Für die Zeitbestimmung wird auch bei diesem Messverfahren der Charaktergenerator JVC-Piller verwendet.

Die **Verwendung geringerer Brennweiten** hat den Vorteil, dass die Bewegungsabläufe in ihrer Geschwindigkeit für das betrachtende Auge realistischer aufgezeichnet und wiedergegeben werden.

Hinsichtlich der Fehlermöglichkeiten im Nahbereich und die Toleranzen kann auf die Ausführungen zum saarländischen Messverhalten verwiesen werden (Rn. 115 ff.), da sich die Fehlermöglichkeiten analog verhalten.

Der **wesentliche Nachteil** liegt jedoch darin, dass die Messstrecke im Fernbereich nur mit einer geringen Abbildungsgröße aufgezeichnet wird. Bei zahlreichen ausgewerteten Aufnahmen ist daher festzustellen, dass die Zwischenräume zwischen zwei Fahrbahnmarkierungen (also eine Distanz von 11 m bis 12 m) schon in der Hälfte der Beobachtungsstrecke nicht mehr zu erkennen sind.

Dadurch sind Fahrbahnmarkierungen und andere Festpunkte oftmals nur in der zweiten Hälfte der Messstrecke (die letzten 150 m des Aufnahmebereiches) erkennbar und können nur dort zur Auswertung herangezogen werden. Die annähernd korrekte Bewertung von Geschwindigkeit und Abstand ist somit über die von der Rechtsprechung geforderte „nicht nur ganz vorübergehende Wegstrecke" nicht möglich. Dem trägt auch die Entscheidung des AG Wolfrathshausen (28.06.1994 – 3 OWi Js 35213/93, DAR 1994, 370 = NZV 1994, 410) Rechnung.

3. VAMA-Brückenabstandsmessverfahren/NRW

Wichtige Entscheidungen:
- AG Lüdinghausen, Urt. v. 17.04.2002 10 OWi 15 Js 333/02 -37/02
- OLG Koblenz, Beschl. v. 02.05.2002 1 Ss 75/02
- OLG Hamm, Beschl. v. 15.03.2004 2 Ss OWi 162/04
- OLG Dresden, Beschl. v. 08.07.2005 Ss (OWi) 801/04
- AG Lüdinghausen, Urt. v. 19.12.2005 10 OWi 89 Js 2124/05 -248/05
- AG Lüdinghausen, Urt. v. 12.11.2007 19 OWi-89 Js 1800/07-191/07
- OLG Bamberg, Beschl. v. 16.11.2009 2 Ss OWi 1215/09
- AG Homburg, Urt. v. 06.06.1997 5 OWi 120/97

Auch beim **VAMA-Brückenabstandsmessverfahren** führt der Messbereich bis in die Nähe von **40 m vor der Brücke**. Zum Ausgleich der Unzulänglichkeiten der Aufzeichnung im Fernbereich wird hier allerdings mit zwei Videokameras gearbeitet.

Dabei wird eine Kamera auf den Nahbereich von 30 m bis 120 m vor der Brücke ausgerichtet, während die zweite Kamera auf den Fernbereich von ca. 100 m bis ca. 350 m und mehr ausgerichtet wird.

Hinweis:
Bei der Kamera für den Fernbereich lassen sich durch die Verschiebung der Aufnahmeentfernung von der Brücke weg wie im saarländischen Verfahren, größere Brennweiten verwenden und dadurch die Fahrverhältnisse im Fernbereich detaillierter auswerten.

Die **Quermarkierungen im Messverfahren** werden mit einem geeichten Bandmaß ausgemessen und 40 m und 90 m vor der Messbrücke aufgebracht.

Zusätzlich zu diesen beiden Markierungen kann noch eine Markierung bei der Einfahrt in den Messbereich bei 350 m aufgebracht sein.

Auch hier wird für die Zeitbestimmung der Charaktergenerator JVC-Piller verwendet.

Fehlermöglichkeiten im Nahbereich und **Toleranzen** verhalten sich analog dem saarländischen Messverfahren (vgl. dazu Rn. 115 ff.).

Teil 1: Messverfahren

4. VIBRAM-BAMAS-Verfahren/Baden-Württemberg

Wichtige Enscheidungen:

- OLG Stuttgart, Beschl. v. 14.08.2007 4 Ss 23/07
- AG Freiburg, Urt. v. 14./25.08.2009 31 Owi 530 Js 11165/09

127 Das VIBRAM-BAMAS-Verfahren wurde in Baden Württemberg entwickelt. Es unterscheidet sich nicht prinzipiell von den zuvor beschriebenen Verfahren. Zunächst wird auch hier mit einem geeichten Messgerät die Fahrbahn vermessen und die Markierungen auf die Fahrbahn aufgebracht. Dabei sind hier im Zielbereich der Mess- und Beobachtungsstrecke zwei Teilstrecken zu je 50 m markiert.

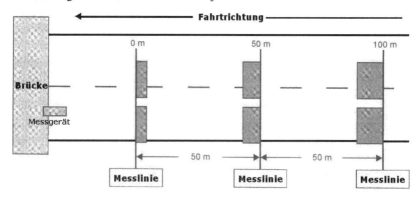

Von zwei Videokameras zeichnet die erste Kamera die Verkehrsabläufe auf, während 128
die zweite Kamera der Identifikation von Fahrzeug und Fahrer dient. In die Videoaufzeichnung der Verkehrsabläufe wird die UTC Weltzeit eingeblendet, die von der mitteleuropäischen Zeit um – 2 bzw. – 1 Std. abweicht, je nach Sommer- oder Winterzeit.

Für die Messung selbst wird zudem eine **geeichte Videostoppuhrzeit** eingeblendet. 129

Die **Auswertung** erfolgt ggü. den zuvor beschriebenen Abstandsmessmethoden derart, dass beim vorausfahrenden Fahrzeug die Geschwindigkeit über beide markierten Teilstrecken zweimal erfolgt und dadurch eine Konstanzprüfung der Geschwindigkeit durchgeführt wird. 130

Ein **weiterer Unterschied** zu den bereits beschriebenen Verfahren stellt die **Auswertung** dar. Zunächst wird bei diesem Verfahren der Abstand nicht zwischen Hinterachse des vorausfahrenden und Vorderachse des nachfahrenden Fahrzeuges bestimmt, sondern zwischen den Vorderachsen der beiden Fahrzeuge. Anschließend wird der so erlangte höhere Abstandswert wieder um die Fahrzeuglänge des vorausfahrenden Fahrzeuges minimiert. 131

Positiv ist die Gewährung einer weiter gehenden Toleranz in der Zeitgröße von 0,04 s zu bewerten, durch die Ungenauigkeiten bei der Positionierung zur Abstandsberechnung ausgeglichen werden sollen. 132

Teil 1: Messverfahren

> **Hinweis:**
> Die entsprechend der Auswertebeschreibung korrekt durchgeführte Auswertung führt im Nahbereich zu richtigen Messergebnissen, schließt aber nach wie vor die Problematik der Änderung von Geschwindigkeit und Abstand im Fernbereich nicht aus.

5. VIDIT/VKS

> **Wichtige Entscheidungen:**
> - BVerfG, Beschl. v. 11.08.2009 2 BvR 941/08
> - AG Schweinfurt, Urt. v. 31.08.2009 12 OWi 17 Js 7822/09
> - AG Meißen, Beschl. v. 05.10.2009 13 OWi 705 Js 54110/08
> - OLG Dresden, Beschl. v. 08.07.2005 Ss (OWi) 801/04
> - OLG Oldenburg, Beschl. v. 27.11.2009 Ss Bs 186/09
> - OLG Rostock, Beschl. v. 16.11.2009 - 2 Ss Owi 257/09

a) Allgemeine Ausführungen

133 Der Entscheidung des BVerfG (Rn. 227) lag eine Messung zugrunde, die mit dem VKS (Verkehrs-Kontroll-System) durchgeführt wurde.

In der anschließenden bundesweiten technischen und juristischen Diskussion wurden die verschiedenen VKS-Verfahren oftmals verwechselt. Im folgenden sollen die Unterschiede dargestellt werden.

Insbesondere soll hierbei besonderes Augenmerk auf die **Funktionsweise der Tatkamera** hinsichtlich der Erkennbarkeit von Einzelheiten in diesen Aufnahmen und auf die Weiterentwicklung der Anlagen in Bezug auf die Fahreridentifikation gerichtet sein (Programmmodul „select").

Alle im Bundesgebiet von der PTB zugelassenen VKS-Anlagen (Zulassungsnummer 18.19/01.02) unterliegen der Eichpflicht und sind als Standardisierte Messverfahren anerkannt.

Die Messanlagen ermöglichen, aus einer Videoaufzeichnung Geschwindigkeiten von Fahrzeugen und deren Abstände zueinander zu bestimmen.

b) **Einzelne Messsysteme der VKS- Familie**
1. Das mobile VKS-System 3.0 in der zugelassenen Version 3.1, welches das nicht zulassungspflichtige Modul „select" unterstützt, wird in einem Fahrzeug verbaut verwendet. Hierbei können die Fahrer-und Kennzeichenidentifikation über acht Fotos, die automatisch ausgelöst werden, generiert werden (nur in Verbindung mit Modul „select") oder über ein Videostream im Rahmen des Aufmerksamen Messbetriebs durch den Messbeamten.

   Die Softwareversion 3.1 darf mit der Zulassung seit dem 16.10.2008 verwendet werden. Diese Softwareversion ermöglicht insbesondere zusätzlich die **Messung der Differenzgeschwindigkeit zweier einander überholender Fahrzeuge** („Elefantenrennen"), um nachzuweisen, dass das überholende Fahrzeug keine ausreichende Differenzgeschwindigkeit zum überholten Fahrzeug eingehalten hat.

   Weiterhin unterstützt die Softwareversion 3.1 des zulassungspflichtigen Auswerteprogramms die Bearbeitung von automatisch vorselektierten Verdachtsfällen.

   Das Programmmodul „select" berechnet die Geschwindigkeits- und Abstandsdaten, generiert daraus Verdachtsfälle und fertigt zur Fahreridentifikation acht Einzelbilder.

   Wird das Modul „select" nicht verwendet, so erstellt der Messbeamte die Daten zur Fahreridentifikation anhand eines Videos im Rahmen des Aufmerksamen Messbetriebs.

2. In der älteren mobilen **3.0-Version** erfolgen die Fahrer- und Kennzeichenidentifikation über einen **Videostream**, dessen Aufzeichnungslänge der Messbeamte über eine manuelle Auslösung selbst bestimmt (Aufmerksamer Messbetrieb).

3. Eine weitere Version einer VKS-Messanlage ist die stationäre Messanlage **VKS 3.01 in der Version 3.1**. Diese Anlage befindet sich auf der BAB 71 Höhe Gräfenroda. Es sei darauf hingewiesen, dass diese Anlage hinsichtlich der Zulassung ein Alleinstellungsmerkmal hat, da sich die Zulassung nur auf Thüringen beschränkt und im Nachtrag 3.1 eine intelligente Videorekordersteuerung erlaubt. Zur Fahrer- und Kennzeichenidentifikation wird ein Videostream erstellt.

4. Weiterhin bilden zwei in Hessen verbaute Messanlagen mit Stand 1.8 Ausnahmen, die jedoch nach hiesigem Kenntnisstand derzeit nicht in Betrieb sind, da sie veraltet sind. Auf diese Anlagen wird daher nicht weiter eingegangen.

Bei allen Versionen der VKS-Messanlagen werden vor Ort Videoaufzeichnungen und je nach Baustand der Anlage („select") zusätzlich Einzelbilder gefertigt. Eine Aufnahme dient dabei der Feststellung des Tatgeschehens (Tatkamera) und weitere Kameras, die über den jeweiligen Fahrspuren installiert werden, der Dokumentation von Fahrzeugen und Fahrzeugführern (Identkamera).

Teil 1: Messverfahren

c) **Allgemeine Ausführungen zum mobilen Messverfahren 3.0 mit Softwarestand 3.1 (Zulassung ab 16.10.2008)**

135 Das mobile Messsystem mit dem Softwarestand 3.1 unterstützt das Programmmodul „select". Bei Fahrzeugen, die mit diesem Programmmodul ausgestattet sind, wird nur noch eine Videoaufzeichnung durch die Tatkamera erstellt. Die **Aufzeichnung der Bewegungsabläufe** erfolgt dauerhaft.

Die **personenbezogenen Daten** werden durch acht bzw. sechs Einzelbilder dargestellt, die durch die Identkamera produziert werden.

136 Wird das Programmmodul „select" nicht verwendet, so werden die personenbezogenen Daten auf einem durch eine Identkamera erstellten Video gespeichert. Die **Einschaltdauer der Identkamera** bestimmt der Messbeamte im Rahmen des Aufmerksamen Messbetriebs selbst.

Die **Arbeitsweise des mobilen VKS-Systems** ermöglicht es, aus einer Videoaufzeichnung Geschwindigkeiten von Fahrzeugen und deren Abstände zu voraus fahrenden Fahrzeugen zu bestimmen. Hierzu wird der fließende Verkehr in einem Fahrbahnabschnitt mit einer Videokamera aufgenommen, die auf einem festen, mindestens drei Meter über der Fahrbahn liegenden Punkt installiert wird. Hierdurch wird gewährleistet, dass aus der Aufzeichnung der Tatkamera keine personenbezogenen Daten gezogen werden können.

Der **Aufnahmebetrieb** wird immer im Fahrzeug durchgeführt. Die nachfolgende Aufzeichnung kann im Fahrzeug selbst oder außerhalb des Fahrzeugs erfolgen.

137 Die Übereinstimmung der **Videosequenz der Tatkamera** mit dem **beanzeigten Kennzeichen** ist durch die Bildinformationen im Video nicht belegt. Dies hat seine Richtigkeit, da bei der vorliegenden Messanlage 3.0 - Version 3.1 - die Fahrzeugbewegungen im Messbereich nur von der Tatkamera, die gleichzeitig Selektionskamera ist, aufgezeichnet werden. Diese Aufzeichnung erfolgt dauerhaft.

B. Abstandsmessverfahren

aa) **Mobiles System 3.0 in der Version 3.1 mit „select"- Anbindung:**

Abbildung 5: Auszug aus der Bedienungsanleitung

Wenn durch die Selektion ein Abstands- oder Geschwindigkeitsverstoß festgestellt wurde, startet das VKS- System eine zeitlich begrenzte Aufnahme des jeweilig gemessenen Fahrzeugs in Nahaufnahme für das Erstellen der personenbezogenen Daten. Es werden in der Abfolge von 40 Millisekunden – 100 Millisekunden acht Bilder gefertigt, aus denen sich eindeutige Rückschlüsse auf das amtliche Kennzeichen und den Fahrer ziehen lassen. Hierbei wird durch die Videokamera kein Videostream erstellt, sondern acht Einzelbilder.

138

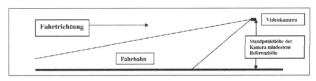

Abbildung 6: schematischer Aufbau der Messanlage mit Tatkamera

Die obige Grafik zeigt den schematischen Aufbau der Messanlage mit Tatkamera. Die einzelnen Identifikationskameras sind im Messaufbau jeweils über jeder Fahrspur angebracht.

Teil 1: Messverfahren

Abb. 1.3 Berechnungsergebnisse

Abbildung 7: Aufzeichnung der Tatkamera mit gleichzeitiger Selektion

Die Tabelle ermöglicht eine Begutachtung der einzelnen Fälle hinsichtlich Meßergebnisse, Verwertbarkeit der Identbilder und bei Abstandsverstößen die Entwicklung der Vorgeschichte

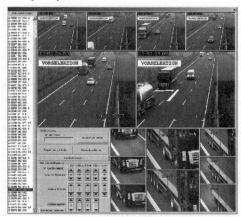

Abb. 1.5: Vorselektierte Fälle
Abbildung 8: zeigt die Videoaufnahme der Tatkamera und die Einzelbilder der Identkamera im VKS-Auswerteprogramm (Auszug aus der Bedienungsanleitung)

Die beschriebenen Arbeitsabläufe muten weitgehend voll automatisiert an. Dies ist jedoch nur auf den reinen Verknüpfungsprozess der einzelnen Baugruppen anzuwenden.

Der Messbeamte ist bei aller Automatisierung der letztendliche Kontrolleur der vom System erarbeiteten Verdachtsmomente und entscheidet über die weitere Verwertung der festgestellten Verstöße.

Vor Messbeginn muss der Messbeamte zusätzlich das **System kalibrieren** und er muss Grenzwerte für Abstand und Geschwindigkeit festlegen. 139

Weiterhin kann der Messbeamte nur die vom System erkannten Verstöße auswerten, da für diese die Daten für die Fahreridentifikation und das amtliche Kennzeichen vorliegen. Eine Speicherung von diesen Daten findet außerhalb der erkannten Verstöße nicht statt. So ist es dem Messbeamten nicht möglich, im Nachhinein weitere Verstöße aus der Aufzeichnung der Tatkamera zur Beanzeigung zu bringen, weil für diese Verstöße keine relevanten Daten zur Fahreridentifizierung und dem amtlichen Kennzeichen vorliegen.

bb) Mobile Version 3.0 in der Version 3.1 ohne Modul „select"

Bei der Softwareversion 3.1 ohne angebundenes Programmmodul „select" werden alle personenbezogenen Daten durch die Identkamera auf einem Video gespeichert. Die Einschaltdauer der Identkamera bestimmt der Messbeamte im Rahmen des Aufmerksamen Messbetriebs selbst. 140

In den meisten Bundesländern ist die Verwendung der VKS- Anlagen ohne Einbindung des Moduls „select" durch Erlass untersagt. Die tatsächliche Verfahrensweise ist im Einzelfall durch Befragung des Messbeamten zu klären.

d) Signalverarbeitung

Abstände und **zurückgelegte Wegstrecken** werden bei allen VKS-Verfahren allgemein durch eine perspektivische Transformation der im Videobild digitalisierten Fahrzeugpositionen gemessen. Als Grundlage für die perspektivische Transformation werden auf dem in der Videoaufnahme abgebildeten Fahrbahnabschnitt vier Passpunkte gut sichtbar auf der Fahrbahnoberfläche markiert. 141

Darüber hinaus werden zwei zusätzliche Kontrollpunkte im Referenzfeld eingemessen. In einem entsprechenden Referenzprotokoll werden die Vermessungsdaten festgehalten.

Teil 1: Messverfahren

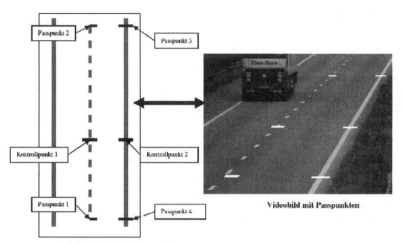

Straßenabschnitt mit Passpunkten

142 Während der Aufnahme durch die Aufzeichnungskamera (Tatkamera) wird das Videosignal auf dem Weg von der Kamera zum Rekorder kodiert. Der Kodierer zählt die Videobilder, das heißt die Vollbilder (25 je s) und die Halbbilder (50 je s) im durchlaufenden Videosignal und trägt diese fortlaufenden Nummern in das Videosignal ein.

Abbildung 9: Auszug aus der Bedienungsanleitung zeigt das kodierte Videosignal mit Einblendung der Bildnummer

143 Das **kodierte Videoband** wird mit einem Computersystem ausgewertet, wobei vorher das Videosignal vom Videorekorder über einen Dekodierer zum Computer geführt wird. Der Dekodierer hat die Aufgabe die Kodierungsnummer aus dem Videosignal zu extrahieren und als digitale Zahl über eine serielle Schnittstelle an den Computer weiter zu geben. Diese digitalen Zahlen werden dann vom „3.1- Programm" in eine Systemzeit umgerechnet.

Mit einer sogenannten „Framegrabber" (zu deutsch etwa „Bildfangschaltung") Karte" als eichrelevante Hardware wird das analoge Videosignal in ein digitales Signal gewandelt.

Im weiteren Verlauf wird auf das digitale Signal ein Messraster gelegt.

Nun lassen sich mit einem Fadenkreuz oder einer Messlinie, welche durch eine Maus bewegt werden, Punkte oder Positionen von Fahrzeugen im Videobild auswählen.

e) **Auswertung**

Das Grundprinzip der Auswertung des Videobildes bezeichnet man als **perspektivische Transformation**, bei der die einzelnen Abstände und die jeweilig zurückgelegten Wegstrecken aus den im Videobild digitalisierten Positionen gemessen werden.

144

> **Hinweis:**
>
> **Voraussetzung** für eine **genaue Messung** und **Auswertung** sind zum einen, die in genauen Abständen mit einem geeichten Längenmessgerät vermessenen und anschließend dauerhaft aufgebrachten Fahrbahnmarkierungen, sogenannte Passpunkte, die ein Viereck bilden müssen und dazwischen liegende zusätzliche Kontrollpunkte und zum anderen ein Referenzvideo, welches aufgezeichnet wird. Dadurch wird gewährleistet, dass die ausgewerteten Positionen nicht mehr als 2 % von den Sollwerten abweichen.

Abbildung 11: zeigt beispielhaft die Lage der Passpunkte

Diese **Passpunkte** werden entsprechend auf dem gewählten Fahrbahnabschnitt so weit verteilt, dass bei der Auswertung eine hinreichende Genauigkeit hinsichtlich der einzuhaltenden Fehlergrenzen (Verkehrsfehlergrenzen) bei der „Digitalisierung" gewährleistet wird. Bei der gegenständlichen Messstelle wurden die Passpunkte in einem Abstand von 50 m über eine Strecke von 0 m bis 150 m verteilt, so dass die Auswertung innerhalb des Systems über diese Strecke (Messbereich/ Auswertebereich) möglich ist.

145

Teil 1: Messverfahren

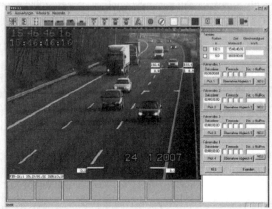

Abbildung 12: geöffnetes Auswerteprogramm

Damit Messungen im Videobild möglich sind, wird die Perspektive im Videobild berechnet. Die Passpunkte werden bei der Auswertung mit dem Fadenkreuz im Videobild angeklickt und dadurch als Messraster- Daten erfasst. Die Strecken zwischen den Punkten werden eingegeben.

146 Aus diesen Daten, nämlich Messraster und tatsächlichen Dimensionen berechnet das Programm eine perspektivische Transformation. Diese Transformation berechnet solche Parameter, mit denen die Fadenkreuz- Koordinaten im Videobild zu den Vor-Ort-Daten umgerechnet werden. Das Einstellen mit dem Fadenkreuz und das Umrechnen zu den tatsächlichen Dimensionen wird als „Digitalisieren" bezeichnet.

So können zum Beispiel zur Berechnung eines Abstandes beliebige Punkte digitalisiert werden.

Hinweis:

Ganz wichtig zu erwähnen ist, dass von jedem digitalisierten Punkt einer Videoposition eine Kodierungsnummer zur Verfügung steht. Aus diesen Kodierungsnummern kann ein Zeitraum zwischen den Videopositionen berechnet werden.

Aus der Formel

$$v \text{ (Geschwindigkeit)} = s \text{ (Weg)} : t \text{ (Zeit)}$$

lässt sich nun die Geschwindigkeit eines jeweiligen Fahrzeugs berechnen.

Es werden Längen- und Zeitmessungen vom System durchgeführt. Die Längenmessungen werden hierbei über das Fadenkreuz oder eine Messlinie realisiert deren jeweilige Breite konstant ist. So ergibt sich hieraus, dass das Fadenkreuz oder die Messlinie im Hintergrund des Videobildes eine größere Strecke überstreicht als im Vordergrund. Weiterführend bestimmt sich aus diesem Grund die Genauigkeit der Auswertung. Wie oben bemerkt, ist bei Einhaltung der Fehlergrenzen der mögliche Auswertebereich begrenzt. Beim konkreten Messverfahren auf 150 m.

147

Zu bemerken ist weiter, dass bei korrekter Anwendung die Art und Weise der Auswertung von Geschwindigkeit und Abstand jeweils zu Gunsten des jeweilig Betroffenen ausfällt.

f) Videoaufzeichnung

Grundsätzlich ist es so, dass bei der Aufzeichnung der Bewegungsabläufe mehrere Kameras verwendet werden:

148

▪ Tatkamera

Die Tatkamera zeichnet Fahrzeugbewegungen im Auswertebereich der Messstelle auf. Diese Aufzeichnung dient dem durchführenden Messbeamten zur späteren Auswertung der Verstöße. Aus dieser Aufzeichnung wird in Verbindung mit der jeweiligen Aufzeichnung (oder den Fotos) der Identkameras der Sachbeweis zusammengestellt und auf einer DVD zur weiteren Verwendung im jeweiligen Verfahren gespeichert.

148a

Die Aufzeichnung der Verstöße erfolgt kontinuierlich. Die bespielten Bänder werden für drei Jahre archiviert.

Abbildung 13: Aufzeichnung der Tatkamera

Teil 1: Messverfahren

Anhand der Aufzeichnung der Tatkamera erfolgt durch den Messbeamten die jeweilige Auswertung des Verstoßes – so wie vor beschrieben – im VKS-Auswerteprogramm.

■ 2. und 3. Identkameras

148b Die Aufzeichnungen der Identkameras dienen der Fahrzeug- und Fahreridentifizierung. Über den einzelnen Fahrspuren wird jeweils eine Kamera installiert, die tatbezogen das jeweilige Betroffenenfahrzeug aufzeichnet.

Diese Verfahrensweise ist seitens des Herstellers gewollt, um andere, unbeteiligte Fahrzeugführer außerhalb des jeweiligen Verstoßes nicht unnötig auf einer Videosequenz abzubilden.

Nur aus der Aufzeichnung der Identkamera kann eindeutig der jeweilige Fahrer und das amtliche Kennzeichen identifiziert werden.

Diese Aufzeichnung stellt die einzige Möglichkeit dar, auch unbeteiligte Fahrzeuge im Nachhinein auf mögliche Verstöße hin zu überprüfen und gegebenenfalls deren Fahrzeugführer zu beanzeigen.

148c Diese Kameras werden mit speziellen Polfiltern ausgestattet. Durch den Einsatz dieser Filter werden Reflexionen, die z.B. auf der Fahrzeugverglasung entstehen, für die Aufnahme vermindert bis ausgeschlossen, um so eine beweissichere Fahrzeug- und Fahreridentifikation zu gewährleisten.

Abbildung 14: Aufzeichnungskamera - Identkamera mit Polfilter

g) **Tatkamera und deren Aufzeichnung**

Abbildung 15: Aufzeichnungskamera- Tatkamera mit Temperaturüberwachung

aa) **Erklärung der Begriffe für das Videoverfahren**

■ **PAL- Norm**

Grundsätzlich ist die PAL-Norm beim gegenständlichen Aufzeichungsverfahren als Format festgeschrieben.

148d

Das Phase-Alternation-Line-Verfahren, kurz PAL, ist ein Verfahren zur Farbübertragung beim analogen Fernsehen. Es wurde mit dem Ziel entwickelt, störende Farbtonfehler, die im NTSC-Verfahren nur manuell und unbefriedigend ausgeglichen werden können, automatisch zu kompensieren. Grundlage des Verfahrens ist der Gedanke, dass zwei aufeinanderfolgende Bildzeilen mehr Ähnlichkeit als Unterschied aufweisen, weil Bilder aus Flächen bestehen.

Der technische Kniff, das rote Farbdifferenzsignal jeder zweiten Bildzeile zur vorhergehenden um 180° phasenverschoben (darum der Name) zu übertragen, ermöglicht es, auf der Empfängerseite durch Verrechnung der beiden Zeilen einen eventuell auftretenden Farbton-Fehler vollständig aufzuheben, lediglich ein kleiner Farbsättigungsfehler bleibt.

Ein Fehler der Farbsättigung ist für den Menschen allerdings wesentlich schwerer wahrzunehmen als ein Farbtonfehler. Dadurch, dass jeweils 2 Bildzeilen zur Farbinformationsgewinnung herangezogen werden, reduziert sich die vertikale Farbauflösung auf die Hälfte. Da die räumliche Auflösungsfähigkeit des menschlichen Sehsinnes für

Teil 1: Messverfahren

Farbinformationen gegenüber derjenigen für Helligkeitsinformationen jedoch geringer ist, nimmt man diesen Nachteil in Kauf.

■ Bildauflösung

148e Die Erkennbarkeit einzelner Objekte oder Details an ihnen aus Videoaufzeichnungen richtet sich nach der Bildauflösung.

Die Bildauflösung ist ein umgangssprachliches Maß für die Bildgröße einer Rastergrafik. Sie wird durch die Gesamtzahl der Bildpunkte oder durch die Anzahl der Spalten (Breite) und Zeilen (Höhe) einer Rastergrafik angegeben.

Eine Rastergrafik, auch Pixelgrafik (englisch Raster graphics image, Digital image, Bitmap oder Pixmap), ist eine Form der Beschreibung eines Bildes in Form von computerlesbaren Daten. Rastergrafiken bestehen aus einer rasterförmigen Anordnung von so genannten Pixeln (Bildpunkten), denen jeweils eine Farbe zugeordnet ist. Die Hauptmerkmale einer Rastergrafik sind daher die Bildgröße (Breite und Höhe gemessen in Pixeln, umgangssprachlich auch Bildauflösung genannt) sowie die Farbtiefe.

Die Grafikgröße wird als Anzahl Bildpunkte je Zeile (horizontal) mal Anzahl Bildpunkte je Spalte (vertikal) definiert. Die Angabe erfolgt dann z.b. als „1024×768" und entspricht oft einem Grafikstandard. In der Fernsehtechnik wird gleichbedeutend von „Punkten pro Zeile" gesprochen und mit „Punkten pro Zeile" mal „Anzahl Zeilen" gerechnet.

Allgemein wird ein Bild umso genauer und detailreicher, je mehr Pixel vorhanden sind.

■ CCD- Sensor

148j Ein CCD-Sensor ist ein elektronisches Bauteil, das als Sensor ausgelegt ist. Ursprünglich wurden CCDs im Jahr 1969 eigentlich zur Datenspeicherung entworfen. Es wurde jedoch schnell bemerkt, dass diese Bauteile lichtempfindlich sind und ein zur eingestrahlten Lichtmenge proportionales Signal ausgeben.

CCD-Bildsensoren bestehen meistens aus einer Matrix (seltener einer Zeile) mit lichtempfindlichen Fotodioden, die Pixel genannt werden (vom englischen picture elements). Diese können rechteckig oder quadratisch sein, mit Kantenlängen von weniger als 3µm bis über 20µm. Je größer die Fläche der Pixel, desto höher ist die Lichtempfindlichkeit und der Dynamikumfang des CCD-Sensors, desto kleiner ist aber, bei gleicher Sensorgröße, die Bildauflösung.

Die meisten CCD- Sensoren sind so aufgebaut, dass über einem dotierten Halbleiter eine isolierende Schicht liegt, auf der transparente elektrische Leiter (Elektroden) angebracht werden.

Ladungsträger, meist Elektronen, sammeln sich darunter.

Das bei der Aufzeichnung einfallende Licht, besser dessen Energie, wird durch den inneren photoelektrischen Effekt auf die Elektronen des Halbleiters übertragen. Dabei entstehen freie Elektronen (negativ) und positiv geladene „Löcher", die sich aufgrund einer angelegten Spannnung voneinander trennen.

Die Ladungen werden in einem so genannten Potentialtopf (wie beim Kondensator) gesammelt. Die Menge der Ladungen ist proportional zur eingestrahlten Lichtmenge, die rechtzeitig ausgelesen werden muss, ehe die Fotodiode die Leerlaufspannung erreicht hat.

Die Ladungen werden dann nach der Belichtung schrittweise verschoben, bis sie als Ladungspakete den Ausleseverstärker erreichen. Immer ein Paket nach dem anderen. Aus dem Verstärker wird nun eine von der Ladung (und der Lichtmenge) abhängige elektrische Spannung ausgegeben.

Das ursprüngliche Bild entstand, indem alle Pixel gleichzeitig (parallel) belichtet wurden. Die Ladungen der einzelnen Pixel werden jedoch bei den meisten CCDs für Videokameras hintereinander ausgegeben, wodurch die Halbbilder entstehen.

Dieser Umstand ist der wesentlichste Punkt bei der Betrachtung der Problematik der Bildauflösung der Tatkamera. Daraus ist festzustellen:

1. Alle Pixel werden gleichzeitig belichtet. Bei der im VKS- Verfahren eingesetzten Tatkamera etwa 400.000, die auf etwa 250 Linien x 576 Zeilen für das Bildformat 4:3 verteilt werden.
2. Die Ladungen der Pixel werden hintereinander als Signal ausgegeben, so dass Halbbilder entstehen.
3. Aus der Kamera wird ein analoges Videosignal ausgegeben.

bb) Bewertung

Aus den vorangegangenen technischen Betrachtungen folgt für alle weitere Bewertungen des Problems der Erkennbarkeit von Aufzeichnungen der Tatkamera:

148g

Die vom Sensor ausgegebene Datenmenge an Ladungen von ca. 400.000 Pixeln ist die Basis für die Erstellung des nachher sichtbaren Videobildes.

Teil 1: Messverfahren

Es ist unerheblich, ob das Signal nachträglich bearbeitet (mit der Grabberkarte in der Auswerteeinheit/ Aufdrücken der Zeitstempel im Kodierer) oder umgewandelt (in ein digitales Signal -zur Aufzeichnung auf Magnetband im Rekorder) wird. Die ursprüngliche Datenmenge wird dabei nicht gesteigert, so dass das jeweilige Bild dann eine höhere Auflösung erfahren könnte, sondern durch alle Bearbeitungs- und Wandlungsprozesse eher vermindert. Zu bedenken ist weiterhin, dass die 400.000 Pixel auf beide Halbbilder verteilt werden, so dass nicht für jedes Bild die volle Datenmenge zur Verfügung stehen kann.

148h Durch die **Digitalisierung des Videosignals**, mit der Grabberkarte für die Auswertung der Fahrzeugbewegungen innerhalb der Messstrecke mit Hilfe des Fadenkreuzes oder den Hilfslinien oder innerhalb des Videorekorders für die Aufzeichnung der einzelnen Sequenzen entsteht ein Bild, das in etwa der Auflösung eines digital erstellten Bildes von 768 x 576 entspricht. Dies stellt die maximale Auflösung dar.

148i Für die **Erkennbarkeit von Details im Videobild**, wie Gesichter oder amtliche Kennzeichen, steht im unteren Bildrand für eine Fahrspur von etwa 5 Metern Breite eine als sichtbares Bild zusammengesetzte Datenmenge zur Verfügung, die auf 250 vertikale Linien verteilt wird. Dies entspricht etwa einer Verteilung von 1 Pixel alle 2 - 3 cm Fahrbahnbreite im normalen Maßstab.

Zur Veranschaulichung kann man sich eine Plakatwand vorstellen, die etwa 10 Meter breit und etwa 5 Meter hoch ist. Diese Wand „steht" in 50 Meter Entfernung am Nullpunkt des Messbereichs. Durch die bauartbedingten Vorgaben, dass die Kamera mindestens in einer Höhe von 3 Metern installiert werden muss und einen Blick bis in ca. 500 Meter Entfernung erlauben soll, ist der Aufnahmebereich und die Auflösung, die somit aus ca. 400.000 Pixelinformationen besteht, vorgegeben und begrenzt.

148j Daraus folgt, dass aus dem normalen Videobild der Tatkamera keine Details zu erkennen sind, die als beweiskräftige Basis für eine Verfolgung einer Straftat oder Ordnungswidrigkeit dienen könnten.

148k Auch bei **Vergrößerung der Aufnahmen**, wobei Vergrößerung hier nicht sachgerecht erscheint, werden Details nicht erkennbarer, sondern die einzelnen Pixel werden immer weiter vergrößert abgebildet- bis das Bild „verkachelt" ist.

Ergo wird das Bild bei vergrößerter Darstellung immer unschärfer, so dass die ursprüngliche Abbildungsgröße des Videobildes die am besten erkennbare Version der Aufnahme darstellt.

B. Abstandsmessverfahren

cc) **Interpolation**

Interpolation, wörtlich „Zwischenrechnen", ist ein Begriff der digitalen Fotografie und bezeichnet eine spezielle Erzeugung von Bildinformationen: 1481
1. zwischen verschiedenen Pixeln eines Bildes (Dichteinterpolation)
2. innerhalb einzelner Pixel (Farbinterpolation).

Diese besondere Herstellung von Bildinhalt ist ein notwendiger Bestandteil des Weges der Signalverarbeitung digitaler Bilder. Im gesamten Verarbeitungsweg zwischen Bilderzeugung und -darstellung wird mehrfach interpoliert. Durch jede Interpolation entsteht ein Schärfeverlust.

Sicherlich ist es möglich, die Aufnahmen der Tatkamera im Nachhinein zu interpolieren. In diesem Zusammenhang sei jedoch darauf hingewiesen, dass ein Interpolieren eines ursprünglichen Beweismittels dazu führt, dass das Ergebnis nicht mehr als Beweismittels als solches zu verwenden ist, denn: 148m

Zum Beispiel kann durch Interpolation einer Kennzeichenaufnahme aus kryptisch erkennbaren Zeichen ein lesbarer Aufdruck hergestellt werden, der entsprechend der Vorgabe der unvollständigen Buchstaben und Zahlen mithin jeweils verändert dargestellt werden kann. So kann aus einem"B" ein „E" werden.

Hersteller von Radar- und Lichtschrankenmessgeräten schreiben einen so genannten Segmenttest vor, der die jeweiligen Anzeigensegmente auf Funktion prüft und fotografisch für den Sachbeweis darstellt.

Abbildung 16: zeigt einen beispielhaft Betroffenen (Aufzeichnung der Tatkamera)

Teil 1: Messverfahren

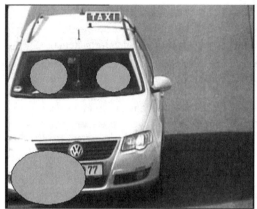

Abbildung 17: Aufnahme der Identkamera Lastspur

Abbildung 18: Aufnahme der Identkamera Überholspur

148n Die Abbildungen 16 - 18 zeigen deutlich den Unterschied in der Aufnahmequalität zwischen der Tatkamera und der Identkamera und damit in der Erkennbarkeit der Fahrzeuge und ihrer Fahrer.

Die Kennzeichen sind in der Aufnahme der Tatkamera nicht zu erkennen, in der der Identkamera dagegen deutlich.

B. Abstandsmessverfahren

Abbildung 19: zeigt Tatkamera (links) und Identkamera (mit Polfilter)

In Abbildung 19 wurden die Tatkamera (links) und die Identkamera (rechts) gegenüber gestellt. Der Pfeil kennzeichnet den bei der Identkamera verwendeten Polfilter.

Aus den Aufzeichnungen der Tatkamera lassen sich, auch bei starken Vergrößerungen, keine Rückschlüsse auf eine Fahrzeugidentifizierung und die Fahrereigenschaft ziehen.

Das jeweilige Fahrzeug bewegt sich als neutrales Objekt durch den Aufnahmebereich, soweit das Pendant der Identkamera nicht vergleichend herangezogen wird.

Teil 1: Messverfahren

Abbildung 20: zeigt eine Abbildung aus einer Videosequenz der Tatkamera und ihre vergrößerte Abbildung. Sehr gut ist in der Vergrößerung die beginnende „Verpixelung" oder" Verkachelung" zu erkennen.

h) Zusammenfassung

148p Aus den Aufzeichnungen der Tatkamera können bei allen VKS- Messsystemen keine Rückschlüsse auf die Erkennbarkeit von Fahrzeuginsassen oder Einzelheiten von amtlichen Kennzeichen gezogen werden.

148q Die Aufzeichnungen der Fahrzeugbewegungen erfolgen technisch bedingt nur in einer bestimmten Auflösung, deren Vergrößerung nicht zu einer verbesserten Erkennbarkeit der einzelnen abgebildeten Objekte führt, sondern zur Verminderung der Erkennbarkeit durch „Verkachelung"- nur die einzelnen Pixel werden vergrößert dargestellt.

Insofern ist es aus rein technischer Sicht unerheblich, ob bei der VKS-Ausbaustufe „select" die Tatkamera dauerhaft aufzeichnet.

148r

Durch viele Sicherungsinstrumente innerhalb des Systems ist es nahezu ausgeschlossen, dass ein Verdachtsmoment zu Unrecht auf den Betroffenen übertragen wird, sofern sich die Auswertung nur auf den eingemessenen Messbereich bezieht. Dies sind in aller Regel etwa 150 m.

148s

> **Hinweis:**
>
> Die jeweilige Akte gibt nur Auskunft über das Fahrverhalten des jeweilig Betroffenen innerhalb des Auswertebereichs von 150 Metern. Zur Prüfung der Konstanz des Fahrverhaltens (insbesondere Abstandsverstöße) muss ebenfalls der Fernbereich überprüft werden!

V. Die Piller Problematik – der Zeichengenerator JVC Piller CG-P 50 E/ „Zeitgeber bei Abstandsmessungen"

1. Der Zeichengenerator bei Abstandsmessungen ist keine Uhr – der Versuch

Durch eine Untersuchung von Herrn Dipl. Ing. Stephan Wietschorke (VKU 5/2007, 137 – 142, vgl. dazu auch NZV 2007, 346 und Burhoff, VRR 2007, 329 = VA 2007, 167) wurde das Problem aufgezeigt, dass im genannten Charaktergenerator überhaupt keine stabile Zeitbasis vorhanden ist.

149

Quelle: VUT GmbH

Teil 1: Messverfahren

150 In den folgenden Bildern ist der Versuch nachgestellt, welcher das zuvor beschriebene Ergebnis verdeutlicht.

151 Ausgangspunkt ist die These, dass es sich bei dem Charaktergenerator tatsächlich nicht um eine Uhr handelt, sondern vielmehr nur um einen Impulszähler für eingehende Bildsignale einer Videokamera.

Zunächst wurde der Charaktergenerator, wie übrigens auch die in den polizeilichen Messverfahren verwendeten Geräte, so umgebaut, dass die Stromversorgung über jede angeschlossene Kamera erfolgen kann, also nicht nur über Kameras der Marke „JVC".

Anschließend wurde zur Verdeutlichung der Problemstellung eine Videokamera mit amerikanischem NTSC-Videosignal angeschlossen.

Der Unterschied zum in Europa verwendeten PAL-System besteht darin, dass die Bildfolge 29,97 Bilder pro Sekunde beträgt und nicht 25 Bilder wie beim PAL-System, also eine um fast 20 % höhere Bildfolge.

Dabei wird ein Videobild in zwei Halbbilder unterteilt, welche nacheinander in Zeilen aufgezeichnet werden. Das erste Halbbild hat die Zeilen 1 – 3 – 5 – 7...., das zweite Halbbild die Zeilen 2 – 4 – 6 – 8 – ...... aufgezeichnet.

Dieses Halbbild ist die kleinste darzustellende Einheit der Videoaufzeichnung und hat eine Laufzeit von 0,02 s.

> **Hinweis:**
> Die bisherige Vorstellung von der Arbeitsweise, die auch der PTB Zulassung zugrunde liegt, ist die, dass das Videosignal der Videokamera durch den Charaktergenerator durchgeschleust wird und dabei in jedes Halbbild die aktuelle Laufzeit der Videostoppuhr eingeblendet wird.

152 Die Videobilder, mit der Echtzeit der Uhr versehen, verlassen den Charaktergenerator und werden vom Rekorder aufgezeichnet.

153 Beim Anschluss der Kamera mit NTSC-Signal ist dann zu erwarten, dass die „Uhr" des Charaktergenerators nach 30 Videobildern oder 60 Halbbildern 1 s anzeigt.

154 Im Folgenden Bild Test 1 ist das Signal des Charaktergenerators oben rechts im Videobild mit der „Laufzeit" eingeblendet.

B. Abstandsmessverfahren

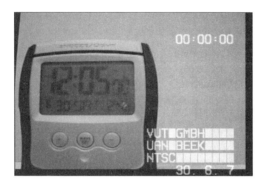

Zum Abgleich mit der tatsächlichen Zeit wurde eine Funkuhr mit Sekundenanzeige mit der Videokamera aufgezeichnet. Durch die Verwendung einer Videokamera mit einem 20 %igen Unterschied der Aufnahmegeschwindigkeit zu europäischen PAL-System erübrigt sich die Verwendung geeichter Zeitmessgeräte, da die zur Überprüfung gewählte Fehlergröße jedwede Verkehrstchlergrenze erheblich übersteigt.

Das erste Testbild zeigt die Uhrzeit des Charaktergenerators mit 00 min 00 s 00 1/100-Sekunden und die aufgezeichnete Uhrzeit der Funkuhr mit 12 Uhr 5 min und 0 s.

Nach Zeitabständen von 1 min werden im Folgenden die Einzelbilder der gefertigten Videosequenz ausgewählt:

Das zweite Testbild zeigt die Uhrzeit des Charaktergenerators mit 01 min 12 s 00 1/100-Sekunden und die aufgezeichnete Uhrzeit der Funkuhr mit 12 Uhr 6 min und 0 Sekunden. Der Charaktergenerator ist der realen Uhrzeit um 12 s davon gelaufen.

Teil 1: Messverfahren

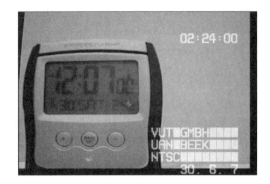

158 Das dritte Testbild zeigt die Uhrzeit des Charaktergenerators mit 02 min 24 s 00 1/100-Sekunden und die aufgezeichnete Uhrzeit der Funkuhr mit 12 Uhr 7 min und 0 Sekunden. Die Zeitdifferenz zwischen Echtzeit und Stoppuhrzeit beträgt 24 s.

159 Das vierte Testbild zeigt die Uhrzeit des Charaktergenerators mit 03 min 36 s 00 1/100-Sekunden und die aufgezeichnete Uhrzeit der Funkuhr mit 12 Uhr 8 min und 0 s. Die Differenz der Zeiten beträgt jetzt 36 s.

B. Abstandsmessverfahren

Das fünfte Testbild zeigt die Uhrzeit des Charaktergenerators mit 04 min 48 s 00   160
1/100-Sekunden und die aufgezeichnete Uhrzeit der Funkuhr mit 12 Uhr 9 min und 0
s. Die Zeitdifferenz beläuft sich auf 48 s.

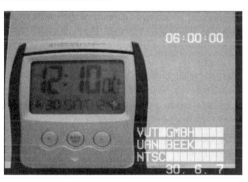

Das sechste Testbild zeigt die Uhrzeit des Charaktergenerators mit 06 min 00 s 00 1/100-Se-   161
kunden und die aufgezeichnete Uhrzeit der Funkuhr mit 12 Uhr 10 min und 0 s. In 5 min
beträgt die Laufzeit der Stoppuhr genau 1 min mehr als die Laufzeit der Funkuhr.

Wesentliches Ergebnis der Untersuchung ist: Die „Uhr" ist keine Uhr. Es handelt sich   162
bei dem Charaktergenerator lediglich um einen Impulszähler, der die eingehenden
Bildimpulse der Videokamera zählt und diese gemäß der Definition die dem Charaktergenerator auferlegt ist, nämlich jedes Bild mit 0,04 s zu zählen und jedes Halbbild
mit 0,02 s, umrechnet.

Die im Versuch dargelegte Fehlergröße entspricht den unterschiedlichen Aufzeich-   163
nungssystemen PAL und NTSC.

Die um 20 % höhere Bildfolge hat eine um 20 % längere Laufzeit als tatsächlich gegeben zur Folge.

> **Hinweis:**
>
> Da der Charaktergenerator die Zeit aus den gelieferten Videohalbbildern generiert und intern keine eigene geeichte Zeitbasis zum Vergleich der generierten Zeitsignale hat, ist in der Vergangenheit auch jeweils nicht der Zeichengenerator geeicht worden, für den der jeweilige Eichschein ausgestellt worden ist, sondern, wenn man so will, eine beliebige Bildimpulsrate derjenigen Kamera, die zufällig bei der Eichung an den Charaktergenerator angeschlossen war.

164 Da für die jeweilige Kamera keine Bauartgenehmigung erteilt war, konnte eine Eichung, selbst eine ungewollte Eichung der Videokamera auch nicht erfolgen.

165 Der Annahme einer gültigen Eichung steht auch entgegen, dass die bei der Eichung verwendeten Kameras weder im Eichschein aufgeführt sind, noch die Kameras nach der Eichung durch Eichmarken oder Plomben gegen Eingriffe gesichert wurden.

> **Hinweis:**
>
> Es ist überhaupt nicht sichergestellt, dass die bei der Eichung verwendete Kamera überhaupt zur Aufnahme auf der Brücke eingesetzt wird.

166 Unter Umständen darf sogar angenommen werden, dass in Unkenntnis der Umstände die Eichung mehrerer Charaktergeneratoren eines Betreibers an einem Tag an derselben Kamera durchgeführt wurden. Dann wurde dieselbe Kamera mehrmals „geeicht", halt nur mit unterschiedlichen Charaktergeneratoren.

2. Die neue Zulassung

167 Das Abstandsmessverfahren unter Einbeziehung des Charaktergenerators Piller wurde Ende der 80er Jahre unter Mitwirkung des Verfassers (parallel zu der Entwicklung in Bayern) im Saarland entwickelt. Von daher verwundern einige Einlassungen zur „Beschwichtigung" des Problems.

168 Bei der im Folgenden dargestellten „Piller- Problematik" ist bemerkenswert, wie von Seiten der Genehmigungsbehörde verfahren wird, um ein jahrelang praktiziertes Messverfahren am Leben zu halten, welches nach den heutigen Anforderungen und Richtlinien überhaupt nicht mehr genehmigt werden würde.

169 In einigen Verfahren ist hierzu auch festzustellen, dass **nach** Erstellen der im folgenden Text angesprochenen Zulassungsbestimmungen Messanlagen in Betrieb genommen wurden, die nicht den neuen Anforderungen entsprochen haben.

Hinweis:

Dabei geht es prinzipiell nicht darum, dass „wahrscheinlich" kein Fehler bei dem aufgezeigten Messverfahren auftritt. Vielmehr geht es darum, dass die neuen Richtlinien für ein altes Messverfahren nicht eingehalten werden, obwohl es auf dem Markt (siehe DAKO- Timer) den Richtlinien entsprechende Messgeräte gibt.

Wichtig ist auch der Hinweis an all diejenigen, die sich darauf verlassen dass kein Fehler auftritt oder die meinen, dass man einen Fehler im Videofilm erkennen könnte:

Der Fehler, sofern er sich ereignet, wird in das Video eingebrannt und ist anschließend nicht mehr festzustellen.

Mit dem zur Abstandsüberwachung verwendeten Charaktergenerator (Zeichengenerator) der Fa. JVC/Piller wird zur Ermittlung der Geschwindigkeit eines Fahrzeuges die Zeit gemessen, die es benötigt, um eine definierte (auf der Fahrbahn entsprechend markierte) Wegstrecke zurückzulegen und/oder um unter Einbeziehung der auf der Fahrbahn befindlichen Markierungen den Abstand zweier Fahrzeuge zueinander zu bestimmen. 170

Zur Zeitmessung dient hierbei eine Videoaufzeichnung, in die der Charaktergenerator laufend eine Zeitinformation einblendet, welche für jedes Videohalbbild (also alle 0,02 s) aktualisiert wird.

Die Videokamera soll dabei so aufgestellt sein, dass das Überfahren der auf der Fahrbahn aufgebrachten Markierungslinien für die definierte Wegstrecke deutlich erkennbar ist.

Der Charaktergenerator vom Typ CG-P 50 E erhielt 1988 unter dem Zulassungszeichen 18.13/88.04 eine Bauartzulassung durch die Physikalisch technische Bundesanstalt (PTB). Zulassungsinhaber war zunächst die Fa. Elektro-Egger in München. Später ging die Zulassung auf den heutigen Zulassungsinhaber, die Fa. Video Service Piller in München, über. 171

Erstmals im Mai 2007 erschien die Veröffentlichung, deren Ergebnis in Rn. 149 ff. im **Versuch beschrieben** ist.

Diese Veröffentlichung löste in der Folge sowohl eine Reihe von Fachdiskussionen unter technischen Sachverständigen aus als auch entsprechende Stellungnahmen durch die PTB und mündete letztlich in einer Neufassung der kompletten Anlage zur Bauartzulassung (Juli 2007) sowie einem 1. Nachtrag zur 1. Neufassung der Anlage zur Bauartzulassung (Oktober 2007) und seitens des Zulassungsinhabers zur Abfassung neuer Gebrauchsanweisungen für unterschiedliche Gerätekonfigurationen.

Vor dem zuvor beschriebenen Hintergrund ist es erforderlich, sich zunächst mit der Historie des Messgerätes auseinander zu setzten.

a) Gebrauchsanweisung/Bauartzulassung

172 Neben der allgemeinen Gerätebeschreibung des Charaktergenerators und der Beschreibung der **Vorgehensweise bei der Titeleinblendung** enthält die Gebrauchsanweisung in ihrer ursprünglichen Form folgenden Hinweis:

„Dieser Zeichengenerator ist nur in Kombination mit JVC-Videokameras verwendbar. Er ist nicht für Geräte anderer Hersteller geeignet.

Einige JVC-Videokameras können jedoch ebenfalls nicht mit dem CG-P50E kombiniert werden"

Die **Bauartzulassung für den Charaktergenerator CG-P50E** geht auf das Jahr 1988 zurück und war in dieser Form (incl. zweier Nachträge) bis 07/2007 gültig.

In dieser Bauartzulassung sind neben der Beschreibung der Zweckbestimmung und Wirkungsweise des Charaktergenerators insbesondere folgende Punkte beschrieben/ geregelt:

173 Unter Punkt 1.2 - Baugruppen heißt es:

„Die Anlage besteht aus dem Charaktergenerator, der Videokamera und einem geeigneten Videorecorder sowie einer Stromversorgung.

In dem Charaktergenerator befindet sich eine quarzstabile Zeitbasis, die mit einer Auflösung von 1/100 s arbeitet.

Beim Start der Kamera wird die Zeit in das laufende Bild mit einer Auflösung von etwa 4/100 s eingeblendet."

174 Im Weiteren ist unter Punkt 2 - Besondere Zulassungsbedingungen - in 2.1 - Unterlagen und Anwendung - ausgeführt:

„Der Charaktergenerator des Typs CG-P50E muss der Bedienungsanleitung CG-P50E/TG3 vom 04.12.1987 entsprechen. Es dürfen beliebige Videokameras und Recorder verwendet werden, **wenn sich der Charaktergenerator an diese anschließen lässt.**"

Weiter heißt es unter 2.3 - Wartung und Instandsetzung

„Wartungs- und Instandsetzungsarbeiten dürfen nur von den Stellen durchgeführt werden, die vom Zulassungsinhaber oder vom Hersteller des Charaktergenerators dazu ermächtigt worden sind."

Der weiter oben zitierte Hinweis aus der Gebrauchsanweisung, dass nur JVC-Videokameras in Verbindung mit dem Charaktergenerator verwendet werden können ist vor dem Hintergrund zu erklären, dass bei den verwendungsfähigen Kameras die Stromversorgung des Charaktergenerators über ein Spezialkabel (mit speziellen Steckverbindern) mit der entsprechenden JVC-Kamera vorgenommen wurde.

Aus eigener Erfahrung ist bekannt, dass, um eine andere als eine kompatible JVC-Kamera anzuschließen, was gem. Pkt. 2.1 der Bauartzulassung für den Fall der „Anschließbarkeit" ja genehmigt war, i.d.R. eine Modifizierung des Charaktergenerators dahingehend erfolgte, dass unter Umgehung der Eingangsbuchse eine separat von außen zugeführte Stromversorgung realisiert wurde.

Dies bedingt allerdings ein Öffnen des Charaktergenerators und Auflöten der modifizierten Stromzufuhrkabel auf der Platine, womit der modifizierte Charaktergenerator dann aber nicht mehr dem bei der PTB hinterlegten Baumuster entspricht und auch nicht mehr die Voraussetzungen für eine gültige Eichung erfüllt.

Auch ist nicht grundsätzlich davon auszugehen, dass ein solcher Eingriff vom Gerätehersteller selbst oder einer von ihm ermächtigten Stelle vorgenommen wurde.

Abbildung 1 zeigt beispielhaft eine Variante einer externen
(modifizierten) Stromversorgung über ein Steckernetzteil

Bezüglich der vorbeschriebenen Problematik sei auch auf eine Gesprächsnotiz des Sachverständigen Fürbeth hinsichtlich eines Gesprächs mit der PTB verwiesen (http://www.unfallanalyse24.de/verkehrsmesstechnik.htm) aus der sich u.a. ergibt, dass auch seitens des zuständigen Sachbearbeiters bei der PTB, Herr Dr. Märtens, die Auffassung vertreten wird, aus formellen Gründen einer Verwertbarkeit einer solchen Messung nicht zuzustimmen. 175

Geregelt wurde die **Problematik des Anschlusses beliebiger Kameras bzgl. der Stromversorgung** zwischenzeitlich über die Einsatzmöglichkeit einer separaten, von der Videokamera unabhängigen Stromversorgungseinheit der Fa. Video Service Piller, welche die erforderliche Betriebsspannung mit einer 9 V - Blockbatterie (bzw. Akku) bereitstellt. 176

Hierzu wurde eine auf den 02.07.2007 datierte Gebrauchsanweisung herausgegeben, in der darauf verwiesen wird, dass die in der bisherigen (auch weiterhin gültigen) Gebrauchsanweisung getroffenen Festlegungen zum ausschließlichen Einsatz von JVC-Kameras nun für die Bauvariante mit Stromversorgungseinheit der Fa. Video Service Piller entfallen.

In der vorgenannten Gebrauchsanweisung vom 02.07.2007 wird auch ausdrücklich darauf hingewiesen, dass die verwendeten Komponenten, d.h. Charaktergenerator einschl. Stromversorgungseinheit und Videokamera bei der Eichung vorgestellt werden müssen.

177 Die **Neufassung der Anlage zur Bauartzulassung**, datiert auf den 05.07.2007, trägt der Problematik dahingehend Rechnung, dass nunmehr beim Aufbau 2 Varianten zulässig sind, die sich insbesondere in der Art der Stromversorgung unterscheiden.

D.h. bei der herkömmlichen Variante ohne Stromversorgungseinheit der Fa. Video Service Piller erfolgt die Stromversorgung des Charaktergenerators, wie bis zu diesem Zeitpunkt ausschließlich zugelassen, durch Anschluss an eine JVC-Kamera. Unter Pkt. 2.1 ist festgelegt, dass diese Bauvariante ausschließlich zum direkten Anschluss von JVC-Videokameras bestimmt ist.

Die zweite Bauvariante beinhaltet als zusätzliche Komponente die von der Videokamera unabhängige Stromversorgungseinheit der Fa. Video Service Piller.

178 Weiter ist in der Neufassung der Anlage der Bauartzulassung zur Auflage gemacht, dass sowohl der Charaktergenerator als auch die Stromversorgung den bei der PTB bauartgeprüften und hinterlegten Mustern entsprechen müssen.

Die Klarstellung dessen, dass es sich bei dem hier verwendeten Charaktergenerator nicht um eine Videouhr (mit eigener Zeitbasis), sondern um einen „Bildzähler" handelt, ist zwischenzeitlich in der Neufassung der Anlage zur Zulassung dokumentiert. Während es in der ursprünglichen Bauartzulassung der PTB von 1988 noch heißt:

„In dem Charaktergenerator befindet sich eine **quarzstabile Zeitbasis**, die mit einer Auflösung von 1/100 s arbeitet",

ist in der Neufassung der Anlage zur Bauartzulassung ausgeführt, dass die in die Videobilder eingeblendeten Zeitinformationen auf der Bildwiederholfrequenz der verwendeten Kamera und einer Bildzählfunktion des Charaktergenerators beruhen.

Neben dieser grundlegenden Richtigstellung sowie der bereits beschriebenen, nunmehr zugelassenen zwei Bauvarianten der Stromversorgung für den Charaktergenerator mit der Vorgabe entsprechender Anwendungsbedingungen, wird nun folgerichtig auch gefordert, dass bei der Eichung des Charaktergenerators ggf. auch die Stromversorgungseinheit und die zugehörige Videokamera mit vorgestellt werden müssen.

Dass trotz dieser gravierenden Änderungen und im weiteren noch beschriebener, erstmals definierter zulässiger Gerätekombinationen lediglich eine Neufassung der kompletten Anlage zur Bauartzulassung erfolgte, die alte Zulassung aber insofern weiter gilt, lässt sich nach hiesigem Verständnis nur damit erklären, dass eine Neuzulassung unter Zugrundelegung der PTB-Anforderungen an Video-Uhren (PTB-A 18.13 aus Dezember 2005) wohl gar nicht möglich ist. Dies insbesondere vor dem Hintergrund, dass beispielsweise unter Pkt. 3.2 der PTB-Anforderungen ausgeführt ist: 179

„3.2 Zeitmessung

Die Zeitmessung muss so ausgelegt sein, dass sie von einer weiteren Zeitbasis überprüft wird. Sie kann beispielsweise zweifach ermittelt werden (basierend auf zwei unabhängigen Baugruppen) oder mit einer Baugruppe durchgeführt werden, deren Zeitbasis von einer weiteren Zeitbasis (z. B. Prozessortakt) überprüft wird.

Die Überprüfung muss kontinuierlich erfolgen, so dass Abweichungen um mehr als 0,02 % spätestens nach 1 Minute erkannt werden. Bei solchen Abweichungen muss eine Fehlermeldung erfolgen, das Gerät muss dann automatisch die Durchführung weiterer Messungen blockieren."

Bei dem gegenständlichen Charaktergenerator ist eine Überprüfung der Zeitmessung jedenfalls nicht vorhanden.

Nach der Gebrauchsanweisung „Stromversorgungseinheit für Charaktergenerator Typ CG-P50E", datiert auf den 02.Juli 2007 erschien eine weitere Gebrauchsanweisung für den „Charaktergenerator Typ CG-P50E mit erweiterter Gerätekombination", welche auf den 18.10. 2007 datiert ist. 180

Diese Gebrauchsanweisung gilt für die erst im Juli 2007 zugelassene Bauvariante mit einer Stromversorgungseinheit des Charaktergenerators und beschreibt erstmals den Einsatz des Charaktergenerators in der in der Praxis seit vielen Jahren praktizierten Kombination mit mehreren Kameras, Videobildmischer etc.

Der Einsatz der „erweiterten Gerätekombination" wurde, datiert auf den 26.10.2007, mit dem 1. Nachtrag zur 1. Neufassung der Anlage der Gerätezulassung vom 05.07.2007 durch die PTB zugelassen.

In diesem 1. Nachtrag heißt es einleitend:

„**Mit Inkrafttreten** des 1. Nachtrags darf die mit Stromversorgungseinheit ausgestattete Bauvariante des Charaktergenerators auch in einer erweiterten Gerätekombination betrieben werden."

Teil 1: Messverfahren

Im 1. Nachtrag zur Neufassung der Anlage der Gerätezulassung sind konkrete Vorgaben bezüglich der einzelnen Gerätekomponenten, deren Zusammenschaltung (Signalfluss - siehe nachfolgende Abbildung), zulässiger Längen der Verbindungskabel sowie deren Beschaffenheit zur Verbesserung der Störsicherheit und der Realisierung der Stromversorgung definiert.

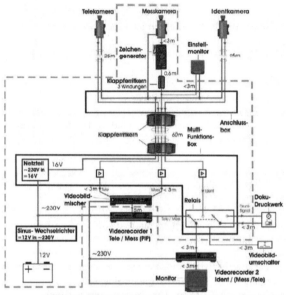

Abbildung 2: Schematische Darstellung der Komponenten der erweiterten Gerätekombination. Die grüne Strichlinie umschließt den eichtechnisch relevanten Teil.

Als eichtechnisch relevante Komponenten sind neben dem Charaktergenerator mit der Stromversorgungseinheit und der Messkamera zusätzlich benannt:
1. Anschlussbox,
2. Multifunktionsbox,
3. Videobildmischer,
4. Sinus-Wechselrichter (Stromversorgung).

Die vorstehend benannten eichtechnisch relevanten Komponenten sind bei der Eichung vorzustellen.

Hervorzuheben ist auch, dass zur Stromversorgung der Sinus-Wechselrichter der Fa. VOLTCRAFT PLUS vom Typ 1200 W/12V zu verwenden ist, wobei die Eigenstromversorgung des Wechselrichters über separate 12 V Akkus zu erfolgen hat.

Gemäß Gebrauchsanweisung ist ein Spannungsabgriff an einem Kfz.-Bordnetz ausdrücklich untersagt, ebenso wie ein Aufladen des zu verwendenden 12 V Akkus während des Messbetriebs.

Dies insbesondere vor dem Hintergrund, dass aus Anwenderkreisen bekannt ist, dass bisher nicht selten Notstromaggregate zur Stromversorgung eingesetzt wurden.

b) Technische Hintergründe des Messverfahrens (Zeitmessung)

Wie bereits weiter oben ausgeführt, handelt es sich bei dem gegenständlichen Charaktergenerator für sich betrachtet nicht um eine Videouhr im eigentlichen Sinne (keine eigene Zeitbasis, kein unabhängiger Kontrollmechanismus) sondern die in die Videobilder eingeblendeten Zeitinformationen basieren auf der Bildwiederholfrequenz der verwendeten Videokamera und einer Bildzählfunktion des Charaktergenerators. 181

Insofern kann folgerichtig nur die Kombination aus Videokamera und Charaktergenerator eine Uhr darstellen.

Dem ist zwischenzeitlich (mit Inkrafttreten der Neufassung der Anlage zur Gerätezulassung und dem 1. Nachtrag hierzu - aus 05 bzw. 10/2007) damit Rechnung getragen, dass bei der Eichung sowohl der Charaktergenerator (ggf. mit Stromversorgungseinheit) und die verwendetet Videokamera sowie, bei der inzwischen zulässigen erweiterten Gerätekombination, auch die übrigen eichrelevanten Komponenten wie Anschlussbox, Multifunktionsbox, Videobildmischer und Sinus-Wechselrichter, bei der Eichung vorzustellen sind. 182

Wie die Prüfung der Einhaltung der Anforderungen an die Verkabelung der Gerätekomponenten untereinander erfolgt (insbesondere zulässige Kabellängen, Maßnahmen zur Verbesserung der Störsicherheit) bleibt allerdings offen.

In einer Stellungnahme der PTB zum Charaktergenerator mit Zeiteinblendung für Videokamera CG-P50E vom 11.07.2007 wird in einer technischen Wertung der Gesamtsituation zusammengefasst dargestellt, dass der Charaktergenerator in Verbindung mit den in Europa gebräuchlichen PAL-Videokameras eine Uhr darstellt, die die gesetzlich geforderten Fehlergrenzen einhalte. Es seien aus den letzten Jahren und auch aktuell keine gegenteiligen Hinweise bekannt.

Sodann wird auf „kürzlich" von kompetenter Stelle durchgeführte Versuche mit PAL-Kameras verschiedener Hersteller verwiesen, welche die Einhaltung der Fehlergrenzen eindrucksvoll bestätigt haben sollen. 183

Was allerdings unter „kompetenter Stelle" zu verstehen ist bzw. welche Überprüfungen bei den durchgeführten Versuchen mit welchen Kameras durchgeführt wurden, lässt sich der Stellungnahme nicht entnehmen.

Teil 1: Messverfahren

184 Weiter ist ausgeführt, das sich **unzulässige Überschreitungen der Fehlergrenzen** nur bei einer theoretisch denkbaren, in Deutschland aber nicht praktizierten Verwendung einer NTSC-Videokamera (Kamerasystem nach amerikanischer Norm) ergeben könnten, was aber, einhergehend mit der höheren Bildfrequenz, mit einer Begünstigung der betroffenen Autofahrer verbunden wäre.

Dem ist insofern zuzustimmen, dass die Verwendung einer NTSC-Kamera in Deutschland wohl eher unwahrscheinlich ist und dass sich eine höhere Bildfrequenz zu Gunsten der betroffenen Autofahrer auswirkt.

Allerdings macht dies noch einmal deutlich, dass die Zeitmessung unmittelbar von der Bildfrequenz der verwendeten Kamera abhängig ist.

Der Verweis in der Stellungnahme der PTB, dass PAL-Videokameras nach Norm (ITU RB T470-6) eine Bildfrequenz von 50 Hz innerhalb der Toleranz von 0,0001% einhalten müssen, ist für sich allein jedoch nicht als ausreichend anzusehen, die vorgeschriebenen Fehlergrenzen unter allen Umständen einzuhalten.

Insbesondere stellt sich die Frage, ob **unbeabsichtigt** oder **beabsichtigt Abweichungen von der üblichen Bildwiederholfrequenz** von 50 Hz möglich bzw. realisierbar sind, was nach EichG und EichO nicht zulässig ist.

185 Diesbezüglich wurde vom Autor Kontakt mit einem Fachbetrieb für HiFi-Video, aufgenommen, welcher u.a. bereits vor Jahren für im Einsatz gewesene Messeinrichtungen des in Rede stehenden Typs Umbauarbeiten zur Stromversorgung am Charaktergenerator vorgenommen hat, um beliebige Videokameras an den Charaktergenerator „anschließen zu können".

Im Ergebnis einer diesbezüglichen Stellungnahme, ist festzustellen, dass durchaus Abweichungen von der 50-Hz Bildfrequenz (PAL-Norm) vorkommen können, insbesondere auch Abweichungen mit dem Resultat einer geringeren Bildfrequenz, die sich dann zu Ungunsten der betroffenen Autofahrer auswirken.

Ohne den Anspruch auf Vollständigkeit zu erheben, stellt sich als eine mögliche Fehlerquelle z.B. die Auslegung der Kamera bezüglich der Ableitung der Zeilenfrequenz über Quarz-Oszillator oder RC-Generator dar, wobei bei letzterer Variante insbesondere ein nicht unbedeutender Temperaturgang zu erwarten ist.

186 Eine **weitere Möglichkeit** der **Beeinflussung der Bildfrequenz** besteht darin, dass diese über die von außen zugeführte **Betriebswechselspannung beeinflusst** wird. Dies setzt eine Kamera voraus, die extern synchronisierbar ist. Entweder wird hier ein externes Taktsignal von außen über eine so genannte Genlock-Buchse zugespielt oder die Kamera synchronisiert direkt auf die von außen zugeführte Betriebswechselspannung von normalerweise 50 Hz. D.h., wenn die Betriebswechselspannung in

ihrer Frequenz geändert wird, so synchronisiert sich die Kamera in mehr oder weniger weiten Grenzen mit ihrem internen Oszillator auf diese Frequenz. In derartigen Fällen ist dann insbesondere von Bedeutung, welche Konstanz der Netzfrequenz von der vor Ort genutzten Stromversorgungseinrichtung (z.B. Stromaggregat) bereit gestellt wird.

Bindende Regelungen zur Stromversorgung, insbesondere auch bei der erweiterten Gerätekombination, traten, wie weiter oben beschrieben, erst mit Inkrafttreten des 1. Nachtrags zur Neufassung der Anlage zur Gerätezulassung (26.10.2007) in Kraft, wobei die Art und Weise der Stromversorgung bis dahin wohl auch nicht Gegenstand der Prüfung bei der Eichung war, zumal dies zum damaligen Zeitpunkt auch noch nicht gefordert wurde.

Beide der vorgenannten Beispiele zeigen, dass eine Überprüfung der Einhaltung der Fehlergrenzen bei der Eichung nur bei Prüfung der gesamten Gerätekombination, wie zwischenzeitlich vorgeschrieben, möglich ist, wobei je nach verwendeter Videokamera auch die Umgebungs-/Einsatzbedingungen (z.B. Umgebungstemperatur) eine Rolle spielen können.

Zwar ist bei sorgfältiger Beachtung/Einhaltung der Auflagen für die zwischenzeitlich zugelassenen Gerätevarianten nicht zu erwarten, dass außerhalb der Verkehrsfehlergrenze liegende Messergebnisse erzielt werden, jedoch ist dies für frühere Messungen (vor Inkrafttreten der Neufassung der Anlage zur Gerätezulassung bzw. des 1. Nachtrags hierzu) zumindest nicht auszuschließen, da für die dort verwendeten Aufbauanordnungen/Gerätekombinationen weder eine Eichung in der zwischenzeitlich vorgeschriebenen Art und Weise (Vorstellung aller eichrelevanten Komponenten, insbesondere auch der Stromversorgung) erfolgte, noch sich i.d.R. der praktizierte Messaufbau objektiv nachvollziehen lässt.

Hinweis:

Von erheblicher Bedeutung ist in diesem Zusammenhang, dass für den Fall der Aufzeichnung mit einer (aus welchen Gründen auch immer) zu geringen Bildfrequenz und damit einer Zeitmessung zu Ungunsten des Betroffenen, ein solcher Fehler im Nachhinein (durch Abspielen/Auswerten der Videosequenz) nicht mehr feststellbar ist. Wie sich im Ergebnis eigener Versuche zeigte ist zumindest bis zu einer Abweichung von ca. 4% von der Sollbildfrequenz je nach eingesetzten Komponenten (Kontrollmonitor, Videorecorder) ein solcher Fehler auch nicht optisch bei der Aufnahmekontrolle zu erkennen.

Inwiefern ggf. auch größere Abweichungen bei der Betrachtung unerkannt bleiben können, ist bisher nicht ausreichend untersucht - eine geräteinterne Prüfung durch eine weitere unabhängige Zeitbasis, mit der Folge des Blockierens des

Teil 1: Messverfahren

> Messbetriebs beim Auftreten unzulässiger Abweichungen, findet hier ebenfalls nicht statt.

VI. Fehlermöglichkeiten im Bewegungsablauf

188 Im Wesentlichen gibt es bei den stationären Messverfahren **drei Fehlermöglichkeiten**, die es in jedem Einzelfall auszuschließen gilt:
- Zunächst ist der Nachweis zu erbringen, dass die **Messmarkierungen korrekt** erfolgt sind und die Zeitnahmen mit einem hierfür zugelassenen und korrekt geeichten Zeitmessgerät erfolgt sind.
  Zur Bewertung **eines Messvorganges** darf es nicht unterbleiben, dass die Bewegungsabläufe über die Gesamtmessstrecke von mehr als 300 m bewertet werden.
- Als zweite Fehlermöglichkeit muss eine fehlerhafte behördliche Auswertung in Betracht gezogen werden. Also sind in einer Auswertung die Geschwindigkeit des **Betroffenen (nicht die des Vorausfahrenden)** und der Abstand seines Fahrzeuges zum vorausfahrenden Fahrzeug zu ermitteln und mit der behördlichen Auswertung abzugleichen.
- Als dritter „Fehler" ist das **Fahrverhalten über die gesamte Mess- und Beobachtungsstrecke** zu überprüfen. Hierbei handelt es sich um eine Überprüfung, die von der Verfahrensbeschreibung und in der allgemeinen späteren Bewertung als gegeben unterstellt wird, die jedoch nach Feststellungen gutachterlicher Bewertungen nur selten bewusst erfolgt.

189 Inwiefern der Betroffene den vielleicht korrekt ermittelten Tatvorwurf selbst herbeigeführt hat, inwiefern er es versäumt hat diesen Zustand, sofern er von anderen herbei geführt wurde, zu beseitigen, wird in der Praxis nur in Ausnahmefällen überprüft, wodurch oftmals der Betroffene nur deshalb zum Betroffenen wird, weil sein Fahrzeug halt das Hinterherfahrende ist.

190 Die zuvor aufgeführten Messverfahren unterscheiden sich in ihrer Anwendung, haben jedoch alle eines gemeinsam: Die **Einrichtung der Messstelle** erfolgt vor Ort **individuell** durch den Messbeamten.

191 Die tatsächliche Qualität des Beweisvideos wird dabei in jedem Einzelfall nicht nur durch die Messstellenmarkierungen sondern vielmehr vom Messbeamten durch die Auswahl des Kamerastandortes und durch die Auswahl der verwendeten Brennweite bestimmt.

192 Wird hier, bei der individuellen Einrichtung der Messstelle nicht ordentlich gearbeitet, so leidet die Qualität des Beweismittels mitunter erheblich.

VII. Checkliste für eine korrekte Messung

Eine Videoabstandsmessung ist in der Auswertung dann als korrekt zu bewerten, wenn im Einzelnen folgende Punkte erfüllt sind:

- ☐ Das Messprotokoll bestimmt eindeutig das verwendete **Messgerät**.
- ☐ Im Abgleich mit dem Messprotokoll sind **Messort** und **Beginn** der Messung eindeutig nachzuvollziehen.
- ☐ Ebenso ist die **Fahreridentifizierung** über Uhrzeit und/oder Ereignisablauf eindeutig der Videosequenz der Aufzeichnung des Abstandsereignisses zuzuordnen.
- ☐ Das verwendete Messgerät verfügt über eine zum Tatzeitpunkt **gültige Eichung**, insb. sind keine Reparaturen am Messgerät erfolgt oder Eichmarken oder Eichplomben so beschädigt, dass die Sicherung des Messgerätes gegen Eingriffe nicht mehr gewährleistet gewesen ist.
- ☐ Die **Akte** enthält einen entsprechenden **Nachweis** über die korrekte Vermessung des Referenzfeldes und die tatsächlichen Entfernungen der für die Auswertung erforderlichen Markierungen (Vermessungs- oder Referenzprotokoll).
- ☐ Die **Auswertung** der **Videosequenz** belegt bzgl. Geschwindigkeit und Abstand die behördliche Auswertung im Bereich der letzten 50 m der Messstrecke.
- ☐ Der **Kamerastandort** wurde so gewählt, dass die Radaufstandspunkte beim Passieren der Messmarkierungen eindeutig zu erkennen sind.
- ☐ Die **Objektivbrennweite** wurde so gewählt, dass Bewegungsabläufe auch im Fernbereich der Messstelle noch sinnvoll ausgewertet werden können.
- ☐ Die **Auswertung** des **Fernbereiches** ergibt keine wesentlichen Änderungen von Geschwindigkeit und Abstand.

193

VIII. Beispiele zur Auswertung

1. Normale Auswertung im Grenzbereich

Der folgende Fall zeigt einen „normalen" Abstandsverstoß. Beanzeigt war bei einer Geschwindigkeit von 104 km/h ein Abstand von 0,53 s oder 15,4 m und damit weniger als 3/10 des halben Tachowertes in Metern.

194

Teil 1: Messverfahren

195 Das Bild zeigt das Fahrzeug des Betroffenen unmittelbar vor Erreichen der 50 m Markierung bei der Messzeit von 41 min 25 s 24 1/100-Sekunden.

196 Das Bild zeigt das Fahrzeug des Betroffenen unmittelbar nach dem Überfahren der 0 m Markierung bei der Messzeit von 41 min 26 s und 95 1/100-Sekunden. Aus der zwischen beiden Bildern verstrichenen Zeit von 1,71 s errechnet sich unter den Toleranzbetrachtung von 0,01 % der gemessenen Zeit zuzüglich 0,01 s über die 50 m Messstrecke die Geschwindigkeit von

V = 104,54 km/h

Das vorgehende Bild zeigt das dem Betroffenen **vorausfahrende Fahrzeug**, bevor seine Hinterachse die Messlinie überfahren hat, bei der Messzeit von 41 min 24 s 80 1/100-Sekunden.

197

Diese Aufnahme zeigt das Fahrzeug des Betroffenen, unmittelbar nachdem es die Markierung überfahren hat, bei der Messzeit von 41 min 25 s und 33 1/100-Sekunden.

198

Teil 1: Messverfahren

Die zwischen beiden Bildern verstrichene Zeit gibt den nach dem Messverfahren definierten zeitlichen Abstand zwischen beiden Fahrzeugen an. Der Abstand beträgt hier 0,53 s. Die zeitliche Angabe ermöglicht sofort die Einstufung in die Kategorie weniger als 3/10 des halben Tachowertes in Metern (0,54 s).

199 Die folgenden beiden Bilder zeigen die gleiche Auswertung auf der 0 m Markierung.

200 Die eingeblendete Messzeit beträgt 41 min 26 s 42 1/100-Sekunden.

201

B. Abstandsmessverfahren

Hier liegt die eingeblendete Messzeit bei 41 min 26 s und 95 1/100-Sekunden. Auch hier beträgt der Abstand zwischen den Fahrzeugen 0,53 s und bewegt sich genau an der Grenze zwischen 3/10 und 4/10 des halben Tachowertes in Metern.

Hinweis:
Durch die Nichtberücksichtigung der Fahrzeugüberhänge und der Markierungsbreiten entsteht eine positive Toleranz, die bei der Abstandsmessung eine weiter gehende Toleranzbetrachtung nicht mehr erforderlich macht.

Genaue **Untersuchungen zur Ganggenauigkeit der Videokameras**, die in der Vergangenheit zur Aufzeichnung von Abstandsverstößen benutzt wurden, liegen nicht vor. Rückwirkende Betrachtungen sind auch wenig sinnvoll, da die bei der Entstehung der Videoaufzeichnung erzeugten Fehler im Nachhinein nicht zu überprüfen sind. 202

Unterstellt man die max. Verstellmöglichkeit der Bildwiederholfrequenz mit 2,5 Videohalbbildern, also 1,25 Videobildern in der Sekunde, so beträgt die Fehlergröße 5 % auf alle Zeitmessungen. 203

Erhöht man die Messzeit im gegenständlichen Fall für die Geschwindigkeit um 5 % von 1,71 s auf (gerundet) 1,8 s und die zum Abstand ermittelte Geschwindigkeit von 0,53 s auf (gerundet) 0,56 s, so errechnet sich für die Geschwindigkeit von 100 km/h ein Abstand von weniger als 4/10 des halben Tachowertes in Metern. 204

Der ursprüngliche Bußgeldbescheid wäre bzgl. der Höhe des Bußgeldes und bzgl. des verhängten Fahrverbotes abzuändern.

Teil 1: Messverfahren

205 Die **Aufnahme des Fernbereiches**, hier befinden sich die Fahrzeuge an den Leitlinien orientiert etwa 150 m vor Ende der Messstelle, zeigen, dass bei kleinen verwendeten Brennweiten die Aufnahme eine Bewertung von Geschwindigkeit und Abstand nicht mehr zulässt.

2. Änderung von Geschwindigkeit und Abstand

206 Die folgenden Bilder zeigen eine **Messung mit VIDIT/VKS**. Hier wurde eine hohe Brennweite zur Aufnahme verwendet, was zu guter Aufnahmequalität führt und i.V.m. Markierungslinien bei 0 m, 150 m und 300 m eine Überprüfung der konstanten Fahrweise zulässt.

207 Die folgenden drei Bilder zeigen **Situationen beim Durchfahren der Messstrecke**. Wegen der fehlenden Zeiteinblendungen wird die Fahrweise aus der Auswertung nach Einzelbildern (hier ist eine bestimmte Videokamera mit der gesamten Messeinheit zur Eichung vorgeschrieben, insofern auch Einzelbildauswertungen zulässig) anschließend nur beschrieben.

208 Über die **Einzelbilder/Halbbilder der Videoaufzeichnung** lässt sich der zeitliche Abstand zwischen beiden Fahrzeugen mit 0,32 s bestimmen.

Hier betrug der **zeitliche Abstand zwischen beiden Fahrzeugen** noch 0,4 s. Die Durchschnittsgeschwindigkeit des vorausfahrenden Fahrzeuges lag bei etwa 191 km/h, die des nachfahrenden Fahrzeuges bei etwa 184 km/h.

209

Hier betrug der Abstand bereits 0,86 s. Die **Durchschnittsgeschwindigkeit** des vorausfahrenden Fahrzeuges betrug über die zweite 150 m Messstrecke etwa 180 km/h, die Durchschnittsgeschwindigkeit des Fahrzeuges des Betroffenen lediglich 158 km/h.

210

Neben den festgestellten Veränderungen sind die Feststellungen wichtig, dass im Annäherungsbereich, insb. auch wegen der hohen Geschwindigkeit, nicht festzustellen

211

Teil 1: Messverfahren

ist, wann und weshalb die Abstandssituation bei der Einfahrt in den Messbereich entstanden ist.

212 Durch die **Verwendung der hohen Brennweite** sind hier zwar Bilder von guter Aufnahmequalität entstanden. Die Aufzeichnung hat auch eine detaillierte Auswertung zugelassen.

Die (auch mehrmalige) Beobachtung und Betrachtung des Beweisvideos hat die gravierenden Veränderungen bei Geschwindigkeit und Abstand im Beweisvideo allerdings nicht erkennen lassen.

Erst die Auswertung des Videos im Detail hat aufgezeigt, dass eine konstante Fahrweise, wie beanzeigt, nicht vorgelegen hat.

213 Hier war also nur festzustellen, dass

- eine bestimmte Abstandssituation im ersten Teil des Messbereiches gegeben war,
- das vorausfahrende Fahrzeug die Geschwindigkeit im Messbereich reduziert hat,
- das Fahrzeug des Betroffenen im Messbereich die Geschwindigkeit drastisch reduziert und seinen Abstand zum vorausfahrenden Fahrzeug wesentlich erhöht hat,
- nicht festzustellen war, wie die beanzeigte Verkehrssituation entstanden ist.

3. Genügt eine Momentaufnahme zur Feststellung des Abstandes von 50 m für Lkw?

214 Das folgende Bild zeigt die Aufnahme eines Lkw mit dem Tatvorwurf den Abstand gem. § 4 Abs. 3 StVO nicht eingehalten zu haben.

215

Da der Abstand zwischen den Markierungen 50 m beträgt, ist schon mit bloßem Auge zu erkennen, dass der Abstand hier zwischen den Fahrzeugen weniger als 50 m beträgt. Das Fahrzeug des Betroffenen fährt hier an zweiter Position.

Die eingeblendete Stoppuhrzeit von 02 Uhr 30 min 03 s und 9/100-Sekunden wird zur Geschwindigkeitsbestimmung beim Betroffenen genutzt.

Nach **Überfahren der Zielmarkierung** durch das Fahrzeug des Betroffenen zeigt die Videostoppuhr die Zeit von 02 Uhr 30 min 05 s und 39 1/100-Sekunden. Aus der bei den Bildern verstrichenen Zeit errechnet sich die Geschwindigkeit für das Fahrzeug des Betroffenen bei der Messzeit von 2,30 s unter der vorgeschriebenen Toleranzbetrachtung mit

$$V = 77 \text{ km/h}.$$

Hier liegt eine nicht unbedingt typische Geschwindigkeit für einen Lkw auf der Autobahn vor, v.a., wenn gerade dieser Lkw zum vorausfahrenden Fahrzeug dicht auffährt.

Die folgenden Bilder zeigen die Geschwindigkeitsauswertung für den vorausfahrenden Lkw.

Teil 1: Messverfahren

218   Die eingeblendete Uhrzeit zeigt 02 Uhr 30 min 01 s und 79/100-Sekunden.

219   Hier beträgt die Messzeit 02 Uhr 30 min 03 s und 79 1/100-Sekunden.

220   Aus der Messzeit zwischen beiden Aufnahmen und der vorgeschriebenen Verkehrsfehlergrenze errechnet sich die Geschwindigkeit von

$$V = 89 \text{ km/h.}$$

Hier stellt sich nunmehr die Frage, ob der Lkw-Fahrer mit dem „schlechten Gewissen" 221
im Messbereich gebremst hat. Die Frage ist nur zu beantworten, wenn auch für die
Beanzeigung von Lkw-Abstandsverstößen gem. § 4 Abs. 3 StVO eine längere Videosequenz zur Beurteilung zur Verfügung gestellt wird.

Die nunmehr folgende Aufnahme zeigt die Ursache für den beanzeigten Verstoß. Nicht 222
das dichte Auffahren des nachfolgenden Lkw mit niedrigerer gefahrener Geschwindigkeit ist die Ursache.

Ursache ist vielmehr der Überholvorgang des vorausfahrenden Lkw mit dem wieder- 223
einscheren nach rechts mit nicht ausreichendem Sicherheitsabstand zum überholten
Lkw.

Hier ist also festzuhalten,
- dass der Betroffene mit 77 km/h gefahren ist und
- der vorausfahrende LKW mit 85 km/h.

Das legt die Vermutung eines unmittelbar vorangegangenen Überholvorgangs nahe,
was die Auswertung des Fernbereichs bestätigt.

Teil 1: Messverfahren

4. Abstandsüberwachung mit Videokamera ohne Zeiteinblendung an ungeeigneten Messstellen ohne Messstellenmarkierung – kein standardisiertes Messverfahren

224 Neuerdings sind vermehrt Überwachungsmethoden anzutreffen, bei denen die Beweissicherung ohne standardisierte Messverfahren durchgeführt wird. Insbesondere der **Abstand von Lkw** gemäß § 4 Abs. 3 StVO lässt sich ja leicht überwachen, wenn auf die Feststellung von Kausalität und Verschulden für die Erfüllung eines Tatbestandes verzichtet wird.

So wird im Nahbereich ein **Foto** gefertigt und „die Fahrweise über 1,5 km vor der Brücke durch Beobachtung als konstant bewertet".

Oder aber die gesamte Verkehrssituation wird mit einer handelsüblichen Videokamera beobachtet und aufgezeichnet. Dass die Aufzeichnung am Autobahnkreuz im Bereich der Auf- und Abfahrt erfolgt lässt die Erfolgsabsicht vermuten. Die Feststellungen beschränken sich dabei auf die an den Leitlinien orientierte Feststellung des Abstandes unter 50 m und die Schätzung der Geschwindigkeit auf mehr als 50 km/h.

Auch die Auswertung einer nicht mit geeichten Messgerät gefertigten **Videoaufzeichnung** bestätigt diesen Tatumstand. Die festzustellenden unterschiedlichen Geschwindigkeiten deuten allerdings darauf hin, dass in diesem Bereich die Abstände auf häufige Fahrstreifenwechsel zur Herbeiführung eines Fahrtrichtungswechsels zurückzuführen sind.

225 Die **Verantwortlichkeit für den Abstand im Nahbereich** ist wegen ungenauer Geschwindigkeitsbestimmungen dabei nur schwer zu klären.

226 Die folgenden Bilder zeigen den Ablauf einer solchen mittels Videokamera aufgezeichneten Abstandsverstoßes im Bereich einer Steigungsstrecke auf der Autobahn.

Vorstehendes Bild zeigt auf, dass bei Orientierung an den Leitlinien der Abstand mit 40 m augenscheinlich weniger als 50 m beträgt.

Das Bild 2 zeigt, dass schon 50 m vorher die Videoaufzeichnung einen Abstand von knapp 50 m anzeigte. Ob hier ein Abbremsen des voraus fahrenden Lkw oder das schlichte Auffahren des Betroffenen die Abstandsunterschreitung herbeigeführt hat, ist wegen fehlender Auswertemarkierungen und fehlender Zeiteinblendung nicht eindeutig zu klären.

Bild 3 zeigt, dass etwa 200 m vor dem Zielbereich der später voraus fahrende Lkw vom rechten auf den mittleren Fahrstreifen vor den Lkw des Betroffenen wechselte. Sein anschließendes Geschwindigkeitsniveau lässt sich nicht auswerten, so dass ein Abbremsen in Annäherung an den Messbereich mit der Folge des Auffahrens durch den Betroffenen im Zielbereich nicht auszuschließen ist.

IX. Das Urteil des BVerfG vom 11.08.2009 (2 BvR 941/08)

227 Mit dem Urteil unter dem Az. 2 BvR 941/080 hat das BVerfG die Entscheidung des AG Güstrow vom 15.01.2007 – 971 Owi 343/06 aufgehoben und die Sache an das AG Güstrow zurückverwiesen. Im entschiedenen Fall ging es darum, ob die **Videoaufzeichnung aller Fahrzeuge von einer Autobahnbrücke herab** zur **Verfolgung von Ordnungswidrigkeiten** eine Verletzung der Grundrechte aus Art. 2 Abs. 1, Art. 3 Abs. 1, Art. 19 Abs. 4 und Art. 103 Abs. 1 GG sowie aus Art. 2 Abs. 1 i.V.m. Art. 20 Abs. 3 GG darstellt.

228 In der Urteilsbegründung des BVerfG wird zunächst festgestellt, dass durch die **Aufzeichnung von gewonnenem Bildmaterial** beobachtete **Lebensvorgänge technisch fixiert** wurden und so später zu Beweiszwecken abgerufen, aufbereitet und ausgewertet werden können. Eine **Identifizierung des Fahrzeuges** sowie des **Fahrers** war beabsichtigt und technisch auch möglich. Auf den gefertigten Bildern sind das Kennzeichen des Fahrzeuges sowie der Fahrzeugführer deutlich zu erkennen, so dass die abgebildete Person identifiziert werden kann.

Dass die Erhebung derartiger Daten einen Eingriff in das Recht auf informationelle Selbstbestimmung darstellt, entspricht der Rechtsprechung des BVerfG (BVerfG, Urt. v. 17.02.2009 – 1 BvR 2492/08; BVerfGE 120, 378; BVerfGK 10, 330).

229 Weiter ist in der Urteilsbegründung ausgeführt, dass es zur **Einschränkung des Rechts auf informationelle Selbstbestimmung** einer gesetzlichen Grundlage bedarf, die dem rechtsstaatlichen Gebot der Normenklarheit entspricht und verhältnismäßig ist. Anlass, Zweck und Grenzen des Eingriffs müssen in der Ermächtigung beweisspezifisch, präzise und normklar festgelegt werden.

Das AG hat im angefochtenen Urteil die mittels einer Videoaufzeichnung vorgenommene Geschwindigkeitsmessung auf den Erlass zur Überwachung des Sicherheitsabstandes nach § 4 StVO des Wirtschaftsministeriums Mecklenburg-Vorpommern vom 01.07.1999 gestützt und damit diesen als Rechtsgrundlage für Eingriffe in das Recht auf informationelle Selbstbestimmung herangezogen.

Hierzu führte das BVerfG in seiner Urteilsbegründung aus:

„Eine solche Rechtsauffassung ist verfehlt und unter keinem rechtlichen Aspekt vertretbar"

Mit der Frage der Anwendbarkeit des Erlasses als Rechtsgrundlage für den Eingriff in das Grundrecht auf informationelle Selbstbestimmung auf den Fall des Beschwerdeführers setzt sich das Urteil des AG Güstrow nicht auseinander.

Ob eine Rechtsgrundlage für einen solchen Eingriff in das Grundrecht auf informationelle Selbstbestimmung besteht, hat das BVerfG in seiner Urteilsbegründung nicht geprüft. Vielmehr ist dies Gegenstand der Zurückverweisung an das AG Güstrow.

Ob es zutrifft, dass die Anfertigung der Videoaufzeichnung nach keiner gesetzlichen Befugnis gestattet war und ob, wenn dies der Fall ist, daraus ein Beweisverwertungsverbot folgt, wird das AG erneut zu prüfen haben.

In der Sache selbst enthält die Urteilsbegründung keine Hinweise.

Nach der Veröffentlichung des Urteils wird an den Sachverständigen bei der Bewertung des vorliegenden Beweismittels immer wieder die Frage gestellt, „ob das Beweismittel so gefertigt wurde, wie dies in der Entscheidung des BVerfG gerügt wird". 230

Eine Rüge an der Entstehung des Beweismittels vermag der Sachverständige allerdings nicht zu erkennen, lediglich eine Rüge an der Prüfung des Bestehens einer Rechtsgrundlage.

Die Kritik die vorgebracht wird, richtet sich dagegen, dass Bilder zu einem Zeitpunkt gefertigt werden, wo noch kein konkreter Verdacht gegen die aufgezeichnete Person besteht.

Die Prüfung eines technischen Sachverständigen kann sich insofern nur damit befassen, festzustellen, zu welchem Zeitpunkt bei einem jeweiligen standardisierten Messverfahren oder bei sonstigen Dokumentationen die Bilder, welche zur Identifizierung des Betroffenen dienen, technisch fixiert werden. Daneben können Feststellungen getroffen werden, zu welchem Zeitpunkt und wie festgestellt, ein „Verdacht" der begangenen Ordnungswidrigkeit bei Mensch oder Maschine entstanden ist.

Das Bestehen einer Ermächtigungsgrundlage, bzw. im Falle des Fehlens einer solchen Ermächtigung das Entstehen eines Beweisverwertungsverbots wird immer der juristischen Prüfung vorbehalten bleiben.

Für die folgende technische Betrachtung sei noch hingewiesen auf die in der Urteilsbegründung angeführte Entscheidungen BVerfGE 115, 320; 120, 378 – wonach bei der verhandelten Sache kein Fall vorliegt, in dem Daten ungezielt und allein technikbedingt zunächst miterfasst, dann aber ohne weiteren Erkenntnisgewinn anonym und spurenlos wieder gelöscht werden, so dass aus diesem Grund die Eingriffsqualität verneint werden könnte. 231

So wird die „**zufällige**" **Mitaufzeichnung von sonstigen Verkehrsteilnehmern** als weiteres Fahrzeug im Beweisbild im Folgenden nicht untersucht.

Teil 1: Messverfahren

232 Zunächst ist festzustellen, dass es technisch keinen Unterschied macht, in welcher Art Bilddokumentationen erfolgen. Die Identifizierung erfolgt – ob digitale Bilddatei, analoges Einzelbild oder Messfilm – immer an einem Einzelbild. Ob gegenüber einem Einzelbild ein Film vorliegt, entscheidet lediglich die zeitliche Abfolge (Bildrate) der Einzelbilder pro Sekunde (die Geschwindigkeit macht die Bilder zum Film).

Von **Bedeutung für einen Eingriff in das Grundrecht auf informationelle Selbstbestimmung** ist einzig die Qualität eines Bildes. Hier besteht bei allen Aufnahmearten – von digitaler Fotografie bis Nassfilm, von der Handyaufnahme über den Videofilm bis hinzur Aufnahme durch eine hochwertige Spiegelreflexkamera – die Möglichkeit durch Güte des Aufnahmeobjektives, Aufnahmeentfernung, gewählte Brennweite, Belichtungszeit und Blende die Qualität der Aufzeichnung bezüglich der Identifizierung von Personen so zu beeinflussen, dass die Identifizierung sich fließend von unmöglich bis eindeutig darstellt.

Dies erhöht umso mehr die Bedeutung, welche bei den unterschiedlichen Beweisbildern der Identifizierung von Personen zur Täterfeststellung beizumessen ist.

Nur bei solchen Bildern, welche zur Identifizierung von Personen geeignet sind, stellt sich dann die Frage nach dem Zeitpunkt ihrer Fertigung.

Dabei ist der **Zeitpunkt der Fixierung des Identifikationsbilds** bei allen Messverfahren und insbesondere auch bei Bilddokumentationen in nicht standardisierten Messverfahren getrennt zu untersuchen.

1. Zeitpunkt der Fixierung des Identifikationsbilds bei Geschwindigkeitsmessverfahren

233 Bei den **Geschwindigkeitsmessverfahren mit Bilddokumentation** ist die zeitliche Abfolge einfach nachzuvollziehen. Die Überwachungstechnik ist permanent in Betrieb. Jedes Fahrzeug wird detektiert und gemessen. Frühestens zu einem Zeitpunkt, wo hinreichend viele Messimpulse eine Überschreitung des eingestellten Grenzwertes anzeigen, also Verdachtsmomente für eine zu hohe gefahrene Geschwindigkeit vorliegen, wird ein Messfoto von Fahrzeug und Fahrzeugführer gefertigt. Hier hat zweifelsohne ein entsprechender Anfangsverdacht für die Bildaufnahme vorgelegen. Unter diese Messverfahren fallen z.B. alle Lichtschrankenmessgeräte, Rotlichtüberwachungsanlagen, Radarmessanlagen, Vitronic Poliscan sowie die stationären Geschwindigkeitsmessanlagen.

2. Zeitpunkt der Fixierung des Identifikationsbilds bei Abstandsmessanlagen

Bei allen **Abstandsmessanlagen** ist die Fixierung des Beweisbildes grundsätzlich kritisch zu hinterfragen. Bei Einführung dieser Überwachungstechnik mit Video wurde zunächst nur eine Videokamera eingesetzt, welche den Tatbereich ca. 350 m bis 40 m vor der Brücke aufzeichnete. Diese Videoqualität war nicht ausreichend, Kennzeichen zu erkennen, geschweige denn Fahrzeugführer zu identifizieren. 234

Zur **Fahrer- und Kennzeichenfeststellung** wurde hier die Frontkamera einer Geschwindigkeitsmessanlage eingesetzt, welche nur durch Handauslösung angesteuert werden konnte. Alleine die Tatsache, dass von mehreren hundert Fahrzeugen nur einige zehn in einem Messbetrieb fotografiert wurden zeigt, dass der Messbeamte alle Fahrzeuge beobachtet und nur im konkreten Verdacht ein Foto fertigt. 235

Mit der Weiterentwicklung und Verbesserung der Videotechnik wurde diese Frontkamera gegen Videokameras ausgetauscht. Im Messbetrieb ist nun der Versuchung nur schwer zu widerstehen – warum soll ich einen möglichen Täter ungeschoren entkommen lassen? 236

Die anfangs „**kurzfristige**" Videoaufzeichnung, bei der vielleicht 2 bis 4 Sekunden Aufnahmezeit zu verzeichnen sind, wird immer weiter gedehnt. Kolonnen werden gänzlich aufgezeichnet, „weil wahrscheinlich alle zu dicht aufgefahren sind".

In dem der Entscheidung zugrunde liegenden Messverfahren Vidit VKS wurde in unserem Hause der Messbetrieb einer Verkehrsdienststelle in Thüringen begutachtet. Die dortige Messanlage selektiert vor der eigentlichen Messstelle die Fahrzeuge, sucht „zu schnelle" oder „zu dicht fahrende" Fahrzeuge aus und meldet der Zielkamera die Ankunft dieser Fahrzeuge. Nach pauschaler Auskunft der Polizei wurden „die Aufzeichnungen verdachtsabhängig durchgeführt" 237

Zum Durchfahren der Messstrecke bis zur Zielkamera (ca. 500 m) werden maximal (bei einer Fahrgeschwindigkeit von 80 km/h) 22,5 s benötigt. Die Zielkameras wurden jedoch tatsächlich mit einer Aufnahmezeit von 1,5 Minuten angesteuert. Das bedeutet, dass im Zielbereich die Identifizierungskameras praktisch ununterbrochen aufgezeichnet haben und damit alle Fahrzeugführer aufgezeichnet wurden.

Nach Filmauswertung wird das **ursprüngliche Aufzeichnungsband** zwar **gelöscht**. Die Auswertung des Messbetriebes hat aber gezeigt, dass die Selektionskamera nur eine Anzahl x an verdächtigen Fahrzeugen gemeldet hatte, tatsächlich aber eine wesentlich höhere Anzahl an Fahrzeugführern beanzeigt wurde.

Hier wurde nicht nur die Möglichkeit geschaffen, nicht verdächtige Fahrzeugführer durch Aufzeichnung zu bewerten und zu beanzeigen, hier wurde dies auch tatsächlich in der Praxis so durchgeführt. Diese Verfahrensweise war nur deshalb nachzuvollziehen, weil das Gericht einen Messbetrieb direkt begutachtet haben wollte und insofern der Entstehung der Beweisbilder beigewohnt werden konnte. Die Verfahren vor dem AG Arnstadt endeten mit einem Freispruch (z.b. AG Arnstadt, 630 Js 201089/09 2 OWi vom 29.10.2009)

> **Hinweis:**
>
> Zur **Beurteilung der Aufnahmesituation** ist daher bei Abstandsmessungen eine kurze Schilderung der Aufnahmekonfiguration und Durchführung erforderlich. Dies gilt insbesondere dort, wo durch fehlende Dateneinblendungen in Fahreraufnahme oder Tataufnahme die Übereinstimmung von Fahreraufzeichnung mit dem Tatvideo nicht direkt nachzuvollziehen ist und insofern die Annahme zulässig ist, dass beide Aufnahmegeräte von Start bis Ende parallel aufzeichnen um so über die Laufzeit die Übereinstimmung herzustellen.

3. Geschwindigkeitsmessung mittels Video mit Leivtec XV 2 (Nachfolgesystem: Leivtec XV 3)

238 Das Messprinzip verlangt zur Messung und Dokumentation bei der Messung mittels Video mit Leivtec XV 2 (Nachfolgesystem: Leivtec XV 3), dass das zu messende Objekt anvisiert wird. Mit dem Auslösen (Beginn der Messung) startet die Videoaufzeichnung (XV 2) oder wird ein Einzelbild vom zu messenden Fahrzeug gefertigt (XV3).

Bei **XV 2** erfolgt die Aufzeichnung damit von 80 m Entfernung bis zum Nahbereich beim Passieren des Messgerätes oder bis zum Abbruch der Messung/Aufzeichnung – die gefertigte Aufzeichnung bleibt komplett erhalten, wird nicht gelöscht.

Bei der **XV 3** bleibt das Einzelbild Messbeginn stehen, bis die Messung erfolgreich abgeschlossen wird und wird dann mit dem Messfoto Ende gespeichert. Im Falle dass die Messung abgebrochen wird, wird das Bild Messanfang gelöscht.

239 Hier ist eindeutig zu erkennen, dass auf jeden Fall Aufzeichnungen gefertigt werden, bevor erste Messergebnisse vorliegen. Die Qualität der Aufnahmen muss selbstverständlich in jedem Fall zunächst auf die Geeignetheit geprüft werden, Fahrer und Kennzeichen zu identifizieren. Da dies Ziel der Aufnahme ist, dürfte dieses Kriterium auch in den meisten Fällen erfüllt sein.

> **Hinweis:**
>
> Da der Verdacht wegen fehlender Vorabmessergebnisse nicht vom Messgerät kommen kann, muss der Messbeamte auf „andere Art und Weise" zu seinem Anfangsverdacht gelangt sein. Alleine die Anwesenheit des Fahrzeuges im Ver-

kehrsraum kann hierzu sicher nicht ausreichend sein. Also muss der Messbeamte aufgrund der Fahrweise den Verdacht auf eine Geschwindigkeitsüberschreitung erlangt haben, um mit der Aufzeichnung zu beginnen.

Der **Verdacht auf eine zu hohe Geschwindigkeit** kann unter bestimmten Kriterien bestimmt vorliegen, insbesondere bei ganz erheblichen Überschreitungen. Bei unwesentlichen Überschreitungen oder aber wenn die Annäherungsstrecke nicht einsehbar ist, ist eine Abschätzung dagegen kaum möglich und damit auch nicht die Verdachtserlangung. 240

In einem von hier überprüften Messbetrieb war festzustellen, dass die Messstelle unmittelbar nach einer Kurve gewählt wurde. Da der Messbeamte vorher keinen Verdacht erlangen konnte, hat er alle auftauchenden Fahrzeuge zunächst anvisiert und die Messung begonnen. Bei etwa 60 % der anvisierten Fahrzeuge hat er die Messung anschließend erkennbar abgebrochen (frühzeitiges Absenken des Messgerätes) und nur in 40 % die Messung zu Ende geführt, wobei auch hier nicht in allen Fällen eine Überschreitung des Grenzwertes festgestellt wurde. Fahrer und Kennzeichen waren in allen Aufzeichnungen in einer zur Identifizierung geeigneten Qualität aufgezeichnet. 241

Hier dokumentiert der Messablauf, dass die ankommenden Fahrzeuge wohl nicht nach erlangtem Tatverdacht aufgezeichnet wurden. Eine abschließende Prüfung ist allerdings immer erst nach Auswertung des gesamten Beweisvideos möglich.

X. Abstandsüberwachung mittels ES 3.0

Eine Besonderheit im Rahmen der Abstandsmessung ergab sich unmittelbar vor Redaktionsschluss: eine nicht zum standardisierten Messverfahren ES 3.0 gehörende Abstandsüberwachung mit diesem zur Geschwindigkeitsmessung zugelassenen Messgerät. 242

Polizeibeamte entwickeln aus der Aufnahmeposition des Fahrzeuges i.V.m. der geeichten Geschwindigkeitsmessung und der ungeeichten Zeitmessung aus zwei Bildern vom voraus fahrenden Fahrzeug und dem Fahrzeug des Betroffenen eine Auswertelogik zur Bestimmung des Abstandes.

Während die korrekte Abstandsermittlung sicherlich äußerst kritisch – im Hinblick auf die Zeitnahmen – zu prüfen sein wird, ist insbesondere durch diese Art der Feststellung keine geeignete Bewertung des Fernbereiches möglich. Geschwindigkeitsbestimmungen über Teilstrecken und die Entwicklung der Abstandssituation im Zielbereich können auf diese Art und Weise nicht festgestellt werden bzw. können nicht sinnvoll überprüft werden. Damit ist die Kausalität, die Verantwortlichkeit für die Abstandssituation nicht nachzuweisen und die Schuld nicht festzustellen.

Bezüglich der Aufnahme des ersten Fahrzeuges ist allerdings eine gezielte fotografische Aufnahme eines Unverdächtigen gegeben, für deren Fertigung die Ermächtigungsgrundlage zu prüfen sein wird.

XI. Messverfahren der Marke „Eigenbau"

243 Zu guter Letzt sind in jüngster Zeit zunehmend Messverfahren der Marke „Eigenbau" anzutreffen, bei denen handelsübliche Aufzeichnungsgeräte (Videokameras, Handkameras) zur Aufzeichnung des Beweismittels benutzt werden. Die Einsatzorte liegen dabei insbesondere im Bereich von Autobahnkreuzen und Autobahnauf- und -abfahrten.

Dabei werden ohne bestimmte Regeln Aufzeichnungen im Verkehrsraum vorgenommen, bei denen oftmals nicht zu erkennen ist, dass bestimmte Fahrzeuge unter einem bestimmten Verdacht aufgezeichnet wurden. Vielmehr erscheint es aus den Bewegungsabläufen so, dass eine Übersichtsaufnahme gefertigt wird, aus der einzelne Fahrzeuge heraus gezogen werden, wenn sich infolge von Fahrstreifenwechseln zur Fahrtrichtungsänderung kurzfristig unvermeidliche Abstandssituationen (insbesondere bei Lkw) ergeben.

Zur Bewertung der Aufzeichnung im Hinblick auf verdachtsunabhängige Aufzeichnungen ist auch hier die Betrachtung der gesamten Videoaufzeichnung erforderlich.

C. Lasermessverfahren

| Das Wichtigste in Kürze: | 244 |

1. Das Messgerät muss am Tattag gültig geeicht sein.
2. Dazu gehört, dass sich der Messbeamte davon überzeugt hat, dass alle eichamtlichen Sicherungen nicht beschädigt oder gebrochen waren. Dies ist im Einzelfall zu prüfen.
3. Ordnungsgemäße Messergebnisse werden nur geliefert, wenn das Messgerät gemäß seinen Vorgaben und entsprechend der Bedienungsanleitung eingesetzt wird.
4. Abweichungen hiervon bedingen zwingend eine nicht eindeutige und mit Zweifeln behaftete Messwertzuordnung, da in aller Regel bei Lasermessverfahren jeder Sachbeweis fehlt (bis auf Leivtec XV 2/XV 3). Im Einzelfall ist zu prüfen, ob das Messergebnis verwertet werden darf oder nicht.
5. Messergebnisse werden zuverlässig geliefert. Die Frage ist, ob der Messwert dem jeweilig Betroffenen eindeutig und zweifelsfrei zugeordnet werden kann.
6. Vor Messbeginn müssen alle Gerätetests durchgeführt werden, insb. der Visiertest.
7. Handlasermessverfahren weisen folgende Besonderheiten auf:
   - Der Messstrahl weitet sich in der Entfernung auf, bis er u.U. über die Fahrzeugkonturen hinaus wirken kann (Messwertzuordnung?),
   - die Reflexionen zur Messwertbildung werden nicht zwingend vom nächsten Objekt zum Messgerät geliefert, sondern u.U. vom besten Reflektor (Messwertzuordnung?),
   - die Messwertbildung erfolgt nicht sofort mit Auslösung der Messung, sondern verzögert, sodass das Messgerät verwackelt werden kann (Messwertzuordnung?),
   - Handlasermessgeräte (außer Leivtec XV2/XV 3) können ohne Umschaltvorgänge im abfließenden und ankommenden Verkehr Messwerte bilden (Vorzeichen vor Geschwindigkeitswert?),
   - Zur Prüfung der Parallelität der optischen Achse der Zieleinrichtung mit der Strahlachse ist die korrekte Durchführung des Visiertests unbedingt erforderlich,
   - Die jeweiligen Fahrzeuge müssen als Einzelfahrzeuge gemessen werden.

Aufgrund des fehlenden Sachbeweises muss zur abschließenden Bewertung einer Einzelmessung überwiegend der Messbeamte zur konkreten Messdurchführung

Teil 1: Messverfahren

> und Dokumentation ergänzend befragt werden. In diesem Zusammenhang ist auch darauf zu achten, ob das Messprotokoll **vollständig** vor Ort gefertigt oder maschinell ergänzt wurde.

I. Lasermessverfahren ohne Bilddokumentation

1. Allgemeines

245 Geschwindigkeitsermittlungen durch zugelassene Laserverfahren sind dem sog. „**Standardisierten Messverfahren**" zuzuordnen und insofern bedeutsam, dass sie als sicheres amtliches Messverfahren gelten (vgl. dazu u.a. BGHSt 39, 2912; NJW 1993, 3081; s.a. die Ausführungen bei Teil 3 Rn. 41 ff.). Das jeweilige Messergebnis lässt sich jedoch nur durch einen niedrigen Sachbeweis darstellen. Dem **Zeugenbeweis**, der in diesem Fall durch den Messbeamten, den Protokollführer und evtl. den Anhaltetrupp zu erbringen ist, kommt bei diesem Messverfahren eine **entscheidende Bedeutung** zu.

Bei den im Folgenden genannten Lasermessgeräten

- **Laser Riegl FG 21P**,
- **Laser Riegl LR 90-235**,
- **Laser Laveg**,
- **Laser Patrol/Traffipatrol** und
- **Laser Ultra Lyte**
- **Leivtec XV 2**
- **Leivtec XV 3**

handelt es sich um die im Bundesgebiet gängigsten Messgeräte. Da sich diese in Funktionsweise, Messdurchführung und Fehlermöglichkeiten derart ähneln, soll – um Wiederholungen zu vermeiden – an dieser Stelle nicht auf alle, sondern nur auf die ausgewählten Messgeräte eingegangen werden (vgl. dazu auch den Hinweis bei Rn. 239).

246 Die derzeit im Bundesgebiet **gebräuchlichsten** für die amtliche Geschwindigkeitsermittlung eingesetzten **Lasergeschwindigkeitsmessgeräte** setzen bis auf das Gerät „LEIVTEC XV2" und „LEIVTEC XV3" (Firma Leivtec) keine Bild- und/oder Videoaufzeichnungsmöglichkeit zur Dokumentation der konkreten Messsituation oder des gebildeten Geschwindigkeitswertes ein. Dies obwohl sämtliche Geräte mit mit entsprechenden Aufzeichnungsmöglichkeiten versehen werden könnten. In der Schweiz und in Österreich hingegen ist die videografische Dokumentation der Messungen vorgeschrieben.

247 Die **PTB** in Braunschweig hat für die Eichung und Zulassung von Messgeräten zur amtlichen Überwachung des Straßenverkehrs mit den „PTB-Anforderungen" (PTB-

A) konkrete Anforderungen festgelegt. Unter Punkt 3.2 der PTB-A 18.11 ist als **allgemeine Vorraussetzung für die Zulassung von Geschwindigkeitsmessgeräten** u.a. vorgegeben, dass die Konstruktion des Messgerätes sicherstellen muss, dass der angezeigte Geschwindigkeitswert nicht einem falschen Fahrzeug zugeordnet werden kann. Diese formellen Gegebenheiten lassen die amtliche Verkehrsüberwachung mit Lasermessgeräten ohne Videodokumentation daher in einem sehr kritischen Licht erscheinen.

Einzig ein **vom durchführenden Beamten ausgefülltes Messprotokoll** dient der späteren Dokumentation der behördlichen Beweisführung, dem Juristen als Grundlage für seine Verteidigung und dem rekonstruierenden Sachverständigen als Basis eines technisch zu erstellenden Gutachtens.

248

Die **eichamtliche Legitimation** zur Messdurchführung mit dem jeweiligen Messgerät sei hier vorausgesetzt.

249

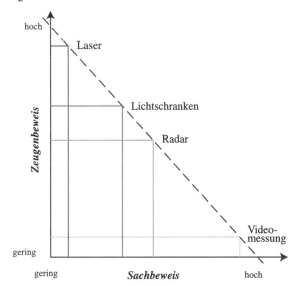

Die Grafik zeigt die **Unterschiede zwischen den einzelnen Messverfahren** hinsichtlich des Zeugen- und Sachbeweises.

Die **Lasermessung**, in der in Deutschland meist genutzten Form **ohne Videoaufzeichnung**, hat in der Gesamtbetrachtung der Messverfahren im standardisierten Messverfahren immer ein Alleinstellungsmerkmal, da sämtliche Testroutinen und Messungen nicht vom jeweiligen Gerät, sondern vom durchführenden Messbeamten dokumentiert werden.

250

Teil 1: Messverfahren

251 Erfahrungen in der vorgerichtlichen und gerichtlichen Bewertung von unterschiedlichsten Lasermessungen offenbaren eine **weitreichende Unsicherheit im Umgang mit Lasermessgeräten** seitens der durchführenden Messbeamten und mangelndes Wissen über die technischen Eigenheiten von Lasermessgeräten, insb. der Strahlaufweitung und der Messdauer sowie der Reflexionseigenschaften während der einzelnen Messungen.

2. Messprinzip und Funktionsweise von Lasermessgeräten

a) Allgemeines

252 Laser-Geschwindigkeitsmessungen erfolgen durch das Messen einer Laufzeit von kurzen **Infrarotlichtimpulsen**. Als Infrarotstrahlung – kurz IR-Strahlung – bezeichnet man in der Physik elektromagnetische Wellen im Spektralbereich zwischen sichtbarem Licht und der langwelligeren Mikrowellenstrahlung. Dies entspricht einem Wellenlängenbereich von etwa 780 nm – 1 mm (vgl. dazu im Internet: www.wikipedia.de).

253 Infrarotstrahlung wird in **verschiedenen Bereichen unseres Lebens** eingesetzt:
- in der Astronomie,
- in der Elektronik und Computertechnik,
- in der Chemie,
- in der Medizin sowie
- in der Verkehrsüberwachung (Laser- und Lichtschrankenmessungen) etc.

b) Geschichte

254 Die Infrarotstrahlung wurde im Jahre 1666 von **Sir Isaac Newton** postuliert. 1800 ermittelte **Sir William Herschel** die relative Energie dieser Strahlung, indem er Sonnenlicht durch ein Prisma lenkte und hinter dem roten Ende des sichtbaren Spektrums ein Thermometer legte. Aus dem beobachteten Temperaturanstieg schloss er, dass sich das Sonnenspektrum jenseits des Roten fortsetzt. Umgangssprachlich wird IR-Licht oft mit Wärmestrahlung gleichgesetzt (vgl. dazu im Internet: www.wikipedia.de).

c) Beispiel: Lasermessgerät Riegl FG 21P

255 **Wichtige Entscheidungen:**
- AG Rathenow, Beschl. v. 02.04.2008 9 OWi 451 Js-OWi 6383/08 (37/08)
- OLG Koblenz, Beschl. v. 12.08.2005 1 Ss 141/05
- OLG Hamm, Beschl. v. 25.11.1999 1 Ss OWi 1224/99

C. Lasermessverfahren

- OLG Hamm, Beschl. v. 29.03.2001 2 Ss OWi 1078/00
- OLG Hamm, Beschl. v. 07.01.2002 2 Ss OWi 1129/01
- OLG Hamm, Beschl. v. 06.10.2004 2 Ss OWi 555/04
- OLG Hamm, Beschl. v. 20.03.2009 2 Ss OWi 138/09
- OLG Düsseldorf, Beschl. v. 31.05.2000 2a Ss OWi 68/00
- OLG Celle, Beschl. v. 16.07.2009 311 SsBs 67/09
- KG Berlin, Beschl. v. 11.03.2008 3 Ws (B) 67/08
- AG Herford, Urt. v. 12.09.2008 11 OWi 53 Js 2782/07 – 980/07
- OLG Hamm, Beschl. v. 29.08.2006 2 Ss OWi 358/06

Am **Beispiel** des Lasermessgeräts Riegl FG 21P sei im Folgenden die **Funktionsweise des Messgerätes sowie die Wirkungsweise des Laserstrahles** und dessen Verarbeitung während einer Geschwindigkeitsmessung erläutert: 256

*Ein **elektronischer Impulsgeber** steuert mit der Auslösung einer Messung in periodischer Folge ein Halbleiterlasersystem an. Dieses gibt während der Messzeit einer Serie kurzer Infrarot-Lichtimpulse ab, die durch die Sendeoptik gebündelt als Sendesignal abgestrahlt werden.*

*Über die Empfangsoptik gelangen die vom Ziel zu dem Gerät **reflektierten Signale auf eine Fotodiode**, die entsprechende elektrische Empfangssignale liefert. Eine Auswerteeinrichtung misst das Zeitintervall zwischen Sende- und Empfangsimpulsen, was ein Maß für die Zielentfernung ist.*

*Ein **geräteinterner Rechner** sorgt für die Speicherung und die weitere Aufbereitung der Messwerte. Aus der Änderung der Entfernung während der Messzeit, die daraus resultiert, dass sich das Fahrzeug des Betroffenen noch in Bewegung befindet, wird die Geschwindigkeit des Ziels ermittelt und zur Anzeige gebracht (Quelle: Bedienungsanleitung für Riegl FG 21P mit Zulassungszeichen 18.11/98.09).*

Die einzelnen Messwerte, die während der gesamten Dauer der jeweiligen Messung in schneller Folge gebildet werden, müssen gemäß der Beschreibung in der Bedienungsanleitung des Riegl FG 21P einer **strengen Gleichmäßigkeit** unterliegen, nämlich entlang einer sog. Regressionsgeraden, da anderenfalls die jeweilige Messung vom Gerät annulliert wird, d.h. eine Messwertbildung nicht zustande kommt.   257

Die **genauen Kriterien** für eine solche Auswertung werden, wie bei allen anderen Messverfahren, nicht öffentlich zugänglich gemacht und unterliegen somit **nicht der detaillierten Kontrollmöglichkeit von Gutachtern und Gerichten**.   258

Hinweis:

Zu **beachten** ist hierbei, dass das Zeitintervall für die Bildung des der Beanzeigung zugrunde liegenden Messwertes von Hersteller zu Hersteller der jeweiligen

Teil 1: Messverfahren

> Lasermessgeräte unterschiedlich lang ist (vgl. dazu die Gegenüberstellung der Einzelgeräte unter Rn. 257).

3. Gerätetests und Messdurchführung bei Lasermessverfahren ohne Videoaufzeichnung

a) Allgemeines

259   Mit Laser-Geschwindigkeitsmessgeräten ohne Videoaufzeichnung kann sowohl der **ankommende Verkehr** als auch der **abfließende Verkehr** überwacht werden. Die jeweilige Fahrtrichtung wird dann bspw. geräteabhängig am Display mit entsprechenden positiven oder negativen Vorzeichen oder ohne Vorzeichen angezeigt (vgl. dazu die Tabelle der technischen Daten der Messgeräte unter Rn. 305).

260   Die Messgeräte können im **Hand- oder Stativbetrieb** benutzt werden. Da in der Zwischenzeit alle Hand-Laser-Geschwindigkeitsmessgeräte von der PTB für den **Betrieb durch Fahrzeugscheiben** zugelassen sind, ist auch eine Handhabung, bei der bspw. die Armaturentafel eines Kfz als Auflage und Stütze dient, erlaubt.

261   **Vor** jedem **Messeinsatz** sind geräteabhängig **verschiedene Tests durchzuführen**. Es handelt sich hierbei um

- den Selbsttest,
- den Displaytest,
- den Visiertest und
- den Nulltest.

Diese Forderung nach notwendigen Gerätetests ist in der juristischen Beurteilung und der sachverständigen Rekonstruktion der jeweiligen Geschwindigkeitsmessung von **entscheidender Bedeutung**.

262   **Hinweis:**

Die im Folgenden beschriebenen Tests sind **für alle hier behandelten Lasermessgeräte vorgeschrieben**. Eine Ausnahme bildet das Messgerät Laveg: Hier ist der Visiertest nicht vorgeschrieben, da die optischen Komponenten fest im Gehäuse miteinander vergossen sind.

C. Lasermessverfahren

b) Notwendige Gerätetests

aa) Geräteselbsttest

Beim **Geräteselbsttest** handelt es sich um einen Test, der durch das Messgerät **eigenständig beim Einschalten** durchgeführt wird. Bei einem Fehler in diesem Test lässt sich das Messgerät nicht in den Messbetrieb schalten.   263

bb) Nulltest

Bei diesem Test ist ein **feststehendes Ziel innerhalb des zugelassenen Messbereichs** anzuvisieren und zu prüfen, ob die Messwertanzeige eine Geschwindigkeit von 0 km/h anzeigt.   264

cc) Anzeige (Segment-)Test

Hierbei sind die in der Sichtoptik oder extern am Gerät angebrachten Anzeigen auf **Vollständigkeit** der beim Test komplett **angesteuerten Segmente bzw. Bildpunkte** zu prüfen. Bei Segmentanzeigen ergibt sich dann eine Anzeige mit „888" bzw. ein Aufleuchten von Leuchtbalken.   265

dd) Visiertest

Beim Visiertest handelt es sich nicht um einen Geräteselbsttest. Vielmehr muss der Messbeamte durch **Abgleich eines akustischen Signals und ggf. einer Feldstärkeanzeige** im Display selbstständig entscheiden, ob die optische Ausrichtung des Messgeräts korrekt ist.   266

> **Hinweis:**
> Unter keinen Umständen bricht das Gerät diesen Test automatisch aus dem Grund ab, weil durch eine interne Logik eine Fehlausrichtung erkannt worden wäre. Dies muss deshalb so betont werden, weil die praktische Erfahrung in Gerichtsverhandlungen zeigt, dass Aussagen getroffen werden, wonach auch ohne genaue Beobachtung des Tests keine Fehlkalibrierung vorliegen kann, wenn das Gerät sich einschalten lässt und der Visiertest durchgelaufen ist. Eine solche Interpretation durch einen Messbeamten zeugt von einem Nicht-Verstehen der Vorgaben zur Durchführung des Visiertests.

Bei der **Überprüfung der Visiereinrichtung** wird die Übereinstimmung der Visiereinrichtung mit dem Laserstrahl in horizontaler und vertikaler Axialität, d.h. die korrekte Ausrichtung der Visiereinrichtung in Bezug auf die optischen Sende- und Empfangskomponenten des Geräts, überprüft.   267

Teil 1: Messverfahren

Mit Stand Dezember 2008 wurden seitens der PTB die **Zulassungsbedingungen** (und die Bedienungsanleitungen) **für Handlasermessgeräte** dahingehend geändert, dass nunmehr der Visiertest innerhalb des zugelassenen Messentfernungsbreichs durchgeführt werden kann. Einschränkungen, z.b. beim „Riegl FG- 21P" hinsichtlich des Tests an einem Leitpfosten, der bisher nur in einer bestimmten Entfernung (90 m bis 110 m) erfolgen durfte, entfallen dadurch.

Eine **Ausnahme** stellt das Lasermessgerät „TraffiPatrol" dar. Bei diesem Gerät darf der Visiertest nur in der Entfernung zwischen 135 m – 500 m durchgeführt werden (siehe Tabelle Rn. 305).

Wichtig ist bei der **Durchführung des Visiertest**, dass sich der Laserstrahl hinter und neben dem Testobjekt frei ausbreiten kann, damit der Strahl immer vom selben Objekt reflektiert wird. Dies insb. bei großen Entfernungen, da hier die Stahlaufweitung zum Tragen kommt.

Es ist daher im Einzelfall zu hinterfragen, an welchem **Objekt** der Messbeamte den Visiertest durchgeführt hat. Zum Beispiel ist bei dicht hintereinander stehenden Leitpfosten oder Laternenpfählen die Reflexion vom selben Objekt nicht immer zweifelsfrei bewiesen, sodass in solchen Fällen bei der Bewertung der Einzelmessung im Nachhinein eine korrekte Justierung der Visiereinrichtung nicht immer angenommen werden kann, mit der Folge, dass die Messwertzuordnung zum jeweilis gemessenen Fahrzeug nicht zwingend bestätigt ist.

Im Zweifel muss der Messbeamte ergänzend befragt werden.

> **Hinweis:**
> Vor der Testdurchführung ist die Testfunktion des Messgerätes einzuschalten.

268 Während des Tests wird dem Messbediensteten akustisch und/oder optisch der **Pegel des reflektierten Laserstrahles** signalisiert. Aus diesen Signalen und der Beobachtung durch die Visiereinrichtung muss der Messdurchführende bestimmen, ob die beiden Strahlachsen (Laserstrahl und Visiereinrichtung) in Übereinstimmung sind. Dies ist in horizontaler und vertikaler Richtung durchzuführen.

> **Hinweis:**
> Während der Betätigung der Auslösetaste wird vom Lasergerät ein **Tonsignal** abgegeben, dessen Tonhöhe sich ändert, sobald der Laserstrahl auf ein hinreichend reflektierendes Ziel trifft. Ein Mast oder ein separates Gebäude in geräteabhängig vorgeschriebener Entfernung war vor Änderung der Bedienungsanweisungen ein besonders geeignetes Ziel, da beim Schwenken der Strahlachse jeweils der Übergang von der freien Ausbreitung des Laserstrahls zur Reflexion durch den

Mast oder das Gebäude durch eine deutliche Tonhöhenänderung angezeigt wird. Beim horizontalen Verschieben des Zielpunkts über den Bereich um einen senkrechten Mast als Ziel oder über die senkrechten Außenkanten eines Gebäudes ist der höchste Ton zu hören, wenn der Laserstrahl auf den Mast oder das Gebäude trifft. Das Gerät ist **richtig justiert**, wenn es sich beim Schwenken von links auf das Ziel und beim Schwenken rechts auf das Ziel gleich verhält, d.h. der Ton muss sich an der gleichen Position des Visierpunkts der Visiereinrichtung relativ zur Kante des Mastes oder Gebäudes deutlich verändern. Zur Überprüfung der vertikalen Justierung ist analog zu verfahren. Stehen am Messort keine geeigneten waagerechten Konturen zur Verfügung, wird das Messgerät um 90 Grad gedreht und wie bereits beschrieben auf senkrechte Kanten justiert. Mit den geänderten Bedienungsanleitungen ist bei der Wahl des für den Visiertest anvisierten Objektes zu beachten, bzw. gilt dieses dann als geeignet, wenn auf dieses Ziel vom Messort aus freie Sicht besteht, sich die Reflexionseigenschaften des Ziels deutlich von der unmittelbaren Umgebung unterscheiden und die Umrisse des Ziels in der Visiereinrichtung klar erkennbar sind.

Wird der Visiertest in einem **nicht zugelassenen Entfernungsbereich** zum Zielobjekt oder an einem nicht geeigneten Zielobjekt getätigt oder aber der Test nicht vollständig durchgeführt, so ist eine Dejustierung der Visiereinrichtung durch den Test nicht sicher feststellbar. 269

Wird eine **nicht korrekte Justierung der Visiereinrichtung wegen unvollständig oder fehlerhaft durchgeführtem Test nicht erkannt, so** kann der Laserstrahl ein anderes als das vermeintlich anvisierte Ziel treffen. Ist dies der Fall, so besteht die Möglichkeit, dass trotz vermeintlich korrekter Durchführung einer Messung ein **anderes als das tatsächlich anvisierte Fahrzeug gemessen** wird. 270

Die **Gerätezulassungen der PTB** für die einzelnen Messgeräte enthalten zwar im Allgemeinen keine konkreten Angaben zur Durchführung der Überprüfung der Visiereinrichtung, sie schreiben allerdings vor, dass bei der amtlichen Verkehrsüberwachung das Messgerät entsprechend der Gebrauchsanweisung angewendet werden muss. 271

Eine **ordnungsgemäße Überprüfung der Visiereinrichtung** ist in jedem Fall nur dann zu bestätigen, wenn sie in einem zur Bedienungsanleitung konformen Entfernungsbereich an einem geeigneten Zielobjekt erfolgte und wenn der Test vollständig durchgeführt wurde (Überprüfung horizontalen und vertikalen Ausrichtung – vgl. Rn. 267). 272

Bei einer **festgestellten Dejustierung** der Visiereinrichtung darf das Messgerät nicht mehr für die Durchführung amtlicher Messungen eingesetzt werden. 273

Teil 1: Messverfahren

ee) **Der geänderte Visiertest bei Handlasermessgeräten – Auswirkungen auf die sichere Messwertzuordnung am Beispiel Riegl FG 21P**

274 In ihren ursprünglichen Fassungen war bei allen Handlasermessgeräten ohne Videodokumentation die Durchführung der Überprüfung der Visiereinrichtung individuell geregelt, insbesondere was die zugelassenen Entfernungen zur Durchführung der Visiertests betrifft.

In der Praxis war dann zunächst festzustellen, dass von den in der Bedienungsanleitung angegebenen Entfernungen – zum Teil erheblich – abgewichen wurde.

In ihrer Stellungnahme vom 25.04.2007 listet die PTB zunächst die zugelassenen Entfernungen für die Durchführung der Visiertests auf:

Tabelle 1:

LTI 20.20 TS/KM	150 m bis 200 m
ULTRA LYTE 100	150 m bis 200 m
RIEGL LR 9 0-235/P	150 m bis 200 m
	Reflektor ca. 100 m
RIEGL FG 21 P	150 m bis 200 m
	große Anzeigentafeln bis ca. 300 m
	Reflektor ca. 100 m
LAVEG	Test entfällt (Anm.Visier fest eingegossen)
LaserPatrol	150 m bis 200 m

Von den angegebenen „ca." -Angaben lässt die PTB in ihrem Schreiben Abweichungen bis zu 10 % zu. Diese Regelung ist durchaus nachvollziehbar, insbesondere unter Berücksichtigung der folgenden, in dieser Stellungnahme enthaltenen Hinweise zur Beeinflussung der Sicherheit der Überprüfung der Visiereinrichtung:

„Die technische Durchführung des Visiertests (auch Align Test genannt) der meisten zugelassenen Laser-Geschwindigkeitsmessgeräte wurde vor Jahren von der PTB in Abstimmung mit Polizeidienststellen (z.B. Polizeischulen, technische Polizeidienste) und den Herstellern formuliert. Der Visiertest dient der Kontrolle, dass der anvisierte Punkt im Rahmen zulässiger Toleranzen gleich dem Auftreffbereich des Laserstrahls ist. Da die Geräte werksseitig bei Zielen in großen Entfernungen einjustiert werden, kann ein Test im Nahbereich zu einem falschen Ergebnis führen und ist somit unzulässig. Deshalb wurde nicht wie beim Nulltest der zugelassene Entfernungsbereich, sondern 150 m als untere Grenze festgelegt.Obere Grenzen wurden festgelegt, da bei weiter entfernten Zielen häufig die Energie des reflektierten Laserimpuls nicht ausreicht, den Test ordnungsgemäß durchführen zu können. Diese oberen

C. Lasermessverfahren

Grenzen sind abhängig von den Geräteeigenschaften bei den verschiedenen Bauarten unterschiedlich (siehe Tabelle 1)."

Daneben ergab und ergibt eine Vielzahl von Vernehmungen von Messbeamten, dass eine große Anzahl von Messbeamten weder Sinn und Zweck der Überprüfung der Visiereinrichtung kennen, noch die Durchführung des Visiertests exakt beschreiben können.

Dennoch oder vielleicht deswegen wurden im Dezember 2008 für alle Handlasermessgeräte die Bedienungsanleitungen in diesem Punkt geändert und die Durchführung des Visiertests im zugelassenen Messbereich erlaubt. Diese Änderungen wurden durch Nachtrag zur jeweiligen Zulassung mit Datum vom 06.02.2009 von der PTB für alle Messgeräte genehmigt.

Hinweis:

Im Nachfolgenden soll am Beispiel des RIEGL FG 21 P die Frage untersucht werden, ob durch diese Änderung in den Bedienungsanleitungen Auswirkungen auf die sichere Zuordnung des Messwertes zu einem gemessenen Fahrzeug zu erwarten sind.

Vor dem Beginn amtlicher Messungen sind gemäß Gebrauchsanweisung 4 Gerätetests durchzuführen. Nur nach erfolgreichem Abschluss der 4 Tests darf das Gerät für amtliche Messungen eingesetzt werden.

Da die Praxis immer wieder zeigt, dass Tests im Messprotokoll zwar als durchgeführt protokolliert sind, die Befragung von (selbst entsprechend beschulten) Messbeamten aber nicht selten ergibt, dass diese unzureichende Kenntnisse über die konkrete Art und Weise der Durchführung der Tests haben, sind die hier erforderlichen Gerätetests und die Vorgehensweise bei diesen, nachfolgend als Zitat aus der Gebrauchsanweisung wiedergegeben:

„1. Selbsttest

Der Selbsttest wird durch Betätigung der Testtaste/P1-Taste ausgelöst. Er läuft automatisch ab und umfasst auch eine automatische Überwachung der Grenztemperaturen (-10°C und 50°C). Bei Unterschreitung oder Überschreitung dieser Temperaturwerte oder bei anderen Gerätefehlern wird eine entsprechende Fehlermeldung angezeigt und das Gerät wird nicht messbereit.

Displaytest

Der Displaytest schließt sich automatisch an den Selbsttest an. Alle Segmente am seitlichen Display und an der Messwertanzeige in der Visiereinrichtung müssen aufleuchten und wieder verlöschen. Der Selbst-/Displaytest kann durch Betätigung der TEST-Taste angehalten werden.

3.a Test der Visiereinrichtung (Stand Bedienungsanleitung alt Februar 2004)

Zum Test der Visiereinrichtung ist zunächst ein geeignetes Ziel (z.b. Mast, Verkehrszeichen, Gebäudekanten) in ca. 150 m bis 200 m Entfernung auszuwählen. Große, insbesondere retroreflektierende Anzeigetafeln sind auch in Entfernungen bis ca. 300 m geeignete Ziele. Zur Bestimmung der Entfernung kann auch die Entfernungsmessfunktion des Gerätes benutzt werden. Wird der Plastikreflektor (Zubehör) verwendet, ist eine Entfernung von ca. 100 m zu wählen.

Das Gerät ist auf einer festen Unterlage stabil aufzulegen oder auf einem Stativ zu montieren.

Während des Selbsttests ist die Auslösetaste gedrückt zu halten, so dass sich der Test zur Überprüfung der Visiereinrichtung („ALIGN...") anschließt. In diesem Test sendet das Gerät ständig Laserimpulse aus, gleichzeitig ertönt ein Summer. Trifft der Messstrahl auf gut reflektierende Ziele, führt dies zu einer rascheren Tonfolge und einem höheren Zahlenwert im inneren Display, schlecht reflektierende Ziele ergeben längere Pausen zwischen den Tönen und einen niedrigeren Zahlenwert im inneren Display.

Das Ziel ist mit der Zielmarke (Anmerkung: visualisiert als Punkt innerhalb des Kreisrings – vgl. Abb. 1) der Zieleinrichtung anzuvisieren. Beim waagerechten Verschieben der Zielmarke über die Kanten des Ziels ist die schnellste Tonfolge dann zu hören, wenn der Laserstrahl das Ziel trifft. Beim Verschieben der Zielmarke wird jeweils der Übergang von der freien Ausbreitung des Laserstrahls zur Reflexion durch das Ziel mit einer deutlichen Änderung der Tonfolge und des Zahlenwertes im Display angezeigt.

Die Visiereinrichtung ist dann richtig justiert, wenn sich das Gerät beim Schwenken von links auf das Ziel und beim Schwenken von rechts auf das Ziel gleich verhält, d.h. die Schnelligkeit der Tonfolge muss sich an der gleichen Position der Zielmarke relativ zur Kante des Ziels deutlich verändern.

Entsprechend ist in vertikaler Richtung zu verfahren. (.....)

Während die eigentliche Testdurchführung unverändert gegenüber Pkt. 3.a beschrieben ist, ist zur Wahl des Ziels für die Durchführung des Tests nunmehr ausgeführt:

„3.b Test der Visiereinrichtung (Stand Bedienungsanleitung neu Dezember 2008)

Zum Test der Visiereinrichtung ist zunächst ein geeignetes Ziel auszuwählen, auf das vom Messort aus freie Sicht besteht, dessen Reflexionseigenschaften sich von der unmittelbaren Umgebung deutlich unterscheiden, und dessen Umrisse in der Visiereinrichtung klar erkennbar sind.

Der Unterschied in den Reflexionseigenschaften gegenüber der Umgebung kann mit der unten beschriebenen Änderung der Tonfolge bzw. des Zahlenwertes im inneren Display geprüft werden.

Die Entfernung zu diesem Ziel muss im Bereich von 30 m bis 1000 m liegen. Zur Bestimmung der Entfernung kann die Entfernungsmessfunktion des Gerätes benutzt werden...."

4. Nulltest

Es ist eine Geschwindigkeitsmessung auf ein ruhendes Ziel (z.B. Verkehrszeichen) im zugelassenen Entfernungsmessbereich auszuführen. Im Display muss bei der Geschwindigkeitsanzeige „+0" oder „-0" erscheinen."

C. Lasermessverfahren

(1) Bedeutung der korrekten Justierung der Visiereinrichtung für die Messwertzuordnung

Messtechnisch interessieren für die Bewertung einer Lasermessung insbesondere
- die Zielgenauigkeit,
- die Aufweitung des Laser-Messstrahls bzw. der messwirksame Bereich sowie
- die Auswahlkriterien der einzelnen Laufzeitergebnisse.

Der **messwirksame Bereich** ist bei dem gegenständlichen Messgerät in der Bedienungsanleitung mit 3 mrad (unter Ausnutzung der Eichtoleranz) angegeben. Der maximale Zielerfassungsbereich, in dem dann auch mögliche Zielungenauigkeiten und Justiertoleranzen enthalten sein sollen, ergibt sich zu 5 mrad und wird in der Visieroptik durch eine Kreismarke visualisiert.

Abgestellt auf eine Zielentfernung von beispielsweise 100 m entspricht dies dann einer Aufweitung des Laserstrahls von 50 cm.

Neben der (mit zunehmender Messentfernung größer werdenden) **Aufweitung des Laser-Messstrahls** ist von Bedeutung, dass alle bisher durchgeführten Versuche mit Laser-Handmessgeräten belegen, dass bei einzelnen Messungen nicht unbedingt das nächste Objekt zum Messgerät gemessen wird, sondern i.d.R. das Objekt mit den besten Reflexionseigenschaften zur Messwertbildung herangezogen wird.

Damit ist bei mehreren Objekten im Messstrahl das Messergebnis nicht ohne weiteres einem bestimmten Objekt zuzuordnen.

> **Hinweis:**
>
> Besonders kritisch sind daher Messungen zu bewerten, bei denen entweder der Laserstrahl in Abhängigkeit von der Messentfernung über die Konturen des anvisierten Fahrzeuges hinaus wirkt oder aber die Visiereinrichtung nicht korrekt justiert ist, was dann, abweichend von dem vom Messbeamten angenommenen Zentrum des Laser-Messstrahls beim Anvisieren, zu einer Verschiebung des Wirkungsbereichs des Laserstrahls führt.

Bei **Zweiradfahrzeugen** ist die kritische Messentfernung wegen der schmalen Kontur wesentlich geringer. Sie ist auch dann geringer anzusetzen, wenn hinter einem Pkw oder Zweirad ein höheres Fahrzeug (mit besseren Reflexionseigenschaften) fährt.

Teil 1: Messverfahren

Abbildung 1: Prinzipskizze – Kreisring = „Laserfleck" bei mittigem Anvisieren des Kennzeichens bei korrekt justierter Visiereinrichtung

Abbildung 2: Wie vor, bei nicht korrekt justierter Visiereinrichtung, wobei sich der Wirkungsbereich des Laserstrahls – für den Messbeamten nicht feststellbar – verlagert (rechter, nicht zentrierter Kreisring).

C. Lasermessverfahren

Um hohe Messannullationsraten zu vermeiden, führen alle Laser-Messgeräte bei Auslösung eines Messvorgangs nicht nur eine einzige Messung durch, weshalb die Messzeit beim Riegl FG 21 P für eine Messung typischerweise ca. 0,4 s und maximal 1,0 s beträgt.

282

Hierdurch kann es in Einzelfällen dazu kommen, dass bei mehreren Fahrzeugen im Messbereich nicht das ursprünglich anvisierte Fahrzeug, sondern ein seitlich davor/dahinter fahrendes Fahrzeug oder ein Fahrzeug im Gegenverkehr nach der Messauslösung und einem Verwackeln in den Laserstrahl gerät und wegen der besseren Reflexionseigenschaften gemessen wird, der Messwert aber dem ursprünglich anvisierten Fahrzeug zugeordnet wird.

▪ Zwischenergebnis:

In der neuen Gebrauchsanweisung Stand Dezember 2008 ist, wie unter Pkt. 3.a und 3.b beschrieben, und auch in einer entsprechenden Mitteilung der PTB so dargestellt, ausschließlich die Durchführung des Tests der Visiereinrichtung neu geregelt.

283

Für die Überprüfung der Visiereinrichtung wäre die Wahl eines Testobjekts in einer Entfernung von z.B. 400 m nach der Gebrauchsanweisung Stand Februar 2004 nicht korrekt gewesen. Abgestellt auf den Zeitpunkt nach der geänderten Gebrauchsanweisung Stand Dezember 2008 ist die Wahl des Testobjekts in Bezug auf die Entfernung allerdings konform zu dieser Gebrauchsanweisung, die nunmehr eine Entfernung zum Ziel, an dem der Test durchgeführt wird, zwischen 30 und 1000 m zulässt.

Im Hinblick darauf, dass am Messgerät selbst keinerlei technische Änderungen erfolgten, stellt sich allerdings die Frage, ob mit der Ausweitung des zulässigen Entfernungsbereichs zum Zielobjekt die Zuverlässigkeit des Tests der korrekten Justierung der Visiereinrichtung aufrecht erhalten bleibt.

(2) Zu den Anforderungen an den Test der Visiereinrichtung des Lasermessgerätes FG21-P der Firma Riegl

Im Folgenden wird diskutiert, inwieweit die Änderung der Gebrauchsanweisung hinsichtlich des vorgeschriebenen Funktionstests, hier Punkt 3a/b „Test der Visiereinrichtung". Einfluss haben kann auf die Zuverlässigkeit des Ergebnisses der Testdurchführung. Hierzu wird in der Folge beschrieben, wie an Zielen verschiedener Größe in verschiedenen Abständen vom Messgerät die Visiereinrichtung überprüft werden kann.

284

Die unterschiedlichen Varianten werden abschließend verglichen, und ihre Aussagekraft wird diskutiert. Dabei wird festgehalten, dass eine Verschlechterung des Verfahrens zur Auffindung einer eventuellen Dejustierung der Visiereinrichtung durch die Umformulierung der Gebrauchsanweisung nicht auszuschließen ist.

Teil 1: Messverfahren

Abschließend wird eine Fehlermöglichkeits- und Einflussanalyse nach DIN EN 60812 durchgeführt, wie sie zur Qualitäts- und Prozesssicherung im produzierenden Gewerbe angewendet wird. Dabei wird der Test der Visiereinrichtung als sehr fehlerhafter Prozess bewertet.

(a) Mögliche Vorgehensweisen

285 Im Folgenden werden verschiedene Konstellationen diskutiert, in denen der Funktionstest durchgeführt werden kann. Dabei wird die Durchführung des Funktionstestes im Sinne der 4. Auflage der Gebrauchsanweisung (Stand Februar 2004), mit der Durchführung des Funktionstestes im Sinne der 5. Auflage (Stand Dezember 2008) an nicht im Sinne der 4. Auflage entsprechenden, aber nunmehr erlaubten Zielobjekten für den Visiertest verglichen.

Verhalten des Laserstrahls im Allgemeinen

286 Laserlicht breitet sich kegelförmig von seiner Quelle her aus. Der Öffnungswinkel dieses Kegels ist vom Gerätehersteller mit 3 mrad x 3 mrad (unter Ausnutzung der Eichtoleranz) angegeben. Dies bedeutet, dass sich der Durchmesser des Laserstrahls von wenigen Millimetern am Geräteausgang auf 3 m am hinteren Ende des Messbereichs, in einer Entfernung 1000 m vom Geräteausgang, erweitert.

Aufweitung des Laserstrahls und Zieleinrichtung

287 Gleichzeitig markiert ein Kreisring in der Zieleinrichtung einen Zielerfassungsbereich von 5 mrad. Eine korrekte Eichung für Lasermessgeräte liegt laut PTB vor, wenn der Öffnungskegel nicht mehr als 2,5 mrad von der Mittelachse des Eichaufbaus abweicht. Für das gegenständliche Messgerät ist eine derartige Vergrößerung der Toleranz bezüglich des Öffnungswinkels nicht bekannt.

Im realen Messbetrieb werden weitere 2 mrad für Messunsicherheiten durch Verwackeln zugestanden.

Dies bedeutet für das gegenständliche Messgerät, dass von einem Zielerfassungsbereich von 5 mrad ausgegangen werden muss. Mit diesem Wert kann der Visiertest als erfolgreich bewertet werden, wenn der Laser korrekt im Kreis der Zieleinrichtung zentriert ist. Dazu dürfen nur Reflexionen angezeigt werden, wenn sich das reflektierende Ziel im Kreis befindet und dort in gleicher Entfernung vom Rand des Kreisrings in der Visiereinrichtung.

Im Gegensatz zu allen anderen Handlasermessgeräten, denen nach den Empfehlungen der PTB (siehe Anlage) ein maximaler Zielerfassungsbereich von 7 mrad zugestanden wird, kann für das Riegl FG 21-P die Lage des Laserflecks (Zielerfassungsbereich –

C. Lasermessverfahren

5 mrad), wie in der Visiereinrichtung durch die Kreismarke visualisiert, dann als korrekt anerkannt werden, wenn die Überprüfung der Visiereinrichtung die Zentrierung des Lasers auch tatsächlich bestätigt, d.h. der Laserfleck innerhalb des Kreisrings in der Visiereinrichtung zentriert liegt.

Funktionstest mit verschieden großen Reflektoren in definierten Abstandsbereichen (Fassung der Bedienungsanleitung, Stand Februar 2004)

„Zum Test der Visiereinrichtung ist zunächst ein geeignetes Ziel (z.B. Mast, Verkehrszeichen, Gebäudekanten) in ca. 150 m bis 200 m Entfernung auszuwählen. Große, insbesondere retroreflektierende Anzeigetafeln sind auch in Entfernungen bis ca. 300 m geeignete Ziele. Zur Bestimmung der Entfernung kann auch die Entfernungsmessfunktion des Gerätes benutzt werden. Wird der Plastikreflektor (Zubehör) verwendet, ist eine Entfernung von ca. 100 m zu wählen. (...) Das Ziel ist mit der Zielmarke der Zieleinrichtung anzuvisieren.

Beim waagerechten Verschieben der Zielmarke über die Kanten des Ziels ist die schnellste Tonfolge dann zu hören, wenn der Laserstrahl auf das Ziel trifft. Beim Verschieben der Zielmarke wird jeweils der Übergang von der freien Ausbreitung des Laserstrahls zur Reflexion durch das Ziel mit einer deutlichen Änderung der Tonfolge und des Zahlenwertes im Display angezeigt.

Die Visiereinrichtung ist dann richtig justiert, wenn sich das Gerät beim Schwenken von links auf das Ziel und beim Schwenken von rechts auf das Ziel gleich verhält, d.h. die Schnelligkeit der Tonfolge muss sich an der gleichen Position der Zielmarke relativ zur Kante des Zieles deutlich verändern."

Quelle: Riegl Laser Measurement Systems GmbH

Beim **Schwenken über die Kante des anvisierten Objekts** (in der Bedienungsanleitung als Ziel bezeichnet) überdecken sich zunehmend Laserkegel und die reflektierende Fläche des Zielobjekts. Die Frequenz der akustischen Signale steigt dann nicht mehr an, wenn der Laserkegel vollständig auf eine reflektierende Oberfläche trifft. Damit der Messbeamte ein Gleichbleiben der höchstmöglichen Tonfrequenz der akustischen Signale wahrnehmen kann, sollte also das Zielobjekt mindestens die gleiche Fläche wie der entsprechend der (Test-)Entfernung aufgeweitete Laserstrahl haben.

Ein Verkehrszeichen zur Angabe der zulässigen Höchstgeschwindigkeit hat z.B. einen Durchmesser von ungefähr 50 Zentimetern. Der Laserkegel hat diese Aufweitung in etwa 166 m. Wie oben bemerkt, sollte ein Verkehrszeichen nur als Testreflektor benutzt werden, wenn sein Durchmesser größer oder gleich dem Durchmesser des Laserkegels ist. Die berechnete Entfernung deckt sich mit der Fassung der Bedienungsanleitung Stand 2004.

Entsprechend der zweiten Entfernungsangabe müssen 300 m entfernte Objekte mindestens 90 Zentimeter Durchmesser haben, damit der Messbeamte beim Darüberschwenken des Laserkegels eine höchstmögliche, gleichbleibende Frequenz feststellen

Teil 1: Messverfahren

kann, wenn der Laserstrahl vollständig reflektiert wird. Dies können beispielsweise die in der Bedienungsanleitung aufgeführten Anzeigetafeln sein.

■ **Funktionstest mit verschieden großen Reflektoren in beliebigen Abstandsbereichen (Fassung der Bedienungsanleitung, Stand Dezember 2008)**

290 „Die Entfernung zu diesem Ziel muss im Bereich von 30 m bis 1000 m liegen. Zur Bestimmung der Entfernung kann die Entfernungsmessfunktion des Gerätes benutzt werden."

Quelle: Quelle: Riegl Laser Measurement Systems GmbH

Wie zu sehen ist, sind in dieser Fassung keinerlei Angaben mehr enthalten, welche die Größe und den entsprechenden Distanzbereich zum Messgerät für zum Visiertest heranzuziehende Objekte regeln. Somit kann es vorkommen, dass vergleichbare Objekte, die nach Stand Februar 2004 in einer vorbestimmten Distanz zu verwenden waren, jetzt bei der maximal zulässigen Entfernung des Zielobjekts von 1000 m zur Überprüfung herangezogen werden. Durch die größere Entfernung in 1000 m ist jedoch der Laserkegel auf einen Durchmesser von etwa 3 m aufgeweitet. Es kann also der Fall eintreten, dass der Laserstrahl auf eine größere Fläche aufgeweitet ist als die Fläche des Zielobjekts. Der Laserstrahl wird folglich nicht vollständig reflektiert. Der Messbeamte kann zwar weiterhin eine Änderung der Tonfrequenz feststellen, wenn das Ziel vom Laserstrahl erfasst wird, danach wird er aber ein Gleichbleiben der Tonfrequenz feststellen, da die reflektierende Fläche des Ziels im Laserstrahl gleich bleibt. Jedoch ist diese Frequenz geringer als bei vollständiger Reflexion des Laserstrahls, da die reflektierende Fläche kleiner ist als die Fläche des Laserkegels. Die Frequenz ist umso geringer, je kleiner das Verhältnis zwischen Fläche des Ziels und Fläche des Laserkegels ist.

(b)   Diskussion der Vorgehensweisen

291 Unabhängig von der jeweils gültigen Fassung der Bedienungsanleitung ist der Visiertest eine Überprüfung, die hohe Anforderungen an das Koordinationsvermögen des Messbeamten stellt.

Er muss gleichzeitig mit dem Schwenken des Gerätes die Abgrenzungen des zum Test gewählten Ziels beobachten, auf den Zielkreis sowie auf eine Veränderung der akustischen Signale achten und die Überdeckung des Zielkreises mit dem Ziel in Zusammenhang stellen mit der Änderung der akustischen Signale. Dies erfolgt ohne tiefer gehende technische Kenntnis über den Ablauf der Messung.

Die Koordination während des Tests ist umso einfacher, je ausgeprägter die Änderung des akustischen Signals ist und je markanter das anvisierte Ziel ist. Da in der neuen Fassung der Gebrauchsanweisung keine Vorgabe mehr gemacht wird hinsichtlich des zu wählenden Ziels und seiner Distanz zum Messbeamten, stellt die neue Fassung eine

C. Lasermessverfahren

deutlich höhere Anforderung an das technische Verständnis des Messbeamten bzw. an seine akustische und optische Wahrnehmung. Es kann z.b. zu der Situation kommen, dass der Messbeamte ein nach der alten Bedienungsanleitung ungeeignetes Ziel für den Visiertest wählt. Dieses kann durch das Messgerät deutlich schlechter akustisch darstellbar sein.

Folglich kann die Sicherheit der Feststellung einer eventuellen Dejustierung mittels der Vorgehensweise nach der neuen Bedienungsanleitung erschwert sein. 292

In diesem Zusammenhang wäre es interessant zu erfahren, wie viele Neueichungen bei den Eichämtern beantragt wurden in Folge von Dejustierungen, die durch diesen Test entdeckt wurden.

Generell wurde umgekehrt von der PTB berichtet, dass in einer Untersuchung von 1995 von 46 in Baden-Württemberg eingesetzten Lasergeräten vier außerhalb der Eichtoleranz dejustiert waren. Dies entspricht einem Prozentsatz von 8,7. Im Jahre 2005 berichtete der ADAC von einer Umfrage bei den Eichämtern. Danach waren im Jahr 2004 fast ein Prozent aller zur Eichung vorgestellten Lasergeräte dejustiert, bei einem Eichamt waren es wiederum 7 Prozent. 293

(c) Fehlermöglichkeits- und Einflussanalyse

Nach Industriestandard einer FMEA (= Fehlermöglichkeits- und Einflussanalyse, geregelt nach DIN EN 60812) zur Qualitäts- und Prozesssicherung für das produzierende Gewerbe, in der aus dem Produkt der Auftretenswahrscheinlichkeit des Fehlers, Bedeutung der Fehlerfolge sowie der Entdeckungswahrscheinlichkeit eines Fehlers eine sogenannte Risikoprioritätszahl für den Prozess gebildet wird, sind: 294

- Bedeutung der Fehlerfolge bei Sicherheitsrisiko bzw. Nichterfüllung gesetzlicher Vorschriften mit B=9-10
- Entdeckungswahrscheinlichkeit eines Fehlers durch den Menschen mit E=9-10
- Auftretenswahrscheinlichkeit des Fehlers bei 10.000 ppm als ungenauer Prozess mit A=7 (10.000 ppm liegen der im Jahr 2004 zur Eichung vorgestellten dejustierten Geräte nach Quelle ADAC vor)

zu bewerten.

Wird diese Methode aus der Industrie auf den Prozess der Überprüfung der Visiereinrichtung übertragen, ergibt sich für den Prozess der Überprüfung der Visiereinrichtung eine Risikoprioritätszahl von B.E.A = 700. 295

In der Industrie sind für Arbeitsprozesse bereits ab einer Risikoprioritätszahl von 125 Abstellmaßnahmen zu definieren, um die Bedeutung der Fehlerfolge, Entdeckungs-

Teil 1: Messverfahren

wahrscheinlichkeit eines Fehlers und Auftretenswahrscheinlichkeit des Fehlers zu minimieren.

296 Insofern ist der **Prozess der Überprüfung der Visiereinrichtung** gem. neuer Gebrauchsanweisung **als nicht sicher zu bewerten** im Hinblick darauf, dass die Überprüfung geeignet ist, zuverlässig alle dejustierten Visiereinrichtungen aufzufinden. Somit kann ein erhöhtes Risiko nicht ausgeschlossen werden, dass Lasermessgeräte mit dejustierter Visiereinrichtung zu Geschwindigkeitsmessungen herangezogen werden.

297 Wie vorstehend diskutiert ist allerdings die Verfahrensweise zur Überprüfung der Visiereinrichtung nach den Vorgaben der Gebrauchsanweisung Stand Dezember 2008 als weniger zuverlässig bzw. kritisch, in Bezug auf das Feststellen einer dejustierten Visiereinrichtung, zu bewerten.

298 Festzustellen ist jedoch auch, dass eine eventuell dejustierte Visiereinrichtung keinen Einfluss auf die Messwertbildung (d.h. die Höhe des Messwertes) hat, sondern sich ausschließlich auf die Messwertzuordnung auswirkt und somit insbesondere dann relevant ist, wenn nicht ausgeschlossen werden kann, dass sich zum Zeitpunkt der Messung beim Betroffenen noch ein anderes Fahrzeug im messwirksamen Bereich des Laserstrahls befunden hat, welches den dem Betroffenen vorgeworfenen Messwert geliefert haben kann.

c) **Messdurchführung**

aa) **Messort**

299 Der Messort ist so zu wählen, dass eine **freie Sicht** auf das zu überwachende Straßenstück besteht. Messungen an Kurvenausgängen sind immer kritisch zu betrachten, da es hier je nach Verkehrssituation durch den seitlichen Versatz der Fahrzeuge zu besonderen Schwierigkeiten in der Messwertzuordnung kommen kann.

300 Gleichzeitig sollte aufgrund des möglichen **Cosinuseffektes** der Winkel zwischen Messstrahl und der Fahrtrichtung der Fahrzeuge möglichst klein gehalten werden (s. hierzu unter Rn. 344 Messwertverfälschung durch Cosinuseffekt).

bb) **Anvisieren der Fahrzeuge**

301 Das Anvisieren der zu messenden Fahrzeuge erfolgt mithilfe der **Zielmarke im Zielfernrohr bzw. der Visieroptik**. Das Zentrum der Zielmarke soll auf den ausgewählten Visierpunkt am jeweiligen Fahrzeug gerichtet sein. Gleichzeitig muss die gesamte Fläche von Front oder Heck des anvisierten Fahrzeuges unverdeckt im Visier erscheinen. Dabei ist das zu messende Fahrzeug möglichst mittig an Front oder Heck anzuvisieren

und so zu positionieren, dass der ausgewählte Visierpunkt nach den vorgenannten Vorgaben auf den am besten reflektierenden Fahrzeugteil trifft.

Beispiele:

*Bei einem **Pkw** wäre dies das Kennzeichen, bei Frontmessungen von Motorrädern der Scheinwerfer.*

*Bei **Bussen und Lkw** kann dazu die Fahrzeugfront oder das Heck genutzt werden.*

*Bei **Dunkelheit** ist die Mitte zwischen den Scheinwerfern oder den Heckleuchten zu wählen.*

Hinweis:
Fahrzeugseitenflächen dürfen **nicht** anvisiert werden.

Das **Anvisieren von Heck- oder Windschutzscheiben** kann bei größeren Messentfernungen nicht vermieden werden, was dann unter ungünstigen Umständen zu **Fehlern in der Messwertzuordnung** durch den nachfolgenden Verkehr führen kann, da auch durch die Verglasung hindurch – je nach Messentfernung – die Messwertbildung eines entsprechend positionierten Fahrzeuges nicht ausgeschlossen ist. Insofern ist an dieser Stelle nochmals darauf hinzuweisen, dass die jeweiligen Fahrzeuge als Einzelfahrzeuge gemessen werden müssen (s. Rn. 332 ff.). 302

Die vorstehende Abbildung zeigt eine Messung mit einem Handlasermessgerät „Riegl FG 21 P" mit angeschlossener Aufzeichnungsmöglichkeit (Videoaufzeichnung), wie sie in der Schweiz und in Österreich vorgeschrieben ist.

Das Beispiel soll die Problematik verdeutlichen, die entsteht, wenn der Messbeamte behauptet, auch das erste Fahrzeug einer Kolonne sei ein Einzelfahrzeug.

Im ersten Bild zeigt die Einblendung „measure", dass die Messwertbildung erfolgt, jedoch noch nicht abgeschlossen ist.

Das zweite Bild zeigt anhand der Einblendung „valid", dass ein gültiger Messwert zustande gekommen ist.

Nun ist zu bedenken, dass bei einem anzunehmenden Zielerfassungsbereich entspr. einer Strahlaufweitung von 5 mrad (50 cm pro 100 m Messentfernung) und bei einer Messentfernung von 621,3 m der Laserfleck/Zielerfassungsbereich eine Aufweitung mit einem Durchmesser von ca. 3,10 m aufweist. Folglich kann der Messstrahl über die Fahrzeugkonturen des angemessenen Fahrzeugs hinaus wirken. Die Messwertzuordnung ist in diesem Fall nicht eindeutig; der Messwert kann auch von dem nachfahrenden Fahrzeug gebildet worden sein.

303 Während der gesamten Dauer des Messvorganges ist die Zielmarke auf die gleiche Stelle des zu messenden Fahrzeuges zu richten. Ein evtl. erforderliches **Nachführen der Zielmarke** während der Messdauer ist erlaubt, jedoch sind darüber hinausgehende Schwenkbewegungen zu unterlassen.

304 Witterungseinflüsse wie Nebel, Schnee oder Regen sowie verschmutzte Kennzeichen oder Messungen durch verschmutzte oder getönte Fahrzeugscheiben können zu einer Verminderung der möglichen max. Reichweite des jeweiligen Geräts führen.

C. Lasermessverfahren

4. Tabellarische Übersicht

Die folgende Übersicht fasst **alle technischen Daten**, Anzeigen und erforderlichen Testroutinen über die hier behandelten Messgeräte **ohne Videodokumentation** zusammen.

305

	LR 90-235/P	FG 21-P	LAVEG
Entfernungsmessbereich	30 – 500 m	30 – 1000 m	30 – 350 m
Geschw. – Messbereich	0 – 250 km/h	0 – 250 km/h	0 – 250 km/h
Dauer d. Messwertbildung	0,5 – 1,0 sek	0,4 – 1,0 sek	0,36 – 1,08 sek
Tatsächliche Aufweitung			
a) Nominal	a) 3 mrad	a) 2,0 (2,5) *	a) 3 mrad
b) Eichung	b) 5 mrad	b) 3 mrad	b) 5 mrad
Zielerfassungsbereich	7 mrad	5 mrad	7 mrad
Verkehrsfehlertoleranzen			
a) bis einschl. 100 km/h	a) +/- 3 km/h	a) +/- 3 km/h	a) +/- 3 km/h
b) über 100 km/h	b) +/- 3 %	b) +/- 3 %	b) +/- 3 %
Visiereinrichtung	aufgesetzt	integriert	vergossen
Anvisieren durch	roter Leuchtpunkt	beleuchtete Kreismarke	Strichmarke m. Zielkreuz
Akustischer Signalgeber	ja	ja	nein
Sichtoptik-Vergrößerung	ohne	6 – fach	7 – fach
Messwertanzeige (Displays)	LED- Display an der Geräterückwand 8-stellig	LED-Display an der Geräteseitenwand (zweizeilig mit je 4 Stellen); LED-Display in der Sichtoptik (8-stellig)	geräteintern im linken Okular (8-stellige LED-Punkt-matrix); LED-Anzeige an der Geräterückwand (4-stellig)
Visiertest (Entfernung zum Zielobjekt)	30 – 500 m	30 – 1000 m	nicht erforderlich

Teil 1: Messverfahren

Displaytest	alle Segmente an und wieder aus	Alle Segmente am seitlichen Display und in der Messwertanzeige der Visiereinrichtung an und wieder aus	alle Anzeigesegmente an und wieder aus
Vorzeichen			
a) zufließender Verkehr	a) +	a) +	a) -
b) abfließender Verkehr	b) -	b) -	b) ohne
Tests geräteintern	Eigentest	Selbsttest	Eigentest
Tests durch Messbeamten	Displaytest	Displaytest	Displaytest
	Visiertest	Visiertest	Nullmessung
	Nullmessung	Nullmessung	
Videodokumentation	ohne	ohne	ohne
Betriebsspannung	10,5 – 17 V	10,5 – 14 V	12 V
Wellenlängenbereich	904 nm	904 nm	904 nm
Temperaturbereich	-10° bis +50°C	-10° bis +50°C	-10° bis +50°C

*2 mrad laut Bedienungsanleitung / 2,5 mrad gemäß PTB – Zulassung und werksseitiger Kurzbeschreibung
**entsprechend der Geräteversion

	LaserPatrol/TraffiPatrol	LTI 20.20 Ts	ULTRA LYTE 100 u. 100LR
Entfernungsmessbereich	30 – 500 m	20 – 400 m	20 – 400 m
Geschw. – Messbereich	0 – 250 km/h	0 – 250 km/h	0 – 250 km/h
Dauer d. Messwertbildung	0,5 sek	0,3 – 0,6 sek	0,3 – 0,6 sek
Tatsächliche Aufweitung			
a) Nominal	a) 3 mrad	a) 3 mrad	a) 3 mrad
b) Eichung	b) 5 mrad	b) 5 mrad	b) 5 mrad
Zielerfassungsbereich	7 mrad	7 mrad	7 mrad

C. Lasermessverfahren

Verkehrsfehlertoleranzen a) bis einschl. 100 km/h b) über 100 km/h	a) +/- 3 km/h b) +/- 3 %	a) +/- 3 km/h b) +/- 3 %	a) +/- 3 km/h b) +/- 3 %
Visiereinrichtung	aufgesetzt	aufgesetzt	aufgesetzt
Anvisieren durch	Visierpunkt wie Laserfleck	roter Leuchtpunkt	roter Leuchtpunt
Akustischer Signalgeber	ja	ja	ja
Sichtoptik-Vergrößerung	ohne	ohne	ohne
Messwertanzeige (Displays)	Headupdisplay innerhalb des Lichtpunktvisiers; zwei getrennte Außendisplays	digitale Anzeige an der Geräterückseite	digitale Anzeige an der Geräterückseite und zusätzlich in der Visiereinrichtung
Visiertest (Entfernung zum Zielobjekt)	135 – 500 m	20 – 400 m	20 – 400 m
Displaytest	im 7-Segment-Display Zahlenfolge „-888"; im alphanumerischen Display 8 Gruppen mit je 7x5 Punkten, im Headupdisplay Visierpunkt und Zahlenfolge „888"	Anzeige „8.8.8.8."	Alle Segmente müssen angezeigt werden
Vorzeichen a) zufließender Verkehr b) abfließender Verkehr	a) ohne b) –	a) ohne b) –	a) ohne b) –
Tests geräteintern	Eigentest	Eigentest	Selbsttest
Tests durch Messbeamten	Displaytest Visiertest Nullmessung	Displaytest Visiertest Nullmessung	Displaytest Visiertest Nullmessung
Videodokumentation	ohne	ohne	ohne
Betriebsspannung	10,5 – 16,5 V	10,5 – 19 V	3,0 V
Wellenlängenbereich	904 nm	904 nm	904 nm
Temperaturbereich	– 10° bis +50°C	– 10° bis +50°C	– 10° bis +50°C

Teil 1: Messverfahren

	LEIVTEC XV2	LEIVTEC XV3
Entfernungsmessbereich	50 – 33 m	ca. 50 – 30 m
Geschw. – Messbereich	0 – 250 km/h	0 – 250 km/h
Dauer d. Messwertbildung	max. 1,3 sek	max. 1,5 sek
Tatsächliche Aufweitung		
a) Nominal	50 x 50 mrad	50 x 50 mrad
b) Eichung	= 3 x 3 Grad	= 3 x 3 Grad
Verkehrsfehlertoleranzen		
a) bis einschl. 100 km/h	a) +/– 3 km/h	a) +/– 3 km/h
b) über 100 km/h	b) +/– 3 %	b) +/– 3 %
Anvisieren durch	Okular (alt) LCD-Bildschirm	Monitor, im Hand-Held-Betrieb durch Sensor-Fernrohr
Akustischer Signalgeber	ja	ja
Sichtoptik-Vergrößerung	ohne	ohne
Messwertanzeige (Displays)	Display an der Geräterückseite und an der Fernbedienung	Display an der Geräterückseite, Monitor
Visiertest	nicht erforderlich	nicht erforderlich
Displaytest	Messwertanzeige des Sensors und der Fernbedienung auf lückenlose Anzeige und Erlöschen aller Matrixpunkte prüfen	Messwertanzeige des Sensors auf lückenlose Anzeige und Erlöschen aller Matrixpunkte prüfen
Vorzeichen a) zufließender Verkehr b) abfließender Verkehr	nur zufließender Verkehr	nur zufließender Verkehr
Tests geräteintern	Selbsttest	Selbsttest
Tests durch Messbeamten	Überprüfung d. Messwertanzeigen	Überprüfung d. Messwertanzeige des Sensors
Videodokumentation	ja	Digitalkamera
Betriebsspannung	12 V	12 V
Wellenlängenbereich	850 nm	905 nm

C. Lasermessverfahren

Temperaturbereich	0° bis +40°C	– 10° bis +45°C
	– 10° bis +40°C**	

5. Fehlermöglichkeiten bei Lasermessungen

a) Allgemeines

aa) Beschulung der Messbeamten

Jeder Messbeamte, der amtliche Messungen mit Laser-Geschwindigkeitsmessgeräten durchführt, muss über ein **gültiges Schulungszertifikat** verfügen.

306

Hierzu heißt es z.B. in der Bedienungsanleitung Riegl FG 21P mit Zulassungszeichen 18.11/98.09:

> „Das Gerät darf nur von Personen eingesetzt werden, die von kompetentem Personal (z.B. Hersteller, Polizeischule) umfassend geschult worden sind, indem sie insbes. in Funktion und Bedienung eingewiesen sowie mit den messtechnischen Eigenschaften des Geräts und mit Möglichkeiten von Fehlmessungen bei Nichtbeachtung der Gebrauchsanweisung vertraut gemacht worden sind."

Hinweis:
Anzumerken ist, dass der Messbeamte einmalig für die Bedienung des jeweiligen Geräts geschult wird. **Weitere Nachschulungen** z.B. bei Softwareänderungen oder in gewissen vorgegebenen Zeitintervallen sind nicht vorgeschrieben.

bb) Durchführung der vorgeschriebenen Gerätetests

Vor jedem Messbeginn muss bei fast allen der beschriebenen Messgeräte ein **Test der Visiereinrichtung** des Messgeräts durchgeführt werden. Dieser Gerätetest läuft nicht selbstständig ab. Vielmehr muss der Messbeamte diesen Test nach einer bestimmten Vorgabe abarbeiten. Wie unter Rn. 249 schon beschrieben, wird das Messgerät den Test nicht aus dem Grund selbstständig abbrechen, weil durch eine interne Logik eine Fehlausrichtung erkannt worden wäre.

307

Die Folge einer **dejustierten Visiereinrichtung ist**, dass das Gerät „schielt", weil die optische Achse der Visiereinrichtung von der Laserstrahlachse abweicht und dadurch ein anderes als das eigentlich anvisierte Fahrzeug den Messwert gebildet haben kann. Solch ein Fehler hat besonders bei Messungen im Kolonnenverkehr gravierende Auswirkungen in der Messwertzuordnung (siehe Rn. 279 ff.).

308

309 Es sollte nach jedem **Standortwechsel** ein neuer Gerätetest vor Messbeginn stattfinden. Dies gilt insb. auch bei kurzfristigem, womöglich hektischem Verlassen des Messortes um ein gemessenes Fahrzeug zu verfolgen. Dabei kann es durch **unsachgemäße Gerätebehandlung** zu einer Dejustierung der Visiereinrichtung mit der Folge kommen, dass ein anderes als das vermeintlich anvisierte Fahrzeug den jeweiligen Messwert gebildet haben kann (siehe Rn. 279 ff.).

Beispiel:

Ein Fahrzeug wird im abfließenden Verkehr einer Geschwindigkeitsmessung unterzogen. Die Verkehrssituation macht es erforderlich, dass das Fahrzeug nicht vor Ort angehalten werden kann und verfolgt werden muss. Das Messgerät wird in dieser Zeit im Behördenfahrzeug abgelegt.

Nach dem Anhalteprozedere und der Aufnahme der Personalien des Betroffenen kehrt das Behördenfahrzeug wieder an den Messpunkt zurück

310 Die vorgeschriebenen Tests vor Messbeginn können eine Fehlerfreiheit nicht garantieren, da laut einer ADAC-Umfrage vom Juli 2005 bei den zuständigen Eichämtern fast 1 % aller zur Eichung vorgestellten Geräte Defekte zeigten, bei einem Eichamt waren sogar 7 % der vorgestellten Geräte defekt (vgl. dazu den ADAC-Praxistest „Laser" von Juli – August 2005).

Daher darf der jeweilige Messbeamte nicht in eine „**Technikgläubigkeit**" verfallen. Eine Eichgültigkeit darf unter keinen Umständen in der täglichen Arbeit dazu führen, die Funktion des Messgeräts und dessen Zuverlässigkeit nicht mehr zu hinterfragen.

cc) **Dokumentation der Geschwindigkeitsmessung**

311 Die **Dokumentation der Einzelmessung** muss einerseits belegen, wie das Messgerät zum Tatzeitpunkt ggü. dem gemessenen Fahrzeug positioniert war, inklusive des Nachweises, wie die Handhabung des Messgeräts stattgefunden hat, und sie muss die allgemeine Verkehrssituation zum Tatzeitpunkt beschreiben.

312 Andererseits muss der **gemessene Geschwindigkeitswert** vermerkt sein und die Dokumentation muss zweifelsfrei belegen, dass sich das anvisierte Fahrzeug als Einziges im möglichen Messbereich zum Tatzeitpunkt befunden hat bzw. warum die Messwertbildung durch ein anderes Fahrzeug ausgeschlossen werden kann. Dabei kann z.B. auch von Bedeutung sein, zu welcher Tageszeit die Einzelmessung stattgefunden hat. So ist es bspw. schwierig, eine Einzelmessung in den Morgenstunden auf einer hoch frequentierten Bundesstraße so beweissicher darzustellen, dass bei Aktenprüfung zweifelsfrei nachgewiesen werden kann, dass sich das beanzeigte Fahrzeug zum Tatzeitpunkt als Einziges im möglichen Messbereich befunden hat. Dies gilt besonders vor dem Hintergrund der Fehlermöglichkeiten bei der Handhabung der Messgeräte.

C. Lasermessverfahren

Für den **eindeutigen Beleg der ordnungsgemäßen Zuordnung** des Geschwindigkeitswertes zum beanzeigten Fahrzeug ist es weiterhin von größter Wichtigkeit, dass aus der Dokumentation der Geschwindigkeitsmessung hervorgeht, ob die jeweilige Messung im ankommenden oder abfließenden Verkehr stattfand. Kann dies nicht zweifelsfrei durch ein entsprechendes negatives oder positives (bzw. kein) Vorzeichen vor dem Messwert nachvollzogen werden, so ist nicht auszuschließen, dass ein anderes als das beanzeigte Fahrzeug den Geschwindigkeitswert gebildet hat. 313

In der **nachträglichen Bewertung** einer Messung treten bei Durchsicht der Beweisakten immer wieder Probleme zutage, weil am Messort häufig versäumt wird, das Beweismaterial mit der gebotenen Sorgfalt aufzubereiten und wodurch im Nachhinein die allgemeine Beweisführung für den Einzelfall infrage gestellt wird. 314

Beispiele für gelegentlich anzutreffende Umstände, die eine sorgfältige Beweiserhebung infrage stellen:
- *eine unübersichtliche Situation an der Anhaltestelle;*
- *hektische Arbeitsweise der mit der Messung und Dokumentation Beschäftigten;*
- *hohe Messdichte;*
- *erhebliche Distanz zwischen Mess- und Anhaltestelle mit evtl. unzureichender Datenweitergabe (über Funk?);*
- *die Nichtermöglichung der Einsichtnahme in das Messergebnis deutet auf eine hohe Messfrequenz oder eine Trennung von Mess- und Anhaltestelle hin. In solchen Fällen ist die Datenweitergabe besonders kritisch zu prüfen.*

Hinweis:

Anzumerken ist an dieser Stelle noch einmal, dass allein der **Messbeamte für die ordnungsgemäße Zuordnung des Messergebnisses** zum Betroffenenfahrzeug verantwortlich ist. Dies sollte sich aus dem Messprotokoll und der ebenfalls vor Ort zu führenden Messliste eindeutig ergeben.

Erfüllt das Beweismaterial nicht die genannten Voraussetzungen, so entstehen **Zuordnungsprobleme** des Messwertes zu einem bestimmten Fahrzeug.

b) Benutzerabhängige Fehlerquellen

aa) Allgemeines

In den vorherigen Abschnitten wurde die Zuordnungsproblematik eines einzelnen Messergebnisses anhand der allgemeinen Beweisführung in der Akte und anhand der Messsituation vor Ort behandelt. Im Folgenden soll verdeutlicht werden, dass auch die **Handhabung von Lasermessgeräten** i.V.m. ihren technischen Eigenschaften Schwierigkeiten aufwirft. 315

Teil 1: Messverfahren

316 Die beiden **technischen Besonderheiten** bei Lasermessungen, nämlich zum einen die **Dauer der Messung** und zum anderen die **Aufweitung des Laserstrahles**, sind immer im Zusammenhang miteinander zu betrachten. Dies in besonderem Maße, wenn die Einzelmessung in einer großen Messentfernung stattgefunden hat. Lasermessgeräte sind, je nach Modell, bis zu einer Messentfernung von 1.000 m für amtliche Messungen zugelassen. Liegt dann **weiterer Fahrzeugverkehr**, wie Kolonnenverkehr oder Überholvorgänge, in der Nähe des anvisierten Fahrzeuges vor, ist die behördliche Beweisführung mit großer Sorgfalt durchzuführen, um Beweissicherheit zu gewährleisten.

> **Hinweis:**
>
> Das Messergebnis wird durch das Ziel gebildet, welches den größten Anteil an der vom Messgerät empfangenen Laserstrahlung liefert (bester Reflektor), nicht unbedingt durch das nächste Ziel.

bb) Zeitdauer der Messung

317 Alle Lasermessgeräte führen zur **Vermeidung von hohen Annullationsraten** bei der Auslösung des Messvorganges nicht nur eine einzige Messung durch, sodass die Messzeit wegen dieser Messwiederholungen je nach Messgerät 1 bis 2 s betragen kann. Dieser Umstand ist gerade im **Freihand-Betrieb** des Lasergeräts von Bedeutung, da es während der Messung zum Verschwenken (beim Nachführen des Messgeräts am beweglichen Ziel) oder Verwackeln (nicht statische Handhabung des Messgeräts während der Messung) des Messgeräts kommen kann und somit ein seitlich versetztes, sich vor, hinter oder neben dem anvisierten Fahrzeug bewegendes Fahrzeug in den Messstrahl gelangen kann. Dieser Fehler würde die jeweilige Messwertzuordnung zum beanzeigten Fahrzeug infrage stellen.

318 Ist dem durchführenden Messbediensteten dieser Umstand **nicht bewusst**, bestehen Bedenken an einer korrekten Messwertzuordnung.

cc) Aufweitung des Laserstrahles

319 Die Aufweitung des Laserstrahles beschreibt den **Strahldurchmesser des Laserstrahles in der jeweiligen Messentfernung**. Diese wird mit zunehmender Entfernung vom Messgerät größer. Die Aufweitung ist in „mrad" angegeben. Bei einer Strahlaufweitung von bspw. 3 mrad bedeutet dies, dass die Aufweitung des Messstrahls je 100 m Entfernung im Durchmesser um ca. 30 cm zunimmt.

320 **Hersteller von neueren Geräten** versuchen, die Strahlaufweitung möglichst klein zu halten. Die vom Hersteller vorgegebene Strahlaufweitung für das jeweilige Messgerät bezeichnet man als nominale **Aufweitung**. Bei älteren Lasermessgeräten beträgt die nominale Aufweitung 3 mrad. Erst nach mehrjährigem Einsatz wurden die Vorgaben der

C. Lasermessverfahren

PTB für die Eichung der Lasermessgeräte bekannt, wonach bei der Eichung der Messgeräte die Einhaltung des Aufweitungsbereichs von max. 5 mrad überprüft wird. Anschließend veröffentlichte Richtlinien der PTB schließen ein mögliches Verwackeln des Messgeräts im täglichen Gebrauch ein und gehen von einem sog. „**maximalen Zielerfassungsbereich**" von 7 mrad aus (vgl. hierzu die tabellarische Übersicht bei Rn. 305).

Für das **Riegl FG 21-P** liegt die nominale Aufweitung bei 2 mrad und der maximale Zielerfassungsbereich bei 5 mrad. Der maximale Zielerfassungsbereich hat somit in einer Messentfernung von 800 m idealisiert einen Durchmesser von 4 m. Der nominale Aufweitungsbereich nach Herstellerangaben soll in dieser Messentfernung 1,60 m betragen. Daran wird deutlich, dass der Laserstrahl selbst bei ordnungsgemäß justierter Visiereinrichtung ggf. deutlich über die Fahrzeugbegrenzungen hinaus wirken kann. 321

Zusätzlich muss beachtet werden, dass bei dem vorbenannten Messgerät die Messung in einer Zeitspanne von 0,4 s – 1,0 s (Riegl FG 21P) erfolgt. Hierbei kann ein geringes Verwackeln genügen, um auf ein vor oder hinter dem vermeintlich anvisierten Fahrzeug seitlich versetzt fahrendes Fahrzeug abzugleiten und von diesem Fahrzeug den entsprechenden Messwert zu erhalten. 322

Der Messwert ist nur dann dem anvisierten Fahrzeug eindeutig zuzuordnen, wenn sich **nur dieses eine Fahrzeug im möglichen Messbereich** bewegt hat. Bei **großer Entfernung** ist eine **erhöhte Sorgfalt** notwendig. In diesem Zusammenhang wird wieder die Notwendigkeit einer exakten Dokumentation der Verkehrssituation zum Messzeitpunkt deutlich. 323

Beispiel:

Das untere Bild (Anm. des Autors: Die abgedruckten Bilder wurden zum Zweck der Veranschaulichung anonymisiert) zeigt, wie der Messbeamte den Visierpunkt (bei der Pfeilspitze) bei einem Messgerät des Typs LTI 20.20 in einer Entfernung von etwa 250 m wahrnimmt.

Teil 1: Messverfahren

Der Laserstrahl ist hier auf die Fahrzeugfront im Bereich des vorderen Kennzeichens gerichtet, so wie es die Bedienungsanleitung vorschreibt.

Das Bild zeigt den Zielerfassungsbereich des Laserstrahles von 7 mrad bei gleicher Messentfernung.

324 Die Firma Riegl hat die **Bedienung von Lasermessgeräten entscheidend erleichtert**, indem sie den maximalen Zielerfassungsbereich in der Zieleinrichtung beim Messgerät „Riegl FG 21P" durch einen Kreisring visualisiert.

C. Lasermessverfahren

Der **nominale Aufweitungsbereich** wird durch den Hersteller in diesem Fall mit 2,5 mrad (3 mrad × 3 mrad innerhalb des Kreisrings zulässig für Eichung) angegeben. Der sichtbare Kreisring ist aber auf einen Aufweitungsbereich von 5 mrad festgelegt und soll damit **Justiertoleranzen** und **mögliche Zielungenauigkeiten** zusätzlich zum nominalen Aufweitungsbereich abdecken, um zuordnungssichere Messungen zu ermöglichen.

dd) Messungen am Rand des Zielerfassungsbereiches

Der **folgende Versuch** hat sich mit dem Problem der zuordnungssicheren Messungen im Zusammenhang mit dem normalen Aufweitungsbereich beschäftigt:

Ziel des Versuches war es, Klarheit darüber zu erlangen, ob es möglich ist, außerhalb des vom Hersteller angegebenen nominalen Aufweitungsbereiches Messergebnisse zu erhalten.

Zu diesem Zweck wurde ein **ausgewähltes Messgerät** (Riegl FG 21P) **fest auf ein Stativ montiert** und exakt entlang einer geraden Markierungslinie auf der Fahrbahn ausgerichtet.

An einem Pkw wurde das **vordere Kennzeichen demontiert** und am rechten Fahrzeugrand i.H.d. Frontscheibe befestigt. Der Pkw wurde entlang der Markierungslinie in Bewegung gesetzt und zwar so, dass sich das seitlich angebrachte Kennzeichen **knapp außerhalb der Markierungslinie** und damit am Rand des Zielerfassungsbereiches (sichtbarer Kreisring) befunden hat.

Bei diesem Versuchsaufbau hätte es keine Messergebnisse geben dürfen, da sich das reflektierende Kennzeichen **außerhalb des Messstrahles** befunden hat. Dies war auch der Fall.

Jedoch wurde vom Messgerät sofort ein Geschwindigkeitswert ermittelt, sobald der Pkw in den Bereich des sichtbaren Kreisrings eingefahren ist.

Damit ist belegt, dass im gesamten Zielerfassungsbereich (sichtbarer Kreisring) Messungen möglich sind und dass damit der vom Hersteller beschriebene Toleranzraum für mögliche Zielungenauigkeiten und Justiertoleranzen in diesem Fall als nicht existent festgestellt werden konnte (vgl. dazu den ADAC-Praxistest „Laser" von Juli – August 2005).

Teil 1: Messverfahren

Der Zielerfassungsbereich verläuft exakt an der Markierungslinie. Fuhr ein Fahrzeug in den Kreis, so wurde es sofort gemessen.

ee) Überprüfung des Ausbreitungsgrads des Laserstrahles

328 Um den Ausbreitungsgrad eines Laserstrahles zu überprüfen wurden **ausgewählte Lasermessgeräte** (LAVEG, Laser Patrol, Riegl FG 21P) fest auf Stative montiert und für den Messbetrieb in ankommendem Verkehr ausgerichtet.

329 Zusätzlich wurden acht Kennzeichenschilder zu einem **kreisähnlichen Reflektor** zusammengefügt (s. dazu das Bild unten und vgl. den ADAC-Praxistest „Laser" von Juli – August 2005).

330 **Hintergrund** war es, die Frage zu beantworten, ob die von den Herstellern angegebene Strahlaufweitung der tatsächlichen Strahlaufweitung unter **natürlichen Mess-**

bedingungen entspricht. Der Reflektor wurde dazu sukzessive von den Messgeräten entfernt, bis eine „0 km/h"-Messung vom Messgerät ausgelöst wurde. Diese Messung gehört zu den Testroutinen der Messgeräte und beschreibt die Messung auf ein unbewegliches Ziel, wobei in der jeweiligen Anzeige „- 0 km/h" oder „+ 0 km/h" angezeigt werden muss. Aus der Entfernung des Reflektors zum Messgerät und dem Durchmesser des Reflektors wurde dann der **tatsächliche Ausbreitungsgrad des Laserstrahles** ermittelt.

Ergebnis dieses Versuchs war, dass die Vorgaben der Eichung bzgl. der Strahlaufweitung bei allen Messgeräten außer dem Riegl FG 21P erfüllt wurden. Dort wurde eine Strahlaufweitung von 4,3 mrad festgestellt.

331

Bei Anzeige „0 km/h" glichen sich die Durchmesser des Laserstrahles und des Reflektors (vgl. dazu den ADAC-Praxistest „Laser" von Juli – August 2005).

ff) Zuordnungsfehler bei Messungen im Fahrzeugpulk oder beim Überholen

Laut gültiger Bedienungsanleitung besteht **Zuordnungssicherheit des Messergebnisses**, wenn sich das zu messende Fahrzeug **allein im Zielerfassungsbereich** befindet. Es darf sich kein weiterer Fahrzeugverkehr hinter, neben oder vor dem zu messenden Fahrzeug befinden.

332

Diese, laut Bedienungsanleitung nicht erlaubte Fahrzeugkonstellation, wurde in einem **Versuch** nachgestellt. Dazu wurden die Messgeräte Riegl FG 21P, Laser Patrol und LAVEG fest auf ein Stativ montiert und für Messungen im ankommenden Verkehr zur Fahrbahn hin ausgerichtet.

333

Die **erste Versuchsvariante** wurde so konstruiert, dass sich das zu messende Fahrzeug nicht in Bewegung befand, im Gerät also eine „0 km/h"-Messung angezeigt wurde. Ein

334

Teil 1: Messverfahren

weiteres Fahrzeug wurde dann auf das stehende Fahrzeug von hinten zufahrend in direkter Anfahrt, weiter mit 30 % – 50 % als Offset (versetzt) rechts und als Überholer bewegt.

335 Die folgenden Bilder **veranschaulichen die Testdurchführung**:
- **Konstellation 1:** Ziel leicht verfehlt, Fahrzeug hinten gemessen (vgl. dazu den ADAC-Praxistest „Laser" von Juli – August 2005)

© ADAC/Reiner Pohl

- **Konstellation 2:** Fahrzeug korrekt vorn angemessen, Messwert stammt trotzdem vom Fahrzeug dahinter (vgl. dazu den ADAC-Praxistest „Laser" von Juli – August 2005)

© ADAC/Reiner Pohl

Die Messwerte, die größer als die „0 km/h"-Messung waren, stammten **eindeutig vom hinteren Fahrzeug**. Bemerkenswert ist bei diesem Versuch, dass bei **korrektem Anvisieren** des zu messenden Fahrzeuges immer eine „0 km/h"-Messung zustande gekommen ist. Erfolgte nur ein **leichter Versatz** beim Anvisieren in Richtung der Scheinwerfer oder in Richtung der höher gelegenen Fahrzeugfront, so stammten die Messwerte vom Fahrzeug dahinter. Dies wohlgemerkt unter Versuchsbedingungen.

336

Dies zeigt, wie wichtig es ist, die **jeweiligen Messungen mit der größten Sorgfalt** und ohne Abweichungen von der Bedienungsanleitung durchzuführen und veranschaulicht noch einmal den **Zusammenhang zwischen der Zeitdauer der Messung und der Aufweitung des Laserstrahles**. Überträgt man die dargelegte Versuchskonstellation auf den normalen Verkehrsraum unter täglichen Messbedingungen, so wird deutlich, wie schwierig es ist, ein Fahrzeug als wirkliches Einzelfahrzeug zu messen oder den Messwert bei mehreren Fahrzeugen korrekt zuzuordnen.

337

Erschwerend kommt dann ggf. noch eine **hohe Messentfernung** dazu, weil hier der Durchmesser des Laserstrahles größer wird.

Die **zweite Versuchsvariante** wurde wieder mit zwei Fahrzeugen durchgeführt, wobei sich beide Fahrzeuge mit unterschiedlichen Geschwindigkeiten hintereinander auf die Messgeräte zubewegten.

338

Auch hier wurde nur bei **korrektem Anvisieren des ersten Fahrzeuges (mittig auf das Kennzeichen)** ein Geschwindigkeitswert ermittelt, der auch diesem Fahrzeug zuzuordnen war. Erfolgte wieder ein geringer Versatz beim Anvisieren, so wurden Messwerte erzielt, die ohne erkennbare Systematik abwechselnd dem ersten Fahrzeug oder dem nachfahrenden Fahrzeug zuzuordnen waren.

Teil 1: Messverfahren

339 Die unteren Bilder sollen den **Versuch veranschaulichen**:
 1. **Konstellation:** Verkehrssituation, wie sie vom Messenden wahrgenommen wird

2. **Konstellation:** Blick durch das Visier eines Laser Patrol Messgeräts

3. **Konstellation:** Anzeigefeld zeigt die vom nachfahrenden Fahrzeug gemessene Geschwindigkeit; eindeutig nicht die des vorausfahrenden Pkw.

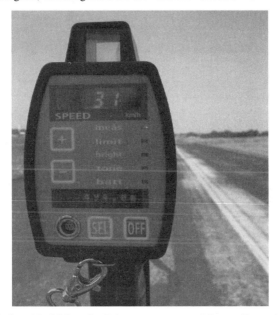

4. **Konstellation:** Nachfolgendes Fahrzeug gemessen (Motorroller und Transporter)

→ **von der Seite**

Teil 1: Messverfahren

→ von vorne

© ADAC/Reiner Pohl

gg) **Zuordnungsfehler bei Messungen durch Fahrzeugverglasung und Fahrzeuginnenraum**

340 Diese Möglichkeit wurde ebenfalls in **Versuchen** überprüft.

341 Als **Ergebnis** kann zusammengefasst werden, dass es je nach Gerätetyp mehrfach möglich war, ein hinter dem zu messenden Fahrzeug fahrendes Fahrzeug durch die Verglasung und den Innenraum eines vorausfahrenden Fahrzeuges zu messen. Es spielte hier keine Rolle für das Ergebnis, ob das zu messende Fahrzeug in Bewegung war oder nicht. Voraussetzung war, dass das nachfahrende Fahrzeug über einen entsprechenden Reflektor in geeigneter Höhe verfügt hat (siehe Rn. 347 ff.).

342 Besonders interessant ist in diesem Fall die **Situation mit einem folgenden Motorrad**, da solche häufig über geeignete Reflektoren (z.B. Scheinwerfer) in der hier relevanten Höhe verfügen oder bei Höhenunterschieden (Kuppen und Senken).

hh) **Messwertverfälschung durch Cosinuseffekt**

343 Zur Veranschaulichung dieser Problematik soll **folgende Skizze** beitragen:

C. Lasermessverfahren

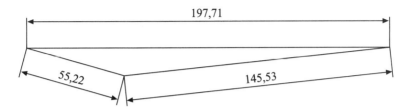

Die Skizze bezeichnet dabei folgende **Tatsache**:

344

Während ein Fahrzeug auf der in der Skizze **waagerechten Strecke** 55,22 m zurücklegt, verändert sich die Entfernung zu einem Beobachter (hier Messgerät), der an der Spitze des Dreiecks steht, nur um 197,71 m – 145,53 m = 52,18 m.

Wäre die Strecke in einer Zeit von einer Sekunde zurückgelegt, so wäre die **tatsächlich gefahrene Geschwindigkeit** 199 km/h. Ein Lasermessgerät an der genannten Stelle würde nur eine Geschwindigkeit von 188 km/h anzeigen.

> **Hinweis:**
> Das Beispiel wurde rechnerisch zur Veranschaulichung überzogen. In der Praxis handelt es sich in aller Regel um eine Größenordnung von 1 km/h.

Das bedeutet, dass sich der **Cosinuseffekt** (vgl. hierzu Begriff im Glossar) in jedem Fall **zugunsten des Betroffenen** auswirkt.

II. Lasermessverfahren mit Videodokumentation am Beispiel des Lasermessgerätes „LEIVTEC XV2"

Das Wichtigste in Kürze für die Messanlagen Leivtec XV2 und XV3:

345

1. Das Messgerät muss am Tattag gültig geeicht sein. Dazu gehört, dass sich der Messbeamte davon überzeugt hat, dass alle eichamtlichen Sicherungen nicht beschädigt oder gebrochen waren.
2. Die Schulung des Messbeamten muss per Nachweis belegt sein.
3. Ein Messprotokoll muss in der Akte vorhanden sein.

Erforderliche Beweismittel für XV2:

Für den Sachbeweis müssen zwei bzw. drei Fotos für die abschließende Bewertung der Messung in der Akte sein:

Teil 1: Messverfahren

1. Messung Start, Bild mit den Dateneinblendungen, Messung Ende, wobei das Messung-Ende-Bild bezüglich der Bewertung nicht unbedingt erforderlich ist.
2. Optional kann die Videosequenz, die bei jeder Messung gefertigt wird, angefordert werden.
3. Die Fotos/das Video müssen dahingehend geprüft werden, ob die Auswertekriterien der Bedienungsanleitung erfüllt sind, d.h. Fahrzeug allein im Auswerterahmen und wenn nicht, kann die Messung u.U. trotzdem verwertet werden?

Erforderliche Beweismittel für XV3:
1. Für den Sachbeweis genügt das Foto (Bild-Ende-Messung). Eine Videosequenz wird nicht mehr gefertigt.
2. Auch hier ist das Foto hinsichtlich der vorgeschriebenen Auswertekriterien zu überprüfen: Fahrzeug allein im Auswerterahmen?
3. Bei Zweifeln das Foto (Bild-Start-Messung) anfordern. Dies muss in jedem Fall vorgelegt werden können, da beide Bilder laut Bedienungsanleitung den Sachbeweis darstellen (hierbei Vorgaben für Nachtmessungen beachten).

1. Allgemeines

346   Bei der von der Firma „LEIVTEC" hergestellten Infrarotmessanlage, Typ „XV2", handelt es sich um ein Lasermessgerät, bei dem die **Geschwindigkeitsmessung** nach dem **Prinzip der Laufzeitmessung von Lichtimpulsen** und der damit festgestellten Entfernungsänderung von sich bewegenden Gegenständen erfolgt.

Im Gegensatz zu den bisher beschriebenen Lasermessgeräten erfolgt bei der „LEIVTEC"-Messanlage eine **videografische Dokumentation der Messsituation**.

Die Messanlage besteht aus einem **Sensor** mit aufgesetztem Videocamcorder und einer Kabelfernbedienung.

Der Sensor XV2 ist der für die Ermittlung des Messwertes verantwortliche Geräteteil.

C. Lasermessverfahren

Beispiel:

Bild 1 zeigt das Messgerät in der Gesamtübersicht ohne Auswerteeinheit

Bild 2 zeigt den Sensor für die Messwertbildung

Teil 1: Messverfahren

2. Messprinzip und Funktionsweise

347 Die Ermittlung der Geschwindigkeit erfolgt nach dem Prinzip der Weg-/Zeitrechnung.

Dabei werden von einer **Laserdiode Infrarotlichtimpulse** mit einer Wellenlänge von ca. 850 nm ausgesendet, welche dann, nachdem sie von einem anvisierten Fahrzeug reflektiert wurden, wieder empfangen werden.

Die Empfangsoptik des Sensors wandelt die Lichtimpulse in elektrische Signale um, die in der Rechnereinheit des Messgerätes weiterverarbeitet werden.

Aus der Laufzeit dieser **Impulse** wird gemäß S = (c x t)/2 mit der Lichtgeschwindigkeit c und der gemessenen Laufzeit t des **Lichtimpulses** die Entfernung S zum Fahrzeug bestimmt.

Vom XV2-Sensor werden zahlreiche solcher Entfernungsmessungen innerhalb kürzester Zeit durchgeführt.

348 Verändert nun das Messobjekt seine ursprüngliche Position, so kann aufgrund der unterschiedlichen Laufzeit des infraroten Lichtstrahls sowie aus den daraus resultierenden Wegstrecken und der Zeitdifferenz die Geschwindigkeit des bewegten Objektes ermittelt werden.

Gemessen wird ausschließlich der auf den Sensor zufahrende Verkehr.

349 **Vergrößert sich die Entfernung des Fahrzeuges** zum Messgerät nach dem Start, d.h., die Reflexionen werden von einem sich vom Sensor entfernenden Fahrzeug geliefert, so wird die Messung geräteintern abgebrochen. Daher sind Messungen von Fahrzeugen in der abfließenden Verkehrsrichtung nicht möglich.

350 Bei der Geschwindigkeitsmessung erfasst der aktivierte Sensor XV2 ein **ankommendes Fahrzeug** in einer Entfernung von ca. 80 m. Ein empfangenes Messsignal, welches von einem in den Messbereich hineingefahrenen Fahrzeug stammt, wird vom Rechner weiterverfolgt bzw. weiterverarbeitet.

Die eigentliche Messung wird jedoch erst beim Eintritt des Fahrzeuges in den Bereich der Messstrecke in einem Entfernungsbereich zwischen 50 m und 43 m (Startfenster) vom Sensor selbsttätig gestartet.

Nachdem das Fahrzeug eine Messstrecke von ca. 10 m zurückgelegt hat, wird die Messung automatisch beendet.

Bei langsamen Fahrzeugen wird die Messung nach ca. 1,3 s beendet.

C. Lasermessverfahren

Beispiel:

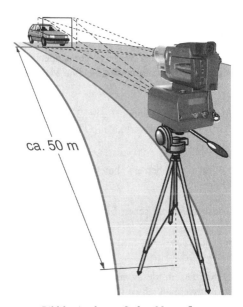

Bild 3 zeigt den grafischen Messaufbau

Bild 4 zeigt eine Messung aus einem Fahrzeug heraus

Der **Messbereich des Messgerätes** liegt folglich im Bereich zwischen ca. 50 m bis 33 m.

351

Teil 1: Messverfahren

Die **Entfernungsmesswerte** werden auf einer Regressionsgerade in Abhängigkeit vom Zeitpunkt der Impulsauslösung angelegt. Aus der **Steigung der Geraden** als Entfernungsänderung pro Zeiteinheit ergibt sich die **Fahrgeschwindigkeit**.

Anhand der Abweichungen einzelner Werte untereinander und von der Regressionsgeraden wird dann rechnerintern entschieden, ob eine Messwertbildung als gültig gewertet wird.

352 Das quadratische Messfeld des Sensors hat eine Größe von etwa 50 × 50 mrad. Das entspricht einem horizontalen und vertikalen Öffnungswinkel des Messkegels von 3 × 3 Grad.

Aus dem gesamten Bereich der oben erwähnten Fläche werden Messsignale vom Sensor empfangen.

Der **vorgesehene Messwinkel** zwischen Messstrahl und Fahrbahnverlauf beträgt 0 Grad.

> **Hinweis:**
> Eine Abweichung von diesem Messwinkel führt zwar zu unrichtigen Messergebnissen, welche aber ausschließlich den Betroffenen begünstigen (sog. Cosinius-Effekt, vgl. auch Rn. 342).

353 Die gemessenen Geschwindigkeitswerte werden auf den Messwertanzeigedisplays von Sensor und Fernbedienung dargestellt.

354 Die Stromversorgung des Lasermessgeräts „LEIVTEC XV2" erfolgt durch einen externen 12V-Akku. Es ist zu beachten, dass die Stromversorgung aus der Starterbatterie eines Fahrzeuges nicht zulässig ist.

> **Hinweis:**
> Die Stromversorgung durch einen nicht zum Zubehör der Messanlage gehörenden 12V-Akku ist über einen geeichten Adapter möglich.

Die Akkus und der Adapter sind zwar geeicht, es werden allerdings keine Eichscheine ausgestellt. Ein Eichaufkleber bestätigt das Vorhandensein erforderlicher elektronischer Schutzschaltungen. Der Eichaufkleber selbst wird einmalig angebracht; eine Nacheichung ist nicht erforderlich.

3. Notwendige Gerätetests

a) Geräteinterne Überprüfungen

Vom Messgerät werden verschiedene automatische Kontrollprüfungen durchgeführt, um sicherzustellen, dass nur einwandfreie Messergebnisse zu einer Geschwindigkeitsanzeige führen.

355

Unmittelbar nach jedem Einschaltvorgang, nach jeder Aktivierung des Sensors (Start einer Messung) und nach jeder gültigen Geschwindigkeitsmessung werden geräteintern und bedienerunabhängig ein Eigentest, ein Programmtest und ein RAM-Test durchgeführt.

356

Beim **Eigentest** wird zur Überprüfung der gesamten Entfernungsmesseinrichtung eine Entfernungsmessung simuliert, wobei der Laserstrahl in abgeschwächter Form intern in die Empfängeroptik eingespiegelt wird. Dadurch wird die gesamte optoelektronische Funktion von der Erzeugung der Laserimpulse bis zur Verstärkung der empfangenen Messsignale geprüft.

Der **Programmtest** berechnet über den Inhalt des Programmspeichers eine Checksumme und vergleicht diese mit einem Referenzwert. Dadurch wird sichergestellt, dass an der im Sensor benutzten Software keine Veränderungen aufgetreten sind.

Während des **RAM-Tests** werden festgelegte Datensätze in den Speicher geladen und anschließend wieder gelesen. Die gelesenen Daten müssen mit den geschriebenen übereinstimmen. Dadurch wird die fehlerfreie Funktion der benutzten Speicherbausteine sichergestellt.

> **Hinweis:**
>
> Tritt beim Selbsttest ein Fehler auf, so erscheint in der Messwertanzeige eine Fehlermeldung und der Sensor wird außer Funktion gesetzt.

Ein Messwert wird nur angezeigt, wenn der Test erfolgreich abgeschlossen wird.

b) Überprüfungen durch den Messbeamten

Vor Beginn der Messserien sowie nach jedem Wechsel der Messörtlichkeit ist durch die nachstehend beschriebene Kontrolle durch den Bediener die einwandfreie Funktion der Messwertanzeigen von Sensor und Fernbedienung zu überprüfen.

357

Nach dem Einschalten der Messanlage blinken alle acht Stellen der Messwertanzeigen des Sensors und der Fernbedienung, wobei alle Punkte der Punktmatrix als Balken angezeigt und wieder gelöscht werden.

358 Wenn dies nicht eingehalten wird, gilt die Geschwindigkeitsmessanlage gemäß PTB-Zulassung als fehlerhaft und darf nicht weiter verwendet werden.

Die Überprüfung der korrekten Funktion der Messwertanzeigen ist durch den Messbeamten visuell zu verfolgen.

> **Hinweis:**
>
> Bei durchgeführten Bewertungen von Messungen und damit einhergehender Befragungen des Bedienpersonals ist nicht selten festzustellen, dass einige Bediener von der vorgeschriebenen Funktionskontrolle der Messwertanzeigen keine Kenntnis hatten oder die vorgenannte Überprüfung visuell nicht verfolgten, da sie der Meinung waren, es handele sich um einen Selbsttest der Messanlage und diese würde bei einer Fehlfunktion der Messwertanzeigen automatisch außer Funktion gesetzt.

4. Durchführung von Messungen/Anforderungen an die Messörtlichkeit/ Temperaturbereich

359 Grds. ist jeder Standort für die Durchführung von Messungen geeignet, der einen freien Blick auf den zu messenden Verkehr gewährleistet.

360 **Hindernisse im Messbereich** (z.B. Schilder, Bäume, geparkte Fahrzeuge) verursachen keine falschen Messergebnisse, können allerdings zu einem geräteinternen Abbruch der Messungen führen. Neben Stativ-Messungen sind mit dem Infrarotmessgerät auch **Messungen mit in der Hand gehaltenem Messgerät** im sog. **Hand-Held-Betrieb** möglich.

361 Der Sensor ist durch sein großes Messfeld unempfindlich gegen Verwacklungen und Zittern sowie gegen die Unruhe der gemessenen Fahrzeuge auf unebener Fahrbahn.

362 **Messungen aus einem stehenden Fahrzeug** heraus, auch **durch die Fahrzeugscheiben,** sind zulässig. Messungen aus einem fahrenden Fahrzeug sind aber nicht erlaubt.

363 Seitens des Herstellers werden zwei Geräteversionen angeboten, und zwar für den normalen (0 bis + 40 ° C) und den erweiterten (- 10 bis + 40° C) **Temperaturbereich.**

Der Temperaturbereich ist jeweils auf dem Typenschild von Sensor und Fernbedienung angegeben.

Bei **Unterschreitung der Betriebstemperatur** erfolgt in Sensor und Fernbedienung eine automatische Selbstabschaltung.

C. Lasermessverfahren

Bei einer **Umgebungstemperatur von über + 40° C** (i.d.R. nur im Sommer bei Messungen aus dem Fahrzeug heraus relevant) ist die Durchführung von Messungen verboten. Bei einer **Überschreitung des vorgenannten Temperaturbereiches** erfolgt jedoch keine automatische Selbstabschaltung der Messanlage.

Hinweis:
Für die Einhaltung der oberen Temperaturgrenze und dem eventuellen Abbruch der Messungen ist der Messbeamte verantwortlich.

Auch hier zeigt die Befragung von Messbeamten oftmals die Unkenntnis der Vorgabe der Bedienungsanleitung über die erforderliche Überwachung der Einhaltung des oberen Temperaturbereiches.

5. Auswertung von Messungen

Das **Sensorsystem XV2** zeichnet Messszenen auf ein Hi8-Videoband auf und legt zeitgleich dazu die für die Auswertung erforderlichen Daten (Datum, Uhrzeit, Kennung Messbeamter, Kennung Messörtlichkeit oder Messprotokollnummer, gemessene Geschwindigkeit und eingestellter Grenz-/Soll-Wert) kodiert auf der Tonspur dieses Videobandes ab. 364

Bei der **Auswertung** wird das Videosignal vom Rekorder zunächst dem Demodulator zugeführt und von dort zum Monitor weitergeleitet. Der Demodulator hat die Aufgabe, die auf der Audiospur aufgezeichneten Messdaten gleichzeitig mit dem Videobild auf dem Monitor darzustellen. Weiterhin übergibt er Steuerkommandos an den Videorekorder. 365

Beim **Abspielen eines XV2-Videobandes** prüft der Demodulator alle Daten auf der Audiospur auf Geschwindigkeitsüberschreitungen. Nach **Auffinden einer Geschwindigkeitsüberschreitung** wird der Videorekorder über seine Fernbedienung – Schnittstelle vom Demodulator in den Bereich der 10-m-Messstrecke positioniert. 366

Danach blendet der Demodulator die Messdaten in das Videobild ein. Die Geschwindigkeitsmessung selbst wird durch drei wesentliche Einzelbilder beschrieben. 367

Nach der Selektion des zu messenden Fahrzeuges beginnt die eigentliche Messung mit dem Einzelbild mit eingeblendetem Messfenster mit der Einspiegelung „Messung Start" in der unteren Datenleiste.

Teil 1: Messverfahren

Beispiel:

Bild 5 zeigt ein Messbild zu Messbeginn

368   Nach **Abschluss der Messung** und Bildung des Messwertes folgt das üblicherweise in der Akte befindliche Einzelbild mit der Einblendung des Messergebnisses.

Beispiel:

Bild 6 zeigt ein Messbild mit Dateneinblendungen

369   Bei einer **korrekten Messwertbildung** erfolgt unmittelbar nach dieser Einblendung in ein Einzelbild die Einspiegelung „Messung Ende" in der vorgegebenen Datenleiste.

C. Lasermessverfahren

Beispiel:

Bild 7 zeigt ein Messbild zu Messende

Solange **keine gültige Messszene** gefunden ist, wird das Videobild aus Gründen des Datenschutzes durch Überlagerung einer schraffierten Maske unkenntlich gemacht. 370

Erst nach der Positionierung des Videobandes in den Bereich der Messstrecke wird das Videobild freigegeben.

Innerhalb der Registrierbilder wird der Messfeldrahmen angezeigt, welcher für die Messwertzuordnung bei zwei oder mehr Fahrzeugen im Bild herangezogen wird.

a)   **Verwertbare Messungen**

Eine Messung ist dann **verwertbar**, wenn sich nur das gemessene Fahrzeug im Messfeldrahmen befindet. 371

Bei weiterem Fahrzeugverkehr im Messfeldrahmen ist die Messung **auch verwertbar**, wenn

- zusätzlich zu dem gemessenen Fahrzeug abfließender Verkehr im Messfeldrahmen sichtbar ist,
- zusätzlich zu dem gemessenen Fahrzeug ein weiteres Fahrzeug mit gleicher Fahrtrichtung im Messfeldrahmen sichtbar ist, wobei das zweite Fahrzeug auf mindestens einem Bild der Messfolge („Messung Start" bis „Messung Ende") vollständig außerhalb des Messfeldrahmens ist,
- zusätzlich zu dem gemessenen Fahrzeug ein zweites Fahrzeug mit gleicher Fahrtrichtung im Messfeldrahmen sichtbar ist, wobei sich dieses Fahrzeug zweifelsfrei

Teil 1: Messverfahren

außerhalb der möglichen Messentfernung befindet (Fahrzeug ist schmaler als 1/3 des Messfeldrahmens) oder
- wenn das zweite Fahrzeug nicht bewegt wird.

372 **Hinweis:**

Der Nachweis, dass sich ein zusätzlich, breiter als 1/3 des Messfeldrahmens im Messbereich sichtbares Fahrzeug außerhalb der messrelevanten Entfernung befindet, kann optimal mithilfe einer im Videobild eindeutig erkennbaren Entfernungsmarkierung auf oder neben der Fahrbahn erbracht werden. Durch eine solche Markierung verringert sich der erforderliche Mindestabstand für einen breiten Pkw oder für einen Lkw ggü. der „Drittel-Messfeld-Regel" von ca. 40 m auf ca. 20 m. Die Position der Markierung muss vor der Messung ausgemessen werden. Sie muss einen Abstand von mindestens 70 m zum Sensor haben.

b) Nicht verwertbare Messungen

373 Eine **Messung ist nicht verwertbar**, wenn im Messfeldrahmen neben dem gemessenen Fahrzeug ein oder mehrere Fahrzeuge abgebildet sind, die folgende Bedingungen erfüllen:

- Das zusätzliche Fahrzeug ist auf allen Bildern der Messfolge (einschließlich „Messung Start" und „Messung Ende") zumindest teilweise innerhalb des Messfeldrahmens,
- das zusätzliche Fahrzeug fährt auf den Sensor zu,
- das zusätzliche Fahrzeug wird größer als 1/3 des Messfeldrahmens abgebildet, d.h., es befindet sich während der gesamten Messdauer in einer möglichen Messentfernung.

6. Nachtmessungen

374 Eine Besonderheit bei den Geschwindigkeitsmessungen mit der „LEIVTEC"-Messanlage stellt die Durchführung von Messungen bei Dunkelheit dar, da der Infrarotscheinwerfer erst nach einer gültigen Messung eingeschaltet wird und der eigentliche Messvorgang auf dem Videoband wegen der Dunkelheit nicht erkennbar ist.

375 Daraus resultierend kann die **Gültigkeit von Messungen bei Dunkelheit** nicht anhand der technischen Dokumentation bewertet werden, sondern ist von der konkreten Beobachtung der Messung durch den Messbeamten abhängig.

Das Steuergerät in der Nachtsichteinrichtung schaltet nach einer gültigen Messung den Infrarotscheinwerfer ein und beleuchtet das gemessene Fahrzeug geschwindigkeitsabhängig für die Dauer von ca. 1 bis 5 s. Zwecks Fahrer- und Kennzeichenerken-

C. Lasermessverfahren

nung wird der Infrarotscheinwerfer erst dann eingeschaltet, wenn sich das gemessene Fahrzeug in einer Entfernung von etwa 20 m zur Messanlage befindet. Der eigentliche Messvorgang in einem Entfernungsbereich zwischen 33 m bis 50 m und messrelevante Bewegungsabläufe hinter einem gemessenen Fahrzeug sind im Videoband nicht erkennbar, sodass eine Gültigkeitsbewertung der Messung nach den Vorgaben der Bedienungsanleitung anhand der Videosequenz nicht durchgeführt werden kann.

Um eine sichere Messwertzuordnung dennoch zu gewährleisten, sind bei der **Auswertung von Nachtmessungen** die folgenden Vorgaben zu beachten: 376

- Bei **ausreichendem Umgebungslicht** (Straßenbeleuchtung) müssen die Konturen und der Hintergrund des gemessenen Fahrzeuges in der Videoaufnahme so deutlich sichtbar sein, dass ein nachfolgendes Fahrzeug auch dann noch erkannt werden würde, wenn es unbeleuchtet wäre.
- Bei **nicht ausreichendem Umgebungslicht** prüft der Messbeamte vor jeder Messung mit freiem Blick auf die Straße, dass sich während der Messung kein weiteres Fahrzeug in einer möglichen Messentfernung im Messfeld befinden kann.

Ein nachfolgendes Fahrzeug muss vom gemessenen Fahrzeug einen Mindestabstand von 20 m haben. 377

Die Ungenauigkeit bei der Schätzung des Abstandes **bedingt Zuschläge:**

- Bei der Schätzung mit Markierungen (z.B. Kegel) sollten diese mindestens 30 m voneinander entfernt sein.
- Bei der Schätzung ohne Markierungen soll ein Mindestabstand von 50 m eingehalten werden.

Im Messprotokoll ist zu vermerken, auf welche Weise die Gültigkeit der Messungen überprüft wurde.

Jede einzelne gültige Messung hat der Messbeamte durch Betätigung der Einblendtaste am Camcorder zu bestätigen. Dadurch wird der vorher gespeicherte Text „nur 1 Fahrzeug" in die Videoaufnahme eingeblendet. Messungen, denen dieser Vermerk nicht folgt, dürfen nicht verwertet werden.

Hinweis:

Bei der **Auswertung** einiger kompletter, in der Dunkelheit durchgeführter Messreihen war festzustellen, dass nach einigen gültigen Messungen der vorgenannte Vermerk („nur 1 Fahrzeug") auch dann eingeblendet wurde, wenn ein Fahrzeug dem gemessenen Fahrzeug unmittelbar hinterher gefahren ist. Dies ist nur dann feststellbar, wenn die Videoaufnahme nach der Kennzeichen-/Fahreraufnahme nicht oder nicht rechtzeitig gestoppt worden ist und dadurch eine längere Videosequenz aufgezeichnet wurde.

Teil 1: Messverfahren

Ob sich ein nachfolgendes Fahrzeug auch während des Messvorgangs in einem messrelevanten Abstand zum gemessenen Fahrzeug befunden oder erst nach der Messung aufgeschlossen hat, ist durch den **Auswertebeamten nicht feststellbar.**

> **Hinweis:**
> Der Auswertebeamte kann die Verwertbarkeit einer Messung ausschließlich mit der – auf der konkreten Beobachtung einer Messung durch den Messbeamten basierenden – Einblendung „nur 1 Fahrzeug" begründen.

7. Beschulung

a) Bedienungspersonal

378 Amtliche Messungen dürfen gemäß PTB-Zulassung nur durch entsprechend geschultes Bedienungspersonal durchgeführt werden. Die **Schulung** muss umfassend in Funktion und Bedienung einweisen sowie mit den messtechnischen Eigenschaften der Geschwindigkeitsmessanlage und mit den erforderlichen Vorkehrungen zur Vermeidung von Fehlmessungen vertraut machen. Eine bloße **Unterweisung** ist aufgrund der hohen Anforderungen an das Messpersonal wohl nicht ausreichend. Die **Teilnahme an der Schulung** ist schriftlich zu bestätigen. Die Schulung ist auch für das Personal vorgeschrieben, das ausschließlich die Auswertung der Messungen durchführt.

b) Beschulungspersonal

379 Die Schulung muss laut PTB-Ausführungen durch kompetentes Personal (z.B. Zulassungsinhaber oder Polizeischule) durchgeführt werden.

III. Lasermessverfahren mit Bilddokumentation am Beispiel des Lasermessgerätes „LEIVTEC XV3"

1. Allgemeines

380 Die Infrarotmessanlage Typ „XV3" ist eine Weiterentwicklung der Messanlage „XV2". Dabei handelt es sich ebenfalls um ein Lasermessgerät, bei dem die **Geschwindigkeitsmessung** nach dem **Prinzip der Laufzeitmessung von Lichtimpulsen** und der damit festgestellten Entfernungsänderung von sich bewegenden Gegenständen erfolgt.

Im Gegensatz zu den bisher beschriebenen Lasermessgeräten und ggü. der Messanlage „XV2" erfolgt bei der „LEIVTEC"-Messanlage XV3 eine **digitale fotografische Dokumentation der Messsituation.**

C. Lasermessverfahren

Die **Messeinheit** besteht aus **XV3 Sensor und XV3 Kamera**. Beide sind fest miteinander verbunden und zueinander justiert. Der Sensor enthält einen Rechner, der die einzelnen Messungen durchführt und die Ergebnisse ermittelt. Die Messeinheit ist eichpflichtig. 381

Der **Sensor XV3** ist der für die **Ermittlung des Messwertes verantwortliche Geräteteil**.

Die **Rechnereinheit** besteht aus Hauptrechner, Datenspeicher, Signatureinheit und Schnittstellen zu anderen Komponenten. Die Rechnereinheit ist eichpflichtig. 382

Der **Monitor** ist nicht eichpflichtig. Nur die von „Leivtec" vorgesehenen Monitore dürfen verwendet werden. 383

Die **Bedieneinheit** wird entweder direkt mit einem Kabel oder über eine in der Bedieneinheit integrierte Funkübertragung an der Rechnereinheit angeschlossen. Bei der Verwendung der Funkübertragung wird anstelle der Bedieneinheit ein Bedien-Funkempfänger an die Rechnereinheit angeschlossen. Die Funkübertragung der Bedieneinheit ist kodiert, sodass auf die Funksignale einer speziellen Bedieneinheit nur der auf diese Bedieneinheit abgestimmte Bedien-Funkempfänger reagiert. 384

Die **Akkueinheit** zur Stromversorgung des Messgeräts ist nicht eichpflichtig und kann daher grds. anders gestaltet werden. Andere Stromversorgungen als die „XV3 Akkueinheit" dürfen aber nicht verwendet werden. 385

Das „Leivtec" XV3 misst Geschwindigkeiten des ankommenden Verkehrs im Bereich von 0 km/h bis 300 km/h. Dabei werden Messwerte über 250 km/h als „>250 km/h" am Messwertdisplay des Sensors bzw. als „größer 250 km/h" am Monitor der Rechnereinheit angezeigt. Die Messwerte werden als nach unten gerundete ganze Zahlen angezeigt. Geschwindigkeiten von Fahrzeugen im abfließenden Verkehr werden nicht angezeigt. 386

Teil 1: Messverfahren

Bild 1 zeigt das Messgerät in der Gesamtübersicht auf Stativ ohne Auswerteeinheit

Bild 2 zeigt den Sensor für die Messwertbildung in Rückansicht

2. Messprinzip und Funktionsweise

387 Die Ermittlung der Geschwindigkeit erfolgt nach dem Prinzip der Weg-/Zeitrechnung.

Dabei werden von einer **Laserdiode Infrarotlichtimpulse** mit einer Wellenlänge von ca. 905 nm ausgesendet, welche dann, nachdem sie von einem anvisierten Fahrzeug reflektiert wurden, wieder empfangen werden.

C. Lasermessverfahren

Die **Empfangsoptik des Sensors** wandelt die Lichtimpulse in elektrische Signale um, die in der Rechnereinheit des Messgerätes weiterverarbeitet werden.

Aus der Laufzeit dieser **Impulse** wird gemäß S = (c x t)/2 mit der Lichtgeschwindigkeit c und der gemessenen Laufzeit t des **Lichtimpulses** die Entfernung S zum Fahrzeug bestimmt.

Vom XV3-Sensor werden zahlreiche solcher Entfernungsmessungen innerhalb kürzester Zeit durchgeführt.

Der infrarote Messstrahl ist aufgeweitet, hat einen quadratischen Querschnitt und einen Öffnungswinkel von 50 mrad x 50 mrad. Das sind etwa 3° x 3° oder 2,5 m x 2,5 m in 50 m Entfernung bzw. 1,5 m x 1,5 m in 30 m Entfernung. Die Begrenzung des Messfeldes wird mit einer Toleranzzugabe von etwa 10 % in den Beweisbildern als Messfeldrahmen eingeblendet.

Verändert nun das Messobjekt seine ursprüngliche Position, so kann aufgrund der unterschiedlichen Laufzeit des infraroten Lichtstrahls sowie aus den daraus resultierenden Wegstrecken und der Zeitdifferenz die Geschwindigkeit des bewegten Objektes ermittelt werden. 388

Hinweis:
Gemessen wird ausschließlich der auf den Sensor zufahrende Verkehr!

Vergrößert sich die Entfernung des Fahrzeuges zum Messgerät nach dem Start, 389
d.h., die Reflexionen werden von einem sich vom Sensor entfernenden Fahrzeug geliefert, so wird die Messung geräteintern abgebrochen. Daher sind Messungen von Fahrzeugen in der abfließenden Verkehrsrichtung nicht möglich.

Messwertbildung: 390

Die Messung beginnt bei der Einfahrt des Fahrzeugs in das Messfeld des Sensors (liegt ca. 50 m vom Sensor entfernt – wie ein „Tor"), jedoch frühestens bei Annäherung auf ca. 50 m. Die Messung endet bei der Ausfahrt des Fahrzeugs aus dem Messfeld, spätestens bei Annäherung auf 30 m vor den Messsensor. Ein gültiger Messwert wird dann gebildet, wenn eine gleichmäßige Geschwindigkeit über eine Fahrstrecke von mindestens 8 m (zwischen 50 m bis 30 m vor Messsensor) festgestellt wurde. Ansonsten wird die Messung verworfen.

Teil 1: Messverfahren

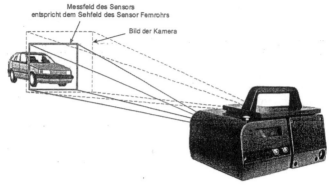

*Bild 3: Prinzipskizze Messprinzip
(Quelle: Gebrauchsanweisung des Geräteherstellers)*

Bei langsamen Fahrzeugen wird die Messung nach 1,5 s beendet. Dann reicht eine kürzere Messstrecke als 8 m für die Messwertbildung aus.

Der **Messentfernungsbereich des Messgerätes** liegt folglich im Bereich zwischen ca. 50 m bis 30 m vor Messsensor.

Der **vorgesehene Messwinkel** zwischen Messstrahl und Fahrbahnverlauf beträgt 0 Grad.

> **Hinweis:**
>
> Eine Abweichung von diesem Messwinkel führt zwar zu unrichtigen Messergebnissen, welche aber ausschließlich den Betroffenen begünstigen (sog. Cosinius-Effekt, vgl. auch Rn. 342).

Die **gemessenen Geschwindigkeitswerte** werden auf den Messwertanzeigedisplays von Sensor und Monitor dargestellt.

391

> **Hinweis:**
>
> Während der Durchführung der Messungen hat nur die Messwertanzeige am Sensor Beweiskraft. Die Darstellung der Ergebnisse auf dem Monitor ist nicht geeicht. Sie dient nur zur Information des Bedieners.

C. Lasermessverfahren

3. Notwendige Gerätetests

a) Geräteinterne Überprüfungen

Vom Messgerät werden automatische Kontrollprüfungen durchgeführt, um sicherzustellen, dass nur einwandfreie Messergebnisse zu einer Geschwindigkeitsanzeige führen. 392

Beim **Selbsttest** wird der korrekte Messablauf geprüft. Dieser Selbsttest erfolgt nach dem Start einer Messfolge und nach jeder festgestellten Überschreitung. 393

Tritt ein Fehler auf, so schaltet die Messfunktion des Sensors ab.

Der **Programmtest** berechnet über den Inhalt des Programmspeichers eine Checksumme und vergleicht diese mit einem Referenzwert. Dadurch wird sichergestellt, dass an der im Sensor benutzten Software keine Veränderungen aufgetreten sind. 394

Während des **RAM-Tests** werden festgelegte Datensätze in den Speicher geladen und anschließend wieder gelesen. Die gelesenen Daten müssen mit den geschriebenen übereinstimmen. Dadurch wird die fehlerfreie Funktion der benutzten Speicherbausteine sichergestellt. 395

Hinweis:

Tritt beim Selbsttest ein Fehler auf, so erscheint in der Messwertanzeige eine Fehlermeldung und der Sensor wird außer Funktion gesetzt.

Ein Messwert wird nur angezeigt, wenn der Test erfolgreich abgeschlossen wird.

b) Überprüfungen durch den Messbeamten

Vor **Beginn der Messserien** sowie nach jedem **Wechsel der Messörtlichkeit** ist durch die nachstehend beschriebene Kontrolle durch den Bediener die einwandfreie Funktion der Messwertanzeige des Sensors zu überprüfen (Punkt 4 in der Bedienungsanleitung). 396

Nach dem Starten des Messbetriebs erscheint auf dem Monitor das von der Kamera aufgenommene Bild mit der Aufforderung zur Prüfung des Sensor- Displays und der Eingabewerte.

Am Display des Sensors leuchten alle acht Stellen der Messwertanzeigen des Sensors auf, wobei alle Punkte der Punktmatrix als Balken angezeigt und wieder gelöscht werden.

Bei fehlerhafter Anzeige darf nicht gemessen werden.

Teil 1: Messverfahren

Die **Überprüfung der korrekten Funktion der Messwertanzeige** ist durch den Messbeamten visuell zu verfolgen.

> **Hinweis:**
> Bei durchgeführten Bewertungen von Messungen und damit einhergehenden Befragungen von Gerätebedienern war festzustellen, dass einige Bediener von der vorgeschriebenen Funktionskontrolle der Messwertanzeige am Sensor keine Kenntnis hatten oder die vorgenannte Überprüfung visuell nicht verfolgten, da sie der Meinung waren, es handele sich um einen Selbsttest der Messanlage und diese würde bei einer Fehlfunktion der Messwertanzeigen automatisch außer Funktion gesetzt.

4. Durchführung von Messungen/Anforderungen an die Messörtlichkeit

397 Grds. ist jeder Standort für die Durchführung von Messungen geeignet, der einen freien Blick auf den zu messenden Verkehr gewährleistet.

Die Messanlage kann in den Betriebsarten **„Automatik"** oder **„Manuell"** arbeiten.

In der Messart **„Automatik"** werden die Überschreitungen, das Messung-Start-Bild und das Messung-Ende-Bild als Beweisbilder zusammen mit den Daten gespeichert. Danach wird der Selbsttest durchgeführt und das Gerät ist wieder messbereit.

Bei Messungen im **„Manuell"-Betrieb** werden nach der Aktivierung der Messung mit der Start-Taste an der Bedieneinheit oder am Sensor die Bilder der ersten gültigen Messung gespeichert und als Standbild dargestellt. Es werden keine weiteren Messungen bis zum erneuten Auslösen der Start-Taste durchgeführt.

Hindernisse im Messbereich (z.B. Schilder, Bäume, geparkte Fahrzeuge) verursachen keine falschen Messergebnisse, können allerdings zu einem geräteinternen Abbruch der Messungen führen. Der Sensor ist durch sein großes Messfeld unempfindlich gegen Verwacklungen und Zittern sowie gegen die Unruhe der gemessenen Fahrzeuge auf unebener Fahrbahn.

Messungen aus einem stehenden Fahrzeug heraus **durch die Fahrzeugscheiben** sind zulässig. Messungen aus einem fahrenden Fahrzeug nicht.

Gemäß Bedienungsanleitung und Gerätezulassung ist der Messbetrieb ausschließlich bei geschlossenem Transportkoffer zulässig. Im Messbetrieb darf der Auswerte- PC oder der Rechner zum Auslesen der Falldateien nicht angeschlossen sein.

398 Bei einer **Umgebungstemperatur von über + 45° C** (i.d.R. nur im Sommer bei Messungen aus dem Fahrzeug heraus relevant) ist die Durchführung von Messungen nicht

C. Lasermessverfahren

mehr möglich. Das Gerät schaltet sich nach Verlassen der vorgegebenen Temperaturbandes selbst ab.

5. Prinzip der Datenverarbeitung/Auswertung von Messungen

Die **XV3** – Kamera nimmt ständig Bilder auf, die eine Rechnereinheit auf einem angeschlossenen Monitor als bewegtes Laufbild darstellt. 399

Beim Beginn einer Messung wird das darauf folgende Bild als Messung-Start-Bild zwischengespeichert. Wenn das gemessene Fahrzeug ab dem Beginn der Messung eine Fahrstrecke von etwa 6 m zurückgelegt hat, spätestens jedoch nach 1,3 sec. wird das Laufbild der Kamera angehalten. Zeitlich synchron bei Beendigung der Messung wird im Fall einer Überschreitung das Messung-Ende-Bild aufgenommen. **Beide Bilder werden als Fall-/Beweisdaten gespeichert.**

Bild 4: Messbild in der Akte

Nach **Abschluss der Messung** und Bildung des Messwertes folgt das üblicherweise in der Akte befindliche Messung-Ende-Bild mit den Dateneinblendungen. 400

Dies eine Bild genügt beim gegenständlichen Messverfahren in aller Regel als Sachbeweis.

Sind im Bereich des Auswerterahmens weitere Fahrzeuge zu sehen, muss im Einzelfall geprüft werden, ob das weitere Fahrzeug geeignet war, die jeweilige Messung gemäß den Forderungen der Bedienungsanleitung als nicht verwertbar zu qualifizieren.

Teil 1: Messverfahren

401 Im **Zweifel** ist das Messung-Start-Bild zur abschließenden Bewertung hinzuzuziehen.

a) Verwertbare Messungen

402 Eine Messung ist dann **verwertbar**, wenn sich das gemessene Fahrzeug allein im Messfeldrahmen befindet.

Bei weiterem Fahrzeugverkehr im Messfeldrahmen ist die Messung **auch verwertbar**, wenn zusätzlich zu dem gemessenen Fahrzeug
- abfließender Verkehr im Messfeldrahmen sichtbar ist oder nachweislich Fahrzeuge nicht in Bewegung waren,
- ein weiteres Fahrzeug mit gleicher Fahrtrichtung im Messfeldrahmen sichtbar ist, wobei das zweite Fahrzeug auf dem Messung-Start-Bild vollständig außerhalb des Messfeldrahmens ist,
- ein zweites Fahrzeug mit gleicher Fahrtrichtung im Messfeldrahmen sichtbar ist, wobei sich dieses Fahrzeug zweifelsfrei außerhalb der möglichen Messentfernung (70 m) befindet.

Diese Bedingungen müssen für eine Verwertung der jeweiligen Messung nur für das Messung-Start-Bild erfüllt sein.

Bild 5: Alleinige Abbildung des gemessenen Fahrzeugs (Quelle: Bedienungsanleitung des Geräteherstellers).

C. Lasermessverfahren

Das Bild 5 zeigt eine korrekte Messung. Das Fahrzeug wurde allein innerhalb des Messfeldrahmens abgebildet (Bild aus der Bedienungsanleitung). 403

Bild 6: Weiteres Fahrzeug im abfließenden Verkehr

Auch diese Messung ist korrekt. Das weitere Fahrzeug befindet sich im abfließenden Verkehr (Quelle: Bedienungsanleitung des Geräteherstellers). 404

Teil 1: Messverfahren

Bild 7: Betroffenenfahrzeug zu Beginn der Messung allein im Messfeldrahmen (Quelle: Bedienungsanleitung des Geräteherstellers).

C. Lasermessverfahren

Die vorstehende Messung ist trotz des weiteren Fahrzeugs im Messung-Ende-Bild verwertbar, weil das Betroffenenfahrzeug zu Beginn der Messung allein im Messfeldrahmen zu erkennen ist.   405

b)   Nicht verwertbare Messungen

Eine **Messung ist nicht verwertbar**, wenn im Messfeldrahmen neben dem gemessenen Fahrzeug ein oder mehrere Fahrzeuge abgebildet sind, die folgende Bedingungen erfüllen: 406

- das zusätzliche Fahrzeug ist auf allen Bildern der Messfolge (einschließlich „Messung Start" und „Messung Ende") zumindest teilweise innerhalb des Messfeldrahmens,
- das zusätzliche Fahrzeug fährt auf den Sensor zu,
- ein anderes Fahrzeug fährt **vor** dem gemessenen Fahrzeug seitlich ein.

Bild 8: Kennzeichen nur teilweise abgebildet (Quelle: Bedienungsanleitung des Geräteherstellers).

Diese Messung ist nicht verwertbar. Das Kennzeichen wurde nur z.T. abgebildet

Neidel

Teil 1: Messverfahren

Prüfung der Position des Auswerterahmens:

In den Beweisbildern ist der **Messfeldrahmen** in den beiden Beweisbildern (Messung-Start/Messung-Ende) nicht fest integriert, kann aber vom Auswerteprogramm eingeblendet werden.

In den Beweisbildern sind aber zwei Messfeldmarken integriert, so dass geprüft werden kann, ob vom Auswertungsprogramm der Messfeldrahmen an der korrekten Stelle positioniert wurde (nachstehende Bilder sind aus der Bedienungsanleitung entnommen).

Prüfung der Signatur:

407 Es wird jedes Bild einer Signaturprüfung innerhalb des Systems unterzogen. Das Signaturprüfzeichen, als Ergebnis, wird im Messung-Ende-Bild in der Datenleiste oben rechts angezeigt (Auszug aus der Bedienungsanleitung):

C. Lasermessverfahren

6. Nachtmessungen

Der Einsatz des Messgerätes bei Dunkelheit ist durch die PTB zugelassen und damit erlaubt.   408

Die fotografische Dokumentation wird unter Zuhilfenahme der XV 3-Blitzeinheit (nicht eichpflichtig) realisiert, die über Funk angesteuert wird. Die Auswertekriterien für eine gültige Messung weichen nicht ab. Es wird jedoch nur der Bereich aufgehellt, in dem das Messung-Ende-Bild aufgenommen wird. Daraus folgt, dass auf dem Messung-Start-Bild nicht erkennbar ist, ob sich ein zweites Fahrzeug im Messfeldrahmen befindet.   409

> **Hinweis:**
>
> Wurde im Messung-Ende-Bild ein zweites Fahrzeug in einer messrelevanten Entfernung abgebildet und die Verwertbarkeit der Messung kann anhand des Messung-Start-Bildes nicht überprüft werden, so darf die jeweilige Messung nicht verwertet werden (gesonderte Bedienungsanleitung für Verwendung der Blitzeinheit).

7. Beschulung

a) Bedienungspersonal

Amtliche Messungen dürfen gemäß PTB-Zulassung nur durch entsprechend geschultes Bedienungspersonal durchgeführt werden. Die **Schulung** muss umfassend in Funktion und Bedienung einweisen sowie mit den messtechnischen Eigenschaften der Geschwindigkeitsmessanlage und mit den erforderlichen Vorkehrungen zur Vermeidung von Fehlmessungen vertraut machen. Eine bloße **Unterweisung** ist aufgrund der hohen Anforderungen an das Messpersonal wohl nicht ausreichend. Die **Teilnahme an der Schulung** ist schriftlich zu bestätigen. Die Schulung ist auch für das Personal vorgeschrieben, das ausschließlich die Auswertung der Messungen durchführt.   410

b) Beschulungspersonal

Die Schulung muss laut PTB-Ausführungen durch kompetentes Personal (z.B. Zulassungsinhaber oder Polizeischule) durchgeführt werden.   411

IV. Lasermessverfahren „PoliScan^{speed}" (Firma Vitronic)

1. Allgemeines

412 Das laserbasierte Messverfahren „PoliScanspeed" wird für die amtliche Überwachung des Straßenverkehrs eingesetzt und misst Geschwindigkeiten von in Bewegung befindlichen Fahrzeugen. Das Sytem kann dabei mehere Fahrzeuge auf mehreren Fahrstreifen zeitgleich überwachen. Es können unterschiedliche Geschwindigkeitsgrenzwerte für PKW und LKW vorgegeben werden. Messungen des abfließenden oder ankommenden Verkehrs, werden werden vom Messgerät selbständig unterschieden.

413 Der Messbetrieb kann vollautomatisch oder vollautomatisch mit Anhalten erfolgen.

414 Beim **vollautomatischen Betrieb** werden die festgestellten Verstöße in der Reihenfolge der Feststellung mit Bild und eingeschlossenen Falldaten auf einem geräteinternen Speichermedium abgelegt.

415 Erfolgt der Messbetrieb in der Variante „**Vollautomatische Messung mit Anhalten**", so wird ein einzelner Geschwindigkeitsverstoß wiederum automatisch erfasst, der Messbetrieb wird jedoch anschließend so lange unterbrochen, bis er vom Bediener (manuell) wieder freigegeben wird.

Das Messgerät kann auf einem frei stehenden Stativ oder aus einem (stehenden) Messfahrzeug heraus betrieben werden (mobil-stationärer Betrieb) oder in der Variante als stationäre Messeinrichtung (PoliScanspeed F1), eingebaut in ein ortsfestes Gehäuse (z.B. eine Säule).

C. Lasermessverfahren

Das vorstehende Bild 1 zeigt beispielhaft ein auf Stativ aufgebautes Messgerät

2. Messprinzip

Die digitale Geschwindigkeitsmessung erfolgt auf Basis einer Laserpuls-Laufzeitmessung (LIDAR = Light Detection And Ranging). Der Messkopf zur Erfassung der Fahrzeuge basiert auf einem horizontal scannenden LIDAR, welcher bei der Messung eine Vielzahl kurzer Lichtimpulse aussendet. Durch den Messstrahl wird ein Fahrbahnbereich über eine Distanz zwischen etwa 10 – 75 m und einen horizontalen Scanwinkel von 45° abgetastet, was letztlich die Erfassung von Fahrzeugen über mehrere Fahrstreifen ermöglicht (vgl. das folgende Bild 2). 416

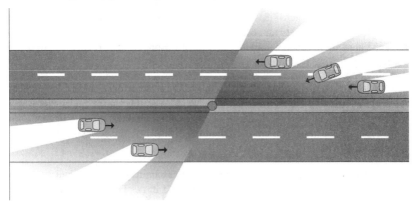

Bild 2: schematische Darstellung des Mess-/Erfassungsbereichs des Messgerätes (Quelle Vitronic)

Der (Mess-)Arbeitsbereich erstreckt sich über einen Entfernungsbereich von ca. 20 – 50 m vom Messgerät. 417

Die über einen rotierenden Spiegel unter definiertem Winkel ausgesendeten Lichtimpulse gelangen nach der Reflexion an einem Objekt über den rotierenden Spiegel zum Messkopf zurück und werden dort detektiert und ausgewertet. Aus der gemessenen Laufzeit vom Sender zum reflektierenden Objektpunkt und von diesem zurück lässt sich die Entfernung zwischen dem reflektierenden Objekt und dem Messkopf bestimmen. Auf Grund der hohen Wiederholrate dieses Vorgangs steht ein breites Spektrum an Rohdaten zur Verfügung, welche dann im Messrechner weiterverarbeitet werden. Hierbei werden die einzelnen Objektpunkte zu Objekten zusammengefasst, um sie den entsprechenden Fahrzeugen im Messbereich zuzuordnen. Im Weiteren wird die Bewegung der erkannten Objekte im Erfassungsbereich verfolgt, wobei sich im Ergeb- 418

Teil 1: Messverfahren

nis als Geschwindigkeitsmesswert eine **mittlere Geschwindigkeit** für das gemessene Fahrzeug im Erfassungsbereich ergibt.

419 Die **gemessenen Geschwindigkeiten** werden am Display, welches sich an der Rückseite der Messeinheit befindet angezeigt.

Wenn die errechnete mittlere Geschwindigkeit den eingestellten Bildauslösegrenzwert überschritten hat, wird durch eine der beiden Digitalkameras des Doppelkamerasystems eine **Fotodokumentation** erstellt. Die Fotoauslösung wird, um eine bestmögliche Erkennbarkeit des Fahrzeugführers zu ermöglichen, geschwindigkeitsabhängig so verzögert, bis sich das gemessene Fahrzeug dem Standort der Überwachungsanlage auf eine definierte Distanz genähert hat. Da ein gemessenes Fahrzeug mindestens 5 m vor Ende des Messbereichs (entspricht 25 m vor dem Aufstellpunkt des Messgerätes) noch sensorisch erfasst sein muss, damit die Messung vom Gerät nicht verworfen wird, legt ein Fahrzeug je nach Fahrstreifen bis zur Auslösung des Fotos noch ca. 5 – 15 m zurück.

420 Die Tatsache, dass die Fotoauslösung zu einem Zeitpunkt erfolgt, da die Messung bereits erfolgt ist und der Bereich in dem die Messung stattgefunden hat in aller Regel nicht im Beweisbild erfasst ist, führte neben anderen Punkten in der Vergangenheit zu zahlreichen Diskussionen um die Zuordnungssicherheit eines Messwertes zu dem fotografisch dokumentierten Fahrzeug.

421 Die **Zuordnungssicherheit** der errechneten Durchschnittsgeschwindigkeit zu einem bestimmten Fahrzeug soll durch eine Auswertehilfe in der Fotodokumentation jedes Beweismitteldatensatzes gewährleistet werden. Hierbei handelt es sich um einen rechteckigen Rahmen, welcher in die Beweisaufnahme hineinprojiziert wird (vgl. Bild 3). Abhängig von den während der Messung erlangten Messdaten wird dieser Rahmen an der Stelle in das Bild projiziert, an der das gemessene Fahrzeug „erwartet" wird. Dabei ist die Höhe des Rahmens (vertikale Ausdehnung) konstant, wohingegen sich die Breite des Rahmens an dem der jeweiligen Fahrzeugfront zugeordneten Reflexionsbreich orientiert, von welchem Messwerte übernommen wurden.

Innerhalb dieses Rahmens müssen sich ein Vorderrad (bei Frontmessung) und/oder das Kennzeichen des gemessenen Fahrzeuges zumindest teilweise befinden. Weitere Verkehrsteilnehmer, die sich auf der gleichen oder einer benachbarten Fahrspur in gleicher Fahrtrichtung bewegen, dürfen innerhalb des Rahmens nicht abgebildet sein. Außerdem muss sich die Unterkante des Rahmens unterhalb der Aufstandspunkte der Vorderräder (bei Frontmessung) befinden.

C. Lasermessverfahren

Das vorstehende Bild 3 zeigt für das auf dem äußerst linken Fahrstreifen gemessene Fahrzeug die **Position der Auswertehilfe** (Ecken mit Hinweispfeilen markiert) und die **relative Position des Fahrzeuges** hierzu. Die Breite der Auswertehilfe ist hier vergleichsweise schmal und deutet darauf hin, dass die Reflexionen insbesondere durch das im Frontbereich am besten reflektierende Kennzeichen erfolgten.

Zu in der Vergangenheit aufgeworfenen Fragen hinsichtlich der Nachvoll-ziehbarkeit/ Nachprüfbarkeit der Messwertbildung/-zuordnung und damit einhergehend mit der Infragestellung dessen, ob es sich vorliegend um ein standardisiertes Messverfahren handelt, ist festzustellen, dass u.a. das OLG Düsseldorf im Januar 2010 in einem Beschluss in der Bußgeldsache mit dem Az. IV-5 Ss (OWi) 206/09 – (OWI) 178/09 I dargelegt hat, dass es sich bei Messungen mit dem Messgerät PoliScan-Speed um ein standardisiertes Messverfahren im Sinne der Rechtsprechung des BGH handelt.

Wird dies zugrunde gelegt, so ist allerdings die konsequente Beachtung der Anforderungen an die Verwertbarkeit einer Messung, wie sie in der Gebrauchsanweisung des Herstellers formuliert sind, zu fordern und insbesondere bei nicht erwartungsgemäßer Positionierung des Auswerterahmens im Beweisbild und/oder untypischer Breite desselben eine kritische Einzelfallbewertung vorzunehmen.

Dies insbesondere dann, wenn die Auswertehilfe in einem Registrierbild in einem nicht zu erwartenden Bereich in Bezug auf den vom gemessenen Fahrzeug befahrenen

422

Fahrstreifen positioniert ist und/oder in einer untypischen Position relativ zum gemessenen Fahrzeug oder aber die Breite der Auswertehilfe sich deutlich größer darstellt, als dies die Breite des gemessenen Fahrzeuges erwarten lässt.

423 Eine Eingrenzung der Geschwindigkeit eines Fahrzeuges zum Zeitpunkt der Fotoauslösung ist möglich, wenn im Bild so genannte **Smear-Linien** zu erkennen sind. Hierzu hat der Gerätehersteller eine entsprechende Veröffentlichung unter dem Titel „Näherungsweise Bestimmung der Fahrzeuggeschwindigkeit aus dem Bild einer CCD-Kamera auf Basis des Smear-Effekts" zugänglich gemacht.

Als **Smear** bezeichnet man bei digitalen Kameras senkrechte weiße Streifen im Bild, die bei besonders hellen Lichtquellen im Bildbereich auftreten. Die Ursache dafür ist die Art der Bildauswertung bei CCD-Sensoren (Quelle: http://www.ccd-sensor.de/html/smear.html).

Eine Bewegung der Lichtquelle bzw. eines Lichtpunktes an einem Fahrzeug führt zu einem schrägen Verlauf des Streifens (vgl. das nachfolgende Bild 4 unter Rn. 424), was genutzt werden kann, um Rückschlüsse auf die Bewegung der Lichtquelle bzw. des Lichtpunktes zu ziehen.

Checkliste: Korrekte Messung

- ☐ Das **Messprotokoll** bestimmt eindeutig das verwendete Messgerät.
- ☐ Das verwendete Messgerät verfügt über eine zum Tatzeitpunkt **gültige Eichung**, insbes. sind keine Reparaturen am Messgerät erfolgt oder Eichmarken oder Eichplomben so beschädigt, dass die Sicherung des Messgeräts gegen Eingriffe nicht mehr gewährleistet gewesen ist.
- ☐ Der Bediener des Messgerätes verfügt über eine gem. Gebrauchsanweisung geforderte Einweisung/Ausbildung am Messgerät.
- ☐ Es ist dokumentiert, dass das Display an der Rückseite der Messeinheit bei Inbetriebnahme des Messgerätes auf korrekte Funktion überprüft wurde.(Nur wenn das Messgerät im automatischen Betrieb **mit Anhaltung** eingesetzt wird und der Tatvorwurf auf der am Display der Messeinheit (geeichte Anzeige) abgelesenen Geschwindigkeit beruht).
- ☐ Die Falldaten einer Messung sind mit dem Dokumentationsfoto so dargestellt, dass sich ein Zusammenhang erkennen lässt (vgl. Bild 4, 5; Rn. 424 f.).
- ☐ Die in das Beweisbild projizierte Auswertehilfe/-rahmen befindet sich in einer für den gemessenen Fahrstreifen plausiblen Position und das gemessene Fahrzeug nimmt dazu eine erwatungsgemäße Position ein. Inbesondere
  - befinden sich auch keine Teile anderer Fahrzeuge (in der gleichen Fahrtrichtung) innerhalb der Auswertehilfe;

- die Auswertehilfe umfasst ein Vorderrad (bei Frontmessung) bzw. ein Hinterrad (bei Heckmessung) und/oder das Kennzeichen eines Fahrzeuges zumindest teilweise und
- die Unterseite des Rahmens befindet sich unterhalb der Räder.
- ☐ Der Beweisdatensatz/die Daten wurde(n) bei der Auswertung mit einem von der Zulassungsbehörde zertifizierten Bildbetrachtungsprogramm entschlüsselt und auf Authentizität geprüft.

3. Die korrekte Messung

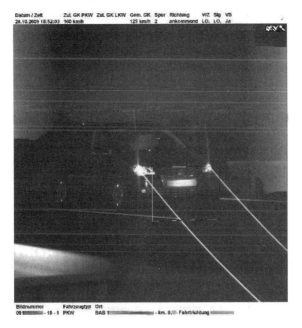

Das vorstehende Bild 4 zeigt eine Messung auf Spur 2 (in Fahrtrichtung linker Fahrstreifen). Der **Auswerterahmen** umfasst das vordere Kennzeichen und das linke Vorderrad. **Teile anderer Fahrzeuge** sind im Auswerterahmen nicht abgebildet und die Unterseite des Auswerterahmens ist unterhalb der Vorderräder positioniert. In dieser Form der Darstellung des Beweisbildes mit den zugehörigen Falldaten sind in der oberen Dateneinblendung neben Datum und Uhrzeit der Messung insbesondere die Geschwindigkeitsgrenzwerte (Pkw/Lkw) – hier 100 km/h und die gemessene Geschwindigkeit (125 km/h) dokumentiert. Darüber hinaus ist in der oberen Dateneinblendung die vom Messgerät erkannte Spur (hier Spur 2), dargestellt – gemäß Gebrauchsanweisung und Gerätezulassung dient diese Information, ebenso wie die Pkw/

424

Teil 1: Messverfahren

Lkw-Klassifizierung, lediglich der Information und ist nicht Gegenstand der (Geräte-) Zulassung. Ausschlaggebend für die korrekte Zuordnung ist die Auswertehilfe (rechteckiger Rahmen). Für die Fahrzeugklassifizierung (Pkw/Lkw) ist durch den Auswerter immer ein Abgleich mit dem im Foto dargestellten Fahrzeugtyp vorzunehmen, um den korrekten Geschwindigkeitsgrenzwert für Pkw bzw. Lkw zu Grunde zu legen. Die Einblendungen „WZ", „Sig" und „VS" visulalisieren, dass der Falldatensatz ein gültiges Wasserzeichen und eine gültige Signatur enthält und verschlüsselt ist. Zusätzlich sind in der rechten oberen Bildecke noch die entsprechenden Symboliken dargestellt.

425 Die unteren Datendarstellungen umfassen im vorliegenden Fall Bild-/Filmnummer, den vom Gerät erkannten Fahrzeugtyp sowie Angaben zur Messörtlichkeit.

Anhand der von den Scheinwerfern ausgehenden Smear-Linien ließe sich im dargestellten Fall eine größenordnungsmäßige Bestimmung der Geschwindigkeit zum Zeitpunkt der Fotoauslösung vornehmen.

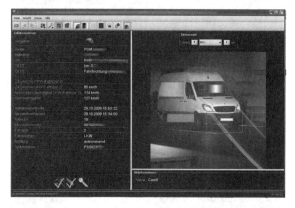

426 Bild 5 zeigt einen Screenshot eines mit dem Auswerteprogramm „TUFF-Viewer" des Geräteherstellers geöffneten Falldfatensatzes. Im Bild links sind die mit dem Beweisbild gespeicherten Falldaten zu erkennen. Die Sicherheitssymbole (gültiges Wasserzeichen, gültige Signatur und Verschlüsselung) sind im linken Bildteil im unteren Bereich dargestellt.

4. Die auffällige Messung

Die beiden vorstehend Bilder 6 und 7 zeigen jeweils eine **Messung auf dem linken** 427
Fahrstreifen. Während im rechten Bild der Auswerterahmen in etwa die Breite der
Fahrzeugfront wiedergibt, ist der Rahmen im linken Bild deutlich breiter als die Fahrzeugfront und ragt teilweise in den rechten Fahrstreifen hinein. Dies führt zwar nicht
zwangsläufig zu einer Unverwertbarkeit der Messung, jedoch ist hier eine kritische
Einzelfallbewertung angebracht.

5. Die nicht verwertbare Messung

428 Bild 8 zeigt ein mit dem Auswerteprogramm „TUFF-Viewer" exportiertes Beweisbild, wobei ebenfalls die zugehörigen Falldaten abgebildet sind, allerdings ohne den Status der Sicherheitssymbole.

429 Den dargestellten Falldaten ist zu entnehmen, dass das Messgerät eine Messung auf Spur 2 (in Fahrtrichtung linker Fahrstreifen) erkannt hat. Diesbezüglich befindet sich der Auswerterahmen in einer typischen Position und es ist ersichtlich, dass der Auswerterahmen das Kennzeichen und das rechte Vorderrad umfasst. Allerdings befindet sich innerhalb des Rahmens ein Teil des auf dem rechten Fahrstreifen, in gleicher Richtung fahrenden Fahrzeuges. Insofern darf diese Messung gemäß der Auswertevorgaben des Geräteherstellers nicht verwertet werden.

D. Lichtschrankenmessverfahren

I. Lichtschranke „µP 80"

Das Wichtigste in Kürze: 430
1. Das Messsystem besteht aus einem Lichtwerfer und einem Lichtempfänger, durch welche drei Lichtstrahlen im Abstand von insgesamt 50 cm im rechten Winkel zur Fahrtrichtung der gemessenen Fahrzeuge über die Fahrbahn gesandt werden.
2. Das Messprinzip beruht auf zwei Weg-Zeit-Messungen über die Messbasis von 50 cm einmal bei der Einfahrt und einmal bei der Ausfahrt des Fahrzeuges in den Messlinienbereich.
3. Zu Beginn und am Ende des Messbetriebes müssen jeweils zwei Tests durchgeführt werden, der erste Test ist dabei fotografisch zu dokumentieren.
4. Zur Herstellung der Fahrbahnparallelität ist die Fahrbahnneigung mittels Neigungswasserwaage auf das Messgerät zu übertragen.
5. Der Messbereich muss i.H.v. Lichtwerfer und Lichtempfänger so im Beweisbild dokumentiert sein, dass alle Fahrzeuge, welche an der Messwertbildung in irgendeiner Form beteiligt sein könnten, zu sehen sein müssen.

Wichtige Entscheidungen:
- OLG Karlsruhe, Beschl. v. 27.02.2001 2 Ss 87/00

Lichtschranken zur Geschwindigkeitsermittlung im Straßenverkehr sind eine seit langer Zeit praktizierte Messtechnik. Das Auftreten von Messfehlern machte dabei eine ständige Weiterentwicklung der Messtechnik, von der 2-fach-Lichtschranke über die 3-fach-Lichtschranke „3131 JK" zur 3-fach-Lichtschranke des Typs „µP 80", erforderlich. Die zuletzt auftretenden Messfehler in den Jahren 1990 und 1991 machten schließlich die Aufrüstung von der bis dahin verwendeten Zweifachmessroutine zur **Vierfachmessroutine** des Typs „µP 80 V III/4" notwendig. 431

Hinweis:

Das eigentliche **Messsystem** besteht aus Lichtwerfer und Lichtempfänger mit integriertem Rechner. Die vom Rechner ermittelte Geschwindigkeit wird über ein Datenkabel zum Anzeigen-Bedienteil übertragen, von dem aus alle wesentlichen Funktionen ausgelöst werden.

Vom Lichtwerfer werden drei Lichtstrahlen (unsichtbares Infrarotlicht) im rechten Winkel zum Fahrbahnverlauf und parallel zueinander über die Fahrbahn gesandt. Auf 432

Teil 1: Messverfahren

der gegenüberliegenden Straßenseite wird das Licht von den drei infrarotempfindlichen Fotoelementen des Lichtempfängers aufgefangen. Bei Auftreffen des Infrarotlichtes wird ein Stromfluss durch die Fotoelemente ermöglicht. Werden die Lichtstrahlen unterbrochen, wird der Stromfluss durch das Fotoelement abrupt kleiner und man erhält einen deutlich auswertbaren Stromimpuls.

1. Messprinzip

433 Das **Messprinzip** beruht auf der **Weg-Zeit-Messung**. Hierzu benutzt man die durch die drei Lichtstrahlen festgelegten Wegstrecken. Die beiden äußeren Lichtstrahlen (I und II) haben dabei einen Abstand von 50 cm zueinander. Genau in der Mitte der beiden Strahlen befindet sich der Kontrollstrahl (III) in einem Abstand von je 25 cm zu den äußeren Lichtstrahlen.

434 Das Fahrzeug durchfährt nun die Lichtschranken. Dabei werden die Strahlen in der Reihenfolge I – III – II nacheinander unterbrochen, wodurch der Lichtempfänger im zeitlichen Abstand t1 – tk – t2 drei Steuerimpulse liefert, die umso schneller aufeinander folgen, je schneller das Fahrzeug fährt.

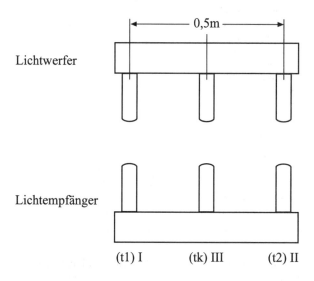

Diese drei Steuerimpulse werden von dem im Lichtschrankenempfängerunterteil eingebauten Rechner verarbeitet.

435 Beim **Durchfahren der Lichtschranke I** werden zwei Zeitmessungen gestartet, die Zeitmessung t1 – t2 sowie die Zeitmessung t1 – tk. Unterbricht das Fahrzeug nach

D. Lichtschrankenmessverfahren

0,25 m die Lichtschranke III (tk), wird das ermittelte Zeitergebnis als Zwischenergebnis im Rechner abgelegt, während der Zeitzähler selbst weiterläuft. Nach einer Wegstrecke von weiteren 0,25 m unterbricht das Fahrzeug die Lichtschranke II und stoppt die gesamte Zeitmessung.

Das **Zwischenergebnis der Zeitmessung t1 – tk** wird im Rechner verdoppelt und mit dem Ergebnis der Zeitmessung t1 – t2 verglichen. Dabei muss der Messwertvergleich in der **Toleranzgrenze** von 3 % übereinstimmen. Der jeweils längere Zeitwert wird als Berechnungsgrundlage zur Geschwindigkeitsermittlung herangezogen, womit die geringste ermittelte Geschwindigkeit angegeben wird. 436

Bei den bis Ende 1992 geeichten und im Einsatz befindlichen Messgeräten der angegebenen Bauart wurde in der zuvor beschriebenen Art die Geschwindigkeit ermittelt und im Messfoto angezeigt. Aber auch bei dieser „exakten Messwertbildung" wurden in der Folgezeit Fehlmessungen registriert. Nachweislich überhöhte, im Beweisbild eingeblendete Geschwindigkeitswerte wurden dabei auf das sog. „Stufenprofil" zurückgeführt. 437

Bei einem „**Stufenprofil**" wird davon ausgegangen, dass durch Auf- und Abschwingungen des Fahrzeuges infolge Fahrbahnunebenheit oder wegen nicht nivellierter Lichtschrankenteile unterschiedliche Fahrzeugteile die einzelnen Lichtschranken unterbrechen. In diesem Fall unterbrechen drei hintereinander liegende Fahrzeugteile, die sich etwa in gleichem Abstand zueinander befinden (etwa Stoßstange, Kennzeichen, Scheinwerfer), die drei Lichtschranken in kürzeren Abständen als es der Fahrgeschwindigkeit entspricht, verkürzen dadurch die Messzeit und „produzieren" damit eine erhöhte Geschwindigkeit, was jedoch in durchgeführten Messversuchen bislang nicht definitiv nachgewiesen werden konnte. 438

Als **Folge** dieser „**Fehlmessungen**" wurde die zuvor beschriebene Messart von der PTB untersagt und die Geräteausführung in 1992 als nicht mehr eichfähig erklärt. 439

Hinweis:

In einer Übergangsphase durften die Messgeräte unter eingeschränkten Bedingungen bis zum Ablauf ihrer Eichgültigkeit weiter betrieben werden. Um eine Beeinträchtigung des Messergebnisses durch Stufenprofile im Stoßstangenbereich zu vermeiden, war dabei die Messhöhe nur im Bereich zwischen 55 cm und 65 cm zugelassen und zusätzlich die Dokumentation von Messhöhe und Messlinie durch die Verwendung von „Lübecker Hüten" in den Testfotos vorgeschrieben.

Der Hersteller hat daraufhin, in Absprache mit der PTB, bei der Messanlage die **Zweifachmessroutine** durch die **Vierfachmessroutine** ersetzt. 440

Teil 1: Messverfahren

441 Hierbei wird die bisher angewendete Messmethode als Einfahrtsmessung beibehalten.

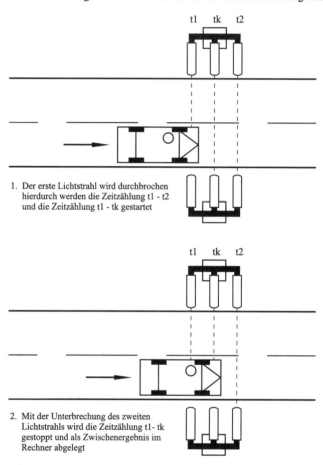

1. Der erste Lichtstrahl wird durchbrochen hierdurch werden die Zeitzählung t1 - t2 und die Zeitzählung t1 - tk gestartet

2. Mit der Unterbrechung des zweiten Lichtstrahls wird die Zeitzählung t1- tk gestoppt und als Zwischenergebnis im Rechner abgelegt

D. Lichtschrankenmessverfahren

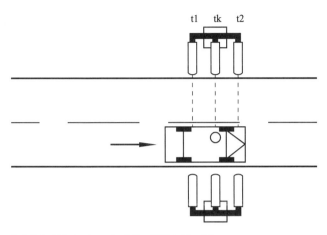

3. Mit der Unterbrechung des dritten Lichtstrahls wird die Zeitzählung t1 t2 beendet und mit dem Zwischenergebnis t1 - tk verglichen

- bei Übereinstimmung ergeht der Fotoauslösebefehl

- bei Nichtübereinstimmung erfolgt keine Fotoauslösung - im Bedienteil erscheint die Anzeige „1EE"

und durch die im Folgenden beschriebene Ausfahrtsmessung ergänzt:

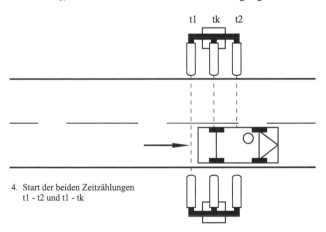

4. Start der beiden Zeitzählungen
t1 - t2 und t1 - tk

Teil 1: Messverfahren

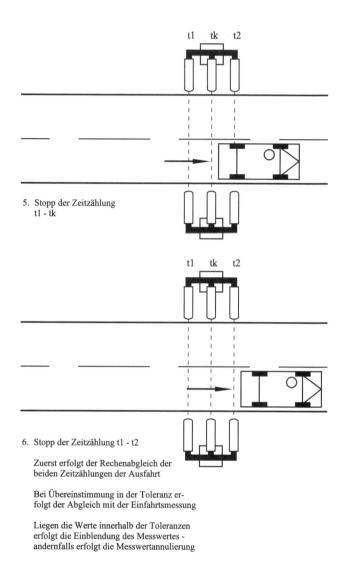

5. Stopp der Zeitzählung
t1 - tk

6. Stopp der Zeitzählung t1 - t2

Zuerst erfolgt der Rechenabgleich der beiden Zeitzählungen der Ausfahrt

Bei Übereinstimmung in der Toleranz erfolgt der Abgleich mit der Einfahrtsmessung

Liegen die Werte innerhalb der Toleranzen erfolgt die Einblendung des Messwertes - andernfalls erfolgt die Messwertannulierung

442 Nach der **Einfahrtsmessung** bleiben die drei Lichtstrahlen unterbrochen, bis das Fahrzeug die Lichtschranke ganz durchfahren hat. Dann werden die Lichtstrahlen in der gleichen Reihenfolge wieder frei, in der sie zu Messbeginn unterbrochen wurden. Durch das Ansteigen des Stromflusses in den Fotoelementen erhält man erneut einen

deutlich messbaren Stromfluss, der die gleichen Zeitmessabläufe in Gang setzt wie bei der Einfahrtsmessung. Auch bei der Ausfahrtsmessung müssen die eigentliche Messung und die Kontrollmessung im Toleranzbereich von 3 % übereinstimmen, wobei wiederum der kleinere Wert als Geschwindigkeitswert vom Rechner akzeptiert wird.

Im Rechner werden die beiden ermittelten Geschwindigkeitswerte der Einfahrts- und Ausfahrtsmessung miteinander verglichen, wobei neben den bereits durchgeführten Toleranzüberprüfungen ein abschließender Toleranzvergleich zwischen den beiden ermittelten Geschwindigkeitswerten durchgeführt wird. Erst wenn beide Messergebnisse von Ein- und Ausfahrtsmessung bei Messwerten 443

bis 100 km/h   innerhalb einer Toleranz von 6 km/h,
über 100 km/h   innerhalb einer Toleranz von 6 %

liegen, wird aus allen bis dahin getätigten Messwertvergleichen die niedrigste Geschwindigkeit ermittelt.

> **Hinweis:**
> Wird eine **außer Toleranz liegende Messung** schon bei der Einfahrtsmessung festgestellt, so wird kein Beweisfoto gefertigt. In der Anzeige des Bedienteils erscheint lediglich anstatt des Geschwindigkeitswertes die Anzeige „1 EE".

2. Fotoauslösung

Das **Messfoto** wird **während der Messung** in der Art gefertigt, dass bei Beendigung der Einfahrtsmessung und Überschreitung des eingestellten Grenzwertes der Fotoauslöseimpuls ausgegeben wird. Dieser Fotoauslöseimpuls löst (je nach verwendetem Kameratyp) nach 0,065 s oder nach 0,07 s die Kamera I (Hauptkamera) und nach weiteren 0,005 s die Kamera II (Zusatzkamera) aus. Durch die zeitverzögerte Fotoauslösung hat jedes gemessene Fahrzeug eine für die gefahrene Geschwindigkeit typische Stellung im Messfoto. 444

Eine Dateneinblendung erfolgt zu diesem Zeitpunkt jedoch noch nicht, da der Messwert ja noch nicht gebildet ist. Die **Geschwindigkeitseinblendung** erfolgt erst später und zwar dann, wenn die das Foto auslösende Einfahrtsmessung durch die anschließende Ausfahrtsmessung bestätigt wird.

Wird die bei der Einfahrtsmessung ermittelte Geschwindigkeit durch die Ausfahrtsmessung nicht innerhalb der **Toleranz von 6 km/h oder 6 %** bestätigt, erfolgt in das schon gefertigte Foto die Dateneinblendung „0 EE", womit im Beweisfilm eine annullierte Messung dokumentiert ist. 445

Teil 1: Messverfahren

> **Hinweis:**
> Mit dieser Messvariante sind mögliche Messwertbeeinflussungen weitestgehend ausgeschlossen.

3. Fehlermöglichkeiten

a) Zwei Fahrzeuge seitlich versetzt

446 Anwender und Sachverständige gehen davon aus, dass die zuvor geschilderte Messvariante nunmehr als „sicher" einzustufen ist. Fehlermöglichkeiten werden verneint, da man davon ausgeht, dass Einfahrtsmessung und Ausfahrtsmessung innerhalb der Toleranzen übereinstimmen – dann liegt ein gültiger Messwert vor – oder nicht übereinstimmen – dann wird die Messung annulliert.

Dem muss aber widersprochen werden. Vielmehr ist die folgende Aussage korrekt:

„Wird der in der Einfahrtsmessung ermittelte Messwert in einer unabhängig davon durchgeführten Messsequenz bei der Ausfahrtsmessung **am selben** Fahrzeug überprüft und stimmen die beiden Messwerte innerhalb der Toleranz überein, so liegt ein gültiger Messwert vor."

Diese Aussage basiert auf dem Denkansatz, dass für eine Fehlmessung dann zunächst die Einfahrtsmessung um einen Betrag „X" falsch sein muss. Daneben muss auch die Ausfahrtsmessung falsch sein und der Fehler muss sich zudem in der Größenordnung der Toleranzen bewegen. Das Zusammentreffen dieser drei Parameter ist hinreichend unwahrscheinlich.

447 Eine vollkommen andere Situation ist jedoch dann gegeben, wenn **zwei Fahrzeuge** in der Art an der Messwertbildung beteiligt sind, dass sie sich seitlich verdecken.

Beispiele:

Verkehr auf mehreren Fahrstreifen, Überholverkehr

Das erste Fahrzeug durchquert die Lichtstrahlen und unterbricht sie bei der Einfahrtsmessung, kann sie zur Ausfahrtsmessung jedoch nicht freigeben, da das zweite Fahrzeug vor Verlassen des Messbereiches durch das vorausfahrende Fahrzeug bereits in den Messbereich eingefahren ist. Das zweite Fahrzeug initiiert die Ausfahrtsmessung beim Verlassen der Messlinie.

D. Lichtschrankenmessverfahren

Auch hier wird oftmals die **unrichtige und unzulässige** Auffassung vertreten, dass kein falscher Messwert entstehen könne. Entweder fahren nach dieser Auffassung beide Fahrzeuge innerhalb der Verwertungstoleranzen gleich schnell und der niedrigste aller Einzelmesswerte kommt zur Anzeige oder die Geschwindigkeiten weichen voneinander ab und die Messung wird annulliert.

448

Hierzu eine **Vorbetrachtung**:

449

Die Anzahl der „0 EE"-Messungen in einem Beweisfilm gibt Aufschluss über die „Messsicherheit" einer Messstelle. Bei zahlreichen Auswertungen von Messfilmen konnte festgestellt werden, dass die „0 EE"-Rate bei **ebener Fahrbahn** und konstant gefahrenen Geschwindigkeiten durch die überwachten Fahrzeuge verschwindend gering ist.

Dagegen sind bei **unebenen Fahrbahnabschnitten**, insb. i.V.m. einer ungünstigen Messhöhe von weniger als 55 cm, erhöhte Messannullierungsraten festzustellen, die in Einzelfällen weit mehr als 10 % der gemessenen Fahrzeuge betragen.

Informationen aus Anwenderkreisen belegen durchaus, dass es sich hierbei nur in den wenigsten Fällen um Messannullierungen infolge von Bremsungen handelt.

> **Hinweis:**
> Vielmehr liegt die Vermutung nahe, dass es sich hier zum größten Teil um tatsächliche Fehlmessungen in der Größenordnung von mehr als 9 % der bei der Ein- oder Ausfahrtsmessung ermittelten Geschwindigkeit handelt. Die „serienmäßige" Überprüfung und Feststellung solcher Fehlmessungen ist nur durch zwei vollkommen voneinander getrennte Messungen am selben Fahrzeug gewährleistet.

Eine **hohe Annullationsrate** weist dabei auf eine grundsätzliche Eignung der Messstelle zu Fehlmessungen hin.

450   Zunächst ist festzustellen, dass durch diese Art der Dokumentation der Annullierungen die korrekte Funktion des Messgeräts belegt wird und durch die **beiden Messungen am selben Objekt** die korrekte Messung des Fahrzeuges.

> **Hinweis:**
> Dies gilt allerdings nur dann, wenn zweifelsfrei feststeht, dass auch tatsächlich beide Messungen vom selben Fahrzeug stammen.

Dies ist nicht immer der Fall, insb. bei mehrspurigem Fahrverkehr. Die Variante mit zwei Fahrzeugen die sich im Gegenverkehr im Bereich der Messlinie begegnen ist dabei nicht von Interesse, da in einem solchen Fall die unterschiedliche Fahrtrichtung der Messung bei Ein- und Ausfahrtsmessung zur Annullierung der Messung führt.

451   Bei **zwei parallel fahrenden Fahrzeugen**, die sich im Bereich der Messlinie teilweise verdecken, kann es allerdings vorkommen, dass das vorausfahrende Fahrzeug die Einfahrtsmessung verursacht und das zweite, parallel fahrende Fahrzeug die Ausfahrtsmessung, da zwischen beiden Messungen die Lichtstrahlen nicht freigegeben werden.

In diesen Fällen sind wiederum mehrere Möglichkeiten der Messwertbildung gegeben. Fahren beide Fahrzeuge mit einer Differenzgeschwindigkeit von nicht mehr als 6 km/h (6 % bei Werten über 100 km/h) und die Einzelmessungen (Einfahrts- und Ausfahrtsmessung) sind jeweils innerhalb der Toleranz von 3 km/h (3 % bei Werten über 100 km/h) korrekt, so akzeptiert das Messgerät den Geschwindigkeitswert und blendet den niedrigsten aller festgestellten Messwerte im Beweisfoto ein. In diesem Fall steht nicht fest, dass der Messwert vom vorne fahrenden Fahrzeug stammt, aber beide Fahrzeuge sind in diesem Fall mindestens mit der angezeigten Geschwindigkeit gefahren.

Fahren beide Fahrzeuge mit einer Differenzgeschwindigkeit von mehr als 6 km/h (6 % bei Werten über 100 km/h), so sollte üblicherweise eine Messwertannullierung erfolgen.

D. Lichtschrankenmessverfahren

Was aber, wenn eine der beiden Messungen korrekt war und die andere Messung bei 452
dem zweiten Fahrzeug eine **Fehlmessung als Stufenprofilmessung** darstellt?

Wären **beide Messungen an demselben Fahrzeug** erfolgt, würde sich eine Messannullierung einstellen, da zwei Stufenprofilmessungen an einem Fahrzeug, die sich zudem in der gleichen Größenordnung ergeben hinreichend unwahrscheinlich sind.

Für den Fall, dass zwei Fahrzeuge an der Messwertbildung beteiligt sind, ist der Fall, dass am vorderen Fahrzeug bei der Einfahrtsmessung eine Stufenprofilmessung mit einem zu hohen Messwert erfolgt, welcher in der Ausfahrtsmessung durch das zweite Fahrzeug innerhalb der Toleranzen bestätigt wird, da dieses Fahrzeug mit einer Geschwindigkeit von 6 km/h (6 % bei Werten über 100 km/h) des falschen Messwertes des vorne fahrenden Fahrzeuges bewegt wird, nicht auszuschließen.

Im Betreffsfall wird diese Fehlmessung immer wahrscheinlicher, je höher die Annullationsrate an der Messstelle ist, da eine hohe Annullationsrate die Neigung der Messstelle zu Fehlmessungen dokumentiert.

b) **Parallel fahrende Fahrzeuge**

Besondere Messkonstellationen sind auch dann möglich, wenn eine **niedrige Mess-** 453
höhe i.V.m. einer hohen Bodenfreiheit bei Lkw eine Beteiligung eines vom Lkw
verdeckten Fahrzeuges an der Messwertbildung in ähnlicher Form zulässt.

Teil 1: Messverfahren

454 Im folgendem Bild wurde durch Überlagerung die Messlinie in das Messfoto übertragen. Es ist in der fotogrammmetrischen Auswertung zu erkennen, dass nur der auf dem **linken Fahrstreifen fahrende Lkw** die Messlinie im Messfoto überfahren hat und damit eindeutig die Einfahrtsmessung verursacht hat.

455 In der folgenden Skizze ist die Fotosituation der Fahrzeuge in Bezug zur Messlinie **aus der Sicht von oben** dargestellt.

D. Lichtschrankenmessverfahren

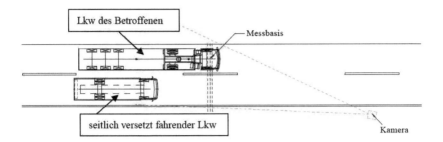

Foto und Skizze stellen die Situation **nach der Einfahrtsmessung** und **vor der Ausfahrtsmessung** dar und damit die Situation zu einem Zeitpunkt da die Messung noch nicht beendet ist.   456

Für die **Beendigung der Messung** sind nunmehr die folgenden Varianten denkbar: 457

Bei entsprechend **niedriger Aufstellhöhe der Messanlage**, entsprechend hoher Gestaltung des Fahrzeugunterbaus des Sattelaufliegers i.V.m. einer weiter zurückliegenden Position des links fahrenden Lkw erfolgt die Ausfahrtsmessung am Heck der Zugmaschine, wie in der folgenden Skizze dargestellt.

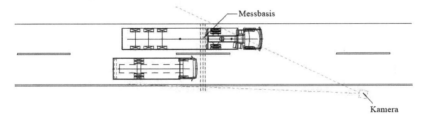

In diesem Fall erfolgt eine **korrekte Messwertbildung**, da Einfahrtsmessung und Ausfahrtsmessung vom selben Fahrzeug verursacht wurden.

Gleiches gilt für die im Folgenden skizzierte Möglichkeit, wenn nämlich der Sattelauflieger oder der parallel fahrende Lkw die Lichtschranke verdecken, bis die Messung vom Fahrzeugheck des Sattelaufliegers verursacht wird.

Teil 1: Messverfahren

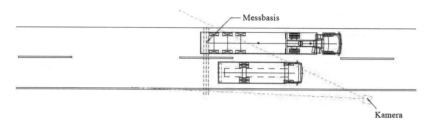

Auch hier werden Einfahrtsmessung und Ausfahrtsmessung vom selben Lkw verursacht.

In der letzten Variante bleiben die **Lichtschranken** schließlich **verdeckt** bis das Heck des Sattelaufliegers die Messstelle verlassen hat und das Heck des parallel fahrenden Lkw anschließend die Ausfahrtsmessung verursacht.

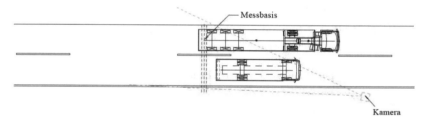

In diesem Fall erfolgte die Einfahrtsmessung am links fahrenden, die Ausfahrtsmessung am rechts fahrenden Lkw.

458 Für die **Messwertbildung der eingeblendeten Geschwindigkeit** sind im letzten Fall folgende **Möglichkeiten** gegeben:

- Der Einfahrtsmesswert vom vorausfahrenden Sattelauflieger war korrekt. Auch der Ausfahrtsmesswert des parallel fahrenden Lkw wurde korrekt gebildet, war jedoch innerhalb der Toleranzen höher als der Einfahrtsmesswert – dann stellt der Messwert die Geschwindigkeit des Sattelaufliegers dar.

- Der Einfahrtsmesswert des Sattelaufliegers wurde korrekt gebildet, auch der Ausfahrtsmesswert vom parallel fahrenden Lkw korrekt, jedoch innerhalb der Toleranzen geringer als der Einfahrtsmesswert – dann stellt der Messwert die Geschwindigkeit des parallel fahrenden Lkw dar. Der Sattelauflieger ist jedoch schneller gefahren, da der Rechner von allen Teilgeschwindigkeiten die niedrigste Geschwindigkeit zur Anzeige bringt.

- Für den Fall, dass vom Sattelauflieger die Einfahrtsmessung korrekt und vom parallel fahrenden Lkw die Ausfahrtsmessung korrekt erfolgt sind, beide Messwerte aber um mehr als 6 km/h bei Werten bis 100 km/h (6 % bei Werten über 100 km/h) abweichen sollte üblicherweise eine Messwertannullierung (Einblendung „0EE") als Geschwindigkeitswert erfolgen.

- War jedoch die Einfahrtsmessung, ausgelöst vom vorne fahrenden Sattelauflieger, fehlerhaft (Stufenprofilmessung) und fällt mit der höheren Geschwindigkeit des zweiten Fahrzeuges zusammen, so wird dem vorne fahrenden Sattelauflieger zu seinen Ungunsten ein falscher Messwert zugeordnet.

In der **Bedienungsanleitung zum Messgerät** (Stand 22.03.1999, S. 36) wird hierzu in Punkt 3.7.2 Buchst. c) ausgeführt: 459

„Bewegen sich zwei Fahrzeuge nebeneinander in gleicher Fahrtrichtung durch die Lichtschranke, z.B. Einbahnverkehr (Autobahnen) oder bei einem Überholvorgang, dann ist allein anhand der eingeblendeten Daten eine zweifelsfreie Zuordnung nicht in jedem Fall möglich".

Die **anschließende Fallbetrachtung** in der Bedienungsanleitung zeigt bei parallel fahrenden Fahrzeugen im Messbereich zu Recht auf, dass solche Messungen **nicht verwertbar** sind.

c) **Nicht komplett abgebildete Messlinie**

Um eine entsprechende Überprüfung am Beweismittel zu ermöglichen wird i.R.d. Bedienungsanleitung (Stand 22.03.1999) in Punkt 3.7.1 (S. 36) Folgendes verlangt: 460

„Die fotografische Aufnahme muss, i.S.e. einfachen Beweisführung, die gedachte (unsichtbare) Messlinie zwischen Lichtsender und Lichtempfänger so abbilden, dass alle Straßenabschnitte abgedeckt sind, auf denen Messungen entstehen können."

Auch bei der **Bewertung von Fahrzeugpositionen in Bezug zur Messlinie** ist besondere Vorsicht geboten. Zum einen ist darauf zu achten, dass i.H.v. Lichtsender und Lichtempfänger alle Fahrbahnteile abgebildet sind. Zum anderen ist aber auch zu bedenken, dass das gefertigte Messfoto nur einen Ausschnitt der gesamten Messsituation darstellt. 461

Vom **zeitlichen Ablauf** her muss man einen kleinen Messfilm abspulen. Zunächst durchfährt das Fahrzeug die 50 cm Messstrecke der Messbasis. Anschließend vergehen 0,65 s – 0,7 s, bevor das Messfoto gefertigt wird. Die Position des gemessenen Fahrzeuges wird fotografisch festgehalten – die Messung ist allerdings noch nicht beendet. Erst einige Zeit später erfolgt am Fahrzeugheck die Ausfahrtsmessung und der Rechner beurteilt dann die gesamte Messung. 462

Bei der Bildbetrachtung ist daher vor der fotografierten Situation der Film bis zur Einfahrt in den Messbereich „zurückzuspulen" und nach der fotografierten Situation „vorzuspulen", bis die Ausfahrtsmessung vollendet ist.

> **Hinweis:**
>
> Nur wenn auszuschließen ist, dass in dieser Zeit kein zweites Fahrzeug den Bereich der Messstrahlen durchfahren hat, kann der Messwert als gültig bewertet werden.

Dabei sind in die „Filmbetrachtung" insb. auch diejenigen Fahrbahnteile mit einzubeziehen, die im Beweisbild **nicht abgebildet** sind.

> **Hinweis:**
>
> Sollte es in Ausnahmefällen nicht möglich sein, den gesamten Fahrbahnbereich in den Beweisfotos abzubilden, so kann der Messbeamte dies durch einen **aufmerksamen Messbetrieb** ausgleichen. Hierzu ist es allerdings erforderlich, dass er jede einzelne Messung beobachtet und dokumentiert, dass das gemessene Fahrzeug vollkommen allein den Messbereich passiert hat.

463 Sind in einem Beweisfoto **zwei Fahrzeuge im Bereich der Messlinie** zu erkennen, so darf das entsprechende Beweisbild nicht verwertet werden. Demzufolge darf ein Beweisbild auch dann nicht verwertet werden, wenn durch einen falsch gewählten **Bildaufnahmewinkel** der Bereich der Messlinie nicht gänzlich abgebildet, eine entsprechende Ergänzung des Beweismittels durch gezielte Beobachtung nicht erfolgt ist und hierdurch die Anwesenheit eines zweiten Fahrzeuges im Bereich der Messlinie nicht ausgeschlossen werden kann.

464 Die **Bestimmung der Fotoposition in Bezug zur Messlinie** kann zum Ausgleich dieses Mangels ebenfalls nicht herangezogen werden, da die Fotoauslöseverzögerung der Kamera – und damit die Fotoposition im Beweisbild – nicht Gegenstand der Eichung ist und zudem die Messhöhe nur selten exakt bestimmt ist, sodass sich das die Messung auslösende Fahrzeugteil an der Fahrzeugfront nicht hinreichend genau bestimmen lässt. Mithin ist so eine exakte Positionsbestimmung zur Geschwindigkeitsermittlung nahezu ausgeschlossen.

Das folgende Bild zeigt einen Ausschnitt des Messfotos, wie er oftmals in der Akten der Behörde zu finden ist.

D. Lichtschrankenmessverfahren

An der Aufteilung des Bildes durch das Datenfeld ist zu erkennen, dass ein Teil der Aufnahme am rechten Bildrand fehlt.

In der Abbildung des kompletten Negativs ist am rechten Bildrand das Heck eines weiteren Fahrzeuges zu erkennen.

Teil 1: Messverfahren

Im Zusammenhang zeigen beide Bilder, dass die gesamte Fahrbahnbreite abgebildet wurde. Der rechts fahrende Lkw befindet sich im Abgleich mit der in den Testfotos markierten Messlinie noch nicht im Messbereich. Hier wurde durch eine fehlerhafte Auswertung der falsche Fahrzeugführer beanzeigt.

465 **Hinweis:**

Dieser Fall zeigt sehr deutlich auf, weshalb dem Anspruch der Bedienungsanleitung, den Bereich der Messlinie komplett abzubilden, eine so große Bedeutung beizumessen ist. Fehlt nämlich ein Teil der Messlinie im Bildaufnahmebereich, können sich solche Fahrabläufe ereignen, ohne dass dies später im Beweisfilm zu belegen ist. Da kein zweites Fahrzeug zu sehen ist, wird dann der im Bild befindliche Fahrzeugführer beanzeigt.

Im Beispiel ließ schon der eingeblendete Messwert erhebliche Zweifel an der korrekten Messung des Lkw aufkommen. Was aber, wenn lediglich **ein** Bild als Ausschnitt des Messfotos vorhanden ist und dieses dann ein Fahrzeug an der Position zeigt, für das die angezeigte Geschwindigkeit durchaus erreichbar ist.

d) **Aufstellgeometrie – Neigungswasserwaage**

466 Neben der in der Bedienungsanleitung geforderten Komplettabbildung des Messlinienbereiches ist auf den, in Fahrtrichtung gesehen, **fahrbahnparallelen Aufbau** des Messgeräts zu **achten**. Hierzu wird i.R.d. Bedienungsanleitung (Stand 22.03.1999) in Punkt 4.1 (S. 41) die Verwendung der Neigungswasserwaage vorgeschrieben.

Hiermit ist keineswegs die auf dem Messgerät installierte Wasserlibelle zu verstehen. Mit der Wasserlibelle lässt sich allenfalls eine waagerechte Einrichtung der Messanlage durchführen. Vielmehr ist die im Zubehör des Messgeräts befindliche Wasserwaage gemeint. Mithilfe dieser Neigungswasserwaage wird zunächst die Fahrbahnneigung ermittelt.

Nivellierwasserwaage

I.R.d. Bedienungsanleitung (Stand 22.03.1999) wird unter Punkt 4.1 (S. 41) folgende Verfahrensweise vorgegeben:

„Neigungswasserwaage vor dem Lichtempfänger, am Fahrbahnrand in Fahrtrichtung aufsetzen. Feststellschraube für den inneren Drehkranz lösen und die Luftblase im Wasser einstellen. Zur Kontrolle den Aufnahmeort der Neigung, geringfügig geändert, nochmals überprüfen. Damit ist das Gefälle bzw. die Steigung auf die Neigungswasserwaage übertragen.

Die Neigungswasserwaage wird nun auf den Lichtempfänger im Bereich der drei Lichtschutzrohre aufgesetzt. Darauf achten, dass die Vorderseite der Neigungswasserwaage nicht zur Rückseite wird, also keine 180°-Drehung ausführen!

Nun wird die Querneigung des Lichtschranken-Oberteils in Fahrtrichtung so einjustiert, dass die Luftblase der Neigungswasserwaage im „Wasser" ausgerichtet ist.

Damit ist die Straßenneigung, in Fahrtrichtung gesehen, auf den Lichtempfänger übertragen."

Bzgl. der **Ausrichtung des Lichtsenders** ist analog zu verfahren.

Hinweis:

Auch bei Verwendung der Neigungswasserwaage wird eine 100 %ige Fahrbahnparallelität nicht herzustellen sein. Der letztendlich verbleibende Fehler ist jedoch so gering, dass er von der Verkehrsfehlergrenze erfasst ist.

Durch die Nichtverwendung der Neigungswasserwaage kann es zu einer Schrägstellung der Messanlage und damit zu einer Verkürzung der Messbasis von 50 cm kommen.

Teil 1: Messverfahren

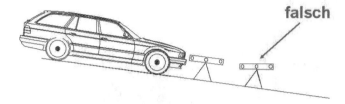

469 Der dadurch entstehende Messfehler bewegt sich zwar nur im Bereich der Nachkommastellen. Ein um 1 km/h höheres Messergebnis als bei der Verwendung der Neigungswasserwaage ist jedoch nicht auszuschließen. Da dieser Fehler durch **Nichtbeachtung der Bedienungsanleitung** entsteht, kann er nicht von der Verkehrsfehlergrenze erfasst sein, weil diese nur Fehler erfasst, die auch bei ordnungsgemäßem Betrieb nach der Bedienungsanleitung nicht zu vermeiden sind.

Hinweis:

Der wesentliche Effekt eines solchen Aufbaus besteht in der Provokation einer **erhöhten Annullationsrate**.

Eine Ausrichtung der Messanlage nicht im rechten Winkel zur Fahrtrichtung führt dagegen zu einer Verlängerung der Messbasis und damit zu einer Verringerung des Messwertes.

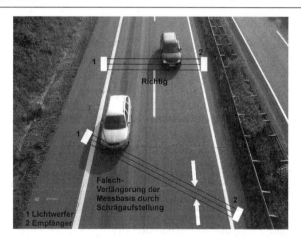

D. Lichtschrankenmessverfahren

e) **Testfotos**

Die Testfotos sind gemäß Punkt 3.4 Buchst. a) (S. 29) der Bedienungsanleitung (Stand 22.03.1999) wie folgt vorgeschrieben:

„Der Test 1 muss für jede Messstelle mindestens 2-mal durchgeführt werden, am Beginn und am Ende des Messeinsatzes!"

Durch die fotografische Dokumentation des Tests 1 wird beweissicher gewährleistet, dass alle Segmente der dreistelligen Geschwindigkeitsanzeige in der Datenbox der Fotoeinrichtung funktionsfähig sind und die Datenfunkstrecke zu den Fotoeinrichtungen in Ordnung ist. Bei „000" werden beide und bei „3FF" wird kein Richtungspfeil eingeblendet. Beim Betrieb der Fotoeinrichtung FE2.0 werden keine Pfeile eingeblendet.

Die Testfotos erfüllen durch die Aufnahme in die Bedienungsanleitung die Aufgabe für Teile des Messbetriebs die ordnungsgemäße technische Funktion zu gewährleisten.

Daher erfüllen die Testfotos zu Messbeginn **und** zu Messende auch die Funktion, den Messzeitraum zu bestimmen, dessen spätere Bewertung im Rahmen einer Gutachtenerstellung eine sichere Bewertung eines einzelnen Messvorgangs zulässt. Dies nicht nur aus technischer Sicht, sondern auch aus Sicht der Gesamtbewertung z.B. zur Gründlichkeit des Messbetriebs.

Teil 1: Messverfahren

4. Anforderungen an eine korrekte Auswertung

472 Eine Messung mit der Lichtschranke ESO µP 80 V III/4 ist in der Auswertung dann als korrekt zu bewerten, wenn im Einzelnen die Punkte der folgenden Checkliste erfüllt sind.

Checkliste: Korrekte Messung

- ☐ Das **Messprotokoll** bestimmt eindeutig das verwendete Messgerät.
- ☐ Das verwendete Messgerät verfügt über eine zum Tatzeitpunkt **gültige Eichung**, insb. sind keine Reparaturen am Messgerät erfolgt oder Eichmarken oder Eichplomben so beschädigt, dass die Sicherung des Messgeräts gegen Eingriffe nicht mehr gewährleistet gewesen ist.
- ☐ Die Auswertung der Testfotos zu Messbeginn und zu Messende bestätigt die erfolgreiche Durchführung der vorgeschriebenen **Gerätetests**. Nur dann darf der Messfilm überhaupt ausgewertet werden.
- ☐ Der **fahrbahnparallele Aufbau** von Sender und Empfänger ist durch die korrekte Verwendung der Neigungswasserwaage sichergestellt.
- ☐ Das Beweisfoto oder die Beweisfotos bei Verwendung mehrerer Kameras, bilden den **gesamten Bereich der Messlinie** zwischen Sender und Empfänger ab, auf dem sich messrelevante Abläufe ereignen können.
- ☐ Die **Auswertung** des Beweisfotos/der Beweisfotos zeigt, dass das im Beweisfoto abgebildete Fahrzeug sowohl die Einfahrtsmessung als auch die Ausfahrtsmessung selbst und allein initiiert hat.
- ☐ Lässt sich dies aus dem Beweisfoto/den Beweisfotos nicht eindeutig bestimmen, muss die **Beteiligung** eines **zweiten Fahrzeuges** an der Messwertbildung auf eine andere Art definitiv **auszuschließen** sein.

Hinweis:
Ist einer der v.g. Punkte der Checkliste nicht erfüllt, kann nicht von einer korrekten Messung i.S.e. standardisierten Messverfahrens ausgegangen werden.

5. Ordnungsgemäße Messung

473 Zum Schluss sollen die beiden nachfolgenden Bilder eine ordnungsgemäße Messung aufzeigen.

Beide Bilder decken gemeinsam den gesamten Fahrbahnbereich ab. Damit ist zum einen, im Abgleich mit der im Testfoto markierten Messlinie, die korrekte Position des Fahrzeuges in Bezug zur Messlinie dokumentiert und zum zweiten durch die Auswertung festzustellen, dass das abgebildete Fahrzeug sich allein im Messbereich befindet.

II. Lichtschranke „LS4.0"

Das Wichtigste in Kürze: 474

1. Das Messsystem besteht aus einem Lichtwerfer und einem Lichtempfänger, durch welche vier Lichtstrahlen im Abstand von insgesamt 25 cm im rechten Winkel zur Fahrtrichtung der gemessenen Fahrzeuge über die Fahrbahn gesandt werden.

2. Das Messprinzip beruht auf einer Weg-Zeit-Messung über die Messbasis von 25 cm einmal bei der Einfahrt in den Messlinienbereich oder bei Misslingen

Teil 1: Messverfahren

> der ersten Messung bei der Ausfahrt des Fahrzeuges aus dem Messlinienbereich.
> 3. Zu Beginn und am Ende des Messbetriebes müssen jeweils zwei Tests durchgeführt werden, der Test 1 ist dabei fotografisch zu dokumentieren.
> 4. Zur Herstellung der Fahrbahnparallelität ist die Fahrbahnneigung mittels Neigungswasserwaage auf das Messgerät zu übertragen.
> 5. Der Messbereich muss i.H.v. Lichtwerfer und Lichtempfänger so im Beweisbild dokumentiert sein, dass alle Fahrzeuge, welche an der Messwertbildung in irgendeiner Form beteiligt sein könnten, zu sehen sein müssen.

1. Messprinzip

475 Mit der Lichtschranken-Geschwindigkeitsmessanlage Typ „LS4.0" wird die Geschwindigkeit von Fahrzeugen nach dem **Prinzip der Weg-Zeit-Messung**

$$v = s/t$$

mit vier Lichtschranken bestimmt, am Anzeigen-Bedienpult angezeigt und im Fototeil über einen Nebenverschluss der Kamera in das Dokumentationsfoto eingeblendet.

Die Geschwindigkeit **v** eines Fahrzeuges ergibt sich dabei aus der Messbasis **s** und der Zeit **t**, in der das zu messende Fahrzeug die Messbasis durchfährt.

476 Die **Messbasis**, die durch die zwei äußeren Lichtschranken I und II festgelegt ist, beträgt **0,25 m** und wird zur Ermittlung des Geschwindigkeitswertes benutzt. Zur Kontrolle sind noch die beiden Lichtschranken III und IV in der Mitte der Messbasis übereinander angeordnet.

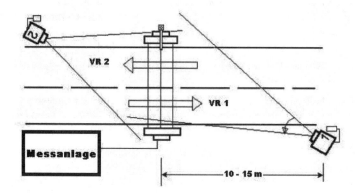

Die **vier Laserstrahlen** des Lichtsenders überbrücken die Straße rechtwinklig zum 477
Fahrbahnverlauf und treffen auf den Lichtempfänger. Bei einem Messvorgang unterbricht ein Fahrzeug nacheinander die vier Lichtstrahlen. Durchfährt ein Fahrzeug die vier Lichtstrahlen z.b. von links nach rechts, so werden diese in der Reihenfolge I-III, IV-II unterbrochen.

Der Lichtempfänger liefert im zeitlichen Abstand t1 – t3, t4 – t2 **vier Steuerimpulse**, die umso schneller aufeinander folgen, je schneller das Fahrzeug die Vierfachlichtschranke durchfährt.

Die vier Steuerimpulse werden von der **mikroprozessorgesteuerten Rechenelektronik**, die sich im Unterteil des Lichtempfängers befindet, zu mehreren Zeitwerten verarbeitet.

Der jeweils längere Zeitwert wird als **Berechnungsgrundlage** für die Geschwindig- 478
keitsermittlung gewertet. Dadurch werden geringfügige Abtastunterschiede bei der Messung immer zugunsten des Betroffenen innerhalb der gesetzlich vorgegebenen Eichtoleranzgrenze berücksichtigt.

Zusätzlich wird die **Zeitdifferenz** zwischen den Steuerimpulsen der beiden mittleren 479
Lichtschranken gemessen. Anhand dieses Wertes und des Geschwindigkeitsmesswertes wird der Winkel zwischen der Lichtschrankenebene und dem Teil des Fahrzeuges ermittelt, der die Lichtschranken unterbrochen hat. So wird eine Stufenprofilmessung ausgeschlossen.

Für die **Ermittlung des Geschwindigkeitsmesswertes** muss sichergestellt sein, dass 480
- die Reihenfolge bei der Lichtstrahlunterbrechung eingehalten wird,
- der Zeitmesswert der Teilschranke mit zwei multipliziert, sich von dem der Gesamtschranke um höchstens 1 % unterscheidet,
- das ermittelte Fahrzeugprofil steiler als ein im Programm festgelegter Winkel ist,
- sich die Ergebnisse der getrennten elektronischen Zähler um höchstens 0,1 % unterscheiden,
- die Messung annulliert wird, wenn der Messwertvergleich – alle Zeiten werden zweimal mit getrennten elektronischen Einrichtungen gemessen – eine Überschreitung der festgelegten Grenzen ergibt und
- der kleinste der berechneten Geschwindigkeitswerte angezeigt und im Messfoto eingeblendet wird.

Zudem ist die Messanlage nach der Aktivierung durch den Bediener erst messbereit, 481
wenn die Lichtschranken für die Dauer von **0,5 s nicht unterbrochen** worden sind. Auf diese Weise wird eine Mehrfachmessung bei langsam fahrenden Fahrzeugen ausgeschlossen.

Teil 1: Messverfahren

482 Durch **Taktung der** vom Lichtsender **ausgesandten Strahlen** und durch entsprechende Filterung der empfangenen Lichtsignale wird die Beeinflussung der Messungen durch Fremdlicht ausgeschlossen.

483 Liefert die Messung am jeweils gemessenen Fahrzeug in der „Einfahrtmessung" an der Fahrzeugfront **kein verwertbares Messergebnis** (Messannullierung), dann erfolgt automatisch eine unabhängige „Ausfahrtmessung" am Fahrzeugheck.

484 Für die Ausfahrtmessung werden die **gleichen Annullierungskriterien** verwendet wie für die Einfahrtmessung.

> **Hinweis:**
>
> Eine Ausfahrtmessung kommt nur zustande, wenn das Fahrzeug kürzer als 6 m ist oder wenn sich innerhalb von 6 m eine für die Ausfahrtmessung geeignete Fahrzeugkante ergibt. Dies ergibt sich nur dann, wenn ein geschlossenes Fahrzeugteil die Lichtschranke mindestens 0,5 m abdeckt.

Wie bei der Einfahrtmessung wird auch bei der Ausfahrtmessung anhand der **Reihenfolge der Steuerimpulse** die Fahrtrichtung ermittelt. Zum einen müssen die Steuerimpulse der Ausfahrtmessung in der richtigen Reihenfolge erfolgen, zum anderen müssen die beiden Fahrtrichtungen (bei Ein- und Ausfahrtmessung) übereinstimmen, anderenfalls erfolgt eine Annullierung.

485 Beide Messungen sind autark, es erfolgt **nur eine Fotoauslösung** mit der Zusatzeinblendung „E" für Einfahrt- bzw. „A" für Ausfahrtmessung. Bei der Verwendung des neuen Kameratyps FE2.1. fehlt die vorgenannte Einblendung „E" oder „A".

2. Fotoauslösung und Fotoposition

486 Die Messanlage „LS4.0" kann mit den **Fotoeinrichtungen des Typs IX** oder **FE2.1** ausgestattet werden.

487 Bei einer gültigen Ausfahrtmessung erfolgt die Fotoauslösung mit einer **Verzögerung von 0,08 s** (Kameratyp IX) bzw. 0,07 s (Kameratyp FE2.1). Wird eine zweite Fotoeinrichtung eingesetzt, so erfolgt in dieser automatisch eine zusätzliche Verzögerung von ca. 0,005 s, um ein gegenseitiges Überblenden durch die Fotoblitze zu vermeiden.

488 In der **ursprünglichen Variante der** „LS4.0" erfolgte die Fotoauslösung mit der entsprechenden Verzögerungszeit unmittelbar nach Bildung des Messwertes. Dies führte zu unterschiedlichen Fotopositionen der gemessenen Fahrzeuge im Beweisbild.

D. Lichtschrankenmessverfahren

Um die Bestimmung des erforderlichen Bildaufnahmebereiches zu erleichtern, wurden diese unterschiedlichen Fotopositionen durch **Veränderung der Verzögerungszeiten** angepasst. 489

Bei einer gültigen Einfahrtmessung wird für beide Fotoeinrichtungen zusätzlich zu den o.g. Verzögerungen eine **weitere Verzögerung realisiert**, die unter Berücksichtigung des Geschwindigkeitsmesswertes einer zurückgelegten Fahrstrecke von 4,5 m entspricht. Auf diese Weise wird erreicht, dass die Fahrzeuge bei Ein- und Ausfahrtmessungen etwa in der gleichen Position abgebildet werden. 490

Teil 1: Messverfahren

3. Fehlermöglichkeiten

a) **Messwertzuordnung bei zwei oder mehreren Fahrzeugen im Messbereich**

491 Laut **Bedienungsanleitung** ist allein anhand der eingeblendeten Daten eine zweifelsfreie Messwertzuordnung nicht in jedem Fall möglich, wenn sich zwei oder mehrere Fahrzeuge nebeneinander in gleicher Fahrtrichtung durch die Lichtschranke bewegen.

Beispiele:

Einbahnverkehr, Autobahn oder Überholvorgang.

Daraus resultierend dürfen **Fotos nur verwendet werden**, wenn nur ein Fahrzeug in Fahrtrichtung auf oder hinter der Messlinie abgebildet ist.

492 Fotos, auf denen zwei oder mehrere Fahrzeuge in Fahrtrichtung auf oder hinter der Messlinie abgebildet sind, dürfen **nicht ausgewertet** werden.

493 Aus dieser Verwertungsvoraussetzung resultiert die in der Bedienungsanleitung enthaltene **Grundregel** für die Justierung der Kamera, die zwingend vorschreibt, dass die fotografische Aufnahme die gedachte (unsichtbare) Messlinie zwischen Lichtsender und -empfänger so abbilden muss, dass alle Straßenabschnitte abgedeckt werden, auf denen Messungen entstehen können.

> **Hinweis:**
>
> Sollte es in Ausnahmefällen aufgrund der örtlichen Gegebenheiten nicht möglich sein, die Messlinie über die gesamte Fahrbahnbreite in den Beweisfotos abzubilden, so kann der Messbeamte dies durch einen **aufmerksamen Messbetrieb** ausgleichen. Hierzu ist es allerdings erforderlich, dass er jede einzelne Messung beobachtet und dokumentiert, dass das gemessene Fahrzeug vollkommen **allein** den Messbereich passiert hat.

494 Ein Beweisbild darf auch dann nicht verwertet werden, wenn durch einen **falsch gewählten Fotoaufnahmewinkel** ein Bereich der Messlinie durch ein Fahrzeug verdeckt ist, eine entsprechende Ergänzung des Beweismittels durch gezielte Beobachtung oder durch ein zweites Beweisbild nicht erfolgt ist und hierdurch die Anwesenheit eines zweiten Fahrzeuges im Bereich der Messlinie nicht ausgeschlossen werden kann.

495 Die **Bestimmung der Fotoposition in Bezug zur Messlinie** kann zum Ausgleich dieses Mangels ebenfalls nicht herangezogen werden, da die Fotoauslöseverzögerung der Kamera – und damit die Fotoposition im Beweisbild – nicht Gegenstand der Eichung ist und zudem die Messhöhe nur selten exakt bestimmt ist, sodass sich das die Mes-

sung auslösende Fahrzeugteil nicht hinreichend genau bestimmen lässt. Daher ist eine exakte Positionsbestimmung zur Geschwindigkeitsermittlung nahezu ausgeschlossen.

Aufgrund von **Aussagen von Messbeamten** wurde festgestellt, dass einzelne Messbeamte bei Messungen auf Fahrbahnen mit mehreren Fahrspuren für eine Richtung von einer automatischen Messannullierung ausgehen, wenn zwei Fahrzeuge in gleicher Richtung den Messbereich i.H.d. Lichtschranken passieren. 496

Eine Messwert-Annullierung über den geräteinternen Rechner erfolgt bei zwei Fahrzeugen im Messbereich nur dann, wenn sich die **zwei Fahrzeuge direkt innerhalb der Lichtschrankenbasis begegnen**, d.h. wenn die beiden Fahrzeuge jeweils von rechts und von links in die Messbasis einfahren. Dann erfolgt eine Messwertanzeige „1EE" und keine Fotoauslösung. 497

Begegnen sich zwei Fahrzeuge kurz vor oder nach der Lichtschrankenmessbasis, dann kann die Messwertzuordnung zu einem Fahrzeug über die Fahrtrichtungssymbolik in der Dateneinspiegelung (Richtungspfeile → bzw. ←)in der Kamera 1 oder Kamera 2 erfolgen.

Die **korrekte Messwertzuordnung** bedingt allerdings die korrekte Eingabe des Kamerastandort-Codes durch den Messbeamten bei der Dateneingabe in der Datenbox. Dabei gelten **folgende Standortcodes**: 498

Code	Kameratyp	Standort Fotoeinrichtung
0	IX	Kamera 1 auf der Seite des Lichtempfängers aufgestellt
1	IX	Kamera 2 auf der Seite des Lichtempfängers aufgestellt
2	IX	Kamera 1 auf der Seite des Lichtsenders aufgestellt
3	IX	Kamera 2 auf der Seite des Lichtsenders aufgestellt
10	FE2.1	Kamera 1 auf der Seite des Lichtempfängers aufgestellt
20	FE2.1	Kamera 2 auf der Seite des Lichtempfängers aufgestellt
11	FE2.1	Kamera 1 auf der Seite des Lichtsenders aufgestellt
21	FE2.1	Kamera 2 auf der Seite des Lichtsenders aufgestellt

Bzgl. der Überprüfung der korrekten Eingabe des Standortcodes wurde bei einer nicht geringen Anzahl von Bewertungen festgestellt, dass die Codierung des Kamerastandortes durch den Messbeamten **nicht korrekt eingegeben** worden war und durch die Fahrtrichtungssymbolik (Richtungspfeile) die Messwertbildung entgegen der Fahrtrichtung der jeweiligen Betroffenenfahrzeuge dokumentiert wurde.

Teil 1: Messverfahren

Dies resultierte entweder aus der Nichteingabe eines sich **geänderten Standortcodes** nach einem Messstellenwechsel oder aus der **fehlenden Kenntnis des Messbeamten** bzgl. der Durchführung der vorgenannten Codierung.

b) Testdurchführung

aa) Test 1

499 Bei der Durchführung von Messungen mit Fotodokumentation muss gemäß der Bedienungsanleitung (Stand: 22.03.1999) der Test 1 durchgeführt werden.

500 Durch die **fotografische Dokumentation des Test 1** wird beweissicher gewährleistet, dass alle Segmente der dreistelligen Geschwindigkeitsanzeige der Fotoeinrichtungen der Typen IX und FE2.1 funktionsfähig sind und dass die Datenfunkstrecke und die Datenkabel zu den Fotoeinrichtungen korrekt arbeiten.

501 Bei den jeweils zu Messbeginn und Messende zu fertigenden Testfoto wird bei beiden Kameratypen über die Datenbox im ersten Bild keine Anzeige – alle Segmente aus – und im zweiten Bild die Anzeige „88888..." – alle Segmente ein – eingeblendet.

Aufgrund der **fehlenden Zeiteinblendung** im Datenfeld eines Testfotos kann nicht überprüft werden, ob es sich um ein Testfoto zu Messbeginn oder Messende handelt. Daher ist zur definitiven Bestätigung sowohl des Anfangs- als auch des Schlusstests die **Durchsicht des kompletten Negativfilmes** erforderlich.

502 Die Testfotos erfüllen durch die Aufnahme in die Bedienungsanleitung die Funktion, für Teile des Messbetriebs die **ordnungsgemäße technische Funktion** zu gewährleisten.

Somit erfüllen die Testfotos **zu Messbeginn und zu Messende** außerdem die Funktion, den Messzeitraum zu bestimmen, dessen spätere Bewertung im Rahmen einer Gutachtenerstellung eine sichere Bewertung eines einzelnen Messvorgangs zulässt.

bb) Test 2

503 Laut Bedienungsanleitung können die Geschwindigkeiten von Fahrzeugen auch ohne Benutzung der Fotodokumentation gemessen werden, wobei dann die Messwertanzeige im Anzeigebedienpult herangezogen wird.

Um die korrekte Anzeige des Messwerks im Anzeigebedienpult zu gewährleisten, muss bei **Messungen ohne Fotodokumentation** der **Test 2** durchgeführt werden.

Bei diesem Test werden die **EPROM- und RAM-Bausteine** im Rechner des Lichtempfängers, die Datenkabelverbindung zwischen Anzeigebedienpult und Rechner sowie alle Anzeigenelemente im Anzeigenbedienpult überprüft.

Der Test ist durch den Messbeamten **visuell zu verfolgen**. 504

Nur bei erfolgreicher Durchführung des Tests 2 darf mit der Geschwindigkeitsmessung ohne Fotodokumentation begonnen werden. 505

Die Durchführung des Tests 2 ist im Messprotokoll zu vermerken.

c) **Aufstellgeometrie – Neigungswasserwaage**

Gemäß der Bedienungsanleitung muss die **Parallelität** zwischen Fahrbahnverlauf und Lichtschranken-Oberteil mit der Neigungswasserwaage hergestellt werden. 506

Mit der zum Zubehör der Messanlage gehörenden **Neigungswasserwaage** wird zunächst die Fahrbahnneigung in Fahrtrichtung ermittelt. 507

I.R.d. **Bedienungsanleitung** (Stand 22.03.1999) wird unter Punkt 6.2 (S. 22) **folgende Verfahrensweise** vorgegeben: 508

„Die Neigungswasserwaage wird vor dem Lichtempfänger am Fahrbahnrand in Fahrtrichtung aufgesetzt. Feststellschraube für den inneren Drehkranz lösen und den Drehkranz so verdrehen, dass die Luftblase sich in der Mitte der Kennzeichnung befindet. Dann die Feststellschraube wieder anziehen".

Damit ist das Gefälle bzw. die Steigung der Fahrbahn auf die Neigungswasserwaage übertragen.

Die Neigungswasserwaage wird nun auf die vorgesehene Auflage des Lichtempfängers gesetzt. Dabei ist darauf zu achten, dass die Vorderseite der Neigungswasserwaage nicht zur Rückseite wird; es darf also **keine 180 Grad-Drehung** ausgeführt werden. 509

Anschließend wird die **Querneigung des Lichtschranken-Oberteils** in Fahrtrichtung so einjustiert, dass die Luftblase der Neigungswasserwaage im „Wasser" ausgerichtet ist. 510

Damit ist die Straßenneigung – in Fahrtrichtung gesehen – auf den Lichtempfänger übertragen.

Bzgl. der **Ausrichtung des Lichtsenders** ist analog zu verfahren. 511

Hinweis:

Auch bei Verwendung der Neigungswasserwaage wird eine 100 %ige Fahrbahnparallelität nicht herzustellen sein. Der letztendlich verbleibende Fehler ist jedoch so gering, dass er von der Verkehrsfehlergrenze erfasst ist.

Teil 1: Messverfahren

512 Durch die **Nichtverwendung der Neigungswasserwaage** ist eine Schrägstellung der Messanlage und daraus resultierend eine Verkürzung der Messbasis von 25 cm sowie ein geringfügiger Messfehler zuungunsten des Betroffenen nicht auszuschließen.

4. Anforderungen an eine korrekte Auswertung

513 Eine Messung mit dem Lichtschrankenmessgerät „LS4.0" ist in der Auswertung dann als korrekt zu bewerten, wenn im Einzelnen die Punkte der folgenden Checkliste erfüllt sind.

514 **Checkliste: Korrekte Auswertung der Messung bei der „LS4.0"**

- ☐ Das **Messprotokoll** bestimmt eindeutig das verwendete Messgerät.
- ☐ Das verwendete Messgerät verfügt über eine zum Tatzeitpunkt **gültige Eichung**, insb. sind keine Reparaturen am Messgerät erfolgt oder Eichmarken oder Eichplomben so beschädigt, dass die Sicherung des Messgeräts gegen Eingriffe nicht mehr gewährleistet gewesen ist.
- ☐ Die **Auswertung** der **Testfotos** zu Messbeginn und zu Messende bestätigt die erfolgreiche Durchführung der vorgeschriebenen Gerätetests. Nur dann darf der Messfilm überhaupt ausgewertet werden.
- ☐ Bei der Durchführung von Messungen ohne Fotodokumentation ist die Durchführung des Tests 2 im Messprotokoll bestätigt.
- ☐ Der **fahrbahnparallele Aufbau** von Sender und Empfänger ist durch die korrekte Verwendung der Neigungswasserwaage sichergestellt.
- ☐ Das Beweisfoto oder die Beweisfotos bei Verwendung mehrerer Kameras, bilden den **gesamten Bereich der Messlinie** zwischen Sender und Empfänger ab, auf dem sich messrelevante Abläufe ereignen können.
- ☐ Die **Auswertung** des Beweisfotos/der Beweisfotos zeigt, dass das im Beweisfoto abgebildete Fahrzeug den Messwert initiiert hat.
- ☐ Lässt sich dies aus dem Beweisfoto/den Beweisfotos nicht eindeutig bestimmen, muss die Messwertbildung durch ein **anderes Fahrzeug** auf eine andere Art definitiv **auszuschließen** sein.

Hinweis:
Ist einer der v.g. Punkte der Checkliste nicht erfüllt, kann **nicht** von einer **korrekten** Messung i.S.e. standardisierten Messverfahrens ausgegangen werden.

5. Beispiel einer nicht zu verwertenden Messung

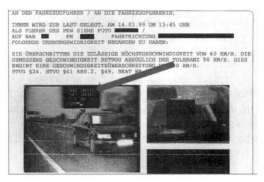

Das Bild zeigt eine **korrekte Messwerteinblendung einer Ausfahrtsmessung**. Kritisch sollte hier bei jedem Messfoto mit einem solchen Bildaufnahmewinkel die Messwertbildung durch andere Fahrzeuge überprüft werden.

Oftmals werden solche Bilder als „korrekte Messung" gewertet, da in der Bildaufnahme kein zweites Fahrzeug zu erkennen ist. Wie falsch es ist, **ohne** entsprechende **Abbildung des gesamten Messbereiches** die korrekte Messwertbildung anzunehmen, zeigt das folgende Bild der zweiten eingesetzten Kamera.

Teil 1: Messverfahren

Zusammen bilden die Fotos den **gesamten Messbereich** ab. Die Dateneinblendung zeigt eine korrekte Messwertbildung in der Ausfahrtsmessung an. Die Messsituation zeigt zwei Fahrzeuge in einer plausiblen Messsituation, wohingegen nur eines der Fahrzeuge überhaupt gemessen worden sein kann.

517 Daher kann festgehalten werden, dass das zweite Foto wegen der erkennbaren Anwesenheit von zwei Fahrzeugen im Messbereich sofort aus der Auswertung hätte fallen müssen, wohingegen das erste Bild nur nach Überprüfung des gesamten Messbereiches hätte ausgewertet werden dürfen. Dann allerdings wäre festzustellen gewesen, dass entweder der Messbereich nicht komplett abgebildet ist oder aber dass sich ein zweites Fahrzeug im Messbereich befindet. Auch diese Messung hätte dann nicht verwertet werden dürfen.

III. Einseitensensormessverfahren „ES1.0"

Das Wichtigste in Kürze:

1. Das Messsystem besteht aus einem Sensorkopf mit vier optischen Helligkeitssensoren, von denen drei im Abstand von insgesamt 50 cm parallel zueinander im rechten Winkel zur Fahrtrichtung der gemessenen Fahrzeuge über die Fahrbahn ausgerichtet werden; der vierte Sensor ist im Winkel von 2° schräg hierzu ausgerichtet und dient der Entfernungsmessung (nicht geeicht!).

2. Das Messprinzip beruht auf einer Weg-Zeit-Messung über die Messbasis von 50 cm; dabei wird ein vorläufiger Messwert über die Vortriggerung und ein endgültiger Messwert über die aufgezeichnete Helligkeitsveränderung vor den Sensoren ermittelt.

3. Zu Beginn und am Ende des Messbetriebes müssen jeweils zwei Tests durchgeführt werden, der Test 1 ist dabei fotografisch zu dokumentieren.

4. Zur Herstellung der Fahrbahnparallelität ist die Fahrbahnneigung mittels Neigungswasserwaage auf das Messgerät zu übertragen.

5. Nach der Vortriggerung bewegt sich die gemessene „Lichtveränderung" um 3 m und zuzüglich etwa 1 m je gefahrene 50 km/h (Faustregel) im Beweisbild nach vorne, bevor das Messfoto ausgelöst wird.

6. Da die Messung prinzipiell von jedem Fahrzeugteil von Stoßstange zu Stoßstange initiiert werden kann, muss der Messbereich sowohl i.H.d. Sensors bis hin zu der für die Geschwindigkeit max. zu erreichenden Fotoposition so im Beweisbild dokumentiert sein, dass alle Fahrzeuge, welche an der Messwertbildung in irgendeiner Form beteiligt sein könnten, im Beweisbild zu sehen sein müssen.

D. Lichtschrankenmessverfahren

> **Wichtige Entscheidungen:**
> - OLG Stuttgart, Beschl. v. 24.10.2007 4 Ss 264/07
> - AG Saarbrücken, Urt. v. 08.09.2009 22 OWi 63 Js 917/09 (568/09)
> - AG Grimma, Beschl. v. 22.10.2009 3 OWi 153 Js 34830/09
> - AG Göttingen, Urt. v. 26.08.2009 62 OWi 75 Js 10567/09 (36/09)
> - AG Wurzen, Urt. v. 22.10.2009 3 OWi 151 Js 33023/09

1. Messanlage

Das von der Firma ESO produzierte Geschwindigkeitsmessgerät Typ „ES1.0" (Einseitensensor), wird zur Messung von Geschwindigkeiten im Straßenverkehr i.R.d. amtlichen Überwachung eingesetzt.

Wesentliche Bestandteile der Anlage sind der Sensorkopf mit vier Helligkeitssensoren, eine Rechnereinheit mit Bedienteil und eine funkgesteuerte Fotoeinrichtung.

2. Messprinzip

Mit der Geschwindigkeitsmessanlage des Typs „ES1.0" wird die Geschwindigkeit von Fahrzeugen nach dem **Prinzip der Weg-Zeit-Messung**

$$s = s/t$$

mit vier optischen Sensoren bestimmt.

Die Geschwindigkeit **v** eines Fahrzeuges ergibt sich dabei aus der Messbasis **s** und der Zeit **t**, in der das zu messende Fahrzeug die Messbasis durchfährt.

Die im Sensorkopf untergebrachten **Sensoren** detektieren die Durchfahrt eines Fahrzeuges.

Jeder der Sensoren besteht aus zwei nebeneinander angebrachten (passiven) Fotoelementen und liefert ein von der Helligkeitsdifferenz abhängiges Signal. Ein auf der anderen Straßenseite stehender Reflektor wird nicht benötigt.

Von den Sensoren sind **drei Sensoren** parallel und im rechten Winkel über die Fahrbahn ausgerichtet. Die beiden äußeren Sensoren sind dabei 50 cm auseinander, der Sensor in der Mitte teilt diese Strecke in zwei gleich große Teilstrecken von 25 cm.

Der **vierte Sensor** ist um ca. 2 Grad schräg ausgerichtet und dient lediglich der Feststellung der Messentfernung zum gemessenen Objekt und ist nicht Gegenstand der Eichung.

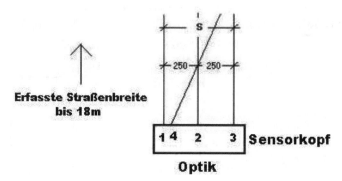

522 Beim Durchfahren der Sensoren in einer Richtung wird die Farb-/Helligkeitsveränderung aufgenommen und löst über sog. **Triggersignale** die Zeitzähler aus.

Das Durchfahren des zweiten und dritten Sensors führt dann zu **zwei Zeitnahmen** jeweils über 25 cm und 50 cm. Beide Ergebnisse werden umgerechnet und miteinander verglichen.

523 Liegen die Ergebnisse **innerhalb der festgelegten Toleranzen**, wird der Messwert als vorläufiger Messwert akzeptiert und führt bei Überschreitung des vom Bediener eingestellten Geschwindigkeitsgrenzwertes zu einer Fotoauslösung.

524 Damit ist allerdings die **Messung noch nicht beendet**. Vielmehr wird für die Dauer der „erkannten" Durchfahrt mit den eingehenden Helligkeitsveränderungen für jeden der drei Sensoren getrennt ein Spektogramm erstellt.

525 **Nach Beendigung** der Erstellung **des Spektogrammes** werden über ein Rechnerprogramm die drei Ergebnisse überprüft. Liegen die Ergebnisse dieser Korrelationsrechnung innerhalb der Definition, wird der vorläufige Messwert anerkannt und das Messergebnis in das Beweisfoto eingeblendet.

526 Ein Geschwindigkeitsmesswert wird **nur als gültig gewertet**, wenn
- die Reihenfolge bei der Sensortriggerung eingehalten wurde und
- die verschiedenen Parameter der Korrelationsrechnung (Qualität der Kurven) nicht überschritten wurden.

3. Fotoauslösung

Die Beschreibung der Messwertbildung zeigt, dass **das erste Messergebnis** schon kurz nach dem Durchfahren der Sensoren mit der Fahrzeugfront durch die Auswertung der Triggersignale vorliegt.

527

Durch die Länge des Fahrzeuges und damit durch unterschiedlich lange veränderte Helligkeitssignale und anschließender Rechnertätigkeit kann es bis zur abschließenden Messwertbildung u.U. **so lange dauern**, dass das gemessene Fahrzeug den Messbereich bereits verlassen hat, bevor das Messergebnis vorliegt.

528

Daher erfolgt die Fotoauslösung bereits zu einem vorgelagerten Zeitpunkt, nämlich dann, wenn die Triggersignale den vorläufigen Messwert bilden.

Die Fotoauslösung ist **geschwindigkeitsabhängig** dabei so berechnet, dass frühestens 3 m nach Durchfahren der Sensoren durch den ersten Helligkeitsimpuls – Auslösen der Triggersignale – zuzüglich einer geschwindigkeitsabhängigen Zeitvariante das Foto ausgelöst wird.

529

Folglich ist bei der typischen Fotoauslösung ein gemessenes Fahrzeug mit der Fahrzeugfront 3 m zuzüglich etwa 1 m je gefahrene 50 km/h nach der eigentlichen Messlinie (dritter Sensor in Fahrtrichtung) positioniert.

Die **Einblendung des Messergebnisses** erfolgt dagegen erst wesentlich später. Annullierte Messergebnisse werden dann – da das Foto ja bereits gefertigt ist – durch die Einblendung „0EE" gekennzeichnet.

530

Die **Anzahl solcher Messwertannullationen** kann dabei durchaus einen Hinweis auf die Sicherheit der Messstelle geben.

Die ersten Messerfahrungen mit dem 1999 zugelassenen Messgerät haben mittlerweile zur 5. Softwareänderung bis zur **Softwareversion 2.03** geführt, die zu der seit 01.04.2004 gültigen Bedienungsanleitung führte. Gemäß 1. Neufassung der Anlage zur innerstaatlichen Bauartzulassung vom 05.11.1999 sind die Softwareversionen 2.01 bis 2.03 zugelassen. Gemäß Punkt 5.1 dieser Zulassung sind dann auch die jeweiligen Bedienungsanleitungen vom 08.12.2001 (für Softwareversion 2.01), 18.11.2002 (2.02) und 01.04.2004 (2.03) gültig und zu beachten.

531

4. Komplettabbildung des Messbereiches

Eine **wesentliche Erkenntnis** aus der Praxis war, dass nicht bei allen Lichtverhältnissen tatsächlich die Fahrzeugfront gemessen wurde.

532

Insb. bei **Dämmerung** und **Dunkelheit** sind stark abweichende Fotopositionen festgestellt worden, die zur Erkenntnis führten, dass gelegentlich – insb. bei schrägem Aufbau des Sensors über die Fahrbahn – die Heckbeleuchtung eines Fahrzeuges die Triggersignale der Messung auslöst und damit eine Messung am Heck des Fahrzeuges erfolgte, mithin auch die Fotoposition des Hecks 3 m zuzüglich der geschwindigkeitsabhängigen Verzögerung nach der Messlinie ist.

533 Danach ist die **Fotoaufnahmeposition** heute **so zu wählen**, dass die Fahrbahn in der gesamten Breite abgebildet wird, in der sich messrelevante Fahrabläufe ereignen können und zwar zwischen der Messlinie (Sensor) über die Fotolinie 1 (3 m nach dem Sensor als mindestens gefahrene Strecke bis zur Fotoauslösung) und der Fotolinie 2 (die Fotolinie, an der ein gemessenes Fahrzeug bei max. vorkommender Geschwindigkeit abgebildet wird).

534 Bzgl. der Dokumentation des Messbereiches führt die **Bedienungsanleitung** wie folgt aus:

„Eine Möglichkeit, die Messlinie zu dokumentieren, ist die Abbildung des Sensorkopfes in jedem Messfoto.

Eine weitere Möglichkeit, insbesondere für die Dokumentation der Fotolinie 2, ist die Verwendung von Messlinienmarkierern (oder andere geeignete Mittel wie Kreidestriche oder Reflexfolie am Fahrbahnrand oder in der Fahrbahnmitte), die zur Visualisierung der Messlinie bzw. der Fotolinie 2 angebracht werden und die zumindest im Rahmen des Fototests abgebildet sein müssen".

535 Die **Fotolinie 2** wird **individuell** nach Abschätzung der möglichen Höchstgeschwindigkeit „vGrenz" an der jeweiligen Messörtlichkeit vom Messbeamten festgelegt.

536 Ausgehend von der geschätzten, an der Messörtlichkeit zu erwartenden **Maximalgeschwindigkeit** ist der Abstand zwischen Sensor und Fotolinie 2 nach der Formel „3 m + 1 m je 50 km/h des vGrenz-Wertes" zu berechnen, also bei erwarteter Spitzengeschwindigkeit von 200 km/h 3 m + 4 m = 7 m.

Um bei der Auswertung der Messfotos auch in Extremfällen eine **zweifelsfreie Messwertzuordnung** zu gewährleisten, muss dieser vGrenz-Wert gemäß der Bedienungsanleitung im Messprotokoll protokolliert werden.

537 **Folgende Bilder** zeigen eine solche Dokumentation auf:

D. Lichtschrankenmessverfahren

Durch den Sensor und den davor aufgestellten Messkegel ist die Messlinie, also die Höhe des Sensors auf der Fahrbahn, markiert.

Zugleich handelt es sich hier um eines der beiden Testfotos zum Messanfang (alle Segmente leuchten auf).

Das Bild zeigt eine „normale" Messung. Das Fahrzeug steht in einer plausiblen Entfernung zur Messlinie.

538 Die folgenden beiden Bilder zeigen ggü. dem zuvor angezeigten Bild eine weit nach vorne gehende Fotoposition:

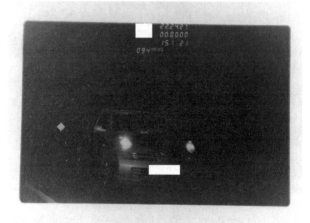

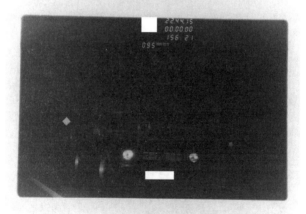

Bei beiden Aufnahmen ist zu erkennen, dass die gemessenen Fahrzeuge ggü. dem zweiten Bild bei Rn. 537 wesentlich weiter nach vorne abgebildet sind.

Hier wurde nicht die Fahrzeugfront gemessen. Das Messgerät hat das Fahrzeug gar nicht erkannt, es nicht „gesehen". Erst das Heck konnte als „Licht-Veränderung" erkannt und gemessen werden.

Diese Bilder zeigen deutlich, wie wichtig es ist, den gesamten Messbereich zwischen Messlinie und Fotolinie 2 abzubilden.

5. Fehlermöglichkeiten

a) Messwertzuordnung bei zwei oder mehreren Fahrzeugen im Messbereich

Bewegen sich **zwei Fahrzeuge (versetzt) nebeneinander** in gleicher Fahrtrichtung am Sensorkopf vorbei, z.B. bei Messungen auf mehrspurigen Fahrbahnen (Autobahn) oder bei einem Überholvorgang, so ist allein anhand der eingeblendeten Daten eine zweifelsfreie Zuordnung nicht in jedem Fall möglich. 539

Daraus resultierend dürfen Fotos **laut Bedienungsanleitung nur verwendet** werden, wenn nur ein Fahrzeug in Fahrtrichtung auf oder hinter der Messlinie abgebildet ist. Fotos, auf denen zwei oder mehrere Fahrzeuge in Fahrtrichtung auf oder hinter der Messlinie abgebildet sind, dürfen nicht ausgewertet werden. 540

Aufgrund der vorgenannten **Verwertungsvorgabe** muss die fotografische Aufnahme die Messstelle so abbilden, dass alle Fahrbahnabschnitte, auf denen Messwerte entstehen können, bis zur gedachten (unsichtbaren) Fotolinie 2, fotografisch dokumentiert werden.

Ist dies aufgrund der **örtlichen Gegebenheiten** an einer Messstelle nicht möglich, so muss bspw. durch konkrete Beobachtung der einzelnen Messungen oder durch den Einsatz einer zweiten Fotoanlage sichergestellt werden, dass kein überholendes Fahrzeug den Messwert gebildet hat.

> **Hinweis:**
>
> Beim **aufmerksamen Messbetrieb** muss der Messbeamte jede einzelne Messung beobachten und dokumentieren, dass das gemessene Fahrzeug vollkommen allein den Messbereich passiert hat.

Aufgrund von **Stellungnahmen von Messbeamten** ist festzustellen, dass einzelne Messbeamte bei Messungen auf Fahrbahnen mit mehreren Fahrspuren für eine Richtung von einer automatischen Messannullierung überzeugt sind, wenn zwei Fahrzeuge in gleicher Richtung den Messbereich passieren. 541

Eine Messwertannullierung über den geräteinternen Rechner erfolgt bei zwei Fahrzeugen im Messbereich nur dann, wenn sich die **zwei Fahrzeuge direkt innerhalb des Sensorbereiches begegnen**, d.h. wenn die beiden Fahrzeuge jeweils von rechts und 542

Teil 1: Messverfahren

von links in den Sensorbereich einfahren. Dann erfolgt eine Messwertanzeige „0" mit „Annullierung" und keine Fotoauslösung.

Begegnen sich zwei Fahrzeuge kurz vor oder nach der Sensormessbasis, dann kann die Messwertzuordnung zu einem Fahrzeug über die Fahrtrichtungssymbolik in der Dateneinblendung (Richtungspfeile → bzw. ←) in der Fotoeinrichtung 1 oder 2 erfolgen.

543 Eine diesbezügliche, korrekte Messwertzuordnung setzt allerdings die **korrekte Eingabe des Kamerastandort-Codes** durch den Messbeamten bei der Dateneingabe in der Datenbox voraus. Dabei gelten die **folgenden Standortcodes:**

Code	Kameratyp	Standort Fotoeinrichtung
10	FE2.0/FE2.4	K 1 auf der Seite des Sensors
20	FE2.0/FE2.4	K 2 auf der Seite des Sensors
11	FE2.0/FE2.4	K 1 auf der gegenüberliegenden Seite des Sensors
21	FE2.0/FE2.4	K 2 auf der gegenüberliegenden Seite des Sensors
0	VIII-4	K 1 auf der Seite des Sensors
1	VIII-4	K 2 auf der Seite des Sensors
2	VIII-4	K 1 auf der gegenüberliegenden Seite des Sensors
3	VIII-4	K 2 auf der gegenüberliegenden Seite des Sensors

Der Standortcode wird rechts in der dritten Reihe des Datenfeldes eingeblendet.

Bzgl. der Überprüfung der korrekten Eingabe des Standortcodes wurde bei einer nicht geringen Anzahl von Bewertungen festgestellt, dass die Codierung des Kamerastandortes durch den Messbeamten **nicht korrekt eingegeben** worden war und durch die Fahrtrichtungssymbolik (Richtungspfeile) die Messwertbildung entgegen der Fahrtrichtung der jeweiligen Betroffenenfahrzeuge dokumentiert wurde.

Dies resultierte entweder aus der Nichteingabe eines sich **geänderten Standortcodes** nach einem Messstellenwechsel oder aus der **fehlenden Kenntnis des Messbeamten** bzgl. der Durchführung der vorgenannten Codierung.

b) Testfotos

544 Die **Testfotos** sind gemäß Punkt 8.1 (S. 33) der Bedienungsanleitung (Stand 01.04.2004) **wie folgt vorgeschrieben:**

„Der Test muss jeweils zweimal pro Messstelle ausgeführt werden, einmal zu Beginn und dann am Ende des Messeinsatzes an einer Messstelle!"

D. Lichtschrankenmessverfahren

Durch die fotografische Dokumentation des Tests wird **beweissicher gewährleistet**, dass alle Segmente der dreistelligen Geschwindigkeitsanzeige der Fotoeinrichtungen der Typen FE2.0, FE2.4 oder VIII-4 funktionsfähig sind und dass die Datenfunkstrecke und die Datenkabel zu den Fotoeinrichtungen korrekt arbeiten. 545

Die Testfotos der jeweiligen Fotoeinrichtungen zeigen **unterschiedliche Einblendungen** im Datenfeld: 546

- Bei den mit der Fotoeinrichtung **FE2.4** gefertigten Testfotos wird im ersten Bild keine Anzeige – alle Segmente aus – und im zweiten Bild die Anzeige „88888..." – alle Segmente ein – eingeblendet.
- In den Testfotos der Fotoeinrichtung **VIII-4** wird anstatt eines Geschwindigkeitswertes einmal „000" **mit** beiden Richtungspfeilen und einmal „3FF" abgebildet.
- Die gleiche Einblendung („000 und 3FF") erfolgt bei der Testdurchführung mit der Fotoeinrichtung **FE2.0**, allerdings werden im „000"-Foto **keine** Richtungspfeile eingeblendet.

Aufgrund der **fehlenden Zeiteinblendung** im Datenfeld des Kameratyps FE2.4 kann anhand eines Testfotos nicht überprüft werden, ob es sich um ein Testfoto zu Messbeginn oder Messende handelt. Daher ist zur definitiven Bestätigung sowohl des Anfangs- als auch des Schlusstests die Durchsicht des kompletten Negativfilmes erforderlich.

Die Testfotos erfüllen durch die Aufnahme in die Bedienungsanleitung die Aufgabe, für Teile des Messbetriebs die **ordnungsgemäße technische Funktion zu gewährleisten**. 547

Somit erfüllen die Testfotos **zu Messbeginn und zu Messende** außerdem die Funktion, den Messzeitraum zu bestimmen, dessen spätere Bewertung im Rahmen einer Überprüfung eine sichere Bewertung eines einzelnen Messvorgangs zulässt. Dies gilt nicht nur aus technischer Sicht, sondern auch aus Sicht der Gesamtbewertung bspw. zur Gründlichkeit des Messbetriebs.

c) **Aufstellgeometrie**

Gegenüber der früheren Messgeometrie (z.B. LS 4.0) sind beim Einseitensensor **drei geometrische Ausrichtungen** zu betrachten: 548

Die parallele Ausrichtung des Messsensors zur Fahrbahnoberfläche in Fahrtrichtung (**Querneigung**) ist deshalb erforderlich, weil anderenfalls die Messbasis von 50 cm verkürzt würde. Hierdurch würden kürzere Durchfahrtszeiten bestimmt, jedoch immer die Strecke von 50 cm zugrunde gelegt, wodurch **rechnerisch zu hohe Geschwindig-**

keiten auftreten können. Dies stellt einen grds. Messfehler zuungunsten des Betroffenen dar.

Bei der Herstellung der Parallelität zwischen der Fahrbahn und dem Sensor (**Querneigung**) wird die zum Zubehör der Messanlage gehörende Neigungswasserwaage vor dem Sensorkopf am Fahrbahnrand in Fahrtrichtung aufgesetzt.

Die Feststellschrauben für den **inneren Drehkranz** werden gelöst und der Drehkranz so verdreht, dass sich die Luftblase in der Mitte der Kennzeichnung befindet. Dann wird der Drehkranz mittels der Feststellschraube gegen eine Verstellung gesichert.

Anschließend wird die Neigungswasserwaage auf dem Sensorkopf auf die vorgesehene Auflage gesetzt. Dabei ist darauf zu achten, dass **die Neigungswasserwaage nicht um 180 Grad verdreht** wird.

Die **Querneigung des Sensorkopfes** mit dem entsprechenden Drehkranz wird dann derart verändert, dass sich die Luftblase der Neigungswasserwaage in der Mitte der Kennzeichnung befindet. Damit ist die Straßenneigung in Fahrtrichtung auf den Sensorkopf übertragen.

Stimmt die Parallelität zwischen Sensorkopf und Fahrbahnoberfläche in Fahrtrichtung (Querneigung) nicht überein, d.h., wurde die Fahrbahnneigung nicht mit der Neigungswasserwaage ermittelt und auf den Sensorkopf übertragen, so ist ein **geringfügiger Messfehler** zuungunsten des Betroffenen nicht auszuschließen.

549 Die **zweite Ausrichtung**, die beachtet werden soll, ist die fahrbahnparallele Ausrichtung queraxial zur Fahrtrichtung (**Längsneigung**), damit über die Fahrbahn hinweg. Insb. bei Messungen in der Dunkelheit soll dadurch bei richtiger Wahl der Aufstellhöhe der Scheinwerfer als messauslösender Helligkeitsimpuls gewertet werden. Hier sind durch die Bedienungsanleitung abweichende Aufbauten zulässig, insb. dann, wenn Lichtveränderungen auf der dem Sensor gegenüberliegenden Straßenseite eine Messung verhindern. Dann wird der Sensor erhöht und geneigt auf die Fahrbahnoberfläche gerichtet.

> **Hinweis:**
> Die Einstellung der Längsneigung mit der Neigungswasserwaage ist aber **nicht zwingend** erforderlich.

550 Die **dritte Ausrichtung** ist diejenige in einem Winkel von 90 Grad queraxial zur Fahrtrichtung der gemessenen Fahrzeuge. Wird dieser Winkel nicht eingehalten, so ist das im Hinblick auf die Höhe des Messwertes zunächst ohne Bedeutung. Durch die Schrägstellung außerhalb der 90 Grad wird zunächst die Messbasis verlängert, da das Fahrzeug die drei „Lichtschranken" in Schrägfahrt durchfährt.

D. Lichtschrankenmessverfahren

Wird nun allerdings der Sensor in der zweiten Ausrichtung geneigt und mit dem gemessenen Fahrzeug in dessen Fahrtrichtung **außerhalb des 90 Grad Winkels** aufgestellt, wird die von den Vorgängermodellen praktizierte Stufenprofilmessung durch Einfahrt in den schräg nach unten laufenden „Strahl" provoziert.

551

Die zu Eingang der Messung erfolgenden **Triggersignale** werden eine solche Stufenprofilmessung nicht erkennen und ein vorläufiges Messergebnis liefern. Dass die anschließende Korrelation der drei Helligkeitskurven dazu führt diese Messung in jedem Fall zu annullieren, darf angezweifelt werden. Eine erhöhte Annullationsrate ist bei diesem Aufbau allerdings zu erwarten.

552

6. Nicht zu verwertende Messungen
Fall 1:

553

Das erste Foto zeigt das „gemessene" Fahrzeug „allein" im Messbereich.

Erst die Auswertung aller Filme der Messstelle zeigt im folgenden parallel gefertigten Bild der zweiten Kamera ein **weiteres Fahrzeug** im Messbereich.

Teil 1: Messverfahren

Fazit:
- Nur die Aufzeichnung der gesamten Fahrbahnbreite gibt Auskunft über die tatsächliche Messsituation zum Messzeitpunkt;
- nur nach Auswertung der Filme beider Kameras kann die Messsituation beurteilt werden;
- befinden sich zwei Fahrzeuge im Messbereich – wie hier gegeben –, darf die Messung nicht verwertet werden.

554 **Fall 2:**

Das erste Bild zeigt **wieder eine vermeintlich korrekte Messsituation** – das gemessene Fahrzeug allein im Messbereich.

D. Lichtschrankenmessverfahren

In solchen Aufnahmen wird häufig über die Möglichkeit eines verdeckt fahrenden Fahrzeuges gestritten – da „man ja nichts sehen kann". Wie wichtig auch hier der Einsatz der zweiten Kamera und die Auswertung der Messfilme beider Kameras ist, zeigt das folgende zweite Bild der Messung.

Fazit:
Auch hier durfte die Messung wegen zweier Fahrzeuge im Messbereich nicht verwendet werden.

Fall 3:
Auch hier zeigt das erste Bild der Messung eine anscheinend korrekte Messung.

Das folgende zweite Bild dokumentiert im Testfoto durch die beiden Kegel die Messlinie und die Fotolinie zwei – also den Bereich, in dem sich messrelevante Abläufe bis

H.-P. Grün 227

Teil 1: Messverfahren

zur erwarteten höchstmöglichen Geschwindigkeit vGrenz ereignen können. Hier ist zu bemängeln, dass der Standstreifen i.H.d. Messlinie nicht komplett abgebildet ist, sodass evtl. sich dort abspielender Fahrverkehr nicht erfasst wird.

Aber auch so zeigt das zweite Messfoto ein weiteres Fahrzeug im Messbereich auf und somit eine nicht verwertbare Messung.

7. Anforderungen an eine korrekte Auswertung

556   Eine Messung mit dem Einseitensensormessgerät ist in der Auswertung dann als korrekt zu bewerten, wenn im Einzelnen die Punkte der folgenden Checkliste erfüllt sind.

D. Lichtschrankenmessverfahren

Checkliste: Korrekte Auswertung der Messung bei „ES1.0"

☐ Das **Messprotokoll** bestimmt eindeutig das verwendete Messgerät.

☐ Das verwendete Messgerät verfügt über eine zum Tatzeitpunkt **gültige Eichung**, insb. sind keine Reparaturen am Messgerät erfolgt oder Eichmarken oder Eichplomben so beschädigt, dass die Sicherung des Messgeräts gegen Eingriffe nicht mehr gewährleistet gewesen ist.

☐ Die **Auswertung** der Testfotos zu Messbeginn und zu Messende bestätigt die erfolgreiche Durchführung der vorgeschriebenen Gerätetests. Nur dann darf der Messfilm überhaupt ausgewertet werden.

☐ Der **fahrbahnparallele Aufbau des Messsensors** ist durch die korrekte Verwendung der Neigungswasserwaage sichergestellt.

☐ Der **vGrenz-Wert** als Grundlage für die Festlegung der Fotolinie 2 ist im Messprotokoll eingetragen.

☐ Das Beweisfoto oder die Beweisfotos bei Verwendung mehrerer Kameras bilden den **gesamten Messbereich** zwischen Messlinie und Fotolinie ab, auf dem sich messrelevante Abläufe ereignen können.

☐ Die **Auswertung** des Beweisfotos/der Beweisfotos zeigt, dass das im Beweisfoto abgebildete Fahrzeug den Messwert selbst und alleine initiiert hat.

☐ Lässt sich dies aus dem Beweisfoto/den Beweisfotos nicht eindeutig bestimmen, muss die **Beteiligung** eines **zweiten Fahrzeuges** an der Messwertbildung auf eine andere Art definitiv **auszuschließen** sein.

Hinweis:
Ist einer der v.g. Punkte der Checkliste nicht erfüllt, kann **nicht** von einer **korrekten Messung** i.S.e. standardisierten Messverfahrens ausgegangen werden.

IV. Einseitensensormessverfahren „ES 3.0"

Das Wichtigste in Kürze:

1. Das Messsystem besteht aus einem Sensorkopf mit fünf optischen Helligkeitssensoren, von denen drei im Abstand von insgesamt 50 cm parallel zueinander im rechten Winkel zur Fahrtrichtung der gemessenen Fahrzeuge über die Fahrbahn ausgerichtet werden; die Sensoren 4 und 5 sind im Winkel von 0,4° schräg hierzu ausgerichtet und dienen der Entfernungsmessung (geeicht).

2. Das Messprinzip beruht auf einer Weg-Zeit-Messung über die Messbasis von 50 cm; dabei wird ein vorläufiger Messwert über die Vortriggerung und ein

Teil 1: Messverfahren

endgültiger Messwert über die aufgezeichnete Helligkeitsveränderung vor den Sensoren ermittelt.

3. Zur Herstellung der Fahrbahnparallelität ist die Fahrbahnneigung mittels Neigungswasserwaage auf das Messgerät zu übertragen.
4. Nach der Vortriggerung bewegt sich die gemessene „Lichtveränderung" um ca. 3 m im Beweisbild nach vorne, bevor geschwindigkeitsabhängig das Messfoto ausgelöst wird.
5. Diese Fotolinie soll im so genannten Fotolinienfoto dokumentiert werden; sofern sie nicht dokumentiert wurde, ist sie durch Auswertung der Bilddateien eines Messbetriebes zu ermitteln.
6. Der seitliche Messabstand im Beweisbild ermöglicht mit den geometrischen Angaben zur Messörtlichkeit im Messprotokoll die Zuordnung des Messwertes zu einer bestimmten Fahrspur.
7. Eine besondere Sachbearbeitung ist bei Messungen mit der bis 25.11.2009 gültigen Softwareversion 1.001 erforderlich.

Wichtige Entscheidungen:

- AG Lüdinghausen, Urt. v. 27.10.2008 19 OWi-89 Js 1585/08-146/08
- AG Zerbst, Beschl. v. 10.05.2010 8 OWi 297/10
- AG Lüdinghausen, Urt. v. 19.01.2009 19 OWi -89 Js 1880/08-170/08
- AG Lüdinghausen, Urt. v. 23.01.2009 19 OWi 89 Js 1585/08 – 146/08
- OLG Koblenz, Beschl. v. 16.10.2009 1 SsRs 71/09

1. Messanlage

558 Bei dem Einseitensensormessgerät „ES3.0" der Firma ESO handelt es sich um das **Nachfolge-Geschwindigkeitsmessgerät** der Einseitensensormessanlage ES1.0.

559 Dieses Messgerät ist im Dezember 2006 von der PTB in Braunschweig unter dem Zulassungszeichen 18.11-06-04 zugelassen worden.

560 Die **eichpflichtigen Komponenten** des Messgerätes sind der Sensorkopf, die Rechnereinheit, der Anzeige- und Bedienmonitor sowie die Fotoeinrichtung FE3.0 oder FE5.0 mit Digitalkamera(s).Die ursprünglich in der Zulassung aufgeführte Eichpflicht der Auswertesoftware „esoDigitales II" wurde mit dem 2. Nachtrag zur Zulassung vom 20.12.2007 aufgehoben, was insofern nachvollziehbar ist, da sich eine Auswertesoftware auf einem PC kaum eichen lässt.

Gegenüber dem **Vorgängermodell** unterscheidet sich die Messanlage „ES3.0" durch einige Modifizierungen und Veränderungen.

2. Messprinzip

In dem Sensorkopf sind insgesamt **fünf passive Sensoren** untergebracht, die die Durchfahrt eines Fahrzeuges detektieren.

Jeder dieser Sensoren besteht aus zwei **nebeneinander angeordneten Fotoelementen** und liefert ein von der Helligkeitsdifferenz abhängiges Signal; ein entsprechender Reflektor auf der ggü. liegenden Straßenseite wird nicht benötigt. Die bei der Durchfahrt eines Fahrzeuges anfallenden Signale werden digitalisiert.

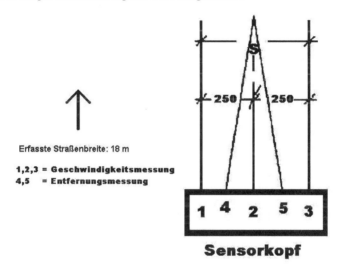

Die drei Sensoren 1, 2 und 3 ermitteln die Geschwindigkeit analog des Messprinzips bei der Messanlage „ES1.0" (→ **Einseitensensormessverfahren** ES1.0/Messprinzip).

Die um ca. 0,4 Grad schräg gestellten Sensoren 4 und 5 dienen zur **Messung des Abstandes** zwischen detektiertem Fahrzeug und Sensor.

Durch die doppelte Ausführung wird eine **eichfähige Abstandsmessung** erreicht.

Durch die **Schrägstellung** hängt der Zeitversatz der Signalverläufe nicht nur von der Geschwindigkeit, sondern auch vom Abstand des Fahrzeuges zum Gerät ab, sodass umgekehrt der Abstand aus

- der Geschwindigkeit und

Teil 1: Messverfahren

- dem Zeitversatz der Signale

  berechnet werden kann.

565 Ein Geschwindigkeitsmesswert wird **nur als gültig gewertet**, wenn
- die Reihenfolge der Sensortriggerung eingehalten wird,
- die verschiedenen Parameter der Korrelationsrechnung nicht überschritten werden und
- das Fahrzeug innerhalb des Abstandsbereiches von 0 m bis 18 m fährt.

3. Fotoauslösung/Fotolinie

566 Die Messanlage ist mit der **digitalen Fotoeinrichtung FE3.0 oder FE 5.0** ausgerüstet.

567 Zu Beginn eines Messeinsatzes können **zwei unterschiedliche Geschwindigkeitsgrenzwerte** bestimmt werden, die auch den Fahrtrichtungen oder zwei Abstandsbereichen zugeordnet werden können. Die Fotoauslösung erfolgt immer dann, wenn sich die Front eines gemessenen Fahrzeuges 3 m in Fahrtrichtung hinter dem mittleren Sensor befindet.

Die Fotoauslösung erfolgt nach der Vortriggerung unmittelbar nach der vorläufigen Bestimmung der Geschwindigkeit durch die Auswertung eines 3 m entsprechenden Messsignals (Vormessung). Ein Foto wird gefertigt, wenn dieser Wert den eingestellten Fotogrenzwert erreicht oder überschreitet und sich innerhalb des eingestellten Abstandsbereiches befindet.

Das digitale Messfoto wird zum Rechner übertragen, wo die Bilddaten und die bei der Messung entstandenen Werte bei einer gültigen Messung in einer Datei zusammengefasst, verschlüsselt, signiert und dann auf der Festplatte im Rechner gespeichert werden.

Im Falle einer nicht gültigen Messung werden die Bilddateien gelöscht. Nur die Bilder der nicht geeichten Zusatzkamera werden auf der Speicherkarte der Zusatzkamera abgespeichert.

568 Die Geschwindigkeitsmessanlage hat für jede Fahrtrichtung einen **festen Fotopunkt**. Dieser ist **geschwindigkeitsunabhängig** und befindet sich immer jeweils **ca. 3 m** in Fahrtrichtung hinter der Mitte des Sensorkopfes.

Hinweis:

Um eine zweifelsfreie Messwertzuordnung zu gewährleisten, **muss** die **Position** der Fotolinie für jede überwachte Fahrtrichtung nachzuvollziehen sein. Wurde die Fotolinie nicht fotografisch dokumentiert, so ist sie nur durch Auswertung der Bilddateien einer Messserie zu ermitteln. Da zwischenzeitlich im Messbetrieb Fahrzeugpositionen abweichend von der Fotolinie anzutreffen sind, kann ein zweites Messfoto zur Dokumentation der Fotolinie nicht mehr genügen. Hier ist jeweils die Auswertung der gesamten Messequenz einer Messörtlichkeit erforderlich.

Mit der **Funktion „Fotolinie"** im Kameradialog wird die entsprechende Fotodokumentation gespeichert. Zur Visualisierung der Fotolinie kann deren Position mit Leitkegeln, Kreidestrichen, Reflexfolie, Nägeln etc. am Fahrbahnrand oder in der Fahrbahnmitte markiert werden.

569

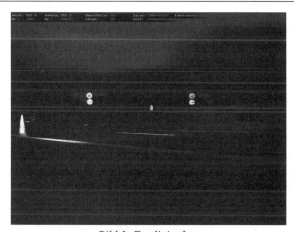

Bild 1: Fotolinienfoto

4. Testfotos

Testfotos im herkömmlichen Sinn zur Überprüfung der Datenfunkstrecke und der Dateneinblendung sind bei dem Einseitensensormessgerät ES3.0 aus technischer Sicht **nicht erforderlich.**

570

5. Aufstellung des Sensorkopfes

a) Justieren des Sensorkopfes

Zunächst ist die parallele Ausrichtung des Messsensors zur Fahrbahnoberfläche in Fahrtrichtung (**Querneigung**) erforderlich, weil anderenfalls die Messbasis von 50 cm verkürzt würde. Hierdurch würden kürzere Durchfahrtszeiten bestimmt, jedoch immer

571

Teil 1: Messverfahren

die Strecke von 50 cm zugrunde gelegt, wodurch rechnerisch zu hohe Geschwindigkeiten auftreten können. Dies stellt einen grundsätzlichen Messfehler zuungunsten des Betroffenen dar.

Bei der Herstellung der Parallelität zwischen der Fahrbahn und dem Sensor (**Querneigung**) wird die zum Zubehör der Messanlage gehörende Neigungswasserwaage vor dem Sensorkopf am Fahrbahnrand in Fahrtrichtung aufgesetzt.

Die **Feststellschrauben** für den **inneren Drehkranz** werden gelöst und der Drehkranz so verdreht, dass sich die Luftblase in der Mitte der Kennzeichnung befindet. Dann wird der Drehkranz mittels der Feststellschraube gegen Verstellung gesichert.

Anschließend wird die Neigungswasserwaage auf dem Sensorkopf auf die vorgesehene Auflage gesetzt. Dabei ist darauf zu achten, dass **die Neigungswasserwaage nicht um 180 Grad verdreht** wird.

Die Querneigung des Sensorkopfes mit dem entsprechenden Drehkranz wird dann so verändert, dass sich die **Luftblase der Neigungswasserwaage** in der Mitte der Kennzeichnung befindet. Damit ist die Straßenneigung in Fahrtrichtung auf den Sensorkopf übertragen.

572 **Stimmt die Parallelität** zwischen Sensorkopf und Fahrbahnoberfläche in Fahrtrichtung (Querneigung) **nicht überein**, d.h. wurde die Fahrbahnneigung nicht mit der Neigungswasserwaage ermittelt und auf den Sensorkopf übertragen, so ist ein geringfügiger Messfehler zuungunsten des Betroffenen nicht auszuschließen.

573 Die **zweite Ausrichtung**, die beachtet werden soll, ist die fahrbahnparallele Ausrichtung queraxial zur Fahrtrichtung (**Längsneigung**), damit über die Fahrbahn hinweg. Insb. bei Messungen in der Dunkelheit soll dadurch bei richtiger Wahl der Aufstellhöhe der Scheinwerfer als messauslösender Helligkeitsimpuls gewertet werden. Hier sind durch die Bedienungsanleitung abweichende Aufbauten zulässig, insb. dann, wenn Lichtveränderungen auf der dem Sensor gegenüberliegenden Straßenseite eine Messung verhindern. Dann wird der Sensor erhöht und geneigt auf die Fahrbahnoberfläche gerichtet.

Die Einstellung der Längsneigung mit der Neigungswasserwaage ist aber **nicht zwingend** erforderlich.

574 Die **dritte Ausrichtung** ist diejenige in einem Winkel von 90 Grad queraxial zur Fahrtrichtung der gemessenen Fahrzeuge. Wird dieser Winkel nicht eingehalten, so ist das im Hinblick auf die Höhe des Messwertes zunächst ohne Bedeutung.

575 Durch die **Schrägstellung außerhalb der 90 Grad** wird zunächst die Messbasis verlängert, da das Fahrzeug die drei „Lichtschranken" in Schrägfahrt durchfährt.

Wird nun allerdings der **Sensor in der zweiten Ausrichtung** geneigt und mit dem gemessenen Fahrzeug in dessen Fahrtrichtung außerhalb des 90 Grad Winkels aufgestellt, wird die von den Vorgängermodellen praktizierte Stufenprofilmessung durch Einfahrt in den schräg nach unten laufenden „Strahl" provoziert.

Die zu Eingang der Messung erfolgenden Triggersignale werden eine solche Stufenprofilmessung nicht erkennen und ein vorläufiges Messergebnis liefern.

Dass die anschließende Korrelation der drei Helligkeitskurven dazu führt diese Messung in jedem Fall zu annullieren, darf angezweifelt werden.

Eine erhöhte Annullationsrate ist bei diesem Aufbau allerdings zu erwarten.

b)   Abstand des Sensorkopfes zur Straße/Fahrspurbreiten

Um eine **eindeutige Messwertzuordnung bei Parallelfahrten** zu gewährleisten, muss der Abstand des Sensorkopfes zum Fahrbahnrand gemessen und im Messprotokoll vermerkt werden (Ziff. 6.1.2. Bedienungsanleitung). 576

Eine Veränderung des Abstandes während der Messung **muss** ebenfalls im Messprotokoll vermerkt werden (die Auflösung der Messung muss < 10 cm sein).

Zudem müssen die Fahrspurbreiten an einer Messstelle mit einer Auflösung von < 10 cm bekannt sein (Ziff. 6.1.3. Bedienungsanleitung).

6.   Zuordnungskriterien bei der Auswertung der Messfotos

Begegnen sich zwei Fahrzeuge **direkt innerhalb der Sensormessbasis** so erfolgt eine Annullierung durch den Rechner (Geschwindigkeitsanzeige „0 km/h" mit dem Zusatz „Annullierung", Abstandsanzeige „0,0 m"; keine Fotospeicherung). 577

Begegnen sich zwei Fahrzeuge **kurz vor oder nach der Sensormessbasis**, dann darf die Messwertzuordnung zu einem Fahrzeug auch über die Fahrtrichtungssymbolik in der Dateneinblendung (Richtungspfeile) im Foto erfolgen. 578

Bei **dicht hintereinander** fahrenden Fahrzeugen wird eine zweifelsfreie Zuordnung des Messwertes mithilfe der Fotolinie gewährleistet.

Bewegen sich zwei Fahrzeuge **nebeneinander in gleicher Richtung am Sensorkopf vorbei** (Autobahn, Überholvorgang), so kann anhand des eingeblendeten Abstandes die eindeutige Zuordnung erfolgen. Zur diesbezüglichen Bewertung sind die geometrischen Daten der Messstelle (Abstand Sensorkopf zum Fahrbahnrand und Fahrspurbreiten) erforderlich.

Teil 1: Messverfahren

Bei **Messwertbildungen über das Fahrzeugheck** (Dämmerungsphase, Dunkelheit) ist das gemessene Fahrzeug in Fahrtrichtung entsprechend nach vorne versetzt. Eine sichere Auswertung kann erfolgen, wenn anhand der Fahrtrichtungssymbolik und des Abstandes die Beteiligung eines anderen Fahrzeuges zweifelsfrei ausgeschlossen werden kann.

> **Hinweis:**
>
> Eine korrekte Messwertzuordnung ist also dann möglich, wenn zum Einen die korrekte Position des gemessenen Fahrzeugs in Fahrtrichtung zur Fotolinie eindeutig zu bestimmen ist. Hierzu dient in aller Regel das Fotolinienfoto.
>
> Daneben muss auch die seitliche Fahrzeugposition, also die Entfernung vom Messsensor korrekt nachzuvollziehen sein. Dies erfolgt mit den Dateneinblendungen im Messfoto („Abstand") i.V.m. den Angaben zu den Fahrspurbreiten und dem Abstand des Sensors zum Fahrbahnrand im Messprotokoll.
>
> Schließlich muss die Messrichtungsanzeige im Datenfeld des Beweisfotos eine Messung in Fahrtrichtung des abgebildeten Fahrzeuges aufweisen (siehe Nachfolgender Fall 1 Rn. 579).

7. Fehler in Messbetrieb und Auswertung

■ Fall 1 – fehlerhafte Messwertzuordnung

579 Im folgenden Bild 1 ist eine „normale Messsituation" dargestellt. Im Datenfeld ist eine Messung mit 154 km/h in Fahrtrichtung des Smart angezeigt.

Bild 1: Messfoto

D. Lichtschrankenmessverfahren

Dass der Smart im vorliegenden Fall diese Messgeschwindigkeit bauartbedingt nicht erreichen kann sollte zumindest Anlass sein die Messung bei Widerspruch kritisch zu prüfen.

Die wesentlichen zu prüfenden Punkte sind hier die Position des Fahrzeuges zur Fotolinie, wobei das Fotolinienfoto jedoch nicht Gegenstand der Akte war und somit nicht zur Verfügung stand.

Weitere Angaben zur Messung sind im Beweisbild unter den eingeblendeten Abständen zu finden. Der Abstand des Sensors zur Straße ist mit 1,20 m angegeben und der Abstand des Fahrzeuges vom Sensor mit „Abstand 10,7 m".

Da der Smart sich allerdings augenscheinlich im ersten Fahrstreifen bewegt, dürfte dieser Abstand allenfalls 1,20 m zuzüglich der Entfernung des Smart vom Fahrbahnrand, also insgesamt ca 3 m betragen.

Zur Klärung ist das Messprotokoll beizuziehen:

[redacted] 23.07.2007

(Dienststelle) (Datum)

Server-Nr.: [redacted]

Messprotokoll Nr.: [redacted]

über die Geschwindigkeitsmessung mit der Einseitensensor - Geschwindigkeitsmessanlage "ES 3.0"

1	**Daten zur Einseitensensormessanlage "ES 3.0" (Systemangaben)** Geräte-Nr.: [redacted] geeicht bis: 31.12.2008
2	**Geschwindigkeitsmessung, Kontrollstelle (Messstelle) /1** Datum Montag, [redacted] Zeit, von 15:00 Uhr bis 21:00 Uhr Messort (Messstelle): [redacted] Fahrtrichtung: [redacted] Zulässige Höchstgeschwindigkeit an der Messstelle: 100 km/h, Journal: [redacted] Die Messstelle liegt innerhalb ☐; außerhalb ☒; der geschlossenen Ortschaft. Fahrbahngefälle: ☐, Fahrbahnsteigung: ☐ in Grad/Prozent: ____ / ____ Lichtverhältnisse: Tageslicht: ☒; Dämmerung ☐; Dunkelheit ☐; Witterung: sonnig: ☒, bedeckt: ☒, Nebel: ☐, Regen: ☐, Schneefall: ☐. Fahrbahnzustand: trocken: ☒; nass: ☐; glatt: ☐.
3	**Schlüsselverzeichnis** [redacted] (Gemeindeschlüssel) [redacted] (Nr. der Messstelle) [redacted] (Dienststellenschlüssel)
4	**Betrieb der Geschwindigkeitsmessanlage /1** Messung des: ankommenden Verkehrs: ☒, 1. Fahrstreifen: 3,10 m m 2. Fahrstreifen: 3,90 m m abfließenden Verkehrs: ☐, 3. Fahrstreifen: 4,00 m m 4. Fahrstreifen: 4,00 m m Abstand: Sensorkopf Fahrbahnkante: 1,20 m m Fototest: ☒ Betriebsart: manuell: ☐, automatisch: ☒. Ergebnisse der Geschwindigkeitsmessung/Anzahl der Überschreitungen: 3689 / 561
5	**Anzahl der ausgefertigten Kontrollblätter:** 0 (Anlagen zum Messprotokoll, nur bei Anhaltekommando)
6	**Bemerkungen:** (Verkehrsdichte, Lage der Anhaltestelle nach der Kontrollstelle, Beschilderung, usw.) [redacted]
7	**Zeugenerklärung** Abez.: PHM, Name: [redacted], Vorname: [redacted], Telefon-Nr.: [redacted] bestätigt hiermit die Richtigkeit der im Messprotokoll vorgenommenen Angaben. Die geschwindigkeitsbeschränkenden Verkehrszeichen wurden vor und nach der Geschwindigkeitsmessung kontrolliert und als ordnungsgemäß befunden. Die Einseitensensor-Geschwindigkeitsmessanlage ES 3.0 wurde entsprechend der gültigen Gebrauchsanweisung des Herstellers bedient. Der Test wurde zu Beginn des Messeinsatzes an der Messstelle durchgeführt. Der Polizeibeamte verfügt als Messbeamter über die Bedienberechtigung für diese Geschwindigkeitsmessanlage. [redacted] Unterschrift

/1 Zutreffendes ankreuzen

Pol. LSA [illegible]

Bild 2: Messprotokoll

D. Lichtschrankenmessverfahren

Addiert man die Entfernungsangaben, so ist einfach festzustellen, dass aus Entfernung Sensor zum Fahrbahnrand (1,20 m) und den Fahrstreifenbreiten 1 und 2 (3,10m und 3,90 m) das Ende des zweiten Fahrstreifens in einem Abstand von 8,2 m zum Sensor ist. Mithin erfolgte die gegenständliche Messung im dritten Fahrstreifen.

Das Fotolinienfoto bzw. die Auswertung aller Bilddateien zur gegenständlichen Messung wird zur Verdeutlichung aufzeigen, dass alle gemessenen Fahrzeuge zudem wesentlich weiter zurück versetzt abgebildet sind, als der Smart.

Im Ergebnis wurde hier ein Fahrzeug im dritten Fahrstreifen gemessen – der Smart hat sich kurz vorher durch den Messbereich bewegt und zufällig bei Fotoauslösung die Position im Bild eingenommen. Die Auswertung erfolgte oberflächlich ohne Berücksichtigung der sonstigen Messergebnisse, des Fotolinienfotos und des Messprotokolls und führte so zur falschen Beanzeigung.

Die Unvollständigkeit der Akte (Fotolinienfoto) erschwert dann dem Laien die entsprechende Auswertung.

Fall 2 – falsche Fahrzeugpositionen in Fahrtrichtung zur Fotolinie

Das folgende Beispiel zeigt, dass zur abschließenden Bewertung von Messsicherheit und Messbeständigkeit in einem Messbetrieb die Bilddateien aller Messungen des jeweiligen Messbetriebes auszuwerten sind.

Alle Bilddateien zur Messserie wurden hier angefordert, da das Fotolinienfoto auf Anforderung nicht zur Verfügung gestellt werden konnte. In diesem Fall muss die Fotolinie durch Auswertung der Fahrzeugpositionen aus den Bilddateien der Messserie ermittelt werden.

Bei Durchsicht der Bilddateien ergab sich dann, dass über die Messdauer von ca. 90 min in einem Messbetrieb von mehr als 4 Stunden unregelmäßige Fahrzeugpositionen aufgetreten sind.

Das nachfolgende Bild 1 zeigt die aus allen Fotopositionen der gemessenen Fahrzeuge ermittelte Fotolinienposition am Ende der Leitlinienmarkierung.

Teil 1: Messverfahren

Bild 1: ermittelte Fotolinie

Die folgenden Bilder 2 und 3 zeigen dagegen deutlich zurück versetzte Fotopositionen der gemessenen Fahrzeuge

D. Lichtschrankenmessverfahren

Gegenüber der korrekten Fotoposition sind die beiden Fahrzeuge um ca. 2 m zurück versetzt. Diese Fahrzeugpositionen sind sehr bedenklich. Zunächst wird die Fahrgeschwindigkeit des zu messenden Fahrzeuges ermittelt. Danach wird daran orientiert die Fotoauslösung so gesteuert, dass sich das gemessene Fahrzeug zu diesem Zeitpunkt an der Fotolinie befindet. Ist dies nicht der Fall, kann das gemessene Fahrzeug entweder die gemessene Geschwindigkeit nicht gefahren sein oder die Fotoauslösung erfolgt nicht korrekt.

Vorstellbar ist selbstverständlich auch die Möglichkeit, dass etwas anderes als das Fahrzeug die Messung ausgelöst hat. In diesem Fall ist allerdings insgesamt zu untersuchen, wie sicher die Messwertbildung bei abweichenden Fotopositionen überhaupt sein können.

Im Sinne einer einfachen Beweisführung sollten von der korrekten zu erwartenden Fotoposition abweichende Fahrzeugpositionen im Beweisbild nicht zur Auswertung heran gezogen werden.

■ **Fall 3 – Softwareversion 1.001 – Eichung bis 25.11.2009**

Bei der zur Eichung angesprochenen Software Version 1.001 sind im Messbetrieb fehlerhafte Distanzwerte des gemessenen Objektes zum Sensor registriert worden. Daraufhin wurde mit Datum vom 25.11.2009 der 3. Nachtrag zur innerstaatlichen Bauartzulassung vom 05.12.2006 zum ES 3.0 von der PTB heraus gegeben, in der die Software Version 1.002 genehmigt wurde.

In Ziffer 1 des Nachtrages ist die technische Verbesserung der neuen Software im Vergleich zur Software Version 1.001 wie folgt beschrieben:

Teil 1: Messverfahren

„Die Abstandsmessfunktion ist verbessert. Nur mit dieser Softwareversion ermöglicht der ermittelte Abstand eine zweifelsfreie Zuordnung des Messwertes zu einem Fahrzeug auch dann, wenn die Fotolinie nicht über die volle Breite im Foto abgebildet ist oder wenn sich zwei Fahrzeuge an der Fotolinie befinden."

In Ziffer 4 des Nachtrages – Gebrauchsanweisung – ist weiterhin aufgeführt:

„Geschwindigkeitsüberwachungsgeräte, die mit der im Abschnitt 1 aufgeführten Software ausgestattet sind (*Anm.d.Red.: also die neue Version 1.002*), sind entsprechend der Gebrauchsanweisung vom 25.11.2009 aufzustellen und zu betreiben.

Die Auswertung der Dokumentatiosnfotos und der weiteren Messwerte, die von Geschwindigkeitsüberwachungsgeräten stammen, die noch mit der bisher zulässigen Software ausgestattet sind, muss entsprechend dem Merkblatt „eso ES3.0 Vers. 1001" vom 25.11.2009 erfolgen."

Das Merkblatt eso ES3.0 Vers. 1.001 vom 25.11.2009 enthält folgende Bearbeitungshinweise:

„Um in allen Fällen immer eine sichere Zuordnung des Messwertes zum gemessenen Fahrzeug gewährleisten zu können gilt für die Geschwindigkeitsmessgeräte vom Typ ES3.0 mit der Software Version bis einschließlich 1.001 folgende Auswerterichtlinien:

Wenn alle Fahrbahnteile, auf denen Messungen entstehen können, auf den Messfotos abgebildet sind und nur ein Fahrzeug auf dem Messfoto eindeutig mit der Vorderfront an der Fotolinie steht, darf dieses ausgewertet werden.

Wenn nicht alle Fahrbahnteile auf dem Messfoto abgebildet sind und auf andere Weise (z.B. aufmerksamer Messbetrieb) sichergestellt ist, dass nur ein Fahrzeug in Frage kommt, darf dieses ausgewertet werden.

Wenn zwei Fahrzeuge auf dem Foto in gleicher Höhe und in gleicher Richtung an der Fotolinie abgebildet sind, darf die Messung nicht ausgewertet werden.

Demnach muss ein Beweisbild einer Messung mit dem Geschwindigkeitsmessgerät ES 3.0, Software Version 1.001 so ausgestaltet sein, dass – wie bei dem Geschwindigkeitsmessgerät ES 1.0 – alle Fahrbahnteile im Beweisbild abgebildet sein müssen, auf denen sich den Messwert beeinflussende Fahrabläufe ereignen können.

Hinweis:

Diese vom Hersteller in Absprache mit der PTB getroffene Regelung soll für die Übergangszeit – bis nur noch mit der neuen Softwareversion 1.002 durchgeführte Messungen angetroffen werden – eine klare und nachvollziehbare Auswerterichtlinie schaffen. Sicherlich ließe sich in Einzelfällen auch bei der Softwareversion 1.001 eine korrekte Messung ohne Abbildung des Messbereiches nachweisen, allerdings nur mit einem erhöhten Aufwand in der Beweisführung.

8. Anforderungen an eine korrekte Auswertung

Eine Messung mit dem Einseitensensormessgerät ES3.0 ist in der Auswertung **dann als korrekt zu bewerten**, wenn im Einzelnen die Punkte der folgenden Checkliste erfüllt sind:

Checkliste: Korrekte Auswertung der Messung beim „ESO3.0"

- ☐ Das verwendete Messgerät verfügt über eine zum Tatzeitpunkt **gültige Eichung**, insb. sind keine Reparaturen am Messgerät erfolgt oder Eichmarken oder Eichplomben so beschädigt, dass die Sicherung des Messgeräts gegen Eingriffe nicht mehr gewährleistet gewesen ist.
- ☐ Die Position der **Fotolinie** ist **fotografisch dokumentiert.**
- ☐ Der **fahrbahnparallele Aufbau des Messsensors** ist durch die korrekte Verwendung der Neigungswasserwaage sichergestellt.
- ☐ Der **Abstand** zwischen Sensorkopf und Fahrbahnrand und eine evtl. Veränderung dieses Abstandes während des Messbetriebs ist/sind im Messprotokoll vermerkt.
- ☐ Die **Fahrspurbreiten** wurden ausgemessen und sind Protokolliert.
- ☐ Die Dateneinblendung zeigt eine Messung in Fahrtrichtung des abgebildeten Fahrzeuges.
- ☐ Das abgebildete Fahrzeug befindet sich in Fahrtrichtung in der Position der Fotolinie.
- ☐ Der seitliche Messabstand entspricht in Verbindung mit den geometrischen Angaben in Messprotokoll und Beweisbild der seitlichen Position des abgebildeten Fahrzeuges zum Messsensor.

Hinweis:

Ist einer der v.g. Punkte der Checkliste nicht erfüllt, kann **nicht** von einer **korrekten Messung** i.S.e. standardisierten Messverfahrens ausgegangen werden.

Teil 1: Messverfahren

E. Stationäre Messgeräte (Piezo-Kabel-Geschwindigkeitsmessgeräte)

I. Geschwindigkeitsmesssystem Traffiphot S / Traffiphot S-digital

Wichtige Entscheidungen:

- AG Stralsund, Urt. v. 04.03.2004 92 OWi 1031/03
- AG Lüdinghausen, Urt. v. 21.03.2005 10 OWi 89 Js 366/05 25/05
- LG Münster, Urt. v. 21.03.2005 10 Owi 89 Js 366/05 - 25/05
- OLG Hamm, Beschl. v. 24.01.2006 3 Ss OWi 582/05
- OLG Hamm, Beschl. v. 17.07.2006 3 Ss OWi 435/06
- OLG Hamm, Beschl. v. 01.02.2007 3 Ss OWi 856/06
- OLG Braunschweig, Beschl. v. 02.08.2006 2 Ss (B) 38/04
- OLG Dresden, Beschl. v. 19.11.2001 Ss (OWi) 9012/01
- OLG Frankfurt, Beschl. v. 04.03.1994 2 Ws (B) 70/94 OWiG
- OLG Oldenburg, Beschl. v. 19.08.1993 Ss 150/93

584 Bei dem Messgerät der Fa. Robot Visual Systems GmbH vom Typ Traffiphot S handelt es sich um ein stationäres Messgerät, bei dem die **Geschwindigkeitsmessung** nach dem Verfahren der **Weg-Zeit-Berechnung** über in die Fahrbahndecke eingelassene, druckempfindliche, piezoelektrische Sensoren erfolgt.

Je überwachtem Fahrstreifen sind drei in einem Abstand von 1,0 m hintereinander angeordnete Piezosensoren rechtwinklig zum Straßenverlauf verlegt, so dass sich zwei Teilmessstrecken zu jeweils 1,0 m und eine Gesamtmessstrecke von 2,0 m ergeben. Durch das Überfahren der Sensoren werden elektrische Impulse ausgelöst, so dass beim Durchfahren der Messstrecke drei Einzelmessungen mittels dreier unabhängiger Quarzzeitgeber durchgeführt werden können, d.h. es werden die Durchfahrtszeiten für die beiden Teilmessstrecken und die Gesamtmessstrecke ermittelt (1. Messung – Geschwindigkeit zwischen Sensor 1 und 2; 2. Messung – Geschwindigkeit zwischen Sensor 2 und 3; 3. Messung – Geschwindigkeit zwischen Sensor 1 und 3).

E. *Stationäre Messgeräte (Piezo-Kabel-Geschwindigkeitsmessgeräte)*

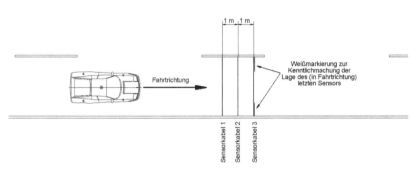

Skizze 1: Prinzipskizze Sensorbereich/Anordnung der Sensoren

Die **Ergebnisse der drei Messungen** werden **miteinander verglichen** und bei ausreichender Übereinstimmung innerhalb einer vorgegebenen Toleranz wird auf Gültigkeit des Messwertes entschieden.

Je nach Version besteht die Möglichkeit, zwei Fahrstreifen separat zu überwachen (Anlage mit Fahrstreifenerkennung/Prioritätsschaltung). Wenn auf beiden überwachten Fahrstreifen zwei Fahrzeuge nebeneinander (gleichzeitig) den Mess-/Sensorbereich durchfahren, wird durch eine Prioritätsschaltung nur ein Fahrzeug ausgewertet, d.h. die Schaltlogik wählt denjenigen Fahrstreifen aus, von dessen Sensoren sie das erste Überfahrtsignal erhält. Die Sensoren des anderen Fahrstreifens werden so lange gesperrt, bis die bereits begonnene Messung abgeschlossen ist. Die Information, von welchem Fahrstreifen die Überfahrtsignale zur Messwertbildung herangezogen wurden, wird in der Dateneinblendung als Fahrstreifeninformation zusätzlich eingeblendet.

1. Wesentliche Gerätevarianten

In der ursprünglichen Ausführung der Messanlage erfolgt(e) die fotografische Dokumentation registrierter Geschwindigkeitsüberschreitungen mit einer herkömmlichen Kamera unter Verwendung eines Negativfilms, Typ ROBOT-Motor-Recorder mit (Daten-)Einspiegelungssystem, Film-Negativformat 24 x 36 mm.

Mit dem 5. Nachtrag zur 1. Neufassung der Anlage zur innerstaatlichen Bauartzulassung wurde auch der Einsatz der Messanlage mit einer neuen Dokumentations- und Auswerteeinheit (Digitalkamera – ROBOT SmartCamera IM) zugelassen.

Je nach eingesetzter Kamera steht somit das Dokumentationsfoto als **Bildnegativ** zur Verfügung (ROBOT-Motor-Recorder) oder als sogenannter **Containerdatensatz** (Da-

Teil 1: Messverfahren

tei in der die Bildinformationen und die messrelevanten Daten zusammengefasst sind). Die **Auswertung der digitalen Daten** darf nur mit einem zugelassenen Auswerteprogramm des Geräteherstellers erfolgen.

Eine weitere wesentliche Unterscheidung ergibt sich aus dem Einsatz unterschiedlicher Piezo-Vorverstärker (Verstärkung und Signalaufbereitung der von den Sensorkabeln gelieferten Signale - siehe auch Rn. 587).

Kam bei Messanlagen der ursprünglichen Bauart ein **analoger** 3- oder 6-Kanal-**Piezovorverstärker** zum Einsatz, so wurde mit dem 3. Nachtrag zur 1. Neufassung der Anlage zur innerstaatlichen Bauartzulassung vom 05.03.2003 eine neue Version des Piezokabelgeschwindigkeitsmessgerätes mit einem so genannten **Intelligenten-Piezo-Vorverstärker (IPV)** zugelassen.

587 Mit dieser neuartigen Auswertung der Sensorsignale im IPV sollen die Messeigenschaften des Gerätes (Annullationsrate) verbessert werden. Gemäß 3. Nachtrag zur 1. Neufassung der Anlage zur innerstaatlichen Bauartzulassung werden durch den IPV die analogen Drucksignale der drei Piezokabel zunächst digitalisiert, um aus deren Verlauf insbes. auch den Zeitpunkt der maximalen Steigung zu ermitteln. Im Weiteren Verlauf werden in der zeitlichen Abfolge dieser Zeitpunkte drei Spannungsimpulse generiert, die dann dem Innenteil über die unveränderte Eingangsschaltung zur weiteren Verarbeitung übergeben werden. Der Beschreibung ist weiter zu entnehmen, dass der IPV selbständig verschiedene Plausibilitätskontrollen durchführt, die ggf. zur Annullation der Messung führen. Zusätzlich übermittelt der IPV dem Innenteil über separate Statusleitungen die Informationen über Fahrspur (auf der die Messung erfolgte), Fahrzeugtyp (Pkw, Lkw - wobei die Richtigkeit der geräteinternen Klassifizierung nicht Gegenstand der Zulassung ist) und Messende.

588 Als Sensoren, die **in Verbindung mit dem IPV** eingesetzt werden dürfen, sind **ausschließlich Sensoren des Typs Roadtrax BL Traffic** zugelassen.

Im wesentlichen sind insofern folgende Gerätevarianten zu unterscheiden, aus denen sich insbes. auch unterschiedliche Anforderungen an die Eichung und Wartung des Sensorbereichs ergeben:

Variante 1	Anlage mit analogem Piezo-Vorverstärker und ROBOT-Motor-Recorder
Variante 2	Anlage mit analogem Piezo-Vorverstärker und digitaler Kamera (ROBOT Smart Camera IM)
Variante 3	Anlage mit Intelligentem- Piezo-Vorverstärker (IPV) und ROBOT-Motor-Recorder

E. Stationäre Messgeräte (Piezo-Kabel-Geschwindigkeitsmessgeräte)

Variante 4	Anlage mit Intelligentem- Piezo-Vorverstärker (IPV) und digitaler Kamera (ROBOT Smart Camera IM)

Für alle Varianten ist die **Eichung des so genannten Innenteils** (oder auch Messeinschub) mit Netzteil, Piezo-Detektor-Interface, MPU, Rechnermodul, Kontroll- und Bedienteil sowie Fototeil und Blitzeinrichtung erforderlich. Es ist zulässig, wenn ein geeichtes Innenteil an verschiedenen geprüften Messstellen eingesetzt wird oder aber eine geprüfte Messstelle mit mehreren geeichten Innenteilen betrieben wird.

Für die eichamtliche Überprüfung der Messstellen (Sensorbereich) ist zu beachten, dass **Messstellen mit analogem Piezovorverstärker** (Gerätevariante 1 und 2) gemäß der **Piezorichtlinie 4. Ausgabe Stand November 2009** zu prüfen sind. Trotz mehrmaliger Anforderung dieses Dokuments bei der PTB wurde diese Richtlinie bislang noch nicht zugänglich gemacht. Gemäß bisher gültiger 3. Ausgabe der Piezorichtlinie ist neben der jährlichen Eichung **zusätzlich** die Durchführung einer fristgerechten **halbjährlichen Wartung** des Sensorbereichs durch den Gerätehersteller oder eine von diesem autorisierte Stelle erforderlich. 589

Messstellen mit IPV sind nach der Richtlinie zur Eichung des ROBOT-IPV, 2. Ausgabe vom 18.10.2006, zu prüfen. Eine **zusätzliche halbjährliche Wartung** des Sensorbereichs ist hier **nicht vorgeschrieben**.

Für **alle Gerätevarianten** gilt, dass nach Feststellung eines gültigen Messwertes nach Ablauf einer etwa konstanten Verzögerungszeit ein Registrierfoto ausgelöst wird, in dem der kleinste ermittelte Geschwindigkeitswert zur Anzeige gebracht wird. Aus Sicherheitsgründen erfolgt dabei die Darstellung des gemessenen Geschwindigkeitswertes zweimal. 590

Nach Auskunft des Geräteherstellers betragen die Fotoauslöseverzögerungen je nach Konfiguration/Gerätevariante (vgl. Rn. 588) etwa 0,02 bis 0,034 s.

Stimmen die drei ermittelten Geschwindigkeitswerte nicht innerhalb der vorgegebenen Toleranz überein, wird am Kontroll- und Bedienteil eine Fehlermeldung angezeigt und es wird kein Foto ausgelöst.

Im Falle der **Auslösung eines Registrierfotos** bei als gültig bewertetem Messwert lässt sich, unter Zugrundelegung der zwar nicht geeichten jedoch als etwa konstant zu unterstellenden Fotoauslöseverzögerung zwischen ca. 0,02 bis 0,034 s, eine größenordnungsmäßige Überprüfung des gemessenen Geschwindigkeitswertes durch Auswertung der Fotoposition des Fahrzeuges im Beweisbild, in Bezug zum in Fahrtrichtung letzten Sensor, vornehmen. Dieser Sensor ist gemäß Piezorichtlinie so zu markieren, dass dessen Lage im Messfoto zu erkennen oder zu rekonstruieren ist. 591

Teil 1: Messverfahren

2. Testdurchführung

592 Unmittelbar nach Einschalten der Anlage führt diese einen automatischen Selbsttest durch. Bei diesem werden alle für den korrekten Messablauf verantwortlichen Baugruppen und Zeitgeber auf ordnungsgemäße Funktion überprüft. Bei nicht erfolgreichem Test wird das Gerät für weitere Messungen blockiert.

Bei erfolgreichem Test wird der simulierte Geschwindigkeitsmesswert von 100 km/h ausgegeben und in ein automatisch erstelltes Testfoto eingeblendet.

Für die **Gerätevarianten** 2 und 4 ist der Gebrauchsanweisung TraffiPhot S mit ROBOT-SmartCamera IM unter Pkt. 9 zu entnehmen, dass nach dem Einsetzen des Innenteils (Messeinschubs) in das Außengehäuse (an der Messstelle) und/oder nach Einsetzen eines neues Wechselmediums (auf diesem werden die Bilddaten gemeinsam mit den Messdaten abgelegt) ein **Calibrierfoto** gefertigt werden **muss**.

Bild 1: Calibrierfoto/ROBOT-Motor-Recorder

Bild 1 zeigt für die Gerätevariante mit ROBOT-Motor-Recorder (herkömmlicher Negativfilm) die Dateneinblendungen eines Calibrierfotos mit korrekt eingeblendeter Testgeschwindigkeit (100 km/h). Im Bild ist die Lage des Sensorbereichs und die Markierung (weiße Linien) des in Fahrtrichtung letzten Sensors zu erkennen. Im Bild rechts sind der Sensorbereich des Gegenfahrstreifens und das dafür installierte Außengehäuse für die Aufnahme des Messeinschubs abgebildet.

Die Einblendung ***** CALIBRATION ***** in der ersten Datenzeile weist das Foto als Calibrierfoto aus.

Die Dateneinblendungen in der 2. Datenzeile besagen im Einzelnen:

E. Stationäre Messgeräte (Piezo-Kabel-Geschwindigkeitsmessgeräte)

100 km/h	simulierte Calibriergeschwindigkeit
09.24.26	Uhrzeit
22.05.09	Datum
000 000	6-stelliger anwenderspezifischer Code
0012	Bildnummer (fortlaufend)
80 km/h	Geschwindigkeitslimit (zulässige Höchstgeschwindigkeit für die Messörtlichkeit)
L-	Fahrstreifeninformation (wird im Calibrierbild nicht angezeigt)
TPH-S	Messanlage (Typ)

Bild 2: Calibrierungsfoto/ROBOT-SmartCamera

Bild 2 zeigt für die Gerätevariante mit ROBOT-SmartCamera (digitale Kamera) die Dateneinblendungen eines Calibrierfotos mit korrekt eingeblendeter Testgeschwindigkeit (100 km/h). Die Dateneinblendungen in der unteren Datenzeile sind identisch mit denjenigen in Bild 2.

3. Anforderungen an eine korrekte Auswertung

Eine Messung mit der Geschwindigkeitsüberwachungsanlage vom Typ Traffiphot S ist in der Auswertung dann als korrekt zu bewerten, wenn im Einzelnen die Punkte der folgenden Checkliste erfüllt sind.

Teil 1: Messverfahren

594 Checkliste: Korrekte Messung

> ☐ Das **Messprotokoll** bestimmt eindeutig das verwendete Messgerät (Innenteil oder auch Messeinschub). Dies ist insbes. deswegen von Bedeutung, da ein geeichter Messeinschub an verschiedenen geeichten Messstellen eingesetzt werden kann.
>
> ☐ Das **Messgerät** (Messeinschub) **und** der **Sensorbereich** verfügen über eine zum Tatzeitpunkt **gültige Eichung**, insbes. sind keine Reparaturen am Messgerät oder im Sensorbereich erfolgt oder Eichmarken/Eichplomben so beschädigt, dass die Sicherung des Messgeräts gegen Eingriffe nicht mehr gewährleistet gewesen ist.
>
> ☐ Bei den Gerätevarianten mit analogem Piezo-Vorverstärker liegt das Datum der letzten Eichung des Sensorbereichs zum Tatzeitpunkt nicht länger als ein halbes Jahr zurück. Anderenfalls ist eine fristgerechte Wartung des Sensorbereichs durch den Gerätehersteller oder eine von diesem autorisierte Stelle durch ein entsprechendes Wartungszertifikat nachgewiesen.
>
> ☐ Durch den Betreiber der Anlage wird, wie gem. Piezorichtlinie gefordert, durch zusätzliche Kontrollen sichergestellt und dokumentiert, dass die Anforderungen an den mechanischen Zustand der Sensoren während der gesamten Betriebszeit erhalten bleiben (z.B. visuelle Kontrolle des Zustands der Vergussmasse der Sensoren, des Zustands der Fahrbahnoberfläche im Sensorbereich (keine übermäßige Spurrillenbildung o.ä.), Erkennbarkeit der Markierung des in Fahrtrichtung letzten Sensors etc.).
>
> ☐ Die Auswertung des Calibrierfotos nach Inbetriebnahme des Gerätes bzw. Film- und/oder Messstellenwechsel oder nach Einsetzen eines neuen Wechselmediums (bei digitaler Kamera) lässt die korrekte Einblendung der Calibriergeschwindigkeit von 100 km/h erkennen.
>
> ☐ Der Fahrbahnbereich, in dem die Sensoren verlegt sind, ist vollständig abgebildet und das gemessene Fahrzeug befindet sich als alleiniges Fahrzeug im Sensorbereich.
>
> ☐ Die Vorderräder des gemessenen Fahrzeuges befinden sich zum Zeitpunkt der Fotoauslösung entsprechend der jeweiligen Anlagenkonfiguration in einem (zumindest größenordnungsmäßig) plausiblen Abstand hinter dem in Fahrtrichtung letzten Sensor.
>
> ☐ **Nur bei ROBOT-SmartCamera:** Die Auswertung des (digitalen) Beweisdatensatzes mit einem zugelassenen Auswerteprogramm des Geräteherstellers bestätigt die Integrität der Daten, d.h. die in der BIFF-Datei enthaltene digitale Signatur ist vorhanden und konnte erfolgreich verifiziert werden.

E. Stationäre Messgeräte (Piezo-Kabel-Geschwindigkeitsmessgeräte)

4. Ordnungsgemäße Messung

Das nachfolgende Bild zeigt eine ordnungsgemäße Messung – Anlage mit ROBOT-SmartCamera. 595

Bild 3 zeigt eine ordnungsgemäße Messung (85 km/h). Die Vorderräder des gemessenen Fahrzeuges befinden sich entsprechend der hier zutreffenden Fotoauslöseverzögerung von ca. 0,028 s in einem plausiblen Abstand nach dem in Fahrtrichtung letzten Sensor. Die Messung auf dem in Fahrtrichtung linken Fahrstreifen ist durch die Dateneinblendung L2 (untere Datenzeile) belegt. Das Fahrzeug befindet sich zweifelsfrei allein im Sensorbereich des linken Fahrstreifens, welcher fotografisch über die gesamte Breite abgebildet ist.

Das folgende Bild zeigt eine ordnungsgemäße Messung - Anlage mit ROBOT-Motor-Recorder (Negativfilm-Kamera). 596

Teil 1: Messverfahren

Bild 4 zeigt eine ordnungsgemäße Messung (125 km/h). Die Vorderräder des gemessenen Fahrzeuges befinden sich entsprechend der hier zutreffenden Fotoauslöseverzögerung in einem plausiblen Abstand nach dem in Fahrtrichtung letzten Sensor. Die Messung auf dem in Fahrtrichtung rechten Fahrstreifen ist durch die Dateneinblendung L1 (untere Datenzeile) belegt. Das Fahrzeug befindet sich zweifelsfrei allein im Sensorbereich des rechten Fahrstreifens, welcher fotografisch über die gesamte Breite abgebildet ist. Dem Beweisbild ist zur Auswertung der Fotoposition ein Raster im Ergebnis einer fotogrammetrischen Auswertung überlagert.

II. Geschwindigkeitsmesssystem TraffiStar S 330

Wichtige Entscheidungen:
- OLG Jena, Beschl. v. 14.04.2008 1 Ss 281/07
- OLG Düsseldorf, Beschl. v. 20.05.2008 IV-5 Ss (OWi) 27/08 - (OWi) 32/08 I

597 Bei dem Messgerät der Fa. Robot Visual Systems GmbH vom Typ TraffiStar S 330 handelt es sich um eine Weiterentwicklung des im Vorpunkt beschriebenen Messgerätes vom Typ TraffiPhot S, bei dem die Geschwindigkeitsmessung ebenfalls nach dem Verfahren der Weg-Zeit- Berechnung über in die Fahrbahndecke eingelassene, druckempfindliche, piezoelektrische Sensoren erfolgt.

Das Geschwindigkeitsmesssystem ist unter dem Zulassungszeichen 18.11/03.04 von der PTB zur Eichung zugelassen.

598 Auch hier sind je überwachtem Fahrstreifen drei in einem Abstand von 1,0 m hintereinander angeordnete Piezosensoren rechtwinklig zum Straßenverlauf verlegt, so dass

E. Stationäre Messgeräte (Piezo-Kabel-Geschwindigkeitsmessgeräte)

sich zwei Teilmessstrecken zu jeweils 1,0 m und eine Gesamtmessstrecke von 2,0 m ergeben. Durch das Überfahren der Sensoren werden wiederum elektrische Impulse ausgelöst. War der Einsatz eines Intelligenten-Piezo-Vorverstärkers bei TraffiPhot S-Anlagen noch eine mögliche Gerätevariante, so wird beim Geschwindigkeitsmesssystem TraffiStar S 330 immer ein IPV verwendet. Das Messprinzip entspricht dem unter TraffiPhot S mit IPV beschriebenen. Auch sind alle TraffiStar S 330-Anlagen mit einer digitalen ROBOT-SmartCamera ausgestattet.

Grundlegend sind hier zwei Konfigurationen zu unterscheiden:

1. Überwachung von **wahlweise ein oder zwei Fahrtsreifen mit einer einzigen TraffiStar S 330-Anlage** unter Verwendung **eines** 6-Kanal-Piezovorverstärkers **und einer SmartCamera** (siehe Prinzipskizze 1).

(Fahren bei dieser Konfiguration auf den beiden Fahrstreifen zwei Fahrzeuge nebeneinander, so sorgt eine Prioritätsschaltung dafür, dass nur ein Fahrzeug gemessen wird, d.h. die interne Logik des IPV unterbindet die Berücksichtigung der Signale des anderen Fahrstreifens so lange, bis die Messung auf dem Fahrstreifen, auf dem bereits eine Messung begonnen wurde, abgeschlossen ist.)

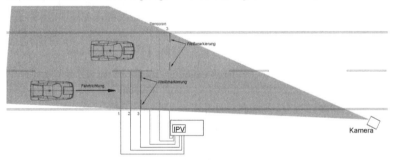

Skizze 1: Prinzipskizze Konfiguration 1

2. Überwachung von **2 Fahrstreifen** unter Verwendung von **zwei TraffiStar S 330-Anlagen** - Registrierung mittels **zwei**er **SmartCameras** (siehe Prinzipskizze 2).

Teil 1: Messverfahren

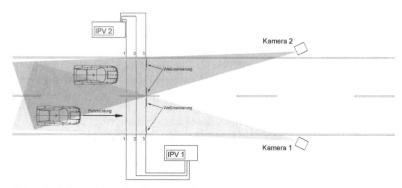

Skizze 2: Prinzipskizze Konfiguration 2

Die TraffiStar S 330-Anlage darf an eine Wechselverkehrszeichenanlage angebunden werden. Darüber hinaus ist der Anschluss einer nicht eichpflichtigen Zusatzkamera (z.b. zur Fertigung einer zusätzlichen Heckaufnahme) sowie eines nicht eichpflichtigen so genannten Seidelfilters zugelassen. (Das Seidelfilter wird auf das Fotoobjektiv aufgesetzt und ermöglicht, dass ein stark überstrahltes Kennzeichen in ein nach unten versetztes und abgeschwächtes, gut lesbares Kennzeichen in das Bild reflektiert wird - die Messwertbildung wird hierdurch nicht beeinflusst).

600 Die ordnungsgemäße Prüfung der Anlage zur Tatzeit umfasst dabei gemäß Bedienungsanleitung und Gerätezulassung folgende Prüfungen:
1. die Eichung des Geschwindigkeitsmessgerätes Traffistar S 330 selbst,
2. die Eichung des Intelligenten Piezo-Vorverstärkers IPV (hierin eingeschlossen ist die Prüfung der Sensorenkabel),
3. die Eichung der Digitalkamera vom Typ Robot Smart Camera.

Eine **zusätzliche halbjährliche Wartungspflicht** des Sensorbereichs **besteht nicht.**

601 Im Unterschied zu älteren Messgeräten des gleichen Messprinzips werden bei der gegenständlichen Messanlage **keine Testfotos** gefertigt und es ist durch den Benutzer auch **kein Filmwechsel** vorzunehmen.

Das Herunterladen der Falldatensätze aus der SmartCamera erfolgt entweder durch Herunterladen der Daten vor Ort auf ein **externes Speichermedium** oder **per Datenfernübertragung** an eine Auswertestelle. Im letzteren Fall bleibt dann immer zu prüfen, wie der Gerätebetreiber sicherstellt, dass der geforderte mechanische Zustand der Sensoren, wie dieser in der Richtlinie zur Eichung des Intelligenten Piezo-Vorverstärkers ROBOT IPV beschrieben ist, aufrecht erhalten bleibt (regelmäßige Kontrollen des Zustandes des Sensorbereichs vor Ort).

E. Stationäre Messgeräte (Piezo-Kabel-Geschwindigkeitsmessgeräte)

Unabhängig von der jeweiligen Anlagenkonfiguration soll die SmartCamera immer so ausgerichtet sein, dass das gemessene Fahrzeug im Messbereich des zugehörigen Fahrstreifens abgebildet ist. Die Nummer des Fahrstreifens wird dabei im Beweisbild eingeblendet. 602

Gemäß Auswertevorschrift der Bedienungsanleitung ist eine Messung dann auswertbar und kann einem Fahrzeug zugeordnet werden, wenn das gemessene Fahrzeug als alleiniges Fahrzeug das Messfeld des betreffenden und im Bild eingeblendeten Fahrstreifens befährt und sich die (im Allgemeinen die Messung auslösenden) Vorderräder **knapp** hinter dem in Fahrtrichtung letzten der drei Sensoren befinden.

Hinweis:
Was unter **knapp** zu verstehen ist, ist weder in der Bedienungsanleitung noch der Gerätezulassung näher erläutert. Nach Auskunft des Geräteherstellers beträgt die Fotoauslöseverzögerung je nach verwendeter Kamera zwischen ca. 0,028 und 0,046 s.

Zur **Bewertung der Korrektheit einer Messung** ist es daher regelmäßig erforderlich, dass die fotografische Aufnahme das gesamte Messfeld zeigt (gesamte Breite der Fahrbahn in dem Bereich, in dem die Sensoren verlegt sind) und dass, für eine zumindest größenordnungsmäßige Plausibilitätsprüfung des gemessenen Geschwindigkeitswertes, die zutreffende Kameraauslöseverzögerung bekannt ist oder aber durch Auswertung der kompletten Messreihe eine Plausibilitätsprüfung dahingehend stattfindet, dass unter Zugrundelegung einer im etwa konstanten Kameraauslöseverzögerung Fahrzeuge mit geringerer gemessener Geschwindigkeit in geringerem Abstand zum letzten Sensor und Fahrzeuge mit höherer gemessener Geschwindigkeit in größerem Abstand zum letzten Sensor abgebildet sein müssen. 603

1. Anforderungen an eine korrekte Auswertung

Eine Messung mit der Geschwindigkeitsüberwachungsanlage vom Typ TraffiStar S 330 ist in der Auswertung dann als korrekt zu bewerten, wenn im Einzelnen die Punkte der folgenden Checkliste erfüllt sind. 604

Checkliste: Korrekte Messung 605

☐ Das **Messprotokoll** bestimmt eindeutig das verwendete Messgerät.

☐ Das **Messgerät und der Sensorbereich** verfügen über eine zum Tatzeitpunkt **gültige Eichung**, insbes. sind keine Reparaturen am Messgerät oder im Sensorbereich erfolgt oder Eichmarken/Eichplomben so beschädigt, dass die Sicherung des Messgeräts gegen Eingriffe nicht mehr gewährleistet gewesen ist.

Teil 1: Messverfahren

- Durch den Betreiber der Anlage wird, wie gem. Richtlinie zur Eichung des IPV gefordert, durch zusätzliche Kontrollen sichergestellt und dokumentiert, dass die Anforderungen an den mechanischen Zustand der Sensoren während der gesamten Betriebszeit erhalten bleiben (z.b. visuelle Kontrolle des Zustands der Vergussmasse der Sensoren, des Zustandes der Fahrbahnoberfläche im Sensorbereich (keine übermäßige Spurrillenbildung o.ä.), Erkennbarkeit der Markierung des in Fahrtrichtung letzten Sensors etc.).

- Der Fahrbahnbereich, in dem die Sensoren verlegt sind, ist vollständig abgebildet und das gemessene Fahrzeug befindet sich als alleiniges Fahrzeug im Sensorbereich.

- Die Vorderräder des gemessenen Fahrzeuges befinden sich zum Zeitpunkt der Fotoauslösung entsprechend der jeweiligen Anlagenkonfiguration in einem (zumindest größenordnungsmäßig) plausiblen Abstand hinter dem in Fahrtrichtung letzten Sensor.

- Die Auswertung des (digitalen) Beweisdatensatzes mit einem zugelassenen Auswerteprogramm des Geräteherstellers bestätigt die Integrität der Daten, d.h. die in der BIFF-Datei enthaltene digitale Signatur ist vorhanden und konnte erfolgreich verifiziert werden.

2. Ordnungsgemäße Messung

Das nachfolgende Bild zeigt eine ordnungsgemäße Messung

E. Stationäre Messgeräte (Piezo-Kabel-Geschwindigkeitsmessgeräte)

Bild 1 zeigt eine ordnungsgemäße Messung (131 km/h). Die Vorderräder des gemessenen Fahrzeuges befinden sich entsprechend der hier zutreffenden Fotoauslöseverzögerung in einem plausiblen Abstand nach dem in Fahrtrichtung letzten Sensor. Die Messung auf dem in Fahrtrichtung mittleren Fahrstreifen ist durch die Dateneinblendung „Fahrstreifen Mitte" (untere Datenzeile) belegt. Das Fahrzeug befindet sich zweifelsfrei allein im Sensorbereich des abgebildeten Fahrstreifens, welcher fotografisch über die gesamte Breite abgebildet ist, was zusätzlich durch eine entsprechende Heckaufnahme belegt wird (vgl. Bild 2). Die Einblendungen LT PKW 080 und LT LKW 060 in der unteren Datenzeile geben die jeweils zulässige Höchstgeschwindigkeit wieder.

Bild 2 dokumentiert mit einer zusätzlichen Heckaufnahme, dass sich das Fahrzeug allein auf dem mittleren Fahrstreifen befindet.

III. Integrität, Authentizität und Datenschutz bei digitalen Messdaten

In den vergangenen Jahren werden vermehrt vollständig oder fast vollständig digitale Messverfahren eingesetzt, wie z.b. das hier behandelte Geschwindigkeitsmesssystem „**Traffistar S330**"; aber auch die Geräte „**Vitronic Poliscan**" und „**ESO 3.0**".

Dabei werden nicht nur messrelevante Daten wie beispielsweise die Geschwindigkeit digital berechnet, sondern auch Beweismittel wie z.B. Bilder werden digital gespeichert, übertragen und ausgewertet. In diesem Kapitel soll vorwiegend auf Aspekte der Integrität, Authentizität und des Schutzes dieser digitalen Daten eingegangen werden. Zunächst werden allgemeine Anforderungen aufgelistet. Anschließend wird an einem konkreten Beispiel aus der Praxis gezeigt, inwiefern diese Anforderungen erfüllt werden.

Teil 1: Messverfahren

608 Bei **analoger Fotografie** werden die Bilddaten auf Negativfilmen festgehalten. Daher existiert immer ein eindeutiges Original. Selbst mit heutiger Technik ist es praktisch nicht möglich eine exakt identische Kopie eines solchen Negativfilms anzufertigen oder Bilder zu verändern ohne dabei Spuren zu hinterlassen.

609 Bei **digitaler Fotografie** werden die Bilddaten in Form einer Datei gespeichert. Von diesen digitalen Daten können beliebig viele 1:1 Kopien erstellt werden. Es ist nicht möglich im Nachhinein ein eindeutiges Original zu identifizieren. Weiterhin können digitale Daten sehr leicht abgeändert werden ohne Spuren zu hinterlassen.

610 Daher gibt es drei wichtige **Anforderungen bei der Beweissicherung mit digitalem Bildmaterial**:

1. **Integrität**: Es muss sichergestellt werden, dass die Daten nach dem Verlassen des Messgerätes nicht verändert wurden.
2. **Authentizität**: Die Herkunft der Daten muss zweifelsfrei nachweisbar sein. D.h. ein Bild muss eindeutig einem (zugelassenen und geeichten) Messgerät zuzuordnen sein.
3. **Datenschutz**: Da es sich um vertrauliche Daten handelt, muss weiterhin sichergestellt werden, dass keine unbefugte Person in der Lage sein kann die Daten auszulesen.

611 Alle hier genannten Anforderungen können in der Praxis durch verschiedene Verschlüsselungsverfahren erreicht werden. Besonders wichtig bei deren Einsatz ist das Kerckhoffs'sche Prinzip. Es besagt, dass die Sicherheit eines Verschlüsselungsverfahrens niemals auf der Geheimhaltung des Verfahrens selbst beruhen darf, sondern ausschließlich auf der Geheimhaltung des Schlüssels (oder Teilen des Schlüssels). Eine Missachtung dieses Prinzips hat in der Vergangenheit schon häufig zu Problemen geführt.

612 Man unterscheidet grundsätzlich zwei Arten von Verschlüsselungsverfahren:

Symmetrische Verschlüsselung

Alle befugten Teilnehmer besitzen einen gemeinsamen geheimen Schlüssel. Dieser Schlüssel sichert die Authentizität (da nur die Teilnehmer den Schlüssel kennen) und kann außerdem zur Sicherung der Integrität sowie der Verschlüsselung von Nachrichten verwendet werden.

E. Stationäre Messgeräte (Piezo-Kabel-Geschwindigkeitsmessgeräte)

■ **Asymmetrische Verschlüsselung**

Jeder Teilnehmer besitzt zwei mathematisch in Verbindung stehende Schlüssel: Einen geheimen Schlüssel, den nur der jeweilige Teilnehmer selbst kennen darf, und einen öffentlichen Schlüssel, den alle Teilnehmer kennen dürfen.

Damit werden in der Praxis verschiedene Ziele realisiert: Ein Teilnehmer kann mit seinem geheimen Schlüssel eine Nachricht digital unterschreiben. Anschließend kann jeder andere Teilnehmer mit Hilfe des zugehörigen öffentlichen Schlüssels die Echtheit der digitalen Unterschrift verifizieren. Weiterhin kann jeder Teilnehmer mit Hilfe eines öffentlichen Schlüssels Nachrichten verschlüsseln und diese Nachricht dem Besitzer des Schlüssels zukommen lassen. Dieser kann die Nachricht dann mit seinem geheimen Schlüssel entschlüsseln. Beide Verfahren können auch kombiniert werden: Teilnehmer X unterschreibt eine Nachricht mit seinem geheimen Schlüssel und verschlüsselt sie anschließend mit dem öffentlichen Schlüssel von Teilnehmer Y. Dieser wiederum kann die Nachricht mit seinem geheimen Schlüssel entschlüsseln und die digitale Unterschrift mit dem öffentlichen Schlüssel von Teilnehmer X verifizieren.

Damit die verwendeten Verschlüsselungsverfahren als sicher gelten, müssen mehrere Anforderungen erfüllt sein:

4. Die Verfahren müssen in der Theorie nach heutigen Maßstäben als sicher gelten.
5. Die Implementierung der Verfahren, also die Umsetzung der theoretischen Algorithmen in praktische Computerprogramme, muss korrekt sein.
6. Die verwendeten Schlüssel müssen mit echten Zufallszahlen generiert werden oder mit Hilfe von als sicher geltenden Pseudo-Zufallszahlengeneratoren
7. Die Schlüssel müssen je nach eingesetztem Verfahren eine Mindestlänge zwischen 512 und 2048 Bit haben um auf absehbare Zeit Sicherheit zu bieten.

Das **digitale Unterschreiben von Nachrichten** wird wie folgt umgesetzt: Von einer Nachricht wird mit Hilfe einer sogenannten Hashfunktion ein Fingerabdruck erzeugt. Dieser wird dann mit dem jeweiligen Verfahren verschlüsselt. Der Empfänger der Nachricht berechnet seinerseits den Fingerabdruck der Nachricht, entschlüsselt die empfangenen Daten und vergleicht die beiden Werte. Stimmen sie überein, wurde das Dokument nicht verändert, die Integrität ist also gegeben.

Um die **Echtheit der Signatur** garantieren zu können, muss nicht nur das verwendete Verschlüsselungsverfahren nach heutigen Maßstäben sicher sein, sondern auch die verwendete Hashfunktion muss zwei Anforderungen erfüllen:

8. **Kollisionsresistenz**: Es muss nach heutigen Maßstäben in der Praxis unmöglich sein zwei unterschiedliche Dateien zu berechnen, die einen identischen Fingerabdruck haben

Teil 1: Messverfahren

9. **Zweites-Urbild-Resistenz**: Es muss nach heutigen Maßstäben in der Praxis unmöglich sein zu einer gegebenen Datei eine zweite unterschiedliche Datei zu berechnen, die einen identischen Fingerabdruck hat.

615 Im Kontext der Verkehrsüberwachung mit stationären Überwachungsanlagen eignet sich die Signierung und Verschlüsselung hauptsächlich mittels asymmetrischen Verschlüsselungsverfahren: Jede Kamera unterschreibt mit ihrem geheimen Schlüssel die vorhandenen Bilddaten. Anschließend verschlüsselt sie diese Daten mit dem öffentlichen Schlüssel einer Polizeistation und verschickt dieses Paket beispielsweise über eine Internetanbindung oder speichert es auf einem externen Datenträger zur Abholung durch eine befugte Person. Bei der Auswertung werden die Daten erst mit dem geheimen Schlüssel der jeweiligen Polizeistation entschlüsselt und anschließend mit dem öffentlichen Schlüssel der Kamera auf ihre Echtheit und Unversehrtheit überprüft. Ist das Ergebnis dieser Überprüfung positiv, kann mit der eigentlichen Auswertung des Vorgangs begonnen werden.

616 Die **Problematik bei asymmetrischen Verschlüsselungsverfahren** ist die Herkunft der verwendeten öffentlichen Schlüssel, also die **Authentizität der verschlüsselten Daten** und der **digitalen Unterschriften** (Anforderung 2). Hierzu werden in der Praxis so genannte Zertifikate eingesetzt. Ein **Zertifikat** soll unter anderem die Herkunft eines verwendeten Schlüssels bestätigen und könnte auch noch weitere Informationen beinhalten, wie zum Beispiel das Ablaufdatum der Eichung einer Kamera oder deren Standort. Zertifikate werden ebenfalls mit Hilfe von asymmetrischen Verschlüsselungsverfahren erstellt. Um dabei nicht in eine zyklische Abhängigkeit bzgl. der Authentizität zu gelangen, gibt es eine oder mehrere vertrauenswürdige Organisationen, die nach eingehender Prüfung ihr Vertrauen für einen öffentlichen Schlüssel aussprechen. Damit wird die Herkunft bestätigt und ein Zertifikat ausgestellt. Die öffentlichen Schlüssel dieser vertrauenswürdigen Organisationen werden meist direkt in die entsprechende Software integriert und mit dieser ausgeliefert um eine Manipulation deutlich zu erschweren.

Daraus ergibt sich die letzte Anforderung:

10. Werden asymmetrische Verschlüsselungsverfahren eingesetzt, muss die Authentizität der verwendeten Schlüssel mit Hilfe von Zertifikaten sichergestellt werden.

617 In dem hier folgenden Beispiel aus der amtlichen Verkehrsüberwachung wurden die erzeugten Dateien sowie die Auswertesoftware eines Messgerätes eines deutschen Herstellers im Hinblick darauf untersucht, ob die oben aufgelisteten Anforderungen erfüllt sind.

E. Stationäre Messgeräte (Piezo-Kabel-Geschwindigkeitsmessgeräte)

> **Hinweis:**
>
> Da weder der Hersteller noch die PTB dazu bereit waren zu den Anforderungen konkrete Informationen zu liefern, beruhen alle hier aufgeführten Erkenntnisse auf eigenen Versuchen. Insbesondere kann aus diesem Grund zu den Anforderungen 5 und 6 keine Aussage getroffen werden. Des Weiteren steht die hier unangebrachte Geheimhaltung im Widerspruch zum Kerckhoffs'sche Prinzip. Dass dies tatsächlich Auswirkungen auf die Sicherheit hat, wird im Folgenden beschrieben.

Die von dem Messgerät erzeugten Dateien bestehen aus mehreren Komponenten und können somit als Container gesehen werden: Sie enthalten zwei Bilder des gemessenen Fahrzeugs und zwei Textabschnitte mit messrelevanten Daten. Erste Untersuchungen haben sehr schnell ergeben: Eine Verschlüsselung (Anforderung 3) findet nicht statt. Die Textabschnitte, die vertrauliche Informationen wie Geschwindigkeit oder Fahrtrichtung enthalten, lassen sich mit einem beliebigen Texteditor anzeigen ohne dass spezielle Kenntnisse erforderlich wären. Weiterhin zeigen verschiedene Bildbetrachtungsprogramme ohne Zutun auch die beiden Bilder an. Dazu die PTB im Januar 2008: „*(...) da die Dateien mit den Falldaten (Foto der Messsituation, Mess- und weitere Daten) nur mit dem von der PTB zugelassenen Programmen geöffnet und bearbeitet werden können.*" Diese Aussage, die aus Sicht eines Experten schon ohne tiefergehende Untersuchungen als sehr fragwürdig eingestuft werden kann, wird damit auch in der Praxis widerlegt. 618

Zur **Erhaltung der Integrität** (Anforderung 1) verwendet der Hersteller Signaturen auf RSA Basis. Dabei handelt es sich um ein asymmetrisches Verschlüsselungsverfahren, das nach aktuellem Stand der Forschung sicher ist (Anforderung 4), falls bei der Implementierung einige Punkte beachtet werden, welche hier nicht näher erläutert werden sollen. Der Hersteller hat sie anscheinend korrekt beachtet. 619

Jedoch werden Schlüssel mit einer Länge von lediglich 1024 Bit verwendet. Dazu das Bundesamt für Sicherheit in der Informationstechnik (BSI) im Juni 2008: „*Die Länge des Modulus n sollte mindestens 2048 Bit betragen.*" Der hier erwähnte Modulus ist ein Teil des öffentlichen Schlüssels. Damit ist Anforderung 7 nicht erfüllt.

Für die zur **Erstellung des Fingerabdrucks benötigte Hashfunktion** empfiehlt das BSI weiterhin: „*SHA-224, SHA-256, SHA-384, SHA-512*" (SHA = Gruppe standardisierter kryptologischer Hash-Funktionen). Der Hersteller des Messgeräts hingegen verwendet die MD5 Hashfunktion, welche vom BSI nicht empfohlen wird. Schon 1994 wurden grundlegende Kollisionsangriffe gegen MD5 gefunden (Anforderung 8), die heute sehr effizient durchführbar sind. Zwar wurden noch keine effizienten Zweites-Urbild-Angriffe gefunden (Anforderung 9), allerdings ist davon auszugehen, dass auch das in naher Zukunft der Fall sein wird. Aus Expertensicht ist von der Verwendung von MD5 dringend abzuraten.

Teil 1: Messverfahren

620 Des Weiteren verzichtet der Hersteller trotz des vorhandenen asymmetrischen Verschlüsselungsverfahrens auf jeglichen Einsatz von Zertifikaten (Anforderung 10). Damit gibt es keine Möglichkeit die Authentizität der verwendeten Schlüssel zu verifizieren (Anforderung 2). Die Verwendung von Signaturen wird ad absurdum geführt. Die Auswertesoftware blendet als Symbol einer gültigen Signatur ein Schlosssymbol in den Bildern ein. Bei den durchgeführten Tests war es möglich, eigene Schlüssel zu erzeugen und damit selbst erstellte Container zu signieren. Die Auswertesoftware akzeptierte diese Container ohne Fehlermeldung und blendete wie erwartet das Schlosssymbol ein.

Anscheinend hat der Hersteller versucht nicht näher spezifizierte Ziele in Bezug auf Integrität, Authentizität und Datenschutz zu erreichen. Erreicht wurde lediglich die Integrität der Daten, aber auch das mit teilweise in Frage zu stellenden Methoden, wie z.B. der Verwendung von MD5 oder der Verwendung von asymmetrischen Verschlüsselungsverfahren ohne Zertifikate. Dieser Gesamteindruck findet sich auch bei der normalen Bedienung der Software wieder. Es gibt nicht funktionierende Einstellungsmöglichkeiten, außerdem stürzt das Programm schon bei leicht veränderten Containerdateien ab.

621 Inwiefern sich das ausnutzen lässt um über die Software den Computer anzugreifen, auf dem diese läuft, sei an dieser Stelle offen gelassen – für eine Polizeistation eine grauenhafte Vorstellung.

622 Ähnlich rätselhaft ist, wie in der Praxis eine **korrekte fotogrammetrische Auswertung** eines Bildes möglich sein soll. Denn die Software ignoriert an mindestens einer wichtigen Stelle das Seitenverhältnis der Aufnahmen.

Mit diesen schwerwiegenden Mängeln im Hintergrund stellt sich die Frage, wie die Software in dem Messgerät arbeitet und ob dort ähnliche Probleme vorhanden sind. Nimmt man an, dass alle Verschlüsselungsverfahren sicher sind und korrekt implementiert wurden, wäre es auch interessant zu untersuchen, inwiefern die geheimen Schlüssel in der Kamera gesichert sind. Hierzu die PTB: *„Anschließend ist er [der Schlüssel] durch Hard- und Software-Maßnahmen zuverlässig vor jedem Zugriff (lesen und ändern) geschützt."* Angesichts der hier aufgezeigten Mängel ist der Wahrheitsgehalt dieser Aussage anzuzweifeln. Zumindest einen „lesenden Zugriff" auf den Schlüssel benötigt das Messgerät um die Containerdateien überhaupt signieren zu können.

623 Des Weiteren stellt sich die Frage, wie eine Software mit solch schwerwiegenden konzeptionellen Problemen von der PTB zugelassen werden konnte. Dies beginnt schon bei der Überlegung, welche Anforderungen generell (zusätzlich zu den hier aufgelisteten Mindestanforderungen) für eine Software in diesem Bereich erfüllt sein müssen, so dass von einem fehlerfreien Betrieb ausgegangen werden kann. Es ist nicht nachzu-

vollziehen, dass hier auf jegliche Standards verzichtet wurde und Empfehlungen des BSI nachhaltig ignoriert werden.

Ergänzend sei erwähnt, dass inzwischen auf den ersten Blick verschlüsselte Container- 624
dateien im Umlauf sind. Erste Untersuchungen haben aber gezeigt, dass es sich hierbei um keine echte Verschlüsselung handelt: Es wird kein Schlüssel zur „Entschlüsselung" benötigt. Damit ist diese Maßnahme wirkungslos und ändert nichts an den grundlegenden Problemen.

Trotzdem bleiben noch viele weitere grundlegende Fragen:
- Was bedeutet es eine Software zu eichen?
- Ist dies überhaupt sinnvoll?
- Wie kann zeitnah auf Sicherheitslücken und Programmfehler reagiert werden?

Dass dies nicht nur Auswirkungen auf die Datensicherheit haben kann, zeigt die Klage eines US-Amerikanischen Bundesstaates gegen einen deutschen Hersteller eines Atemalkoholmessgeräts. Ein im Zuge des Verfahrens in Auftrag gegebenes Gutachten auf Basis der Quelltexte der Software offenbarte schwerwiegende Mängel im Bezug auf alle denkbaren Bereiche im Gebiet der Softwareentwicklung (http://www.dwi.com/new-jersey/state-v-chun). Diese Mängel waren teilweise so elementar, dass z.B. der Durchschnitt einer Messung mathematisch völlig falsch berechnet wurde.

IV. TRUVELO Geschwindigkeitsüberwachungsanlage M4^2

Wichtige Entscheidungen:
- OLG Koblenz, Beschl. v. 16.01.2003 1 Ss 183/02
- OLG Braunschweig, Beschl. v. 02.08.2006 2 Ss (B) 38/04
- OLG Zweibrücken, Beschl. v. 15.05.1992 1 Ss 235/91

Die Geschwindigkeitsüberwachungsanlage TRUVELO M4^2 ist unter dem Zulassungs- 625
zeichen 18.14/79.03 von der PTB zur Eichung zugelassen.

Das Messprinzip dieses Geschwindigkeitsmessgerätes besteht darin, dass die Zeit gemessen wird, die ein Fahrzeug benötigt, um eine Messstrecke von 1,5 m zu durchfahren.

Die Messanlage kann sowohl an stationären Standorten als auch im mobilen Messbe- 626
trieb eingesetzt werden.

Dabei erfolgt die Zeitmessung durch Überfahren von **entweder** fest in der Fahrbahndecke verlegten Piezo- oder optischen Sensoren **oder** von auf der Fahrbahn aufliegenden koaxialen Spezialkabeln (bei mobilem Einsatz des Messgerätes) welche jeweils ein Start- und Stopp-Signal für die Zeitmessung erzeugen.

627 Die Geschwindigkeit ergibt sich dann als Quotient von bekannter Wegstrecke (1,5 m) und gemessener Zeit (v = s/t).

628 Ein wesentliches Merkmal der Truvelo M4²-Messanlage besteht darin, dass zwei voneinander unabhängige Geschwindigkeitsmessungen stattfinden, d.h. ein Kontrollgerät misst unabhängig vom Standardgerät die Zeit t_x, über einen zweiten Messfühlersatz mit einem Festabstand von ebenfalls 1,5 m und errechnet die gefahrene Geschwindigkeit.

Die zwei voneinander unabhängig ermittelten Geschwindigkeitswerte werden dann in einem Zusatzrechner voneinander abgezogen. Differiert das Ergebnis um mehr als 2 km/h, werden Standard- und Kontrollgerät automatisch rückgestellt und es kommt zu keiner Anzeige. Nur wenn der Differenzwert kleiner oder gleich 2 km/h ist, wird das Geschwindigkeitsergebnis des Standardrechners zur Auslese gebracht. Gleichzeitig gelangen die Messergebnisse des Standardgerätes und des Kontrollgerätes zur Fotoregistriereinrichtung.

Mit dieser Kontrolleinrichtung sollen die Messsicherheit verbessert und defekte Messkabel an unzulässig hohen Annullationsraten erkannt werden.

629 Die Anordnung der Messfühlerprofile für eine stationäre Messstelle und mobile Messstelle ist in den nachfolgenden Prinzipskizzen dargestellt.

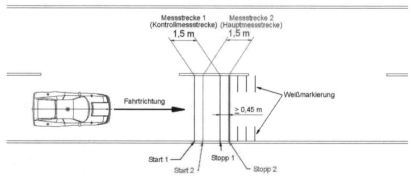

Skizze 1: Prinzipskizze Sensorbereich bei fest verlegten Messfühlern (Sensoren)

Bei fest in der Fahrbahn verlegten Sensoren unterliegt der Sensorbereich der Eich- und zusätzlichen Wartungspflicht (gem. Piezorichtlinie der PTB).

E. Stationäre Messgeräte (Piezo-Kabel-Geschwindigkeitsmessgeräte)

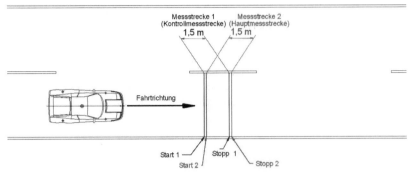

Skizze 2: Prinzipskizze einer mobilen Messstelle

Vor Inbetriebnahme einer mobilen Messstelle sind die Messfühlerkabel auf eventuelle Schäden zu überprüfen.

Die Messfühlerkabel sind etwa im rechten Winkel zur Fahrbahnlängsachse (Fahrtrichtung) auf der Fahrbahnoberfläche aufzulegen und zu verspannen. Alle aufgespannten Messstrecken müssen mit einem geeichten Längenmaß (z.B. der zum Zubehör gehörenden geeichten Messlatte) auf die Einhaltung des Sollabstandes der Messfühlerkabel zueinander (1,5 m zwischen Start- und Stopp-Kabel) überprüft werden. Die zulässige Toleranz beträgt hierbei -0,5 cm bis + 1,0 cm. Wenn die Messfühlerkabel über eine Länge von mehr als 5 m ausgelegt sind, sind diese zusätzlich in der Mitte der Fahrbahn zu befestigen.

Eine gesonderte Eich- bzw. Wartungspflicht gem. Piezorichtlinie besteht für die mobilen Messfühlerkabel nicht.

Der Messvorgang ist während der gesamten Messdauer zu kontrollieren.

Für beide Einsatzvarianten (mobil und stationär) lässt sich eine größenordnungsmäßige Überprüfung des gemessenen Geschwindigkeitswertes dahin gehend vornehmen, dass nach Überfahren der Stoppkabel durch die Vorderräder eines Fahrzeuges noch ca. 0,02 bis 0,05 s vergehen, bis das Beweisfoto ausgelöst wird. Das gemessene Fahrzeug legt in dieser Zeit in Abhängigkeit von der Geschwindigkeit noch eine bestimmte Wegstrecke zurück, die sich dann in der Beweisaufnahme durch fotogrammetrische Auswertung auf Plausibilität überprüfen lässt.

Aufgrund dessen, dass eine verzögerte Fotoauslösung erfolgt muss sich das gemessene Fahrzeug (in Fahrtrichtung gesehen) demzufolge mit den Vorderrädern **immer hinter** dem Stoppkabel befinden (vgl. Bild 2 unter Rn. 634).

Teil 1: Messverfahren

1. Testdurchführung

631 Nachdem für die jeweilige Messstelle am Gerät die erforderlichen Daten (Geschwindigkeitsgrenze, Messstellencode, Datum, Uhrzeit) eingestellt wurden, ist gem. Gebrauchsanweisung zum Messgerät zum Zwecke der Beweisführung ein Test durchzuführen, in dessen Ergebnis auf der Doppelauslese des Registriergerätes die Testgeschwindigkeit (177 km/h) innerhalb der zugelassenen Fehlergrenze erscheinen muss und ein Testfoto ausgelöst wird. Hiernach ist ein weiteres Testfoto auszulösen, welches gem. Gebrauchsanweisung notwendig ist, um sicherzustellen, dass der Filmanfang unbelichtet ist.

Der Test ist am Ende des Messeinsatzes und bei jedem Messstellenwechsel erneut vorzunehmen.

Bild 1: Testfoto

E. Stationäre Messgeräte (Piezo-Kabel-Geschwindigkeitsmessgeräte)

Bild 1a: Ausschnittsvergrößerung Dateneinblendung

Die vorstehenden Bilder 1 und 1a zeigen die Dateneinblendungen eines Testfotos mit korrekt eingeblendeter Testgeschwindigkeit. Im Bild 1 ist die Lage des Sensorbereichs und die durchgehende Markierung (weiße Linie) des Stopp-Kabels der Hauptmessstrecke zu erkennen. Die an den Fahrstreifenrändern zu erkennenden Markierungen im Abstand von jeweils ca. 0,5 m erleichtern die Positionsbestimmung gemessener Fahrzeuge im Registrierbild.

Die Dateneinblendungen besagen im Einzelnen:

11.45.03.06	Uhrzeit in Stunden, Minuten, Sekunden und Zehntelsekunden
07.10.10	Datum (10.10.2007)
XXXXXX	6-stelliger anwenderspezifischer Code
000.0	Einblendezeile für Rotzeit, bei kombiniertem Einsatz zur Rotlichtüberwachung
177.177	doppelte Anzeige der Testgeschwindigkeit

2. Anforderungen an eine korrekte Auswertung

Eine Messung mit der Geschwindigkeitsüberwachungsanlage vom Typ TRUVELO M4² ist in der Auswertung dann als korrekt zu bewerten, wenn im Einzelnen die Punkte der folgenden Checkliste erfüllt sind.

Teil 1: Messverfahren

633 Checkliste: Korrekte Messung

☐ Das **Messprotokoll** bestimmt eindeutig das verwendete Messgerät (Messkoffer mit Messelektronik und Fotoregistriergerät).

☐ Das verwendete Messgerät (Messkoffer mit Messelektronik und Fotoregistriergerät) **und** der Sensorbereich (bei stationären Messstellen) verfügen über eine zum Tatzeitpunkt **gültige Eichung**, insbes. sind keine Reparaturen am Messgerät oder im Sensorbereich erfolgt oder Eichmarken/Eichplomben so beschädigt, dass die Sicherung des Messgeräts gegen Eingriffe nicht mehr gewährleistet gewesen ist.

☐ Wenn die letzte **Eichung des Sensorbereichs** zum Tatzeitpunkt länger als 6 Monate zurück lag, ist die gemäß Piezorichtlinie der PTB vorgeschriebene, fristgemäße zusätzliche halbjährliche Wartung des Sensorbereichs durch ein entsprechendes Wartungszertifikat belegt.

☐ Durch den Betreiber der Anlage wird, wie gem. Piezorichtlinie gefordert, durch zusätzliche Kontrollen sichergestellt und dokumentiert, dass die Anforderungen an den mechanischen Zustand der Sensoren während der gesamten Betriebszeit erhalten bleiben (z.B. visuelle Kontrolle des Zustands der Vergussmasse der Sensoren, des Zustandes der Fahrbahnoberfläche im Sensorbereich (keine übermäßige Spurrillenbildung), Erkennbarkeit der Markierung des in Fahrtrichtung letzten Sensors etc.).

☐ Bei mobilem Einsatz des Messgerätes (auf der Fahrbahnoberfläche aufgespannte Sensorkabel) ist die Überprüfung des Abstandes der einzelnen Kabel zueinander mittels geeichtem Längenmessgerät im Messprotokoll dokumentiert.

☐ Die Auswertung der Testfotos nach Inbetriebnahme des Gerätes bzw. Film- und/oder Messstellenwechsel und Filmende lässt in der untersten Datenzeile die korrekte Einblendung der Testgeschwindigkeit (innerhalb der zugelassenen Fehlergrenze) erkennen.

☐ Die im Registrierbild eingeblendeten Geschwindigkeitsmesswerte weichen nicht mehr als 2 km/h voneinander ab.

☐ Der Tatvorwurf stellt auf den niedrigeren der beiden angezeigten Geschwindigkeitswerte ab.

☐ Der Fahrbahnbereich, in dem die Sensoren verlegt sind ist vollständig abgebildet und das gemessene Fahrzeug befindet sich als alleiniges Fahrzeug im Sensorbereich.

☐ Die Vorderräder des gemessenen Fahrzeuges befinden sich zum Zeitpunkt der Fotoauslösung entsprechend der gemessenen Geschwindigkeit und gerätespezifischen Fotoauslöseverzögerung in einem plausiblen Abstand hinter dem letzten Sensorkabel (Stopp-Kabel der Hauptmessstrecke).

E. Stationäre Messgeräte (Piezo-Kabel-Geschwindigkeitsmessgeräte)

3. Ordnungsgemäße Messung

Das nachfolgende Bild zeigt eine ordnungsgemäße Messung. 634

Bild 2 zeigt eine ordnungsgemäße Messung. Die beiden (unabhängig voneinander) gemessenen Geschwindigkeitswerte (67 km/h) stimmen überein, das Fahrzeug befindet sich als alleiniges Fahrzeug im Sensorbereich und in einer größenordnungsmäßig plausiblen Position zum letzten (markierten) Sensor

4. Nicht verwertbare Messung

Die beiden nachfolgenden Bilder zeigen nicht verwertbare Messungen. 635

Teil 1: Messverfahren

Bild 3 zeigt in der untersten Datenzeile gemessene Geschwindigkeiten von 223 und 225 km/h. Zwar differieren die beiden Werte nicht um mehr als 2 km/h voneinander, jedoch kann diese Geschwindigkeit von dem abgebildeten Kleinkraftrad bauartbedingt auch nicht annähernd erreicht werden. Zudem ist der Aufstandspunkt des Vorderrades in zu kurzem Abstand (ca. 0,5 m) hinter dem letzten Sensor abgebildet. Für die gemessene Geschwindigkeit müsste die Überfahrstrecke über das letzte Sensorkabel mindestens rd. 1,3 m betragen.

Bild 4 zeigt die Messung eines Pkw's welcher mit den Vorderrädern das Stopp-Kabel der Hauptmessstrecke noch nicht überfahren hat. Trotz allem ist der über die Hauptmessstrecke gebildete Geschwindigkeitswert bereits mit 111 km/h eingeblendet.

636 Die Bilder 3 und 4 entstammen einer überwiegend unauffälligen Messreihe mit mehr als 300 registrierten Messungen. Die offensichtlichen Fehlmessungen traten dabei in einem zeitlich eng begrenzten Zeitraum auf. Das Messgerät selbst und auch der Sensorbereich waren gültig geeicht und im Rahmen der vorangegangenen fristgerechten Wartung des Sensorbereichs wurden keine Mängel festgestellt ebenso wenig wie bei der danach durchgeführten Wartung/Eichung.

Dies zeigt, dass auch bei Einhaltung der Eich- und Wartungsintervalle **sporadisch auftretende Fehler**, die wie hier nur auf einen Gerätedefekt oder defekte Sensorik zurückgeführt werden können, nicht ausgeschlossen sind und unterstreicht damit die **Notwendigkeit** bei der Bewertung einer Einzelmessung auch die **Auswertung der vollständigen Messreihe** mit einzubeziehen.

Die vorstehenden Messfotos, verdeutlichen, dass die jährliche Eichung und auch fristgerechte halbjährliche Wartung nicht geeignet sind in allen Fällen zu garantieren, dass nur Messwerte innerhalb der anzuwendenden Fehlergrenzen zustande kommen. Des-

E. Stationäre Messgeräte (Piezo-Kabel-Geschwindigkeitsmessgeräte)

halb darf die Frage diskutiert werden, ob nicht beispielsweise durch die früher praktizierte Registrierung von Annullationsraten im Messbetrieb und/oder die fotografische Dokumentation annullierter Messungen etc. die Sicherheit des Messbetriebs dokumentiert werden soll, zumal die Überprüfung der Annullationsrate auch bei Wartung und Eichung des Sensorbereichs ein Bewertungskriterium für die Eichfähigkeit darstellt.

V. TRUVELO Geschwindigkeitsüberwachungsanlage VDS M5

Die Geschwindigkeitsüberwachungsanlage der Fa. VDS Verkehrstechnik GmbH vom Typ M5 ist unter dem Zulassungszeichen 18.11/02.05 von der PTB zur Eichung zugelassen. 637

Das Messprinzip dieses Geschwindigkeitsmessgerätes besteht wie beim Gerät vom Typ $M4^2$ darin, dass die Zeit gemessen wird, die ein Fahrzeug benötigt, um eine Messstrecke von 1,5 m zu durchfahren.

Auch diese Messanlage kann sowohl an stationären Standorten als auch im mobilen Messbetrieb eingesetzt werden (vgl. Prinzipskizzen 1 und 2 zu TRUVELO $M4^2$, Rn. 629).

Gleich dem mobilem Einsatz des $M4^2$ sind während eines Messeinsatzes die Messungen ständig zu kontrollieren (**aufmerksamer Messbetrieb**) – insbes. dürfen sich keine Gegenstände im Bereich der auf der Fahrbahn ausgelegten Sensorkabel befinden und die Messfühler müssen während der gesamten Einsatzdauer fest und gespannt auf der Fahrbahn aufliegen. Der Abstand der Kabel zueinander ist auch hier durch ein geeichtes Maß zu prüfen. 638

Bei fest in der Fahrbahn verlegten Sensoren **unterliegt der Sensorbereich der Eich- und zusätzlichen Wartungspflicht** (gem. Piezorichtlinie der PTB).

Das Verkehrsüberwachungsgerät M5 ist modular aufgebaut, um eine hohe Flexibilität in der Konfiguration des Gerätes zu ermöglichen.

Im Wesentlichen besteht das Verkehrsüberwachungsgerät M5 aus den Modulen M5-Master, M5-Speed, dem Kameramodul sowie den Modulen Steuerung, Blitzgenerator und Stromversorgung. Für den stationären Betrieb wird das Gerät inkl. Kamera und Blitz in einem stabilen, wetterfesten Gehäuse installiert. 639

▪ Modul M5-Master

Hierbei handelt es sich um die zentrale Einheit zur Bedienung und Steuerung des Gerätes, an der auch alle notwendigen Eingaben zur Bedienung des Gerätes erfolgen. Durch das Master-Modul werden wesentliche Funktionen gesteuert, wie der Vorrang der erstbefahrenen Messstrecke bei Vorhandensein mehrerer überwachter Fahrstreifen, 640

Teil 1: Messverfahren

die Bildauslösung bei festgestellter Überschreitung des eingestellten Geschwindigkeitsgrenzwertes, die Generierung der Signale zur Kalibrierung der Speed-Module, die Steuerung des Blitzgenerators, die Organisation der Speicherung von standortspezifischen Informationen sowie optional die Steuerung des M5-Card-Moduls.

■ Modul M5-Speed

641 Das Speed-Modul umfasst die Messfühler und Wandler. Als Messfühler kommen sowohl piezoelektrische als auch faseroptische Messfühler zum Einsatz, welche durch Druckänderung während des Überfahrens mit den Rädern eines Fahrzeuges die für die Zeitmessung erforderlichen Start- und Stopp-Impulse erzeugen.

Die Wandler realisieren die Impedanzwandlung(Anpassung der Impedanz [Wechselstromwiderstand] einer Quelle an die eines Verbrauchers) und Verstärkungsanpassung der von den Messfühlern gelieferten Signale zur Anpassung an die Signaleingänge des M5.

Das Speed-Modul führt zwei voneinander unabhängige Messungen durch. Dazu werden über zwei Messfühlersätze (jeweils Start- und Stopp-Messfühler mit Festabstand 1,5 m) die Überfahrzeiten ermittelt. Die daraus anhand der bekannten Wegstrecke errechneten Geschwindigkeiten werden miteinander verglichen und dürfen bei Geschwindigkeiten bis 100 km/h nicht um mehr als 2 km/h voneinander abweichen bzw. 2% bei Geschwindigkeiten über 100 km/h.

Nur wenn der Vergleich der beiden unabhängig voneinander gebildeten Geschwindigkeitswerte ergibt, dass die Differenz innerhalb der zulässigen Toleranz liegt, wird der kleinere der beiden Messwerte an das Modul M5 Master übertragen.

■ Modul Kamera

642 Die Kamera des Gerätes ist ein eigenständiges Modul und befindet sich auf einem für den jeweiligen Zweck angepassten Trägerrahmen. Die Verbindung zum Messgerät M5 erfolgt über eine serielle Schnittstelle und ermöglicht so einen sicheren Datenaustausch zwischen den Modulen. Wesentliche Merkmale des Kamera-Moduls sind die Kamera mit Objektiv, die Steuerung der Kamera und der Dateneinblendung und das Bussystem zur Datenübertragung.

Für beide Einsatzvarianten (mobil und stationär) lässt sich eine größenordnungsmäßige Überprüfung des gemessenen Geschwindigkeitswertes dahingehend vornehmen, dass nach Überfahren der Stoppkabel durch die Vorderräder eines Fahrzeuges noch ca. 0,03 s vergehen, bis das Beweisfoto ausgelöst wird. Das gemessene Fahrzeug legt in dieser Zeit in Abhängigkeit von der Geschwindigkeit noch eine bestimmte Wegstrecke zurück, die sich dann in der Beweisaufnahme durch fotogrammetrische Auswertung auf Plausibilität überprüfen lässt.

1. Testdurchführung

Gemäß Punkt 6 der Gebrauchsanweisung ist das Messgerät, um Messungen vorzunehmen, zu kalibrieren. Die Kalibrierung erfolgt beim automatischen Start und beim Betätigen der Kal-Taste am Bedienteil. Hierbei wird je ein Kalibrierfoto für jede konfigurierte Messkassette (bei Überwachung mehrerer Fahrstreifen) ausgelöst. Ausweislich der Gebrauchsanweisung sind Messungen ohne erfolgreiche Kalibrierung nicht möglich.

643

Gemäß Punkt 7 der Gebrauchsanweisung fertigt das Gerät am Ende eines Films automatisch nochmals ein Kalibrierbild. Sofern dies nicht der Fall ist **muss** manuell kalibriert werden.

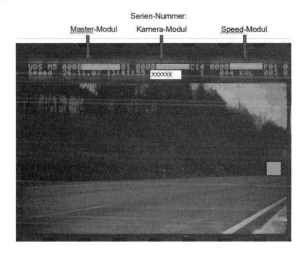

Das vorstehende Bild 5 zeigt die Dateneinblendungen eines Kalibrierfotos mit korrekt eingeblendeter Testgeschwindigkeit (44 km/h).

In der oberen Datenzeile sind neben der Gerätebezeichnung (VDS M5) die Gerätenummern der eingesetzten Module eingeblendet. Am Ende beider Datenzeilen steht ein Prüfzeichen (hier 0,0).

Die Dateneinblendungen der unteren Datenzeile besagen im Einzelnen:

26.11.07	Datum
13:41:55	Uhrzeit
XXXXXX	6-stelliger anwenderspezifischer Code
1	Nummer der Spur (Fahrstreifen), auf der die Messung erfolgte

Teil 1: Messverfahren

044	Kalibriergeschwindigkeit
KAL	Kennzeichnung für Kalibrierfoto
003	Bildnummer (fortlaufend)

2. Anforderungen an eine korrekte Auswertung

644 Eine Messung mit der Geschwindigkeitsüberwachungsanlage vom Typ VDS M5 ist in der Auswertung dann als korrekt zu bewerten, wenn im Einzelnen die Punkte der folgenden Checkliste erfüllt sind.

645 **Checkliste: Korrekte Messung**

☐ Das **Messprotokoll** bestimmt eindeutig das verwendete Messgerät (mit den zugehörigen Gerätekomponenten).

☐ Das verwendete Messgerät (d.h. alle verwendeten Gerätekomponenten) **und** der Sensorbereich (bei stationären Messstellen) verfügen über eine zum Tatzeitpunkt **gültige Eichung**, insbes. sind keine Reparaturen am Messgerät oder im Sensorbereich erfolgt oder Eichmarken/Eichplomben so beschädigt, dass die Sicherung des Messgeräts gegen Eingriffe nicht mehr gewährleistet gewesen ist.

☐ Wenn die letzte **Eichung des Sensorbereichs** zum Tatzeitpunkt länger als sechs Monate zurück lag, ist die gemäß Piezorichtlinie der PTB vorgeschriebene, fristgerechte, zusätzliche halbjährliche Wartung des Sensorbereichs durch ein entsprechendes Wartungszertifikat belegt.

☐ Durch den Betreiber der Anlage wird, wie gem. Piezorichtlinie gefordert, durch zusätzliche Kontrollen sichergestellt und dokumentiert, dass die Anforderungen an den mechanischen Zustand der Sensoren während der gesamten Betriebszeit erhalten bleiben (z.B. visuelle Kontrolle des Zustands der Vergussmasse der Sensoren, des Zustandes der Fahrbahnoberfläche im Sensorbereich (keine übermäßige Spurrillenbildung), Erkennbarkeit der Markierung des in Fahrtrichtung letzten Sensors etc.).

☐ Bei mobilem Einsatz des Messgerätes (auf der Fahrbahnoberfläche aufgespannte Sensorkabel) ist die Überprüfung des Abstandes der einzelnen Kabel zueinander mittels geeichtem Längenmessgerät im Messprotokoll dokumentiert.

☐ Die Auswertung der Kalibrierfotos lässt die korrekte Einblendung der Testgeschwindigkeit erkennen. Die in der oberen Datenzeile eingeblendeten Nummern der Geräte-Module stimmen mit denjenigen im Messprotokoll bzw. Eichschein überein.

E. Stationäre Messgeräte (Piezo-Kabel-Geschwindigkeitsmessgeräte)

☐ Der Fahrbahnbereich, in dem die Sensoren verlegt sind ist vollständig abgebildet und das gemessene Fahrzeug befindet sich im Abgleich mit der im Registrierbild eingeblendeten Spurnummer als alleiniges Fahrzeug im Sensorbereich.

☐ Die Vorderräder des gemessenen Fahrzeuges befinden sich zum Zeitpunkt der Fotoauslösung entsprechend der gemessenen Geschwindigkeit und gerätespezifischen Fotoauslöseverzögerung in einem plausiblen Abstand hinter dem letzten Sensorkabel (Stopp-Kabel der Hauptmessstrecke).

3. Ordnungsgemäße Messung

Das nachfolgende Bild zeigt eine ordnungsgemäße Messung. 646

Bild 6 zeigt eine ordnungsgemäße Messung. Das Fahrzeug befindet sich als alleiniges Fahrzeug im Sensorbereich und in einer größenordnungsmäßig plausiblen Position zum letzten (markierten) Sensor.

VI. Geschwindigkeitsmesssystem V-Control IIb mit Kamerasystem KA 1.1

Wichtige Entscheidungen:
- OLG Köln, Beschl. v. 17.11.1992 Ss 492/92 (B)

Das Geschwindigkeitsmessgerät V-Control IIb in Verbindung mit dem Kamerasystem 647
KA 1.1 der Fa. AD-Elektronik GmbH ist unter dem Zulassungszeichen 18.11/88.09 von der PTB zur Eichung zugelassen.

Teil 1: Messverfahren

Das Messprinzip beruht auf einer Weg-Zeit-Berechnung. Hierfür sind in einem Abstand von 6 m zueinander zwei druckempfindliche Koaxialkabel (Piezosensoren) fest in der Fahrbahn installiert. Überfährt ein Fahrzeug mit den Vorderrädern das erste Kabel wird hierdurch ein elektrischer Impuls ausgelöst sowie mit Überfahren des zweiten Kabels ein weiterer Impuls. Ein Mikrocomputer bestimmt dann nach einer zuvor erfolgten Signalaufbereitung die Zeit zwischen den beiden Impulsen, woraus mit der bekannten Wegstrecke eine Geschwindigkeit v1 berechnet wird. Ein zweiter Geschwindigkeitswert wird analog anhand der aus der Überfahrt der Hinterräder über die Sensorkabel erlangten Impulse berechnet.

648 Weichen die beiden Geschwindigkeitswerte um mehr als eine vorgegebene Toleranz (3,125%) voneinander ab, wird die Messung verworfen und kein Registrierfoto gefertigt. Anderenfalls wird der kleinere der beiden gemessenen Geschwindigkeitswerte im Registrierfoto zur Anzeige gebracht.

Zwischen beiden Sensorkabeln befindet sich eine Induktionsschleife, welche als Anwesenheitssensor dient. Hierdurch wird für den Fall, dass nach Überfahren des 1. Kabels keine Belegung der Induktionsschleife festgestellt wird, ebenfalls eine Annullierung der Messung durchgeführt.

Die Auslösung des Registrierfotos erfolgt hier nicht nach einer konstanten Fotoauslösezeit, sondern nach einer variablen Auslöseverzögerungszeit in Abhängigkeit von der gemessenen Geschwindigkeit. D.h. auf der Basis des kleineren gemessenen Geschwindigkeitswertes wird die Fotoauslöseverzögerung so berechnet, dass sich die Vorderräder des gemessenen Fahrzeuges zum Zeitpunkt der Auslösung des Registrierfotos gerade 7,5 m +/- 50 cm (bzw. alternativ 9,0 m - je nach Softwareversion) nach dem 2. Messkabel befinden, wenn eine ordnungsgemäße Messung erfolgt ist.

649 Das Messgerät ermöglicht die Überwachung von bis zu zwei Fahrstreifen mit einer oder 2 Kameras (bei Überwachung nur eines Fahrstreifens und Einsatz von zwei Kameras ist es dadurch möglich, neben der Front- auch eine Heckaufnahme des gemessenen Fahrzeuges zu fertigen).

650 Neben der Eichung des Geschwindigkeits- und Kamerasystems ist auch bei dieser Messanlage die Eichung des Sensorbereichs erforderlich.

Die Eichung des Sensorbereichs erfolgt hier gemäß der Richtlinie zur Überprüfung des Sensorbereichs von Geschwindigkeitsmessgeräten der Bauart AD-Elektronik mit piezoelektrischen Messfühlern (Piezorichtlinie VCII). Insbes. ist hierin die Anforderung bezüglich des **Wartungsintervalls auf ein Jahr erweitert.** Gemäß 6. Nachtrag zur innerstaatlichen Bauartzulassung unterliegen nur Messstellen, an denen ein Messgerät mit der **Programmversion 006** betrieben wird, der **halbjährlichen Wartungspflicht.**

E. Stationäre Messgeräte (Piezo-Kabel-Geschwindigkeitsmessgeräte)

1. Testdurchführung

Der Gebrauchsanweisung zu diesem Messgerät ist zu entnehmen, dass das Messgerät nach dem Einschalten einen Selbsttest durchführt, bei dem in einem ersten Testabschnitt RAM, ROM, I/O- und Kommunikationsbausteine getestet werden. Tritt dabei ein Fehler auf, wird eine Fehlermeldung angezeigt und der Gerätebetrieb wird eingestellt. Im zweiten Testabschnitt erfolgt die Prüfung der Anzeigeelemente der Anzeige an der Frontseite des Kamerasystems und des geräteinternen Lautsprechers zur Ausgabe von Signaltönen.

Im dritten Testabschnitt wird eine Überprüfung der internen Referenzfrequenztabellen durchgeführt, indem eine Fahrzeugüberfahrt mit einer definierten Geschwindigkeit von 43 km/h simuliert wird. Bei erfolgreichem Test erscheint in der ersten Anzeigezeile der Geschwindigkeitswert von 43 km/h und in der zweiten Zeile „OK". Bei angeschlossener Kamera wird ein Testdatensatz mit einer Geschwindigkeit von 888 km/h übertragen. Bei nicht bestandenem Test bleibt das Messgerät gesperrt.

2. Anforderungen an eine korrekte Auswertung

Eine Messung mit der Geschwindigkeitsüberwachungsanlage vom Typ V-Control IIb ist in der Auswertung dann als korrekt zu bewerten, wenn im Einzelnen die Punkte der folgenden Checkliste erfüllt sind.

Checkliste: Korrekte Messung

- ☐ Das **Messprotokoll** bestimmt eindeutig das verwendete Messgerät.
- ☐ Das Messgerät (Kamera- und Geschwindigkeitsmesssystem) **und** der Sensorbereich (bei stationären Messstellen) verfügen über eine zum Tatzeitpunkt **gültige Eichung**, insbes. sind keine Reparaturen am Messgerät oder im Sensorbereich erfolgt oder Eichmarken/Eichplomben so beschädigt, dass die Sicherung des Messgeräts gegen Eingriffe nicht mehr gewährleistet gewesen ist.
- ☐ Das Datum der letzten Eichung des Sensorbereichs liegt nicht länger als ein Jahr zurück (bei Programmversion 006 ein halbes Jahr). Anderenfalls ist eine fristgerechte Wartung des Sensorbereichs nachgewiesen.
- ☐ Durch den Betreiber der Anlage wird, wie gem. Piezorichtlinie gefordert, durch zusätzliche Kontrollen sichergestellt und dokumentiert, dass die Anforderungen an den mechanischen Zustand der Sensoren während der gesamten Betriebszeit erhalten bleiben (z.B. visuelle Kontrolle des Zustands der Vergussmasse der Sensoren, des Zustandes der Fahrbahnoberfläche im Sensorbereich (keine übermäßige Spurrillenbildung), Erkennbarkeit der Markierung der Fotofixlinie).

Teil 1: Messverfahren

> ☐ Die Auswertung des Testfotos nach Inbetriebnahme des Gerätes bzw. Film- und/oder Messstellenwechsel lässt die korrekte Einblendung der Geschwindigkeit von 888 km/h erkennen.
>
> ☐ Der Fahrbahnbereich, in dem die Sensoren verlegt sind ist vollständig abgebildet und das gemessene Fahrzeug befindet sich als alleiniges Fahrzeug im Sensorbereich.
>
> ☐ Die Vorderräder des gemessenen Fahrzeuges befinden sich zum Zeitpunkt der Fotoauslösung auf Höhe der sichtbar markierten Fotofixlinie (7,5 bzw. 9,0 m nach dem 2. Sensorkabel) bzw. max. 50 cm (etwa ein Raddurchmesser) davor oder danach.

3. Ordnungsgemäße Messung

654 Das nachfolgende Bild zeigt eine ordnungsgemäße Messung.

Die Vorderräder des gemessenen Fahrzeuges befinden sich unmittelbar über der 7,5 m nach Sensorkabel 2 befindlichen Fotofixlinie, welche über die gesamte Breite des Fahrstreifens markiert ist.

F. Geschwindigkeitsmessungen durch Nachfahren

Das Wichtigste in Kürze:

1. Unter Geschwindigkeitsmessung durch Nachfahren ist jede Form der Geschwindigkeitsmessung an einem Fahrzeug, welches einem Behördenfahrzeug voraus oder hinterher fährt oder dieses überholt zu verstehen, wobei die Geschwindigkeitsmessung grds. am Behördenfahrzeug erfolgt und die Geschwindigkeit durch Abstandsbetrachtung auf das zu messende Fahrzeug übertragen wird.
2. Hierbei ist die am Messfahrzeug festgestellte Geschwindigkeit zunächst um den Feststellungsfehler (Ablesefehler) zu korrigieren.
3. Anschließend ist der technische Fehler am Messfahrzeug zu berücksichtigen.
4. Schließlich ist für jede Messung individuell der Abstandsfehler zwischen Messfahrzeug und gemessenem Fahrzeug zu korrigieren.

Die folgenden Ausführungen behandeln die Messmethoden, die mobil ausgeführt werden und die ein Messen durch Nachfahren darstellen. Die ersten Verfahren wurden entwickelt, als man Geschwindigkeitsverstöße beim bloßen „Hinterherfahren" feststellte. Im Zuge der Zeit hat man dann versucht, die Toleranzen, die durch die Rechtsprechung zum Ausgleich möglicher Messfehler gefordert wurden, durch technische Neuerungen zu minimieren. 655

So unterscheiden sich heute die Messverfahren durch Nachfahren lediglich in der verwendeten Technik im Messfahrzeug, durch die die einzelnen Fehlerquellen eingeschränkt und dadurch die Toleranzen vermindert wurden.

Demzufolge ist auch immer die **Fehlerproblematik** gleich zu sehen. Es ist folglich nicht von Relevanz, ob die Geschwindigkeit 656

- durch Nachfahren mit einem ungeeichten Tachografen,
- durch Nachfahren mit einem justierten Tachografen,
- durch Nachfahren mit einem geeichten Tachografen,
- in Form von Nachfahren und Messen mit einem Police-Pilot-System oder
- durch Nachfahren und Messen mit einem ProViDa-Messsystem oder
- durch Nachfahren und Messen mit einem Messsystem VASCAR 2000
- durch Nachfahren und Messen mit einem Messsystem Vidista

bestimmt wird.

Teil 1: Messverfahren

> **Hinweis:**
> Dabei ist ausdrücklich festzuhalten, dass ein standardisiertes Messverfahren in dem Sinn nicht vorliegt, dass die Technik selbstständig in jedem Fall korrekte Messwerte liefert.

657 Hierunter fallen andere Messgeräte, etwa Radargeräte im Moving-Betrieb, d.h. die Radarmessung erfolgt, während sich das Messfahrzeug in Bewegung befindet.

In allen o.g. Messverfahren werden vom Messbeamten Feststellungen getroffen oder veranlasst, die von ihm selbst beeinflusst und gewürdigt werden und dann zum Messergebnis verarbeitet werden. Eine Überprüfung des Messwertes in jedem konkreten Einzelfall ist daher angebracht.

I. Messen durch Nachfahren mit nicht geeichtem Tachografen

1. Allgemeines

658 In aller Regel stammt beim Messen durch Nachfahren die ermittelte Geschwindigkeit vom Messfahrzeug selbst. Sie wird beim Messvorgang vom Tachografen abgelesen und durch Abstandsbetrachtungen auf das vorausfahrende Fahrzeug übertragen.

> **Hinweis:**
> Bei der beschriebenen Messung fielen grds. **drei Messfehler** auf:
> 1. der angezeigte Messwert selbst ist in einer gewissen Größenordnung falsch (technischer Messfehler, s. Rn. 659 ff.),
> 2. der angezeigte Messwert wird falsch abgelesen (Ablesefehler Rn. 668 ff.),
> 3. der ermittelte Messwert wird fehlerhaft auf das vorausfahrende Fahrzeug des Betroffenen übertragen (Beobachtungsfehler Rn. 671 ff.).

2. Technischer Messfehler

659 Unter einem technischen Messfehler ist der Fehler zu verstehen, der im Messgerät selbst entsteht.

660 § 57 Abs. 2 StVZO nimmt für die Genauigkeit von „Geschwindigkeitsmessgeräten" in Kfz Bezug auf die **Richtlinie 75/443/EWG**. Hier waren früher Abweichung bis zu 7 % des Skalenendwertes in den beiden letzten Dritteln der Tachometeranzeige aufgegeben.

Für **ab dem 01.01.**1991 in Verkehr gekommene Fahrzeuge bestimmt sich nach der durch Richtlinie 97/39/EG geänderten Richtlinie 75/443/EWG die zulässige Abweichung geschwindigkeitsabhängig. 661

Hinweis:

Wegen des Änderungsdatums darf unterstellt werden, dass diese Berechnungsmethode zwischenzeitlich für alle benutzten Messfahrzeuge anzuwenden ist.

Gem. Ziff. 4.4. der Richtlinie darf die angezeigte Geschwindigkeit nicht geringer sein als die tatsächlich gefahrene. Die angezeigte Geschwindigkeit darf die tatsächliche Geschwindigkeit **nach folgender Formel** um 10 % zuzüglich 4 km/h überschreiten: 662

$$0 \leq V1 - V2 \leq V2/10 + 4 \text{ km/h}$$

V1 stellt dabei die angezeigte Geschwindigkeit dar, V2 die tatsächlich gefahrene Geschwindigkeit.

Danach darf bei gefahrenen 50 km/h die angezeigte Geschwindigkeit 59 km/h betragen. Bei einer Geschwindigkeit von 150 km/h darf die Anzeige 19 km/h vorgehen.

Diese Größenordnung ist bei einem ungeeichten Tachografen als technischer Fehler immer zu unterstellen.

Bei einem **justierten Tachografen** bestehen keine Bestimmungen über die Höhe zu berücksichtigender Toleranzen. Ein Eichschein, welcher die Größenordnung bestimmt, existiert nicht. Dass die Toleranz hier jedoch nicht geringer sein kann als bei einem geeichten Messgerät versteht sich von selbst. 663

Einen **Toleranzwert** kann man unter Berücksichtigung der sonstigen Eich- und Verkehrsfehlergrenzen bestimmen. So ist bei der Justierung eines Tachografen nach der Eichfehlergrenze und der Verkehrsfehlergrenze des bei der Justierung verwendeten Messgerätes zu fragen. Beträgt dessen Verkehrsfehlergrenze (Fehler im Betrieb) 3 km/h bei Werten bis 100 km/h und 3 % bei Werten über 100 km/h, so kann dessen „Verkehrsfehlergrenze" für den justierten Tacho als Laborwert oder Eichfehlergrenze bestimmt werden.

Legt man hier eine Eichfehlergrenze (Fehler bei der labormäßigen Prüfung) in dieser Größenordnung fest, so ist als Verkehrsfehlergrenze der Tachoanzeige des justierten Tachografen im Betrieb das Doppelte anzunehmen, mithin 6 km/h bei Werten bis 100 km/h und 6 % bei Werten über 100 km/h. 664

Genauere Ergebnisse bei der Eichung von Messgeräten sind anzunehmen, wenn die Eichung durch die Eichbehörden vorgenommen wird. Über alle Eichvorgänge werden 665

Eichurkunden erstellt, in denen die Eich- bzw. Verkehrsfehlergrenzen im sog. **Eichschein** festgehalten werden.

666 Die genannten Größenordnungen beinhalten als **Eichfehlergrenze** den labormäßigen Fehler, also die Abweichung, um die der Messwert bei der labormäßigen Prüfung falsch sein darf.

667 Die Verkehrsfehlergrenze umfasst darüber hinaus die möglichen Abweichungen im Messbetrieb, die bei **„normaler" Nutzung** entstehen können.

Beispiele: Abweichungen bei „normaler" Nutzung

Unterschiedlicher Luftdruck, Reifenabnutzung, Beladung von Fahrzeugen, Kurvenfahrten innerhalb eines Fahrstreifens u.Ä.

Diese Betrachtung zeigt, dass dann **kein weiterer Spielraum** in der Betrachtung der Verkehrsfehlergrenzen verbleibt. Jede Fehlergröße die etwa durch Missachtung üblicher Anforderungen gestellt wird (etwa Messstreckenlänge, Messabstand oder Konstanz im Geschwindigkeitsverlauf) oder durch Fehlbedienung des Messgerätes entsteht, muss dann durch eine **gesonderte Toleranzbetrachtung** bedacht werden.

3. Ablesefehler

668 Beim Ablesefehler ist zu bedenken, dass der „Messbeamte" in aller Regel der Fahrer des Messfahrzeuges selbst ist. Er hat die allgemeine Verkehrssicherheit zu beachten, darauf zu reagieren, den Messabstand herzustellen, ihn gleich bleibend einzuhalten und dabei noch regelmäßig den Tachowert abzulesen.

Erschwert wird das Ablesen alleine schon dadurch, dass der Geschwindigkeitswert nur ganz kurz eingesehen werden kann, da die sonstigen Tätigkeiten die überwiegende Aufmerksamkeit des Fahrzeugführers verlangen.

669 Eine exakte Bestimmung der Fehlergröße ist **nirgendwo abschließend geregelt.** Hier die auch von anderen Sachverständigen geforderte Größenordnung von 5 km/h (etwa in Beck/Löhle, Fehlerquellen bei polizeilichen Messverfahren, S. 98) anzunehmen erscheint durchaus sachgerecht.

670 Eine Reduzierung dieser Fehlergrößenordnung des Ablesefehlers soll nur dann in Betracht kommen, wenn der Messbeamte exakt belegen kann, wie er eine genauere Ablesung des Messwertes sichergestellt hat. Zu denken wäre etwa daran, bei einer digitalen Anzeige des Geschwindigkeitswertes – wenn dieser während der Messung zwischen 150 km/h und 160 km/h schwankt – diesen nur mit mehr als 150 km/h anzunehmen.

4. Beobachtungsfehler oder Abstandsfehler

Der Beobachtungsfehler/Abstandsfehler wird bei allen Messmethoden durch Nachfahren oftmals unterschätzt und vernachlässigt. Hierdurch entstehen jedoch meist die größten Messfehler.

> **Hinweis:**
> Bei dieser Messmethode ist zu bedenken, dass prinzipiell nicht die Geschwindigkeit des vorausfahrenden Fahrzeuges ermittelt wird, sondern die Eigengeschwindigkeit des Messfahrzeuges.

Erst unter Abstandsbetrachtungen kann die so ermittelte Geschwindigkeit auf das vorausfahrende Fahrzeug übertragen werden.

Dabei sind zwei grundlegende Dinge zu beachten:

- Zum einen lassen sich Abstände umso schlechter schätzen, je größer die Entfernung zum geschätzten Objekt ist und
- zum anderen wirkt sich der Schätzfehler umso größer aus, je kürzer die Beobachtungs- oder Messstrecke ist.

Bei diesen Messvorgängen muss man sich immer vor Augen halten, dass dem Messbeamten für seine Feststellungen nur kurze Zeitspannen zur Verfügung stehen, in denen er **zahlreiche andere Aufmerksamkeitsvorgänge bewältigen** muss, die oftmals eine größere Konzentration von ihm verlangen als der Messvorgang selbst. Dabei besteht – bis auf die Messverfahren, in denen eine Videodokumentation erfolgt – nur einmalig die Beobachtungsmöglichkeit für den Messablauf.

Hier stellt sich nunmehr die Frage, in welcher Größenordnung die geschätzten Abstände als falsch zu unterstellen sind. Genaue Untersuchungen wurden hierzu nach diesseitiger Kenntnis noch nicht durchgeführt. Aber schon im Stand durchgeführte Schätzungen einer 50 m Strecke lassen Fehler von bis zu 10 m zu. So kann im Fahrbetrieb eine Entfernung von 40 m ebenso wie eine Entfernung von 70 m durchaus als 50 m eingestuft werden.

> **Hinweis:**
> Der Schätzfehler zu Messbeginn kann sich bei einem Messvorgang zu Messende wiederholen.

Bei einer **Messentfernung von ca. 50 m** darf also unterstellt werden, dass zu Messbeginn die Messentfernung 70 m und zu Messende 40 m betragen haben kann, ohne

Teil 1: Messverfahren

dass dem Messbeamten dies, auch bei entsprechender Aufmerksamkeit und Sorgfalt, aufgefallen sein muss.

- Was bedeutet ein **Messfehler in dieser Größenordnung**?

676 Unter den oben angeführten sonstigen Fehlerbetrachtungen wurde die Eigengeschwindigkeit des Messfahrzeuges durch Ablesen am Tachografen bestimmt. Wenn diese Geschwindigkeit auf das vorausfahrende Fahrzeug übertragen werden soll, muss der Abstand zu Messbeginn und Messende gleich groß sein, da nur in diesem Fall beide Fahrzeuge gleich schnell gefahren sind.

Hat sich allerdings der **Abstand zwischen Messbeginn und Messende** vergrößert, so wurde das vorausfahrende Fahrzeug des Betroffenen mit einer höheren als der festgestellten Geschwindigkeit gefahren.

Im umgekehrten Fall wurde das vorausfahrende Fahrzeug mit einer geringeren als der Messgeschwindigkeit gefahren, wenn sich der Abstand zu Messende verkleinert hat.

Hinweis:

Während der „Schätzfehler" bei der angenommenen Entfernung von 50 m im Normalfall auf 30 m beschränkt werden kann, sind bei größeren Messabständen entsprechend größere Schätzfehler zu unterstellen. Dabei darf sicherlich keine lineare Steigerung unterstellt werden.

- Wie wirkt sich der **Messfehler auf das Messergebnis** aus?

677 Angenommen, der Abstand wird gleich bleibend auf 100 m geschätzt. Tatsächlich beträgt der Abstand zu Messbeginn 130 m und zu Messende 80 m. Dann beträgt der Schätzfehler für die Messung insgesamt 50 m.

Um diese Strecke ist das Messfahrzeug während der Messung auf das vorausfahrende Fahrzeug aufgefahren, mithin um diese Strecke in der Messzeit schneller gefahren.

Betrug die Messstrecke 500 m, so liegt die Größe des „Schätz- oder Auffahrfehlers" bei 10 % der Wegstrecke, damit auch bei 10 % des Messwertes.

Angenommen, die Messstrecke betrug 1.000 m, so ist die absolute Fehlergröße gleich geblieben, die relative Fehlergröße bezogen auf die Messstreckenlänge reduziert sich auf 5 % der festgestellten Geschwindigkeit.

Dass es allerdings in der Praxis Nachfahrstrecken von 200 m gibt, zeigt, dass das Problem der Abstandsschwankung immer im Einzelfall und keineswegs pauschal zu betrachten ist, denn hier wirkt sich der oben beschriebene Schätzfehler bereits in der Größenordnung von 25 % aus.

5. Anforderungen an die Überprüfbarkeit einer Messung durch Nachfahren

Die vorstehenden Ausführungen zeigen, dass eine Messung durch Nachfahren mit nicht geeichtem Tachografen nicht generell als korrekt angesehen werden darf.

Die Eindämmung möglicher Fehlerquellen muss unbedingt nachgewiesen werden.

Aus diesem Grund kann eine solche Messung nur dann als „durchgeführt" angenommen werden, wenn zum Messvorgang ein exaktes Protokoll erstellt wurde. Dieses Protokoll muss folgende Angaben beinhalten.

Checkliste: Anforderungen an das exakte Protokoll zum Messvorgang

- ☐ **Beschreibung** der **Annäherung** an das zu messende Fahrzeug.
- ☐ **Wo** war der gleich bleibende Abstand hergestellt und wurde damit die Messung begonnen?
- ☐ **Wo** wurde die Messung beendet?
- ☐ **Wie** lange war die Messstrecke?
- ☐ **Wie** wurde die Messstreckenlänge festgestellt?
- ☐ Lag während der Messung ein gleich bleibendes **Geschwindigkeitsniveau** vor?
- ☐ Beschreibung des **Abstandsverhaltens** zum vorausfahrenden Fahrzeug während der Messung.
- ☐ **Woran** orientiert wurde der Abstand festgestellt?

Wenn entsprechend genaue Angaben vorhanden sind, bedeutet dies nicht automatisch eine Verwertbarkeit des Ergebnisses, sondern nur, dass entsprechend der zuvor gemachten Angaben die Möglichkeit gegeben ist, die Fehlergröße der gegenständlichen Messung vernünftig einzugrenzen.

6. Entscheidung des OLG Celle

Das OLG Celle (NZV 2005, 158) hält im Beschluss v. 25.10.2004 für die Messung mit einem nicht geeichten Tachometer grds. einen Sicherheitsabschlag von 20 % zum Ausgleich sämtlicher Fehlerquellen für ausreichend und erforderlich. Dieser Fehlergrenze liegen die zuvor gemachten Fehlerbetrachtungen zugrunde, wobei der Beschluss auch die Anforderungen berücksichtigt, die die Rechtsprechung in anderen Entscheidungen festgelegt hat. Dabei verweist das OLG Celle auch darauf, dass die Darlegungen zur Ermittlung der vorwerfbaren Geschwindigkeit den Anforderungen des § 261 StPO genügen muss.

Teil 1: Messverfahren

683 Der Toleranzabzug von 20 % ist unter Erfüllung folgender Anforderungen **ausreichend**:

Checkliste: Anforderungen an den Toleranzabzug i.H.v. 20 %
☐ Es herrschen **gute Sichtverhältnisse**.   ☐ Es besteht ein **geringer Abstand** zwischen vorausfahrendem Pkw- und Messfahrzeug.   ☐ Der **Abstand** ist ungefähr **gleich bleibend**.   ☐ Die **Nachfahrstrecke** ist ausreichend lang.   ☐ Die **Ablesung des Tachometers** erfolgt in kurzen Abständen.

Da die Feststellungen des Messbeamten als einmaliges kurzes Ereignis erlebt werden, empfiehlt sich zur Dokumentation die sofortige Fertigung eines Messprotokolls, welches diese Anforderungen beschreibt.

II. Messung durch Nachfahren mit geeichtem Tachografen

1. Allgemeines

684 **Wichtige Entscheidungen/Police-Pilot:**

- AG Nordenham, Urt. v. 31.05.2007 5 OWi 441 Js 59850/06 (587/06)
- OLG Zweibrücken, Beschl. v. 20.12.1999 1 Ss 279/99
- OLG Karlsruhe, Beschl. v. 16.10.2006 1 Ss 55/06
- OLG Hamm, Beschl. v. 15.11.2000 2 Ss OWi 1057/00
- OLG Hamm, Beschl. v. 16.01.2009 3 Ss OWi 767/07
- OLG Düsseldorf, Beschl. v. 13.06.2000 2b Ss (OWi) 125/00 – (OWi) 52/00 I
- KG Berlin, Beschl. v. 16.03.2005 2 Ss 214/04
- KG Berlin, Beschl. v. 26.05.2008 3 Ws (B) 123/08; 2 Ss 114/08
- OLG Celle, Beschl. v. 27.09.1996 3 Ss (OWi) 192/96
- KG Berlin, Beschl. v. 25.01.2002 2 Ss 292/01 – 3 Ws (B) 5/02, 2 Ss 292/01, 3 Ws (B) 5/02
- OLG Hamm, Beschl. v. 29.11.2001 2 Ss OWi 1029/01
- OLG Hamm, Beschl. v. 09.02.2009 4 Ss OWi 6/09
- OLG Braunschweig, Beschl. v. 24.02.1995 Ss (B) 198/94

Wichtige Entscheidungen/ProViDa:	685

- AG Cochem, Urt. v. 22.03.2004 2040 Js 54574/03 3 OWi
- OLG Zweibrücken, Beschl. v. 20.12.1999 1 Ss 279/99
- OLG Koblenz, Beschl. v. 24.07.2001 1 Ss 203/01
- OLG Karlsruhe, Beschl. v. 16.10.2006 1 Ss 55/06
- OLG Hamm, Beschl. v. 11.03.2003 1 Ss (OWI) 617/03
- OLG Hamm, Beschl. v. 22.09.2003 2 Ss OWi 518/03
- OLG Hamm, Beschl. v. 18.09.2008 2 Ss OWi 707/08
- OLG Hamm, Beschl. v. 04.12.2008 3 Ss OWi 871/08
- OLG Hamm, Beschl. v. 16.01.2009 3 Ss OWi 767/07
- OLG Hamm, Beschl. v. 26.02.2009 3 Ss OWi 871/08
- OLG Düsseldorf, Beschl. v. 13.06.2000 2b Ss OWi 125/00
- OLG Düsseldorf, Beschl. v. 29.06.2000 2b Ss (OWi) 95/00
- KG Berlin, Beschl. v. 26.05.2008 3 Ws (B) 123/08; 2 Ss 114/08
- BayObLG, Urt. v. 23.07.2003 1 ObOWi 246/03
- Thüringer OLG, Beschl. v. 08.05.2006 1 Ss 60/06
- Thüringer OLG, Beschl. v. 11.08.2005 1 Ss 216/05
- AG Lüdinghausen, Beschl. v. 27.03.2007 10 OWi 89 Js 18/07 – 5/07
- AG Hamburg, Urt. v. 03.09.2003 203 – 311/03 – 203 OWi/2102 Js 604/03
- Schleswig-Holsteinisches OLG, Beschl. v. 20.06.2003 2 SsOWi 82/03 (55/03), 2 Ss OWi 82/03 (55/03)
- OLG Köln, Beschl. v. 30.07.1999 Ss 343/99 B
- AG Lübben, Beschl. v. 01.12.2009 – 40 OWi 1611 Js 29636/08 (313/08)

Die zuvor beschriebenen Fehlermöglichkeiten liegen auch bei den **Messungen mit** 686
geeichtem Tachografen auf der Hand. Die Frage, die sich in Einzelfällen stellt, ist
jeweils, wie weit sich die zuvor beschriebenen Fehlermöglichkeiten durch die technischen Sicherungen minimieren lassen.

Unter Messungen mit geeichtem Tachografen sind im Wesentlichen Messungen mit 687
- Police-Pilot,
- ProViDa
- Vidista und

Teil 1: Messverfahren

- VASCAR

zu verstehen. Alle drei Messanlagen sind in ihrer Bauart ähnlich, sodass sie an der ersten Bauart – dem ProViDa Messgerät PDRS 1245 – erklärt werden können.

> **Hinweis:**
> Eine sog. Police-Pilot Messung ist im Grunde dabei lediglich eine ProViDa Messung ohne Videoaufzeichnung – hier wird also nur darauf verzichtet, den beanzeigten Verstoß auch beweiskräftig zu dokumentieren.
>
> Weshalb man einerseits den Aufwand der Fahrzeug- und Geräteeichung betreibt, andererseits aber auf eine nachvollziehbare Dokumentation des Verstoßes verzichtet, kann nicht nachvollzogen werden.

2. Allgemeine Ausführungen zur Messanlage

a) Allgemeines

688 Gemäß dem Zulassungsschein der PTB zur innerstaatlichen Bauartzulassung, Nr.: 1.43.9262/84 v. 25.05.1984, handelt es sich bei der Verkehrsüberwachungsanlage Typ PDRS-1245

„um eine Verkehrsüberwachungsanlage, die in ein Fahrzeug eingebaut werden kann und die die Feststellung der Geschwindigkeit von Fahrzeugen durch Nachfahren oder durch Ermitteln der Fahrzeit für eine bestimmte vorher ausgemessene Wegstrecke ermöglicht.

In beiden Fällen wird aus der Wegstrecke und der benötigten Zeit eine Geschwindigkeit ausgerechnet und angezeigt."

689 Die ProViDa-Anlage besteht neben Videokamera, Videorecorder und Farbmonitor (handelsübliche, nicht vorgeschriebene Geräteausführungen) grds. aus **drei Systemkomponenten**:

- der Kalibrierbox,
- dem Police-Pilot,
- dem Video-Datengenerator.

b) Kalibrierbox

690 Die Kalibrierbox ist zwischen Impulsgeber und Police-Pilot (s. Rn. 695) geschaltet. Vom Impulsgeber werden mechanische Impulse geliefert, die der Anlage mitteilen, wie oft sich das Rad des Messfahrzeuges dreht. Damit mit diesen Impulsen die Geschwindigkeit richtig berechnet werden kann, muss über die Kalibrierbox bestimmt werden, wie viele solcher Impulse einer festgelegten Wegstrecke entsprechen. Dabei

erfolgt nicht nur die Kalibrierung des Wegstreckenmessers in der Kalibrierbox, sondern auch die Kalibrierung der beiden Wegstreckenzähler im Police-Pilot.

Die Kalibrierung erfolgt in der Kalibrierbox über den Kodierschalter mit dem die für eine Wegstrecke definierte Kalibrierzahl eingestellt wird. Die Stellung des Kodierschalters kann und sollte bei der Eichung im Eichschein aufgeführt werden.

Die **Auflösung der Wegstreckenmessung** erfolgt bei dieser Kalibrierung in Schritten von ca. 30 cm.

I.d.R. wird diese Kodierstellung vor jeder Eichung durch den sog. „1.000 Meter-Abgleich" überprüft. Hierbei wird eine geeichte 1.000 m Messstrecke mit dem Wegstreckenmesser der ProViDa-Anlage abgefahren. 691

> **Hinweis:**
>
> Gemäß der Bedienungsanleitung vom 05.06.1992, (Punkt 7. Sonstige Maßnahmen und Hinweise über mögliche Fehlerquellen), musste dieser 1.000 Meter-Abgleich nach jedem Reifenwechsel durchgeführt werden. Eine Neueichung der Messanlage vor dem eigentlichen nächsten Eichtermin war dabei nur dann nicht erforderlich, wenn die Abweichung der angezeigten Wegstrecke von der geeichten Wegstrecke weniger als 10 m betragen hat.

Stand **keine entsprechende Messstrecke** zur Verfügung bzw. ist die Abweichung größer als 10 m, so war das Fahrzeug neu zu eichen. 692

Erfolgt diese Prüfung nicht, sind wegen möglicher Abweichungen im Radumfang (insb. zwischen Winter- und Sommerreifen) falsche Wegstreckenmessungen die Folge. 693

Ferner enthält die Kalibrierbox einen Spannungsstabilisator für das gesamte System und hat einen direkten Anschluss an die Fahrzeugbatterie sowie Stecker für das Pulsinterface und den Police-Pilot. 694

> **Hinweis:**
>
> Fahrzeug, Impulsgeber, Impulskabel, Pulsinterface und Kalibrierbox bilden zusammen eine eigene, nicht trennbare Einheit.

Teil 1: Messverfahren

c) **Police-Pilot**

695

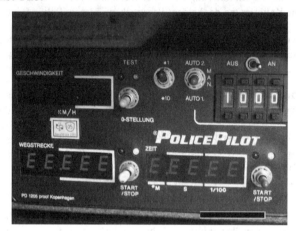

Der Police-Pilot ist **Bedienteil** und **Messrechner** zugleich. Im Einzelnen besteht er aus:
- einer Zeitmesseinheit,
- einer Wegstreckenmesseinheit,
- einer Steuereinheit und
- einem Rechner.

aa) **Zeitmesseinheit**

696 Die Zeitmesseinheit besteht aus **zwei separaten Stoppuhren**. Beide Stoppuhren werden von je einem 6,6 MHz-Kristall gesteuert.

Eine der beiden Stoppuhren wird bei der Messung im Display angezeigt. Nach Beendigung der Messung wird in diesem Display die tatsächlich gemessene Zeit angezeigt. Die zweite Stoppuhr arbeitet für den Rechner.

bb) **Wegstreckenmesseinheit**

697 Diese Einheit besteht aus **zwei Trippzählern**, von denen einer kontinuierlich während einer Messung im Display die während der Messung zu jedem Zeitpunkt zurückgelegte Wegstrecke anzeigt. Nach Messende wird in diesem Display die tatsächlich gemessene Wegstrecke angezeigt. Der zweite Trippzähler arbeitet für den Rechner.

F. Geschwindigkeitsmessungen durch Nachfahren

cc) Steuereinheit

In der Steuereinheit werden die **Informationen gespeichert**, die danach für die Bearbeitung in den Rechner transportiert werden. Diese Einheit kontrolliert gleichzeitig, dass die Anlage vor Messbeginn in der Nullstellung steht und betriebsbereit ist.

698

dd) Rechner

Nach dem **Ende einer Messung** werden die Daten von der Stoppuhr und dem Trippzähler, die nicht an ein Display angeschlossen sind, an den Rechner übertragen. Mit diesen Informationen wird im Rechner durch eine Weg-Zeit-Berechnung die Durchschnittsgeschwindigkeit ermittelt und an das entsprechende Display am Police-Pilot übertragen.

699

Gleichzeitig werden die Zeiten und Wegstreckenmessungen der beiden Uhren und der beiden Trippzähler miteinander verglichen. Stimmen die beiden Zeitmessungen, bzw. die beiden Wegstreckenmessungen nicht exakt überein, führt dies zu einer Messannullierung.

ee) Zusammenfassung

Der Police-Pilot ermöglicht damit

700

- eine Zeitmessung mit einer Auflösung von 1/100-Sekunde,
- eine Wegstreckenmessung mit einer Auflösung von 0,3 m (Kalibrierungseinheit),
- die Berechnung der Durchschnittsgeschwindigkeit mit einer Auflösung von 0,01 km/h.

Hinweis:

Wird die ProViDa-Anlage mit einer Videoanlage kombiniert, so werden die Daten der Stoppuhr und des Trippzählers, die nicht mit einem Display verbunden sind, auf dem Monitor angezeigt und auf dem Videorekorder aufgezeichnet.

---

d) Video-Datengenerator

Der Video-Datengenerator ist die Kontrolleinheit der gesamten ProViDa-Anlage und der angeschlossenen Zusatzsysteme.

701

Zunächst empfängt er die digitalen Daten von den Zeit-, Distanz- und Berechnungskreisläufen des Police-Pilot. Diese werden mit dem Systemdatum (Jahr, Monat, Tag) und der Systemzeit (Stunden, Minuten, Sekunden) aufbereitet.

Zusätzlich kann ein ProofSpeed angeschlossen werden, der dann die jeweils während der letzten 0,9 s gefahrene Eigengeschwindigkeit des Fahrzeuges in digitaler Darstellung zeigt.

702 Ist eine Videoanlage mit dem Video-Datengenerator verbunden, so werden die beschriebenen Daten auf Videosignale konvertiert, mit dem Videosignal der Videokamera gemischt und anschließend auf den Monitor übertragen. Bei eingeschaltetem Videorekorder werden diese gemischten Informationen (Videobild mit Messdaten) aufgezeichnet.

3. Messmethoden – Prinzip der Messwertbildung

a) Allgemeines

703 Mit der **ProViDa-Anlage** sind folgende **Messmethoden** möglich:

- Geschwindigkeitsmessung durch Zeitmessung über eine vorher festgelegte Wegstrecke (auto 1 – Messung im Stand),
- Geschwindigkeitsmessung beim Verfolgen über eine Messstrecke vorgegebener Länge bei gleichem Anfangs- und Endabstand (auto 2 – Messstreckenlänge vorgegeben),
- Geschwindigkeitsmessung beim Verfolgen bei gleichem Anfangs- und Endabstand (auto 2 – Messstreckenlänge wird individuell bestimmt),
- Geschwindigkeitsmessung beim Verfolgen mit ungleichem Anfangs- und Endabstand (Festpunkt- oder Fixpunktmessung in Stellung MAN),
- Geschwindigkeitsmessung bei gleich bleibendem Abstand mittels des geeichten Geschwindigkeitsmessers (Eigengeschwindigkeitsanzeige im Videobild).

704 Bei allen Messmethoden wird das gleiche Messprinzip angewandt:

Für das zu messende Fahrzeug wird eine Wegstrecke als Messstrecke zugrunde gelegt, die mit dem Polizeifahrzeug ausgemessen wird. Mit der Stoppuhr wird die Durchfahrtszeit gemessen, die das zu messende Fahrzeug für diese Wegstrecke braucht. Die aus diesen Daten resultierende Weg-Zeit-Berechnung liefert die gefahrene Geschwindigkeit.

b) Geschwindigkeitsmessung durch Zeitmessung bei einer bekannten Wegstrecke

705 Bei der Geschwindigkeitsmessung durch Zeitmessung bei einer bekannten Wegstrecke wird **im Voraus eine Wegstrecke ausgemessen** und ihre Länge in den Police-Pilot eingegeben. Dieser wird in der Schalterstellung „auto-1" betrieben. Anschließend wird für das zu messende Fahrzeug mit der Stoppuhr der Anlage nur noch die Zeit gemes-

sen, die das zu messende Fahrzeug braucht, diese Strecke zu durchfahren. Nach dem Stoppen der Zeitmessung errechnet der Rechner die Durchschnittsgeschwindigkeit und zeigt sie auf dem Display im Police-Pilot an. Diese Messmethode entspricht im Wesentlichen dem früher angewandten **Spiegelmessverfahren**.

c) **Messung beim Verfolgen über eine Messstrecke vorgegebener Länge bei gleichem Anfangs- und Endabstand**

Bei dieser Messung wird die Länge der Wegstrecke, über die eine Geschwindigkeitsmessung erfolgen soll **vor der Messung in den Police-Pilot eingegeben**. Der Police-Pilot wird in der Schalterstellung „auto-2" betrieben. 706

Die tatsächliche Geschwindigkeitsmessung wird beim Hinterherfahren durch **einmaliges Betätigen der Stoppuhr** gestartet. Nachdem das Messfahrzeug die vorher eingegebene Wegstrecke durchfahren hat, wird die Zeitmessung automatisch gestoppt. Aus der vorher eingegebenen Wegstrecke und der zum Durchfahren benötigten Zeit des Messfahrzeuges wird damit die Geschwindigkeit des **Messfahrzeuges** errechnet.

Ist dabei der Abstand zwischen Messfahrzeug und zu messendem Fahrzeug bei Messbeginn und Messende gleich, hat das zu messende Fahrzeug in der gleichen Messzeit eine gleich lange Messstrecke zurückgelegt und damit die gleiche Durchschnittsgeschwindigkeit wie das Messfahrzeug gefahren. Die gemessene Geschwindigkeit ist damit auf das zu messende Fahrzeug übertragbar. 707

Sind die Abstände zu Messbeginn und Messende nicht gleich groß, tritt ein Messfehler ein. Dabei gilt: 708

- Ist der Abstand zu Messende größer, hat das zu messende Fahrzeug in der Messzeit eine größere Wegstrecke als das Messfahrzeug zurückgelegt, wodurch es mit einer höheren Geschwindigkeit als das Messfahrzeug gefahren wurde.
- Ist der Abstand zu Messende kleiner, hat das Messfahrzeug die größere Wegstrecke zurückgelegt, wodurch das zu messende Fahrzeug mit einer niedrigeren Geschwindigkeit als das Messfahrzeug gefahren wurde.

Die **Größe des Messfehlers** lässt sich, je nach vorhandener Bildqualität, aus einer vorhandenen Videoaufzeichnung bestimmen.

d) **Messung beim Verfolgen bei gleichem Anfangs- und Endabstand**

Hierbei handelt es sich um die gleiche Messmethode, wie zuvor beschrieben. Es wird lediglich auf die Festlegung einer Wegstreckenlänge vor der Messung verzichtet. Durch Betätigen des Knopfes zur Wegstrecken- oder Zeitmessung werden **beide Messungen gleichzeitig begonnen**, durch erneutes Betätigen gleichzeitig beendet und aus 709

Teil 1: Messverfahren

den ermittelten Daten wird – wie zuvor – die Eigengeschwindigkeit des Messfahrzeuges errechnet.

710 Ist dabei der **Abstand zwischen Messfahrzeug und zu messendem Fahrzeug** bei Messbeginn und Messende **gleich**, hat das zu messende Fahrzeug in der gleichen Messzeit eine gleich lange Messstrecke zurückgelegt und hatte damit die gleiche Durchschnittsgeschwindigkeit wie das Messfahrzeug. Die gemessene Geschwindigkeit ist damit auf das zu messende Fahrzeug übertragbar.

711 Sind die **Abstände** zu Messbeginn und Messende **nicht gleich groß**, tritt ein Messfehler ein. Dabei gilt:

- Ist der Abstand zu Messende größer, hat das zu messende Fahrzeug in der Messzeit eine größere Wegstrecke als das Messfahrzeug zurückgelegt, wodurch es mit einer höheren Geschwindigkeit als das Messfahrzeug gefahren wurde.

- Ist der Abstand zu Messende kleiner, hat das Messfahrzeug die größere Wegstrecke zurückgelegt, wodurch das zu messende Fahrzeug mit einer niedrigeren Geschwindigkeit als das Messfahrzeug gefahren wurde.

> **Hinweis:**
> Die Größe des Messfehlers lässt sich auch hier – je nach vorhandener Bildqualität – aus einer vorhandenen Videoaufzeichnung bestimmen.

e) Messung beim Verfolgen mit ungleichem Anfangs- und Endabstand

712 Hierbei wird der Police-Pilot in der **Schalterstellung „MAN"** betrieben.

713 Diese Messmethode, oftmals auch als Festpunkt- oder Fixpunktmessung bezeichnet, erfolgt durch getrennte Weg- und Zeitmessung in der Art, dass

- der Zeitmesser zu dem Zeitpunkt in Gang gesetzt wird, da das zu messende Fahrzeug einen markanten Festpunkt (Fahrbahnmarkierung, Brückenschatten o.Ä.) erreicht,

- der Wegstreckenmesser in Gang gesetzt wird, wenn das Messfahrzeug denselben Festpunkt erreicht,

- der Zeitmesser gestoppt wird, wenn das zu messende Fahrzeug einen zweiten markanten Messpunkt erreicht und

- die Wegstreckenmessung beendet wird, wenn das Messfahrzeug diesen zweiten Punkt erreicht.

F. Geschwindigkeitsmessungen durch Nachfahren

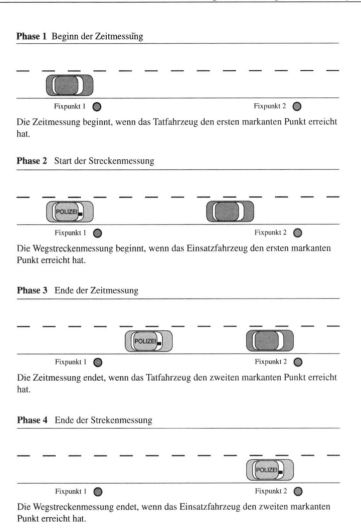

Phase 1 Beginn der Zeitmessung

Fixpunkt 1 ○   Fixpunkt 2 ○

Die Zeitmessung beginnt, wenn das Tatfahrzeug den ersten markanten Punkt erreicht hat.

Phase 2 Start der Streckenmessung

Fixpunkt 1 ○   Fixpunkt 2 ○

Die Wegstreckenmessung beginnt, wenn das Einsatzfahrzeug den ersten markanten Punkt erreicht hat.

Phase 3 Ende der Zeitmessung

Fixpunkt 1 ○   Fixpunkt 2 ○

Die Zeitmessung endet, wenn das Tatfahrzeug den zweiten markanten Punkt erreicht hat.

Phase 4 Ende der Strekenmessung

Fixpunkt 1 ○   Fixpunkt 2 ○

Die Wegstreckenmessung endet, wenn das Einsatzfahrzeug den zweiten markanten Punkt erreicht hat.

Hinweis:

Mit dieser Messmethode wird die Zeit gestoppt, die das zu messende Fahrzeug benötigt hat, um vom markanten ersten Punkt bis zum markanten zweiten Punkt zu fahren. Gleichzeitig wird mit dem Messfahrzeug die Länge dieser Wegstrecke ausgemessen.

714   Mit dieser Messmethode wird also direkt die **Geschwindigkeit des zu messenden Fahrzeuges** gemessen.

715   Die **Korrektheit dieser Messung** hängt dabei von der Genauigkeit ab, mit der der Messbeamte die einzelnen Messungen an den Festpunkten beginnt bzw. beendet. Messfehler sind dabei wahrscheinlich. Ihre Größe und ihre positive oder negative Auswirkung auf den ermittelten Geschwindigkeitswert lassen sich aus einer vorhandenen Videoaufzeichnung bestimmen.

   f)   Messung bei gleich bleibendem Abstand mittels des geeichten Geschwindigkeitsmessers

716   Diese Messmethode entspricht der alten **Traffipax-Messmethode** durch Nachfahren, bei der eine Kamera im Fahrzeug eingebaut war. Beim Nachfahren wurden dann im Sekundentakt Fotos vom vorausfahrenden Fahrzeug gefertigt, in welche der geeichte Tachograf des Messfahrzeuges eingeblendet war. Die Geschwindigkeit des Messfahrzeuges wurde in der Art ermittelt, dass die einzelnen Geschwindigkeitswerte in den Fotos addiert und die Summe durch ihre Anzahl dividiert wurde. Unter Abstandsbetrachtungen (wie Rn. 641) war die Geschwindigkeit auf das vorausfahrende Fahrzeug zu übertragen.

   Bei dieser Messung wird bei gleich bleibendem Abstand die geeicht ermittelte Durchschnittsgeschwindigkeit des Messfahrzeuges im Videofilm in der Art ausgewertet, dass die einzelnen Durchschnittsgeschwindigkeiten, die in festen Zeitintervallen in die Videoaufzeichnung eingeblendet werden, addiert und durch ihre Anzahl dividiert werden. Anhand dieser Formel wird die Durchschnittsgeschwindigkeit des Messfahrzeuges ermittelt.

   Diese **Durchschnittsgeschwindigkeit** lässt sich analog der Betrachtung bei der „Messung beim Verfolgen bei gleichem Anfangs- und Endabstand" (Rn. 639 ff.). auf das vorausfahrende Fahrzeug übertragen.

   Eine verwertbare Geschwindigkeitsübertragung in dieser einfachen Form ist dabei jedoch nur dann korrekt, wenn sich der Abstand zwischen Messfahrzeug und gemessenem Fahrzeug nicht verringert hat.

   4.   Andere Messverfahren

717   Unter dieser allgemeinen Bezeichnung sind im Wesentlichen die **Folgemodelle** der **ProViDa PDRS 1245** und das System **VASCAR** zu verstehen. Die jeweiligen Folgemodelle bieten dabei nur verfeinerte Ausführungen der Vorgängermodelle.

Technisch ist dies in erster Linie an den **geänderten Dateneinblendungen** zu erkennen. So werden Entfernungsmessung und Zeitmessung nicht mehr im Takt von 0,24 s oder 0,18 s eingeblendet, sondern in kürzeren Zeittakten bis zur Bildwiederholfrequenz von 25 Bildern je Sekunde.

718

Gleiches gilt für die **Zeitintervalle zur Einblendung der gefahrenen Eigengeschwindigkeit** des Messfahrzeuges.

719

Videobild einer JAI/ProViDa2000 Anlage

1. *Seit Fahrtantritt zurückgelegte Strecke*
2. *Manueller Messbetrieb (getrennte Weg- und Zeitmessung)*
3. *Bildzähler der Videoaufzeichnung seit Fahrtantritt*
4. *72 = Einstellung des Varioobjektives*
5. *Eigengeschwindigkeit des Messfahrzeuges*
6. *Messzeit der laufenden Messung*
7. *Wegstrecke der laufenden Messung*
8. *An dieser Stelle wird nach Messende das Messergebnis angezeigt*

Teil 1: Messverfahren

Videobild einer VASCAR Anlage

Zudem zeigen die neueren Modelle die Einstellung **verwendeter Varioobjektive** an. I.V.m. mit der permanent eingeblendeten Entfernungsmessung und Zeitmessung sind so auch ohne eine der oben beschriebenen Messarten Auswertungen von Messsituationen möglich.

5. Vidista-Messverfahren

Wichtige Entscheidungen:

- OLG Brandenburg, Beschl. v. 29.09.2004 1 Ss (OWi) 194 B/04
- AG Senftenberg, Beschl. v. 11.08.2008 54 OWi 1211 Js-OWi 16355/07 (274/07)
- OLG Karlsruhe, Beschl. v. 16.10.2006 1 Ss 55/06
- OLG Brandenburg, Beschl. v. 17.02.2005 2 Ss (OWi) 132 B/04
- AG Lübben, Beschl. v. 01.12.2009 40 OWi 1611 Js 29636/08 (313/08)

720 Beim Vidista-Messverfahren handelt es sich nicht tatsächlich um eine besondere Art eines Video-Nachfahrsystems; vielmehr werden hier Messungen bzw. Aufzeichnungen wie bei ProViDa oder VASCAR Messungen durchgeführt..

721 Die **Besonderheit** des Vidista-Messverfahrens liegt **in der Auswertung solcher Messverfahren**, da bei diesem Messverfahren immer – entsprechend der bei ProViDa beschriebenen „Messung beim Verfolgen bei gleichem Anfangs- und Endabstand",

Rn. 639 ff. – über eine gewisse Wegstrecke die Eigengeschwindigkeit des Messfahrzeuges ermittelt. Im Anschluss werden durch ein entsprechendes Bildbearbeitungsprogramm die Veränderungen in den Abbildungsgrößen der aufgezeichneten Fahrzeuge ausgemessen. Gleichermaßen können hier Vidista, aber auch Provida oder VASCAR Aufzeichnungen ausgewertet werden.

Unter Verwendung der bei der Anhaltung aus dem Fahrzeugschein festgestellten tatsächlichen Fahrzeuggrößen wie Fahrzeughöhe und Fahrzeugbreite werden die zu den Bildern gehörenden Entfernungen Kamera zu Tatfahrzeug und Entfernungsveränderungen zwischen den Bildern errechnet. Aus der Eigengeschwindigkeit des Messfahrzeuges und diesen Entfernungsveränderungen wird dann die vorzuwerfende Geschwindigkeit errechnet.

Neben der Vidista, VASCAR oder ProVida-Verkehrsfehlergrenze ist für die ausgewerteten Entfernungen eine **zusätzliche Toleranz von 3 %** auf die ermittelten Entfernungswerte zu gewähren. 722

6. Toleranzbetrachtung

Die bei der Messung durch Nachfahren mit geeichtem Tachografen anzuwendenden **Toleranzen** ergeben sich aus dem **jeweiligen Eichschein zum Messgerät**. Dabei kommt bei einigen Messgeräten eine Gesamttoleranz zur Anwendung. In diesen Fällen beträgt die Verkehrsfehlergrenze 5 km/h bei Werten bis 100 km/h und 5 % bei Werten über 100 km/h. 723

In **anderen Eichscheinen** sind die Toleranzen für die Wegstreckenmessung und die Zeitmessung getrennt aufgeführt. In diesen Fällen beträgt die Verkehrsfehlergrenze für die Wegstreckenmessung 4 m bei Wegstrecken bis 100 m und 4 % der gemessenen Wegstreckenlänge bei Wegstrecken über 100 m. Die Verkehrsfehlergrenze für die Zeitmessung beträgt 0,1 % der gemessenen Zeit zuzüglich 0,02 s. 724

Bei **Vidista-Auswertungen** ist darüber hinaus die **zusätzliche Toleranz von 3 %** bei den ermittelten Abstandswerten zu berücksichtigen. 725

7. CAN-Bus Problematik

Aufsehen erregt hat im Mai 2007 eine Entscheidung des AG Lüdinghausen v. 23.03.2007 (DAR 2007, 409 = VRR 2007, 196). Ursache für die Entscheidung war die technische Weiterentwicklung der Kfz, insb. der Fahrzeugelektronik, die dazu geführt hat, dass einige ProViDa-Anlagen nicht mehr mit analogen Informationen zur Wegstreckenmessung versorgt wurden. 726

Teil 1: Messverfahren

So ist in der PTB-Zulassung zu den ProViDa-Fahrzeugen festgelegt, dass nur mechanisch gelieferte, analoge Informationen vom Rad des Fahrzeuges oder vom Getriebe zur Gewinnung von Wegstreckeninformationen generiert werden dürfen.

727 Durch die **Einbeziehung eines CAN-Bus** werden analoge Informationen digitalisiert und den entsprechenden Bedürfnissen der Fahrzeugtechnik zur Verfügung gestellt. Wegen des Fehlens einer entsprechend der PTB-Zulassung vorgeschriebenen Anschlussmöglichkeit wurde in einigen Fällen auch die ProViDa-Anlage mit dieser nicht genehmigten Informationsquelle gespeist.

728 **Zwei Probleme** können dabei bzgl. einer korrekten Geschwindigkeitsmessung auftreten.

- Es können Fehler in der Vorbereitung und der Übertragung der Daten auf das Bus-System auftreten. Diese lassen sich in Anbetracht der Vielzahl der Steuergeräte die über den Datenbus arbeiten, sicherlich nicht ausschließen. Durch solche Fehler in Vorverarbeitung und Übertragung kann es zu falschen Weginformationen und damit zu falschen Geschwindigkeitswerten kommen.
Da ein evtl. nach dem CAN-Bus geschalteter Konverter aus fehlerhaften digitalen Informationen den Wegimpuls erzeugt, kann mit einem so nachgeschalteten Gerät nicht erkannt werden, dass fehlerhafte Informationen vorliegen.

- Es können Fehler bei der Wandlung des CAN-Signals im Konverter auftreten. Diese Fehlermöglichkeit kann durch entsprechende Bauartprüfung und Genehmigung ausgeschlossen werden.

In dem Sachverhalt, über den das AG Lüdinghausen zu entscheiden hatte, wurde im Herbst 2006 das Problem durch das Eichamt Düsseldorf öffentlich gemacht. Bei der Eichung waren unzulässige Anschlüsse in nicht analoger Form festgestellt worden; digitalisierte Informationen wurden über nicht für die Messanlagen genehmigte Bauartteile gewonnen.

Konsequenterweise führte diese Konstellation zur **Verweigerung der Verlängerung der Eichgültigkeit.**

729 Obwohl die Problematik im Januar 2007 bei einer Besprechung der Eichbehörden bundesweit weiter gegeben und von dort offensichtlich an die Polizeibehörden der Länder getragen wurde, ist kein Fall bekannt geworden, in dem die Verfolgungsbehörden von sich aus zumindest in den laufenden Verfahren eine Berücksichtigung der Problematik erwirkt haben.

Allein in **NRW** ergab die Überprüfung, dass von insgesamt 29 Anlagen
- fünf Messanlagen nicht mehr geeicht werden konnten;

- sechs weitere Anlagen zunächst umgerüstet werden mussten bevor eine Neueichung erfolgen konnte;
- zwölf Fahrzeuge zwar mit CAN-Bus ausgerüstet waren, aber daneben auch analog abgegriffen werden konnten und
- sechs Fahrzeuge von der Problematik überhaupt nicht betroffen waren.

Hinweis:
Zwischenzeitlich sind von der PTB und den Geräteherstellern alle Messgeräte bzgl. der CAN Bus Problematik überprüft worden. Zur Behebung des Problems wurden Fehlermöglichkeiten beim digitalen Datentransfer durch Genehmigung und Einbau so genannter „Wegstreckensignalkonverter" (WSK 1 bis 4) beseitigt.

III. Messbeispiele

Die folgenden **Messbeispiele aus der Praxis** zeigen, dass man jede ProViDa Aufzeichnung sorgfältig betrachten und auswerten muss.

1. Messen durch Nachfahren bei ungleichem Anfangs- und Endabstand sog. Festpunktmessung

Die Beschreibung der **Vorgehensweise bei der Messung** zeigt eindeutig, dass die Zeitmessung gestartet wird, wenn das vorausfahrende Fahrzeug den Messpunkt passiert und die Wegstreckenmessung gestartet wird, wenn das Messfahrzeug denselben Punkt passiert.

Teil 1: Messverfahren

732 Das Bild „Beginn der Wegstreckenmessung" zeigt, dass bei Videobild 347440F (Zeileneinblendung rechts oben) zunächst die Wegstreckenmessung gestartet wird. Die Wegstreckenmessung in der unteren Zeile zeigt im linken Eintrag 1 m Messstrecke.

Erst 2 s später zeigt das Bild „Beginn der Zeitmessung" den Beginn der Zeitmessung an – die mittlere Eintragung in der unteren Datenzeile zeigt 0,02 s Messzeit an. Hier wird also zum einen eine Messung komplett falsch durchgeführt und zum anderen zu Messende auch in der falschen Reihenfolge die Messung beendet.

Bei Videobild 347815F wird die Wegstreckenmessung mit 563 m beendet und erst 1,7 s später die Zeitmessung mit 14,70 s.

733

In der Akte ist dann oftmals nur das folgende Bild „**Messergebnis**" mit dem Messergebnis zu finden.

Als **Fazit** kann hier gezogen werden, dass ein Videovorgang nie ohne Auswertung des entsprechenden Beweisvideos zu bewerten ist.

734

Teil 1: Messverfahren

Die das Beweismittel verwahrenden Behörden überspielen die Beweisvideos in aller Regel bei Übersendung einer entsprechenden leeren Videokassette, bzw. CD oder DVD.

Das Beispiel verdeutlicht aber auch, dass dort, wo keine Videoaufzeichnung zur Verfügung steht, etwa weil sie gelöscht wurde oder erst gar nicht gefertigt wurde, Fehler dieser Art nur deshalb nicht entdeckt werden, weil das Beweismittel nicht vorhanden ist.

2. Messen durch Nachfahren bei ungleichem Anfangs- und Endabstand, sog. Festpunktmessung – fehlerhafte Festpunktbestimmung

735 Im folgenden Fall ergibt die Messung vor Toleranzabzug bei einer Messstrecke von 464 m und einer Messzeit von 12,95 s die Durchschnittsgeschwindigkeit von 128,98 km/h.

Nach Toleranzabzug verbleibt eine Überschreitung von 41 km/h bei zulässiger Geschwindigkeit von 80 km/h.

736 Die eingeblendete **Eigengeschwindigkeit zu Messende** (zweitunterste Zeile unten rechts) zeigt für das Messfahrzeug hier die Eigengeschwindigkeit von 129 km/h.

Die Auswertung des Beweisvideos lässt wegen der Messentfernung und der Aufnahmequalität des Beweisvideos eine exakte Bestimmung der Festpunkte auf der Fahrbahnoberfläche nicht zu.

F. Geschwindigkeitsmessungen durch Nachfahren

Unmittelbar vor Messbeginn

Die eingeblendete Eigengeschwindigkeit für das Messfahrzeug zeigt zu Messbeginn die Geschwindigkeit von 124 km/h. 737

Diese Geschwindigkeit ist auch bis über die Mitte der Messung hinaus gegeben. Dort steigt die Geschwindigkeit des Messfahrzeuges auf 126 km/h. 738

Teil 1: Messverfahren

739 Erst gegen **Ende der Messung** erhöht sich die Eigengeschwindigkeit des Messfahrzeuges auf 129 km/h.

F. Geschwindigkeitsmessungen durch Nachfahren

Auch hier sind die Festpunkte auf der Fahrbahn nicht exakt zu bestimmen. 740

> **Hinweis:**
> Folgendes lässt sich allerdings schon beim Betrachten des Videos feststellen:
> - Zum einen nähert sich das Messfahrzeug zwischen Messbeginn und Messende offensichtlich an das Tatfahrzeug an, was durch eine Vergrößerung der Abbildungsgröße des Tatfahrzeuges augenscheinlich ist.
> - Zum anderen bewegt sich das Messfahrzeug bis auf eine kurze Strecke zu Messende unterhalb des ermittelten Messwertes. Erst zu Messende wird der Messwert von 128,98 km/h mit 129 km/h erreicht.
>
> Dies deutet auf einen zu hoch ermittelten Messwert durch fehlerhafte Bedienung der Messtasten hin.

Zur Überprüfung der Messung im Detail lässt sich aus den eingeblendeten Daten der 741
Messwerte die Eigengeschwindigkeit des Messfahrzeuges (vor Toleranzbetrachtung) mit 125 km/h bestimmen. Nach Toleranzbetrachtung ist die Geschwindigkeit des Messfahrzeuges gerundet mit 118 km/h anzunehmen.

Die beiden folgenden Bilder zeigen die **Abbildungsgröße** des Tatfahrzeuges **zu Messbeginn und zu Messende.**

Teil 1: Messverfahren

742   Die Auswertung zeigt die Abbildung des Tatfahrzeuges zu Messbeginn in einer Höhe von 51 Bildpunkten und zu Messende in einer Höhe von 76 Bildpunkten. Da ein Objektiv mit fester Brennweite verwendet wurde, die Brennweite mithin nicht verändert wurde, belegt diese Auswertung, dass das Messfahrzeug während der Messung deutlich aufgefahren ist.

Das Tatfahrzeug wurde also mit einer noch geringeren als der Eigengeschwindigkeit des Messfahrzeuges gefahren.

Als „Auffahrstrecke" lässt sich hier die Größenordnung von 14 m bestimmen, sodass dem Tatfahrzeug letztendlich eine Geschwindigkeit von 114 km/h nach Toleranzberücksichtigung zu unterstellen ist und nicht wie im ursprünglichen Tatvorwurf 121 km/h.

Auch hier soll wieder darauf hingewiesen werden, dass solche immer wieder auftretenden Messfehler sich nur aus einer Videoaufzeichnung heraus bestimmen lassen. Dort wo entsprechende Aufzeichnungen fehlen, sind solche Fehler im Betreffsfall nicht mehr nachzuweisen.

3. **Messen durch Nachfahren bei gleichem Anfangs- und Endabstand, sog. auto2 Messung – ungleicher Abstand zwischen Messbeginn und Messende**

1. Gemessenes Fahrzeug

Die **Messdaten im Schlussfoto der Messung** zeigen eine Messung über 400 m und 9,62 s. Hieraus errechnet sich die Messgeschwindigkeit von 149,68 km/h und nach Toleranzberücksichtigung gerundet die angerechnete Geschwindigkeit von 141 km/h.

Hier liegt der Tatvorwurf darin, die zulässige Höchstgeschwindigkeit von 100 km/h um 41 km/h überschritten zu haben.

Im Video ist auch eine Tondokumentation des Messbediensteten enthalten, die von ihm wahrgenommen einen konstanten Abstand beinhaltet.

Teil 1: Messverfahren

744 Das folgende Bild dokumentiert die **Höhe** des gemessenen Fahrzeuges **zu Messbeginn**. Die Bildauswertung zeigt eine Abbildungsgröße von 42 Bildpunkten in der Höhe.

745 In Bild „**Abbildungsgröße Messende**" ist zu Messende die Abbildungsgröße in der Höhe mit 50 Bildpunkten gegeben.

1. Brennweiteeinstellung in allen Bildern gleich

746 Damit liegt, bei unveränderter Brennweite, was durch die Einstellung „50" in der dritten Datenzeile oben rechts im Videobild dokumentiert ist, eine Verringerung des Ab-

310 H.-P. Grün

standes zwischen Messfahrzeug und Tatfahrzeug vor, welche durch den Messbeamten nicht festgestellt wurde.

Durch Abbildungsgrößenvergleich i.V.m. einer an Festpunkten orientierten Abstandsermittlung lässt sich die Abstandsverringerung um 11 m nachweisen.

Aus der verkürzten Messstrecke bei gleicher Messzeit lässt sich die tatsächlich anzurechnende Geschwindigkeit des Tatfahrzeuges mit (gerundet) 138 km/h bestimmen.

IV. Checkliste: Korrekte Messung

Eine Videomessung durch Nachfahren ist in der Auswertung dann als korrekt zu bewerten, wenn im Einzelnen **folgende Punkte erfüllt** sind:

☐ Das **Messprotokoll** bestimmt eindeutig das verwendete Messgerät.

☐ Im Abgleich mit dem Messprotokoll sind **Messort und Beginn** der Messung eindeutig nachzuvollziehen.

☐ Ebenso ist die **Fahrzeugidentifizierung** über Uhrzeit und/oder Ereignisablauf eindeutig der Videosequenz der Aufzeichnung des Ereignisses zuzuordnen.

☐ Das verwendete Messgerät verfügt über eine zum Tatzeitpunkt **gültige Eichung**, insb. sind keine Reparaturen am Messgerät erfolgt oder Eichmarken oder Eichplomben so beschädigt, dass die Sicherung des Messgerätes gegen Eingriffe nicht mehr gewährleistet gewesen ist.

☐ Das komplette **verwendete Messsystem** verfügt über die entsprechende(n) Bauartzulassung(en) (s. CAN-Bus Problematik Rn. 726).

☐ Es ist sicherzustellen, dass **nicht** durch einen **Reifenwechsel** nach der Eichung und vor dem Tatzeitpunkt der Reifenabrollumfang in der Art verändert wurde, dass außer Toleranz liegende Messwerte nicht auszuschließen sind.

☐ Die **Auswertung der Messung** zeigt bei einer auto2 Messung, dass die Brennweite des verwendeten Aufnahmeobjektives während der Messung nicht verändert wurde und dass sich die Entfernung zwischen Messfahrzeug und Tatfahrzeug während der Messung nicht verringert hat.

☐ Die **Auswertung** zeigt bei einer **manuellen** oder **Festpunktmessung**, dass die Wegstreckenmessung bzw. die Zeitmessung jeweils an der gleichen Örtlichkeit gestartet bzw. beendet wurden.

747

V. Messen durch Nachfahren mit einem Polizeimotorrad

Durch Einführung immer genauerer Messverfahren sind auch die Abweichungen im Messbetrieb durch besondere Umstände immer öfter näher zu untersuchen. In der Videonachfahrtechnik ist daher ein weiteres Problem beim Messen durch Nachfahren zu

748

Teil 1: Messverfahren

diskutieren – die Schräglage des Messfahrzeuges im Falle dass die Messung mit einem Polizeimotorrad durchgeführt und die Messung – zumindest teilweise – im Kurvenbereich erfolgt.

Bild 1: Schräglage

749 Die Eichung von Fahrzeugen mit Videonachfahrsystemen erfolgt grundsätzlich in zwei Teilen:
- Zum einen erfolgt die Prüfung der Zeitmesseinheit.
- Zum anderen ist die Wegstreckenmessung über den Reifenabrollumfang zu prüfen

Bei der Eichung erfolgt die Prüfung der Wegstreckenmessung dabei grundsätzlich am senkrecht stehenden Reifen. Während dies beim flachen Pkw Reifen keine Rolle spielt, erfolgt bei einem Motorradreifen, welcher immer – mehr oder weniger – gewölbt ist, die Eichung damit in der Reifenmitte.

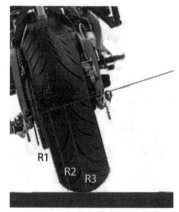

Bild 2: zeigt exemplarisch die Reifenwölbungund unterschiedliche Radien

F. Geschwindigkeitsmessungen durch Nachfahren

Wie in Bild 2 deutlich zu erkennen, stellt die Reifenmitte den größten Reifendurchmesser dar, während sich der Durchmesser zu den Reifenflanken hin deutlich verringert.

Die Eichung erfolgt damit mit dem größten denkbaren Durchmesser, womit durch diese Art der Eichung für eine Radumdrehung die größtmögliche zurück gelegte Wegstrecke zu Grunde gelegt wird.

Bei Fahrten in Schräglage verändert sich selbstverständlich die Inanspruchnahme der Reifenoberfläche – hin zu den Reifenflanken. Dadurch verkleinert sich der Radius der Reifenaufstandspunkte u.U. erheblich. 750

Die Verkleinerung des Radius führt zwangsläufig zu einem geringeren Abrollumfang des Reifens.

Da jedoch die Geschwindigkeit des Fahrzeuges gleich bleibt bedingt dies eine Erhöhung der Radumdrehungen.

Da die Geschwindigkeit des Motorrades letztendlich über die Anzahl der Radumdrehungen ermittelt wird, führt dieses Phänomen zwangsläufig zu einer Erhöhung der angezeigten Geschwindigkeit. 751

Das Ausmaß dieser zu hoch angezeigten Geschwindigkeit hängt dabei von zahlreichen Faktoren an Messfahrzeug und Bewegungsablauf ab: 752
- Reifenform
- Reifendimension
- Anteil der Schrägfahrtstrecke an der Gesamtmessstrecke
- Ausprägung der Schrägfahrt (Schräglaufkoeffizient)
- Schlupf
- Luftdruck und Beladung
- Reifentemperatur und -alter
- u.a.m.

Die nachfolgenden Bilder dokumentieren eine solche Aufnahme in Schrägfahrt. Schon in den Einzelbildern – und besser noch im Originalvideo – ist die Schrägfahrt deutlich zu erkennen. 753

Teil 1: Messverfahren

Bild 3: Beginn Messstrecke

Bild 4: Ende Messstrecke

Hinweis:

Eine generelle Fehlergrößenbenennung ist wegen der zahlreichen aufgeführten Einflussfaktoren nicht möglich. Bei erkennbarer und länger dauernder Schräglage, wie hier gegeben, ist allerdings nicht auszuschließen, dass durch die Verringerung des Reifenabrollumfanges ein außerhalb der Verkehrsfehlergrenze liegender Messfehler auftritt.

Daher ist zu empfehlen, solche Messungen nicht zu verwerten.

Die tatsächliche Fehlergröße lässt sich nur sehr aufwändig durch eine Rekonstruktion des gesamten Fahrablaufes auf der tatsächlichen Messstrecke und unter den Messbedingungen ermitteln.

Teil 1: Messverfahren

G. Radarmessverfahren

I. TRAFFIPAX Speedophot

1. Allgemeines

754 Die TRAFFIPAX Speedophot ist unter dem Zulassungszeichen 18.11-89.13 und dem Zulassungsschein 1.23-3242.11/spdft von der PTB zur innerstaatlichen Eichung zugelassen. Mit Datum vom 29.08.2008 hat die PTB die 1. Neufassung der Anlage zur Zulassung unter dem Geschäftszeichen PTB 1.32-4027594 herausgegeben.

Die Zulassung umfasst den Stativbetrieb, den Containereinbau, den Fahrzeugeinbau und das Moving-Radar.

755 Den Hinweisen zum korrekten Messbetrieb liegt die Bedienungsanleitung zum Verkehrsradargerät TRAFFIPAX speedophot, Stand Oktober 1999, zugrunde, welche gemäß Ziffer 2.7.1 der 1. Neufassung der Anlage zur Zulassung bei allen Anlagen in der amtlichen Verkehrsüberwachung angewendet werden muss.

Zusätzlich finden die Gebrauchsanweisungen für bestimmte Gerätevarianten bzw. Komponenten Anwendung (Speedoguard, Mobil-Radar, Moving Version, Seedophot-Digital, Handkontrollgerät).

2. Funktionsweise

756 Radartechnik basiert auf dem **Aussenden elektromagnetischer Hochfrequenzstrahlung** im Gigahertz-Bereich und dem Effekt der Frequenzänderung dieser Strahlung beim Auftreffen auf einen in Bewegung befindlichen Reflektor oder bei Bewegung des Senders.

Bei dem hier verwendeten Verkehrsradargerät ist die Antenne **Sender und Empfänger zugleich**. Das am Sender vorbeifahrende Fahrzeug stellt den Reflektor für die ausgesendete Hochfrequenzstrahlung dar.

Im Sender wird eine **konstante elektromagnetische Schwingung** erzeugt und über die Schlitzantenne gebündelt abgestrahlt. Der horizontale Öffnungswinkel der Antenne beträgt bei der gegenständlichen Messanlage 5 Grad, der vertikale Öffnungswinkel 20 Grad.

Dieser **gebündelte Radarstrahl** trifft auf das durch die Messstelle fahrende Fahrzeug und wird von diesem reflektiert, d.h. empfangen und zum Sender zurückgeschickt.

Da sich der Reflektor **in Bewegung** befindet, wird während der Reflexion die Wellenlänge der Radarstrahlung verändert. Je nach Bewegungsrichtung des Fahrzeuges im

Radarstrahl verkürzt oder verlängert die Reflexion die Wellenlänge. Die reflektierten Wellen werden vom Radargerät empfangen und mit den ausgestrahlten Wellen überlagert/verglichen. Dabei sind die beiden Signale gegeneinander phasenverschoben. Je nach Bewegungsrichtung des Fahrzeuges im Radarstrahl eilt die eine oder die andere Amplitude voraus.

In einer **ersten Auswertephase** bestimmt die Messlogik, ob das zu messende Fahrzeug auf den Sender zu- oder von ihm wegfährt. Nachdem die Fahrtrichtung des zu messenden Fahrzeuges festgestellt ist, werden die Messsignale der Fahrzeuge in der Gegenrichtung ausgeblendet. 757

In einer **zweiten Auswertephase** wird nun die Größe der Veränderung der elektromagnetischen Welle – und damit ihre Frequenzänderung – festgestellt und als Maß der Geschwindigkeit umgerechnet. 758

3. Messwertbildung

Während ein Fahrzeug durch den Radarstrahl fährt, entstehen je nach Größe und Bauform des Fahrzeuges **unterschiedliche Mengen von Dopplersignalen**. Dabei misst der Mikroprozessor der Messanlage nicht nur eine Dopplerperiode, sondern eine ganze Anzahl der reflektierten Radarstrahlen. 759

Die **Winkelveränderung** zwischen Fahrzeug und Messgerät beim Durchfahren des Radarstrahles (von 17,5 Grad – 22,5 Grad) bedingt dabei die Feststellung unterschiedlicher Geschwindigkeitswerte. 760

Bei der verwendeten Anlage werden alle gemessenen Dopplerperioden in einem sog. **Histogramm** gespeichert. Damit wird eine Auflistung der Häufigkeit einzelner Geschwindigkeitsmesswerte an einem Fahrzeug durchgeführt. Seltener vorkommende Messwerte werden von den häufiger auftretenden durch eine **Grenzlinie** getrennt. Bei ausreichender Messwerthäufigkeit mit entsprechender Übereinstimmung wird auf die Gültigkeit der Messung entschieden. 761

Eine **einzelne Häufigkeitsausprägung** ist dabei eine gültige Messung. Löcher bis 2 km/h in dieser Ausprägung ergeben noch eine auswertbare Messung. Bei mehreren Ausprägungen, die mehr als 2 km/h auseinander liegen, wird auf Ungültigkeit der Messung entschieden. Bei den verwertbaren Histogrammen wird der arithmetische Mittelwert der Geschwindigkeit errechnet und angezeigt.

4. Fotoauslösung

Bei **Überschreitung des eingestellten Grenzwertes** erfolgt die Kameraauslösung beim abfließenden Verkehr (von der Anlage wegfahrend) zu dem Zeitpunkt, wenn das 762

Teil 1: Messverfahren

gemessene Fahrzeug den Radarstrahl verlassen hat. Damit haben alle im abfließenden Verkehr gemessenen Fahrzeuge im Messfoto eine etwa gleiche Position.

763   Bei der **Messung des ankommenden Verkehrs** ist eine **vorgezogene Fotoauslösung** erforderlich, um bei einer späten Messwertbildung das Herausfahren des Fahrzeuges aus dem Aufnahmebereich der Kamera zu verhindern. Deshalb erfolgt die Fotoauslösung bereits dann, wenn aus einer ausreichenden Anzahl von Dopplerperioden ein vorläufiger, den Grenzwert überschreitender Messwert gebildet wird.

764   Der **Filmtransport** und das damit verbundene Einschreiben der Daten in das Foto erfolgt aber erst dann, wenn das Fahrzeug den Radarstrahl verlässt. Wurde bei der Gesamtmesswertbildung der vorläufige Messwert bestätigt, wird der Messwert im Foto eingeschrieben. Weicht der endgültige vom vorläufigen Messwert ab, wird die Messung verworfen. In der Dateneinspiegelung erscheint in diesem Fall anstatt eines km/h Wertes die Anzeige „FFF".

765   Die Anzahl solcher Verwerfungen kann dabei einen Hinweis auf **mögliche Unregelmäßigkeiten** während der Messung geben.

766   Da die vorläufige Messwertbildung von einer **Häufigkeitsausprägung übereinstimmender Einzelmesswerte** abhängig ist, erfolgt die Fotoauslösung bei allen Fahrzeugen des ankommenden Verkehrs zu unterschiedlichen Zeitpunkten im Radarstrahl. Damit ist beim ankommenden Verkehr lediglich die Position im Radarstrahl, nicht jedoch eine feste Fotoposition aller gemessenen Fahrzeuge gegeben.

5.   Fahrbahnparalleler Aufbau der Messanlage – Messörtlichkeit

a)   **Allgemeines**

767   Um mit dieser Messung die Geschwindigkeit des zu messenden Fahrzeuges möglichst genau zu ermitteln, wäre es erforderlich, dass dieses Fahrzeug **direkt auf den Sender zufährt**.

Bei der praktischen Anwendung des beschriebenen Messprinzips ist dies **jedoch nicht möglich**, weshalb die Radarsonde neben der Fahrbahn aufgestellt wird und unter einem bestimmten Winkel in die Bewegungsrichtung des zu messenden Fahrzeuges hineinstrahlt.

768   Bei der verwendeten Radaranlage ist dieser Strahlwinkel (Mitte des Radarstrahles) fest **auf 20 Grad einjustiert**, womit der Radarstrahl die Messstrecke im Winkelbereich von 17,5 Grad – 22,5 Grad ausleuchtet.

769   Eine **Rechtsmessung** liegt dann vor, wenn der Einstrahlwinkel von 20 Grad in Ausbreitungsrichtung gesehen rechts von der Strahlachse eingestellt ist.

G. Radarmessverfahren

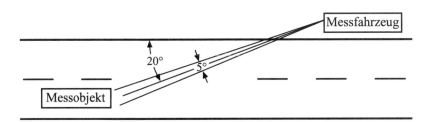

Eine **Linksmessung** liegt dann vor, wenn der Einstrahlwinkel von 20 Grad in Ausbreitungsrichtung gesehen links von der Strahlachse eingestellt ist.

770

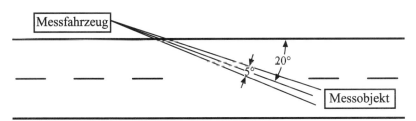

Damit wird bei einer Geschwindigkeitsmessung nicht die tatsächliche Geschwindigkeit, sondern nur die relative Geschwindigkeit als Abstandsveränderung des Fahrzeuges zur Radarsonde ermittelt. Je nach Reflexionsort im Bereich des Messstrahles beträgt die gemessene Geschwindigkeit aus einem einzelnen Messimpuls **92,4 – 94,4 % der tatsächlichen Fahrgeschwindigkeit**. Die tatsächlich gefahrene Geschwindigkeit wird anschließend unter Berücksichtigung des Strahlwinkels vom Rechner ermittelt.

Die vorstehenden Ausführungen zeigen die Notwendigkeit der in der Bedienungsanleitung in Punkt 7.3. „Aufstellen der Anlage" geforderten **korrekten Ausrichtung der Messanlage parallel zum Fahrbahnverlauf** und die zwangsläufige Fehlmesswertbildung bei Nichtbeachtung dieser Forderungen.

771

b) Fahrbahnparalleler Aufbau der Messanlage

Nach Punkt 7.3. der Bedienungsanleitung muss die Antenne **im rechten Winkel zur Fahrbahnkante** ausgerichtet werden, da sie nur so im Winkel von 20 Grad in die Fahrbahn strahlt.

772

Hierzu dient beim Stativaufbau ein **Fernrohrsucher**, welcher auf das Messgerät aufgelegt wird. Die senkrechte Linie im Fadenkreuz des Suchers wird mit einem Ziel zur

773

Teil 1: Messverfahren

Deckung gebracht, welches mindestens 10 m entfernt vom Messgerät und im gleichen seitlichen Abstand zum Fahrbahnrand wie der Fernrohrsucher aufgestellt ist.

Beispiel:

Peilstab o.Ä.

774 Beim Fahrzeugeinbau werden die auf den Scheiben angebrachten **Visiermarkierungen** zur Peilung benutzt. Hier müssen die Markierungen mit einem Ziel, wie zuvor beschrieben, eine Linie bilden.

775 Bei **Heck- oder Fronteinbauten** der Messanlage ist die Messanlage fest im Fahrzeug einjustiert, sodass hier auch mithilfe der Räder am Fahrzeug die Messanlage am Fahrbahnrand ausgerichtet werden können – bei Abstandsmessung der Radnabe zum Fahrbahnrand sind dabei unterschiedliche Spurbreiten von Vorder- und Hinterachse zu beachten.

> **Hinweis:**
> Wenn die Messanlage so, also i.S.d. Bedienungsanleitung, eingerichtet wird, sind erhebliche Schrägstellungen auszuschließen. Damit lässt sich auch eine geringfügige Abweichung von 9 cm auf 10 m Entfernung zum Messstab vermeiden, was einem um 0,5 Grad falschen Aufbauwinkel und damit einem um 0,5 Grad falschen Mess- und Einstrahlwinkel entspräche. Tritt ein größerer Winkelfehler auf, so darf angenommen werden, dass die Messanlage nicht gewissenhaft i.S.d. Bedienungsanleitung aufgebaut wurde.

776 Die **korrekte Ausrichtung zum Fahrbahnverlauf** lässt sich i.V.m. dem geraden Verlauf der Fahrbahn aus dem Beweisfoto ermitteln. Hierzu ist die Kenntnis des fest einjustierten Fotowinkels – Winkel zwischen Fahrbahnrand und Bildmitte des Beweisfotos – erforderlich. Üblicherweise ist der Fotowinkel bei Anlagen des hier verwendeten Typs bis Baujahr 1992 auf 13 Grad und ab Mitte 1992 auf 17,5 Grad einjustiert. Die Messgeräte älteren Typs wurden in der Folgezeit teilweise auf den Fotowinkel von 17,5 Grad umgerüstet.

777 Aus einem **Beweisbild mit abgebildeten Negativrändern** entsprechender Größe und Qualität lässt sich dann anhand der erkennbaren Fahrbahnmarkierungen fotogrammmetrisch überprüfen, ob der Fotowinkel und damit auch der Messwinkel eingehalten wurden.

Auf eine ähnliche Weise lässt sich gleichzeitig überprüfen, ob sich das gemessene Fahrzeug **in einer Geradeausfahrt** befunden hat und nicht durch eine Schrägfahrt – infolge eines Fahrstreifenwechsels – den Messwinkel verfälscht hat.

G. Radarmessverfahren

> **Hinweis:**
> Im Hinblick auf die zunehmende Verwendung digitaler Bildbearbeitung in der elektronischen Aktenbearbeitung der Bußgeldbehörden muss darauf geachtet werden, dass zur Auswertung nur Beweisfotos im korrekten Abbildungsmaßstab auch korrekte Auswerteergebnisse liefern können.

Sind bei der fotogrammmetrischen Auswertung Abweichungen vom vorgegebenen Fotowinkel und damit vom vorgeschriebenen Mess- und Einstrahlwinkel festzustellen, die mehr als 0,5 Grad betragen, so ist – orientiert an der in der Bedienungsanleitung aufgezeigten Verfahrensweise – davon auszugehen, dass der Aufbau der Messanlage **nicht gewissenhaft i.S.d. Bedienungsanleitung** erfolgt ist (vgl. dazu den Hinweis bei Rn. 775). 778

Damit kann ein größerer Winkelfehler auch nicht als üblich im Messbetrieb angesehen werden und kann demzufolge auch **nicht von der Verkehrsfehlergrenze erfasst** sein, was dazu führt, dass der Messwert zuzüglich zur Verkehrsfehlergrenze um den festgestellten Wert zu bereinigen ist.

Eine **Schrägstellung** der Messanlage **um 1 Grad** bedingt dabei einen Messfehler in der Größenordnung von 0,65 % des gemessenen Wertes.

Wenn zu viel Wert darauf gelegt wird, die **Messanlage beim Einrichten zu tarnen**, sie also hinter Stellwänden, Mauervorsprüngen oder geparkten Fahrzeugen zu verstecken, wird der Bildaufnahmebereich eingeschränkt. Dabei sind die entsprechenden Fahrbahnbegrenzungen und Fahrstreifenmarkierungen, an denen orientiert die Auswertung erfolgen kann, oftmals nicht mehr ausreichend zu erkennen. 779

Die Überprüfung des fahrbahnparallelen Aufbaus der Messanlage oder die Überprüfung einer Schrägfahrt sind dann nur sehr eingeschränkt möglich und die Bestimmung der Fehlergröße oftmals ausgeschlossen.

Für solche Fälle lässt sich der Messwinkel von 20 Grad als **max. theoretische Fehlermöglichkeit** bestimmen. Für den Fall, dass eine Bewegung also direkt auf die Messanlage zu erfolgt, ist ein maximaler Messfehler von – gerundet – 6,6 % gegeben.

c) Gerade Straße – Aufbau im Kurvenbereich

Eine **Veränderung des Messwinkels** kann auch dadurch entstehen, dass in Kurven gemessen wird. Hierzu stellt die Bedienungsanleitung in Punkt 5.2. „Wahl des Aufstellortes" folgende Forderung auf: 780

„Im Messbereich des Radarstrahles muss das Straßenstück – von der Antenne aus gemessen – gerade verlaufen, und zwar

Teil 1: Messverfahren

- für 30 m bei einspuriger Fahrbahn,
- für 40 m bei zweispuriger Fahrbahn und
- für 50 m bei dreispuriger Fahrbahn.

Ein Straßenstück gilt als gerade, wenn es einen Krümmungsradius größer als 1600 m aufweist."

781 Die **Einhaltung dieses Krümmungsradius** ist – wie in der folgenden Skizze „Kurvenbereich" – dargestellt, leicht zu überprüfen, indem man eine Strecke von 35 m ausmisst und ein Bandmaß am Fahrbahnrand über die 35 m gerade auslegt. Ist in der Mitte von 35 m der Abstand zum Bandmaß kleiner als 10 cm, so ist der zulässige Krümmungsradius eingehalten.

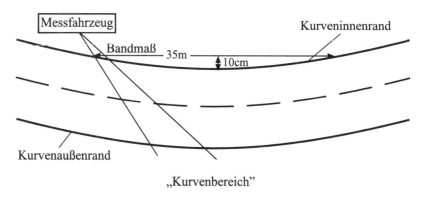

„Kurvenbereich"

782 Weiterhin ist in Punkt 5.2. ausgeführt:

„Messungen an einem Kurvenaußenrand sind generell nicht gestattet. An Innenkurven darf der Krümmungsradius des Straßenabschnittes auch kleiner als 1600 m sein, jedoch nicht kleiner als 100 m".

Ein solcher Krümmungsradius muss verlangt werden, weil bei der **Messung am Kurvenaußenrand** der Messwinkel verkleinert wird, mithin eine zuungunsten des Betroffenen zu hohe Geschwindigkeit ermittelt wird.

d)   Sonstige Anforderungen an den Messort

783 Schließlich werden an den **Messort** in Punkt 5.2. der Bedienungsanleitung noch folgende Anforderungen gestellt:

- Im Verlauf des Radarstrahles dürfen sich bis zum überwachten Fahrstreifen keine Hindernisse befinden.

Beispiele:

Bäume, hohe Gräser, Hecken, Sand- oder Schneehaufen, Pfähle usw.
* Vor der Antenne – parallel zum Straßenrand – muss ein Raum von mindestens 4 m frei bleiben.

Beispiel:

Eine Fahrzeuglänge bis zu einem parkenden Fahrzeug.

Aus fototechnischen Gründen soll der Aufstellplatz einigermaßen eben sein und parallel zur Fahrbahnoberfläche liegen.

6. Reichweite

Schon bei den Vorgängermodellen heutiger Verkehrsradargeräte waren **Messwertbeeinflussungen durch unterschiedlichste Faktoren** möglich. Durch technische Verbesserungen, wie die Verwendung von Abschirmfiltern und erweiterte Heranziehung von Einzelmesswerten zur Messwertbildung (Histogramm), wurden in der Weiterentwicklung Fremdbeeinflussungen weitgehend ausgeschlossen. 784

Die **physikalischen Eigenschaften** einer elektromagnetischen Welle, ihre Geschwindigkeit und ihre Reflexion an geeigneten Gegenständen, insb. an metallischen Gegenständen, lassen sich jedoch nicht beeinflussen. 785

Deshalb sind, je nach **Intensität des Radarstrahles** und Vorhandensein ungünstig positionierter Reflektoren, Reflexionen als

* einfache Reflexion,
* Knickstrahlreflexion oder
* Doppelreflexion

möglich, die dazu führen können, dass Geschwindigkeiten aufaddiert oder verdoppelt werden oder – in extrem ungünstigen Situationen – eine Übertragung der Geschwindigkeit eines anderen Fahrzeuges erfolgt.

Um dem zu begegnen, stellt die Bedienungsanleitung zum Messgerät entsprechende **Forderungen an Aufbau und Betrieb der Messanlage**. Dabei ist der Aufbau ggü. entsprechend geeigneten Reflektoren wie bspw. Metalltafeln, Garagentoren u.Ä. nicht zulässig. 786

Die Reichweite des Radargerätes lässt sich durch die **Reichweiteneinstellung „Range"** verändern. Dabei bedeuten 787
* R 1 Reichweite I: 1. + 2. Fahrspur
* R 2 Reichweite II: 1. – 4. Fahrspur

Zur Benutzung der Reichweiteneinstellung sagt die alte, **bis 1999 gültige Bedienungsanleitung** in Ziffer 5.2.3. aus:

„Befindet sich eine Metallleitplanke in einem geringeren Abstand als 4 Fahrspuren von der speedophot entfernt, so **muss** auf Reichweite I geschaltet werden.

Befindet sich die Antenne hinter der Heckscheibe des Fahrzeuges (also im Fahrzeug), ist dann auf Reichweite II zu schalten, wenn auf der 2. Fahrspur die Fahrzeuge nicht mehr mit Bereich I erfasst werden."

788 Mit dem **Inkrafttreten der derzeit gültigen Bedienungsanleitung** ist dort in Punkt 7.4.3. festgelegt:

„Reichweite II kann immer dann gewählt werden, wenn kein Verdacht auf Reflexionsmessung besteht. Bei Feststellungen von Knickstrahlreflexionen muss auf Reichweite I umgeschaltet werden (S.a. Kap. 7.4.5.). Werden auch in Reichweite I Reflexionsmessungen festgestellt, ist die Messstelle aufzugeben."

789 Die Forderung ist zudem auch in den Punkten 5.2. und 7.2. der seit 1999 gültigen Bedienungsanleitung aufgestellt. Schließlich verlangt auch Punkt 7.4.5. „**Aufmerksamer Messbetrieb**", die Beobachtung des gesamten Messablaufes im Hinblick auf das Auftreten von Knickstrahlreflexionen und die entsprechende Reaktion.

7. Mögliche Reflexionen

790 Damit weist der Hersteller selbst auf die Möglichkeit von Reflexionen hin. Bisherige Untersuchungen zeigen dabei **folgende Möglichkeiten von Reflexionen** auf:

a) Knickstrahlreflexion

791 Hierbei wird der ständig vom Radargerät **ausgesandte Radarstrahl** an einem im Strahlbereich befindlichen Reflektor, wie Leitplanke, Beschilderung, parkende Fahrzeuge o.Ä., **umgelenkt** und nach dem Prinzip Einfallswinkel = Ausfallswinkel in eine andere Messrichtung gesandt. Sich dort bewegende Gegenstände reflektieren die Strahlen auf dem gleichen Weg zum Messgerät zurück und verursachen eine Messwertbildung.

792 Die **Geeignetheit der Messstelle** für solche Reflexionen lässt sich oftmals bei der Filmauswertung durch das Vorhandensein von „Leerfotos" feststellen, d.h. es befinden sich Messfotos im Messfilm, in welchen der üblichen Fotoposition kein Fahrzeug abgebildet ist.

793 Messfilme von Messstellen, bei denen im Strahlbereich reflektierende Gegenstände abgebildet sind, sind hierzu **immer kritisch** zu betrachten.

Die Knickstrahlreflexion kann sowohl an **fest stationierten Gegenständen** erfolgen, wie Garagentoren, Verkehrszeichen, Werbetafeln, Leitplanken u.Ä. Es kann aber auch vorkommen, dass solche **Reflektoren kurzfristig in der Messstelle** auftreten, etwa ein Kraftomnibus, der kurzfristig auf der dem Messgerät ggü. liegenden Seite anhält, wie in der folgenden Skizze „Knickstrahlreflexion am Bus" dargestellt.

794

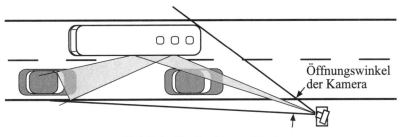

„Knickstrahlreflexion am Bus"

Eine besondere Situation ist dann gegeben, wenn sich der Reflektor wie in der folgenden Skizze „**Knickstrahlreflexion an einer Tafel**" in der Fahrbahnmitte befindet oder am gegenüberliegenden Fahrbahnrand in einer seitlichen Stellung so, dass die Reflexion in den Gegenverkehr erfolgt.

795

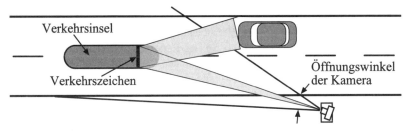

„Knickstrahlreflexion an einer Tafel"

In diesen Fällen wird ein Fahrzeug gemessen, das **im Bildaufnahmebereich nicht erfasst** wird. Hier sind alle Messungen des Messfilmes besonders kritisch zu betrachten.

Zur Verdeutlichung ist im folgenden Bild durch die Kegel der Bereich des **aktiven Radarbereiches** in etwa dokumentiert.

796

Teil 1: Messverfahren

"Aktiver Radarbereich"

b) Doppelreflexion

797 Bei dieser Reflexionsmessung wird der Radarstrahl im Frontbereich des gemessenen Fahrzeuges **nach vorne** – und damit außerhalb des Bildaufnahmebereiches! – **abgelenkt**. Diese dorthin reflektierten Strahlen beinhalten die Geschwindigkeitsinformation des Fahrzeuges.

798 Treffen diese noch außerhalb des Bildaufnahmebereiches reflektierten Strahlen auf einen ungünstig positionierten, aber geeigneten Reflektor, der sich auf der dem Messfahrzeug gegenüberliegenden Straßenseite befindet, werden diese Strahlen zurück reflektiert.

Beim zweiten Auftreffen auf das gemessene Fahrzeug wird den Messstrahlen erneut die Geschwindigkeitsinformation des Fahrzeuges hinzuaddiert.

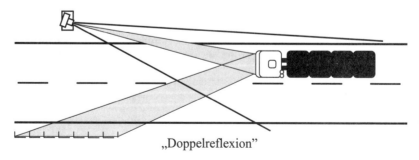

"Doppelreflexion"

In diesem Fall wird für das Fahrzeug das **Doppelte der tatsächlichen Geschwindigkeit** als Messwert ermittelt.

Zu einer solchen Fehlmessung kann es, bei entsprechender Reflektorenkonstellation, insb. dann kommen, wenn die **tatsächlich gefahrene Geschwindigkeit unter dem eingestellten Grenzwert** des Messgerätes liegt, da in diesem Fall die direkt vom Fahrzeug zum Messgerät reflektierten Strahlen von diesem „ignoriert" werden. Das Vorkommen solcher Messungen ist insb. durch eine **aufmerksame Beobachtung der Messungen** durch den Messbeamten festzustellen. Im Nachhinein kann durch Filmauswertung und durch Überprüfung der Messstelle lediglich die Möglichkeit solcher Messungen überprüft werden; das tatsächliche Auftreten lässt sich nicht nachweisen. 799

c) **Dreifache Reflexion**

Die in der folgenden Skizze „Dreifache Reflexion" beschriebene Situation stellt eine **Kombination aus den Situationen** in den Skizzen „Knickstrahlreflexion an einer Tafel" (Rn. 795) und „Doppelreflexion" (Rn. 798) dar. 800

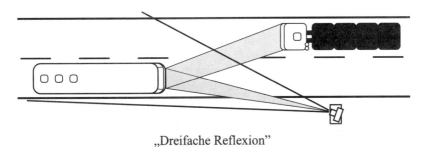

„Dreifache Reflexion"

Hier wird zunächst die Geschwindigkeitsinformation des im Bild befindlichen Fahrzeuges aufgenommen. Anschließend wird die Geschwindigkeit des entgegen kommenden Fahrzeuges addiert, da sich auch dieses in Bezug zum Radarstrahl im ankommenden Verkehr befindet.

Die von dort in Richtung des zuerst gemessenen Fahrzeuges reflektierte Strahlung nimmt dessen Geschwindigkeit ein zweites Mal, wiederum als entgegenkommend, auf.

d) **Übertragung von Messwerten**

In **Ausnahmefällen** kann es zur Übertragung von Messwerten kommen. Dies ist dann nicht auszuschließen, wenn das in Messposition befindliche Fahrzeug im Messfoto so vorne abgebildet ist, dass der Radarstrahl gänzlich auf der Fahrzeugseite, so wie in der in der Skizze „Knickstrahlreflexion am Bus" (Rn. 794) gezeigten Situation, auftrifft. 801

Teil 1: Messverfahren

802 In diesem Fall fungiert das Fahrzeug nicht nur als gemessenes Fahrzeug, **sondern auch als Reflektor** – und zwar ähnlich der Leitplanke auf der dem Messgerät gegenüberliegenden Straßenseite, nur wesentlich näher zum Messgerät –, womit die Möglichkeit einer Knickstrahlreflexion an diesem Fahrzeug gegeben ist.

803 Fährt nun ein geeignetes **Fahrzeug mit großflächiger Front** wie ein Lkw oder Kastenwagen im Bereich des reflektierten Strahles kann es zu **folgender Messwertbildung** kommen:

Dem Radarstrahl wird bei der Reflexion am ersten Fahrzeug dessen Geschwindigkeit aufaddiert und anschließend auch die Geschwindigkeitsinformation des zweiten Fahrzeuges. Dem reflektierten Strahl wird schließlich die Geschwindigkeit des ersten Fahrzeuges erneut, jedoch nun als negativer Wert, da abfließender Verkehr, aufaddiert, sodass insgesamt nur die Geschwindigkeit des zweiten Fahrzeuges gemessen wird.

Bei entsprechender Fahrzeugkonstellation ist eine solche Messung mit hoher Wahrscheinlichkeit zu begründen, sie lässt sich jedoch aus dem Beweisfoto nicht definitiv beweisen.

Das folgende Bild zeigt eine solche Messung; der „Reflektor" bewegt sich entgegen der Messrichtung.

8. Aufmerksamer Messbetrieb

804 Insb. durch die zuvor beschriebenen Reflexionsmöglichkeiten, die auch der Hersteller in seiner Bedienungsanleitung als Fehlermöglichkeiten beschreibt, wurde in den letzten Jahren die Forderung nach dem „**Aufmerksamen Messbetrieb**" erhoben.

G. Radarmessverfahren

So verweist die Bedienungsanleitung in den aufgezeigten Möglichkeiten der Messwertbeeinflussung außerhalb des Bildaufnahmebereiches darauf, dass solche Situationen nur durch aufmerksamen Messbetrieb festgestellt und ihre Beanzeigungen vermieden werden können.

Für die **gegenständliche Messanlage** ist dieser aufmerksame Messbetrieb in Punkt 7.4.5. beschrieben: 805

> „Der Bediener des Messgerätes hat das Messverhalten des Gerätes aufmerksam zu verfolgen. Hierzu gehört die Erkennung von Reflexionsmessungen: Besteht der Verdacht, dass die Messstelle zur Knickstrahlreflexion fähige Reflektoren aufweist, so kann deren Messwirksamkeit durch Beobachtung der Signallampe erkannt werden. Wenn die Signallampe bereits vor dem eigentlichen Messbereich aufleuchtet (was insb. bei Lkw auftreten kann), ist der Verdacht auf Knickstrahlreflexion bestätigt. Wenn bei reduzierter Reichweite immer noch Knickstrahlreflexionen auftreten, **ist die Messstelle aufzugeben.**
>
> Messungen **ohne eine aufmerksame Beobachtung** des Messvorganges sind durch den Bediener festzuhalten und **bei der späteren Bearbeitung nicht zu berücksichtigen.**
>
> Bei Fahrzeugstau, haltenden oder sehr langsam fahrenden Bussen oder Lkw im Radarstrahl ist besondere Aufmerksamkeit auf Doppelreflexionen (Verdacht auf Messung des Gegenverkehrs oder Geschwindigkeitsverdopplung geboten. Im Zweifelsfall ist der Messbetrieb zu unterbrechen."

Hinweis:

Man kann an der **strengen Formulierung** sehr wohl erkennen, welche Bedeutung selbst der Hersteller den Reflexionsmöglichkeiten widmet. Der „Muss"-Forderung nach Durchführung des aufmerksamen Messbetriebes muss daher in der Praxis eine deutlichere Beachtung gewidmet werden.

In der Bedienungsanleitung ist eindeutig gefordert, dass beim Vorhandensein von Reflektoren im Radarbereich – hierzu gehören Tafeln, Verkehrszeichen, Leitplanken und andere Gegenstände – der Messbetrieb hinsichtlich auftretender Reflexionen bei jeder Messung aufmerksam zu beobachten ist. 806

Die zweite ganz wesentliche Forderung besteht darin, dass, wenn diese Reflexionen durch Reduzierung der Reichweiteneinstellung nicht ausgeschaltet werden können, die Messstelle **unter keinen Umständen fortgeführt** werden darf – die Messstelle ist zwingend aufzugeben. 807

Schließlich ist genauso eindeutig verlangt, dass jede einzelne Messung **vom Messbeamten beobachtet** werden muss. Es geht sogar so weit, dass nicht beobachtete Messungen zu notieren sind, da sie bei der späteren Auswertung nicht berücksichtigt werden dürfen – das Messergebnis darf nicht verwendet werden. Diese Forderung wird oft diskutiert und oft nicht beachtet. Die Formulierung macht es jedoch unter praktischen 808

Teil 1: Messverfahren

Gesichtspunkten zwingend erforderlich, dass bei Radarmessungen **ein schriftliches Protokoll** zumindest über die Reihenfolge der beobachteten Messwerte gefertigt wird. Wenn der Messbeamte eine Messung nicht beobachtet, besteht eine gewisse Wahrscheinlichkeit, dass er sie auch überhaupt nicht bemerkt hat. Dann stellt sich die Frage, wie der Messbeamte im Nachhinein abklären will, welche Messung er beobachtet hat und welche nicht, wenn **kein schriftliches Protokoll geführt** wurde. Im Ergebnis ist ein solches Protokoll im Messbetrieb, auch bei erhöhtem Verkehrsaufkommen, leicht zu führen.

9. Testfotos

809 Eine weitere, ebenso eindeutige Forderung stellt die Bedienungsanleitung in Punkt 7.4.4 „Kalibrierungstestfoto" auf.

Hier ist eindeutig gefordert, dass am Anfang und am Ende eines jeden Messfilmes und nach jedem Wechsel der Messstelle mittels der „CAL"-Taste ein **Kalibrierungsfoto ausgelöst** werden muss, um die ordnungsgemäße Funktionsfähigkeit des Gerätes zu den festgelegten Zeitpunkten nachzuweisen.

810 Das bedeutet im Einzelnen, dass jeweils **zu Messbeginn** an einer Messstelle ein entsprechendes Kalibrierungsfoto zu fertigen ist.

811 Weiterhin ist **am Ende des Messfilmes** ein Kalibrierungsfoto zu fertigen.

812 Am **Ende der Messstelle** muss das Kalibrierungsfoto nur dann gefertigt werden, wenn auch der Messfilm zu Ende ist. Ist das nicht der Fall und der Messfilm wird an der nächsten Messstelle weiter genutzt, so ist das dort zu Messbeginn erstellte Kalibrierungsfoto zum Nachweis der ordnungsgemäßen Funktion an der vorangegangenen Messstelle ausreichend.

"Kalibrierungsfoto"

II. MULTANOVA 6F

1. Allgemeines

Wichtige Entscheidungen:	813
• AG Stollberg, Urt. v. 27.04.2009 2 OWi 550 Js 10913/08	
• OLG Hamm, Beschl. v. 30.11.1999 2 Ss OWi 1196/99	
• OLG Hamm, Beschl. v. 07.03.2001 2 Ss OWi 127/01	
• OLG Hamm, Beschl. v. 22.01.2003 2 Ss OWi 1148/02	
• OLG Hamm, Beschl. v. 26.04.2005 3 Ss OWi 181/05	
• OLG Braunschweig, Beschl. v. 02.08.2006 2 Ss (B) 38/04	
• OLG Oldenburg, Beschl. v. 23.07.2007 Ss 130/07 (II 88)	
• AG Essen, Urt. v. 25.11.2005 49 OWi 82 Js 1374/05 – 626/05	
• OLG Koblenz, Beschl. v. 24.02.2003 1 Ss 243/02	
• OLG Zweibrücken, Beschl. v. 19.02.1993 1 Ss 223/92	

Mit Datum vom 31.07.2006 hat die PTB in die 1. Neufassung der Anlage die innerstaatliche Bauartzulassung vom 03.12.1984 18.11/84.64 „Geschwindigkeitsüberwachungsgerät Verkehrsradargerät MULTANOVA 6F für transportablen Einsatz" gefasst.   814

Demnach ist das MULTANOVA 6F **in mehreren Typen** im Einsatz: 815

Teil 1: Messverfahren

- für transportablen Einsatz als MULTANOVA 6F,
- für den Einsatz während der Fahrt als MULTANOVA 6FM (Moving Radar),
- für den stationären Betrieb von der Brücke herab als MULTANOVA 6FAFB (Version Elzer Berg),
- für den stationären Einsatz von der Seite als MULTANOVA 6FA und
- für den stationären Betrieb von der Brücke herab mit Anbindung an Wechselverkehrszeichen als MULTANOVA 6FAFB (Version BAB 9)

Den Hinweisen zum korrekten Messbetrieb liegt die Bedienungsanleitung zum Verkehrsradargerät MULTANOVA/95/215/31.07.06/de/A zugrunde.

In dieser Bedienungsanleitung vom 31.07.2006 sind die Anwendungen aller zuvor beschriebenen Gerätearten enthalten.

2. Funktionsweise

816 Die **Funktionsweise des Radars** ist hier analog die in Rn. 756 ff. beschriebene. Auch hier ist die Antenne Sender und Empfänger zugleich. Neben dem Betrieb im Fahrzeugeinbau und dem Stativbetrieb gibt es bei der gegenständlichen Messanlage auch den Betrieb von der Brücke herab.

817 Im Sender wird eine **konstante elektromagnetische Schwingung** erzeugt und über die Schlitzantenne gebündelt abgestrahlt. Der Öffnungswinkel der Antenne beträgt im Gegensatz zum TRAFFIPAX Radargerät horizontal und vertikal 5 Grad.

818 Bei der MULTANOVA 6F Radaranlage ist der **Strahlwinkel** (Mitte des Radarstrahles) **fest auf 22 Grad** justiert, womit der Radarstrahl die Messstrecke im Winkelbereich von 19,5 Grad – 24,5 Grad ausleuchtet.

819 Damit wird bei einer Geschwindigkeitsmessung nicht die tatsächliche Geschwindigkeit, sondern nur die **relative Geschwindigkeit als Abstandsveränderung** des Fahrzeuges zur Radarsonde ermittelt. Je nach Reflexionsort im Bereich des Messstrahles beträgt die gemessene Geschwindigkeit aus einem einzelnen Messimpuls bei diesem Messgerät 91,0 – 94,2 % der tatsächlichen Fahrgeschwindigkeit. Die **tatsächlich gefahrene Geschwindigkeit** wird anschließend unter Berücksichtigung des Strahlwinkels vom Rechner ermittelt.

820 In einer **ersten Auswertephase** bestimmt die Messlogik, ob das zu messende Fahrzeug auf den Sender zu- oder von ihm wegfährt. Nachdem die Fahrtrichtung des zu messenden Fahrzeuges festgestellt ist, werden die Messsignale der Fahrzeuge in der Gegenrichtung ausgeblendet.

G. Radarmessverfahren

In einer **zweiten Auswertephase** wird nun die Größe der Veränderung der elektromagnetischen Welle – und damit ihre Frequenzänderung – festgestellt und als Maß der Geschwindigkeit umgerechnet. 821

Die **korrekte Ausrichtung zum Fahrbahnverlauf** lässt sich i.V.m. dem geraden Verlauf der Fahrbahn aus dem Beweisfoto ermitteln. Hierzu ist die Kenntnis des justierten Fotowinkels – Winkel zwischen Fahrbahnrand und Bildmitte des Beweisfotos – und der verwendeten Brennweite des Fotoobjektivs erforderlich. 822

> **Hinweis:**
>
> Üblicherweise war der Fotowinkel bei Anlagen des hier verwendeten Typs auf 16 Grad beim Fahrzeugeinbau und auf 19° bei Stativbetrieb justiert. Mit der neuen Gebrauchsanleitung ist hiernach nur noch der Fotowinkel von 19 Grad zulässig. Beim Einsatz von Objektiven größerer Brennweite (135 mm und größer) ist der Fotowinkel auf 22 Grad einzustellen, da sonst die Radarstrahlen außerhalb des Bildaufnahmebereiches wirken.

3. Messwertbildung

Während ein Fahrzeug durch den Radarstrahl fährt, entstehen je nach Größe und Bauform des Fahrzeuges **unterschiedliche Mengen von Dopplersignalen**. Die im Takt des Dopplersignals erzeugte Impulsreihe und die Informationen bzgl. der Fahrtrichtung werden einem Digitalrechner zugeführt, in welchem dann verschiedene Prozesse in einer bestimmten Reihenfolge ablaufen. 823

Die Winkeländerung zwischen Fahrzeug und Messgerät beim Durchfahren des Radarstrahles (von 19,5 Grad – 24,5 Grad) bedingt dabei die Feststellung unterschiedlicher Geschwindigkeitswerte. 824

Bei der verwendeten Anlage werden die ermittelten Dopplersignale **in drei Phasen** untersucht: 825

- In der **ersten Phase** eines ununterbrochenen Dopplersignals registriert das Messgerät, dass sich ein Fahrzeug im Radarstrahl befindet.
- Hiernach beginnt der **eigentliche Messzyklus**, zu dessen Beginn zunächst die Messrichtung – ankommender oder abfließender Verkehr – bestimmt wird. Nach der Bestimmung der Messrichtung werden dem Digitalrechner nur noch Signale der festgestellten Fahrtrichtung zugeführt.
- Ein vorläufiger, gültiger Geschwindigkeitswert wird dann ermittelt, wenn über die ersten 2 m Messstrecke eine sog. „Konstanzstrecke" gefunden wird, d.h. dass die eingehenden Dopplersignale über eine Strecke von mindestens 25 cm strenge

Gleichmäßigkeitskriterien erfüllen. Wird eine solche Konstanzstrecke nicht gefunden, wird die Messung annulliert.

- Wird eine Konstanzstrecke gefunden, erfolgt in der folgenden Messphase die Überprüfung des ermittelten Messwertes (**Verifizierung**). Diese Verifizierung dauert über eine Messstrecke von mindestens 3 m. Abweichungen um mehr als 3 % vom zuvor ermittelten Messwert, die über eine Fahrstrecke von mehr als 1 m anhalten, führen zum Abbruch der Verifizierung, ebenso eine Verifizierungsstrecke von weniger als 3 m.

- Schließlich wird in einer **Kontrollphase** überprüft, ob die Verifizierungsphase wegen des Verlassens des Radarstrahls durch das gemessene Fahrzeug oder aus anderem Grund abgebrochen wurde.

Nur falls festgestellt wird, dass der Abbruch der Verifizierungsphase durch die Ausfahrt des gemessenen Fahrzeuges verursacht wurde, kann die zweifelsfreie Zuordnung des Messwertes zum fotografierten Fahrzeug gewährleistet werden.

4. Fotoauslösung

826 Bei **Überschreitung des eingestellten Grenzwertes** erfolgt die Kameraauslösung beim abfließenden Verkehr – von der Anlage wegfahrend – zu dem Zeitpunkt, da die Verifizierungsphase abgeschlossen ist.

Damit haben alle im abfließenden Verkehr gemessenen Fahrzeuge im Messfoto eine etwa gleiche Position. Die **Geschwindigkeitseinblendung** erfolgt jedoch erst **nach der Kontrollphase**.

827 Bei der **Messung des ankommenden Verkehrs** ist eine vorgezogene Fotoauslösung erforderlich, um bei einer späten Messwertbildung das Herausfahren des Fahrzeuges aus dem Aufnahmebereich der Kamera zu verhindern. Deshalb erfolgt die Fotoauslösung bereits dann, wenn aus einer ausreichenden Anzahl von Dopplerperioden ein vorläufiger, den Grenzwert überschreitender Messwert in der Konstanzstrecke gebildet wird.

828 Der **Filmtransport** und das damit verbundene Einschreiben der Daten in das Foto erfolgt aber erst dann, wenn das Fahrzeug den Radarstrahl verlässt. Wurde bei der Gesamtmesswertbildung der vorläufige Messwert bestätigt, wird dieser im Foto eingeschrieben.

829 Weicht der endgültige vom vorläufigen Messwert ab, wird die Messung verworfen. In der Dateneinspiegelung erscheint in diesem Fall anstatt eines km/h Wertes die Anzeige „---".

Die Anzahl solcher Verwerfungen kann dabei einen Hinweis auf **mögliche Unregelmäßigkeiten** während der Messung geben.

Da die vorläufige Messwertbildung entsprechend den oben beschriebenen Kriterien **zu unterschiedlichen Zeitpunkten** erfolgt, erfolgt auch die Fotoauslösung bei allen Fahrzeugen des ankommenden Verkehrs zu unterschiedlichen Zeitpunkten. Damit ist beim ankommenden Verkehr lediglich die Position im Radarstrahl, nicht jedoch eine feste Fotoposition aller gemessenen Fahrzeuge gegeben. 830

5. Aufbau der Messanlage und Messörtlichkeit

Hier gelten grds. bei Rn. 772 ff. gemachten Ausführungen. Insb. die Herstellung des fahrbahnparallelen Aufbaus ist zu beachten. 831

In Punkt 5.1. der **Bedienungsanleitung** sind die erforderlichen Maße für einen geraden Straßenverlauf folgendermaßen gefordert: 832

„Die zu überwachende Fahrbahn muss in Messrichtung des Verkehrsradargerätes MULTANOVA 6F gerade verlaufen. Diese Forderung gilt als erfüllt, wenn bei einem rechtwinklig gemessenen Abstand zum nächstliegenden Fahrstreifenrand (idealerweise Fahrstreifenrandbegrenzung) zum Verkehrsradargerät MULTANOVA 6F folgende minimale Länge des geraden Stückes eingehalten wird:

Abstand zum Fahrstreifen (m)	Min. Länge des geraden Stückes (m)
2	14
5	21
8	28
12	38

Bei der Überwachung mehrerer Fahrstreifen gilt die Entfernung zum am weitesten entfernten Fahrstreifenrand."

Eine **Örtlichkeit in der Nähe von Brücken** oder anderen Bauten mit metallischen Konstruktionselementen, deren Flächen senkrecht aufeinander stehen, wie Winkel- oder T-Träger, ist als Messplatz als ungeeignet beschrieben. 833

Gleichermaßen ungeeignet ist als Messplatz eine Messörtlichkeit, an der sich in Sichtweite große Verkehrsschilder befinden, bei denen offensichtlich Knickstrahlreflexionen zu erwarten sind.

Grds. soll das Messgerät in Fahrbahnhöhe und Fahrbahnneigung aufgestellt sein.

Ein Muss ist allerdings nur in Punkt 8.2.2. und 9.2 der Bedienungsanleitung aufgeführt, in der es für die **Verwendung der Anlage im Einsatzcontainer** heißt, dass der 834

Teil 1: Messverfahren

Aufstellort grds. höhengleich mit der Fahrbahn zu sein hat. Es ist lediglich eine Abweichung um 20 cm nach oben zu tolerieren.

835 Beim **unbemannten Betrieb von der Fahrbahnseite** muss der Messplatz so mit Entfernungsmarkierungen markiert sein (Punkt 12.2. der Gebrauchsanleitung), dass man neben der Messgeschwindigkeit eine Plausibilitätsprüfung zur Messung durchführen kann.

836 Beim **unbemannten Betrieb von der Brücke** (Punkt 13.3. der Gebrauchsanleitung) muss die Messörtlichkeit mit zusätzlichen Markierungen versehen sein, welche im Beweisbild den Mess- und Auswertebereich fixieren.

6. Empfindlichkeit der Dopplerradarsonde

837 Um den **Problemen der Reflexionsmessungen** zu begegnen, stellt die Bedienungsanleitung des MULTANOVA 6F entsprechende Forderungen an Aufbau und Betrieb der Messanlage.

Dabei ist der Aufbau der Messanlage ggü. zu Fehlmessungen neigenden Reflektoren nicht zulässig.

Beispiele:

Metalltafeln, Garagentore u.Ä.

Die Empfindlichkeit der Radarsonde – und damit die Reichweite – lässt sich durch **Verstellung des Antennendämpfungsschalters** verändern. Dabei bedeuten

Stufe	
Nah	ausschließliche Überwachung des direkt neben dem Messgerät verlaufenden Fahrstreifens; seitliche Distanz 3 m – Reichweite ca. 7 m
Mittel	Überwachung in seitlicher Distanz bis 6 m, Reichweite ca. 15 m
Fern	Überwachung in seitlicher Distanz bis 15 m, Reichweite ca. 40 m

838 Zur **Benutzung der Reichweiteneinstellung** sagt die Bedienungsanleitung in Punkt 6.3.3. „Reichweiteneinstellung" aus:

„Der Anwender muss bei jedem Messplatz immer die minimal erforderliche Reichweite einstellen.

Treten bei Einzelmessungen (nur ein Fahrzeug im Radarstrahl) vermehrt Annullierungen auf, muss vom Anwender zuerst die Neigung der DRS-2 überprüft und gegebenenfalls korrigiert werden. Nur wenn über die Veränderung der Neigung keine Verbesserung erreicht werden kann, darf der Anwender die Reichweiteneinstellung erhöhen.

Bei Fahrzeugmessungen durch die Scheiben des Messfahrzeuges kann es sein, dass die Reichweiteneinstellungen aufgrund der Dämpfung durch die Scheibe höher eingestellt werden muss."

7. Mögliche Reflexionen

Auch hier weist der Hersteller auf mögliche Reflexionen in der Bedienungsanleitung hin. Die Reflexionsmöglichkeiten ergeben sich dabei grds. wie bei Rn. 790 ff. beschrieben. 839

8. Aufmerksamer Messbetrieb

Punkt 5.3. der **neuen Bedienungsanleitung** enthält ebenfalls die Forderungen zum aufmerksamen Messbetrieb, wie bei Rn. 804 beschrieben ist. 840

Hier sind **zusätzlich Forderungen** für den Fall enthalten, dass in einem Fahrzeug zwei Radaranlagen eingesetzt sind, um Geschwindigkeiten für beide Verkehrsrichtungen zu messen.

Werden **beide Anlagen gleichzeitig** im automatischen Messbetrieb **verwendet** – das Gerät misst selbstständig, ohne Mitwirkung des Messbediensteten –, so sind zwei Bediener – einer für jede Messanlage – erforderlich. 841

Steht **nur ein Bediener für beide Anlagen** zur Verfügung, so müssen beide Anlagen in der Betriebsart „manuell" betrieben werden. Vom Messbeamten ist dann immer eine Anlage manuell auszulösen, nämlich diejenige, für die er die aufmerksame Beobachtung des Messbetriebes gewährleisten kann. 842

9. Testfotos

In Punkt 6.3. der Bedienungsanleitung sind **Tests** gefordert, die durchgeführt werden müssen, bevor amtliche Messungen mit dem Messgerät durchgeführt werden. 843

Gem. Punkt 6.3.1. der Bedienungsanleitung ist beim Einschalten der **automatisch erfolgende Segmenttest** am Bediengerät vom Messbediensteten **visuell zu verfolgen**. Fehlt ein Segment in der vierstelligen Anzeige und zwar entweder 844
- ein Segment an der ersten Stelle für ankommenden oder abfließenden Verkehr oder
- ein Segment in der dreistelligen Anzeige als 888 für die Geschwindigkeit,

so darf das Messgerät nicht in Betrieb genommen werden.

Gleichzeitig wird beim Einschalten ein **Quarztest** durchgeführt, der jedoch nur erfolgreich durchgeführt einen Messbetrieb zulässt. 845

Teil 1: Messverfahren

846 Gem. Punkt 6.3.2. der Bedienungsanleitung muss jeweils zu den **Zeitpunkten**
- bei jeder Inbetriebnahme des Messgerätes,
- nach jedem Standortwechsel und
- nach jedem Filmwechsel

ein Foto gefertigt werden.

847 Je nach verwendetem Fototeil sind die Voraussetzungen für einen **ordnungsgemäßen Messbetrieb** durch ein Testfoto oder eine Handauslösung gegeben.

848 Wurde das **Fototeil FT 1** verwendet, so ist die Fertigung eines Testfotos erforderlich. Hier sind alle Segmente der LED Anzeige als „8" erkennbar.

Testfoto Fototeil FT 1

849 In diesem Fall genügt eine **Handauslösung** nicht. Hier sind nicht alle Segmente der LED Anzeige als „8" erkennbar.

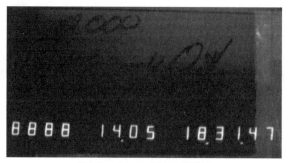

Handauslösung Fototeil FT 1

Bei Verwendung der **Jacknau Kamera** erscheinen diese Dateneinblendungen in der oberen linken Bildhälfte. Bei Verwendung einer Robot Kamera erscheinen die Dateneinblendungen oben mittig.

850

Wird das **Fototeil FT2/Jacknau** verwendet oder das **Fototeil ROBOT MultiScript**, so können auf die gleiche Art Testfotos erstellt werden, die folgendermaßen aussehen:

851

Testfoto Fototeil FT 2 Jacknau

Testfoto Fototeil ROBOT MultiScript

Die Testfotos zu den oben beschriebenen Zeitpunkten können allerdings bei diesen beiden Fototeilen auch zulässigerweise durch die im Folgenden gezeigten **Handauslösungen** ersetzt werden.

852

Handauslösung Fototeil FT 2 Jacknau

Handauslösung Fototeil ROBOT MultiScript

III. Fallbeispiele

1. Einrichtung der Messanlage nicht parallel zum Fahrbahnrand

Die folgenden drei Bilder zeigen den **Aufbau der Radarmessanlage parallel zur Fahrbahn**. Zur Aufnahme wurde eine exakt gerade Fahrbahn gewählt. Zur Feststel-

853

Teil 1: Messverfahren

lung des korrekten Aufbaus bedient man sich der **in der Realität parallel verlaufenden Linien**, wie Gehwegkante, Fahrbahnbegrenzung, Leitlinienmarkierung u.Ä.

Eine TRAFFIPAX Radarmessanlage mit einem Fotowinkel von 13 Grad wurde gewählt, weil sich hier bei Verwendung eines Objektives der Brennweite von 75 mm die in der Realität parallel verlaufenden Linien auf dem Bildrand schneiden.

854 Das unten stehende Bild zeigt, dass sich ein **korrekter Aufbau der Messanlage** durchaus herstellen lässt. Der Fluchtpunkt der parallelen Fahrbahnmarkierungen liegt auf der Bildkante.

855 Das nunmehr folgende Bild zeigt dagegen den **nicht korrekten Aufbau**. In diesem Bild wandert der **Fluchtpunkt zur Bildmitte** hin.

Damit ist belegt, dass der Fotowinkel verkleinert wurde und somit auch der Messwinkel. Als Folge wird eine **zuungunsten des gemessenen Fahrzeuges** zu hohe Geschwindigkeit ermittelt.

Auch das jetzt folgende Bild zeigt den nicht korrekten Aufbau; in diesem Fall wandert der **Schnittpunkt vom Bildrand weg** nach außerhalb – der umgekehrte Effekt tritt ein – und es wird eine **zugunsten des gemessenen Fahrzeuges** zu geringe Geschwindigkeit gemessen.

2. Messung in Kurven

Dem folgenden Messfoto sieht man zunächst nicht an, dass es sich **um eine Messung im Kurvenbereich** handelt.

Teil 1: Messverfahren

857 Erst die **Suche des Fluchtpunktes** zeigt, dass ein solcher sich nicht mit allen Linien auf der Fahrbahnoberfläche finden lässt (gestrichelte Linien).

858 Die **durchgezogene Linie** – angelegt an die Radaufstandspunkte des gemessenen Fahrzeuges – zeigt darüber hinaus, dass sich diese Linie am rechten Bildrand nach oben dreht. Dies deutet auf eine Kurvenfahrt zuungunsten des gemessenen Fahrzeuges hin.

859 Das folgende Bild zeigt die **Messörtlichkeit** – das **Messrad** dokumentiert den Standort des Messfahrzeuges zum Messzeitpunkt. Der Blick geht in Messrichtung. Man erkennt, dass hier ein Kurvenbereich gegeben ist, in dem sich lediglich ein kleines, augenscheinlich gerades Straßenstück befindet. Die Messung fand dabei am Kurvenaußenrand statt.

860 Im nunmehr folgenden Bild wurde das **Bandmaß an dem Straßenteil gerade ausgelegt**, welcher im vorherigen Bild augenscheinlich gerade ist. Deutlich ist jetzt der Kurvenbereich zu erkennen.

Das nun folgende Bild zeigt schließlich die **Entfernung der Sekante zum Fahrbahnrand** – unzulässige 19 cm auf 35 m.

861

Teil 1: Messverfahren

Die Kurvenfahrt wird hier noch dadurch erhöht, dass die Fahrzeuge aus einem stärkeren gebogenen Kurvenbereich nur ein kurzes Straßenstück über ein fast gerades Straßenstück fahren, um in einem weiteren Bogen nach rechts die Fahrt fortzuführen.

862 Auch das folgende Bild zeigt eine **deutliche Kurvenmessung am Kurvenaußenrand** auf.

3. Knickstrahlreflexion

863 Das folgende Bild zeigt, dass das abgebildete Fahrzeug sich zu weit in der linken Bildhälfte befindet. Es fährt nicht im direkten Radarbereich. Eine **Knickstrahlreflexion** ist wahrscheinlich der Fall. Dass diese Messung nicht im Messprotokoll erfasst ist, zeigt zudem, dass hier ein aufmerksamer Messbetrieb wohl nicht gewährleistet war – zumindest nicht bei dieser Messung.

G. Radarmessverfahren

Die **Vergrößerung** zeigt darüber hinaus den tatsächlichen Verursacher der Messung, nämlich den im Bildhintergrund **verdeckt fahrenden Pkw**.

864

4. Reflexionsmessung

Die folgenden beiden Bilder zeigen eine **korrekte Kalibrierung zu Messende** und eine **korrekte Messung**. Die Tafel in der rechten Bildhälfte sollte sich allerdings nicht im direkten Radarbereich befinden. Solche offensichtlich für Reflexionen geeignete Reflektoren erfordern immer eine sorgfältige Nachprüfung des Messfilmes.

865

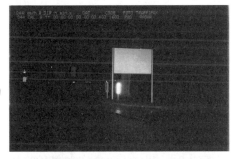

Teil 1: Messverfahren

866   Die **Durchsicht des Beweisfilmes** schließlich zeigt Messungen wie im folgenden Bild auf.

Die Datenzeile zeigt eine **Messung im zufließenden Verkehr**. D.h. die Bewegung des gemessenen Gegenstandes erfolgte auf den Messstrahl zu. Hier kommt als logische Erklärung nur die Reflexion des Messstrahles über die im Bild befindliche Tafel in den Gegenverkehr – und damit außerhalb des Bildaufnahmebereiches – infrage. Wenn eine solche Messung ohne Fahrzeug möglich ist, kann sie auch bei Anwesenheit eines Fahrzeuges im Messbereich erfolgen.

IV. Zur Streuung und Reflexion von Radarstrahlung an der Fahrbahnoberfläche

867   Von grundlegender Bedeutung bei Radarmessungen sind die auftretenden **Reflexionsmöglichkeiten**. Neben den allgemein diskutierten Reflexionsmöglichkeiten an Gegenständen in der direkten Radarstrahlung (Fahrzeuge, Zäune, Garagentore, Verkehrszeichen pp.) ist dabei allerdings auch die **Reflexion an der Fahrbahnoberfläche** interessant. Hierbei interessiert insb. das Radargerät Multanova 6F, dessen Antenne sich zur Fahrbahnoberfläche hin absenken lässt.

In den Ausbildungsunterlagen wird eine Absenkung bis max. 6 ° zur Fahrbahnoberfläche hin als akzeptabel bezeichnet. Eine weiter gehende Absenkung sollte unterbleiben.

Bei einer Neigung um 10° kommt es im Normalfall zu einer vollständigen Reflexion der Radarstrahlung auf der Fahrbahnoberfläche, bevor die zu messenden Fahrzeuge erfasst werden. Hier ist die Frage zu diskutieren, ob dadurch der Messwinkel von 22° u.U. auf 0° reduziert werden kann und ob dadurch fehlerhaft zu hohe Messwerte in der Größenordnung von fast 8 % des gemessenen Wertes auftreten können.

868   Im Folgenden wird erörtert, inwieweit Radarstrahlung, wie sie zur Verkehrsüberwachung eingesetzt wird, mit Gegenständen und Oberflächen wechselwirkt, auf die sie fällt.

G. Radarmessverfahren

Zuerst werden die wesentlichen Grundlagen zusammengefasst. Dann wird das Verhalten der Radarstrahlung beim Auftreffen auf eine Asphaltdecke beschrieben. In der Folge werden die verschiedenen Möglichkeiten beschrieben, wie Radarstrahlung zum zu messenden Fahrzeug und von dort wieder zurück zum Radargerät gelangen kann. Die verschiedenen Fälle werden abschließend verglichen, und ihre Plausibilität wird diskutiert.

Dabei wird festgehalten, dass Reflexionen an der Fahrbahnoberfläche, die vom Gerät als korrekt akzeptierte, aber nicht der wahren Geschwindigkeit des zu messenden Fahrzeugs entsprechende Werte erzeugen, nicht generell auszuschließen sind.

1. Grundlagen

Radarstrahlung ist, wie Licht, eine elektromagnetische Welle, die sich in Luft mit der bekannten Lichtgeschwindigkeit von 300.000.000 m/s ausbreitet. Im Fall der Messanlage Multanova 6F haben die Wellen eine Frequenz von 34.3 Ghz +/- 100 Hz (entspricht einer Genauigkeit von 0.0038 %).

Die Wellenlänge der Radarstrahlung ist jedoch mit 8.7 Millimetern (tausendstel Meter) größer als die von sichtbarem Licht mit 480 bis 800 Nanometern (milliardstel Meter).

Laut Hersteller ist die Radarantenne so geformt, dass sie ggü. einem isotropen Strahler, d.h. einer Strahlenquelle, die in alle Richtungen gleichmäßig Strahlung abgibt, in eine Strahlenkeule mit dem Öffnungswinkel von 5 Grad ein etwa um 30 Dezibel, d.h. drei Zehnerpotenzen, im Folgenden als Größenordnungen bezeichnet, stärkeres Signal liefert.

Gleich Licht kann auch Radarstrahlung gebrochen, reflektiert oder gestreut werden.

Bei der **Reflexion** oder **Brechung von elektromagnetischen Wellen** – Licht wie Radarstrahlung – spielt der sog. **Brechungsindex** eine Rolle.

Der Brechungsindex hängt stark von der atomaren Struktur des reflektierenden oder brechenden Körpers ab und ist daher auch nicht unabhängig von der Wellenlänge der elektromagnetischen Strahlung, die mit dem Körper wechselwirkt.

Daher kann ein Gegenstand oder eine Substanz für sichtbares Licht undurchlässig, und folglich reflektierend oder absorbierend sein, während er/sie in einem anderen Wellenlängenbereich ganz anders mit der elektromagnetischen Strahlung wechselwirkt und für diese Strahlung zumindest zu einem Teil durchlässig ist.

2. Wechselwirkung von Radarstrahlung mit einer Fahrbahndecke

871 Trifft Radarstrahlung auf eine Asphaltschicht, so wird sie aufgrund des flachen Einfallswinkels teilweise an der Grenzfläche zwischen Luft und Bitumen reflektiert.

Die Strahlung wird jedoch durch diese Reflexion nicht aus der Achse der Sendeantenne abgelenkt.

Ein Teil der Radarstrahlung dringt in das Bitumen ein, da dieses für Radarstrahlung transparent ist. Radarstrahlung des angrenzenden Frequenzbandes wird im Straßenbau zur Überprüfung des Zustandes von Fahrbahndecken durch „Durchleuchtung" verwendet.

872 Reflexionen können außerdem an jeder **Unebenheit im Fahrbahnbelag** entstehen, die größer ist als die Wellenlänge der einfallenden Strahlung. Durch diese Reflexionen wird die Radarstrahlung aus der Achse der Sendeantenne abgelenkt.

Außer Reflexionen an ebener Fahrbahn, ohne wesentliche Ablenkung und Reflexionen an Fahrbahnunebenheiten mit einer möglichen wesentlichen Ablenkung der Strahlung, tritt bei der Wechselwirkung von Radarstrahlung mit dem Fahrbahnbelag noch **Streuung** auf.

Streuung kann im Allgemeinen auftreten an Körpern oder Oberflächenstrukturen, die die Größe der Wellenlänge der einfallenden Welle haben, hier 8.7 mm.

Die im Bitumen enthaltenen Splitt-Körner, die der mechanischen Festigkeit des aus Bitumen und Splitt gebildeten Asphalts dienen, haben in etwa eine Größe von 1 cm, je nach Anforderung an den Fahrbahnbelag. Die Korngröße liegt also im Bereich der Wellenlänge der verwendeten Radarstrahlung.

Damit kann nicht ausgeschlossen werden, dass beim Einsatz von Radargeräten zur Geschwindigkeitsmessung, wenn Radarstrahlung vor dem zu messenden Fahrzeug auf die Fahrbahnoberfläche fällt, dort Reflexion und/oder Streuung der Radarstrahlung auftritt.

3. Mögliche Strahlengänge

873 Insgesamt stehen drei Strahlengänge zur Diskussion, in Abhängigkeit von der Justierung der Messanlage:

a) Der direkte Strahlengang von der Messanlage hin zum Fahrzeug und zurück. Hier wird das ausgesendete Signal insgesamt um max. drei Größenordnungen abgeschwächt.

b) Der Strahlengang, bei dem die Fahrbahnoberfläche als Signalquelle wirkt und das Signal aufgrund des breiteren Empfangsbereichs der Radarantenne direkt gemessen wird. Bei diesem Strahlengang wird das Ausgangssignal zweimal gestreut und folglich um max. sechs Größenordnungen abgeschwächt.

c) Der Strahlengang, in dem die am Fahrzeug gestreute Strahlung über Streuung an der Fahrbahnoberfläche zurück zum Messgerät gelangt. Hier tritt noch eine weitere Streuung auf, weswegen das Signal an der Empfangsantenne um insgesamt ca. neun Größenordnungen bzgl. der Ausgangsleistung abgeschwächt wird.

4. Diskussion der Strahlengänge

Bei einer einigermaßen korrekten Justierung des Messgerätes – nur ein kleiner Teil des Strahlenkegels fällt auf die Fahrbahn – beeinträchtigt die gestreute Strahlung die Messung nicht, wie die folgende Diskussion der verschiedenen Strahlengänge verdeutlicht.

Zu a)

Trifft die von der Sendeantenne ausgesandte Radarstrahlung nun auf das zu messende Fahrzeug, so wirken die metallischen Teile des Fahrzeugs wie Spiegel. Speziell metallische Kanten wirken als besonders effektive Reflektoren. Die empfangene Signalstärke kann bei diesem Strahlenverlauf noch in der selben Größenordnung liegen wie die ausgesendete Signalstärke. Träte keine Reflexion auf, so wirkten die Unebenheiten der Fahrzeugoberfläche als Streuzentren und die empfangene Signalstärke wäre um drei Größenordnungen abgeschwächt.

Da sich das zu messende Fahrzeug bewegt und die Lichtgeschwindigkeit eine Naturkonstante ist, ändert sich die Frequenz des reflektierten Lichts. Es tritt der optische Dopplereffekt auf, analog dem akustischen Dopplereffekt der Schallfrequenzänderung, den man von einem vorbeifahrenden Fahrzeug mit Martinshorn kennt. Diese Frequenzverschiebung wird durch die Messelektronik in einen Geschwindigkeitswert umgerechnet und ausgewertet.

Das von solchen Einfachreflexionen stammende Radarecho ist mit Abstand das stärkste Signal, das die Empfangsantenne erhält. Die Unsicherheit, dass dieses Echo immer vom zu messenden Fahrzeug stammt, bedingt den „aufmerksamen Messbetrieb," um Knickstrahlmessungen oder Ähnliches bei der Messwertbildung ausschließen zu können.

Zu b)

Die gleiche Streuung wie an den Unebenheiten auf der Fahrzeugoberfläche findet jedoch auch auf der Fahrbahnoberfläche statt. Die komplette Schnittfläche der Fahrbahnoberfläche mit dem Strahlenkegel der Radarantenne wirkt nun durch Streuung als isotroper Strahler.

Von dieser großen Fläche gehen ungerichtet um drei Größenordnungen schwächere Strahlen als von der gerichteten Antenne aus.

Da die Fahrbahnoberfläche unbewegt ist, tritt hier noch keine Frequenzverschiebung auf.

Die gestreuten Strahlen werden ebenfalls am zu messenden Fahrzeug gestreut, bzw. reflektiert. Das Fahrzeug wirkt erneut als Reflektor, bzw. isotroper Strahler und die über diesen Weg am Messgerät ankommende Strahlung ist ggü. der direkt am Fahrzeug gestreuten Strahlung durch die zweite Streuung an der Fahrbahnoberfläche um weitere drei Größenordnungen, insgesamt also um drei (Reflexion am Fahrzeug) bis sechs Größenordnungen (Streuung am Fahrzeug) abgeschwächt.

877 Zu c)

An dieser Stelle wird nun ersichtlich, dass eine Konstellation, wonach die über die Fahrbahn an das Fahrzeug gelangte Strahlung auf dem selben Weg wieder zurück müsste, unhaltbar ist, denn eine erneute Streuung auf der Fahrbahnoberfläche hätte auch eine erneute Abschwächung um drei Größenordnungen im Vergleich zu Fall b) zur Folge.

Erfahrungen mit Brückenmessungen, wo in der Tat verfrühte Auslösepositionen auftreten können (auch, aber nicht ausschließlich), legen nahe, dass die enge Halbwertsbreite, die in der Bedienungsanleitung mit 5° horizontal und vertikal angegeben ist, nur für den ausgesendeten Strahlenkegel gilt. Der Empfang der Radarstrahlung ist offenbar in einem größeren Winkelbereich als 5° möglich.

Daher kann die Radarstrahlung, die auf der Fahrbahnoberfläche gestreut und auf dem zu messenden Fahrzeug reflektiert wurde, auch auf direktem Weg gemessen werden und muss nicht zwangsläufig auf dem selben Weg wieder zurück laufen, um gemessen zu werden.

In den bisherigen Betrachtungen blieb noch die **Wichtigkeit des Messwinkels** unbeachtet. Der Dopplereffekt wird vom Messgerät nur an der Geschwindigkeitskomponente in Richtung der Radarantenne wahrgenommen. Die Geschwindigkeitskomponente parallel zum Fahrbahnverlauf wird dagegen nicht festgestellt. Da die Radarstrahlung unter einem Winkel von 22° auf das zu messende Fahrzeug fällt, korrigiert die Messelektronik automatisch die bestimmte Geschwindigkeit um einen gewissen Betrag, der dem Kosinus des Winkels zwischen Strahlmitte und Fahrbahnrand (22°) entspricht, bevor sie den Geschwindigkeitswert in das Messfoto einblendet (siehe Bild 1).

G. Radarmessverfahren

Ist nun die Radarantenne soweit verkippt, dass keine direkte Reflexion an der Fahrzeugoberfläche mehr statt findet, so werden die von der Fahrbahnoberfläche gestreuten und an der Fahrzeugoberfläche reflektierten Strahlen detektiert. Da aber die Fahrbahnoberfläche als isotroper, d.h. gleichmäßig in alle Richtungen strahlender Strahler wirkt, kann kein fester Winkel bestimmt werden, unter dem die von der Fahrbahnoberfläche gestreute Strahlung auf die Fahrzeugoberfläche fällt. Es ist nicht auszuschließen, dass dabei auch Strahlung unter einem Winkel von 0° auf die Fahrzeugoberfläche fällt. Die Messelektronik jedoch korrigiert die aus der Doppplerverschiebung der detektierten Strahlung festgestellte Geschwindigkeit weiterhin so, als ob die Strahlung korrekt unter einem Winkel von 22° auf die Fahrzeugoberfläche fiele und leitet daraus den aus dem Cosinus des Winkels von 22° resultierenden um rund 8 % zu hohen Geschwindigkeitswert ab (s. Bild 2)).

a) **Korrekter Messaufbau**

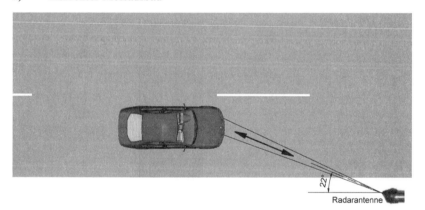

b) Streuung an der Fahrbahnoberfläche

879

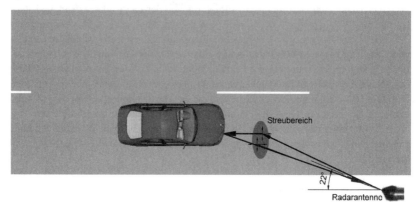

H. Rotlichtüberwachung

I. Allgemeines

Feststellungen von Rotlichtverstößen durch zugelassene Rotlichtüberwachungsanlagen sind den sog. **„Standardisierten Messverfahren"** zuzuordnen was insofern bedeutsam ist, dass sie als sichere amtliche Messverfahren gelten (vgl. dazu u.a. BGHSt 39, 2912; NJW 1993, 3081; s.a. die Ausführungen bei Teil 3 Rn. 90 ff.). 880

Die Beanzeigung von Rotlichtverstößen auf der Basis einer Beobachtung durch Zeugen und/oder durch fotografische bzw. videografische Aufzeichnung des Verstoßes stellt hingegen **kein standardisiertes Messverfahren** dar und bedarf immer einer ausführlichen Hinterfragung der von den beanzeigenden Zeugen getroffenen Wahrnehmungen bzw. einer einzelfallbezogenen Auswertung der gefertigten Beweismittel (fotografische Dokumentation, Videoaufzeichnung).

Die allgemeinen Anforderungen an die Zulassung von Rotlichtüberwachungsanlagen ergeben sich insb. aus der PTB-A 18.12 aus Dezember 2003.

Rotlichtüberwachungsanlagen kommen zum Einsatz, um diejenige Zeit zu dokumentieren, die vom Beginn der Rotphase einer Verkehrsampel (auch Lichtsignalanlage – LSA – genannt) bis zur Überfahrt eines Fahrzeuges über die Haltelinie verstrichen ist. 881

Bei allen bauartzugelassenen Rotlichtüberwachungsanlagen wird im Fall dessen, dass die „Halt" gebietende Linie vor einem überwachten Kreuzungsbereich nach dem Umschalten der Ampel auf „Rot" von einem Fahrzeug überfahren wird, mit zwei oder mehreren Fotos die Verkehrssituation und die bis dahin verstrichene Rotzeit dokumentiert. 882

Das erste Foto wird unmittelbar bei Überfahrt eines Fahrzeuges über einen im Bereich der Haltelinie fest installierten Anwesenheitssensor (z.B. Induktionsschleife) ausgelöst. Damit soll zum einen eine zweifelsfreie Zuordnung des betreffenden Fahrzeuges zu dem jeweiligen Rotlichtverstoß realisiert werden. Zum anderen wird in diesem Foto die seit Beginn der Rotphase verstrichene Zeit dokumentiert. Befindet sich der Anwesenheitssensor, dessen Überfahrt das erste Foto auslöst, nicht direkt an der Haltelinie, sondern ein Stück dahinter, muss der gemessene/dokumentierte Zeitwert der bereits andauernden Rotzeit so umgerechnet werden, dass der Zeitpunkt der Überfahrt des Fahrzeuges über die Haltelinie ermittelt wird (**vorzuwerfende Rotzeit**). 883

Das zweite (und ggf. noch weitere) Foto wird entweder nach einer festen Bildabstandszeit oder durch Überfahren eines weiteren Anwesenheitssensors ausgelöst. Hiermit soll der Beweis geführt werden, dass das betreffende Fahrzeug weiter in den überwachten Bereich eingefahren ist und nicht etwa nach Überfahren der Haltelinie oder 884

Teil 1: Messverfahren

des ersten Sensors unmittelbar dort zum Stillstand gelangte, ohne sich weiter in den Gefährdungsbereich hinein zu bewegen. Im zweiten Foto wird u.a. auch die bis dahin verstrichene Rotzeit dokumentiert.

885 Zu unterscheiden sind Rotlichtüberwachungsanlagen die eine geräteinterne Berechnung der vorzuwerfenden Rotzeit vornehmen und Anlagen, bei denen die vorzuwerfende Rotzeit manuell zu berechnen ist.

886 Gemäß Beschluss des **OLG Braunschweig** (02.08.2006 – 2 Ss (B) 38/04) müssen alle spätestens seit Januar 2004 von der PTB zugelassenen Rotlichtüberwachungsanlagen die dem Betroffenen vorwerfbare Rotzeit automatisch ermitteln, ohne dass vom angezeigten Messwert Toleranzen zu subtrahieren sind.

Bei einer solchen **geräteinternen Berechnung** der vorzuwerfenden Rotzeit müssen alle Messtoleranzen so berücksichtigt werden, dass dieser Wert keinesfalls größer als der tatsächliche Wert ist. Allerdings empfiehlt es sich, insbesondere bei extrem niedrigen Fahrgeschwindigkeiten und/oder geringfügiger vorgeworfener Rotzeit (z.B. 0,02 s oder 1,02 s), eine einzelfallbezogene Auswertung im Hinblick auf den Einfluss einer nicht konstanten, sondern ungleichförmigen Fahrbewegung durchzuführen.

887 In den **Beweisfotos** sind gem. PTB-A 18.12 mindestens die Gelbphasendauer (Gelbzeit vor Umschalten auf „Rot" – bei zu kurzer Gelbphasendauer darf kein Messwert dokumentiert werden), die vorzuwerfende Rotzeit und der Fahrspurcode zu dokumentieren. Zusätzlich sind die zur Berechnung der vorzuwerfenden Rotzeit verwendeten Werte, wie insb. die Zeitmesswerte zum Zeitpunkt der Auslösung der Fotos und ggf. die Fahrzeuggeschwindigkeit, zu dokumentieren. Zumindest bei den Testfotos sind außerdem die verwendeten Standortparameter, wie Lampenverzögerungszeit (Zeit vom elektrischen Einschalten einer Lampe bis zum sichtbaren Aufleuchten) und ggf. die Abstände der Anwesenheitssensoren zur Haltelinie zu dokumentieren.

888 Bei **Rotlichtüberwachungsanlagen älterer Bauart** ist in aller Regel eine **manuelle Rückrechnung** der gemessenen Rotzeit in Bezug auf den Zeitpunkt des Überfahrens der Haltelinie vorzunehmen. Hierzu bedarf es regelmäßig der Kenntnis der Lage der Anwesenheitssensoren zur Haltelinie (D1, D2) oder, sofern ein zweiter Sensor nicht vorhanden ist, der Kenntnis der vom Fahrzeug zurückgelegten Wegstrecke in der Zeit zwischen der Auslösung des ersten und zweiten Beweisfotos.

H. Rotlichtüberwachung

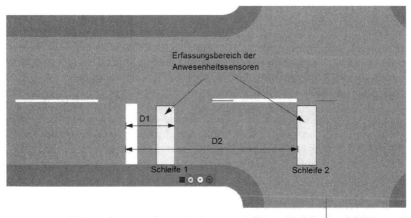

Skizze 1: AllgemeinerAufbau von Messplätzen mit (2) Induktionsschleifen

In den letzten Jahren wurden vermehrt auch **kombinierte Überwachungsanlagen** zugelassen die sowohl zur gleichzeitigen Geschwindigkeits- und Rotlichtüberwachung eingesetzt werden können, als auch ausschließlich nur zur Geschwindigkeits- oder Rotlichtüberwachung.

II. Stationäre Rotlichtüberwachungsanlagen

1. Anlagen ohne automatische Berechnung der vorwerfbaren Rotzeit

a) **Traffiphot III (der Fa. ROBOT Visual Systems GmbH)**

Die Rotlichtüberwachungsanalage vom Typ Traffiphot III ist derzeit wohl die am häufigsten anzutreffende Überwachungsanlage.

Die Rotlichtüberwachungsanlage vom Typ Traffiphot III ist unter dem Zulassungszeichen 18.14/89.18 der Physikalisch Technischen Bundesanstalt (PTB) zugelassen, wobei die Innerstaatliche Bauartzulassung vom 17.10.1989 mit der 1. Neufassung der Anlage vom 14.05.2008 gilt.

Gemäß der Anlage zur Innerstaatlichen Bauartzulassung gilt für den Betrieb der Überwachungsanlagen mit Negativfilmkamera die für die jeweilige Softwareversion maßgebliche Gebrauchsanweisung. Am häufigsten anzutreffen sind Anlagen mit der Softwareversion 13.x für die die Gebrauchsanweisung in der Fassung vom Januar 1997,

Teil 1: Messverfahren

Rev. Januar 2000, gilt. Die nachfolgenden Ausführungen beziehen sich, soweit nicht gesondert vermerkt, auf diesen (letzten) Stand der Gebrauchsanweisung.

891 Rotlichtüberwachungsanlagen vom Typ Traffiphot III, die mit einer **digitalen Fotoeinheit** ausgestattet sind, müssen gemäß Gebrauchsanweisung „Traffiphot III mit ROBOT SmartCamera IM" betrieben werden. Das Messprinzip bleibt bei Anlagen mit digitaler Fotoeinheit gleich.

Darüber hinaus ergibt sich aus der 1. Neufassung der Anlage zur Innerstaatlichen Bauartzulassung, dass die Anlage und die Induktionsschleifen gemäß der Aufbauanleitung TRAFFIPAX Traffiphot III, Stand 07.12.2005, eingerichtet werden müssen, wobei sich abweichende Anforderungen hinsichtlich der Neueinrichtung bzw. bereits bestehender Anlagen ergeben.

So muss bei bereits bestehenden Anlagen ein Plan der Anschlussbelegung der Rotlichtüberwachungsanlage an die Spannungsversorgung der Rotphasen- und Gelbphasenleitungen und den Induktionsschleifenverbindungskabeln in der Nähe der Klemmleisten dauerhaft verwahrt werden und spätestens bei der nächsten Eichung vorhanden sein.

Die Verantwortung hierfür trägt offensichtlich der Gerätebetreiber. Eine diesbezügliche Überprüfung durch die zuständigen Eichbehörden lässt sich in der Praxis nur in seltenen Fällen nachvollziehen.

892 Rotlichtüberwachungsanlagen vom Typ Traffiphot III dienen zur fotografischen Dokumentation von Fahrzeugen, die während einer eingeschalteten Rotphase einer Lichtsignalanlage verbotswidrig die Kreuzung (bzw. den durch die Lichtsignalanlage geschützten Bereich) durch-/überfahren.

893 Die Anlage besteht im Wesentlichen aus einem Innenteil (so genannter Messeinschub – mit Kontroll- und Bedienteil, dem Induktionsschleifendetektor, der Fotoregistriereinrichtung – Negativfilmkamera oder digitale Fotoeinheit – und dem Netz- und Blitzeinschub), bis zu zwei Induktionsschleifen pro unabhängiger Fahrspur, und einem wetterfesten Gehäuse zur Aufnahme des Messeinschubs (s. Bild 1 und 2).

H. Rotlichtüberwachung

Bild 1: Abbildung Messeinschub

Bild 2: Abbildung Außengehäuse

Die Rotlichtüberwachungsanlage wird so an die Lichtsignalanlage (LSA) angeschlossen, dass sie mit Einschalten der Rotphase unter Berücksichtigung einer einstellbaren Verzögerungszeit aufnahmebereit ist und mit Abschalten der Rotphase wieder ausgeschaltet wird.

Als **Kontaktgeber zur Auslösung der Fotoeinrichtung** während einer Rotphase dient eine Induktionsschleife, die zwischen Haltelinie und LSA in die Fahrbahn eingelassen ist. Wird diese Induktionsschleife während einer Rotphase nach Ablauf der eingestellten Verzögerungszeit von einem Fahrzeug überfahren, erfolgt die erste fotografische Aufnahme (Bild ... A).

Zum **Beweis der weiteren Fortbewegung des Fahrzeuges** wird entweder automatisch nach Ablauf einer voreingestellten Intervallzeit oder durch Überfahren einer zweiten Induktionsschleife ein zweites Foto (Bild ... B) ausgelöst. Überfährt ein nachfolgendes Fahrzeug innerhalb der eingestellten Intervallzeit die erste Induktionsschleife, erfolgt automatisch eine weitere Aufnahme (B). Dadurch wird die laufende Intervallzeit, die durch das erste Fahrzeug angelaufen ist, unterbrochen und es erfolgt ein neuer Start der Intervallzeit mit der Fotoaufnahme (B). Nach Ablauf dieser Intervallzeit erfolgt dann eine dritte Aufnahme (Bild ... C). Die Anzahl der Bildaufnahmen kann je nach Einstellung der Anlage und Anzahl nachfahrender Fahrzeuge variieren und somit auch noch weitere Aufnahmen ... D, ... E usw. enthalten.

896 Gemäß Bauartzulassung muss zum **Nachweis** dessen, dass die **Ampel zum Zeitpunkt der Fertigung der Beweisfotos** tatsächlich „**Rot**" zeigte, die überwachte Lichtzeichenanlage oder ein Schauzeichen, welches unmittelbar ohne zwischengeschaltete Schaltglieder von der Lichtzeichenspannung gesteuert wird, im Bild sichtbar sein. Anstelle der unmittelbaren Abbildung der Lampe ist es auch zulässig, dass zum Zeitpunkt der Dateneinblendung der Schaltzustand der Ampel nochmals abgefragt wird und im zugehörigen Datensatz der Einblendung ein „Sternchen" eingefügt wird.

897 Neben der Messung der Rotzeit erfolgt bei der gegenständlichen Messanlage auch eine **Messung** und **Anzeige der Dauer der Gelbphase**, welche einer sich daran anschließenden Rotphase vorausgeht.

Für die **Messung der Gelbphasendauer** wird der gleiche (geeichte) Zeittaktgenerator wie für die Messung der Rotzeit verwendet. Die **Einblendung von Rot- und Gelbphasendauer** wird mit einer Auflösung von 0,01 s vorgenommen, wobei der jeweils intern mit höherer Auflösung ermittelte Wert stets abgerundet wird. Deshalb wird die Dauer der gemessenen Gelbzeit bzw. der Zeitpunkt der Überfahrt der Induktionsschleife höchstens um 0,01 s (zugunsten eines Betroffenen) zu kurz dokumentiert.

898 Da die erste Induktionsschleife i.d.R. (in Fahrtrichtung gesehen) hinter der Haltelinie angeordnet ist, stellt die im ersten Beweisbild eingeblendete/ab Beginn der Rotphase gestoppte Rotzeit **nicht** die vorwerfbare Rotzeit dar, da das maßgebliche Überfahren der Haltelinie zu einem früheren Zeitpunkt erfolgte.

899 Die **Rückrechnung auf den Zeitpunkt des Überfahrens der Haltelinie** erfolgt bei der gegenständlichen Messanlage nicht automatisch, sondern es muss gem. Bauartzulassung im Nachhinein die Fahrzeit von der Vorderkante der Haltelinie bis zur im Foto abgebildeten Position des Fahrzeuges im Bild A berechnet und von der gemessenen Rotzeit in Abzug gebracht werden. Dieses Auswerteverfahren ist nicht Bestandteil der innerstaatlichen Bauartzulassung. Die Berechnungen müssen sich immer an den konkreten Gegebenheiten orientieren.

Insofern ergibt sich die vorzuwerfende Rotzeit nach Abzug derjenigen Zeit (von dem im ersten Bild eingeblendeten Rotzeitwert), welche das Fahrzeug benötigt, um die Wegstrecke von der Vorderkante der Haltelinie bis zur Position in Bild A bzw. bis zum Ende (hintere Begrenzungslinie) der 1. Induktionsschleife zurückzulegen sowie abzgl. einer Lampenverzögerungszeit (Zeit vom elektrischen Einschalten der Lampe einer LSA bis zum sichtbaren Aufleuchten), welche vom verwendeten Leuchtmittel abhängt.

Die grundlegende Vorgehensweise ist nachfolgend an einem Beispiel erläutert.   900

Bild 3

Dieses Bild zeigt ein Fahrzeug bei Überfahrt der ersten Induktionsschleife, was zur Auslösung des ersten Fotos (Foto 014 A) führt. Das Fahrzeug befindet sich mit der Fahrzeugfront bereits deutlich hinter der Haltelinie. Die gemessene Rotzeit seit Beginn der Rotphase bis zur Fotoauslösung ist mit R1 = 0,86 s eingeblendet. Zum Nachweis dessen, dass die Ampel zum Zeitpunkt der Fotoauslösung „Rot" zeigt ist hinter R1 ein Sternchen (*) eingeblendet. Die Dauer der Gelbphase vor Umschalten der Ampel auf „Rot" ist mit Y1 = 3,02 s dokumentiert.

Teil 1: Messverfahren

Bild 4

Bild 4 zeigt das zweite, durch Überfahrt der zweiten Induktionsschleife ausgelöste, Foto (Foto 014 B). Die bis zur Auslösung des Fotos verstrichene Zeit seit Beginn der Rotphase ist mit R1= 1,66 s eingeblendet.

Bild 5

In Bild 5 sind die für die Berechnung der vorwerfbaren Rotzeit relevanten Abstände der Induktionsschleifen zur Haltelinie veranschaulicht.

Bei Unterstellung einer konstanten Geschwindigkeit für das gemessene Fahrzeug über die Wegstrecke zwischen der Haltelinie und der 2. Induktionsschleife errechnet sich die vorwerfbare Rotzeit (t) zu

$$t = t_1 - D1/v - t_{LV}$$

t_1 – im Bild A eingeblendete, gemessene Rotzeit

t_2 – im Bild B eingeblendete, gemessene Rotzeit

t_{LV} – Lampenverzögerungszeit

D1 – Abstand Vorderkante Haltelinie bis Ende 1. Induktionsschleife

D2 – Abstand Vorderkante Haltelinie bis Beginn 2. Induktionsschleife

v – mittlere Geschwindigkeit (D2-D1/t_2-t_1)

Hinweis:
Zu **beachten** ist hierbei, dass nicht immer von einer konstanten Geschwindigkeit ausgegangen werden kann. Vielmehr sind regelmäßig auch beschleunigte oder verzögerte Fahrabläufe in Annäherung an einen Kreuzungsbereich zu unterstellen. Wird eine ab der Haltelinie beschleunigte Fahrbewegung angenommen, erhöht sich der Zeitbedarf für das Durchfahren der Wegstrecke von der Haltelinie bis zur Position des Fahrzeuges im ersten Beweisbild und damit der vorzunehmende Abzug von der im ersten Bild dokumentierten (gemessenen) Rotzeit.

■ Anforderungen an eine korrekte Auswertung

Eine Messung mit der Rotlichtüberwachungsanlage ist in der Auswertung dann als korrekt zu bewerten, wenn im Einzelnen die Punkte der folgenden Checkliste erfüllt sind.

Checkliste: Korrekte Messung

- ☐ Das **Messprotokoll** bestimmt eindeutig das verwendete Messgerät (Messeinschub). Dies ist insb. von Bedeutung, da ein gültig geeichter Messeinschub an verschiedenen Messstandorten eingesetzt werden kann.

- ☐ Das verwendete Messgerät verfügt über eine zum Tatzeitpunkt **gültige Eichung**, insb. sind keine Reparaturen am Messgerät erfolgt oder Eichmarken oder Eichplomben so beschädigt, dass die Sicherung des Messgeräts gegen Eingriffe nicht mehr gewährleistet gewesen ist.

Teil 1: Messverfahren

- Der Messstandort ist gemäß der geänderten Aufbauanleitung TRAFFIPAX Traffiphot III, Stand 07.12.2005, eingerichtet.
- In den Registrierfotos ist das überwachte Lichtzeichen oder ein Hilfssignal (mit dem Rotlicht gekoppeltes Schauzeichen) sichtbar. Alternativ ist hinter R(1-n) ein Sternchen (*) eingeblendet.
- Das erste der zwei Beweisbilder muss die Position des Fahrzeuges zur Haltelinie dokumentieren.
- Das zweite Beweisbild muss belegen, dass sich das Fahrzeug weiter in den überwachten Gefährdungs-/Kreuzungsbereich hinein bewegt hat (und nicht etwa kurz nach der Position in Bild 1 zum Stillstand gekommen ist).
- Die beiden Beweisbilder müssen erkennen lassen, dass es sich bei dem abgebildeten Fahrzeug um ein und dasselbe Fahrzeug handelt.
- Das Messprotokoll weist den Abstand bzw. die Ausdehnung der hinter der Haltelinie verlegten Induktionsschleifen zur Haltelinie aus und die Beweisfotos liefern ausreichende Informationen, um durch eine fotogrammmetrische Bildauswertung die Fahrzeugpositionen in Bezug zur Haltelinie bzw. die zurückgelegte Wegstrecke des abgebildeten Fahrzeuges zwischen Bild A und Bild B überprüfen zu können.
- Von der gemessenen Rotzeit ist die im Einzelfall zu berechnende max. mögliche Zeit für das Durchfahren der Wegstrecke von der Haltelinie bis zur Position des Fahrzeuges im ersten Beweisbild in Abzug gebracht.

■ **Fehlerhafte Beanzeigungen durch nicht korrekte Auswertung**

Fall 1

903 Dem Betroffenen wird ein Rotlichtverstoß vorgeworfen, wobei die vorwerfbare Rotzeit mit 0,79 s angegeben ist. Die für die Berechnung der vorwerfbaren Rotzeit ermittelte mittlere Geschwindigkeit des Lkw ist (vgl. Bild 8) mit 117 km/h ausgewiesen.

Bild 6: Überfahren der ersten Induktionsschleife

Das vorstehende Bild zeigt das durch Überfahren der ersten Induktionsschleife ausgelöste Foto 143 A, wobei zu erkennen ist, dass der Lkw die Haltelinie bereits mit der gesamten Länge der Zugmaschine und einem Teil des Anhängers überfahren hat. Die Rotzeit seit Beginn der Rotphase ist mit 0,84 s eingeblendet. Am linken Bildrand ist ein mit dem Rotlicht gekoppeltes Schauzeichen abgebildet (s. Hinweispfeil).

Bild 7

Bild 7 zeigt den Lkw mit dem Fahrzeugvorbau über der 2. Induktionsschleife, was zur Auslösung des zweiten Fotos 143 B geführt hat. Die Rotzeit seit Beginn der Rotphase beträgt 1,24 s.

Teil 1: Messverfahren

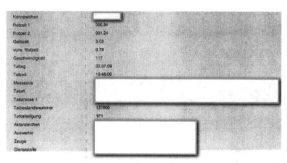

Bild 8: Auszug aus den Falldaten mit Konkretisierung der vorwerfbaren Rotzeit.

904 Die in Bild 8 ausgewiesene mittlere Geschwindigkeit des Lkw von 117 km/h wäre, wenngleich eine solche bereits bauartbedingt nicht anzunehmen ist, dann korrekt ermittelt, wenn das Fahrzeug in den 0,4 s zwischen Bild 143 A und B eine Wegstrecke von rund 13 m zurückgelegt hätte. Davon ist jedoch schon bei bloßer Inaugenscheinnahme der Fotos nicht auszugehen, vielmehr ergibt sich die tatsächlich zurückgelegte Wegstrecke zu rund 4 m, was auf eine mittlere Geschwindigkeit von rund 36 km/h führt.

Wird nun weiter berücksichtigt, dass die erste Induktionsschleife nicht (wie üblich) durch den Fahrzeugvorbau ausgelöst wurde, sondern zweifellos durch die Überfahrt des hinteren Anhängerbereichs, womit zweifellos eine Überfahrstrecke der Haltelinie von mehr als 9 m gegeben ist, führt dies bereits zu dem Ergebnis, dass die Lichtzeichenanlage zu dem Zeitpunkt als der Lkw die Haltelinie mit der Fahrzeugfront passiert hat (Verstoßzeitpunkt) noch kein „Rot" gezeigt hat. Ein Rotlichtverstoß ist damit nicht nachweisbar.

Fall 2: Falsche Beanzeigung durch fehlerhafte Bildzuordnung 905

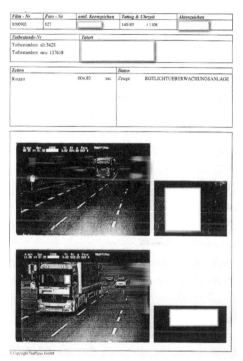

Bild 9: Fallprotokoll zur Beanzeigung eines Rotlichtverstoßes – der Tatvorwurf richtete sich gegen den Fahrer des auf dem unteren Foto abgebildeten Lkw.

Dem betroffenen Lkw-Fahrer wurde vorgeworfen das Rotlicht der Lichtsignalanlage missachtet zu haben, wobei die Rotphase bereits länger als 1,0 s (nämlich 4,80 s) angedauert habe.

Zunächst fällt auf, dass das untere Beweisbild die Nr. 028 A trägt. Insofern sollte der Lkw mit der Fahrzeugfront über der 1. Induktionsschleife hinter der Haltelinie abgebildet sein, was nicht der Fall ist. Selbst wenn diesem Fahrzeug die Messung zuzuordnen wäre, wäre dann die Zeitbasis für die Berechnung der vorwerfbaren Rotzeit nicht 4,80 s (wie im oberen Bild eingeblendet) sondern 2,20 s (eingeblendete Rotzeit in Bild 028A). Die Auslösung des Fotos 028 A (unteres Foto in Bild 9) erfolgte aber wohl durch den in diesem Foto auf dem in Fahrtrichtung linken Fahrstreifen abgebildeten und sich kurz hinter der Haltelinie befindlichen Pkw.

Teil 1: Messverfahren

Das obere Foto in Bild 9 trägt die Foto-Nr. 027 B. Zwar ist auch hierauf ein Lkw abgebildet, bei dem es sich aber nicht um den Lkw des Betroffenen handelt. Vielmehr handelt es sich hierbei um das zweite Beweisbild der vorangegangenen Messung, was sowohl aus den unterschiedlichen Nummerierungen der Fotos (028 A bzw. 027 B) hervorgeht als auch aus den eingeblendeten Tatzeiten (Foto 028 A – 11.08 Uhr; Foto 027 B – 09.35 Uhr).

b) TRUVELO Rotlicht-Überwachungsanlage

906 Die TRUVELO Rotlicht-Überwachungsanalge ist unter dem Zulassungszeichen 18.14/92.09 der PTB zugelassen.

Die Rotlicht-Überwachungsanlage besteht im Wesentlichen aus einem auf einem Mast befestigten Außengehäuse, in welchem das Induktionsschleifenmodul, das Netzteil und das Blitzgerät integriert sind. Die Fotoregistriereinrichtung, welche als „bewegliches" Teil, wie der Messeinschub bei der Traffiphot III-Anlage in verschiedene Außengehäuse eingesetzt werden kann, wird in eine entsprechende Halterung im Außengehäuse eingesetzt.

Ähnlich der Rotlichtüberwachungsanlage vom Typ Traffiphot III dokumentiert die Anlage fotografisch Rotlichtverstöße von Fahrzeugen und misst die Zeit vom Beginn einer Rotphase bis zur Fotoauslösung.

Hierfür wird bei Beginn einer Rotphase eine auf einem Quarzoszillator (elektronische Schaltung zum Erzeugen von Schwingungen) basierende Stoppuhr gestartet. Nach Ablauf einer einstellbaren Sperrzeit (innerhalb derer noch keine Verstöße registriert werden) wird durch Überfahren einer i.d.R. direkt hinter der Haltelinie installierten Induktionsschleife ein erstes Foto ausgelöst. In diesem Foto wird die Verkehrssituation zum Zeitpunkt der Überfahrt der Induktionsschleife festgehalten und die bis dahin verstrichene Zeit seit Beginn der Rotphase im Datenfeld eingeblendet.

907 Zur Dokumentation dessen, dass das betreffende Fahrzeug weiter in den **Gefährdungs-/Kreuzungsbereich eingefahren** ist, wird nach Ablauf eines einstellbaren Zeitabstandes (Sekundär-Bildverzögerung) ein zweites Foto ausgelöst. In diesem Foto wird ebenfalls die bis dahin verstrichene Zeit seit Beginn der Rotphase eingeblendet. Aus der Differenz der in beiden Fotos eingeblendeten Rotzeiten und der zurückgelegten Wegstrecke zwischen den Fahrzeugpositionen in Bild 1 und Bild 2 lässt sich die Geschwindigkeit des Fahrzeuges annähernd berechnen. Diese (Durchschnitts-) Geschwindigkeit dient dann wiederum zur manuellen Berechnung des Zeitbedarfs, den das Fahrzeug vom Überfahren der Haltelinie bis zu der in Bild 1 dokumentierten Position zur Haltelinie benötigt (vgl. die prinzipielle Vorgehensweise zur Rückrechnung auf den Zeitpunkt des Überfahrens der Haltelinie unter Rn. 900). Eine automatische (geräteinterne) Berechnung der vorwerfbaren Rotzeit erfolgt nicht.

Die Truvelo Rotlicht-Überwachungsanlage erlaubt, je nach Konfiguration, die gleichzeitige **Überwachung von bis zu vier Fahrstreifen**. 908

Eine Dokumentation der **Dauer der Gelbphase**, welche einer Rotphase vorausging, erfolgt bei dieser Anlage nicht. 909

Die **Lampenspannung** der Lichtzeichenanlage muss der Rotlicht-Überwachungsanlage zum Starten der Rotzeitmessung direkt, d.h. ohne zwischengeschaltete Baugruppen, zugeführt werden. 910

Im **Registrierfoto** muss entweder das überwachte Lichtzeichen (Ampel) oder eine Hilfsampel, die wiederum ohne zwischengeschaltete Baugruppen vom (Rot-)Lichtzeichen angesteuert wird, abgebildet sein. 911

Gemäß innerstaatlicher Bauartzulassung ist auf gemessene Rotzeitwerte eine Verkehrsfehlergrenze von $\pm$ 0,2 s anzuwenden, d.h. vom erlangten Messwert sind zugunsten eines Betroffenen grds. 0,2 s in Abzug zu bringen. 912

Bei der **Auswertung von Messfilmen** ist gem. Punkt 3.2 der innerstaatlichen Bauartzulassung darauf zu achten, dass alle Segmente der Anzeigen leuchten, wenn diese offensichtlich angesteuert werden, bzw. nicht leuchten, wenn sie offensichtlich nicht angesteuert werden. Bereits bei fehlerhafter Funktion eines Segments gilt die Anlage als defekt. 913

Die Gebrauchsanweisung schreibt diesbezüglich nach **Laden eines neuen Films** oder nach jedem Standortwechsel die Durchführung eines Segmenttests vor. Bei Durchführung dieses Segmenttests wird ein Foto ausgelöst, wobei alle sieben Segmente jeder Anzeige(-stelle) aufleuchten müssen. 914

Teil 1: Messverfahren

Bild 1: Beispiel Dateneinblendung bei korrekter Funktion aller Anzeigesegmente

■ **Anforderungen an eine korrekte Auswertung**

915 Eine Messung mit der Truvelo Rotlicht-Überwachungsanlage ist in der Auswertung dann als korrekt zu bewerten, wenn im Einzelnen die Punkte der folgenden Checkliste erfüllt sind.

916 **Checkliste: Korrekte Messung**

- ☐ Das **Messprotokoll** bestimmt eindeutig das verwendete Messgerät (Fotoregistriereinheit und Schleifenmodul).
- ☐ Das verwendete Messgerät verfügt über eine zum Tatzeitpunkt **gültige Eichung**, insb. sind keine Reparaturen am Messgerät erfolgt oder Eichmarken oder Eichplomben so beschädigt, dass die Sicherung des Messgeräts gegen Eingriffe nicht mehr gewährleistet gewesen ist.
- ☐ Die Auswertung der Testfotos vom Filmbeginn oder nach Standortwechsel bestätigen die Funktionstüchtigkeit aller Anzeigesegmente. Nur dann darf der Messfilm ausgewertet werden.
- ☐ In den Registrierfotos ist das überwachte Lichtzeichen oder eine Hilfsampel (mit dem Rotlicht gekoppeltes Schauzeichen) sichtbar.

☐ Das Erste der zwei Beweisbilder muss die Position des Fahrzeuges zur Haltelinie dokumentieren.

☐ Das zweite Beweisbild muss belegen, dass sich das Fahrzeug weiter in den überwachten Gefährdungs-/Kreuzungsbereich hinein bewegt hat (und nicht etwa kurz nach der Position in Bild 1 zum Stillstand gekommen ist).

☐ Die beiden Beweisbilder müssen erkennen lassen, dass es sich bei dem abgebildeten Fahrzeug um ein und dasselbe Fahrzeug handelt.

☐ Das Messprotokoll weist den Abstand bzw. die Ausdehnung der hinter der Haltelinie verlegten Induktionsschleife zur Haltelinie aus und die Beweisfotos liefern ausreichende Informationen, um durch eine fotogrammmetrische Bildauswertung die Fahrzeugpositionen in Bezug zur Haltelinie bzw. die zurückgelegte Wegstrecke des abgebildeten Fahrzeuges zwischen Bild 1 und Bild 2 überprüfen zu können.

☐ Von der gemessenen Rotzeit sind sowohl die Verkehrsfehlertoleranz von 0,2 s als auch die (im Einzelfall zu berechnende) max. mögliche Zeit für das Durchfahren der Wegstrecke von der Haltelinie bis zur Position des Fahrzeuges im ersten Beweisbild in Abzug gebracht.

■ **Ordnungsgemäße Messung**

Die beiden nachfolgenden Bilder zeigen eine ordnungsgemäße Messung.

917

Bild 2 zeigt das durch Überfahrt der Induktionsschleife hinter der Haltelinie ausgelöste erste Beweisbild. In der oberen Zeile der Dateneinblendung ist dokumentiert, dass die Messung um 11.17 Uhr und 12.7 s erfolgte. Die zweite Datenzeile dokumentiert das Datum – hier 08.03.2005. Die dritte Datenzeile enthält eine benutzerspezifische Kodierung. In der vierten Datenzeile ist die seit Beginn der Rotphase bis zur Auslösung

Teil 1: Messverfahren

des Fotos verstrichene Rotzeit – hier 2,8 s – dokumentiert. Am linken Bildrand ist an der Rückseite der Ampel ein mit dem Rotlicht gekoppeltes Hilfssignal abgebildet, welches sich in Betrieb befindet und somit belegt, dass die Ampel „Rot" zeigt.

Bild 3 zeigt das zweite, nach einer Bildabstandszeit von 1,0 s ausgelöste Beweisbild.

c) 2000 VKÜ RG-Control

918 Die Rotlichtüberwachungsanlage der Fa. Jacknau GmbH ist unter dem Zulassungszeichen 18.14/98.11 der PTB zugelassen.

Die Überwachungsanlage besteht im Wesentlichen aus einem fest vor Ort installierten Außengehäuse, zwei als Überfahrsensoren wirkenden Induktionsschleifen, welche hintereinander im Bereich der Haltelinie in die Fahrbahn eingelassen sind sowie einem Messeinschub mit der Messelektronik, einem Fototeil mit Blitz, einer Einschubkarte mit zwei Induktionsschleifendetektoren sowie einer Heizung und einem Dateneingabeterminal.

Die Anlage erlaubt eine Überwachung von bis zu drei unabhängigen Fahrspuren bzw. Lichtzeichenanlagen.

Die Anlage misst und dokumentiert die Zeit vom Beginn einer Rotphase bis zur Auslösung von (je nach Programmversion) zwei bis drei Dokumentationsfotos. Zudem wird die Zeitdauer der unmittelbar vorangegangenen Gelbphase gemessen und in den Fotos dokumentiert.

919 Der Messablauf gestaltet sich derart, dass nach Beginn der Rotphase einer überwachten Lichtzeichenanlage eine elektronische Stoppuhr gestartet wird. Nach Ablauf einer einstellbaren Sperrzeit, innerhalb derer noch keine Rotlichtverstöße dokumentiert

werden, wird durch Überfahrt der ersten Induktionsschleife die zugehörige Schleifenauslösungs-Rotzeit t1 ermittelt. Beim Überfahren der zweiten Schleife wird die Schleifenauslösungs-Rotzeit t2 ermittelt. Unterschreitet die Zeitdifferenz zwischen t1 und t2 eine bestimmte, vom jeweiligen Standort abhängige, Zeit, so wird ein erstes Foto ausgelöst. Ist die Zeitdifferenz größer als die standortabhängige Schwellzeit, wird der Messvorgang abgebrochen. Damit sollen insb. langsam fahrende oder kurz nach der Haltelinie anhaltende Fahrzeuge nicht dokumentiert werden.

Die Auslösung des zweiten und ggf. dritten Fotos (bei Programmversion R32VAA2. PTB) erfolgt nach Ablauf einer in der Steuersoftware fest vorgegebenen Bildabstandszeit (z.B. 1,0 s). Die in den Fotos eingeblendete Rotzeit entspricht jeweils der Zeit, welche seit Beginn der Rotphase bis zum Auslösen des jeweiligen Fotos vergangen ist. Die Fotos, welche einem Verstoß zugeordnet werden, enthalten hinter der Bildnummer, in der Reihenfolge der Auslösung die Zusätze „A" (erstes Bild), „B" (zweites Bild) und „C" (drittes Bild). 920

Üblicherweise zeigen die Bilder A bis B (C) das registrierte Fahrzeug in Heckansicht, wobei dann regelmäßig das Signalbild der überwachten Lichtzeichenanlage im Foto erkennbar ist. Zur Identifizierung von Kennzeichen und Fahrer wird dann zusätzlich noch ein Frontfoto gefertigt.

Wird das Signalbild der Ampel nicht direkt abgebildet, so muss ein Schauzeichen, welches unmittelbar ohne zwischengeschaltete Schaltglieder angesteuert wird, im Registrierfoto sichtbar sein.

Je nach Lage des Induktionsschleifenpaars zur Haltelinie kann es erforderlich sein, eine Rückrechnung der im ersten Beweisbild dokumentierten/gemessenen Rotzeit auf den Zeitpunkt des Überfahrens der Haltelinie (Verstoßzeitpunkt) vorzunehmen, wobei auch hier wie unter Rn. 822, II.1.) beschrieben, vorzugehen ist. 921

Das Datenfeld in den Registrierfotos verfügt über 60 Anzeigestellen. Gemäß Punkt 7.4.4 der Gebrauchsanweisung des Geräteherstellers und Punkt 5.3 der innerstaatlichen Bauartzulassung ist die Funktion der Segmentanzeige zur Einblendung in die Fotos zu kontrollieren. Der Gebrauchsanweisung ist hierzu zu entnehmen: 922

„Der Segmenttest dient zur Kontrolle der einwandfreien Funktion des Displays für die Dateneinblendung.

Eine manuelle Kontrolle erfolgt in der Betriebsart „SET" und durch Drücken der Taste S4 (siehe Abschnitt 7.4). Beim Segmenttest müssen alle 60 Stellen der Leuchtanzeige ein rechteckiges Leuchtfeld zeigen.

Nach dem Einlegen eines neuen Films wird der Segmenttest während des Filmvorlaufs automatisch ausgeführt. Nach vier Bildern Vorlauf ohne Dateneinblendung wird auf dem fünften Bild der Segmenttest aufgenommen. Auf dem Negativ müssen alle 60 Stellen der Anzeige

Teil 1: Messverfahren

leuchtend erkennbar sein. Nach dem Segmenttest folgt eine weitere Aufnahme ohne Dateneinblendung. Dabei müssen alle 60 Stellen der Anzeige aus sein."

Hinweis:
Bereits bei **Fehlfunktion eines Segments** gilt die Anlage gem. Innerstaatlicher Bauartzulassung als defekt.

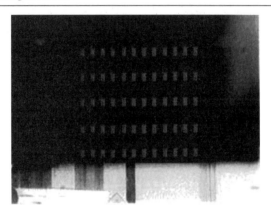

Bild 1 zeigt das Erscheinungsbild der Dateneinblendung beim Segmenttest bei korrekter Funktion aller Anzeigestellen.

■ **Anforderungen an eine korrekte Auswertung**

923   Eine Messung mit der Rotlicht-Überwachungsanlage vom Typ 2000 VKÜ RG-Control ist in der Auswertung dann als korrekt zu bewerten, wenn im Einzelnen die Punkte der folgenden Checkliste erfüllt sind.

924   **Checkliste: Korrekte Messung**

☐ Das **Messprotokoll** bestimmt eindeutig das verwendete Messgerät.

☐ Das verwendete Messgerät verfügt über eine zum Tatzeitpunkt **gültige Eichung**, insb. sind keine Reparaturen am Messgerät erfolgt oder Eichmarken oder Eichplomben so beschädigt, dass die Sicherung des Messgeräts gegen Eingriffe nicht mehr gewährleistet gewesen ist.

☐ Die Auswertung der Testfotos vom Filmbeginn bestätigt die Funktionstüchtigkeit aller 60 Anzeigestellen. Nur dann darf der Messfilm ausgewertet werden.

☐ In den Registrierfotos ist das überwachte Lichtzeichen oder ein mit dem Rotlicht gekoppeltes Schauzeichen sichtbar.

- ☐ Das Erste der zwei bzw. drei Beweisbilder muss die Position des Fahrzeuges zur Haltelinie dokumentieren.
- ☐ Das zweite und ggf. dritte Beweisbild muss belegen, dass sich das Fahrzeug weiter in den überwachten Gefährdungs-/Kreuzungsbereich hinein bewegt hat.
- ☐ Die Beweisbilder müssen erkennen lassen, dass es sich bei dem abgebildeten Fahrzeug um ein und dasselbe Fahrzeug handelt.
- ☐ Sofern das Fahrzeug im ersten Beweisbild die Haltelinie bereits überfahren hat, müssen die Beweisfotos ausreichende Informationen liefern, um eine Berechnung der vorwerfbaren Rotzeit (gemessene Rotzeit abzgl. des Zeitbedarfs für das Durchfahren der Wegstrecke zwischen der Haltelinie und der Fahrzeugposition in Bild 1) zu ermöglichen.
- ☐ Bei der Fertigung von Heckaufnahmen zur Dokumentation des Rotlichtverstoßes muss durch ein zusätzliches Frontfoto eine Identifikation des Fahrers bzw. Kennzeichens möglich sein.

■ **Ordnungsgemäße Messung**

Die nachfolgenden Bilder zeigen eine ordnungsgemäße Messung.

Bild 2 zeigt das erste Beweisbild (Heckfoto), wobei das messauslösende Fahrzeug (2. Fahrstreifen von links) direkt beim Überfahren der Haltelinie abgebildet ist. In den ersten beiden Datenzeilen sind Datum und Uhrzeit dokumentiert. Der dritten Datenzeile ist die Dauer der Gelbphase zu entnehmen, welche der Rotphase unmittelbar vorausging. In der vierten Datenzeile ist die seit Beginn der Rotphase bis zur Fotoauslösung verstrichene Rotzeit (1,25 s) eingeblendet. Die letzte Datenzeile enthält die

Teil 1: Messverfahren

Bezeichnung des Schleifendetektors (hier 4) und die Bild-Nr. 0029 A. Das Signalbild der überwachten Lichtzeichenanlage ist im Beweisbild erkennbar.

Bild 3 zeigt das nach einer fest eingestellten Bildabstandszeit von 1,0 s gefertigte zweite Beweisbild (0029 B), welches belegt, dass sich das Fahrzeug weiter in den Kreuzungsbereich hinein bewegt hat.

Bild 4 zeigt das nach einer ebenfalls fest eingestellten Bildabstandszeit von nochmals 1,0 s gefertigte dritte Beweisbild (0029 C), welches ebenfalls belegt, dass sich das Fahrzeug weiter in den Kreuzungsbereich hinein bewegt hat.

H. Rotlichtüberwachung

Bild 5 zeigt das Fahrzeug in einer Frontaufnahme zur Fahreridentifizierung.

d) 9052 VKÜ Rotlicht

Die unter dem Zeichen 18.14/91.05 von der PTB zugelassene Rotlichtkamera der Fa. Alex Jacknau stellt die Vorgängerversion der zuvor beschriebenen Anlage 2000 VKÜ RG-Control dar und ist derzeit kaum noch im Einsatz.

Das Funktionsprinzip ist mit der Anlage des Typs 2000 VKÜ RG-Control vergleichbar, sodass nachfolgend nur die wesentlichsten Unterschiede dargestellt werden.

Die **Dateneinblendung** beschränkt sich bei der Rotlichtüberwachungsanlage vom Typ Jacknau 9052 auf drei Datenzeilen, in denen neben der Rotzeit (Zeit vom Beginn der Rotphase bis zur Auslösung des jeweiligen Fotos) die Uhrzeit in Stunden und Minuten, je nach Ausführung ein Kode für den Messstandort oder das Jahr, das Datum (Tag, Monat und je nach Ausführung kodierter Wochentag) und die Schleifen-Nr., welche zur Auslösung des Fotos geführt hat dargestellt sind.

Teil 1: Messverfahren

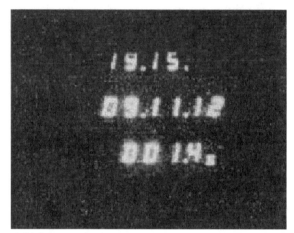

Bild 6: Beispielhafte Darstellung einer Dateneinblendung

927 Gemäß Gebrauchsanweisung Punkt 7 – Inbetriebnahme – ist bei Inbetriebnahme des Gerätes ein Display-Test durchzuführen. Hierzu ist ausgeführt:

"Die Taste S7 drücken. Jetzt macht die Kamera automatisch 6 Belichtungen als Vorspann. Dies ist erforderlich, um insbesondere die Funktionstüchtigkeit der Anzeigeelemente nachweisen zu können."

Die richtige Funktion aller Einblendeelemente wird durch die Darstellung der Ziffer „8" auf allen Anzeigepositionen belegt.

928 Die **Dauer der Gelbphase**, welche der Rotphase unmittelbar vorausging, wird nicht dokumentiert.

929 Gemäß Innerstaatlicher Bauartzulassung müssen auch bei dieser Anlage die Signale der überwachten Lichtzeichenanlage oder ein Schauzeichen, welches unmittelbar ohne zwischengeschaltete Schaltglieder von der Lichtzeichenspannung gesteuert wird, im Registrierfoto sichtbar sein.

930 Je nach Lage des Induktionsschleifenpaars zur Haltelinie kann es erforderlich sein, eine Rückrechnung der im ersten Beweisbild dokumentierten/gemessenen Rotzeit auf den Zeitpunkt des Überfahrens der Haltelinie (Verstoßzeitpunkt) vorzunehmen, wobei auch hier wie unter II.1. Rn. 822)beschrieben, vorzugehen ist.

Checkliste: Korrekte Messung

☐ Das **Messprotokoll** bestimmt eindeutig das verwendete Messgerät.

☐ Das verwendete Messgerät verfügt über eine zum Tatzeitpunkt **gültige Eichung**, insb. sind keine Reparaturen am Messgerät erfolgt oder Eichmarken oder Eichplomben so beschädigt, dass die Sicherung des Messgeräts gegen Eingriffe nicht mehr gewährleistet gewesen ist.

☐ Die Auswertung der Testfotos vom Filmbeginn bestätigt die Funktionstüchtigkeit aller Anzeigestellen. Nur dann darf der Messfilm ausgewertet werden.

☐ In den Registrierfotos ist das überwachte Lichtzeichen oder ein mit dem Rotlicht gekoppeltes Schauzeichen sichtbar.

☐ Das erste Beweisbild muss die Position des Fahrzeuges zur Haltelinie dokumentieren.

☐ Das zweite Beweisbild muss belegen, dass sich das Fahrzeug weiter in den überwachten Gefährdungs-/Kreuzungsbereich hinein bewegt hat.

☐ Die Beweisbilder müssen erkennen lassen, dass es sich bei dem abgebildeten Fahrzeug um ein und dasselbe Fahrzeug handelt.

☐ Sofern das Fahrzeug im ersten Beweisbild die Haltelinie bereits überfahren hat, müssen die Beweisfotos ausreichende Informationen liefern, um eine Berechnung der vorwerfbaren Rotzeit (gemessene Rotzeit abzgl. des Zeitbedarfs für das Durchfahren der Wegstrecke zwischen der Haltelinie und der Fahrzeugposition in Bild 1) zu ermöglichen.

☐ Bei der Fertigung von Heckaufnahmen zur Dokumentation des Rotlichtverstoßes muss durch ein zusätzliches Frontfoto eine Identifikation des Fahrers bzw. Kennzeichens möglich sein.

e) **Rotlichtüberwachungs-Fotoanlage RK 3.0 (RK 3.1 funktionsgleich)**

Die Rotlichtüberwachungs-Fotoanlage der Fa. ESO ist unter dem Zulassungszeichen 18.14/92.12 der PTB zugelassen. 931

Die Rotlichtüberwachungs-Fotoanlage RK 3.0 (3.1) setzt sich im Wesentlichen aus einem Fotoeinschub mit Kamera, einer integrierten Datenbox zur Einspiegelung der Daten, einer Blitzeinheit und einer prozessorgesteuerten Programmeinheit mit Daten-Kontrollfeld, dem Blitzgenerator, einem Schleifendetektor und einer Rotlicht-Eingangskarte zusammen. Die einzelnen Komponenten sind in einem Messeinschub zusammengefasst in einem Außengehäuse untergebracht.

Die Erfassung von Fahrzeugen, welche bei Rotlicht die Haltelinie überfahren, erfolgt 932 über eine Induktionsschleife, die auf dem überwachten Fahrstreifen zwischen Haltelinie und der zu überwachenden Lichtzeichenanlage verlegt ist. Es können (im Normalbetrieb) bis max. vier Fahrstreifen separat überwacht werden.

Teil 1: Messverfahren

933 Die **Dokumentation eines Rotlichtverstoßes** erfolgt mit zwei Fotos (Frontaufnahmen). Das erste Foto wird nach Ablauf einer einstellbaren Sperrzeit durch Überfahrt der hinter der Haltelinie verlegten Induktionsschleife ausgelöst. Die Auslösung des 2. Fotos erfolgt nach Ablauf einer fest programmierten Zeit oder zwangsweise durch Überfahrt einer zweiten Induktionsschleife.

In den Beweisbildern wird die gemessene Zeit eingeblendet, die vom Beginn der Rotphase bis zur Auslösung des jeweiligen Fotos verstrichen ist.

934 Da die erste Induktionsschleife hinter der Haltelinie verlegt ist, ist die im ersten Beweisbild dokumentierte Rotzeit nicht mit der vorwerfbaren Rotzeit gleichzusetzen, sondern muss um die Zeit vermindert werden, die das betreffende Fahrzeug vom Überfahren der Haltelinie bis zur Position im ersten Beweisbild benötigt.

> **Hinweis:**
> Eine automatische (geräteinterne) Berechnung der vorwerfbaren Rotzeit erfolgt nicht, sodass diese nach dem unter Rn. 900) beschriebenen Schema manuell zu berechnen ist.

935 Der Nachweis, dass die Lichtzeichenanlage für die überwachte Fahrspur zum Zeitpunkt der Fotoauslösungen rot zeigt, erfolgt durch ein Schauzeichen (Weiß-Signal), welches an der Rückseite der Ampel angebracht ist und mitfotografiert wird.

936 Eine **Dokumentation der Dauer der Gelbphase**, welche der Rotphase unmittelbar vorausging, erfolgt nicht.

937 Nach Einlegen eines neuen Films und am Filmende sind Testfotos zu fertigen. In der Gebrauchsanweisung des Geräteherstellers ist hierzu unter Punkt 3.2 – Inbetriebnahme der Rotlichtüberwachungs-Fotoanlage ausgeführt:

„Um sicherzustellen, dass die Darstellung der Beweis-Sicherungsdaten über die 7-Segmentanzeigen in der Datenbox korrekt dargestellt werden, ist am Film-Anfang und am Filmende ein Segmenttest durchzuführen. Dazu ist am Film-Anfang und Ende die Taste „Auslösung Hand" je 2 mal zu betätigen. Dabei werden automatisch, beim Auslösen der Fotos, im Wechsel alle Segmente der Dateneinblendung eingeschaltet (1. Foto 8.8.8) und dann alle Segmente dunkel gesteuert (2. Foto).

Bei der späteren Auswertung des Films ist zu kontrollieren, ob alle Anzeige-Segmente als „8" erscheinen und im folgenden Bild dunkel sind."

▪ Anforderungen an eine korrekte Auswertung

Eine Messung mit der Rotlichtüberwachungs-Fotoanlage RK 3.0 (3.1) ist in der Auswertung dann als korrekt zu bewerten, wenn im Einzelnen die Punkte der folgenden Checkliste erfüllt sind. 938

Checkliste: Korrekte Messung 939

☐ Das **Messprotokoll** bestimmt eindeutig das verwendete Messgerät.

☐ Das verwendete Messgerät verfügt über eine zum Tatzeitpunkt **gültige Eichung**, insb. sind keine Reparaturen am Messgerät erfolgt oder Eichmarken oder Eichplomben so beschädigt, dass die Sicherung des Messgeräts gegen Eingriffe nicht mehr gewährleistet gewesen ist.

☐ Die Auswertung der Testfotos vom Filmbeginn und Filmende (jeweils 2 Fotos) bestätigen die Funktionstüchtigkeit aller Anzeigesegmente der 7-Segmentanzeigen. Nur dann darf der Messfilm ausgewertet werden.

☐ In den Registrierfotos ist das mit dem Rotlicht gekoppelte Schauzeichen (Weiß-Lichtsignal an der Rückseite der Ampel) sichtbar.

☐ Das Erste der zwei Beweisbilder muss die Position des Fahrzeuges zur Haltelinie dokumentieren.

☐ Das zweite Beweisbild muss belegen, dass sich das Fahrzeug weiter in den überwachten Gefährdungs-/Kreuzungsbereich hinein bewegt hat (und nicht etwa kurz nach der Position in Bild 1 zum Stillstand gekommen ist).

☐ Die beiden Beweisbilder müssen erkennen lassen, dass es sich bei dem abgebildeten Fahrzeug um ein und dasselbe Fahrzeug handelt.

☐ Das Messprotokoll weist den Abstand bzw. die Ausdehnung der hinter der Haltelinie verlegten Induktionsschleife zur Haltelinie aus und die Beweisfotos liefern ausreichende Informationen, um durch eine fotogrammetrische Bildauswertung die Fahrzeugpositionen in Bezug zur Haltelinie bzw. die zurückgelegte Wegstrecke des abgebildeten Fahrzeuges zwischen Bild 1 und Bild 2 überprüfen zu können.

☐ Von der gemessenen Rotzeit ist die (im Einzelfall zu berechnende) max. mögliche Zeit für das Durchfahren der Wegstrecke von der Haltelinie bis zur Position des Fahrzeuges im ersten Beweisbild in Abzug gebracht.

Teil 1: Messverfahren

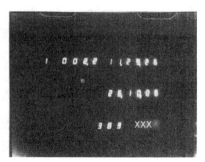

Bild 1 zeigt exemplarisch das Erscheinungsbild der Dateneinblendung bei der Rotlichtüberwachungs-Fotoanlage ESO RK 3.0. Am linken Bildrand ist ein mit dem Rotlicht gekoppeltes Schauzeichen abgebildet. Die Dateneinblendungen besagen im Einzelnen:

Obere Datenzeile

I	Spurzuordnung
002,2	seit Beginn der Rotphase bis zur Fotoauslösung verstrichene Rotzeit
11.29.26	Uhrzeit der Messung

Mittlere Datenzeile

26.10.06	Datum der Messung

untere Datenzeile

389	fortlaufende Bildnummer
XXX	benutzerspezifische Kennziffer

2. Anlagen mit automatischer Berechnung der vorwerfbaren Rotzeit

940 Bei den nachfolgend beschriebenen Anlagen handelt es sich um kombinierte Messanlagen, welche sowohl zur gleichzeitigen Geschwindigkeits- und Rotlichtüberwachung als auch nur zur Geschwindigkeits- oder Rotlichtüberwachung eingesetzt werden können. Die Funktionsweise zur Geschwindigkeitsüberwachung ist jeweils im Anschluss an die Rotlichtüberwachungsfunktion beschrieben.

H. Rotlichtüberwachung

III. Anlagen mit automatischer Berechnung der vorwerfbaren Rotzeit

1. Multanova MultaStar C (Rotlicht- und Geschwindigkeitsüberwachungsanlage)

Wichtige Entscheidungen:
- OLG Braunschweig, Beschl. v. 02.08.2006 2 Ss (B) 38/04

Die Rotlicht- und Geschwindigkeitsüberwachungsanlage Multanova MultaStar C der Fa. Robot Visual Systems GmbH ist unter dem Zulassungszeichen 18.15/03.30 von der PTB zur Eichung zugelassen. 941

Für die Multanova MultaStar C-Überwachungsanlage sind zwei Konfigurationsvarianten zugelassen. Eine Variante ist die Multanova MultaStar C Kombi zur gleichzeitigen Rotlicht- und Geschwindigkeitsüberwachung, wobei die Geschwindigkeitsüberwachung ggf. entfallen kann, d.h. diese Variante kann auch ausschließlich zur Rotlichtüberwachung eingesetzt werden.

Die zweite Variante (s.a. Rn. 949) ist die Variante **Multanova MultaStar C speed** zur ausschließlichen Überwachung der Geschwindigkeit.

Bei beiden Varianten kommen Induktionsschleifen zum Einsatz, um die Überfahrt von Fahrzeugen zu detektieren. 942

Bei der **Rotlichtüberwachung** wird mit Aufleuchten/Einschalten des Rotlichts eine Zeitmessung gestartet, die mit Überfahren der in Fahrtrichtung ersten Induktionsschleife gestoppt wird.

Zur Erfassung des Zeitpunkts der Überfahrt der Haltelinie wird die erste Induktionsschleife standardmäßig im Bereich der Haltelinie verlegt. Das erste Beweisbild zeigt ein Fahrzeug dann beim Befahren der ersten Induktionsschleife (bzw. unmittelbar bei der Überfahrt über die Haltelinie), wobei im ersten Beweisbild der Abstand zwischen Haltelinie und erster Induktionsschleife mit D1 = 00,00 m eingeblendet ist. Die bis zu diesem Zeitpunkt verstrichene Rotzeit (T1) wird in einem zweiten Beweisbild dargestellt, welches alternativ nach einer fest eingestellten oder variablen Bildabstandszeit gefertigt wird. Eine Rückrechnung auf den Zeitpunkt des Überfahrens der Haltelinie ist in diesem Fall nicht erforderlich, sodass lediglich eine ggf. wirksame Lampenverzögerungszeit sowie messtechnische Toleranzen zu berücksichtigen sind. Die sich daraus durch geräteintern erfolgte Berechnung ergebende vorwerfbare Rotzeit wird ebenfalls im zweiten Beweisbild mit T = xx.x s eingeblendet.

Sofern die erste Induktionsschleife nicht direkt auf Höhe der Haltelinie sondern dahinter angeordnet ist, muss eine Rückrechnung der gemessenen Rotzeit (gestoppt durch

Teil 1: Messverfahren

Überfahrt der ersten Induktionsschleife) auf den Zeitpunkt des Überfahrens der Haltelinie erfolgen. Dies erfolgt geräteintern unter Zugrundelegung der standortabhängigen Lage und Dimension der installierten Induktionsschleifen und unter Einbeziehung der durch die Überfahrt der beiden Induktionsschleifen ermittelten Fahrzeuggeschwindigkeit sowie einer ggf. wirksamen Lampenverzögerungszeit und einer messtechnischen Toleranz.

Der so berechnete **Wert der vorwerfbaren Rotzeit**, von dem keine weiteren Abzüge vorzunehmen sind, wird dann im zweiten Beweisbild eingeblendet.

Das zweite Beweisbild dient auch bei dieser Überwachungsanlage u.a. dazu, den Nachweis zu erbringen, dass sich das betreffende Fahrzeug weiter in den überwachten Gefährdungs-/Kreuzungsbereich hinein bewegt hat.

943   Die Anlage kann so programmiert werden, dass Rotlichtverstöße erst nach Ablauf einer einstellbaren Sperrzeit (nach Beginn der Rotphase) dokumentiert werden. Darüber hinaus kann die Dokumentation von Rotlichtverstößen für Fahrzeuge mit einer ermittelten Geschwindigkeit unterhalb eines einstellbaren Grenzwertes unterbunden werden.

> **Hinweis:**
>
> Gemäß Gebrauchsanweisung des Geräteherstellers Punkt 5 – Fotoauswertung – darf eine vorzuwerfende Übertretung „nur dann einem Fahrzeug zugeordnet werden, wenn anhand der Fotos eine Auslösung durch ein anderes Fahrzeug ausgeschlossen werden kann, d.h. dass sich auf dem ersten Foto nur das betreffende Fahrzeug im Bereich der Induktionsschleifen befunden hat.

944   Da die Lage der Induktionsschleifen in den Fotos i.d.R. nicht erkennbar ist, muss an der Messstelle nach Einrichtung der Anlage ein Referenzfoto erstellt werden, in dem dieser Bereich deutlich erkennbar ist."

Weiter ist unter Punkt 5.4.2 die Fertigung von Funktionstestfotos („V-Test") vorgeschrieben.

Wie dort beschrieben, „müssen derartige Testfotos für jeden Messeinsatz" ausgelöst werden. Insb. ist dies mindestens am Beginn und Ende eines Films, sowie nach dem Einschalten der Anlage nach einem Standortwechsel erforderlich.

> **Hinweis:**
>
> Zur Ahndung von Geschwindigkeits- und/oder Rotlichtverstößen dürfen nur Fotos benutzt werden, die zwischen zwei Funktionstestfotos liegen, die eine korrekte Funktion dokumentieren.

Bei negativ ausgefallenem Funktionstest liegt die im ersten bzw. zweiten Foto eingeblendete Geschwindigkeit über oder unter 100 km/h."

Bild 1: Darstellungsmöglichkeit der Lage der Induktionsschleifen in einem Referenzfoto

Bild 2: Beispiel Funktionstestfoto 1 von 2

Teil 1: Messverfahren

Bild 3: Beispiel Funktionstestfoto 2 von 2

■ **Anforderungen an eine korrekte Auswertung**

945 Eine Messung mit der Überwachungsanlage Multanova MultaStar C ist in der Auswertung dann als korrekt zu bewerten, wenn im Einzelnen die Punkte der folgenden Checkliste erfüllt sind.

946 **Checkliste: Korrekte Messung**

☐ Das **Messprotokoll** bestimmt eindeutig das verwendete Messgerät.

☐ Das verwendete M **essgerät und der Messplatz verfüg**en über eine zum Tatzeitpunkt **gültige Eichung**, insb. sind keine Reparaturen am Messgerät und im Sensor-/Schleifenbereich des Messplatzes erfolgt oder Eichmarken oder Eichplomben so beschädigt, dass die Sicherung des Messgeräts gegen Eingriffe nicht mehr gewährleistet gewesen ist.

☐ Die zu fertigenden Funktionstestfotos liegen vor. Es dürfen nur Fotos verwertet werden, die zwischen zwei Funktionstestfotos liegen, die eine korrekte Funktion der Anlage dokumentieren.

☐ Aus den Fotos ist ersichtlich, dass sich auf dem ersten Foto nur das betreffende Fahrzeug im Bereich der Induktionsschleifen befunden hat. Ist die Lage der Schleifen auf den Beweisfotos nicht erkennbar, ist ein Abgleich anhand eines Referenzfotos möglich. Das zweite Beweisbild muss belegen, dass sich das Fahrzeug weiter in den überwachten Gefährdungs-/Kreuzungsbereich hinein bewegt hat (und nicht etwa kurz nach der Position in Bild 1 zum Stillstand gekommen ist).

☐ Die beiden Beweisbilder müssen erkennen lassen, dass es sich bei dem abgebildeten Fahrzeug um ein und dasselbe Fahrzeug handelt.

▪ **Ordnungsgemäße Messung**

Die beiden nachfolgenden Bilder zeigen eine ordnungsgemäße Messung.   946a

Bild 4 zeigt das Erste von zwei Beweisbildern. Der im Bildhintergrund abgebildete Lkw befindet sich als alleiniges Fahrzeug über dem hinter der Haltelinie installierten Schleifenbereich des rechten Fahrstreifens. Die Dateneinblendungen dokumentieren im Einzelnen:

Obere Datenzeile (von links nach rechts):

25.07.2009	Datum der Messung
14.46.59	Uhrzeit der Messung
–	die verdeckten Zeichen spezifizieren die Kodierung der Messörtlichkeit
S1	Spurzuordnung
F081	Film-Nummer
013A	Foto-Nummer
E38B	Checksumme der oberen Datenzeile
Untere Datenzeile (von links nach rechts):	
T1 = 01,99s	Zeitpunkt beim Befahren der 1. Schleife
D1 = 04,01m	Distanz 1 (Haltelinie/1. Schleife)

Teil 1: Messverfahren

D2 = 07,00m	Distanz 2 (Haltelinie/2. Schleife)
LV = 0,10s	Lampenverzögerungszeit
14C6	Checksumme der unteren Datenzeile

Bild 5 zeigt das zweite Beweisbild, wobei zu erkennen ist, dass sich der Lkw deutlich weiter in den Gefährdungs-/Kreuzungsbereich hinein bewegt hat.

Die Dateneinblendungen in der oberen Datenzeile sind bis auf die Bild-Nr. – jetzt 013B – und die Checksumme am Ende der Datenzeile identisch zu derjenigen im ersten Beweisbild.

Die Einblendungen in der unteren Datenzeile bedeuten (von links nach rechts):

T2 = 02,24s	Zeitpunkt beim Befahren der 2. Schleife
G = 04,0s	gemessene Dauer der unmittelbar vorangegangenen Gelbphase
T = 01,5s	vorwerfbare Rotzeit
0554	Checksumme der unteren Datenzeile

■ **Ordnungsgemäße Geschwindigkeitsmessung**

946b Zur Messung der Geschwindigkeit dienen je Fahrstreifen zwei Induktionsschleifen (vgl. Rn 942). Beim Befahren der in Fahrtrichtung ersten Schleife wird eine Zeitmessung in Gang gesetzt, die beim Befahren der zweiten Schleife gestoppt wird. Die Geschwindigkeit errechnet sich aus dem bekannten (Kopf-)Abstand der Induktionsschleifen und der gemessenen Zeit.

Die zulässig messbare maximale Geschwindigkeit hängt vom Kopfabstand der beiden Induktionsschleifen ab. Bei einem Kopfabstand von 2,0 m ist der Erfassungsbereich auf Geschwindigkeiten bis 90 km/h beschränkt, bei einem Kopfabstand von 5,0 m erstreckt sich der Messbereich bis 250 km/h.

Bild 6 zeigt das erste von zwei Beweisbildern bei einem Geschwindigkeitsverstoß. Das Fahrzeug befindet sich über den Induktionsschleifen (ggf. anhand des Referenzfotos [siehe Rn. 944] zu überprüfen). Die Nummer des Fahrstreifens, auf dem der Verstoß festgestellt wurde ist in der oberen Datenzeile mit S1 eingeblendet.

Bild 7 wird entweder nach einer fest eingestellten Bildabstandszeit oder wahlweise nach einer geschwindigkeitsabhängigen Bildabstandszeit (hier a=1,4 s – zweite Datenzeile links) in der sich das Fahrzeug in eine definierte Position (z.B. 30 m hinter der

Haltelinie) bewegt hat ausgelöst. Der gemessene Geschwindigkeitswert ist in Bild 7 mit v=61 km/h eingeblendet.

Die gemessene Geschwindigkeit darf nur dann vorgeworfen bzw. einem Fahrzeug zugeordnet werden, wenn anhand der beiden Fotos die Auslösung der Messung durch ein anderes Fahrzeug auszuschließen ist.

Bei einer annullierten Geschwindigkeitsmessung wird an Stelle eines Geschwindigkeitswertes v= ---Km/h eingeblendet (siehe Bild 8).

Bild 8 zeigt das zweite Foto einer annullierten Geschwindigkeitsmessung.

2. Variante MultaStar C speed (abgeschaltete Rotlichtüberwachung)

946c Bei der Variante der reinen Geschwindigkeitsüberwachung wird ein festgestellter Verstoß nur mit einem Foto dokumentiert. Auf diesem Foto muss das Fahrzeug beim Befahren der zweiten Induktionsschleife abgebildet sein. Der Fahrstreifen, auf welchem der Geschwindigkeitsverstoß festgestellt wurde wird in der oberen Datenzeile wiederum mit S 1 bis n eingeblendet.

Auch hier darf die gemessene Geschwindigkeit nur dann vorgeworfen bzw. einem Fahrzeug zugeordnet werden, wenn anhand des Fotos die Auslösung der Messung durch ein anderes Fahrzeug auszuschließen ist.

3. Gatso TC-RG1 (Rotlicht- und Geschwindigkeitsüberwachungsanlage)

947 **Wichtige Entscheidungen:**
- OLG Braunschweig, Beschl. v. 02.08.2006 2 Ss (B) 38/04

H. Rotlichtüberwachung

Die Rotlicht- und Geschwindigkeitsüberwachungsanlage Gatso TC-RG 1 der Fa. TRAFCOM Verkehrstechnik GmbH ist unter dem Zulassungszeichen 18.15/04.01 von der PTB zur Eichung zugelassen. 948

Die Anlage gestattet eine kombinierte Überwachung von Geschwindigkeitsübertretungen und Rotlichtverstößen.

Es können bis zu drei unabhängige Fahrstreifen und bis zu zwei unabhängige Lichtzeichenanlagen (Ampeln) überwacht werden. Als Anwesenheitssensoren kommen je überwachtem Fahrtsreifen zwei hintereinander in der Fahrbahn verlegte und hinter der Haltelinie angeordnete **Induktionsschleifen** zum Einsatz.

Mit Beginn einer Rotphase läuft zunächst eine einstellbare Sperrzeit ab, innerhalb derer noch keine Rotlichtverstöße dokumentiert werden. 949

Wenn ein Fahrzeug nach **Ablauf der Sperrzeit** die zweite Induktionsschleife überfährt, so wird die bis dahin seit Beginn der Rotphase verstrichene Zeit t2 ermittelt und es wird das erste Beweisbild ausgelöst. 950

Das **zweite Beweisbild**, welches dem Nachweis dient, dass sich das betreffende Fahrzeug weiter in den überwachten Gefährdungs-/Kreuzungsbereich hinein bewegt hat, wird alternativ nach einer fest einstellbaren Bildabstandszeit oder nach einer von der Geschwindigkeit des Fahrzeuges abhängigen Zeit ausgelöst. Im letzteren Fall werden dann alle gemessenen Fahrzeuge im Beweisbild in etwa der gleichen Position abgebildet.

Die **vorwerfbare Rotzeit** wird geräteintern (automatisch) aus der Zeit t2 (verstrichene Rotzeit bei Überfahrt der zweiten Induktionsschleife), den standortspezifischen Daten zur Lage der Induktionsschleifen in Bezug zur Haltelinie und die über die Anwesenheitssensoren ermittelte Fahrzeuggeschwindigkeit berechnet. Gemäß innerstaatlicher Bauartzulassung werden bei dieser Berechnung alle relevanten Toleranzen für die in die Berechnung einfließenden Parameter berücksichtigt, sodass von der geräteintern berechneten vorwerfbaren Rotzeit keine weiteren Abzüge vorzunehmen sind.

> **Hinweis:**
>
> Da die in einem Messeinschub zusammengefasste Messelektronik an verschiedenen (geeichten) wechselnden Standorten eingesetzt werden kann, muss nach einem Standortwechsel sichergestellt sein, dass bei Inbetriebnahme der Anlage am neuen Standort, der zu diesem Standort passende Abstand der zweiten Induktionsschleife zur Haltelinie zur Messwertberechnung in der Zentraleinheit benutzt wird. Hierfür ist der bei der Eichung ermittelte Abstandswert D1 von der Haltelinie zum Kopf der ersten Induktionsschleife bei Inbetriebnahme der Anlage zu überprüfen und ggf. dem aktuellen Standort anzupassen. Nach einem Stand-

Teil 1: Messverfahren

ortwechsel muss die Anlage gem. Punkt 5.5 der Gebrauchsanweisung unbedingt neu kalibriert werden. Die aktuell eingestellten Werte, wie insb. auch der Abstand Haltelinie/1. Schleife, werden dann in den dabei gefertigten Kalibrierfotos dokumentiert.

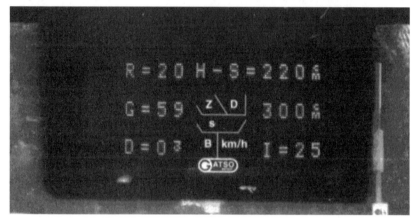

Bild 1 zeigt die Dateneinblendungen eines Kalibrierfotos mit den standortspezifischen Daten.

R = 20	Anzeige des Geschwindigkeitslimits (Rotlichtphase – bei Geschwindigkeiten unterhalb des eingestellten Limits werden keine Verstöße registriert)
H – S = 220 cm	Abstand zwischen Haltelinie und 1. Schleife
G = 59	Geschwindigkeitslimit (bei Geschwindigkeitsmessung in der Grün- und Gelbphase)
300 cm	Kopfabstand zwischen 1. und 2. Schleife
D = 0^3	Verzögerungszeit
I = 25	Auslösung des zweiten Fotos nach 25 m

Hinweis:

Neben der Rotzeit wird auch die Dauer der unmittelbar vorausgegangenen Gelbphase gemessen und im ersten Beweisbild eingeblendet. Sofern eine Gelbzeit unter 3s (oder 5s) festgestellt wird oder bei der Messung ein Fehler auftritt wird in der Dateneinblendung im Beweisfoto das Zeichen „#" eingeblendet. Gemäß Punkt 5.4.5 der Gebrauchsanweisung dürfen Bilder mit diesem Zeichen und/oder einem ungültigen Geschwindigkeitswert bei der Verfolgung eines Rotlichtvergehens nicht ausgewertet werden.

■ **Anforderungen an eine korrekte Auswertung**

Eine Messung mit der Überwachungsanlage vom Typ Gatso TC RG-1 ist in der Auswertung dann als korrekt zu bewerten, wenn im Einzelnen die Punkte der folgenden Checkliste erfüllt sind. 951

Checkliste: Korrekte Messung 952

☐ Das **Messprotokoll** bestimmt eindeutig das verwendete Messgerät.

☐ Das verwendete Messgerät **und** der Messstandort (Sensor-/Schleifenbereichbereich) verfügen über eine zum Tatzeitpunkt **gültige Eichung**, insb. sind keine Reparaturen am Messgerät oder im Schleifenbereich erfolgt oder Eichmarken/Eichplomben so beschädigt, dass die Sicherung des Messgeräts gegen Eingriffe nicht mehr gewährleistet gewesen ist.

☐ Die Auswertung der Kalibrierfotos nach Inbetriebnahme des Gerätes lässt im Abgleich mit den Angaben im Mess- bzw. Standortprotokoll die korrekte Eingabe der standortspezifischen Daten nachvollziehen.

☐ Das Erste der zwei Beweisbilder lässt die Position des Fahrzeuges über der zweiten Schleife erkennen.

☐ Das zweite Beweisbild muss belegen, dass sich das Fahrzeug weiter in den überwachten Gefährdungs-/Kreuzungsbereich hinein bewegt hat und sich in einer Fotoposition befindet die der Vorgabe zur Auslösung des zweiten Beweisfotos entspricht (z.B. Auslösung des 2. Fotos nach 25 m).

☐ Die beiden Beweisbilder müssen erkennen lassen, dass es sich bei dem abgebildeten Fahrzeug um ein und dasselbe Fahrzeug handelt.

☐ Die Dateneinblendung in den Beweisfotos weist keine ungültige Geschwindigkeit (v = –) und/oder das Zeichen „#" auf, da anderenfalls die Messung nicht verwertet werden darf.

■ **Ordnungsgemäße Messung**

Die beiden nachfolgenden Bilder zeigen eine ordnungsgemäße Messung. 953

Teil 1: Messverfahren

Bild 2 zeigt das erste von zwei Beweisbildern. Der im Bildhintergrund abgebildete Pkw befindet sich als alleiniges Fahrzeug über der 2. Schleife auf dem rechten Fahrstreifen.

Die Dateneinblendungen bedeuten im Einzelnen:

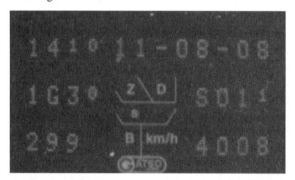

14.10	Uhrzeit der Messung
11-08-08	Datum der Messung
1	Fahrspur 1
G3⁰	Gelbzeit 3,0 s
S01¹	Rotzeit bei Auslösen der 1. Schleife 1,1 s
299	Foto-Nummer
xxxx	Standortnummer

Bild 3 zeigt das zweite Beweisbild, wobei zu erkennen ist, dass sich der Pkw deutlich weiter in den Gefährdungs-/Kreuzungsbereich hinein bewegt hat. Durch fotogrammmetrische Bildauswertung lässt sich nachvollziehen, dass sich der Pkw entsprechend der eingestellten Vorgabe bis zur Auslösung des zweiten Fotos ca. 25 m weiter bewegt hat.

Die Dateneinblendungen bedeuten im Einzelnen:

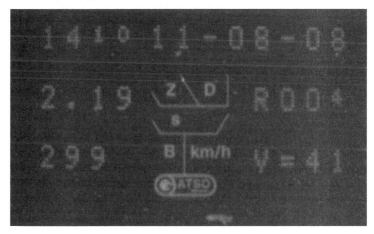

14.10	Uhrzeit der Messung
11-08-08	Datum der Messung
2.19	(Bild-)Intervallzeit 2,19 s (Auslösung des 2. Fotos nach 25 m)

Teil 1: Messverfahren

R 00⁴	vorwerfbare Rotzeit (zurückgerechnet auf den Zeitpunkt des Überfahrens der Haltelinie)
299	Foto-Nummer
v = 41	Geschwindigkeit

▪ Nicht verwertbare Messung

954   Die beiden nachfolgenden Bilder zeigen eine nicht verwertbare Messung.

Bild 4 zeigt das erste von zwei Beweisbildern. Der im Bildhintergrund abgebildete Pkw/Transporter befindet sich als alleiniges Fahrzeug über der 2. Schleife auf dem rechten Fahrstreifen (1). Die Rotzeit beim Überfahren der 1. Schleife ist mit 0,8 s eingeblendet. Die Dauer der vorangegangenen Gelbphase wurde mit 2,9 s und damit weniger als 3,0 s gemessen. Hinter der Bild-Nummer (053) ist das Zeichen „#" eingeblendet, d.h. die Messung darf nicht verwertet werden.

H. Rotlichtüberwachung

Bild 5 zeigt das zweite Beweisbild, wobei zu erkennen ist, dass sich der Pkw deutlich weiter in den Gefährdungs-/Kreuzungsbereich hinein bewegt hat. Zwar befindet sich das Fahrzeug in einer plausiblen Fotoposition und es wurde ein gültiger Geschwindigkeitswert ermittelt, jedoch ist auch hier hinter der Bild-Nummer nochmals das Zeichen „#" eingeblendet.

Ordnungsgemäße Messung Geschwindigkeit

Der Messvorgang ist identisch mit demjenigen beim Rotlichtverstoß, d.h. durch Überfahrt über die beiden hintereinander angeordneten Induktionsschleifen wird unter Berücksichtigung des bekannten Schleifenabstandes die Geschwindigkeit ermittelt und bei festgestellter Überschreitung des eingestellten Geschwindigkeitsgrenzwertes das erste Foto ausgelöst. Das zweite Foto wird nach einer geschwindigkeitsabhängigen Zeit gefertigt, zu der das Fahrzeug eine vorgegebene Distanz (z.B. 25m) zurückgelegt hat.

Teil 1: Messverfahren

Bild 6 zeigt das erste Foto einer Geschwindigkeitsmessung

Die Dateneinblendungen bedeuten im Einzelnen:

17.47	Uhrzeit der Messung
09-07-07	Datum der Messung
1	Fahrspur 1
0^0	Intervallzeit (Zähler 0 s)
300 cm	Kopfabstand der Schleifen = 300 cm
015	Foto-Nummer
xxxx	Standortnummer

Bild 7 zeigt das zweite, nach einer Distanz von 25 m (vgl. Rn 872 – Beschreibung Testfoto) ausgelöste Foto.

H. Rotlichtüberwachung

Die Dateneinblendungen bedeuten im Einzelnen:

17.47	Uhrzeit der Messung
09-07-07	Datum der Messung
1.40	Verstrichene Zeit bis zur Auslösung des 2. Fotos
300 cm	Kopfabstand der Schleifen = 300 cm
015	Foto-Nummer
V=64	Gemessene Geschwindigkeit

Wird bei einer Geschwindigkeitsmessung kein gültiger Geschwindigkeitswert ermittelt erscheint in der Dateneinblendung v= --, wie dies im nachfolgenden Bild 8 erkennbar ist.

Bild 8 zeigt ein zweites Foto einer ungültigen Geschwindigkeitsmessung.

Teil 2: Morphologische Bildgutachten

Inhaltsverzeichnis

				Rn.
A.	Einleitung			1
B.	Allgemeine Grundlagen			2
	I.	Identifizieren und Wiedererkennen		2
		1. Wiedererkennen		3
		2. Identifizieren		4
	II.	Gutachter und Auftraggeber		8
		1. Qualifikation der Gutachter		8
		2. Stellung der Gutachter vor Gericht		9
		3. Auftraggeber und Gutachtenarten		10
C.	Gutachten			14
	I.	Arbeitsgrundlagen		14
		1. Beweisbilder		15
			a) Bildeignung	15
			b) Bildbearbeitung	21
			c) Technische Aspekte bei digitaler Bildspeicherung	22
			aa) Bildaufzeichnung	22
			bb) Datenkompression	23
			cc) Verzerrung von Proportionen	26
		2. Vergleichsbilder		29
			a) Einflussfaktoren	29
			aa) Bildausschnitt	30
			bb) Kamera-Objekt-Abstand und Brennweite	31
			cc) Auflösung	32
			dd) Kamera	33
			ee) Ausleuchtung	34
			ff) Farbtreue	35
			gg) Mimik	36
			hh) Frisur	37
			ii) Accessoires	38
			jj) Perspektive	39
			b) Dokumentation der Identität und des Aufnahmedatums	44
			c) Verweigerung der Anfertigung von Vergleichsaufnahmen	48
			d) Fehlende Möglichkeiten der Anfertigung von Vergleichsaufnahmen – Erkennungsdienstliche Aufnahmen	49
			e) Einbeziehung naher Familienangehöriger	50
	II.	Grundlegender Aufbau eines Gutachtens		51
		1. Stammdaten		52
		2. Grundlagen und Methodik		53
			a) Grundlagen der Identifikation lebender Personen anhand von Bilddokumenten	54
			b) Anfertigung der Vergleichsaufnahmen und Maßnahmen zur Identitätssicherung	55
			c) Beweisbilder – Art, Qualität und Bearbeitung	56
			d) Mimische Differenzen auf den zu vergleichenden Bildern	57
			e) Vorauswahl	58
		3. Erstellung der Bildmappe		59
		4. Beurteilung		65

Teil 2: Morphologische Bildgutachten

	a)	Deskriptiver Vergleich			65
		aa)	Extraktion der Merkmale		66
		bb)	Einflussfaktoren		79
			(1)	Auflösung	80
			(2)	Ausleuchtung	81
			(3)	Mimik	82
			(4)	Alter	83
			(5)	Gewichtsschwankungen, Krankheiten, OP	84
			(6)	Bedeutung akzessorischer Merkmale	85
			(7)	Wertigkeit der Behaarung	86
			(8)	Perspektive	87
		cc)	Merkmalsschemata		88
		dd)	Einschätzung der Merkmalshäufigkeiten		89
	b)	Metrischer Vergleich			90
		aa)	Proportionsvergleich		93
		bb)	Merkmalsvergleich		94
		cc)	Auswahl der Markierungspunkte		95
5.	Zusammenfassung und Schlussfolgerungen				96
	a)	Auswahl des Prädikates			96
	b)	Vorbehalte			99
	c)	Sonderfälle			100
6.	Rechnung				101
7.	Mündliche Erstattung eines Gutachtens				102

A. Einleitung

Neben der Identifizierung einer Person anhand eines Gesichtervergleiches stehen noch viele weitere Identifikationsverfahren zur Verfügung, wie die Fingerbilderkennung, Iriserkennung, Spracherkennung u.a.[1] Da neben dem Fingerabdruck das Gesicht zu den am besten zugänglichen Merkmalen eines Menschen gehört, besitzt es im forensischen Bereich eine große Relevanz, nicht zuletzt deshalb, da infolge der zunehmenden Videoüberwachung des öffentlichen Raumes auch mehr und mehr Bildmaterial zur Verfügung steht. Bei Gesetzesverstößen kann auf diese Aufzeichnungen zurückgegriffen werden, um die Identität bzw. Nichtidentität zwischen dem oder den Tätern und den vermuteten Personen zu überprüfen.

B. Allgemeine Grundlagen

I. Identifizieren und Wiedererkennen

Nach *Knussmann*[2] lässt sich eine Personenidentität im Rahmen einer forensischen Sachverhaltserforschung grds. auf der Grundlage zweier Prozesse nachweisen:
1. dem Wiedererkennen und
2. dem Vergleich zweier Abbilder (Identifizierung).

Beide Prozesse besitzen ein gemeinsames Ziel – die Zuordnung einer Person zu einer bestimmten Identität. Aus diesem Grund werden beide als Begriffe im täglichen Gebrauch häufig synonym verwandt, stehen jedoch streng genommen für völlig gegensätzliche Prozesse.

1. Wiedererkennen

Das Wiedererkennen von Personen ist ein Vorgang, der jeden Tag vielfach vonstatten geht, ohne dass der Einzelne sich dessen bewusst wird. Hier steht nicht die gerichtete und analytische, sondern die **ganzheitliche Wahrnehmung** im Vordergrund. Ein Vergleichen von einzelnen Merkmalen entfällt dabei vollkommen.[3] Wiedererkennen setzt einen gewissen Grad der Bekanntheit voraus. Von Wiedererkennen spricht man daher, wenn eine Person zu einem Zeitpunkt t1 wahrgenommen wurde und zu einem späteren Zeitpunkt t2 als die vorher Wahrgenommene bezeichnet wird. Dem Verarbeitungsprozess des Wiedererkennens liegen verschiedene theoretische Denkmodelle,

---

1   Behrens M, Roth R (eds) (2001) Biometrische Identifikation. Friedr. Vieweg & Sohn, Braunschweig Wiesbaden.
2   Knussmann R (1983) Die vergleichende morphologische Analyse als Identitätsnachweis. Strafverteidiger 3: 127 – 129.
3   Brinker H (1985) Identifizieren und Wiedererkennen – Bemerkungen zum Unterschied und zur Beweisqualität. Archiv für Kriminologie 176: 142 – 145.

wie z.B. die holistische Verarbeitung oder die lokale Konfiguration,[4] zugrunde. Insgesamt wird beim Wiedererkennen jedoch in Bruchteilen von Sekunden die betreffende Person in ihrer Gesamtheit mit Bewegungsmustern, Gestik, Mimik, Sprache, Aussehen u.a. erfasst und durch verschiedene Speicher- und Verarbeitungsprozesse einer (bereits bekannten) Person zugeordnet. Der Abgleich erfolgt dabei, ohne dass ein visuelles Vergleichsmaterial, z.B. ein Bild der betreffenden Person vorliegen muss.[5] Der Prozess des Wiedererkennens beruht somit auf[6]

- Ganzheitlichkeit,
- Geschwindigkeit,
- Prägnanztendenz.

Wiedererkennen kann durch eine **Vielzahl von Stimuli beeinflusst** bzw. **gestört** werden, was die Gefahr einer **Falschidentifizierung** mit sich bringt.[7,8] Bei näherer Betrachtung oder aus einem anderen Blickwinkel heraus können sich die Beobachtungen verändern, zu anderen Mustern bzw. zu einem anderen Verarbeitungsprozess und daraus folgend zu einer anderen Personenzuordnung führen. Nach *Valentine*[9] werden ähnliche Gesichter in einem „Gesichtsraum" nahe beieinander gespeichert, unähnliche weiter entfernt. Dies führt dazu, dass ähnliche Gesichter eher verwechselt werden können. Bei *Knussmann*[10,11] wird daher dem Wiedererkennen kein Beweiswert im eigentlichen naturwissenschaftlichen Sinne zuerkannt.

---

4   Leder H (2001) Wenn Gesichter auf dem Kopf stehen: Was der Inversionseffekt für die Wiedererkennung von Gesichtern bedeutet. Psychologische Rundschau 52(2): 75 – 84.

5   Sporer SL (1992) Das Wiedererkennen von Gesichtern. Psychologie Verlags Union, Weinheim.

6   Buhmann D, Helmer RP, Jaeger U, Jürgens HW, Knußmann R, Rösing FW, Schmidt HD, Szilvassy J, Ziegelmayer G (1999) Standards für die anthropologische Identifikation lebender Personen nach Bildern. Kriminalistik 4: 246 – 248.

7   Sporer SL (1992) Das Wiedererkennen von Gesichtern. Psychologie Verlags Union, Weinheim.

8   Havard C, Memon A (2009) The influence of age on identification from a video line–up: A comparison between older and younger adults. Memory 17(8): 847 – 859.

9   Valentine T (1991) A unified account of effects of distinctiveness, inversion and race on face recognition. Quarterly Journal of Experimental Psychology 79: 471 – 491.

10 Knussmann R (1983) Die vergleichende morphologische Analyse als Identitätsnachweis. Strafverteidiger 3: 127 – 129.

11 Knussmann R (1996) Vergleichende Biologie des Menschen. 2nd ed. Gustav Fischer, Stuttgart New York.

2. Identifizieren

Die **Unterscheidbarkeit von Individuen** begründet sich auf der Heterogenität von Merkmalen und Merkmalskomplexen. Um festgestellte Merkmale einer Person zuordnen zu können, müssen u.a. folgende Voraussetzungen erfüllt sein:

- es muss Vergleichsmaterial vorliegen,
- die Merkmale müssen prinzipiell vergleichbar sein,
- die Merkmale müssen zeitlich konstant sein bzw. es müssen Erkenntnisse bzgl. ihrer zeitlich bedingten Veränderungen existieren.

Die zeitliche Konstanz ist beim Vergleich von Merkmalen des Gesichtes nur bedingt gegeben, da sich verschiedene Merkmalsausprägungen mit zunehmendem Alter durch Veränderungen der Hautstruktur, des Gewichtes und der Behaarung unterschiedlich stark wandeln können. Diese Inkonstanz betrifft jedoch häufig nur Teilaspekte eines Merkmals und folgt einigen Gesetzmäßigkeiten, sodass die Auswirkungen bis zu einem gewissen Grad vorherzusagen sind.

Der Beweis einer Personenidentität kann durch den Vergleich der Abbilder einer beteiligten Person und einer als identisch vermuteten Person erbracht werden. Identifizieren ist ein objektives Beweisen der Identität durch einen Abgleich von Einzelheiten unter der Voraussetzung der Vergleichbarkeit und der Überprüfbarkeit.[12] Die drei für das Wiedererkennen typischen Kriterien Ganzheitlichkeit, Geschwindigkeit und Prägnanztendenz sind zu vermeiden. Das Ziel ist die Darlegung detaillierter Einzelstruktu-

---

12   Brinker H (1985) Identifizieren und Wiedererkennen – Bemerkungen zum Unterschied und zur Beweisqualität. Archiv für Kriminologie 176: 142–145.

ren.[13] Zur Identifikation steht neben der Deskription[14-26] auch die Anthropometrie[27,28,]

13	Buhmann D, Helmer RP, Jaeger U, Jürgens HW, Knußmann R, Rösing FW, Schmidt HD, Szilvassy J, Ziegelmayer G (1999) Standards für die anthropologische Identifikation lebender Personen nach Bildern. Kriminalistik 4: 246 – 248.
14	Scheidt W (1931) Physiognomische Studien an niedersächsischen und oberschwäbischen Landbevölkerungen. Gustav Fischer, Jena.
15	Keiter F (1934) Über Korrelation der Gesichtszüge. Anthropologischer Anzeiger 11: 243 – 251.
16	Schwidetzky I (1967) Die metrisch–morphologischen Merkmale und der fälische Typus. In: Schwidetzky I, Walter H Untersuchungen zur anthropologischen Gliederung Westfalens. Aschendorff, Münster.
17	Schade H (1968) Zur Standardisierung morphognostischer Merkmale. Anthropologischer Anzeiger 30: 286 – 293.
18	Goldstein AJ, Harmon LD, Lesk AB (1971) Identification of Human Faces. Proceedings of the IEEE 59: 748 – 760.
19	Röhm E (1973) Forensische Anthropometrie. In: Röhm E Der vermessene Mensch. Heinz Moos, München, pp 147 – 149.
20	Hammer HJ, Hunger H, Leopold D (1981) Zur Anwendbarkeit morphologischer Gesichtsmerkmale bei der Identifikation. Kriminalistik und forensische Wissenschaften 44: 111 – 120.
21	Knussmann R (1983) Die vergleichende morphologische Analyse als Identitätsnachweis. Strafverteidiger 3: 127 – 129.
22	Knussmann R (1991) Zur Wahrscheinlichkeitsaussage im morphologischen Identitätsgutachten. Neue Zeitschrift für Strafrecht 11:175 – 177.
23	Knussmann R (ed) (1992) Bd. I Wesen und Methoden der Anthropologie 2. Teil Physiologische, psychologische, genetische und mathematische Methoden. Gustav Fischer, Stuttgart Jena New York.
24	Schwarzfischer F (1992) Identifizierung durch Vergleich von Körpermerkmalen, insbesondere anhand von Lichtbildern. In: Kube E, Störtzer O, Timm J (eds) Kriminalistik, Handbuch für Praxis und Wissenschaft. Bd. 1. Boorberg, Stuttgart, pp 735 – 761.
25	Porter G, Greg D (2000) An anatomical and photographic technique for forensic facial identification. Forensic science international 114: 97 – 105.
26	Zacher C (2001) Zur Analyse relevanter Bestimmungsfaktoren für die Personenidentifikation anhand von Gesichtsmerkmalen auf der Basis von morphologischen Schemata. Dissertation, Bonn.
27	Stoner MM (1955) A photometric analysis of the facial profile. American journal of orthodontics 41: 453 – 469.
28	Neger M (1959) A quantitative method for the evaluation of the soft–tissue facial profile. American journal of orthodontics 45: 738 – 751.

B. Allgemeine Grundlagen

²⁹⁻⁴⁴ zur Verfügung.

Das Instrument des **Identifizierens im Bildvergleich** von Personen ist der menschliche Verstand, der ganz im Gegensatz zum Wiedererkennen aus dem Gesicht oder Gesichtsteilen Merkmalskomplexe abgrenzt, daraus Einzelmerkmale extrahiert, diese hinsichtlich ihrer Ausprägungen beurteilt und mit dem vorliegenden Vergleichsmaterial bzgl. Übereinstimmung oder Nichtübereinstimmung vergleicht (Abb. 1). Dies setzt neben einer angemessenen Sachkunde v.a. Übung voraus. Der Gesamteindruck des

29   Reche O (1965) Eine neue Methode zur Erleichterung der Beweisführung in Identifizierungsprozessen. Homo 16: 113 – 116.
30   Schwidetzky I (1967) Die metrisch-morphologischen Merkmale und der fälische Typus. In: Schwidetzky I, Walter H Untersuchungen zur anthropologischen Gliederung Westfalens. Aschendorff, Münster.
31   Hautvast J (1971) Analysis of the Human Face by Means of Photogrammetric Methods. Anthropologischer Anzeiger 33: 39 – 47.
32   Röhm E (1973) Forensische Anthropometrie. In: Röhm E Der vermessene Mensch. Heinz Moos, München, pp 147 – 149.
33   Furtmayr MJ (1975) Gesicht und Schädel des Menschen als mögliche Identifizierungsgrundlagen in Vergangenheit und Gegenwart. Archiv für Kriminologie 155: 3 – 13.
34   Jürgens HW (1978) Zur Standardisierung anthropometrischer Methoden. Anthropologischer Anzeiger 36: 208 – 218.
35   Farkas LG, Bryson W, Klotz J (1980) Is Photogrammetry of the Face Reliable? Plastic and reconstructive surgery 66: 346 – 355.
36   Jacobshagen B (1980) Grenzen konventioneller Techniken und Möglichkeiten alternativer Ansätze in der Anthropometrie. Zeitschrift für Morphologie und Anthropologie 71: 306 – 321.
37   Hammer HJ, Hunger H, Leopold D (1981) Zur Anwendbarkeit morphologischer Gesichtsmerkmale bei der Identifikation. Kriminalistik und forensische Wissenschaften 44: 111 – 120.
38   Farkas LG, Munro IR (eds) (1987) Anthropometric facial proportions in medicine. Charles C. Thomas Publisher, Springfield Illinois.
39   Catterick T (1992) Facial measurements as an aid to recognition. Forensic science international 56: 23 – 27.
40   Knussmann R (ed) (1992) Bd. I Wesen und Methoden der Anthropologie 1. Teil Wissenschaftstheorie, Geschichte und morphologische Methoden. Gustav Fischer, Stuttgart Jena New York.
41   Farkas LG (ed) (1994) Anthropometry of the Head and Face. 2nd ed. Raven Press, New York.
42   Porter G, Greg D (2000) An anatomical and photographic technique for forensic facial identification. Forensic science international 114: 97 – 105.
43   Halberstein RA (2001) The Application of Anthropometric Indices in Forensic Photography: Three Case Studys. Journal of forensic sciences 46: 1438 – 1441.
44   Yoshino M, Noguchi K, Atsuchi M, Kubota S, Imaizumi K, Thomas CDL, Clement JG (2002) Individual identification of disguised faces by morphometrical matching. Forensic science international 127: 97 – 103.

Gesichtes fließt dabei nur am Rande in die Begutachtung ein, Kernpunkt der Betrachtung ist der detaillierte Vergleich von Einzelmerkmalen. Der Vergleich erfolgt dabei im Gegensatz zum Wiedererkennen nicht mit im Gedächtnis gespeicherten Mustern sondern mit einer zum Zeitpunkt des Vergleiches vorliegenden Abbildung.

Abbildung 1: Extraktion der Merkmale

7   Seit einiger Zeit finden auch **elektronische Identifikationssysteme** zumeist im Rahmen von Zugriffs-, Zugangs- oder Zutrittskontrollen eine zunehmende Verbreitung, die entweder auf Körper- oder auf Verhaltensmerkmalen basieren. Zu den Verfahren, die auf der Grundlage von Körpermerkmalen arbeiten, gehören auch **Programme zur Erkennung von Gesichtern**.[45]

Insb. bei dem **gutachterlichen Vergleich von Personen** im Hinblick auf Identität oder Nichtidentität sollte auf eine eindeutige Verwendung der Begriffe des Wiedererkennens und Identifizierens geachtet werden. Noch bedeutender ist es jedoch, sich der beiden zugrunde liegenden gegensätzlichen Prozesse bewusst zu werden und ein Wiedererkennen, wie es z.B. bei der Gegenüberstellung von Beschuldigten und Angehörigen der Polizei und Justiz (z.B. dem Richter) auftritt, vom gutachterlichen Prozess des Identifizierens zu trennen.

---

45   Behrens M, Roth R (eds) (2001) Biometrische Identifikation. Friedr. Vieweg & Sohn, Braunschweig Wiesbaden.

B. Allgemeine Grundlagen

> **Hinweis:**
> Der richterlichen Überzeugung, dass eine beschuldigte Person dem Täter bzw. dem Fahrer entspricht, liegt in erster Linie somit der Prozess des Wiedererkennens und nicht des Identifizierens zugrunde. Erst der gutachterliche Vergleich der Einzelmerkmale bei beiden betrachteten Personen (Täter bzw. Fahrer und beschuldigte Person) führt zu einer Identifikation im eigentlichen Sinne.

Am deutlichsten wird der Gegensatz zwischen diesen beiden Prozessen am Beispiel der Karikatur. Der Zeichner stellt hier persönlichkeitstypische Merkmale einer Person überspitzt dar, sodass der Betrachter bereits beim ersten Blick das Wesentliche erfasst und durch Wiedererkennen eine Zuordnung zu einer Person mit hinreichend großem Bekanntheitsgrad erfolgen kann. Würde man die Karikatur und eine Vergleichsaufnahme derselben Person für eine Identifikation heranziehen, so wäre in den meisten Fällen ein „nichtidentisch" das Ergebnis dieses Gutachtens, da der Zeichner zwar das Wesentliche, jedoch nicht die korrekten morphologischen Einzelheiten der betreffenden Person darstellt.

II. Gutachter und Auftraggeber

1. Qualifikation der Gutachter

Die Gruppe der Gutachter, die morphologische Identitätsbegutachtungen auf der Grundlage von Bildvergleichen durchführen, ist hinsichtlich ihrer Ausbildung sehr inhomogen. Gesetzliche oder standesrechtliche Voraussetzungen, die zum Tragen dieser Tätigkeitsbezeichnung berechtigen, existieren nicht. Viele der auf diesem Gebiet tätigen Personen haben ein Studium der Humanmedizin oder Anthropologie absolviert und arbeiten als Rechtsmediziner oder forensische Anthropologen. Darüber hinaus gibt es jedoch auch eine große Anzahl von Sachverständigen, die Angehörige der Polizei sind oder eine technische Ausbildung absolviert haben. Wichtig sind die im Rahmen eines Studiums, einer Berufsausbildung oder einer eigenständigen Weiterbildung erworbenen Kenntnisse der menschlichen Anatomie und Morphologie, das Studium der einschlägigen Literatur, langfristige Erfahrung und regelmäßiger fachlicher Austausch mit anderen Sachverständigen, die auf dem selben Gebiet arbeiten. Das Vorliegen dieser Voraussetzungen kann somit nur durch eine individuelle Überprüfung, z.B. in einem persönlichen Gespräch mit dem Gutachter eruiert werden.

I.Ü. gelten jedoch auch für Identitätsgutachten die allgemeinen Anforderungen an Gutachten, wie eine klare Gliederung, Nachvollziehbarkeit der Schlussfolgerungen, Verständlichkeit und Unparteilichkeit (s.a. Kapitel „Grundlegender Aufbau eines Gutachtens").

Teil 2: Morphologische Bildgutachten

2. Stellung der Gutachter vor Gericht

9   Der Gutachter fungiert lediglich als Erfüllungsgehilfe der beauftragenden Institution oder Person. Ziel eines Identitätsgutachtens ist die allgemein verständliche und nachvollziehbare Gegenüberstellung gleicher und gegensätzlicher morphologischer Merkmale bei den zu vergleichenden Personen. Auf Grundlage dieser Darstellung soll der Auftraggeber in die Lage versetzt werden, durch eigene Anschauung und Überzeugungsbildung das Maß der morphologischen Gleichheit beider Personen zu erkennen sowie den Einfluss technischer Parameter auf die Beurteilung einzuschätzen. Ziel eines morphologischen Identitätsgutachtens ist es hingegen nicht, sich auf Identität oder Nichtidentität der zu vergleichenden Personen eindeutig festzulegen.

3. Auftraggeber und Gutachtenarten

10   Die Beauftragung eines Identitätsgutachtens kann z.b. im Rahmen eines Verkehrsordnungswidrigkeitenverfahrens zur Klärung der Fahreridentität durch ein AG oder den RA des Beschuldigten erfolgen.

11   Im Rahmen von **Strafverfahren**, wie z.b. bei Scheckkartenbetrug oder Raubüberfällen auf videoüberwachte Objekte (z.B. Banken, Einkaufsmärkte) werden die Aufträge i.d.R. durch die ermittelnde Kriminalpolizeibehörde, die StA bzw. ein AG oder LG erteilt.

12   Im **zivilrechtlichen Bereich** sind Anfragen nach Gutachten auf diesem Gebiet eher selten. In einigen Fällen kann ein Gutachten mit dem Ziel in Auftrag gegeben werden, die Übereinstimmung von Passbildern auf Ausweisdokumenten und dem Dokumenteninhaber zu überprüfen und somit einen Anhaltspunkt für die Richtigkeit derartiger Ausweise zu geben. Die Auftragserteilung kann hierbei genauso von einem involvierten RA ausgehen, wie von den Ermittlungsbehörden, der StA, dem Gericht oder im Fall von ausländischen Mitbürgern, den zuständigen Landesbehörden.

In einigen Fällen kommt es sowohl innerhalb von Zivil- als auch Strafverfahren zu Aufträgen hinsichtlich der Feststellung von Identität oder Nichtidentität von Körperteilen außerhalb des Kopfbereiches. Dabei handelt es sich z.B. um Arzthaftungsprozesse mit der Dokumentation von Behandlungsfolgen an Körperteilen in Patientenunterlagen oder um Verfahren, in denen Körperverletzungen u.a. Übergriffe ohne Darstellung der Gesichter der beteiligten Personen bildlich dokumentiert wurden und nun anderweitige morphologische Strukturen z.B. der Hände oder eines Beines hinsichtlich Identität oder Nichtidentität beurteilt werden sollen.

13   Einige wenige Aufträge betreffen Bildvergleiche von Personen auf **historischen Gemälden**, wobei hier immer die gestalterische Freiheit des Künstlers berücksichtigt werden muss und keine exakte morphologische Kopie der tatsächlichen Person erwartet werden darf.

C. Gutachten

I. Arbeitsgrundlagen

Um einen Bildvergleich zur Feststellung von Identität oder Nichtidentität durchführen zu können, benötigt der Gutachter

- das zu überprüfende **Beweisbild** (Fahrer- bzw. Täterbild) sowie
- ein **Vergleichsbild** der vermuteten Person.

Liegt die Ermittlungsakte vor, sind hieraus sowohl die Adresse des Beschuldigten, unter der dieser zeitnah zur Anfertigung von Vergleichsaufnahmen eingeladen werden kann, ersichtlich als auch die Anschrift der zuständigen Verkehrspolizeibehörde bzw. der im Besitz des Originalbildmaterials befindlichen Polizeidienststelle, um die Originalbeweisbilder bzw. Hochglanzabzüge oder zumindest Thermoprints anfordern zu können. Auf die Notwendigkeit beider Maßnahmen wird in den nachfolgenden Absätzen noch näher eingegangen. In einigen Fällen kann es sich als schwierig erweisen, die Originalaufnahmen als Film, in digitaler Form oder als hochwertigen Abzug von der Verkehrsbehörde zu erhalten. Bei einer Beauftragung durch Gericht oder StA sollte in diesen Fällen zur Vermeidung einer Verjährung die Akte nach Rücksprache zur Vervollständigung der Unterlagen zurückgesandt werden. Bei einer Beauftragung durch Privatpersonen oder RA ist diese Möglichkeit meist nicht gegeben.

1. Beweisbilder

a) Bildeignung

In allen Fällen erfolgt bei Beauftragung zunächst, vor der eigentlichen Gutachtenerstellung, eine Überprüfung der Qualität der Fahrer- bzw. Täterbilder (Beweisbilder) bzgl. ihrer grundsätzlichen Eignung. Manchmal wird diesbezüglich ein eigenständiger Gutachtenauftrag i.S.e. Vorgutachtens erteilt.

Kriterien bzgl. der Bildeignung sind:
1. Prinzipielle Erkennbarkeit der zu beurteilenden Struktur (in den meisten Fällen der Kopf der betreffenden Person).
   In seltenen Fällen kann es z.B. infolge einer Lichtreflexion an einer Fahrzeugfrontscheibe bei fehlendem Polarisationsfilter der Kamera dazu kommen, dass sich keine der im Fahrzeug befindlichen Personen bildlich darstellen lässt.
2. Qualität der Merkmalsdarstellung, abhängig u.a. von:
   - Auflösung,
   - Abbildungsfehler u.a. durch das optische System der Kamera und
   - Überlagerung mit Bildartefakten.

Die Auflösung des Bildmaterials wird zum einen durch die **Bedingungen i.R.d. Bildaufnahme** (z.B. Kamera-Objekt-Abstand), zum andern durch Faktoren wie die **technischen Determinanten** des verwendeten Überwachungssystems, der Art der Datenspeicherung sowie dem Wiedergabemedium bestimmt (s. Rn. 22 ff., „Technische Aspekte bei digitaler Bildspeicherung").

Der Kamera-Objekt-Abstand beeinflusst nicht nur die Auflösung der Aufnahme, sondern ist auch für Abbildungsfehler verantwortlich. Bzgl. des Kamera-Objekt-Abstandes gilt: Je geringer dieser Abstand auf den Beweisbildern ist, umso größer ist das Gesicht und die Anzahl der hierfür zur Verfügung stehenden Bildpunkte. Besteht ein zu geringer Abstand zwischen Täter/Fahrer und der Kamera, kommt es zur sog. „tonnenförmigen" Verzeichnung mit Vergrößerung der zentralen Bildanteile und dem gleichzeitigen Zurücktreten der Bildperipherie, was zu einer unproportionalen Darstellung der abgebildeten Person führt. Dieser Effekt tritt hauptsächlich bei strafrechtlich relevanten Fällen (z.B. Überwachungskameras an Bankautomaten), seltener auch bei Ordnungswidrigkeiten auf. Ist hingegen das Beweisbild aus einem sehr großen Abstand heraus aufgenommen, stellt sich das Gesicht eher klein und mit weniger Bildpunkten dar, was die Auflösung und die Erkennbarkeit der Merkmale einschränkt. Bei sehr großem Abstand tritt eine „kissenförmige" Verzeichnung auf, die mit einer Betonung der Bildperipherie und einem Zurücktreten zentraler Bildanteile einhergeht.

Das Vorliegen einer Verzeichnung kann im Rahmen einer Begutachtung insb. bei einem Vergleich von Proportionen zu Fehleinschätzungen führen.

Auch eine Überlagerung durch Bildartefakte schränkt die Erkennbarkeit von Merkmalsdetails ein.

3. Quantität der dargestellten Merkmale, abhängig von:
   - der perspektivischen Darstellung des Gesichtes bzw. des Kopfes sowie
   - einer möglichen Teilbedeckung des Gesichtes (Maskierung, Sonnenbrille o.Ä.) bzw. eine Überdeckung durch Fahrzeuginnenstrukturen (Verkehrsordnungswidrigkeiten) oder durch Raumelemente (Scheckkartenbetrug, Raubüberfälle).

Während bei vollständig vermummten Tätern oder Fahrern generell von einem Vergleich der Gesichter abgesehen werden muss (wohingegen ein Vergleich weiterer körperlicher Merkmale möglich ist[46]), kann bei **teilvermummten** Personen ein Vergleich der sichtbaren Gesichtsanteile durchaus Hinweise auf Identität oder Nichtidentität erbringen.

Prinzipiell sind Aufnahmen aus jeder Perspektive verwendbar, wobei folgende Einteilung existiert:

---

46 Avignone JM, Rielly D (1979) Photographic Analysis of Bank Robbery Films. FBI Law Enforcement Bulletin 48/11: 21 – 25.

1. Frontale Aufnahmen, die das gesamte Gesicht zeigen, die Strukturen im Inneren der Ohrmuschel kommen hierbei nur eingeschränkt zur Darstellung.
2. Die Halbseitenperspektive, die die jeweils der Kamera zugewandte Gesichtsseite vollständig, angrenzende Gesichtsteile (die gegenüberliegende Gesichtsseite und der Ohrbereich) nur teilweise darstellt.
3. Die seitliche Perspektive, die eine Beurteilung des Profils sowie eine Frontalbetrachtung des der Kamera zugewandten Ohres ermöglicht.

Die einzelnen Perspektiven können zum einen orthogonal, daneben jedoch auch aus einer Kameraperspektive von oben bzw. unten aufgenommen worden sein, was die sichtbaren Merkmalsanteile weiter einschränkt. 17

Aufnahmen der Kopfrückseite bzw. des Kopfes von seitlich/hinten sind wegen der Darstellung nur weniger Merkmalskomplexe (Ohranteile, Haaransatz) kritisch zu betrachten. 18

Grds. gilt, je weniger Anteile des Gesichtes sichtbar sind, desto besser muss die Auflösung und die Detaildarstellung der morphologischen Merkmale sein, um noch ein aussagekräftiges Gutachten erstellen zu können. Besondere Aussagekraft besitzen dabei individualtypische Merkmale wie Narben, Tätowierungen, Leberflecken u.a. Ein Konsens bzgl. einer Mindestanzahl von erkennbaren Merkmalen existiert nicht. Ist hingegen das gesamte Gesicht einzusehen, so kann bei der Beurteilung eine Einschränkung der Auflösung toleriert werden. Aber auch die Lokalisation der einsehbaren Gesichtsareale ist von Bedeutung. So finden sich z.B. im Ohrbereich mehr und individuellere Merkmale als bei der Darstellung einer Wangenregion. Letztendlich muss in jedem Fall eine Einzelentscheidung getroffen werden, ob das vorliegende Bildmaterial zur Erstellung des beauftragten Gutachtens ausreichend ist.

Hinweis:
Derartige Überlegungen sind im Fall einer **Vorbegutachtung** schlüssig schriftlich darzulegen, sollten jedoch prinzipiell vor jedem Bildgutachtenauftrag angestellt werden. Ziel einer Vorbegutachtung ist es nicht, Bilder von vornherein als ungeeignet zu erklären, sondern den Auftraggeber über die mögliche Aussagekraft des Gutachtens in Kenntnis zu setzen. Auch gutachterliche Aussagen mit einem niedrigen Wahrscheinlichkeitsgrad können den Prozess der juristischen Entscheidungsfindung unterstützen. Die Entscheidung, ob ein Gutachten in Auftrag gegeben wird oder nicht, obliegt einzig dem Auftraggeber. Ziel einer derartigen Vorbetrachtung ist es ebenfalls nicht, bereits an dieser Stelle Aussagen bzgl. Identität oder Nichtidentität zu treffen.

Teil 2: Morphologische Bildgutachten

19   Die der Akte beigefügten Ausdrucke der **Beweisbilder auf Normalpapier** sind i.d.R. bestenfalls geeignet, den Prozess des Wiedererkennens herbeizuführen, besitzen jedoch in den meisten Fällen nicht die für ein Identifikationsgutachten notwendige Qualität. Aus diesem Grund ist es in der Mehrzahl der Fälle notwendig

- das Originalbildmaterial (entweder als Film oder Datei) oder
- qualitativ hochwertige Ausdrucke auf Fotopapier oder zumindest
- Thermoprints

bei der zuständigen Messbehörde zu bestellen. Dabei sollte die Messbehörde nach Möglichkeit darauf hingewiesen werden, das **Rohformat des Bildmaterials** zur Verfügung zu stellen. Je nach Kameratyp und Grundeinstellung stehen jedoch teilweise auch nur komprimierte Bildformate, wie z.b. JPG zur Verfügung.

20   In einigen Fällen, sowohl bei Verkehrsordnungswidrigkeiten als auch bei Straftaten, können **Filme** bzw. mehrere Sequenzen von Einzelaufnahmen vorliegen. Hierbei ist die Auswahl geeigneter Aufnahmen wichtig. Um den Umfang des Gutachtens in einem angemessenen Rahmen zu halten, muss sich der Gutachter auf besonders aussagekräftige Bilder beschränken.

b)   Bildbearbeitung

21   Ein weiterer wichtiger Punkt in Bezug auf die Fahrer- bzw. Täterbilder ist die **Dokumentation des Originalzustandes** und aller bildbearbeitenden Maßnahmen, wobei der Gutachter in den meisten Fällen lediglich Änderungen der Helligkeit und des Kontrastes vornimmt. Änderungen des Bildformates und der Auflösung, insb. Mechanismen, die das Bild komprimieren, sollten unterbleiben. Für weiter gehende bildanalytische bzw. bildbearbeitende Maßnahmen ist die Hinzuziehung eines darauf spezialisierten Experten notwendig.

c)   Technische Aspekte bei digitaler Bildspeicherung

aa)   Bildaufzeichnung

22   Moderne Verkehrs- und Raumüberwachungsanlagen verwenden statt der früher üblichen Analogaufzeichnung (Aufnahme auf Videoband) nahezu ausschließlich eine digitale Aufzeichnung. Dabei werden die Bildsignale der Kamera direkt digitalisiert und in digitaler Form abgespeichert. Als Speichermedium dienen meist handelsübliche Festplatten.

Die digitale Speicherung bietet ggü. der Analogtechnik manche **Vorteile** wie z.B. eine bessere Bildschärfe, geringeres Rauschen oder die Möglichkeit zur Kopie ohne Qua-

litätsverlust. In der Praxis führt sie allerdings auch zu **zwei Problemkreisen**, die eine Interpretation des Bildmaterials im Rahmen von Identitätsgutachten erschweren:
- **Störungen des Bildinhaltes** durch Datenkompression und
- **Verzerrung von Proportionen** durch fehlerhafte Bildformate.

bb) Datenkompression

Die bei der digitalen Speicherung zu verarbeitende Datenmenge ist sehr groß. Pro Video-Farbbild fallen ca. 1.3 MB an Rohdaten an, was bei einer Echtzeit-Aufnahme mit 25 Bildern pro Sekunde eine Datenrate von ca. 32 MB/s bedeutet und bei längeren Aufnahmezeiten sehr schnell enormen Speicherplatz erfordert. Die Bilddaten werden daher üblicherweise in stark komprimierter Form abgespeichert. Bei der **Kompression von Bilddaten** ist zu unterscheiden zwischen **verlustfreien** und **verlustbehafteten Verfahren**. 23

Bei **verlustfreier Kompression** bleiben die Originaldaten unverändert erhalten, allerdings ist die Reduktion der Datenmenge typisch auf eine Größenordnung von 50 % beschränkt. Stärkere Reduktion ist nur mit verlustbehafteten Verfahren möglich. Hersteller von Video-Überwachungsanlagen verwenden hierfür nahezu ausschließlich das JPEG-Verfahren. Exakte Beschreibungen des JPEG-Standards finden sich in der Literatur (z.B. bei *Lipp*[47]), an dieser Stelle genügt eine anschauliche Beschreibung. 24

Beim JPEG-Verfahren wird zunächst das Bild für jede Farbe getrennt in Teilbereiche von 8x8 Bildpunkten zerlegt. Separat für jedes dieser Teilbilder erfolgt nun eine sog. „harmonische Analyse", die sich beim Versuch einer anschaulichen Beschreibung wohl am ehesten mithilfe einer Analogie zur Akustik verstehen lässt:

Eine allmähliche Änderungen der Helligkeit von schwarz nach weiß über die 8 Bildpunkte hinweg entspricht einem tiefen Ton, häufiger Wechsel von Hell und Dunkel einem hohen Ton. Es werden nun Koeffizienten für die relativen Anteile aller im 8x8-Bereich möglichen Frequenzen von Helligkeitsänderungen berechnet (in der Akustik-Analogie hieße dies: Wie intensiv sind hohe Töne im Vergleich zu tiefen Tönen im untersuchten Schall enthalten?). Gespeichert werden beim JPEG-Bildformat nun nicht die Bilddaten, sondern die berechneten Koeffizienten. Ein Programm zur Betrachtung von JPEG-Bildern liest beim Öffnen der Bilddatei diese gespeicherten Koeffizienten und berechnet hieraus das Originalbild (sog. „harmonische Synthese", die Umkehrung der „harmonischen Analyse").

Vor der Speicherung allerdings erfolgt der für die Komprimierung entscheidende Schritt: Vereinfacht gesagt, werden für jedes 8x8-Teilbild alle Koeffizienten, die relativ klein ggü. anderen Koeffizienten sind, kurzerhand auf null gesetzt. Damit entsteht ein

---
47 Lipp T.W. (1994) Die große Welt der Grafikformate. Synergy Verlag GmbH München.

Datensatz, der sehr viele Nullen enthält und sich mit üblichen Verfahren zur Dateikomprimierung auf sehr geringe Größe reduzieren lässt.

Programme zur Erzeugung von JPEG-Bildern bieten dem Benutzer üblicherweise eine Möglichkeit zur **Einstellung der Bildqualität**. Der hier eingestellte Wert bestimmt letztlich die Grenzen dafür, welche Koeffizienten vom Rechenverfahren als „relativ klein" angesehen und auf null gesetzt werden sollen.

Wie oben gesagt, wird beim Öffnen einer JPEG-Datei aus den gespeicherten Koeffizienten ein Bild berechnet. Es gibt aber zu diesem Zeitpunkt für das öffnende Programm keine Möglichkeit mehr festzustellen, welche Koeffizienten seinerzeit bei der Speicherung willkürlich auf null gesetzt worden waren. Diese Information ist unwiederbringlich verloren. Der Datenverlust an sich mag unschön sein, ist aber nicht das wesentliche Problem bei der gutachterlichen Auswertung des Bildes. Auch bei analoger Aufzeichnung wären ggü. dem von der Kamera erzeugten Bild große Informationsverluste in Form von Unschärfe aufgetreten (die Auflösung eines VHS-Rekorders ist nur etwa halb so groß wie die einer typischen Kamera).

25 Problematisch ist beim JPEG-Verfahren vielmehr die **völlig unabhängige Berechnung für die einzelnen 8x8-Teilbilder**. Dadurch können Bilddetails komplett verloren gehen oder verfälscht werden.

Bild 1: Bildfehler durch JPEG-Komprimierung

Bild 1 zeigt in zwei Qualitätsstufen den Einfluss der JPEG-Kompression auf das links dargestellte Ausgangsbild. Das mittlere Bild wurde mit einer Qualitätsstufe von 30 %, das rechte Bild mit Qualitätsstufe 70 % komprimiert (Programm: Ulead PhotoImpact; Bilder zur Verdeutlichung für den Druck leicht geschärft).

Bei einer Qualitätsstufe von 30 % ist das für JPEG-Kompression typische „Kachelmuster" deutlich erkennbar. Die Ohrmuschel wird in letzlich nicht mehr auswertbarer Weise verzeichnet. Bei der Augenbraue wird das Ende komplett unterdrückt. Immerhin sind in dieser Qualitätsstufe die Effekte so deutlich, dass kaum die Gefahr einer Fehlinterpretation besteht.

Bei der Qualitätsstufe 70 % sind ebenfalls Fehler durch die Komprimierung festzustellen. Auch hier ist das Ende der Augenbraue abgeschnitten, der Bereich des Ohres ist ebenfalls verfälscht ggü. dem Ausgangsbild. Das Kachelmuster tritt aber bei weitem nicht so deutlich hervor.

> **Hinweis:**
>
> Je nach Bildinhalt und eingestellter Qualitätsstufe können daher Situationen entstehen, in denen der Einfluss der JPEG-Komprimierung keineswegs augenfällig ist. Wird er übersehen, ist die Gefahr von Fehlinterpretationen durchaus gegeben. Ein Gutachter benötigt daher in solchen Fällen einen technisch geschulten Blick, um die Grenzen der Auswertbarkeit des Bildmaterials feststellen zu können.

cc) Verzerrung von Proportionen

Die in Deutschland verwendete Video-Norm geht auf die Fernsehnorm zurück, wie sie Anfang des 20. Jahrhunderts entwickelt wurde. Danach besteht ein Videobild aus 625 Zeilen, die eigentliche Bildinformation umfasst dabei 576 Zeilen. Das Seitenverhältnis des Bildes beträgt 4:3 (Breite zu Höhe). Digitalisiert man ein solches Bild und sollen dabei sowohl die einzelnen Bildpunkte quadratisch sein als auch das Seitenverhältnis von 4:3 erhalten bleiben, ergibt sich ein Bildformat von 768x576 Bildpunkten (Pixel). 26

Die Forderung, mit quadratischen Bildpunkten zu digitalisieren, ist in der Praxis sehr wichtig. Alle üblichen Geräte zur Bildausgabe, d.h. insb. Monitore und Drucker, setzen quadratische Bildpunkte voraus bzw. behandeln Bildpunkte so, als wären sie quadratisch. Sind die Bildpunkte dies nicht, wird das Bild verzerrt wiedergegeben.

> **Hinweis:**
>
> Digital speichernde Überwachungsanlagen geben nun sehr häufig Bilddateien im Format 720x576 oder 704x576 aus. Dies ist unproblematisch, wenn hier nicht die ganze Videozeile digitalisiert wurde. Wichtig für die unverzerrte Wiedergabe auf Monitor oder Drucker ist nur, dass bei der Digitalisierung des Kamerasignals quadratische Punkte verwendet wurden. Ist dies aber nicht der Fall, wurde also z.B. die gesamte (nominal 768 Pixel lange) Bildzeile mit 704 Punkten digitalisiert, erscheint das Bild seitlich um einen Faktor 768/704 = 1.091 gestaucht, die Proportionen sind also um fast 10 % verzerrt.

Teil 2: Morphologische Bildgutachten

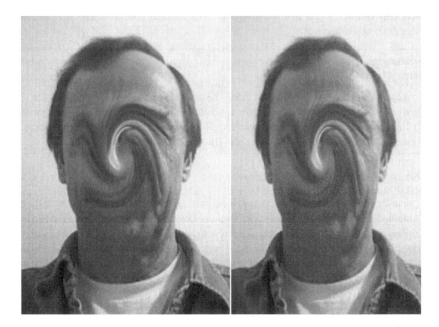

Bild 2: Verzerrung von Proportionen

Tatsächlich werden derartige Fälle in der Praxis beobachtet. Wie Bild 2 verdeutlicht, sind Verzerrungen von Proportionen in diesem Bereich keineswegs unerheblich für die gutachterliche Auswertung eines Bildes.

27 Ob ein Bild korrekt (im Sinne quadratischer Bildpunkte) digitalisiert wurde, kann der Betrachter aber letztlich nicht zweifelsfrei feststellen. Wie die Erfahrung zeigt, sind sich leider auch Hersteller von Überwachungssystemen nicht unbedingt über das Problem im Klaren. Zwei Fallbeispiele aus der Praxis (die betreffenden Anlagen stammen von verschiedenen Herstellern) sollen dies verdeutlichen:

Beispiel A:

Vorgelegen hatte ein digitales Bild im Format 704x576 aus einer Verkehrsüberwachungsanlage.

Das abgebildete Fahrzeug wirkte so schmal, dass Verdacht auf Verzerrung bestand und der Hersteller der Anlage telefonisch kontaktiert wurde. Ein Techniker des Herstellers erklärte ausführlich, dass aufgrund der Normen für Videosignale das Format von 704x576 zwingend korrekt sei. Erfreulicherweise ließ sich der Techniker dazu überreden, ein exaktes Quadrat zu zeichnen, diese Zeichnung mit seiner Überwachungsanlage aufzunehmen, das Bild auszudrucken und am ausgedruckten Bild das Seitenverhältnis zu messen. Zu seiner Überraschung ergab sich im Ausdruck eine Verzerrung von knapp 9 %, was i.R.d. Messgenauigkeit mit dem vermuteten Wert von 9.1 % gut übereinstimmt.

Beispiel B:

Vorgelegen hatten digitale Bilder im Format 704x576 aus einer Raumüberwachungsanlage.

Von einer Deckenkamera aufgenommene Bodenfliesen zeigten eine sehr fremdes, fast (aber eben nicht ganz) quadratisches Format. Nach versuchsweiser Umrechnung der Bilder auf das Format 768x576 erschienen die Bodenfliesen quadratisch. Es bestand daher Verdacht auf Verzerrung und der Hersteller der Anlage wurde telefonisch kontaktiert. Auch dieser Hersteller war letztlich bereit, den oben beschriebenen Test durchzuführen, allerdings mit einem Pappkarton statt eines gezeichneten Quadrates. Damit ermittelte man zwar eine Verzerrung der Proportionen von ca. 5.5 %, argumentierte aber, dass dies u.A. auf Schiefstand des Kartons zur Kamera zurückzuführen sei und letztlich keine Verzerrung durch die Anlage vorliege. Diese Argumentation war zu unsicher, die Anlage wurde daher vor Ort in Augenschein genommen. Dabei stellte sich sowohl heraus, dass die vorhandenen Bodenfliesen in der Tat quadratisch waren als auch, dass der Benutzer der Anlage die gespeicherten Bilder nach Wahl in verschiedensten Formaten ausgeben konnte (u.a. auch im korrekten Format 768x576).

Die beiden Fallbeispiele zeigen, dass auch ein Gespräch mit dem Hersteller einer Anlage nicht notwendig ein einfacher Weg ist, um den Sachverhalt zu klären. Insb. ist ggf. technischer Sachverstand erforderlich, um die Stichhaltigkeit der herstellerseitigen Argumentationen beurteilen zu können. 28

2. Vergleichsbilder

a) Einflussfaktoren

Bei der Anfertigung der Vergleichsaufnahmen besitzen mehrere Faktoren einen großen 29
Einfluss auf die spätere Erstellung des Gutachtens:
- Bildausschnitt,
- Kamera-Objekt-Abstand und Brennweite,
- Kamera (Abbildungsfehler),
- Auflösung,
- Ausleuchtung,
- Farbtreue,
- Mimik,

- Frisur,
- Accessoires,
- Perspektive.

aa) Bildausschnitt

30 Eine geeignete Vergleichsaufnahme stellt den Kopf, den Hals sowie den oberen Anteil der Schultern bildfüllend dar, um so die größtmögliche Abbildung des Gesichtes und damit einhergehend die bestmögliche Auflösung der Einzelmerkmale zu gewährleisten. Die Größe des abzubildenden Objektes (hier der Kopf) wird durch folgende Faktoren beeinflusst:

- die Brennweite des Objektivs,
- dem Objektabstand,
- der Größe des Films bei der analogen Fotografie,
- der Größe des Bildsensors bei der digitalen Fotografie.

bb) Kamera-Objekt-Abstand und Brennweite

31 Ein Objekt im Bildvordergrund, wie z.b. der Kopf kann mit abnehmendem Objektabstand bzw. mit zunehmender Brennweite größer dargestellt werden.[48] Bei Verwendung von modernen Kameras findet sich häufig ein Hebel für die automatische Zoom-Funktion, d.h. die Verschiebung von Linsen mit Veränderung der Brennweite, die bei gleich bleibendem Kamera-Objekt-Abstand eine mehr oder weniger stufenlose Auswahl des Bildausschnittes ermöglicht.

Die Objektgröße kann aber auch durch den Kamera-Objekt-Abstand beeinflusst werden (s.a. Rn. 16 ff., „Beweisbilder"). Sind die Täter- bzw. Fahreraufnahmen aus einiger Entfernung angefertigt und ist somit nicht mit daraus resultierenden kamerabedingten Verzerrungen zu rechnen, so stellt sich die Frage nach dem **idealen Aufnahmeabstand** bei der Anfertigung von Vergleichsbildern. Ein für alle Gesichter idealer Abstand existiert nicht, was auf die Dreidimensionalität des Gesichtes, insb. auf das Gesichtsrelief zurückzuführen ist. So stellen sich reliefstarke Gesichter (z.B. solche mit prominenter Nase oder Kinn) bei einer mittleren Distanz bereits mit sog. „tonnenförmiger" Verzeichnung dar, wohingegen ein Gesicht mit eher flachem Relief aus dieser Entfernung bereits einen „abgeplatteten" Eindruck aufweisen kann. Trotzdem bleibt in der Praxis häufig die Forderung nach standardisierten Aufnahmebedingungen, insb. hinsichtlich des Kamera-Objekt-Abstandes. Im Rahmen einer Versuchsreihe wurde

---

48 Verhoff MA, Gehl A, Kettner M, Kreutz K, Ramsthaler F (2009) Digitale forensische Fotodokumentation. Rechtsmedizin 19: 369–381.

von *Verhoff* et. al.[49] dieser Frage nachgegangen. Im Ergebnis ist bei Anfertigung der Vergleichsaufnahmen ein Abstand von ca. 2 m zwischen Kamera und abzubildender Person zu empfehlen. Dies entspricht auch eigenen, jedoch nicht durch Versuchsreihen verifizierten Erfahrungen.

Ist der **Kamera-Objekt-Abstand sehr gering**, wie dies z.b. häufig bei durch Bankomatkameras dokumentiertem Scheckkartenbetrug der Fall ist, sind die Verzerrungen bei der Abbildung des Täters teilweise sehr ausgeprägt. Dabei tritt überwiegend die sog. „tonnenförmige" Verzerrung auf (s.o.). In diesen Fällen ist es vorteilhaft zwei Arten von Vergleichsaufnahmen anzufertigen: Zum einen eine möglichst situationsgetreue Aufnahme der verdächtigten Person aus kurzem Abstand mit weit gehender Reproduktion der Bildverzeichnung; zum zweiten eine Vergleichsaufnahme aus geeignetem Abstand (s.o.), um die Merkmale mit ihren Ausprägungen deutlich und objektiv festzuhalten.

Wenn möglich, ist insb. bei Vorliegen einer Verzerrung, die Anfertigung der Vergleichsfotografie mittels der Tatkamera anzustreben.[50] Dies ist bei Verkehrsordnungswidrigkeitenverfahren aus praktischen Gründen weder möglich noch verhältnismäßig. Im Rahmen von Strafverfahren, bei Scheckkartenbetrug oder Raubeinbrüchen kann diese Möglichkeit eher in Betracht gezogen werden.

cc) **Auflösung**

Häufig wird als Wert für die theoretisch erreichbare Qualität, also die Auflösung eines Bildes, die Gesamtzahl der Bildpunkte (angegeben in Megapixel) bzw. die Anzahl der Spalten und Zeilen einer Rastergraphik angegeben. Hierbei spielt die Art und Weise der Wiedergabe (z.B. als Fotoabzug oder als Datei auf einem Bildschirm) eine Rolle, wobei gilt:

Je höher die Anzahl von Bildpunkten, Spalten oder Zeilen ist, desto eher erreicht man eine gute Bildqualität weitgehend unabhängig von der physikalischen Art und Weise der späteren Wiedergabe.

Die in der heutigen Zeit handelsüblichen Digitalkameras erfüllen mit den zur Verfügung stehenden mehreren Millionen Bildpunkten diese Anforderungen hinreichend und in der praktischen Arbeit ist immer ein Kompromiss zwischen einer guten Auflösung und einer vernünftigen Bild- bzw. Dateigröße anzustreben. Die tatsächliche Bildqualität hingegen wird darüber hinaus durch wesentlich mehr Faktoren bestimmt. Viel eher als von den bereits angeführten Faktoren hängt die Bildauflösung von Digi-

32

---

49 Verhoff MA, Witzel C, Kreutz K, Ramsthaler F (2008) The ideal subject distance for passport pictures. Forensic science international 178: 153 – 156.
50 Ventura F, Zacheo A., Ventura A, Pala A (2004) Computerised anthromorphometrics analysis of images: case report. Forensic science international 146: 211 – 213.

Teil 2: Morphologische Bildgutachten

talkameras von der Größe und dem Rauschverhalten der Bildsensoren ab. Je kleiner der Bildsensor, also die Belichtungsfläche, desto kleiner der einzelne Bildpunkt und desto größer die Signalverstärkung, was zu Bildrauschen und dem Eindruck der Unschärfe bzw. Grobkörnigkeit führen kann. Dabei besitzen digitale Spiegelreflexkameras mit Sensoren in der Größe analoger Kleinbildkameras deutlich größere Sensoren als digitale Kompaktkameras.

dd) Kamera

33 Wie jedes optische System weist auch das der Kamera Abbildungsfehler auf, die sich teilweise überlagern (z.b. sphärische Aberrationen, Astigmatismus u.a.). Diese Fehler sind teilweise nur schwer nachzuweisen und im Nachhinein nicht mehr zu korrigieren.

ee) Ausleuchtung

34 Bei der Erstellung der Vergleichsaufnahmen muss auf eine ausreichende Ausleuchtung geachtet werden. Insb. Schattenbildungen in den seitlichen Gesichtsanteilen und den abhängigen Partien, wie z.b. dem Nasen- bzw. Mundboden können die Beurteilung stark einschränken.

ff) Farbtreue

35 Die Farbtreue spielt bei Vergleichsaufnahmen eine eher untergeordnete Rolle, da Täter- und Fahrerbilder häufig im Schwarz-Weiß-Modus vorliegen. In den Fällen, in denen Farbaufnahmen existieren, erweist es sich im Nachhinein oft als schwierig die **Farbeinstellungen der Überwachungskamera** zum betreffenden Zeitpunkt zu rekonstruieren, sodass der Wert von farbigen Vergleichsaufnahmen eher fraglich bleibt. Letztendlich liefern Farben i.R.d. Begutachtung nur Zusatzinformationen, die aufgrund der hier angestellten Betrachtungen eingeschränkt und mit Vorsicht in die Begutachtung einfließen sollten.

gg) Mimik

36 Bei Anfertigung der Vergleichsaufnahmen empfiehlt es sich, den Betreffenden generell mit einer neutralen Mimik aufzunehmen. Ist auf dem Beweisbild eine mimische Bewegung erkennbar, so ist die Anfertigung einer weiteren Bilderserie anzuraten, da sich erst hier der für verschiedene Gesichtsbewegungen individualtypische Hautfurchenverlauf zeigt.

hh) Frisur

37 Die Kopfbehaarung ist aufgrund ihrer leichten Zugänglichkeit und der sich hieraus ergebenden Variations- und Manipulationsmöglichkeiten sowie den altersbedingten

Veränderungen nur von eingeschränkter Bedeutung. Wenn möglich sollten auf den Vergleichsaufnahmen aussagekräftige Gesichtspartien, insb. die Ohren, nicht durch die Frisur bedeckt sein. Ein Zurückkämmen aller Haare ist hingegen nicht notwendig.

ii) **Accessoires**

Auf einigen Beweisbildern ist der Fahrer bzw. der Täter mit Accessoires abgebildet. Am häufigsten finden sich hierbei Brillen und verschiedene Kopfbedeckungen, aber auch Ohrschmuck oder Piercings. Insb. bei Brillen kann in einer zweiten Bilderserie die Situation auf dem Beweisbild nachgestellt werden und so Hinweise auf Identität oder Nichtidentität liefern. Eine besonders realistische Nachstellung der Tat- bzw. Fahrsituation, wie z.b. das **Fotografieren durch die Windschutzscheibe** oder durch Glaslamellen eines Bankschalters ist nicht notwendig oder sogar störend. So kann insb. das Fotografieren durch Scheiben bzw. andere Medien zu starken Qualitätseinbußen des Vergleichsbildes führen und sollte lediglich, wenn überhaupt, ergänzend durchgeführt werden.

38

jj) **Perspektive**

Neben der Verzerrung und der Überlagerung durch Bildartefakte kommt der Perspektive die größte Bedeutung zu.

39

Zunächst besteht die Schwierigkeit darin, die **Stellung des Kopfes** der Person auf den Beweisbildern korrekt einzuschätzen. Die Kopfstellung wird dabei durch folgende, in verschiedenen Ausmaßen kombinierte Bewegungen bestimmt:

1. **Drehung des Kopfs** nach rechts oder links mit einer horizontalen Verschiebung der Gesichtsmerkmale (Abb. 2),
2. **Neigung des Kopfs** nach rechts oder links mit einer kombinierten vertikalen und horizontalen Verschiebung der Gesichtsmerkmale (Abb. 3),
3. **Kippung des Kopfs** nach vorn und hinten mit einer vertikalen Verschiebung der Gesichtsmerkmale (Abb. 4).

Teil 2: Morphologische Bildgutachten

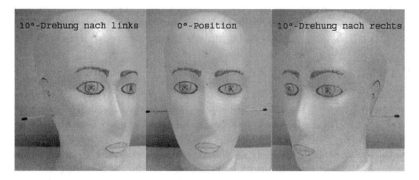

Abb. 2: *Kopfdrehung nach links/rechts*

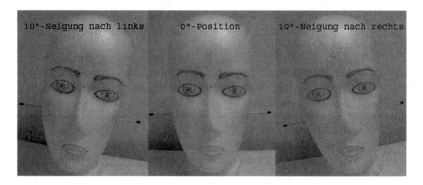

Abb. 3: *Kopfneigung nach links/rechts*

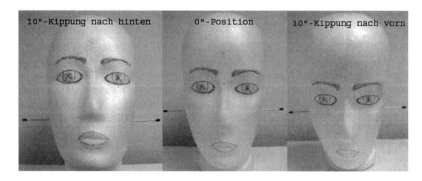

Abb. 4: *Kopfkippung nach vorn/hinten*

C. Gutachten

Bei der **Beurteilung der Kopfposition** treten folgende Einschränkungen auf:
1. Bei der Abbildung eines Kopfes auf einer Abbildung wird ein dreidimensionales Objekt zweidimensional dargestellt.

Dabei ist, wie zu erwarten, auf den Aufnahmen die Ausrichtung horizontal (x-Achse) und vertikal (y-Achse) leichter einzuschätzen. Auf die Ausrichtung in die Tiefe (z-Achse) kann lediglich indirekt rückgeschlossen werden.

Aber auch bei der Betrachtungen von realen Personen aus der frontalen Perspektive ergibt sich hinsichtlich der Kippung des Kopfes (mit Verschiebung der Merkmale entlang der z-Achse) eine weitere Besonderheit:

In Versuchsreihen zur Beurteilung von Kopfstellungen zeigte sich eine deutliche Diskrepanz zwischen der Wahrnehmung einer Kippung des Kopfes nach vorn und einer Kippung des Kopfes nach hinten. Eine Kippung nach vorn wurde von Testpersonen erst ab einer Auslenkung von mehr als 10° sicher wahrgenommen, währenddessen eine Kippung nach hinten bereits ab 5° sicher festgestellt werden konnte.[51] Hieraus lässt sich die zweite Einschränkung ableiten:

2. Das menschliche Auge ist auch bei Betrachtung eines dreidimensionalen Objektes in nur eingeschränktem Maße fähig, dessen Stellung im dreidimensionalen Raum, d.h. dessen Auslenkung aus der Null-Grad-Position sicher und korrekt zu erfassen.

Anhaltspunkte bieten dabei **Symmetrieachsen** und **anderweitige Orientierungslinien**. Je symmetrischer der Aufbau eines Objektes ist, desto besser kann dessen Auslenkung aus der Null-Grad-Position und so die Stellung im Raum abgeschätzt werden. Bei einer fiktiven Teilung eines Kopfes entlang der Mittellinien aller drei Ebenen ergibt sich eine

– linke und rechte Gesichtshälfte,
– eine obere und untere Gesichtshälfte sowie
– eine vordere Kopfhälfte (mit Gesicht) und eine hintere Kopfhälfte (einschließlich Hinterhaupt).

Zwischen dem oberen und unteren Gesichtsanteil sowie zwischen dem vorderen und hinteren Kopfanteil ist schon aus anatomischen Gründen keine Symmetrie gegeben, sodass zur Abschätzung der Position situationsangepasste Hilfslinien verwendet werden müssen.

Um die Kippung eines Kopfes abzuschätzen, hat sich eine gedachte, horizontal verlaufende Verbindung zwischen beiden Ohrläppchenunterrändern bewährt (Abb. 5). Je weiter sich der Kopf nach vorn gekippt darstellt, desto weiter liegt diese Linie im oberen Gesichtsanteil. Umgekehrt verläuft die Linie eher im unteren Gesichtsbereich, wenn der Kopf eine Kippung nach hinten aufweist. Der genaue Verlauf dieser Linie

---

51 Bellmann D (2004) Differenzierung von Personen mittels computergestützter Bildanalyse Dissertation, Homburg/Saar.

wird von der Morphologie des Gesichtes und der Lage beider Ohren bestimmt und ist individuell verschieden.

42 Um die Neigung eines Kopfes zu bestimmen, kann man sich der gleichen Hilfslinie bedienen (Abb. 6). Hierbei ist das Ausmaß der Auslenkung aus der Horizontalen nach rechts oder links zu bestimmen.

Eine scheinbare Symmetrie mit einer Symmetrielinie vertikal entlang des Nasenrückens (Abb. 7) existiert im menschlichen Gesicht lediglich zwischen der linken und rechten Gesichtshälfte, wobei zahlreiche Untersuchungen dies widerlegen[52] und insb. auf die Asymmetrie der Ohren[53] hinweisen. Somit scheint die Drehung des Kopfes in der frontalen Perspektive aufgrund der scheinbaren Symmetrie in der Einschätzung am schwierigsten.

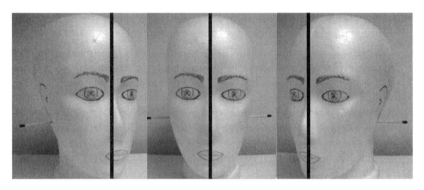

Abb. 5: Hilfslinien zur Einschätzung der Kopfkippung

---

52 Taylor KT (2001) Forensic Art and Illustration. CRC Press LLC, Boca Raton London New York Washington D.C.
53 Burkhardt L (1974) Zur bilateralen Ähnlichkeit der menschlichen Ohrform – ein Beitrag zum Symmetrieproblem. Anthropologischer Anzeiger 34: 102 – 111.

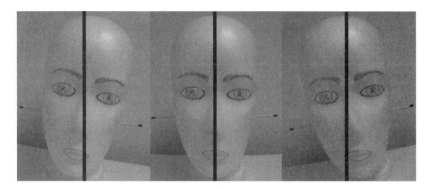

Abb. 6: Hilfslinien zur Einschätzung der Kopfneigung

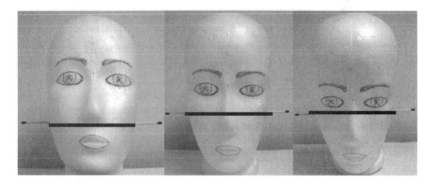

Abb. 7: Hilfslinien zur Einschätzung der Kopfdrehung

Nach einer Analyse der Kopfhaltung der Person auf den Beweisbildern besteht im zweiten Schritt das wesentliche Ziel bei der Anfertigung der Vergleichsaufnahmen darin, die Perspektive des Täter- und Fahrerbildes hinsichtlich der Drehung, Neigung bzw. Kippung des Kopfes unter Verwendung der oben angeführten Orientierungs- und Hilfslinien so genau wie möglich nachzubilden.

Die Kombination aus Abschätzen der Kopfstellung der Person auf dem Vergleichsbild und der weitgehend vergleichbaren Ausrichtung der Kopfhaltung der beschuldigten Person erfordert Übung und Erfahrung. Im Allgemeinen sollten stets mehrere Bilder in ähnlichen Kopfhaltungen aus der entsprechenden Perspektive angefertigt werden, da dies die Chance erhöht, der Kopfhaltung auf den Beweisbildern weitgehend zu entsprechen.

Teil 2: Morphologische Bildgutachten

In neueren Studien werden Verfahren überprüft, in denen das Gesicht der beschuldigten Person mit einem 3-D-Laserscanner erfasst und als 3-dimensionale Abbildung dargestellt wird. Entweder per Hand oder computergestützt mittels eines mathematischen Algorithmus wird dann versucht, diesen Datensatz der auf dem Vergleichsbild dargestellten Perspektive weitgehend anzupassen. Eine Einschränkung der praktischen Verwendbarkeit besteht in der Tatsache, dass die hierfür entwickelte Software eine hohe Qualität des Vergleichsbildes benötigt, was in der Praxis häufig nicht gegeben ist.

Auf die Bedeutung der Perspektive für die Gutachtenerstellung wird in den Kapiteln „Deskriptiver Vergleich" (s. Rn. 65) und „Metrischer Vergleich" (s. Rn. 90) näher eingegangen.

b)   Dokumentation der Identität und des Aufnahmedatums

44   Liegen zur Gutachtenerstellung geeignete Täter- bzw. Fahrerbilder vor, so werden nun Vergleichsbilder der beschuldigten oder vermuteten Person nach den in Kapitel „Vergleichsbilder" dargelegten Vorgaben angefertigt (s. Rn. 29). Dafür geht den betroffenen Personen unter der in der Akte angegebenen Adresse eine Einladung zu. Darin werden der Termin und der Ort für die Anfertigung von Vergleichsaufnahmen mitgeteilt sowie darauf hingewiesen, dass Ausweispapiere zur **Sicherung der Personenidentität** notwendig sind. Vor der Anfertigung der Vergleichsaufnahmen ist die Überprüfung der Ausweisdokumente zwingend nötig, um Verwechslungen der zu vergleichenden Personen, wie z.B. weitere Familienangehörige oder Arbeitskollegen zu vermeiden. Dies gilt insb. in den Fällen, in denen zusätzliche Personen in das Gutachten einbezogen werden sollen. In den seltenen Fällen, in denen keine Ausweispapiere vorgelegt werden können, werden die persönlichen Daten (Name, Wohnort, Geburtstag und -ort sowie eine Unterschrift) erhoben. Auf die hier fehlende Sicherung der Identität muss im Gutachten ausdrücklich hingewiesen werden.

45   Betroffenen, die in einer weiteren Distanz zum beauftragten Gutachter wohnen, ist es manchmal aus Gründen der Verhältnismäßigkeit nicht zuzumuten, zu den Vergleichsaufnahmen anzureisen. Hier besteht die Möglichkeit der Anfertigung von Aufnahmen im Rahmen eines Verhandlungstermins durch den beauftragten Gutachter oder nach Instruktion durch eine nahe gelegene Polizeidienststelle bzw. durch andere Gutachter, deren Praxis oder Institut näher am Wohnort des Betroffenen gelegen sind. Auch hierbei sollte sich die beschuldigte Person jedoch immer ggü. dem jeweiligen Fotografen ausweisen, um die Begutachtung falscher Personen zu vermeiden.

46   In einigen Fällen liegen der Akte bereits Vergleichsbilder bei, die vom Betroffenen selbst angefertigt wurden. Sind diese Abbildungen hinsichtlich ihrer Perspektive geeignet (s. Rn. 39), so können sie zur Gutachtenerstellung herangezogen werden. Problematisch bleibt hierbei die Identitätssicherung. Diese kann in diesen Fällen häufig erst nach der Gutachtenerstellung im Rahmen einer Gerichtsverhandlung durch den

zuständigen Richter durchgeführt werden. Auch hier muss im Gutachten auf die fehlende Sicherung der Identität sowie des Aufnahmedatums hingewiesen werden. Darüber hinaus sind diese Bilder kritisch auf Manipulationen zu überprüfen. Sollten sich Hinweise hierfür ergeben, so ist dies im Gutachten klar darzulegen.

Ein weiteres Problem ist das (meist) **unbekannte Aufnahmedatum** dieser Vergleichsaufnahmen. Stehen Aufnahmen älteren Datums zur Verfügung, können altersbedingte Modifikationen der Merkmalsausprägung bei der Gutachtenerstellung berücksichtigt werden, was die Aussagekraft des Gutachtens jedoch in unterschiedlichem Maß einschränken kann. Müssen Aufnahmen unbekannten Datums verwendet werden, besteht die Gefahr, dass evtl. altersbedingte Veränderungen nicht als solche erkannt und im Gutachten als Hinweise auf Nichtidentität gewertet werden. Hierbei spielen nicht nur ausschließlich altersbedingte Veränderungen eine Rolle, sondern auch Veränderungen die mit 47

- Gewichtsschwankungen,
- Krankheiten,
- Operationen usw.

einhergehen. Diese Einflussfaktoren müssen, insofern sie bekannt sind, vom Gutachter berücksichtigt werden. Eine ähnliche Situation entsteht in einigen Strafverfahren, wenn die Tat bereits länger zurückliegt und der Täter nur mit zeitlicher Verzögerung ermittelt oder festgesetzt werden konnte. In diesen Situationen ist die verstrichene Zeitspanne jedoch regelmäßig bekannt und kann so, wie die o.a. übrigen Einflussfaktoren auch, in die Begutachtung einbezogen werden.

Die Art des Identitätsnachweises und evtl. Erkenntnisse bzgl. des zeitlichen Abstandes zwischen Täterbild und Vergleichsaufnahme müssen im Gutachten dargelegt werden.

c) **Verweigerung der Anfertigung von Vergleichsaufnahmen**

Die beschuldigte Person ist zur Mitarbeit bei der Anfertigung der Vergleichsaufnahmen nicht verpflichtet. Ist der Betreffende nicht bereit, Vergleichsbilder anfertigen zu lassen, muss der Auftraggeber informiert werden. Beim Vorliegen einer Straftat können Gerichte oder Staatsanwaltschaften die Verhältnismäßigkeit der **Anordnung von Zwangsmaßnahmen** überprüfen. Bei der Auftragserteilung durch einen RA tritt dieser Umstand nur selten ein, da der Betroffene bereits im Vorfeld über das Prozedere informiert wurde und eingewilligt hat. 48

d) Fehlende Möglichkeiten der Anfertigung von Vergleichsaufnahmen – Erkennungsdienstliche Aufnahmen

49 Insb. im Rahmen von Straftaten wie z.b. Raubüberfällen kann bzgl. der Täterschaft seitens der Polizei eine begründete Vermutung bestehen, auf die vermutete Person kann jedoch nicht zugegriffen werden. Handelt es sich dabei um einen bereits polizeibekannten Tatverdächtigen, muss nicht selten auf im Vorfeld gefertigte erkennungsdienstliche Aufnahmen oder anderweitiges Bildmaterial zurückgegriffen werden. Hierbei stellt sich das bereits in Kapitel „Vergleichsbilder" (Rn. 29) angesprochene Probleme der unterschiedlichen perspektivischen Darstellung von Täter- bzw. Fahrerbild und der zu vergleichenden Person. Sind die Perspektiven grds. ähnlich und bestehen lediglich geringe Abweichungen, so können auch derartige Bilder für die Erstellung eines Gutachtens geeignet sein. Zusätzlich ist auch hier wegen altersbedingter Veränderungen die Kenntnis des Aufnahmezeitpunktes von Bedeutung. Sind erkennungsdienstliche Aufnahmen nicht vorhanden und kann auch nicht auf anderweitiges Bildmaterial zurückgegriffen werden, so besteht zunächst keine Möglichkeit einer Gutachtenerstellung. Keinesfalls darf auf Phantombildzeichnungen auf der Grundlage von Zeugenangaben zurückgegriffen werden, da diese auf ein Wiedererkennen abzielen und für ein Identifikationsgutachten ungeeignet sind (s. Rn. 2).

e) Einbeziehung naher Familienangehöriger

50 Ein weiterer Sonderfall entsteht, wenn bereits in der Vorphase der Gutachtenerstellung dem Gutachter bekannt wird, dass neben der beschuldigten Person ein naher Familienangehöriger ebenso in Betracht kommt. Angehörige einer Familie weisen genetisch bedingt in unterschiedlichem Ausmaß ähnliche Merkmalsausprägungen auf. Deshalb wird am Ende eines jeden Gutachtens der **Vorbehalt hinsichtlich weiterer enger Familienangehöriger** geäußert. In diesen Fällen empfiehlt sich bereits in der Anfangsphase eine Kontaktaufnahme mit dem Auftraggeber, um eine evtl. frühzeitige Einbeziehung dieses Familienangehörigen in die Begutachtung in die Wege leiten zu können. Beim direkten Vergleich aller infrage kommenden Personen wird das Hauptaugenmerk auf die unterschiedlichen Merkmalsausprägungen zwischen den Beteiligten gelegt und es finden sich häufig Anhaltspunkte, die im Vergleich mit dem Beweisbild für eine der betrachteten Personen sprechen. Keinesfalls dürfen diese Vergleiche unter dem Gesichtspunkt durchgeführt werden, die Anzahl der infrage kommenden Personen stelle die Grundgesamtheit der in Betracht zu ziehenden Personen dar. Dies würde später bei der Einschätzung des Prädikates zu einer deutlichen Überhöhung führen. Vielmehr bleibt auch hier Basis der Einschätzung die Grundgesamtheit der Bevölkerung.

C. Gutachten

II. Grundlegender Aufbau eines Gutachtens

Ein morphologisches Vergleichsgutachten muss hinsichtlich Aufbau und Inhalt die allgemein gültigen Kriterien für ein gerichtsverwertbares Gutachten erfüllen. 51

Dabei hat sich folgender grundlegender Aufbau bewährt:
- Stammdaten,
- Grundlagen und Methodik,
- Beurteilung:
  - Deskriptiver Vergleich,
  - Metrischer Vergleich,
- Zusammenfassung und Schlussfolgerung,
- Anhang: Bildmappe.

1. Stammdaten

Ein Gutachten sollte zu Beginn Angaben zu folgenden Punkten enthalten: 52
- Adresse des Auftraggebers,
- Benennung des Auftragsgegenstandes inkl. Aktenzeichen,
- Datum des Auftragseinganges,
- Fragestellung,
- Begutachtungsgrundlagen.

Mit Ausnahme der Fragestellung und der Grundlagen der Begutachtung bestehen hier keine Unterschiede zu Gutachten anderer Sachgebiete.

2. Grundlagen und Methodik

In einem Gutachten zur morphologischen Bildidentifikation sollten vor der eigentlichen Beurteilung folgende grundlegende Überlegungen angestellt und im Ergebnis dargelegt werden: 53

a) Grundlagen der Identifikation lebender Personen anhand von Bilddokumenten

Diese Ausführung stellt eine kurze Zusammenfassung der Problematik des Gegensatzes von Wiedererkennen und Identifizierens dar, dient dem allgemeinen Verständnis und wurde bereits in dem Kapitel „Wiedererkennen und Identifizieren" (Rn. 2) angesprochen. 54

Teil 2: Morphologische Bildgutachten

b) Anfertigung der Vergleichsaufnahmen und Maßnahmen zur Identitätssicherung

55 Bzgl. der Vorgehensweise bei der Anfertigung der Vergleichsaufnahmen und die damit einhergehende Identitätssicherung wird auf das Kapitel „Vergleichsbilder" (Rn. 29) verwiesen.

c) Beweisbilder – Art, Qualität und Bearbeitung

56 Es sollte dargelegt werden, auf Grundlage welcher Art von Beweisbildern das Gutachten erstellt wurde. Als Beweisbilder können in Reihenfolge abnehmender Qualität Bilddateien, Originalfilme, Hochglanzabzüge oder Thermoprints Verwendung finden. Insb. bei der Überlassung von Bilddateien sind unkomprimierte Formate zu bevorzugen. Zusätzlich ist eine Überprüfung der Qualität des Beweisbildes hinsichtlich der im Kapitel „Beweisbilder" dargelegten Einflussfaktoren vorzunehmen (s. Rn. 15 ff.). Die Gesichtsanteile, die aufgrund einer qualitativ eingeschränkten Darstellung, der Perspektive oder infolge der Überdeckung durch anderweitige Strukturen nur sehr eingeschränkt bzw. auch überhaupt nicht zum Merkmalsvergleich geeignet sind und somit nicht in die Begutachtung einfließen, müssen benannt werden. Darüberhinaus muss der Originalzustand der Beweisbilder dokumentiert werden und alle Schritte der Bildbearbeitung sind detailliert darzulegen (s.a. Rn. 15 ff.).

d) Mimische Differenzen auf den zu vergleichenden Bildern

57 Aufgrund des Einflusses der Mimik auf die Darstellung morphologischer Gesichtsmerkmale, insb. auf den Verlauf von Hautfurchen und -falten, empfiehlt sich bereits im Vorfeld ein diesbezüglicher Vergleich zwischen Fahrer- bzw. Täterbild und dem Vergleichsbild der vermuteten Person. Bestehen mimische Unterschiede, müssen diese benannt werden, da sie die Aussagekraft eines Gutachtens einschränken können. Alle festgestellten Merkmalsdifferenzen sind im Gutachten dann dahin gehend zu überprüfen, ob diese auch durch die different Mimik bedingt sein könnten. Sollte neben einem Vergleichsbild mit neutraler Mimik ein weiteres mit einer dem Fahrer bzw. Täter weitgehend entsprechenden Mimik vorliegen, so kann diese Aufnahme, da sie die Aussagekraft erhöht, in das Gutachten mit einbezogen werden. Ist auf den Beweisbildern die Mimik der abgebildeten Person nicht deutlich erkennbar, so muss auch diese Feststellung zum Ausdruck gebracht werden.

e) Vorauswahl

58 Morphologische Gutachten, die im Rahmen eines Strafverfahrens erstellt werden, weisen eine Besonderheit auf, die bei Verkehrsordnungswidrigkeitenverfahren seltener zum Tragen kommt. Nach Raubüberfällen wird häufig ein Täterbild innerhalb der Polizei jedoch teilweise auch über öffentliche Medien (Fernsehen, Zeitungen, Aushänge)

der Bevölkerung bekannt gegeben, um Hinweise auf mögliche verdächtige Personen zu erhalten. Ähnliches geschieht, wenn Polizeibeamte im Umfeld des ermittelten Fahrzeughalters das Beweisfoto vorzeigen und um Angaben zu möglichen Personen bitten. Dass es sich bei diesem Vorgang um ein Wiedererkennen handelt, geht aus den Ausführungen in Kapitel „Identifizieren und Wiedererkennen" hervor (Rn. 2 ff.). Führt ein derartiges Verfahren zu einem Hinweis und daraus folgend zu einer beschuldigten Person, so liegt eine sog. Vorauswahl vor. Hierbei ist aufgrund des Wiedererkennens von einer gewissen Ähnlichkeit zwischen dem Täter oder dem Fahrer und dem Beschuldigten auszugehen. Dies kann, muss jedoch nicht, in zumindest einigen Gesichtsbereichen ähnliche Merkmalsausprägungen erwarten lassen. Es liegt hierbei jedoch generell ein Vergleich zweier Personen vor, bei dem die Vergleichsperson, der Beschuldigte, nicht mehr allein zufällig aus der Gesamtbevölkerung ausgewählt wurde, sondern aufgrund einer Ähnlichkeit. Dies hätte Auswirkungen auf statistische Angaben bzgl. der Merkmalshäufigkeiten, die jedoch lediglich für ausgewählte Bevölkerungsgruppen und nicht für die deutsche oder mitteleuropäische Gesamtbevölkerung existieren (s.a. Kapitel „Einschätzung der Merkmalshäufigkeiten"). Der Vorauswahl kommt somit lediglich eine Signalfunktion zu, gleichartig ausgebildete Merkmale genau zu überprüfen und ein gesondertes Augenmerk auf ungleich ausgeprägte Merkmale zu legen. Die allgemeine Vorgehensweise bei der Erstellung von Gutachten bleibt davon jedoch unberührt.

3. Erstellung der Bildmappe

Da die Bildmappe die Grundlage eines morphologischen Bildvergleichsgutachtens darstellt, ist deren Erstellung häufig einer der ersten Arbeitsschritte.

59

Hierbei wird zunächst entsprechend des vorliegenden Beweisbildes ein perspektivisch weitgehend übereinstimmendes Vergleichsbild ausgesucht. Bei Differenzen hinsichtlich Accessoires, Mimik bzw. zur Detaildarstellung von Gesichtsregionen, die auf dem passenden Vergleichsbild durch z.B. Haar überdeckt sind, können zusätzliche Bilder oder Bildteile ausgewählt werden.

Diese Bilder werden nebeneinander gestellt. Noch entlang der z-Achse bestehende Unterschiede in der Kopfhaltung können nicht mehr korrigiert werden, bei Differenzen in x- oder y-Richtung können die Gesichter gedreht werden. Um die weitgehend gleiche Ausrichtung zu überprüfen, werden zunächst auf dem Fahrer- bzw. Täterbild gut sichtbare Punkte mittels einer Geraden miteinander verbunden. Ist das Gesicht in einer annähernd frontalen Perspektive dargestellt, eignen sich hierfür z.B. die beiden äußeren Augenwinkel, was zu einer horizontal ausgerichteten Hilfslinie führt.

Teil 2: Morphologische Bildgutachten

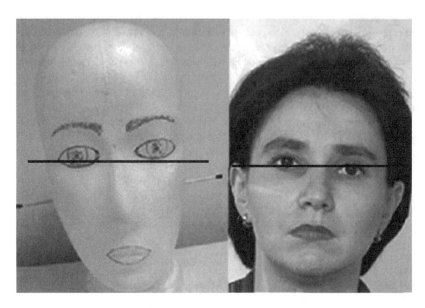

Abb. 8a: *Hilfslinie zur weiteren Angleichung der Kopfhaltung bei Gesichtern in der frontalen Perspektive*

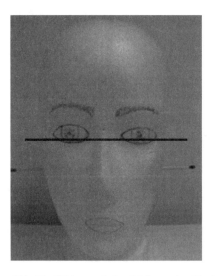
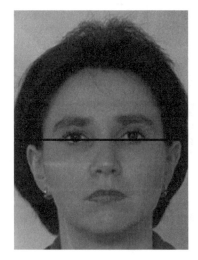

Abb. 8b: *Bilder nach Angleichung der Kopfhaltung*

Bei einer halbseitlichen Darstellung bietet sich z.B. eine Hilfslinie zwischen dem inneren Augenwinkel des der Kamera zugewandten Auges und dem gleichseitigen Ohroberrand an.

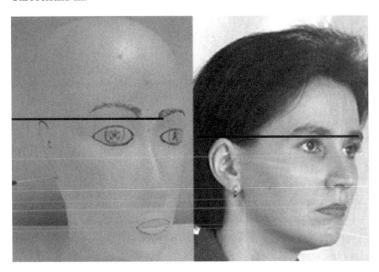

Abb. 9a: Hilfslinie zur weiteren Angleichung der Kopfhaltung bei Gesichtern in der halbseitlichen Perspektive

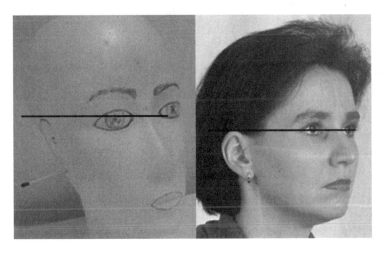

Abb. 9b: Bilder nach Angleichung der Kopfhaltung

Teil 2: Morphologische Bildgutachten

In der seitlichen Perspektive können z.B. der Nasensattel und der Oberrand des dargestellten Ohres als Orientierungspunkte für die Hilfslinie dienen.

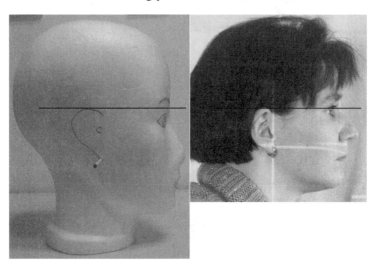

Abb. 10a: Hilfslinie zur weiteren Angleichung der Kopfhaltung bei Gesichtern in der seitlichen Perspektive

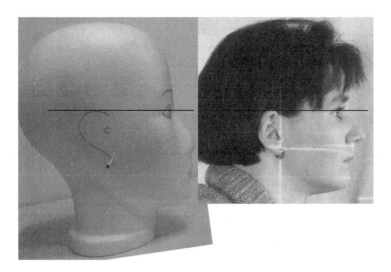

Abb. 10b: Bilder nach Angleichung der Kopfhaltung

C. Gutachten

> **Hinweis:**
> Natürlich sind auch andere Orientierungspunkte hierfür geeignet, Bedingung ist die sichere Erkennbarkeit auf dem qualitativ häufig schlechteren Beweisbild. Diese Hilfslinie wird dann kopiert, über das Gesicht auf dem Vergleichsbild gelegt und durch Ausrichten des dortigen Kopfes an dieser Hilflinie die Kopfhaltung der vermuteten Person entsprechend angeglichen.

Neben einer weitgehend gleichen Perspektive sind vergleichbare Größenverhältnisse eine weitere wesentliche Voraussetzung für den Vergleich zweier Gesichter. Dies wird durch die Skalierung, d.h. den Größenangleich einer festgelegten Strecke bzw. Proportion erreicht.[54,55] Bei manchen Autoren finden sich festgelegte Skalierungsdistanzen für den Größenangleich zweier Gesichter, wie z.B. der Abstand der Pupillen.[56,57,58] In der Praxis orientiert sich die zur Skalierung verwendete Strecke oder Proportion ebenso wie die Hilfslinie zu Angleichung der Kopfhaltung an der Erkennbarkeit der dabei verwendeten Gesichtsstrukturen.

60

Zunächst wird, wiederum zuerst auf dem Beweisbild, eine weitere zu der ersten Hilfslinie parallel verlaufende horizontale Gerade durch einen gut erkennbaren Orientierungspunkt eingezeichnet. Auch diese Linie wird kopiert und über das Gesicht auf dem Vergleichsbild gelegt. Danach wird – unter Ausschluss einer Verzerrung – dieser Abstand auf dem Gesicht der vermuteten Person auf eine bzgl. des Gesichtes auf dem Beweisbild vergleichbare Größe vergrößert oder verkleinert, d.h. skaliert.

---

54 Tscherter J (1991) Variabilität und Heritabilität topologischer Merkmale der menschlichen Nase. Dissertation, Ulm.

55 Maat GJR (1989) The positioning and magnification of faces and skulls for photographic superimpositions. Forensic science international 41: 225 – 35.

56 Porter G, Doran G (1998) The Application of Forensic Photography for Facial Identification Methods. The imaging science journal 46: 175 – 176.

57 Porter G, Greg D (2000) An anatomical and photographic technique for forensic facial identification. Forensic science international 114: 97 – 105.

58 Taylor KT (2001) Forensic Art and Illustration. CRC Press LLC, Boca Raton London New York Washington D.C.

Teil 2: Morphologische Bildgutachten

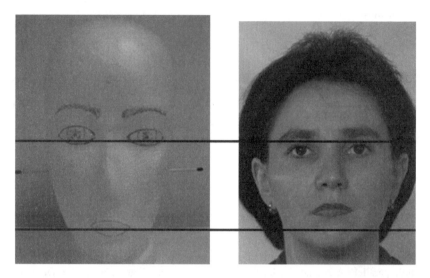

Abb. 11a: Skalierung mittels horizontaler Linien

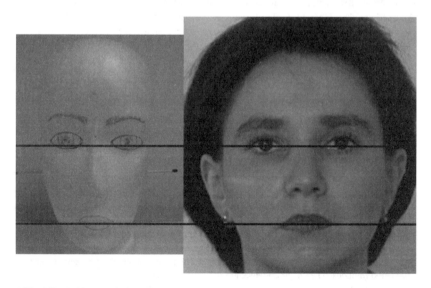

Abb. 11b: Bilder nach der Skalierung

Zwischen den durch die Hilfslinien gekennzeichneten Gesichtsstrukturen besteht bei beiden Gesichtern nun ein vergleichbarer Abstand, d.h. eine vergleichbare Proportion, was einen Abgleich von Abständen und Proportionen in anderen Anteilen des Gesichtes ermöglicht. Die Skalierung ist natürlich nicht nur anhand horizontaler sondern auch vertikaler Hilfslinien möglich.

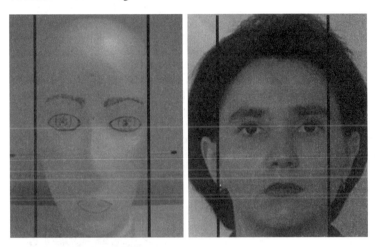

Abb. 12: Skalierung mittels vertikaler Linien

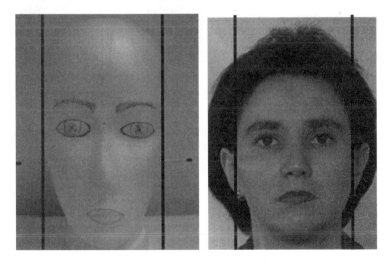

Abb. 12b: Bilder nach der Skalierung

Teil 2: Morphologische Bildgutachten

61 Die **Auswahl der zur Skalierung verwendeten Gesichtsbereiche** orientiert sich an der Erkennbarkeit der dafür benötigten morphologischen Merkmalspunkte auf der qualitativ schlechteren Fotografie – meist dem Beweisbild. Prinzipiell sind die Merkmalspunkte vom Gutachter unter Beachtung dieser Forderung frei wählbar. In Versuchen bzgl. der Auswahl ergaben sich beim anschließenden Proportionsvergleich leicht bessere Ergebnisse bei Auswahl eines horizontalen Abstandes zwischen vertikalen Hilfslinien, wie z.B. dem Abstand zwischen beiden Mundwinkeln oder zwischen den äußeren Augenwinkeln.[59]

62 In einigen Fällen, z.B. bei Vorliegen einer ungünstigen Perspektive oder bei Teilverdeckung des Gesichtes, kann das Einzeichnen einer horizontalen Linie zur Angleichung der Kopfhaltungen nicht möglich sein. In diesem Fall können auch vertikale oder schräge Linien, z.B. entlang des Verlaufs des Nasenrückens zur Anwendung kommen. Eine vertikal verlaufende Linie kann dann auch unter Hinzufügen einer weiteren vertikalen Geraden zur Angleichung von **Gesichtsproportionen** verwendet werden, im Fall einer schrägen Hilfslinie werden 2 weitere parallele vertikal oder horizontal verlaufende Hilfslinien benötigt.

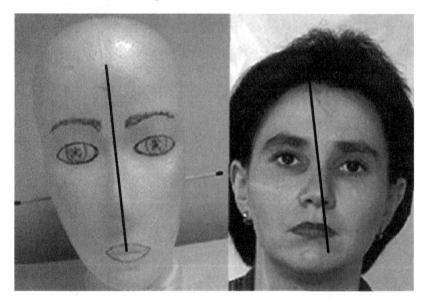

Abb. 13a: Schräg verlaufende Hilfslinie zur weiteren Angleichung der Kopfhaltung

---

59 Müller T (2005) Einfluss der Nullpunktsetzung und der Auswahl der Skalierungsstrecke auf die Differenzierung von Personen mittels computergestützter Bildanalyse, Dissertation, Homburg.

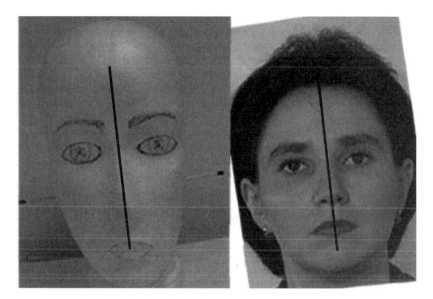

Abb. 13b: Hilfslinien zur Skalierung

Alle Maßnahmen zur Angleichung der Kopfhaltung und einer Gesichtsproportion müssen im Gutachten beschrieben und in der Bildmappe dokumentiert werden.

Hinweis:

In der Literatur findet sich bei einigen Autoren auch eine andere Verwendung dieser Hilfslinien[60],[61] wie sie bei manchen Gutachtern auch jetzt noch gebräuchlich ist. Sie stellen mithilfe dieser Linien bei hinsichtlich der Größe bereits angeglichenen Bildern die Proportionsgleichheit bzw. die Unterschiede dar. Entstehen bei nebeneinander gestellten Bildern zweier zu vergleichenden Personen parallele Linien, so ist von einer proportionalen Gleichheit auszugehen, kon- oder divergierende Linien weisen auf unterschiedliche Größenverhältnisse hin. In jedem Gutachten muss deutlich hervorgehoben werden, in welchem Verfahren die Hilfslinien im konkreten Fall Anwendung finden.

---

60 Reche O (1965) Eine neue Methode zur Erleichterung der Beweisführung in Identifizierungsprozessen. Homo 16: 113 – 116.
61 Gurka A (2001) Anthropologische Vergleichsgutachten als Beweismittel im Strafverfahren. Diplomarbeit Fachhochschule für Polizei, Villingen-Schwenningen.

64 In der dem Gutachten angefügten Bildmappe müssen die wesentlichen Schritte der Bildvergleiche nachvollziehbar darstellt werden. Dabei sollten folgende Abbildungen enthalten sein:

- das Beweisbild als Einzelbild,
- das ausgewählte Vergleichsbild als Einzelbild,
- die Skalierung und Angleichung der Kopfgrößen als Bildtafeln mit Gegenüberstellung beider Abbildungen,
- eine Bildtafel ohne Hilfslinie oder Punktewolken zur Durchführung des deskriptiven Vergleichs,
- eine oder mehrere Bildtafeln mit Proportions- und Formvergleichen.

Besonderheiten, wie z.b. Ausschlussmerkmale oder sehr individualtypische Übereinstimmungen können zum besseren Verständnis des Gutachtentextes in den Bildtafeln mit Pfeilen markiert und beschriftet werden.

4. Beurteilung

a) Deskriptiver Vergleich

65 Deskriptive Vergleichsgutachten setzen sich aus drei Elementen zusammen:

- der Extraktion der physischen Merkmale,
- der Eingrenzung der Bevölkerungshäufigkeit und
- der Einschätzung der Erkennbarkeit.[62]

aa) Extraktion der Merkmale

66 Bei der Extraktion der Merkmale gilt der Grundsatz, dass die durch den Gutachter aufgeführten Merkmale und die Beschreibung ihrer Ausprägungen auch für Ungeübte nachvollziehbar sein müssen. Einen sog. „morphologischen Blick" des Gutachters, der mehr sieht als jeder andere Betrachter, gibt es nicht. Die Sachkunde des Gutachters liegt nicht im „Erahnen" von Merkmalsausprägungen sondern in der Bewertung ihrer Erkennbarkeit (auch im Hinblick auf den Einfluss bildtechnischer Faktoren) und ihrer Bedeutung für Identität bzw. Nichtidentität. Auf die Einschätzung der Bevölkerungshäufigkeit wird später noch eingegangen.

---

[62] Gurka A (2001) Anthropologische Vergleichsgutachten als Beweismittel im Strafverfahren. Diplomarbeit Fachhochschule für Polizei, Villingen-Schwenningen.

C. Gutachten

Hinweis:

Eine gewisse Vorsicht empfiehlt sich bei der Einschätzungen des Alters und des Geschlechtes oder der ethnischen Zugehörigkeit der Person auf dem Beweisbild,[63] da hier visuelle Eindrücke infolge einiger Einflussfaktoren (Beleuchtung, Auflösung u.a.) täuschen können. So kann z.b. einerseits ein verschwommenes Bild i.S.e. Weichzeichnens ein niedrigeres Alter vortäuschen, da die Zeichen des Alters (Falten, Furchen, Pigmentflecke, Hautelastizität etc.) auf diesen Bildern nicht erkennbar sind.[64] Andererseits lassen große Kontraste eine Person älter erscheinen. Sichere, immer erkennbare morphologische Unterschiede zwischen den Geschlechtern existieren ebenfalls nicht, vielmehr findet sich eine Vielzahl von Merkmalsübergängen, sodass auch hier bei der Einschätzung Vorsicht geboten ist.

Im Folgenden ist eine Möglichkeit der systematischen Auflistung von Merkmalen im Kopf- und Gesichtsbereich aufgezeigt, die keinen Anspruch auf Vollständigkeit erhebt. Andere Einteilungen, eine andere Reihenfolge oder die Verwendung hiervon abweichender Merkmale sind ebenfalls möglich.

Gesamteindruck Gesicht:

- Gesichtsform,
- Gesichtsprofil,
- Gesichtsproportionen,
- Gesichtskontur rechts/links,
- Stirn,
- Schläfen,
- Jochbeine,
- Wangen,
- knöcherner Unterkiefer,
- Kinn,
- Übergang von Kinn und Wange zu Mundboden und Hals,
- Furchen/Falten.

Behaarung:

- Kopfbehaarung,
- Stirnhaaransatz,

---

63 Holland e (2009) Limitations of traditional morphometrics in research on the attractiveness of faces. Psychonomic Bulletin & Review 16(3): 613 – 615.
64 Gunn DA et. al. (2009) Why Some Women Look Young for Their Age. PLoS ONE 4(12) e8021.

- Schläfenhaaransatz rechts/links,
- Nackenhaaransatz,
- Koteletten,
- Oberlippenbart,
- Unterlippen/Kinnbart,
- Wangenbart,
- Haarfarbe,
- Haarstruktur,
- Haarfülle,
- Haarlänge.

70 **Augenbrauen:**
- Höhe,
- Breite,
- Haarfarbe,
- Dichte,
- Form,
- Rätzel,
- Haarrichtung,
- Brauenkopf.

71 **Augen:**
- Oberlid (Augenhöhlenanteil, Lidplattenanteil, Lidrand),
- obere Augenhöhlenfurche,
- Deckfalte,
- Umschlagkante der Deckfalte,
- Augenwinkel (außen, innen),
- Lidspalten,
- untere Augenhöhlenfurche,
- Unterlid (Augenhöhlenanteil, Lidplattenanteil, Lidrand),
- Tränensäcke,
- Hautfurchen,
- Wimpern.

72

C. Gutachten

Nase:
- Nasensattel,
- Nasenrücken,
- Nasenkuppe,
- Nasenflügel rechts/links (hinterer/unterer Ansatz, Unterrand),
- Nasenflügelfurche,
- Nasenabhänge,
- Nasenboden,
- Nasenöffnung,
- Nasen-Lippen-Furche,
- Übergang zum Oberlidraum.

Mund: 73
- Philtrum (Nasen-Lippen-Rinne),
- häutige Oberlippe,
- Oberlippenrot mit Nasen-Lippen-Rinneneinschnitt,
- Mundspalt,
- Mundwinkel,
- Unterlippenrot,
- häutige Unterlippe,
- Abgrenzung zum Kinn,
- Hautfurchen (Nasen-Lippen-Furche).

Kinn: 74
- Form,
- Längskerbung (Kinnkerbe), Einkerbung (Kinngrube), Höcker,
- Abgrenzung zur Wange,
- Kinn-Lippen-Furche,
- Mundbodenweichteile,
- Hals.

Ohr: 75
- Form,
- Oberrand,
- Hinterrand,

- Ohrläppchen,
- Helix,
- Antihelix,
- oberer Schenkel,
- unterer Schenkel,
- Dreiecksgrube,
- Längsfurche,
- Schrägfurche,
- Tragus,
- Antitragus,
- Zwischenhöckereinschnitt,
- Darwin'sches Höckerchen,
- oberer Teil der Ohrmuschel,
- unterer Teil der Ohrmuschel.

76 **Hautveränderungen:**
- Narben,
- Muttermale,
- Warzen,
- Hauterkrankungen.

77 **Accessoires:**
- Körperschmuck (z.B. Piercing),
- Brillen u.Ä.

Weiterführende Erläuterungen mit Skizzen und der Aufführung von Schemata zu den einzelnen Merkmalen und der Spanne ihrer Ausprägung finden sich bei einer Vielzahl

C. Gutachten

von Autoren[65-77] wobei *Rösing*[78] mit der Zusammenfassung einzelner Autoren eine gute Übersicht bietet.

Für jede der zu vergleichenden Personen sollte eine **Liste mit erkennbaren Merkma-** [78]
len und ihren **Ausprägungen** erstellt werden, wobei in den meisten Fällen mit dem Beweisbild begonnen wird, da dessen Qualität häufig die Anzahl der zu vergleichenden Merkmale limitiert.[79] Nur in seltenen Fällen finden sich bei einem Bildvergleich ausschließlich gleichartige bzw. ausschließlich differente Merkmalsausprägungen. I.d.R. empfiehlt es sich, gleichartig ausgeprägte und unterschiedliche Merkmale zusammen-

---

65 Schwidetzky I (1967) Die metrisch-morphologischen Merkmale und der fälische Typus. In: Schwidetzky I, Walter H Untersuchungen zur anthropologischen Gliederung Westfalens. Aschendorff, Münster.

66 Scheidt W (1931) Physiognomische Studien an niedersächsischen und oberschwäbischen Landbevölkerungen. Gustav Fischer, Jena.

67 Schwarzfischer F (1992) Identifizierung durch Vergleich von Körpermerkmalen, insbesondere anhand von Lichtbildern. In: Kube E, Störtzer O, Timm J (eds) Kriminalistik, Handbuch für Praxis und Wissenschaft. Bd. 1. Boorberg, Stuttgart, pp 735 – 761.

68 Zacher C (2001) Zur Analyse relevanter Bestimmungsfaktoren für die Personenidentifikation anhand von Gesichtsmerkmalen auf der Basis von morphologischen Schemata. Dissertation, Bonn.

69 Knußmann R (1961) Zur Paarungssiebung nach Integument und nach morphognostischen Merkmalen des Kopfes. Homo 12: 193 – 217.

70 Stein C (1994) Untersuchungen über die Gesichtsformen in Verbindung mit der Wangenbeinprofilierung im Hinblick auf ihre gutachterliche Beweiskraft. Diplomarbeit Biologie, Frankfurt am Main.

71 Ziegelmayer G (1969) Äußere Nase. In: Becker P E (eds) Humangenetik I/2, Stuttgart, pp 56 – 81.

72 Eppens E (1994) Untersuchung zur Morphologie und Häufigkeit einzelner Merkmale der menschlichen Nasen- und Mundregion. Dissertation, Düsseldorf.

73 Ziegler K (1993) Signifikante anatomische Merkmale der Regio oro-mentale in ihrer Bedeutung für die gutachterliche Beweiskraft. Diplomarbeit Biologie, Frankfurt am Main.

74 Schade H (1968) Zur Standardisierung morphognostischer Merkmale. Anthropologischer Anzeiger 30: 286 – 293.

75 Quelprud T (1932) Untersuchung der Ohrmuschel an Zwillingen. Zeitschrift für induktive Abstammungs- und Vererbungslehre 62: 160 – 165.

76 Tscherter J (1991) Variabilität und Heritabilität topologischer Merkmale der menschlichen Nase. Dissertation, Ulm.

77 Hillesheim B (1987) Untersuchung zur Morphologie und Häufigkeit einzelner Merkmale der menschlichen Ohrmuschel. Dissertation, Düsseldorf.

78 Rösing F W (2008) Morphologische Identifikation von Personen. In: Buck J, Krumbholz H (eds) Sachverständigenbeweis im Verkehrsrecht, Baden-Baden, pp 201 – 312.

79 Ventura F, Zacheo A., Ventura A, Pala A (2004) Computerised anthromorphometrics analysis of images: case report. Forensic science international 146: 211 – 213.

zufassen und einander ggü. zu stellen, wobei häufig eine der beiden Kategorien überwiegt und somit eine erste Tendenz erkennbar wird.

bb) Einflussfaktoren

79 Bei den begleitenden Faktoren, die einen Einfluss auf die Bewertung der Darstellung und Erkennbarkeit der Merkmale besitzen, ist in erster Linie an

- Auflösung,
- Ausleuchtung,
- Mimik,
- Alter,
- Gewichtsschwankungen, Krankheiten, OP usw.
- Bedeutung akzessorischer Merkmale,
- Wertigkeit der Behaarung und
- Perspektive.

zu denken.

> **Hinweis:**
> Unter Ausschlusskriterien sind demzufolge nur die morphologischen Merkmale einzuordnen, die sich auf beiden Bildern different darstellen und deren Unterschiede nicht auf einen der im Folgenden beschriebenen Einflussfaktoren zurückgeführt werden können. Könnte eine Merkmalsdiskrepanz auch durch einen anderweitigen Faktor bedingt sein, muss diese Möglichkeit im Gutachten diskutiert werden.

(1) Auflösung

80 Hier stellt sich immer die Frage, ob unterschiedliche bzw. gleichartige Merkmalsausprägungen auch tatsächlichen Unterschieden bzw. Gleichheiten entsprechen oder ob die eingeschränkte Auflösung, v.a. in den Randbereichen des Gesichtes für die unterschiedliche bzw. gleiche Erscheinung einzelner Merkmale verantwortlich sein kann. Als Beispiel kann hier die Wangenkonturlinie angeführt werden, die sich i.d.R. auf dem Vergleichsbild als scharf abgegrenzte Linie darstellt. Bei eingeschränkter Auflösung kann diese auf dem Beweisbild einem breiten Band unterschiedlicher Grauabstufungen entsprechen. Dies erlaubt einen Rückschluss auf die allgemeine Konfiguration der Wange, nicht jedoch auf feinen Merkmalsdetails der Linienführung in diesem Bereich. **Wenig detailreiche Merkmale** sind jedoch deutlich weniger individualtypisch und damit von geringerem Beweiswert als **feinabgestufte Merkmalsdetails**. So kann, um bei dem angeführten Beispiel zu bleiben, die Wangenlinie auf dem Beweisbild in

ihrer prinzipiellen Konfiguration dem Pendant auf dem qualitativ meist besseren Vergleichsbild entsprechen. Auf dem Vergleichsbild können sich jedoch Feinmerkmale abzeichnen, die auf dem Beweisbild nicht erkennbar sind. Hier stellt sich die Frage, ob diese Merkmale bei der Person auf dem Beweisbild tatsächlich nicht vorliegen und sich somit ein Hinweis auf Nichtidentität ergibt oder ob die Feinmerkmale lediglich aufgrund der eingeschränkten Auflösung nicht erkennbar dargestellt sind. Meistens gibt es Hinweise in die eine oder andere Richtung, die vom Gutachter schlüssig dargelegt werden müssen. In Einzelfällen kann die Frage nicht entschieden werden.

Prinzipiell sind alle Menschen voneinander zu unterscheiden. Auch bei eineiigen Zwillingen finden sich, wenn auch geringe, Merkmalsunterschiede. Die Auflösung der zum Vergleich verwendeten Bilder entscheidet nicht selten in erheblichem Ausmaß darüber, ob diese Unterschiede auch zur Darstellung kommen.

(2) Ausleuchtung

Auch mangelhafte Ausleuchtung des Gesichtes kann Fragen hinsichtlich der Darstellung von Merkmalen aufwerfen, wobei sich vergleichbare Probleme wie bei eingeschränkter Auflösung ergeben.

81

(3) Mimik

Mimische Differenzen können zu Merkmalsunterschieden, insb. bei der Ausprägung von Furchen und Falten führen, verändern bspw. aber auch die Ausrichtung des Mundspaltes, die Lippenrothöhe und die Form der Lidspalten.[80] Je nach Qualität des Beweisbildes können dezente mimische Bewegungen nur schwer erkennbar sein, was bei der Beurteilung berücksichtigt werden muss.

82

(4) Alter

Auch Altersunterschiede sind in der Lage, Merkmalsdifferenzen vorzutäuschen. Grundlegende morphologische Konfigurationen, insb. solche, die auf Vorgaben knöcherner Strukturen basieren, bleiben auch im Alterungsprozess erhalten. Andere Merkmale, insb. die, die sich zum größten Teil im Bereich der Haut befinden können beträchtliche Veränderungen aufweisen. Zu Letzteren gehören Furchen und Falten, die bereits beim Kind angelegt sind, sich jedoch später in unterschiedlichem Ausmaß verändern. So kommt es nach *Hirthammer*[81] mit zunehmendem Alter zu einer Verlängerung und Ab-

83

---

80   Holberg C, Maier C, Steinhäuser S, Rudzki-Janson I (2006) Interindividuelle Variabilität der Gesichtsmorphologie beim bewussten Lächeln. Fortschritte der Kieferorthopädie (4): 234 – 243.

81   Hirthammer BJ (2007) Die physiognomische Alterung beim Menschen. Quantifizierung mittels 3D-Laserscanner. Diplom-Arbeit Ulm.

flachung der Horizontalfurchen bei gleichzeitiger Verlängerung der Vertikalfurchen. Aber auch andere Gesichtsstrukturen (wie z.b. der Oberlidraum, der Mundspalt u.a.) sind altersabhängigen Veränderungen unterworfen.

(5) Gewichtsschwankungen, Krankheiten, OP

84 Einige der im Rahmen von Gewichtsschwankungen auftretenden Veränderungen morphologischer Merkmale ähneln jenen der Alterung. In Fällen, bei denen die morphologischen Einzelmerkmale im Gesicht sehr gut übereinstimmen, jedoch deutliche Unterschiede in der Weichteilfülle und Gesichtsbreite auftreten, sollte an eine Gewichtszu- oder -abnahme gedacht werden. Auch Krankheiten oder Operationen können zu Merkmalsveränderungen führen, wobei dies im Einzelfall abzuklären bleibt.

(6) Bedeutung akzessorischer Merkmale

85 Unter akzessorischen Merkmalen versteht man Kleidung, Schmuckstücke, Brillen, Hörgeräte u.a. Diese können einen Hinweis auf Identität bzw. Nichtidentität geben, insb. wenn es sich um ausgefallene oder auffällige Stücke handelt. Prinzipiell sind derartige Akzessoires jedoch leicht austauschbar und bis auf wenige Ausnahmen nicht einmalig, sodass der Beweiswert meist eingeschränkt ist.

Auf Merkmale, die durch umgebende Strukturen oder Kleidungsstücke bedeckt sind, darf nicht sekundär rückgeschlossen werden. So lässt der Faltenwurf einer Kopfbedeckung in den seltensten Fällen eindeutige Rückschlüsse auf die darunter liegenden Strukturen, wie z.B. die Stirnhöcker zu.

Transparente ungetönte Brillengläser sind insb. auf Aufnahmen mit eingeschränkter Auflösung nur schwer abzugrenzen oder zu erkennen. Auch derartige transparente Überlagerungen können darunter liegende Merkmale in ihrer Ausprägung verfälschen, insb. wenn es sich wie bei Brillengläsern um Linsen handelt. Einen Hinweis gibt bei der frontalen oder halbseitlichen Darstellung von Gesichtern der Versatz der Wangenkonturlinie, wobei hier auf die Art der Brillengläser mit vergrößernder oder verkleinernder Wirkung geschlossen werden kann.

(7) Wertigkeit der Behaarung

86 Unterschiede oder Übereinstimmungen in der Kopf- oder Gesichtsbehaarung sind nur eingeschränkt in die gutachterliche Beurteilung mit einzubeziehen. Die Möglichkeiten der Manipulation, entweder aus kosmetischen oder auch aus forensischen Gründen, sind vielfältig, da die Behaarung im Kopf- und Gesichtsbereich gut erreichbar ist und Veränderungen einfach vorzunehmen sind. Daneben sollte bei der Beschreibung von Haaransatzlinien sehr vorsichtig vorgegangen werden. Hierbei ist immer zu prüfen, ob es sich tatsächlich um den Haaransatz oder um darüber liegende Haare bzw. die Haar-

spitzen handelt. Nur wenn der Haaransatz sicher erkennbar ist, sollte er beschrieben werden. Ähnlich verhält es sich mit, wenn vorhanden, sehr individualtypischen Haarwirbeln. Hierbei sollte vor einer gutachterlichen Bewertung kritisch geprüft werden, ob es sich um einen echten Wirbel oder lediglich um ein z.b. durch eine Kopfbedeckung hervorgerufenes Artefakt handelt.

(8) Perspektive

Im Hinblick auf die bereits ausgeführten Einflussfaktoren, kommt einer vergleichbaren Perspektive von Beweis- und Vergleichsbild sowohl im deskriptiven als auch im metrischen Vergleich die größte Bedeutung zu.[82–84] Morphologische Gesichtsmerkmale können aus verschiedenen Perspektiven unterschiedliche Merkmalsausprägungen zeigen.

 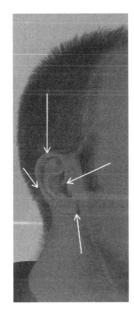 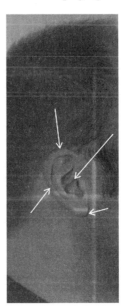

Abb. 14 unterschiedliche Darstellung von Merkmalen bei differenten Perspektiven am Beispiel des Ohres

82 Porter G, Doran G (1998) The Application of Forensic Photography for Facial Identification Methods. The imaging science journal 46: 175 – 176.
83 Porter G, Greg D (2000) An anatomical and photographic technique for forensic facial identification. Forensic science international 114: 97 – 105.
84 Yoshino M, Noguchi K, Atsuchi M, Kubota S, Imaizumi K, Thomas CDL, Clement JG (2002) Individual identification of disguised faces by morphometrical matching. Forensic science international 127: 97 – 103.

Teil 2: Morphologische Bildgutachten

So besteht die Gefahr, bei einem Vergleich zweier Gesichter aus unterschiedlichen Perspektiven unterschiedliche Merkmalsausprägungen fälschlicherweise als Hinweis für eine Nichtidentität zu interpretieren. Dies kommt natürlich auch beim Vergleich von Linienführungen mittels Markierungspunkten zum Tragen. Auch Größenverhältnisse können sich hierbei verschieden darstellen. Dies besitzt beim Vergleich von Proportionen eine Bedeutung.

> **Hinweis:**
>
> Nur eine vergleichbare Kopfstellung in einer vergleichbaren perspektivischen Darstellung garantiert einen optimalen Merkmalsvergleich und valide Ergebnisse. Gutachten auf der Grundlage perspektivisch verschiedener Bilder sind mit großen Einschränkungen behaftet.

cc) **Merkmalsschemata**

88 Für sehr viele Merkmale existieren hinsichtlich ihrer Ausprägungen vorgefertigte Schemata. Bei einigen Merkmalen finden sich sogar bei verschiedenen Autoren konkurrierende Einteilungen. Bei sehr „großen" Merkmalen, wie z.b. der Form des Gesichtsumrisses besteht das Problem, dass sie sich eigentlich aus mehreren Merkmalen zusammensetzen, sodass sich die Einordnung in ein Schema schwierig gestalten kann.

> **Hinweis:**
>
> Schemata können hilfreich sein, müssen jedoch bei der Beschreibung der Merkmalsausprägungen nicht zwingend Verwendung finden. Gerade bei komplexen Merkmalen ist es günstig, die einzelnen Anteile frei zu beschreiben. Dies hat den Vorteil, dass ungewöhnliche und individualtypische Besonderheiten vom Gutachter herausgearbeitet werden können und nicht in einem Schema eingepresst bzw. übergangen werden.

dd) **Einschätzung der Merkmalshäufigkeiten**

89 Immer wieder wird von Gerichten eine **Einschätzung der Merkmalshäufigkeiten** in der Bevölkerung gefordert bzw. sogar zum Gegenstand höchstrichterlicher Rechtsprechung gemacht. Diese Forderung ist im Hinblick auf andere gerichtsverwertbare Beweise, wie z.B. in der forensischen DNA-Analyse bzw. bei der Daktyloskopie nur zu verständlich, wobei die Sachlage bei morphologischen Bildvergleichsgutachten eine andere ist. Zwar werden auch auf den anderen Gebieten Merkmale zur Identitätsüberprüfung herangezogen, dabei existieren aber im Gegensatz zum Fotovergleich z.B. bei der forensischen DNA-Analyse für die Häufigkeiten der für die DNA-Datenbank relevanten Genorte statistisch gesicherte Wahrscheinlichkeiten bzgl. ihres Auftretens in bestimmten Bevölkerungsgruppen. Bei der Untersuchung von Fingerabdrücken be-

steht eine Übereinkunft über die Anzahl übereinstimmender Merkmale, ab der eine positive Identitätsfeststellung vorliegt.

Die forensischen Bildvergleiche hingegen beruhen auf der Besonderheit des Einzelfalles, ohne dass zum gegenwärtigen Zeitpunkt statistische Aussagen über Merkmalshäufigkeiten in der gesamten Bevölkerung angegeben können. Es existieren sowohl ältere Untersuchungen als auch Studien neueren Datums bzgl. derartiger Merkmalshäufigkeiten, die jedoch vielfältigen Einschränkungen unterliegen. Die Untersuchungen von *Schwidetzky*[85] beziehen sich z.b. auf ein Kollektiv von 16543 Schulkindern aus Westfalen-Lippe in den Jahren 1955 – 1958. Das Untersuchungskollektiv ist zwar bzgl. der Anzahl der untersuchten Individuen hinreichend groß, um gesicherte statistische Aussagen treffen zu können, bezieht sich aber lediglich auf eine Personengruppe in einem begrenzten geografischen Gebiet, sodass die Merkmalshäufigkeiten auch lediglich auf Personen in dem geografischen Gebiet angewendet werden können. Diese Daten sind nicht auf die Gesamtbevölkerung Deutschlands oder Europas übertragbar. Gleiches gilt für die Arbeit von *Knußmann*[86] und *Scheidt*.[87] Neben diesen älteren aber sehr umfassenden Arbeiten gibt es Untersuchungen jüngeren Datums, wobei auch diese entweder regional begrenzt sind oder das Untersuchungsgut zahlenmäßig eingeschränkt ist. Eine umfassende Darstellung der Merkmalsausprägungen sowie verschiedene Schemata mit einer Übersicht der Autoren findet sich bei *Rösing* 2008.[88] Im Zuge der zunehmenden Öffnung Europas und der stärkeren Mobilität mit Vermischung lange eher begrenzt existierender Bevölkerungsgruppen wäre eine europaweite Erhebung von morphologisch relevanten Bevölkerungsdaten zu fordern, was momentan an den Ausmaßen des zeitlichen und finanziellen Aufwandes scheidet.

Daneben existieren bisher auch nur wenige gesicherte Erkenntnisse über die Korrelationen von Einzelmerkmalen, die für die Berechnung statistischer Häufigkeiten jedoch notwendig sind.

Auch eine Übereinkunft bzgl. einer Mindestanzahl von gleichartig oder unterschiedlich ausgeprägten Merkmalen die für ein positives oder negatives Identitätsprädikat notwendig sind, gibt es entgegen z.B. der Daktyloskopie nicht. Die Wertigkeit der Zuordnung zu den beiden Grundrichtungen „identisch" oder „nichtidentisch" drückt sich in der Höhe des vergebenen Prädikates aus.

---

85 Schwidetzky I (1967) Die metrisch-morphologischen Merkmale und der fälische Typus. In: Schwidetzky I, Walter H Untersuchungen zur anthropologischen Gliederung Westfalens. Aschendorff, Münster.

86 Knußmann R (1961) Zur Paarungssiebung nach Integument und nach morphognostischen Merkmalen des Kopfes. Homo 12: 193 – 217.

87 Scheidt W (1931) Physiognomische Studien an niedersächsischen und oberschwäbischen Landbevölkerungen. Gustav Fischer, Jena.

88 Rösing F W (2008) Morphologische Identifikation von Personen. In: Buck J, Krumbholz H (eds) Sachverständigenbeweis im Verkehrsrecht, Baden-Baden, pp 201 – 312.

Teil 2: Morphologische Bildgutachten

b) Metrischer Vergleich

90 In früheren anthropometrischen Versuchen zur Gesichtererfassung oder Gesichterdifferenzierung wurden allein die Abstände zwischen morphologischen Strukturen erfasst und zwischen zwei oder mehreren Gesichtern verglichen.[89-92] Dieses Vorgehen ist im Allgemeinen kritisch zu betrachten.[93] Bzgl. der Beweisbilder sind die Aufnahmekriterien, wie Kameraabstand, Brennweite usw. häufig unbekannt. Gerade diese Aspekte haben bei einem metrischen Verfahren jedoch großen Einfluss auf die Richtigkeit der Messungen.[94] Eine weitere Schwierigkeit stellt die mit bloßem Auge nicht genau rekonstruierbare Stellung des Kopfes im 3-dimensionalen Raum dar.[95-98] Mit einer gerichtsverwertbaren Genauigkeit behaftete Messungen an Abbildern von Personen sind aus diesen Gründen nur stark eingeschränkt bzw. überhaupt nicht möglich. Von einigen Autoren werden Vergleiche von Streckenverhältnissen (Indices) beschrieben,[99] was die auftretenden Fehler reduzieren kann.[100]

91 Bei weitgehend angeglichener Kopfhaltung und nach einer verzerrungsfreien Skalierung sind jedoch prinzipiell

• **Proportionsvergleiche** und

---

89   Hautvast J (1971) Analysis of the Human Face by Means of Photogrammetric Methods. Anthropologischer Anzeiger 33: 39 – 47.

90   Knussmann R (1996) Vergleichende Biologie des Menschen. 2nd ed. Gustav Fischer, Stuttgart New York.

91   Hautvast J (1971) Analysis of the Human Face by Means of Photogrammetric Methods. Anthropologischer Anzeiger 33: 39 – 47.

92   Catterick T (1992) Facial measurements as an aid to regocnition. Forensic science international 56: 23 – 27.

93   Douglas TS (2004) Image processing for craniofacial landmark indetification and measurement: a review of photogrammetry ans cephalometry. Computerized Medical Imaging and Graphics 28: 401 – 409.

94   Mittler MA (1998) Zur Feststellung von Körpermaßen auf Bilddokumenten unter kriminal-anthropologischer Fragestellung (I). Dissertation, Bonn.

95   Knussmann R (ed) (1988) Bd. I Wesen und Methoden der Anthropologie, 1. Teil Wissenschaftstheorie, Geschichte, morphologische Methoden. Gustav Fischer, Stuttgart New York.

96   Iscan MY, Helmer RP (eds) (1993) Forensic Analysis of the Skull. Wiley-Liss, New York Chichester Brisbane Toronto Singapore.

97   Knussmann R (1996) Vergleichende Biologie des Menschen. 2nd ed. Gustav Fischer, Stuttgart New York.

98   Mittler MA (1998) Zur Feststellung von Körpermaßen auf Bilddokumenten unter kriminal-anthropologischer Fragestellung (I). Dissertation, Bonn.

99   Halberstein RA (2001) The Application of Anthropometric Indices in Forensic Photography: Three Case Studys. Journal of forensic sciences 46: 1438 – 1441.

100 Roelofse MM, Steyn M, Becker PJ. (2008) Foto identification: Facial metrical and morphological features in South African males. Forensic science international 177: 168 – 175.

- Vergleiche von **Linienführungen** i.S.v. Merkmalsausprägungen möglich.

> **Hinweis:**
> Bevor beide Verfahren näher erläutert werden, soll an dieser Stelle noch einmal darauf hingewiesen werden, dass die beim deskriptiven Vergleich aufgeführten Einflussfaktoren auch bei Proportionsvergleichen und Vergleichen der Linienführungen von Bedeutung sind. Die größte Bedeutung kommt bei Proportionsvergleichen dabei der Perspektive zu. Ein Proportionsvergleich ist nur bei weitgehend vergleichbarer Perspektive möglich, da sich ansonsten große Diskrepanzen ergeben, die als Hinweis auf Nichtidentität fehlgedeutet werden können. *Catterick*[101] beschreibt allein bei Drehung eines Kopfes aus der frontalen Ansicht bis 20° eine deutliche Senkung der Reproduzierbarkeit im Rahmen seiner anthropometrischen Bestimmung von Streckenverhältnissen. In eigenen Versuchen[102] ergaben sich allein aufgrund differenter Kopfstellungen abweichende Proportionen und Abstände, sodass bei fast 20 % der verglichenen identischen Personen eine Einstufung als „nichtidentisch" möglich gewesen wäre. Die Anfälligkeit der Metrik für äußere Bedingungen zeigt die Grenzen der Methode und die Bedeutung der Kopfhaltung bei einem morphologisch-metrischen Bild-Bild-Vergleich unter forensischen Fragestellungen auf. Ein metrischer Vergleich ist somit in der alleinigen Anwendung nicht geeignet, eine eindeutige Identitätsfeststellung per se herbeizuführen, sondern sollte lediglich begleitend zum deskriptiven Vergleich oder i.S.e. Rasters eingesetzt werden.

Auch in der Literatur[103,104] wird auf dieses Problem i.R.d. Entwicklung einer kommerziellen Software zur automatischen Personenidentifizierung eingegangen. Nach *Behrens*[105] scheinen Änderungen im Erscheinungsbild durch Kopfhaltung, Beleuchtung, Mimik usw. mehr Variationen in einem einzelnen Gesicht hervorzurufen, als Unterschiede zwischen Bildern verschiedener Gesichter mit dem gleichen Erscheinungsbild existieren. Deshalb wird vom Autor von einer automatischen Gesichtererkennung ohne manuelle Kontrolle durch eine Person im Außenbereich wegen der unzureichenden

---

101 Catterick T (1992) Facial measurements as an aid to regocnition. Forensic science international 56: 23 – 27.

102 Bellmann D (2004) Differenzierung von Personen mittels computergestützter Bildanalyse Dissertation, Homburg/Saar.

103 Behrens M, Roth R (eds) (2001) Biometrische Identifikation. Friedr. Vieweg & Sohn, Braunschweig Wiesbaden.

104 Busch C (2006) Facing the future of biometrics. EMBO reports (7-special issue): 23 – 25.

105 Behrens M, Roth R (eds) (2001) Biometrische Identifikation. Friedr. Vieweg & Sohn, Braunschweig Wiesbaden.

Robustheit des Verfahrens ggü. Schwankungen abgeraten. Selbst eine automatische Gesichtererkennung im Identifikationsmodus (ein aktuell erfasster biometrischer Datensatz wird mit einer bestimmten Anzahl von Referenzdatensätzen verglichen und eine Identität gilt als gefunden, wenn die Ähnlichkeit innerhalb vorgegebener Schranken liegt) scheint ohne weitere Kontrollen derzeit nur bei einer geschlossenen Benutzergruppe sinnvoll.

92 Auch **Softwarelösungen im Polizeialltag**, die mithilfe eines biometrischen Algorithmus Bilder rechnergestützt miteinander vergleichen, können lediglich „Prüffälle" anbieten.[106,107]

aa) **Proportionsvergleich**

93 Ein Vergleich von Strecken- bzw. Abstandsverhältnissen nach erfolgter Skalierung entspricht einem Proportionsvergleich.

Auf dem Vergleichsbild werden die zu vergleichenden Proportionen markiert. Die dabei entstehenden „Punktewolken" werden dann dupliziert und auf das Abbild des Täters bzw. des Fahrers auf dem Beweisbild übertragen. Dabei muss ein Markierungspunkt aus der Punktewolke des Vergleichsbildes mit der korrespondierenden Struktur auf dem Beweisbild übereingebracht werden (als sog. „Nullpunkt"). Die Übereinstimmungen oder die Differenzen zwischen den übrigen Markierungspunkten mit ihren korrespondierenden Gesichtsstrukturen werden danach ausgewertet. Bestehen deutliche Differenzen hinsichtlich der Abstände der markierten Gesichtsstrukturen zueinander, so kann dies einen Hinweis auf differente Gesichtsproportionen geben.

---

106 Knäpper L, Schröder D (2002) Digitaler Bild-Bild-Vergleich im Erkennungsdienst. Kriminalistik 12: 745 – 748.
107 BKA (2007) Gesichtserkennung als Fahndungshilfsmittel Foto-Fahndung, Wiesbaden.

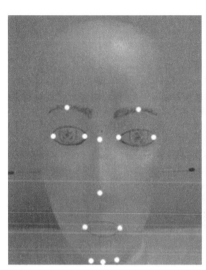 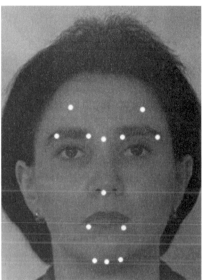

Abb. 17: Proportionsvergleich nach Skalierung an vertikalen Linien (Abb. 12b)

Es können sowohl vertikale Gesichtsproportionen, wie z.B. die Abstände zwischen Stirnhaaransatz, Augen, Nase, Mund und Kinn als auch horizontale Proportionen, z.B. die Abstände zwischen Ohren und Augen beidseits verglichen werden. Beim **Vergleich von horizontalen Proportionen** handelt es sich letzten Endes um eine Beurteilung der Gesichtssymmetrie. **Deutliche Asymmetrien** sind ein sehr individualtypisches Merkmal und können Hinweise auf Identität oder Nichtidentität geben. **Geringe Asymmetrien** sind mit Vorsicht zu betrachten, da diese auch durch geringe mimische Bewegungen oder infolge einer geringen Auflösung mit fehlender Darstellung einer bestimmten Merkmalsausprägung vorgetäuscht werden können.

Bei der Auswahl des Gesichtsmerkmals, das am Anfang eines Proportionsvergleichs mit einem Punkt der Punktewolke in Übereinstimmung gebracht wird (sog. „Nullpunkt") gilt die gleiche Anforderung, wie bei der Auswahl der Merkmale zur Erstellung der Hilfslinien. Für die Praxis bedeutet dies, dass die Lage des Nullpunktes bei einem Gesichtervergleich entsprechend der Erkennbarkeit frei gewählt werden kann, wobei sich in Versuchen gezeigt hat, dass eine Verschiebung des Nullpunktes in die Peripherie den Einfluss unterschiedlicher Kopfhaltungen auf den Proportionenvergleich verringert.[108]

bb) Merkmalsvergleich

94 Neben der Beschreibung kann die Ausprägung von Merkmalen auch durch den **Vergleich der Linienführung** betrachtet werden. Dieser Vergleich ist auch bei kleineren Differenzen in der Kopfhaltung möglich. Bei deutlichen perspektivischen Unterschieden sollte darauf verzichtet werden, da sich hier ebenfalls die Linienführungen, vergleichbar zum deskriptiven Vergleich, unterschiedlich darstellen können. Auch hier ergibt sich infolge der Markierung von Strukturen auf dem Vergleichsbild eine Punktewolke, bei der ein Punkt mit einer Merkmalsstruktur auf dem Gesicht des Beweisbildes in Übereinstimmung gebracht wird (sog. „Nullpunkt").

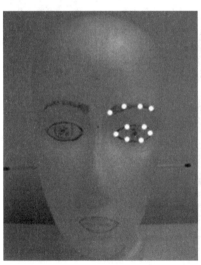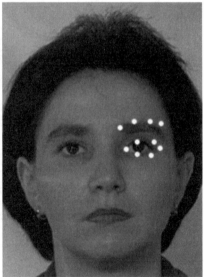

Abb. 18: Merkmalsvergleich nach Skalierung an vertikalen Linien (Abb. 12b)

Im Gutachten werden die Linienführungen der Merkmale mit feineren Markierungspunkten versehen, hier soll lediglich das Prinzip verdeutlicht werden.

---

108 Müller T (2005) Einfluss der Nullpunktsetzung und der Auswahl der Skalierungsstrecke auf die Differenzierung von Personen mittels computergestützter Bildanalyse, Dissertation, Homburg.

C. Gutachten

cc) **Auswahl der Markierungspunkte**

Aufgrund der teilweise eingeschränkten Darstellung der Merkmalsdetails, insb. auf den Beweisbildern, erfolgt die primäre Orientierung bei der Auswahl der Gesichtsmerkmale, die mit Markierungspunkten versehen werden auf den qualitativ besseren Vergleichsbildern. Die Auswahl der Punkte sowohl beim Proportionsvergleich als auch beim Vergleich der Linienführung ist nicht festgelegt und obliegt dem Gutachter. Hauptkriterium bei der Auswahl ist die sichere Erkennbarkeit auf beiden Bildern.

Die in der Anthropologie definierten „Landmarks"[109,110] orientieren sich an knöchernen Strukturen oder an Weichteilpunkten, wobei gerade Erstere oft nur durch Tasten am knöchernen Schädel eruierbar sind.[111-115] Diese Landmarks stellen zwar objektive und gut geeignete Messpunkte in der Anthropometrie dar, sind aber z.T. nur bei Messungen am lebenden Menschen festlegbar und deswegen bei Bildvergleichen nicht immer geeignet. In der Praxis kann jedes hinreichend genau erkennbare Merkmal als Markierungspunkt verwendet werden.[116,117]

---

109 Howells WW (1937) The designation of the principal anthropometric landmarks on the head and skull. American Journal of Physical Anthropology 22: 477 – 494.
110 Knussmann R (ed) (1988) Bd. I Wesen und Methoden der Anthropologie, 1. Teil Wissenschaftstheorie, Geschichte, morphologische Methoden. Gustav Fischer, Stuttgart New York.
111 Tscherter J (1991) Variabilität und Heritabilität topologischer Merkmale der menschlichen Nase. Dissertation, Ulm.
112 Iscan MY, Helmer RP (eds) (1993) Forensic Analysis of the Skull. Wiley-Liss, New York Chichester Brisbane Toronto Singapore.
113 Farkas LG (ed) (1994) Anthropometry of the Head and Face. 2nd ed. Raven Press, New York.
114 Coward TJ, Watson RM, Scott BJ (1997) Laser scanning for the identification of repeatable landmarks of the ears and face. British journal of plastic surgery 50: 308 – 314.
115 Mittler MA (1998) Zur Feststellung von Körpermaßen auf Bilddokumenten unter kriminal-anthropologischer Fragestellung (I). Dissertation, Bonn.
116 Iscan MY, Helmer RP (eds) (1993) Forensic Analysis of the Skull. Wiley-Liss, New York Chichester Brisbane Toronto Singapore.
117 Coward TJ, Watson RM, Scott BJ (1997) Laser scanning for the identification of repeatable landmarks of the ears and face. British journal of plastic surgery 50: 308 – 314.

5. Zusammenfassung und Schlussfolgerungen

a) Auswahl des Prädikates

96 Folgende Prädikate stehen zur Einstufung des gutachterlichen Ergebnisses zur Verfügung,[118] denen folgende prozentuale Abstufungen zugeordnet sind:

mit an Sicherheit grenzender Wahrscheinlichkeit identisch	99,72 %
höchst wahrscheinlich identisch	99 %
sehr wahrscheinlich identisch	90 – 95 %
wahrscheinlich identisch	> 50 %
Identität nicht entscheidbar	50 %
wahrscheinlich nicht identisch	> 50 %
sehr wahrscheinlich nicht identisch	90 – 95 %
höchst wahrscheinlich nicht identisch	99 %
mit an Sicherheit grenzender Wahrscheinlichkeit nicht identisch	99,72 %

Festgelegte Zwischenabstufungen existieren zwischen den genannten Prozentangaben nicht.

97 Aufgrund der fehlenden allgemein gültigen Merkmalshäufigkeiten können prozentuale Wahrscheinlichkeiten anhand der ausgewerteten Merkmale nicht errechnet werden. Die Festlegung eines Prädikates erfolgt nach Ermessen des Gutachters basierend auf dessen Erfahrung. Die prinzipielle Entscheidung bzgl. Identität oder Nichtidentität bildet sich bereits im Verlauf des Bildvergleiches heraus. Die genaue Einstufung des gutachterlichen Ergebnisses in ein Wahrscheinlichkeitsprädikat kann sich hingegen schwieriger gestalten. Häufig schwankt der Gutachter zwischen zwei benachbarten Prädikaten. Die Einordnung erfolgt meist, mangels weiterer Anhaltspunkte, anhand der eigenen Erfahrung und Einschätzung. Jeder Gutachter führt somit einen internen Standard. I.R.d. Erfahrungsaustausches zwischen Gutachtern wird häufig deutlich, dass bei der prinzipiellen Frage nach Identität oder Nichtidentität meist Einigkeit besteht, einige Gutachter jedoch eher zur Vergabe höherer Prädikate neigen, andere eher niedrige Wahrscheinlichkeitsprädikate bevorzugen. An dieser Stelle stellt sich die Frage, inwieweit eine Reduktion der Prädikatsstufen von Vorteil wäre und zu einer Harmonisierung der Prädikatsvergabe zwischen den einzelnen Gutachtern führen würde. In jedem Fall sollte die Prädikatsvergabe erläutert werden. Insb. muss hieraus hervorgehen, ob ein niedriges Prädikat sich eher auf Zweifeln bzgl. Identität/Nichtidentität

---

118 Buhmann D, Helmer RP, Jaeger U, Jürgens HW, Knußmann R, Rösing FW, Schmidt HD, Szilvassy J, Ziegelmayer G (1999) Standards für die anthropologische Identifikation lebender Personen nach Bildern. Kriminalistik 4: 246 – 248.

oder auf die technischen Bildeigenschaften (eingeschränkte Auflösung, ungenügende Ausleuchtung usw.) gründet. Für die richterliche Bewertung stellt dies einen grundlegenden Unterschied dar. Bei deutlich eingeschränkter Bildqualität empfiehlt es sich generell, auf ein eher niedriges Prädikat zurückzugreifen, da höhere Prädikate dem Gericht in diesen Fällen eine falsche Sicherheit vermitteln.

Auch bzgl. möglicher Ausschlüsse besteht nicht immer Einigkeit. Nach Meinung einiger Gutachter ist auch bei einer sehr eingeschränkten Bildqualität zumindest die Feststellung von (wenn vorhanden) Ausschlusskriterien, also nicht übereinstimmenden Merkmalen, möglich. Für das Erfassen von Merkmalsunterschieden wird jedoch genauso wie für die Feststellung von Merkmalsgleichheiten eine detailgenaue Darstellung der beurteilten Struktur verlangt. Lediglich sehr große Abweichungen können somit auch auf Bildern mit eingeschränkter Auflösung erkannt werden. Ein Ausschluss sollte mit der gleichen Sorgfalt überprüft werden, wie die Kriterien für einen Einschluss und auch diese Entscheidung erfordert eine Mindestqualität des Bildmaterials. Keinesfalls sollte ein Ausschluss leichtfertig und auf der Grundlage schlechter Bildqualität erfolgen. 98

Werden in einen Vergleich mehrere Familienangehörige einbezogen, so dürfen bei der Auswahl des Prädikates die betrachteten Personen nicht als Grundgesamtheit angesehen werden, da sich ansonsten ein zu hohes Prädikat ergibt. Die Grundgesamtheit ist auch in diesen Fällen nicht die betrachteten Personen oder die betroffene Familie sondern weiterhin die Gesamtbevölkerung.

b) Vorbehalte

Zunächst steht jeder morphologische Bildvergleich unter dem Vorbehalt, dass keine engeren Blutsverwandten der beschuldigten Person als Täter oder Fahrer infrage kommen (s. Rn. 27, „Einbeziehung naher Familienangehöriger"). Wie eingangs bereits erwähnt, sollten ebenfalls infrage kommende Familienangehörige von Anfang an in die Begutachtung einbezogen werden, da hier gehäuft ähnliche Merkmalsausprägungen zu erwarten sind. 99

c) Sonderfälle

In einigen Fällen stellt sich auf dem Beweisbild die abgebildete Person mit großflächiger Überdeckung durch Raumstrukturen bzw. mit einer Teilvermummung dar, was Schwierigkeiten und Einschränkungen in der Beurteilung mit sich bringen kann.[119] Im Hinblick auf den Gutachtenauftrag ist es zunächst die Aufgabe des Gutachters ab- 100

---

119 Yoshino M, Noguchi K, Atsuchi M, Kubota S, Imaizumi K, Thomas CDL, Clement JG (2002) Individual identification of disguised faces by morphometrical matching. Forensic science international 127: 97–103.

Teil 2: Morphologische Bildgutachten

zuschätzen, ob das vorgelegte Bildmaterial als Grundlage genügt. Im Anschluss wird das Gutachten dann nach den dargelegten Grundsätzen erstattet. Es gilt auch hier der Grundsatz: Je weniger Merkmale zur Darstellung kommen, umso besser muss die Erkennbarkeit auf dem Bildmaterial sein, um noch eine gerichtlich verwertbare Aussage treffen zu können. Bei Bildmaterial mit stark eingeschränkter Qualität ist manchmal nur die Angabe einer Tendenz möglich, wobei die Bewertung der gutachterlichen Aussage grds. dem Gericht überlassen bleibt.

In eigenen Versuchen[120] wurden die einzelnen Gesichtsareale hinsichtlich ihrer Bedeutung für die Identifizierung i.r.d. Proportionsvergleiche untersucht. Dabei konnte festgestellt werden, dass Abweichungen im unteren Bereich des Gesichtes, in den äußeren Augenpartien und bei beiden Ohren hierfür von besonderer Bedeutung sein können.

6. Rechnung

101 Bei ärztlichen Gutachtern, z.B. Rechtsmedizinern, werden die Gutachten je nach zeitlichem Aufwand mit dem Stundensatz M3 (85,00 €) abgerechnet. Die Gutachter der anderen Berufsgruppen rechnen nach der Honorargruppe „6" mit einem Stundensatz von 75,00 € ab.

7. Mündliche Erstattung eines Gutachtens

102 In vielen Fällen wird der Gutachter zunächst mit der Erstellung eines schriftlichen Gutachtens beauftragt. In einigen Fällen wird dieses Gutachten dann im Rahmen einer Verhandlung mündlich vertreten.

Die Anberaumung eines Verhandlungstermins kann jedoch auch in den Fällen notwendig werden, in denen auf andere Art und Weise keine Vergleichsaufnahme der betreffenden Person zustande kommt. In diesen Fällen kann das Gericht folgendermaßen verfahren:

1. I.R.d. Termins wird nur das Vergleichsbild angefertigt, das Gutachten wird später schriftlich erstellt und dem Gericht übersandt.
2. Nach der Anfertigung der Vergleichsbilder wird die Verhandlung für eine gewisse Zeit unterbrochen, in der der Gutachter das Gutachten erstellt und sofort anschließend mündlich vertritt.

103 Zur Vorbereitung eines derartigen Verhandlungstermins sollten durch den Gutachter anhand der Ermittlungsakte das Originalbildmaterial angefordert und aus den daraus erstellten Beweisbildern die morphologischen Merkmale des Fahrers bzw. des Täters extrahiert werden. Im Termin selbst werden auf jeden Fall zunächst die Vergleichs-

---

120 Bellmann D (2004) Differenzierung von Personen mittels computergestützter Bildanalyse Dissertation, Homburg/Saar.

aufnahmen angefertigt. Sollte vom Gericht eine sofortige Erstellung des Gutachtens gewünscht werden, so werden in einer Verhandlungspause, die je nach Schwierigkeitsgrad oder Umfang der Begutachtung variiert, die Merkmale der Vergleichsperson mit denen des Fahrers bzw. des Täters verglichen und es wird ein Wahrscheinlichkeitsprädikat erstellt. Hierbei ist es aufgrund des eher engeren zeitlichen Rahmens nicht notwendig, das Gutachten vollständig in schriftlicher Form abzufassen, sondern es genügt, die Hauptpunkte, die zur Erstattung des mündlichen Gutachtens notwendig sind, kurz zu skizzieren. Die verglichenen Merkmale sowie die Grundlagen, auf denen die Einschätzung der Identitätswahrscheinlichkeit beruht, sollten in jedem Fall festgehalten werden, um eine Reproduktion des Gutachtens zu ermöglichen. In seltenen Fällen kann sich der Vergleich der Personen sehr schwierig gestalten. Dann ist es ratsam, die Verhandlung abzubrechen und zu einem späteren Zeitpunkt wieder aufzunehmen, um dem Gutachter die Möglichkeit zu geben, die einzelnen Faktoren in Ruhe gegeneinander abzuwägen und im Zweifelsfall einen Kollegen als Zweitmeinung bzw. als Korrektor hinzuzuziehen. Keinesfalls sollten Identitätsgutachten unter Zeitdruck erstattet werden, da dies der Grundlage, der ruhigen Betrachtung und Abwägung von Merkmalen widerspricht.

Bei der Erstattung mündlicher Gutachten ist ein weiterer Aspekt zu beachten: Der Merkmalsvergleich von Personen sollte nur an **gleichdimensionalen Medien** stattfinden.[121] Bei einer Fotografie handelt es sich um eine zweidimensionale Darstellung eines in der Realität dreidimensionalen Objektes. So ist der Vergleich eines Fahrer- bzw. Täterbildes mit einer realen Person nicht sachgerecht. Der direkte Vergleich einer dreidimensionalen Person mit einem zweidimensionalen Bild kann zu fehlerhaften Bewertungen führen, da das Auge die Dreidimensionalität nicht ohne weiteres auf ein zweidimensinales Bild reduzieren kann. Dies schränkt die Güte des Vergleichs und damit des Gutachtens stark ein.

104

---

121 Knussmann R (ed) (1988) Bd. I Wesen und Methoden der Anthropologie, 1. Teil Wissenschaftstheorie, Geschichte, morphologische Methoden. Gustav Fischer, Stuttgart New York.

Teil 3: Rechtsfragen in Zusammenhang mit Geschwindigkeitsüberschreitung, Abstandsmessung und Rotlichtverstoß

Inhaltsverzeichnis

		Rn.
A.	**Allgemeine Vorüberlegungen zur Verteidigung**	1
	I. Allgemeines	1
	II. Verteidigung im OWi-Verfahren	2
B.	**Videomessung im Straßenverkehr – BVerfG 2 BvR 941/08 und seine Folgen**	3
	I. Eingriff in das Recht auf informationelle Selbstbestimmung	3
	II. Folgerungen aus der Rechtsprechung des BVerfG	7
	1. Entwicklung der Rechtsprechung nach 2 BvR 941/08	7
	2. Prüffragen	9
	3. Beweisverwertungsverbot	10
	III. Verfahrensfragen	12
	IV. Zusammenstellung der Rechtsprechung	14
C.	**Geschwindigkeitsüberschreitung/-messung**	14
	I. Allgemeine Fragen	15
	1. Zusatzschild „bei Nässe"	16
	2. Zusatzschild „werktags"	17
	3. Mehrere Verkehrszeichen	18
	4. Fahren mit einem sog. „Sprinter"	19
	5. Geltungsbereich der Geschwindigkeitsbeschränkung	22
	6. Geschwindigkeitsmessung durch Kommunen/Private	23
	II. Standardisierte Messverfahren	27
	1. Begriff/Anforderungen	27
	2. Weiter reduzierte Anforderungen bei einem Geständnis?	36
	3. Verteidigerverhalten bei standardisierten Messverfahren	41
	III. Geschwindigkeitsmessung in der Nähe der Geschwindigkeitsbeschränkung	43
	IV. Geschwindigkeitsmessung mit PPS/Videonachfahrsystemen	44
	V. Geschwindigkeitsmessung durch Nachfahren	45
	1. Allgemeine Anforderungen an die tatsächlichen Feststellungen	46
	2. Zusätzliche Anforderungen bei Messung zur Nachtzeit	52
	VI. Exkurs: Rechtfertigungsgründe bei einer Geschwindigkeitsüberschreitung	58
	VII. Exkurs: Fahrlässigkeit/Vorsatz?	60
D.	**Abstandsunterschreitung (§ 4 StVO)**	62
	I. Allgemeines	63
	1. Bestimmung des erforderlichen Abstandes	63
	2. Nicht nur vorübergehende Abstandsunterschreitung	68
	II. Messverfahren	71
	1. Allgemeines	71
	2. Brückenabstandsmessverfahren	72
	3. Video-Abstands-Messverfahren	75
	4. Police-Pilot-System	77
	5. Exkurs: Abstandsmessung ohne technische Geräte	79
	III. Anforderungen an das tatrichterliche Urteil	83

Teil 3: Rechtsfragen/Geschwindigkeitsübersch., Abstandsmessung & Rotlichtverstoß

				Rn.
	1.	Feststellungen beim Video-Abstands-Messverfahren.		84
	2.	Feststellungen bei den sonstigen Verfahren		85
		a)	Allgemeine Feststellungen	85
		b)	Besonderheiten bei den einzelnen Messverfahren.	86
			aa) Police-Pilot-System	87
			bb) Abstandsmessung durch Nachfahren.	88
			cc) Abstandsmessung durch Vorausfahren.	89
E.	Rotlichtverstoß (§ 37 StVO)			90
	I.	Grenzfälle.		91
	II.	Allgemeine tatsächliche Feststellungen		95
	III.	Qualifizierter Rotlichtverstoß nach Nr. 132.3 BKat.		99
		1.	Allgemeines	100
		2.	Überfahren der Haltelinie	101
		3.	Feststellung der Rotlichtzeit	103
			a) Einsatz einer Rotlichtkamera.	104
			b) Schätzungen der Rotlichtzeit.	107
F.	Ausgesuchte Verfahrensfragen			110
	I.	Akteneinsicht		111
		1.	Allgemeines	111
		2.	Besonderheiten der Akteneinsicht im OWi-Verfahren	113
			a) Zeitpunkt der Akteneinsicht.	113
			b) Verfahren	115
			c) Umfang der Akteneinsicht, insbesondere die Lebensakte.	121
			aa) Allgemeines.	121
			bb) Akteneinsicht und Beweismittel.	122
			cc) Insbesondere: Lebensakte	126
		3.	Auswertung der Bußgeldakte	131
	II.	Identifizierung des Betroffenen anhand eines Radarfotos		135
		1.	Allgemeines	135
		2.	Entwicklung der Rechtsprechung.	136
		3.	Weg 1: Bezugnahme auf das Lichtbild in den Urteilsgründen	139
			a) Allgemeines.	139
			b) Prozessordnungsgemäße Verweisung	142
			c) Geeignetes Lichtbild	144
		4.	Weg 2: Keine Verweisung auf das Beweisfoto	146
		5.	Zusammenfassender Hinweis	148
		6.	Identitätsfeststellung durch Vergleich von Messfoto mit Ausweisbild des Betroffenen	149
			a) Ansicht des AG Stuttgart.	150
			b) Rechtsprechung der OLG	151
	III.	Beweisaufnahme im OWi-Verfahren		152
		1.	Umfang.	152
		2.	Beweisantrag im OWi-Verfahren	155
			a) Inhalt des Beweisantrags	156
			aa) Beweistatsache.	157
			bb) Bestimmte Behauptung	161
			b) Bezeichnung des Beweismittels	164
			aa) Allgemeines.	164
			bb) Zeugenbeweis.	165
			cc) Sachverständigenbeweis.	166
			dd) Urkundenbeweis.	169
		3.	Ablehnung eines Beweisantrages, insb. § 77 OWiG.	172
			a) Allgemeine Ablehnungsgründe (§ 244 Abs. 3 und 4 StPO)	172

Teil 3: Rechtsfragen/Geschwindigkeitsübersch., Abstandsmessung & Rotlichtverstoß

					Rn.
	b)	Zur Erforschung der Wahrheit nicht erforderlich (§ 77 Abs. 2 Nr. 1 OWiG)			173
	c)	Verspätetes Vorbringen nach § 77 Abs. 2 Nr. 2 OWiG			175
IV.	Rechtsbeschwerde				177
1.	Allgemeines				177
2.	Einlegung der Rechtsbeschwerde				181
	a)	Allgemeines			181
	b)	Frist			183
	c)	Form			184
	d)	Antrag an das Rechtsbeschwerdegericht (§ 346 StPO)			185
	e)	Beschränkung der Rechtsbeschwerde			186
3.	Zulassungsfreie Rechtsbeschwerde				189
4.	Zulassung der Rechtsbeschwerde (§ 80 OWiG)				195
	a)	Allgemeines			195
	b)	Zulassungsvoraussetzungen (§ 80 Abs. 1 OWiG)			197
		aa)	Fortbildung des Rechts		197
		bb)	Sicherung einer einheitlichen Rechtsprechung		199
			(1)	Allgemeines	199
			(2)	Besondere Fälle	202
		cc)	Verletzung des rechtlichen Gehörs (§ 80 Abs. 1 Nr. 2 OWiG)		204
		dd)	Zulassung bei Verfahrenshindernissen (§ 80 Abs. 5 OWiG)		207
	c)	Einschränkungen der Zulassung bei geringfügigen Ordnungswidrigkeiten (§ 80 Abs. 2 OWiG)			209
	d)	Zulassungsantrag			211
5.	Begründung der Rechtsbeschwerde				213
	a)	Frist			214
	b)	Form			217
	c)	Inhaltliche Anforderungen			220
		aa)	Verfahrensvoraussetzungen oder -hindernisse		221
		bb)	Verfahrensrüge		222
		cc)	Beispielsfälle		228
		dd)	Sachrüge		231

Teil 3: Rechtsfragen/Geschwindigkeitsübersch., Abstandsmessung & Rotlichtverstoß

A. Allgemeine Vorüberlegungen zur Verteidigung

I. Allgemeines

1 In der Praxis hat die Verteidigung gegen den Vorwurf einer Geschwindigkeitsüberschreitung, einer Abstandsunterschreitung bzw. eines Rotlichtverstoßes **erhebliche Bedeutung**. Für den Betroffenen sind diese Bereiche deshalb so „gefährlich", weil z.b. sowohl bei massiven Geschwindigkeitsüberschreitungen als auch bei erheblichen Abstandsunterschreitungen oder Rotlichtverstößen mit mehr als einer Sekunde Rotlichtzeit als Rechtsfolge ein Fahrverbot droht. Deshalb ist der Verteidiger hier besonders gefordert, vor allem dann, wenn der Betroffene aus beruflichen Gründen auf seine Fahrerlaubnis und die Möglichkeit zu fahren angewiesen ist.

> **Hinweis:**
> Auf die mit diesen Verkehrsverstößen zusammenhängenden Rechtsfragen muss der Verteidiger daher sein besonderes Augenmerk richten. Aus Platzgründen können nicht alle Probleme und Fragestellungen dargestellt werden, zumal in diesem Werk die technischen Fragen der Messverfahren bei Geschwindigkeitsüberschreitung, Abstandsmessung und Rotlichtverstoß im Vordergrund stehen sollen. Die Darstellung der rechtlichen Fragen beschränkt sich also nur auf das Wesentliche und will nur einen ersten Überblick über die Fragen geben, die in der Verteidigungspraxis von besonderer Bedeutung sind. Zur Vertiefung der Probleme verweise ich auf Burhoff (Hrsg.), Handbuch für das straßenverkehrsrechtliche OWi-Verfahren, 2. Aufl., 2008, sowie auf Burhoff, Handbuch für das strafrechtliche Ermittlungsverfahren, 5. Aufl., 2010, auf Burhoff, Handbuch für die strafrechtliche Hauptverhandlung, 6. Aufl., 2010 sowie auch auf Ludovisy/Eggert/Burhoff, Praxis des Straßenverkehrsrechts, 4. Aufl., 2008, Teile 7 und 8.

II. Verteidigung im OWi-Verfahren

2 Der Verteidiger muss sich vor der Verteidigung im OWi-Verfahren vorab folgende **allgemeine Punkte bewusst machen**:

- Die **Verteidigung** im OWi-Verfahren ist gerade auch im Bereich der Geschwindigkeits- und Rotlichtverstöße sowie der Abstandsunterschreitungen im Hinblick auf ein ggf. drohendes **Fahrverbot** wegen der Erfordernisse der Angemessenheit und Erforderlichkeit eine Verteidigung **auf Zeit**. Nach Möglichkeit muss ein „langer Zeitraum" zwischen Tat und Urteil liegen (vgl. dazu eingehend Burhoff/Deutscher, OWi, Rn. 925 ff.).
- Die Verteidigung im OWi-Verfahren **beginnt nicht** erst in der **Rechtsbeschwerde** beim OLG. Dieses ist an die vom AG getroffenen tatsächlichen Voraussetzungen

gebunden, und zwar sowohl hinsichtlich des Schuldspruchs als auch hinsichtlich der festgesetzten Rechtsfolgen.
- Die Verteidigung im OWi-Verfahren durchläuft **fünf Stufen**:
1. **Prüfung** der **Messung** (vgl. dazu Teil 1 Rn. 1 ff.) und – beim bestreitenden Mandanten – der Frage, ob dieser als Täter/Fahrer zum Vorfallszeitpunkt identifiziert werden kann (vgl. dazu Teil 2 Rn. 1 ff. und nachfolgend Rn. 135 ff.).
2. **Prüfung** des **Bußgeldbescheides** im Hinblick auf seine Wirksamkeit (vgl. dazu eingehend Burhoff/Burhoff, OWi, Rn. 524 ff.). Die Frage hat für die Unterbrechung der Verjährung erhebliche Bedeutung.
3. **Vorbereitung** der **Hauptverhandlung**.
4. **Verteidigung** in der **Hauptverhandlung**.
5. **Verteidigung** im **Rechtsbeschwerdeverfahren** (zur Rechtsbeschwerde s. Rn. 177).

Hinweis:

Zur Verteidigung im Rechtsbeschwerdeverfahren gehört auf jeden Fall, dass der Verteidiger noch einmal **Akteneinsicht** nimmt, um Verfahrensverstöße, die ggf. die Verfahrensrüge begründen können, feststellen zu können.

B. Videomessung im Straßenverkehr – BVerfG 2 BvR 941/08 und seine Folgen

Literatur:
Artz/Eier, Section Control und allgemeine Videoüberwachung im Straßenverkehr - Neue und alte Maßnahmen ohne Rechtsgrundlage, NZV 2010, 213; *Burhoff*, Videomessung im Straßenverkehr – BVerfG 2 BvR 941/08 und seine Folgen, VRR 2010, 93; *Bull*, Sind Video-Verkehrskontrollen „unter keinem rechtlichen Aspekt vertretbar"'?, NJW 2009, 3279; *Geiger*, Auswirkungen des Straf- und Ordnungswidrigkeitenrechts auf das Verkehrsverwaltungsrecht, DAR 2010, 373; *Hecker*, Zur Einschränkung des Rechts auf informationelle Selbstbestimmung, DVBl. 2009, 1239; *Krumm*, Zur Ermächtigungsgrundlage für Geschwindigkeitsmessungen per Video, NZV 2009, 620; *ders.*, Zulässigkeit von Abstandsmessungen durch Videoüberwachungssysteme weiter unklar, eine Anmerkung zur Entscheidung des OLG Düsseldorf vom 09.02.2010, DAR 2010, 213; *Ludovisy*, Verkehrsüberwachung per Video, ZAP Fach 9, S. 825; *Niehaus*, Geschwindigkeitsüberwachung durch Videoaufzeichnung – Verfassungsrechtliche Anforderungen und Rechtsfolgen bei fehlender Rechtsgrundlage – zugleich Anmerkung zur Entscheidung des BVerfG vom 11.08.2009, DAR 2009, 632, *Rausch*, Kameraüberwachungsmaßnahme im Straßenverkehr – eine Zwischenbilanz, zfs 2010, 302; *Roggan*, Rechtsgrundlage für bildgebende Messverfahren in der Verkehrsüberwachung, NJW 2010, 1042; *Schmedding*, Verkehrs-Kontroll-System (VKS) am Ende?, DAR 2010, 426; *Szymanski*, Einstellung nach Messung mit LEIVTEC XV 2, DAR 2010, 429.

I. Eingriff in das Recht auf informationelle Selbstbestimmung

3   Selten hat eine verfassungsgerichtliche Entscheidung im straßenverkehrsrechtlichen OWi-Verfahren so viel **Aufmerksamkeit** erregt wie der Beschl. des BVerfG vom 11.08.2009 in der Sache 2 BvR 941/08 (BVerfG, NJW 2009, 3293 = VA 2009, 172 = VRR 2009, 355 = StRR 2009, 356 = zfs 2009, 589; vgl. jetzt auch noch den Beschl. v. 05.07.2010 – 2 BvR 759/10, VRR 2010, 312 = VA 2010, 154). In der Entscheidung v. 11.08.2009 hat das BVerfG (a.a.O.) zur verfassungsrechtlichen Zulässigkeit von Videomessungen im Straßenverkehr Stellung genommen, nachdem es bereits in anderen Verfahren Videoüberwachungsmaßnahmen überprüft und beanstandet hatte (vgl. u.a. BVerfGE 120, 378 = NJW 2008, 1505 = DAR 2008, 199 (LS) = StRR 2008, 177 m. Anm. Klaws). In der der Verfassungsbeschwerde im Verfahren 2 BvR 941/08 zugrunde liegenden tatrichterlichen Entscheidung des AG Güstrow hatte dieses der Verurteilung des Betroffenen wegen einer Geschwindigkeitsüberschreitung das Ergebnis einer Videoüberwachung mit dem Verkehrskontrollsystem Typ VKS zugrunde gelegt (vgl. zu dessen Arbeitsweise Teil 1 Rn. 174 ff. und Burhoff/Böttger, OWi, Rn. 1465). Diese war von einer Autobahnbrücke durchgeführt worden. Im Rahmen dieser Maßnahme wurden alle durchfahrenden Fahrzeuge verdeckt gefilmt. Auf dem Film war der jeweilige Fahrer erkennbar und identifizierbar. Eine vorherige Auswahl dahin gehend, ob der jeweilige Fahrer eines Verkehrsverstoßes verdächtig war, fand nicht statt. Die Maßnahme wurde von der Verkehrsbehörde auf einen Erlass des Wirtschaftsministeriums

Mecklenburg-Vorpommern zur Überwachung des Sicherheitsabstandes nach § 4 StVO vom 01.07.1999 gestützt.

Das BVerfG (a.a.O.) hat diesen Sachverhalt zum Anlass genommen, zunächst noch 4 einmal zum **Schutzbereich** des sog. Grundrechts auf **informationelle Selbstbestimmung** Stellung zu nehmen und festzulegen, auf welcher Grundlage in dieses Recht eingegriffen werden darf (vgl. dazu auch BVerfGE 122, 342 = NJW 2009, 1481 zum bayerischen Versammlungsgesetz; zur automatisierten Kennzeichenerfassung im Beschl. v. 11.03.2008 in BVerfGE 120, 378 = NJW 2008, 1505 = StRR 2008, 177 m. Anm. Klaws und zur Videoüberwachung in BVerfGK 10, 330, 336 f. = NJW 2007, 2320 [LS]). Es geht davon aus, dass die mittels einer Videoaufzeichnung vorgenommene Geschwindigkeitsmessung eine Erhebung persönlicher Daten und damit einen Eingriff in das Recht auf informationelle Selbstbestimmung darstellt (vgl. BVerfGE 120, 378 = NJW 2008, 1505 = StRR 2008, 177 m. Anm. Klaws). Dieser Eingriff in das auf Art. 1, 2 GG beruhende Grundrecht auf informationelle Selbstbestimmung entfällt nach Auffassung des BVerfG auch nicht etwa dadurch, dass lediglich Verhaltensweisen im öffentlichen Raum erhoben worden seien (vgl. dazu BVerfG, a.a.O.). Auch liege kein Fall vor, in dem Daten ungezielt und allein technikbedingt zunächst miterfasst, dann aber ohne weiteren Erkenntnisgewinn, anonym und spurenlos wieder gelöscht werden, sodass aus diesem Grund die Eingriffsqualität hätte verneint werden können (BVerfG, a.a.O.). Zwar könne – so das BVerfG (NJW 2009, 3293 = VA 2009, 172 = VRR 2009, 355 = StRR 2009, 356 = zfs 2009, 589) – das Grundrecht auf informationelle Selbstbestimmung im überwiegenden Allgemeininteresse eingeschränkt werden, eine solche Einschränkung benötige aber einer gesetzlichen Grundlage, die dem rechtsstaatlichen Gebot der Normenklarheit entsprechen und verhältnismäßig sein müsse (vgl. BVerfGE 120, 378 = NJW 2008, 1505) = StRR 2008, 177 m. Anm. Klaws). Anlass, Zweck und Grenzen des Eingriffs müssten zudem in der Ermächtigung bereichsspezifisch, präzise und normenklar festgelegt werden (vgl. BVerfGK 10, 330, 337 = NJW 2007, 2320 [LS]).

Auf der Grundlage hat das BVerfG, (BVerfG, NJW 2009, 3293 = VA 2009, 172 = VRR 5 2009, 355 = StRR 2009, 356 = zfs 2009, 589) die Rechtsauffassung des AG und des OLG, das die Rechtsbeschwerde gegen die amtsgerichtliche Entscheidung verworfen hatte, die mittels einer Videoaufzeichnung vorgenommene Geschwindigkeitsmessung könne auf einen Erlass eines Ministeriums gestützt werden, für **unter keinem rechtlichen Aspekt vertretbar** und daher willkürlich gehalten. Es handele sich bei dem Erlass nur um eine Verwaltungsvorschrift und damit um eine verwaltungsinterne Anweisung. Derartige Regelungen, durch die eine vorgesetzte Behörde etwa auf ein einheitliches Verfahren oder eine einheitliche Gesetzesanwendung hinwirkt, seien kein Gesetz i.S.d. Art. 20 Abs. 3 GG sowie des Art. 97 Abs. 1 GG und seien grds. Gegenstand, nicht Maßstab der richterlichen Kontrolle. I.Ü. habe der Erlass auch nur die ortsfeste Überwachung des Sicherheitsabstandes von Kfz zum vorausfahrenden Fahr-

Teil 3: Rechtsfragen/Geschwindigkeitsübersch., Abstandsmessung & Rotlichtverstoß

zeug zum Gegenstand gehabt. Die Verfolgung anderer Ordnungswidrigkeiten, wie z.B. Geschwindigkeitsüberschreitungen, solle dagegen unberührt bleiben.

6 **Hinweis:**

Es darf nicht übersehen werden, dass es im vom BVerfG entschiedenen Fall (a.a.O.) um eine „**verdachtsunabhängige**" **Überwachung** ging, bei der „vorsorglich" alle durchfahrenden Kfz gefilmt worden sind. Im Fall eines konkreten Messfotos, das z.b. aufgrund einer zu hohen Geschwindigkeit des konkret von dem Messvorgang betroffenen Fahrzeugführers gefertigt wird, dürfte etwas Anderes gelten (vgl. jetzt Beschl. v. 05.07.2010 – 2 BvR 759/10, VRR 2010, 312 = VA 2010, 154, der die Entscheidung des OLG Brandenburg v. 22.02.2010 [NJW 2010, 1472 = VRS 118, 290 = VRR 2010, 152] und damit das Verfahren eso ES 3.0 zum Gegenstand hatte; vgl. dazu oben Teil 1 Rn. 558). Darauf deuten auch die Rechtsprechungszitate des BVerfG im Beschl. v. 11.08.2009 (a.a.O.) hin, die im Wesentlichen auf Entscheidungen zu verdachtsunabhängige Maßnahmen verweisen (vgl. grundlegend dazu auch OLG Bamberg, NJW 2010, 100 = VRR 2009, 468 = StRR 2009, 475 = DAR 2010, 26 = zfs 2010, 50). Allerdings hat das BVerfG in seiner Entscheidung v. 05.07.2010 (VRR 2010, 312 = VA 2010, 154), die keine Videomessung betraf, ohne Einschränkung auf den Beschl. v. 11.08.2009 verwiesen.

Offen gelassen hat das BVerfG (a.a.O.) die Frage eines **Beweisverwertungsverbotes**. Es hat lediglich darauf hingewiesen, dass dieses entstehen könne, ohne dazu nähere Angaben/Vorgaben zu machen (vgl. dazu grundlegend OLG Bamberg, a.a.O.).

II. Folgerungen aus der Rechtsprechung des BVerfG

1. Entwicklung der Rechtsprechung nach 2 BvR 941/08

7 Schon sehr bald nach Bekanntwerden der Entscheidung des BVerfG v. 11.08.2009 (BVerfG, NJW 2009, 3293 = VA 2009, 172 = VRR 2009, 355 = StRR 2009, 356 = zfs 2009, 589) ist diese von der – zunächst **amtsgerichtlichen** – **Rechtsprechung** aufgegriffen worden. Sehr schnell bildeten sich zwei Gruppen, von denen die eine zum Freispruch der Betroffenen kam, während die andere auch unter Geltung der Grundsätze des BVerfG in 2 BvR 941/ 08 die Betroffenen wegen Verkehrsverstöße – i.d.R. Geschwindigkeitsüberschreitungen oder Abstandsverstöße – verurteilt hat. Grundlegend sind in dem Zusammenhang aus der ersten Gruppe „**Freispruch**" waren AG Meißen (StRR 2009, 478 = VRR 2009, 472), AG Grimma (StRR 2009, 478 = VRR 2009, 472) und AG Eilenburg (DAR 2009, 657). Diese Gerichte haben ein Beweiserhebungsverbot angenommen, weil eine Ermächtigungsgrundlage für den Eingriff in

das Recht auf informationelle Selbstbestimmung nicht vorliege. §§ 100h Abs. 1, 163b Abs. 1 StPO, jeweils i.V.m. § 46 OWiG, würden als Ermächtigungsgrundlage ausscheiden, da beide Normen das Vorliegen eines Anfangsverdachts gegen den von der Aufzeichnung betroffenen Fahrer in Zeitpunkt ihrer Durchführung erforderten, was bei dem hier verwendeten Kontrollsystem nicht der Fall sei. Gleiches gelte für die Ermächtigung zur Identitätsfeststellung nach §§ 163b Abs. 2 StPO, 46 OWiG. Das Beweiserhebungsverbot führe auch zu einem Beweisverwertungsverbot hinsichtlich des Beweisfotos. Der Verfassungsverstoß bei der Verkehrsüberwachung würde relativiert, wenn das auf diese Weise erlangte Beweismittel zur Überführung des Täters verwertet werden dürfte (wegen weiterer amtsgerichtlicher Rechtsprechung vgl. die Zusammenstellung bei Rausch, zfs 2010, 302, 304f.). Zur Gruppe „**Verurteilung**" zählten u.a. die Entscheidungen der AG Freiburg (AG Freiburg, VRR 2009, 470 = StRR 2009, 477), AG Schweinfurt (AG Schweinfurt, DAR 2009, 660 = VRR 2009, 470 = StRR 2009, 477), AG Erlangen (AG Erlangen, VRR 2009, 470 = StRR 2009, 477). Diese haben i.d.R. in § 100h Abs. 1 Satz 1 Nr. 1 StPO (so AG Schweinfurt, a.a.O. für das bayerische Brückenabstandsmessverfahren) bzw. § 163b Abs. 1 StPO (so AG Freiburg, a.a.O. und AG Oberhausen, Urt. v. 02.11.2009 – 26 OWi – 371 Js 1419/09 665/09), jeweils i.V.m. § 46 Abs. 1 OWiG eine ausreichende Ermächtigungsgrundlage gesehen: Es erfolge keine verdachtsunabhängige Messung; Eine individualisierbare Aufzeichnung werde erst aufgrund eines Entscheidungsaktes nach Begründung eines Anfangsverdachts ausgelöst.

Es hat nicht lange gedauert, bis die mit dieser Problematik zusammenhängenden Fragen in der **oberlandesgerichtlichen Rechtsprechung** angekommen waren. Als erstes OLG hat das OLG Bamberg in seinem grundlegenden Beschl. v. 16.11.2009 (OLG Bamberg, NJW 2010, 100 = VRR 2009, 468 = StRR 2009, 475 = DAR 2010, 26 = zfs 2010, 50) Stellung genommen und § 100h Abs. 1 Nr. 1 StPO beim bayerischen Brückenabstandsmessverfahren als Ermächtigungsgrundlage bejaht. Die Aufzeichnung des auflaufenden Verkehrs erfolge aufgrund der technischen Gegebenheiten ohne Personenbezug, so dass ein Eingriff in das Grundrecht auf informationelle Selbstbestimmung nicht vorliege. Dies sei i.Ü. aber ggf. auch durch §§ 161, 163 StPO gedeckt. Der Argumentation haben sich danach weitgehend alle anderen OLG unter Hinweis auf die Entscheidung des OLG Bamberg v. 16.11.2009 (a.a.O.) auch für andere Messverfahren angeschlossen (vgl. die Zusammenstellung der Rechtsprechung bei Rn. 14 und bei Gieg, VRR 2010, 192 in der Anm. zu OLG Bamberg, DAR 2010, 279 = VRR 2010, 190). Lediglich das OLG Düsseldorf (Einzelrichterentscheidung in NZV 2010, 263 = VRR 2010, 154 m. Anm. Burhoff = VA 2010, 84 = DAR 2010, 213 m. Anm. Krumm) und das OLG Hamm (1. Senat für Bußgeldsachen in VRR 2010, 114) haben das Vorliegen einer Ermächtigungsgrundlage verneint. Das OLG Dresden (DAR 2010, 210 = VRR 2010, 154) ist einen Mittelweg gegangen und hat darauf abgestellt, ob die Messung entsprechend den Vorgaben in Sachsen „anlassbezogen" durchgeführt worden ist.

8

8a	**Hinweis:**

Inzwischen hat das **BVerfG** zum zweiten Mal Stellung genommen. Nach seinem Beschl. v. 05.07.2010 (2 BvR 759/10, VRR 2010, 312 = VA 2010, 154) ist es **verfassungsrechtlich nicht** zu **beanstanden**, wenn die Fachgerichte die Vorschrift des **§ 100h Abs. 1 Satz 1 Nr. 1 StPO** als Rechtsgrundlage für die Anfertigung von Bildaufnahmen zum Beweis von Verkehrsverstößen heranziehen. Die Entscheidung hat zwar keine Videomessung betroffen, sondern eso ES 3.0 (vgl. dazu oben Teil 1 Rn. 558). Das BVerfG hat aber in der Anwendung der Entscheidung vom 11.08.2009 (BVerfG, NJW 2009, 3293 = VA 2009, 172 = VRR 2009, 355 = StRR 2009, 356 = zfs 2009, 589) keinen Unterschied gemacht, sondern auf diese ohne Einschränkungen verwiesen.

M.E. muss sich der **Verteidiger** auf diesen (neuen) **Stand** der **Rechtsprechung** wie folgt **einstellen**: Die h.M. in der oberlandesgerichtlichen Rechtsprechung, die davon ausgeht, dass bei verdachtsabhängigen Messverfahren § 100h StPO die Ermächtigungsgrundlage darstellt, dürfte mit der Entscheidung des BVerfG v. 05.07.2010 (VRR 2010, 312 = VA 2010, 154) auch für andere als Videomessverfahren (inzidenter) abgesegnet sein. Entgegenstehende amtsgerichtliche Rechtsprechung (vgl. oben Rn. 7 und Rausch, zfs 2010, 302 304) ist m.E. ebenso überholt wie die Entscheidungen des OLG Düsseldorf (NZV 2010, 263 = VRR 2010, 154 m. Anm. Burhoff = VA 2010, 84 = DAR 2010, 213 m. Anm. Krumm) und des OLG Hamm (VRR 2010, 114).

Die Diskussion wird jetzt ggf. an anderer Stelle geführt werden müssen, nämlich bei der Frage, wann der von § 100h StPO geforderte Anfangsverdacht gegeben ist. Dazu wird in der obergerichtlichen Rechtsprechung vertreten, dass dieser nicht erst von der Überwachungskamera bei Überschreiten eines Grenzwertes ausgelöst werde, sondern bereits von dem Messbeamten beim Einstellen des Grenzwertes an der Kamera vor Beginn der eigentlichen Messung (vgl. dazu OLG Brandenburg, NJW 2010, 1472 = VRS 118, 290 = VRR 2010, 152 für eso ES 3.0; vgl. zu dem Messverfahren Teil 1 Rn. 558 ff.; OLG Celle, StraFo 2010, 247 = NZV 2010, 363; vgl. auch noch OLG Dresden, Beschl. v. 30.03.2010 – Ss Bs 152/10).

Dem ist m.E. **entgegen** zu **halten**, dass es einen „bedingten Anfangsverdacht" nicht gibt und immer eine menschliche Entscheidung für die Bejahung eines Anfangsverdachts erforderlich ist (Meyer-Goßner, § 152 Rn. 4 und Einl. Rn. 76 m.w.N.; vgl. auch BGHSt 51, 72). Hier würde der Anfangsverdacht aber durch die Software einer Maschine ausgelöst (s. auch Roggan, NJW 2009, 1042, 1045; vgl. auch BVerfGE 120, 378 = NJW 2008, 1505 = StRR 2008, 177 m. Anm. Klaws; ähnlich OLG Hamm, VRR 2010, 114; vgl. auch Elsner, DAR 2010, 164, 166 f.); die kann aber nicht die für die Auslösung des Anfangsverdachts erforderliche keine Einzelfallentscheidung treffen. (zu allem eingehend auch Niehaus, DAR 2009,

632, 633 f.). Zu Recht weist zudem *Ludovisy* (ZAP Fach 9, S. 825, 828), dass es kaum vorstellbar ist, dass der mit der Überwachung beauftragte Messbeamte sekundengenau den Auslöser bedient und damit sicherstellt, dass auf dem gefertigten Messfoto nur der „Verdächtige", nicht auch aber Dritte abgebildet sind.

Das BVerfG (a.a.O.) scheint es aber anders zu sehen. Jedenfalls muss/kann man das aus dem Beschluss v. 5. 7. 2010 (a.a.O.) folgern: Nicht nur, dass ausdrücklich auf diese Problematik nicht eingegangen wird, das BVerfG (a.a.O.) weist vielmehr ausdrücklich darauf hin: „Im angegriffenen Beschluss wird nachvollziehbar dargelegt, dass der erforderliche Tatverdacht vorlag" (vgl. auch noch OLG Bamberg, DAR 2010, 279 = VRR 2010, 190). Auch insoweit dürfte die Diskussion damit zu Ende sein.

Möglicherweise erledigt sich die Diskussion aber demnächst auf der technischen Ebene. Zur Technik ist nämlich darauf zu verweisen, dass nach Neuerungen beim Messverfahren „VKS" demnächst eine selbsttätige Vorabüberwachung möglich sein soll. Das Verfahren „VKS – Typ „Select" soll die bislang eingesetzten Videoüberwachungsmaßnahmen auf BAB ersetzen (vgl. zu den Neuerungen oben Teil 1 Rn. 140 und Schmedding, DAR 2010, 426).

2. Prüffragen

Soweit nach der Rechtsprechung des BVerfG im Beschl. v. 05.07.2010 (VRR 2010, 312 = VA 2010, 154) überhaupt noch eine Verteidigungsmöglichkeit besteht (vgl. Rn. 8a), muss der Verteidiger muss, wenn ggf. eine Videomessung eine Rolle spielt, auf der Grundlage der Entscheidungen des BVerfG v. 11.08.2009 (NJW 2009, 3293 = VA 2009, 172 = VRR 2009, 355 = StRR 2009, 356 = zfs 2009, 589) und vom 05.07.2010 (VRR 2010, 312 = VA 2010, 154) folgende Fragen stellen/prüfen:

9

- Handelt es sich um eine verdachtsunabhängige oder um eine verdachtsabhängige Überwachungsmaßnahme (vgl. dazu die o.a. Messverfahren Teil 1 Rn. 1 ff., unten Rn. 14 und die Zusammenstellung bei Burhoff, VRR 2010, 93 ff. sowie bei Gieg, VRR 2010, 192 f. in der Anm. zu OLG Bamberg, DAR 2010, 279 = VRR 2010, 190; s.a. noch Szymanski, DAR 2010, 429 LEIVTEC XV 2)? Für die verdachtsunabhängige Maßnahme gilt jedenfalls die Entscheidung des BVerfG v. 11.08.2009 (a.a.O.).

- Welche **Rechtsgrundlage** hat i.Ü. die (verdachtsabhängige) Überwachungsmaßnahme (vgl. dazu BVerfG, VRR 2010, 312 = VA 2010, 154; grundlegend u.a. OLG Bamberg, NJW 2010, 100 = VRR 2009, 168 = StRR 2009, 175 = DAR 2010, 26 = zfs 2010, 50; aus der Literatur s. Niehaus DAR 2009, 632 ff.; Krumm, NZV 2009, 620; Roggan, NJW 2010, 1042, der eine Rechtsgrundlage verneint).

Teil 3: Rechtsfragen/Geschwindigkeitsübersch., Abstandsmessung & Rotlichtverstoß

- Wenn der Überwachungsmaßnahme ggf. nur eine **Verwaltungsvorschrift** zugrunde liegt zudem: Welchen Regelungsinhalt hat sie? Das BVerfG (NJW 2009, 3293 = VA 2009, 172 = VRR 2009, 355 = StRR 2009, 356 = zfs 2009, 589) hat nämlich auch beanstandet, dass eine Verwaltungsvorschrift, die die Videoüberwachung erlaubte, zur Feststellung eines Geschwindigkeitsüberschreitung herangezogen worden ist.
- Auch in allen anderen Fällen wird zu prüfen sein, ob **ausreichende Ermächtigungsgrundlagen** in den Ländergesetzen gegeben sind. Ein der Maßnahme zugrunde liegendes Gesetz wird man an den Vorgaben von BVerfGE 120, 378 = NJW 2008, 1505 = StRR 2008, 177 m. Anm. Klaws (zu allem Roggan, NJW 2010, 1042; Arzt/Eier, NZV 2010. 113).

3. Beweisverwertungsverbot

10 Das BVerfG (NJW 2009, 3293 = VA 2009, 172 = VRR 2009, 355 = StRR 2009, 356 = zfs 2009, 589) hat in seiner Entscheidung v. 11.08.2009 die Frage eines Beweisverwertungsverbotes ausdrücklich offen gelassen. Die Frage wird in der obergerichtlichen Rechtsprechung unterschiedlich gesehen: Soweit ggf. das Vorliegen einer Ermächtigungsgrundlage für den Eingriff/die Überwachungsmaßnahme verneint wird, wird vom OLG Oldenburg (StRR 2010, 37 = VRR 2010, 33 = DAR 2010, 32 = VA 2010, 47) bzw. auch vom OLG Düsseldorf (Beschl. des Einzelrichters v. 09.02.2010 – 2 Ss OWi 4/10, VRR 2010, 154 = VA 2010, 84 = DAR 2010, 213 m. Anm. Krumm; s.a. Niehaus, DAR 2009, 632, 633 f. und Roggan, NJW 2010, 1042) ein Beweisverwertungsverbot **bejaht**. Andere OLG haben beim Vorliegen einer „verdachtsabhängigen Messung" ein Beweisverwertungsverbot hingegen **verneint** (vgl. u.a. OLG Jena, VRR 2010, 115 = NJW 2010, 1093; ähnlich OLG Stuttgart, VRR 2010, 115 = DAR 2010, 148 m. abl. Anm. Wolfgramm, DAR 2010, 233 für ViBrAM-Bamas und OLG Koblenz, 04.01.2010 – 1 SsBS 111/09 für VAMA unter Hinweis auf die Entscheidung des OLG Bamberg v. 16.11.2009,NJW 2010, 100 = VRR 2009, 468 = StRR 2009, 475 = DAR 2010, 26 = zfs 2010, 50, zum bayerischen Brückenabstandsmessverfahren; vgl. i.Ü. die Zusammenstellung der Rechtsprechung bei Rn. 14). Das OLG Hamm (VRR 2014, 115) verneint ebenfalls – auf der Grundlage einer Abwägung im Einzelfall – ein Beweisverwertungsverbot (krit. dazu Deutscher in der Anm. zu OLG Hamm, a.a.O.). Anders als das OLG Oldenburg (a.a.O.) und das OLG Düsseldorf (a.a.O.) sieht es den Eingriff in das Recht auf informationelle Selbstbestimmung als gering an, dem das hohe öffentliche Interesse an der Sicherheit des Straßenverkehrs gegenüber stehe. Abgestellt hat das OLG Hamm zudem darauf, dass dem öffentlichen Interesse im von ihm entschiedenen Fall eine ganz besondere Bedeutung zugekommen ist, weil es sich um einen erheblichen Verstoß (Geschwindigkeitsüberschreitung um 32 km/h) gehandelt habe und der Betroffene bereits mehrfach in Erscheinung getreten war. Das OLG Bamberg hat – wohl zutreffend, da es sich bei den Entscheidungen der OLG zum Beweisverwertungsverbot weitgehend um Einzelfallentscheidungen handelt – die Pflicht

zur **Vorlage** an den **BGH** nach § 121 Abs. 2 GVG **verneint** (OLG Bamberg, DAR 2010, 391 = VRR 2010, 313).

Hinweis:

In seiner Entscheidung vom 05.07.2010 (VRR 2010, 312 = VA 2010, 154) hat das BVerfG auch zur Frage der **Verhältnismäßigkeit** des von ihm überprüften Messverfahrens Stellung genommen. und ausgeführt, dass eine Bildaufnahme, bei der Fahrer und Kennzeichen seines Fahrzeugs identifizierbar sind, zwar einen Eingriff in das allgemeine Persönlichkeitsrecht in seiner Ausprägung als Recht auf informationelle Selbstbestimmung darstelle, der Zweck derartiger Maßnahmen der Verkehrsüberwachung, nämlich die Aufrechterhaltung der Sicherheit des Straßenverkehrs, aber eine Beschränkung der grundrechtlichen Freiheiten rechtfertige. Dabei sei zu berücksichtigen, dass es sich nicht um verdeckte Datenerhebungen handele, sondern lediglich Vorgänge auf öffentlichen Straßen aufgezeichnet würden, die für Jedermann wahrnehmbar seien. Die Maßnahme ziele zudem auch nicht auf Unbeteiligte, sondern ausschließlich auf Fahrzeugführer, die selbst Anlass zur Anfertigung von Bildaufnahmen gegeben hatten, da der Verdacht eines bußgeldbewehrten Verkehrsverstoßes bestehe. Schließlich entfalte die Maßnahme über die Ahndung der Verkehrsordnungswidrigkeit hinaus grds. keine belastenden Wirkungen für den Betroffenen. Diese Argumentation wird im Zweifel Einfluss auf die Frage eines Beweisverwertungsverbotes haben und von den Fachgerichten herangezogen werden, um ein Beweisverwertungsverbot abzulehnen.

Die Entscheidung des BVerfG v. 11.08.2009 8 NJW 2009, 3293 = VA 2009, 172 = VRR 2009, 355 = StRR 2009, 356 = zfs 2009, 589) schien zudem Auswirkungen an Stellen zu haben, an die man auf den ersten Blick gar nicht gedacht hat, und zwar wenn es um die Anordnung der Führung eines Fahrtenbuches (§ 31a StVZO) geht. Das VG Oldenburg (VRR 2010, 198 = VA 2010, 66) hatte nämlich dazu unter Hinweis auf die Entscheidung des OLG Oldenburg (StRR 2010, 37 = VRR 2010, 33 = DAR 2010, 32 = VA 2010, 47) zum Beweisverwertungsverbot darauf hingewiesen, dass dann, wenn erhebliche verfassungsrechtliche Bedenken gegen die Rechtmäßigkeit und damit die Verwertbarkeit der durch das Messsystem gewonnenen Daten bestehen, es an einem tatbestandsmäßigen Anknüpfungspunkt für die Auferlegung des Fahrtenbuchs fehlt. Das ist dann aber vom **OVG Lüneburg** anders gesehen worden (vgl. OVG Lüneburg, DAR 2010, 407 unter Hinweis auf OVG Lüneburg, NJW 2010, 1621 = zfs 2010, 295 = DAR 2010, 409; VG Gelsenkirchen, VD 2010, 86; Geiger, DAR 2010, 373, 375Beschl. v. 07.06.2010 – 12 ME 44/10, VA 2010, 137). Dieses hat unter Hinweis auf seinen zu § 81a Abs. 2 StPO ergangenen Beschl. v. 15.03.2010 (NJW 2010, 1621 = = zfs 2010, 295 = DAR 2010, 409) ausgeführt, dass die Behörde zwar auch im Verwaltungsverfahren bei ihrer Ermittlungstätigkeit die sich aus Gesetzen, allgemeinen Verfahrensgrundsätzen und Grundrechten ergebenden Grenzen beachten müsse.

Ein ausdrückliches Verwertungsverbot sehe die StVZO für rechtswidrig erlangte Erkenntnisse über begangene Verkehrszuwiderhandlungen indes nicht vor. Ebenso wie im Strafprozess- und Ordnungswidrigkeitenrecht könne ein solches Verbot nur unter Berücksichtigung der konkreten Umstände des Einzelfalls unter Abwägung der gegenläufigen Interessen angenommen werden, wobei in Verwaltungsverfahren, die der Gefahrenabwehr dienen wie etwa die Entziehung der Fahrerlaubnis oder die Anordnung einer Auflage zum Führen eines Fahrtenbuches, nicht ohne Weiteres dieselben Maßstäbe wie im repressiven Bereich des Straf- und Ordnungswidrigkeitenrechts gelten würden (vgl. dazu auch Geiger, a.a.O.).

III. Verfahrensfragen

12   Geht der Verteidiger von der Unverwertbarkeit der Messung/einem Beweisverwertungsverbot aus, muss er im Hinblick auf die Entscheidung BGHSt 38, 214 der **Verwertung** der **Videomessung** bzw. des Messfotos vorsorglich **widersprechen** (vgl. dazu auch Hentschel, StVR, § 26 StVG Rn. 2; Lampe, in: Karlsruher Kommentar zum OWiG, § 46 Rn. 18; Göhler, § 46 Rn. 10c.). Darauf hat das OLG Rostock ausdrücklich hingewiesen (OLG Rostock, StRR 2010, 37 = VRR 2010, 38; vgl. auch OLG Hamm, 11.11.2009 – 3 Ss OWi 856/09). Den Widerspruch muss der Verteidiger begründen, und zwar muss im Einzelnen dargelegt werden, welche Fehler geltend gemacht werden, damit für den Tatrichter die Angriffsrichtung erkennbar ist sollen (OLG Hamm, StRR 229, 225 = VRR 2009, 234 unter Hinweis auf die WÜK-Entscheidungen des BGH in BGHSt 52, 38 = NJW 2007, 3587 bzw. BGHSt 52, 48 = NJW 2008, 307= StRR 2009, 22, 23; zur Widerspruchslösung eingehend Burhoff, HV, Rn. 1166a ff.).

Hinweis:

Der Verteidiger muss **auch** dann widersprechen, wenn er mit einem **Freispruch** rechnet bzw. dieser sich nach seiner Auffassung abzeichnet, da er den Widerspruch auch im Fall der Aufhebung und Zurückverweisung nicht nachholen kann (vgl. OLG Hamm, StRR 2010, 66 = VA 2010, 48 für Verstoß gegen § 81a StPO).

13   Verfahrensrechtlich von Bedeutung sind auch die mit **Beweisanträgen** zusammenhängenden Fragen. Hinzuweisen ist dazu auf die Entscheidung des OLG Hamm v. 11.03.2010 (OLG Hamm, Beschl. v. 11.03.2010 – 5 RBs 13/10, VRR 2010, 315), in der sich das OLG u.a. auch mit Beweisanträgen im Zusammenhang mit verdachtsunabhängigen Videoüberwachungen auseinander gesetzt hat. Von Bedeutung ist insoweit, dass der Verteidiger bei der Formulierung eines Beweisantrages insbesondere darauf achten muss, dass eine konkrete Beweisbehauptung aufgestellt wird. So hat das OLG Hamm (a.a.O.) einen Antrag auf „Beiziehung der Videosequenz der Frontalkamera" zum Beweis der Tatsache, dass auf den Aufnahmen neben dem Fahrzeug des Betroffenen weitere Fahrzeuge bzw. Fahrzeugführer identifizierbar dokumentiert

B. Videomessung im Straßenverkehr – BVerfG 2 BvR 941/08 und seine Folgen

worden seien, nicht als Beweisantrag im formellen Sinn angesehen, da die Beiziehung kein Beweismittel sei. Insoweit muss dann also die Augenscheineinnahme der Videosequenzen beantragt werden. Das OLG Hamm (a.a.O.) hat sich zudem mit der Frage auseinandergesetzt, ob ggf. Zeugenaussagen zu den technischen Möglichkeiten der Kameras ausreichen oder ob dazu ggf. ein Sachverständiger gehört werden muss. Dem OLG haben aber – ebenso wie dem AG – die Angaben des Messbeamten genügt, was allerdings angesichts der Bedeutung, die das BVerfG der Frage der Identifizierbarkeit anderer Fahrzeugführer beimisst, höchst fraglich ist (vgl. dazu auch Deutscher, VRR 2010, 315 in der Anm. zu OLG Hamm, a.a.O.). Auf diese Bedeutung sollte daher in einem Beweisantrag hingewiesen werden.

Hinweis:

Das OLG Brandenburg (VRR 2010, 203 [Ls.] = LNR 2010, 15153) hat darauf hingewiesen, dass zur Prüfung der Frage, ob eine Videoüberwachungsmaßnahme im Straßenverkehr eine ausreichende Ermächtigungsgrundlage hat, es einer nachvollziehbaren Darlegung der Überwachungsmaßnahme in den **Urteilsgründen** bedarf.

IV. Zusammenstellung der Rechtsprechung

Die nachfolgende Tabelle enthält die wesentlichen Entscheidungen der OLG, die sich vor allem mit den aus dem Beschl. des BVerfG v. 11.08.2009 (BVerfG NJW 2009 = 3293 = VA 2009, 172 = VRR 2009, 355 = StRR 2009, 356 = zfs 2009, 589) ergebenden Fragen beschäftigen. Auf die Darstellung der Entscheidungen der AG wird verzichtet, da diese durch inzwischen vorliegende obergerichtliche Rechtsprechung weitgehend überholt sein dürfte; wer sich darüber noch informieren möchte, kann das bei Burhoff, VRR 2010, 93 ff. oder bei Rausch, zfs 2010, 302 ff. tun.

14

Gericht	Messverfahren	Ermächtigungs-grundlage	BVW	Fundort
BVerfG	ES 3.0	Ja, § 100h StPO		VRR 2010, 312 = VA 2010, 154
OLG Bamberg	Bayerisches Brückenabstandsmessverfahren (VAMA)	Ja, § 100h StPO	nein	NJW 2010, 100 = VRR 2009, 468 = StRR 2009, 475 = DAR 2010, 26 = zfs 2010, 50

Teil 3: Rechtsfragen/Geschwindigkeitsübersch., Abstandsmessung & Rotlichtverstoß

Gericht	Messverfahren	Ermächtigungs-grundlage	BVW	Fundort
OLG Bamberg	offen	Ja, § 100h StPO	nein	VRR 2009, 470;
OLG Bamberg	MultaNova VR F6 und ES 1.0	Ja, § 100h StPO	nein	DAR 2010, 279 = VRR 2010, 190 m. Anm. Gieg
OLG Brandenburg	ES 3.0	Ja, § 100h StPO	nein	NJW 2010, 1472 = VRS 118, 290 = VRR 2010, 153
OLG Celle	offen	Ja, § 100 h StPO	nein	StraFo 2010, 247 = LNR 2010, 15257 Beschl. v. 10.02.2010 - 311 SsRs 15/10; Beschl. v. 07.04.2010 322 SsBs 94/10;
OLG Dresden	VKS 3.01	§ 100h StPO, wenn anlassbezogen gemessen wird	ggf. ja	DAR 2010, 210 = VRR 2010, 154 =
OLG Düsseldorf (Einzelrichter)	ViBram	nicht §§ 81b, 163b, 100h StPO	ja	NZV 2010, 263 = VRR 2010, 154 m. Anm. Burhoff = VA 2010, 84 = DAR 2010, 213 m. Anm. Krumm

B. Videomessung im Straßenverkehr – BVerfG 2 BvR 941/08 und seine Folgen

Gericht	Messverfahren	Ermächtigungs-grundlage	BVW	Fundort
OLG Düsseldorf (1. und 4. Senat für Bußgeldsachen)	ViBram	§ 100h StPO	nein	Beschl. v. 15.03.2010 – IV-1 RBs 23/10, LNR 2010, 13823; Beschl. v. 05.05.2010 – IV-4 RBs 143/09, LNR 2010, 16001
OLG Düsseldorf (3. Senat für Bußgeldsachen)	Riegl FG-21P	§ 100h	nein	NZV 2010, 262 = VRS 118, 281
OLG Hamm (3. Senat für Bußgeldsachen)	VKS 3.0	offen	Widerspruch erforderlich	StRR 2010, 66 = VA 2010, 48
OLG Hamm (1. Senat für Bußgeldsachen)	VKS	nicht § 100h StPO	nein, Abwägung erforderlich	VRR 2010, 114
OLG Hamm (4. Senat für Bußgeldsachen)	VKS 3.1	§ 100h StPO	nein	Beschl. v. 22.10.2009 – 4 Ss OWi 800/09, LNR 2009, 32469
OLG Hamm (5. Senat für Bußgeldsachen)	VAMA	§ 100h StPO	nein	Beschl. v. 11.03.2010 – 5 RBs 13/10, VRR 2010, 203 (LS)
OLG Jena	offen	offen	nein, nur bei verdachtsunabhängiger Messung	NJW 2010, 1093 = VRR 2010, 115

Gericht	Messverfahren	Ermächtigungs-grundlage	BVW	Fundort
OLG Koblenz	VAMA	wohl § 100h StPO	nein	Beschl. v. 04.11.2010 – 1 SsBs 111/09, LNR 2010, 11329
OLG Koblenz	Brückenabstandsmessverfahren	§§ 163b, 100h StPO	nein	04.03.2010 – 2 Ss 23/10
OLG Oldenburg	VKS 3.0	offen	ja	DAR 2010, 32 = VRS 118, 13 = StRR 2010, 37 = VRR 2010, 33 = VA 2010, 47
OLG Rostock	offen	offen	Widerspruch erforderlich	StRR 2010, 38 = VRR 2010, 35
OLG Rostock	VKS 3.0	§ 100h StPO	nein	Beschl. v. 24.02.2010 – 2 Ss OWi 6/10 I 19/10, LNR 2010, 13465
OLG Saarbrücken.	VAMA Saarland	§ 100 h StPO	nein	VRS 118, 268
OLG Schleswig	Provida	§ 100h StPO	nein	zfs 2010, 172
OLG Stuttgart	ViBrAm-BAMAS	§ 100h StPO	nein	NZV 2010, 317 = DAR 2010, 148 m. abl. Anm. *Wolfgramm*, DAR 2010, 233 = VRR 2010, 115

C. Geschwindigkeitsüberschreitung/-messung

Literatur:
Albrecht, Die rechtlichen Rahmenbedingungen bei der Implementierung von Fahrassistenzsystemen zur Geschwindigkeitsbeeinflussung, DAR 2005, 186; *Beck,* Fehlerquellen bei Geschwindigkeits- und Abstandsmessungen, AnwBl. 1992, 374; *Beck/Berr,* OWi-Sachen im Straßenverkehrsrecht, 5. Aufl., 2006, im Folgenden zitiert: Beck/Berr, Rn.); *K.P Becker,* Geschwindigkeitsüberschreitung im Straßenverkehr, 6. Aufl., 2008; *R. Becker,* Mobile Messanlagen außerhalb von Gefahrenstellen – Modernes Raubrittertum in NRW?, VRR 2006, 286; *Burhoff,* Geschwindigkeitsmessung mit dem Police-Pilot-System, VA 2001, 59; *Burhoff,* Geschwindigkeitsmessung durch Nachfahren, VA 2001, 75; *ders.,* Blitzen in der Nähe des Ortseingangsschildes, VA 2003, 14; *ders.,* , Praktische Fragen der Geschwindigkeitsüberschreitung im Straßenverkehr, ZAP, Fach 9, S. 69, *ders.,* Bei Geschwindigkeitsüberschreitung richtig verteidigen, PA 2006, 124; *ders.,* Geschwindigkeitsüberschreitung. Mandant verurteilt? So vergessen Sie nichts bei der Überprüfung des Urteils, PA 2006, 144; *ders.,* Messfehler beim Einsatz der Videostoppuhr G-P50E – Auswirkungen in der Praxis, VRR 2007, 329 = VA 2007, 167; *ders.,* Aktuelles zur Geschwindigkeitsüberschreitung Allgemeinen Fragen und Messverfahren, VA 2009, 50; *ders.,* Aktuelles zur Geschwindigkeitsüberschreitung: Lichtbildidentifizierung, Nachfahren und Vorsatz, VA 2009, 69; *Deis/Ricker,* Verkehrs Kontroll Systeme (VKS), PVT 1994, 328; *dies.,* Leica XV 2, PVT 1994, 368; *Delank,* Laser-Geschwindigkeitsmessgerät Leica XV 2, DAR 2000, 555; *Döhler,* Rechtliche Möglichkeiten und Grenzen der Privatisierung der Verkehrsüberwachung, ZAP, Fach 9, S. 489; *Engelbrecht,* Rechtliche Folgen von Geschwindigkeitsüberschreitungen, DAR 2007, 12; *Fromm/Steinbach,* Zuordnung des Messwertes zu einem Fahrzeug mit der Geschwindigkeitsmessanlage es Typ Es 3.0?, VRR 2010, 212; *Golder,* Die Beurteilung von Geschwindigkeitsmessungen mit Radargeräten – Teil 1, VRR 2009, 94; *ders.,,* Die Beurteilung von Geschwindigkeitsmessungen mit Radargeräten –Teil 2, VRR 2009, 135; *ders.,* Die Beurteilung von Geschwindigkeitsmessungen mit Radargeräten – Teil 1, VRR 2009, 176; *Grunert,* Tipps für die Verteidigung bei Geschwindigkeitsverstößen, DAR 2007, 425; *Gut/Kugele/Körtge,* Fahrversuche zur Messgenauigkeit von Lasergeschwindigkeitshandmessgeräten, DAR 2002, 441; *Hillmann,* Geschwindigkeitsmessung mit dem Laser-Messgerät Riegl LR90-235/P (Anm.), NZV 1998, 85; *Hornemann,* Die Verfolgung von Ordnungswidrigkeiten durch Private ist unzulässig – auch in Hessen, DAR 1999, 158; *Janker,* Verkehrsüberwachung durch Kommunen und Privatunternehmen – rechtlich unbedenklich?, DAR 1989, 172; *Jäger/Märtens,* Zur Messunsicherheit der Videoabstandsmessverfahren VAM und VAMA bei der amtlichen Verkehrsüberwachung, PTB-Bericht 1997; *Joachim/Radtke,* Kommunale Geschwindigkeitsüberwachung und die Beweisverwertung im Ordnungswidrigkeitenverfahren, NZV 1993, 94; *Jung,* Geschwindigkeitsmessung mit Radarpistole, DAR 1991, 316; *Karlin,* Poliscan Speed – 1 km/h Abzug geht immer, VRR 2009, 411; *Kirchmann,* Das Messverfahren „Poliscan Speed" im Blickpunkt des straßenverkehrsrechtlichen Bußgeldverfahren, VRR 2010, 209; *ders.,* Geschwindigkeits- und Abstandsmessungen mit dem VAMA-Verfahren – Ein Überblick über die technischen Voraussetzungen die erforderlichen Berechnungen und die einschlägige Rechtsprechung, DAR 2005, 55; *ders.,* Verstoß gegen die Richtlinien über Geschwindigkeitskontrollen im Bereich des Beginns einer Geschwindigkeitsbegrenzung, VRR 2006, 90; *ders.,,* Geschwindigkeits- und Abstandsmessungen mit dem Verkehrskontrollsystem VKS 3.01, DAR 2007, 129; *Löhle,* LASER-Verkehrs-Geschwindigkeitsmesssysteme, zfs 1994, 153; *ders.,,* Zuverlässigkeit von Geschwindigkeitsmessungen mit dem Riegl-Lasergerät LR 90-235/P, NZV 1995, 265; *ders.,,* Stationäre Geschwindigkeitsmessanlage Traffiphot-S, zfs 1993, 328; *Löhle/Beck,* Fehlerquellen bei Geschwindigkeitsmessungen, DAR 1994, 465; *Mira,* Mehrfachreflexionen bei der Verkehrsgeschwindigkeitsmessung mit Radar-

geräten, PVT 1992, 205; *Plökl*, Geschwindigkeitsmessung mit dem Police-Pilot-System, DAR 1991, 236; *ders.*, Geschwindigkeitsmessung im Straßenverkehr mit „Truvelo M4", DAR 1991, 396; *ders.*, Geschwindigkeitsmessung mit dem Police-Pilot-System, DAR 1991, 236; *ders.*, Geschwindigkeitsmessung mit Dreifach-Lichtschrankengerät ESO, DAR 1992, 158; *Schmedding*, Lasermessgerät Vitronic Poliscann Speed: Über alle Zweifel erhaben? – Teil 1, VRR 2009, 293; *ders.*, Lasermessgerät Vitronic PoliscannSpeed: Über alle Zweifel erhaben? – Teil 2, VRR 2009, 337; *ders.*, Verkehrs-Kontroll-System (VKS) am Ende?, DAR 2010, 426; *Szymanski*, Einstellung nach Messung mit LEIVTEC XV 2, DAR 2010, 429; *Schmuck/Steinbach*, Neues von der Geschwindigkeitsmessanlage ESO Typ ES 3.0?, NZV 2010, 285; *Sobisch*, Richtlinien der Bundesländer zur Geschwindigkeitsüberwachung, DAR 2010, 48 ; *Starken*,Richtlinien der Bundesländer zur Geschwindigkeitsüberwachung, DAR 1998, 85; *Steegmann*, Verkehrsüberwachung durch Private, NJW 1997, 2157; *Szymanski*, Einstellung nach Messung mit LEIVTEC XV 2, DAR 2010, 429; *Thumm*, Messsicherheit des Lasergeschwindigkeitsmessgeräts Riegl LR90-235/P, DAR 1998, 116; *ders.,,* Fahrversuche zur Messgenauigkeit von Lasergeschwindigkeitshandmessgeräten, NZV 1999, 401; *Wartner*, Rechtsprechungsübersicht zur Geschwindigkeitsmessung mit Lasermessgeräten, DAR 1999, 473; *Wimmer*, Erfahrungsbericht über das Einseitensensor-Geschwindigkeitsmessgerät ES1.0, PVT 2002, 162; *Winter*, Einseitensensor ES1.0, PVT 2005, 1; *Winninghoff/Weyde/Hahn/Wietschorke*, Vitronic Poliscan speed Prüfung von Fehlerquellen bei der Messwertzuordnung, DAR 2010, 106; *Zwiehoff*, Tempolimit durch Richterrecht?, Anm. zu BayObLG, 23.07.2003 – 1 ObOWi 219/03, NJW 2004, 306 f., zfs 2005, 272.

14a **Hinweis:**

Bei der nachfolgenden Darstellung der mit Geschwindigkeitsüberschreitungen/-messungen zusammenhängenden Fragen sollen vor allem die **Anforderungen** dargestellt werden, die die **obergerichtliche Rechtsprechung** an das tatrichterliche Urteil stellt. Diese müssen dem Verteidiger bekannt sein, wenn er das tatrichterliche Urteil mit der Rechtsbeschwerde anfechten will. Daraus lassen sich aber auch Verteidigungsansätze für das Verfahren bei der Verwaltungsbehörde ableiten.

I. Allgemeine Fragen

15 Hinzuweisen ist zunächst auf folgende Punkte (vgl. zu den allgemeinen Anforderungen an das Urteil wegen einer Geschwindigkeitsüberschreitung Burhoff/Burhoff, OWi, Rn. 1484 ff.; zu den allgemeinen Anforderungen an Urteile überhaupt Burhoff/Burhoff, OWi, Rn. 2591 ff.):

Hinweis:

Allgemein ist zu beachten, dass (auch) in den Gründen des amtsgerichtlichen Urteils im OWi-Verfahren **nicht** auf die Akten und/oder den Bußgeldbescheid **Bezug** genommen werden darf (OLG Bamberg, NZV 2008, 417; OLG Bremen, DAR 1996, 32; OLG Hamm, VRS 104, 370 = NZV 2003, 295 für Begründung des Rechtsfolgenausspruchs; DAR 2008, 102 = VRS 113, 348 = VA 2008, 18 [LS]; OLG Köln, VRR 2007, 403 [LS].).

C. Geschwindigkeitsüberschreitung/-messung

1. Zusatzschild „bei Nässe"

In der Praxis häufig sind Geschwindigkeitsbeschränkungen, die nur unter bestimmten Voraussetzungen gelten. Das ist z.b. der Fall, wenn das Zusatzschild zu Zeichen 274 StVO „bei Nässe" aufgestellt ist. Dann gilt die Geschwindigkeitsbeschränkung nur, wenn die **Fahrbahn „nass"** war. Dazu, wann das der Fall ist, hat das OLG Hamm vor einiger Zeit noch einmal Stellung genommen. Danach ist „Nässe" i.s.d. Zusatzschildes der StVO gegeben, wenn die gesamte Fahrbahn mit einem Wasserfilm überzogen ist (NZV 2001, 90 = DAR 2001, 85 = VRS 100, 61 m.w.N. zur früheren Rspr.). Das muss sich aus den tatrichterlichen Feststellungen ergeben. Der Begriff „Nässe" muss mit Tatsachen belegt werden.

16

2. Zusatzschild „werktags"

Die Rechtsprechung hat sich auch mit der Bedeutung des Zusatzschildes „werktags" auseinandergesetzt. Dazu ist entschieden, dass das ggf. gem. § 39 Abs. 2 StVO bei einer Geschwindigkeitsbeschränkung angebrachte **Zusatzschild „werktags** von 7.00 Uhr bis 20.00 Uhr" (Zeichen 1042-31 der StVO), das wie ein „nur" zu lesen ist, an einem Samstag keine Wirkung entfaltet. Der Samstag ist nämlich auch heute noch im allgemeinen Sprachgebrauch ein „Werktag", was unabhängig davon ist, ob dieser Tag Arbeitstag ist oder nicht. Die durch Zeichen 274 der StVO angeordneten Geschwindigkeitsbeschränkung gilt also trotz der Beschränkung dann auch an einem Samstag (OLG Hamm, VRS 100, 468 = NZV 2001, 355 = DAR 2001, 376 = zfs 2001, 381 = VM 2001, 93; zum Samstag als Werktag s.a. BGH, NJW 2005, 2154).

17

3. Mehrere Verkehrszeichen

Bei mehreren Verkehrszeichen auf einer Trägerfläche ist zudem darauf zu achten, dass ein Zusatzschild i.S.d. § 39 Abs. 3 Satz 2 – 5 StVO, welches sich unter mehreren übereinander angebrachten Verkehrszeichen befindet, nur für das unmittelbar über dem Zusatzschild angebrachten Verkehrszeichen gilt (vgl. BVerwG, NJW 2003, 1408; OLG Hamm, VRR 2009, 352 = VA 2009, 174).

18

4. Fahren mit einem sog. „Sprinter"

Von Bedeutung kann auch immer noch die Frage sein, **mit welchem Fahrzeug** der Betroffene fährt. So haben in den letzten Jahren die mit dem sog. **Sprinter** zusammenhängenden Fragen in der Rechtsprechung erhebliche Bedeutung gehabt (vgl. dazu u.a. BayObLG, NJW 2004, 306; OLG Brandenburg, VRS 108, 377 = NZV 2005, 651; OLG Jena, NJW 2004, 3579 = NZV 2005, 383; OLG Karlsruhe, NZV 2005, 380, jeweils m.w.N.; AG Freiburg, NZV 2004, 265 und Zwiehoff, zfs 2005, 272). Bei diesen Entscheidungen geht es darum, ob es sich bei dem Sprinter um einen Pkw handelt oder

19

ggf. schon um einen Lkw, für den dann die Geschwindigkeitsbeschränkung aus § 18 Abs. 5 Satz 2 Nr. 1 StVO gilt (vgl. dazu auch Burhoff/Burhoff, OWi, Rn. 1483 f.).

20 Für die **Einordnung** gilt (vgl. dazu BayObLG, a.a.O.; OLG Karlsruhe, DAR 2004, 715; zuletzt OLG Hamm, NJW 2006, 245 ff. = VA 2006, 13 m.w.N.; AG Lüdinghausen, VA 2006, 200):

Hinsichtlich der Einordnung eines Kfz als Lkw oder Pkw ist auf dessen **konkrete Bauart, Ausstattung** und **Einrichtung abzustellen**, da diese Eigenschaften des Fahrzeugs für dessen Verwendung, insb. die Beladung, von maßgeblicher Bedeutung sind und damit das Fahrverhalten des Fahrzeugs und dessen Beherrschbarkeit entscheidend prägen. Dagegen ist auch aus europarechtlicher Sicht nichts zu erinnern (EuGH, NJW 2006, 2539 = VRR 2006, 270).

Hinweis:

In Betracht kommen kann wegen der **Schwierigkeit** der **Einordnung** in diesen Fällen ein **Verbotsirrtum** des Betroffenen, der dann Auswirkungen auf die Verhängung eines Fahrverbotes haben kann (vgl. BayObLG, a.a.O.; OLG Karlsruhe, a.a.O.; s. aber auch OLG Jena, a.a.O. [nur bis 2002]); vgl. auch OLG Hamm, NJW 2006, 245 ff. = VRR 2006, 73). Die damit zusammenhängenden Fragen muss der Verteidiger sorgfältig prüfen. Entscheidend wird sein, ob der Mandant eine Erkundigungspflicht hatte und wie er diese erfüllt hat (vgl. dazu OLG Hamm, a.a.O. und OLG Jena, a.a.O.).

21 Das **OLG Hamm** (OLG Hamm, NJW 2006, 245 ff. = VRR 2006, 73) hat in seinen beiden Beschlüssen hinsichtlich der Frage der **Vermeidbarkeit** auf folgende Umstände abgestellt:

- Entsprach das Fahrzeug in vollem Umfang dem **Originalauslieferungszustand**? Ist das der Fall, liege, wenn ein solches unverändertes Fahrzeug in den Zulassungspapieren als Pkw bezeichnet werde, für einen **juristischen Laien** die Annahme durchaus nahe, dass die in den Fahrzeugpapieren angegebene Fahrzeugart auch i.Ü. Straßenverkehrsrecht, insb. also auch im Anwendungsbereich der das Verhalten im Verkehr regelnden StVO, maßgeblich ist (so auch OLG Jena, NJW 2004, 3579).

- Bestand für den Betroffenen zum Vorfallszeitpunkt unter Berücksichtigung seiner Fähigkeiten und Kenntnisse **Anlass**, über die verkehrsordnungsrechtliche Qualität seines Verhaltens näher **nachzudenken** und Erkundigungen einer zuverlässigen und fachkundigen Auskunftsperson einzuholen. Muss diese Frage verneint werden, obliegt dem Betroffenen keine Prüfungs- und Erkundigungspflicht.

- Eine **Erkundigungspflicht** ist dann zu **bejahen**, wenn sich das von dem Betroffenen geführte Fahrzeug nicht mehr in seinem ursprünglichen (Auslieferungs-)

Zustand befunden hat, sondern durch bauliche Veränderungen eindeutig zu einem Lkw umgebaut worden wäre (vgl. OLG Jena, a.a.O.).

> **Hinweis:**
> Eine **Prüfungs** - und **Erkundigungspflicht** besteht auch dann, wenn der Betroffene durch rechtliche Hinweise, z.b. von in der Tagespresse veröffentlichten Gerichtsentscheidungen oder in Form von Äußerungen von Kontaktpersonen „sensibilisiert" worden wäre. Insoweit kommen Auskünfte des Arbeitgebers oder von Rechtsanwälten in Betracht. Der Betroffene darf sich allerdings nicht auf nicht näher begründete bzw. erläuterte Auskünfte seines Arbeitgebers verlassen (OLG Hamm, a.a.O.).

5. Geltungsbereich der Geschwindigkeitsbeschränkung

Zum **Geltungsbereich** einer durch Zeichen 274 angeordneten **Geschwindigkeitsbe-** 22
schränkung gilt:

Eine durch Zeichen 274 angeordnete Geschwindigkeitsbeschränkung auf einer **BAB** endet erst an einem gem. § 41 Abs. 2 Nr. 7 StVO aufgestellten Zeichen 278 und nicht schon vorher (OLG Hamm, NZV 1996, 247 = VRS 91, 205 = DAR 1996, 416). Ähnliches gilt für den **Einbiegevorgang**. Zwar verlangt der für Verkehrszeichen geltende Sichtbarkeitsgrundsatz die Wiederholung aller Streckenvorschriftszeichen hinter jeder Kreuzung oder Einmündung auf der Straßenseite, für die das Gebot oder Verbot besteht; dies gilt jedoch nur für den Einbiegevorgang. D.h.: Wird eine Geschwindigkeitsbegrenzung hinter einer Einmündung nicht wiederholt, dann kann dem Einbiegenden der Vorwurf der Geschwindigkeitsüberschreitung nicht gemacht werden, wohl aber demjenigen, der schon vorher die Straße, für die die Geschwindigkeitsbegrenzung galt, befahren hat (OLG Hamm, NZV 2001, 489 = DAR 2001, 517 = VRS 101, 220).

6. Geschwindigkeitsmessung durch Kommunen/Private

Die Frage, inwieweit **Kommunen** neben der Polizei Geschwindigkeitsmessungen 23
durchführen können/dürfen, wird nicht einheitlich beantwortet. Für Kommunen wird
das jedoch **weitgehend bejaht** (vgl. u.a. OLG Brandenburg, DAR 1996, 64 = VRS 91, 47; OLG Frankfurt am Main, NJW 1992, 1400; OLG Hamm, DAR 1993, 262; OLG Oldenburg, VRS 116, 222 = NZV 2010, 163 = VA 2009, 104 = VRR 2009, 270 [Landkreis]; krit. Janker, DAR 1989, 172; vgl. auch die umfassende Zusammenstellung der Rechtsgrundlagen bei Beck/Berr, Rn. 299). Ist der Gemeinde die Befugnis zur Geschwindigkeitsmessung übertragen, kann sie die Verstöße selbstständig und eigenverantwortlich ermitteln und feststellen (OLG Stuttgart, DAR 1991, 31; Beck/Berr, a.a.O., m.w.N. in Fn. 316). Daneben hat aber auch noch die Polizei die Befugnis zur Geschwindigkeitsüberwachung (Löhle/Beck, DAR 1994, 465, 483). Die Überwa-

chung kann dann auch einem in einem privaten Anstellungsverhältnis stehenden Angestellten übertragen werden (OLG Oldenburg, a.a.O.).

> **Hinweis:**
> Die kommunale Geschwindigkeitsüberwachung darf aber nur nach pflichtgemäßen Ermessen erfolgen (OLG Stuttgart, a.a.O.). **Fiskalische Interessen** dürfen keine Rolle spielen (vgl. zur teilweise anderen Handhabung in NRW R. Becker, VRR 2006, 286).

24 Zur **Zulässigkeit** und den **Voraussetzungen** einer Einschaltung **Privater** bei der Geschwindigkeitsüberwachung wird verwiesen u.a. auf Steegmann, NJW 1997, 2157; Hornemann, DAR 1999, 158; Döhler, ZAP, Fach 9, S. 489. Insoweit gilt: Die mit der Verkehrsüberwachung im Zusammenhang stehenden hoheitlichen Kompetenzen können Privatpersonen zur selbstständigen und eigenverantwortlichen Warnung nur im Wege einer Beleihung übertragen werden. Die Beleihung Privater mit öffentlich-rechtlichen Kompetenzen bedarf jedoch einer gesetzlichen Grundlage (OLG Oldenburg, VA 2009, 104 = VRR 2009, 270 = VRS 116, 222 m.w.N.).

> **Hinweis:**
> Ist der Einsatz des privaten Messpersonals nicht zulässig, so liegt eine rechtswidrige Beweiserhebung, und damit ein **Beweiserhebungsverbot** vor (vgl. nachstehend Rn. 25).

25 Die **rechtswidrige Beweiserhebung** durch Private führt zu einem **Beweisverwertungsverbot**, wenn
- ein gravierender Verfahrensfehler vorliegt,
- die Beweiserhebung **willkürlich** zulasten des Betroffenen unter bewusster oder grob fahrlässiger Missachtung geltender gesetzlicher Bestimmungen erfolgt ist (BayObLG, DAR 1997, 206 = VRS 93, 417 = NZV 1997, 276; OLG Frankfurt am Main, NJW 1995, 2570 = DAR 1995, 335 = NZV 1995, 368; AG Bernau, DAR 1998, 76, 77; s.a. noch BayObLG, NJW 1997, 3454 = DAR 1997, 407 = NZV 1997, 487 und NJW 1999, 2200 = DAR 1999, 321 = NZV 1999, 258).

26 Bei folgendem Vorgehen wurde ein **Beweisverwertungsverbot bejaht:**
- Die Gemeinde **überträgt** dem Privaten die Aufgaben der Verkehrsüberwachung entgegen eines ihr bekannten **Erlasses** des Ministeriums (OLG Frankfurt am Main, NStZ-RR 2003, 342),
- die kommunale Ordnungsbehörde betraut einen Beamten mit der Überwachung des privaten Messpersonals, von dem sie weiß, dass ihm die erforderliche **Sach-

kunde fehlt (OLG Frankfurt am Main, NJW 1995, 2570 = DAR 1995, 335 = NZV 1995, 368),

- der Landkreis hält entgegen einer **Empfehlung** des Ministeriums an einer unzulässigen Beauftragung Privater fest, obwohl das Problem im Rechtsamt bekannt wurde und in mehreren Parallelfällen auch vom Gericht aufgezeigt wurde (AG Bernau, DAR 1998, 76, 77).

II. Standardisierte Messverfahren

1. Begriff/Anforderungen

Vornehmlich in Zusammenhang mit Geschwindigkeitsüberschreitungen und -messungen mit Laser- und Radarmessungen spielt in der Rechtsprechung der **Begriff des standardisierten Messverfahrens** eine erhebliche Rolle. Früher waren die von der obergerichtlichen Rechtsprechung für diesen Bereich aufgestellten Anforderungen an die tatsächlichen Feststellungen verhältnismäßig streng. Im Grunde genommen musste das verwandte Messverfahren im Einzelnen dargestellt und beschrieben werden. Davon ist die obergerichtliche Rechtsprechung vor einigen Jahren abgerückt.

27

In den **Entscheidungen** des **BGH** vom 19.08.1993 (BGHSt 39, 291 = NJW 1993, 3081) und vom 30.10.1997 (BGHSt 43, 277 = NJW 1998, 321) – ergangen jeweils auf einen Vorlagebeschluss des OLG Köln, das in diesem Bereich eine teilweise strengere Auffassung vertreten wollte – sind die Anforderungen an die Mindestfeststellungen, die der Tatrichter treffen und in den Entscheidungsgründen darlegen muss, **erheblich gemildert** worden. Der BGH ist der Auffassung, dass an die Urteilsgründe in Bußgeldverfahren **keine übertrieben hohen Anforderungen** gestellt werden dürfen (BGHSt 39, 291 = NJW 1993, 3081, 3083), weil es sich bei diesen um Massenverfahren handelt.

28

Um **standardisierte Messverfahren** handelt es sich nach der Rechtsprechung des BGH (vgl. BGHSt 39, 291 = NJW 1993, 3081; 43, 277 = NJW 1998, 321) bei Messverfahren, die menschliche Handhabungsfehler, wie z.B. Zielungenauigkeiten, erkennen und bei denen etwaigen systemimmanenten Ungenauigkeiten durch den vorgeschriebenen Toleranzabzug ausreichend Rechnung getragen wird. Nicht erforderlich ist, dass die Messung in einem vollautomatisierten, menschliche Handhabungsfehler praktisch ausschließenden Verfahren getätigt wird; vielmehr reicht ein durch Normen vereinheitlichtes (technisches) Verfahren, bei dem die Bedingungen seiner Anwendbarkeit und sein Ablauf so festgelegt sind, dass unter gleichen Voraussetzungen gleiche Ergebnisse zu erwarten sind (BGH, a.a.O.; vgl. zuletzt für PoliscanSpeed KG, DAR 2010, 331 = VRR 2010, 151 = VA 2010, 82 = NStZ-RR 2010, 216 (LS); zu den (standardisierten Messverfahren) s. Teil 1 Rn. 244 ff.).

29

Teil 3: Rechtsfragen/Geschwindigkeitsübersch., Abstandsmessung & Rotlichtverstoß

Hinweis:

Von einem standardisierten Messverfahren kann nach der obergerichtlichen Rechtsprechung aber nur dann gesprochen werden, wenn das Gerät vom Bedienungspersonal auch wirklich **standardmäßig**, d.h. in geeichtem Zustand, seiner Bauartzulassung entsprechend und gemäß der vom Hersteller mitgegebenen Bedienungsanleitung/Gebrauchsanweisung **verwendet** wird, und zwar nicht nur beim eigentlichen Messvorgang, sondern auch in den ihm vorausgehenden Gerätetests (KG, VRS 116, 446; OLG Hamm, VRR 2008, 352 = VRS 115, 53 = NZV 2009, 248; OLG Koblenz, VRR 2005, 394 = VA 2005, 214 = DAR 2006, 101; vgl. zu benutzerabhängigen Fehlerquellen z.B. Teil 1 Rn. 315 ff.).

Nach Auffassung des OLG Hamm soll aber allein ein **Verstoß** gegen **Wartungsvorschriften** der **Piezorichtlinie** der PTB nicht zur Unverwertbarkeit der Messung führen (vgl. OLG Hamm, VRR 2008, 273 = VA 2008, 103). Es genügt i.ü. die Feststellung im tatrichterlichen Urteil, dass die erforderlichen Wartungen nach der Piezorichtlinie stattgefunden haben. Zusätzlicher Feststellungen zum Protokoll der Wartungsarbeiten bedarf es nicht. Will der Betroffene die Unterlassung einer weiter gehenden gerichtlichen Überprüfung der Befolgung der Wartungspflichten gem. der Piezorichtlinie erreichen, so muss er dies i.d.R. mit einer entsprechenden Verfahrensrüge tun.

Werden die Vorgaben des Herstellers nicht eingehalten, kann die Messung aber mit einem **erhöhten Toleranzabzug** verwertet werden (OLG Hamm, VRR 2008, 352 = VRS 115, 53 = NZV 2009, 248; OLG Koblenz, VRR 2005, 394 = VA 2005, 214 = DAR 2006, 101; unzutreffend a.A. AG Rathenow, VRR 2008, 432 = NZV 2009, 249; AG Senftenberg, VRR 2009, 72 m. Anm. Burhoff = VA 2008, 211).

Fehlt die Eichung oder ist diese fehlerhaft, kann ggf. die Einstellung des Verfahrens nach **§ 47 Abs. 2 OWiG** in Betracht kommen, wenn der Aufwand zu groß ist, die Voraussetzungen für die Verwertbarkeit der Messung festzustellen (AG Lüdinghausen, DAR 2007, 409 = NZV 2007, 432 = VRR 2007, 196).

---

30 Dieser Rechtsprechung des BGH haben sich dann in den folgenden Jahren alle **OLG angeschlossen** (vgl. nur OLG Düsseldorf, DAR 1994, 248, OLG Hamm, NZV 1995, 118 = VRS 88, 307; zuletzt u.a. DAR 1998, 281 = VRS 95, 293; OLG Jena, VA 2008, 211 = VRR 2008, 352 = VRS 114, 464; OLG Köln, NJW 1994, 1167; OLG Stuttgart, VRS 113, 370 = NZV 2008, 43 = VRR 2007, 476 = VA 2008, 18; s.a. OLG Dresden, VRS 2005, 196 = DAR 2005, 637 zur Abstandsmessung).

31 **Begrifflich** werden unter standardisierten Messverfahren insb. die in der Praxis heute üblichen **Radar-** und **Lasermessverfahren** (s. z.B. BGHSt 39, 291 = NJW 1993, 3081; OLG Hamm, NZV 1997, 197; DAR 1998, 244 = VRS 95, 141) sowie das Ver-

C. Geschwindigkeitsüberschreitung/-messung

fahren der Geschwindigkeitsmessung durch **PPS** (KG, VRS 100, 471; OLG Düsseldorf, VRS 99, 297; OLG Hamm, NZV 2001, 90; OLG Köln, DAR 1999, 516; s.a. OLG Jena, VA 2008, 211 = VRR 2008, 352 = VRS 114, 464 für TRAFFIPAX TraffiStar S 330; wegen der Einzelh. der Messungen Teil 1 Rn. 259 ff., Teil 1 Rn. 754 ff. und unten Rn. 32 und Burhoff/Böttger, OWi, Rn. 1244 ff.; s.a. Burhoff, VA 2001, 59) erfasst. Im Einzelnen sind folgende Messverfahren von der obergerichtlichen Rechtsprechung als **standardisierte Messverfahren** i.S.d. Rechtsprechung des **BGH** anerkannt worden (die nachstehende Tabelle ist entnommen Burhoff/Böttger, OWi, Rn. 1260; vgl. auch die Rechtsprechungsnachweise bei den in Teil 1 dargestellten Messverfahren):

Tabelle: Standardisierte Messverfahren 32

Verfahren	Rechtsprechung
Radarmessverfahren allg.	BayObLG, VRS 104, 305 = NZV 2003, 203
Multanova VR 6F	OLG Hamm, DAR 2004, 106 = NZV 2004, 600 = VRS 106, 57; VRS 107, 209; OLG Köln, VRS 101, 373
TRAFFIPAX speedophot	OLG Hamm, VA 2004, 175
Lasermessverfahren allg.	BGHSt 39, 291, 302 = NJW 1993, 3081; auch BGH, VRS 94, 341
Riegl LR90-235/P	OLG Düsseldorf, NZV 2000, 425 = VRS 99, 131; OLG Hamm, DAR 2004, 106 = NZV 2004, 600 = VRS 106, 474; OLG Köln, VRS 96, 62; OLG Koblenz, VRR 2010, 123 (LS) = VA 2010, 99
LAVEG	KG, VRS 101, 456; OLG Hamm, VRS 102, 64; VRS 106, 53; OLG Saarbrücken, VRS 91, 63
LTI 20.20	BGH, VRS 94, 341; OLG Oldenburg, VRS 88, 306
Poliscan speed	KG, DAR 2010, 331 = VRR 2010, 151 = VA 2010, 82 = NStZ-RR 2010, 217 (LS); OLG Düsseldorf, VRR 2010, 116 = VA 2010, 64; OLG Frankfurt am Main, VRR 2010, 203 (LS)

Sonstige	
Lichtschrankenmessung mit ESO Typ ES 1.0	OLG Stuttgart, VRS 113, 370 = NZV 2008, 43 = VRR 2007, 476 = VA 2008, 18
Lichtschrankenmessung mit ESO Typ ES 3.0	AG Lüdinghausen, NZV 2009, 205 = VRR 2009, 150 = VA 2009, 103; VA 2009, 157 = VRR 2009, 311; vgl. aber zur (Un)Verwertbarkeit der Messung, wenn die in der Bedienungsanleitung geforderte „nachvollziehbar" gekennzeichnete Fotolinie nicht klar erkennbar ist, AG Lübben, VA 2010, 119
ProViDa	BayObLG, VRS 105, 444; OLG Celle, NZV 1997, 188; OLG Düsseldorf, VRS 99, 297; OLG Hamm, VRS 106, 64; OLG Köln, DAR 1999, 516 = VRS 97, 443
ProofSpeed	BayObLG, DAR 1998, 360; VRS 95, 223
Proof Electronic PDRS1245	BayObLG, VRS 105, 444; OLG Celle, NZV 1997, 188
Police-Pilot-System (PPS)	KG, VRS 88, 473; OLG Brandenburg, DAR 2000, 278 OLG Braunschweig, DAR 1995, 361; OLG Hamm, VRS 100, 61; OLG Köln, DAR 1999, 516 = VRS 97, 443; OLG Stuttgart, DAR 1990, 392; OLG Zweibrücken, DAR 2000, 225
TRAFFIPAX TraffiStar S 330	OLG Jena, VA 2008, 211 = VRR 2008, 352 = VRS 114, 46
Traffiphot-S (Koaxialkabelverfahren)	OLG Köln, VRS 105, 224

Hinweis:

In der Diskussion ist seit einiger Zeit **PoliScanSpeed,** ein lasergestütztes Messverfahren (vgl. dazu oben Teil 1 Rn. 412 ff.; Schmeddig, VRR 2009, 293 ff.; VRR 2009, 337 ff.; Winninghoff/Weyde/Hahn/Wietschorke DAR 2010, 106; Kirchmann, VRR 2010, 209). Bislang war dieses in der (obergerichtlichen) Rechtsprechung (noch) nicht als standardisiertes Messverfahren anerkannt. Das AG Mannheim (Beschl. in 21 OWi 445/09) und das AG Dillenburg (DAR 2009, 715 = VRR 2010, 38 = VA 2010, 14) gingen davon aus, dass dieses Messverfahren auf den derzeitigen Stand der Technik nachgerüstet werden müsse, um eine nachträgliche Richtigkeitskontrolle durch Sachverständigen zu ermöglichen. Es genüge rechtsstaatlichen Anforderungen (noch) nicht, denn jeder Bürger habe einen verfassungsrechtlich gesicherten Anspruch auf die nachträgliche Richtigkeitskontrolle der ihm zur Last gelegten Geschwindigkeitsübertretung (ähnlich AG Lübben, 22.01.2010 – 40 OWi 1511 Js 33710/09 – 348/09; s. aber auch AG Mannheim, NStZ-RR 2010, 154 [LS]; a.A. OLG Frankfurt am Main, DAR 2010, 216 = VRR 2010, 151 = = NStZ-RR 2010, 217 [LS; Aufhebung von AG Dillenburg, a.a.O.]; zur Überprüfung dieses Messvorgangs aus der Bußgeldakte heraus Kirchmann, VRR 2010, 209 ff.).

Inzwischen haben aber das OLG Düsseldorf (VRR 2010, 116 = VA 2010, 64). das KG (DAR 2010, 331 = VRR 2010, 151 = VA 2010, 82 = NStZ-RR 2010, 217 [LS]) und das OLG Frankfurt am Main (VRR 2010, 203 [LS]) das Verfahren als **standardisiertes Verfahren** angesehen. Es sei von der PTB zugelassen und damit i.S.d. Rechtsprechung des BGH (BGHSt 39, 291; 43, 277) standardisiert. Das OLG Karlsruhe (NJW 2010, 1827 = DAR 2010, 216 = NStZ-RR 2010, 155 = VRR 2010, 151, und Beschl. v. 12.02.2010 – 3 (5) SsBs 629/09 – AK 4/10) und das OLG Stuttgart (Beschl. v. 30.11.2009 – 2 Ss 1450/09) haben die Frage offen gelassen: Jedenfalls dann, wenn es sich um die Ermittlung der Geschwindigkeit eines allein ankommenden Fahrzeugs handele, könne es für die tatrichterlich Überzeugungsbildung im konkreten Fall ausreichen, dass die von der DEKRA in mehreren Versuchsreihen durchgeführten Fahrversuche die dort durch das Gerät jeweils ermittelten Geschwindigkeitswerte bestätigt haben und im konkreten Fall Fehler bzw. Fehlmessungen nicht aufgetreten seien. Eine besondere Fallgestaltung, bei welcher eine Fehlzuordnung eines Fahrzeuges möglich sein oder eine Nachprüfung der Messwertbildung durch einen Sachverständigen angezeigt sein könnte, könne allerdings weitere Feststellungen erforderlich machen (OLG Karlsruhe, a.a.O., unter Hinweis auf Löhle DAR 2009, 422; Winninghoff/Weyde/Hahn/ Wietschorke, a.a.O.; AG Mannheim, a.a.O.).

Bei den sog. standardisierten Messverfahren ist es nach der obergerichtlichen Rechtsprechung (vgl. die vorstehenden Nachweise bei Rn. 19) **ausreichend**, aber auch erforderlich (vgl. auch Burhoff/Burhoff, OWi, Rn. 1513 ff.; OLG Düsseldorf, VRR 2010, 116 und KG, KG, DAR 2010, 331 = VRR 2010, 151 = VA 2010, 82 = NStZ-RR 2010, 217 [LS], jeweils für PoliscanSpeed; vgl. auch noch OLG Karlsruhe, NJW 2010, 1827 = DAR 2010, 216 = NStZ-RR 2010, 155 = VRR 2010, 151),

- wenn zur **Messmethode** nur mitgeteilt wird, welches Messverfahren angewandt worden ist, wobei noch nicht einmal der verwendete Gerätetyp angegeben werden muss,

33

Teil 3: Rechtsfragen/Geschwindigkeitsübersch., Abstandsmessung & Rotlichtverstoß

- und wenn außerdem der zu berücksichtigende **Toleranzwert** dargelegt wird. Das sind bei Geschwindigkeiten über 100 km/h i.d.R. 3 % (ständige Rechtsprechung, vgl. u.a. OLG Hamm, NZV 1995, 199 = zfs 1995, 276; VA 2003, 87; OLG Karlsruhe, NZV 2007, 256 = zfs 2007, 113 = VRS 111, 427 = VRR 2007, 35).

34 Der **Toleranzwert** ist deshalb von **Bedeutung**, weil – auch nach der Rechtsprechung des BGH – der Tatrichter sich bei der Berücksichtigung der Ergebnisse von technischen Geschwindigkeitsmessgeräten bewusst sein muss, dass auch bei diesen Messmethoden Fehler nicht auszuschließen sind, und deshalb den möglichen Fehlerquellen durch die Berücksichtigung von Messtoleranzen Rechnung getragen werden muss (BGHSt 39, 291 = NJW 1993, 3081, 3083; s.a. BGHSt 28, 1, 2 = NJW 1978, 1930). Dass der Tatrichter dieses Erfordernis gesehen hat, dokumentiert er in den Urteilsgründen durch die erforderliche Mitteilung des Toleranzwertes.

35 Die Angabe von Messmethode und berücksichtigtem **Toleranzwert** sind grds. aber auf jeden Fall erforderlich, da sonst das Rechtsbeschwerdegericht nicht überprüfen kann, ob es sich um ein wissenschaftlich anerkanntes Messverfahren handelt und ein angemessener Toleranzwert in Abzug gebracht worden ist (OLG Bamberg, zfs 2007, 291 = NStZ-RR 2007, 321; OLG Hamm, VA 2007, 221 = VRS 113, 348 = DAR 2008, 101). Das gilt i.ü. grds. auch, wenn der Betroffene die Geschwindigkeitsüberschreitung einräumt (OLG Bamberg, DAR 2009, 655 = VRR 2010, 34 = VA 2009, 212 [für Abstandsmessung]; OLG Hamm, VRS 102, 218 = NZV 2002, 245, 282 = DAR 2002, 226; zuletzt OLG Hamm, VA 2008, 190 = VRR 2008, 323 [LS]; OLG Karlsruhe, VRR 2007, 35 = VRS 111, 427; s. aber OLG Köln, NZV 2003, 100). Die Bezeichnung als „Radarmessung" ist noch hinnehmbar (OLG Hamm, 25.08.2005 – 4 Ss OWi 575/05, www.burhoff.de), nicht aber (nur) die Mitteilung, es sei mit einer „stationären Geschwindigkeitsmessanlage" gemessen worden (OLG Hamm, VA 2008, 191 [LS]).

Hinweis:

Will das Tatgericht bei einer Geschwindigkeitsüberschreitung von den von der obergerichtlichen Rechtsprechung anerkannten Toleranzwerten zu Lasten des Betroffenen **abweichen**, bedarf es eingehender Darlegungen, warum im konkreten Fall ausnahmsweise ein geringerer Toleranzabzug ausreichend erscheint (OLG Celle, Beschl. v. 10.06.2010 – 322 SsBs 161/10, LNR 2010, 16966).

2. Weiter reduzierte Anforderungen bei einem Geständnis?

36 In der Rechtsprechung ist inzwischen die **Tendenz** zu erkennen, die Anforderungen an die **tatsächlichen Feststellungen** noch weiter **zurückzuschrauben**, und zwar dann, wenn ein Geständnis des Betroffenen vorliegt (vgl. auch Burhoff/Burhoff, OWi, Rn. 1505). Ob das zulässig ist, ist allerdings umstritten:

C. Geschwindigkeitsüberschreitung/-messung

- Nach der ersten Auffassung ist das amtsrichterliche Urteil **nicht lückenhaft**, wenn es zwar keine Angaben zu dem vorgenommenen Toleranzabzug enthält, aber ein Geständnis des Betroffenen vorliegt oder der Betroffene nach Einholung eines Sachverständigengutachtens die gefahrene Geschwindigkeit eingeräumt hat (vgl. einerseits OLG Köln, NZV 2003, 100 und dazu Niehaus, NZV 2003, 409; OLG Karlsruhe, NZV 2005, 54; vgl. aber VRR 2007, 35 = zfs 2007, 113 = VRS 111, 427; OLG Saarbrücken, VRS 110, 433 = VRR 2006, 356; vgl. auch OLG Hamm [3. Senat für Bußgeldsachen], VA 2004, 121 [LS]; 2006, 35; zuletzt = NStZ-RR 2008, 355 für Abstandsmessung).

- Nach einer zweiten Auffassung ist das Urteil hingegen **lückenhaft** (vgl. OLG Bamberg, VRR 2006, 469; OLG Hamm, DAR 2004, 108 = NStZ 2004, 322; NZV 2002, 282 = zfs 2002, 404; vgl. auch Burhoff/Burhoff, OWi, Rn. 1505 ff.). Der 2. Senat für Bußgeldsachen des OLG Hamm geht allerdings davon aus, dass die Angabe des Toleranzabzugs jedenfalls dann entbehrlich ist, wenn sich aus sonstigen Umständen ergibt, dass es sich bei der der Verurteilung zugrunde gelegten Geschwindigkeit bereits um die um einen Toleranzabzug verminderte Geschwindigkeit handelt (OLG Hamm, DAR 2004, 464 = VRS 107, 114).

Im Zusammenhang mit der Frage nach den erforderlichen tatsächlichen Feststellungen ist dann natürlich die (weitere) Frage von Bedeutung, ob der Betroffene die Geschwindigkeitsüberschreitung **überhaupt** zugegeben und ein **Geständnis** abgelegt hat (BGHSt 39, 291 = NJW 1993, 3081 m.w.N. auch zu a.A.; vgl. dazu zuletzt auch OLG Jena, zfs 2004, 479). An dieser Stelle werden in den tatrichterlichen Urteilen häufig Fehler gemacht. 37

Hinweis:

Aus dem Urteil muss sich dann zunächst ergeben, dass der Betroffene überhaupt Angaben zur Sache gemacht hat (OLG Hamm, 26.05.2008 – 3 Ss OWi 793/07, LNR 2008, 17718; OLG Jena, a.a.O.; vgl. zur Erforderlichkeit der Angabe der Einlassung OLG Celle, Beschl. v. 10.06.2010 – 322 SsBs 161/10, LNR 2010, 16966).

Es wird nämlich häufig übersehen, dass **nicht jede „geständige" Einlassung** des Betroffenen als **„Geständnis"** im **technischen Sinn** zu verstehen ist. Der Begriff des Geständnisses kann im Einzelfall unterschiedliche Bedeutung haben (vgl. dazu auch OLG Bamberg, VRR 2006, 469; OLG Saarbrücken, VRS 110, 433 = VRR 2006, 356). OWi-Recht und StPO enthalten auch weder eine Definition des Geständnisses noch geben sie Hinweise darauf, in welchem Umfang das vom Betroffenen bzw. Angeklagten Zugestandene zu berücksichtigen ist. Es gilt auch insoweit der Grundsatz der freien richterlichen Beweiswürdigung aus § 261 StPO. Das bedeutet, dass der Tatrichter die Verurteilung auf eine Einlassung des Betroffenen nur stützen darf, wenn er von ihrer 38

Richtigkeit überzeugt ist (vgl. u.a. BGH, StV 1987, 378; vgl. u.a. OLG Hamm, VA 2006, 16).

39 **Hinweis:**

Erforderlich ist ein **uneingeschränktes** und **glaubhaftes** Geständnis (BGHSt 39, 291 = NJW 1993, 3081; vgl. dazu eingehend Burhoff/Burhoff, OWi, Rn. 1505 ff.). In den Urteilsgründen ist dann auch nicht nur die Einlassung des Betroffenen mitzuteilen, sondern es sind auch Ausführungen dazu erforderlich, aus welchen Gründen der Amtsrichter von der Richtigkeit der Einlassung des Betroffenen überzeugt ist (OLG Hamm, VA 2006, 16). Der Verteidiger muss immer auch prüfen, ob der Betroffene eine „Geschwindigkeitsüberschreitung" uneingeschränkt gestanden hat. Hat er z.b. nur den Messwert nicht bestritten und eingeräumt, ist das kein Geständnis im eigentlichen Sinne (OLG Jena, NJW 2006, 1075 = DAR 2006, 163 = VRS 110, 45; ähnlich OLG Bamberg, VRR 2006, 469; VA 2009, 157 = VRR 2009, 323 [LS] = zfs 2009, 594; OLG Frankfurt am Main; VA 2009, 157 = VRR 2009, 283 [LS] = DAR 2009, 464 = NZV 2009, 404). Die Umstände des Messvorgangs und die Richtigkeit der vom Messgerät angezeigten Geschwindigkeit können vom Betroffene nämlich nicht „gestanden" werden, weil er hiervon keine Kenntnis hat (OLG Bamberg, VRR 2006, 469; OLG Jena, a.a.O.; a.A. OLG Saarbrücken, VRS 110, 433 = VRR 2006, 356).

40 D.h.: Will der **Amtsrichter** im OWi-Verfahren ein „Geständnis" des Betroffenen gegen ihn verwenden, muss er sich **Klarheit verschaffen**, wie die Äußerung des Betroffenen mit dem übrigen Verfahrensstoff und im Hinblick auf den konkreten Rechtsverstoß zu verstehen ist. Dazu, wie das zu geschehen hat und welche Überlegungen dabei anzustellen sind, wird die Lektüre der Entscheidung des BGH vom 19.08.1993, die sich eingehend damit auseinandersetzt (BGHSt 39, 291 = NJW 1993, 3081, 3083), empfohlen. Ein „Geständnis" des Betroffenen kann nämlich auf einer „Eigenmessung" des Betroffenen, der die gefahrene Geschwindigkeit durch einen Blick auf den Tachometer im Zeitpunkt des Blitzens selbst gemessen hat, oder auch auf Erfahrungswerten des Betroffenen beruhen. Ist das die Grundlage der „geständigen Einlassung", liegt ein Geständnis im technischen Sinn, nämlich ein **Zugestehen** der im konkreten Messzeitpunkt gefahrenen Geschwindigkeit, vor. Hat der Betroffene hingegen an den konkreten Vorfall überhaupt keine Erinnerung, will er aber die Zuverlässigkeit der Messgeräte und der Messung, etwa, weil es ihm um die Verhängung des Fahrverbots geht, nicht bestreiten und hat er sich nach den Urteilsgründen z.B. dahin geäußert, „er ziehe das Messergebnis nicht in Zweifel", dann ist das kein „Geständnis" hinsichtlich der gefahrenen Geschwindigkeit im eigentlichen Sinn. Diese Einlassung beinhaltet allein, dass der Betroffene die Zuverlässigkeit des Messgeräts und das Ergebnis der Messung nicht bezweifelt (OLG Hamm [2. Senat für Bußgeldsachen], DAR 1999, 566 = VRS 97, 144; anders 3. Senat für Bußgeldsachen VA 2006, 36; so allerdings auch noch OLG

Hamm [2. Senat für Bußgeldsachen], VA 2006, 16). Dieses „Geständnis" berechtigt den Tatrichter nicht, bei seinen tatsächlichen Feststellungen dann auch noch auf Angaben zum Messverfahren und zu den Toleranzwerten zu verzichten (OLG Hamm, DAR 1999, 566 = VRS 97, 144; VA 2006, 16).

3. Verteidigerverhalten bei standardisierten Messverfahren

Handelt es sich um ein standardisiertes Verfahren, muss sich der Tatrichter nur dann von der Zuverlässigkeit der konkreten Messung überzeugen, wenn auch **konkrete Anhaltspunkte** für Messfehler gegeben sind (so schon OLG Hamm, NStZ 1990, 546; s.a. DAR 2000, 129; VRR 2008, 352 = VRS 115, 53 = NZV 2009, 248; s.a. BayObLG, DAR 1996, 411; OLG Saarbrücken, NStZ 1996, 207). An dieser Stelle ist der **Verteidiger gefordert**. Denn – wenn in der Tatsacheninstanz keine Messfehler geltend gemacht bzw. behauptet werden – dann besteht für den Amtsrichter insoweit auch keine sich aus § 244 Abs. 2 StPO ergebende Aufklärungspflicht und dann kann i.d.R. später auch nicht in der Rechtsbeschwerdeinstanz mit der Aufklärungsrüge in diesem Bereich ein Verstoß gegen die richterliche Aufklärungspflicht geltend gemacht werden (vgl. zur tatrichterlichen Aufklärungspflicht a. OLG Hamm, VA 2010, 122 = LNR 2010, 15854).

41

Hinweis:

Deshalb muss schon beim AG zu **Besonderheiten**, also Fehlern, der Messung **vorgetragen** werden (zu Messfehlern und zur Bedienung der einzelnen Messgeräte s. Rn. 1 ff. und Teil 1). Das gilt insb. auch dann, wenn Besonderheiten geltend gemacht werden sollen, die einen höheren als den üblichen Toleranzabzug erforderlich machen (sollen) (OLG Hamm, NZV 2000, 264; s. zum Beweisantrag im OWi-Verfahren Rn. 155 ff.).

Im **Beweisantrag** muss auf jeden Fall eine konkrete Beweisbehauptung aufgestellt werden, die sich auf die konkrete Messung bezieht (OLG Celle, NZV 2009, 575 = VA 2009, 195 = VRR 2009, 393; OLG Hamm, NZV 2007, 155 = zfs 2007, 111 = VRR 2007, 195; VAQ 2010, 122 = LNR 2010, 15854; vgl. dazu a. Rn. 161 ff.). Eine nur allgemeine Behauptung reicht für die Einholung eines Sachverständigengutachtens nicht aus (vgl. u.a. BayObLG, zfs 1997, 115; OLG Hamm, NZV 1999, 425; DAR 2007, 117 = zfs 2006, 654 = VRR 2007, 30; OLG Zweibrücken, NZV 2001, 48). Eine weitere Beweisaufnahme drängt sich hingegen auf bzw. liegt nahe, wenn **konkrete Anhaltspunkte für technische Fehlfunktionen** des Messgerätes behauptet werden (OLG Celle, a.a.O.; OLG Hamm, NZV 2007, 155 = zfs 2007, 111 = VRR 2007, 195; VA 2010, 122 = LNR 2010, 15854).

42

III. Geschwindigkeitsmessung in der Nähe der Geschwindigkeitsbeschränkung

43 Ist die Geschwindigkeitsmessung in der Nähe des **geschwindigkeitsbeschränkenden Schildes** durchgeführt worden, also z.b. in der Nähe des Ortseingangsschildes, ist auf Folgendes zu achten (vgl. dazu eingehend Burhoff/Burhoff, OWi, Rn. 1228 ff., Burhoff, VA 2003, 14, Krumm, VRR 2006, 90; Starken, DAR 1998, 85; Sobisch, DAR 2010, 48):

Für diese Geschwindigkeitsmessungen gelten die dazu von den Bundesländern erlassenen **Richtlinien** und Erlasse zur Verkehrs- und Geschwindigkeitsüberwachung (vgl. dazu Teil 4 Rn. 618 ff.; Burhoff/Böttger, OWi, Rn. 2281 ff.; Sobisch, DAR 2010, 48). Festgelegt ist in diesen Richtlinien i.d.R., in welcher Entfernung zu einer Geschwindigkeitsbeschränkung eine Geschwindigkeitsüberwachung durchgeführt werden darf (s. die Zusammenstellungen, jew. a.a.O.). Diese betragen zwischen mindestens 150 m – so z.b. in Baden-Württemberg (vgl. Teil 4 Rn. 618) – bzw. mindestens 100 m – z.b. in Hessen (vgl. Teil 4 Rn. 695). Innerhalb dieses Bereichs sollen vor und hinter Geschwindigkeitsbeschränkungen, wie z.b. dem Ortseingangsschild, keine Geschwindigkeitsmessungen stattfinden. Aus sachlichen Gründen kann allerdings von diesen Entfernungsangaben **abgewichen** werden (vgl. die Fallgestaltung bei OLG Hamm, DAR 2000, 580). Das kann z.b. der Fall sein, wenn sich in dem Bereich besondere Gefahrensituationen, wie Zu- und Abfahrten zu stark frequentierten Parkplätzen, Kindergärten und Schulen befinden (s.a. dazu OLG Oldenburg, NZV 1996, 375 = zfs 1996, 396 = VRS 91, 478). Aber auch ein der Messstelle vorhergehender Geschwindigkeitstrichter begründet eine Ausnahme (OLG Dresden, NJW 2005, 2100 = VRS 109, 62 = DAR 2005, 693 = NZV 2006, 110).

Hinweis:

Ein Verstoß gegen die Richtlinien führt allerdings nicht zur Unverwertbarkeit der Messung. Die Messung bleibt vielmehr **grds. verwertbar**, allerdings können die Rechtsfolgen für den Betroffenen gemildert sein. Der Verstoß kann vornehmlich Auswirkungen auf die Verhängung eines Fahrverbotes haben, das dann ggf. entfallen kann (vgl. dazu BayObLG, DAR 1995, 495; NStZ-RR 2002, 345; OLG Dresden, DAR 2010, 29; OLG Oldenburg, NZV 1996, 375; OLG Köln, VRS 96, 62; OLG Brandenburg, JMBl. BB 1996, 173; AG Rüsselsheim, DAR 1999, 375 [Verfahrenseinstellung wegen Geringfügigkeit]; vgl. dazu auch Krumm, VRR 2006, 90 ff.; Burhoff/Deutscher, OWi, Rn. 1089). Das soll aber u.a. dann nicht gelten, wenn die Abweichung erforderlich war und wenn sie unbedeutend gewesen sein ist (OLG Bamberg, DAR 2006, 464 m.w.N.).

IV. Geschwindigkeitsmessung mit PPS/Videonachfahrsystemen

Die Geschwindigkeitsermittlung auf der Grundlage des PPS ist ebenfalls ein **standardisiertes Messverfahren** i.S.d. Rechtsprechung des BGH (KG, VRS 100, 471; OLG Düsseldorf, VRS 99, 297; OLG Köln, DAR 1999, 516 = VRS 97, 443; OLG Hamm, NZV 2001, 90 m.w.N.; wegen der Einzelh. der Messung s. Teil 1 Rn. 655 ff. und Burhoff/Böttger, OWi, Rn. 1373 ff., s.a. oben die Tabelle bei Rn. 32). Das bedeutet: I.d.R. genügt es auch hier, wenn sich eine Verurteilung wegen Überschreitung der zulässigen Höchstgeschwindigkeit auf die Mitteilung des Messverfahrens und die nach Abzug der Messtoleranz ermittelte Geschwindigkeit stützt. **Anzugeben ist also** (vgl. OLG Köln, a.a.O.),

44

- dass nach dem **PPS** bzw. **ProViDa** -System gemessen wurde,

- welche der denkbaren **Einsatzmöglichkeiten** angewandt wurde (OLG Hamm, 09.12.2009 – 3 Ss OWi 948/09, www.burhoff.de, insoweit nicht in VRR 2010, 232 = StRR 2010, 198, jeweils m. Anm. Burhoff = VA 2010, 52; OLG Jena, NJW 2006, 1075 = DAR 2006, 163 = VRS 110, 45; wegen der Einzelh. vgl. auch Burhoff, VA 2001, 59) und

- welcher **Toleranzwert** zugrunde gelegt worden ist (OLG Braunschweig, NZV 1995, 367 = DAR 1995, 361; OLG Köln, a.a.O.).

Insoweit ist i.d.R. ein **Toleranzwert von 5 %** ausreichend (vgl. a. KG, DAR 2009, 39 [5 % bei PPS in der Betriebsart „MAN"]; OLG Hamm, VA 2004, 17; DAR 2004, 42 = VRS 106, 64; OLG Köln, a.a.O.; s.a. BayObLG, DAR 1998, 360 [10 % für Proof Speed Messgerät ausreichend]).

> **Hinweis:**
>
> **Darüber hinausgehende** Angaben, z.B. zur Nachfahrstrecke und zu den ermittelten Messergebnissen sind nach der neueren Rechtsprechung **nicht** (mehr) erforderlich; so ausdrücklich das OLG Köln (a.a.O.) unter Hinweis auf die Rechtsprechung des BGH (BGHSt 43, 277 = NJW 1998, 321). **Nicht ausreichend** ist es aber, wenn sich dem Urteil nur entnehmen lässt, dass die Geschwindigkeit mithilfe eines nachfahrenden Messfahrzeugs festgestellt worden ist. Das legt eine Messung mit PPS zwar nahe, teilt aber nicht mit, mit welcher der nach dem System möglichen Einsatzmöglichkeiten gemessen worden ist (OLG Brandenburg, DAR 2000, 278).
>
> Will das Tatgericht von einem von der obergerichtlichen Rechtsprechung anerkannten Toleranzwert zu Lasten des Betroffenen **abweichen**, bedarf es eingehender Darlegungen, warum im konkreten Fall ausnahmsweise ein geringerer Toleranzabzug ausreichend erscheint (OLG Celle, Beschl. v. 10.06.2010 – 322 SsBs 161/10, LNR 2010, 16966).

V. Geschwindigkeitsmessung durch Nachfahren

45 Die Messmethode „Geschwindigkeitsmessung durch Nachfahren" ist neben den Messungen durch Radar oder Laser die in der Praxis mit am weitesten verbreitete. Sie ist für den Betroffenen insb. deshalb von **besonderer Bedeutung**, weil er bei Anwendung dieser Methode kaum feststellen kann, dass eine Messung stattfindet bzw. stattgefunden hat, da ihn nicht – auch nicht wenigstens nachträglich – ein „Starenkasten" warnt. Wird daher der Betroffene von den Polizeibeamten nach Durchführung der Messung nicht angehalten, was häufig der Fall ist, bleibt die Messung bis zur Zustellung des Anhörungsbogens im Verborgenen (zu dieser Messmethode s. Teil 1 Rn. 655 ff., sowie Burhoff, VA 2001, 75 und Burhoff/Burhoff, OWi, Rn. 1364 ff.).

1. Allgemeine Anforderungen an die tatsächlichen Feststellungen

46 Bei einer durch Nachfahren festgestellten Geschwindigkeitsüberschreitung sind die **Anforderungen** der **Obergerichte** an den Umfang der im Urteil zu treffenden tatsächlichen Feststellungen noch verhältnismäßig **hoch**. Das gilt auch noch nach der Rechtsprechung des BGH zum standardisierten Messverfahren (vgl. oben Rn. 27 ff.).

> **Hinweis:**
>
> Beim Nachfahren handelt es sich nach der Rechtsprechung der OLG **nicht** um ein **standardisiertes** technisches **Verfahren** (OLG Hamm, NZV 1995, 199; OLG Köln, DAR 1994, 248; OLG Schleswig, SchlHA 2008, 272 bei Döllel/Dreßen; Beck/Berr, Rn. 397c Fn. 794, a.A. offenbar BGHSt 39, 291 = NJW 1993, 3081). Die von der obergerichtlichen Rechtsprechung gestellten hohen Anforderungen werden von den Tatgerichten aber häufig übersehen, weshalb nicht genügende Feststellungen getroffen werden, was auf die Rechtsbeschwerde hin dann zur Aufhebung des tatrichterlichen Urteils führen kann.

47 Bei der Geschwindigkeitsmessung durch Nachfahren beruht die Feststellung der Geschwindigkeitsüberschreitung darauf, dass die vom Betroffenen gefahrene – zu hohe – Geschwindigkeit durch Ablesen vom Tachometer des nachfahrenden Messfahrzeugs gemessen wird (vgl. Teil 1 Rn. 655 ff.; Burhoff/Böttger, OWi, Rn. 1364 ff. m.w.N.). Wenn dieses Verfahren mit **äußerster Sorgfalt** durchgeführt wird und die Anforderungen an die Messmethode beachtet werden, dann ist in der Rechtsprechung auch diese Art der Geschwindigkeitsmessung als zuverlässig und beweiserheblich anerkannt (s.a. u.a. OLG Braunschweig, DAR 1989, 110; OLG Düsseldorf, DAR 1994, 326; OLG Hamm, VRS 75, 37). Darüber hinaus ist es i.Ü. eine Frage der freien Beweiswürdigung durch den Tatrichter, ob er eine Messung, die unter Nichtbeachtung bestimmter – von der obergerichtlichen Rechtsprechung geforderter – Grundsätze durchgeführt wurde, für verwertbar hält oder nicht bzw. ob er dann weitere Toleranzen einräumt (OLG Düsseldorf, a.a.O.).

C. Geschwindigkeitsüberschreitung/-messung

Das tatrichterliche Urteil muss bei der Geschwindigkeitsmessung durch **Nachfahren zur Tageszeit** folgende Angaben enthalten (wegen der Einzelh. s. i.Ü. Burhoff/Burhoff, OWi, Rn. 1529 ff.; s.a. Hentschel, StVR, § 3 StVO Rn. 62 m.w.N.; BayObLG, VRS 92, 26; Dreßen; OLG Celle, VA 2005, 215; OLG Hamm VA 2007, 73 = NJW 2007, 1298 = NZV 2007, 257; VRS 113, 302; OLG Naumburg, VRS 94, 298; zuletzt OLG Hamm, VRS 112, 40; VRR 2008, 432 m. Anm. Lange; OLG Schleswig, SchlHA 2008, 272 bei Döllel/Dreßen):

- Angegeben werden muss die **Länge der Messstrecke** (OLG Hamm, VRR 2008, 48 432). Dabei können die Angaben aber Circa-Angaben sein (OLG Düsseldorf, DAR 1994, 326). Die Messstrecke soll möglichst gerade sein und in Abhängigkeit zur Geschwindigkeit eine gewisse Mindestlänge aufweisen, die umso länger sein soll, je höher die gefahrene Geschwindigkeit ist. Also z.B. bei einer Geschwindigkeitsmessung auf einer Autobahn bei einer Geschwindigkeit von 91 bis 120 km/h nicht unter 500 m (OLG Bamberg, DAR 2006, 517; vgl. wegen der Einzelh. Burhoff, ZAP, Fach 9, S. 691, 696 f.; Burhoff/Burhoff, OWi, Rn. 1536 f. m.w.N. und die entsprechenden Richtlinien, wie z.B. die VÜ Richtlinien zur Geschwindigkeitsuberwachung Teil 4 Rn. 618 ff.).

- Darzulegen ist weiterhin die **Länge des Verfolgungsabstands**, also der sog. gleich 49 bleibende Abstand des nachfahrenden Polizeifahrzeugs zum vorausfahrenden Betroffenen (OLG Hamm, VRR 2008, 432). Der Verfolgungsabstand, den das nachfahrende Polizeifahrzeug einhalten muss, darf nach der Rechtsprechung nicht zu groß und muss möglichst gleich bleibend sein, wobei es auch hier auf die Umstände des Einzelfalls ankommen kann, etwa, wenn sich ein an sich zu großer Abstand während der Messung sogar noch vergrößert (vgl. dazu z.B. OLG Düsseldorf, NZV 1993, 280; OLG Koblenz, DAR 1990, 390 und wegen weit. Einzelh. und Rechtsprechung-Nachw. Burhoff, ZAP, Fach 9, S. 691, 696 f.; Burhoff/Burhoff, OWi, Rn. 1538). Nach Auffassung des OLG Düsseldorf lässt ein Verfolgungsabstand von 100 m, bei dem nur noch die Rücklichter des gemessenen Fahrzeugs erkennbar sind, als Feststellung unter Berücksichtigung der technischen Anforderungen des § 50 StVZO an die Ausleuchtung der Fahrbahn durch die Scheinwerfer des Polizeifahrzeugs jedenfalls dann eine ausreichend zuverlässige Beurteilung der Gleichmäßigkeit des Abstands allein durch optische Wahrnehmung und Einschätzung zu, wenn für die Schätzung des gleich bleibenden Abstands trotz der Dunkelheit zu erkennende Orientierungspunkte vorhanden sind (OLG Düsseldorf, VRR 2008, 111; ähnlich OLG Düsseldorf, VRS 113, 112).

- Darüber hinaus muss das Urteil Feststellungen darüber enthalten, ob der **Tacho-** 50 **meter** in dem nachfahrenden Polizeiwagen noch, und zwar wie lange noch, **geeicht** und/oder **justiert** war ((OLG Hamm, VRR 2008, 432; vgl. a. die Nachweise bei Hentschel, StVR, § 3 StVO Rn. 62). Diese Angabe ist deshalb von Bedeutung, weil sich danach die Höhe des Toleranzabzugs richtet, den der Tatrichter zum Ausgleich von Messungenauigkeiten von der gemessenen Geschwindigkeit machen muss. Ein pauschaler Abzug, ohne hierzu Feststellungen zu treffen, ist nach der Rechtsprechung unzulässig (BayObLG, VRS 61, 143).

51 Welcher **Toleranzabzug** nun im Einzelnen zu machen ist, lässt sich anhand der vorliegenden Rechtsprechung zu dieser Frage nicht einheitlich beantworten. Die Obergerichte entscheiden in dieser Frage nicht einheitlich (vgl. a. Teil 1 Rn. 663 ff.). Es lassen sich in etwa folgende **Richtwerte** festhalten:

- War der Tachometer **nicht geeicht** und nicht justiert, dürften **20 %** des Ablesewertes abzuziehen sein (OLG Celle, NZV 2004, 419 = DAR 2005, 163; OLG Hamm, DAR 1981, 364; OLG Rostock, VRS 113, 309; OLG Schleswig, SchlHA 2006, 295; vgl. auch noch OLG Köln, VA 2009, 13 = DAR 08, 654 [mit nicht justiertem Tachometer ein Sicherheitsabzug von 7 % des Skalenendwerts als Ausgleich für mögliche Eigenfehler des Tachometers und ein weiterer Abzug von 12 % der abgelesenen Geschwindigkeit für andere mögliche Ungenauigkeiten]; s. i.Ü. Burhoff/ Burhoff, OWi, Rn. 1540 m.w.N.).

- Ist der Tachometer justiert bzw. **gültig geeicht**, so können/sollen mind. **10 %** (OLG Düsseldorf, VM 1974, 87; OLG Hamm, VRS 63, 68; s.a. OLG Hamm, VRR 2006, 472) abgezogen werden. Es ist aber auch schon ein höherer Abzug von 13,5 % (OLG Hamm, NZV 1989, 35) oder 15 % (OLG Hamm, NZV 1995, 199; VRS 102, 302; s. zu weit. Nachw. aus der uneinheitlichen Rechtsprechung Burhoff/Burhoff, a.a.O.; Hentschel, a.a.O.) bzw. bei einer Messung innerorts unter besonderen Umständen ein Abschlag von 17 % gemacht und anerkannt worden (OLG Hamm, NZV 1995, 456 [LS] = VRS 90, 144). Teilweise werden aber auch noch höhere Sicherheitsabschläge gefordert (vgl. OLG Celle, NZV 2004, 419 = DAR 2005, 163; zuletzt OLG Celle, VA 2005, 215 [mindestens 20 %]).

Hinweis:

I.Ü. ist darauf hinzuweisen, dass die **Bemessung** des in **Abzug** zu bringenden Sicherheitsabschlags **Tatfrage** ist. Diese Frage muss der Tatrichter unter Berücksichtigung aller im Einzelfall in Betracht kommenden Umstände in freier Beweiswürdigung beurteilen und entscheiden (OLG Düsseldorf, DAR 1994, 326; OLG Hamm, VRS 104, 226 = NZV 2003, 249). Dazu reicht es aber nicht aus, wenn er lediglich Werte übernimmt, die die den Messvorgang durchführenden Polizeibeamten bei ihrer Vernehmung angeben haben (OLG Hamm, 09.05.1996 – 4 Ss OWi 492/96). Ggf. muss in der Hauptverhandlung sogar ein Sachverständiger gehört werden (OLG Hamm, NZV 1995, 199).

2. Zusätzliche Anforderungen bei Messung zur Nachtzeit

52 Grds. kann die Geschwindigkeitsmessung durch Nachfahren auch zur **Nachtzeit** oder bei Dunkelheit durchgeführt werden (s. schon OLG Düsseldorf, DAR 1984, 326; OLG

C. Geschwindigkeitsüberschreitung/-messung

Hamm, VM 1993, 67; DAR 1998, 75; zfs 1998, 193 = VRS 94, 467; zfs 1999, 84). Dann muss das amtsgerichtliche Urteil über die „normalen" tatsächlichen Feststellungen bei einer Geschwindigkeitsmessung durch Nachfahren (vgl. dazu Rn. 46 ff.) hinaus jedoch **zusätzliche Feststellungen** enthalten (BayObLG, DAR 2000, 320; OLG Hamm, DAR 2006, 31 = NZV 2006, 108; VA 2007, 73 = NJW 2007, 1298 = NZV 2007, 257; s. aber auch OLG Hamm, VRS 112, 40; OLG Jena, VRR 2006, 351, OLG Zweibrücken, DAR 2002, 182, jew. m.w.N.; vgl. Burhoff/Burhoff, OWi, Rn. 1541 ff. m.w.N.).

Dem Urteil muss dann nämlich **auch noch** zu entnehmen sein (vgl. zuletzt u.a. OLG Hamm, VA 2007, 73 = NJW 2007, 1298 = NZV 2007, 257; vgl. aber OLG Hamm, VRS 112, 40), 53

- wie die Beleuchtungsverhältnisse waren und
- wie bei den zur Nachtzeit/bei Dunkelheit regelmäßig schlechteren Sichtverhältnissen der **gleich bleibende** Abstand zu dem vorausfahrenden Fahrzeug **festgestellt** worden ist, was tatrichterliche Aufgabe ist (OLG Celle, NZV 2004, 419 = DAR 2005, 163; vgl. jetzt aber OLG Düsseldorf, VRR 2008, 111 m. Anm. Krumm),
- kurz: Welche **Bezugspunkte** für die Abstandsmessung benutzt worden sind (ständige Rechtsprechung der Obergerichte, vgl. u.a. OLG Hamm, a.a.O.; vgl. dazu auch OLG Frankfurt am Main, NStZ-RR 2002, 19).

Hinweis:

Hieran fehlt es in den tatrichterlichen Urteilen häufig, wenn nicht mitgeteilt wird, wie die Beleuchtungsverhältnisse waren und ob und warum daher der Abstand zum vorausfahrenden Pkw des Betroffenen sicher **geschätzt** werden konnte (zur Schätzung auch OLG Celle, NZV 2004, 419 = DAR 2005, 163; OLG Frankfurt am Main, a.a.O.).

Mangelnde Feststellungen in diesem Bereich führen aber nicht automatisch zur Aufhebung, solange diese Feststellungen aufgrund des Gesamtzusammenhangs der Urteilsgründe aus sonstigen Umständen getroffen werden können. Insoweit sind **auch noch** als **ausreichend** angesehen worden (s.a. OLG Düsseldorf, VRR 2008, 111; OLG Hamm, VRS 112, 40): 54

starker Verkehr auf der Autobahn, da dann eine gewisse „**Grundhelligkeit**" gegeben ist (grundlegend OLG Hamm, VRS 93, 380; DAR 1997, 285 = VRS 93, 372; vgl. aber OLG Düsseldorf, VRR 2008, 111),

die „Grundhelligkeit" infolge noch angeschalteter Lichtzeichenanlagen bei **innerörtlichen Messungen** (OLG Jena, VRS 111, 195), und zwar erst recht dann, wenn im Urteil mitgeteilt wird, dass das **Kennzeichen** eindeutig **identifizierbar** war (OLG Hamm, VRS 93, 380; DAR 1997, 285 = VRS 93, 372).

55 Es muss allerdings zur Beantwortung der Frage, weshalb der Abstand sicher geschätzt werden konnte, im Urteil irgendein **Anhaltspunkt** vorhanden sein (OLG Hamm, VRS 94, 467 = zfs 1998, 193), wobei auch die Länge des Verfolgungsabstands von Bedeutung ist. Je länger der Verfolgungsabstand ist, desto mehr muss das amtsgerichtliche Urteil an Feststellungen enthalten, sodass – bei einem Abstand von 150 m – die alleinige Feststellung, die Polizeibeamten hätten sich bei der Abstandsfeststellung bzw. -schätzung an den – in diesem Zusammenhang häufig herangezogenen – Leitpfosten bzw. **Nebenpfählen**, die in einem Abstand von 50 m aufgestellt sind, orientiert, nicht ausreicht (OLG Hamm, VRS 94, 467 = zfs 1998, 193). Denn so weit reicht, wie man selbst leicht auf der Autobahn feststellen kann, das Licht der Scheinwerfer nicht (OLG Celle, NZV 2004, 419 = DAR 2005, 163). Das alles gilt natürlich erst recht, wenn die Geschwindigkeitsmessung durch Nachfahren zur Nachtzeit auch noch bei Nebel durchgeführt wurde (OLG Hamm, zfs 1999, 84).

56 **Hinweis:**

Übersehen werden darf bei der Prüfung des tatrichterlichen Urteils in diesem Zusammenhang allerdings Folgendes nicht: Die dargestellten **Grundsätze** hinsichtlich der Anforderungen an die Feststellungen **gelten** dann **nicht**, wenn der Betroffene die Geschwindigkeitsüberschreitung eingeräumt/gestanden hat. Denn auch in den Fällen der Geschwindigkeitsmessung durch Nachfahren zur Nachtzeit kann die Verurteilung des Betroffenen auf ein Geständnis gestützt werden, allerdings muss es sich auch hier um ein glaubhaftes und uneingeschränktes Geständnis im eigentlichen Sinn handeln (OLG Hamm, VRS 96, 458; zfs 1999, 84). Insoweit gelten die zur „normalen" Geschwindigkeitsmessung gemachten Ausführungen entsprechend (vgl. dazu Rn. 36 ff.).

57 Bei einer Geschwindigkeitsüberschreitung, die durch Messen zur Nachtzeit festgestellt worden ist, ist das Augenmerk schließlich besonders auf die Frage des **Sicherheitsabschlags** zu richten. Dieser kann bzw. muss in diesen Fällen die sonst i.d.R. angenommenen 15 % ggf. erheblich übersteigen (OLG Hamm, zfs 1999, 84, für Messung bei Nebel). So ist z.B. das OLG Celle vor einiger Zeit von einem Sicherheitsabschlag von 20 % ausgegangen (OLG Celle, NZV 2004, 419 = DAR 2005, 163, zuletzt OLG Celle, VA 2005, 215; s.a. oben Rn. 51).

VI. Exkurs: Rechtfertigungsgründe bei einer Geschwindigkeitsüberschreitung

Die Geschwindigkeitsüberschreitung kann gerechtfertigt sein (vgl. dazu eingehend Burhoff, VA 2005, 162 und Burhoff/Burhoff, OWi, Rn. 1561 ff.). In Betracht kommen die allgemeinen Rechtfertigungsgründe, wobei der **rechtfertigende Notstand** besondere Bedeutung hat. Insoweit ist zunächst darauf hinzuweisen, dass durch die Geschwindigkeitsüberschreitung grds. andere nicht unverhältnismäßig gefährdet werden dürfen (BayObLG, NZV 1991, 81). Erforderlich für die Annahme des Rechtfertigungsgrundes ist es, dass die Gefahr nicht auf andere, die Allgemeinheit weniger gefährdende Weise beseitigt werden kann (OLG Hamm, NZV 1997, 186). 58

Im Einzelnen können folgende **Umstände** zur Rechtfertigung in Betracht kommen: 59

Geschwindigkeitsüberschreitung eines **Arztes**, der als Notarzt Hilfe leisten muss (vgl. u.a. OLG Karlsruhe, NJW 2005, 450 = NZV 2005, 54; OLG Köln, DAR 2005, 574 = zfs 2005, 468; OLG Schleswig, SchlHA 2005, 264), wobei sich dann aber aus dem Urteil ergeben muss, dass wirklich ein Notfall vorgelegen hat (OLG Köln, a.a.O.),

Gesundheitsgefahren für den Betroffenen bzw. für Dritte, wie z.B. bei einer hochschwangeren Frau (vgl. OLG Düsseldorf, DAR 1995, 168; OLG Hamm, zfs 1996, 77), ggf. bei dem Vater eines kranken Sohns (OLG Karlsruhe, zfs 2005, 517 = NZV 2005, 542 = DAR 2005, 644; ähnlich AG Bad Salzungen, zfs 2008, 168 [allerdings Annahme von Augenblicksversagen]), nicht aber allein bei der Sorge des Betroffenen um seine im Pkw mitfahrende hochschwangere Ehefrau (OLG Karlsruhe, DAR 2002, 229), und auch nicht allein die drohende Niederkunft der Ehefrau, wenn der Betroffene durch einen Anruf weiß, dass diese sich in ärztlicher Obhut befindet (OLG Hamm, VRR 2009, 34).

Gefahrenabwehr, wie z.B. das Nachfahren, um einen anderen Verkehrsteilnehmer auf eine von seinem Fahrzeug ausgehende Gefährdung aufmerksam zu machen (OLG Köln, NZV 1995, 119),

ggf. **Stuhldrang** (OLG Zweibrücken, zfs 1997, 196 = NStZ-RR 1997, 379; KG, 26.10.1998 – 2 Ss 263/98; OLG Düsseldorf VA 2008, 15 [LS] = zfs 2008, 168; Burhoff/Burhoff, OWi, Rn. 1561; s.a. VA 2005, 162; s. aber OLG Hamm, 03.08.2004 – 4 Ss OWi 464/04, www.burhoff.de, und OLG Schleswig, SchlHA 2006, 295),

Inanspruchnahme von **Sonderrechten** durch Angehörige von Hilfsorganisationen, und zwar ggf. schon auf dem Weg zum Einsatz (OLG Stuttgart, DAR 2002, 366; NZV 2003, 410; a.A. OLG Frankfurt am Main, NZV 1992, 334; vgl. auch AG Riesa, DAR 2005, 109.).

> **Hinweis:**
>
> In diesen Fällen muss das Urteil die entsprechende **Feststellungen** enthalten (OLG Hamm, zfs 1996, 154; OLG Karlsruhe, NZV 2005, 542 = DAR 2005, 644 = zfs 2005, 517). Hat der Betroffene sich „nur eine Situation vorgestellt, die ggf. die Voraussetzungen eines rechtfertigenden Notstandes erfüllt, kann er sich in einem Verbotsirrtum befinden, der dann das Absehen vom Fahrverbot rechtfertigt" (OLG Karlsruhe, a.a.O.; OLG Köln, a.a.O.).

VII. Exkurs: Fahrlässigkeit/Vorsatz?

60 Das tatrichterliche Urteil muss **Feststellungen** enthalten, aus denen sich ableiten lässt, dass der Betroffene die Geschwindigkeitsüberschreitung entweder vorsätzlich oder „nur fahrlässig" begangen hat. Ist der Betroffene wegen einer vorsätzlichen Geschwindigkeitsüberschreitung verurteilt worden, muss der Verteidiger darauf achten, ob sich dem Urteil sowohl das insoweit erforderliche Wissen- als auch das Wollenselement entnehmen lässt (vgl. dazu auch Burhoff/Burhoff, OWi, Rn. 1589). Das bedeutet:

Allein daraus, dass ein Betroffener eine **Geschwindigkeitsbeschränkung gekannt** hat, kann – noch – nicht geschlossen werden, dass er die zulässige Höchstgeschwindigkeit zum Tatzeitpunkt auch bewusst und gewollt überschritten und somit vorsätzlich gehandelt hat (OLG Hamm, NZV 1998, 124 = VRS 94, 466 = zfs 1998, 75). Für die Feststellung einer vorsätzlichen Geschwindigkeitsüberschreitung ist es auch nicht ausreichend, wenn der Amtsrichter in seinem Urteil zur inneren Tatseite lediglich ausführt, der Betroffene sei sich bewusst gewesen, dass die zulässige Höchstgeschwindigkeit überschritten war. **Entscheidend** für den Vorsatz ist nämlich **außerdem**, dass der Betroffene die erhebliche Überschreitung der zulässigen Höchstgeschwindigkeit auch überhaupt **bemerkt** hat (OLG Hamm, DAR 1998, 281). Der Vorsatz des Betroffene muss i.Ü. allerdings nicht das Maß der Überschreitung ziffernmäßig genau erfassen (OLG Hamm, a.a.O.). Es reicht vielmehr das Wissen um das Maß der Erheblichkeit der Überschreitung (zu allem a. Burhoff/Burhoff, OWi, Rn. 1590).

61 Zur Feststellung des Vorsatzes können vom Tatrichter neben der ggf. geständigen Einlassung des Betroffenen **weitere Umstände** herangezogen werden, die in einer Gesamtschau dann die Annahme von Vorsatz rechtfertigen (zum Umfang der Feststellungen s.a. OLG Schleswig, SchlHA 2008, 272 bei Döllel/Dreßen). Das können z.B. sein

die **Ortskenntnis** des Betroffenen und

der Umstand, dass dieser vor einer Messstelle **abgebremst** hat (OLG Hamm, DAR 1999, 178 = VRS 96, 291 für Überschreitung der zulässigen Höchstgeschwindigkeit von 82 %.)

C. Geschwindigkeitsüberschreitung/-messung

sowie insb. aber auch das **Maß** der **Überschreitung** der zulässigen **Höchstgeschwindigkeit** (KG, NZV 2004, 598; OLG Rostock, VRS 108, 376).

Gerade der letzte Umstand wird von Tatgerichten gern angeführt, um allein daraus auf eine vorsätzliche Begehungsweise zu schließen. Der Rückschluss vom Maß der Geschwindigkeitsüberschreitung auf den Vorsatz ist grds. aber nur zulässig, wenn es sich um eine sehr **erhebliche Überschreitung** handelt (vgl. dazu a. BGH, VRS, 94, 227 für eine Geschwindigkeitsüberschreitung von 50 km/h; weiter gehend BGHSt 43, 241 = NJW 1997, 3252 generell für Geschwindigkeitsüberschreitungen der außerorts zulässigen Höchstgeschwindigkeit von 100 km/h; s.a. OLG Hamm, zfs 1994, 268; VRS 90, 210 f. und jetzt VRS 111, 286 = NZV 2007, 263 [Überschreitung um 116 %]; VA 2005, 102). Teilweise gehen die OLG (vgl. z.B. OLG Koblenz, NZV 2010, 212 = VRR 2010, 194 m. Anm. Burhoff =VA 2010, 13; OLG Celle, Beschl. v. 10.06.2010 – 322 SsBs 161/10, LNR 2010, 16966) - bei einem außerorts begangenen Verstoß - schon bei einer Überschreitung der zulässigen Höchstgeschwindigkeit um 40 km/h von einer vorsätzlich begangenen Geschwindigkeitsüberschreitung aus. Auch der Umstand, dass der Betroffene drei Geschwindigkeitsverstößen in engem zeitlichen und räumlichen Zusammenhang an drei aufeinanderfolgenden Messstellen begangen hat, kann von Bedeutung sein (OLG Jena, DAR 2008 35 = VRS 113, 354 = VRR 2008, 154).

Hinweis:

Zunehmend wird in der Rechtsprechung auf die **relative Geschwindigkeitsüberschreitung** abgestellt (vgl. u.a. OLG Celle, OLG Koblenz, OLG Rostock, jeweils a.a.O.; OLG Karlsruhe, NZV 2006, 437 = VA 2006, 140), also auf das Verhältnis zwischen der gefahrenen und der vorgeschriebenen Geschwindigkeit. Argumentiert wird dann, dass je höher die prozentuale Überschreitung ausfällt, sie desto eher vom Kraftfahrer zur Kenntnis genommen wird. Desto eher wird dann Vorsatz angenommen. Allgemein wird in der Rechtsprechung etwa eine Überschreitung der zulässigen Höchstgeschwindigkeit von 50 % als erforderlich für die Annahme von Vorsatz angesehen (OLG Rostock und KG, jeweils, a.a.O.; KG, VRS 109, 132, vgl. auch OLG Bamberg, DAR 2006, 465 für Tempo-30-Zone; vgl. auch OLG Hamm, VRS 111, 286 zu einer Geschwindigkeitsüberschreitung um 116 %).

D. Abstandsunterschreitung (§ 4 StVO)

Literatur:
Beck, Fehlerquellen bei Geschwindigkeits- und Abstandsmessungen, AnwBl. 1992, 374; *Bouska*, Müssen PKW und LKW bis 2,8 t den besonderen Abstand nach § 4 Abs. 2 StVO einhalten?, VD 1976, 339; *Burhoff*, Verurteilung wegen Abstandsunterschreitung: So überprüfen Sie das Urteil, VA 2003, 165; *ders.*, Abstandsmessung, Worauf Verteidiger besonders achten müssen, VA 2003, 153; *ders.*, Praktische Fragen der Abstandsmessung im Straßenverkehr, ZAP, Fach 9, S. 733; *Eyler*, Sicherheitsabstand von Kraftfahrzeugen im Schnellverkehr, ZVS 1981, 79; *Gramberg-Danielsen/Holtz*, Zur Überwachung des Sicherheitsabstandes von Kraftfahrzeugen auf Autobahnen, MDR 1983, 534; *Jäger/Märtens*, Zur Messunsicherheit der Videoabstandsmessverfahren VAM und VAMA bei der amtlichen Verkehrsüberwachung, PTB-Bericht 1997; *Krumm*, Geschwindigkeitsmessung und Abstandsfeststellung durch Nach- oder Vorausfahren ohne weiteres technisches Gerät, NZV 2004, 377; *ders.*, Geschwindigkeits- und Abstandsmessungen mit dem VAMA-Verfahren – Ein Überblick über die technischen Voraussetzungen, die erforderlichen Berechnungen und die einschlägige Rechtsprechung, DAR 2005, 75; *ders.*, Geschwindigkeits- und Abstandsmessungen mit dem Verkehrskontrollsystem, DAR 2007, 129; *Löhle*, Das DISTANOVA-Abstandsmessverfahren, DAR 1983, 69; *Plöckl*, Geschwindigkeitsmessung mit dem Police-Pilot-System, DAR 1991, 236; *Plum*, Systembedingte Fehlerquellen bei Verkehrsüberwachungssystem Provida 2000, DAR 2007, 173; *Prell/Kuchenbauer*, Problematik des Abstands nach § 4 Abs. 1 StVO in rechtlicher und tatsächlicher Hinsicht, DAR 1999, 49; *Seidenstecher*, Abstandsregelung VD 1992, 147; *Soller*, Videoabstandsmessung, PVT 1996, 168; *Wietschorke*, Messfehler bei Einsatz von Videostoppuhr CG-P50E, NZV 2007, 346; *Wietschorke*, Abstands- und Geschwindigkeitsmessung: Mögliche Messfehler beim Einsatz des Geräts CG-P50E, VA 2007, 222.

62 Neben der Geschwindigkeitsüberschreitung (vgl. dazu Rn. 14a ff.) und dem Rotlichtverstoß (vgl. Rn. 90 ff.) sind (Abstands-)Verstöße gegen § 4 StVO in der Praxis die mit am häufigsten begangenen Verkehrsordnungswidrigkeiten. Für den Betroffenen sind auch diese Verstöße deshalb von großer Bedeutung, weil bei erheblicher Abstandsunterschreitung nach der Tabelle 2 der BKatVO ein Fahrverbot verhängt werden kann. Das gilt besonders für die Unterschreitung des erforderlichen Sicherheitsabstandes auf der BAB, wo häufig zu nah aufgefahren wird (s. allgemein zur Abstandsmessung Burhoff/Krumm, OWi, Rn. 67 ff.).

I. Allgemeines

1. Bestimmung des erforderlichen Abstandes

63 In der **StVO** ist **nicht konkret geregelt**, welcher Abstand zum Vordermann eingehalten werden muss. § 4 Abs. 1 StVO bestimmt nur, dass der Abstand von einem vorausfahrenden Fahrzeug i.d.R. so groß sein muss, dass auch dann hinter ihm gehalten werden kann, wenn plötzlich gebremst wird.

D. Abstandsunterschreitung (§ 4 StVO)

Hinweis: 64

In § 4 Abs. 3 StVO ist allerdings konkret bestimmt, dass **Lastkraftwagen** über 3,5 t oder Omnibusse, wenn eine höhere Geschwindigkeit als 50 km/h auf Autobahnen gefahren wird, 50 m Mindestabstand einzuhalten haben. Auf eine konkrete Gefährdung wird dabei nicht abgestellt. Es handelt sich auch nicht nur um einen „Einscherabstand", sondern um einen konkret bestimmten Sicherheitsabstand. Dieser Abstand ist daher auch auf Strecken einzuhalten, auf denen das Überholen verboten oder wegen einer durchgehenden Fahrstreifenbegrenzung faktisch nicht möglich ist. Die Ausnahmevorschrift des § 4 Abs. 2 Satz 2 Nr. 3 StVO ist im Geltungsbereich des § 4 Abs. 3 StVO nicht anzuwenden (OLG Saarbrücken, VRS 110, 369).

In der Praxis wird der **erforderliche Sicherheitsabstand** i.d.R. mit der Anwendung einer „**Faustregel**" bestimmt. Danach gilt als erforderlicher Sicherheitsabstand allgemein der „halbe Tachoabstand". Hierbei handelt es sich allerdings nur um einen unverbindlichen Maßstab (AG Homburg/Saar, DAR 1998, 31; Beck/Berr, Rn. 450). Die obergerichtliche Rechtsprechung ermittelt den Sicherheitsabstand genauer. Nach der Rechtsprechung darf der Sicherheitsabstand zwischen zwei Kfz auf einer Schnellstraße den von dem nachfolgenden Kfz in 1,5 sec. zurückzulegenden Weg grds. nicht unterschreiten (vgl. u.a. OLG Düsseldorf, VRS 74, 451; OLG Hamm, VRS 55, 211; OLG Köln, VRS 67, 286; Beck/Berr, Rn. 450, m.w.N. aus der Rspr.). 65

Hinweis: 66

Nach Nr. 12.5 ff., **Tabelle 2** des BKatV ist bei der Bemessung des Sicherheitsabstandes i.R.d. Bußgeldbemessung aber vom **halben Tachowert** auszugehen (BayObLG, NJW 1988, 273 m.w.N.); daran ist der Tatrichter gebunden.

Davon zu unterscheiden ist noch der **gefährdende Abstand**. Er liegt vor, wenn der Sicherheitsabstand geringer ist als die in 0,8 sec. durchfahrene Strecke (vgl. u.a. OLG Köln, NZV 1992, 371 = VRS 83, 339). 67

2. Nicht nur vorübergehende Abstandsunterschreitung

Für die Feststellung und die Bejahung eines bußgeldbewehrten Verstoßes gegen § 4 StVO müssen noch **weitere Voraussetzungen** erfüllt sein. Erforderlich ist zunächst, dass der erforderliche Sicherheitsabstand **nicht nur** ganz **vorübergehend** unterschritten worden ist (OLG Hamm, NZV 1994, 70 = VRS 86, 362; vgl. dazu auch OLG Koblenz, zfs 2007, 589; VRR 2007, 322 [LS]. Bei höheren Geschwindigkeiten ist insoweit eine Strecke von 250 bis 300 m erforderlich (OLG Celle, VRS 55, 448; OLG Düsseldorf, NZV 1993, 242; DAR 2002, 464 = VRS 103, 305 = NZV 2002, 519; 68

OLG Hamm, a.a.O.; OLG Köln, DAR 1983, 364; OLG Zweibrücken, VRS 85, 217; AG Homburg/Saar, DAR 1998, 31 = zfs 97, 393; s. aber OLG Celle, NZV 1991, 281).

69 **Hinweis:**
Das gilt allerdings **nicht für Lkw** und **Omnibus** im Fall des § 4 Abs. 3 StVO (vgl. oben Rn. 64). Das Unterschreiten des hier vorgeschriebenen 50 m-Abstandes ist vielmehr grds. auch dann bußgeldbewehrt, wenn es nur vorübergehend geschieht (OLG Zweibrücken, NZV 1997, 283).

70 Darüber hinaus muss der zu **geringe Abstand** den Vordermann nicht **konkret gefährdet** haben (Hentschel, StVR, § 4 Rn. 6 a.E). Ob eine konkrete Gefährdung vorliegt oder nicht, ist jeweils Tatfrage und erfordert die Berücksichtigung aller Umstände. Kann sie festgestellt werden, kann neben dem Verstoß gegen § 4 StVO ggf. auch noch ein Verstoß gegen § 1 StVO gegeben sein.

II. Messverfahren

1. Allgemeines

71 Für die Feststellung, ob der erforderliche Sicherheitsabstand eingehalten worden ist, stehen in der Praxis **verschiedene Messverfahren** zur Verfügung. Die in der Praxis häufigsten Messverfahren (vgl. zu den Messverfahren eingehend auch Burhoff/Böttger, OWi, Rn. 69 ff.) sind

- die **Brückenabstandsmessverfahren** (vgl. Teil 1 Rn. 107 ff.),
- das Video-Abstand-Messverfahren (**VAMA**; vgl. Teil 1 Rn. 124 ff.), das fortentwickelt worden ist zum sog. **VKS 3.01** (vgl. dazu OLG Dresden, VRS 109, 196 = DAR 2005, 637 = VRR 2005, 315; s. Teil 1 Rn. 133),
- die Messung mit dem **Police-Pilot-System** (vgl. zur Geschwindigkeitsüberschreitung Teil 1 Rn. 684 ff.) und schließlich
- die Messung durch Polizeibeamte **ohne technische Geräte**.

Hinweis:
In der Hauptverhandlung wird die von einem Messvorgang vorliegende **Videoaufnahme** im Wege des **Augenscheins** eingeführt (OLG Zweibrücken, VRS 102, 102).

2. Brückenabstandsmessverfahren

72 Die Brückenabstandsmessverfahren (wegen der Einzelheiten der Messverfahren s. Teil 1 Rn. 107 ff.; s.a. Burhoff/Böttger, OWi, Rn. 75) werden von der herrschenden Mei-

D. Abstandsunterschreitung (§ 4 StVO)

nung in der **Rechtsprechung** als **ausreichend zuverlässig** angesehen (vgl. OLG Düsseldorf, DAR 1985, 87; Hentschel, StVR, § 4 StVO Rn. 15 m.w.N.).

Hinweis: 73

Der **BGH** hat über die Zuverlässigkeit des Abstandsmessverfahrens (noch) **nicht entschieden**. Nach seiner Auffassung muss diese Frage allein der Tatrichter beurteilen (BGH, DAR 1983, 56; ähnlich OLG Hamm, VRS 106, 466).

Bei diesen Verfahren ist auf folgende mögliche **Fehlerquelle** zu achten (vgl. dazu auch 74
Teil 1 Rn. 188 ff.): Von Bedeutung ist, dass sich evtl. **Abstandsveränderungen bei den beobachteten Fahrzeugen** wohl nicht immer zweifelsfrei wahrnehmen lassen. Es ist also ohne Weiteres möglich, dass der Abstand des gemessenen Fahrzeugs während der entscheidenden Strecke von 250 bis 300 m (vgl. dazu u.a. OLG Düsseldorf, DAR 2003, 464) durch Gaswegnehmen den Abstand vergrößert hat (vgl. Beck/Berr, Rn. 460). Wegen der Fehlerquellen muss ein **Sicherheitsabschlag** gemacht werden. Die Rechtsprechung verlangt grds. einen 15 %igen Abzug von dem in 0,8 sec. zurückgelegten Fahrweg der Kfz (BayObLG, VRS 59, 264; OLG Düsseldorf, VRS 64, 376; s. aber OLG Celle, VRS 58, 264 [unterliegt der freien Beweiswürdigung]).

Hinweis

Das OLG Stuttgart sieht das Verfahren **ViBrAM-BAMAS** inzwischen als **standardisiertes Verfahren** an (OLG Stuttgart, DAR 2007, 657 = VRS 113, 224 = VRR 2007, 475). Das bedeutet, dass der Tatrichter im Urteil i.d.R. nur das angewendete Messverfahren (ViBrAM-BAMAS), die Geschwindigkeit des Betroffenen sowie die Länge des Abstandes zwischen den Fahrzeugen des Betroffenen und des Vorausfahrenden feststellen muss. Toleranzen brauchen weder zur Geschwindigkeit noch zum Abstand mitgeteilt zu werden (wegen der Feststellungen i.Ü. s. OLG Stuttgart, a.a.O.).

3. Video-Abstands-Messverfahren

Zur Funktionsweise des Video-Abstands-Messverfahren (**VAMA**) oder seiner Weiter- 75
entwicklung **VKS** wird verwiesen auf die Ausführungen bei Teil 1 Rn. 133 ff. (vgl. dazu eingehend auch Burhoff/Böttger, OWi, Rn. 84 ff.; Krumm, DAR 2007, 129). Auch diese Messverfahren sind in der obergerichtlichen Rechtsprechung als **geeignet** zur Abstandsmessung und als **zuverlässig** anerkannt worden (grundlegend OLG Hamm, NZV 1994, 120; OLG Hamm, DAR 1996, 382 bei Burhoff; OLG Dresden, VRS 109, 196 = VRR 2005, 315 = DAR 2005, 637 zu „VKS"; Beck/Berr, Rn. 457a; Burhoff/Böttger, OWi, Rn. 84 ff. m.w.N.; Krumm, DAR 2005, 55). Die Rechtsprechung verlangt nur in geringem Maße **Toleranzabzüge**: Bis zu einer Geschwindigkeit von 154 km/h ist kein Sicherheitsabschlag auf den im Nahbereich ermittelten Abstand

erforderlich (vgl. Burhoff/Böttger, OWi, Rn. 71 ff. m.w.N.). Für den Fernbereich reicht die Inaugenscheinnahme des vorliegenden Videofilms aus.

> **Hinweis:**
> Bei den Messverfahren handelt es sich um ein sog. **standardisiertes Messverfahren** i.S.d. BGH-Rechtsprechung (vgl. dazu oben Rn. 27 ff.). Es ist daher ausreichend, wenn im Urteil nur ein Hinweis auf das Messverfahren erfolgt (OLG Hamm, a.a.O.). Dieses muss selbst nicht mehr näher beschrieben werden (OLG Dresden, a.a.O.; vgl. auch Burhoff/Krumm, OWi, Rn. 108 ff. m.w.N.).

76 Das VAMA-Verfahren ist/war in der **Diskussion** (vgl. dazu Wietschorke, NZV 2007, 346; Burhoff, VRR 2007, 329 = VA 2007, 167). Bisher ging man davon aus, dass die angezeigte Zeit in dem sich in dem Gerät befindenden Charaktergenerator mit der Videostoppuhr CG-P50E, der zwischen Kamera und Videorekorder geschaltet wird, gebildet und das Videobild eingeblendet wird. Der Sachverständige *Wietschorke* hatte durch einen Versuch nachgewiesen, dass in dem Geschwindigkeits- und Abstandsmessgerät JVC/Piller CG-P50E keine Uhr eingebaut ist, welche zur Einblendung der Zeit in dem Videobild führt. Die **Videostoppuhr CG-P50E** misst nicht wirklich die Zeit, sondern nur die Bilder pro Sekunde, die die Kamera aufgenommen hat. Aufgrund dieser Feststellungen war die Frage aufgetaucht, ob das Verfahren noch als standardisiertes Messverfahren angesehen werden kann (vgl. dazu auch Burhoff, a.a.O.).

Zu dieser Thematik liegt inzwischen **Rechtsprechung** vor. Das OLG Bamberg (DAR 2008, 98 = VRR 2008, 73 = VA 2008, 52) sieht das Verfahren nicht mehr als standardisiertes Messverfahren an und verlangt zu den bisher schon erforderlichen Feststellungen zusätzliche Feststellungen, und zwar die Bezeichnung der die Abstandsmessung durchführenden Polizeidienststelle sowie die Bezeichnung des bei der Messung konkret eingesetzten Charaktergenerators nach seiner Geräteidentifikations-Nummer. Demgegenüber hat aber das AG Lüdinghausen (VA 2008, 34 = VRR 2008, 77 = NZV 2008, 109 = DAR 2008, 160) allein den Einsatz von „PAL-Kameras" ausreichen lassen und die Standardisierung des Messverfahrens weiterhin angenommen. Das AG Lüdinghausen (a.a.O.) hat sich jedoch – ebenso wie das OLG Bamberg (a.a.O.) – nicht der dazu in der Literatur vertretenen Auffassung angeschlossen, wonach zusätzlich zu dem sonst zu berücksichtigenden Toleranzen ein weiterer Abzug von 10 % als erforderlich angesehen worden ist (vgl. Burhoff, a.a.O.).

> **Hinweis:**
> Jedenfalls sollte der Verteidiger nach wie vor einen **höheren Sicherheitsabschlag** geltend machen. Zudem muss er darauf achten, dass das Messsystem mit einer PAL-Kamera betrieben wird, da diese jetzt auch von der PTB vorgeschrieben wird. Denn diese hat inzwischen am 05.07.2007 durch einen (neuen) Zulassungs-

D. Abstandsunterschreitung (§ 4 StVO)

> nachtrag die alte Rechtslage wieder hergestellt. Dieser beschreibt nunmehr den verwendeten Charaktergenerator CG P 50-E der Firma Piller in seiner Funktion richtig – nicht als „innere Uhr" – und setzt den Einsatz von „PAL"-Kameras voraus (zu allem auch Teil 1 Rn. 149 ff.; Burhoff/Krumm, OWi, Rn. 115 ff.).

4. Police-Pilot-System

Bei der Messung mit dem „Police-Pilot-System" bzw. PPS handelt es sich ebenfalls um ein **Videomessverfahren**, mit dem i.ü. auch Geschwindigkeitsüberschreitungen gemessen werden (zum Einsatz von PPS s.a. Burhoff, VA 2001, 59; Burhoff/Böttger, OWi,, Rn. 71 ff. m.w.N.). Bei der Abstandsmessung werden Streckenlänge und Geschwindigkeit gemessen und die Verkehrssituation wird auf einem Videoband aufgezeichnet. 77

Die Messung mit dem PPS ist inzwischen als **zuverlässig** anerkannt (vgl. OLG Celle, VRS 81, 210; OLG Düsseldorf, VA 2000, 49; OLG Hamm, zfs 2009, 470; DAR 2009, 156 = VRR 2009, 195) Das Gericht ist dann bei der Feststellung von Abständen nicht auf Schätzungen von Polizeibeamten angewiesen, sondern diese können, sofern geeignete Fixpunkte vorhanden sind, zuverlässig berechnet und die Ergebnisse vom Gericht durch Augenschein des Videobandes überprüft werden (OLG Celle, a.a.O.). 78

> **Hinweis:**
>
> Das PPS ist allerdings für Abstandsmessungen **kein** sog. **standardisiertes Messverfahren** (OLG Hamm, zfs 2009, 470; DAR 2009, 156 = VRR 2009, 195). Die Abstände werden – anders als die Geschwindigkeiten – nicht elektronisch gemessen, sondern unter Auswertung des Videobandes errechnet. Deshalb genügt nicht die Bezeichnung des Verfahrens, sondern die Auswertung und Berechnung müssen, um eine Überprüfung zu ermöglichen, in den Urteilsgründen verständlich und widerspruchsfrei dargelegt werden (vgl. OLG Celle, a.a.O.; OLG Düsseldorf, VRS 99, 133, 135; OLG Hamm, a.a.O. und auch schon VA 2003, 107).

5. Exkurs: Abstandsmessung ohne technische Geräte

Grds. ist auch eine Messung des eingehaltenen **Abstandes nur** durch **Polizeibeamte** ohne technische Geräte zulässig und möglich (vgl. auch Krumm, NZV 2004, 374). Dies geschieht meist dadurch, dass die Polizeibeamten durch Beobachtung die Unterschreitung des erforderlichen Abstandes feststellen, und zwar entweder durch **Nachfahren** auf einem anderen Fahrstreifen (OLG Düsseldorf, DAR 2000, 80) oder auch durch **Vorausfahren**. In diesem Fall wird der Abstand zum nachfolgenden Fahrzeug durch Umschauen oder durch den Innenspiegel festgestellt (BayObLG, zfs 1997, 20; OLG Celle, NZV 1993, 490; OLG Köln, VRS 60, 62). 79

80 Diese Methode ist ebenfalls als **grds. zuverlässig** anerkannt. Es sind allerdings dieselben Fehler möglich wie bei der Geschwindigkeitsmessung durch Vorausfahren oder Nachfahren (vgl. dazu Beck/Berr, Rn. 461).

81 I.Ü. muss zwischen Nachfahren und Vorausfahren **unterschieden** werden:
- Für das **Nachfahren auf** einem **anderen Fahrstreifen** geht die Rechtsprechung davon aus, dass erfahrene Polizeibeamte bei längerer gleich bleibender Messstrecke einen auffällig verkürzten Abstand des Vorausfahrenden zu dessen Vordermann ausreichend schätzen können (OLG Düsseldorf, DAR 2000, 80 m.w.N.). Für ungeübte Polizeibeamte gilt das nicht unbedingt (OLG Düsseldorf, a.a.O.). Auch ist eine Beobachtung aus 100 m Entfernung nicht ausreichend (OLG Hamm, NStZ-RR 1997, 379). Auch gegen Schätzungen bei Nachfahren auf demselben Fahrstreifen bestehen Bedenken (OLG Düsseldorf, VRS 103, 305 = NZV 2002, 519). Eine festgestellte Länge der überprüften Fahrstrecke von 600 m und ein Abstand des Überwachungsfahrzeugs von ca. 40 m zum Vorausfahrenden sind allerdings ausreichend (vgl. auch OLG Düsseldorf, VRS 56, 57, 58; 64, 376, 379).
- Die Feststellungen des zu geringen Abstandes aus einem **vorausfahrenden Fahrzeug** sieht die Rechtsprechung als Tatfrage an. Sie geht davon aus, dass sichere Beobachtungen kaum möglich sein werden (BayObLG, zfs 1997, 20; OLG Celle, NZV 1993, 490; AG Lüdinghausen, DAR 2008, 655 = VRR 2009, 71 = NZV 2009, 159). Das gilt vornehmlich bei Dunkelheit (OLG Celle, NZV 1993, 490). Jedenfalls dürfen sich Schätzfehler nicht zulasten des Betroffenen auswirken (OLG Hamm, DAR 1996, 382 bei Burhoff).

82 **Hinweis:**

Wegen der erheblichen Fehlerquellen ist ggf. ein **großer Sicherheitsabschlag** zu machen. Nach Auffassung des OLG Düsseldorf reichen 33,3 % nicht aus (OLG Düsseldorf, VRS 68, 229).

III. Anforderungen an das tatrichterliche Urteil

83 Die **Anforderungen** an das tatrichterliche Urteil sind nicht bei allen Messverfahren gleich, sondern je nach dem verwendeten Messverfahren **unterschiedlich**.

1. Feststellungen beim Video-Abstands-Messverfahren

84 Nur das **Video-Abstands-Messverfahren** bzw. das Nachfolgeverfahren **VKS** sind **standardisierte Messverfahren** i.S.d. o.a. Rechtsprechung des BGH (vgl. aber oben Rn. 76). Für dieses gilt somit die Rechtsprechung des BGH (vgl. allgemein zu standardisierten Messverfahren BGHSt 39, 291 = NJW 1993, 3081; BGHSt 43, 277 = NJW 1998, 321; Krumm, DAR 2005, 55; Burhoff/Krumm, OWi, Rn. 99 ff. m.w.N.; oben

Rn. 27). Die tatsächlichen Feststellungen sind daher ausreichend – diese Feststellungen sind aber auch erforderlich – wenn zur **Messmethode** (nur) mitgeteilt wird, welches Messverfahren angewandt worden ist. Außerdem muss der zu berücksichtigende **Toleranzwert** dargelegt werden (vgl. BGH, a.a.O.; OLG Düsseldorf, DAR 1994, 248, OLG Hamm, NZV 1995, 118 = VRS 88, 307; DAR 1998, 281 = VRS 95, 293; OLG Köln, NZV 1994, 78 = VRS 86, 316 [jeweils zur Geschwindigkeitsüberschreitung]). Diese Angaben sind auch erforderlich, wenn der Betroffene den Verkehrsverstoß einräumt bzw. der Einspruch gegen den Bußgeldbescheid auf die Rechtsfolgen beschränkt worden ist (s. OLG Hamm, NZV 2002, 101; 2002, 282; 2002, 381; a.A. OLG Köln, NZV 2003, 100, jew. m.w.N.; s.a. dazu die entsprechenden geltenden Ausführungen bei Rn. 36 ff.).

> **Hinweis:**
> Der Tatrichter muss sich darüber hinaus nur dann von der Zuverlässigkeit der konkreten Messung überzeugen, wenn auch **konkrete Anhaltspunkte** für **Messfehler** gegeben sind (so schon BayObLG, DAR 1996, 411, OLG Hamm, NStZ 1990, 546; s.a. DAR 2000, 129; OLG Saarbrücken, NStZ 1996, 207; ebenfalls zur Geschwindigkeitsüberschreitung; s. i.Ü. zur Abstandsmessung OLG Koblenz, VA 2002, 156).

Auch bei der Abstandsmessung muss insoweit der **Verteidiger tätig** werden. Denn wenn in der Tatsacheninstanz keine Messfehler (vgl. dazu Teil 1 Rn. 107 ff.) geltend gemacht bzw. behauptet werden, dann besteht für den Amtsrichter insoweit auch keine sich aus § 244 Abs. 2 StPO ergebende Aufklärungspflicht und dann kann später auch nicht in der Rechtsbeschwerdeinstanz mit der Aufklärungsrüge in diesem Bereich ein Verstoß gegen die richterliche Aufklärungspflicht geltend gemacht werden. Deshalb muss schon beim **AG** zu Besonderheiten, also **Fehlern**, der Messung **vorgetragen** werden.

2. Feststellungen bei den sonstigen Verfahren

a) Allgemeine Feststellungen

Bei den **übrigen Messverfahren** handelt es sich **nicht um standardisierte Messverfahren** (vgl. Burhoff, VA 2003, 165; OLG Hamm, VA 2003, 107; zfs 2009, 470; DAR 2009, 156 = VRR 2009, 195). Demgemäß sind folgende (**allgemeine**) **Feststellungen** erforderlich (vgl. auch Burhoff/Krumm, OWi, Rn. 108 ff.):

- Der Tatrichter muss zunächst mitteilen, nach welchem **Verfahren** Abstand und Geschwindigkeit gemessen worden sind (vgl. u.a. OLG Hamm, VA 2003, 107; zfs 2009, 470; DAR 2009, 156 = VRR 2009, 195).

85

- Die **tatsächlichen Grundlagen** der Geschwindigkeitsfeststellung müssen mitgeteilt werden (vgl. u.a. OLG Köln, DAR 1983, 364).
- Die nicht nur ganz **vorübergehende Unterschreitung** des Abstandes muss **dargelegt** werden und warum dieser zu gering war (OLG Hamm, VRS 51, 302; OLG Koblenz, zfs 2007, 589; Burhoff, a.a.O.). Da die Unterschreitung des Sicherheitsabstands grds. nur ordnungswidrig ist, wenn sie nicht nur ganz vorübergehend geschieht, müssen daher i.d.R. auch **Feststellungen** dazu getroffen werden, dass der Abstand während des Messvorgangs keine wesentlichen Veränderungen durch Abbremsen des vorausfahrenden oder Einscheren eines anderen Fahrzeugs erfahren hat (vgl. OLG Köln, VRS 66, 463, 465). Geringfügige, nach der Lebenserfahrung regelmäßig auftretende, mit keinem der eingesetzten Messverfahren exakt fassbare und deshalb nie ausschliessbare Abstandsschwankungen sind unbeachtlich (OLG Koblenz, VA 2000, 156). Bei einer beträchtlichen Unterschreitung des Sicherheitsabstands i.S.d. § 4 Abs. 1 Satz 1 StVO können allerdings im Einzelfall nähere Feststellungen dazu entbehrlich sein, dass sich der Abstand zwischen dem Fahrzeug des Betroffenen und dem vorausfahrenden Fahrzeug nicht wesentlich verändert hat (vgl. auch OLG Oldenburg, VRS 67, 54).
- Benannt werden muss das **Messergebnis**, und zwar sowohl hinsichtlich der Geschwindigkeit als auch hinsichtlich des Abstandes.
- Es müssen Angaben zum **Toleranzabzug** enthalten sein.

b)   Besonderheiten bei den einzelnen Messverfahren

86   Darüber hinaus gilt (vgl. auch Burhoff/Krumm, OWi, Rn. 108 ff.):

aa)   Police-Pilot-System

87   Das **PPS** ist für die Abstandsmessung **kein standardisiertes Messverfahren** (OLG Celle, VRS 81, 210; OLG Düsseldorf, VRR 99, 133, 135; OLG Hamm, VA 2003, 107; zfs 2009, 470; DAR 2009, 156 = VRR 2009, 195), da es den Tatrichter nur in die Lage versetzt, die Beobachtungen der Polizeibeamten im Wege des Augenscheinbeweises unmittelbar und in Anwesenheit der Prozessbeteiligten im Gerichtssaal nachzuvollziehen, insb. also Abstände zwischen Fahrzeugen anhand der bei der Videoprojektion erkennbaren Fixpunkte zuverlässig zu berechnen. Da die Abstände – anders als die Geschwindigkeiten – nicht elektronisch gemessen, sondern unter Auswertung des Videobandes errechnet werden, genügt im Urteil daher nicht die Bezeichnung des Verfahrens. Vielmehr müssen die Auswertung und die Berechnung, um eine Überprüfung zu ermöglichen, in den Urteilsgründen verständlich und widerspruchsfrei dargelegt werden (OLG Hamm, a.a.O.; Burhoff, ZAP, Fach 9, S. 733).

D. Abstandsunterschreitung (§ 4 StVO)

bb) Abstandsmessung durch Nachfahren

Bei einer durch **Nachfahren** festgestellten Abstandsunterschreitung gilt: 88

Es muss sich aus dem tatrichterlichen Urteil ergeben, über welche **Strecke** sich das Messfahrzeug schräg versetzt auf dem rechten Fahrbahnstreifen hinter dem Fahrzeug des Betroffenen befunden hat (OLG Düsseldorf, VRS 103, 305 = NZV 2002, 519; OLG Hamm, VA 2001, 58; VRS 110, 281 = zfs 2006, 351 = DAR 2006, 338; vgl. dazu Krumm, NZV 2004, 377; und Burhoff/Krumm, OWi, Rn. 127):

- Das Urteil muss erkennen lassen, aus ob es sich um ein **Vorausfahren** (vgl., dazu Rn. 19) **oder Nachfahren** gehandelt hat.
- Festgestellt werden muss, ob der eingesetzte **Polizeibeamte** in der Abstandsmessung geübt bzw. geschult ist/war.

Hinweis:

Der Amtsrichter muss sich von den **Fähigkeiten** der **Polizeibeamten** hinsichtlich Abstandsschätzungen im fließenden Verkehr „in hinreichendem Maße" **überzeugen** (zuletzt OLG Hamm, VRS 110, 281 = zfs 2006, 351 = DAR 2006, 338). Dazu muss der Richter den Polizisten befragen, über welche Erfahrungen er diesbezüglich verfügt und welche Schulungen, aber auch Nachschulungen, er bereits absolviert hat (OLG Düsseldorf, VRS 103, 305 = NZV 2002, 519). Dazu sind dann auch im Urteil Feststellungen zu treffen (OLG Düsseldorf, a.a.O.).

- Die **Witterungssituation/Tageszeit** ist darzulegen, damit ggf. erhöhte Darlegungsanforderungen bei Feststellungen zur Nachtzeit festgestellt werden können.
- Festgestellt werden muss die ununterbrochene **Beobachtung** der **Abstandsstrecke** und der **Geschwindigkeit**, was insb. bei allein fahrendem Polizeibeamten schwierig ist (Burhoff/Krumm, OWi, Rn. 127 ff.).
- Angegeben werden muss die abgelesene **Geschwindigkeit**; erforderlich sind weiter Angaben hinsichtlich der Eichung bzw. Justierung des Tachometers des Polizeifahrzeugs; fehlen diese, ist von fehlender Eichung/Justierung mit höheren Toleranzabzügen auszugehen.

Schließlich ist die **Messstrecke**, der Abstand des zu messenden Fahrzeugs von der Abstandsstrecke und die Abstandsstrecke selbst (bei Nachfahren) bzw. die Messstrecke und der Abstand (bei Vorausfahren) festzustellen.

Hinweis:

Für eine Abstandsmessung zur **Nachtzeit** gelten die Ausführungen zur Geschwindigkeitsüberschreitung zur Nachtzeit entsprechend (s.o. Rn. 52 ff.).

cc) Abstandsmessung durch Vorausfahren

89 Bei der Abstandsmessung aus einem **vorausfahrendem** Fahrzeug kann zur Feststellung des zu geringen Abstandes das Beobachten durch die Heckscheibe mittels des Innenspiegels und/oder das Umschauen ausreichen.

Allerdings sind **besondere Anforderungen** an diese verhältnismäßig unsicheren Messmethoden zu stellen (vgl. dazu auch OLG Hamm, VA 2001, 58; AG Lüdinghausen, DAR 2008, 655 = VRR 2009, 71 = NZV 2009, 159):

- **Voraussetzungen** sind eine **ununterbrochene Beobachtung** durch erfahrene Polizisten und
- eine genaue Messung von Zeit und Strecke (OLG Koblenz, VRS 71, 66).

Die **besondere Sachkunde der beobachtenden Personen** muss im Urteil dargelegt werden (OLG Hamm, a.a.O.). Wegen der erheblichen Fehlerquellen ist ggf. ein großer Sicherheitsabschlag zu machen. Nach OLG Düsseldorf reichen 33,3 % nicht aus (OLG Düsseldorf, VRS 68, 229).

E. Rotlichtverstoß (§ 37 StVO)

Literatur:

Literaturhinweise: *Beck*, Rechtliche Konsequenzen und Verteidigungsaspekte nach polizeilichen Messverfahren, zfs 2002, 8; *Beck/Löhle*, Rotlichtüberwachung, DAR 2000, 1; *Burhoff*, Praktische Fragen des Rotlichtverstoßes, ZAP Fach 9, S. 711; *ders.*, Probleme des Rotlichtverstoßes in der Praxis, VA 2002, 41; *ders.*, Verurteilung wegen Rotlichtverstoßes: So überprüfen Sie das Urteil, VA 2003, 25; *ders.*, Kein Fahrverbot trotz Rotlichtverstoß, VA 2000, 46; *Ferner*, Rechtsprechungsübersicht: Rotlichtverstoß, SVR 2005, 412; *Gebhardt*, Rotlichtstöße, zfs 1999, 324; *Krumm*, Grundlagenwissen: Rotlichtverstoß – 10 Fragen und Antworten, SVR 2006, 436; *Löhle*, Genauigkeit polizeilicher Verkehrsüberwachungsmethoden, DAR 1984, 394; *Löhle/Berr*, Rotlichtüberwachungsanlagen DAR 1995, 309; *Schmedding*, Die „Rotlichtsünde", VRR 2005, 58.

Der in der Praxis ebenfalls häufige Rotlichtverstoß hat wegen der Möglichkeit der Verhängung eines **Fahrverbots** in den Fällen der Nr. 132.3 BKat – sog. qualifizierter Rotlichtverstoß mit einer Rotlichtzeit von mehr als einer Sekunde – für den Betroffenen i.d.R. ebenfalls erhebliche Bedeutung (zum Rotlichtverstoß eingehend Burhoff, ZAP Fach 9, S. 711 ff., Burhoff, VA 2002, 41; Burhoff/Burhoff, OWi, Rn. 2303 ff. m.w.N.; zu den Messverfahren Burhoff/Böttger, OWi, Rn. 2319 ff. und oben Teil 1 Rn. 880 ff.). 90

Hinweis:

Zu unterscheiden sind der allgemeine Rotlichtverstoß, der nicht die Verhängung eines Fahrverbotes zur Folge hat (vgl. dazu Rn. 95) und der sog. Qualifizierte Rotlichtverstoß, der i.d.R. zur Verhängung eines Regelfahrverbotes nach Nr. 132.3 BKat führt (vgl. dazu Rn. 99 ff.).

I. Grenzfälle

Sowohl beim allgemeinen als auch beim qualifizierten Rotlichtverstoß ist für den Verteidiger zunächst die Frage entscheidend, ob es sich bei dem seinem Mandanten zur Last gelegten Verkehrsverhalten **überhaupt** um einen Rotlichtverstoß i.S.d. § 37 StVO handelt oder um einen Grenzfall, bei dem ein Rotlichtverstoß zu verneinen wäre. Dazu gilt (vgl. wegen weiterer Einzelh. Burhoff/Burhoff, OWi, Rn. 2311): 91

Ein Rotlichtverstoß liegt nicht vor, wenn der Betroffene die Lichtzeichenanlage zwar bei Rotlicht passiert, er aber noch vor dem eigentlichen **Schutzbereich anhält** (BGHSt 43, 285 = NZV 1998, 119, 120; BayObLG, zfs 1994, 467; OLG Bremen, DAR 2002, 225; OLG Celle, zfs 1997, 355.). Dann handelt es sich nur um einen Verstoß gegen §§ 41 Abs. 3 Nr. 2 (Zeichen 294), 49 Abs. 3 Nr. 4 StVO. Unter dem Begriff der „Kreuzung" in § 37 StVO ist der durch die Fluchtlinien der sich kreuzenden Fahrbahnen eingegrenzte Bereich zu verstehen (BayObLG, a.a.O.). 92

93 Ein Rotlichtverstoß ist auch dann nicht gegeben, wenn der Kraftfahrer die Rot zeigende Lichtzeichenanlage dadurch umgeht, dass er über ein seitlich gelegenes Grundstück fährt, um die kreuzende Straße zu erreichen (OLG Düsseldorf, NZV 1998, 41). Entscheidend ist in diesen „**Umgehungsfällen**" immer, ob der Verkehrsteilnehmer, den durch die Lichtzeichenanlage geschützten Kreuzungsbereich berührt oder nicht. Deshalb begeht z.b. derjenige, der die Lichtzeichenanlage innerhalb des durch sie geschützten Bereichs durch Benutzung des Gehwegs umfährt, einen Rotlichtverstoß, wenn er unmittelbar nach Umfahren der Lichtzeichenanlage auf die Fahrbahn zurückkehrt (OLG Hamm, VA 2002, 93 = NZV 2002, 408 = VRS 103, 1359, für den Führer eines Leichtkraftrades, der vor der Lichtzeichenanlage auf den Gehweg gefahren und hinter der Lichtzeichenanlage wieder auf die kreuzende Straße aufgefahren war; zum Umfahren s.a. Burhoff, ZAP Fach 9, S. 711, 712 und Burhoff/Burhoff, OWi, Rn. 2315, jeweils m.w.N. aus der Rechtsprechung).

94 Streit hat in der Rechtsprechung in der Vergangenheit bestanden, wie die Fälle des sog. **Spurwechsels** zu behandeln waren (vgl. die Nachweise bei OLG Hamm, NStZ-RR 1997, 146 = VRS 93, 210, zuletzt auch OLG Hamm, 17.06.2005 – 1 Ss OWi 223/05, LNR 2005, 21454). Ein Teil der Rechtsprechung, so auch das OLG Hamm, hat die Auffassung vertreten, dass an einer Lichtzeichenanlage mit unterschiedlichen Lichtzeichen für Geradeaus- und Abbiegeverkehr ein Rotlichtverstoß dann zu verneinen sei, wenn der Betroffene zwar in der durch Rot gesperrten Spur die Lichtzeichenanlage passiert, dann aber auf eine durch Grünlicht frei geschaltete andere Fahrspur gewechselt ist und auf dieser über die Kreuzung fuhr. Dieser Streit ist – aufgrund einer Vorlage des OLG Hamm – inzwischen durch den BGH entschieden (BGHSt 43, 285 = NZV 1998, 118). Der BGH (a.a.O.) geht in diesen Fällen von einem Rotlichtverstoß aus. Das hat zur Folge, dass dann auch derjenige einen Rotlichtverstoß begeht, der bei Grünlicht auf einer mit einem Linksabbiegerpfeil versehenen Fahrspur in eine Kreuzung eingefahren ist, diese dann aber geradeausfahrend passiert hat, obwohl das für Geradeausfahrer geltende Lichtzeichen beim Erreichen der Haltelinie Rotlicht zeigte (OLG Hamm, NZV 1998, 255 = DAR 1998, 244 = VM 1998, 59 [Nr. 74] = VRS 95, 134, s. zuletzt OLG Hamm, VA 2005, 193 = VRR 2005, 391; zum Spurwechsel, insb. zur Frage, was zum geschützten Kreuzungsbereich gehört, s.a. noch AG Celle, VM 2006, 39 [Nr. 40]).

II. Allgemeine tatsächliche Feststellungen

95 Handelt es sich nicht um einen „Grenzfall", sondern liegt ein (Rotlicht)Verstoß gegen § 37 StVO vor, stellt sich als Nächstes die Frage, welche Anforderungen an die tatsächlichen Feststellungen zu stellen sind (eingehend Burhoff/Burhoff, OWi, Rn. 2342 ff.).

E. Rotlichtverstoß (§ 37 StVO)

> **Hinweis:**
>
> Der Verteidiger muss gerade beim Rotlichtverstoß darauf achten, dass das amtsrichterliche Urteil zutreffende tatsächliche Feststellungen zur **Tatzeit** und zum **Tatort** enthält. Anders ist die Tat „Rotlichtverstoß", bei der es sich um eine in gleicher Weise vielfach vorkommende Verkehrsordnungswidrigkeit handelt, für den Betroffenen nämlich nicht identifizierbar. Etwas Anderes gilt, wenn Besonderheiten vorliegen (OLG Düsseldorf, DAR 1009, 275 = NZV 1999, 343 = VRS 97, 65; OLG Hamm, DAR 1999, 371 = VRS 97, 182 = zfs 2000, 127). Eine Besonderheit in dem Sinne ist es, wenn der Betroffene nach dem Rotlichtverstoß angehalten worden ist. Dann wird er i.d.R. allein schon deswegen die Tat „Rotlichtverstoß" identifizieren können (OLG Hamm, a.a.O.). Allerdings muss diese Besonderheit dann aber auch im Urteil festgestellt sein und darf sich nicht nur aus der Akte ergeben.
>
> Gerade bei Rotlichtverstößen sollte der Verteidiger daher schon den **Bußgeldbescheid** daraufhin **überprüfen**, ob Tatzeit und -ort überhaupt bzw. zutreffend angegeben sind. Ist das nämlich nicht der Fall, kann der Bußgeldbescheid, wenn keine Besonderheiten, wie z.B. das Anhalten nach dem Rotlichtverstoß, gegeben sind, wegen Verstoßes gegen § 66 OWiG unwirksam sein. Das hat dann zur Folge, dass durch einen solchen Bußgeldbescheid die Verjährung nicht gem. § 33 Abs. 1 Nr. 9 OWiG unterbrochen wird (s. die Fallgestaltung bei OLG Hamm, a.a.O.).

Hinsichtlich der **allgemein** zu treffenden **tatsächlichen Feststellungen** hat die obergerichtliche Rechtsprechung inzwischen die **Anforderungen** an die tatrichterlichen Urteil gesenkt. Während früher grds. Feststellungen zur Dauer der Gelbphase, der zulässigen und der vom Betroffenen eingehaltenen Geschwindigkeit sowie Angaben dazu, wie weit der Betroffene noch von der Lichtzeichenanlage entfernt war, als diese von Grün auf Gelb umsprang, verlangt wurden (vgl. dazu u.a. OLG Hamburg, DAR 1995, 500; OLG Düsseldorf NZV 1996, 81; vgl. i.Ü. die Nachw. bei Hentschel, StVR, § 37 StVO Rn. 61), ist die Rechtsprechung davon abgerückt, nachdem der BGH bei den Geschwindigkeitsüberschreitungen vom Tatrichter grds. auch keine detaillierten Feststellungen zur Messmethode mehr verlangt (vgl. oben Rn. 27; vgl. nur OLG Hamm, VRS 85, 464 = NZV 1993, 492; 91, 67; OLG Brandenburg, VA 2004, 176 = VRS 107, 57 = DAR 2004, 657; s. i.Ü. die Nachw. bei Hentschel, a.a.O.). Bei einem **innerörtlichen Verstoß** kann nämlich ohne weiteres von der normaler Weise dort geltenden 50 km/h-Höchstgeschwindigkeit und einer 3 sec. dauernden Gelbphase der Lichtzeichenanlage ausgegangen werden. Das reicht normalerweise aus, um unter normalen Fahrbahnbedingungen bei Aufleuchten des Gelblichts rechtzeitig vor der Kreuzung anhalten oder aber die Kreuzung bei Gelblicht noch passieren zu können (OLG Jena, DAR 2006, 164 = VRS 110, 38). Führt das Urteil aber etwa aus, dass die Lichtzeichenanlage eine „kurze Gelbphase" hat, kann dies für eine abweichende Ampelschaltung

96

sprechen. Dann ist die konkrete Mitteilung der Dauer der Gelbphase unverzichtbar (OLG Jena, a.a.O.). Auf nicht normale Fahrbahnbedingungen, wie z.B. Schnee, Glätte usw., muss sich der Betroffene einstellen, indem er seine Geschwindigkeit so wählt, dass er während der Gelbphase sein Fahrzeug noch vor der Haltelinie anhalten kann (Löhle/Beck DAR 2000, 1, 6, OLG Oldenburg VA 2008, 154 = VRR 2008, 354 = NZV 2008, 471 für Gefahrguttransporter).

97 **Hinweis:**

Nach der **VwV-StVO zu § 37 StVO** muss bei einer zulässigen Höchstgeschwindigkeit von 60 km/h die Gelbphase 4 sec., bei einer Geschwindigkeit von 70 km/h 5 sec. betragen. Bei einer zulässigen Geschwindigkeit von mehr als 70 km/h sollen Lichtzeichenanlagen nicht eingerichtet werden. Der Kraftfahrer darf sich auf diese Zeiten einstellen (OLG Bremen, VRS 79, 38; OLG Brandenburg, zfs 2006, 229 = NZV 2006, 219 = DAR 2006, 222). Bestehen Zweifel, ob diese Vorgaben eingehalten sind, muss der Verteidiger bei den zuständigen Verwaltungsbehörden anfragen und/oder in der Hauptverhandlung ggf. einen Beweisantrag auf Beiziehung des sog. Ampelphasenplans stellen.

Der Führer eines Fahrzeugs mit einem **längeren Bremsweg** i.Ü. muss seine Fahrweise so auf die o.a. Dauer der Gelbphase einrichten, dass er zum Halten kommen kann. Er kann sich nicht auf einen längeren Bremsweg berufen (OLG Düsseldorf VRS 57, 144 [Straßenbahn]; VRS 65, 62 [mit Stahl beladener Lkw]; OLG Oldenburg NZV 2008, 471 = VRR 2008, 354 = VA 2008, 154 [Tanklastzug/ Gefahrguttransport]).

98 Etwas Anderes gilt für einen Rotlichtverstoß im **Außenbereich** (s. dazu OLG Brandenburg, VRS 107, 57 = VA 2004, 176), insb. in den neuen Bundesländern, da dort wegen des Alleecharakters der Landstraßen die Geschwindigkeit häufig weiter als auf die sonst üblichen 100 km/h herabgesetzt ist. Dann sind insoweit Feststellungen zu treffen (OLG Brandenburg, a.a.O.).

III. Qualifizierter Rotlichtverstoß nach Nr. 132.3 BKat

99 Ein qualifizierter Rotlichtverstoß liegt vor, wenn die Lichtzeichenanlage bereits **länger als 1 sec. Rotlicht** zeigt oder der Rotlichtverstoß unter Gefährdung anderer begangen wird. In diesen Fällen ist neben der Regelgeldbuße von 200,00 € i.d.R. dann auch ein Fahrverbot verwirkt. In der Praxis am häufigsten ist der Verstoß mit einer Rotlichtzeit von mehr als 1 sec., auf den die Darstellung hier sich beschränkt (zur „Rotlichtsünde" vgl. Schmedding, VRR 2005, 58; Burhoff/Burhoff, OWi, Rn. 2361 ff.).

E. Rotlichtverstoß (§ 37 StVO)

> **Hinweis:**
> Entscheidend für die Annahme eines qualifizierten Rotlichtverstoßes nach Nr. 132. 3 BKat ist die festgestellte Rotlichtzeit. Deshalb muss bei der Prüfung des amtsgerichtlichen Urteils ein besonderes Augenmerk darauf gerichtet werden, ob diese richtig ermittelt ist (zu den Messverfahren oben Teil 1 Rn. 880 ff.; Burhoff/Böttger, OWi, Rn. 2319 ff.).

1. Allgemeines

Hinzuweisen ist zunächst darauf, dass für einen solchen qualifizierten Rotlichtverstoß die oben bei Rn. 96 gemachten Einschränkungen hinsichtlich des Umfangs der tatsächlichen Feststellungen nicht gelten. Dem Rechtsbeschwerdegericht ist nämlich bei so geringen Feststellungen nicht die Möglichkeit eröffnet zu prüfen, ob wegen der besonderen Verkehrssituation nicht lediglich ein „einfacher" Rotlichtverstoß vorliegt, bei dem ein Fahrverbot nicht verhängt werden kann (grundlegend OLG Hamm, NJW 2004, 172 = NStZ-RR 2004, 92 = DAR 2004, 102; zu den Feststellungen s. zuletzt auch noch OLG Hamm, NZV 2008, 309 = zfs 2008, 410 = VA 2008, 100). Um dem OLG also die Möglichkeit der Überprüfung des amtsgerichtlichen Urteils zu eröffnen, müssen daher **nähere Feststellungen** zu den örtlichen Verhältnissen und zum Ablauf des Rotlichtverstoßes getroffen werden (KG, DAR 2005, 634; OLG Hamm, a.a.O.; DAR 2008, 35 = zfs 2008, 111; OLG Düsseldorf, DAR 2003, 85;), z.B. auch dazu, wie weit der Betroffene mit seinem Fahrzeug bei Rotbeginn von der Haltelinie entfernt war (KG, a.a.O.). Zusätzlich bedarf es auch bei Anwendung standardisierter Messverfahren neben der genauen Bezeichnung des verwendeten Gerätetyps (OLG Braunschweig NJW 2007, 391 = VA 2006, 196 = VRR 2006, 471; OLG Hamm, VRR 2007, 316) zumindest der Angabe etwaiger berücksichtigter Messtoleranzen, um dem OLG die Nachprüfung zu ermöglichen, ob die Feststellungen rechtsfehlerfrei getroffen sind (vgl. BGHSt 39, 291 = 300 = NJW 1993, 3081; grds. auch OLG Bremen, NZV 2010, 42 [für Traffipax Traffiphot III]; OLG Frankfurt am Main, NZV 2008, 588 = VRS 2008, 363 = VA 2008, 313). Insb. im Bereich der Rotlichtüberwachung mit stationären Messanlagen stehen nämlich zahlreiche Geräte verschiedener Hersteller zur Verfügung, bei denen es teilweise eines zeitlichen Abzugs für die nach dem Überfahren der Haltelinie bis zur Kontaktschleife zurückgelegte Strecke nicht mehr bedarf, teilweise – u.a. bei Geräten des Typs „Traffipax TraffiPhot II" – allerdings weitere Abschläge von bis zu 0,2 sec. für gerätespezifische Messungenauigkeiten vorzunehmen sind (OLG Braunschweig, a.a.O.; ähnlich OLG Karlsruhe, VA 2009, 65 = DAR 2009, 157 = NZV 2009, 201; zu Traffipax Traffiphot III s.a. OLG Bremen, NZV 2010, 42; zu den unterschiedlichen Messverfahren s.o. Teil 1 Rn. 880 ff.; Burhoff/Böttger, OWi, Rn. 2319 ff.).

100

> **Hinweis:**
>
> Die Feststellungen zum **exakten Ablauf** des Rotlichtverstoßes sowie zu dessen Messung sind auch nicht etwa deshalb entbehrlich, weil der Betroffene eine „geständige Einlassung" abgegeben hat. Das bloße Geständnis des Betroffenen, z.B. bei Rot über die Lichtzeichenanlage gefahren zu sein, da er das rote Licht zu spät gesehen habe, erlaubt nämlich keine Feststellung zur Zeit, die seit Umspringen der Lichtzeichenanlage auf Rot vergangen ist (OLG Hamm, 03.08.1999 – 4 Ss OWi 790/99; zu den Feststellungen beim Geständnis einer Geschwindigkeitsüberschreitung s.o. Rn. 36 ff.).
>
> Bei der – **automatischen** – **Rotlichtüberwachung** bedarf es darüber hinaus der Mitteilung im amtsrichterlichen Urteil, wie weit die Induktionsschleife von der Haltelinie entfernt ist, ggf. – soweit vorhanden – sogar die Mitteilung der Entfernung einer zweiten Induktionsschleife von der ersten und der jeweils auf den zwei Messfotos eingeblendeten Messzeiten. Diese Angaben sind nicht aufgrund des standardisierten Messverfahrens überflüssig, sondern dienen gerade der Berechnung der tatsächlichen Rotlichtdauer beim Überfahren der Haltelinie (OLG Hamm, VA 2006, 175 = VRR 2007, 33; ähnlich VRR 2007, 316; so im Ergebnis auch OLG Dresden DAR 2002, 82; vgl. auch Teil 1 Rn. 802 ff.; Rn. 940 ff.).
>
> Ausreichend kann es sein, wenn bei einem **standardisierten Messverfahren** (z.B. Traffipax Traffiphot III; vgl. dazu Teil 1 Rn. 890 ff.) zum Beleg der erforderlichen Feststellungen gem. § 267 Abs. 1 Satz 3 StPO auf in der Akte befindliche Lichtbilder Bezug genommen wird (OLG Bremen, NZV 2010, 42; zu den Anforderungen s. auch Rn. 139 ff.).

2. Überfahren der Haltelinie

101 Von Bedeutung ist, dass das AG bei seiner **Zeitberechnung** von den **richtigen Grundlagen** ausgegangen ist, insb. die richtige Stelle zugrunde gelegt hat. Insoweit ist es jetzt einhellige Meinung aller Obergerichte, dass für die Berechnung der Rotlichtzeit von mehr als 1 sec., der Zeitpunkt maßgeblich ist, an dem der Betroffene mit seinem Fahrzeug die Haltelinie passiert (BGHSt 45, 135 = NJW 1999, 2978; u.a. zuletzt OLG Bremen, NZV 2010, 42; OLG Düsseldorf, NZV 2000, 134 OLG Hamm, DAR 2001, 436; VRR 2007, 316; NZV 2008, 309 = VA 2008, 100 = VRS 114, 298; OLG Köln, VRS 100, 140; s.a. die Nachw. bei Burhoff/Burhoff, OWi, Rn. 2366, und bei Hentschel, StVR, § 37 StVO Rn. 61 a.E.). An dieser Stelle sind die amtsgerichtlichen Urteile häufig fehlerhaft, da dort z.b. nicht selten nur ausgeführt wird, die Lichtzeichenanlage sei auf Rot umgesprungen, als der Betroffene die Lichtzeichenanlage passierte oder, als er den Kreuzungsbereich erreichte. Das ist für die Feststellung eines qualifizierten Rotlichtverstoßes nicht ausreichend (u.a. OLG Hamm, a.a.O.; VA 2001, 33 = zfs 2001, 232).

E. Rotlichtverstoß (§ 37 StVO)

> **Hinweis:**
>
> Neben dem Passieren der Haltelinie kann aber auch das Einfahren in den **gesicherten Kreuzungsbereich** ausreichen (BayObLG, NZV 1995, 497; zuletzt OLG Bremen, NZV 2010, 42; OLG Hamm, a.a.O.).

Die Feststellung, dass zum Zeitpunkt des Überfahrens der Haltelinie die Lichtzeichenanlage Rotlicht gezeigt hat, muss vom Tatrichter auch nachvollziehbar aus dem Beweisergebnis hergeleitet werden. Dazu ist i.d.r. erforderlich, dass die **Schaltphasen** der Ampelanlage **mitgeteilt** werden. Allein aus dem Umstand, dass für den Querverkehr Grünlicht angezeigt worden ist, als der Betroffene in den Kreuzungsbereich hineingefahren ist, kann nicht auf einen Rotlichtverstoß eines Betroffenen geschlossen werden (OLG Hamm, DAR 1999, 417 [LS]; s.a. Beschl. v. 18.06.1998 – 3 Ss OWi 503/98). Etwas Anderes soll allerdings gelten, wenn die Ordnungswidrigkeit nach den Urteilsfeststellungen innerhalb einer geschlossenen Ortschaft begangen hat (vgl. dazu schon OLG Hamm, VRS 85, 464, 465; VRS 91, 67, 68; Beschl. v. 07.09.1999 – 4 Ss OWi 909/99; Beschl. v. 07.09.1999 – 4 Ss OWi 457/99).

102

3. Feststellung der Rotlichtzeit

Bei der Zeitmessung bzw. beim Nachweis des Rotlichtverstoßes und der Feststellung der Rotlichtzeit gibt es häufig Probleme. Insoweit handelt es sich um eine Frage der **Beweiswürdigung** (zu allem auch Hentschel, StVR, § 37 Rn. 61 a.E. m.w.N.); Burhoff/Burhoff, OWi, Rn. 2368 ff.).

103

> **Hinweis:**
>
> Insoweit gilt: Grds. ist für den Nachweis eines qualifizierten Rotlichtverstoßes eine **exakte Messung**.

a) Einsatz einer Rotlichtkamera

I.d.R. wird die Rotlichtzeit durch eine sog. Rotlichtüberwachungskamera festgestellt (erforderlich (zu den Messverfahren s.o. Teil 1 Rn. 880 ff.; Burhoff/Böttger, OWi, Rn. 2319 ff. m.w.N.). Fraglich ist, ob und welche **Toleranzwerte** dann zu berücksichtigen/abzuziehen sind. In der obergerichtlichen Rechtsprechung war das bislang nicht entschieden. Deshalb hatte nun vor kurzem das OLG Braunschweig (OLG Braunschweig, NJW 2007, 391 = VA 2006, 196) einen von ihm zu entscheidenden Fall zum Anlass genommen, von der Physikalisch-Technischen Bundesanstalt Braunschweig und Berlin (PTB), die für die Zulassung aller in Deutschland zur Eichung zugelassenen Rotlichtüberwachungsanlagen und kombinierten Rotlicht- und Geschwindigkeitsüberwachungsanlagen zuständig ist (vgl. oben Teil 1 Rn. 880 ff.), entsprechende Auskünfte einzuholen.

104

Teil 3: Rechtsfragen/Geschwindigkeitsübersch., Abstandsmessung & Rotlichtverstoß

> **Hinweis:**
>
> Die Frage des „richtigen" Toleranzwertes kann für den Betroffenen von **entscheidender Bedeutung** hinsichtlich eines Rotlichtverstoßes nach Nr. 132.3 BKat – „länger als eine Sekunde Rotlichtzeit" – sein. Denn ein überhaupt bzw. höher zu berücksichtigender Toleranzwert kann dazu führen, dass von weniger als eine Sekunde Rotlichtzeit auszugehen und deshalb schon auf der Tatbestandsebene das Vorliegen der Nr. 132.3 BKat zu verneinen ist.

105   Die Anfrage bei der PTB hat zu folgenden **Ergebnissen** geführt (vgl. dazu auch OLG Hamm, VRR 2007, 316):

> 1. Alle spätestens seit Januar 2004 von der PTB zugelassenen Rotlichtüberwachungsanlagen müssen die dem Betroffenen vorwerfbare Rotlichtzeit automatisch ermitteln, **ohne** dass vom angezeigten Messwert **Toleranzen** zu subtrahieren sind. Dies gilt für folgende Anlagen (Stand: 24.04.2006; vgl. auch oben Teil 1 Rn. 880 ff.):
>
> – MULTANOVA
>
> – MultaStar RLÜ,
>
> – MULTANOVA MultaStar-Kombi,
>
> – MULTANOVA MultaStar C (Zulassungsinhaber jeweils: ROBOT Visual Systems GmbH),
>
> – TC RG-1 (Gatsometer BV),
>
> – DiVAR (TRAFCOM COMMERCIAL ENTERPRISES INC).
>
> 2. Bei allen anderen (**früher zugelassenen**) **Geräten** ist diejenige Fahrzeit von der angezeigten Rotzeit zu subtrahieren, die das gemessene Fahrzeug vom Überfahren der Haltelinie bis zu der Position benötigte, die auf dem (ersten) Messfoto abgebildet ist (mit Möglichkeiten zur Berechnung der zu subtrahierenden Fahrzeit).
>
> 3. Nur bei den nachfolgenden **drei Geräten** ist zusätzlich zu dem unter Nr. 2. beschriebenen Abzug noch eine weitere – gerätespezifische – **Toleranz** von 0,2 sec. zu berücksichtigen:
>
> – TRAFFIPAX TraffiPhot II (ROBOT Visual Systems GmbH),
>
> – Rotlicht-Überwachungsanlage von TRUVELO Deutschland,
>
> – MULTAFOT (Multanova AG).

106   Von Bedeutung für den Betroffenen kann schließlich auch noch sein, ob ein in eine automatische Überwachungsanlage eingebautes **Uhrwerk** noch **gültig geeicht** ist bzw.

E. Rotlichtverstoß (§ 37 StVO)

war (vgl. dazu oben Teil 1 Rn. 880 ff.; zum Eicherfordernis s. OLG Köln NZV 1993, 161). Fehlt die Eichung oder ist sie nicht mehr gültig, führt das zwar nicht zwangsläufig zur Unverwertbarkeit der Messung der Rotlichtzeit. Nach herrschender Meinung ist eine solche Messung jedoch nur unter Zugrundelegung höherer Sicherheitsabzüge verwertbar, deren Höhe dann regelmäßig ein Sachverständiger bestimmen muss (OLG Hamm, NZV 1993, 361 m.w.N.). Ein höherer Sicherheitsabschlag kann aber dazu führen, dass die für Nr. 132.3 BKat erforderliche 1 sec. Rotlichtzeit nicht mehr erreicht wird und damit die Möglichkeit, ein Fahrverbot anzuordnen, entfällt.

> **Hinweis:**
>
> In diesen Fällen muss zudem im Urteil das Messverfahren und der zu berücksichtigende **Toleranzwert** mitgeteilt werden (OLG Düsseldorf, DAR 2003, 86).

b) Schätzungen der Rotlichtzeit

Die bloße gefühlsmäßige **Schätzung** eines Polizeibeamten genügt i.d.R . für rechts 107
fehlerfreie Feststellungen nicht (KG, NZV 2002, 50; OLG Düsseldorf, DAR 2003, 85; OLG Hamburg DAR 2005, 165 m.w.N.; OLG Hamm, NZV 1998, 196; OLG Köln, NJW 2004, 3439 = NZV 2004, 651), es sei denn, das amtsgerichtliche Urteil enthält zusätzliche Ausführungen darüber, wie der Polizeibeamte die Feststellung einer bestimmten, im Urteil genannten Rotlichtzeit getroffen hat und diese Messmethode hinsichtlich ihrer Beweiskraft bewertet (BayObLG NZV 2002, 518, OLG Hamm, DAR 2008, 35 = VRR 2008, 112 = Zfs 2008, 111; weiter OLG Hamm, VRR 2009, 272 = VA 2009, 156.). Entsprechendes gilt für sonstige zufällig anwesende Zeugen (OLG Hamm, VRR 2010, 72 m. Anm. Deutscher = VA 2010, 17).

Die Obergerichte sind auch gegenübergegenüber Zeitmessungen mit dem Sekunden- 108
zeiger einer handelsüblichen Armbanduhr und dem Messen der Rotphase durch **Mitzählen**, also „21, 22...", wegen der darin liegenden erheblichen Fehlermöglichkeiten kritisch (BayObLG DAR 1995, 496 = NZV 1995, 497 [für einen „zufällig" beobachteten Rotlichtverstoß]; KG, NZV 1995, 240; OLG Hamm, NZV 2001, 177 = zfs 2000, 513 = VA 2001, 29 m.w.N.; s. aber OLG Hamm, NZV 2010, 42 = VRR 2009, 271 = VA 2009, 156); i.d.R. wird eine solche Zeitmessung als nicht ausreichend angesehen. Das gilt insb., wenn es sich nur um die zufällige Feststellung eines Rotlichtverstoßes handelt und bei der Feststellung einer Rotlichtzeit von sogar zwei Sekunden (OLG Hamm, NZV 2001, 177 = zfs 2000, 513 = VA 2001, 29). Jedenfalls soll die Messung durch Zählen nur verwertbar sein, wenn die Zahl „22" vollständig ausgesprochen oder – bei stillem Zählen – genannt ist (OLG Köln, VRS 106, 214). Auch muss ggf. ein ausreichender Sicherheitsabschlag gemacht werden (OLG Düsseldorf, DAR 2003, 234; OLG Köln, NJW 2004, 3439). Das gilt auch bei einer Messung mittels geeichter Stoppuhr (zum Toleranzwert s. KG NZV 2008, 587).

109 Etwas **Anderes** kann allerdings bei einer **gezielten Rotlichtüberwachung** gelten. Dann kann die auf der Zählung „21-22-23" beruhende Schätzung ausreichen, um einen Verstoß nach Nr. 132.3 BKat festzustellen, da das Augenmerk des Überwachenden dann einzig auf die Lichtzeichenanlage gerichtet ist, sodass von einem geringeren Fehlerrisiko ausgegangen werden kann (OLG Düsseldorf, NZV 2000, 134; OLG Hamm NStZ-RR 1996, 216 = VRS 91, 394; s. aber OLG Hamm, NZV 2010, 42 = VRR 2009, 271 = VA 2009, 156 [21, 22 genügt]. Bei einer gezielten Rotlichtüberwachung kann für die Feststellung der Rotlichtzeit die Zählung von nur „21-22", die sonst i.d.R. nicht ausreicht, zudem dann ausreichen, wenn andere Umstände, die Richtigkeit dieser Zählung „erhärten" (OLG Hamm, DAR 1997, 77 = NZV 1997, 130 = VRS 92, 441; NZV 2002, 577; DAR 2008, 35 = VRR 2008, 112 = zfs 2008, 111; OLG Düsseldorf, a.a.O.). Das Urteil muss dann also z.b. noch Entfernungsangaben enthalten, die eine „Rückrechnung" der Fahrstrecke und -zeit erlauben (OLG Hamm, a.a.O.).

Hinweis:

In einer neueren Entscheidung sieht das OLG Hamm (VRR 2009, 271 = VA 2009, 156) die **Verwertbarkeit** einer **Schätzung** von **Polizeibeamten** an drei Voraussetzungen geknüpft.

1. Der polizeiliche Zeuge muss zumindest in Gedanken gezählt haben („einundzwanzig, zweiundzwanzig").

2. Die Rotlichtphase muss nach der auf diese Weise gewonnenen Schätzung zumindest bereits zwei Sekunden angedauert haben.

3. Die Schätzung muss für das Rechtsbeschwerdegericht überprüfbar sein, nämlich durch Angaben im tatrichterlichen Urteil zur Messmethode, zum Ablauf des Rotlichtverstoßes sowie zur Entfernung des Fahrzeugs von der Lichtzeichenanlage bzw. ggf. von der Haltlinie.

F. Ausgesuchte Verfahrensfragen

Literatur:

Bauer, Kann der Einspruch gegen den Bußgeldbescheid auf materiellrechtlich selbständige Taten beschränkt werden?, wistra 1993, 329; *Böttcher*, Das neue Beweisrecht im Verfahren nach dem OWiG, NStZ 1986, 393; *Burhoff*, Das Akteneinsichtsrecht des Strafverteidigers nach § 147 StPO, ZAP, Fach 22, S. 345 ff.; *ders.*, Vorbereitung der Hauptverhandlung in OWi-Sachen, VA 2002, 171; *ders.*, Verjährungsunterbrechung durch Erlass eines Bußgeldbescheides, VA 2003, 73; *ders.*, Die formelle Revisionsrüge sicher beherrschen, PA 2003, 101; *ders.*, Strafverfahrensrechtliche Beweisverwertungsverbote und ihre praktische Bewältigung, ZAP, Fach 22, S. 377; *ders.*, 9 häufige Fragen zum Akteneinsichtsrecht des Verteidigers, PA 2004, 14, *ders.*, Die „Widerspruchslösung" des BGH in der Praxis, PA 2004, 50; *ders.*, Lichtbilder Fehler der Tatgerichte erkennen, PA 2005, 106; *ders.*, Täteridentifizierung: Das Lichtbild vom Verkehrsverstoß in der Praxis, VA 2006, 125; *ders.*, Fahreridentifizierung anhand eines Lichtbildes: Was Tatrichter immer wieder falsch machen, VA 2006, 144; *ders.*, Die Widerspruchslösung des BGH im verkehrsstrafrechtlichen Verfahren, VA 2006, 215; *ders.*, Entbindung vom Erscheinen in der Hauptverhandlung des Bußgeldverfahrens, VRR 2007, 250; *ders.*, Der Beweisantrag im OWi-Verfahren, VA 2007, 205; *ders.*, Was Sie vom Beschlussverfahren nach § 72 OWiG wissen müssen, VA 2009, 14; *Junker*, Beweisantragsrecht im Strafprozess, 2007 [zitiert: Junker Rn.]; *Getpel/Spies*, Verteidigungshinweise zum Umgang mit anthropologischen Identitätsgutachten, StRR 2007, 216; *Junker/Veh*, Die Verteidigung im Rechtsbeschwerdeverfahren (Teil 1), VRR 2006, 9; *dies.*, Die Verteidigung im Rechtsbeschwerdeverfahren (Teil 2), VRR 2006, 50; *Krumm*, Prozessuale Probleme in Bußgeldsachen mit dem Schaublatt zur Geschwindigkeitsfeststellung, VRR 2006, 328; *Meurer*, Die Zulässigkeit der Rechtsbeschwerde gegen Beschlussentscheidungen in Bußgeldsachen, NStZ 1984, 8; *Meyer*, Aktenergänzungsanspruch im gerichtlichen Bußgeldverfahren, DAR 2010, 109; *Michaelowa*, Zur Einstellung im Zulassungsverfahren nach §§ 79 Abs. 1 Satz 2, 80 OWiG, NStZ 1982, 22; *Niemitz*, Zur Methodik der anthropologisch-biometrischen Begutachtung einzelner Tatfotos und Videoaufzeichnungen, NZV 2006, 130; *Nobis*, Beweisverwertungsverbot bei Weitergabe eines Lichtbildes durch die Meldebehörde, DAR 2002, 299; *Schäpe*, Akteneinsichtsrecht des Betroffenen vor der Verwaltungsbehörde, DAR 1998, 326; *Steffens*, Verwertungsverbot im Bußgeldverfahren bei Übermittlung von Meldedaten einschließlich des Lichtbildes, StraFo 2002, 222; *Weidemann*, Die Zulassung der Rechtsbeschwerde nach § 80 Abs. 1 OWiG bei divergierender Entscheidung, NStZ 1985, 1; *Wiegmann*, Identifizierung aufgrund von Lichtbildvorlagen, StV 1996, 179; *dies.*, Das Wiedererkennen im Straf- und Bußgeldverfahren – Die strafprozessuale Problematik des Wiedererkennens, StraFo 1998, 37.

In Zusammenhang mit Geschwindigkeitsmessungen/-überschreitungen, Abstands- und Rotlichtverstößen sind die nachstehend dargestellten Verfahrensfragen in der Praxis von **besonderer Bedeutung**, weshalb sie hier behandelt werden. Hierbei handelt es sich jedoch nur um einen Überblick. Zur Vertiefung muss verwiesen werden auf Burhoff (Hrsg.), Handbuch für das straßenverkehrsrechtliche OWi-Verfahren, 2. Aufl., 2009, auf Burhoff, Handbuch für das strafrechtliche Ermittlungsverfahren, 5. Aufl., 2010, und auf Burhoff, Handbuch für die strafrechtliche Hauptverhandlung, 6. Aufl., 2010.

110

I. Akteneinsicht

1. Allgemeines

111 Ebenso wie der Beschuldigte im Strafverfahren kann sich der Betroffene im OWi-Verfahren nur wirksam verteidigen, wenn er die ihm zur Last gelegten Umstände kennt. Dies setzt die Kenntnis des Inhalts der Bußgeldakte voraus. Nur eine möglichst frühzeitige Information über die Vorwürfe, wegen der gegen ihn das Bußgeldverfahren betrieben wird, versetzt den Betroffenen in die Lage, sich rechtzeitig auf die Verteidigung einzurichten und sich Verteidigungsmittel zu beschaffen. Deshalb ist das Akteneinsichtsrecht des § 147 StPO ein **Kernstück** der **Verteidigung**, das den Grundsätzen des Rechts auf rechtliches Gehör und des fairen Verfahrens entspringt (Lüderssen/Jahn, in: Löwe-Rosenberg, StPO, 26. Aufl., § 147 Rn. 1 m.w.N.; Burhoff, EV Rn. 59 ff.; Burhoff/Stephan, OWi, Rn. 139 ff.).

112 Auch im Verkehrsordnungswidrigkeitenverfahren steht die Akteneinsicht am **Beginn** des **Mandats**. Nur so erlangt der Verteidiger sichere Informationen über den konkreten Vorwurf, der dem Betroffenen gemacht wird und über die Beweislage.

Hinweis:

Für das OWi-Verfahren gilt ebenso wie für das Strafverfahren: Ohne Akteneinsicht darf **keine Einlassung** erfolgen!

2. Besonderheiten der Akteneinsicht im OWi-Verfahren

a) Zeitpunkt der Akteneinsicht

113 Akteneinsicht muss/kann – auch im OWi-Verfahren - so **früh** und so **oft** und so **lange** wie nötig genommen werden.

Hinweis:

Voraussetzung für die Gewährung von Akteneinsicht ist **nicht**, dass sich eine schriftliche **Vollmacht** bei der Akten befindet bzw. vom Verteidiger **vorgelegt** werden (vgl. unten Rn. 117).

114 Wird der Verteidiger vom Mandanten ggf. erst kurz vor der Hauptverhandlung beauftragt, muss der Verteidiger sich auch in diesen Fällen nicht nur selbst **ausreichend Zeit** zur Vorbereitung nehmen, sondern auch darauf bestehen, dass ihm diese Zeit gelassen wird. Er darf auf keinen Fall erklären, er sei genügend vorbereitet, wenn das nicht der Fall ist (BGH, NJW 1965, 2164; Dahs, Handbuch des Strafverteidigers, Rn. 411). Der Verteidiger darf sich grds. auch **nicht** damit **zufrieden geben**, wenn ihm auf sei-

nen – kurzfristig – vor der Hauptverhandlung gestellten ersten Akteneinsichtsantrag z.B. mitgeteilt wird, die Akten könnten am Terminstag vor dem Termin auf der **Geschäftsstelle eingesehen** werden. Diese leider immer noch häufig bei AG anzutreffende Unsitte ist mit dem umfassenden Akteneinsichtsrecht des Verteidigers nicht zu vereinbaren. Der Verteidiger muss auch in diesem Fall auf „normaler" Akteneinsicht bestehen und diese beantragen. Wird ihm nicht früh genug vor der Hauptverhandlung ausreichende Akteneinsicht gewährt, bleibt ihm keine andere Wahl, als (spätestens) zu Beginn der Hauptverhandlung deren **Aussetzung** wegen fehlender Akteneinsicht zu beantragen. Wird der Antrag abgelehnt, muss das gem. § 238 Abs. 2 StPO beanstandet werden, umso den für die Rechtsbeschwerde erforderlichen Gerichtsbeschluss (vgl. die Formulierung in § 338 Nr. 8 StPO) zu erlangen.

b) Verfahren

> **Hinweis:**
>
> Für die Akteneinsicht im Bußgeldverfahren gelten grds. die allgemeinen Regeln der Akteneinsicht im Strafverfahren (s. Burhoff, EV Rn. 55 ff.; Burhoff/Stephan, OWi, Rn. 139 ff.).

115

Zuständig für die Akteneinsicht im **vorbereitenden Verfahren** ist die Verwaltungsbehörde, die das Verfahren durchführt. Ist das Verfahren bereits beim AG anhängig, ist dieses für die Gewährung der Akteneinsicht zuständig (s.a. Meyer, DAR 2010, 109).

116

Berechtigt zur Akteneinsicht ist zunächst der **Verteidiger** des Betroffenen.

117

> **Hinweis:**
>
> Voraussetzung für die Gewährung von Akteneinsicht ist **nicht**, dass sich eine **schriftliche Vollmacht** bei der Akte befindet. Es genügt die Versicherung des Verteidigers, er sei bevollmächtigt (OLG Jena, VRS 108, 276; OLG München, StV 2008, 127, 128 [für das Strafvollstreckungsverfahren]; LG Ellwangen, NStZ 2003, 331; LG Cottbus, StraFo 2002, 233, jew. für Akteneinsicht; OLG Nürnberg, NJW 2007, 1767 für Revisionsbegründung; Meyer-Goßner, vor § 137 Rn. 9 m.w.N.; Burhoff, EV Rn. 60 m.w.N.; Burhoff/Stephan, OWi, Rn. 148 und Rn. 8). Hat das Gericht Zweifel, muss es die aufklären und kann dann allerdings die Vorlage einer Vollmachtsurkunde verlangen (vgl. OLG Hamm, AnwBl. 1981, 31; OLG Koblenz, StraFo 1997, 256; LG Hagen, StV 1983, 145; s.a. BGH, NStZ-RR 1998, 18).

Nach § 49 Abs. 1 OWiG kann im Verfahren vor der Verwaltungsbehörde diese dem **Betroffenen** aber auch selbst – unter Aufsicht – Akteneinsicht gewähren. Diese Vorschrift ist im Verfahren vor der Verwaltungsbehörde gegenüber § 147 Abs. 7 StPO „lex

118

specialis" (zum Akteneinsichtsberechtigten s.a. Burhoff/Stephan, OWi, Rn. 150 ff.). Die Akteneinsicht durch den Betroffenen selbst steht im Ermessen der Verwaltungsbehörde, dürfte aber in einfachen Bußgeldverfahren, in denen die Akten meist nicht so umfangreich sind, dass der Überwachungsaufwand ein Problem darstellen könnte, i.d.R. zu gewähren sein (vgl. auch BT-Drucks. 13/4709, S. 32). Das gilt jetzt, nachdem § 147 Abs. 7 StPO für die Einsicht des Beschuldigten im Strafverfahren geändert worden ist, erst recht.

Hinweis:

Das Akteneinsichtsrecht des Betroffenen ist unabhängig davon, ob er einen Verteidiger beauftragt hat (Göhler, § 49 Rn. 1). Der Betroffene hat aber **kein Recht** zur **Besichtigung** amtlich verwahrter Beweisstücke, wozu allerdings Lichtbilder von einem Verkehrsverstoß oder Videoaufzeichnungen nicht gehören. Beweisstücke kann nur der Verteidiger besichtigen, insoweit weicht § 49 Abs. 1 OWiG von § 147 StPO nicht ab.

119 § 49 Abs. 1 OWiG gilt aber **nur** für das Verfahren bei der **Verwaltungsbehörde**. Ist das Verfahren von dieser gem. § 69 Abs. 3 OWiG an die StA bzw. dann von dieser an das Gericht abgegeben worden, bleibt es über § 46 OWiG bei der Anwendung des § 147 StPO. D.h.: Es besteht grds. (jetzt) nur noch das alleinige Akteneinsichtsrecht des Verteidigers. Der nicht verteidigte Betroffene hat aber i.r.d. § 147 Abs. 7 StPO, einen Anspruch auf Auskünfte und Abschriften aus den Akten (vgl. Burhoff, EV Rn. 83; Burhoff/Stephan, OWi, Rn. 132).

120 Wird dem **Verteidiger** die **Akteneinsicht versagt**, kann er abweichend von den sonstigen Rechtsmitteln bei Versagung/Beschränkung von Akteneinsicht gem. § 62 OWiG **Antrag** auf **gerichtliche Entscheidung** stellen, über den das nach § 68 OWiG zuständige AG entscheidet (vgl. wegen der Einzelh. Burhoff/Krumm, OWi, Rn. 271, Göhler, § 60 Rn. 54a; § 62 Rn. 1 ff., jeweils m.w.N.). Bei gerichtlichen Entscheidungen richten sich die Rechtsmittel nach § 46 OWiG i.V.m. § 147 Abs. 5 StPO (zu den Rechtsmitteln bei Akteneinsicht s. Burhoff, EV Rn. 152 ff.; Burhoff/Stephan, OWi, Rn. 158 ff.).

c) **Umfang der Akteneinsicht, insbesondere die Lebensakte**

aa) **Allgemeines**

121 Das Akteneinsichtsrecht bezieht sich auf den **gesamten Akteninhalt**, sodass hiervon Ton- und Bildaufnahmen ebenso wie ggf. Registerauszüge umfasst sind (vgl. wegen der Einzelh. zum Umfang des Akteneinsichtsrechts auch das „ABC" bei Burhoff, EV Rn. 164 ff.). Die Akte muss dem Verteidiger vollständig zur Verfügung gestellt werden.

> **Hinweis:**
> Da sich der Akteneinsichtsanspruch aber nur auf die Unterlagen des konkreten Verfahrens bezieht, steht bei **Videoaufzeichnungen**, z.B. von Abstandsverstößen, auch nur die den **Mandanten betreffende Passage** zur Verfügung (BayObLG, NJW 1991, 1070 = NZV 1991, 123 = VRS 80, 364 m. Anm. Beck, DAR 1991, 275). Dies ergibt sich auch aus datenschutzrechtlichen Erwägungen. Gleichwohl kann es erforderlich sein, auch die vorangegangenen bzw. nachfolgenden Aufzeichnungen einzusehen, um feststellen zu können, ob es ggf. bei der gesamten Verkehrsüberwachung zu Problemen kam. Die Aufzeichnungen, die nicht den Mandanten betreffen, sind dann zu anonymisieren.

bb) Akteneinsicht und Beweismittel

Das Recht zur Einsicht in die Akten wird vom Recht zur **Besichtigung** der amtlich verwahrten Beweismittel **ergänzt**. Der **Begriff** des **Beweismittels** i.S.d. § 147 umfasst auch **Augenscheinsgegenstände**, z.B. Videoaufzeichnungen (OLG Schleswig, NJW 1980, 352; OLG Zweibrücken, VRS 102, 102), alle nach §§ 94 ff. beschlagnahmten oder sichergestellten Gegenstände, Gegenstände, die **Grundlage** für einen **Sachverständigenbeweis** sein oder für Vorhalte bei Zeugen- oder Beschuldigtenvernehmungen verwendet werden können. Akten **anderer Behörden** sind keine Beweismittel, sie zählen grds. zu den Verfahrensakten (vgl. dazu Burhoff, EV Rn. 130, und nachstehend Rn. 126 ff.).

122

> **Hinweis:**
> Als **Grundsatz** gilt, dass dem Verteidiger in alle Unterlagen Einsicht zu gewähren ist, die auch einem SV für die Erstattung eines SV-Gutachtens überlassen werden müssen (vgl. dazu AG Bad Liebenwerda, StraFo 2009, 384; Bad Kissingen, zfs 2006, 706 = VA 2007, 37; AG Erfurt, VRR 2010, 235 = StRR 2010, 227; AG Jena, zfs 2009, 178; AG Kleve, VRR 2008, 357, AG Neuruppin, zfs 2009, 178 und AG Cottbus, VRR 2009, 118, jeweils für Bedienungsanleitung bzw. Messfilm oder Messfoto im OWi-Verfahren; vgl. auch Rn. 126 ff. und AG Straubing, DAR 2006, 637, wonach die Bußgeldbehörde den Verteidiger an diejenige Behörde verweisen darf, bei der das Original-Videoband verwahrt wird; einschränkend für die Lebensakte AG Schwelm, VRR 2010, 236 = StRR 2010, 228).
>
> Teilweise a.A. ist insoweit Meyer (DAR 2010, 109), der von einem „Aktenergänzungsanspruch" spricht und ein Recht auf Einsicht bzw. Beiziehung von Eichschein, Bedienungsanleitung und Testfotos nur bejaht, wenn der RA/**Verteidiger** einen konkret begründeten Antrag stellt, aus dem erkennbar wird, warum der **Verteidiger** davon ausgeht, dass die Messung nicht ordnungsgemäß sei. Das ist m.E. **unzutreffend**. Es geht nicht um die Frage einer „Aktenergänzung", sondern da-

Teil 3: Rechtsfragen/Geschwindigkeitsübersch., Abstandsmessung & Rotlichtverstoß

rum, welche Beweismittel dem Betroffenen bzw. dem Verteidiger zur Verfügung stehen müssen, um den gemachten Vorwurf auf seine Richtigkeit überprüfen zu können. Alles das, was in entsprechender Anwendung von § 199 StPO den Akten bei Vorlage an das Gericht beizufügen ist, ist dem Verteidiger auch im Rahmen einer Akteneinsicht zur Verfügung zu stellen. Der Betroffene/der **Verteidiger** hat einen Anspruch auf Akteneinsicht, der auf dem Grundrecht auf rechtliches Gehör basiert und nicht nur einen Anspruch auf „Aktenergänzung". Was der Akte beizufügen ist, ist nicht in das Belieben der Verwaltungsbehörde gestellt. Zudem dürfte es auch dem dem Betroffenen eingeräumten Schweigerecht widersprechen, von ihm einen konkret begründeten Aktenergänzungsantrag zu verlangen.

123 Im Gegensatz zur Akteneinsicht, die auch in den Geschäftsräumen des Verteidigers gewährt werden kann, u.U. sogar soll (§ 147 Abs. 4 StPO), erfolgt die Besichtigung der Beweisstücke an der **Stelle, wo** sie **sich befinden**, also etwa im Asservatenraum oder in den sonst zur Aufbewahrung bestimmten Räumlichkeiten, in denen sich die Beweismittel befinden oder in die sie gebracht werden. Bei der Besichtigung der Beweismittel darf der Verteidiger **Aufzeichnungen** und **Lichtbilder** machen oder Sachverständige hinzuziehen, z.b. einen Schriftsachverständigen oder Dolmetscher, wenn es z.B. um umfangreiche Fälschungen geht (Meyer-Goßner, § 147 Rn. 19).

124 Die Besichtigung von Tonband-, **Video-** oder Filmaufnahmen erfolgt grds. in der Weise, dass der Verteidiger sie sich – auch mehrmals – **vorspielen** lässt. Ist das zur Informationsvermittlung nicht ausreichend, hat er einen Anspruch auf Herstellung einer **amtlich gefertigten Kopie** des Video- oder Tonbandes oder des Films (BayObLG, NJW 1991, 1070 [s.o.]; OLG Frankfurt am Main, StV 2001, 611; OLG Koblenz, NStZ 2001, 584 [LS] – nur nach Übersendung einer Leerkassette). Die **Besichtigungsmöglichkeit** muss dem Verteidiger **rechtzeitig vor** der **Hauptverhandlung** eingeräumt werden (KG, StV 1989, 8) und ohne Rücksicht darauf, ob die Aufzeichnungen einem Verwertungsverbot unterliegen.

Hinweis:

Der Verteidiger, dessen Kanzlei vom Sitz der Ermittlungsbehörde weit entfernt liegt, hat einen **Anspruch** auf **Überlassung** einer **Kopie** des **Videobandes** (u.a. BayObLG, a.a.O.), auf das die von einem Verkehrsverstoß ggf. gefertigten Aufnahmen überspielt worden sind. Er muss der Ermittlungsbehörde nur eine Videoleerkassette zusenden, auf die der Messvorgang überspielt werden kann. Er hat aber nicht auch noch einen Anspruch auf Bestimmung des Formats, das zum Überspielen benutzt wird, um die Videosequenz mit einem ihm vorliegenden Format abspielen zu können (AG Peine, StRR 2008, 390 = VRR 2008, 275 = VA 2008, 106).

Nach § 147 Abs. 4 StPO besteht für die **Beweismittel** ein **Mitgabeverbot**. Sie dürfen – anders als die Akten – nicht zur Einsichtnahme in die Geschäftsräume oder die Wohnung des Verteidigers mitgegeben werden. Das Mitgabeverbot besteht für alle Beweisstücke **ausnahmslos** (BGH, NStZ 1981, 95). Beweisstücke, die zu Aktenbestandteilen geworden sind, werden also aus den Akten entfernt, ggf. wird dem Verteidiger eine Fotokopie überlassen.

125

cc)   Insbesondere: Lebensakte

Besondere Bedeutung hat im straßenverkehrsrechtlichen Ordnungswidrigkeitenverfahren die sog. „**Lebensakte**" (vgl. dazu eingehend Burhoff/Böttger, OWi, Rn. 1925 ff. und auch oben Teil 1 Rn. 63 ff.). Aus ihr lassen sich häufig die für die Beurteilung der Verwertbarkeit einer Messung erforderlichen Daten entnehmen, insb., ob das betroffene Messgerät gültig nachgeeicht worden ist (vgl. dazu auch Burhoff/Böttger, OWi, Rn. 1929). Auch lässt sich i.d.R. nur der Lebensakte entnehmen, ob das Messgerät ggf. repariert werden musste (vgl. dazu auch oben Teil 1 Rn. 63 ff.)

126

> **Hinweis:**
>
> Teilweise werden anstelle des Begriffs „Lebensakte" auch die Begriffe **Reparaturbuch, Gerätebuch, Gerätestammkarte** oder auch **Werkstattkarte** verwendet. Diese Begriffe entsprechen jedoch inhaltlich im Wesentlichen einer Lebensakte (Burhoff/Böttger, OWi, Rn. 1928). Gemeint ist immer die Sammlung oder Zusammenfassung von Unterlagen, die einem bestimmten Messgerät zugeordnet sind.

Um das Recht der (Akten-)Einsicht in die Lebensakte gibt es in der Praxis meist **Streit**. Die Verwaltungsbehörden teilen auf einen entsprechenden Antrag nämlich häufig mit, dass es eine „Lebensakte" nicht gebe bzw. diese auch nicht geführt werden müsse (vgl. dazu auch Burhoff/Böttger, OWi, Rn. 1932). Diese Behauptung ist jedoch unzutreffend und darf von dem Verteidiger nicht hingenommen werden. Die Tatsache, dass derartige Lebensakten geführt werden, entspricht nämlich nicht nur den gesetzlichen Vorgaben, sondern auch der Literatur (vgl. Burhoff/Böttger, OWi, Rn. 1925 m.w.N.) und der **Rechtsprechung** der OLG (KG, NZV 2002, 335 = VRS 101, 456 ff.; OLG Düsseldorf, VRS 86, 118; inzidenter auch AG Erfurt, VRR 2010, VRR 235 = StRR 2010, 227; vgl. auch oben Teil 1 Rn. 63 ff.). Auch die Rechtsprechung des BGH (vgl. BGHSt 39, 291, 300 = NJW 1993, 3081) geht davon aus, dass der Betroffene nur aufgrund ordnungsgemäß gewonnener Messdaten verurteilt werden darf, was dann auch umfasst, dass er diese Daten überprüfen können muss (AG Erfurt, a.a.O.).

127

Der Verteidiger muss das Akteneinsichtsrecht mit einem **Beiziehungsantrag** gegenüber der Verwaltungsbehörde oder dem AG durchsetzen. Argumentativ helfen ihm in dem Zusammenhang inzwischen einige amtsgerichtliche Entscheidungen (vgl. dazu

128

Teil 3: Rechtsfragen/Geschwindigkeitsübersch., Abstandsmessung & Rotlichtverstoß

vor allem AG Erfurt, VRR 2010, 235 = StRR 2010, 227, das ausdrücklich ein Recht auf Einsicht in die Lebensakte bejaht; einschränkend AG Schwelm, VRR 2010, 236 = StRR 2010, 228; s.a. noch AG Bad Liebenwerda, StraFo 2009, 384 ; AG Bad Kissingen, zfs 2006, 706 = VA 2007, 37; AG Jena, zfs 2009, 178; AG Kleve, VRR 2008, 357 = StRR 2009, 107 = VA 2008, 177, AG Neuruppin, zfs 2009, 178 und AG Cottbus, VRR 2009, 118, jeweils für Bedienungsanleitung bzw. Messfilm oder Messfoto). Danach hat der Verteidiger ein Recht auf Einsicht in alle Unterlagen, die regelmäßig einem Sachverständigen vorgelegt werden, auch wenn sie bei der Polizei verwahrt werden und noch nicht Teile der Gerichtsakte sind. Das ist (auch) die „Lebensakte". Nach Auffassung der AG (vgl. u.a. AG Kissingen und vor allem AG Erfurt, jew., a.a.O.) ergibt sich das Recht des Verteidigers in die entsprechenden Unterlagen, also die sog. Lebensakte, den Eichschein, die Bedienungsanleitung und die Ausbildungsnachweise, aus dem Recht des Betroffenen auf rechtliches Gehör, auf dem das Akteneinsichtsrecht des § 147 StPO basiert (teilweise a.A. Meyer, DAR 2010, 109, s.a. oben Rn. 122).

129 | **Hinweis:**

In der Rechtsprechung der AG werden allerdings teilweise zwei Einschränkungen gemacht (vgl. AG Bad Kissingen, zfs 2006, 706 = VA 2007, 37; AG Jena, zfs 2009, 178; AG Neuruppin, zfs 2009, 178):

1. Das Akteneinsichtsrecht soll nicht uneingeschränkt gelten; da die Unterlagen ständig benötig würden, komme ein **Versand nicht** in Betracht.

2. Der Fertigung von Kopien der Bedienungsanleitung stehe der **urheberrechtliche Schutz** dieser Aufzeichnungen entgegen.

Dem ist in vergleichbaren Fällen entgegenzuhalten (vgl. dazu auch AG Erfurt, VRR 2010, 235 = StRR 2010, 227):

1. Grds. zutreffend ist die Auffassung, dass es sich bei den Unterlagen um Beweismittel handelt, die dem Verteidiger nach § 147 Abs. 4 StPO i.V.m. § 46 OWiG nicht in sein Büro mitgegeben werden. Insoweit muss der Verteidiger jedoch darauf drängen, dass die Grundsätze der obergerichtlichen Rechtsprechung zur Einsichtnahme in die von einem Geschwindigkeitsverstoß gefertigte **Videoaufnahme entsprechend** angewendet werden (vgl. dazu die Nachw. oben Rn. 124). Wendet man die an, dann müssen dem Verteidiger sich entsprechende Kopien zur Verfügung gestellt werden müssen (so zutreffend AG Kleve, VRR 2008, 357 = StRR 2009, 107 = VA 2008, 177).

2. Der sich aus § 147 StPO i.V.m. § 46 OWiG ergebende Anspruch auf rechtliches Gehör des Betroffenen dürfte dem Urheberrecht an der Bedienungsanleitung des Herstellers vorgehen. Es ist nicht Aufgabe der Verwaltungsbehörde, im Bußgeldverfahren den Hersteller von Messgeräten zu schützen.

F. Ausgesuchte Verfahrensfragen

I.Ü.: Der Verteidiger sollte auch auf das **Informationsfreiheitsgesetz** (IfG) bzw. die entsprechende landesrechtliche Regelung verweisen. Danach hat jeder gegenüber der Behörde Anspruch auf Zugang zu amtlichen Informationen. Das wären also z.b. Funktionsbeschreibungen, Zulassungsscheine oder Eichanweisungen. M.E. stehen dem weder § 5 IFG (Schutz personenbezogener Daten) noch § 6 IFG (Schutz von Betriebsgeheimnissen) entgegen.

Bei der **Formulierung** des **Beiziehungsantrages** ist darauf zu achten, dass dieser eine konkrete Beweisbehauptung enthalten muss (zum Beweisantrag s.u. Rn. 135). Es muss/sollte zumindest ein Anhaltspunkt für das Vorliegen einer Fehlmessung im Einzelfall angeführt werden (Burhoff/Böttger, OWi, Rn. 1930; zur Beiziehung von Akten s.a. BGHSt 30, 131, 138 = NJW 1981, 2267; NStZ 2009, 51 = StV 2008, 567 = StraFo 2008, 472; Burhoff, HV, Rn. 287; Junker, Rn. 91 ff.).   130

Hinweis:

Darauf ist schon deshalb zu achten, weil es sich, wenn nur allgemein „die Beweistatsache oder das Beweismittel erst gesucht werden" soll, nur um einen Beweisermittlungsantrag handelt, dem nachzugehen nur die Aufklärungspflicht des Gerichts gebietet (grundlegend BGHSt 40, 131, 142 = NJW 1994, 3174; zuletzt BGH NStZ 2009, 51 = StV 2008, 567 = StraFo 2008, 472; Burhoff, HV, Rn. 308 ff.; Junker Rn. 20 ff., 31). Die Ablehnung der beantragten Beiziehung kann dann im Rechtsbeschwerdeverfahren nur mit der Aufklärungsrüge gerügt werden (vgl. OLG Hamm, DAR 1999, 276 f. = VRS 97, 49 = NZV 1999, 437; OLG Köln, NZV 2002, 471 = VRS 103, 451 = zfs 2002, 453; s.a. noch KG, NZV 2002, 335 = VRS 101, 456).

3. Auswertung der Bußgeldakte

Bei der Auswertung der Akte (allgemein zur Auswertung der Akte nach Akteneinsicht Burhoff, in: Ludovisy/Eggert/Burhoff, Teil 6 Kap. L. Ausgewählte Fragen des Verfahrensrechts) muss der Verteidiger insb. auf Folgendes achten; wegen weiterer Punkte wird verwiesen auf die **Checkliste** zu Fehlerquellen der Messung [für die Geschwindigkeitsüberschreitung] bei Burhoff/Böttger, OWi, Rn. 1279:   131

- Handelt es sich um eine sog. „**verdachtsabhängige**" oder um eine „**verdachtsunabhängige**" Videomessung? Wegen der sich daraus ergebenden Folgen wird verwiesen auf Rn. 3 ff.

- Bei mobilen Geschwindigkeits- und Abstandsgeräten ist eine fundierte Ausbildung bzw. **Einweisung** des **Bedienpersonals** erforderlich, um eine korrekte Durchführung sicherzustellen (vgl. z.B. Teil 1 Rn. 306 ff.). Auf entsprechende **Nachweise** ist deshalb bei der Akteneinsicht zu achten.

Teil 3: Rechtsfragen/Geschwindigkeitsübersch., Abstandsmessung & Rotlichtverstoß

- Selbiges gilt für die Gültigkeit der **Eichurkunde**. Diese soll allerdings nach Auffassung des BayObLG nicht notwendiger Bestandteil der Akte sein (s.a. OLG Jena VRS 112, 357 [kein Verfahrenshindernis, wenn in der Verfahrensakte Messprotokoll und Eichschein fehlen]). Deshalb ist ein Beweisantrag auf Vorlage des Eichscheins nach Zeugenvernehmung des Messbeamten abgelehnt worden (BayObLG, DAR 2004, 533 m. abl. Anm. Geiger), zumal davon ausgegangen werden könne, „dass in Bayern die bei einer Geschwindigkeitsmessung eingesetzten Geräte geeicht sind" (!!).

132 • Über die Messung selbst wird ein sog. **Messprotokoll** angefertigt. Insoweit ist darauf zu achten, dass die vorgeschriebenen Überprüfungen des Gerätes auch tatsächlich vor Beginn der Überwachung durchgeführt wurden. Diese Überprüfungen sind im Protokoll zu vermerken (vgl. u.a. AG Celle, DAR 1998, 245). Vornehmlich bei Lasermessungen ohne Fotodokumentation ist bei mehrspurigen Fahrzeugen ab einer Entfernung von 300 m, bei einspurigen Fahrzeugen bereits ab 100 m Entfernung in den handschriftlichen Aufzeichnungen festzuhalten, woraus sich die Gewissheit des Messbeamten/Amtsträgers ergibt, das Messergebnis dem richtigen Fahrzeug zugeordnet zu haben. Denn bei größeren Entfernungen kann aufgrund der Streuung eine Zielerfassung außerhalb der Fahrzeugbreite nicht ausgeschlossen werden. Ferner sind die konkreten Witterungsverhältnisse aufzuschreiben, sodass eine Messung bei Dämmerung, Dunkelheit, Regen, Schnee oder Nebel ebenfalls Zweifel an der korrekten Zuordnung des Ergebnisses nahe legt (OLG Frankfurt am Main, DAR 1995, 414; OLG Oldenburg, NZV 1996, 328).

133 • Aus den Ermittlungsakten ergibt sich ferner der exakte **Standort** der Messung. Bei der Geschwindigkeitsüberwachung ist darauf zu achten, ob die Messung im Einklang mit den landesrechtlichen Richtlinien steht (vgl. dazu die Richtlinien Teil 4 Rn. 618 ff. und auch noch die Übersicht bei Sobisch, DAR 2010, 48). Nach den meisten Richtlinien soll die Messung mindestens 150 bis 200 m vom Anfang oder Ende einer Geschwindigkeitsbeschränkung entfernt stattfinden. Diese Vorgaben dürfen nur in begründeten Fällen unterschritten werden, bspw. an Unfallschwerpunkten, gefahrenträchtigen Stellen oder im Geschwindigkeitstrichter. Erfolgt die Messung entgegen der einschlägigen Richtlinie, erwachsen daraus keine unmittelbaren Konsequenzen, da es sich hierbei um reine Verwaltungsinterna handelt (AG Bergisch Gladbach, DAR 1999, 281 m. Anm. Huppertz). Gleichwohl werden erhebliche Abweichungen von den Gerichten berücksichtigt, sodass auch diese Unterlagen i.R.d. Akteneinsicht Beachtung finden müssen.

134 • Schließlich muss bei der Akteneinsicht die **Qualität** eines **Lichtbildes**, das ggf. von dem dem Betroffenen zur Last gelegten Verkehrsverstoß gefertigt worden ist und das zur Identifizierung des Betroffenen dienen soll, **kritisch** geprüft werden. Das Foto muss über hinreichend charakteristische Identifizierungsmerkmale verfügen, die ein Wiedererkennen des Betroffenen durch einen Dritten erlauben

(BGHSt 41, 376 = NJW 1996, 1420 = DAR 1996, 98; vgl. Teil 2 Rn. 15 ff., und hier die Rn. 135 ff.).

II. Identifizierung des Betroffenen anhand eines Radarfotos

1. Allgemeines

Der Einsatz von Kameras zur Überwachung und Dokumentation von Verkehrsvorgängen hat in den letzten Jahren kontinuierlich zugenommen. Damit einher geht die für die Praxis wichtige Frage der **Identifizierung** des Betroffenen anhand eines **Radarfotos**. Dies ist für den Betroffenen i.d.R. dann wichtig, wenn er den Verkehrsverstoß – häufig eine Geschwindigkeitsüberschreitung – selbst gar nicht bemerkt hat und auf den Vorwurf dann erst nach einigen Wochen durch die Übersendung eines Anhörungsbogens, der das Foto enthält, hingewiesen wird. Für den Verteidiger erlangen die damit zusammenhängenden Fragen an zwei Stellen Bedeutung, und zwar einmal ggf. zu Anfang des Mandats, wenn sich die Frage stellt, ob das von dem Verkehrsverstoß gefertigte Lichtbild, das dem Mandanten mit dem Anhörungsbogen übersandt worden ist, zur Identifizierung des Mandanten ausreicht, und zum anderen dann, wenn der Verteidiger das den Mandanten verurteilende Urteil prüft, ob die für die Identifizierung eines Betroffenen anhand des von einem Verkehrsverstoß gefertigten Lichtbildes geltenden Anforderungen beachtet worden sind. Im ersten Fall geht es vornehmlich um die Frage der Qualität des Lichtbildes (s. dazu unten Rn. 144 ff. m.w.N. und Teil 2 Rn. 15 ff.), im zweiten Fall um die Beachtung der Grundsätze der obergerichtlichen Rechtsprechung (vgl. dazu Rn. 136 ff.).

135

Hinweis:

Soll zur Identität des Fahrers auf dem Lichtbild ein **Beweisantrag** gestellt werden, der dahin gehen soll, dass der Betroffene nicht der Fahrer ist, muss auf die Formulierung des Antrags **besondere Sorgfalt** verwendet werden. Denn ein prozessordnungsgemäßer Beweisantrag liegt nur vor, wenn eine bestimmte Beweistatsache angegeben wird. Das bedeutet, dass der Antrag konkreten Tatsachen nennen muss, z.B. morphologische Merkmale oder sonstige Umstände, die eine Identität des Betroffenen mit der auf den Radarfotos abgebildeten Person ausschließen. Falsch ist es, wenn der allein auf die Feststellung abhebt, „dass der Betroffene nicht der Fahrer des Fahrzeugs gewesen sein kann". Diese Negativtatsache benennt nur das Beweisziel. Diesen Schluss hat aber nicht der Sachverständige, sondern allein das AG auf der Grundlage der erhobenen Beweise zu ziehen (vgl. zu allem OLG Hamm, VRR 2010, 113 = StRR 2009, 105; zum „richtigen Beweisantrag Junker, Rn. 27 ff.; Burhoff, HV, Rn. 298a).

2. Entwicklung der Rechtsprechung

136 Zur Frage der Identifizierung des Betroffenen anhand eines bei dem Verkehrsverstoß gefertigten Fotos hat es in der **Vergangenheit umfangreiche Rechtsprechung** der **OLG** gegeben, die inzwischen allerdings z.t. **weitgehend überholt** ist (vgl. zu dieser Rspr. Göhler, OWiG, § 71 Rn. 47a m.w.N. und die Nachw. in BGHSt 41, 376 = NJW 1996, 1420 = NZV 1996, 157 = DAR 1996, 178). Allgemein ist zur Frage der Identifizierung des Betroffenen nur Folgendes festzustellen: Die OLG waren untereinander in dieser Frage zerstritten, und zwar nicht nur in der Frage, ob überhaupt ein Radarfoto zur Identifizierung des Kraftfahrers ausreichte, sondern insb. auch darüber, welche Anforderungen an das tatrichterliche Urteil zu stellen waren, was also der Tatrichter über seinen Erkennensprozess im Urteil darlegen musste, wenn dieses hinsichtlich der Frage der Täterschaft bzw. Identifizierung des Betroffenen in der Rechtsbeschwerde Bestand haben sollte.

> **Hinweis:**
>
> An dieser Stelle gewinnt die Frage dann auch für den **Verteidiger** eines den Verkehrsverstoß bestreitenden Betroffenen Bedeutung. Der Verteidiger muss nämlich prüfen, ob die Ausführungen im Urteil ausreichen, den bestreitenden oder sich nicht einlassenden Mandanten als Fahrer des fotografierten Pkw zum Zeitpunkt des Verkehrsverstoßes zu überführen (vgl. dazu Burhoff/Gübner, OWi, Rn. 1759 ff.; Burhoff, VA 2006, 125; 2006, 144).
>
> Zudem muss er – meist zu Anfang des Mandats – prüfen, ob ein ggf. von dem Verkehrsverstoß gefertigtes **Lichtbild „gut genug"** ist, um den Mandanten als Fahrer zum Zeitpunkt des Verkehrsverstoßes identifizieren zu können (vgl. dazu unten Rn. 144 ff.). Es gibt eine „**Arbeitsgruppe** für **anthropologische Identifikation** lebender Personen aufgrund von Bilddokumenten", die 1999 Standards für die Begutachtung solcher Fälle erarbeitet hat. Diese sind in mehreren Fachzeitschriften veröffentlicht worden (vgl. DAR 1999, 188; Kriminalistik 1999, 246; NStZ 1999, 230). Weiterführende Hinweise findet man auch auf **www.fotoidentifikation.de** (s.a. oben Teil 2 Rn. 15 ff.).

137 In dem Streit der OLG hat der **BGH** in seinem Beschl. v. 19.12.1995 ein **klärendes Wort** gesprochen (BGHSt 41, 376 = NJW 1996, 1420 = NZV 1996, 157 = DAR 1996, 178). Ausgangspunkt dieser Rechtsprechung war erneut die Überlegung des BGH, dass an die Urteilsgründe in Bußgeldsachen keine übertrieben hohen Anforderungen gestellt werden dürfen (so auch schon BGHSt 39, 291, 299 = NJW 1993, 3081, 3083 zum standardisierten Messverfahren). Das ist gerade in dem hier betroffenen Bereich der Beweiswürdigung von Bedeutung: Der Tatrichter ist einerseits nicht verpflichtet, alle als beweiserheblich in Betracht kommenden Umstände anzuführen, andererseits

muss die Schilderung der Beweiswürdigung so beschaffen sein, dass sie dem Rechtsbeschwerdegericht die Überprüfung des Urteils auf Rechtsfehler ermöglicht.

> **Hinweis:**
> Die Grundsätze dieser Rechtsprechung des BGH (BGHSt 41, 376 = NJW 1996, 1420 = NZV 1996, 157 = DAR 1996, 178) gelten i.Ü. nicht nur für die Täteridentifizierung anhand eines Lichtbildes, sondern auch, wenn der Tatrichter ein Lichtbild aus anderen Gründen zum Gegenstand seiner Beweiswürdigung macht, so z.b. im Zusammenhang mit der Frage der Erkennbarkeit eines Verkehrsschildes, durch das eine Tempo-30-Zone angeordnet wird (OLG Hamm, NZV 2007, 376 = VRS 112, 274; zur Zulässigkeit der Bezugnahme auf Lichtbilder von einem Rotlichtverstoß s. zuletzt OLG Bremen, NZV 2010, 42).

Das bedeutet für die Identifizierung des Betroffenen anhand eines von einem Verkehrsverstoß gefertigten Radarfotos: Die **Urteilsgründe** müssen grds. so gefasst sein, dass das **Rechtsbeschwerdegericht prüfen kann**, ob das vom Verkehrsverstoß gefertigte Belegfoto überhaupt geeignet ist, die Identifizierung einer Person zu ermöglichen. Dafür stehen dem Tatrichter **zwei Wege** zur Verfügung, die unterschiedliche Anforderungen an die Urteilsgründe stellen. Wegen dieser unterschiedlichen Anforderungen muss der Verteidiger, wenn es um die Identifizierung eines Betroffenen anhand eines Lichtbildes geht, sehr sorgfältig prüfen, welchen Weg das Tatgericht denn nun gewählt hat und ob die sich daraus ergebenden Anforderungen erfüllt sind (vgl. dazu u.a. Burhoff, VA 2006, 144; Burhoff/Gübner, OWi, Rn. 1759 ff.). 138

3. Weg 1: Bezugnahme auf das Lichtbild in den Urteilsgründen

a) Allgemeines

Nach der Rechtsprechung des BGH (BGHSt 41, 376 = NJW 1996, 1420 = NZV 1996, 157 = DAR 1996, 178) hat der Tatrichter zunächst die Möglichkeit, dass er in den Urteilsgründen gem. **§ 267 Abs. 1 Satz 3 StPO** i.V.m. § 71 Abs. 1 OWiG auf das in der Akte befindliche **Foto** von dem Verkehrsverstoß **Bezug** nimmt (vgl. dazu a. noch OLG Hamm, NStZ-RR 2009, 250). 139

> **Hinweis:**
> Noch nicht geklärt ist in der obergerichtlichen Rechtsprechung, ob auch auf den von dem Verkehrsverstoß gefertigten Videofilm verwiesen werden kann. Das wird vom OLG Zweibrücken (OLG Zweibrücken, VRS 102, 102) und vom OLG Dresden (OLG Dresden, NZV 2009, 520 = VRR 2009, 313 = VA 2009, 160 = StRR 2010, 78) bejaht, vom OLG Brandenburg (OLG Brandenburg, DAR 2005, 635; StRR 2010, 77 = VRR 2010, 75) hingegen verneint. Nach Auffassung des OLG

Brandenburg finden die Grundsätze zur Täteridentifizierung keine Anwendung, vielmehr sind die Beweise nach den allgemeinen Regeln zu würdigen. Das OLG Hamm (OLG Hamm, 09.12.2009 – 3 Ss OWi 948/09, VRR 2010, 232 = StRR 2010, 198 = VA 2010, 52) hat die Frage offen gelassen, zweifelt aber an der Zulässigkeit, da nach seiner Auffassung der insoweit entscheidende Begriff der „Abbildung" in § 267 Abs. 1 Satz 3 StPO nicht auch Videoaufnahmen/-filme erfassen soll (a.A. OLG Dresden, a.a.O.).

140 **Folge** der **Bezugnahme**, die deutlich und zweifelsfrei zum Ausdruck gebracht sein muss, ist, dass das Lichtbild zum Bestandteil der Urteilsgründe wird. Das hat die weitere Folge, dass das Rechtsbeschwerdegericht das Foto aus eigener Anschauung würdigen kann und daher dann auch in der Lage ist, zu beurteilen, ob es als Grundlage einer Identifizierung (überhaupt) tauglich ist. Das ist inzwischen allgemeine Meinung in der Rechtsprechung (vgl. dazu u.a. grundlegend BayObLG, DAR 1999, 370; KG, DAR 2006, 158; OLG Dresden, zfs 2008, 70; OLG Düsseldorf, zfs 2004, 337; OLG Hamm, DAR 2005, 462 = NZV 2006, 162 = zfs 2005, 413; OLG Karlsruhe, DAR 1995, 337; OLG Bamberg, 28.02.2006 – 2 Ss OWi 1231/05, n.v.; zu einem Sonderfall OLG Hamm, VA 2006, 69 [LS]).

Hinweis:

Macht der Tatrichter von der Möglichkeit der Bezugnahme Gebrauch, sind **darüber hinausgehende Ausführungen** zur Beschreibung des abgebildeten Fahrzeugführers **entbehrlich**, wenn das Foto – wie z.B. ein (Front-)Radarfoto, das die einzelnen Gesichtszüge erkennen lässt, – zur Identifizierung uneingeschränkt geeignet ist. Es ist dann weder eine Auflistung der charakteristischen Merkmale, auf die sich die Überzeugung von der Identität des Fahrers mit dem Betroffenen stützt, erforderlich, noch müssen diese Merkmale und das Maß der Übereinstimmung beschrieben werden. Es reicht aus, wenn das Urteil nur mitteilt, dass es sich bei dem in Bezug genommenen Lichtbild um ein – nach Aufnahmeort und -zeit näher bezeichnetes – Radarfoto handelt (Burhoff/Gübner, OWi, Rn. 1469). M.E. ist nicht erforderlich, dass auch noch mitgeteilt wird, ob es sich um eine männliche oder weibliche Person handelt (BGHSt 41, 376, 383). Denn ist das Lichtbild zur Identifizierung uneingeschränkt geeignet, muss sich auf ihm zumindest erkennen lassen, ob es sich bei der abgebildeten Person um einen Mann oder eine Frau handelt.

141 Diese Rechtsprechung hat i.ü. das BayObLG fortgeführt. Danach kann der Tatrichter das Foto auch in Form einer Fotografie oder **Fotokopie** in die Urteilsgründe selbst aufnehmen (BayObLG, NZV 1996, 330 = JR 1997, 38 m. zust. Anm. Göhler, JR 1997, 39). Dann bedarf es sogar keiner Bezugnahme gem. § 267 Abs. 1 Satz 3 StPO mehr.

F. Ausgesuchte Verfahrensfragen

b) Prozessordnungsgemäße Verweisung

Für eine **prozessordnungsgemäße Verweisung** i.S.d. § 267 Abs. 1 Satz 3 StPO gilt   142
Folgendes:

Nicht ausreichend ist es, wenn der Amtsrichter im Urteil nur mitteilt, dass das entsprechende Lichtbild in **Augenschein** genommen und ggf. mit dem in der Hauptverhandlung anwesenden Betroffenen verglichen worden ist (st. Rspr. der OLG, vgl. zuletzt OLG Düsseldorf, NZV 2007, 254 = VRS 112, 43 = VRR 2007, 194; s.a. noch OLG Brandenburg, NStZ-RR 1998, 240; OLG Dresden, DAR 2000, 279; OLG Hamm, NStZ-RR 1998, 238 = VRS 95, 232 m.w.N.; OLG Köln, NJW 2004, 3274 m.w.N.), etwa durch die Formulierung: „Aufgrund des Vergleichs des Betroffenen mit den vom Gericht in Augenschein genommenen Foto, Bl. 6 d.A., stand zur Überzeugung des Gerichts zweifelsfrei fest, dass der Betroffene zum Tatzeitpunkt Fahrer des Fahrzeugs war" (ständige Rechtsprechung, vgl. u.a. OLG Düsseldorf, zfs 2004, 337; OLG Hamm, VA 2004, 175; ähnlich OLG Hamm, VA 2008, 33 = VRS 113, 432). Mit diesen Ausführungen wird nämlich nur der **Beweiserhebungsvorgang** beschrieben. Durch sie wird aber nicht deutlich, dass das Lichtbild zum Gegenstand des Urteils gemacht worden ist. Das ist jedoch Voraussetzung zur Anwendung der Rechtsprechung des BGH (BGHSt 41, 376). Auch nicht ausreichend ist die Formulierung „Verwertung des Passfotos Blatt 8 der Akten" bzw. „der Verwertung des von dem Zeugen B. überreichten Hochglanzfotos (OLG Hamm, VA 2008, 16 = VRR 2008, 76; vgl. auch noch OLG Hamm, VA 2008, 33 = VRS 113, 432 [Inaugenscheinnahme und Hinweis auf den Fundort der Lichtbilder in der Akte nicht ausreichend]) oder die bloße Mitteilung der Fundstelle in der Akte (OLG Bamberg, NZV 2008, 211 = VRS 114, 285; OLG Koblenz, VA 2010, 13).

> **Hinweis:**
>
> Erforderlich ist daher – und darauf ist zu achten –, dass aus den Ausführungen des AG erkennbar wird, dass der Amtsrichter das Foto **inhaltlich** zum Gegenstand der **Urteilsgründe** machen will.

Die Bezugnahme muss dazu so beschaffen sein, dass kein Zweifel daran besteht, dass   143
das Lichtbild **Bestandteil** der **Urteilsgründe** sein soll (BGH, a.a.O.; OLG Bamberg, NZV 2008, 166 = DAR 2008, 348; 2008, 211 = OLG Dresden, DAR 2000, 279; OLG Düsseldorf, zfs 2004, 338; OLG Jena, NZV 2008, 165 = zfs 2008, 411; OLG Hamm, NStZ-RR 1998, 238 = VRS 95, 232 m.w.N.; DAR 2005, 165 = VRS 108, 27 = NZV 2005, 208). I.d.R. wird der Tatrichter dazu den Gesetzeswortlaut verwenden, erforderlich ist das aber nicht (OLG Hamm, a.a.O.; s.a. OLG Düsseldorf, NZV 2007, 254 = VRS 112, 43 = VRR 2007, 194; vgl. auch noch OLG Köln, 14.03.2007 – 82 Ss-OWi 17/07 – 66 B, n.v.). Unter Berücksichtigung des Regelungsgehalts des § 267 Abs. 1 Satz 3 StPO und der in der Rechtsprechung des BGH erkennbaren Tendenz,

die Anforderungen an die Begründung (verkehrs-)bußgeldrechtlicher Entscheidungen zu reduzieren, lassen die Obergerichte aber auch jede andere Form der Verweisung ausreichen, solange sich ihr eindeutig entnehmen lässt, dass nicht nur der Beweiserhebungsvorgang beschrieben werden, sondern durch die entsprechenden Ausführungen das Lichtbild zum Bestandteil der Urteilsurkunde gemacht werden soll (OLG Hamm, a.a.O., m.w.N.). Befindet sich nur ein Foto in der Akte, ist für eine ordnungsgemäße Verweisung die Angabe der Blattzahl, an der sich dieses Foto befindet, nicht erforderlich (OLG Hamm, NZV 1998, 170 = VRS 94, 348). Allein die Angabe der Blattzahl reicht i.Ü. aber für eine ordnungsgemäße Verweisung jedoch nicht aus (OLG Bamberg, NZV 2008, 211 = VRS 114, 285; OLG Düsseldorf, zfs 2004, 337 f.; zuletzt u.a. OLG Koblenz, VA 2010, 13; ähnlich OLG Frankfurt am Main, NStZ-RR 2008, 322 = VA 2008, 213 für zwei Lichtbilder).

> **Hinweis:**
>
> Bezug genommen werden muss natürlich auf ein **von** dem fraglichen **Verkehrsverstoß gefertigtes Lichtbild**. Wird auf ein anderes, z.B. auf ein bei einem früheren Verkehrsverstoß gefertigtes und von der damaligen Bußgeldbehörde übersandtes Lichtbild, Bezug genommen, reicht das zur Beweiswürdigung nicht aus und kann – und muss – vom Betroffenen in der Rechtsbeschwerde mit der Aufklärungsrüge nach § 244 Abs. 2 StPO gerügt werden (OLG Hamm, DAR 1996, 417 = NZV 1996, 466 = VRS 91, 369).

c) Geeignetes Lichtbild

144 Bei dem in Bezug genommenen Lichtbild muss es sich außerdem um ein „**gutes**" Foto handeln, also um ein solches Foto, das die Identifizierung ermöglicht (BGHSt 41, 376; OLG Hamm, NZV 2003, 101 = zfs 2003, 154; DAR 2005, 462 = NZV 2006, 162 = zfs 2005, 413; vgl. dazu auch Schulz, NZV 2002, 136; zur Bildqualität s.a. noch BGH, NStZ 2005, 458 und Burhoff/Gübner, OWi, Rn. 1770 sowie Teil 2 Rn. 15 ff.).

> **Hinweis:**
>
> Hat der Verteidiger **Einwände** gegen die **Qualität** des Bildes, muss er diese **beim Tatgericht** geltend machen. Der Betroffene kann im Rechtsbeschwerdeverfahren nämlich später nicht mehr versuchen, sich unter Vorlage von Lichtbildern und Sachvortrag im Tatsächlichen als Fahrer des Pkw zum Zeitpunkt eines Verkehrsverstoßes zu entlasten, wenn das Tatgericht ihn anhand eines von dem Verkehrsverstoß gefertigten Lichtbildes identifiziert hat (§ 267 Abs. 1 Satz 3 StPO). Dies muss schon in der Tatsacheninstanz geschehen (OLG Rostock, VRS 109, 35).
>
> Mit der Rechtsbeschwerde kann bei Täteridentifizierung durch das AG später weder beanstandet werden, der Betroffene sei entgegen der Überzeugung des Tat-

richters nicht mit der auf dem Radarfoto abgebildeten Person identisch, noch kann gerügt werden, dass das AG aufgrund der persönlichen Inaugenscheinnahme einer anderen Person diese im Vergleich mit dem vorliegenden Lichtbild als Täter der Ordnungswidrigkeit zu Unrecht ausgeschlossen habe (vgl. zum Rechtsbeschwerdevorbringen auch OLG Hamm, VRR 2007, 316). Denn dem **OLG** ist nur eine **eingeschränkte Nachprüfung** dahin möglich ist, ob ein vorliegendes Foto grds. nach Schärfe, Kontrast und Helligkeit als Grundlage für eine Identifizierung zu dienen geeignet ist (OLG Hamm, a.a.O.).

Ob das der Fall ist, kann das **Rechtsbeschwerdegericht**, da das Lichtbild durch die Bezugnahme ja Bestandteil der Urteilsgründe geworden ist, aus **eigener Anschauung** beurteilen. Ausführungen muss der Tatrichter dazu also grds. nicht machen. Er ist erst wieder gefordert, wenn das Foto – etwa aufgrund schlechterer Bildqualität, z.B. wegen einer erheblichen Unschärfe oder aufgrund seines Inhalts, wenn z.B. das Gesicht des Fahrers teilweise durch den Rückspiegel verdeckt ist – zur Identifizierung nur eingeschränkt geeignet ist (s. dazu OLG Hamm, VRR 2007, 316; NStZ-RR 2009, 250, aber auch den Beschl. v. 20.05.2003 – 1 Ss 334/03, n.v. [geeignet, wenn nur ein kleiner Teil des Gesichts vom Innenrückspiegel verdeckt ist]; s.a. noch zu schlechten Lichtbilder Burhoff/Gübner, OWi, Rn. 1770 m.w.N. aus der Rspr. und Teil 2 Rn. 15 ff.). Dann muss er in den Urteilsgründen erörtern, warum er gleichwohl den Fahrer hat identifizieren können (BGHSt 41, 376; OLG Hamm, NZV 2003, 101 = zfs 2003, 154; NStZ-RR 2009, 250; zum erforderlichen Umfang der Ausführungen bei einem Vergleich mit einem Führerscheinfoto KG, VRS 100, 385; 109, 117). Dabei sind an die Begründung umso höhere Anforderungen zu stellen, je schlechter die Qualität des Fotos ist. In diesem Fall muss er dann auch die auf dem Foto erkennbaren charakteristischen Merkmale, die für seine richterliche Überzeugungsbildung bestimmend waren, benennen und beschreiben. Entscheidend sind aussagekräftige charakteristische (individuelle) Merkmale. Insoweit sind z.B. die Merkmale zurückgesetzter Haaransatz, randlose Brille, runder Kopf und ausgeprägtes, spitz zulaufendes Kinn weder einzeln noch zusammen als ausreichend angesehen worden, um eine Identifizierung zu ermöglichen (OLG Düsseldorf, NZV 2007, 254 = VRS 112, 43 = VRR 2007, 194). Haaransatz und Brille sind veränderliche Merkmale, die i.Ü. auf eine Vielzahl von Menschen zutreffen dürften. Auch ein „runder Kopf" und ein „ausgeprägtes, spitz zulaufendes Kinn" sind noch keine ausreichenden Merkmale zur Identifizierung.

145

Hinweis:

Aussagekräftige charakteristische (individuelle) Merkmale, anhand derer Gesichter typischerweise und mit großer Sicherheit **intuitiv (wieder)erkannt** werden, sind die Augenringe, vornehmlich die oberen Kanten der Augenhöhlen, der Bereich um die Wangenknochen, die Seitenpartien des Mundes (Mundwinkel) und der Nasenumriss (vgl. nur www.bsi.bund.de [Bundesamt für Sicherheit in der

Informationstechnik], unter „Gesichtserkennung"; OLG Düsseldorf, a.a.O.; vgl. auch Teil 2 Rn. 15 ff.).

4. Weg 2: Keine Verweisung auf das Beweisfoto

146 Ist in den Urteilsgründen **nicht** auf das Beweisfoto **verwiesen** worden, sei es, dass der Tatrichter diese Möglichkeit nicht gesehen hat, sei es, dass das vom Verkehrsverstoß gefertigte Lichtbild wegen schlechter Qualität für eine Verweisung nicht geeignet ist, oder sei es schließlich, dass die Verweisung nicht prozessordnungsgemäß ist (vgl. dazu Rn. 142 ff.), ist zu prüfen, ob zumindest der dann nach der Rechtsprechung des BGH (BGHSt 41, 376) erforderliche **erhöhte Begründungsaufwand** eingehalten worden ist. Es genügt dann nämlich für die Identifizierung des Betroffenen als Fahrer weder, dass der Tatrichter (nur) das Ergebnis seiner Überzeugungsbildung mitteilt, noch, dass er bloß die von ihm zur Identifizierung herangezogenen Merkmale/Kennzeichen der auf dem Foto abgebildeten Person auflistet (BGH, a.a.O.; ständige Rechtsprechung der Obergerichte, OLG Hamm, NZV 2003, 101 = zfs 2003, 154; StraFo 2005, 297; NStZ-RR 2009, 250; vgl. u.a. auch OLG Düsseldorf, zfs 2004, 337, Burhoff/Gübner, OWi, Rn. 1770 ff.). Vielmehr muss er dem Rechtsmittelgericht, dem das Foto – wegen der fehlenden Verweisung – dann nicht als Anschauungsobjekt zur Verfügung steht, durch eine entsprechend ausführliche Beschreibung die Prüfung ermöglichen, ob das Bild für eine Identifizierung geeignet ist (KG, DAR 2006, 158 = VRS 111, 145; OLG Bamberg NZV 2008, 166 = DAR 2008, 348; OLG Düsseldorf, NZV 2007, 254 = VRS 112, 43 = VRR 2007, 194). In diesem Fall muss das Urteil also Ausführungen zur Bildqualität enthalten.

Hinweis:

Als **noch ausreichend** ist in dem Bereich die Formulierung angesehen worden: „Auf dem Originallichtbild in DIN A-5-Vergrößerung ist der Betroffene aber hinreichend klar zu identifizieren" (OLG Hamm, DAR 2000, 417 = NZV 2001, 89) oder „unter ergänzender Bezugnahme auf das Beweisfoto" (OLG Schleswig, SchlHA 2007, 288 bei Döllel/Dreßen).

Hat der Amtsrichter zur Identifizierung des Betroffenen ein **anthropologisches Gutachten** eingeholt, reicht es nicht aus, wenn er in den Urteilsgründen nur das Ergebnis dieses Gutachtens mitteilt. Vielmehr müssen auch die Anknüpfungstatsachen dargestellt und die das Gutachten tragende fachliche Begründung mitgeteilt werden (zuletzt OLG Hamm, DAR 2005, 42 m.w.N. aus der Rspr.: vgl. dazu auch Burhoff/Gübner, OWi, Rn. 1774). Auch sind Angaben zu den sog. Merkmalshäufigkeiten erforderlich. Bei einem anthropologischen Identitätsgutachten handelt es sich nämlich nach wohl herrschender Meinung nicht um eine standardisierte Untersuchungsmethode (s.a. Teil 2), bei welcher sich die Darstellung im Wesentlichen auf die Mitteilung des Ergebnisses des Gutachtens beschränken könnte (BGH, NJW 2000, 1350 = NStZ 2000, 106; NZV 2006, 160; OLG Bamberg, NZV 2008, 211 = VRS 114, 285; Beschl. v. 06.04.2010 – 3 Ss OWi 378/10; OLG Jena, NZV 2009, 246 = VRS 115, 424 = zfs 2009, 228 m.w.N.; Burhoff/Gübner, OWi, Rn. 1775; a.A. zur Angabe der Merkmalshäufigkeit OLG Hamm [4. Senat für Bußgeldsachen], DAR 2008, 395 = NStZ-RR 2008, 287; OLG Oldenburg, DAR 2009, 43 = NZV 2009, 52 = VRS 115, 362: offen gelassen von OLG Hamm, StV 2010, 124 ff. = StraFo 2009, 109 f.).

In den Fällen der Einholung eines Gutachtens, wird es sich, wenn der Tatrichter die Feststellung, ob der Betroffene der „Täter'" war, (vollständig) aus der Hand gegeben und dem Sachverständigen überlassen hat, aufdrängen, dass der Betroffene die Möglichkeit erhalten muss, den Sachverständigen in angemessener Weise und ausführlich zu befragen und die Richtigkeit seines Gutachtens in Zweifel zu ziehen. Entsprechende Anträge werden im Zweifel nicht abgelehnt werden dürfen (OLG Düsseldorf, zfs 2008, 704 = VA 2009, 49 unter Hinweis auf das Recht zur **„konfrontativen Befragung"**).

Darüber hinaus muss/müssen die **abgebildete Person** oder jedenfalls mehrere Identifizierungsmerkmale so **präzise beschrieben** werden, dass dem OLG anhand der Beschreibung in gleicher Weise wie bei einer Betrachtung des Fotos die Prüfung seiner Ergiebigkeit ermöglicht wird (OLG Hamm, NZV 1997, 89; zur Darstellung der Identitätsmerkmale in den Gründen s. u.a. OLG Celle, NStZ 1995, 243; auch OLG Karlsruhe, NStZ-RR 1996, 17; Göhler, § 71 Rn. 47a m.w.N.). Die Zahl der vom Tatrichter zu beschreibenden Merkmale kann dabei umso kleiner sein, je individueller sie sind und je mehr sie in ihrer Zusammensetzung geeignet erscheinen, eine bestimmte Person sicher zu erkennen. Dagegen muss die Beschreibung mehr Merkmale umfassen, wenn die geschilderten Merkmale – wie z.B. etwa ovales Gesicht, hoher Haaransatz – auf eine Vielzahl von Personen zutreffen und daher weniger aussagekräftig sind. Entscheidend ist eine Beschreibung und Darstellung solcher Merkmale, an denen eine Person **intuitiv** wieder erkannt werden kann (OLG Düsseldorf, NZV 2007, 254 = VRS 112, 43 = VRR 2007, 194; vgl. dazu **www.bsi.bund.de** [Bundesamt für Informationstechnik, unter „Gesichtserkennung"]).

147

Hinweis:

Umstände, die eine **Identifizierung erschweren** können, muss der Tatrichter ebenfalls schildern (BGHSt 41, 376; Burhoff/Gübner, OWi, Rn. 1770 ff.). Entscheidend ist, ob am Ende für das OLG der Vorgang der Identifizierung nachprüfbar ist (OLG Jena, DAR 2004, 665 = VRS 107, 296).

Teil 3: Rechtsfragen/Geschwindigkeitsübersch., Abstandsmessung & Rotlichtverstoß

5. Zusammenfassender Hinweis

148 Die vorstehenden Ausführungen lassen sich in folgendem Hinweis zusammenfassen:

1. Alternative: Wird auf ein Beweisfoto verwiesen?	
Falls nein:	Das Urteil muss Ausführungen zur Bildqualität und zu Identifizierungsmerkmalen enthalten.
Falls ja:	1. Frage: Wird prozessordnungsgemäß Bezug genommen?
Falls nein:	Das Urteil muss Ausführungen zur Bildqualität und zu Identifizierungsmerkmalen enthalten (2. Alternative).
Falls ja:	2. Frage: Ist das Beweisfoto zur Identifizierung uneingeschränkt geeignet? Falls ja: I.d.R. muss das Urteil Aufnahmeort- und -zeit des Radarfotos und außerdem mitteilen, ob es sich um eine männliche oder weibliche Person handelt.
Falls nein:	Der Tatrichter muss ggf. erörtern, warum ihm die Identifizierung anhand des Beweisfotos gleichwohl möglich ist.
2. Alternative: Es wird nicht oder nicht ordnungsgemäß auf das Beweisfoto verwiesen:	
	Das Urteil muss auf jeden Fall Ausführungen zur Bildqualität und zu Identifizierungsmerkmalen enthalten.

6. Identitätsfeststellung durch Vergleich von Messfoto mit Ausweisbild des Betroffenen

149 In dem Zusammenhang „Täteridentifizierung" ist der Hinweis auf eine **Diskussion** erforderlich, die in der Vergangenheit verstärkt geführt worden und die noch nicht (vollständig) erledigt ist. Es geht um die Frage, ob ein aus dem Pass- oder Personalausweisregister stammendes Lichtbild des Betroffenen zu einem Vergleich mit dem von einem Verkehrsverstoß vorliegenden Messfoto zum Zweck der Identifizierung des

Betroffenen verwendet werden darf, wenn das Lichtbild unter Beachtung der Rechtsvorschriften des Pass- und Personalausweisgesetzes erlangt wurde. Dazu hat es in der Vergangenheit obergerichtliche Rechtsprechung gegeben, die einhellig der Meinung war, dass zwar eine Beweiserhebungsverbot besteht, der Verstoß dagegen aber nicht zu einem Beweisverwertungsverbot führt (BayObLG, NJW 1998, 3656; OLG Frankfurt am Main, NJW 1997, 2963; OLG Hamm, Beschl. v. 03.04.1997 – 3 Ss OWi 248/97, n.v.).

a) Ansicht des AG Stuttgart

A.A. ist vor einiger Zeit das AG Stuttgart gewesen (AG Stuttgart, zfs 2002, 355). Dieses hat ausgeführt, dass der entsprechende **Nachweis** durch einen Vergleich mit dem aus dem Passregister stammenden Lichtbild aus **rechtlichen Gründen nicht** geführt werden darf. Das Lichtbild sei nämlich i.d.r. entgegen den zwingenden, dem Schutz von Bürgerdaten dienenden Rechtsvorschriften erlangt, da meist das nach Maßgabe des § 22 Abs. 2 und 3 PaßG erforderliche formelle „Ersuchen" der Bußgeldbehörde nicht vorliege, sondern das Bild im Rahmen eines automatisierten Abrufverfahrens, bei dem die nachfragende Behörde oder Stelle ohne vorherige Anforderung und Anmeldung direkten Zugriff auch auf nur bestimmte Informationen aus dem Bestand der Passbehörde hat, erlangt werde. Dieses Beweiserhebungsverbot führt nach Auffassung des AG Stuttgart dann zu einem **Beweisverwertungsverbot** (vgl. dazu auch Nobis, DAR 2002, 299; Steffens, StraFo 2002, 222).

150

b) Rechtsprechung der OLG

Die dazu vorliegende neuere Rechtsprechung der **OLG**, wie z.B.

151

- OLG Bamberg (DAR 2006, 336),
- OLG Brandenburg (VA 2004, 56),
- OLG Hamm (VRR 2009, 357 = VA 2009, 213 für Anforderung der Kopie eines ausländischen Passes von der Ausländerbehörde),
- OLG Rostock (VA 2005, 51) und
- OLG Stuttgart (OLG Stuttgart, zfs 2002, 550 = NZV 2002, 574 = VRS 104, 52),

haben ein Beweiserhebungs- bzw. ein **Beweisverwertungsverbot abgelehnt** (s.a. OLG Frankfurt am Main, NJW 1997, 2963; OLG Hamm, Beschl. v. 03.04.1997 – 3 Ss OWi 248/97).

Danach wird die Übermittlung der Lichtbild-Kopie des Betroffenen vom Einwohnermeldeamt an die Verwaltungsbehörde von § **2b Abs. 2 PersonalAuswG** gedeckt: Nach § 161 StPO i.V.m. § 46 Abs. 1 OWiG ist eine Datenweitergabe durch die Personalausweisbehörden zwar nur zulässig, wenn die Daten beim Betroffenen nicht oder nur mit unverhältnismäßig hohem Aufwand erhoben werden können (§ 2b Abs. 2 Nr. 3 PersonalAuswG). Diese Voraussetzungen liegen nach Auffassung der OLG aber vor, da das Aufsuchen des Betroffenen zum Abgleich des Radarfotos mit dem Betroffenen außer Verhältnis zum angestrebten Erfolg stünde und den Betroffenen im Grunde mehr belasten würde. Auch sei ein Beweisverwertungsverbot zu verneinen, da zu berücksichtigen sei, dass durch die Passbild-Übermittlung der Kernbereich der Privatsphäre des Betroffenen nicht berührt wird und die Identifizierung des Betroffenen jederzeit auf andere Weise verfahrensfehlerfrei hätte erfolgen können.

Hinweis:
Der Verteidiger sollte sich mit dieser Art der Identifizierung nicht zufrieden geben und sie als **unzulässig beanstanden**. Dazu muss er im Hinblick auf die sog. Widerspruchslösung des BGH (BGHSt 38, 214; zur Widerspruchslösung s. eingehend Burhoff, HV, Rn. 1066a ff.) in der Hauptverhandlung der Verwendung des beigezogenen Ausweisfotos ausdrücklich widersprechen (OLG Hamm, NZV 2006, 162 = DAR 2005, 462 = VRS 108, 435 = zfs 2005, 413). Anderenfalls kann der Verstoß gegen das **Beweisverwertungsverbot** in der Rechtsbeschwerde nicht gerügt werden.

III. Beweisaufnahme im OWi-Verfahren

1. Umfang

152 Ebenso wie im Strafverfahren gilt im Ordnungswidrigkeitenrecht über die §§ 46, 71 OWiG die **Amtsaufklärungspflicht** des § 244 Abs. 2 StPO (vgl. dazu u.a. OLG Hamm, VA 2010, 122 = LNR 2010, 15854). Das AG muss zunächst prüfen, ob der Sachverhalt aufgrund des Akteninhalts hinreichend geklärt ist (s. u.a. OLG Jena VRS 112, 357 zur Frage, wenn in der Verfahrensakte Messprotokoll und Eichschein fehlen). Wird dies verneint, können entweder vor der Hauptverhandlung einzelne Beweiserhebungen angeordnet werden (§ 71 Abs. 2 Satz 1 Nr. 1 OWiG) bzw. behördliche Erklärungen eingeholt werden (§ 71 Abs. 2 Satz 1 Nr. 2 OWiG) oder es wird die Hauptverhandlung anberaumt. Bei ausreichend aufgeklärtem Sachverhalt kann das Gericht – unter den Voraussetzungen des § 72 OWiG – durch Beschluss entscheiden (zum Beschlussverfahren Ludovisy/Eggert/Burhoff, Teil 7; Burhoff/Krumm, OWi, Rn. 337 ff.; Burhoff, VA 2009, 14).

Hinweis:
Es ist darauf zu achten, dass Urkunden verlesen werden. Auch **Messprotokolle** sind **Urkunden**. Ihr Inhalt kann also nur durch Verlesung in die Hauptverhandlung eingeführt werden bzw. es kann auf sie nicht als Abbildung nach § 267 Abs. 1 Satz 3 StPO im Urteil nur Bezug genommen werden (OLG Brandenburg,

F. Ausgesuchte Verfahrensfragen

DAR 2005, 97 = StraFo 2005, 120; OLG Hamm, VA 2008, 52; NStZ-RR 2009, 151 = NZV 2009, 303; OLG Jena VRS 114, 37). Wird gegen diese Verpflichtung verstoßen, muss das in der Rechtsbeschwerde mit der Verfahrensrüge (Verstoß gegen § 261 StPO; Inbegriffsrüge) geltend gemacht werden (zur deren ordnungsgemäßer Begründung vgl. z.B. OLG Hamm, a.a.O.).

In der Hauptverhandlung darf in Abweichung vom allgemein geltenden Unmittelbarkeitsgrundsatz (§ 250 StPO) nach **§ 77a Abs. 1 OWiG** die Vernehmung eines Zeugen oder Sachverständigen durch das **Verlesen** von Niederschriften früherer **Vernehmungen** sowie von Urkunden ersetzt werden, auch wenn eine gerichtliche Vernehmung möglich wäre. Voraussetzung hierfür ist gem. § 77a Abs. 4 OWiG die Zustimmung aller in der Hauptverhandlung anwesenden Verfahrensbeteiligten. Auch die Verlesung behördlicher Erkenntnisse (§ 77a Abs. 2 OWiG) sowie die Bekanntgabe telefonisch eingeholter Behördenauskünfte (§ 77a Abs. 3 OWiG) ist unter dieser Prämisse statthaft (vgl. dazu wegen der Einzelh. Burhoff, HV, Rn. 365). Trotz dieser Erleichterungen hat das Gericht aber i.R.d. Amtsaufklärungspflicht zu prüfen, ob sich zur Aufklärung der Wahrheit eine unmittelbare Beweisaufnahme aufdrängt bzw. diese nahe liegt (BGH, NStZ 1988, 37; zur sich aus dem Recht auf konfrontative Befragung ergebenden Verpflichtung zur Anhörung des Sachverständigen s. OLG Düsseldorf zfs 2008, 704 = VA 2009, 49). 153

Den Umfang der Beweisaufnahme bestimmt auch im OWi-Verfahren das Gericht nach **pflichtgemäßem Ermessen**. Dabei hat es auch die Bedeutung der Sache zu berücksichtigen (§ 77 Abs. 1 Satz 2 OWiG), sodass Wert und Nutzen eines Beweismittels einfließen. Die Verpflichtung zur Wahrheitserforschung von Amts wegen nach § 77 Abs. 1 Satz 1 OWiG bedeutet, dass den Betroffenen weder eine Darlegungs- oder Beweislast noch eine Mitwirkungspflicht trifft (OLG Düsseldorf, NJW 1992, 1521; OLG Hamm, DAR 2000, 581 = VRS 99, 285 = NZV 2001, 390; OLG Koblenz, DAR 1987, 296). 154

Die **Reichweite der Aufklärungspflicht** bemisst sich danach, ob die Sachlage – nach Akteninhalt und bisherigem Verfahrensablauf – zur Erhebung weiterer Beweise drängt oder diese zumindest nahe legt. So kann z.B. die Feststellung, ob der auf einem Frontfoto abgelichtete Fahrer mit dem Betroffenen identisch ist, nicht der Einschätzung eines Polizisten, also eines Zeugen überlassen bleiben; hier muss sich das Gericht selbst von den verfahrenserheblichen Umständen überzeugen (OLG Stuttgart, VRS 62, 459; zur Aufklärungspflicht bei einer Geschwindigkeitsüberschreitung OLG Hamm, VA 2010, 122 = LNR 2010, 15854).

Hinweis:

Das AG hat allerdings **kein freies Ermessen**, welche Beweise es erhebt (OLG Hamm, VA 2007, 37). Nach der Rechtsprechung des BGH braucht sich der Ta-

Teil 3: Rechtsfragen/Geschwindigkeitsübersch., Abstandsmessung & Rotlichtverstoß

> trichter im Bußgeldverfahren aber umso weniger zu einer Beweisaufnahme gedrängt zu sehen, je geringer die Bedeutung einer weiter Aufklärung im Hinblick auf das Ergebnis ist (BGH, NJW 2005, 1381 [für das kartellrechtliche Bußgeldverfahren]).

2. Beweisantrag im OWi-Verfahren

155 > **Hinweis:**
>
> Für den Beweisantrag im OWi-Verfahren (vgl. dazu Burhoff, VA 2007, 205) gelten grds. die allgemeinen Regeln Deshalb kann insb. verwiesen werden auf Burhoff, HV, Rn. 255 ff. und auf Junker, Rn. 20 ff. I.Ü. gilt folgender Überblick:

a) Inhalt des Beweisantrags

156 Nach der allgemein üblichen **Definition** liegt ein Beweisantrag vor, „wenn ein Verfahrensbeteiligter verlangt, dass zum Nachweis einer bestimmten Tatsache durch Gebrauch eines bestimmten Beweismittels Beweis erhoben wird und die Beweisbehauptung die Tatsachenbasis eines in der Sache entscheidenden Urteils betrifft (z.B. BGH, StV 1994, 182; Burhoff, HV, Rn. 255 ff. m.w.N.). Der Beweisantrag ist ein **förmlicher Antrag**, der auch nur durch förmlichen Beschluss des Gerichts zurückgewiesen werden kann.

> **Hinweis:**
>
> Das ist einerseits der große Vorteil, macht aber andererseits das Handling mit dem Beweisantrag auch so schwierig, da das Vorliegen an ganz bestimmte Voraussetzungen gebunden ist. Gerade wegen der bei Vorliegen eines Beweisantrages grds. nur eingeschränkten Ablehnungsmöglichkeiten muss der Verteidiger, auch wenn das AG nach § 77 OWiG im OWi-Verfahren weiter gehende Möglichkeiten der Ablehnung hat (vgl. dazu Rn. 172 ff.), auch im Bußgeldverfahren besondere Sorgfalt auf die Formulierung seiner Anträge verwenden. Sind sie nicht sorgfältig genug formuliert, hat das Gericht (noch) leichter die Möglichkeit, den Antrag abzulehnen (vgl. das Beispiel bei OLG Hamm, VRR 2010, 113 = StRR 2009, 105 und die Beispiele bei Rn. 159 f.; zur Formulierung von Beweisanträgen in Zusammenhang mit der Videomessung OLG Hamm, Beschl. v. 11.03.2010 – 5 RBs 13/10, VRR 2010, 315).

Inhaltlich muss der Beweisantrag auf jeden Fall **zwei Elemente** enthalten, nämlich die **Beweisbehauptung** oder -tatsache und das **Beweismittel**. Ob der Zeugenbeweisantrag auch noch Ausführungen zur sog. Konnexität enthalten muss, ist fraglich (vgl. dazu Burhoff, HV, Rn. 293a ff.).

> **Hinweis:**
>
> Bei der Formulierung eines Beweisantrages muss der Verteidiger das **Augenmerk** aber nicht nur auf diese beiden Elemente haben, sondern immer auch die **möglichen Ablehnungsgründe** des § 244 Abs. 3 bis 5 StPO im Auge behalten. Das gilt vor allem auch, wenn es um die Ablehnung eines Beweismittels als „ungeeignet" i.S.v. § 244 Abs. 3 Satz 2 StPO gehen könnte, worauf häufig beim Zeugenbeweis zurückgegriffen wird, wenn es sich um längere Zeit zurückliegende Tatsachen handelt, zu denen der Zeuge Bekundungen machen soll (vgl. dazu BVerfG, NJW 2004, 1443; BGH, StV 2005, 115 m.w.N.). Droht eine solche Argumentation sollte der Verteidiger schon im Beweisantrag auf die entsprechenden Erinnerungsbrücken, die dem Zeugen zur Verfügung stehen hinweisen, um von vornherein eine Ablehnung wegen „Ungeeignetheit" zu vermeiden (vgl. dazu auch BGH, NStZ 2004, 508; zuletzt anschaulich BGH, NStZ 2010, 52 = VRR 2009, 432 = StRR 2009, 463, jeweils m. Anm. Burhoff). Desto zeitlich weiter entfernt das Ereignis zurückliegt, desto mehr und umfangreicher sollte zu dem Erinnerungsvermögen des Zeugen vorgetragen werden (zum „ungeeigneten" Zeugen s.a. noch OLG Düsseldorf, VRR 2008, 242 = VA 2008, 137 [nach langerem Zeitablauf gestellter Beweisantrag auf Einhaltung des Mindestabstands im Straßenverkehr]).

aa) Beweistatsache

Bei der (Beweis-)Tatsache wird es sich i.d.R. um in der **Vergangenheit** liegende (tatsächliche) Vorgänge handeln. Von besonderer Bedeutung sind dabei im OWi-Verfahren die mit einer durchgeführten Messung zusammenhängenden Umstände, sei es, dass es um die Beachtung der für die Verwertbarkeit der Messung erforderlichen Vorgaben des Herstellers und/oder der Rechtsprechung geht, sei es, dass Zeugen, i.d.R. die Messbeamten, zu dem Messvorgang gehört werden sollen. 157

Erforderlich ist, wenn ein **Messfehler** geltend gemacht werden soll, dass dieser **konkret behauptet** und nicht nur allgemein die (behauptete) Unzuverlässigkeit eines Messverfahrens geltend gemacht wird. Dann muss sich das AG mit den Fragen nicht näher auseinander setzen (vgl. z.B. OLG Hamm, DAR 2007, 217 = zfs 2006, 854 = VRS 111, 375 = VRR 2007, 30). Werden hingegen konkrete Anhaltspunkte für technische Fehlfunktionen des Messgerätes behauptet, ist anerkannt, dass sich die weitere Beweisaufnahme zur Aufklärung auch bei einer auf ein standardisiertes Messverfahren gestützten Beweisführung aufdrängt oder diese doch nahe liegt (vgl. OLG Celle, zfs 2009, 593 = NZV 2009, 575 = VRR 2009, 393; OLG Hamm, zfs 2007, 111 = VRR 2007, 195 = NZV 2007, 155, OLG Köln, VRS 88, 376 ff.; Göhler, § 77 Rn. 14). 158

159 Beispiele:

Beispiel 1 (nach OLG Hamm, zfs 2007, 111 = NZV 2007, 155= VRR 2007, 195 ; ähnlich OLG Celle, zfs 2009, 593 = NZV 2009, 575 = VRR 2009, 393):

Heißt es im Beweisantrag:

„Ich beantrage zum Beweis der Tatsache, dass die gemessene Geschwindigkeit nicht der tatsächlichen Geschwindigkeit entspricht und nicht ausgeschlossen werden kann, dass eine erheblich niedrigere Geschwindigkeit gefahren werden konnte, im Hinblick auf die Bauart des Porsche und die fehlende nicht protokollierte Nullmessung, die Einholung eines Sachverständigengutachtens."

und wird dann noch ausgeführt,

„dass bei dem gefahrenen Porsche bei einer Messentfernung von 100 bis 200 m trotz Anvisierung des Kennzeichens die Gefahr besteht, dass der Laserstrahl an parallel zur Fahrtrichtung ausgerichteten Bauteilen wandert und damit eine zu hohe Geschwindigkeit angezeigt wird, ohne dass das Messgerät eine Fehlmessung ausgibt."

ist das als ausreichend für eine konkrete, auf den jeweiligen Verkehrsverstoß bezogene Beweisbehauptung angesehen worden (OLG Hamm, a.a.O.; ähnlich OLG Celle, a.a.O.).

Hinweis:
Es empfiehlt sich, dem AG ggf. auch noch die entsprechenden **technischen Ausführungen** zur **Verfügung zu stellen**.

160 Beispiel 2

(nach OLG Hamm, DAR 2007, 217 = zfs 2006, 654 = VRS 111, 375 = VRR 2007, 30).

Wird hingegen – bei einem standardisierten Messverfahren – nur beantragt,

zum Beweis dafür, dass das erzielte Messergebnis falsch sei, ein Sachverständigengutachten einzuholen,

und zur Begründung nur ausgeführt:

„Bei dem eingesetzten Messgerät sind in der Vergangenheit Fehlmessungen festgestellt worden. Hier wurde bei Dunkelheit mit dem Riegl-Messgerät gemessen. Fehler treten bei Dunkelheit durch unbeabsichtigtes Anvisieren parallel zur Fahrtrichtung ausgerichteten Bauteilen (vordere Haube) oder durch Fehlzuordnung des Messwertes zu einem anderen Fahrzeug auf. Bei Dunkelheit kann das vordere Fahrzeugkennzeichen anlässlich der Messung nicht abgelesen oder anvisiert werden. Gemessen wird „zwischen den Scheinwerfern". Insoweit kann ohne Weiteres die vordere Haube des Pkw des Betroffenen anvisiert worden sein mit der Folge, dass hier ein falsches Messergebnis zulasten des Betroffenen festgestellt wurde"

ist das als nicht ausreichend angesehen worden. Nach Auffassung des OLG Hamm (a.a.O.), fehlte es für irgendwelche Zweifel am Messergebnis, weil z.B. ein zweites Fahrzeug den Messwert verursacht haben könnte, an konkreten Anhaltspunkten im Beweisantrag des Betroffenen. In diesem würden allenfalls allgemein mögliche Fehlerquellen vorgetragen. Dass bei Auslösung der in Rede stehenden Messung eine konkrete Störung des Messvorgangs durch

F. Ausgesuchte Verfahrensfragen

Fremdfahrzeuge zu besorgen gewesen wäre, werde mit dem Beweisantrag gerade nicht geltend gemacht; ebenso wenig, dass sich zwischen Messgerät und Fahrzeug andere Fahrzeuge, Sträucher, Bäume, Masten, Personen oder dergleichen befunden hätten. Auch werde weder dichter Kolonnenverkehr noch eine Überholsituation behauptet.

> **Hinweis:**
>
> Die **Beweistatsache** muss so **konkret** wie möglich **bezeichnet** werden, da das Gericht nur dann beurteilen kann, ob die Beweiserhebung erforderlich ist (vgl. Burhoff, HV, Rn. 297). Die Anforderungen an die Konkretisierung dürfen jedoch **nicht überspannt** werden. Sie müssen die Beweisthematik aber jedenfalls so umschreiben, dass sich erkennen lässt, welche Konsequenzen für die tatsächlichen Feststellungen oder die Rechtsfolgen die Anwendung eines der Ablehnungsgründe des § 244 StPO hat.

bb) Bestimmte Behauptung

Schließlich muss die im Beweisantrag konkret bezeichnete **Beweistatsache bestimmt behauptet** werden (Meyer-Goßner, § 244 Rn. 20 m.w.N.). Zwar muss das Gericht grds. den Sinn eines unklaren Beweisantrages durch Befragung klarstellen und sollte auch auf eine Klarstellung hinwirken (so schon BGHSt 1, 137 f.; KK-Fischer, § 244 Rn. 78 m.w.N. aus der Rspr.; s. BGH, NStZ 1995, 356; StV 1996, 249 m.w.N.). Ob die Gerichte das aber immer tun, ist zumindest zweifelhaft.

161

> **Hinweis:**
>
> Bei der Formulierung der Beweisbehauptung/-tatsache sind daher **unbedingt** alle **Formulierungen** zu **vermeiden**, die das Gericht dazu veranlassen könnten, an der **Bestimmtheit** zu **zweifeln**. Es dürfen auch nicht etwa mehrere, sich gegenseitig ausschließende Behauptungen aufgestellt werden, da dann keine bestimmt behauptet wird und das Gericht einen solchen Antrag als Beweisermittlungsantrag ablehnen wird (BGH, NStZ 1998, 209). Zu **vermeiden** sind daher auf jeden Fall alle Formulierungen, mit denen zum Ausdruck gebracht wird, dass sich eine Tatsache nur möglicherweise ereignet haben könnte, also nicht: „... dass der Angeklagte zur Tatzeit an einem anderen Ort gesehen worden sein müsste". Es darf ebenfalls nicht Beweis darüber verlangt werden, **ob**, warum, wann, wie oder wo eine bestimmte Tatsache eingetreten ist (vgl. OLG Hamm, StRR 2010, 105 = VRR 2009, 113). Vielmehr ist bestimmt im Indikativ zu formulieren, also: „... zum Beweis, dass sich eine bestimmte Tatsache ereignet hat".

162

Der Verteidiger kann allerdings auch solche Tatsachen unter Beweis stellen, die er nur für möglich hält (zuletzt BGH, NStZ 2006, 405 = StraFo 2006, 331 = StV 2006, 458). Allerdings darf die Beweisbehauptung nicht ohne jeden tatsächlichen Anhaltspunkt

163

aufgestellt werden („**ins Blaue**"). Dann handelt es sich nur um einen Beweisermittlungsantrag (vgl. BGH, a.a.O.; NStZ 2008, 52; 2008, 474).

b) Bezeichnung des Beweismittels

aa) Allgemeines

164 **Allgemein** gilt, dass im Beweisantrag neben der Beweisbehauptung auch das **Beweismittel** bezeichnet werden muss. Beweismittel können sein
- Zeugen,
- Sachverständige,
- Urkunden und
- der Augenschein.

Es empfiehlt sich, darüber hinaus die Angabe der im Gesetz vorgesehenen **Beweiserhebungsform**, also
- beim Zeugen und Sachverständigen die Vernehmung,
- beim Urkundenbeweis die Verlesung und
- beim Augenscheinsbeweis die Augenscheinseinnahme

anzuführen.

bb) Zeugenbeweis

165 Im Beweisantrag auf Vernehmung eines **Zeugen** muss der zu vernehmende Zeuge grds. **namentlich** und unter Angabe seiner **ladungsfähigen Anschrift** bezeichnet werden (vgl. dazu BGHSt 40, 3 = NJW 1994, 1294; BGH NStZ 2009, 649 = StRR 2009, 341). Kann die Anschrift des Zeugen nicht benannt werden, reicht es aus, wenn der Zeuge nur **individualisiert** wird und i.Ü. aufgrund der Angaben Name und Anschrift ermittelt werden können (s. u.a. BGH, StV 1989, 379; s. zuletzt BGHSt 40, 3 = NJW 1994, 1294; OLG Köln StV 2006, 206; Meyer-Goßner, § 244 Rn. 21 m.w.N. aus der Rspr.; Burhoff, HV, Rn. 292 f. m.w.N.). Muss der Zeuge dazu ggf. erst aus einem Personenkreis herausgefunden werden, müssen im Beweisantrag auf ihn hindeutende **Charakteristika** enthalten und der Personenkreis, aus dem der Zeuge ermittelt werden soll, deutlich abgegrenzt sein (vgl. Burhoff, a.a.O.). Nach Möglichkeit muss der Verteidiger zunächst **versuchen**, durch **eigene Ermittlungen** den **Zeugen** zu **individualisieren**, um ihn dann im Beweisantrag benennen zu können (vgl. u.a. BGH, Beschl. v. 29.04.2010 – 1 StR 644/09, LNR 2010, 16737). Ist er dazu nicht in der Lage, sollten er den **Weg**, wie der Zeuge ermittelt werden kann, **möglichst genau** und sorgfältig angeben.

> **Hinweis:**
> Bei der Formulierung des Zeugenbeweisantrags ist die neuere Rechtsprechung des **BGH** zur sog. **Konnexität** zwischen Beweistatsache und Beweismittel von Bedeutung (zuletzt u.a. BGH, NStZ 2000, 437; 2009, 171; s.a. grundlegend BGHSt 40, 3; = NJW 1994, 1294; 43, 321 = NJW 1998, 1723, jeweils m.w.N.; dazu krit. KK-Herdegen, 5. Aufl., § 244 Rn. 48 und die weiteren Nachw. bei Burhoff, HV, Rn. 293a). Sie führt nämlich dazu, dass nach der Rechtsprechung neben Beweismittel und Beweistatsache für das Vorliegen eines Beweisantrags u.U. noch als **dritte Voraussetzung** (offen gelassen von BGH, NStZ 2009, 171) erforderlich sein kann und in den Fällen, in denen es sich nicht von selbst ergibt, der erforderliche Zusammenhang, die Konnexität, zwischen Beweismittel und Beweisbehauptung darzulegen ist. Dies bedeutet dann im Fall des Zeugenbeweises, dass der **Antrag erkennen** lassen muss, **weshalb** der **Zeuge** überhaupt etwas zu einem Beweisthema **bekunden können** soll (soll (vgl. insb. jetzt BGHSt 52, 284; s.a. noch BGH, NStZ 2006, 585; 2009, 171; NStZ-RR 2002, 43 und BGHSt 52, 322). Das gilt nach der Rechtsprechung vornehmlich in den Fällen, in denen konkrete und bestimmte Behauptungen aufgestellt werden, jedoch nicht ohne Weiteres erkennbar ist, warum diesen eigene Wahrnehmungen des Zeugen zugrunde liegen. In diesen Fällen muss nach der Rechtsprechung der Antrag den Zusammenhang zwischen Beweistatsache und Beweismittel näher darlegen (BGHSt 43, 321, 329; 52, 284; NStZ 2000, 437; 2002, 383; 2009, 171), also z.B. ausführen, dass der Zeuge die Wahrnehmungen machen konnte, weil er am Tatort war, in der Nachbarschaft wohnt, eine Akte gelesen hat usw. (BGHSt 43, 321 = NJW 1998, 1723; NStZ-RR 1997, 331).

cc) Sachverständigenbeweis

Nach § 73 Abs. 1 Satz 1 StPO wählt das Gericht den SV aus. Der Verteidiger hat daher grds. **keinen Anspruch** auf Anhörung eines **bestimmten SV**. Das bedeutet, dass er in seinem Beweisantrag einen bestimmten SV **nicht namentlich** benennen muss. Es ist allerdings zu empfehlen, den SV, den der Verteidiger für geeignet hält, im Beweisantrag namentlich aufzuführen. 166

Bei einem SV-Antrag ist es **unerheblich**, wenn der Verteidiger es nur für möglich hält, dass die Beweiserhebung zu der Feststellung der im Antrag aufgeführten Beweistatsache führt. Vielmehr wird er gerade bei Stellung eines SV-Antrags noch mehr als bei der Beantragung einer Zeugenvernehmung auf **Vermutungen** angewiesen sein. I.d.R. verfügt er nämlich in diesem Bereich nicht über die Möglichkeiten, sich vorab über das (zu erwartende) Ergebnis eines SV-Gutachtens zu informieren. Allerdings muss der Verteidiger im Antrag die **Anknüpfungstatsachen** mitteilen, damit das Gericht prüfen und entscheiden kann, ob es einen SV hinzuziehen muss (BGH, NStZ 1996, 202). 167

168 Im Hinblick auf den beim SV-Antrag möglichen Ablehnungsgrund der **eigenen Sachkunde** des Gerichts sollte dargelegt werden, warum das Gericht gerade nicht über eine besondere Sachkunde verfügt. Das kann z.b. von Bedeutung sein, wenn es um die Auswertung von Fahrtenschreiberdiagrammen geht (vgl. dazu z.b. BayObLG zfs 1007, 315; OLG Jena, DAR 2005, 44; Krumm, VRR 2006, 328). Denn eigene Sachkunde des Richters wird von den Obergerichten nur bei einfachen technischen Fragen angenommen, nicht dagegen aber, wenn es um schwierige technische Fachfragen geht (OLG Jena, DAR 2005, 44).

dd) Urkundenbeweis

169 Bei der Formulierung des Urkundenbeweises ist zu **unterscheiden**, ob sich die Urkunde, die nach Ansicht des Verteidigers verlesen werden muss, in den Gerichtsakten befindet, von denen das Gericht Gebrauch machen will, oder ob sie sich z.B. in einem Beweismittelordner, den das Gericht nicht benutzen will, befindet.

Hinweis:

Es ist darauf zu achten, dass alle **Urkunden verlesen** werden. Auch **Messprotokolle** sind Urkunden. Ihr Inhalt kann also nur durch Verlesung in die Hauptverhandlung eingeführt werden bzw. es kann auf sie nicht als Abbildung nach § 267 Abs. 1 Satz 3 StPO im Urteil nur Bezug genommen werden (OLG Brandenburg, DAR 2005, 97 = StraFo 2005, 120; OLG Hamm, VA 2008, 52; NStZ-RR 2009, 151 = NZV 2009, 303; OLG Jena, VRS 114, 37).

170 Die **in den Bußgeldakten** befindlichen **Urkunden** sind ein sog. präsentes Beweismittel. Sie unterfallen allerdings nicht der Regelung in § 245 Abs. 2 StPO, sondern der in § 245 Abs. 1 (KK-Fischer, § 245 Rn. 10 f. m.w.N.). Damit erstreckt sich die Beweiserhebungspflicht des Gerichts auf alle Urkunden, die bei Beginn der Hauptverhandlung vorliegen, sofern das Gericht zu erkennen gegeben hat, dass es von ihnen Gebrauch machen will (BGHSt 37, 168, 171 ff. = NJW 1991, 1622). Dazu reicht aber das bloße Vorhandensein der Urkunde an Gerichtsstelle oder ihre Bezeichnung als Beweismittel in der Anklageschrift allein nicht aus.

Hinweis:

Will der Verteidiger erreichen, dass eine solche „**präsente**" **Urkunde** aus den Akten verlesen wird, muss er **keinen Beweisantrag** i.e.S. stellen. Er muss allerdings durch einen Antrag nach außen erkennbar machen, dass die Beweisaufnahme (auch) auf die Verwertung einer bestimmten Urkunde aus den Akten ausgedehnt werden soll (Meyer-Goßner, § 245 Rn. 5 m.w.N.). In diesem Antrag muss die genaue **Fundstelle** der Urkunde bezeichnet werden, die Angabe eines Beweisthemas ist nicht erforderlich.

Befindet sich hingegen die Urkunde, die verlesen werden soll, z.b. in einem **Beweismittelordner**, den das **Gericht nicht benutzen** will, oder in den **Akten** einer **anderen Behörde**, muss ein vollständiger Beweisantrag gestellt werden, der ein Beweisthema enthalten und den Fundort der Urkunde genau bezeichnen muss (BGHSt 37, 168 ff. = NJW 1991, 1622). Auf die **Bezeichnung** des **Fundortes** ist besondere **Sorgfalt** zu verwenden. Nicht ausreichend zur Bezeichnung ist z.b. eine Formulierung wie: „... in den Akten der Verwaltungsbehörde von ..." o.Ä. Bei einem solchen Antrag würde es sich, da die Urkunde erst noch gesucht werden muss, um einen Beweisermittlungsantrag handeln.

171

> **Hinweis:**
> **Vorsicht** ist auch geboten bei einem **Antrag** auf **Beiziehung** von **Akten**. Der bloße Antrag auf Beiziehung von (bestimmten) Akten ist nur dann ein ordnungsgemäßer Beweisantrag, wenn eine bestimmte Tatsache durch den gesamten Inhalt einer Urkundensammlung bewiesen werden soll (BGH, NStZ 1997, 562 [für Krankenakten]; NStZ 2009, 51; StV 1999, 80; vgl. auch KG, NStZ-RR 2002, 166, OLG Saarbrücken, NStZ 2005, 344). Das ist z.B. dann der Fall, wenn es darum geht, dass sich eine bestimmte Urkunde nicht in den Akten befindet oder erst durch die Gesamtheit von bestimmten Akten eine Entwicklung offenbar wird. Geht es hingegen um den Inhalt einer bestimmten Urkunde, z.B. eines Arztberichtes, muss die Verlesung dieser konkreten Urkunde unter Angabe des Fundortes beantragt werden (vgl. auch oben Rn. 130 m.w.N.).

3. Ablehnung eines Beweisantrages, insb. § 77 OWiG

a) Allgemeine Ablehnungsgründe (§ 244 Abs. 3 und 4 StPO)

Sofern das Gericht den Sachverhalt nach dem bis zur Antragstellung vorliegenden Ergebnis der Beweisaufnahme für geklärt hält, kann ein Beweisantrag unter bestimmten Voraussetzungen abgelehnt werden. Dabei werden im OWi-Verfahren die Fälle des **§ 244 Abs. 3 und 4 StPO** (vgl. dazu Burhoff, HV, Rn. 261 ff. m.w.N.; Burhoff/Stephan, OWi, Rn. 1658 ff.) auf die fehlende Erforderlichkeit (§ 77 Abs. 2 Nr. 1 OWiG) und das verspätete Vorbringen (§ 77 Abs. 2 Nr. 2 OWiG) **ausgedehnt** (vgl. dazu Rn. 139 ff.). Bei der Ablehnung eines Beweisantrages ist das AG allerdings an diese Ablehnungsgründe gebunden, es hat kein darüber hinausgehendes Ermessen (OLG Hamm, VA 2007, 37). Der Umfang der Beweisaufnahme steht nicht in seinem Belieben.

172

b) Zur Erforschung der Wahrheit nicht erforderlich (§ 77 Abs. 2 Nr. 1 OWiG)

173 Nach § 77 Abs. 2 Nr. 1 OWiG kann der Beweisantrag abgelehnt werden, wenn nach pflichtgemäßem Ermessen des Gerichts die Beweiserhebung zur Erforschung der Wahrheit **nicht erforderlich** ist. Das ist gegeben, wenn der Sachverhalt aufgrund verlässlicher Beweismittel so eindeutig geklärt ist, dass die beantragte Erhebung des Beweises an der Überzeugung des Gerichts nichts ändern würde (s. u.a. OLG Düsseldorf, VRS 76, 377 = NZV 1989, 163; OLG Hamm, NZV 2008, 417 = VRS 114, 290; OLG Jena, VRS 107, 379; Göhler, § 77 Rn. 13 m.w.N. zu § 77 OWiG a.F.) bzw., wenn die Aussichtslosigkeit der Beweiserhebung zweifelsfrei feststeht (Göhler, § 77 Rn. 13, m.w.N.). Oder: Unter Berücksichtigung des Gewichts des bisherigen Beweisergebnisses auf der einen und desjenigen des weiteren Beweismittels, dessen zusätzliche Verwendung beantragt ist, auf der anderen Seite muss nach dem Ergebnis der Gesamtbeweislage die Möglichkeit, die Überzeugung des Gerichts könne durch die beantragte Beweiserhebung noch erschüttert werden, vernünftigerweise als ausgeschlossen erscheinen (BayObLG, VRS 87, 367, 368; DAR 1997, 318).

> **Hinweis:**
>
> Dass diese Voraussetzungen vorliegen, muss in dem die Ablehnung des Beweisantrages aussprechenden Beschluss oder im Urteil jedenfalls dann, wenn die Gründe nicht offen zutage liegen, im Einzelnen dargelegt werden (vgl. u.a. OLG Hamm, NZV 2007, 319). Erst dadurch wird das Rechtsbeschwerdegericht in die Lage versetzt, die für die Ablehnung des Beweisantrags maßgebenden Erwägungen zu überprüfen (BayObLG, a.a.O.).

174 I.Ü. kommt es darauf an, ob der Beweisantrag ohne eine **Verletzung** der **Aufklärungspflicht** abgelehnt werden kann (anschaulich für die Einholung eines Sachverständigengutachtens OLG Hamm, VA 2010, 122 = LNR 2010, 15854. Im Einzelnen gilt (vgl. auch Burhoff, VA 2007, 207):

- Das wird bei dem Antrag auf **Vernehmung** eines **weiteren Zeugen** zur Entkräftung der Aussage eines einzigen bisher vernommenen Zeugen i.d.R. nicht der Fall sein (OLG Celle, Nds.Rpfl. 2001, 160; OLG Düsseldorf, zfs 2004, 185 m.w.N.; OLG Jena, StraFo 2004, 357; OLG Köln, VRS 100, 464; s.a. OLG Düsseldorf, NStZ-RR 1999, 183; vgl. i.Ü. Göhler, § 77 Rn. 14 ff. m.w.N.)). In diesen Fällen wird es i.d.R. naheliegen, den Zeugen zu hören (OLG Düsseldorf, zfs 2004, 185).

- Das gilt auch, wenn nur ein von einem Vorfall gefertigtes **Lichtbild** vorliegt und der Betroffene Zeugen dafür benennt, dass er als Fahrer ausscheide (OLG Oldenburg, VRS 88, 296). Dann sind im Zweifel aber auch Ausführungen zur Ähnlichkeit zwischen den Personen erforderlich (vgl. OLG Düsseldorf, DAR 2001, 176 = VRS 100, 358 = zfs 2001, 183; OLG Hamm, DAR 2000, 417 = NZV 2001, 89).

F. Ausgesuchte Verfahrensfragen

- Auch dann, wenn bereits **zwei Zeugen**/Polizeibeamte den Verstoß des Betroffenen bestätigen, deren Aussagen aber durch einen Gegenzeugen entkräftet werden sollen, ist der Sachverhalt noch nicht ausreichend geklärt (OLG Köln, VRS 88, 376; ähnlich KG, NZV 2007, 584 = VRR 2007, 395 = VRS 113, 298). Nach Auffassung des OLG Köln (a.a.O.) muss der Betroffene zumindest hinreichend Gelegenheit erhalten, seine Bedenken gegen die Korrektheit einer Geschwindigkeitsmessung, sofern sie nicht völlig abwegig sind, gerichtlich überprüfen zu lassen. Das ist nicht mehr gewährleistet, wenn der Bußgeldrichter nach Anhörung von Polizeizeugen jede weitere Beweisaufnahme als „zur Erforschung der Wahrheit nicht erforderlich" abblockt (OLG Köln, a.a.O.).

> **Hinweis:**
> Entscheidend wird in diesen Fällen sein, ob eine **abweichende Aussage** des Zeugen zu erwarten ist (vgl. OLG Hamm, DAR 1985, 29 = VRS 67, 450). Der Verteidiger muss dazu in seinem Beweisantrag vortragen (OLG Hamm, a.a.O.).

- Entsprechendes gilt für den Antrag auf **Vernehmung** eines **Sachverständigen** zur Widerlegung der Aussage des einzigen Belastungszeugen (BayObLG, VRS 84, 44; OLG Köln, VRS 100, 464; OLG Hamm, VA 2010, 122 = LNR 2010, 15854).
- Das gilt auch, wenn eine **technische Fehlfunktion** des **Messgerätes** mit konkreten Anhaltspunkten behauptet wird (OLG Celle, zfs 2009, 593 = NZV 2009, 575 = VRR 2009, 393; OLG Hamm, zfs 2007, 111 = VRR 2007, 195 = NZV 2007, 155; OLG Köln, VRS 88, 376; vgl. aber BayObLG, DAR 2004, 533, wo unter Hinweis darauf, dass bekannt sei, dass in Bayern nur ordnungsgemäß arbeitende/geeichte Messgeräte verwendet werden, die Ablehnung eines entsprechenden Beweisantrages durch das AG sanktioniert worden ist; und OLG Jena, VRS 108, 371).

c) **Verspätetes Vorbringen nach § 77 Abs. 2 Nr. 2 OWiG**

Nach **§ 77 Abs. 2 Nr. 2 OWiG** kann der Beweisantrag abgelehnt werden, wenn nach freier Würdigung des Beweismittels die zu beweisende Tatsache ohne verständigen Grund so **spät vorgebracht** wurde, dass die Beweiserhebung zur Aussetzung der Hauptverhandlung führen würde. Der Betroffene handelt dann ohne verständigen Grund, wenn ihm ein **früheres Vorbringen möglich** und zumutbar gewesen wäre, so besonders, weil dies weder für ihn noch für einen seiner Angehörigen nachteilig gewesen wäre (Göhler, § 77 Rn. 20). 175

Voraussetzung ist auch hier zunächst, dass bereits eine Beweisaufnahme durchgeführt wurde und das Gericht den Sachverhalt danach für geklärt hält. Auch darf nicht die Aufklärungspflicht (§ 244 Abs. 2 StPO) der Ablehnung des Beweisantrages entgegenstehen (OLG Hamm, VA 2010, 122 = LNR 2010, 15854). Begründet wird dieser besondere Ablehnungsaspekt i.Ü. damit, dass unter dem Gesichtspunkt der Prozess- 176 verschleppung dem **Missbrauch prozessualer Rechte** durch das bewusste Zurückhalten von Beweismitteln begegnet wird (BVerfG, NJW 1992, 2811 = DAR 1992, 297 = VRS 83, 84). Deshalb greift § 77 Abs. 2 Nr. 2 OWiG nur dann, wenn ein verständiger Grund für das Verhalten fehlt, also ein früheres Vorbringen möglich und zumutbar war. Als **nachvollziehbarer Grund** für die Verspätung wird z.b. anerkannt, wenn der Betroffene durch ein früheres Vorbringen seine Verteidigungsposition negativ beeinflusst (Beck/Berr, Rn. 84) oder einen Angehörigen der Gefahr einer Strafverfolgung ausgesetzt hätte. Auch muss der Betroffene nicht vorab schon alle möglichen Beweismittel benennen (OLG Jena, zfs 2004, 431; vgl. aber OLG Hamm, VA 2010, 122 = LNR 2010, 15854). So kann der Beweisantrag erst als Reaktion auf die Aussage eines Zeugen gestellt werden, dessen Aussage mangels Aktenkundigkeit einer schriftlichen Schilderung des Verkehrsgeschehens nicht zuverlässig vorhergesehen werden konnte (OLG Jena, a.a.O.).

> **Hinweis:**
>
> Der Beweisantrag ist besonders dann nicht verspätet, wenn sich erst in der Hauptverhandlung Umstände herausstellen, die Hinweis auf eine für den Betroffenen günstige Konstellation haben (vgl. BVerfG, a.a.O.). Der Verteidiger sollte es sich allerdings zur Gewohnheit machen, Beweisanträge i.d.R. so früh wie möglich vor der Hauptverhandlung zu stellen, um von vornherein den Verspätungseinwand auszuschließen (s. auch OLG Hamm, VA 2010, 122 = LNR 2010, 15854). Die Stellung eines Beweisantrages eine Woche vor dem Termin ist nicht als zu spät angesehen worden (OLG Düsseldorf, zfs 2004, 185). Dass die Beweiserhebung nur zur Vertagung führt, reicht zur Ablehnung des Beweisantrages nicht aus (allg. Meinung, s. u.a. Göhler, § 77 Rn. 20 m.w.N.; OLG Hamm, NZV 2008, 160 = VRR 2008, 235 = VRS 114, 55 m.w.N.; VA 2010, 122 = LNR 2010, 15854).

IV. Rechtsbeschwerde

1. Allgemeines

177 Das OWi-Verfahren kennt als Rechtsmittel nur die Rechtsbeschwerde (eingehend dazu Burhoff/Junker, OWi, Rn. 2067 ff.). Diese ist in den §§ 79 ff. OWiG der **Revision** (§§ 333 bis 358 StPO) **nachgebildet**. Ebenso wie diese ermöglicht sie nur eine Nachprüfung der Entscheidung und des vorausgegangenen gerichtlichen Verfahrens in rechtlicher Hinsicht. Die Rechtsbeschwerde unterscheidet sich von der Revision aber dadurch, dass sie nicht nur gegen Urteile statthaft ist, sondern grds. in gleicher Weise gegen Entscheidungen, die im Beschlussverfahren nach § 72 OWiG ergangen sind.

178 Aus Gründen der Praktikabilität bestehen bei der Rechtsbeschwerde **strikte Zulassungsbeschränkungen** für weniger bedeutsame Ordnungswidrigkeiten (vgl.

Rn. 197 ff.), wobei Ungerechtigkeiten im Einzelfall bewusst in Kauf genommen werden. Das OWiG unterscheidet zwischen solchen Einwänden, die – bei Erfüllung der Voraussetzungen nach § 79 Abs. 1 Satz 1 Nr. 1 bis 5 OWiG – kraft Gesetzes zulässig sind und solchen, die einer **ausdrücklichen Zulassung** durch das Beschwerdegericht bedürfen (§ 79 Abs. 1 Satz 2 i.V.m. § 80 OWiG). Die Beschränkung des Rechtsbeschwerdeverfahrens verfolgt das Ziel, die Obergerichte von Bagatellsachen zu entlasten und sie in ihrer Aufgabe – die Vereinheitlichung der Rechtsprechung und Fortbildung des Rechts – funktionstüchtig zu erhalten.

Schließlich ist das Rechtsbeschwerdeverfahren einfacher als bei der Revision geregelt, da das zuständige OLG grds. durch **Beschluss**, also grds. ohne Hauptverhandlung entscheidet (§ 79 Abs. 5 Satz 1 OWiG). Richtet sich die Rechtsbeschwerde gegen ein Urteil, so kann auch aufgrund einer Hauptverhandlung durch Urteil entschieden werden (§ 79 Abs. 5 Satz 2 OWiG). Das OLG kann abweichend von § 354 StPO (immer) **in der Sache selbst** entscheiden oder an das erstbefasste oder ein anderes AG zurückverweisen (§ 79 Abs. 6 OWiG). Bei einer eigenen Sachentscheidung kann das OLG – i.R.d. **Verschlechterungsverbotes** (§ 79 Abs. 3 OWiG i.V.m. § 358 Abs. 2 StPO) die Folgen aussprechen, die bei der Zurückverweisung das AG aussprechen würde. Dies ist sowohl bei einer Aufhebung als auch einer Bestätigung des amtsgerichtlichen Urteils möglich (OLG Düsseldorf, VRS 74, 219). Voraussetzung ist dabei stets, dass der Sachverhalt nach Aktenlage genügend aufgeklärt ist, da das Beschwerdegericht keine neuen Tatsachen feststellen kann.   179

Nach § 121 GVG ist eine **Vorlage** an den **BGH** dann notwendig, wenn das Beschwerdegericht von der Entscheidung eines anderen OLG oder des BGH abweichen möchte. Dabei müssen sowohl die frühere wie auch die neue Rechtsansicht entscheidungserheblich sein; eine Divergenz allein in den Gründen führt nicht zur Vorlagepflicht (zur verneinten Vorlagepflicht bei der Videomessung s. OLG Bamberg, Beschl. v. 16.03.2010 – 2 Ss OWi 235/10, LNR 2010, 16403 = VA 2010, 137).   180

2. Einlegung der Rechtsbeschwerde

a) Allgemeines

Voraussetzung für die Zulässigkeit der Rechtsbeschwerde ist eine **Beschwer** der Rechtsbeschwerdeführers. Insoweit gelten die allgemeinen Regeln: Es ist also nur derjenige beschwert, dessen Rechte oder schutzwürdigen Interessen durch die angefochtene Entscheidung **unmittelbar** beeinträchtigt sind (BGHSt 16, 374 ff.; wegen der weiteren Einzelheiten vgl. Meyer-Goßner, vor § 296 Rn. 9 ff. m.w.N.).   181

Die **Anfechtungsberechtigung** richtet sich ebenfalls nach den **allgemeinen Regeln**. Danach sind also zur Einlegung der Rechtsbeschwerde i.d.R. berechtigt: 182

- der Betroffene und
- die StA.

Für den Betroffenen kann der **Verteidiger** aus **eigenem Recht** und im eigenen Namen Rechtsbeschwerde einlegen (§ 79 Abs. 3 OWiG i.V.m. § 297 StPO), allerdings nicht gegen dessen ausdrücklichen Wille.

b) **Frist**

183 Nach § 79 Abs. 3 OWiG i.V.m. § 341 Abs. 1 StPO muss die Rechtsbeschwerde bei dem Gericht, dessen Urteil angefochten wird, **binnen einer Woche** schriftlich oder zu Protokoll der Geschäftsstelle eingelegt werden (vgl. allgemein zur Rechtsmitteleinlegung Burhoff, HV, Rn. 740 ff. m.w.N.; zur Einlegung der Revision s. Burhoff, HV, Rn. 761c ff.; zur Rechtsbeschwerde eingehend Burhoff/Junker, OWi, Rn. 2096 ff.; s.a. Junker/Veh, VRR 2006, 9; dies., VRR 2006, 50). In § 341 Abs. 2 StPO a.F. war früher bestimmt, dass die Frist für die Einlegung der Revision gegen ein in **Abwesenheit** des **Angeklagten** verkündetes Urteil erst zu laufen begann, wenn das Urteil dem Angeklagten zugestellt wurde. § 341 Abs. 2 StPO ist durch das 1. JuMoG dahin geändert worden, dass die Frist bereits mit Verkündung des Urteils in Gang gesetzt wird, wenn sich der Angeklagte durch einen mit schriftlicher Vollmacht versehenen Verteidiger vertreten lassen hat und dieser bei der Verkündung des Urteils anwesend war (zur Vertretung des Betroffenen durch den Verteidiger s. Burhoff, HV, Rn. 1094 ff. m.w.N.).

c) **Form**

184 Zur Form der Einlegung der Rechtsbeschwerde bestimmt § 79 Abs. 3 OWiG i.V.m. § 341 Abs. 1 StPO, dass sie **schriftlich** oder zu **Protokoll der Geschäftsstelle** des Gerichts, dessen Urteil angefochten wird, zu erklären ist (vgl. Burhoff, HV, Rn. 761i für die Revision; Burhoff/Junker, OWi, Rn. 2109 ff.). Wird die Rechtsbeschwerde, was die Regel sein dürfte, schriftlich eingelegt, muss das in deutscher Sprache geschehen. Die Rechtsbeschwerde kann **telegrafisch** oder durch **Fernschreiber** eingelegt werden, möglich ist grds. auch die Einlegung durch sog. **Telefax** (vgl. Meyer-Goßner, § 341 Rn. 7 und Einl. Rn. 139 m.w.N.; Burhoff, HV, Rn. 182e). Die telefonische Einlegung ist nach überwiegender Meinung wirkungslos (s.a. OLG Hamm, DAR 1995, 457 = NZV 1996, 123 für telefonische Rechtsbeschwerdebegründung; s. aber LG Münster, NJW 2005, 166 = zfs 2005, 42 gegen BGHSt 30, 64 = NJW 1981, 1627).

Hinweis:

Von einer Einlegung der Rechtsbeschwerde durch **E-Mail** sollte der Verteidiger im Hinblick auf die obergerichtliche Rechtsprechung absehen (BGH, NJW-RR 2009, 357; OLG Oldenburg, NJW 2009, 536; sowie das LG Magdeburg, Beschl.

v. 27.10.2008 – 24 Qs 87/08 für das Strafbefehlsverfahren; eingehend Burhoff, HV, Rn. 182f).

d) Antrag an das Rechtsbeschwerdegericht (§ 346 StPO)

Wird die Frist zur Einlegung der Rechtsbeschwerde versäumt, verwirft das AG, dessen Urteil angefochten wird, die Rechtsbeschwerde gem. § 79 Abs. 3 OWiG i.V.m. § 346 Abs. 1 StPO als unzulässig. Dagegen kann der Beschwerdeführer binnen einer Woche nach Zustellung des Beschlusses gem. § 346 Abs. 2 StPO auf **Entscheidung des Rechtsbeschwerdegerichts beantragen**. Dieser Antrag ist ein befristetes Rechtsmittel eigener Art, für das die Vorschriften der sofortigen Beschwerde entsprechend gelten. Der Antrag muss **schriftlich** gestellt werden, bedarf aber sonst keiner besonderen Form. Über den Antrag entscheidet das Rechtsbeschwerdegericht, das prüft, ob die Frist tatsächlich versäumt worden ist. Ist das nicht der Fall, wird der Verwerfungsbeschluss aufgehoben (wegen der Einzelh. Burhoff, HV, Rn. 7511 ff. für die Revision).

185

Hinweis:
Neben dem Antrag auf Entscheidung des Rechtsbeschwerdegericht nach § 346 Abs. 2 StPO kann auch Wiedereinsetzung in den vorigen Stand nach den allgemeinen Regeln beantragt werden, wenn der Beschwerdeführer ohne Verschulden an der Einhaltung der Frist zur Einlegung der Rechtsbeschwerde verhindert war. Werden beide Anträge gestellt, wird zunächst über den Wiedereinsetzungsantrag entschieden, weil sich bei dessen Erfolg der Antrag nach § 346 Abs. 2 StPO erledigt (zum Wiedereinsetzungsantrag s. Burhoff, HV, Rn. 1172a ff. und Burhoff/Burhoff, OWi, Rn. 2855 ff.).

e) Beschränkung der Rechtsbeschwerde

Die Rechtsbeschwerde kann – ebenso wie Revision oder Berufung im Strafverfahren nach § 318 StPO – bei der Einlegung oder durch Teilrücknahme beschränkt werden. Für die beschränkte Einlegung braucht der Verteidiger **keine besondere Vollmacht**, wohl aber nach § 302 Abs. 2 StPO i.V.m. § 79 Abs. 3 OWiG für die Teilrücknahme (zur Vollmacht in den Fällen der Rücknahme z.B. BGH, NStZ 2000, 665; KG, NJW 2009, 1686 = VRR 2009, 163; OLG Hamm, VRR 2005, 243 [LS]).

186

Die Beschränkung braucht **nicht ausdrücklich** erklärt zu werden. Sie kann sich aus der Begründung der Rechtsbeschwerde ergeben, z.B. wenn die Sachrüge nur Ausführungen zum Rechtsfolgenausspruch enthält. Wegen des zulässigen Umfangs der Beschränkung gelten die allgemeinen Grundsätze wie bei der Berufung und der Revision. Es soll hier nur auf folgende Regeln hingewiesen werden (vgl. i.Ü. Burhoff, HV, Rn. 761 ff. und Rn. 179, jeweils m.w.N.):

187

- Die Beschränkung kann **nicht** von einer **Bedingung** abhängig gemacht werden.
- Die Beschränkung ist auch **nicht** auf **einzelne rechtliche Gesichtspunkte** des Schuldspruchs möglich, also z.b. nicht auf die Nachprüfung einzelner Gesetzesverletzungen (BGHSt 24, 185, 189).
- Die **Beschränkung** auf den **Rechtsfolgenausspruch** ist möglich. Das ist der in der Praxis häufigste Fall. Diese Beschränkung ist aber nur **wirksam**, wenn das AG zur Schuldfrage **ausreichende Feststellungen** getroffen hat (OLG Düsseldorf, VRS 86, 354; 85, 472; OLG Köln, VRS 96, 289). Sind die Feststellungen zum objektiven oder subjektiven Tatbestand lückenhaft, so ist die nur teilweise Anfechtung der Entscheidung unwirksam (vgl. z.B. BayObLG, StV 1983, 418; KG, NJW 1976, 813; OLG Düsseldorf, NJW 1993, 2063; OLG Koblenz VRS 70, 144; OLG Zweibrücken, VA 2008, 137 für Geschwindigkeitsüberschreitung; s.a. Burhoff/Junker, OWi, Rn. 2092 ff. m.w.N.).

188 | **Hinweis:**
Die **Beschränkung** der **Rechtsbeschwerde** auf die Nebenfolge „**Fahrverbot**" wird i.d.R. als nicht möglich angesehen, da ihre Verhängung und die Bemessung der Geldbuße in einer Wechselwirkung zueinander stehen. Nach § 4 Abs. 4 BKatVO soll nämlich bei einem ausnahmsweisen Absehen vom Fahrverbot der Regelsatz angemessen erhöht werden. Daher erstreckt sich eine allein auf das Fahrverbot bezogene Rechtsbeschwerde i.d.R. auf den gesamten Rechtsfolgenausspruch.

3. Zulassungsfreie Rechtsbeschwerde

189 § 79 Abs. 1 OWiG regelt, wann eine Rechtsbeschwerde **ohne besondere Zulassung** zulässig ist. Im Einzelnen gilt:

190 - Nach § 79 Abs. 1 Satz 1 Nr. 1 OWiG ist die Rechtsbeschwerde ohne besondere Zulassung dann zulässig, wenn eine Geldbuße von mehr als **250,00 €** festgesetzt worden ist. Wird eine Geldbuße vom Gericht exakt so bemessen, um hierdurch eine Rechtsbeschwerde zu ermöglichen, ist die Strafzumessung fehlerhaft und die Sache deshalb zur Neufestsetzung zurückzuverweisen (OLG Frankfurt am Main, VRS 51, 291).

191 - Bei der Anordnung einer **Nebenfolge** (§ 79 Abs. 1 Satz 1 Nr. 2 OWiG) kommt es darauf an, ob sie vermögensrechtlicher Natur ist; in diesem Fall muss ihr Wert auf mehr als 250,00 € festgesetzt worden sein. Für das Verkehrsrecht sind die Nebenfolgen nichtvermögensrechtlicher Art von Bedeutung, die stets eine Rechtsbeschwerde ermöglichen, da diese Eingriffe für den Betroffenen meist von erheblicher Bedeutung sind und regelmäßig nur bei gravierenden Ordnungswidrigkeiten angeordnet werden. Hierzu zählt vornehmlich das Fahrverbot nach § 25 StVG, nicht hingegen die Eintragung von Punkten im Verkehrszentralregister nach § 28

Nr. 3 StVG (OLG Hamm, VRS 92, 345 = DAR 1997, 29; VRS 94, 127 = DAR 1997, 410).

- Die Wertgrenze für eine **Rechtsbeschwerde** der **StA** zuungunsten des Betroffenen liegt aus Gründen der Waffengleichheit deutlich über dem in § 79 Abs. 1 Satz 1 Nr. 1 OWiG ausgewiesenen Betrag. Bei einem Freispruch oder einer Verfahrenseinstellung ist nur dann Rechtsbeschwerde möglich, wenn wegen der abgeurteilten Tat eine Geldbuße von mehr als 600,00 € beantragt oder im Bußgeldbescheid festgesetzt worden war (§ 79 Abs. 1 Nr. 3 OWiG). Beim Absehen vom Fahrverbot muss dieses im Bußgeldbescheid verhängt oder von der StA beantragt worden sein. 192

- Wird der **Einspruch** durch Urteil als **unzulässig verworfen**, ist die Rechtsbeschwerde stets nach § 79 Abs. 1 Satz 1 Nr. 4 OWiG zulässig; gegen einen Verwerfungsbeschluss ist dagegen die sofortige Beschwerde nach § 70 Abs. 2 OWiG statthaft. Eine entsprechende Anwendung von § 79 Abs. 1 Satz 1 Nr. 4 OWiG auf die Fälle einer Verwerfung durch Urteil wegen unentschuldigten Ausbleibens des Betroffenen (§ 74 Abs. 2 OWiG) ist nicht möglich (OLG Düsseldorf, NJW 1988, 1681). Vielmehr sieht § 74 Abs. 4 OWiG die Wiedereinsetzung in den vorigen Stand unter den gleichen Voraussetzungen wie bei einer Fristversäumnis vor. 193

- Schließlich ist das Rechtsmittel nach § 79 Abs. 1 Satz 1 Nr. 5 OWiG dann eröffnet, wenn durch **Beschluss** nach **§ 72 OWiG entschieden** wurde, obwohl der Beschwerdeführer diesem Verfahren rechtzeitig widersprochen hatte. In diesem Fall kommt es gleichfalls nicht auf den Wert der Nebenfolge oder die Höhe der Geldbuße an, da die Verfahrensbeteiligten in jedem Fall Anspruch auf eine mündliche Verhandlung haben (OLG Düsseldorf, DAR 1999, 129). 194

4. Zulassung der Rechtsbeschwerde (§ 80 OWiG)

a) Allgemeines

> **Hinweis:**
>
> Die mit der Zulassung der Rechtsbeschwerde zusammenhängenden Fragen haben wegen der Änderung des OWiG im Jahr 1999 durch die **Anhebung** der **Wertgrenzen** in § 79 Abs. 1 Satz 1 Nr. 1 und 2 OWiG erheblich an **Bedeutung zugenommen**. Denn die Anhebung hat dazu geführt, dass – soweit nicht ein Fahrverbot verhängt ist – bei Verkehrsordnungswidrigkeiten der weitaus größte Teil der Rechtsbeschwerden der Zulassung bedarf.

195

Nach § 80 Abs. 1 OWiG ist die Rechtsbeschwerde **auf Antrag** grds. dann zuzulassen, wenn es geboten ist, die Nachprüfung des angefochtenen Urteils zur Fortbildung des Rechts oder zur Sicherung einer einheitlichen Rechtsprechung zu ermöglichen oder das Urteil wegen Versagung des rechtlichen Gehörs aufzuheben. Obwohl die Zulassungsvoraussetzungen damit an sich verhältnismäßig klar umrissen sind, bieten Rechtsprechung und Literatur zur Frage der Zulassungsvoraussetzungen ein derart unübersichtliches Bild, dass lediglich eins feststeht: Es ist im Einzelfall schwer vorhersehbar, ob ein Zulassungsantrag Erfolg haben wird oder nicht.

196 Sinn und Zweck der Regelung ist es, dass bei weniger bedeutsamen Ordnungswidrigkeiten eine höchstrichterliche Entscheidung nur in Ausnahmefällen herbeigeführt werden können soll und zudem nach § 79 Abs. 1 Satz 2 OWiG auch **nur** dann, wenn durch **Urteil**, d.h. aufgrund einer Hauptverhandlung, entschieden worden ist. Eine **Zulassungsbeschwerde** gegen eine **Beschlussentscheidung** nach § 72 OWiG gibt es **nicht** (vgl. BayObLG, DAR 1991, 388 m.w.N.; OLG Hamm, VRS 50, 59).

> **Hinweis:**
> Die Nachprüfung des angefochtenen Urteils muss „geboten" sein, d.h. sie muss sich aufdrängen und nicht nur nahe liegen (Burhoff/Junker, OWi, Rn. 2222 ff. m.w.N.; Göhler, § 80 Rn. 15).

b) **Zulassungsvoraussetzungen (§ 80 Abs. 1 OWiG)**

aa) **Fortbildung des Rechts**

197 Die Fortbildung des Rechts besteht darin, bei der Auslegung von Rechtssätzen, auch des Verfahrensrechts, und der rechtsschöpferischen **Ausfüllung** von **Gesetzeslücken Leitsätze** aufzustellen und zu festigen (BGHSt 24, 15, 21 = DAR 1971, 81; OLG Hamm, DAR 1973, 139). Mit der Zulassung soll das OLG als Rechtsbeschwerdegericht die Möglichkeit erhalten, seine Rechtsauffassung in einer für die nachgeordneten Gerichte richtungsgebenden Weise zum Ausdruck zu bringen. Die Fortbildung des Rechts kommt nur bei Rechtsfragen in Betracht, die **entscheidungserheblich**, klärungsbedürftig und von allgemeiner praktischer Bedeutung sind.

198 **Einzelfälle**, in denen der Zulassungsgrund der Fortbildung des Rechts bejaht worden ist, waren u.a.

- Der Anwendungsbereich der Bestimmung des § 80 OWiG selbst (OLG Hamm, NJW 1974, 2098),
- die Höhe des Sicherheitsabzuges bei Geschwindigkeitsmessungen der Polizei durch Nachfahren mit einem Fahrzeug (OLG Düsseldorf, NJW 1988, 1039),
- fehlende Urteilsgründe (OLG Celle, VRS 75, 463).

bb) Sicherung einer einheitlichen Rechtsprechung

(1) Allgemeines

Die Zulassung der Rechtsbeschwerde zur Sicherung einer einheitlichen Rechtsprechung ist von größerer praktischer Bedeutung als die zur Fortbildung des Rechts. Zur Sicherung einer einheitlichen Rechtsprechung wird die Rechtsbeschwerde zugelassen, wenn sonst **schwer erträgliche Unterschiede** in der Rechtsprechung entstehen oder fortbestehen würden. Dabei kommt es darauf an, welche Bedeutung die angefochtene Entscheidung für die Rechtsprechung im Ganzen hat. Bei einer **Fehlentscheidung**, die sich nur **im Einzelfall** auswirkt, ist die Einheitlichkeit der Rechtsprechung noch **nicht** gefährdet, selbst wenn der Rechtsfehler offensichtlich ist (vgl. u.a. OLG Hamm, NJW 1990, 2369; OLG Koblenz, NJW 1990, 2398; Göhler, § 80 Rn. 5 m.w.N.). Hinzukommen muss, dass die Fehlentscheidung in einer grundsätzlichen Frage getroffen ist, dass sie schwer erträgliche Unterschiede in der Rechtsanwendung auslösen würde oder dass ohne die höchstrichterliche Entscheidung mit **weiteren Fehlentscheidungen** in gleich gelagerten Fällen gerechnet werden kann (OLG Düsseldorf, VRS 78, 140; OLG Koblenz, VRS 68, 227; zur sog. „Wiederholungsgefahr" s.a. OLG Hamm, VRS 74, 36; NJW 1970, 624).

199

> **Hinweis:**
>
> Wird **bewusst** von einer **höchstrichterlichen Entscheidung abgewichen**, so ist i.d.R. ein Grund für die Zulassung gegeben. Dann tritt nämlich offen zutage, dass die Rechtsprechung uneinheitlich ist (OLG Düsseldorf, NStZ 1991, 395 = NZV 1991, 283). Bei unbewusster Abweichung hängt die Frage der Zulassung von der Bedeutung des möglichen Rechtsfehlers und dem Grad der Wiederholungsgefahr ab (BayObLG, VRS 82, 212). Ergibt sich der Rechtsfehler aus einem vom AG verwendeten Formular, so ist die Wiederholungsgefahr besonders groß (OLG Hamm, JMBl. NW 1980, 69).

Bei **Fehlern** des **materiellen Rechts** gilt: Sie stellen wegen der großen Zahl der hier auftretenden Rechtsfragen und der dabei möglichen Auslegungsbreite nicht so häufig die Einheitlichkeit der Rechtsprechung infrage. Allerdings muss hier insb. auch berücksichtigt werden, ob die Entscheidung im Ergebnis zu krassen Unterschieden führen würde (OLG Düsseldorf, NStZ 1991, 395 = NZV 1991, 283).

200

Bei Fehlern des **Verfahrensrechts** ist für die Zulassung der Rang der Norm, die fehlerhaft angewendet worden ist, entscheidend (Göhler, § 80 Rn. 7). Sind **elementare Verfahrensgrundsätze** verletzt, so z.B. das Gebot des fairen Verfahrens, das Recht auf die Anwesenheit in der Hauptverhandlung oder das Recht auf Mitwirkung eines Verteidigers (vgl. BayObLG, DAR 1976, 166), so ist i.d.R. die Gefahr einer Wiederholung gegeben, weil die elementaren Verfahrensgrundsätze in jedem Verfahren zu

201

beachten sind. Ob bewusst oder unbewusst dagegen verstoßen worden ist, ist hier nicht entscheidend (Göhler, § 80 Rn. 8 m.w.N.)

> **Hinweis:**
> Bei Vorliegen eines absoluten Rechtsbeschwerdegrundes i.S.v. **§ 338 StPO** ist eine **Abwägung** vorzunehmen, ob wegen der Besonderheiten des Bußgeldverfahrens die Gesetzesverletzung von einem solchen Rang ist, dass die angefochtene Entscheidung aufzuheben ist. Das kann z.B. bei einem Verstoß gegen § 338 Nr. 1 StPO der Fall sein (vgl. OLG Köln, VRS 53, 276).

(2) Besondere Fälle

Auf folgende besondere Fälle ist wegen der praktischen Bedeutung hinzuweisen:

202 • **Fehlerhafte Behandlung eines Beweisantrages**
Die fehlerhafte Behandlung eines Beweisantrages kann die Zulassung der Rechtsbeschwerde erforderlich machen. Das ist der Fall, wenn der Amtsrichter Beweisanträge der Verteidigung in der Hauptverhandlung **ohne Angabe** von **Gründen ablehnt**. Das war bereits nach § 77 OWiG a.F. unzulässig (BayObLG, NStZ 1986, 467; zur Ablehnung eines Beweisantrages im OWi-Verfahren s.a. oben Rn. 172 ff.), die Neufassung des § 77 OWiG hat daran nichts geändert (OLG Köln, VRS 74, 210). Aus § 77 Abs. 3 OWiG ist abzuleiten, dass ein Beweisantrag, der in der Hauptverhandlung gestellt worden ist, stets nur durch begründeten Beschluss abgelehnt werden darf. Lediglich bei der Ablehnung eines Beweisantrages nach § 77 Abs. 2 Nr. 1 OWiG kann die Begründung i.d.R. darauf beschränkt werden, dass die Beweiserhebung zur Erforschung der Wahrheit nicht erforderlich sei (OLG Köln, a.a.O.). Allerdings verlangen die Obergerichte dann aber eine nachprüfbare Begründung in den Urteilsgründen (vgl. OLG Hamm, DAR 2007, 217 = zfs 2006, 854 = VRS 111, 375 = VRR 2007, 30).

203 • **Unzulängliche oder fehlende Urteilsgründe**
Häufig sind die Urteilsgründe der amtsgerichtlichen Entscheidung unzulänglich, gelegentlich **fehlen** sie auch ganz. Ist das Letztere der Fall, wird jedoch nicht allein deshalb die Rechtsbeschwerde zugelassen. Vielmehr ist auch in einem solchen Fall die Prüfung der Zulassungsvoraussetzungen des § 80 Abs. 1 und 2 OWiG anhand des abgekürzten Urteils, des Bußgeldbescheides, des Zulassungsantrags und sonstiger Umstände, die auch aus ggf. nachgeschobenen Urteilsgründen hergeleitet werden können, erforderlich (BGHSt 42, 187 = NJW 1996, 3157 = VRS 92, 135; KG, VRS 82, 135 m.w.N.; OLG Hamm, VRS 99, 219 = NZV 2001, 355; OLG Köln, NZV 1997, 371). Handelt es sich um ein **abgekürztes Urteil**, gilt das entsprechend (zu einem Sonderfall s. OLG Köln, a.a.O.). Entsprechend angewendet werden die Grundsätze auch bei „nur" **unzulänglichen Urteilsgründen** (OLG Düsseldorf, VRS 81, 375; OLG Hamm, a.a.O.; OLG Köln, VRS 75, 116) oder wenn nach § 77b OWiG rechtsfehlerhaft von einer

Urteilsbegründung abgesehen worden ist (OLG Hamm, VRS 74, 447; s. aber OLG Hamm, JMBl. NW 1980, 69; OLG Karlsruhe, Die Justiz 1977, 244 ([Zulassung, um einer so fehlerhaften Abfassung der Urteilsgründe, dass nach ihrem Inhalt nicht mehr erkennbar ist, ob die Einheitlichkeit der Rechtsprechung gewahrt ist, entgegenzuwirken]).

Hinweis:

In den o.a. Fällen ist dringend zu empfehlen, den Zulassungsantrag zu begründen und im Einzelnen darzulegen, warum sich bei ordnungsgemäßer Begründung des Urteils ein Zulassungsgrund ergeben würde.

cc) Verletzung des rechtlichen Gehörs (§ 80 Abs. 1 Nr. 2 OWiG)

Diese Bestimmung verpflichtet das Rechtsbeschwerdegericht zur Zulassung der Rechtsbeschwerde auch dann, wenn es geboten ist, das Urteil wegen **Versagung des rechtlichen Gehörs** aufzuheben (vgl. dazu BayObLG, NZV 1989, 34). Die Zulassung soll danach erfolgen, wenn nicht zweifelhaft sein kann, dass auch das anderenfalls angerufene (Bundes-)Verfassungsgericht, zu dessen Entlastung die Vorschrift ins OWiG eingefügt worden ist, zur Aufhebung des angefochtenen Urteils gelangen würde. Der Zulassungsgrund setzt voraus, dass rechtliches Gehör nicht gewährt worden ist. Insoweit gelten die allgemeinen Regeln.

204

Fälle der Verletzung des rechtlichen Gehörs sind z.B. angenommen worden,

205

- wenn dem Betroffenen der Schlussvortrag verweigert wird,
- sein Verteidiger zurückgewiesen wird (BayObLG, NStZ 1988, 281) oder
- seine Teilnahme an der Hauptverhandlung vereitelt wird (OLG Hamm, NJW 1972, 1063) bzw. ein Antrag nach § 73 Abs. 2 OWiG nicht bzw. nicht richtig beschieden worden ist (vgl. dazu eingehend Burhoff, VRR 2007, 250),
- dem Betroffenen ein erforderlicher rechtlicher Hinweis nicht gegeben worden ist (OLG Hamm, DAR 2010, 99 m. abl. Anm. Sandherr = VRR 2010, 76 für Verdoppelung der Geldbuße).

Hinweis:

Eine Verletzung des rechtlichen Gehörs i.S.d. § 80 Abs. 1 Nr. 2 OWiG ist aber grds. nur dann gegeben, wenn die erlassene Entscheidung des Tatrichters auf einem **Verfahrensfehler** beruht, der seinen Grund in unterlassener Kenntnisnahme und **Nichtberücksichtigung** des **Sachvortrags** der Partei hat. Nicht ausreichend ist die bloß falsche Bescheidung eines Antrages (vgl. für Beweisantrag OLG Hamm, VRS 108, 440; VRS 114, 290 = NZV 2008, 417).

Teil 3: Rechtsfragen/Geschwindigkeitsübersch., Abstandsmessung & Rotlichtverstoß

206 Die Verletzung des rechtlichen Gehörs ist nicht von Amts wegen zu beachten, sondern nur auf **Antrag**, der in der **Form einer Verfahrensrüge** erfolgen muss (s. dazu Rn. 222 ff.). Ist diese nicht in der Form des § 344 Abs. 2 Satz 2 StPO i.V.m. § 79 Abs. 3 Satz 1 OWiG ausgeführt, so wird der Antrag auf Zulassung der Rechtsbeschwerde als unzulässig verworfen. Zur ordnungsgemäßen Begründung des Zulassungsantrags gehört auch, dass der Betroffene darlegt, was er im Fall seiner Anhörung geltend gemacht hätte (st. obergerichtliche Rspr. vgl. z.B. OLG Hamm, VRS 107, 127 = NZV 2004, 595; OLG Köln, NZV 1992, 419; zu den Begründungsanforderungen s.a. noch OLG Hamm, zfs 2006, 710 = VRR 2006, 394; NJW 2006, 2199; VRS 109, 360 [jeweils für übersehene bzw. nicht beschiedene Entbindungsanträge nach § 73 Abs. 2 OWiG]; Burhoff, VRR 2007, 250 ff.). Denn ansonsten kann nicht beurteilt werden, ob das Urteil einer Nachprüfung durch das BVerfG standhalten würde.

dd) Zulassung bei Verfahrenshindernissen (§ 80 Abs. 5 OWiG)

207 Verfahrenshindernisse sind im Zulassungsverfahren **unbeachtlich**, wenn sie **vor Erlass** des Urteils im ersten Rechtszug vorgelegen haben, der Rechtsfehler des Urteils also darin liegt, dass sie nicht bereits dort beachtet worden sind (BGHSt 36, 59 = NJW 1989, 990; BayObLG, NJW 1992, 641). Diese seit dem 01.04.1987 geltende Regelung verwehrt es dem Rechtsbeschwerdegericht, in eine Nachprüfung des Urteils hinsichtlich möglicher Verfahrenshindernisse einzutreten, solange es die Rechtsbeschwerde nicht zugelassen hat. **Nach Zulassung** der Rechtsbeschwerde muss jedoch ein Verfahrenshindernis **beachtet** werden, sodass dann das Verfahren mit der Einstellung endet (OLG Köln, NJW 1987, 2386). Das bedeutet:

208 Die Frage der **Verjährung** ist im Zulassungsverfahren i.d.R. nicht zu prüfen, Sie ist nur dann zu prüfen, wenn es gerade wegen dieser Frage geboten ist, die Rechtsbeschwerde zuzulassen, um hierzu ein klärendes Wort zu sprechen (so schon OLG Hamm, NStZ 1988, 137), oder wenn die Zulassung der Rechtsbeschwerde wegen eines Rechtsfehlers außerhalb der Verfolgungsverjährung zur Sicherung einer einheitlichen Rechtsprechung oder wegen der Versagung des rechtlichen Gehörs geboten ist. Ebenfalls **unbeachtlich** ist die **Rücknahme des Einspruchs** vor Verkündung des Urteils (BGHSt 27, 271; 36, 59). Dasselbe gilt bei einem verspäteten Einspruch gegen den Bußgeldbescheid (BGH, a.a.O.), wenn der Einspruch gegen den Bußgeldbescheid überhaupt fehlt (BGH, a.a.O.) oder der Einspruch bereits zurückgenommen worden ist (OLG Hamm, VRR 2007, 76 = VA 2007, 15).

c) Einschränkungen der Zulassung bei geringfügigen Ordnungswidrigkeiten (§ 80 Abs. 2 OWiG)

209 Bei **geringfügigen** Ordnungswidrigkeiten ist die Zulassung der Rechtsbeschwerde eingeschränkt. Sie ist dann nach § 80 Abs. 2 OWiG **nur zur Fortbildung** des materi-

ellen Rechts zulässig. Die Grenze, was als „geringfügig" anzusehen ist, ist durch die im Jahr 1999 erfolgten Änderungen erheblich verschoben worden. Während früher die geringfügigen Fälle u.a. deckungsgleich mit dem Bereich waren, in dem ein Verwarnungsgeld erhoben werden kann (vgl. § 56 Abs. 1 Satz 1 OWiG: Bis zu 35,00 €), ist die **Grenze** inzwischen auf **100,00 €** angehoben worden. Damit waren z.B. die für erhebliche Geschwindigkeitsüberschreitungen in der BKatVO vorgesehenen Regelgeldbußen von § 80 Abs. 2 OWiG erfasst, soweit nicht ein Fahrverbot verhängt worden ist. Dies hat sich durch die Anhebung der Geldbußen zum 01.02.2009 in gewissem Umfang relativiert.

Der Zulassungsantrag kann in diesen Fällen **nur** auf die **Sachrüge** (vgl. Rn. 197) und damit nur auf materielle Fehler gestützt werden (vgl. zur Zulassung bei Fehlen von oder bei unzulänglichen Urteilsgründen Göhler, § 80 Rn. 16h.). Die Verfahrensrüge ist ausgeschlossen.

210

> **Hinweis:**
> Mit der Verfahrensrüge (vgl. unten Rn. 222 ff.) kann in diesen Fällen aber geltend gemacht werden, dass das rechtliche Gehör versagt/verletzt worden sei. § 80 Abs. 1 Nr. 2 OWiG bleibt von der Beschränkung des § 80 Abs. 2 OWiG unberührt (OLG Hamm, DAR 2010, 99 m. abl. Anm. Sandherr = VRR 2010, 76 für Verdoppelung der Geldbuße; OLG Köln, NStZ 1988, 31). Allerdings ist in derartigen Fällen die Zulassung der Rechtsbeschwerde nur mit der Einschränkung gegeben, dass es geboten ist, das Urteil wegen Versagung des rechtlichen Gehörs aufzuheben. Insoweit ergibt sich daraus eine Einschränkung der Zulassungsrechtsbeschwerde für die Fälle, in denen keine höhere Geldbuße als 100,00 € festgesetzt worden ist, weil in diesem Bereich die Verfassungsbeschwerde keinen Erfolg haben würde (OLG Düsseldorf, NZV 1992, 43).

d) Zulassungsantrag

Mit dem Zulassungsantrag nach § 80 Abs. 3 OWiG muss beantragt werden, die **Rechtsbeschwerde** gegen das Urteil **zuzulassen.** Damit ist automatisch vorsorglich Rechtsbeschwerde eingelegt, ohne dass dies im Antrag ausdrücklich gesagt werden muss.

211

Für den Zulassungsantrag gelten nach § 80 Abs. 3 Satz 1 OWiG die **allgemeinen Vorschriften** über Rechtsmittel (§§ 297 bis 303 StPO) entsprechend. Für die Form und Frist des Zulassungsantrags gelten § 341 Abs. 1 StPO, den § 79 Abs. 4 OWiG ergänzt, sowie die §§ 342, 344, 345 StPO entsprechend. Es kann also auch auf die Ausführungen bei Rn. 181 ff. verwiesen werden. Der Zulassungsantrag ist daher von vornherein unzulässig, wenn er nicht erkennen lässt, inwieweit das Urteil angefochten werden soll, welcher Antrag gestellt und welche Rüge erhoben wird, oder wenn den Anforderungen für diese Rüge nicht genügt wird (vgl. z.B. OLG Köln, VRS 78, 467).

212

> **Hinweis:**
> Es gelten die **allgemeinen Grundsätze** für die Einlegung der Rechtsbeschwerde. Der Zulassungsantrag kann danach z.b. auch unzulässig sein, wenn er sich nur in Angriffen gegen die amtsgerichtliche Beweiswürdigung erschöpft. Werden mit dem Zulassungsantrag Verfahrensrügen erhoben, so müssen sie innerhalb der Begründungsfrist formgerecht vorgebracht werden (OLG Düsseldorf, VRS 64, 41; OLG Hamm, VRS 46, 305).

5. Begründung der Rechtsbeschwerde

213
> **Hinweis:**
> Auch die Rechtsbeschwerde kann nach § 337 StPO i.V.m. § 79 Abs. 3 OWiG wirksam nur darauf gestützt werden, dass eine **Rechtsnorm** nicht oder **nicht richtig angewandt** worden ist. Die Rechtsbeschwerde darf daher nicht nur Angriffe auf die tatsächlichen Feststellungen enthalten, da das Rechtsbeschwerdegericht an sie gebunden und deren Nachprüfung ihm nicht gestattet ist.

a) Frist

214 Die Frist zur Begründung der Rechtsbeschwerde beträgt nach § 345 Abs. 1 StPO i.V.m. § 79 Abs. 3 OWiG **einen Monat** (zur Begründungsfrist s. Burhoff, HV, Rn. 758 ff. für die Revision; Burhoff/Junker, OWi, Rn. 2123 ff.). Die Frist beginnt i.d.R. mit der wirksamen Zustellung des angefochtenen Urteils zu laufen. Für den bei der Urteilsverkündung abwesenden Angeklagten beginnt die Frist gem. § 345 Abs. 1 Satz 1 StPO erst nach Ablauf der Frist zur Einlegung der Rechtsbeschwerde zu laufen (OLG Bamberg, StRR 2007, 82 m.w.N., auch zur a.A.). Bei Zustellung an mehrere Empfangsberechtigte, z.B. mehrere Verteidiger, ist nach § 37 Abs. 2 StPO die letzte Zustellung maßgebend, was u.U. zu einer Fristverlängerung führen kann. War die Einlegungsfrist versäumt und hatte ein Wiedereinsetzungsantrag oder ein Antrag nach § 346 Abs. 2 StPO Erfolg, beginnt die Begründungsfrist mit der Zustellung des entsprechenden Beschlusses, falls dem Beschwerdeführer inzwischen das Urteil wirksam zugestellt worden ist (BGH, NJW 1982, 532, 533).

> **Hinweis:**
> Wird die **Frist** zur Begründung **versäumt**, kann, wenn die Rechtsbeschwerde als unzulässig verworfen wird, nach § 346 Abs. 2 StPO i.V.m. § 79 Abs. 3 OWiG Antrag auf Entscheidung des Rechtsbeschwerdegerichts gestellt oder Wiedereinsetzung in den vorigen Stand beantragt werden (vgl. zu diesem Antrag oben Rn. 151 m.w.N.).

Die Rechtsbeschwerdebegründungsfrist wird nur durch eine **wirksame Zustellung** 215
des angefochtenen Urteils in Lauf gesetzt. Für die Zustellung gelten die allgemeinen Regeln (vgl. Meyer-Goßner, Anm. zu § 37 m.w.N. und Burhoff/Burhoff, OWi Rn. 2873 ff.). Die Begründungsfrist beginnt erst mit der Zustellung des vollständigen Urteils (vgl. dazu u.a. BGH, NJW 1978, 60; MDR 1980, 842; OLG Düsseldorf, JMBl. NW 1982, 139). Die Frist beginnt **nicht**, wenn die Zustellung **vor Fertigstellung** des **Sitzungsprotokolls** erfolgt, wenn dieses z.b. erst später vom Vorsitzenden unterschrieben wird (vgl. im Einzelnen Meyer-Goßner, § 273 Rn. 34 m.w.N.) oder wenn eine vom Original abweichende, fehlerhafte oder verstümmelte Ausfertigung zugestellt wird, sofern der Fehler nicht nur unwesentliche Einzelheiten betrifft (BGH, StV 1981, 170). Wird ein zulässiger Berichtigungsbeschluss erlassen, tritt an die Stelle der Urteilszustellung dessen Zustellung (BGHSt 12, 374 = NJW 1959, 899; NStZ 1991, 195).

Die Rechtsbeschwerdebegründung muss bei dem Gericht, dessen Urteil angefochten 216
wird, angebracht werden. Der Verteidiger muss beachten, dass die Begründungsschrift
vor Ablauf der Frist bei Gericht eingegangen sein muss.

> **Hinweis:**
>
> Eine **Verlängerung** der **Rechtsbeschwerdebegründungsfrist** gibt es im Bußgeldverfahren, ebenso wie im Strafverfahren – im Gegensatz zu allen anderen Verfahrensordnungen – **nicht** (BGH, NStZ 1988, 20; OLG Düsseldorf, NStZ 1984, 91). Erfolgt sie dennoch, ist sie unwirksam (Meyer-Goßner, § 345 Rn. 2).

b) Form

Nach § 345 Abs. 2 StPO muss die Rechtsbeschwerdebegründung entweder in einer von 217
dem Verteidiger oder von einem RA **unterzeichneten Schrift** oder zu Protokoll der Geschäftsstelle erfolgen (vgl. auch Burhoff, HV, Rn. 761i). Die beiden Möglichkeiten schließen einander nicht aus. Auch der Betroffene, der einen Verteidiger hat, kann die Rechtsbeschwerde zu Protokoll der Geschäftsstelle begründen oder eine von seinem Verteidiger bereits eingereichte Begründung dort ergänzen. Der Verteidiger muss seine Rechtsbeschwerde aber selbst anfertigen, er kann sie nicht zu Protokoll der Geschäftsstelle erklären (OLG Düsseldorf, MDR 1975, 73). Für die von einem Verteidiger oder einem RA eingereichte Begründungsschrift gilt Folgendes:

Erforderlich ist grds. die **Schriftform**, wobei dem eingereichten Schriftstück der Inhalt 218
der Erklärung so bestimmt entnommen werden können muss, dass es dem Rechtsbeschwerdegericht eine zuverlässige Grundlage für die weitere Behandlung der einzelnen Rügen bietet. Die Rechtsbeschwerde ist daher z.B. unzulässig, wenn weite Teile der schriftlichen Erklärung in einer nicht lesbaren Handschrift vorgelegt werden (BGHSt 33, 44 = StV 1985, 135; OLG Hamm, NStZ-RR 2001, 376). Die Rechtsbeschwerde kann auch durch **Telegramm, Fernschreiber** oder **Telefax** begründet werden, nicht

hingegen telefonisch (OLG Hamm, DAR 1995, 457 = NZV 1996, 123); es gelten die allgemeinen Regeln.

219 Der RA oder der Verteidiger muss die Schrift nicht **selbst verfassen**. Es genügt, wenn er an ihr mitgewirkt hat oder für ihren Inhalt die **volle Verantwortung** übernimmt (vgl. Meyer-Goßner, § 345 Rn. 14 ff. m.w.N.; s. z.b. BVerfG, NJW 1996, 713; OLG Hamm, DAR 1998, 322 = VRS 95, 270; vgl. aber OLG Köln, NZV 2006, 321). Bestehen daran, dass der Verteidiger oder RA die volle Verantwortung für den Inhalt der Begründungsschrift übernimmt, auch nur Zweifel, so ist die Rechtsbeschwerdebegründung unzulässig (ständige Rspr. des BGH, vgl. u.a. BGHSt 32, 326 = NJW 1984, 2480). Der Verteidiger sollte daher alles vermeiden, was zu Zweifeln an der vollen Übernahme der Verantwortung führen kann, also z.b. Formulierungen wie: „Nach Auffassung des Betroffenen (...)" oder „Auf Wunsch meines Mandanten trage ich noch vor (...)" oder „Der Betroffene lässt vorbringen (...)" (vgl. z.b. BGH, NStZ 2004, 166; NStZ-RR 2003, 292 bei Becker; OLG Hamm, DAR 2001, 177 = NZV 2001, 314 = VRS 99, 285; weiter OLG Köln, NZV 2006, 321).

Hinweis:
Wird die Rechtsbeschwerde wegen nicht formgerechter Begründung als unzulässig nach § 346 Abs. 1 StPO verworfen, kann dagegen – wie bei der Einlegungs- und der Begründungsfrist – der **Antrag** auf **Entscheidung** des **Rechtsbeschwerdegerichts** nach § 346 Abs. 2 StPO i.V.m. § 79 Abs. 3 OWiG oder auf Wiedereinsetzung in den vorigen Stand helfen (vgl. dazu oben Rn. 185).

c) **Inhaltliche Anforderungen**

220 Mit der Rechtsbeschwerde kann die Verfahrensrüge – sog. formelle Rüge (vgl. Rn. 222 ff.) – oder die Sachrüge – sog. materielle Rüge (vgl. unten Rn. 231 ff.) – erhoben werden. Daneben kann der Beschwerdeführer auch geltend machen, dass Verfahrensvoraussetzungen nicht oder -hindernisse vorgelegen haben (vgl. unten Rn. 221).

aa) **Verfahrensvoraussetzungen oder -hindernisse**

221 Verfahrensvoraussetzungen und/oder -hindernisse sind auch im Rechtsbeschwerdeverfahren **von Amts wegen** zu beachtende Umstände (Meyer-Goßner, § 352 Rn. 2), sodass es einer ausdrücklichen Rüge an sich nicht bedarf. Es ist daher unschädlich, wenn der Verteidiger diese Mängel überhaupt nicht bemerkt oder nicht formgerecht oder verspätet geltend macht. Allerdings empfiehlt es sich für den Verteidiger, da das Rechtsbeschwerdegericht das Verfahren bei Vorliegen eines solchen Mangels nach §§ 206a, 354 StPO i.V.m. § 79 Abs. 3 OWiG i.d.R. durch **Einstellung** beenden muss, auch diesen Umstände nachzugehen (zur Geltendmachung eines Verfahrenshindernis-

ses in der Revision s. Burhoff, HV, Rn. 759 ff.; s. OLG Jena, VRS 112, 357 [kein Verfahrenshindernis, wenn in der Verfahrensakte Messprotokoll und Eichschein fehlen]).

bb) Verfahrensrüge

Hinweis: 222

Für die sog. Verfahrensrüge sieht das Gesetz **strenge Formvorschriften** vor, die in der Praxis oft zum Scheitern eines Rechtsmittels führen. Es gibt auch keine allgemeine Verfahrensrüge, sodass die häufig in Rechtsbeschwerde(begründungs-)schriften zu findende Floskel: „Es wird die Verletzung formellen Rechts gerügt." unsinnig und, da sie die Wiedereinsetzung in den vorigen Stand ausschließen kann, auch gefährlich ist.

Für den Verteidiger stellt sich zunächst die **Frage:** Wann muss ich mir überhaupt die Mühe machen, und meine Rüge an den **strengen Anforderungen** des § 344 Abs. 2 Satz 2 StPO ausrichten? 223

Hier gilt die **Faustregel:**

Eine Rüge muss immer in der Form der **Verfahrensrüge** gebracht werden, wenn die Regelung, gegen die verstoßen worden ist/sein soll, den **verfahrensrechtlichen Weg** betrifft, auf dem der Richter seine Entscheidung gefunden hat, er also die Feststellungen, die er seiner Entscheidung zugrunde gelegt hat, verfahrensrechtlich falsch bzw. unvollständig getroffen oder auch prozessual notwendige Handlungen nicht oder fehlerhaft vorgenommen haben soll. Mit der Sachrüge (vgl. Rn. 231) werden hingegen Verstöße gegen sonstige (Rechts-)Vorschriften geltend gemacht (vgl. u.a. BGHSt 25, 100, 102 = NJW 1973, 523).

Inhaltlich müssen die **absoluten** Revisions-/Rechtsbeschwerdegründe in § 338 Nr. 1 bis 8 StPO, der über § 79 Abs. 3 OWiG auch für das Rechtsbeschwerdeverfahren gilt, von den sog. **relativen Rechtsbeschwerdegründen** unterschieden werden. Während das Gesetz bei jenen davon ausgeht, dass das Urteil immer auf dem Verfahrensverstoß beruht, muss bei diesen jeweils im Einzelfall festgestellt werden, dass das Urteil auf ihnen beruht. Allerdings braucht der Nachweis des Beruhens i.d.R. nicht geführt zu werden, es genügt, wenn das Urteil auf dem festgestellten Verstoß beruhen **kann** (zu den absoluten bzw. relativen Revisionsgründen s. Burhoff, HV, Rn. 760a ff. m.w.N.; Burhoff/Junker, OWi, Rn. 2152 ff.). 224

Hinweis:

In diesem Zusammenhang ist der Grund des § **338 Nr. 8 StPO** – „**Beschränkung** der **Verteidigung** in einem wesentlichen Punkt" – von erheblicher Bedeutung.

> Zur Begründung dieses Revisionsgrundes können z.B. Vorgänge aus der Hauptverhandlung, die die Sachleitung des Verfahrens betreffen (z.b. Zurückweisung von Fragen des Verteidigers an einen Zeugen als unzulässig) geltend gemacht werden. Von Verteidigern wird aber häufig übersehen, dass das – wenn überhaupt – nur dann Erfolg hat, wenn die Beschränkung der Verteidigung durch einen Beschluss in der Hauptverhandlung, der gem. § **238 Abs. 2 StPO** durch das Gericht nach Beanstandung der Maßnahme des Vorsitzenden ergangen ist, erfolgt ist (BGHSt 21, 334, 359; s. zur Beanstandung einer Maßnahme des Vorsitzenden in der Hauptverhandlung gem. § 238 Abs. 2 eingehend Burhoff, HV, Rn. 972 ff.; zuletzt BGH, NJW 2010, 1824).

225 Eine Verfahrensrüge sollte etwa wie folgt **aufgebaut** sein (eingehend zur Begründung der Verfahrensrüge Burhoff, HV, Rn. 760; Burhoff/Junker, OWi, Rn. 2152 ff.):

Allgemeiner Aufbau/Gliederung von Verfahrensrügen (am Beispiel der Ablehnung eines Beweisantrages):

- Bezeichnung der verletzten Verfahrensnorm („unberechtigte Ablehnung eines Beweisantrages", § 244 StPO)
- Darstellung des Verfahrensmangels
- Darstellung der zugrunde liegenden Verfahrenstatsachen mit Fundstellen in den Akten und ggf. Zitierung der entsprechenden Anträge und Beschlüsse
- ggf. rechtliche Ausführungen
- Beruhen des Urteils auf dem Fehler
- bei **absoluten** Rechtsbeschwerdegründen genügt der kurze Satz: Das Urteil beruht auf diesem Verstoß (§ 338 StPO) und dann die entsprechende Nummer/Ziffer.
- bei **relativen** Rechtsbeschwerdegründen (§ 337 StPO) müssen die Darlegungen zur Beruhensfrage erfolgen (z.B. Hinweis auf Beweiswürdigung, die bei Vernehmung des – nicht vernommenen – Zeugen anders durchzuführen gewesen wäre)

226 Die Verfahrensrüge darf nicht mit **Bezugnahmen** und **Verweisungen** begründet werden. Das ist grds. nicht zulässig. Es darf nicht nur nicht auf Anlagen zur Rechtsbeschwerdebegründungsschrift verwiesen werden, sondern überhaupt nicht auf Akten, das Sitzungsprotokoll und andere Schriftstücke und auch nicht auf Ausführungen eines Mitverteidigers (BGH, NJW 2006, 1220; 2007, 1541). Vielmehr müssen die entsprechenden Fundstellen in ihrem Wortlaut oder in ihrem wesentlichen Inhalt wiedergeben werden (BGH, NJW 2006, 457; s.a. OLG Hamm, Rpfleger 1998, 367; Meyer-Goßner, § 344 Rn. 21 m.w.N.). Denn das OLG muss allein aufgrund der Begründungsschrift prüfen können, ob der behauptete Verfahrensverstoß vorliegt. Es genügt den Anforderungen an einen ordnungsgemäßen Rechtsbeschwerdevortrag i:S. des § 344 Abs. 2 Satz 2 StPO auch nicht, wenn Aktenbestandteile und Ausschnitte aus dem Hauptver-

F. Ausgesuchte Verfahrensfragen

handlungsprotokoll nur in chronologischer Reihenfolge und nicht nach Rügen beigefügt werden. Es ist nämlich nicht Aufgabe des Rechtsmittelgerichts, „sich aus einem Aktenkonvolut denkbare Verfahrensfehler selbst herauszusuchen und den dazu möglicherweise passenden Verfahrenstatsachen zuzuordnen" (BGH, Beschl. v. 14.04.2010 – 2 StR 42/10, LNR 2010, 14779).

> **Hinweis:**
> Es sollte zur Begründung der Verfahrensrüge so wenig wie möglich verwiesen, sondern **möglichst zitiert** werden. Zulässig ist es natürlich, wenn z.b. ein umfangreicher Beweisantrag in die Rechtsbeschwerdebegründung hineinkopiert wird. Entsprechendes gilt für den darauf ergangenen Beschluss des Gerichts.

Zur Begründung der Verfahrensrüge muss **bestimmt formuliert** werden, indem also „bestimmte Tatsachen" behauptet werden, und zwar **bestimmt behauptet**. Die Angriffsrichtung des Rechtsmittels muss klar sein. Also nicht: „verschiedene Zeugen sind nicht vereidigt worden", sondern „die Zeugen A, B und C sind nicht vereidigt worden" (Meyer-Goßner, § 344 Rn. 24 m.w.N. aus der Rspr.). Der Verfahrensverstoß muss auch „bestimmt" behauptet und nicht nur als möglich bezeichnet werden (Meyer-Goßner, § 344 Rn. 25). 227

cc) **Beispielsfälle**

- **Aufklärungsrüge**

In der Praxis ist die **Aufklärungsrüge** von erheblicher Bedeutung. Mit ihr wird der Verstoß gegen die aus § 244 Abs. 2 folgende Aufklärungspflicht des Gerichts (vgl. dazu Burhoff, HV, Rn. 95) geltend gemacht. Die Begründungserfordernisse sind bei der Aufklärungsrüge besonders hoch und werden vielfach nicht erfüllt (vgl. zur Begründung der Aufklärungsrüge auch Burhoff, StV 1997, 432, 437; Burhoff/Junker, OWi, Rn. 2158 f.). 228

Es genügt zur Begründung der Aufklärungsrüge **nicht**, ganz **allgemein** zu rügen, die Sache sei nicht genügend aufgeklärt worden oder lediglich zu beanstanden, dass z.B. eine Ortsbesichtigung nicht stattgefunden habe. Die Aufklärungsrüge ist vielmehr darauf gerichtet, dass das Gericht ein bestimmtes **Beweismittel nicht** benutzt hat, obwohl sich ihm die Notwendigkeit hierzu hätte aufdrängen müssen, und dass die Benutzung dieses Beweismittels zu einem anderen konkreten Beweisergebnis geführt hätte (vgl. das Beispiel einer zulässigen Aufklärungsrüge bei OLG Hamm, StV 2008, 570 und einer unzulässigen in BGH, NStZ 2009, 468).

Dementsprechend muss zur **Begründung** mit der Verfahrensrüge vorgetragen werden (vgl. dazu auch Dahs/Dahs, Die Revision im Strafprozess, Rn. 475 ff. m.w.N.; BGHSt 27, 250, 252): 229

- die konkrete Schilderung der **Beweisfrage**, um die es geht,
- damit zusammenhängend die Angabe, auf welche **Beweismittel** das Gericht sich in seinem **Urteil** dazu **gestützt** hat,
- die konkrete Bezeichnung des **Beweismittels**, das aus der Sicht des Beschwerdeführers **hätte benutzt** werden müssen und nicht benutzt worden ist sowie
- **damit** zusammenhängend die konkrete Angabe dessen, was die **Benutzung** dieses Beweismittels **erbracht hätte** (so konkret und bestimmt wie bei der Fassung des Beweisthemas in einem Beweisantrag),
- schließlich die bestimmte Behauptung des **mutmaßlichen Beweisergebnisses** und die daraus resultierenden günstigen Auswirkungen für **den** Betroffenen,
- die Umstände, aufgrund derer sich das **Gericht** hätte **gedrängt** sehen müssen, von dem infrage stehenden Beweismittel **Gebrauch zu machen** und ggf., warum in der HV keine entsprechenden Beweisanträge gestellt **worden** sind.

> **Hinweis:**
>
> Gerade, wenn der Verteidiger in der Hauptverhandlung keinen entsprechenden Beweisantrag gestellt hat, muss er zu diesem Punkt – ausreichend – vortragen. Das gilt besonders deshalb, weil die Aufklärungsrüge eben **nicht** das **Mittel** ist, um vom Verteidiger in der Tatsacheninstanz – durch Unterlassen von Beweisanträgen, Beweisanregungen u.a.m. – begangene **Fehler** zu **reparieren** (Dahs/Dahs, Die Revision im Strafprozess, 6. Aufl., Rn. 481). Das wird aber leider immer wieder verkannt.

230
- **Beweisantrag**
- Wenn ein **Beweisantrag** gestellt und **abgelehnt** worden ist, ist statt einer Aufklärungsrüge die Rüge der Verletzung des § 244 Abs. 3 bis 6 StPO i.V.m. § 71 OWiG zu erheben (zu den Ablehnungsgründen s. Burhoff, HV, Rn. 261). Die rechtsfehlerhafte Behandlung eines Beweisantrags kann in dem Unterlassen der Bescheidung, in der Nichtausführung einer auf den Antrag beschlossenen Beweiserhebung oder in der mangelhaften Ablehnung des Antrags bestehen (Meyer-Goßner, § 244 Rn. 83). Für die Rechtsbeschwerdebegründung ist Folgendes zu beachten:
- Wird die **Nichtbescheidung** des Beweisantrags gerügt, muss der gestellte Beweisantrag zumindest inhaltlich, besser wörtlich, mitgeteilt werden. Zusätzlich muss angegeben werden, dass über den Beweisantrag nicht entschieden und diesem auch nicht nachgegangen worden ist. Schließlich sollte das Beweisziel, also die Schlussfolgerung, die das Gericht aus der Beweiserhebung ziehen sollte, näher ausgeführt werden, wenn sich dieses nicht bereits aus dem Beweisantrag oder seiner Begründung unmittelbar ergibt (vgl. u.a. OLG Hamm, VRR 2010, 105 = StRR 2010, 213).

F. Ausgesuchte Verfahrensfragen

- Wird die **fehlerhafte Ablehnung** des Beweisantrags gerügt, muss der Inhalt des Antrags (Beweistatsache und Beweismittel) sowie der Inhalt des gerichtlichen Ablehnungsbeschlusses mitgeteilt werden. Beides sollte der Verteidiger wörtlich zitieren, zumindest aber inhaltlich vollständig angeben (vgl. die Nachw. bei Meyer-Goßner, § 244 Rn. 85). Zusätzlich müssen die die Fehlerhaftigkeit des Ablehnungsbeschlusses ergebenden Tatsachen mitgeteilt werden (vgl. schon BGHSt 3, 213; Meyer-Goßner, § 244 Rn. 85). Auch hier sollte das Beweisziel dargelegt werden, wenn dieses nicht bereits aus dem Beweisantrag oder seiner Begründung unmittelbar ersichtlich ist.

Hinweis:

Diese Grundsätze gelten nicht nur, wenn es um Ablehnung eines Antrages auf Vernehmung eines Zeugen geht, sondern auch, wenn dem Antrag auf Einholung eines **Sachverständigengutachtens** nicht nachgegangen worden ist. Dann sollte der Verteidiger auch darlegen, warum das AG ggf. nicht über die in Anspruch genommene eigene Sachkunde, mit der die Ablehnung des Beweisantrages begründet worden ist (vgl. § 244 Abs. 4 StPO), verfügt.

dd) Sachrüge

Hinweis: 231

Es handelt sich um einen **schweren Verteidigerfehler**, wenn der Verteidiger, auch wenn er nur Verfahrensverstöße geltend machen will, neben der Verfahrensrüge nicht auch die allgemeine Sachrüge erhebt (vgl. dazu BGHSt 38, 302 = NJW 1992, 2304; s.a. BGH, NStZ 1993, 142 f.). Sieht das Rechtsbeschwerdegericht einen ggf. gerügten Verfahrensmangel als nicht gegeben an, muss es, wenn die Sachrüge nicht erhoben worden ist, die Rechtsbeschwerde als unzulässig oder unbegründet – je nachdem, ob die Verfahrensrüge ausreichend begründet worden ist oder nicht – verwerfen. Hat der Verteidiger hingegen (auch) die **Sachrüge** erhoben, muss das Rechtsbeschwerdegericht das angefochtene Urteil nun noch auf sonstige **Fehler insgesamt überprüfen**.

Zudem hat die Verfahrensweise den **Vorteil**, dass die Sachrüge – und nur diese – dem OLG den Zugang auf das Urteil und damit ggf. auch den Zugang auf Urteilsstellen, die für die Verfahrensrüge bedeutsam sein können, eröffnet (BGHSt 38, 302; 38, 372; BGH, NStZ 1996, 145; StraFo 2008, 332; zuletzt u.a. 26.03.2008 – 2 StR 61/08; OLG Brandenburg, NStZ 1997, 612; OLG Hamm, StraFo 2001, 244 = NStZ-RR 2001, 373; StRR 2008, 308; 2008, 346; Meyer-Goßner, § 344 Rn. 20). Denn aufgrund einer zulässig erhobenen Sachrüge können – was sonst nicht möglich ist – zusätzlich zum Rechtsbeschwerdevorbringen des Verteidigers die Urteilsgründe berücksichtigt werden. Möglicherweise kann das für die Verfahrensrüge entscheidend sein (vgl. die Fallgestaltung bei OLG Hamm, a.a.O.).

Fraglich ist, ob und **inwieweit** die Sachrüge **begründet** werden sollte. Häufig lassen sich Verteidiger durch die Möglichkeit, die Sachrüge nur in allgemeiner Form erheben zu können, also z.b. nur die „Verletzung des materiellen Rechts" zu rügen, davon abhalten, selbst sorgfältig in den Urteilsgründen z.b. nach Schwächen bei der Feststellung des Sachverhalts zu forschen, die Beweiswürdigung auf ihre Vollständigkeit zu überprüfen oder sich auch mit der richtigen Rechtsanwendung auseinander zu setzen. Das ist falsch. Denn hat der Verteidiger Rechtsfehler gefunden, sollte er diese zur Begründung der Rechtsbeschwerde auch vortragen. Das, was er als Verteidiger nicht übersehen hat, können weder die Generalstaatsanwaltschaft noch das OLG übersehen und – was wichtiger ist – auch nicht übergehen.

Hinweis:

Aber **Vorsicht**: Macht der Verteidiger zur Sachrüge Einzelausführungen, ist es ratsam, diese mit der Klarstellung einzuleiten, dass sie nur der Ergänzung der allgemeinen Sachrüge dienen. Dann können die Ausführungen nicht als eine beschränkende Erläuterung verstanden und damit dann auch nicht als eine nachträgliche Rechtsbeschwerdebeschränkung gewertet werden, was sonst grds. zulässig wäre (BGHSt 38, 4 = NJW 1991, 3162).

Es sollte wie folgt formuliert werden:

„Gerügt wird die Verletzung materiellen Rechts. Gerügt wird insbes. – ohne damit eine Beschränkung der Rechtsbeschwerde vorzunehmen – Folgendes: (...)."

232 Für die Begründung der Sachrüge muss sich der Verteidiger auch immer vor Augen halten, dass das OLG zur Überprüfung der richtigen Rechtsanwendung **nur** das **Urteil** zur Verfügung hat und ein Blick in die Akten ihm verwehrt ist. Das bedeutet, dass die Erfahrung des Verteidigers aus der ersten Instanz bei der Begründung des Rechtsmittels grds. ohne Bedeutung ist. Der Verteidiger muss sich auf die angefochtene Entscheidung und deren Ausführungen konzentrieren. Deshalb erübrigen sich Ausführungen dazu, warum der Tatrichter aufgrund der Beweisaufnahme zu einer anderen Überzeugung hätte gelangen, zumindest aber Zweifel („in dubio pro reo") hätte haben müssen, wenn sich nicht aus den Urteilsgründen ergibt, dass das Gericht bei seiner gefundenen Entscheidung noch **Zweifel gehabt hat**. Denn nur dann ist der Grundsatz „in dubio pro reo" verletzt (BVerfG, StraFo 2007, 463; BGH, NJW 1973, 1209).

233 **Fehlerhaft** sind Begründungen der Sachrüge häufig auch im Bereich der **Beweiswürdigung**, die i.d.R. in jedem Urteil enthalten ist und in der das Tatgericht die Ergebnisse der Beweisaufnahme erschöpfend darstellen und würdigen muss (vgl. Meyer-

Goßner, § 267 Rn. 12 m.w.N.). Hier meinen viele Verteidiger, ansetzen zu können, indem sie dazu vortragen. Häufig erschöpfen sich ihre Ausführungen dann aber nur in Angriffen auf die tatrichterlichen Feststellungen oder auf die mit der tatrichterlichen Beweiswürdigung zusammenhängenden Fragen. Dabei wird übersehen, dass die Rechtsbeschwerde – ebenso wie die Revision – und damit dann die Sachrüge – was aus § 337 StPO folgt – auf die Verletzung einer Rechtsnorm gestützt sein muss. Das Rechtsbeschwerdegericht überprüft die Beweiswürdigung des Tatrichters also nur auf Rechtsfehler, es kann nicht die Beweiswürdigung des Tatrichters durch seine eigene – andere – Würdigung ersetzen (BGHSt 10, 208, 210; 29, 18, 20; Meyer-Goßner, § 337 Rn. 26 m.w.N.). Der Verteidiger kann daher bei der Begründung der Rechtsbeschwerde nicht seine Beweiswürdigung an die Stelle der Beweiswürdigung des Tatgerichts setzen und seine Würdigung dem Rechtsbeschwerdegericht als einzig richtige anbieten. Deshalb sind alle Ausführungen, die lediglich eine eigene Beweiswürdigung vornehmen, überflüssig – und im Grunde genommen auch noch gefährlich. Denn der Angriff auf die Glaubwürdigkeit eines Zeugen bringt i.d.R. nichts, außer der Gefahr, dass die Rechtsbeschwerde, wenn sie nur diesen unzulässigen Angriff enthält, möglicherweise sogar ganz als unzulässig verworfen wird (vgl. z.B. BGH, NStZ 1991, 597; OLG Düsseldorf, NStZ 1993, 99, Meyer-Goßner, § 344 Rn. 19; § 349 Rn. 2; zu Angriffen gegen die Beweiswürdigung s. Burhoff, HV, Rn. 758r; Burhoff/Junker, OWi, Rn. 2144 ff.).

> **Hinweis:**
>
> Das alles gilt natürlich nicht, wenn der Verteidiger rügt, die Beweiswürdigung des Tatrichters sei widersprüchlich, lückenhaft, unklar oder verstoße gegen Denkgesetze und Erfahrungssätze (vgl. dazu Dahs/Dahs, Die Revision im Strafprozess, 6. Aufl., Rn. 410 ff., m.w.N.; Meyer-Goßner, § 337 Rn. 26; § 261 Rn. 38). Das sind zulässige Angriffe.

Teil 4: Arbeitshilfen

Inhaltsverzeichnis

		Rn.
A.	**Rechtsprechungslexikon**	1
	Abstandsbestimmung	1
	Abstandsmessung	6
	Abstandsmessverfahren	44
	Beweisverwertungsverbot	63
	Bildidentifikation	78
	Eichung	93
	ESO-Lichtschranke	107
	Geschwindigkeitsmessung	112
	Geschwindigkeitsüberschreitung	201
	Lasermessverfahren	320
	Laser/Riegl	327
	Lichtschrankenmessverfahren	332
	Messanlage, stationär	341
	Messgeräte	348
	Messung durch Nachfahren	433
	Messverfahren	473
	PTB	542
	Radarmessverfahren	554
	Rotlichtverstoß	557
	Standardisierte Messverfahren	562
	Video-Abstands-Messverfahren	609
B.	**Ausgewählte Gesetze und Verordnungen**	
	I. Bußgeldkatalog-Verordnung (BKatV)/Auszug	618
	II. Eichgesetz (EichG)/Auszug	619
	III. Eichordnung (EichO)/Auszug	620
	IV. Gesetz über Ordnungswidrigkeiten (OWiG)/Auszug	621
C.	**Richtlinien für die Geschwindigkeitsüberwachung der einzelnen Bundesländer**	622
	I. Baden-Württemberg	622
	II. Bayern – Richtlinie für die polizeiliche Verkehrsüberwachung (VÜ-Richtlinie – VÜR)	624
	III. Berlin	625
	IV. Brandenburg	626
	V. Bremen	627
	VI. Hamburg	628
	VII. Hessen – Verkehrsüberwachung durch örtliche Ordnungsbehörden und Polizeibehörden	629
	VIII. Mecklenburg-Vorpommern – Erlass zur Geschwindigkeitsüberwachung im öffentlichen Straßenverkehr in Mecklenburg-Vorpommern	630
	IX. Niedersachsen	631
	X. Nordrhein-Westfalen	633
	XI. Rheinland-Pfalz – Richtlinie über die polizeiliche Geschwindigkeitsüberwachung (PolGeschwüRS)	635

Teil 4: Arbeitshilfen

		Rn.
XII.	Saarland – Richtlinien für die polizeiliche Verkehrsüberwachung	636
XIII.	Sachsen.	637
XIV.	Sachsen-Anhalt – Grundsätze für die Verkehrsüberwachung durch Polizei und Kommunen (Verkehrsüberwachungserlass)	638
XV.	Schleswig-Holstein.	639
XVI.	Thüringen – Verwaltungsvorschrift zur Verfolgung und Ahndung von Straßenverkehrsordnungswidrigkeiten durch die Polizei und die Gemeinden (VwV VA-StVOWi)	640
D.	Glossar	641

A. Rechtsprechungslexikon

Hinweis zum Rechtsprechungslexikon

> **Hinweis:**
> Bei diesen Rechtsprechungsnachweisen handelt es sich um ausgewählte Entscheidungen und die dazu gehörigen Fundstellen; die Entscheidungen sind – soweit vorhanden – im Volltext auf der beiliegenden CD-Rom abrufbar.

Abstandsbestimmung

Abstandsmessung aus vorausfahrendem Polizeifahrzeug 1

Amtlicher Leitsatz:

1. Eine verwertbare Abstandsmessung aus dem vorausfahrenden Polizeifahrzeug durch Beobachtung mittels Rückspiegel kann durch den Fahrer allein nicht stattfinden.

2. Auch eine Abstandsbestimmung mittels Nachstellen des Abstands auf einem Autobahnparkplatz reicht allein nicht zum Nachweis des Abstandsverstoßes aus.

AG Lüdinghausen, Urt. v. 25.08.2008 – 19 OWi – 89 Js 780/08-83/08 = DAR 2008, 655 = NStZ-RR 2009, 26 = NZV 2009, 159 = VA 2008, 212 = VRR 2009, 71

Besonders lange Messstrecke 2

Amtlicher Leitsatz:

Bei besonders langer Messstrecke und geringem Abstand zum vorausfahrenden Fahrzeug – hier 75 Meter Abstand bei einer Messstrecke von 3.000 Metern – können bei einer Geschwindigkeitsmessung durch Nachfahren zur Nachtzeit nähere Ausführungen zu den Sichtverhältnissen und zu den Orientierungspunkten zur Abstandsschätzung entbehrlich sein.

OLG Hamm, Beschl. v. 04.12.2006 – 4 Ss OWi 759/06 = VRS 112, 40

Feststellungen zu den Beleuchtungsverhältnissen 3

Redaktioneller Leitsatz:

1. Der Bußgeldrichter muss bei Verhängung eines Fahrverbots deutlich machen, dass er die Möglichkeit des Absehens von der Anordnung eines Fahrverbotes im Fall des

Teil 4: Arbeitshilfen

Vorliegens besonderer Ausnahmeumstände gesehen und bei seiner Entscheidung bedacht hat.

2. Eine ausreichend zuverlässige Beurteilung der Gleichmäßigkeit des Abstands zwischen einem vorausfahrenden Fahrzeug und einem nachfahrenden Messfahrzeug ist grds. allein durch die optische Wahrnehmung und Einschätzung der nachfahrenden Polizeibeamten ohne Weiteres auch dann noch möglich, wenn bei einem Abstand von 100 m aufgrund von Nachtsichtverhältnissen nur noch die Rücklichter des vorausfahrenden Fahrzeugs erkennbar sind. Das gilt unter Berücksichtigung der technischen Anforderungen des § 50 StVZO an die Ausleuchtung der Fahrbahn durch die Kfz-Scheinwerfer jedenfalls dann, wenn für die Schätzung des gleich bleibenden Abstands trotz der Dunkelheit zu erkennende Orientierungspunkte vorhanden sind.

OLG Düsseldorf, Beschl. v. 05.10.2007 – IV – 2 Ss (OWi) 139/06 – (OWi) 73/07 II = VRR 2008, 111

4 **Toleranzabzug**

Amtlicher Leitsatz:

1. Das ProViDa-System – auch Police-Pilot-System genannt – ist als standardisiertes Messverfahren zur Geschwindigkeitsermittlung anerkannt. Zum Ausgleich systemimmanenter Messungenauigkeiten reicht ein Toleranzabzug von 5 % der gemessenen Geschwindigkeit aus.

2. Das ProViDa-System ist zur kombinierten Geschwindigkeits- und Abstandsmessung besonders geeignet. Da die Abstände zu vorausfahrenden Fahrzeugen – anders als die Geschwindigkeit – nicht elektronisch gemessen, sondern unter Auswertung des Videobandes errechnet werden, genügt jedoch die bloße Bezeichnung des angewandten Verfahrens im Urteil nicht. Die Auswertung und Berechnung müssen vielmehr in den Urteilsgründen verständlich und widerspruchsfrei dargelegt werden, um eine rechtsbeschwerdegerichtliche Überprüfung zu ermöglichen.

OLG Düsseldorf, Beschl. v. 13.06.2000 – 2b Ss (OWi) 125/00 – (OWi) 52/00 I = DAR 2001, 374 = VRS 99, 133

5 **Video-Brücken-Abstandsmessverfahren ViBrAM-BAMAS**

Amtlicher Leitsatz:

1. Bei dem Video-Brücken-Abstandsmessverfahren ViBrAM-BAMAS handelt es sich um ein standardisiertes Messverfahren im Sinne der Rechtsprechung des BGH (St 39, 291; 43, 277).

2. a) Ist der Betroffene einer Ordnungswidrigkeit des Nichteinhaltens des vorgeschriebenen Abstandes schuldig, welche mit dem genannten Verfahren nachgewiesen wurde, muss der Tatrichter in den schriftlichen Urteilsgründen in der Regel nur das angewendete Messverfahren (ViBrAM-BAMAS), die Geschwindigkeit des Betroffenen sowie die Länge des Abstandes zwischen den Fahrzeugen des Betroffenen und des Vorausfahrenden feststellen. Toleranzen brauchen weder zur Geschwindigkeit noch zum Abstand mitgeteilt zu werden.

b) Beträgt die festgestellte Unterschreitung des Abstandes zwischen den beiden Fahrzeugen weniger als ein Meter, bezogen auf den Abstand, der für die Bemessung der Rechtsfolgen nach Nr. 12.4 bis Nr. 12.6.5 der Anlage und des Anhanges zur BKatV maßgeblich ist, bedarf es unter Berücksichtigung sämtlicher Umstände des Einzelfalles der Überprüfung, ob der Vorwurf der Abstandsunterschreitung zu Recht erhoben ist. In diesen Fällen ist in den schriftlichen Urteilsgründen über die vorstehend genannte Punkte hinaus mitzuteilen, aufgrund welcher Umstände der Betroffene gleichwohl einer Unterschreitung des Abstandes im vorgegebenen Umfang schuldig ist.

Der Mitteilung des gesamten Rechenwerkes des Verfahrens ViBrAM-BAMAS bedarf es auch in diesen Fällen nicht.

3. Vorbehaltlich der Aufklärungspflicht kann die vom ermittelnden Polizeibeamten mit Hilfe der EDV erstellte Auswertung, in der insbesondere die Geschwindigkeit des Betroffenen und die Länge des Abstandes errechnet wurden, in der Hauptverhandlung verlesen werden. Einer Vernehmung des Polizeibeamten bedarf es dann nicht.

OLG Stuttgart, Beschl. v. 14.08.2007 – 4 Ss 23/07 = ACE-VERKEHRSJURIST 2007, 8 = DAR 2007, 657 = Die Justiz 2008, 27 = NStZ 2009, 22 = NStZ-RR 2007, 382 = NZV 2008, 40 = SVR 2008, 270 = VA 2007, 201 = VRR 2007, 475 = VRS 113, 124

Abstandsmessung

Abstandsschätzung 6

Amtlicher Leitsatz:

Bei der Beurteilung der Verlässlichkeit einer Schätzung des Abstands hintereinander fahrender Kraftfahrzeuge hat der Tatrichter dem Umstand Rechnung zu tragen, dass eine hinreichend genaue Abstandsschätzung ungeübten Personen in der Regel nicht möglich ist.

OLG Düsseldorf, Beschl. v. 11.10.1999 – 2a Ss (OWi) 263/99 – (OWi) 74/99 II = DAR 2000, 79 = VRS 98, 155

Teil 4: Arbeitshilfen

7 ■ Abstandsunterschreitung

Amtlicher Leitsatz:

Das Absehen vom Fahrverbot kann nicht allein damit gerechtfertigt werden, dass der bislang verkehrsrechtlich nicht in Erscheinung getretene Betroffene im Rahmen seiner Tätigkeit als Steuerberater mit „ländlicher Praxis" auf den Führerschein angewiesen ist.

OLG Hamm, Beschl. v. 27.11.2001 – 3 Ss OWi 1043/01

8 ■ Angabe des Messverfahrens

Amtlicher Leitsatz:

Die Verurteilung wegen Unterschreitung des erforderlichen Sicherheitsabstandes muss Angaben dazu enthalten, aufgrund welchen Messverfahrens die Abstandsberechnung, ggf. unter Abzug einer Toleranz, erfolgt ist.

OLG Hamm, Beschl. v. 15.10.2007 – 4 Ss OWi 673/07

9 ■ Auswertung von Videoaufzeichnungen

Redaktioneller Leitsatz:

Rechtsgrundlage für Bildaufnahmen im Zuge verdachtsabhängiger Videomessungen zur Ermittlung von Abstandsunterschreitungen ist § 100h Abs. 1 Satz 1 Nr. 1, Abs. 2 Satz 1 StPO i.V.m. § 46 Abs. 1 OWiG.

AG Erlangen, Urt. v. 03.09.2009 – 6 OWi 912 Js 141595/09 = VRR 2009, 470 = StRR 2009, 477

10 ■ Brückenabstandsmessverfahren

Amtlicher Leitsatz:

1. Die von der Polizei in Bayern vor dem 05.07.2007 im Rahmen des so genannten Brückenabstandsmessverfahrens praktizierten Videoabstandsmessungen unter Einsatz des Charaktergenerators vom Typ CG-P 50 E des Herstellers JVC/Piller erfüllen nicht die Voraussetzungen eines standardisierten Messverfahrens, wenn die Messung nicht in Kombination mit einer Videokamera des Herstellers JVC durchgeführt wurde.

2. In diesen Fällen darf sich das Tatgericht bei der Feststellung und Darstellung der Beweisgründe im Urteil nicht auf die Mitteilung des Messverfahrens, die entsprechend den Richtlinien für die polizeiliche Verkehrsüberwachung ermittelten Ergebnis-Werte

A. Rechtsprechungslexikon

sowie auf die auch sonst bei einer Brückenabstandsmessung gebotenen Feststellungen, etwa zu etwaigen Abstandsveränderungen innerhalb der der eigentlichen Messstrecke vorgelagerten Beobachtungsstrecke beschränken.

OLG Bamberg, Beschl. v. 18.12.2007 – 3 Ss OWi 1662/07 = DAR 2008, 98 = VA 2008, 52 = VRR 2008, 73

■ **Darlegung einer Abstandsmessung durch ein standardisiertes Verfahren**   11

Amtlicher Leitsatz:

Zu den Anforderungen an die Ausführungen im tatrichterlichen Urteil bei Nichteinhaltung des erforderlichen Sicherheitsabstandes.

OLG Hamm, Beschl. v. 15.03.2004 – 2 Ss OWi 162/04 = VRS 106, 466

■ **Durch Beobachtung mittels Rückspiegel**   12

Amtlicher Leitsatz:

1. Eine verwertbare Abstandsmessung aus dem vorausfahrenden Polizeifahrzeug durch Beobachtung mittels Rückspiegel kann durch den Fahrer allein nicht stattfinden.

2. Auch eine Abstandsbestimmung mittels Nachstellen des Abstands auf einem Autobahnparkplatz reicht allein nicht zum Nachweis des Abstandsverstoßes aus.

AG Lüdinghausen, Urt. v. 25.08.2008 – 19 OWi – 89 Js 780/08-83/08 = DAR 2008, 655 = NStZ-RR 2009, 26 = NZV 2009, 159 = VA 2008, 212 = VRR 2009, 71

■ **Durch Nachfahren Innerorts**   13

Redaktioneller Leitsatz:

Bei einer innerörtlichen Geschwindigkeits- und Abstandsmessung durch Nachfahren sind Anforderungen, die für Messungen durch Nachfahren außerhalb geschlossener Ortschaften entwickelt worden sind, bei denen die Sicht- und Beleuchtungsverhältnisse regelmäßig schlechter und die Abstände zum gemessenen Fahrzeug wesentlich größer sind, nicht anzuwenden.

OLG Hamm, Beschl. v. 19.03.2009 – 3 Ss OWi 94/09

14 ▪ Durch Schauen

Amtlicher Leitsatz:

Ein Abstandsmessverfahren, das gerichtlichen Schuldfeststellungen zugrunde gelegt werden kann, muss grundsätzlich nach festen Regeln oder Richtlinien durchgeführt werden. Die mit der Anwendung betrauten Personen müssen geschult und ausreichend erfahren sein.

OLG Hamm, Beschl. v. 24.10.2000 – 3 Ss OWi 968/00 = DAR 2005, IV Heft 5

15 ▪ Durch Vorausfahren

Amtlicher Leitsatz:

Ein Abstandsmessverfahren, das gerichtlichen Schuldfeststellungen zugrunde gelegt werden kann, muss grundsätzlich nach festen Regeln oder Richtlinien durchgeführt werden. Die mit der Anwendung betrauten Personen müssen geschult und ausreichend erfahren sein.

OLG Hamm, Beschl. v. 24.10.2000 – 3 Ss OWi 968/00 = DAR 2005, IV Heft 5

16 ▪ Feststellung tatsächlicher Grundlagen

Redaktioneller Leitsatz:

Ein Urteil, das sich mit einer Geschwindigkeits- und Abstandsmessung befasst, muss grds. feststellen, auf welcher tatsächlichen Grundlage die Geschwindigkeitsfeststellung und die Abstandsmessung beruhen. Dazu gehören insb. Angaben darüber, ob die Messungen durch elektronische Aufzeichnungen oder durch Ablesen, durch stationäre Geräte oder aus einem fahrenden Fahrzeug erfolgten, wie lang ggf. die Verfolgungsstrecke und der Abstand des Polizeifahrzeugs zu dem verfolgten Fahrzeug waren, auf welche Fahrstrecke sich die Abstandsunterschreitung erstreckte und welcher Toleranzabzug bei der Feststellung der Geschwindigkeitsüberschreitung vorgenommen worden ist.

OLG Hamm, Beschl. v. 26.02.2009 – 3 Ss OWi 871/08 = DAR 2009, 156 = = VRR 2009, 1950 = VA 2009, 103

A. Rechtsprechungslexikon

Geschwindigkeitsüberschreitung 17

Redaktioneller Leitsatz:

Bei einer Geschwindigkeitsmessung durch ein nachfahrendes Polizeifahrzeug mittels eines nicht justierten Tachometers bedarf es auch der Darlegung, wie hoch die abgelesene Ausgangsgeschwindigkeit des Fahrzeugs des Betroffenen und wie groß der Abstand zwischen dem Fahrzeug des Betroffenen und dem nachfolgenden Polizeifahrzeug gewesen ist. Zusätzlich hätte es der besonderen Feststellungen über Beleuchtungsverhältnisse und Orientierungspunkte bedurft.

OLG Zweibrücken, Beschl. v. 28.01.2002 – 1 Ss 271/01 = DAR 2002, 182 = NStZ-RR 2002, 223 = VA 2002, 125 = VRS 102, 392

Grundsätze zum Augenblicksversagen 18

Amtlicher Leitsatz:

Unter einem „Augenblicksversagen" kann nur ein sehr kurzfristiges Fehlverhalten bzw. Außerachtlassen der unter den gegebenen Umständen gebotenen Sorgfalt verstanden werden.

OLG Hamm, Beschl. v. 04.11.2004 – 3 Ss OWi 518/04

Merkmal der Ordnungsgemäßheit eines Messverfahrens 19

Amtlicher Leitsatz:

1. Bei der Abstandsmessung mit dem Verkehrsüberwachungsgerät VKS, Softwareversion 3.01 des Herstellers VIDIT handelt es sich um ein standardisiertes Messverfahren im Sinne der Rechtsprechung des Bundesgerichtshofes.

2. Bei einer Verurteilung wegen eines Verstoßes gegen §§ 4 Abs. 1, 49 Abs. 1 Nr. 4 StVO, dem eine Abstandsmessung mit diesem Gerät zugrunde liegt, muss der Tatrichter in den Urteilsgründen zur Messung grundsätzlich nur das angewendete Messverfahren, die gemessene Geschwindigkeit nebst Toleranzabzug sowie den ermittelten vorwerfbaren Abstandswert feststellen.

3. Sicherheitsabschläge von dem festgestellten vorwerfbaren Abstandswert sind nicht generell veranlasst.

4. Ausführungen zur Ordnungsgemäßheit des Messverfahrens muss der Tatrichter in den Urteilsgründen nur dann machen, wenn entweder konkrete Anhaltspunkte für ei-

Teil 4: Arbeitshilfen

nen Messfehler vorliegen oder ein solcher von dem Betroffenen oder einem anderen Verfahrensbeteiligten behauptet werden.

OLG Dresden, Beschl. v. 08.07.2005 – Ss (OWi) 801/04 = DAR 2005, 637 = VRS 109, 196

20 ■ **Messung der Unterschreitung durch Nachfahren**

Amtlicher Leitsatz:

Bei der Überprüfung eines zwischen vorauszahlenden Fahrzeugen eingehaltenen geringen Abstands kann eine zuverlässige Einschätzung aus dem folgenden Messfahrzeug nur erfolgen, wenn dieses schräg versetzt zu den anderen (auf demselben Fahrstreifen befindlichen) Fahrzeugen geführt wird.

OLG Düsseldorf, Beschl. v. 11.07.2002 – 2a Ss (OWi) 107/02 – (OWi) 30/02 II

21 ■ **Messung durch Nachfahren**

Amtlicher Leitsatz:

1. Allein der Umstand, dass der Verteidiger mit der Begründung der Rechtsbeschwerde seine Ausführungen nur gegen die verhängten Rechtsfolgen richtet, rechtfertigt in der Regel noch nicht, von einer nachträglichen Konkretisierung der Rechtsbeschwerde im Sinne einer Beschränkung auf den Rechtsfolgenausspruch auszugehen.

2. Im Falle der Geschwindigkeitsmessung durch Nachfahren sind in den Urteilsgründen in der Regel nicht nur die Länge der Messstrecke, der – ungefähre – Abstand zum vorausfahrenden Fahrzeug und die Höhe des Sicherheitsabschlages festzustellen, sondern auch die Orientierungspunkte, die die Schätzung des Abstandes zu dem vorausfahrenden Fahrzeug des Betroffenen ermöglicht haben.

OLG Hamm, Beschl. v. 13.12.2001 – 3 Ss OWi 960/01 = VRS 104, 312

22 ■ **Messungenauigkeiten**

Amtlicher Leitsatz:

1. Das ProViDa-System – auch Police-Pilot-System genannt – ist als standardisiertes Messverfahren zur Geschwindigkeitsermittlung anerkannt. Zum Ausgleich systemimmanenter Messungenauigkeiten reicht ein Toleranzabzug von 5 % der gemessenen Geschwindigkeit aus.

2. Das ProViDa-System ist zur kombinierten Geschwindigkeits- und Abstandsmessung besonders geeignet. Da die Abstände zu vorausfahrenden Fahrzeugen – anders als die Geschwindigkeit – nicht elektronisch gemessen, sondern unter Auswertung des Videobandes errechnet werden, genügt jedoch die bloße Bezeichnung des angewandten Verfahrens im Urteil nicht. Die Auswertung und Berechnung müssen vielmehr in den Urteilsgründen verständlich und widerspruchsfrei dargelegt werden, um eine rechtsbeschwerdegerichtliche Überprüfung zu ermöglichen.

OLG Düsseldorf, Beschl. v. 13.06.2000 – 2b Ss (OWi) 125/00 – (OWi) 52/00 I = DAR 2001, 374 = VRS 99, 133

■ **Police-Pilot-System** 23

Amtlicher Leitsatz:

StVO § 4 Abs. 1 Satz 1

1. Das ProViDa-System – auch Police-Pilot-System genannt – ist als standardisiertes Messverfahren zur Geschwindigkeitsermittlung anerkannt. Zum Ausgleich systemimmanenter Messungenauigkeiten reicht ein Toleranzabzug von 5 % der gemessenen Geschwindigkeit aus.

2. Das ProViDa-System ist zur kombinierten Geschwindigkeits- und Abstandsmessung besonders geeignet. Da die Abstände zu vorausfahrenden Fahrzeugen – anders als die Geschwindigkeit – nicht elektronisch gemessen, sondern unter Auswertung des Videobandes errechnet werden, genügt jedoch die bloße Bezeichnung des angewandten Verfahrens im Urteil nicht. Die Auswertung und Berechnung müssen vielmehr in den Urteilsgründen verständlich und widerspruchsfrei dargelegt werden, um eine rechtsbeschwerdegerichtliche Überprüfung zu ermöglichen.

OLG Düsseldorf, Beschl. v. 13.06.2000 – 2b Ss (OWi) 125/00 – (OWi) 52/00 I = DAR 2001, 374 = VRS 99, 133

■ **ProViDa-System** 24

Amtlicher Leitsatz:

Ist die – überhöhte – Geschwindigkeit unter Anwendung des standardisierten ProViDa-Systems gemessen worden, so genügt es, wenn der Tatrichter im Urteil das angewendete Messverfahren und das nach Abzug der Messtoleranz ermittelte Messergebnis mitteilt.

OLG Düsseldorf, Beschl. v. 29.06.2000 – 2b Ss (OWi) 95/00 – (OWi) 59/00 I = VRS 99, 297 = DAR 2001, 133 (LS)

Teil 4: Arbeitshilfen

25 **Amtlicher Leitsatz:**

Zum erforderlichen Umfang der Feststellungen bei einer nach dem Pro-Vida-Verfahren durchgeführten Abstandsmessung.

OLG Hamm, Beschl. v. 11.03.2003 – 1 Ss OWi 617/03 = LNR 2003, 14467

26 **Redaktioneller Leitsatz:**

Bei einer Messungen aus einem fahrenden Polizeifahrzeug unter Verwendung des ProVida 2000 Modular-Systems handelt es sich nicht um ein standardisiertes Messverfahren: Deshalb muss der Tatrichter in den Urteilsgründen nicht nur das Verfahren bezeichnen, sondern auch die Auswertung und Berechnung der Messung im Einzelnen darlegen.

OLG Hamm, Beschl. v. 04.12.2008 – 3 Ss OWi 871/08 = DAR 2009, 156 = VA 2009, 103 = VRR 2009, 195

27 ■ **Sicherheitsabschlag**

Redaktioneller Leitsatz:

1. Zur Feststellung der Geschwindigkeit und Abstände der Fahrzeuge kann die Aufzeichnung des Verkehrsgeschehens mittels einer vom Hubschrauber aus geführten Videokamera ein zulässiges Beweismittel sein.

2. Bei der Würdigung der Messergebnisse muss möglichen Ungenauigkeiten bei der Ermittlung der Geschwindigkeit durch einen Sicherheitsabschlag, bei der Ermittlung des Abstandes durch einen Zuschlag zur rechnerisch bestimmten Geschwindigkeit i.H.v. jeweils 10 % Rechnung getragen werden (zur Geschwindigkeitsmessung aus einem Polizeihubschrauber s. OLG Hamm VRS 50, 68).

OLG Koblenz, Beschl. v. 07.08.1992 – 1 Ss 113/92 = DAR 1992, 471 = NJW 1993, 215 = NZV 1992, 495 = VRS 83, 459

28 ■ **Toleranzabzug**

Redaktioneller Leitsatz:

Bei einer Abstandsmessung mittels des sog. Video-Abstands-Messverfahrens handelt es sich zumindest im Fall der Verwendung einer PAL-Videokamera um ein standardisiertes Messverfahren, bei dem kein Zusatztoleranzabzug vorzunehmen ist.

AG Lüdinghausen, Urt. v. 12.11.2007 – 19 OWi – 89 Js 1800/07-191/07 = DAR 2008, 160 = NZV 2008, 109 = NZV 2008, VIII Heft 1 = VA 2008, 34 = VRR 2008, 77

A. Rechtsprechungslexikon

■ **Unbrauchbarmachung der von Kameras einer Verkehrsüberwachungsanlage gefertigten Aufnahmen**   29

Amtlicher Leitsatz:

Das Anbringen von Reflektoren, mit denen die von der Kamera einer Verkehrsüberwachungsanlage gefertigte Aufnahme unbrauchbar gemacht wird, erfüllt nicht den Tatbestand der Fälschung technischer Aufzeichnungen (§ 268 Abs. 3 StGB). Es kommt jedoch eine Strafbarkeit wegen Sachbeschädigung gemäß § 303 Abs. 1 StGB in Betracht.

OLG München, Beschl. v. 15.05.2006 – 4 StRR 53/06 = SVR 2007, 430

■ **Unterschreitung eines Gefährdungsabstands**   30

Amtlicher Leitsatz:

Einer Verurteilung nach §§ 4 Abs. 1 S. 1, 49 Abs. 1 Nr. 4 StVO i.V.m. Nrn. 6.1, 6.2 (ab 01.01.2002 Nrn. 12.5, 12.6) BKatV ist der an der Messlinie mittels einer Videoabstandsmessanlage (VAMA) festgestellte Abstand zum vorausfahrenden Fahrzeug zu Grunde zu legen, wenn feststeht, dass der Betroffene auch über eine Strecke von 250 m – 300 m vor der Messlinie den Gefährdungsabstand schuldhaft unterschritten hatte. Geringfügige, nach der Lebenserfahrung regelmäßig auftretende, mit keinem der eingesetzten Messverfahren exakt fassbare und deshalb nie ausschließbare Abstandsschwankungen sind unbeachtlich.

OLG Koblenz, Beschl. v. 02.05.2002 – 1 Ss 75/02 = VA 2002, 156

■ **Verdachtsunabhängige Verkehrsüberwachung mit VKS 3.01**   31

Redaktioneller Leitsatz:

Für (Video)Messverfahren, bei denen der gesamte Fahrzeugverkehr videoüberwacht wird, während gleichzeitig Messdaten aufgezeichnet werden, die in einem späteren Auswerteverfahren einzelnen Bild- oder Videosequenzen zum Zwecke der Feststellung des Fahrzeugführers automatisch oder manuell zugeordnet werden, oder bei denen gleichzeitig mit Beginn des Messverfahrens die Videoaufzeichnung des gemessenen Fahrzeuges manuell oder automatisch beginnt, ohne dass bereits ein konkreter Tatverdacht gegen den Fahrer des gemessenen Fahrzeuges bejaht wurde, gibt es keine ausreichende gesetzliche Ermächtigungsgrundlage i.S. der Entscheidung des BVerfG vom 11.08.2009 – 2 BvR 941/08.

AG Meißen, Beschl. v. 05.10.2009 – 13 OWi 705 Js 54110/08 = StRR 2009, 478 = VRR 2009, 472

Teil 4: Arbeitshilfen

32 ■ **Verfassungsmäßigkeit des „bayerischen" Brückenabstandsmessverfahrens**

Amtlicher Leitsatz:

Das „bayerische" Brückenabstandsmessverfahren, bei dem drei Videokameras zum Einsatz kommen, deren Aufzeichnungen über einen Videobildmischer auf zwei Videobänder übertragen werden, ist zwar kein standardisiertes Messverfahren. Solange aber keine konkreten Anhaltspunkte für eine fehlerhafte Messung hinzutreten, entspricht sein Beweiswert jedoch einem standardisierten Messverfahren. Der darin liegende Eingriff in das Recht auf informationelle Selbstbestimmung der aufgezeichneten Fahrer ist im Verhältnis zu dem mit ihm verfolgten Zweck, des Schutzes der Allgemeinheit, der Sicherheit des fließenden Verkehrs wie auch des Schutzes von Leib und Leben des jeweiligen Vorausfahrenden angemessen und daher auch verfassungsrechtlich gerechtfertigt.

AG Schweinfurt, Urt. v. 31.08.2009 – 12 OWi 17 Js 7822/09 = DAR 2009, 660 = StRR 2009, 477 = VRR 2009, 470

33 ■ **Verkehrsüberwachungsgerät VKS 3.01**

Amtlicher Leitsatz:

1. Bei der Abstandsmessung mit dem Verkehrsüberwachungsgerät VKS, Softwareversion 3.01 des Herstellers VIDIT handelt es sich um ein standardisiertes Messverfahren im Sinne der Rechtsprechung des Bundesgerichtshofes.

2. Bei einer Verurteilung wegen eines Verstoßes gegen §§ 4 Abs. 1, 49 Abs. 1 Nr. 4 StVO, dem eine Abstandsmessung mit diesem Gerät zugrunde liegt, muss der Tatrichter in den Urteilsgründen zur Messung grundsätzlich nur das angewendete Messverfahren, die gemessene Geschwindigkeit nebst Toleranzabzug sowie den ermittelten vorwerfbaren Abstandswert feststellen.

3. Sicherheitsabschläge von dem festgestellten vorwerfbaren Abstandswert sind nicht generell veranlasst.

4. Ausführungen zur Ordnungsgemäßheit des Messverfahrens muss der Tatrichter in den Urteilsgründen nur dann machen, wenn entweder konkrete Anhaltspunkte für einen Messfehler vorliegen oder ein solcher von dem Betroffenen oder einem anderen Verfahrensbeteiligten behauptet werden.

OLG Dresden, Beschl. v. 08.07.2005 – Ss (OWi) 801/04 = DAR 2005, 637 = = VRS 109, 196

A. Rechtsprechungslexikon

Amtlicher Leitsatz: 34

Eine mittels Messgeräts VIDIT, VKS 3.0, Version 3.1, durchgeführte Abstandsmessung ist auch unter Berücksichtigung der Rechtsprechung des BVerfG in 2 BvR 941/08 verwertbar.

Für eine verdachtsgestützte Identitätsfeststellung ist § 163 b Abs. 1 S. 1 StGB i.V.m. § 46 Abs. 2 OWiG ausreichend konkrete gesetzliche Grundlage, die das allgemeine Persönlichkeitsrecht zulässig einschränkt.

AG Oberhausen, Urt. v. 02.11.2009 – 26 OWi – 371 Js 1419/09-665/09 = LNR 2009, 30446

Verlässlichkeit einer Schätzung 35

Amtlicher Leitsatz:

Bei der Beurteilung der Verlässlichkeit einer Schätzung des Abstands hintereinander fahrender Kraftfahrzeuge hat der Tatrichter dem Umstand Rechnung zu tragen, dass eine hinreichend genaue Abstandsschätzung ungeübten Personen in der Regel nicht möglich ist.

OLG Düsseldorf, Beschl. v. 11.10.1999 – 2a Ss (OWi) 263/99 – (OWi) 74/99 II = DAR 2000, 79 = VRS 98, 155

Verwertbarkeit einer Geschwindigkeitsmessung durch Nachfahren in der Nachtzeit 36

Redaktioneller Leitsatz:

1. Bei Geschwindigkeitsmessungen durch Nachfahren zur Nachtzeit bedarf es bei Messung auf innerörtlichen Fahrtstrecken entlang noch angeschalteter Lichtzeichenanlagen keinerlei Feststellung zur Ausleuchtung der Beobachtungsstrecke, da dort üblicherweise eine gewisse Grundhelligkeit im Straßenbereich herrscht.

2. In diesen Fällen ist keine Auseinandersetzung des Tatrichters mit den individuellen Fähigkeiten der beobachtenden Polizeibeamten erforderlich, da bei Polizeibeamten im Streifendienst in Ermangelung abweichender Anhaltspunkte davon auszugehen ist, dass sie in der Lage sind, solche Geschwindigkeitsmessungen durchzuführen.

3. Ein Sicherheitsabschlag von 20 % des Ablesewertes ist bei derartigen Messungen ausreichend.

Teil 4: Arbeitshilfen

OLG Jena, Beschl. v. 10.04.2006 – 1 Ss 77/06 = VA 2006, 162 = VRR 2006, 353 = VRS 111, 195

37 ■ **Videoabstandsmessanlage (VAMA)**

Amtlicher Leitsatz:

1. § 100h Abs. 1 Satz 1 Nr. 1 StPO i.V.m. § 46 Abs. 1 OWiG bildet für die von der Polizei in Bayern im Rahmen des sog. Brückenabstandsmessverfahrens (VAMA) durchgeführten anlassbezogenen Videoaufzeichnungen zur Identifizierung Betroffener eine hinreichende gesetzliche Rechtsgrundlage für damit verbundene Eingriffe in das Recht auf informationelle Selbstbestimmung.

2. Ein Beweisverwertungsverbot für die mit diesem Messverfahren gewonnenen Ergebnisse besteht nicht.

OLG Bamberg, Beschl. v. 16.11.2009 – 2 Ss OWi 1215/09 = NJW 2010, 100 = DAR 2010, 26 = zfs 201, 50 = NZV 2010, 98 = VRR 2009, 468 = StRR 2009, 475

38 **Redaktioneller Leitsatz:**

1. Zur Abstandsmessung ist das Video-Abstands-Messverfahren (VAMA) geeignet.

2. Bis zu einer Geschwindigkeit von 154 km/h muss ein Sicherheitsabschlag auf den im Nahbereich festgestellten Abstand nicht erfolgen.

3. Um das Fahrverhalten der Beteiligten im Fernbereich zu beurteilen, ist es ausreichend, den Videofilm in Augenschein zu nehmen.

OLG Hamm, Beschl. v. 28.10.1993 – 1 Ss (OWi) 426/92 = NZV 1994, 120

39 **Redaktioneller Leitsatz:**

1. Die in § 4 Abs. 3 StVO enthaltene Bestimmung stellt nicht auf eine konkrete Gefährdung ab; vielmehr schreibt diese Bestimmung ausdrücklich die Einhaltung des erforderlichen Mindestabstands von 50 m bei einem Lkw von über 3,5 t auf der Autobahn bei einer Geschwindigkeit von über 50 km/h vor.

2. Es stellt keinen Verstoß gegen den Gleichbehandlungsgrundsatz und auch kein Hinderungsgrund für eine Verurteilung dar, soweit Kraftfahrer mit ausländischem Kennzeichen beim Videoabstandsmessverfahren (VAMA) nicht verfolgt und belangt werden können,

AG Lüdinghausen, Urt. v. 17.04.2002 – 10 OWi 15 Js 333/02-37/02 = DAR 2002, 368

A. Rechtsprechungslexikon

■ **Wesentlich höhere Geschwindigkeit** 40

Amtlicher Leitsatz:

1. Ein Geschwindigkeitsüberschuss von 9,8 km/h stellt beim Überholen eines LKW auf einer Bundesautobahn jedenfalls bei hohem Verkehrsaufkommen nicht eine „wesentlich höhere Geschwindigkeit" dar.

2. Zu den Besonderheiten der Messung der Differenzgeschwindigkeit durch ein Messverfahren (hier: VAMA), das durch in dem Verfahren selbst enthaltene Toleranzen das überholende und das überholte Fahrzeug „verlangsamt".

AG Lüdinghausen, Urt. v. 19.12.2005 – 10 OWi 89 Js 2124/05-248/05 = NStZ-RR 2006, 384 = NZV 2006, 492 = VRR 2006, 437 = ZAP EN-Nr. 485/2006

■ **Zeitlicher und innerer Zusammenhang von Vortaten** 41

Amtlicher Leitsatz:

1. Zum erforderlichen Umfang der Feststellungen bei einer vorsätzlichen Abstandsunterschreitung.

2. Der Senat hält an seiner früheren Auffassung, dass zur Nachvollziehbarkeit des zeitlichen und inneren Zusammenhanges im Rahmen der Prüfung eines beharrlichen Verkehrsverstoßes weitergehende Einzelheiten zu den Vortaten dargetan werden müssen (vgl. Senatsbeschluss vom 10.10.2002 – 3 Ss OWi 727/02) nicht fest.

OLG Hamm, Beschl. v. 22.07.2004 – 3 Ss OWi 351/04 = VA 2004, 198 = JWO-VerkehrsR 2004, 316

■ **Zuverlässigkeit der Ergebnisse des Traffipax-Abstandsmessverfahrens** 42

Amtlicher Leitsatz:

Die Zuverlässigkeit der Ergebnisse des Traffipax-Abstands-Messverfahrens hat der Tatrichter zu beurteilen. Diese Frage kann deshalb nicht Gegenstand einer zulässigen Vorlegung sein.

BGH, Beschl. v. 07.06.1982 – 4 StR 60/82 = BGHSt 31, 86 = NJW 1982, 2455

Teil 4: Arbeitshilfen

43 ▪ Zeichengenerator JVC/Piller CG-P 50 E/TG-3

Redaktioneller Leitsatz:

Zur (abgelehnten) Wiederaufnahme eines Verfahrens, in dem eine Verurteilung wegen einer Geschwindigkeitsüberschreitung erfolgt ist, der eine Messung mit dem Zeichengenerator JVC/Piller, Gerätetyp CG-P 50 E/TG-3 zugrunde liegt.

AG Wunsiedel, Beschl. v. 17.07.2008 – 5 OWi 261 Js 14877/05 = VA 2008, 196 = VRR 2008, 476

Abstandsmessverfahren

44 ▪ Brückenabstandsmessverfahren

Amtlicher Leitsatz:

1. Die von der Polizei in Bayern vor dem 05.07.2007 im Rahmen des so genannten Brückenabstandsmessverfahrens praktizierten Videoabstandsmessungen unter Einsatz des Charaktergenerators vom Typ CG-P 50 E des Herstellers JVC/Piller erfüllen nicht die Voraussetzungen eines standardisierten Messverfahrens, wenn die Messung nicht in Kombination mit einer Videokamera des Herstellers JVC durchgeführt wurde.

2. In diesen Fällen darf sich das Tatgericht bei der Feststellung und Darstellung der Beweisgründe im Urteil nicht auf die Mitteilung des Messverfahrens, die entsprechend den Richtlinien für die polizeiliche Verkehrsüberwachung ermittelten Ergebnis-Werte sowie auf die auch sonst bei einer Brückenabstandsmessung gebotenen Feststellungen, etwa zu etwaigen Abstandsveränderungen innerhalb der der eigentlichen Messstrecke vorgelagerten Beobachtungsstrecke beschränken.

OLG Bamberg, Beschl. v. 18.12.2007 – 3 Ss OWi 1662/07 = DAR 2008, 98 = VA 2008, 52 = VRR 2008, 73

45 ▪ Distanova-Abstandsmessverfahren

Amtlicher Leitsatz:

Zur zuverlässigen Ermittlung der Einhaltung des erforderlichen Sicherheitsabstandes zwischen zwei Kraftfahrzeugen kann das Verfahren mit dem Distanova-Gerät eingesetzt werden.

OLG Stuttgart, Beschl. v. 10.11.1982 – 1 Ss 246/82 = VRS 64, 145

A. Rechtsprechungslexikon

■ **Durch Beobachtung mittels Rückspiegel** 46

Amtlicher Leitsatz:

1. Eine verwertbare Abstandsmessung aus dem vorausfahrenden Polizeifahrzeug durch Beobachtung mittels Rückspiegel kann durch den Fahrer allein nicht stattfinden.

2. Auch eine Abstandsbestimmung mittels Nachstellen des Abstands auf einem Autobahnparkplatz reicht allein nicht zum Nachweis des Abstandsverstoßes aus.

AG Lüdinghausen, Urt. v. 25.08.2008 – 19 OWi – 89 Js 780/08-83/08 = DAR 2008, 655 = NStZ-RR 2009, 26 = NZV 2009, 159 = VA 2008, 212 = VRR 2009, 71

■ **Gerichtliche Schuldfeststellung** 47

Redaktioneller Leitsatz:

1. Zur gerichtlichen Schuldfeststellung des Angeklagten können nur technisch – wissenschaftlich anerkannte Abstands-Messverfahren herangezogen werden, die festen Regeln oder Richtlinien unterliegen. Die mit der Anwendung betrauten Personen müssen geschult und ausreichend erfahren sein. Der betreffende Verkehrsteilnehmer soll so von seiner Schuld überzeugt werden.

2. Diese Voraussetzungen werden durch einfache Beobachtung der Scheinwerfer des betreffenden Pkw durch Blick in den Rückspiegel nicht erfüllt.

3. Erfolgt dies noch bei Dunkelheit und durch einen Beamten bei einer Einsatzfahrt mit hoher Geschwindigkeit bedürfen die Zeugenaussagen einer kritischen tatrichterlichen Würdigung.

OLG Celle, Beschl. v. 30.08.1993 – 5 Ss (OWi) 118/93 = NZV 1993, 490 = VRS 86, 146

Amtlicher Leitsatz: 48

Ein Abstandsmessverfahren, das gerichtlichen Schuldfeststellungen zugrunde gelegt werden kann, muss grundsätzlich nach festen Regeln oder Richtlinien durchgeführt werden. Die mit der Anwendung betrauten Personen müssen geschult und ausreichend erfahren sein.

OLG Hamm, Beschl. v. 24.10.2000 – 3 Ss OWi 968/00 = VA 2001, 58

Teil 4: Arbeitshilfen

49 ■ Gleich bleibendes Unterschreiten des Abstandes

Redaktioneller Leitsatz:

Ein Verstoß gegen §§ 1 Abs. 2, 4 Abs. 1 StVO kann bei Anwendung des Traffipax-Abstandmessverfahrens angenommen werden, wenn auf der eigentlichen Messstrecke von 150 m der (Sicherheits-) Abstand gleich bleibend unterschritten und genau festgestellt ist, dass sich auf den vorangehenden 150 m die Verkehrssituation nicht derart geändert hat, dass dem Betroffenen aus dem zu dichten Auffahren kein Vorwurf gemacht werden kann.

OLG Köln, Beschl. v. 28.03.1984 – 3 Ss 456/83 – 254 = VerkMitt 1984, 83 = VRS 66, 463 = zfs 1984, 155

50 ■ Merkmal der Ordnungsgemäßheit eines Messverfahrens

Amtlicher Leitsatz:

1. Bei der Abstandsmessung mit dem Verkehrsüberwachungsgerät VKS, Softwareversion 3.01 des Herstellers VIDIT handelt es sich um ein standardisiertes Messverfahren im Sinne der Rechtsprechung des Bundesgerichtshofes.

2. Bei einer Verurteilung wegen eines Verstoßes gegen §§ 4 Abs. 1, 49 Abs. 1 Nr. 4 StVO, dem eine Abstandsmessung mit diesem Gerät zugrunde liegt, muss der Tatrichter in den Urteilsgründen zur Messung grundsätzlich nur das angewendete Messverfahren, die gemessene Geschwindigkeit nebst Toleranzabzug sowie den ermittelten vorwerfbaren Abstandswert feststellen.

3. Sicherheitsabschläge von dem festgestellten vorwerfbaren Abstandswert sind nicht generell veranlasst.

4. Ausführungen zur Ordnungsgemäßheit des Messverfahrens muss der Tatrichter in den Urteilsgründen nur dann machen, wenn entweder konkrete Anhaltspunkte für einen Messfehler vorliegen oder ein solcher von dem Betroffenen oder einem anderen Verfahrensbeteiligten behauptet werden.

OLG Dresden, Beschl. v. 08.07.2005 – Ss (OWi) 801/04 = DAR 2005, 637 = VRS 109, 196

51 ■ Sicherheitsabschlag

Redaktioneller Leitsatz:

1. Zur Abstandsmessung ist das Video-Abstands-Messverfahren (VAMA) geeignet.

2. Bis zu einer Geschwindigkeit von 154 km/h muss ein Sicherheitsabschlag auf den im Nahbereich festgestellten Abstand nicht erfolgen.

3. Um das Fahrverhalten der Beteiligten im Fernbereich zu beurteilen, ist es ausreichend, den Videofilm in Augenschein zu nehmen.

OLG Hamm, Beschl. v. 28.10.1993 – 1 Ss OWi 426/92 = DAR 1996, 382 = NZV 1994, 120

■ **Standardisiertes Verfahren** 52

Amtlicher Leitsatz:

Zu den Anforderungen an die Ausführungen im tatrichterlichen Urteil bei Nichteinhaltung des erforderlichen Sicherheitsabstandes

OLG Hamm, Beschl. v. 15.03.2004 – 2 Ss OWi 162/04 = VRS 106, 466

■ **Toleranzabzug** 53

Redaktioneller Leitsatz:

Bei einer Abstandsmessung mittels des sog. Video-Abstands-Messverfahrens handelt es sich zumindest im Fall der Verwendung einer PAL-Videokamera um ein standardisiertes Messverfahren, bei dem kein Zusatztoleranzabzug vorzunehmen ist.

AG Lüdinghausen, Urt. v. 12.11.2007 – 19 OWi – 89 Js 1800/07-191/07 = DAR 2008, 160 = NZV 2008, 109 = VA 2008, 34 = VRR 2008, 77

■ **Unterschreitung des erforderlichen Sicherheitsabstandes** 54

Redaktioneller Leitsatz:

1. Der Senat hält an seiner Auffassung fest, dass das auf der Grundlage des Runderlasses des Innenministers des Landes Nordrhein-Westfalen vom 12.02.1981 (MinBl. NW 1981, 513 f.), geändert durch Runderlass vom 22.12.1983 (MinBl. NW 1984, 3 f.) vorgenommene Abstandsmessverfahren ein geeignetes und zuverlässiges Mittel ist, eine Unterschreitung des erforderlichen Sicherheitsabstandes festzustellen.

2. Ein Betroffener kann aufgrund seines Geständnisses verurteilt werden, weil er glaubhaft einräumt, den erforderlichen Sicherheitsabstand nicht eingehalten zu haben.

OLG Köln, Beschl. v. 18.05.1984 – 1 Ss 288/84 = VRS 67, 286

Teil 4: Arbeitshilfen

55 ■ **Verdachtsunabhängige Verkehrsüberwachung mit VKS 3.01**

Redaktioneller Leitsatz:

Für (Video)Messverfahren, bei denen der gesamte Fahrzeugverkehr videoüberwacht wird, während gleichzeitig Messdaten aufgezeichnet werden, die in einem späteren Auswerteverfahren einzelnen Bild- oder Videosequenzen zum Zwecke der Feststellung des Fahrzeugführers automatisch oder manuell zugeordnet werden, oder bei denen gleichzeitig mit Beginn des Messverfahrens die Videoaufzeichnung des gemessenen Fahrzeuges manuell oder automatisch beginnt, ohne dass bereits ein konkreter Tatverdacht gegen den Fahrer des gemessenen Fahrzeuges bejaht wurde, gibt es keine ausreichende gesetzliche Ermächtigungsgrundlage i.S. der Entscheidung des BVerfG vom 11.08.2009 – 2 BvR 941/08.

AG Meißen, Beschl. v. 05.10.2009 – 13 OWi 705 Js 54110/08 = StRR 2009, 478 = VRR 2009, 472

56 ■ **Verfassungsmäßigkeit des „bayerischen" Brückenabstandsmessverfahrens**

Amtlicher Leitsatz:

Das „bayerische" Brückenabstandsmessverfahren, bei dem drei Videokameras zum Einsatz kommen, deren Aufzeichnungen über einen Videobildmischer auf zwei Videobänder übertragen werden, ist zwar kein standardisiertes Messverfahren. Solange aber keine konkreten Anhaltspunkte für eine fehlerhafte Messung hinzutreten, entspricht sein Beweiswert jedoch einem standardisierten Messverfahren. Der darin liegende Eingriff in das Recht auf informationelle Selbstbestimmung der aufgezeichneten Fahrer ist im Verhältnis zu dem mit ihm verfolgten Zweck, des Schutzes der Allgemeinheit, der Sicherheit des fließenden Verkehrs wie auch des Schutzes von Leib und Leben des jeweiligen Vorausfahrenden angemessen und daher auch verfassungsrechtlich gerechtfertigt.

AG Schweinfurt, Urt. v. 31.08.2009 – 12 OWi 17 Js 7822/09 = DAR 2009, 660 = StRR 2009, 477 = VRR 2009, 470

57 ■ **Verkehrstechnisches Gutachten**

Amtlicher Leitsatz:

Verfolgt ein Polizeibeamter mittels Fernglas das Fehlverhalten von zwei Fahrzeugen, bedarf es grundsätzlich keines verkehrstechnischen Gutachtens. Zur Feststellung des gefährdenden Abstandes im Abstandsmessverfahren ist erforderlich von dem in 0,8 Sekunden zurückgelegten Weg der beiden Fahrzeuge einen Sicherheitsabzug von 15 % vorzunehmen.

A. Rechtsprechungslexikon

BayObLG, Beschl. v. 22.07.1980 – 2 ObOWi 289/80 = VRS 59, 285

▪ **Verwertbarkeit der Ergebnisse des Brückenabstandsmessverfahrens VAMA** 58

Amtlicher Leitsatz:

1. § 100h Abs. 1 Satz 1 Nr. 1 StPO i.V.m. § 46 Abs. 1 OWiG bildet für die von der Polizei in Bayern im Rahmen des sog. Brückenabstandsmessverfahrens (VAMA) durchgeführten anlassbezogenen Videoaufzeichnungen zur Identifizierung Betroffener eine hinreichende gesetzliche Rechtsgrundlage für damit verbundene Eingriffe in das Recht auf informationelle Selbstbestimmung.

2. Ein Beweisverwertungsverbot für die mit diesem Messverfahren gewonnenen Ergebnisse besteht nicht.

OLG Bamberg, Beschl. v. 16.11.2009 – 2 Ss OWi 1215/09 = NJW 2010, 100 = DAR 2010, 26 = zfs 201, 50 = NZV 2010, 98 = VRR 2009, 468 = StRR 2009, 475

▪ **Video-Brücken-Abstandsmessverfahren ViBrAM-BAMAS** 59

Amtlicher Leitsatz:

1. Bei dem Video-Brücken-Abstandsmessverfahren ViBrAM-BAMAS handelt es sich um ein standardisiertes Messverfahren im Sinne der Rechtsprechung des BGH (St 39, 291; 43, 277).

2. a) Ist der Betroffene einer Ordnungswidrigkeit des Nichteinhaltens des vorgeschriebenen Abstandes schuldig, welche mit dem genannten Verfahren nachgewiesen wurde, muss der Tatrichter in den schriftlichen Urteilsgründen in der Regel nur das angewendete Messverfahren (ViBrAM-BAMAS), die Geschwindigkeit des Betroffenen sowie die Länge des Abstandes zwischen den Fahrzeugen des Betroffenen und des Vorausfahrenden feststellen. Toleranzen brauchen weder zur Geschwindigkeit noch zum Abstand mitgeteilt zu werden.

b) Beträgt die festgestellte Unterschreitung des Abstandes zwischen den beiden Fahrzeugen weniger als ein Meter, bezogen auf den Abstand, der für die Bemessung der Rechtsfolgen nach Nr. 12.4 bis Nr. 12.6.5 der Anlage und des Anhanges zur BKatV maßgeblich ist, bedarf es unter Berücksichtigung sämtlicher Umstände des Einzelfalles der Überprüfung, ob der Vorwurf der Abstandsunterschreitung zu Recht erhoben ist. In diesen Fällen ist in den schriftlichen Urteilsgründen über die vorstehend genannte Punkte hinaus mitzuteilen, aufgrund welcher Umstände der Betroffene gleichwohl einer Unterschreitung des Abstandes im vorgegebenen Umfang schuldig ist. Der Mitteilung des gesamten Rechenwerkes des Verfahrens ViBrAM-BAMAS bedarf es auch in diesen Fällen nicht.

Teil 4: Arbeitshilfen

3. Vorbehaltlich der Aufklärungspflicht kann die vom ermittelnden Polizeibeamten mit Hilfe der EDV erstellte Auswertung, in der insbesondere die Geschwindigkeit des Betroffenen und die Länge des Abstandes errechnet wurden, in der Hauptverhandlung verlesen werden. Einer Vernehmung des Polizeibeamten bedarf es dann nicht.

OLG Stuttgart, Beschl. v. 14.08.2007 – 4 Ss 23/07 = ACE-VERKEHRSJURIST 2007, 8 = DAR 2007, 657 = Die Justiz 2008, 27 = NStZ 2009, 22 = NStZ-RR 2007, 382 = NZV 2008, 40 = SVR 2008, 270 = VA 2007, 201 = VRR 2007, 475 = VRS 113, 124

60 ■ **Wiedergabe der Betroffeneneinlassung in Urteilsgründen auch bei standardisierter Abstandsmessung**

Amtlicher Leitsatz:

1. Auch in Bußgeldsachen muss den Urteilsgründen regelmäßig zu entnehmen sein, ob und wie sich der Betroffene in der Hauptverhandlung eingelassen und ob der Tatrichter der Einlassung gefolgt ist oder ob und inwieweit er sie für widerlegt angesehen hat.

2. Dies gilt auch, wenn die Feststellung eines Abstandsverstoßes auf einem standardisierten Messverfahren beruht. Denn auch dann besteht die Möglichkeit, dass sich der Betroffene z.B. bezüglich der Fahrereigenschaft, der Abstandsmessung oder der näheren Umstände der Verkehrsordnungswidrigkeit in eine bestimmte Richtung substantiiert verteidigt hat und nicht ausgeschlossen werden kann, dass der Tatrichter die Bedeutung dieser Einlassung verkannt oder rechtlich unzutreffend gewürdigt hat (Anschluss u.a. an OLG Karlsruhe NZV 2007, 256 f.).

OLG Bamberg, Beschl. v. 09.07.2009 – 3 Ss OWi 290/09 = DAR 2009, 655 (LS) =VA 2009, 212 =VRR 2010, 32

61 ■ **Zeichengenerator JVC/Piller CG-P 50 E/TG-3**

Redaktioneller Leitsatz:

Zur (abgelehnten) Wiederaufnahme eines Verfahrens, in dem eine Verurteilung wegen einer Geschwindigkeitsüberschreitung erfolgt ist, der eine Messung mit dem Zeichengenerator JVC/Piller, Gerätetyp CG-P 50 E/TG-3 zugrunde liegt.

AG Wunsiedel, Beschl. v. 17.07.2008 – 5 OWi 261 Js 14877/05 = VA 2008, 196 = VRR 2008, 476

A. Rechtsprechungslexikon

■ Zuverlässigkeit der Ergebnisse des Traffipax-Abstandsmessverfahrens durch   62
den Tatrichter

Amtlicher Leitsatz:

Die Zuverlässigkeit der Ergebnisse des Traffipax-Abstandsmessverfahrens hat der Tatrichter zu beurteilen. Diese Frage kann deshalb nicht Gegenstand einer zulässigen Vorlegung sein.

BGH, Beschl. v. 07.06.1982 – 4 StR 60/82 = BGHSt 31, 86 = NJW 1982, 2455

Beweisverwertungsverbot

■ Abstandsmessung mit dem Messgerät VIDIT VKS   63

Amtlicher Leitsatz:

Eine mittels Messgeräts VIDIT, VKS 3.0, Version 3.1, durchgeführte Abstandsmessung ist auch unter Berücksichtigung der Rechtsprechung des BVerfG in 2 BvR 941/08 verwertbar.

Für eine verdachtsgestützte Identitätsfeststellung ist § 163 b Abs. 1 S. 1 StGB i.V.m. § 46 Abs. 2 OWiG ausreichend konkrete gesetzliche Grundlage, die das allgemeine Persönlichkeitsrecht zulässig einschränkt.

AG Oberhausen, Urt. v. 02.11.2009 – 26 OWi – 371 Js 1419/09-665/09 = LNR 2009, 30446

■ Eingriff in das allgemeine Persönlichkeitsrecht durch Videoaufzeichnung   64

Redaktioneller Leitsatz:

Die Rechtsauffassung, die mittels einer Videoaufzeichnung vorgenommene Geschwindigkeitsmessung könnte auf einen Erlass eines Ministeriums gestützt werden, ist willkürlich und verstößt gegen Art. 3 Abs. 1 GG.

BVerfG, 11.08.2009 – 2 BvR 941/08 = DAR 2009, 577 =NJW 2009, 3293 =NZV 2009, 618 =StRR 2009, 356 =SVR 2009, 427 =VA 2009, 172 =VRR 2009, 354 =ZAP EN-Nr. 609/2009 =zfs 2009, 589

Teil 4: Arbeitshilfen

65 ■ **fehlende Rechtsgrundlage für die Anfertigung der Lichtbilder**

Amtlicher Leitsatz:

Über den vom Verfassungsgericht entschiedenen Fall der Videoaufzeichnung hinaus gelten die vom BVerfG aufgestellten Grundsätze (2 BvR 941/08) auch für jede Art von Verkehrsverstößen, bei denen eine Identifizierung des Fahrers nur mittels eines Tatbildes möglich ist, d.h. auch für die Geschwindigkeitsmessung (stationäre oder mobile Messungen). Auch in diesen Fällen müssen die Ausführungen des BVerfG Anwendung finden.

AG Grimma, Urt. v. 22.10.2009 – 003 OWi 153 Js 34830/09 = LNR 2009, 28426

66 **Amtlicher Leitsatz:**

Aufnahmen aus stationären Dauervideoanlagen dürfen generell nicht als Beweismittel gegen Verkehrssünder verwendet werden, da die Daten ohne gesetzliche Grundlage erhoben worden sind.

OLG Oldenburg, Beschl. v. 27.11.2009 – Ss Bs 186/09 = DAR 2010, 32 = zfs 2010, 170 = VRS 118, 13 = StV 2010, 232 = StRR 2010, 37 = VRR 2010, 31 = VA 2010, 47

67 ■ **Geschwindigkeitsmessung durch Angestellte eines Landkreises**

Amtlicher Leitsatz:

Bei einer Geschwindigkeitsmessung durch Angestellte eines Landkreises besteht kein Beweisverwertungsverbot.

OLG Oldenburg, Beschl. v. 11.03.2009 – 2 SsBs 42/09 = VRS 116, 222 = NStZ 2009, 709 = NZV 2010, 163 = VA 2009, 104 = VRR 2009, 270

68 ■ **Geschwindigkeitsmessung durch Private**

Amtlicher Leitsatz:

1. Die planmäßige Durchführung von Geschwindigkeitsmessungen allein durch private Firmen im Rahmen der Verkehrsüberwachung zur Ermittlung und Dokumentation von Ordnungswidrigkeiten ist derzeit mangels einer gesetzlichen Ermächtigung auch dann unzulässig, wenn die zuständige Gemeinde Ort. Zeit. Dauer und Häufigkeit der Messung bestimmt und der Angestellte der Privatfirma während der Durchführung der Messung aufgrund eines befristeten Arbeitnehmerüberlassungsvertrages der Gemeinde von der Privatfirma zur Verfügung gestellt wird.

2. Zur Frage eines Verwertungsverbots der auf diese rechtswidrige Art und Weise erhobenen Beweise.

BayObLG, Beschl. v. 05.03.1997 – 1 ObOWi 785/96 = BayObLGSt 1997, 46 = DAR 1997, 206 = DÖV 1997, 601 = NStZ-RR 1997, 312 = VersR 1998, 71

Amtlicher Leitsatz: 69

Die kommunalen Ordnungsbehörden müssen Geschwindigkeitsmessungen zur Verkehrsüberwachung bzgl. der Einleitung von Ordnungswidrigkeitenverfahren selbst durchführen. Sie dürfen diese weder ausdrücklich noch de facto an private Dritte übertragen. Eine solche Übertragung liegt vor, wenn von Seiten der kommunalen Ordnungsbehörde weder ein Beamter noch ein Angestellter an der Geschwindigkeitsmessung teilnimmt, der aufgrund seiner rechtlichen und technischen Kenntnisse zur Überwachung der Durchführung und zu gegebenenfalls nötigem leitendem Eingreifen in der Lage ist. Eine Übertragung an private Dritte begründet ein Beweisverwertungsverbot.

AG Alsfeld, Urt. v. 06.02.1995 – 15 Js OWi 88543/94 OWi = DAR 1995, 210 = NJW 1995, 1503 = NJW 1995, 2576 = NStZ 1995, 457

■ **ProVida** 70

Redaktioneller Leitsatz:

1. Zur Geschwindigkeitsmessung unter Verwendung der Verkehrsüberwachungsanlage (Videonachfahrsystem) ProVida 2000 Modular und Ermittlung der tatsächlichen Geschwindigkeit mithilfe des ViDistA-Auswertungsverfahrens.

2. Zum Beweiserhebungs-/-verwertungsverbot bzgl. der Standfotos aus dem Tatvideo.

AG Lübben, Urt. v. 08.12.2009 – 40 OWi 1911 Js 19757/09 (204/09 = DAR 2010, 149

■ **Traffipax Traffistar S 330** 71

Redaktioneller Leitsatz:

Die Ergebnisse von Geschwindigkeitsmessungen mit der Anlage Traffipax Traffistar S 330, wobei die Messergebnisse elektronisch an die Auswertungsstelle übertragen werden, unterliegen keinem Beweisverwertungsverbot.

OLG Düsseldorf, Beschl. v. 20.05.2008 – IV-5 Ss (OWi) 27/08 – (OWi) 32/08 I

72 ◼ verdachtsabhängige Video-Aufzeichnung

Redaktioneller Leitsatz:

Die verdachtsabhängige Verkehrsüberwachung mittels Videokamera führt nicht zu einem Beweiserhebungsverbot.

OLG Jena, Beschl. v. 06.01.2010 – 1 Ss 291/09 = NJW 2010, 1093 = NZV 2010, 266 = VRS 118, 288 = VRR 2010, 115 = DAR 2010, 212

73 ◼ Verdachtsunabhängiges Videografieren des laufenden Verkehrs

Redaktioneller Leitsatz:

Beweiserhebungsverbot und Beweisverwertungsverbot bei verdachtsunabhängigem Videografieren des laufenden Verkehrs wegen des Grundrechts auf informationelle Selbstbestimmung.

AG Lünen, Urt. v. 14.10.2009 – 16 OWi – 225 Js 1519/09-447/09 = DAR 2010, 35 = VRR 2009, 471

74 ◼ Verdachtsunabhängige Verkehrsüberwachung mit VKS 3.01

Redaktioneller Leitsatz:

Für (Video)Messverfahren, bei denen der gesamte Fahrzeugverkehr videoüberwacht wird, während gleichzeitig Messdaten aufgezeichnet werden, die in einem späteren Auswerteverfahren einzelnen Bild- oder Videosequenzen zum Zwecke der Feststellung des Fahrzeugführers automatisch oder manuell zugeordnet werden, oder bei denen gleichzeitig mit Beginn des Messverfahrens die Videoaufzeichnung des gemessenen Fahrzeuges manuell oder automatisch beginnt, ohne dass bereits ein konkreter Tatverdacht gegen den Fahrer des gemessenen Fahrzeuges bejaht wurde, gibt es keine ausreichende gesetzliche Ermächtigungsgrundlage i.S. der Entscheidung des BVerfG vom 11.08.2009 – 2 BvR 941/08.

AG Meißen, Beschl. v. 05.10.2009 – 13 OWi 705 Js 54110/08 = StRR 2009, 478 = VRR 2009, 472

75 ◼ Verfassungsmäßigkeit des „bayerischen" Brückenabstandsmessverfahrens

Amtlicher Leitsatz:

Das „bayerische" Brückenabstandsmessverfahren, bei dem drei Videokameras zum Einsatz kommen, deren Aufzeichnungen über einen Videobildmischer auf zwei Videobänder übertragen werden, ist zwar kein standardisiertes Messverfahren. Solange aber keine konkreten Anhaltspunkte für eine fehlerhafte Messung hinzutreten, entspricht sein Beweiswert jedoch einem standardisierten Messverfahren. Der darin liegende Eingriff in das Recht auf informationelle Selbstbestimmung der aufgezeichneten Fahrer ist im Verhältnis zu dem mit ihm verfolgten Zweck, des Schutzes der Allgemeinheit, der Sicherheit des fließenden Verkehrs wie auch des Schutzes von Leib und Leben des jeweiligen Vorausfahrenden angemessen und daher auch verfassungsrechtlich gerechtfertigt.

AG Schweinfurt, Urt. v. 31.08.2009 – 12 OWi 17 Js 7822/09 = DAR 2009, 660 = StRR 2009, 477 = VRR 2009, 470

■ **Verwendung einer nicht geeichten Videokamera/Rechtmäßigkeit der Geschwindigkeitsmessung per Einzelbildauswertung** 76

Redaktioneller Leitsatz:

1. Wird bei der amtlichen Überwachung des Straßenverkehrs zur Geschwindigkeitsermittlung von Fahrzeugen eine nicht geeichte handelsübliche Videokamera verwendet, so liegt dann kein Verstoß gegen § 25 Abs. 1 Nr. 3 Eichgesetz vor, wenn die Geschwindigkeit nicht automatisch mittels der Videokamera, sondern vielmehr durch eine nachfolgende Auswertung im Wege der Wegzeitberechnung (Zählen der Einzelbilder) ermittelt wird.

2. Eine unter Verstoß gegen § 25 Abs. 1 Nr. 3 Eichgesetz unrechtmäßig erlangte, videogestützte Geschwindigkeitsmessung bei der amtlichen Überwachung des Straßenverkehrs führt nicht zu einem Beweisverbot im Bußgeldverfahren, wenn die ermittelte Geschwindigkeit auch mittels eines geeichten Gerätes (Provida) hätte festgestellt werden können.

AG Cochem, Urt. v. 22.03.2004 – 2040 Js 54574/03 3 OWi = JWO-VerkehrsR 2004, 197 = VA 2004, 157 = ZAP EN-Nr. 538/2004

■ **Verwertbarkeit von Geschwindigkeitsmessungen bei Überschreitung der Arbeitszeitfristen durch den Messbeamten** 77

Amtlicher Leitsatz:

Eine Geschwindigkeitsmessung ist nicht deshalb unverwertbar, weil der Messbeamte die Fristen des § 3 Arbeitszeitgesetz überschritten hat.

AG Strausberg, Urt. v. 12.08.2008 – 14 OWi 271 Js-OWi 46794/07 (735/07) = VRR 2009, 236

Bildidentifikation

78 ■ **Abgrenzung von Beweistatsache und Beweisziel**

Amtlicher Leitsatz:

Zur Abgrenzung von Beweistatsache und Beweisziel bei einem Antrag auf sachverständige Begutachtung der Identität zwischen einer auf einem Radarfoto abgebildeten Person und Betroffenem.

OLG Hamm, Beschl. v. 06.08.2009 – 3 Ss OWi 599/09 = VA 2010, 18

79 ■ **Anforderungen an die Urteilsgründe**

Amtlicher Leitsatz:

Zu den Anforderungen an die Urteilsgründe, wenn der Tatrichter seine Überzeugung von der Täterschaft des Betroffen auf ein humanbiologisches bzw. anthropologisches Gutachten stützt.

OLG Hamm, Beschl. v. 10.03.2009 – 4 Ss OWi 126/09 = LNR 2009, 14281

80 **Amtlicher Leitsatz:**

Zu den Anforderungen an die Urteilsgründe bei Täteridentifizierung anhand eines Lichtbildes.

OLG Hamm, Beschl. v. 11.04.2007 – 4 Ss OWi 159/07 = LNR 2007, 43270

81 ■ **Angaben zur Merkmalshäufigkeit**

Amtlicher Leitsatz:

Bei der Wiedergabe eines anthropologischen Sachverständigengutachtens in einem Urteil sind Angaben zur Merkmalshäufigkeit gefundener Merkmalsübereinstimmungen weder möglich noch erforderlich (gegen OLG Jena, DAR 2006, 523 und VRS 110, 424 sowie OLG Hamm, 3. Senat, Beschl. v. 14.06.2007 – 3 Ss OWi 387/07).

OLG Hamm, Beschl. v. 15.04.2008 – 4 Ss 86/08 = DAR 2008, 395 = NStZ 2008, 287 = NStZ-RR 2008, 287

A. Rechtsprechungslexikon

■ Befragung eines Sachverständigen 82

Amtlicher Leitsatz:

Hat der Tatrichter die Feststellung, ob der Betroffene der „Täter"' war, aus der Hand gegeben und einem Sachverständigen überlassen, drängt es sich auf, dass der Angeklagte/Betroffene die Möglichkeit erhalten muss, den Sachverständigen in angemessener Weise und ausführlich zu befragen und die Richtigkeit seines Gutachtens in Zweifel zu ziehen.

OLG Düsseldorf, Beschl. v. 17.09.2008 – IV-5 SS-OWi 129/08 – (OWI) 75/08 I = zfs 2008, 704 = VA 2009, 49

■ Darstellung eines anthropologischen Identitätsgutachtens 83

Amtlicher Leitsatz:

Bei der Darstellung eines anthropologischen Identitätsgutachtens zu einem Beweisfoto einer Verkehrsüberwachungsanlage sind im Urteil die festgestellten Merkmalsübereinstimmungen, die vorhandenen Abweichungen und die von dem Sachverständigen gezogene Schlussfolgerung im Hinblick auf die Einschätzung der Identitätswahrscheinlichkeit wiederzugeben. Konkrete Angaben zu der Merkmalshäufigkeit in der Bevölkerung sind nicht erforderlich (Anschluss OLG Hamm, DAR 2008, 395 ff.). Selbst eine sachverständig festgestellte hohe Identitätswahrscheinlichkeit trägt eine Verurteilung nicht allein, wenn das Foto eine mindere Qualität aufweist. Erforderlich ist zumindest die zusätzliche Feststellung, dass der Betroffene entweder Halter des PKW ist oder in einer solchen Beziehung zu dem Halter des PKW steht, dass ein Zugriff auf den PKW zu der fraglichen Zeit nicht auszuschließen ist.

OLG Oldenburg, Beschl. v. 30.09.2008 – Ss 324/08 = DAR 2009, 43 = NStZ-RR 2009, 60 = NZV 2009, 52

■ Eignung eines Fotos zur Identifizierung 84

Amtlicher Leitsatz:

Soweit der Tatrichter von der erleichterten Möglichkeit der Verweisung nach §§ 46 Abs. 1 OWiG, 267 Abs. 1 Satz 3 StPO keinen Gebrauch macht, kann aufgrund einer Vielzahl präzis mitgeteilter individueller Merkmale davon ausgegangen werden, dass das Foto zur Identifizierung hinreichend geeignet ist.

OLG Dresden, Beschl. v. 18.07.2002 – Ss (OWi) 315/02

Teil 4: Arbeitshilfen

85 ■ **Geeignetheit eines Lichtbildes**

Amtlicher Leitsatz:

1. Hat der Tatrichter im Bußgeldverfahren wegen einer Verkehrsordnungswidrigkeit anhand eines bei einer Verkehrsüberwachungsmaßnahme gefertigten Beweisfotos die Überzeugung erlangt, dass der Betroffene und die abgebildete Person identisch sind, so gilt für die Darstellung in den Urteilsgründen Folgendes: Wird im Urteil gem. § 267 Abs. 1 Satz 3 StPO auf ein zur Identifizierung generell geeignetes Foto verwiesen, bedarf es im Regelfall keiner näheren Ausführungen. Bestehen allerdings nach Inhalt oder Qualität des Fotos Zweifel an seiner Eignung als Grundlage für eine Identifizierung des Fahrers, so muss der Tatrichter angeben, welcher – auf dem Foto erkennbaren – Identifizierungsmerkmale er die Überzeugung von der Identität des Betroffenen mit dem abgebildeten Fahrzeugführer gewonnen hat.

2. Hat der Tatrichter im Bußgeldverfahren wegen einer Verkehrsordnungswidrigkeit anhand eines bei eine Verkehrsüberwachungsmaßnahme gefertigten Beweisfotos die Überzeugung erlangt, dass der Betroffene und die abgebildete Person identisch sind, so gilt für die Darstellung in den Urteilsgründen Folgendes: Unterbleibt eine prozessordnungsgemäße Verweisung auf das Beweisfoto, so muss das Urteil Ausführungen zur Bildqualität enthalten und die abgebildete Person oder jedenfalls mehrere charakteristische Identifizierungsmerkmale so präzise beschreiben, dass dem Rechtsmittelgericht anhand der Beschreibung in gleicher Weise wie bei Betrachtung des Fotos die Prüfung ermöglicht wird, ob dieses zur Identifizierung generell geeignet ist.

BGH, Beschl. v. 19.12.1995 – 4 StR 170/95 = BGHSt 41, 376 = DAR 1996, 98 = DAR 1996, 178 = NJW 1996, 1420 = NStZ 1996, 150

86 **Amtlicher Leitsatz:**

Die Grundsätze der Rechtsprechung des BGHSt 41, 376 gelten nicht nur für die Täteridentifizierung anhand eines Lichtbildes, sondern auch, wenn der Tatrichter ein Lichtbild aus anderen Gründen zum Gegenstand seiner Beweiswürdigung macht.

OLG Hamm, Beschl. v. 08.02.2007 – 2 Ss OWi 101/07 = NStZ 2009, 21 = NZV 2007, VI = NZV 2007, 376 = PA 2007, 72 = StRR 2008, 28 = VA 2007, 73 = VRS 112, 274

87 **Amtlicher Leitsatz:**

Zur Geeignetheit eines Lichtbildes zur Täteridentifizierung.

OLG Hamm, Beschl. v. 13.05.2005 – 2 Ss OWi 274/05 = DAR 2005, 462 = NJW-Spezial 2006, 164 = NZV 2006, 162 = StraFo 2005, 297 = zfs 2005, 413

A. Rechtsprechungslexikon

■ **Identifizierung einer Person**   88

Amtlicher Leitsatz:

Mit der Rechtsbeschwerde kann weder beanstandet werden, der Betroffene sei entgegen der Überzeugung des Tatrichters nicht mit der auf dem Radarfoto abgebildeten Person identisch, noch kann gerügt werden, dass das Amtsgericht aufgrund der persönlichen Inaugenscheinnahme einer anderen Person diese im Vergleich mit dem vorliegenden Lichtbild als Täter der Ordnungswidrigkeit zu Unrecht ausgeschlossen habe.

OLG Hamm, Beschl. v. 01.02.2007 – 3 Ss OWi 856/06 = VRR 2007, 316

■ **Morphologisches Vergleichsgutachten**   89

Amtlicher Leitsatz:

Zum Umfang der Darlegungspflicht im Bußgeldverfahren bei einem sog. morphologischen Vergleichsgutachten, welches sich auf ein Beweisfoto einer Verkehrsüberwachungsanlage stützt.

OLG Celle, Beschl. v. 17.07.2002 – 222 Ss 124/02 (OWi) = NStZ 2004, 21 = NZV 2002, 472

■ **Verwertung eines anthropologischen Identitätsgutachtens**   90

Amtlicher Leitsatz:

Anforderungen an die Gründe eines Bußgeldurteils bei Verwertung eines anthropologischen Identitätsgutachtens. Der Senat hält auch unter Berücksichtigung der Entscheidung des OLG Hamm in dessen Beschluss vom 15.04.2008 (NStZ-RR 2008, 287 f.) an seiner bisherigen Rechtsprechung fest, wonach Angaben zur Merkmalshäufigkeit erforderlich sind.

OLG Jena, Beschl. v. 30.09.2008 – 1 Ss 187/08 = NStZ-RR 2009, 116 = zfs 2009, 228

■ **Vorliegen von Messfehlern**   91

Amtlicher Leitsatz:

Zum Anwendungsbereich des § 6 Abs. 4 EichO und zur Frage, ob ein entgegen § 6 Abs. 4 EichO erzieltes Messergebnis einem Beweisverwertungsverbot unterliegt.

OLG Hamm, Beschl. v. 08.04.2004 – 4 Ss OWi 128/04 = LNR 2004, 18074

Teil 4: Arbeitshilfen

92 ■ Zulässigkeit der Feststellung einer Täterschaft

Redaktioneller Leitsatz:

1. Gem. § 79 Abs. 1 Satz 1 Nr. 1 OWiG ist eine Rechtsbeschwerde zum OLG gegen ein Urteil des AG statthaft.

2. Die Rechtsbeschwerde führt zur Aufhebung des angefochtenen Urteils in vollem Umfang sowie zur Zurückverweisung der Sache an das AG, wenn die Gründe des angefochtenen Urteils lückenhaft sind und dem Senat nicht die Prüfung ermöglichen, ob vom AG rechtsfehlerfrei die Feststellung getroffen wurde, dass der Beschwerdeführer, dem aufgrund einer Radarmessung ein Geschwindigkeitsverstoß zur Last gelegt wird, zum Vorfallszeitpunkt Fahrer des Pkw war.

3. Soll die Überzeugung von der Täterschaft des Betroffenen auf das Ergebnis eines humanbiologischen Gutachtens mit dem Vergleich eines von der Geschwindigkeitsmessanlage aufgenommenen Fotos des Fahrers mit dem Betroffenen und mit einer in Betracht kommenden anderen Person gestützt werden, so müssen mehrere Gesichtspunkte beachtet werden. Bei einem humanbiologischen und damit anthropologischen Gutachten werden anhand von Lichtbildern eine bestimmte Zahl deskriptiver morphologischer Merkmale (z.B. Nasenfurche, Nasenkrümmung etc.) oder von Körpermaßen des Täters herausgearbeitet und mit den entsprechenden Merkmalen des Tatverdächtigen verglichen. Ein solches Gutachten stellt kein allgemein anerkanntes und weithin standardisiertes Verfahren wie bspw. das daktyloskopische Gutachten dar. Nach ständiger Rechtsprechung des BGH muss der Tatrichter, der ein Sachverständigengutachten eingeholt hat und ihm Beweisbedeutung beimisst, auch dann, wenn er von der Sachkunde des Sachverständigen überzeugt ist und sich dem Gutachten des Sachverständigen anschließt, i.d.R. die Ausführungen des Sachverständigen in einer (wenn auch nur gedrängten) zusammenfassenden Darstellung unter Mitteilung der zugrunde liegenden Anknüpfungstatsachen und der daraus gezogenen Schlussfolgerungen im Urteil wiedergeben, um dem Rechtsmittelgericht die gebotene Nachprüfung zu ermöglichen. Der Umfang der Darlegungspflicht richtet sich danach, ob es sich um eine standardisierte Untersuchungsmethode handelt, sowie nach der jeweiligen Beweislage und der Bedeutung, die der Beweisfrage für die Entscheidung zukommt. Eine im Wesentlichen auf die Mitteilung des Ergebnisses des Gutachtens beschränkte Darstellung kann nur ausreichen, wenn es sich um ein allgemein anerkanntes und weithin standardisiertes Verfahren wie das daktyloskopische Gutachten, die Blutalkoholanalyse oder die Bestimmung von Blutgruppen handelt.

4. Zudem müssen nach der Rechtsprechung des BGH Lichtbilder, die für ein anthropologisches Identitätsgutachten als Identifizierungsgrundlage dienen, eine gewisse Qualität aufweisen, um als Grundlage einer Identifizierung geeignet zu sein. Im Fall mangelhafter Qualität der zugrunde zu legenden Bilder ist die Erkennbarkeit von

Merkmalen beeinträchtigt und damit ein Gutachten nicht aussagekräftig. Das Gericht wird in solchen Fällen zunächst selbst zu beurteilen haben, ob die Tataufnahmen als Anknüpfungstatsachen für eine Begutachtung geeignet sind und ggf. bei Verneinung einer Eignung keinen Anlass für eine Begutachtung sehen.

5. Soll die Überzeugung des Tatrichters auch auf den selbst vorgenommenen Vergleich des Fotos mit den in Betracht kommenden Personen gestützt werden, dann muss das Beweisfoto wirksam gem. § 267 Abs. 1 Satz 3 StPO i.V.m. § 71 Abs. 1 OWiG deutlich und zweifelsfrei in Bezug genommen werden. Wenn jedoch eine prozessordnungsgemäße Verweisung auf das Beweisfoto nicht erfolgt ist, muss das Urteil Ausführungen zur Bildqualität enthalten und die abgebildete Person, jedenfalls aber mehrere charakteristische Identifizierungsmerkmale, so präzise beschreiben, dass dem Rechtsmittelgericht anhand der Beschreibung in gleicher Weise wie bei der Betrachtung des Fotos eine Prüfung dahingehend ermöglicht wird, ob das Foto zur Identifizierung generell geeignet ist und zudem, ob das Foto zum Ausschluss einer bestimmten anderen verdächtigen Person geeignet ist.

OLG Hamm, Beschl. v. 20.06.2008 – 3 Ss OWi 434/08 = SVR 2009, 269

Eichung

Beweisverwertungsverbot beim Vorliegen von Messfehlern   93

Amtlicher Leitsatz:

Zum Anwendungsbereich des § 6 Abs. 4 EichO und zur Frage, ob ein entgegen § 6 Abs. 4 EichO erzieltes Messergebnis einem Beweisverwertungsverbot unterliegt.

OLG Hamm, Beschl. v. 08.04.2004 – 4 Ss OWi 128/04 = LNR 2004, 18074

Eichung eines Geschwindigkeitsmessgerätes   94

Amtlicher Leitsatz:

Zum erforderlichen Umfang der Feststellungen bei einer Geschwindigkeitsüberschreitung.

OLG Hamm, Beschl. v. 04.02.2008 – 3 Ss OWi 28/08 = VA 2008, 103 = VRR 2008, 273

Redaktioneller Leitsatz: 95

1. Voraussetzungen der Eichung eines Messgerätes zur polizeilichen Geschwindigkeitsmessung im Straßenverkehr

Teil 4: Arbeitshilfen

2. Wirksamkeit einer polizeilichen Geschwindigkeitsmessung

3. Voraussetzungen der Ahndung einer Geschwindigkeitsüberschreitung als Verkehrsordnungswidrigkeit.

AG Lüdinghausen, Urt. v. 27.03.2007 – 10 OWi 89 Js 18/07 5/07 = DAR 2007, 409 = NZV 2007, 432 = VA 2007, 106 = VRR 2007, 196

96 ■ **Merkmal der Ordnungsgemäßheit eines Messverfahrens**

Amtlicher Leitsatz:

1. Bei der Abstandsmessung mit dem Verkehrsüberwachungsgerät VKS, Softwareversion 3.01 des Herstellers VIDIT handelt es sich um ein standardisiertes Messverfahren im Sinne der Rechtsprechung des Bundesgerichtshofes.

2. Bei einer Verurteilung wegen eines Verstoßes gegen §§ 4 Abs. 1, 49 Abs. 1 Nr. 4 StVO, dem eine Abstandsmessung mit diesem Gerät zugrunde liegt, muss der Tatrichter in den Urteilsgründen zur Messung grundsätzlich nur das angewendete Messverfahren, die gemessene Geschwindigkeit nebst Toleranzabzug sowie den ermittelten vorwerfbaren Abstandswert feststellen.

3. Sicherheitsabschläge von dem festgestellten vorwerfbaren Abstandswert sind nicht generell veranlasst.

4. Ausführungen zur Ordnungsgemäßheit des Messverfahrens muss der Tatrichter in den Urteilsgründen nur dann machen, wenn entweder konkrete Anhaltspunkte für einen Messfehler vorliegen oder ein solcher von dem Betroffenen oder einem anderen Verfahrensbeteiligten behauptet werden.

OLG Dresden, Beschl. v. 08.07.2005 – Ss (OWi) 801/04 = DAR 2005, 637 = VRS 109, 196

97 ■ **Messanlage „Truvelo M 42"**

Amtlicher Leitsatz:

Es verstößt nicht gegen den Zweifelssatz, wenn im Falle einer Geschwindigkeitsmessung mit der Messanlage Truvelo M 42 der Feststellung der dem Betroffenen anzulastenden Geschwindigkeit der vom Standardgerät (Hauptrechner) ermittelte Wert auch dann zu Grunde gelegt wird, wenn er höher ist als der des Kontrollgeräts (Kontrollrechner).

OLG Koblenz, Beschl. v. 16.01.2003 – 1 Ss 183/02 = NZV 2003, 495 = VA 2003, 117

A. Rechtsprechungslexikon

▪ **Möglichkeit der Falschmessung bzw. Fehlzuordnung des Messwertes eines Lasermessgerätes aufgrund erhöhten Verkehrsaufkommens** 98

Redaktioneller Leitsatz:

1. Der Tatrichter entscheidet im OWi-Verfahren gem. § 77 Abs. 2 Nr. 1 OWiG nach pflichtgemäßem Ermessen darüber, ob die beantragte Beweiserhebung erforderlich ist. Ihm steht insoweit ein gewisser Beurteilungsspielraum zu.

2. Bei einer während Dunkelheit durchgeführten Geschwindigkeitsmessung mit einem Lasermessgerät bedarf es einer vom Rechtsbeschwerdegericht nachvollziehbaren Darlegung des Tatrichters, warum trotz widriger Verhältnisse vernünftige Zweifel an der Zuordnung des Fahrzeugs nicht bestehen.

OLG Hamm, Beschl. v. 29.08.2006 – 2 Ss OWi 358/06 = DAR 2007, 217 = VRR 2007, 30 = VRS 111, 375 = zfs 2006, 654

▪ **Nicht geeichtes Messgerät** 99

Redaktioneller Leitsatz:

Auch eine früher erfolgte Eichung ist lediglich formell korrekt, materiell aber als fehlerhaft anzusehen, wenn sie wegen der zur Tatzeit nicht vorhandenen, von der PTB aber geforderten, gesonderten Genehmigung einer Bauartzulassung in Bezug auf das CAN-Bus-System nicht eichfähig war; denn ein Messgerät ist nur dann gem. § 14a Abs. 1 Eichordnung eichfähig, wenn seine Bauart durch die PTB zur Eichung zugelassen ist. Ein (materiell) fehlerhaft geeichtes Gerät ist einem ungeeichten oder nicht ausreichend geeichten Gerät gleichzusetzen, sodass die Grundsätze, die bei Messungen mit ungeeichten Geräten gelten, entsprechend anzuwenden sind.

OLG Hamm, Beschl. v. 16.01.2009 – 3 Ss OWi 767/07 = LNR 2009, 19862

▪ **Pflicht zur Angabe des Geschwindigkeitsmessverfahrens** 100

Amtlicher Leitsatz:

Auch bei standarisierten Geschwindigkeitsmessverfahren müssen Urteilsgründe Einlassung des Betroffenen und das Messverfahren erkennen lassen.

OLG Karlsruhe, Beschl. v. 16.10.2006 – 1 Ss 55/06 = NZV 2007, 256 = VA 2007, 12 = VRR 2007, 35 = VRS 111, 427 = ZAP EN-Nr. 104/2007 = zfs 2007, 113

Teil 4: Arbeitshilfen

101 ProViDa-System

Amtlicher Leitsatz:

1. Das ProViDa-System ist als standardisiertes Messverfahren anerkannt, wobei in Fällen von mehr als 100 km/h ein Abzug von 5 % zugunsten des Betroffenen im Regelfall ausreichend ist.

2. Eine ProViDa-Messung bleibt trotz vorzeitigen Erlöschens der Eichung infolge Reifenwechsels verwertbar, wenn die Umbereifung sich nur zugunsten des Betroffenen ausgewirkt haben kann (hier: Umrüstung von Winter- auf Sommerreifen mit größerem Außendurchmesser).

OLG Koblenz, Beschl. v. 24.07.2001 – 1 Ss 203/01 = LNR 2001, 17655

102 Rechtsfehlerhafter Abzug von ermittelter Geschwindigkeit

Amtlicher Leitsatz:

Ein Sicherheitsabschlag von 3 % bei Messwerten über 100 km/h gleicht alle möglichen Betriebsfehlerquellen aus. Ein darüber hinaus gehender Sicherheitsabschlag ist rechtsfehlerhaft.

OLG Hamm, Beschl. v. 25.02.2003 – 3 Ss OWi 1010/02 = ZAP EN-Nr 288/2003 = NStZ 2004, 324 (LS)

103 Reifenwechsel

Amtlicher Leitsatz:

1. Eine Geschwindigkeitsmessung mittels Police-Pilot-System (PPS) ist auch dann verwertbar, wenn es nach einer Eichung des Gerätes zu einem Reifenwechsel von Winterreifen auf Sommerreifen gekommen ist und die nach der Gebrauchsanweisung für diesen Fall vorgesehene Neueichung unterblieben ist.

2. Steht fest, dass der Reifenwechsel das Messergebnis nicht zuungunsten des Betroffenen beeinflusst haben kann, ist kein höherer Toleranzabzug als von 5 % angezeigt. Dies ist jedenfalls dann der Fall, wenn die Sommerreifen einen größeren Umfang als die Winterreifen aufweisen (hier: Wechsel von Winterreifen der Größe 185/65 R 15 auf Sommerreifen der Größe 205/60 R 15).

AG Nordenham, Urt. v. 31.05.2007 – 5 OWi 441 Js 59850/06 (587/06) = VA 2008, 17 = VRR 2008, 37

A. Rechtsprechungslexikon

■ **Toleranzwert von 5 Prozent (Typ „Provida Proof Electronic PDRS-1245")** 104

Amtlicher Leitsatz:

Wird bei der Geschwindigkeitsmessung durch ein nachfahrendes Polizeifahrzeug ein geeichtes Messgerät des Typs „Provida Proof Electronic PDRS-1245" verwendet, erfasst ein Toleranzwert von 5 % bei der Berechnung der Geschwindigkeit alle gerätetypischen Betriebsfehler; dazu gehören auch Abweichungen auf Grund des Reifendrucks. Entfernt sich das gemessene Fahrzeug sichtbar, bedarf es über den gerätebedingten Toleranzwert von 5 % hinaus keines weiteren Abschlags.

BayObLG, Beschl. v. 23.07.2003 – 1 ObOWi 246/03 = DAR 2004, 37 = NZV 2004, 49 = VRS 105, 444

■ **Verwendung einer nicht geeichten Videokamera/Rechtmäßigkeit der Geschwindigkeitsmessung per Einzelbildauswertung** 105

Redaktioneller Leitsatz:

1. Wird bei der amtlichen Überwachung des Straßenverkehrs zur Geschwindigkeitsermittlung von Fahrzeugen eine nicht geeichte handelsübliche Videokamera verwendet, so liegt dann kein Verstoß gegen § 25 Abs. 1 Nr. 3 Eichgesetz vor, wenn die Geschwindigkeit nicht automatisch mittels der Videokamera, sondern vielmehr durch eine nachfolgende Auswertung im Wege der Wegzeitberechnung (Zählen der Einzelbilder) ermittelt wird.

2. Eine unter Verstoß gegen § 25 Abs. 1 Nr. 3 Eichgesetz unrechtmäßig erlangte, videogestützte Geschwindigkeitsmessung bei der amtlichen Überwachung des Straßenverkehrs führt nicht zu einem Beweisverbot im Bußgeldverfahren, wenn die ermittelte Geschwindigkeit auch mittels eines geeichten Gerätes (Provida) hätte festgestellt werden können.

AG Cochem, Urt. v. 22.03.2004 – 2040 Js 54574/03 3 OWi = JWO-VerkehrsR 2004, 197 = VA 2004, 157 = ZAP EN-Nr. 538/2004

■ **Verwertungsverbot für Daten aus nicht geeichten Messgeräten** 106

Amtlicher Leitsatz:

Zum erforderlichen Umfang des Feststellungen bei Einsatz eines eichfähigen Messgerätes zur Ermittlung einer Geschwindigkeitsüberschreitung.

OLG Hamm, Beschl. v. 24.01.2006 – 3 Ss OWi 582/05 = VRR 2006, 193

ESO-Lichtschranke

107 ■ **Beeinflussung des Messgerätes ES3.0 durch einen Hasen**

Amtlicher Leitsatz:

Zur Möglichkeit der Beeinflussung einer Geschwindigkeitsmessung mit dem Messgerät ES3.0 des Herstellers eso durch einen Hasen.

AG Lüdinghausen, Urt. v. 19.01.2009 – 19 OWi – 89 Js 1880/08-170/08 = VA 2009, 157 = VRR 2009, 311

108 ■ **Beurteilung der Zuverlässigkeit**

Redaktioneller Leitsatz:

1. Bei der Beurteilung der Zuverlässigkeit eines ESO-LichtschrankenMessgerätes ist nicht allein auf die Sachkunde des Gerichts abzustellen.

2. Allein das Messfoto ermöglicht keine Rückschlüsse auf die Zuverlässigkeit. Vielmehr müssen die Angaben des zuständigen Polizeibeamten berücksichtigt werden.

OLG Karlsruhe, Beschl. v. 11.12.1992 – 1 Ss 165/92 = zfs 1993, 105

109 ■ **Messgerät ES 3.0**

Amtlicher Leitsatz:

1. Die Geschwindigkeitsmessung mittels des Messgerätes ES 3.0 des Herstellers eso ist standardisiertes Messverfahren im Sinne der Rechtsprechung des BGHSt 39, 291 [BGH, 19.08.1993 – 4 StR 627/92] = NJW 1993, 3081 [BGH, 19.08.1993 – 4 StR 627/92]

2. Ein Absehen von einem Regelfahrverbot nach einem grob pflichtwidrigen Geschwindigkeitsverstoß ist selbst bei Vorliegen etwaiger Härten dann nicht möglich, wenn zugleich ein Fall der Beharrlichkeit vorlag.

AG Lüdinghausen, Urt. v. 23.01.2009 – 19 OWi 89 Js 1585/08 – 146/08 = NStZ-RR 2009, 290 = NZV 2009, 205 = VRR 2009, 150 = VA 2009, 103

A. Rechtsprechungslexikon

Standardisiertes Messverfahren 110

Amtlicher Leitsatz:

Bei der Lichtschrankenmessung mit einem Gerät der Marke ESO Typ ES 1.0 mittels passiver Messung ohne Lichtsender handelt es sich um ein standardisiertes Messverfahren im Sinne der Rechtsprechung des BGH (St 39, 291; 43, 277).

OLG Stuttgart, Beschl. v. 24.10.2007 – 4 Ss 264/07 = DAR 2007, 716 = Die Justiz 2008, 27 = NStZ-RR 2008, 123 = NZV 2008, 43= VA 2008, 18 = VRR 2007, 476

Fehlen der Fotolinie 111

Redaktioneller Leitsatz:

Fehlt bei einer Geschwindigkeitsmessung mit dem Messgerät ES 3.0 die vom Hersteller in seiner Bedienungsanleitung geforderte „nachvollziehbare" gekennzeichnete Fotolinie fehlt, ist nicht klar erkennbar, ob es sich bei dem gemessenen Fahrzeug tatsächlich um das Betroffenenfahrzeug handelt und ob die gemessene Geschwindigkeit im Einklang mit der Fotodokumentation vom Betroffenenfahrzeug steht. Die Messung ist dann unverwertbar.

AG Lübben, Beschl. v. 16.03.2010, 40 OWi 1321 Js 2018/10 (58/10) = LNR 2010, 14512

Geschwindigkeitsmessung

Abstand 112

Amtlicher Leitsatz:

1. Bei der Geschwindigkeitsmessung durch Nachfahren darf der Abstand nicht zu groß sein und sollte dem „halben Tachoabstand" entsprechen. Geringe Abweichungen von den Richtwerten können im Einzelfall unschädlich sein, wenn sie durch eine überlange Messstrecke ausgeglichen werden. Ein Abstand von 600 m ist aber so ungewöhnlich groß, dass er auch nicht annähernd zuverlässig zu überblicken ist und Abstandsschwankungen, insbesondere wenn sie noch durch die Sichtverhältnisse erschwert sind, nicht zuverlässig beurteilt werden können.

2. Einen Erfahrungssatz des Inhalts, dass gut sichtbar aufgestellte Verkehrszeichen nicht übersehen werden könnten, deren Nichtbeachtung also vorsätzlich wäre, gibt es nicht. Fahren auf der rechten Fahrspur Fahrzeuge erheblich langsamer, so kann daraus gleichfalls nicht geschlossen werden, der Betroffene habe damit gerechnet, dass diese

Teil 4: Arbeitshilfen

wegen einer bestehenden Geschwindigkeitsbeschränkung so langsam fuhren, und die Geschwindigkeitsüberschreitung billigend in Kauf genommen.

BayObLG, Beschl. v. 09.04.1996 – 2 ObOWi 247/96 (LS) = DAR 1996, 288= VersR 1997, 254

113 ■ **Anforderung an Bezeichnung des Messgeräts/Täteridentifizierung anhand eines Lichtbildes**

Amtlicher Leitsatz:

1. Die Bezeichnung eines Messverfahrens als „Radarmessung" ist bei einem standardisierten Messverfahren ausreichend.

2. Zu den Anforderungen an das tatrichterliche Urteil im Fall der Täteridentifizierung anhand eines Lichtbildes.

OLG Hamm, Beschl. v. 25.08.2005 – 4 Ss OWi 575/05 = LNR 2005, 31891

114 ■ **Anforderungen an Urteilsanfechtung/Pflicht zur Angabe des Messverfahrens und des Toleranzwertes**

Redaktioneller Leitsatz:

1. Wird das Urteil mit der Behauptung angegriffen, die Verhängung eines Fahrverbots stelle eine unzumutbare Härte für den Betroffenen dar, so erfordert die Aufklärungsrüge neben der Benennung der Tatsachen, deren Aufklärung vermisst wird, die Angabe der Beweismittel, deren sich der Richter hätte bedienen sollen, die Darlegung der bekannten Umstände, aufgrund derer sich der Richter zur Beweisaufnahme hätte gedrängt sehen müssen und die Mitteilung des voraussichtlichen Ergebnisses der unterlassenen Sachaufklärung.

2. Bei der Verurteilung wegen einer Geschwindigkeitsüberschreitung hat der Richter in den Gründen nicht nur die Geschwindigkeit und das angewandte Messverfahren, sondern auch den berücksichtigten Toleranzwert mitzuteilen; die bloße Angabe des verwendeten Gerätetyps reicht nicht aus, um eine rechtsbeschwerdegerichtliche Überprüfung zu ermöglichen.

OLG Brandenburg, Beschl. v. 15.12.2003 – 1 Ss (OWi) 234 B/03

A. Rechtsprechungslexikon

■ **Anforderungen an Urteilsgründe in Bußgeldsachen** 115

Amtlicher Leitsatz:

Zur Frage der Auswirkungen, wenn der Tatrichter den verwirklichten Ordnungswidrigkeitentatbestand nicht anführt, zur Messung einer Geschwindigkeitsüberschreitung durch Nachfahren und zur Feststellung der persönlichen Verhältnisse des Betroffenen.

OLG Hamm, Beschl. v. 26.06.2003 – 3 Ss OWi 309/03 = LNR 2003, 18070

■ **Angabe des Messverfahrens und des Toleranzwertes** 116

Redaktioneller Leitsatz:

Die Nennung des bei Geschwindigkeitsmessungen üblichen Messverfahrens und des Toleranzwertes ist neben der als erwiesen erachteten Geschwindigkeit ausreichend, wenn keine konkreten Einwendungen gegen die Tauglichkeit der Messung erfolgen und die Tatrichter durch die Messergebnisse, die mit anerkannten amtlich zugelassenen Geräten gewonnen wurden und täglich benutzt werden, überzeugt sind.

Es genügt, wenn der Tatrichter den Betroffenen anhand von drei charakteristischen Merkmalen auf einem Foto identifiziert.

Wenn der Bußgeldrahmen bei fahrlässiger Handlung durch Verhängung einer Geldstrafe i.H.v. 500,00 DM voll ausgeschöpft ist, braucht keine Ausführung über eine an die Stelle des Fahrverbots tretende Geldstrafe zu erfolgen.

OLG Hamm, Beschl. v. 18.10.1994 – 2 Ss (OWi) 820/94 = NZV 1995, 118 = VRS 88, 307

■ **Angaben zu Messverfahren und Toleranzwerten bei geständiger Einlassung** 117

Amtlicher Leitsatz:

In einem Bußgeldurteil wegen Geschwindigkeitsüberschreitung bedarf es bei uneingeschränktem und glaubhaftem Geständnis des Betroffenen keiner Angaben zu dem angewandten Messverfahren und den Toleranzwerten. Ein uneingeschränktes Geständnis kann i.d.R. angenommen werden, wenn der Betroffene einräumt, mit der festgestellten Geschwindigkeit gefahren zu sein. Hat der Betroffene unter den unter Angabe des Messverfahrens, der Beweismittel und der drohenden Rechtsfolgen bezeichneten Verkehrsverstoß bereits bei seiner Anhörung gegenüber der Bußgeldbehörde eingeräumt, bedarf es keiner weiteren Ausführungen zur Glaubhaftigkeit des in der Hauptverhandlung wiederholten Geständnisses.

OLG Saarbrücken, Beschl. v. 19.05.2006 – Ss (B) 26/06 = VRR 2006, 355 = VRS 110, 433 = ZAP EN-Nr. 653/2006

118 ■ **Augenblicksversagen/Verringerung des Regelfahrverbotes**

Amtlicher Leitsatz:

Zum Umfang der erforderlichen Feststellungen hinsichtlich eines „Augenblicksversagens" und zur Verringerung des Regelfahrverbotes

OLG Hamm, Beschl. v. 02.10.2002 – 4 Ss OWi 841/02 = LNR 2002, 16448

119 ■ **Bestimmtheit eines Bußgeldbescheids**

Amtlicher Leitsatz:

1. Ein Bußgeldbescheid wird in seiner Wirksamkeit dann nicht beeinträchtigt, wenn für den Betroffenen trotz einer Fehlbezeichnung nicht infrage stehen kann, welcher Sachverhalt ihm zur Last gelegt werden soll. Die hinreichende Bestimmtheit verlangt nicht, dass das Gericht bereits allein aus dem Inhalt des Bußgeldbescheids endgültig entnehmen kann, welche konkrete Handlung dem Betroffenen zur Last gelegt wird. Vielmehr kann in „Ergänzung" des Bußgeldbescheids auf den gesamten Akteninhalt Bezug genommen werden, um zu klären, welcher Sachverhalt auch für den Betroffenen erkennbar und unverwechselbar gemeint ist.

2. Bei einer Geschwindigkeitsmessung durch Nachfahren und Tachometervergleich bedarf es weiterhin näherer Feststellungen im tatrichterlichen Urteil zum (gleich bleibenden) Abstand zwischen dem Fahrzeug des Betroffenen und dem Polizeifahrzeug sowie zur Länge der Nachfahrstrecke. Wird die Geschwindigkeitsmessung nachts durchgeführt, bedarf es überdies auch näherer Feststellungen zu den Beleuchtungs und Sichtverhältnissen, um die Zuverlässigkeit der Messung überprüfen zu können.

BayObLG, Beschl. v. 01.08.1994 – 2 ObOWi 343/94 = NZV 1994, 448 = VRS 88, 58

120 ■ **Distanova-Abstandsmessgerät**

Amtlicher Leitsatz:

Die Geschwindigkeitsmessung wird auch durch das Distanova-Abstandsmessgerät zulässigerweise vorgenommen. Von den sonst angenommenen Werten muss jedoch ein zusätzlicher Abschlag vorgenommen werden.

OLG Stuttgart, Beschl. v. 17.10.1983 – 1 Ss 508/82 = VerkMitt 1984, 28 = VRS 66, 57

A. Rechtsprechungslexikon

■ **Drillingsschrankengerät/Fehlmessung**   121

Amtlicher Leitsatz:

Die Möglichkeit von Fehlmessungen besteht grundsätzlich auch beim Drillingsschrankengerät. Diese können dadurch verursacht werden, dass die drei Lichtschranken durch jeweils andere, im gleichen Abstand voneinander befindliche, Fahrzeugteile durchbrochen werden. Dies führt zu einer geräteinternen nicht erkennbaren Verkürzung der Messstrecke und damit zu einer Fehlberechnung der gefahrenen Geschwindigkeit.

AG Karlsruhe, Urt. v. 19.05.1992 – 4 OWi 105/92 = DAR 1992, 351

■ **Durch Angestellte eines Landkreises**   122

Amtlicher Leitsatz:

Bei einer Geschwindigkeitsmessung durch Angestellte eines Landkreises besteht kein Beweisverwertungsverbot.

OLG Oldenburg, Beschl. v. 11.03.2009 – 2 SsBs 42/09 = = VRS 116, 222 = NStZ 2009, 709 = NZV 2010, 163 = VA 2009, 104 = VRR 2009, 270

■ **Durch Nachfahren**   123

Redaktioneller Leitsatz:

1. Für einen dem Schriftformerfordernis des § 67 Abs. 1 Satz 1 OWiG entsprechenden wirksamen Einspruch des Betroffenen gegen einen Bußgeldbescheid ist nicht unbedingt die Unterschrift des Erklärenden erforderlich. Vielmehr genügt es, dass aus dem Schriftstück der Inhalt der abzugebenden Erklärung und die Person, von der sie ausgeht, hinreichend zuverlässig entnommen werden können; außerdem muss feststehen, dass es sich nicht um einen Entwurf handelt, sondern dass das Schriftstück mit Wissen und Willen des Berechtigten der Verwaltungsbehörde zugeleitet worden ist.

2. Die Feststellung der Geschwindigkeit eines Kfz durch Vergleich mit der Geschwindigkeit eines nachfolgenden Polizeifahrzeugs kann grds. eine genügende Beweisgrundlage für die Annahme einer Überschreitung der höchstzulässigen Geschwindigkeit sein. In diesem Zusammenhang ist bei einem nicht geeichten bzw. nicht justierten Tachometer im Polizeifahrzeug grds. ein Toleranzabzug von 20 % der abgelesenen Geschwindigkeit notwendig, aber auch ausreichend, um bei guten allgemeinen Sichtverhältnissen grds. alle zugunsten des Täters in Betracht kommenden Fehlerquellen menschlicher und technischer Art zu berücksichtigen. Stets bleibt die Bemessung des abzuziehenden Sicherheitsabschlags jedoch Tatfrage, die der Tatrichter in seiner freien

Teil 4: Arbeitshilfen

Beweiswürdigung unter Berücksichtigung aller im Einzelfall in Betracht kommender Umstände zu beurteilen und zu entscheiden hat.

OLG Rostock, 28.03.2007 – 2 Ss (OWi) 311/06 I 171/06 = VRS 113, 309

124 ■ **Durch Nachfahren Innerorts**

Redaktioneller Leitsatz:

Bei einer innerörtlichen Geschwindigkeits- und Abstandsmessung durch Nachfahren sind Anforderungen, die für Messungen durch Nachfahren außerhalb geschlossener Ortschaften entwickelt worden sind, bei denen die Sicht- und Beleuchtungsverhältnisse regelmäßig schlechter und die Abstände zum gemessenen Fahrzeug wesentlich größer sind, nicht anzuwenden.

OLG Hamm, Beschl. v. 19.03.2009 – 3 Ss OWi 94/09 = LNR 2009, 15852

125 ■ **Eichung des Messgeräts**

Amtlicher Leitsatz:

Werden die Sicherungsstempel an den gesicherten Schrauben entwertet, erlischt die Eichung eines GeschwindigkeitsMessgeräts vorzeitig. Da u.a. die Verwendung eines zugelassenen, geeichten Gerätes für eine verwertbare Geschwindigkeitsmessung Voraussetzung ist, liegt eine solche bei Einsatz eines Gerätes, dessen Eichung erloschen ist, nicht vor.

AG Wolfsburg, Urt. v. 23.04.1992 – 6 OWi 504 Js 55649/90 = NZV 1993, 84

126 ■ **Erforderlicher Toleranzabzug**

Amtlicher Leitsatz:

Bei einer Geschwindigkeitsmessung mithilfe des Police-Pilot-Systems in der Betriebsart „MAN" ist bei Geschwindigkeitswerten über 100 km/h ein Toleranzabzug von 5 % im Regelfall erforderlich und ausreichend.

KG Berlin, 26.05.2008 – 3 Ws (B) 123/08; 2 Ss 114/08 = DAR 2009, 39 (LS)

127 ■ **Fehlende Rechtsgrundlage für die Anfertigung der Lichtbilder**

Amtlicher Leitsatz:

Über den vom Verfassungsgericht entschiedenen Fall der Videoaufzeichnung hinaus gelten die vom BVerfG aufgestellten Grundsätze (2 BvR 941/08) auch für jede Art von

Verkehrsverstößen, bei denen eine Identifizierung des Fahrers nur mittels eines Tatbildes möglich ist, d.h. auch für die Geschwindigkeitsmessung (stationäre oder mobile Messungen). Auch in diesen Fällen müssen die Ausführungen des BVerfG Anwendung finden.

AG Grimma, Urt. v. 22.10.2009 – 003 OWi 153 Js 34830/09 = LNR 2009, 28426

▪ **Fehlfunktionen des Messgerätes** 128

Redaktioneller Leitsatz:

Bei einem standardisierten Messverfahren drängt sich eine weitere Beweisaufnahme auf bzw. liegt diese nahe, wenn konkrete Anhaltspunkte für technische Fehlfunktionen des Messgerätes behauptet werden.

OLG Hamm, Beschl. v. 11.12.2006 – 2 Ss OWi 598/06 = NZV 2007, 155 = VRR 2007, 195 = VRS 112, 126 = zfs 2007, 111

▪ **Fehlmessung** 129

Amtlicher Leitsatz:

Liegen konkrete Anhaltspunkte für eine Fehlmessung bei einer Geschwindigkeitsmessung mit einer Radarpistole (Laser-GMG „LTI 20. 20 TS/KM") vor. So besteht für das Gericht die Verpflichtung, sich in der Beweiswürdigung mit Fehlermöglichkeiten auseinander zu setzen.

OLG Oldenburg, Beschl. v. 08.09.1994 – Ss 355/94= DAR 1995, 169 = NZV 1995, 37 = zfs 1994, 466

▪ **Fehlmessung eines Lasermessgerätes aufgrund erhöhten Verkehrsaufkommens** 130

Redaktioneller Leitsatz:

1. Der Tatrichter entscheidet im OWi-Verfahren gem. § 77 Abs. 2 Nr. 1 OWiG nach pflichtgemäßem Ermessen darüber, ob die beantragte Beweiserhebung erforderlich ist. Ihm steht insoweit ein gewisser Beurteilungsspielraum zu.

2. Bei einer während Dunkelheit durchgeführten Geschwindigkeitsmessung mit einem Lasermessgerät bedarf es einer vom Rechtsbeschwerdegericht nachvollziehbaren Darlegung des Tatrichters, warum trotz widriger Verhältnisse vernünftige Zweifel an der Zuordnung des Fahrzeugs nicht bestehen.

Teil 4: Arbeitshilfen

OLG Hamm, Beschl. v. 29.08.2006 – 2 Ss OWi 358/06 = DAR 2007, 217 = VRR 2007, 30 = VRS 111, 375 = zfs 2006, 654

131 ■ **Feststellung tatsächlicher Grundlagen**

Redaktioneller Leitsatz:

Ein Urteil, das sich mit einer Geschwindigkeits- und Abstandsmessung befasst, muss grds. feststellen, auf welcher tatsächlichen Grundlage die Geschwindigkeitsfeststellung und die Abstandsmessung beruhen. Dazu gehören insb. Angaben darüber, ob die Messungen durch elektronische Aufzeichnungen oder durch Ablesen, durch stationäre Geräte oder aus einem fahrenden Fahrzeug erfolgten, wie lang ggf. die Verfolgungsstrecke und der Abstand des Polizeifahrzeugs zu dem verfolgten Fahrzeug waren, auf welche Fahrstrecke sich die Abstandsunterschreitung erstreckte und welcher Toleranzabzug bei der Feststellung der Geschwindigkeitsüberschreitung vorgenommen worden ist.

OLG Hamm, Beschl. v. 26.02.2009 – 3 Ss OWi 871/08 = DAR 2009, 156 = VRR 2009, 195 = VA 2009, 103

132 ■ **Geschwindigkeitsmessung während Dunkelheit**

Amtlicher Leitsatz:

Die Urteilsgründe wegen einer Geschwindigkeitsüberschreitung bedürfen dann, wenn die Geschwindigkeitsmessung mit einem Lasergerät während der Dunkelheit durchgeführt worden ist, einer nachvollziehbaren Darlegung des Tatrichters, warum trotz widriger Verhältnisse vernünftige Zweifel an der Zuordnung des Fahrzeugs nicht bestehen, jedenfalls dann, wenn der Betroffene wie vorliegend die richtige Zuordnung des Fahrzeugs in Zweifel zieht.

OLG Hamm, Beschl. v. 20.05.2008 – 5 Ss OWi 325/08 = VA 2008, 190 = VRR 2008, 323

133 ■ **Geschwindigkeits- und Abstandsmessung aus einem Polizeihubschrauber**

Redaktioneller Leitsatz:

1. Zur Feststellung der Geschwindigkeit und Abstände der Fahrzeuge kann die Aufzeichnung des Verkehrsgeschehens mittels einer vom Hubschrauber aus geführten Videokamera ein zulässiges Beweismittel sein.

2. Bei der Würdigung der Messergebnisse muss möglichen Ungenauigkeiten bei der Ermittlung der Geschwindigkeit durch einen Sicherheitsabschlag, bei der Ermittlung

des Abstandes durch einen Zuschlag zur rechnerisch bestimmten Geschwindigkeit i.H.v. jeweils 10 % Rechnung getragen werden (zur Geschwindigkeitsmessung aus einem Polizeihubschrauber s. OLG Hamm VRS 50, 68).

OLG Koblenz, Beschl. v. 07.08.1992 – 1 Ss 113/92 = DAR 1992, 471 = NJW 1993, 215 = NZV 1992, 495 = VRS 83, 459

■ **Geschwindigkeitskontrollen durch beauftragte Private (Leiharbeitnehmer)/ Beweiserhebungs- und Beweisverwertungsverbots** 134

Amtlicher Leitsatz:

1. Die planmäßige Durchführung von Geschwindigkeitsmessungen allein durch private Firmen im Rahmen der Verkehrsüberwachung zur Ermittlung und Dokumentation von Ordnungswidrigkeiten ist derzeit mangels einer gesetzlichen Ermächtigung auch dann unzulässig, wenn die zuständige Gemeinde Ort. Zcit. Dauer und Häufigkeit der Messung bestimmt und der Angestellte der Privatfirma während der Durchführung der Messung aufgrund eines befristeten Arbeitnehmerüberlassungsvertrages der Gemeinde von der Privatfirma zur Verfügung gestellt wird.

2. Zur Frage eines Verwertungsverbots der auf diese rechtswidrige Art und Weise erhobenen Beweise.

BayObLG, Beschl. v. 05.03.1997 – 1 ObOWi 785/96 = BayObLGSt 1997, 46 = DAR 1997, 206 = NStZ-RR 1997, 312

■ **Geschwindigkeitsmessung durch Private** 135

Amtlicher Leitsatz:

Die kommunalen Ordnungsbehörden müssen Geschwindigkeitsmessungen zur Verkehrsüberwachung bzgl. der Einleitung von Ordnungswidrigkeitenverfahren selbst durchführen. Sie dürfen diese weder ausdrücklich noch de facto an private Dritte übertragen. Eine solche Übertragung liegt vor, wenn von Seiten der kommunalen Ordnungsbehörde weder ein Beamter noch ein Angestellter an der Geschwindigkeitsmessung teilnimmt, der aufgrund seiner rechtlichen und technischen Kenntnisse zur Überwachung der Durchführung und zu gegebenenfalls nötigem leitendem Eingreifen in der Lage ist. Eine Übertragung an private Dritte begründet ein Beweisverwertungsverbot.

AG Alsfeld, Urt. v. 06.02.1995 – 15 Js OWi 88543/94 OWi = DAR 1995, 210 = NJW 1995, 1503 = NJW 1995, 2576 = NStZ 1995, 457

Teil 4: Arbeitshilfen

136 **Amtlicher Leitsatz:**

Die Feststellung von Ordnungswidrigkeiten ist eine typische Hoheitsaufgabe aus dem Kernbereich staatlichen Handelns. Eine Mitwirkung von Privatpersonen ist nur möglich, wenn die Verwaltungsbehörde „Herrin" des Verfahrens bleibt. Bei Geschwindigkeitsmessungen muss die Behörde nicht nur Ort, Zeit, Dauer und Häufigkeit der Messungen vorgeben, sondern auch den eigentlichen Messvorgang durch eigene ausgebildete Mitarbeiter kontrollieren, um gegebenenfalls einschreiten zu können. Schließlich muss die Auswertung der Messergebnisse der Ordnungsbehörde vorbehalten bleiben.

OLG Frankfurt am Main, Beschl. v. 21.07.2003 – 2 Ss OWi 388/02 = NStZ-RR 2003, 342 – 343

137 ■ **Geständige Einlassung/Messverfahren**

Redaktioneller Leitsatz:

1. Beschränkt sich die geständige Einlassung darauf, dass der Betroffene zugibt, das kontrollierte Fahrzeug geführt zu haben und i.Ü. das Messergebnis nicht anzuzweifeln, so kommt der Einlassung ein Beweiswert für die Geschwindigkeitsermittlung nicht zu. Der Tatrichter ist in einem solchen Fall bei der Feststellung des Sachverhalts auf das Ergebnis der Geschwindigkeitsmessung angewiesen und muss sich damit auseinander setzen, ob die Voraussetzungen für eine exakte und störungsfreie Messung gegeben waren.

2. Nicht ausreichend ist, nur allgemein das benutzte Messverfahren zu nennen und damit offensichtlich vorauszusetzen, dass die technischen Bedingungen für eine einwandfreie Messung erfüllt gewesen sind. Bei der Beweisaufnahme muss sich der Tatrichter gegen mögliche Installations- und Funktionsfehler absichern und sich überzeugen, dass ein geeichtes Gerät verwendet und durch technisch geschultes Personal eingerichtet und bedient worden ist.

OLG Zweibrücken, Beschl. v. 19.02.1993 – 1 Ss 223/92 = NZV 1993, 279 = VRS 85, 220

138 ■ **Geständige Einlassung/Toleranzabzug**

Redaktioneller Leitsatz:

Räumt der Betroffene nach Einholung eines Sachverständigengutachtens und offenbar in Kenntnis von dessen Ergebnis die ihm zur Last gelegte Geschwindigkeitsüberschreitung ein, so ist das AG aus Rechtsgründen nicht gehindert, dieses Geständnis der Verurteilung des Betroffenen zugrunde zu legen.

OLG Hamm, Beschl. v. 30.03.2004 – 3 Ss OWi 832/03 = LNR 2004, 13742

A. Rechtsprechungslexikon

■ **Innerer Tatbestand/Grundsätze zum Nachfahren zur Nachtzeit** 139

Redaktioneller Leitsatz:

Die den inneren Tatbestand einer Überschreitung der zulässigen Höchstgeschwindigkeit betreffenden Rechtsbegriffe (insb. Vorsatz) müssen bei der Darstellung in die entsprechenden tatsächlichen Bestandteile aufgelöst werden, wenn der innere Tatbestand sich nicht von selbst aus der Schilderung des äußeren Sachverhalts ergibt. Insb. müssen also Feststellungen zur Vorstellungs- und Willensseite getroffen werden. Eine vorsätzliche Geschwindigkeitsüberschreitung ergibt sich auch nicht ohne weiteres aus den Feststellungen zum äußeren Tatgeschehen. Denn bei einem Verstoß gegen eine durch Verkehrszeichen angeordnete Geschwindigkeitsbeschränkung ist stets die Möglichkeit in Betracht zu ziehen, dass der Betroffene das Verkehrszeichen übersehen hat. In der OLG-Rechtsprechung herrscht darüber Einigkeit, dass in Fällen von abgeurteilten Überschreitungen der zulässigen Geschwindigkeit aufgrund einer Geschwindigkeitsmessung durch Nachfahren und Tachometervergleich, die Feststellungen des tatrichterlichen Urteils die Nachprüfung zulassen müssen, ob die Voraussetzungen für eine verwertbare Messung vorlagen. Dem Urteil muss die Länge der Messstrecke, die Größe des Abstands und ob der verwendete Tachometer binnen Jahresfrist justiert war sowie welcher Sicherheitsabschlag vorgenommen wurde zu entnehmen sein. Bei einer Messung zur Nachtzeit, müssen i.d.R. besondere Feststellungen über die Beleuchtungsverhältnisse und Orientierungspunkte die Zuverlässigkeit der Messung erkennen lassen. Denn die Einhaltung eines gleich bleibenden Abstands ist nachts besonders schwer zu überwachen. Bei einem Abstand von 100 m kann nicht ohne weiteres davon ausgegangen werden, dass der vorausfahrende Pkw des Betroffenen durch die Scheinwerfer des nachfahrenden Polizeifahrzeugs aufgehellt war und der gleich bleibende Abstand ausreichend sicher erfasst und geschätzt werden konnte. Hieran ist auch nach der Entscheidung des BGH vom 19.08.1993 – 4 StR 627/92 festzuhalten. Diese betrifft nur standardisierte technische Messverfahren. Hierzu zählt die Geschwindigkeitsmessung durch Nachfahren und Tachometervergleich nicht.

OLG Köln, Beschl. v. 19.10.1993 – Ss (B) 434/93 = NZV 1994, 77 = VRS 86, 199

■ **Koaxialkabel-Verfahren V-Control II-KA 1** 140

Redaktioneller Leitsatz:

1. Die Geschwindigkeitsmessung durch das Koaxialkabel-Verfahren V-Control II-KA 1.

2. Das Urteil bei einer Geschwindigkeitsüberschreitung muss grds. Feststellungen zur Zulassung und Eichung des Messgeräts enthalten. Wenn jedoch die Richtigkeit der

Teil 4: Arbeitshilfen

Geschwindigkeitsmessung durch Sachverständigengutachten nachgewiesen ist, beruht es auch bei Fehlen solcher Feststellungen nicht auf einem Mangel.

OLG Köln, Beschl. v. 17.11.1992 – Ss (B) 492/92 = NZV 1993, 160 = VRS 84, 110

141 ■ **Konkurrenzverhältnis**

Amtlicher Leitsatz:

Zum Konkurrenzverhältnis zwischen einer Geschwindigkeitsüberschreitung und während dieser begangener Ordnungswidrigkeiten des Nichtanlegens eines Sicherheitsgurtes und des Benutzens eines Mobiltelefons unter Halten des Hörers.

OLG Celle, Beschl. v. 25.08.2005 – 222 Ss 196/05 (OWi) = VA 2005, 215 = VRR 2005, 363 = ZAP EN-Nr. 839/2005

142 ■ **Messergebnisse im standardisierten Verfahren/Fahrtenbuch**

Amtlicher Leitsatz:

1. Messergebnisse, die mit amtlich zugelassenen Geräten in standardisierten Verfahren gewonnen werden, können (nach Abzug der Messtoleranz) von Behörden und Gerichten im Regelfall ohne weiteres zugrunde gelegt werden; Fehlerquellen brauchen nur erörtert zu werden, soweit der Einzelfall dazu konkrete Veranlassung gibt (hier: Geschwindigkeitsmessung mit dem Verkehrsradargerät Multanova F 6; Anschluss an BGH, Beschluss vom 19.08.1993 – 4 StR 627/92 = NJW 1993, 3081).

2. Die im Zusammenhang mit der Auferlegung eines Fahrtenbuches (§ 31a StVZO) vom Bundesverwaltungsgericht entwickelte Zweiwochenfrist für die Benachrichtigung des Fahrzeughalters von der mit seinem Fahrzeug begangenen Verkehrsordnungswidrigkeit gilt im Regelfall nicht, wenn die Verkehrszuwiderhandlung mit dem Firmenfahrzeug eines Kaufmanns im Sinne des Handelsrechts im geschäftlichen Zusammenhang begangen worden ist.

3. Der Fahrzeughalter, der an der Klärung der Verkehrszuwiderhandlung nicht mitgewirkt hat, kann einer Fahrtenbuchauflage regelmäßig nicht entgegenhalten, die Behörde hätte im Ordnungswidrigkeitenverfahren weitere rechtsbeeinträchtigende Aufklärungsschritte unternehmen müssen.

4. Die Auferlegung eines Fahrtenbuchs ist bereits nach erstmaligem (unaufgeklärtem) Verkehrsverstoß gerechtfertigt, wenn dieser gemäß § 2 der Allgemeinen Verwaltungsvorschrift zu § 15b StVZO mit mindestens drei Punkten im Verkehrszentralregister zu erfassen gewesen wäre.

OVG Nordrhein-Westfalen, Urt. v. 31.03.1995 – 25 A 2798/93 = NJW 1995, 3335 – 3338 = NVwZ 1996, 202 – 203

Messgerät ES 3.0 143

Amtlicher Leitsatz:

1. Die Geschwindigkeitsmessung mittels des Messgerätes ES 3.0 des Herstellers eso ist standardisiertes Messverfahren im Sinne der Rechtsprechung des BGHSt 39, 291 [BGH, 19.08.1993 – 4 StR 627/92] = NJW 1993, 3081 [BGH, 19.08.1993 – 4 StR 627/92]

2. Ein Absehen von einem Regelfahrverbot nach einem grob pflichtwidrigen Geschwindigkeitsverstoß ist selbst bei Vorliegen etwaiger Härten dann nicht möglich, wenn zugleich ein Fall der Beharrlichkeit vorlag.

AG Lüdinghausen, Urt. v. 23.01.2009 – 19 OWi 89 Js 1585/08 – 146/08 = NStZ-RR 2009, 290 = NZV 2009, 205 = VRR 2009, 150 = VA 2009, 103

Messpunkt vor Zeichen 311 144

Amtlicher Leitsatz:

Wird die Geschwindigkeit unmittelbar vor der das Ende der innerörtlichen Höchstgeschwindigkeit markierenden Ortstafel (Zeichen 311) gemessen, so kann darin ein besonderer Tatumstand liegen, der die Annahme eines Ausnahmefalls rechtfertigt.

BayObLG, Beschl. v. 27.06.2002 – 1 ObOWi 221/02 = DAR 2002, 521 = NZV 2002, 576 = VersR 2003, 384 = VRS 103, 385 = zfs 2003, 42

Mindestabstand zwischen Verkehrszeichen und Messstelle 145

Amtlicher Leitsatz:

1. Nach der Verwaltungsvorschrift des Sächsischen Staatsministeriums des Innern zur Überwachung des Straßenverkehrs vom 01. April 1998 (Az.: 31-1132.10/66) soll der Abstand zwischen dem die Geschwindigkeitsbeschränkung anordnenden Verkehrszeichen und der Messstelle mindestens 150 m betragen. Ein der Messstelle vorhergehender Geschwindigkeitsrichter begründete nach der Verwaltungsvorschrift einen Ausnahmefall, der ein Unterschreiten des Mindestabstands erlaubt und deshalb eine grobe Pflichtwidrigkeit der Geschwindigkeitsüberschreitung in subjektiver Hinsicht nicht entfallen lässt.

2. Dem Betroffenen ist in subjektiver Hinsicht auch dann eine grobe Pflichtwidrigkeit vorzuwerfen, wenn er bei Durchfahren eines Geschwindigkeitsrichters die der letzten Beschränkung vorhergehende Geschwindigkeitsbeschränkung bereis in erheblicher Weise (hier: Um 16 km/h) überschritten hat.

OLG Dresden, Beschl. v. 06.06.2005 – Ss (OWi) 712/04 = DAR 2005, 693 = NJ 2005, 565 = NJW 2005, 2100 = NStZ 2005, 710 = NZV 2006, 110 = VRS 109, 52

146 ■ **Nachfahren**

Redaktioneller Leitsatz:

Die Begründung eines Urteils in einem Verfahren mit Geschwindigkeitsmessung durch Nachfahren mit Tachometervergleichung muss die Beobachtungen der jeweiligen Polizeibeamte mitumfassen, damit die Zuverlässigkeit geprüft werden kann.

Auch wenn nicht mit Sicherheit festgestellt werden kann, dass die Geschwindigkeit aufgrund der Verringerung des Messabstandes zwischen beiden Fahrzeugen verringert wurde, sondern es sich nur um eine Indiztatsache handelt, muss dieser Tatsache in der Gesamtwürdigung Rechnung getragen werden.

Es ist auch in einem Bußgeldverfahren nicht ausreichend das Ergebnis eines Sachverständigengutachten zu verwerten, ohne dass in der Begründung des Urteils auf die wesentlichen tatsächlichen Grundlagen (Anknüpfungstatsachen) und die hieraus resultierenden

OLG Hamm, Beschl. v. 27.01.1995 – 2 Ss (OWi) 3/95= NJW 1995, 2865 = NZV 1995, 199 = zfs 1995, 276

147 **Redaktioneller Leitsatz:**

Der Senat vertritt entgegen dem BGH die Auffassung, dass in Fällen der Geschwindigkeitsmessung durch Nachfahren und Tachometervergleich, die Feststellungen des tatrichterlichen Urteils die Nachprüfung zulassen müssen, ob die Voraussetzungen für eine verwertbare Messung vorlagen. Dem Urteil muss die Länge der Messstrecke, die Größe des Abstands und ob der verwendete Tachometer binnen Jahresfrist justiert war sowie welcher Sicherheitsabschlag vorgenommen wurde zu entnehmen sein.

OLG Köln, Beschl. v. 05.11.1993 – Ss (B) 463/93 – 240 B = DAR 1994, 248 = NZV 1994, 290 (LS)

A. Rechtsprechungslexikon

Amtlicher Leitsatz: 148

1. Bei einer nächtlichen Geschwindigkeitsmessung durch Nachfahren, auch innerorts, sind in den Urteilsgründen besondere Feststellungen über die Beleuchtungsverhältnisse und Orientierungspunkte zu machen, die die Zuverlässigkeit dieser Messung erkennen lassen.

2. Bei 100 m Verfolgungsabstand kann nicht ohne weiteres davon ausgegangen werden, dass die Scheinwerfer des Polizeifahrzeugs zur genügenden Aufhellung beitrugen und der Abstand ausreichend sicher geschätzt werden konnte.

OLG Oldenburg, Beschl. v. 02.05.1996 – Ss 56/96 = DAR 1996, 291 = VersR 1997, 254

Amtlicher Leitsatz: 149

Zu den Urteilsanforderungen bei der Geschwindigkeitsmessung durch Nachfahren.

OLG Oldenburg, Beschl. v. 18.03.1996 – Ss 71/96 = LNR 1996, 21385

Nachfahren zur Nachtzeit 150

Amtlicher Leitsatz:

Zu den Anforderungen an die tatrichterlichen Feststellungen bei einer Geschwindigkeitsüberschreitung, der eine Geschwindigkeitsmessung durch Nachfahren zur Nachtzeit zugrunde liegt.

OLG Hamm, Beschl. v. 04.08.2008 – 2 Ss OWi 409/08 = VRR 2008, 432

Amtlicher Leitsatz: 151

Zu den erforderlichen Feststellungen bei einer Geschwindigkeitsmessung zur Nachtzeit.

OLG Hamm, Beschl. v. 26.07.2006 – 4 Ss OWi 444/06 = LNR 2006, 32336

Amtlicher Leitsatz: 152

Bei besonders langer Messstrecke und geringem Abstand zum vorausfahrenden Fahrzeug – hier 75 Meter Abstand bei einer Messstrecke von 3.000 Metern – können bei einer Geschwindigkeitsmessung durch Nachfahren zur Nachtzeit nähere Ausführungen zu den Sichtverhältnissen und zu den Orientierungspunkten zur Abstandsschätzung entbehrlich sein.

OLG Hamm, Beschl. v. 04.12.2006 – 4 Ss OWi 759/06 = VRS 112, 40

Teil 4: Arbeitshilfen

153 **Amtlicher Leitsatz:**

Zu den Anforderungen an die tatsächlichen Feststellungen bei einer Geschwindigkeitsüberschreitung, die durch Messung durch Nachfahren festgestellt worden ist.

OLG Hamm, Beschl. v. 06.09.2005 – 2 Ss OWi 512/05 = DAR 2006, 31 = NZV 2006, 108 = VRS 109, 373

154 **Amtlicher Leitsatz:**

Zu den Anforderungen an die tatsächlichen Feststellungen bei einer Geschwindigkeitsmessung durch Nachfahren zur Nachtzeit.

OLG Hamm, Beschl. v. 15.12.2005 – 2 Ss OWi 844/05 = VRS 110, 279

155 **Amtlicher Leitsatz:**

Zu den Anforderungen an die tatrichterlichen Feststellungen bei einer zur Nachtzeit durch Nachfahren gemessenen Geschwindigkeitsüberschreitung.

OLG Hamm, Beschl. v. 23.03.2004 – 3 Ss OWi 98/04 = LNR 2004, 13238

156 **Amtlicher Leitsatz:**

Zu den Anforderungen an die tatrichterlichen Feststellungen bei durch Nachfahren zur Nachtzeit gemessenen Geschwindigkeitsüberschreitung.

OLG Hamm, Beschl. v. 13.03.2003 – 2 Ss OWi 201/03 = DAR 2003, 429 = NStZ-RR 2004, 26 = NZV 2003, 494 = VRS 105, 229

157 **Amtlicher Leitsatz:**

Zum erforderlichen Umfang der Feststellungen bei einer Geschwindigkeitsmessung durch Nachfahren zur Nachtzeit.

OLG Hamm, Beschl. v. 05.04.2001 – 5 Ss OWi 246/01 = LNR 2001, 17351

158 ■ **Nachfahren zur Nachtzeit/Beleuchtungsverhältnisse**

Redaktioneller Leitsatz:

Zu den Anforderungen an die tatsächlichen Feststellungen bei einer Geschwindigkeitsmessung durch Nachfahren zur Nachtzeit.

OLG Hamm, Beschl. v. 09.09.2002 – 2 Ss OWi 643/02 = NZV 2003, 249 = VRS 104, 226

Redaktioneller Leitsatz: 159

1. Bei Geschwindigkeitsmessungen durch Nachfahren zur Nachtzeit bedarf es bei der Messung auf innerörtlichen Fahrtstrecken entlang noch angeschalteter Lichtzeichenanlagen keinerlei Feststellung zur Ausleuchtung der Beobachtungsstrecke, da dort üblicherweise ein gewisse Grundhelligkeit im Straßenbereich herrscht.

2. In diesen Fällen ist keine Auseinandersetzung des Tatrichters mit den individuellen Fähigkeiten der beobachtenden Polizeibeamten erforderlich, da bei Polizeibeamten im Streifendienst in Ermangelung abweichender Anhaltspunkte davon auszugehen ist, dass sie in der Lage sind, solche Geschwindigkeitsmessungen durchzuführen.

3. Ein Sicherheitsabschlag von 20 % des Ablesewertes ist bei derartigen Messungen ausreichend.

OLG Jena, Beschl. v. 10.04.2006 – 1 Ss 77/06 = VA 2006, 162 = VRR 2006, 353 = VRS 111, 195

■ **Nachfahren zur Nachtzeit/Sichtverhältnisse** 160

Amtlicher Leitsatz:

Bei einer durch eine Messung durch Nachfahren zur Nachtzeit festgestellten Geschwindigkeitsüberschreitung muss das tatrichterliche Urteil u.a. auch Feststellungen dazu enthalten, wie die Beleuchtungsverhältnisse waren, ob der Abstand zu dem vorausfahrenden Fahrzeug durch Scheinwerfer des nachfahrenden Fahrzeugs oder durch andere Sichtquellen aufgehellt war und damit ausreichend sicher erfasst und geschätzt werden konnte.

OLG Hamm, Beschl. v. 29.12.2006 – 2 Ss OWi 797/06 = NJW 2007, 1298 = NZV 2007, 257 = VA 2007, 73 = ZAP EN-Nr. 348/2007

■ **Nachfahren/Toleranzabzug** 161

Amtlicher Leitsatz:

Zu den erforderlichen Feststellungen bei einer Geschwindigkeitsmessung durch Nachfahren und zu den Anforderungen an die Beweiswürdigung.

OLG Hamm, Beschl. v. 21.06.2001 – 4 Ss OWi 322/01 = VRS 102, 302

Amtlicher Leitsatz: 162

1. Es ist in der Rechtsprechung anerkannt, dass die Ermittlung der Geschwindigkeit eines Kraftfahrzeuges durch Feststellung der Geschwindigkeit des nachfolgenden

Teil 4: Arbeitshilfen

Polizeifahrzeuges (abzgl. Sicherheitsabschlag) grundsätzlich möglich ist, wenn dabei bestimmte Regeln eingehalten werden. Dazu gehört, dass der Abstand zwischen beiden Fahrzeugen nicht zu groß (Faustregel: „halber Tacho") und die Messstrecke ausreichend lang ist (Richtwert: „Tacho × 5"). Bei Abständen > 300 m bestehen gegen die Zuverlässigkeit dieser Messmethode aber erhebliche Bedenken, die nur durch zusätzliche tatrichterliche Feststellung ausgeräumt werden können.

2. Anders als bei geeichten Messgeräten, bei denen sich die Verkehrsfehlergrenze – und damit auch der zugunsten des Betroffenen vorzunehmende Sicherheitsabschlag – aus eichrechtlichen Vorschriften ergibt, ist es bei Verwendung nicht geeichter/justierter Geräte grundsätzlich Aufgabe des (u.U. sachverständig beratenen) Tatrichters, Fehlerquellen festzustellen und angemessen zu berücksichtigen.

3. Bei einer als zuverlässig anzusehenden Messung kann reicht ein an die Stelle der Einzelfallprüfung tretender Pauschalabzug von 20 % zur Erfassung aller denkbaren Fehler aus.

OLG Koblenz, Beschl. v. 27.05.2003 – 1 Ss 111/03 = LNR 2003, 14609

163 **Redaktioneller Leitsatz:**

Wird mit einem Dienstfahrzeug ohne justierten Tachometer eine Geschwindigkeitsmessung durch Nachfahren durchgeführt, ist folgender Abzug erforderlich: Ein Sicherheitsabzug von 7 % des Skalenendwertes zuzüglich eines 12 %igen Abzugs der abgelesenen Geschwindigkeit.

OLG Köln, Beschl. v. 18.12.1990 – Ss 554/90 (Z) – 282 Z = DAR 1991, 193 = NZV 1991, 202 = VRS 1991, 467

164 **Amtlicher Leitsatz:**

Bei der Geschwindigkeitsmessung durch Nachfahren ist ein Abzug für Messungenauigkeiten durch technische Gesamtfehler (Tachoabweichung, Reifenzustand etc) von 10 % der abgelesenen Geschwindigkeit zuzüglich 4 km/h, ein weiterer Abzug von 3 % aus der nach dem Abzug für technische Gesamtfehler verbleibenden Geschwindigkeit für Abstandsschwankungen und 3 km/h Abzug für Ablesefehler bei einem nicht justierten Tachometer in der Regel rechtlich nicht zu beanstanden (im Anschluss an OLG Stuttgart, Beschl. v. 21.02.2001 – 1 Ss 21/01).

Der Abzug für Ablesefehler braucht dann nicht in Ansatz gebracht zu werden, wenn das Fahrzeug mit einem digitalen Tachometer ausgerüstet ist.

OLG Stuttgart, Beschl. v. 20.12.2004 – 4 Ss 490/04 = Die Justiz 2005, 283 = VA 2005, 69 = VRR 2005, 4 = VRS 108, 223

A. Rechtsprechungslexikon

■ **Pflicht zur Angabe des Messverfahrens und des Toleranzwertes** 165

Amtlicher Leitsatz:

Bei der Verurteilung wegen einer Geschwindigkeitsüberschreitung muss der Tatrichter, um dem Rechtsbeschwerdegericht die Kontrolle der Beweiswürdigung zu ermöglichen, in den Urteilsgründen zumindest das angewendete Messverfahren und den berücksichtigten Toleranzwert mitteilen.

OLG Hamm, Beschl. v. 17.03.2005 – 1 Ss OWi 164/05 = VA 2005, 125

Redaktioneller Leitsatz: 166

Räumt der Betroffene nach Einholung eines Sachverständigengutachtens und offenbar in Kenntnis von dessen Ergebnis die ihm zur Last gelegte Geschwindigkeitsüberschreitung ein, so ist das AG aus Rechtsgründen nicht gehindert, dieses Geständnis der Verurteilung der Betroffenen zu Grunde zu legen.

OLG Hamm, Beschl. v. 30.03.2004 – 3 Ss OWi 832/03 = LNR 2004, 13742

Redaktioneller Leitsatz: 167

Die in den tatrichterlichen Urteilsgründen hinsichtlich einer Geschwindigkeitsüberschreitung mitgeteilte Äußerung des Betroffenen, „er ziehe das Messergebnis nicht in Zweifel", enthält nicht ein Geständnis der gefahrenen Geschwindigkeit, sondern beinhaltet allein, dass der Betroffene die Zuverlässigkeit des Messgeräts und das Ergebnis der Messung nicht bezweifelt, sodass die Angabe des sog. Toleranzwertes in den Urteilsgründen nicht entbehrlich ist.

OLG Hamm, Beschl. v. 25.02.1999 – 2 Ss OWi 105/99 = VRS 97, 144 = DAR 1999, 566 (LS)

Amtlicher Leitsatz: 168

Bei der Geschwindigkeitsüberschreitung, die durch ein standardisiertes Messverfahren festgestellt worden ist, hat der Tatrichter in den Urteilsgründen zumindest das angewandte Messverfahren und den von der gemessenen Geschwindigkeit in Abzug gebrachten Toleranzwert anzugeben.

OLG Hamm, Beschl. v. 07.10.2003 – 1 Ss OWi 623/03 = LNR 2003, 18050

Teil 4: Arbeitshilfen

169 Amtlicher Leitsatz:

Der Tatrichter muss, um dem Rechtsbeschwerdegericht die Kontrolle der Beweiswürdigung zu ermöglichen, neben dem angewandten Messverfahren und dem festgestellten Messwert auch den berücksichtigten Toleranzwert mitteilen.

OLG Hamm, Beschl. v. 20.08.2002 – 4 Ss OWi 693/02 = LNR 2002, 16564

170 ■ Police-Pilot-System

Amtlicher Leitsatz:

1. Eine Geschwindigkeitsmessung mittels Police-Pilot-System (PPS) ist auch dann verwertbar, wenn es nach einer Eichung des Gerätes zu einem Reifenwechsel von Winterreifen auf Sommerreifen gekommen ist und die nach der Gebrauchsanweisung für diesen Fall vorgesehene Neueichung unterblieben ist.

2. Steht fest, dass der Reifenwechsel das Messergebnis nicht zuungunsten des Betroffenen beeinflusst haben kann, ist kein höherer Toleranzabzug als von 5 % angezeigt. Dies ist jedenfalls dann der Fall, wenn die Sommerreifen einen größeren Umfang als die Winterreifen aufweisen (hier: Wechsel von Winterreifen der Größe 185/65 R 15 auf Sommerreifen der Größe 205/60 R 15).

AG Nordenham, 31.05.2007 – 5 OWi 441 Js 59850/06 (587/06) = VA 2008, 17 = VRR 2008, 37

171 Amtlicher Leitsatz:

1. Ist eine Geschwindigkeitsüberschreitung mittels des sog. „Police-Pilot-System" festgestellt worden, ist es in der Regel ausreichend, wenn das tatrichterliche Urteil nur die Art des Messverfahrens und die nach Abzug der Messtoleranz ermittelte Geschwindigkeit mitteilt.

2. „Nässe" im Sinn der Zusatzschildes 1052-36 der StVO ist gegeben, wenn die gesamte Fahrbahn mit einem Wasserfilm überzogen ist.

OLG Hamm, Beschl. v. 15.11.2000 – 2 Ss OWi 1057/00 = DAR 2001, 85 = VRS 100, 61

172 Amtlicher Leitsatz:

Erfolgt die Geschwindigkeitsmessung aus einem nachfahrenden Polizeifahrzeug mit einem Police-Pilot-Steuergerät, so bedarf es wegen möglicher aus der Messmethode resultierender Fehlerquellen keines Sicherheitsabzuges.

OLG Stuttgart, Beschl. v. 12.06.1990 – 1 Ss 279/90 = DAR 1990, 392 = VRS 79, 379

A. Rechtsprechungslexikon

■ **Proof-Speed-Messgerät/Genügende Beweisgrundlage** 173

Redaktioneller Leitsatz:

Die Geschwindigkeitsmessung eines dem Polizeifahrzeug nachfahrenden Kfz mit einem Proof-Speed-Messgerät bietet eine genügende Beweisgrundlage, wenn der gleich bleibende Abstand zwischen beiden Fahrzeugen sicher beobachtet werden konnte.

BayObLG, Beschl. v. 26.01.2001 – 2 ObOWi 17/01 = DAR 2001, 281 = NStZ-RR 2001, 252 = VRS 100, 378

■ **ProViDa-System** 174

Amtlicher Leitsatz:

Ist die – überhöhte – Geschwindigkeit unter Anwendung des standardisierten ProVi-Da-Systems gemessen worden, so genügt es, wenn der Tatrichter im Urteil das angewendete Messverfahren und das nach Abzug der Messtoleranz ermittelte Messergebnis mitteilt.

OLG Düsseldorf, Beschl. v. 29.06.2000 – 2b Ss (OWi) 95/00 – (OWi) 59/00 I = VRS 99, 297 = DAR 2001, 133 (LS)

Amtlicher Leitsatz: 175

1. Das ProViDa-System – auch Police-Pilot-System genannt – ist als standardisiertes Messverfahren zur Geschwindigkeitsermittlung anerkannt. Zum Ausgleich systemimmanenter Messungenauigkeiten reicht ein Toleranzabzug von 5 % der gemessenen Geschwindigkeit aus.

2. Das ProViDa-System ist zur kombinierten Geschwindigkeits- und Abstandsmessung besonders geeignet. Da die Abstände zu vorausfahrenden Fahrzeugen – anders als die Geschwindigkeit – nicht elektronisch gemessen, sondern unter Auswertung des Videobandes errechnet werden, genügt jedoch die bloße Bezeichnung des angewandten Verfahrens im Urteil nicht. Die Auswertung und Berechnung müssen vielmehr in den Urteilsgründen verständlich und widerspruchsfrei dargelegt werden, um eine rechtsbeschwerdegerichtliche Überprüfung zu ermöglichen.

OLG Düsseldorf, Beschl. v. 13.06.2000 – 2b Ss (OWi) 125/00 – (OWi) 52/00 I = DAR 2001, 374 = VRS 99, 133

Teil 4: Arbeitshilfen

176   ProVida/Beweisverwertungsverbot

Redaktioneller Leitsatz:

1. Zur Geschwindigkeitsmessung unter Verwendung der Verkehrsüberwachungsanlage (Videonachfahrsystem) ProVida 200 Modular und Ermittlung der tatsächlichen Geschwindigkeit mithilfe des ViDistA-Auswertungsverfahrens.

2. Zum Beweiserhebungs-/-verwertungsverbot bzgl. der Standfotos aus dem Tatvideo.

AG Lübben, AG Lübben, Urt. v. 08.12.2009 – 40 OWi 1911 Js 19757/09 (204/09 = DAR 2010, 149

177   ProViDa-System/Reifenwechsel

Amtlicher Leitsatz:

1. Das ProViDa-System ist als standardisiertes Messverfahren anerkannt, wobei in Fällen von mehr als 100 km/h ein Abzug von 5 % zugunsten des Betroffenen im Regelfall ausreichend ist.

2. Eine ProViDa-Messung bleibt trotz vorzeitigen Erlöschens der Eichung infolge Reifenwechsels verwertbar, wenn die Umbereifung sich nur zugunsten des Betroffenen ausgewirkt haben kann (hier: Umrüstung von Winter- auf Sommerreifen mit größerem Außendurchmesser).

OLG Koblenz, Beschl. v. 24.07.2001 – 1 Ss 203/01 = LNR 2001, 17655

178   ProVida-Verfahren

Amtlicher Leitsatz:

Zum erforderlichen Umfang der Feststellungen bei einer nach dem ProVida-Verfahren durchgeführten Abstandsmessung.

OLG Hamm, Beschl. v. 11.03.2003 – 1 Ss OWi 617/03 = LNR 2003, 14467

179   Radarmessgerät/Konkrete Messfehler

Amtlicher Leitsatz:

1. Das tatrichterliche Urteil muss bei einer Geschwindigkeitsüberschreitung nur dann nähere Feststellungen zu der Messung mit einem Radarmessgerät enthalten, wenn vom Betroffenen konkrete Messfehler gerügt werden.

2. Es ist im Übrigen daran festzuhalten, dass sich dem tatrichterlichen Urteil entnehmen lassen muss, dass der Tatrichter sich der Möglichkeit bewusst gewesen ist, gegen eine Erhöhung der Geldbuße von einem Regelfahrverbot absehen zu können.

OLG Hamm, Beschl. v. 30.11.1999 – 2 Ss OWi 1196/99 = DAR 2000, 129 = MDR 2000, 269 = VRS 98, 305

■ **Toleranzabzug** 180

Amtlicher Leitsatz:

Bei der Geschwindigkeitsmessung durch Hinterherfahren mit einem Fahrzeug, dessen Tachometer nicht geeicht ist, ist grundsätzlich ein Sicherheitsabschlag von 20 % des Messwertes ausreichend und erforderlich, um alle denkbaren Fehlerquellen und Ungenauigkeiten der Messung auszugleichen.

Weicht das Tatgericht von diesem anerkannten Toleranzabzug ab, bedarf es einer eingehenden auf Tatsachen gestützten Begründung, anhand derer das Rechtsbeschwerdegericht nachvollziehen kann, dass der abweichende Sicherheitsabschlag im konkreten Einzelfall zum Ausgleich sämtlicher Fehlerquellen ausreichend und erforderlich ist.

OLG Celle, Beschl. v. 25.10.2004 – 222 Ss 81/04 (OWi) = NZV 2005, 158 = VA 2005, 33

Amtlicher Leitsatz: 181

Zur Höhe des Toleranzabzuges der von einem Polizeibeamten mit einer Stoppuhr gemessenen Ampelrotphase zur Feststellung eines qualifizierten Rotlichtverstoßes eines Kraftfahrzeugführers.

OLG Düsseldorf, Beschl. v. 18.07.2000 – 1 Ws (OWi) 380/00 = LNR 2000, 16642

Amtlicher Leitsatz: 182

Zur Höhe des Toleranzabzuges der von einem Polizeibeamten mit einer Stoppuhr gemessenen Ampelrotphase zur Feststellung eines qualifizierten Rotlichtverstoßes eines Kraftfahrzeugführers.

OLG Düsseldorf, Beschl. v. 18.07.2000 – 2b Ss (OWi) 132/00 – (OWi) 67/00 I = VRS 99, 294 = NStZ-RR 2000, 380 = DAR 2000, 579

Amtlicher Leitsatz: 183

Es ist rechtlich nicht zu beanstanden, wenn der bei der Geschwindigkeitsüberschreitung berücksichtigte Toleranzwert zwar nicht ausdrücklich angegeben, aber das Gerät,

Teil 4: Arbeitshilfen

mit dem die Messung durchgeführt worden ist, benannt wird. Etwas Anderes gilt nur dann, wenn Besonderheiten bei der Messung einen höheren Toleranzabzug erforderlich machen.

OLG Hamm, Beschl. v. 25.11.1999 – 1 Ss OWi 1224/99 = VRS 98, 297

184 **Redaktioneller Leitsatz:**

Bei der Geschwindigkeitsmessung mit einem standardisierten Messverfahren sind Zweifel am Messergebnis (Folge: höherer Toleranzabzug) nur bei konkreten Anhaltspunkten für eine fehlerhafte Messung angebracht. Die abstrakt-theoretische Möglichkeit eines Messfehlers genügt hier nicht.

OLG Zweibrücken, Beschl. v. 20.12.1999 – 1 Ss 279/99 = DAR 2000, 225 = NZV 2001, 48 = VRS 98, 147

185 ■ **Toleranzabzug bei Messung durch Nachfahren**

Amtlicher Leitsatz:

Zur Höhe des Sicherheitsabschlags bei der Messung einer Geschwindigkeitsüberschreitung durch Nachfahren.

OLG Hamm, Beschl. v. 31.08.2006 – 2 Ss OWi 297/06 = VRR 2006, 472

186 ■ **Toleranzabzug/Geschwindigkeitsmessung mit Stoppuhr per Hand**

Amtlicher Leitsatz:

Zur Höhe des Sicherheitsabzugs von mindestens 10 % der ermittelten Geschwindigkeit bei einer Geschwindigkeitsmessung mithilfe ortsfester Fahrbahnkilometrierungen und einer von Hand betätigten geeichten Stoppuhr aus einem fahrenden Polizeifahrzeug bei einer Messstrecke von nur 500.

OLG Stuttgart, Beschl. v. 18.05.1993 – 2 Ss 24/93 = DAR 1993, 440 = VRS 85, 366

187 ■ **Toleranzabzug/Nachfahren zur Nachtzeit**

Amtlicher Leitsatz:

1. Die Abstandsermittlung bei Geschwindigkeitsmessungen durch Nachfahren ist tatrichterliche Aufgabe; maßgeblich sind die Besonderheiten des Einzelfalles.

2. Eine – nur optische – Schätzung des Abstandes ohne weitere Anhaltspunkte ist grundsätzlich auch zur Nachtzeit jedenfalls bei einem Abstand von 100 m möglich.

3. Etwaige Ungenauigkeiten bei Verwendung eines ungeeichten Tachometers und bei der Abstandsschätzung werden – nach unveränderter Senatsrechtsprechung – durch einen Abzug von 20 % der abgelesenen Geschwindigkeit ausgeglichen.

OLG Celle, Beschl. v. 16.03.2004 – 211 Ss 34/04 (OWi) = DAR 2005, 163 = NZV 2004, 419 = VA 2004, 155 = VRS 106, 460

■ **Toleranzwert von 5 % (Typ „Provida Proof Electronic PDRS-1245")** 188

Amtlicher Leitsatz:

Wird bei der Geschwindigkeitsmessung durch ein nachfahrendes Polizeifahrzeug ein geeichtes Messgerät des Typs „Provida Proof Electronic PDRS-1245" verwendet, erfasst ein Toleranzwert von 5 % bei der Berechnung der Geschwindigkeit alle gerätetypischen Betriebsfehler; dazu gehören auch Abweichungen aufgrund des Reifendrucks. Entfernt sich das gemessene Fahrzeug sichtbar, bedarf es über den gerätebedingten Toleranzwert von 5 % hinaus keines weiteren Abschlags.

BayObLG, Beschl. v. 23.07.2003 – 1 ObOWi 246/03 = DAR 2004, 37 = NZV 2004, 49 = VRS 105, 444

■ **Traffipax Traffistar S 330** 189

Redaktioneller Leitsatz:

Die Ergebnisse von Geschwindigkeitsmessungen mit der Anlage Traffipax Traffistar S 330, wobei die Messergebnisse elektronisch an die Auswertungsstelle übertragen werden, unterliegen keinem Beweisverwertungsverbot.

OLG Düsseldorf, Beschl. v. 20.05.2008 – IV-5 Ss (OWi) 27/08 – (OWi) 32/08 I = LNR 2008, 22640

Amtlicher Leitsatz: 190

Die Geschwindigkeitsmessung mit dem Geschwindigkeitsüberwachungsgerät TRAFFIPAX TraffiStar S 330 ist ein sog. standardisiertes Messverfahren i.S. der Rechtsprechung des BGH (BGHSt 39, 291 [BGH, 19.08.1993 – 4 StR 627/92] = NJW 1993, 3081; BGHSt 43, 277 [BGH, 30.10.1997 – 4 StR 24/97] = NJW 1998, 321).

OLG Jena, Beschl. v. 14.04.2008 – 1 Ss 281/07 = DAR 2009, 40 = VA 2008, 213 = VA 2008, 211 = VRR 2008, 352

Teil 4: Arbeitshilfen

191 ■ **Truvelo M 42/Verstoß gegen den Zweifelssatz**

Amtlicher Leitsatz:

Es verstößt nicht gegen den Zweifelssatz, wenn im Falle einer Geschwindigkeitsmessung mit der Messanlage Truvelo M 42 der Feststellung der dem Betroffenen anzulastenden Geschwindigkeit der vom Standardgerät (Hauptrechner) ermittelte Wert auch dann zu Grunde gelegt wird, wenn er höher ist als der des Kontrollgeräts (Kontrollrechner).

OLG Koblenz, Beschl. v. 16.01.2003 – 1 Ss 183/02 = NZV 2003, 495 = VA 2003, 117

192 ■ **Umfang der Urteilsanfechtung**

Redaktioneller Leitsatz:

1. Wird das Urteil mit der Behauptung angegriffen, die Verhängung eines Fahrverbots stelle eine unzumutbare Härte für den Betroffenen dar, so erfordert die Aufklärungsrüge neben der Benennung der Tatsachen, deren Aufklärung vermisst wird, die Angabe der Beweismittel, deren sich der Richter hätte bedienen sollen, die Darlegung der bekannten Umstände, aufgrund derer sich der Richter zur Beweisaufnahme hätte gedrängt sehen müssen und die Mitteilung des voraussichtlichen Ergebnisses der unterlassenen Sachaufklärung.

2. Bei der Verurteilung wegen einer Geschwindigkeitsüberschreitung hat der Richter in den Gründen nicht nur die Geschwindigkeit und das angewandte Messverfahren, sondern auch den berücksichtigten Toleranzwert mitzuteilen; die bloße Angabe des verwendeten Gerätetyps reicht nicht aus, um eine rechtsbeschwerdegerichtliche Überprüfung zu ermöglichen.

OLG Brandenburg, Beschl. v. 15.12.2003 – 1 Ss (OWi) 234 B/03 = LNR 2003, 25037

193 ■ **Verjährung**

Amtlicher Leitsatz:

Im Bußgeldverfahren wegen einer Verkehrsordnungswidrigkeit wird die Verjährung durch die richterliche Anordnung der Vernehmung eines Zeugen zur Ermittlung der noch unbekannten Personalien des Fahrzeugführers nicht unterbrochen. Das gilt auch dann, wenn sich in den Akten ein zu dessen Identifizierung geeignetes Beweisfoto befindet.

BGH, Beschl. v. 29.10.1996 – 4 StR 394/96 = BGHSt 42, 283 = DAR 1997, 178 = MDR 1997, 278 = NJW 1997, 598 = NStZ 1997, 346 = StV 1998, 264

A. Rechtsprechungslexikon

■ **Verkehrsüberwachungsgerät VIDIT VKS/Toleranzabzug** 194

Amtlicher Leitsatz:

1. Bei der Abstandsmessung mit dem Verkehrsüberwachungsgerät VKS, Softwareversion 3.01 des Herstellers VIDIT handelt es sich um ein standardisiertes Messverfahren im Sinne der Rechtsprechung des Bundesgerichtshofes.

2. Bei einer Verurteilung wegen eines Verstoßes gegen §§ 4 Abs. 1, 49 Abs. 1 Nr. 4 StVO, dem eine Abstandsmessung mit diesem Gerät zugrunde liegt, muss der Tatrichter in den Urteilsgründen zur Messung grundsätzlich nur das angewendete Messverfahren, die gemessene Geschwindigkeit nebst Toleranzabzug sowie den ermittelten vorwerfbaren Abstandswert feststellen.

3. Sicherheitsabschläge von dem festgestellten vorwerfbaren Abstandswert sind nicht generell veranlasst.

4. Ausführungen zur Ordnungsgemäßheit des Messverfahrens muss der Tatrichter in den Urteilsgründen nur dann machen, wenn entweder konkrete Anhaltspunkte für einen Messfehler vorliegen oder ein solcher von dem Betroffenen oder einem anderen Verfahrensbeteiligten behauptet werden.

OLG Dresden, Beschl. v. 08.07.2005 – Ss (OWi) 801/04 = DAR 2005, 637 = VRS 109, 196

■ **Verwertbarkeit einer unrechtmäßig erlangten, videogestützten Geschwindigkeitsmessung** 195

Redaktioneller Leitsatz:

1. Wird bei der amtlichen Überwachung des Straßenverkehrs zur Geschwindigkeitsermittlung von Fahrzeugen eine nicht geeichte handelsübliche Videokamera verwendet, so liegt dann kein Verstoß gegen § 25 Abs. 1 Nr. 3 Eichgesetz vor, wenn die Geschwindigkeit nicht automatisch mittels der Videokamera, sondern vielmehr durch eine nachfolgende Auswertung im Wege der Wegzeitberechnung (Zählen der Einzelbilder) ermittelt wird.

2. Eine unter Verstoß gegen § 25 Abs. 1 Nr. 3 Eichgesetz unrechtmäßig erlangte, videogestützte Geschwindigkeitsmessung bei der amtlichen Überwachung des Straßenverkehrs führt nicht zu einem Beweisverbot im Bußgeldverfahren, wenn die ermittelte Geschwindigkeit auch mittels eines geeichten Gerätes (Provida) hätte festgestellt werden können.

Teil 4: Arbeitshilfen

AG Cochem, Urt. v. 22.03.2004 – 2040 Js 54574/03 3 OWi = JWO-VerkehrsR 2004, 197 = VA 2004, 157 = ZAP EN-Nr. 538/2004

196 ■ **Verwertbarkeit von unter Verletzung polizeilicher Richtlinien zustande gekommener Geschwindigkeitsmessungen**

Amtlicher Leitsatz:

Unter Verletzung polizeilicher Richtlinien zur Verkehrsüberwachung zustande gekommene Geschwindigkeitsmessungen sind nicht unverwertbar. Der Gleichheitsgrundsatz ist zu beachten

OLG Oldenburg, Beschl. v. 29.01.1996 – Ss 10/96 = NZV 1996, 375-376 = zfs 1996, 396 = VRS 91, 478

197 ■ **Verwertbarkeit von verkehrsrechtlichen Voreintragung/Absehen von Fahrverbot**

Amtlicher Leitsatz:

1. Bei der Verwertung von Voreintragungen eines Betroffenen im Rahmen der Fahrverbotsentscheidung sind grundsätzlich das Datum des Erlasses des Bußgeldbescheides und das seiner Rechtskraft anzugeben.

2. Das Absehen von einem nach der BußgeldkatalogVO indizierten Fahrverbot ist nicht bei Vorliegen einer „Härte außergewöhnlicher Art" möglich. Vielmehr reichen dazu schon „erhebliche Härten oder eine Vielzahl für sich genommen gewöhnlicher oder durchschnittlicher Umstände" aus.

OLG Hamm, Beschl. v. 22.01.2003 – 2 Ss OWi 1148/02 = NZV 2003, 398 = VRS 105, 132

198 ■ **Verwertungsverbot für Daten aus nicht geeichten Messgeräten**

Amtlicher Leitsatz:

Zum erforderlichen Umfang des Feststellungen bei Einsatz eines eichfähigen Messgerätes zur Ermittlung einer Geschwindigkeitsüberschreitung.

OLG Hamm, Beschl. v. 24.01.2006 – 3 Ss OWi 582/05 = VRR 2006, 193

A. Rechtsprechungslexikon

■ **Voraussetzungen der Eichung eines Messgerätes** 199

Redaktioneller Leitsatz:

Lehnt das Eichamt trotz vorher jahrelang erfolgter Eichungen die Eichung eines Messgerätes ab, obwohl sich an dem Messgerät nichts verändert hat, so kommt jedenfalls in Verfahren wegen Geschwindigkeitsverstößen, in denen kein Fahrverbot in Rede steht, eine Einstellung nach § 47 OWiG in Betracht.

AG Lüdinghausen, Urt. v. 27.03.2007 – 10 OWi 89 Js 18/07 5/07 = DAR 2007, 409 = NZV 2007, 432 = VA 2007, 106 = VRR 2007, 196

■ **Zweifel an Funktionstüchtigkeit** 200

Amtlicher Leitsatz:

1. Zweifel an der Funktionstüchtigkeit und der sachgerechten Handhabung von Geschwindigkeitsmessgeräten, deren tatsächliche Grundlagen in den Urteilsfeststellungen keinen Niederschlag gefunden haben, können im Rechtsbeschwerdeverfahren nicht aufgrund einer Sachrüge berücksichtigt werden.

2. Es stellt für sich allein genommen keinen sachlich-rechtlichen Mangel des Urteils dar, wenn sich die Verurteilung wegen Überschreitung der zulässigen Höchstgeschwindigkeit entweder auf ein uneingeschränktes, glaubhaftes Geständnis des Betroffenen oder auf die Mitteilung des Messverfahrens und der nach Abzug der Messtoleranz ermittelten Geschwindigkeit stützt.

BGH, Beschl. v. 19.08.1993 – 4 StR 627/92 = BGHSt 39, 291 = DAR 1993, 474 = MDR 1993, 1107 = NJW 1993, 3081 = NStZ 1993, 592

Geschwindigkeitsüberschreitung

■ **Ablehnung eines Beweisantrages betreffend die Fehlfunktionen des Messgerätes** 201

Redaktioneller Leitsatz:

Bei einem standardisierten Messverfahren drängt sich eine weitere Beweisaufnahme auf bzw. liegt diese nahe, wenn konkrete Anhaltspunkte für technische Fehlfunktionen des Messgerätes behauptet werden.

OLG Hamm, Beschl. v. 11.12.2006 – 2 Ss OWi 598/06 = NZV 2007, 155 = VRR 2007, 195 = VRS 112, 126 = zfs 2007, 111

Teil 4: Arbeitshilfen

202 ■ **Absehen von Fahrverbot**

Amtlicher Leitsatz:

Zum Absehen vom Fahrverbot bei einer Rechtsanwältin.

OLG Hamm, Beschl. v. 20.07.2006 – 3 Ss OWi 325/06 = ZAP EN-Nr. 167/2007

203 **Amtlicher Leitsatz:**

Zum Absehen vom Fahrverbot aufgrund beruflicher Umstände unter ggf. massiver Erhöhung der Geldbuße.

OLG Hamm, Beschl. v. 03.07.2006 – 2 Ss OWi 324/06 = NZV 2007, 100 = SVR 2007, 229 = VRR 2006, 351 = VRS 111, 284

204 **Amtlicher Leitsatz:**

Allgemeine berufliche Nachteile rechtfertigen das Absehen vom Fahrverbot nicht.

OLG Hamm, Beschl. v. 22.08.2002 – 3 Ss OWi 620/02 = LNR 2002, 16572

205 **Amtlicher Leitsatz:**

Zum Absehen vom Fahrverbot bei einem wirtschaftlich schwachen Taxifahrer, der bereits einmal wegen einer Geschwindigkeitsüberschreitung in Erscheinung getreten ist.

OLG Hamm, Beschl. v. 20.09.2001 – 3 Ss OWi 716/01 = LNR 2001, 17479

206 **Amtlicher Leitsatz:**

Zur ordnungsgemäßen Begründung der Entscheidung, von einem Regelfahrverbot nicht gegen Erhöhung der Geldbuße abzusehen.

OLG Hamm, Beschl. v. 12.09.2000 – 2 Ss OWi 888/00 = VRS 100, 56

207 **Redaktioneller Leitsatz:**

Bei einer wiederholten Geschwindigkeitsüberschreitung durch einen RA aufgrund leichter Fahrlässigkeit infolge von Sonnenblendung, ist von einem Fahrverbot abzusehen, weil dies ein Erschwernis für seine Berufstätigkeit darstellen würde.

AG Potsdam, Urt. v. 26.06.2002 – 73 OWi 421 Js 9093/02 (300/02) = NJW 2002, 3342

Angemessenheit eines Bußgeldbescheides 208

Redaktioneller Leitsatz:

1. Überschreitet ein Kfz-Führer außerhalb geschlossener Ortschaften die zulässige Höchstgeschwindigkeit um 105 km/h, um schnellstmöglich zur bevorstehenden Geburt seines Kindes ins Krankenhaus zu gelangen, um seiner Frau beizustehen, rechtfertigt dies nicht, von dem dreimonatigen Regelfahrverbot abzusehen.

2. Will der Tatrichter von der Anordnung eines Fahrverbots ausnahmsweise absehen, bedarf dies einer besonders eingehenden, auf Tatsachen gestützten Begründung, in der er im Einzelnen darzulegen hat, welche besonderen Umstände es gerechtfertigt erscheinen lassen, von dem Fahrverbot abzusehen. Dabei ist die Einlassung des Betroffenen wegen der grds. gebotenen Gleichbehandlung aller Verkehrsteilnehmer besonders eingehend und sorgfältig zu prüfen.

3. Bei Verkehrsordnungswidrigkeiten, die sowohl fahrlässig als auch vorsätzlich begangen werden können, kann der Betroffene seinen Einspruch gegen einen entsprechenden Bußgeldbescheid nur dann wirksam auf den Rechtsfolgenausspruch beschränken, wenn der Bußgeldbescheid ausreichende Feststellungen zum Schuldspruch enthält oder die Verwaltungsbehörde durch Verhängung der Regelsätze der Bußgeldkatalogverordnung zu erkennen gibt, dass sie dem Betroffenen lediglich fahrlässiges Handeln zur Last legt.

OLG Hamm, Beschl. v. 19.08.2008 – 5 Ss OWi 493/08 = VRR 2009, 34

Anforderungen an Begründung der Verfahrensrüge 209

Amtlicher Leitsatz:

Zur Begründung der Rechtsbeschwerde, mit der geltend gemacht wird, das Amtsgericht habe den Einspruch des Betroffenen zu Unrecht wegen dessen Nichterscheinen verworfen, muss nicht nur ein Sachverhalt vorgetragen werden, welcher nach Ansicht des Betroffene das Ausbleiben in der Hauptverhandlung genügend entschuldigen könnte. Es muss vielmehr auch dargelegt werden, dass diese mitgeteilten Umstände dem Gericht in der Hauptverhandlung bekannt gewesen sind bzw. hätten bekannt sein müssen.

OLG Hamm, Beschl. v. 17.08.2001 – 2 Ss OWi 730/01 = NZV 2002, 100 = VRS 101, 292

Teil 4: Arbeitshilfen

210 ▪ **Anforderungen an Bezeichnung des Messgeräts/Täteridentifizierung anhand eines Lichtbildes**

Amtlicher Leitsatz:

1. Die Bezeichnung eines Messverfahrens als „Radarmessung" ist bei einem standardisierten Messverfahren ausreichend.

2. Zu den Anforderungen an das tatrichterliche Urteil im Fall der Täteridentifizierung anhand eines Lichtbildes.

OLG Hamm, Beschl. v. 25.08.2005 – 4 Ss OWi 575/05 = LNR 2005, 31891

211 ▪ **Anforderungen an tatrichterliche Beweiswürdigung**

Amtlicher Leitsatz:

Bei der Verurteilung wegen einer Geschwindigkeitsüberschreitung muss der Tatrichter, um dem Rechtsbeschwerdegericht die Kontrolle der Beweiswürdigung zu ermöglichen, in den Urteilsgründen zumindest das angewendete Messverfahren und den berücksichtigten Toleranzwert mitteilen.

OLG Hamm, Beschl. v. 14.05.2007 – 3 Ss OWi 327/07 = SVR 2008, 269 = LNR 2007, 36123

212 ▪ **Anforderungen an tatsächliche Feststellungen einer vorsätzlichen Geschwindigkeitsüberschreitung**

Amtlicher Leitsatz:

Zu den Anforderungen an die tatsächlichen Feststellungen, wenn dem Betroffenen eine vorsätzliche Geschwindigkeitsüberschreitung zur Last gelegt wird.

OLG Hamm, Beschl. v. 18.08.2003 – 2 Ss OWi 390/03 = LNR 2003, 14506

213 ▪ **Anforderungen an Umfang der erforderlichen Feststellungen bei Geschwindigkeitsüberschreitungen**

Amtlicher Leitsatz:

Zum Umfang der erforderlichen Feststellungen bei einer Geschwindigkeitsüberschreitung, die durch ein standardisiertes Messverfahren festgestellt worden ist und zur Täteridentifizierung anhand eines vom Verkehrsverstoß gefertigten Lichtbildes.

OLG Hamm, Beschl. v. 05.02.2004 – 2 Ss OWi 62/04 = DAR 2004, 463= VRS 106, 469

A. Rechtsprechungslexikon

| Anforderungen an Urteilsgründe in Bußgeldsachen | 214 |

Amtlicher Leitsatz:

Zum erforderlichen Umfang der tatsächlichen Feststellungen hinsichtlich einer Geschwindigkeitsüberschreitung; wenn der Betroffene ein Geständnis abgelegt hat.

OLG Hamm, Beschl. v. 02.03.2004 – 3 Ss OWi 811/03 = LNR 2004, 11270

Amtlicher Leitsatz: 215

Zur Frage der Auswirkungen, wenn der Tatrichter den verwirklichten Ordnungswidrigkeitentatbestand nicht anführt, zur Messung einer Geschwindigkeitsüberschreitung durch Nachfahren und zur Feststellung der persönlichen Verhältnisse des Betroffenen.

OLG Hamm, Beschl. v. 26.06.2003 – 3 Ss OWi 309/03 = LNR 2003, 18070

| Augenblicksversagen | 216 |

Amtlicher Leitsatz:

Ein sog. Augenblicksversagen i.S. der Rechtsprechung des BGH kann bei einer auf einer Autobahn gefahrenen Geschwindigkeit von 146 km/h und einer Geschwindigkeitsüberschreitung um 46 km/h nicht damit begründet werden, dass der Betroffene auf der Suche nach einer bestimmten Ausfahrt, die zu seinem Zielort führt, die vor der Geschwindigkeitsmessung drei Mal beiderseits der Fahrbahn aufgestellten Verkehrszeichen 274 übersehen hat.

OLG Hamm, Beschl. v. 11.07.2002 – 2 Ss OWi 137/02 = ZAP EN-Nr 581/2002

Redaktioneller Leitsatz: 217

1. Grds. ist für die in § 4 Abs. 1 BKatV genannten Verstöße zugleich eine grobe Pflichtwidrigkeit nach § 25 Abs. 1 StVG als Voraussetzung für die Anordnung eines Fahrverbotes zu vermuten. Die Vermutungswirkung wird nur durch den das Vorliegen eines sog. Augenblicksversagens entkräftet.

2. Des Fahrverbots bedarf es nicht, wenn ausreichende Gewähr dafür besteht, dass der Betroffene auch ohne die erzieherische Wirkung des Fahrverbots sich künftig rechtsstreu verhalten wird.

AG Riesa, 25.11.2003 – 7 OWi 166 Js 43038/03 = DAR 2005, 109

218 **Redaktioneller Leitsatz:**

Der für ein Fahrverbot erforderliche Vorwurf grob pflichtwidrigen Verhaltens entfällt, wenn der Grund der Geschwindigkeitsüberschreitung darin liegt, dass der Kfz-Führer infolge eines „Augenblickversagens" das die Höchstgeschwindigkeit begrenzende Zeichen nicht wahrgenommen hat.

OLG Rostock, 21.06.2004 – 2 Ss OWi 117/04 = NJW 2004, 2320 = NStZ-RR 2004, 313 = NZV 2004, 481 = zfs 2004, 480

219 ■ **Beharrliche Geschwindigkeitsüberschreitungen**

Amtlicher Leitsatz:

Die Verhängung eines Fahrverbots wegen beharrlicher Geschwindigkeitsüberschreitungen kann auch dann gerechtfertigt sein, wenn die Voraussetzungen des § 4 BKatV nicht vorliegen, vorausgesetzt, der beharrliche Pflichtverstoß ist von ähnlich starkem Gewicht. Die Vorbelastungen müssen dann in einem Umfang mitgeteilt werden, dass die Bewertung der beharrlichen Pflichtverletzung für das Rechtsbeschwerdegericht nachvollziehbar ist.

OLG Hamm, Beschl. v. 04.12.2003 – 4 Ss OWi 693/03 = LNR 2003, 20227

220 ■ **Berufung auf ein standardisiertes Messverfahren**

221 **Amtlicher Leitsatz:**

Die Berufung auf ein standardisiertes Messverfahren objektiviert eine Geschwindigkeitsüberschreitung nur dann ohne weiteres mit der Folge, dass mit der Begründung ein Beweisantrag des Betroffenen als zur Erforschung der Wahrheit nicht erforderlich abgelehnt werden kann, wenn im Einzelfall keine konkreten Anhaltspunkte für eine Fehlmessung dargetan werden.

OLG Celle, Beschl. v. 16.07.2009 – 311 SsBs 67/09 = NZV 2009, 575 = VA 2009, 195 = VRR 2009, 393 = zfs 2009, 593

222 ■ **Bestimmtheitsanforderungen an die Beschreibung des Tatvorwurfs**

Amtlicher Leitsatz:

1. Die der strafprozessualen Anklageschrift und dem Strafbefehl nachgebildeten Anforderungen an den Bußgeldbescheid als wirksame Verfahrensgrundlage dürfen nicht überspannt werden. Entscheidend ist, dass der Betroffene anhand der Tatbeschreibung des Bußgeldbescheides erkennen kann, wegen welches nach der Lebensauffassung

einheitlichen geschichtlichen Vorgangs er zur Verantwortung gezogen werden soll und dass insoweit eine Verwechslung mit einem möglichen gleichartigen anderen Fehlverhalten desselben Betroffenen ausgeschlossen ist.

2. Der Umfang der gebotenen Tatschilderung wird maßgeblich von der Gestaltung des Einzelfalls und der Art der verletzten Vorschrift bestimmt. Da das Bußgeldverfahren eine schnelle und Verwaltungskosten einsparende Ahndung der Ordnungswidrigkeiten bezweckt, verbietet sich eine ausführliche Schilderung von selbst; auch ein in Rechtsfragen unerfahrener Bürger muss jedoch den Vorwurf verstehen können (Anschluss an BGHSt 23, 336/338 ff.).

3. Den Bestimmtheitsanforderungen kann ein wegen einer Geschwindigkeitsüberschreitung erlassener Bußgeldbescheid auch dann genügen, wenn als Tatort ein signifikanter Streckenabschnitt eindeutig bezeichnet und die Tatzeit mit einem Zeitintervall von wenigen Minuten eingegrenzt ist. Insoweit bedarf es zur Erzielung eines zureichenden Bestimmtheitsgrades keiner „Ergänzung" durch Heranziehung des Akteninhalts (Anschluss an BayObLGSt 1994, 135/138 = NZV 1994, 448).

OLG Bamberg, Beschl. v. 12.08.2008 – 3 Ss OWi 896/08 = DAR 2009, 155 = VA 2009, 49 = VRR 2009, 68

■ **Beweisverwertungsverbot bei verdachtsabhängiger Video-Aufzeichnung** 223

Redaktioneller Leitsatz:

Zur Rechtmäßigkeit bildgebender Messverfahren zur Feststellung von Geschwindigkeits- oder Abstandsverstößen.

OLG Jena, Beschl. v. 06.01.2010 – 1 Ss 291/09 = NJW 2010, 1093 = NZV 2010, 266 = VRS 118, 288 =VRR 2010, 115 =DAR 2010, 212

■ **Dynamische elektronische Verkehrsregelungsanlage** 224

Amtlicher Leitsatz:

Handelt es sich bei dem die Geschwindigkeit regelnden Verkehrszeichen um eine dynamische elektronische Verkehrsregelungsanlage, die die zulässige Höchstgeschwindigkeit abhängig vom Verkehrsaufkommen regelt, bedarf es näherer Feststellungen wie das Zeichen 274 konkret angebracht und für den Betroffenen wahrnehmbar war, da in diesem Fall allein aus dem Vorhandensein einer die Höchstgeschwindigkeit begrenzenden Einrichtung nicht auf die konkrete Höchstgeschwindigkeitsbegrenzung geschlossen werden kann.

OLG Hamm, Beschl. v. 29.05.2008 – 5 Ss OWi 386/08 = VA 2008, 191

225 ■ Einheitliche Fahrt

Amtlicher Leitsatz:

Es können im Rahmen einer einheitlichen Fahrt mehrere Taten im verfahrensrechtlichen Sinn angenommen werden, wenn in unterschiedlichen Verkehrssituationen mehrfach gegen Verkehrsvorschriften verstoßen wurde.

BayObLG, Beschl. v. 26.10.2001 – 2 ObOWi 407/01 = DAR 2002, 78 = NStZ 2002, 155 = NZV 2002, 145 = VRS 101, 446

226 ■ Einheitliche Tat/Tatmehrheit

Redaktioneller Leitsatz:

Werden im Verlauf einer Fahrt mehrere Geschwindigkeitsverstöße begangen, so stehen diese auch dann im Verhältnis der Tatmehrheit zueinander, wenn sie zwar in einem engen zeitlichen, räumlichen oder inneren Zusammenhang stehen, jedoch jeweils in unterschiedlichen Verkehrssituationen begangen worden sind, sodass die einzelnen Verstöße unschwer voneinander abzugrenzen sind.

OLG Brandenburg, Beschl. v. 30.05.2005 – 1 Ss OWi 87 B/05 = NStZ 2005, 708 = NZV 2006, 109

227 ■ Erforderlicher Umfang der tatsächlichen Feststellungen bei einer Geschwindigkeitsüberschreitung

Amtlicher Leitsatz:

Zum erforderlichen Umfang der tatsächlichen Feststellungen bei einer Geschwindigkeitsüberschreitung und hinsichtlich von Voreintragungen.

OLG Hamm, Beschl. v. 24.07.2003 – 1 Ss OWi 469/03 = LNR 2003, 14540s

228 ■ Erhebliche Geschwindigkeitsüberschreitung/Vorsatz

Amtlicher Leitsatz:

Zwar kann auch eine erhebliche Geschwindigkeitsüberschreitung ein Indiz für eine vorsätzliche Begehungsweise sein. Es muss sich aber den Urteilsgründen hinreichend deutlich entnehmen lassen, ob dem Betroffenen zum Zeitpunkt der Tat die Geschwindigkeitsbegrenzung (auch) bewusst war und er zugleich auch die erhebliche Überschreitung der zulässigen Höchstgeschwindigkeit tatsächlich bemerkt hat.

OLG Hamm, Beschl. v. 18.06.2001 – 2 Ss OWi 473/01 = DAR 2002, 176

A. Rechtsprechungslexikon

■ **Fahrlässiges Überschreiten der zulässigen Höchstgeschwindigkeit**   229

Amtlicher Leitsatz:

Bei einer festgestellten Geschwindigkeitsüberschreitung von mehr als 50 % nimmt ein Betroffener, der Berufskraftfahrer ist, in Kauf, dass er schneller fährt als erlaubt; dies gilt umso mehr, wenn er „kurz beschleunigt", um zu überprüfen, ob der zuvor ausgefallene Tachometer seines Fahrzeugs wieder funktioniert.

OLG Düsseldorf, Beschl. v. 01.02.2001 – 2b Ss (OWi) 383/00 – (OWi) 4/01 I = LNR 2001, 17175

Redaktioneller Leitsatz: 230

Der Erlass eines Bußgeldbescheides unterbricht dann den Lauf der Verjährung, wenn der Bußgeldbescheid zwei Wochen nach Erlass zugestellt worden ist.

OLG Hamm, Beschl. v. 14.10.2003 – 2 Ss OWi 219/03 = DAR 2004, 106 = NZV 2004, 600 = VRS 106, 57 = zfs 2004, 135

■ **Fahrtenbuchauflage**   231

Amtlicher Leitsatz:

1. Eine Fahrtenbuchauflage kommt nach einem Verkehrsverstoß auch bei verspäteter Anhörung des Fahrzeughalters in Betracht, wenn der Fahrer nicht ermittelt werden kann, weil der Halter zur Aufklärung eines mit seinem Fahrzeug begangenen Verkehrsverstoßes nicht so weit mitwirkt, wie es ihm trotz der verstrichenen Zeit noch möglich und zumutbar ist.

2. Schon nach erstmaliger Begehung einer Verkehrsordnungswidrigkeit, die nach Anlage 13 zur Fahrerlaubnis-Verordnung (FeV) mit einem Punkt zu bewerten ist, ist die Anordnung einer Fahrtenbuchauflage gerechtfertigt (Bestätigung der Senatsrechtsprechung).

OVG Nordrhein-Westfalen, Urt. v. 30.11.2005 – 8 A 280/05 = DAR 2006, 172 = NZV 2006, 223 = zfs 2006, 234

Redaktioneller Leitsatz: 232

In einer Geschwindigkeitsübertretung von 31 km/h liegt ein erheblicher Verkehrsverstoß, der bereits nach einem erstmaligen Vorfall die Anordnung rechtfertigt, ein Fahrtenbuch zu führen.

Teil 4: Arbeitshilfen

Lehnt ein Fahrzeughalter erkennbar die Mitwirkung an der Aufklärung eines Verkehrsverstoßes ab oder erklärt er, dazu nicht im Stande zu sein, so ist es der Behörde regelmäßig nicht zuzumuten, wahllos Zeit raubende und kaum Aussicht auf Erfolg bietende Ermittlungen zu betreiben.

Wird die Anhörung des Fahrzeughalters nach einer Verkehrsordnungswidrigkeit verzögert, ist die Fahrtenbuchauflage gleichwohl indessen z.b. dann nicht ausgeschlossen, wenn feststeht, dass die Verzögerung für die Erfolglosigkeit der Täterermittlung nicht ursächlich gewesen ist.

VG Braunschweig, Urt. v. 30.06.2004 – 6 A 493/03 = NZV 2005, 164

233 **Amtlicher Leitsatz:**

1. Das Führen eines Fahrtenbuchs kann dem Fahrzeughalter dann auferlegt werden, wenn er unter Vernachlässigung seiner Aufsichtsmöglichkeiten nicht dartun kann oder will, wer im Zusammenhang mit einer Verkehrszuwiderhandlung zu einem bestimmten Zeitpunkt ein Fahrzeug gefahren hat (wie BVerwG, Buchholz 442.16 § 31a StVZO Nr. 20 = NJW 1989, 2704).

2. Diese Aufsichtsmöglichkeiten sind im Verhältnis eines Vaters (Halter) zu seinem Sohn gesteigert, denn aus dem engen Verwandtschaftsverhältnis ergeben sich größere Einschätzungsmöglichkeiten des künftigen Verhaltens und erheblich weiter gehende Möglichkeiten der Einflussnahme als bei einer Leihe zwischen Fremden.

3. Aus diesen Aufsichtsmöglichkeiten folgt die Pflicht des Vaters, seinen Einfluss auf den Sohn geltend zu machen und diesen ernsthaft dazu zu veranlassen, das seine zu einer Eingrenzung des Täterkreises beizutragen.

VG Stuttgart, Beschl. v. 05.07.2005 – 10 K 961/05 = NJW 2006, 793 = NZV 2006, 503

234 ■ **Fahrverbot**

Redaktioneller Leitsatz:

1. Die Entscheidung, ob trotz Vorliegens eines Regelfalls von der Verhängung eines Fahrverbotes abgesehen werden kann, obliegt in erster Linie der Beurteilung durch den Tatrichter, wobei dessen Entscheidung vom Rechtsbeschwerdegericht im Zweifel bis zur Grenze des Vertretbaren hinzunehmen ist.

2. Will der Tatrichter von der Verhängung eines Fahrverbots nicht absehen, hat er hierfür aber eine eingehende, auf Tatsachen gestützte Begründung zu geben. Wird eine „drohende Gefährdung der beruflichen Existenz" verneint, ist näher darzulegen, worin diese Gefährdung ggf. besteht bzw. bestehen könnte.

3. Der Betroffene kann bei drohenden beruflichen Konsequenzen nur dann auf die Möglichkeit des Urlaubs verwiesen werden, wenn feststeht, dass er tatsächlich noch über einen ausreichend langen Jahresurlaub verfügt, den er innerhalb der Frist des § 25a Abs. 2 StVG auch „an einem Stück" abwickeln kann.

4. Von einem Fahrverbot kann dann abgesehen werden, wenn feststeht, dass die mit dem Fahrverbot gewünschte Erziehungswirkung auch mit einer empfindlicheren Geldbuße erreicht werden kann und ein Fahrverbot nicht erforderlich ist, um zu verkehrsgerechtem Verhalten anzuhalten.

OLG Hamm, Beschl. v. 03.05.2005 – 2 Ss OWi 817/04 = VRS 108, 444 = DAR 2005, 460 =NZV 2005, 495 =VA 2005, 86s

Fahrverbot/Beweiswürdigung/Vorsatz 235

Redaktioneller Leitsatz:

Eine Verurteilung wegen einer vorsätzlichen Geschwindigkeitsüberschreitung mit der Begründung in geschlossenen Ortschaften seien „regelmäßig" 30 km/h-Zonen eingerichtet ist unzulässig.

OLG Celle, Beschl. v. 28.09.2000 – 322 Ss 132/00 (OWi) = DAR 2001, 38 = VA 2001, 33

Fahrverbot/Denkzettelfunktion 236

Redaktioneller Leitsatz:

Zur Erforderlichkeit der Berücksichtigung der wirtschaftlichen Verhältnisse bei Verhängung einer Geldbuße von 400,00 DM bei schlechten wirtschaftlichen Verhältnissen des Betroffenen und zur Verdoppelung eines einmonatigen Regelfahrverbots.

OLG Hamm, Beschl. v. 01.08.2000 – 4 Ss OWi 695/00 = LNR 2000, 16735

Fahrverbotes bei Wiederholungstäter 237

Amtlicher Leitsatz:

Zum Absehen vom Fahrverbot bei einem sog. Wiederholungstäter.

OLG Hamm, Beschl. v. 01.07.2003 – 4 Ss OWi 416/03 = LNR 2003, 14412

238 Fahrverbot/Härtefall

Amtlicher Leitsatz:

Zum (verneinten) Absehen vom Fahrverbot bei einem Rechtsanwalt.

OLG Hamm, Beschl. v. 01.07.2003 – 4 Ss OWi 385/03 = LNR 2003, 14411

239 Fehlende Angaben zum verwendeten Messverfahren

Redaktioneller Leitsatz:

Ist in einem Urteil bzgl. einer Geschwindigkeitsüberschreitung anstelle eigener Ausführungen zum Tatgeschehen eine fotomechanische Abbildung des Bußgeldbescheides in die Urteilsurkunde eingefügt, und fehlen Angaben zum verwendeten Messverfahren, obwohl kein umfassendes und glaubhaftes Geständnis des Betroffenen vorliegt, und enthält das Urteil keine ausreichenden Feststellungen zu den wirtschaftlichen Verhältnissen des Betroffenen, führt jeder dieser Mängel zur Aufhebung des Urteils.

OLG Köln, Beschl. v. 08.06.2007 – 83 Ss-OWi 40/07 = VRR 2007, 403

240 Fehlender Toleranzabzug/Absehen vom Fahrverbot

Amtlicher Leitsatz:

1. Enthält das tatrichterliche Urteil wegen einer Geschwindigkeitsüberschreitung keine Angaben zu dem vorgenommenen Toleranzabzug von der gemessenen Geschwindigkeit des Betroffenen, bedeutet das Fehlen dieser Angabe nicht, dass die Feststellungen zu der dem Betroffenen vorgeworfenen Tat als lückenhaft anzusehen sind.

2. Ein Sonderfall, der ein Absehen vom Regelfahrverbot rechtfertigen würde, wird nicht dadurch begründet, dass der Zweck oder der Anlass einer Geschwindigkeitsbeschränkung für einen Kraftfahrer nicht ohne weiteres sofort erkennbar ist.

OLG Hamm, Beschl. v. 18.03.2004 – 3 Ss OWi 11/04 = LNR 2004, 13234

241 Feststellungen zum angewandten Messverfahren

Amtlicher Leitsatz:

Wird zum angewandten Messverfahren, mit dem eine Geschwindigkeitsüberschreitung festgestellt worden ist, lediglich mitgeteilt, der Betroffene sei mit einer „stationären Geschwindigkeitsmessanlage" gemessen worden, ist das nicht ausreichend, um nachzuvollziehen, ob die Messung mit anerkannten Geräten in einem weithin standardisierten Verfahren gewonnen worden ist.

A. Rechtsprechungslexikon

OLG Hamm, Beschl. v. 19.05.2008 – 5 Ss OWi 255/08 = VA 2008, 191 = VRR 2008, 283

■ **Geeignetheit eines Lichtbildes zur Täteridentifizierung/Beweisfoto**   242

Amtlicher Leitsatz:

1. Hat der Tatrichter im Bußgeldverfahren wegen einer Verkehrsordnungswidrigkeit anhand eines bei einer Verkehrsüberwachungsmaßnahme gefertigten Beweisfotos die Überzeugung erlangt, dass der Betroffene und die abgebildete Person identisch sind, so gilt für die Darstellung in den Urteilsgründen Folgendes: Wird im Urteil gem. § 267 Abs. 1 Satz 3 StPO auf ein zur Identifizierung generell geeignetes Foto verwiesen, bedarf es im Regelfall keiner näheren Ausführungen. Bestehen allerdings nach Inhalt oder Qualität des Fotos Zweifel an seiner Eignung als Grundlage für eine Identifizierung des Fahrers, so muss der Tatrichter angeben, welcher – auf dem Foto erkennbaren – Identifizierungsmerkmale er die Überzeugung von der Identität des Betroffenen mit dem abgebildeten Fahrzeugführer gewonnen hat.

2. Hat der Tatrichter im Bußgeldverfahren wegen einer Verkehrsordnungswidrigkeit anhand eines bei eine Verkehrsüberwachungsmaßnahme gefertigten Beweisfotos die Überzeugung erlangt, dass der Betroffene und die abgebildete Person identisch sind, so gilt für die Darstellung in den Urteilsgründen Folgendes: Unterbleibt eine prozessordnungsgemäße Verweisung auf das Beweisfoto, so muss das Urteil Ausführungen zur Bildqualität enthalten und die abgebildete Person oder jedenfalls mehrere charakteristische Identifizierungsmerkmale so präzise beschreiben, dass dem Rechtsmittelgericht anhand der Beschreibung in gleicher Weise wie bei Betrachtung des Fotos die Prüfung ermöglicht wird, ob dieses zur Identifizierung generell geeignet ist.

BGH, Beschl. v. 19.12.1995 – 4 StR 170/95 = BGHSt 41, 376 = DAR 1996, 98 = DAR 1996, 178 = NJW 1996, 1420 = NStZ 1996, 150

Amtlicher Leitsatz: 243

Die Grundsätze der Rechtsprechung des BGHSt 41, 376 gelten nicht nur für die Täteridentifizierung anhand eines Lichtbildes, sondern auch, wenn der Tatrichter ein Lichtbild aus anderen Gründen zum Gegenstand seiner Beweiswürdigung macht.

OLG Hamm, Beschl. v. 08.02.2007 – 2 Ss OWi 101/07 = NStZ 2009, 21 = NZV 2007, 376 StRR 2008, 28 = SVR 2007, 394 = VA 2007, 73 = VRS 112, 274

Amtlicher Leitsatz: 244

Zur Geeignetheit eines Lichtbildes zur Täteridentifizierung.

OLG Hamm, Beschl. v. 13.05.2005 – 2 Ss OWi 274/05 = DAR 2005, 462 = NZV 2006, 162 = StraFo 2005, 297 = zfs 2005, 413

245 ■ **Geschwindigkeitsbegrenzung wegen Lärmschutz**

Amtlicher Leitsatz:

Der hohe Rang des Rechtsguts der psychischen und physischen Gesundheit der Anwohner von Straßen und Autobahnen lässt es nicht zu, einen Geschwindigkeitsverstoß nur deshalb als weniger pflichtwidrig zu gewichten, weil die missachtete Geschwindigkeitsbeschränkung allein aus Gründen des Lärmschutzes angeordnet war.

OLG Karlsruhe, Beschl. v. 02.05.2004 – 2 Ss 25/04 = DAR 2004, 408 = Die Justiz 2004, 271 = JZ 2004, 323 = NJW 2004, 1749 = NStZ 2004, 703 = NZV 2004, 369 = VRS 106, 465

246 ■ **Geschwindigkeitsmessung während Dunkelheit**

Amtlicher Leitsatz:

Die Urteilsgründe wegen einer Geschwindigkeitsüberschreitung bedürfen dann, wenn die Geschwindigkeitsmessung mit einem Lasergerät während der Dunkelheit durchgeführt worden ist, einer nachvollziehbaren Darlegung des Tatrichters, warum trotz widriger Verhältnisse vernünftige Zweifel an der Zuordnung des Fahrzeugs nicht bestehen, jedenfalls dann, wenn der Betroffene wie vorliegend die richtige Zuordnung des Fahrzeugs in Zweifel zieht.

OLG Hamm, Beschl. v. 20.05.2008 – 5 Ss OWi 325/08 = VA 2008, 190 = VRR 2008, 323

247 ■ **Geschwindigkeitsüberschreitung zur Erfüllung hoheitlicher Aufgaben/Indiz für eine dienstliche Veranlassung der Fahrt**

Amtlicher Leitsatz:

Zum Umfang der tatsächlichen Feststellungen, wenn der Betroffene gegenüber einer Geschwindigkeitsüberschreitung einwendet, diese sei Erfüllung hoheitlicher Aufgaben notwendig gewesen.

OLG Hamm, Beschl. v. 03.05.2005 – 4 Ss OWi 279/05 = LNR 2005, 15643

A. Rechtsprechungslexikon

Geständige Einlassung 248

Amtlicher Leitsatz:

1. Zweifel an der Funktionstüchtigkeit und der sachgerechten Handhabung von Geschwindigkeitsmessgeräten, deren tatsächliche Grundlagen in den Urteilsfeststellungen keinen Niederschlag gefunden haben, können im Rechtsbeschwerdeverfahren nicht aufgrund einer Sachrüge berücksichtigt werden.

2. Es stellt für sich allein genommen keinen sachlich-rechtlichen Mangel des Urteils dar, wenn sich die Verurteilung wegen Überschreitung der zulässigen Höchstgeschwindigkeit entweder auf ein uneingeschränktes, glaubhaftes Geständnis des Betroffenen oder auf die Mitteilung des Messverfahrens und der nach Abzug der Messtoleranz ermittelten Geschwindigkeit stützt.

BGH, Beschl. v. 19.08.1993 – 4 StR 627/92 = BGHSt 39, 291 = DAR 1993, 474 = NJW 1993, 3081 = NStZ 1993,

Amtlicher Leitsatz: 249

Bei der Beweiswürdigung bezüglich der festgestellten Geschwindigkeitsüberschreitung im Urteil kann sich der Tatrichter – soweit keine konkreten Einwendungen gegen die Zuverlässigkeit der Geschwindigkeitsmessung erhoben werden – auf ein uneingeschränktes, glaubhaftes Geständnis des Betroffenen oder auf die Mitteilung des Messverfahrens und der nach Abzug der Messtoleranz ermittelten Geschwindigkeit stützen (Anschluss an BGHSt 39, 291 ff.). Ein uneingeschränktes glaubhaftes Geständnis ist nicht ausschließlich dann anzunehmen, wenn der Betroffene uneingeschränkt einräumt, die maßgebliche Geschwindigkeit mindestens gefahren zu sein. Hat sich der Tatrichter Klarheit verschafft, wie die konkrete Äußerung des Betroffenen zur Geschwindigkeitsüberschreitung im Zusammenhang mit dem übrigen Verfahrensstoff zu verstehen ist, und bringt er das Ergebnis in den Urteilsgründen dadurch zum Ausdruck, dass er von einem Geständnis des Betroffenen hinsichtlich der Fahrereigenschaft und der Geschwindigkeitsüberschreitung spricht, dann ist dagegen aus Rechtsgründen nichts zu erinnern.

OLG Jena, Beschl. v. 07.06.2004 – 1 Ss 27/04 =DAR 2004, 663 = VRS 107, 301

Amtlicher Leitsatz: 250

Die Feststellung der Geschwindigkeitsüberschreitung kann der Tatrichter auf die geständige Einlassung des Betroffenen stützen, wenn er überzeugt ist, dass die Angaben zutreffend sind, nicht jedoch, wenn auf diese Weise lediglich die Beweisaufnahme abgekürzt werden soll. Wenn der Betroffene Angaben zur eingehaltenen Geschwindigkeit aufgrund eigener Wahrnehmungen macht, ist bei einer Schätzung oder dem Ablesen des eigenen nicht justierten Tachometers ein Sicherheitsabschlag vorzunehmen.

OLG Zweibrücken, Beschl. v. 04.06.2003 – 1 Ss 95/03 = DAR 2003, 531 = VA 2003, 179 = VRS 105, 352

251 ■ **Geständnis als Grundlage der Verurteilung**

Amtlicher Leitsatz:

Soweit der Senat in der Vergangenheit gefordert hat, dass von einem glaubhaften Geständnis hinsichtlich einer Geschwindigkeitsüberschreitung nur dann die Rede sein könne, wenn der Betroffene die gefahrene Geschwindigkeit durch einen Blick auf den Tachometer im Zeitpunkt der Messung gemessen oder die Überschreitung der Geschwindigkeit aufgrund eigener Erfahrungswerte eingeräumt habe, wird daran nicht festgehalten.

OLG Hamm, Beschl. v. 14.11.2005 – 3 Ss OWi 476/05 = ZAP EN-Nr. 154/2006

252 ■ **Grobe Pflichtwidrigkeit**

Amtlicher Leitsatz:

1. Ein grober Pflichtenverstoß liegt auch dann vor, wenn ein Betroffener infolge greller Sonne und gleißenden Schnees eine geschwindigkeitsbeschränkende Beschilderung nicht wahrnimmt.

2. Zur groben Pflichtwidrigkeit bei einer Geschwindigkeitsüberschreitung wegen eines defekten Tempomaten.

3. Erfüllt ein Verhalten mehrere in der Bußgeldkatalogverordnung aufgeführte Tatbestände, die ein Fahrverbot indizieren, so sind die in der Bußgeldkatalogverordnung vorgesehenen Verbotsfristen im Regelfall nicht zu addieren.

4. Bei mehreren einschlägigen Vorbelastungen in kurzer Zeit steigen die mit einem Fahrverbot verbundenen Belastungen, die ein Betroffener hinzunehmen hat.

OLG Hamm, Beschl. v. 04.12.2006 – 4 Ss OWi 758/06 = LNR 2006, 27400

A. Rechtsprechungslexikon

Grundlagen für Verhängung eines Fahrverbots im Fall einer notstandsähnlichen Situation 253

Amtlicher Leitsatz:

1. Eine das Absehen der Verhängung eines Fahrverbots rechtfertigende notstandsähnliche Situation liegt vor, wenn ein Vater aus Sorge um sein verunfalltes Kind die zulässige Höchstgeschwindigkeit im Straßenverkehr überschreitet und die sofortige Hilfeleistung durch ihn zwingend erforderlich gewesen war und/oder er vom Vorliegen einer solchen Gefahrensituation ausgehen durfte (Fortführung von Senat NJW 2005, 450 ff. = DAR 2005, 46 f. = VRS 108, 39 ff. = NZV 2005, 54 ff.).

2. Trotz Vorliegens einer solchen notstandsähnlichen Situation ist die Verhängung eines Fahrverbots geboten, wenn es sich um einen wiederholt einschlägig auffällig gewordenen, gegenüber verkehrsrechtlichen Ge- und Verboten uneinsichtigen Verkehrsteilnehmer handelt, auf den durch die Verhängung eines Fahrverbots eingewirkt werden muss.

3. Eine Berücksichtigung von Voreintragungen im Verkehrszentralregister zum Nachteil des Betroffenen setzt voraus, dass die dort eingetragenen Verstöße vor der neu zu ahndenden Tat begangen wurden und dem Betroffenen die gegen ihn deshalb anhängigen Bußgeldverfahren auch bekannt waren.

OLG Karlsruhe, Beschl. v. 08.08.2005 – 1 Ss 81/05 = DAR 2005, 644 = NJW 2005, 3158 = NZV 2005, 542 = VA 2005, 178 = VRR 2006, 36 = VRS 109, 284 = zfs 2005, 517

Grundsätze zum Nachfahren zur Nachtzeit 254

Amtlicher Leitsatz:

Zu den erforderlichen Feststellungen bei einer Geschwindigkeitsmessung zur Nachtzeit.

OLG Hamm, Beschl. v. 26.07.2006 – 4 Ss OWi 444/06 = LNR 2006, 32336

Handlungsidentität im OWi-Recht 255

Redaktioneller Leitsatz:

Die Feststellung der Überschreitung der zulässigen Höchstgeschwindigkeit ohne Anlegen des vorgeschriebenen Sicherheitsgurtes während der Fahrt rechtfertigen nicht die Verurteilung des Betroffenen, da die hier maßgebliche Handlung, die der rechtlichen Beurteilung unterliegt, zunächst das Nichtanlegen des vorgeschriebenen Sicherheitsgurtes während der ununterbrochenen Fahrt mit dem Pkw als Dauerordnungs-

Teil 4: Arbeitshilfen

widrigkeit ist, die notwendigerweise zugleich die Ausführungshandlung des weiteren Verkehrsverstoßes darstellt, nämlich das Führen des Kfz mit überhöhter Geschwindigkeit, woraus folgt, dass eine isolierte Betrachtung des Geschwindigkeitsverstoßes nicht möglich ist, ohne damit aus der einheitlichen Dauertat des Fahrens mit dem Pkw ohne Anlegen des Sicherheitsgurtes ein notwendiges Teilstück herauszulösen, womit Teilidentität der tatbestandlichen Ausführungshandlungen vorliegt, die zur Annahme von Tateinheit führt.

OLG Rostock, 27.08.2004 – 2 Ss (OWi) 19/03 I 37/03 = NJ 2005, 131 = VRS 107, 461

256 ■ **Höchstgeschwindigkeit Omnibus-LKW**

Amtlicher Leitsatz:

Zur Frage der Höchstgeschwindigkeit eines als Omnibus und LKW zugelassenes Fahrzeug mit einem zulässigen Gesamtgewicht von über 3,5 t.

BayObLG, Beschl. v. 07.11.2001 – 3 ObOWi 81/01= DAR 2002, 79 = NStZ-RR 2002, 117 = NZV 2002, 144 = VRS 101, 457

257 ■ **Konkurrenzen mehrerer Geschwindigkeitsüberschreitungen**

Amtlicher Leitsatz:

1. Liegen dem angefochtenen Urteil mehrere Geschwindigkeitsüberschreitungen zugrunde, müssen die Voraussetzungen für die Zulässigkeit der Rechtsbeschwerde unter Beachtung der Feststellungen des Tatrichters, aber ohne Bindung an dessen Rechtsansicht bei jeder Tat gesondert geprüft werden, wobei der prozessuale Tatbegriff entscheidend ist.

2. Zu den Konkurrenzen mehrerer (fahrlässig begangener) Geschwindigkeitsüberschreitungen.

OLG Düsseldorf, Beschl. v. 07.02.2001 – 2a Ss (OWi) 284/00 – (OWi) 4/01 II = NZV 2001, 273 = VRS 100, 311

258 ■ **Lebensakte**

Amtlicher Leitsatz:

Bezugnahme des Urteils auf Lichtbilder, die nach der Hauptverhandlung zu den Akten gelangt sind.

OLG Zweibrücken, Beschl. v. 20.11.2001 – 1 Ss 242/01 = DAR 2002, 234 = VRS 102, 102

A. Rechtsprechungslexikon

■ **Lückenhafte Urteilsfeststellungen und Beweiswürdigung** 259

Redaktioneller Leitsatz:

1. Bei der Feststellung einer Geschwindigkeitsüberschreitung hat der Tatrichter u.a. das angewandte Messverfahren, die Messstrecke, die gemessene Geschwindigkeit sowie die zur Anwendung gekommenen Messtoleranzen in den Entscheidungsgründen mitzuteilen. 2. Anders als im Strafrecht, gilt im Ordnungswidrigkeitenrecht nicht das Gesamtstrafen-, sondern das Kumulationsprinzip, d.h. bei mehreren Ordnungswidrigkeiten ist die jeweils verwirkte Geldbuße einzeln festzusetzen. 3. Von einer natürlichen Handlungseinheit (Tateinheit) ist bei mehreren aufeinander folgenden Geschwindigkeitsverstößen nur dann auszugehen, wenn sich der gesamte Vorgang bei natürlicher Betrachtungsweise auch für einen unbeteiligten Dritten, z.B. bei einer Abfolge in einem engen zeitlichen Rahmen von ein bis zwei Minuten, in vergleichbaren Verkehrssituationen, als ein einheitliches zusammengehörendes Tun darstellt.

OLG Brandenburg, Beschl. v. 18.02.2008 – 1 Ss (OWi) 266 B/07 = LNR 2008, 10579

■ **Mehrfach festgestellte Geschwindigkeitsübertretung** 260

Amtlicher Leitsatz:

Zwei auf derselben Fahrt begangene Zuwiderhandlungen gegen jeweils besonders angeordnete Geschwindigkeitsbeschränkungen sind nicht in jedem Falle verschiedene Taten im prozessualen und selbstständige Handlungen im materiellen Sinne.

OLG Zweibrücken, Beschl. v. 20.02.2003 – 1 Ss 23/03 = DAR 2003, 281 = VA 2003, 106 = VRS 105, 144

Amtlicher Leitsatz: 261

Zwei auf derselben Fahrt begangene Zuwiderhandlungen gegen jeweils besonders angeordnete Geschwindigkeitsbeschränkungen sind nicht in jedem Falle verschiedene Taten im prozessualen und selbstständige Handlungen im materiellen Sinne.

OLG Zweibrücken, Beschl. v. 20.02.2003 – 1 Ws 43/03 = LNR 2003, 14660

■ **Missbräuchliches Behaupten einer notstandsähnlichen Situation** 262

Amtlicher Leitsatz:

1. Eine Beschränkung der Rechtsbeschwerde auf den Rechtsfolgenausspruch ist auch dann wirksam, wenn das Urteil zwar keine ausreichenden tatsächlichen Feststellungen

Teil 4: Arbeitshilfen

zur Messmethode und des berücksichtigten Toleranzabzugs bei der Ahndung einer Geschwindigkeitsüberschreitung mittels eines standardisierten Messverfahrens enthält, der Betroffene jedoch uneingeschränkt und glaubhaft den festgestellten Sachverhalt in der Hauptverhandlung eingeräumt hat.

2. Will der Tatrichter vom Regelfall der Verhängung eines nach der Bußgeldkatalog-Verordnung indizierten Fahrverbots absehen, so darf er eine Einlassung des Betroffenen nicht unkritisch übernehmen. Vielmehr bedarf es wegen der grundsätzlich gebotenen Gleichbehandlung aller Verkehrsteilnehmer einer besonders eingehenden und kritischen Überprüfung der Angaben, um das missbräuchliche Behaupten eines solchen Ausnahmefalls auszuschließen und dem Rechtsbeschwerdegericht die Nachprüfung der richtigen Rechtsanwendung zu ermöglichen.

3. Eine das Absehen der Verhängung eines Fahrverbots rechtfertigende notstandsähnliche Situation liegt vor, wenn ein Arzt zu einem Notfall gerufen wird, er dabei mit seinem Kraftfahrzeug die zulässige Höchstgeschwindigkeit im Straßenverkehr überschreitet und eine sofortige medizinische Behandlung zwingend erforderlich ist und/oder der Arzt vom Vorliegen einer solchen Gefahrsituation ausgehen darf.

OLG Karlsruhe, Beschl. v. 10.11.2004 – 1 Ss 94/04 = DAR 2005, 46 = NJW 2005, 450 = NStZ 2005, 414 = NStZ 2007, 205 = NZV 2005, 54 = StraFo 2005, 43 = VRS 108, 39

263 **Mitteilung des Kraftfahrzeugtyps im Urteil**

Amtlicher Leitsatz:

Die Verurteilung wegen einer Geschwindigkeitsüberschreitung muss mitteilen, mit welcher Art von Kraftfahrzeug (Lkw, Pkw) der Betroffene gefahren ist und den Geschwindigkeitsverstoß begangen hat, da die Rechtsfolgen eines Geschwindigkeitsverstoßes hinsichtlich der einzelnen Fahrzeugarten unterschiedlich sein können.

OLG Hamm, Beschl. v. 22.02.2005 – 3 Ss OWi 61/05 = LNR 2005, 11517

264 **Nachfahren**

Amtlicher Leitsatz:

1. Die Abstandsermittlung bei Geschwindigkeitsmessungen durch Nachfahren ist tatrichterliche Aufgabe; maßgeblich sind die Besonderheiten des Einzelfalles.

2. Eine – nur optische – Schätzung des Abstandes ohne weitere Anhaltspunkte ist grundsätzlich auch zur Nachtzeit jedenfalls bei einem Abstand von 100 m möglich.

A. Rechtsprechungslexikon

3. Etwaige Ungenauigkeiten bei Verwendung eines ungeeichten Tachometers und bei der Abstandsschätzung werden – nach unveränderter Senatsrechtsprechung – durch einen Abzug von 20 % der abgelesenen Geschwindigkeit ausgeglichen.

OLG Celle, Beschl. v. 16.03.2004 – 211 Ss 34/04 (OWi) = DAR 2005, 163 = NZV 2004, 419 = VA 2004, 155 = VRS 106, 460

Amtlicher Leitsatz: 265

Bei einer durch eine Messung durch Nachfahren zur Nachtzeit festgestellten Geschwindigkeitsüberschreitung muss das tatrichterliche Urteil u.a. auch Feststellungen dazu enthalten, wie die Beleuchtungsverhältnisse waren, ob der Abstand zu dem vorausfahrenden Fahrzeug durch Scheinwerfer des nachfahrenden Fahrzeugs oder durch andere Sichtquellen aufgehellt war und damit ausreichend sicher erfasst und geschätzt werden konnte.

OLG Hamm, Beschl. v. 29.12.2006 – 2 Ss OWi 797/06 = NJW 2007, 1298 = NZV 2007, 257 = VA 2007, 73 = ZAP EN-Nr. 348/2007

Redaktioneller Leitsatz: 266

Zu den Anforderungen an eine Geschwindigkeitsmessung mittels Nachfahren zur Nachtzeit mit einem Polizeifahrzeug.

OLG Hamm, Beschl. v. 27.09.2005 – 2 Ss OWi 634/05 = VRR 2005, 430

Amtlicher Leitsatz: 267

Zu den Anforderungen an die tatsächlichen Feststellungen bei einer Geschwindigkeitsüberschreitung, die durch Messung durch Nachfahren festgestellt worden ist.

OLG Hamm, Beschl. v. 06.09.2005 – 2 Ss OWi 512/05 = DAR 2006, 31 = NZV 2006, 108 = VRS 109, 373

Amtlicher Leitsatz: 268

Zu den Anforderungen an die tatrichterlichen Feststellungen bei einer zur Nachtzeit durch Nachfahren gemessenen Geschwindigkeitsüberschreitung

OLG Hamm, Beschl. v. 23.03.2004 – 3 Ss OWi 98/04 = LNR 2004, 13238

Amtlicher Leitsatz: 269

Zu den Anforderungen an die tatrichterlichen Feststellungen bei durch Nachfahren zur Nachtzeit gemessenen Geschwindigkeitsüberschreitung.

Teil 4: Arbeitshilfen

OLG Hamm, Beschl. v. 13.03.2003 – 2 Ss OWi 201/03 = NZV 2003, 494 = VRS 105, 229 = NStZ-RR 2004, 26 = DAR 2003, 429

270 **Redaktioneller Leitsatz:**

Zu den Anforderungen an die tatsächlichen Feststellungen bei einer Geschwindigkeitsmessung durch Nachfahren zur Nachtzeit.

OLG Hamm, Beschl. v. 09.09.2002 – 2 Ss OWi 643/02 = NZV 2003, 249 = VRS 104, 226

271 **Amtlicher Leitsatz:**

Zum erforderlichen Umfang der Feststellungen bei einer Geschwindigkeitsmessung durch Nachfahren zur Nachtzeit.

OLG Hamm, Beschl. v. 05.04.2001 – 5 Ss OWi 246/01 = LNR 2001, 17351

272 **Amtlicher Leitsatz:**

Zu den erforderlichen Feststellungen bei einer Geschwindigkeitsmessung durch Nachfahren und zu den Anforderungen an die Beweiswürdigung.

OLG Hamm, Beschl. v. 21.06.2001 – 4 Ss OWi 322/01 = VRS 102, 302

273 **Amtlicher Leitsatz:**

Zum erforderlichen Umfang der tatsächlichen Feststellungen bei einer durch Nachfahren ermittelten Geschwindigkeitsüberschreitung, die vom Betroffenen eingeräumt wird.

OLG Hamm, Beschl. v. 29.11.2001 – 2 Ss OWi 1029/01 = DAR 2002, 226 = NZV 2002, 245 = NZV 2002, 282 = VRS 102, 218

274 **Amtlicher Leitsatz:**

Zum erforderlichen Umfang der tatrichterlichen Feststellungen bei einer durch Nachfahren zur Nachtzeit ermittelten Geschwindigkeitsüberschreitung.

OLG Hamm, Beschl. v. 21.12.2001 – 2 Ss OWi 1062/01 = LNR 2001, 17484

A. Rechtsprechungslexikon

■ Nachfahren/Abstand 275

Redaktioneller Leitsatz:

Die Geschwindigkeitsmessung eines dem Polizeifahrzeug nachfahrenden Kfz mit einem Proof-Speed-Messgerätes bietet eine genügende Beweisgrundlage, wenn der gleich bleibende Abstand zwischen beiden Fahrzeugen sicher beobachtet werden konnte.

BayObLG, Beschl. v. 26.01.2001 – 2 ObOWi 17/01 = DAR 2001, 281 = NStZ-RR 2001, 252 = VRS 100, 378

■ Nachfahren/Sichtverhältnisse 276

Amtlicher Leitsatz:

Bei besonders langer Messstrecke und geringem Abstand zum vorausfahrenden Fahrzeug – hier 75 Meter Abstand bei einer Messstrecke von 3.000 Metern – können bei einer Geschwindigkeitsmessung durch Nachfahren zur Nachtzeit nähere Ausführungen zu den Sichtverhältnissen und zu den Orientierungspunkten zur Abstandsschätzung entbehrlich sein.

OLG Hamm, Beschl. v. 04.12.2006 – 4 Ss OWi 759/06 = VRS 112, 40

■ Nachfahren/Toleranzabzug 277

Amtlicher Leitsatz:

Bei der Geschwindigkeitsmessung durch Hinterherfahren mit einem Fahrzeug, dessen Tachometer nicht geeicht ist, ist grundsätzlich ein Sicherheitsabschlag von 20 % des Messwertes ausreichend und erforderlich, um alle denkbaren Fehlerquellen und Ungenauigkeiten der Messung auszugleichen.

Weicht das Tatgericht von diesem anerkannten Toleranzabzug ab, bedarf es einer eingehenden auf Tatsachen gestützten Begründung, anhand derer das Rechtsbeschwerdegericht nachvollziehen kann, dass der abweichende Sicherheitsabschlag im konkreten Einzelfall zum Ausgleich sämtlicher Fehlerquellen ausreichend und erforderlich ist.

OLG Celle, Beschl. v. 25.10.2004 – 222 Ss 81/04 (OWi) = NZV 2005, 158

Amtlicher Leitsatz: 278

Zur Höhe des Sicherheitsabschlags bei der Messung einer Geschwindigkeitsüberschreitung durch Nachfahren.

Teil 4: Arbeitshilfen

OLG Hamm, Beschl. v. 31.08.2006 – 2 Ss OWi 297/06 = VRR 2006, 472

279 **Amtlicher Leitsatz:**

1. Es ist in der Rechtsprechung anerkannt, dass die Ermittlung der Geschwindigkeit eines Kraftfahrzeuges durch Feststellung der Geschwindigkeit des nachfolgenden Polizeifahrzeuges (abzgl. Sicherheitsabschlag) grundsätzlich möglich ist, wenn dabei bestimmte Regeln eingehalten werden. Dazu gehört, dass der Abstand zwischen beiden Fahrzeugen nicht zu groß (Faustregel: „halber Tacho") und die Messstrecke ausreichend lang ist (Richtwert: „Tacho × 5"). Bei Abständen > 300 m bestehen gegen die Zuverlässigkeit dieser Messmethode aber erhebliche Bedenken, die nur durch zusätzliche tatrichterliche Feststellung ausgeräumt werden können.

2. Anders als bei geeichten Messgeräten, bei denen sich die Verkehrsfehlergrenze – und damit auch der zugunsten des Betroffenen vorzunehmende Sicherheitsabschlag – aus eichrechtlichen Vorschriften ergibt, ist es bei Verwendung nicht geeichter/justierter Geräte grundsätzlich Aufgabe des (u.U. sachverständig beratenen) Tatrichters, Fehlerquellen festzustellen und angemessen zu berücksichtigen.

3. Bei einer als zuverlässig anzusehenden Messung kann reicht ein an die Stelle der Einzelfallprüfung tretender Pauschalabzug von 20 % zur Erfassung aller denkbaren Fehler aus.

OLG Koblenz, Beschl. v. 27.05.2003 – 1 Ss 111/03 = LNR 2003, 14609

280 ■ **Nachfahren zur Nachtzeit**

Amtlicher Leitsatz:

Zu den Anforderungen an die tatrichterlichen Feststellungen bei einer Geschwindigkeitsüberschreitung, der eine Geschwindigkeitsmessung durch Nachfahren zur Nachtzeit zugrunde liegt.

OLG Hamm, Beschl. v. 04.08.2008 – 2 Ss OWi 409/08 = VRR 2008, 432

281 ■ **Natürliche Handlungseinheit**

Redaktioneller Leitsatz:

Natürliche Handlungseinheit bei mehreren Geschwindigkeitsverstößen [Messabstand: Eine Minute]) 1. a) Bei mehreren, im Verlaufe einer Fahrt begangenen Geschwindigkeitsüberschreitungen eines Kfz-Führers handelt es sich nach wohl einhelliger Auffassung in Rechtsprechung und Schrifttum im Regelfall um mehrere Taten im materiellen und prozessualen Sinne. b) Eine einzige Tat i.S. iner natürlichen Handlungseinheit und damit schon deshalb auch (nur) eine Tat im verfahrensrechtlichen Sinne liegt ausnahmsweise dann vor, wenn die einzelnen Verstöße einen derart unmittelbaren zeitlich-räumlichen und inneren Zusammenhang aufweisen, dass sich der besagte Vorgang bei natürlicher Betrachtung auch für einen unbeteiligten Dritten als einheitliches zusammengehöriges Tun darstellt. 2. Werden zwei Geschwindigkeitsmessungen im Abstand von einer Minute und 11 sec. durchgeführt, stellen die festgestellten Geschwindigkeitsüberschreitungen eine einheitliche Tat im verfahrensrechtlichen (und materiell-rechtlichen) Sinn dar.

OLG Hamm, Beschl. v. 09.06.2009 – 5 Ss OWi 297/09 = zfs 2009, 651

■ **Ordnungsgemäße Bezugnahme im Urteil/Lichtbild** 282

Amtlicher Leitsatz:

1. Wenn eine Verweisung auf das ein von einem Verkehrsverstoß gefertigtes Lichtbild nicht den Anforderungen entsprechend erfolgt ist und dem Rechtsbeschwerdegericht damit eine eigene Betrachtung verwehrt bleibt, hat das Tatgericht durch eine ausführliche Beschreibung der Bildqualität und der charakteristischen Identifizierungsmerkmale des Betroffenen die Prüfung zu ermöglichen, ob das in Augenschein genommene Lichtbild zur Identifizierung geeignet ist.

2. Es ist nicht Aufgabe des Betroffenen, seine Unschuld zu beweisen, vielmehr muss das Gericht mit den zur Verfügung stehenden Beweismitteln die Täterschaft des Betroffenen nachweisen.

3. Zu den erforderlichen Ausführungen, wenn das Gericht von einer vorsätzlichen Geschwindigkeitsüberschreitung ausgehen will.

OLG Hamm, Beschl. v. 18.09.2003 – 2 Ss OWi 595/03 = LNR 2003, 14507

■ **Pflicht zur Angabe des Messverfahrens** 283

Amtlicher Leitsatz:

Nach ständiger Rechtsprechung des Senats muss der Tatrichter dem Rechtsbeschwerdegericht in seinem Urteil die rechtliche Nachprüfung der Zuverlässigkeit der Feststellung der Geschwindigkeitsüberschreitung ermöglichen. Hierzu gehört, dass er in den Urteilsgründen zumindest die zur Feststellung der eingehaltenen Geschwindigkeit angewandte Messmethode mitteilt und darüber hinaus darlegt, dass mögliche Fehlerquellen ausreichend berücksichtigt worden sind.

OLG Hamm, Beschl. v. 09.02.2004 – 2 Ss OWi 35/04 = DAR 2004, 407 = VRS 106, 458

Teil 4: Arbeitshilfen

284 ▪ **Pflicht zur Angabe des Messverfahrens und des Toleranzwertes**

Amtlicher Leitsatz:

Nach ständiger Rechtsprechung der Obergerichte muss der Tatrichter dem Rechtsbeschwerdegericht die rechtliche Nachprüfung der Zuverlässigkeit der Feststellung der Geschwindigkeitsüberschreitung ermöglichen. Hierzu gehören neben der Angabe des Messverfahrens auch der berücksichtigte Toleranzwert, soweit die Überzeugung des Tatrichters von der Überschreitung der zulässigen Höchstgeschwindigkeit auf mit anerkannten Geräten in weithin standardisierten Verfahren gewonnenen Messergebnissen beruht.

OLG Hamm, Beschl. v. 26.01.2006 – 3 Ss OWi 7/06 = VRR 2006, 163

285 **Amtlicher Leitsatz:**

Bei der Verurteilung wegen einer Geschwindigkeitsüberschreitung muss der Tatrichter, um dem Rechtsbeschwerdegericht die Kontrolle der Beweiswürdigung zu ermöglichen, in den Urteilsgründen zumindest das angewandte Messverfahren und den berücksichtigten Toleranzwert mitteilen.

OLG Hamm, Beschl. v. 17.03.2005 – 1 Ss OWi 164/05 = VA 2005, 125

286 **Amtlicher Leitsatz:**

Räumt der Betroffene nach Einholung eines Sachverständigengutachtens und offenbar in Kenntnis von dessen Ergebnis die ihm zur Last gelegte Geschwindigkeitsüberschreitung ein, so ist das Amtsgericht aus Rechtsgründen nicht gehindert, dieses Geständnis der Verurteilung der Betroffenen zu Grunde zu legen.

OLG Hamm, Beschl. v. 30.03.2004 – 3 Ss OWi 832/03 = LNR 2004, 13742

287 **Amtlicher Leitsatz:**

Zur Verhängung eines Fahrverbotes bei zahlreichen Vorbelastungen des Betroffenen.

OLG Hamm, Beschl. v. 12.02.2004 – 3 Ss OWi 77/04 = SVR 2004, 194

288 **Redaktioneller Leitsatz:**

Bei der Feststellung einer Geschwindigkeitsüberschreitung ist es grds. erforderlich, dass im Urteil die angewandte Messmethode sowie der berücksichtigte Sicherheitsabschlag mitgeteilt werden.

OLG Hamm, Beschl. v. 25.09.2003 – 1 Ss OWi 618/03 = LNR 2003, 18069

A. Rechtsprechungslexikon

Redaktioneller Leitsatz: 289

Die in den tatrichterlichen Urteilsgründen hinsichtlich einer Geschwindigkeitsüberschreitung mitgeteilte Äußerung des Betroffenen, „er ziehe das Messergebnis nicht in Zweifel", enthält nicht ein Geständnis der gefahrenen Geschwindigkeit, sondern beinhaltet allein, dass der Betroffene die Zuverlässigkeit des Messgeräts und das Ergebnis der Messung nicht bezweifelt, sodass die Angabe des sog. Toleranzwertes in den Urteilsgründen nicht entbehrlich ist.

OLG Hamm, Beschl. v. 25.02.1999 – 2 Ss OWi 105/99 = VRS 97, 144 = DAR 1999, 566 (LS)

Amtlicher Leitsatz: 290

Bei der Geschwindigkeitsüberschreitung, die durch ein standardisiertes Messverfahren festgestellt worden ist, hat der Tatrichter in den Urteilsgründen zumindest das angewandte Messverfahren und den von der gemessenen Geschwindigkeit in Abzug gebrachten Toleranzwert anzugeben.

OLG Hamm, Beschl. v. 07.10.2003 – 1 Ss OWi 623/03= LNR 2003, 18050

Redaktioneller Leitsatz: 291

Es steht der Wirksamkeit der Beschränkung der Rechtsbeschwerde auf den Rechtsfolgenausspruch nicht entgegen, wenn die Feststellungen keine Angaben zum angewandten Messverfahren und dem Toleranzabzug enthalten.

OLG Köln, Beschl. v. 15.11.2002 – Ss 458/02 (B) = DAR 2003, 87 = NStZ 2004, 22 = NZV 2003, 201 = VRS 104, 308 = zfs 2003, 261

▪ **Pflicht zur Angabe des Messverfahrens und des Toleranzwertes/Augenblickversagen bei auffälligen Leuchtanzeigen** 292

Amtlicher Leitsatz:

Nach ständiger Rechtsprechung der Obergerichte muss der Tatrichter dem Rechtsbeschwerdegericht in seinem Urteil die rechtliche Nachprüfung der Zuverlässigkeit der Feststellung der Geschwindigkeitsüberschreitung ermöglichen. Hierzu gehört (nur) die Angabe des Messverfahrens und des berücksichtigten Toleranzwertes, soweit die Überzeugung des Tatrichters von der Überschreitung der zulässigen Höchstgeschwindigkeit auf mit anerkannten Geräten in weithin standardisierten Verfahren gewonnenen Messergebnissen beruht.

Teil 4: Arbeitshilfen

Übersieht der Betroffene eine – auf Autobahnen häufig übliche – über die Breite mehrerer Fahrbahnen erstreckende hochgestellte Leuchtanzeige gehandelt hat, die flexibel die Geschwindigkeitsanzeige an die gegebenen Verkehrsverhältnisse anzupassen in der Lage ist, wird wegen der besonderen Auffälligkeit dieser Anzeige ein Augenblicksversagen in der Regel ausgeschlossen sein.

OLG Hamm, Beschl. v. 18.08.2005 – 3 Ss OWi 374/05 = LNR 2005, 31370

293 ■ **Police-Pilot-System**

Amtlicher Leitsatz:

StVO § 4 Abs. 1 Satz 1

1. Das ProViDa-System – auch Police-Pilot-System genannt – ist als standardisiertes Messverfahren zur Geschwindigkeitsermittlung anerkannt. Zum Ausgleich systemimmanenter Messungenauigkeiten reicht ein Toleranzabzug von 5 % der gemessenen Geschwindigkeit aus.

2. Das ProViDa-System ist zur kombinierten Geschwindigkeits- und Abstandsmessung besonders geeignet. Da die Abstände zu vorausfahrenden Fahrzeugen – anders als die Geschwindigkeit – nicht elektronisch gemessen, sondern unter Auswertung des Videobandes errechnet werden, genügt jedoch die bloße Bezeichnung des angewandten Verfahrens im Urteil nicht. Die Auswertung und Berechnung müssen vielmehr in den Urteilsgründen verständlich und widerspruchsfrei dargelegt werden, um eine rechtsbeschwerdegerichtliche Überprüfung zu ermöglichen.

OLG Düsseldorf, Beschl. v. 13.06.2000 – 2b Ss (OWi) 125/00 – (OWi) 52/00 I = DAR 2001, 374 = VRS 99, 133

294 ■ **Police-Pilot-System/Nässe**

Amtlicher Leitsatz:

1. Ist eine Geschwindigkeitsüberschreitung mittels des sog. „Police-Pilot-System" festgestellt worden, ist es in der Regel ausreichend, wenn das tatrichterliche Urteil nur die Art des Messverfahrens und die nach Abzug der Messtoleranz ermittelte Geschwindigkeit mitteilt.

2. „Nässe" im Sinn der Zusatzschildes 1052-36 der StVO ist gegeben, wenn die gesamte Fahrbahn mit einem Wasserfilm überzogen ist.

OLG Hamm, Beschl. v. 15.11.2000 – 2 Ss OWi 1057/00 = DAR 2001, 85 = VRS 100, 61

A. Rechtsprechungslexikon

ProViDa-System 295

Amtlicher Leitsatz:

Der Tatrichter genügt den an die Feststellungen des Urteils zu stellenden Mindestanforderungen bei einer Verurteilung wegen einer Geschwindigkeitsüberschreitung, bei der die Geschwindigkeitsermittlung auf der Grundlage des ProViDa-Systems ermittelt worden ist, grundsätzlich nur, wenn er die Art des angewandten Messverfahrens und die nach Abzug der Messtoleranz ermittelte Geschwindigkeit angibt.

OLG Hamm, Beschl. v. 18.09.2008 – 2 Ss OWi 707/08 = LNR 2008, 23737

Amtlicher Leitsatz: 296

1. Das ProViDa-System – auch Police-Pilot-System genannt – ist als standardisiertes Messverfahren zur Geschwindigkeitsermittlung anerkannt. Zum Ausgleich systemimmanenter Messungenauigkeiten reicht ein Toleranzabzug von 5 % der gemessenen Geschwindigkeit aus.

2. Das ProViDa-System ist zur kombinierten Geschwindigkeits- und Abstandsmessung besonders geeignet. Da die Abstände zu vorausfahrenden Fahrzeugen – anders als die Geschwindigkeit – nicht elektronisch gemessen, sondern unter Auswertung des Videobandes errechnet werden, genügt jedoch die bloße Bezeichnung des angewandten Verfahrens im Urteil nicht. Die Auswertung und Berechnung müssen vielmehr in den Urteilsgründen verständlich und widerspruchsfrei dargelegt werden, um eine rechtsbeschwerdegerichtliche Überprüfung zu ermöglichen.

OLG Düsseldorf, Beschl. v. 13.06.2000 – 2b Ss (OWi) 125/00 – (OWi) 52/00 I = DAR 2001, 374 = VRS 99, 133

Rechtfertigung 297

Amtlicher Leitsatz:

Zum verneinten Absehen vom Fahrverbot bei einer Ärztin, die ihre demenzkranke Mutter versorgen muss.

OLG Hamm, Beschl. v. 03.08.2004 – 4 Ss OWi 464/04 0 LNR 2004, 26464s

Amtlicher Leitsatz: 298

1. Eine Beschränkung der Rechtsbeschwerde auf den Rechtsfolgenausspruch ist auch dann wirksam, wenn das Urteil zwar keine ausreichenden tatsächlichen Feststellungen zur Messmethode und des berücksichtigten Toleranzabzugs bei der Ahndung einer Geschwindigkeitsüberschreitung mittels eines standardisierten Messverfahrens enthält,

der Betroffene jedoch uneingeschränkt und glaubhaft den festgestellten Sachverhalt in der Hauptverhandlung eingeräumt hat.

2. Will der Tatrichter vom Regelfall der Verhängung eines nach der Bußgeldkatalog-Verordnung indizierten Fahrverbots absehen, so darf er eine Einlassung des Betroffenen nicht unkritisch übernehmen. Vielmehr bedarf es wegen der grundsätzlich gebotenen Gleichbehandlung aller Verkehrsteilnehmer einer besonders eingehenden und kritischen Überprüfung der Angaben, um das missbräuchliche Behaupten eines solchen Ausnahmefalls auszuschließen und dem Rechtsbeschwerdegericht die Nachprüfung de richtigen Rechtsanwendung zu ermöglichen.

3. Eine das Absehen der Verhängung eines Fahrverbots rechtfertigende notstandsähnliche Situation liegt vor, wenn ein Arzt zu einem Notfall gerufen wird, er dabei mit seinem Kraftfahrzeug die zulässige Höchstgeschwindigkeit im Straßenverkehr überschreitet und eine sofortige medizinische Behandlung zwingend erforderlich ist und/oder der Arzt vom Vorliegen einer solchen Gefahrsituation ausgehen darf.

OLG Karlsruhe, Beschl. v. 10.11.2004 – 1 Ss 94/04 = DAR 2005, 46 = NJW 2005, 450 = NStZ 2005, 414 = NStZ 2007, 205 = NZV 2005, 54 = StraFo 2005, 43 = VRS 108, 39

Redaktioneller Leitsatz:

1. Die Überschreitung der höchstzulässigen Geschwindigkeit durch einen Arzt, der sich auf dem Weg zu einem Notfallpatienten befindet, kann im Einzelfall durch Notstand i.S.d. § 16 OWiG gerechtfertigt sein, wenn nur so die notwendige schnelle Hilfe für einen Schwerkranken geleistet werden kann. Dabei muss die Verkehrsordnungswidrigkeit ein geeignetes und angemessenes Mittel zur Gefahrenabwehr darstellen.

2. Ob ein medizinischer Notfall zur Rechtfertigung einer Geschwindigkeitsübertretung geeignet ist, richtet sich nach dem ex-ante-Urteil eines objektiven Betrachters.

3. Wenn der Betroffene die Geschwindigkeitsüberschreitung irrigerweise als erlaubt ansieht, liegt ein bloßer Verbotsirrtum vor. Bei einem mit Rettungswillen begangenen Verkehrsverstoß kann jedoch im Einzelfall eine Abwägung ergeben, dass dem Fahrzeugführer keine grobe Pflichtverletzung vorzuwerfen ist.

OLG Köln, Beschl. v. 02.05.2005 – 8 Ss-OWi 98/05 110 B = DAR 2005, 574 = NStZ 2007, 22 = NStZ 2006, 526 = VerkMitt 2005, Nr. 66 = NZV 2005, 595 = StraFo 2005, 524 = VRR 2005, 323 = zfs 2005, 468

A. Rechtsprechungslexikon

■ „Sprinter" 300

Amtlicher Leitsatz:

1. Dass ein Kraftfahrzeug in den Zulassungspapieren als „Kombilimousine" bezeichnet ist, ändert an der rechtlichen Einordnung als Lastkraftwagen jedenfalls dann nichts, wenn sein zulässiges Gesamtgewicht 3,5 t übersteigt.

2. Der Fahrer eines solchen Kraftfahrzeugs darf sich nicht auf die Auskunft seines Arbeitgebers verlassen, das Fahrzeug sei wie ein Personenkraftwagen zu behandeln.

3. Beruht ein Geschwindigkeitsverstoß nicht auf besonderer Rücksichts- oder Verantwortungslosigkeit des Betroffenen, sondern auf seiner Verbotsunkenntnis, kann es im Einzelfall an der Notwendigkeit fehlen, mit der Denkzettel- und Besinnungsmaßnahme eines Fahrverbotes erzieherisch auf den Betroffenen einzuwirken.

BayObLG, Beschl. v. 23.07.2003 – 1 Ob OWi 219/03 = DAR 2003, 469 = DAR 2004, 39 = NJW 2004, 306 = NStZ 2004, 463 = NZV 2004, 263 = VRS 105, 451 = zfs 2005, 272

Amtlicher Leitsatz: 301

Zur Vermeidbarkeit des (Verbots)Irrtums über die Einordnung des so genannten „Sprinters".

OLG Hamm, Beschl. v. 21.09.2005 – 1 Ss OWi 402/05 = NJW 2006, 245 = NJW 2005, X Heft 52 = VRR 2006, 73

■ **Tateinheit zwischen Nichtanlegen des Sicherheitsgurtes und einer Geschwindigkeitsüberschreitung** 302

Amtlicher Leitsatz:

Zwischen den während der Fahrt begangenen Ordnungswidrigkeiten des Nichtanlegens des vorgeschriebenen Sicherheitsgurtes und des Überschreitens der zulässigen Höchstgeschwindigkeit besteht Tateinheit.

OLG Stuttgart, Beschl. v. 22.12.2006 – 4 Ss 596/06 = VRS 112, 59 = Justiz 2007, 216 = VerkMitt 2007, Nr. 48 = ZAP EN-Nr. 168/2007

303 Tatmehrheit bei mehreren Geschwindigkeitsüberschreitungen im Verlaufe einer Fahrt

Amtlicher Leitsatz:

1. Mehrere Geschwindigkeitsüberschreitungen im Verlaufe einer Fahrt stehen auch dann zueinander im Verhältnis der Tatmehrheit, wenn sie zwar in einem engen zeitlichen Rahmen stehen, jedoch in unterschiedlichen Verkehrssituationen begangen worden und deshalb unschwer abzugrenzen sind.

2. § 25 Abs. 2a StVG findet auf Inhaber ausländischer Führerscheine keine Anwendung.

OLG Hamm, Beschl. v. 15.08.2006 – 2 Ss OWi 455/06 = DAR 2006, 697 = VRS 111, 366 = VerkMitt 2007, Nr. 14 = VRR 2007, 32

304 Toleranzabzug

Amtlicher Leitsatz:

Bei einer Verurteilung wegen einer Geschwindigkeitsüberschreitung ist die Angabe des Toleranzabzugs jedenfalls dann entbehrlich, wenn sich aus sonstigen Umständen ergibt, dass die vom Amtsgericht der Verurteilung zu Grunde gelegte Geschwindigkeit bereits um die um einen Toleranzabzug verminderte Geschwindigkeit handelt.

OLG Hamm, Beschl. v. 26.04.2004 – 2 Ss OWi 203/04 = DAR 2004, 464 = VRS 107, 114 = ZAP EN-Nr. 572/2004 = VA 2004, 137

305 Amtlicher Leitsatz:

Ein Sicherheitsabschlag von 3 % bei Messwerten über 100 km/h gleicht alle möglichen Betriebsfehlerquellen aus. Ein darüber hinaus gehender Sicherheitsabschlag ist rechtsfehlerhaft.

OLG Hamm, Beschl. v. 25.02.2003 – 3 Ss OWi 1010/02 = ZAP EN-Nr 288/2003 = NStZ 2004, 324 (LS)

306 Übertragung der örtlichen Zuständigkeit für die bußgeldrechtliche Verfolgung

Amtlicher Leitsatz:

Die örtliche Zuständigkeit für die bußgeldrechtliche Verfolgung und Ahndung von Geschwindigkeitsüberschreitungen kann im Wege der Zweckvereinbarung wirksam von einer Gemeinde auf eine andere Gebietskörperschaft übertragen werden.

OLG Bamberg, Beschl. v. 21.08.2009 – 2 Ss OWi 867/09 = NStZ-RR 2010, 121 = DAR 2010, 334

■ **Umfang der Urteilsanfechtung bei Rechtsbeschwerde** 307

Redaktioneller Leitsatz:

1. Wird das Urteil mit der Behauptung angegriffen, die Verhängung eines Fahrverbots stelle eine unzumutbare Härte für den Betroffenen dar, so erfordert die Aufklärungsrüge neben der Benennung der Tatsachen, deren Aufklärung vermisst wird, die Angabe der Beweismittel, deren sich der Richter hätte bedienen sollen, die Darlegung der bekannten Umstände, aufgrund derer sich der Richter zur Beweisaufnahme hätte gedrängt sehen müssen und die Mitteilung des voraussichtlichen Ergebnisses der unterlassenen Sachaufklärung.

2. Bei der Verurteilung wegen einer Geschwindigkeitsüberschreitung hat der Richter in den Gründen nicht nur die Geschwindigkeit und das angewandte Messverfahren, sondern auch den berücksichtigten Toleranzwert mitzuteilen; die bloße Angabe des verwendeten Gerätetyps reicht nicht aus, um eine rechtsbeschwerdegerichtliche Überprüfung zu ermöglichen.

OLG Brandenburg, Beschl. v. 15.12.2003 – 1 Ss (OWi) 234 B/03 = LNR 2003, 25037

■ **Unterbliebene Einführung der als gerichtsbekannt verwerteten Tatsachen in die Hauptverhandlung** 308

Amtlicher Leitsatz:

1. Als gerichtskundig in die richterliche Überzeugungsbildung einbezogene Tatsachen müssen – nicht protokollierungspflichtig (BGHSt 36, 354) – in der Form Gegenstand der Hauptverhandlung gewesen sein, dass das Gericht darauf hingewiesen hat, es werde diese Tatsachen möglicherweise als offenkundig seiner Entscheidung zu Grunde legen.

2. Zwar muss der Tatrichter, um dem Rechtsbeschwerdegericht die Kontrolle der Beweiswürdigung zu ermöglichen, im Urteil grundsätzlich das angewandte Messverfahren und den berücksichtigten Toleranzwert mitteilen (BGH NJW 1993, 3081, 3083/3084). Dieser Darstellung bedarf es jedoch nicht, wenn der Betroffene uneingeschränkt und glaubhaft einräumt, die vorgeworfene Geschwindigkeit – mindestens – gefahren zu sein.

3. Die Überprüfung der eigenen Fahrgeschwindigkeit durch den Führer eines Kraftfahrzeugs ist ein derart selbstverständlicher Vorgang, dass es dann, wenn der betroffene Kraftfahrer das Ergebnis einer durchgeführten Messung bestätigt, im Urteil

regelmäßig keiner näheren Ausführungen zur Eignung seiner Erkenntnisquelle und Zuverlässigkeit seines Wissens bedarf.

OLG Koblenz, Beschl. v. 09.12.2003 – 1 Ss 289/03 = JWO-VerkehrsR 2004, 91 = NStZ 2004, 396

309 ■ **Verjährung**

Redaktioneller Leitsatz:

Die Zustellung eines Bußgeldbescheides an den Verteidiger ist unwirksam, wenn sie trotz fehlender Vollmacht des Verteidigers in den Akten an diesen zugestellt wird.

OLG Düsseldorf, Beschl. v. 28.07.2003 – 2 Ss (OWi) 104/03 = DAR 2004, 41 = VRS 105, 438 = ZAP EN-Nr. 824/2003

310 ■ **Verjährungsunterbrechung**

Amtlicher Leitsatz:

Für eine verjährungsunterbrechende Anordnung der Bekanntgabe des Ermittlungsverfahrens gemäß § 33 Abs. 1 Satz 1 Nr. 1 OWiG reicht es aus, dass der Sachbearbeiter der Verwaltungsbehörde die Erstellung und Versendung eines Anhörungsbogens durch individuellen elektronischen Befehl veranlasst, wenn sich Zeitpunkt und Bearbeiter dieses Vorgangs sicher feststellen lassen.

BGH, Beschl. v. 22.05.2006 – 5 StR 578/05 = BGHSt 51, 72 = DAR 2007, 253 = DAR 2006, 462 = NJW 2006, 2338 = NStZ 2007, 177 = NZV 2006, 484 = StraFo 2006, 380 = VA 2006, 158 = VRR 2006, 311 = ZAP EN-Nr. 636/2006 = zfs 2006, 528 = zfs 2006, 423

311 ■ **Verwertbarkeit einer Zeugenaussage**

Amtlicher Leitsatz:

Der Umstand, dass ein Zeuge sich an den konkreten Verkehrsvorgang nicht mehr erinnern konnte, steht der Verwertbarkeit seiner Aussage nicht entgegen. Allerdings der Tatrichter klären, ob der Zeuge bereit und in der Lage ist, die Verantwortung für die Richtigkeit des Inhalts der Anzeige zu übernehmen und muss ggf. erfragen, ob der Zeuge einen Irrtum ausschließen kann.

OLG Hamm, Beschl. v. 30.04.2002 – 3 Ss OWi 237/02 = LNR 2002, 16615s

A. Rechtsprechungslexikon

■ Voraussetzungen eines glaubhaften Geständnisses 312

Amtlicher Leitsatz:

Eine Verurteilung wegen Überschreitung der zulässigen Höchstgeschwindigkeit kann grundsätzlich auf ein Geständnis des Betroffenen gestützt werden. Erforderlich ist allerdings ein uneingeschränktes und glaubhaftes Geständnis, wobei in den Urteilsgründen nicht nur die Einlassung des Betroffenen mitzuteilen ist, sondern auch Ausführungen dazu erforderlich sind, aus welchen Gründen der Amtsrichter von der Richtigkeit der Einlassung des Betroffenen überzeugt ist.

OLG Hamm, Beschl. v. 18.08.2005 – 3 Ss OWi 417/05 = VA 2006, 16 = ZAP EN-Nr. 767/2005

■ Vorsatz 313

Amtlicher Leitsatz:

1. Lässt sich der Betroffene gegenüber dem Vorwurf, er habe die zulässige Höchstgeschwindigkeit von 70 km/h um mehr als 40 km/h überschritten, dahin ein, er sei „höchstens mit einer Geschwindigkeit von ca. 90 km/h gefahren, ist die Annahme einer vorsätzlichen Geschwindigkeitsüberschreitung nicht zu beanstanden.

2. Hat ein Betroffener auf eine Landstraße die dort zulässige Höchstgeschwindigkeit von 70 km/h um mehr als 60 % überschritten, ist es nicht zu beanstanden, wenn im tatrichterlichen Urteil nicht ausdrücklich die Möglichkeit, vom Fahrverbot gegen eine Erhöhung der Geldbuße absehen zu können, angesprochen worden, ist.

OLG Hamm, Beschl. v. 24.10.2001 – 2 Ss OWi 916/01 = DAR 2002, 85 = NZV 2002, 140

Amtlicher Leitsatz: 314

Bei einer vorwerfbaren Geschwindigkeitsüberschreitung von 77 km/h ist die Annahme von Vorsatz nicht zu beanstanden.

OLG Hamm, Beschl. v. 20.03.2001 – 4 Ss OWi 180/01 = LNR 2001, 17476

Redaktioneller Leitsatz: 315

1. Je höher sich die Abweichung der gefahrenen von der zulässigen Höchstgeschwindigkeit darstellt, desto mehr drängt sich eine vorsätzliche Tatbegehung auf, weil eine solche einem Fahrzeugführer wegen der erhöhten Fahrgeräusche und v.a. des sich schneller verändernden Umgebungseindrucks nicht verborgen geblieben sein kann.

Teil 4: Arbeitshilfen

2. Bei einer Überschreitung um beinahe 50 % liegt auch außerorts ein solches Bewusstsein nahe, weshalb bei Hinzutreten weiterer Umstände von einer vorsätzlichen Tatbegehung ausgegangen werden kann.

OLG Karlsruhe, Beschl. v. 28.04.2006 – 1 Ss 25/06 = DAR 2007, 158 = JZ 2006, 362 = NStZ-RR 2006, 249 = NZV 2006, 437 = ZAP EN-Nr. 347/2006

316 **Amtlicher Leitsatz:**

Die Überschreitung der zulässigen Höchstgeschwindigkeit auf einer BAB um 65 km/h indiziert im Allgemeinen eine vorsätzliche Handlung.

OLG Koblenz, Beschl. v. 18.08.2000 – 1 Ss 181/00

317 ■ **Vorsatz bei großer Überschreitung der Höchstgeschwindigkeit**

Amtlicher Leitsatz:

Überschreitet ein Betroffener die gemäß Zeichen 274 angeordnete zulässige Höchstgeschwindigkeit von 70 km/h um 100 km/h und die gemäß § 3 Abs. 3 Nr. 2 c) StVO allgemein geltende zulässige Höchstgeschwindigkeit von 100 km/h um 70 km/h liegt jedenfalls im Umfang der die allgemein zulässige Höchstgeschwindigkeit von 100 km/h überschreitenden Höchstgeschwindigkeit Vorsatz vor.

OLG Hamm, Beschl. v. 30.03.2005 – 4 Ss OWi 173/05 = DAR 2005, 407

318 Zeichen 274/Werktag

Amtlicher Leitsatz:

Zur beschränkenden Geltung einer durch Zeichen 274 zu § 41 StVO angeordneten Geschwindigkeitsbeschränkung durch das gemäß § 39 Abs. 2 StVO angebrachte Zusatzschild „Werktags von 06.00 – 22.00 Uhr" (Zeichen 1042-31 der StVO) an einem Samstag.

OLG Hamm, Beschl. v. 25.04.2001 – 2 Ss OWi 35/01 = LNR 2001, 17505

319 ■ **Zusatzschild**

Amtlicher Leitsatz:

Der Samstag ist auch heute noch im allgemeinen Sprachgebrauch ein „Werktag".

Zu den erforderlichen tatsächlichen Feststellungen, wenn der Betroffene sich auf ein sog. „Augenblicksversagen" beruft.

A. Rechtsprechungslexikon

OLG Hamm, Beschl. v. 07.03.2001 – 2 Ss OWi 127/01 = DAR 2001, 376 = VRS 100, 468 = NZV 2001, 355 = zfs 2001, 381

Lasermessverfahren

▪ Fehlfunktionen des Messgerätes   320

Redaktioneller Leitsatz:

Bei einem standardisierten Messverfahren drängt sich eine weitere Beweisaufnahme auf bzw. liegt diese nahe, wenn konkrete Anhaltspunkte für technische Fehlfunktionen des Messgerätes behauptet werden.

OLG Hamm, Beschl. v. 11.12.2006 – 2 Ss OWi 598/06 = NZV 2007, 155 = VRR 2007, 195 = VRS 112, 126 = zfs 2007, 111

▪ Fehlmessung eines Lasermessgerätes aufgrund erhöhten Verkehrsaufkommens   321

Redaktioneller Leitsatz:

Bei einer während Dunkelheit mit einem Lasermessgerät durchgeführten Geschwindigkeitsmessung bedarf es einer vom Rechtsbeschwerdegericht nachvollziehbaren Darlegung des Tatrichters, warum trotz widriger Verhältnisse vernünftige Zweifel an der Zuordnung des Fahrzeugs nicht bestehen.

OLG Hamm, Beschl. v. 29.08.2006 – 2 Ss OWi 358/06 = DAR 2007, 217 = SVR 2007, 314 = VRR 2007, 30 = VRS 111, 375 = zfs 2006, 654

▪ Geschwindigkeitsmessung während Dunkelheit   322

Amtlicher Leitsatz:

Die Urteilsgründe wegen einer Geschwindigkeitsüberschreitung bedürfen dann, wenn die Geschwindigkeitsmessung mit einem Lasergerät während der Dunkelheit durchgeführt worden ist, einer nachvollziehbaren Darlegung des Tatrichters, warum trotz widriger Verhältnisse vernünftige Zweifel an der Zuordnung des Fahrzeugs nicht bestehen, jedenfalls dann, wenn der Betroffene wie vorliegend die richtige Zuordnung des Fahrzeugs in Zweifel zieht.

OLG Hamm, Beschl. v. 20.05.2008 – 5 Ss OWi 325/08 = VA 2008, 190 = VRR 2008, 323 (LS)

Teil 4: Arbeitshilfen

323 ■ **Lasergerät Laveg**

Redaktioneller Leitsatz:

Die in den tatrichterlichen Urteilsgründen hinsichtlich einer Geschwindigkeitsüberschreitung mitgeteilte Äußerung des Betroffenen, „er ziehe das Messergebnis nicht in Zweifel", enthält nicht ein Geständnis der gefahrenen Geschwindigkeit, sondern beinhaltet allein, dass der Betroffene die Zuverlässigkeit des Messgeräts und das Ergebnis der Messung nicht bezweifelt, sodass die Angabe des sog. Toleranzwertes in den Urteilsgründen nicht entbehrlich ist.

OLG Hamm, Beschl. v. 25.02.1999 – 2 Ss OWi 105/99 = VRS 97, 144 = DAR 1999, 566 (LS)

324 ■ **Pflicht zur Angabe des Messverfahrens und des Toleranzwertes**

Amtlicher Leitsatz:

1. Fasst der Bundesgerichtshof die vom Oberlandesgericht zu eng gestellte Vorlegungsfrage weiter, ist die gesamte Antwort des Bundesgerichtshofs auf die weiter gefasste Frage für die Oberlandesgerichte bindend.

2. Der Senat hält daran fest, dass es für sich allein genommen keinen sachlich-rechtlichen Mangel des Urteils darstellt, wenn sich die Verurteilung wegen Überschreitung der zulässigen Höchstgeschwindigkeit auf die Mitteilung des Messverfahrens und der nach Abzug der Messtoleranz ermittelten Geschwindigkeit stützt. Dies gilt auch für Geschwindigkeitsermittlungen im Wege des Laser-Messverfahrens.

BGH, Beschl. v. 30.10.1997 – 4 StR 24/97 = BGHSt 43, 277 = DAR 1998, 110 = DAR 1998, 177 = MDR 1998, 214 = NJW 1998, 321 = NStZ 1998, 360

325 ■ **Vorgaben an ein standardisiertes Geschwindigkeitsmessverfahren**

Redaktioneller Leitsatz:

Eine Geschwindigkeitsmessung, bei der die Gebrauchsanweisung des Herstellers des Messgeräts nicht beachtet worden ist, ist insgesamt unverwertbar und führt zum Freispruch des Betroffenen.

AG Rathenow, Urt. v. 02.04.2008 – 9 OWi 451 Js-OWi 6383/08 (37/08) = NZV 2009, 249 = VA 2008, 102 = VRR 2008, 392

A. Rechtsprechungslexikon

■ **Zweifel an Funktionstüchtigkeit/Geständige Einlassung** 326

Amtlicher Leitsatz:

1. Zweifel an der Funktionstüchtigkeit und der sachgerechten Handhabung von Geschwindigkeits-Messgeräten, deren tatsächliche Grundlagen in den Urteilsfeststellungen keinen Niederschlag gefunden haben, können im Rechtsbeschwerdeverfahren nicht aufgrund einer Sachrüge berücksichtigt werden.

2. Es stellt für sich allein genommen keinen sachlich-rechtlichen Mangel des Urteils dar, wenn sich die Verurteilung wegen Überschreitung der zulässigen Höchstgeschwindigkeit entweder auf ein uneingeschränktes, glaubhaftes Geständnis des Betroffenen oder auf die Mitteilung des Messverfahrens und der nach Abzug der Messtoleranz ermittelten Geschwindigkeit stützt.

BGH, Beschl. v. 19.08.1993 – 4 StR 627/92 = BGHSt 39, 291 = DAR 1993, 474 = DRiZ 1994, 58 = MDR 1993, 1107 = NJW 1993, 3081 = NStZ 1993, 592

Laser/Riegl

■ **Falsche Tatortangabe** 327

Amtlicher Leitsatz:

Die Wirksamkeit eines wegen einer Geschwindigkeitsüberschreitung erlassenen Bußgeldbescheides als Verfahrensgrundlage (§ 66 OWiG) wird nicht dadurch infrage gestellt, dass bei einer Messung der gefahrenen Geschwindigkeit mit dem Lasermessgerät Riegl LR 90-235/P im Bußgeldbescheid als Tatort fälschlicherweise der Standort des Messgerätes und nicht der tatsächliche Messpunkt (Auftreffen des Laserstrahls auf das zu messende Fahrzeug) genannt wird.

OLG Hamm, Beschl. v. 07.01.2002 – 2 Ss OWi 1129/01 = DAR 2002, 227 = NStZ 2004, 20 = NStZ-RR 2002, 150 = NZV 2002, 283 = VRS 102, 211

■ **Null-Messung nicht in vorgegebener Entfernung** 328

Amtlicher Leitsatz:

Die von der obergerichtlichen Rechtsprechung aufgestellten Grundsätze für so genannte standardisierte Messverfahren gelten nur dann, wenn das jeweilige Messgerät vom Bedienungspersonal auch standardmäßig, d.h. in geeichtem Zustand, seiner Bauartzulassung entsprechend und gemäß der vom Hersteller mitgegebenen Bedienungs-/Gebrauchsanweisung verwendet worden ist, und zwar nicht nur beim eigentlichen Messvorgang, sondern auch und gerade bei den ihm vorausgehenden Gerätetests.

Teil 4: Arbeitshilfen

OLG Hamm, Beschl. v. 15.05.2008 – 2 Ss OWi 229/08 = NZV 2008, VI Heft 8 = VA 2008, 156 = VRR 2008, 352

329 ■ **Ordnungsgemäße Bedienung**

Amtlicher Leitsatz:

1. Von einem standardisierten Messverfahren kann nur dann gesprochen werden, wenn das Gerät von seinem Bedienungspersonal auch wirklich standardmäßig, d.h. in geeichtem Zustand, seiner Bauartzulassung entsprechend und gemäß der vom Hersteller mitgegebenen Bedienungs-/Gebrauchsanweisung verwendet wird, und zwar nicht nur beim eigentlichen Messvorgang, sondern auch bei den ihm vorausgehenden Gerätetests.

2. Dass ein Sachverständiger für „Straßenverkehrsunfälle" und/oder das „Kraftfahrzeugwesen" auch die zur Beurteilung eines Laser-Mess-Sachverhalts bei dem es zudem auch noch zu Verstößen gegen einschlägige Bedienungsvorschriften (und dadurch zur Nichteinhaltung der Voraussetzungen der Bauartzulassung und der Geräteeichung) gekommen war – erforderliche Sachkunde auf dem Gebiet der Laser-Messtechnik besitzt, versteht sich nicht von selbst und bedarf daher näherer Darlegung. Unterbleibt dies, leidet das Urteil an einem Darstellungsmangel.

3. Das Gericht darf sich dem Gutachten eines Sachverständigen nicht einfach nur pauschal anschließen. Will es seinem Ergebnis ohne Angabe eigener Erwägungen folgen, müssen die Urteilsgründe die wesentlichen Anknüpfungstatsachen und Darlegungen des Sachverständigen wiedergeben. Der allgemeine Hinweis auf die Ausführungen des Sachverständigen in der Hauptverhandlung reicht dazu nicht aus.

OLG Koblenz, Beschl. v. 12.08.2005 – 1 Ss 141/05 = DAR 2006, 101 = VA 2005, 214 = VRR 2005, 394

330 ■ **Standardisiertes Messverfahren**

Redaktioneller Leitsatz

Die Messung mit dem Laser-Gerät Riegl FG 21 – P ist ein standardisiertes Messverfahren. Die Verwertbarkeit des Messergebnisses wird nicht dadurch infrage gestellt, dass bei der Messung mit dem Laser-Gerät Riegl FG 21 – P keine Foto- oder Videoaufnahme erfolgt.

OLG Koblenz, Beschl. v. 12.01.2010 – 1 SsBs 127/09 = VRR 2010, 123 (LS) = VA 2010, 99

A. Rechtsprechungslexikon

▓ **Vorgaben an ein standardisiertes Geschwindigkeitsmessverfahren**   331

Redaktioneller Leitsatz:

Eine Geschwindigkeitsmessung, bei der die Gebrauchsanweisung des Herstellers des Messgeräts nicht beachtet worden ist, ist insgesamt unverwertbar und führt zum Freispruch des Betroffenen.

AG Rathenow, 02.04.2008 – 9 OWi 451 Js-OWi 6383/08 (37/08) = NZV 2009, 249 = VA 2008, 102 = VRR 2008, 392

Lichtschrankenmessverfahren

▓ **Ablehnung eines Beweisantrags wegen eigener Sachkunde des Gerichts**   332

Amtlicher Leitsatz:

Zur Ablehnung eines Beweisantrags wegen eigener Sachkunde des Gerichts im Bußgeldverfahren (Geschwindigkeitsmessung mit Lichtschrankenmessgerät).

OLG Jena, Beschl. v. 03.11.2004 – 1 Ss 204/04 = DAR 2005, 464 = VRS 108, 371

▓ **Drillingsschrankengerät**   333

Amtlicher Leitsatz:

Die Möglichkeit von Fehlmessungen besteht grundsätzlich auch beim Drillingsschrankengerät. Diese können dadurch verursacht werden, dass die drei Lichtschranken durch jeweils andere, im gleichen Abstand voneinander befindliche, Fahrzeugteile durchbrochen werden. Dies führt zu einer geräteinternen nicht erkennbaren Verkürzung der Messstrecke und damit zu einer Fehlberechnung der gefahrenen Geschwindigkeit.

AG Karlsruhe, Urt. v. 19.05.1992 – 4 OWi 105/92 = DAR 1992, 351 = zfs 1992, 429 (LS) = ZAP EN-Nr 15/93

Amtlicher Leitsatz: 334

Trägt der Betroffene mögliche Messfehler bei der ESO-Drillingslichtschranke Typ uP 80/VIII substantiiert und besonders detailliert vor, so kommt es zur Einstellung eines Verfahrens gem. § 57 OWiG.

OLG Stuttgart, Beschl. v. 24.08.1993 – 3 Ss 206/93 = DAR 1993, 482

Teil 4: Arbeitshilfen

335 ■ **Geschwindigkeitsmessung durch private Firma im Auftrag einer Verwaltungsbehörde**

Amtlicher Leitsatz:

Die Feststellung von Ordnungswidrigkeiten ist eine typische Hoheitsaufgabe aus dem Kernbereich staatlichen Handelns. Eine Mitwirkung von Privatpersonen ist nur möglich, wenn die Verwaltungsbehörde „Herrin" des Verfahrens bleibt. Bei Geschwindigkeitsmessungen muss die Behörde nicht nur Ort, Zeit, Dauer und Häufigkeit der Messungen vorgeben, sondern auch den eigentlichen Messvorgang durch eigene ausgebildete Mitarbeiter kontrollieren, um gegebenenfalls einschreiten zu können. Schließlich muss die Auswertung der Messergebnisse der Ordnungsbehörde vorbehalten bleiben.

OLG Frankfurt am Main, Beschl. v. 21.07.2003 – 2 Ss OWi 388/02 = NStZ-RR 2003, 342

336 ■ **Morphologisches Vergleichsgutachten**

Amtlicher Leitsatz:

Zum Umfang der Darlegungspflicht im Bußgeldverfahren bei einem sog. morphologischen Vergleichsgutachten, welches sich auf ein Beweisfoto einer Verkehrsüberwachungsanlage stützt.

OLG Celle, Beschl. v. 17.07.2002 – 222 Ss 124/02 (OWi) = NStZ 2004, 21 = NZV 2002, 472

337 ■ **Standardisiertes Messverfahren**

Amtlicher Leitsatz:

Bei der Lichtschrankenmessung mit einem Gerät der Marke ESO Typ ES 1.0 mittels passiver Messung ohne Lichtsender handelt es sich um ein standardisiertes Messverfahren im Sinne der Rechtsprechung des BGH (St 39, 291; 43, 277).

OLG Stuttgart, Beschl. v. 24.10.2007 – 4 Ss 264/07 = DAR 2007, 716 = Die Justiz 2008, 27 = NStZ-RR 2008, 123 = NZV 2008, 43= VA 2008, 18 = VRR 2007, 476

A. Rechtsprechungslexikon

■ **Verstoß gegen den Zweifelssatz** 338

Amtlicher Leitsatz:

Es verstößt nicht gegen den Zweifelssatz, wenn im Falle einer Geschwindigkeitsmessung mit der Messanlage Truvelo M 42 der Feststellung der dem Betroffenen anzulastenden Geschwindigkeit der vom Standardgerät (Hauptrechner) ermittelte Wert auch dann zu Grunde gelegt wird, wenn er höher ist als der des Kontrollgeräts (Kontrollrechner).

OLG Koblenz, Beschl. v. 16.01.2003 – 1 Ss 183/02 = NZV 2003, 495 = VA 2003, 117

■ **Zeugnisverweigerungsrecht** 339

Amtlicher Leitsatz:

1. Macht der Betroffene als Zeuge von seinem Zeugnisverweigerungsrecht Gebrauch, so führt dies zum Ausschluss der Verwertung seiner Angaben im Anhörungsbogen.

2. Zur Darlegungslast des Tatrichters bei der Feststellung einer Geschwindigkeitsüberschreitung mit Lichtschrankmessgeräten.

3. Zur Nachprüfbarkeit der Darlegungen des Tatrichters zur Identifizierung des Betroffenen anhand der in den Akten befindlichen Lichtbilder.

OLG Stuttgart, Beschl. v. 11.09.1992 – 4 Ss 405/92 = DAR 1993, 72

■ **Zuverlässigkeit der Messung**

Redaktioneller Leitsatz:

1. Bei der Beurteilung der Zuverlässigkeit eines ESO-Lichtschrankenmessgerätes ist nicht allein auf die Sachkunde des Gerichts abzustellen.

2. Allein das Messfoto ermöglicht keine Rückschlüsse auf die Zuverlässigkeit. Vielmehr müssen die Angaben des zuständigen Polizeibeamten berücksichtigt werden.

OLG Karlsruhe, Beschl. v. 11.12.1992 – 1 Ss 165/92 = zfs 1993, 105

■ **Zweifel an Funktionstüchtigkeit** 340

Amtlicher Leitsatz:

1. Zweifel an der Funktionstüchtigkeit und der sachgerechten Handhabung von Geschwindigkeitsmessgeräten, deren tatsächliche Grundlagen in den Urteilsfeststellun-

gen keinen Niederschlag gefunden haben, können im Rechtsbeschwerdeverfahren nicht aufgrund einer Sachrüge berücksichtigt werden.

2. Es stellt für sich allein genommen keinen sachlich-rechtlichen Mangel des Urteils dar, wenn sich die Verurteilung wegen Überschreitung der zulässigen Höchstgeschwindigkeit entweder auf ein uneingeschränktes, glaubhaftes Geständnis des Betroffenen oder auf die Mitteilung des Messverfahrens und der nach Abzug der Messtoleranz ermittelten Geschwindigkeit stützt.

BGH, Beschl. v. 19.08.1993 – 4 StR 627/92 = BGHSt 39, 291 = DAR 1993, 474 = DRiZ 1994, 58 = MDR 1993, 1107 = NJW 1993, 3081 = NStZ 1993

Messanlage, stationär

341 ■ **Brückenabstandsmessverfahrens**

Amtlicher Leitsatz:

Das „bayerische" Brückenabstandsmessverfahren, bei dem drei Videokameras zum Einsatz kommen, deren Aufzeichnungen über einen Videobildmischer auf zwei Videobänder übertragen werden, ist zwar kein standardisiertes Messverfahren. Solange aber keine konkreten Anhaltspunkte für eine fehlerhafte Messung hinzutreten, entspricht sein Beweiswert jedoch einem standardisierten Messverfahren. Der darin liegende Eingriff in das Recht auf informationelle Selbstbestimmung der aufgezeichneten Fahrer ist im Verhältnis zu dem mit ihm verfolgten Zweck, des Schutzes der Allgemeinheit, der Sicherheit des fließenden Verkehrs wie auch des Schutzes von Leib und Leben des jeweiligen Vorausfahrenden angemessen und daher auch verfassungsrechtlich gerechtfertigt.

AG Schweinfurt, Urt. v. 31.08.2009 – 12 OWi 17 Js 7822/09 = DAR 2009, 660 = StRR 2009, 477 = VRR 2009, 470

342 ■ **Feststellungen zum angewandten Messverfahren**

Amtlicher Leitsatz:

Wird zum angewandten Messverfahren, mit dem eine Geschwindigkeitsüberschreitung festgestellt worden ist, lediglich mitgeteilt, der Betroffene sei mit einer „stationären Geschwindigkeitsmessanlage" gemessen worden, ist das nicht ausreichend, um nachzuvollziehen, ob die Messung mit anerkannten Geräten in einem weithin standardisierten Verfahren gewonnen worden ist.

OLG Hamm, Beschl. v. 19.05.2008 – 5 Ss OWi 255/08 = VA 2008, 191 = VRR 2008, 283

A. Rechtsprechungslexikon

■ **Identifizierung einer Person** 343

Amtlicher Leitsatz:

Mit der Rechtsbeschwerde kann weder beanstandet werden, der Betroffene sei entgegen der Überzeugung des Tatrichters nicht mit der auf dem Radarfoto abgebildeten Person identisch, noch kann gerügt werden, dass das Amtsgericht aufgrund der persönlichen Inaugenscheinnahme einer anderen Person diese im Vergleich mit dem vorliegenden Lichtbild als Täter der Ordnungswidrigkeit zu Unrecht ausgeschlossen habe.

OLG Hamm, Beschl. v. 01.02.2007 – 3 Ss OWi 856/06 = VRR 2007, 316

■ **Ordnungsgemäße Funktion** 344

Amtlicher Leitsatz:

Zum erforderlichen Umfang des Feststellungen bei Einsatz eines eichfähigen Messgerätes zur Ermittlung einer Geschwindigkeitsüberschreitung.

Redaktioneller Leitsatz:

Ist bei dem Messwertgeber einer stationären Geschwindigkeitsmessanlage die vorgeschrieben halbjährliche Überprüfung durch eine Fachfirma nicht nachweisbar, besteht keine Eichung mehr und ist die Verwendung eines solches Messgerätes bzw. einer solchen Messstelle verboten. Ein Verstoß führt jedoch zu keinem Verwertungsverbot für das Ordnungswidrigkeitenverfahren. Vielmehr kann dem Sinn und Zweck des EichG, die qualitative Sicherheit der Geschwindigkeitsmessung zu garantieren, auch dadurch entsprochen werden, dass qualitätsmäßige Bedenken gegen eine Geschwindigkeitsmessung durch einen entsprechenden Sicherheitsabschlag ausgeglichen werden. Auch wenn die Urteilsgründe in Bußgeldverfahren keine hohen Anforderungen unterliegen, muss sich der Tatrichter in diesem Fall aber in den Urteilsgründen damit auseinander setzen, welche mögliche geräteeigenen Fehler er bei Einsatz eines ungeeichten Gerätes und welche Sicherheitsabschläge er berücksichtigt hat. Dies muss deswegen geschehen, damit das Rechtsbeschwerdegericht überprüfen kann, ob das AG ohne Verstoß gegen wissenschaftliche Erfahrungssätze zu der festgestellten Geschwindigkeit gekommen ist.

OLG Hamm, Beschl. v. 24.01.2006 – 3 Ss OWi 582/05 = VRR 2006, 193 = VA 2006, 85

Teil 4: Arbeitshilfen

345 ■ **Standardisiertes stationäres Messverfahrens**

Amtlicher Leitsatz:

Bei der Verwendung eines stationären standarisierten Messverfahrens zum Beleg eines innerörtlichen qualifizierten Rotlichtverstoßes reicht es grundsätzlich aus,

1. dass das Urteil neben dem Hinweis, dass die Messung auf einem stationären standarisierten Verfahren beruht, die Nettorotzeit mitteilt und dass die Fluchtlinie der Kreuzung überfahren wurde;

2. Der Mitteilung der konkreten Messtoleranz bedarf es ausnahmsweise dann nicht, wenn ausgeschlossen werden kann, dass von der gemessenen und mitgeteilten Bruttolichtzeit unter Abzug des für den Betroffenen günstigsten Sicherheitsabschlags von 0,4 Sekunden die maßgebliche Nettorotzeit unter einer Sekunde liegt (in Fortführung OLG Frankfurt v. 9. Juli 2008, 2 Ss-OWi 283/08)

3. Die Verweisung im Urteil auf „die Lichtbilder" (§ 267 Abs. 1 S. 3 StPO, § 71 Abs. 1 OWiG) reicht auch ohne konkrete Verweisung dann aus, wenn eine Verwechselung ausgeschlossen ist und „die Lichtbilder" die im Urteil genannten Feststellungen eindeutig belegen.

OLG Frankfurt am Main, Beschl. v. 06.08.2008 – Ss-OWi 366/08 = NStZ-RR 2008, 322 = NZV 2008, 588 = VRR 2008, 363 = VA 2008, 213

346 ■ **Traffipax Traffistar S 330**

Amtlicher Leitsatz:

Die Geschwindigkeitsmessung mit dem Geschwindigkeitsüberwachungsgerät TRAFFIPAX TraffiStar S 330 ist ein sog. standardisiertes Messverfahren i.S. der Rechtsprechung des BGH (BGHSt 39, 291 [BGH, 19.08.1993 – 4 StR 627/92] = NJW 1993, 3081; BGHSt 43, 277 [BGH, 30.10.1997 – 4 StR 24/97] = NJW 1998, 321).

OLG Jena, Beschl. v. 14.04.2008 – 1 Ss 281/07 = DAR 2009, 40 = VA 2008, 213 = VA 2008, 211 = VRR 2008, 352

347 ■ **Verstoß gegen den Zweifelssatz**

Amtlicher Leitsatz:

Es verstößt nicht gegen den Zweifelssatz, wenn im Falle einer Geschwindigkeitsmessung mit der Messanlage Truvelo M 42 der Feststellung der dem Betroffenen anzulastenden Geschwindigkeit der vom Standardgerät (Hauptrechner) ermittelte Wert auch dann zu Grunde gelegt wird, wenn er höher ist als der des Kontrollgeräts (Kontrollrechner).

OLG Koblenz, Beschl. v. 16.01.2003 – 1 Ss 183/02 = NZV 2003, 495 = VA 2003, 117

Messgeräte

▪ µP80 348

Amtlicher Leitsatz:

Zur Ablehnung eines Beweisantrags wegen eigener Sachkunde des Gerichts im Bußgeldverfahren (Geschwindigkeitsmessung mit Lichtschrankenmessgerät).

OLG Jena, Beschl. v. 03.11.2004 – 1 Ss 204/04 = DAR 2005, 464 = VRS 108, 371

▪ ES 1.0 349

Amtlicher Leitsatz:

Über den vom Verfassungsgericht entschiedenen Fall der Videoaufzeichnung hinaus gelten die vom BVerfG aufgestellten Grundsätze (2 BvR 941/08) auch für jede Art von Verkehrsverstößen, bei denen eine Identifizierung des Fahrers nur mittels eines Tatbildes möglich ist, d.h. auch für die Geschwindigkeitsmessung (stationäre oder mobile Messungen). Auch in diesen Fällen müssen die Ausführungen des BVerfG Anwendung finden.

AG Grimma, Urt. v. 22.10.2009 – 003 OWi 153 Js 34830/09 = LNR 2009, 28426

Amtlicher Leitsatz: 350

Bei der Lichtschrankenmessung mit einem Gerät der Marke ESO Typ ES 1.0 mittels passiver Messung ohne Lichtsender handelt es sich um ein standardisiertes Messverfahren im Sinne der Rechtsprechung des BGH (St 39, 291; 43, 277).

OLG Stuttgart, Beschl. v. 24.10.2007 – 4 Ss 264/07 = DAR 2007, 716 = Die Justiz 2008, 27 = NStZ-RR 2008, 123 = NZV 2008, 43= VA 2008, 18 = VRR 2007, 476

▪ ES 3.0 351

Amtlicher Leitsatz:

Die zur Auswertung der vom Messgerät ES3.0 erfassten Falldaten eingesetzten Programme sind weder eich- noch zulassungspflichtig.

OLG Koblenz, Beschl. v. 16.10.2009 – 1 SsRs 71/09 = LNR 2009, 30861

352 **Amtlicher Leitsatz:**

1. Die Geschwindigkeitsmessung mittels des Messgerätes ES 3.0 des Herstellers eso ist standardisiertes Messverfahren im Sinne der Rechtsprechung des BGHSt 39, 291 [BGH, 19.08.1993 – 4 StR 627/92] = NJW 1993, 3081 [BGH, 19.08.1993 – 4 StR 627/92]

2. Ein Absehen von einem Regelfahrverbot nach einem grob pflichtwidrigen Geschwindigkeitsverstoß ist selbst bei Vorliegen etwaiger Härten dann nicht möglich, wenn zugleich ein Fall der Beharrlichkeit vorlag.

AG Lüdinghausen, Urt. v. 23.01.2009 – 19 OWi 89 Js 1585/08 – 146/08 = NStZ-RR 2009, 290 = NZV 2009, 205 = VRR 2009, 150 = VA 2009, 103

353 **Amtlicher Leitsatz:**

Zur Möglichkeit der Beeinflussung einer Geschwindigkeitsmessung mit dem Messgerät ES 3.0 des Herstellers eso durch einen Hasen.

AG Lüdinghausen, Urt. v. 19.01.2009 – 19 OWi – 89 Js 1880/08-170/08 = VA 2009, 157 = VRR 2009, 311

354 **Amtlicher Leitsatz:**

1. Die Geschwindigkeitsmessung mittels des Messgerätes ES 3.0 des Herstellers eso ist standardisiertes Messverfahren im Sinne der Rechtsprechung des BGHSt 39, 291 [BGH, 19.08.1993 – 4 StR 627/92] = NJW 1993, 3081 [BGH, 19.08.1993 – 4 StR 627/92]

2. Ein Absehen von einem Regelfahrverbot nach einem grob pflichtwidrigen Geschwindigkeitsverstoß ist selbst bei Vorliegen etwaiger Härten dann nicht möglich, wenn zugleich ein Fall der Beharrlichkeit vorlag.

AG Lüdinghausen, Urt. v. 27.10.2008 – 19 OWi – 89 Js 1585/08-146/08 = NZV 2009, 205 = VA 2009, 103 = VRR 2009, 150

355 ■ **JVC/Piller**

Amtlicher Leitsatz:

1. Auch in Bußgeldsachen muss den Urteilsgründen regelmäßig zu entnehmen sein, ob und wie sich der Betroffene in der Hauptverhandlung eingelassen und ob der Tatrichter der Einlassung gefolgt ist oder ob und inwieweit er sie für widerlegt angesehen hat.

2. Dies gilt auch, wenn die Feststellung eines Abstandsverstoßes auf einem standardisierten Messverfahren beruht. Denn auch dann besteht die Möglichkeit, dass sich der Betroffene z.b. bezüglich der Fahrereigenschaft, der Abstandsmessung oder der näheren Umstände der Verkehrsordnungswidrigkeit in eine bestimmte Richtung substantiiert verteidigt hat und nicht ausgeschlossen werden kann, dass der Tatrichter die Bedeutung dieser Einlassung verkannt oder rechtlich unzutreffend gewürdigt hat (Anschluss u.a. an OLG Karlsruhe NZV 2007, 256 f.).

OLG Bamberg, Beschl. v. 09.07.2009 – 3 Ss OWi 290/09 = DAR 2009, 655 (LS) = VA 2009, 212 = VRR 2010, 32

Redaktioneller Leitsatz: 356

Rechtsgrundlage für Bildaufnahmen im Zuge verdachtsabhängiger Videomessungen zur Ermittlung von Abstandsunterschreitungen ist *§ 100 h Abs. 1 Satz 1 Nr. 1*, Abs. 2 Satz 1 StPO i.V.m. *§ 46 Abs. 1 OWiG*.

AG Erlangen, Urt. 03.09.2009 – 6 OWi 912 Js 141595/09 = VRR 2009, 470 = StRR 2009, 477

Redaktioneller Leitsatz: 357

Zur Nichteinhaltung des erforderlichen Abstands eines PKW zu einem vorausfahrenden PKW und zur Berechnung des erforderlichen und des gefährdenden Abstandes unter Zugrundelegung des Tachowertes

AG Starnberg, Urt. v. 28.09.2001 – 3 OWi 55 Js 8160/01 = LNR 2001, 30522

Redaktioneller Leitsatz: 358

Zur (abgelehnten) Wiederaufnahme eines Verfahrens, in dem eine Verurteilung wegen einer Geschwindigkeitsüberschreitung erfolgt ist, der eine Messung mit dem Zeichengenerator JVC/Piller, Gerätetyp CG-P 50 E/TG-3 zugrunde liegt.

AG Wunsiedel, Beschl. v. 17.07.2008 – 5 OWi 261 Js 14877/05 = VA 2008, 196 = VRR 2008, 476

Amtlicher Leitsatz: 359

1. § 100h Abs. 1 Satz 1 Nr. 1 StPO i.V.m. § 46 Abs. 1 OWiG bildet für die von der Polizei in Bayern im Rahmen des sog. Brückenabstandsmessverfahrens (VAMA) durchgeführten anlassbezogenen Videoaufzeichnungen zur Identifizierung Betroffener eine hinreichende gesetzliche Rechtsgrundlage für damit verbundene Eingriffe in das Recht auf informationelle Selbstbestimmung.

2. Ein Beweisverwertungsverbot für die mit diesem Messverfahren gewonnenen Ergebnisse besteht nicht.

OLG Bamberg, Beschl. v. 16.11.2009 – 2 Ss OWi 1215/09 = NJW 2010, 100 = DAR 2010, 26 = zfs 201, 50 = NZV 2010, 98 = VRR 2009, 468 = StRR 2009, 475

360 **Amtlicher Leitsatz:**

1. Die von der Polizei in Bayern vor dem 05.07.2007 im Rahmen des so genannten Brückenabstandsmessverfahrens praktizierten Videoabstandsmessungen unter Einsatz des Charaktergenerators vom Typ CG-P 50 E des Herstellers JVC/Piller erfüllen nicht die Voraussetzungen eines standardisierten Messverfahrens, wenn die Messung nicht in Kombination mit einer Videokamera des Herstellers JVC durchgeführt wurde.

2. In diesen Fällen darf sich das Tatgericht bei der Feststellung und Darstellung der Beweisgründe im Urteil nicht auf die Mitteilung des Messverfahrens, die entsprechend den Richtlinien für die polizeiliche Verkehrsüberwachung ermittelten Ergebnis-Werte sowie auf die auch sonst bei einer Brückenabstandsmessung gebotenen Feststellungen, etwa zu etwaigen Abstandsveränderungen innerhalb der der eigentlichen Messstrecke vorgelagerten Beobachtungsstrecke beschränken.

OLG Bamberg, Beschl. v. 18.12.2007 – 3 Ss OWi 1662/07 = DAR 2008, 98 = VA 2008, 52 = VRR 2008, 73

361 ■ **Multafot**

Amtlicher Leitsatz:

1. Alle spätestens seit Januar 2004 von der PTB zugelassenen Rotlichtüberwachungsanlagen müssen die dem Betroffenen vorwerfbare Rotzeit automatisch ermitteln, ohne dass vom angezeigten Messwert Toleranzen zu subtrahieren sind. Dies gilt für folgende Anlagen (Stand: 24.04.2006): MULTANOVA MultaStar RLÜ, MULTANOVA MultaStar-Kombi, MULTANOVA MultaStar C (Zulassungsinhaber jeweils: ROBOT Visual Systems GmbH), TC RG-1 (Gatsometer BV), DiVAR (TRAFCOM COMMERCIAL ENTERPRISES INC).

2. Bei allen anderen (früher zugelassenen) Geräten ist diejenige Fahrzeit von der angezeigten Rotzeit zu subtrahieren, die das gemessene Fahrzeug vom Überfahren der Haltelinie bis zu der Position benötigte, die auf dem (ersten) Messfoto abgebildet ist (mit Möglichkeiten zur Berechnung der zu subtrahierenden Fahrzeit).

3. Nur bei den nachfolgenden drei Geräten ist zusätzlich zu dem unter Ziffer 2. beschriebenen Abzug noch eine weitere – gerätespezifische – Toleranz von 0,2 Sekunden zu berücksichtigen: TRAFFIPAX TraffiPhot II (ROBOT Visual Systems GmbH),

A. Rechtsprechungslexikon

Rotlicht-Überwachungsanlage von TRUVELO Deutschland, MULTAFOT (Multanova AG)

OLG Braunschweig, 02.08.2006 – 2 Ss (B) 38/04 = NJW 2007, 391 = NStZ 2007, 181 = SVR 2007, 71 = VRR 2006, 471 = ZAP EN-Nr. 71/2007

■ **Multanova** 362

Amtlicher Leitsatz:

1. Alle spätestens seit Januar 2004 von der PTB zugelassenen Rotlichtüberwachungsanlagen müssen die dem Betroffenen vorwerfbare Rotzeit automatisch ermitteln, ohne dass vom angezeigten Messwert Toleranzen zu subtrahieren sind. Dies gilt für folgende Anlagen (Stand: 24.04.2006): MULTANOVA MultaStar RLÜ, MULTANOVA MultaStar-Kombi, MULTANOVA MultaStar C (Zulassungsinhaber jeweils: ROBOT Visual Systems GmbH), TC RG-1 (Gatsometer BV), DiVAR (TRAFCOM COMMERCIAL ENTERPRISES INC).

2. Bei allen anderen (früher zugelassenen) Geräten ist diejenige Fahrzeit von der angezeigten Rotzeit zu subtrahieren, die das gemessene Fahrzeug vom Überfahren der Haltelinie bis zu der Position benötigte, die auf dem (ersten) Messfoto abgebildet ist (mit Möglichkeiten zur Berechnung der zu subtrahierenden Fahrzeit).

3. Nur bei den nachfolgenden drei Geräten ist zusätzlich zu dem unter Ziffer 2. beschriebenen Abzug noch eine weitere – gerätespezifische – Toleranz von 0,2 Sekunden zu berücksichtigen: TRAFFIPAX TraffiPhot II (ROBOT Visual Systems GmbH), Rotlicht-Überwachungsanlage von TRUVELO Deutschland, MULTAFOT (Multanova AG)

OLG Braunschweig, 02.08.2006 – 2 Ss (B) 38/04 = NJW 2007, 391 = NStZ 2007, 181 = SVR 2007, 71 = VRR 2006, 471 = ZAP EN-Nr. 71/2007

Amtlicher Leitsatz: 363

Der Tatrichter, der ein Sachverständigengutachten eingeholt hat und ihm Beweisbedeutung beimisst, muss auch dann, wenn er sich dem Gutachten des Sachverständigen, von dessen Sachkunde er überzeugt ist, anschließt, in der Regel die Ausführungen des Sachverständigen in einer (wenn auch nur gedrängten) zusammenfassenden Darstellung unter Mitteilung der zugrunde liegenden Anknüpfungstatsachen und der daraus gezogenen Schlussfolgerungen im Urteil wiedergeben, um dem Rechtsmittelgericht die gebotene Nachprüfung zu ermöglichen.

OLG Hamm, Beschl. v. 26.04.2005 – 3 Ss OWi 181/05 = LNR 2005, 13972

Teil 4: Arbeitshilfen

364 **Amtlicher Leitsatz:**

1. Bei der Verwertung von Voreintragungen eines Betroffenen im Rahmen der Fahrverbotsentscheidung sind grundsätzlich das Datum des Erlasses des Bußgeldbescheides und das seiner Rechtskraft anzugeben.

2. Das Absehen von einem nach der BußgeldkatalogVO indizierten Fahrverbot ist nicht bei Vorliegen einer „Härte außergewöhnlicher Art" möglich. Vielmehr reichen dazu schon „erhebliche Härten oder eine Vielzahl für sich genommen gewöhnlicher oder durchschnittlicher Umstände" aus.

OLG Hamm, Beschl. v. 22.01.2003 – 2 Ss OWi 1148/02 = NZV 2003, 398 = VRS 105, 132

365 **Amtlicher Leitsatz:**

Der Samstag ist auch heute noch im allgemeinen Sprachgebrauch ein „Werktag".

Zu den erforderlichen tatsächlichen Feststellungen, wenn der Betroffene sich auf ein sog. „Augenblicksversagen" beruft.

OLG Hamm, Beschl. v. 07.03.2001 – 2 Ss OWi 127/01 = DAR 2001, 376 = VRS 100, 468= NZV 2001, 355 = zfs 2001, 381

366 **Amtlicher Leitsatz:**

1. Das tatrichterliche Urteil muss bei einer Geschwindigkeitsüberschreitung nur dann nähere Feststellungen zu der Messung mit einem Radarmessgerät enthalten, wenn vom Betroffenen konkrete Messfehler gerügt werden.

2. Es ist im Übrigen daran festzuhalten, dass sich dem tatrichterlichen Urteil entnehmen lassen muss, dass der Tatrichter sich der Möglichkeit bewusst gewesen ist, gegen eine Erhöhung der Geldbuße von einem Regelfahrverbot absehen zu können.

OLG Hamm, Beschl. v. 30.11.1999 – 2 Ss OWi 1196/99 = DAR 2000, 129 = MDR 2000, 269 = VRS 98, 305

Redaktioneller Leitsatz:

AG Stollberg, Urt. v. 27.04.2009 – 2 OWi 550 Js 10913/08 = VA 2009, 173 = VRR 2009, 473

A. Rechtsprechungslexikon

Multastar 367

Amtlicher Leitsatz:

1. Alle spätestens seit Januar 2004 von der PTB zugelassenen Rotlichtüberwachungsanlagen müssen die dem Betroffenen vorwerfbare Rotzeit automatisch ermitteln, ohne dass vom angezeigten Messwert Toleranzen zu subtrahieren sind. Dies gilt für folgende Anlagen (Stand: 24.04.2006): MULTANOVA MultaStar RLÜ, MULTANOVA MultaStar-Kombi, MULTANOVA MultaStar C (Zulassungsinhaber jeweils: ROBOT Visual Systems GmbH), TC RG-1 (Gatsometer BV), DiVAR (TRAFCOM COMMERCIAL ENTERPRISES INC).

2. Bei allen anderen (früher zugelassenen) Geräten ist diejenige Fahrzeit von der angezeigten Rotzeit zu subtrahieren, die das gemessene Fahrzeug vom Überfahren der Haltelinie bis zu der Position benötigte, die auf dem (ersten) Messfoto abgebildet ist (mit Möglichkeiten zur Berechnung der zu subtrahierenden Fahrzeit).

3. Nur bei den nachfolgenden drei Geräten ist zusätzlich zu dem unter Ziffer 2. beschriebenen Abzug noch eine weitere – gerätespezifische – Toleranz von 0,2 Sekunden zu berücksichtigen: TRAFFIPAX TraffiPhot II (ROBOT Visual Systems GmbH), Rotlicht-Überwachungsanlage von TRUVELO Deutschland, MULTAFOT (Multanova AG)

OLG Braunschweig, 02.08.2006 – 2 Ss (B) 38/04 = NJW 2007, 391 = NStZ 2007, 181 = SVR 2007, 71 = VRR 2006, 471 = ZAP EN Nr. 71/2007

PDRS-1245 368

Amtlicher Leitsatz:

Wird bei der Geschwindigkeitsmessung durch ein nachfahrendes Polizeifahrzeug ein geeichtes Messgerät des Typs „*Provida Proof Electronic PDRS-1245*" verwendet, erfasst ein Toleranzwert von 5 % bei der Berechnung der Geschwindigkeit alle gerätetypischen Betriebsfehler; dazu gehören auch Abweichungen aufgrund des Reifendrucks. Entfernt sich das gemessene Fahrzeug sichtbar, bedarf es über den gerätebedingten Toleranzwert von 5 % hinaus keines weiteren Abschlags.

BayObLG, Beschl. v. 23.07.2003 – 1 ObOWi 246/03 = DAR 2004, 37 = NZV 2004, 49 = VRS 105, 444

Teil 4: Arbeitshilfen

369 ■ **Police-Pilot**

Amtlicher Leitsatz:

Bei einer Geschwindigkeitsmessung mithilfe des Police-Pilot-Systems in der Betriebsart „MAN" ist bei Geschwindigkeitswerten über 100 km/h ein Toleranzabzug von 5 % im Regelfall erforderlich und ausreichend.

KG Berlin, 26.05.2008 – 3 Ws (B) 123/08; 2 Ss 114/08 = DAR 2009, 39 (LS)

370 **Redaktioneller Leitsatz:**

KG Berlin, 16.03.2005 – 2 Ss 214/04 – 3 Ws (B) 499/04 = NZV 2005, 654 = VRS 109, 117

371 **Amtlicher Leitsatz:**

StVO § 4 Abs. 1 Satz 1

1. Das ProViDa-System – auch Police-Pilot-System genannt – ist als standardisiertes Messverfahren zur Geschwindigkeitsermittlung anerkannt. Zum Ausgleich systemimmanenter Messungenauigkeiten reicht ein Toleranzabzug von 5 % der gemessenen Geschwindigkeit aus.

2. Das ProViDa-System ist zur kombinierten Geschwindigkeits- und Abstandsmessung besonders geeignet. Da die Abstände zu vorausfahrenden Fahrzeugen – anders als die Geschwindigkeit – nicht elektronisch gemessen, sondern unter Auswertung des Videobandes errechnet werden, genügt jedoch die bloße Bezeichnung des angewandten Verfahrens im Urteil nicht. Die Auswertung und Berechnung müssen vielmehr in den Urteilsgründen verständlich und widerspruchsfrei dargelegt werden, um eine rechtsbeschwerdegerichtliche Überprüfung zu ermöglichen.

OLG Düsseldorf, Beschl. v. 13.06.2000 – 2b Ss (OWi) 125/00 – (OWi) 52/00 I = DAR 2001, 374 = VRS 99, 133

372 **Redaktioneller Leitsatz:**

Auch eine früher erfolgte Eichung ist lediglich formell korrekt, materiell aber als fehlerhaft anzusehen, wenn sie wegen der zur Tatzeit nicht vorhandenen, von der PTB aber geforderten, gesonderten Genehmigung einer Bauartzulassung in Bezug auf das CAN-Bus-System nicht eichfähig war; denn ein Messgerät ist nur dann gem. § 14a Abs. 1 Eichordnung eichfähig, wenn seine Bauart durch die PTB zur Eichung zugelassen ist. Ein (materiell) fehlerhaft geeichtes Gerät ist einem ungeeichten oder nicht ausreichend geeichten Gerät gleichzusetzen, sodass die Grundsätze, die bei Messungen mit ungeeichten Geräten gelten, entsprechend anzuwenden sind.

A. Rechtsprechungslexikon

OLG Hamm, Beschl. v. 16.01.2009 – 3 Ss OWi 767/07 = LNR 2009, 19862

Amtlicher Leitsatz: 373

1. Ist eine Geschwindigkeitsüberschreitung mittels des sog. „Police-Pilot-System" festgestellt worden, ist es in der Regel ausreichend, wenn das tatrichterliche Urteil nur die Art des Messverfahrens und die nach Abzug der Messtoleranz ermittelte Geschwindigkeit mitteilt.

2. „Nässe" im Sinn der Zusatzschildes 1052-36 der StVO ist gegeben, wenn die gesamte Fahrbahn mit einem Wasserfilm überzogen ist.

OLG Hamm, Beschl. v. 15.11.2000 – 2 Ss OWi 1057/00 = DAR 2001, 85 = VRS 100, 61

Amtlicher Leitsatz: 374

Auch bei standarisierten Geschwindigkeitsmessverfahren müssen Urteilsgründe Einlassung des Betroffenen und das Messverfahren erkennen lassen

OLG Karlsruhe, Beschl. v. 16.10.2006 – 1 Ss 55/06 = NZV 2007, 256 = VA 2007, 12 = VRR 2007, 35 = VRS 111, 427 = ZAP EN-Nr. 104/2007 = zfs 2007, 113

Amtlicher Leitsatz: 375

Bei Geschwindigkeitsmessungen mit standardisierten Messverfahren sind Zweifel am Messergebnis (mit der Folge eines höheren Toleranzabzugs) nur bei konkreten Anhaltspunkten für eine fehlerhafte Messung angebracht; abstrakt-theoretische Möglichkeiten eines Messfehlers genügen nicht.

OLG Zweibrücken, Beschl. v. 20.12.1999 – 1 Ss 279/99 = DAR 2000, 225 = NZV 2001, 48 = VRS 98, 147

Amtlicher Leitsatz:

1. Eine Geschwindigkeitsmessung mittels Police-Pilot-System (PPS) ist auch dann verwertbar, wenn es nach einer Eichung des Gerätes zu einem Reifenwechsel von Winterreifen auf Sommerreifen gekommen ist und die nach der Gebrauchsanweisung für diesen Fall vorgesehene Neueichung unterblieben ist.

2. Steht fest, dass der Reifenwechsel das Messergebnis nicht zuungunsten des Betroffenen beeinflusst haben kann, ist kein höherer Toleranzabzug als von 5 % angezeigt. Dies ist jedenfalls dann der Fall, wenn die Sommerreifen einen größeren Umfang als die Winterreifen aufweisen (hier: Wechsel von Winterreifen der Größe 185/65 R 15 auf Sommerreifen der Größe 205/60 R 15).

Teil 4: Arbeitshilfen

AG Nordenham, Urt. v. 31.05.2007 – 5 OWi 441 Js 59850/06 (587/06) = VA 2008, 17 = VRR 2008, 37

376 ■ **PoliScan Speed**

Redaktioneller Leitsatz:

Bei einer Geschwindigkeitsmessung mit dem Messgerät PoliScan Speed der Firma Vitronic handelt es sich um ein standardisiertes Messverfahren.

KG, 26.02.2010 – 3 Ws (B) 94/10 – 2 Ss 349/09, DAR 2010, 331 = VRR 2010, 151 = VA 2010, 82 = VA 2010, 88 = StRR 2010, 123 (LS) = VRR 2010, 151 = NZV 2010, 311 (LS)

Redaktioneller Leitsatz:

Das Messverfahren „Poliscan Speed" ist ein standardisiertes Messverfahren (§§ 261, 267 StPO)

OLG Düsseldorf, Beschl. v. 20.01.2010 – IV-5 Ss (OWi) 206/09 – (OWI) 178/09 I = VRR 2010, 116 = VA 2010, 64

Redaktioneller Leitsatz:

Bei der Geschwindigkeitsmessung mit dem Messgerät „PoliScan Speed" handelt es sich um ein standardisiertes Messverfahren.

OLG Frankfurt am Main, Beschl. v. 21.04.2010 – 2 Ss-OWi 236/10, VRR 2010, 203 (LS)

377 **Redaktioneller Leitsatz:**

Allein die systembedingt nicht mögliche nachträgliche Überprüfung der Geschwindigkeitsmessung mit PoliscanSpeed, die auch bei anderen – standardisierten – Lasermessverfahren gegeben ist, steht der Verwertbarkeit des Messergebnisses grds. nicht entgegen.

OLG Frankfurt am Main, Beschl. v. 01.03.2010 – 2 Ss OWi 577/09, VRR 2010, 151 = DAR 2010, 216

378 **Redaktioneller Leitsatz:**

Es kann offen bleiben, ob es sich bei der Messung mit dem dem tragbaren Messgerät der Marke „PoliScan Speed" der Firma Vitronic um ein anerkanntes und weitgehend standardisiertes Messverfahren handelt. Jedenfalls dann, wenn es sich um die Ermittlung der Geschwindigkeit eines allein ankommenden Fahrzeugs handelt, – kann es für die tatrichterlich Überzeugungsbildung im konkreten Fall ausreichen, dass die von der DEKRA in mehreren Versuchsreihen durchgeführten Fahrversuche die dort durch das Gerät jeweils ermittelten Geschwindigkeitswerte bestätigt haben und im konkreten Fall Fehler bzw. Fehlmessungen nicht aufgetreten sind. Eine besondere Fallgestaltung, bei welcher eine Fehlzuordnung eines Fahrzeuges möglich sein oder eine Nachprüfung der Messwertbildung durch einen Sachverständigen angezeigt sein könnte, kann allerdings weitere Feststellungen erforderlich machen.

OLG Karlsruhe, Beschl. v. 17.02.2010 – 1 (8) SsBs 276/09-AK 79/09 = VRR 2010, 151 = DAR 2010, 216 = NStZ-RR 2010, 155

Redaktioneller Leitsatz: 379

Es kann offen bleiben, ob es sich bei der Messung mit dem Messgerät der Marke „PoliScan Speed" der Firma Vitronic um ein anerkanntes und weitgehend standardisiertes Messverfahren handelt.

OLG Stuttgart, Beschl. v. 30.11.2009 – 2 Ss 1450/09

Redaktioneller Leitsatz: 380

Das PoliScanSpeed-Messverfahren muss so nachgerüstet werden, dass eine nachträgliche Richtigkeitskontrolle durch einen Sachverständigen möglich ist. Anderenfalls entspricht das Verfahren nicht rechtsstaatlichen Anforderungen.

AG Dillenburg, Beschl. v. 02.10.2009 – 3 OWi 2 Js 54432/09 = VA 2010, 14 = DAR 2009, 715 = VRR 2010, 38

Redaktioneller Leitsatz: 381

Zur (Un)Verwertbarkeit des Messverfahrens Poliscan.

AG Lübben, Urt. v. 22.01.2010 – 40 OWi 1511 Js 33710/09 (348/09)

Amtlicher Leitsatz: 382

1. Die Zuverlässigkeit der Messwerte und damit die Verwertbarkeit der Daten im OWi-Verfahren wird durch Sicherstellung der Streubreite der Daten gewährleistet durch – Messwertbildung nur, wenn innerhalb der gesamten Berechnungsstrecke eine durchgängige Erfassung über 10 Meter gewährleistet und eine zusammenhängende Erfassung des gemessenen Fahrzeugs erfolgt, – innerhalb der gesamten Berechnungsstrecke von 50 – 20 Metern höchstens eine Strecke von 15 Metern oder maximal 2 Sekunden keine Signale ausgesandt bzw. empfangen werden, – Schrägfahrten von mehr als 5° ausgeschlossen sind, – die Durchschnittsgeschwindigkeit um nicht mehr als 10 % schwankt.

2. Das Gerät erfordert im Rahmen seiner Zulassung die Überprüfung des Quellcodes, weil damit die Grenzwertbedingungen und die Messwertbildungskriterien offen gelegt werden.

3. Die Zuverlässigkeit der Messwerte ist sichergestellt, wenn „Verdeckungsfälle" und das Nichterreichen der Messstrecke den Messvorgang abbrechen. Der tatsächlich erfasste Standort des Fahrzeugs beim Auslösen des Messfotos muss mit der sog. – durch das Gerät berechneten – Auswerthilfe im Wesentlichen übereinstimmen. Das ist der Fall, wenn Vorderräder und das vordere Kennzeichen zumindest teilweise identisch sind und keine dritten Fahrzeuge abgebildet sind.

AG Mannheim, Urt. v. 23.12.2009 – 21 OWi 506 Js 19870/09 AK 445/09, NZV 2010, 154 (LS.)

383 ■ ProViDa

Amtlicher Leitsatz:

Wird bei der Geschwindigkeitsmessung durch ein nachfahrendes Polizeifahrzeug ein geeichtes Messgerät des Typs „Provida Proof Electronic PDRS-1245" verwendet, erfasst ein Toleranzwert von 5 % bei der Berechnung der Geschwindigkeit alle gerätetypischen Betriebsfehler; dazu gehören auch Abweichungen aufgrund des Reifendrucks. Entfernt sich das gemessene Fahrzeug sichtbar, bedarf es über den gerätebedingten Toleranzwert von 5 % hinaus keines weiteren Abschlags.

BayObLG, Beschl. v. 23.07.2003 – 1 ObOWi 246/03 = DAR 2004, 37 = NZV 2004, 49 = VRS 105, 444

384 Amtlicher Leitsatz:

Bei einer Geschwindigkeitsmessung mithilfe des Police-Pilot-Systems in der Betriebsart „MAN" ist bei Geschwindigkeitswerten über 100 km/h ein Toleranzabzug von 5 % im Regelfall erforderlich und ausreichend.

KG Berlin, 26.05.2008 – 3 Ws (B) 123/08; 2 Ss 114/08 = DAR 2009, 39 (LS)

385 Amtlicher Leitsatz:

Ist die – überhöhte – Geschwindigkeit unter Anwendung des standardisierten ProViDa-Systems gemessen worden, so genügt es, wenn der Tatrichter im Urteil das angewendete Messverfahren und das nach Abzug der Messtoleranz ermittelte Messergebnis mitteilt.

A. Rechtsprechungslexikon

OLG Düsseldorf, Beschl. v. 29.06.2000 – 2b Ss (OWi) 95/00 – (OWi) 59/00 I = VRS 99, 297 = DAR 2001, 133 (LS)

Amtlicher Leitsatz: 386

StVO § 4 Abs. 1 Satz 1

1. Das ProViDa-System – auch Police-Pilot-System genannt – ist als standardisiertes Messverfahren zur Geschwindigkeitsermittlung anerkannt. Zum Ausgleich systemimmanenter Messungenauigkeiten reicht ein Toleranzabzug von 5 % der gemessenen Geschwindigkeit aus.

2. Das ProViDa-System ist zur kombinierten Geschwindigkeits- und Abstandsmessung besonders geeignet. Da die Abstände zu vorausfahrenden Fahrzeugen – anders als die Geschwindigkeit – nicht elektronisch gemessen, sondern unter Auswertung des Videobandes errechnet werden, genügt jedoch die bloße Bezeichnung des angewandten Verfahrens im Urteil nicht. Die Auswertung und Berechnung müssen vielmehr in den Urteilsgründen verständlich und widerspruchsfrei dargelegt werden, um eine rechtsbeschwerdegerichtliche Überprüfung zu ermöglichen.

OLG Düsseldorf, Beschl. v. 13.06.2000 – 2b Ss (OWi) 125/00 – (OWi) 52/00 I = DAR 2001, 374 = VRS 99, 133

Redaktioneller Leitsatz: 387

OLG Hamm, Beschl. v. 04.12.2008 – 3 Ss OWi 871/08 = DAR 2009, 156 = VA 2009, 103 = VRR 2009, 195

Redaktioneller Leitsatz: 388

Auch eine früher erfolgte Eichung ist lediglich formell korrekt, materiell aber als fehlerhaft anzusehen, wenn sie wegen der zur Tatzeit nicht vorhandenen, von der PTB aber geforderten, gesonderten Genehmigung einer Bauartzulassung in Bezug auf das CAN-Bus-System nicht eichfähig war; denn ein Messgerät ist nur dann gem. § 14a Abs. 1 Eichordnung eichfähig, wenn seine Bauart durch die PTB zur Eichung zugelassen ist. Ein (materiell) fehlerhaft geeichtes Gerät ist einem ungeeichten oder nicht ausreichend geeichten Gerät gleichzusetzen, sodass die Grundsätze, die bei Messungen mit ungeeichten Geräten gelten, entsprechend anzuwenden sind.

OLG Hamm, Beschl. v. 16.01.2009 – 3 Ss OWi 767/07 = LNR 2009, 19862

Redaktioneller Leitsatz: 389

Ein Urteil, das sich mit einer Geschwindigkeits- und Abstandsmessung befasst, muss grds. feststellen, auf welcher tatsächlichen Grundlage die Geschwindigkeitsfeststel-

Teil 4: Arbeitshilfen

lung und die Abstandsmessung beruhen. Dazu gehören insb. Angaben darüber, ob die Messungen durch elektronische Aufzeichnungen oder durch Ablesen, durch stationäre Geräte oder aus einem fahrenden Fahrzeug erfolgten, wie lang ggf. die Verfolgungsstrecke und der Abstand des Polizeifahrzeugs zu dem verfolgten Fahrzeug waren, auf welche Fahrstrecke sich die Abstandsunterschreitung erstreckte und welcher Toleranzabzug bei der Feststellung der Geschwindigkeitsüberschreitung vorgenommen worden ist.

OLG Hamm, Beschl. v. 26.02.2009 – 3 Ss OWi 871/08 = DAR 2009, 156 = VRR 2009, 195 = VA 2009, 103

390 **Amtlicher Leitsatz:**

Der Tatrichter genügt den an die Feststellungen des Urteils zu stellenden Mindestanforderungen bei einer Verurteilung wegen einer Geschwindigkeitsüberschreitung, bei der die Geschwindigkeitsermittlung auf der Grundlage des ProViDa-Systems ermittelt worden ist, grundsätzlich nur, wenn er die Art des angewandten Messverfahrens und die nach Abzug der Messtoleranz ermittelte Geschwindigkeit angibt.

OLG Hamm, Beschl. v. 18.09.2008 – 2 Ss OWi 707/08 = LNR 2008, 23737

391 **Amtlicher Leitsatz:**

Bei einer Messung mit dem ProVida-System ist es, um möglichen Fehlern Rechnung zu tragen, ausreichend, wenn bei Fehlen besonderer Umstände ein Toleranzwert von 5 % der ermittelten Geschwindigkeit bei Werten über 100 km/h berücksichtigt wird.

OLG Hamm, Beschl. v. 22.09.2003 – 2 Ss OWi 518/03 = DAR 2004, 42 = = VRS 106, 64

392 **Amtlicher Leitsatz:**

Zum erforderlichen Umfang der Feststellungen bei einer nach dem Pro-Vida-Verfahren durchgeführten Abstandsmessung.

OLG Hamm, Beschl. v. 11.03.2003 – 1 Ss OWi) 617/03 = LNR 2003, 14467

393 **Amtlicher Leitsatz:**

Auch bei standarisierten Geschwindigkeitsmessverfahren müssen Urteilsgründe Einlassung des Betroffenen und das Messverfahren erkennen lassen.

OLG Karlsruhe, Beschl. v. 16.10.2006 – 1 Ss 55/06 = NZV 2007, 256 = VA 2007, 12 = VRR 2007, 35 = VRS 111, 427 = ZAP EN-Nr. 104/2007 = zfs 2007, 113

A. Rechtsprechungslexikon

Amtlicher Leitsatz: 394

1. Das ProViDa-System ist als standardisiertes Messverfahren anerkannt, wobei in Fällen von mehr als 100 km/h ein Abzug von 5 % zugunsten des Betroffenen im Regelfall ausreichend ist.

2. Eine ProViDa-Messung bleibt trotz vorzeitigen Erlöschens der Eichung infolge Reifenwechsels verwertbar, wenn die Umbereifung sich nur zugunsten des Betroffenen ausgewirkt haben kann (hier: Umrüstung von Winter- auf Sommerreifen mit größerem Außendurchmesser).

OLG Koblenz, Beschl. v. 24.07.2001 – 1 Ss 203/01 = LNR 2001, 17655

Redaktioneller Leitsatz: 395

Bei der Geschwindigkeitsmessung mit einem standardisierten Messverfahren sind Zweifel am Messergebnis (Folge: höherer Toleranzabzug) nur bei konkreten Anhaltspunkten für eine fehlerhafte Messung angebracht. Die abstrakt-theoretische Möglichkeit eines Messfehlers genügt hier nicht.

OLG Zweibrücken, Beschl. v. 20.12.1999 – 1 Ss 279/99 = DAR 2000, 225 = NZV 2001, 48 = VRS 98, 147

Redaktioneller Leitsatz: 396

1. Wird bei der amtlichen Überwachung des Straßenverkehrs zur Geschwindigkeitsermittlung von Fahrzeugen eine nicht geeichte handelsübliche Videokamera verwendet, so liegt dann kein Verstoß gegen § 25 Abs. 1 Nr. 3 Eichgesetz vor, wenn die Geschwindigkeit nicht automatisch mittels der Videokamera, sondern vielmehr durch eine nachfolgende Auswertung im Wege der Wegzeitberechnung (Zählen der Einzelbilder) ermittelt wird.

2. Eine unter Verstoß gegen § 25 Abs. 1 Nr. 3 Eichgesetz unrechtmäßig erlangte, videogestützte Geschwindigkeitsmessung bei der amtlichen Überwachung des Straßenverkehrs führt nicht zu einem Beweisverbot im Bußgeldverfahren, wenn die ermittelte Geschwindigkeit auch mittels eines geeichten Gerätes (Provida) hätte festgestellt werden können.

AG Cochem, Urt. v. 22.03.2004 – 2040 Js 54574/03 3 OWi = JWO-VerkehrsR 2004, 197 = VA 2004, 157 = ZAP EN-Nr. 538/2004

397 ■ RIEGL

Amtlicher Leitsatz:

Die Einhaltung der Gebrauchsanweisung des Geräteherstellers ist in dem Sinne verbindlich, dass nur durch sie das hierdurch standardisierte Verfahren, das heißt ein bundesweit einheitliches, korrektes und erprobtes Vorgehen, sichergestellt ist. Kommt es im konkreten Einzelfall zu Abweichungen von der Gebrauchsanweisung, so handelt es sich nicht mehr um ein standardisiertes Messverfahren, sondern ein individuelles, das nicht mehr die Vermutung der Richtigkeit und Genauigkeit für sich in Anspruch nehmen kann.

KG Berlin, 11.03.2008 – 3 Ws (B) 67/08 = VRS 116, 446

398 Amtlicher Leitsatz:

Die Berufung auf ein standardisiertes Messverfahren objektiviert eine Geschwindigkeitsüberschreitung nur dann ohne weiteres mit der Folge, dass mit der Begründung ein Beweisantrag des Betroffenen als zur Erforschung der Wahrheit nicht erforderlich abgelehnt werden kann, wenn im Einzelfall keine konkreten Anhaltspunkte für eine Fehlmessung dargetan werden.

OLG Celle, Beschl. v. 16.07.2009 – 311 SsBs 67/09 = NZV 2009, 575 = VA 2009, 195 = VRR 2009, 393 = zfs 2009, 593 – 594

399 Amtlicher Leitsatz:

OWiG § 17 Abs. 3

Bei der Ahndung von Verkehrsordnungswidrigkeiten dürfen die wirtschaftlichen Verhältnisse des Betroffenen in der Regel unberücksichtigt bleiben, wenn wegen der Zuwiderhandlung eine Geldbuße von nicht mehr als 500, – DM verhängt wird.

OLG Düsseldorf, Beschl. v. 31.05.2000 – 2a Ss OWi 68/00 = DAR 2000, 534 = VRS 99, 131

400 Amtlicher Leitsatz:

Wiedereinsetzung in den vorigen Stand zur Nachholung einer Verfahrensrüge, die mit nicht ausreichender Akteneinsicht begründet wird, kommt, wenn überhaupt, nur in Betracht, wenn sich der Verteidiger ausreichend um Akteneinsicht bemüht hat.

OLG Hamm, Beschl. v. 20.03.2009 – 2 Ss OWi 138/09 = VA 2009, 121 = VRR 2009, 313 – 314

Amtlicher Leitsatz: 401

1. Stützt der Tatrichter den Schuldspruch auf ein Sachverständigengutachten, so ist in den Urteilsgründen eine verständliche in sich geschlossene Darstellung der dem Gutachten zugrunde liegenden Anknüpfungstatsachen, der wesentlichen Befundtatsachen und der das Gutachten tragenden fachlichen Begründung erforderlich.

2. Zwar steht der Umstand, dass ein Zeuge sich an einen konkreten Verkehrsvorgang nicht mehr erinnern kann, der Verwertbarkeit seiner Aussage nicht grundsätzlich entgegen. Allerdings muss in einem solchen Fall der Tatrichter klären, ob der Zeuge bereit und in der Lage ist, die Verantwortung für die Richtigkeit des Inhaltes der Anzeige zu übernehmen und muss ggf. erfragen, ob der Zeuge einen Irrtum ausschließen kann.

OLG Hamm, Beschl. v. 06.10.2004 – 2 Ss OWi 555/04 = LNR 2004, 21945

Amtlicher Leitsatz: 402

Die Wirksamkeit eines wegen einer Geschwindigkeitsüberschreitung erlassenen Bußgeldbescheides als Verfahrensgrundlage (§ 66 OWiG) wird nicht dadurch infrage gestellt, dass bei einer Messung der gefahrenen Geschwindigkeit mit dem Lasermessgerät Riegl LR 90-235/P im Bußgeldbescheid als Tatort fälschlicherweise der Standort des Messgerätes und nicht der tatsächliche Messpunkt (Auftreffen des Laserstrahls auf das zu messende Fahrzeug) genannt wird.

OLG Hamm, Beschl. v. 07.01.2002 – 2 Ss OWi 1129/01 = DAR 2002, 227 = NStZ 2004, 20 = NStZ-RR 2002, 150 = NZV 2002, 283 = VRS 102, 211

Amtlicher Leitsatz: 403

Es ist rechtlich nicht zu beanstanden, wenn der bei der Geschwindigkeitsüberschreitung berücksichtigte Toleranzwert zwar nicht ausdrücklich angegeben, aber das Gerät, mit dem die Messung durchgeführt worden ist, benannt wird. Etwas anderes gilt nur dann, wenn Besonderheiten bei der Messung einen höheren Toleranzabzug erforderlich machen.

OLG Hamm, Beschl. v. 25.11.1999 – 1 Ss OWi 1224/99 = VRS 98, 297

Amtlicher Leitsatz: 404

1. Von einem standardisierten Messverfahren kann nur dann gesprochen werden, wenn das Gerät von seinem Bedienungspersonal auch wirklich standardmäßig, d.h. in geeichtem Zustand, seiner Bauartzulassung entsprechend und gemäß der vom Hersteller mitgegebenen Bedienungs-/Gebrauchsanweisung verwendet wird, und zwar nicht nur

beim eigentlichen Messvorgang, sondern auch bei den ihm vorausgehenden Gerätetests.

2. Dass ein Sachverständiger für „Straßenverkehrsunfälle" und/oder das „Kraftfahrzeugwesen" auch die zur Beurteilung eines Laser-Mess-Sachverhalts bei dem es zudem auch noch zu Verstößen gegen einschlägige Bedienungsvorschriften (und dadurch zur Nichteinhaltung der Voraussetzungen der Bauartzulassung und der Geräteeichung) gekommen war – erforderliche Sachkunde auf dem Gebiet der Laser-Messtechnik besitzt, versteht sich nicht von selbst und bedarf daher näherer Darlegung. Unterbleibt dies, leidet das Urteil an einem Darstellungsmangel.

3. Das Gericht darf sich dem Gutachten eines Sachverständigen nicht einfach nur pauschal anschließen. Will es seinem Ergebnis ohne Angabe eigener Erwägungen folgen, müssen die Urteilsgründe die wesentlichen Anknüpfungstatsachen und Darlegungen des Sachverständigen wiedergeben. Der allgemeine Hinweis auf die Ausführungen des Sachverständigen in der Hauptverhandlung reicht dazu nicht aus.

OLG Koblenz, Beschl. v. 12.08.2005 – 1 Ss 141/05 = DAR 2006, 101 = VA 2005, 214 = VRR 2005, 394

Redaktioneller Leitsatz:

Eine Geschwindigkeitsmessung, bei der die Gebrauchsanweisung des Herstellers des Messgeräts nicht beachtet worden ist, ist insgesamt unverwertbar und führt zum Freispruch des Betroffenen.

AG Rathenow, Beschl. v. 02.04.2008 – 9 OWi 451 Js-OWi 6383/08 (37/08) = NZV 2009, 249 = VA 2008, 102 = VRR 2008, 392

405 ■ **Speedophot**

Amtlicher Leitsatz:

Zu den Anforderungen an die Urteilsgründe bei Täteridentifizierung anhand eines Lichtbildes und aufgrund eines Sachverständigengutachtens.

OLG Hamm, Beschl. v. 23.02.2007 – 3 Ss OWi 878/06 = LNR 2007, 44354

406 **Amtlicher Leitsatz:**

Nach ständiger Rechtsprechung der Obergerichte muss der Tatrichter dem Rechtsbeschwerdegericht die rechtliche Nachprüfung der Zuverlässigkeit der Feststellung der Geschwindigkeitsüberschreitung ermöglichen. Hierzu gehören neben der Angabe des Messverfahrens auch der berücksichtigte Toleranzwert, soweit die Überzeugung des

A. Rechtsprechungslexikon

Tatrichters von der Überschreitung der zulässigen Höchstgeschwindigkeit auf mit anerkannten Geräten in weithin standardisierten Verfahren gewonnenen Messergebnissen beruht.

OLG Hamm, Beschl. v. 26.01.2006 – 3 Ss OWi 7/06 = VRR 2006, 163

Amtlicher Leitsatz: 407

Bei dem Verkehrsradargerät Traffipax „speedophot" besteht wie bei allen Radarmessverfahren das Risiko von Reflektions-Fehlmessungen, wenn die Radarstrahlen von Flächen, insbesondere Metall und z.t. auch von Betonflächen, reflektiert werden.

OLG Hamm, Beschl. v. 17.06.2004 – 3 Ss OWi 315/04 = LNR 2004, 15073

Amtlicher Leitsatz: 408

Eine Geschwindigkeitsmessung ist nicht deshalb unverwertbar, weil der Messbeamte die Fristen des § 3 Arbeitszeitgesetz überschritten hat.

AG Strausberg, Urt. v. 12.08.2008 – 14 OWi 271 Js-OWi 46794/07 (735/07) = VRR 2009, 236

■ TC RG-1 409

Amtlicher Leitsatz:

1. Alle spätestens seit Januar 2004 von der PTB zugelassenen Rotlichtüberwachungsanlagen müssen die dem Betroffenen vorwerfbare Rotzeit automatisch ermitteln, ohne dass vom angezeigten Messwert Toleranzen zu subtrahieren sind. Dies gilt für folgende Anlagen (Stand: 24.04.2006): MULTANOVA MultaStar RLÜ, MULTANOVA MultaStar-Kombi, MULTANOVA MultaStar C (Zulassungsinhaber jeweils: ROBOT Visual Systems GmbH), TC RG-1 (Gatsometer BV), DiVAR (TRAFCOM COMMERCIAL ENTERPRISES INC).

2. Bei allen anderen (früher zugelassenen) Geräten ist diejenige Fahrzeit von der angezeigten Rotzeit zu subtrahieren, die das gemessene Fahrzeug vom Überfahren der Haltelinie bis zu der Position benötigte, die auf dem (ersten) Messfoto abgebildet ist (mit Möglichkeiten zur Berechnung der zu subtrahierenden Fahrzeit).

3. Nur bei den nachfolgenden drei Geräten ist zusätzlich zu dem unter Ziffer 2. beschriebenen Abzug noch eine weitere – gerätespezifische – Toleranz von 0,2 Sekunden zu berücksichtigen: TRAFFIPAX TraffiPhot II (ROBOT Visual Systems GmbH), Rotlicht-Überwachungsanlage von TRUVELO Deutschland, MULTAFOT (Multanova AG)

OLG Braunschweig, 02.08.2006 – 2 Ss (B) 38/04 = NJW 2007, 391 = NStZ 2007, 181 = SVR 2007, 71 = VRR 2006, 471 = ZAP EN-Nr. 71/2007

410 ■ **Traffiphot**

Amtlicher Leitsatz:

1. Alle spätestens seit Januar 2004 von der PTB zugelassenen Rotlichtüberwachungsanlagen müssen die dem Betroffenen vorwerfbare Rotzeit automatisch ermitteln, ohne dass vom angezeigten Messwert Toleranzen zu subtrahieren sind. Dies gilt für folgende Anlagen (Stand: 24.04.2006): MULTANOVA MultaStar RLÜ, MULTANOVA MultaStar-Kombi, MULTANOVA MultaStar C (Zulassungsinhaber jeweils: ROBOT Visual Systems GmbH), TC RG-1 (Gatsometer BV), DiVAR (TRAFCOM COMMERCIAL ENTERPRISES INC).

2. Bei allen anderen (früher zugelassenen) Geräten ist diejenige Fahrzeit von der angezeigten Rotzeit zu subtrahieren, die das gemessene Fahrzeug vom Überfahren der Haltelinie bis zu der Position benötigte, die auf dem (ersten) Messfoto abgebildet ist (mit Möglichkeiten zur Berechnung der zu subtrahierenden Fahrzeit).

3. Nur bei den nachfolgenden drei Geräten ist zusätzlich zu dem unter Ziffer 2. beschriebenen Abzug noch eine weitere – gerätespezifische – Toleranz von 0,2 Sekunden zu berücksichtigen: TRAFFIPAX TraffiPhot II (ROBOT Visual Systems GmbH), Rotlicht-Überwachungsanlage von TRUVELO Deutschland, MULTAFOT (Multanova AG)

OLG Braunschweig, 02.08.2006 – 2 Ss (B) 38/04 = NJW 2007, 391 = NStZ 2007, 181 = SVR 2007, 71 = VRR 2006, 471 = ZAP EN-Nr. 71/2007

411 **Amtlicher Leitsatz:**

Beruht die Feststellung eines Rotlichtverstoßes auf dem Ergebnis einer automatischen Rotlichtüberwachung muss der Tatrichter die Entfernung der Induktionsschleife von der Haltelinie, ggf. soweit vorhanden sogar die Entfernung einer zweiten Induktionsschleife von der ersten, und die jeweils auf den 2 Messfotos eingeblendeten Messzeiten mitteilen.

OLG Hamm, Beschl. v. 17.07.2006 – 3 Ss OWi 435/06 = SVR 2007, 270 = ZAP EN-Nr. 89/2007

412 **Amtlicher Leitsatz:**

Mit der Rechtsbeschwerde kann weder beanstandet werden, der Betroffene sei entgegen der Überzeugung des Tatrichters nicht mit der auf dem Radarfoto abgebildeten

Person identisch, noch kann gerügt werden, dass das Amtsgericht aufgrund der persönlichen Inaugenscheinnahme einer anderen Person diese im Vergleich mit dem vorliegenden Lichtbild als Täter der Ordnungswidrigkeit zu Unrecht ausgeschlossen habe.

OLG Hamm, Beschl. v. 01.02.2007 – 3 Ss OWi 856/06 = VRR 2007, 316

Amtlicher Leitsatz: 413

Zum erforderlichen Umfang des Feststellungen bei Einsatz eines eichfähigen Messgerätes zur Ermittlung einer Geschwindigkeitsüberschreitung.

OLG Hamm, Beschl. v. 24.01.2006 – 3 Ss OWi 582/05 = VRR 2006, 193

Redaktioneller Leitsatz: 414

AG Lüdinghausen, Urt. v. 21.03.2005 – 10 OWi 89 Js 366/05 25/05 = NJW 2005, 3159 = NStZ 2006, 360 = NZV 2005, 545

Redaktioneller Leitsatz: 415

AG Stralsund, Urt. v. 04.03.2004 – 92 OWi 1031/03 = zfs 2004, 381

■ **Traffistar** 416

Redaktioneller Leitsatz:

Die Ergebnisse von Geschwindigkeitsmessungen mit der Anlage Traffipax Traffistar S 330, wobei die Messergebnisse elektronisch an die Auswertungsstelle übertragen werden, unterliegen keinem Beweisverwertungsverbot.

OLG Düsseldorf, Beschl. v. 20.05.2008 – IV-5 Ss (OWi) 27/08 – (OWi) 32/08 I = LNR 2008, 22640

Amtlicher Leitsatz: 417

Die Geschwindigkeitsmessung mit dem Geschwindigkeitsüberwachungsgerät TRAFFIPAX TraffiStar S 330 ist ein sog. standardisiertes Messverfahren i.S. der Rechtsprechung des BGH (BGHSt 39, 291 [BGH, 19.08.1993 – 4 StR 627/92] = NJW 1993, 3081; BGHSt 43, 277 [BGH, 30.10.1997 – 4 StR 24/97] = NJW 1998, 321).

OLG Jena, Beschl. v. 14.04.2008 – 1 Ss 281/07 = DAR 2009, 40 = VA 2008, 213 = VA 2008, 211 = VRR 2008, 352

Teil 4: Arbeitshilfen

418 ◼ Truvelo

Amtlicher Leitsatz:

1. Alle spätestens seit Januar 2004 von der PTB zugelassenen Rotlichtüberwachungsanlagen müssen die dem Betroffenen vorwerfbare Rotzeit automatisch ermitteln, ohne dass vom angezeigten Messwert Toleranzen zu subtrahieren sind. Dies gilt für folgende Anlagen (Stand: 24.04.2006): MULTANOVA MultaStar RLÜ, MULTANOVA MultaStar-Kombi, MULTANOVA MultaStar C (Zulassungsinhaber jeweils: ROBOT Visual Systems GmbH), TC RG-1 (Gatsometer BV), DiVAR (TRAFCOM COMMERCIAL ENTERPRISES INC).

2. Bei allen anderen (früher zugelassenen) Geräten ist diejenige Fahrzeit von der angezeigten Rotzeit zu subtrahieren, die das gemessene Fahrzeug vom Überfahren der Haltelinie bis zu der Position benötigte, die auf dem (ersten) Messfoto abgebildet ist (mit Möglichkeiten zur Berechnung der zu subtrahierenden Fahrzeit).

3. Nur bei den nachfolgenden drei Geräten ist zusätzlich zu dem unter Ziffer 2. beschriebenen Abzug noch eine weitere – gerätespezifische – Toleranz von 0,2 Sekunden zu berücksichtigen: TRAFFIPAX TraffiPhot II (ROBOT Visual Systems GmbH), Rotlicht-Überwachungsanlage von TRUVELO Deutschland, MULTAFOT (Multanova AG)

OLG Braunschweig, 02.08.2006 – 2 Ss (B) 38/04 = NJW 2007, 391 = NStZ 2007, 181 = SVR 2007, 71 = VRR 2006, 471 = ZAP EN-Nr. 71/2007

Amtlicher Leitsatz:

Es verstößt nicht gegen den Zweifelssatz, wenn im Falle einer Geschwindigkeitsmessung mit der Messanlage Truvelo M 42 der Feststellung der dem Betroffenen anzulastenden Geschwindigkeit der vom Standardgerät (Hauptrechner) ermittelte Wert auch dann zu Grunde gelegt wird, wenn er höher ist als der des Kontrollgeräts (Kontrollrechner).

OLG Koblenz, Beschl. v. 16.01.2003 – 1 Ss 183/02 = NZV 2003, 495 = VA 2003, 117

419 ◼ VAMA

Redaktioneller Leitsatz:

1. § 100h Abs. 1 Satz 1 Nr. 1 StPO i.V.m. § 46 Abs. 1 OWiG bildet für die von der Polizei in Bayern im Rahmen des sog. Brückenabstandsmessverfahrens (VAMA) durchgeführten anlassbezogenen Videoaufzeichnungen zur Identifizierung Betroffener eine

hinreichende gesetzliche Rechtsgrundlage für damit verbundene Eingriffe in das Recht auf informationelle Selbstbestimmung.

2. Ein Beweisverwertungsverbot für die mit diesem Messverfahren gewonnenen Ergebnisse besteht nicht.

OLG Bamberg, Beschl. v. 16.11.2009 – 2 Ss OWi 1215/09 = NJW 2010, 100 = DAR 2010, 26 = zfs 201, 50 = NZV 2010, 98 = VRR 2009, 468 = StRR 2009, 475

Redaktioneller Leitsatz: 420

Bei einer Abstandsmessung mittels des sog. Video-Abstands-Messverfahrens handelt es sich zumindest im Fall der Verwendung einer PAL-Videokamera um ein standardisiertes Messverfahren, bei dem kein Zusatztoleranzabzug vorzunehmen ist.

AG Lüdinghausen, Urt. v. 12.11.2007 – 19 OWi – 89 Js 1800/07-191/07 = DAR 2008, 160 = NZV 2008, 109 = VA 2008, 34 = VRR 2008, 77

Amtlicher Leitsatz: 421

1. Ein Geschwindigkeitsüberschuss von 9,8 km/h stellt beim Überholen eines LKW auf einer Bundesautobahn jedenfalls bei hohem Verkehrsaufkommen nicht eine „wesentlich höhere Geschwindigkeit" dar.

2. Zu den Besonderheiten der Messung der Differenzgeschwindigkeit durch ein Messverfahren (hier: VAMA), das durch in dem Verfahren selbst enthaltene Toleranzen das überholende und das überholte Fahrzeug „verlangsamt".

AG Lüdinghausen, Urt. v. 19.12.2005 – 10 OWi 89 Js 2124/05 – 248/05 = NStZ-RR 2006, 384 = NZV 2006, 492 = VRR 2006, 437 = ZAP EN-Nr. 485/2006

Amtlicher Leitsatz: 422

Zu den Anforderungen an die Ausführungen im tatrichterlichen Urteil bei Nichteinhaltung des erforderlichen Sicherheitsabstandes.

OLG Hamm, Beschl. v. 15.03.2004 – 2 Ss OWi 162/04 = VRS 106, 466

Amtlicher Leitsatz: 423

Einer Verurteilung nach §§ 4 Abs. 1 S. 1, 49 Abs. 1 Nr. 4 StVO i.V.m. Nrn. 6.1, 6.2 (ab 01.01.2002 Nrn. 12.5, 12.6) BKatV ist der an der Messlinie mittels einer Videoabstandsmessanlage (VAMA) festgestellte Abstand zum vorausfahrenden Fahrzeug zu Grunde zu legen, wenn feststeht, dass der Betroffene auch über eine Strecke von 250 m – 300 m vor der Messlinie den Gefährdungsabstand schuldhaft unterschritten

Teil 4: Arbeitshilfen

hatte. Geringfügige, nach der Lebenserfahrung regelmäßig auftretende, mit keinem der eingesetzten Messverfahren exakt fassbare und deshalb nie ausschließbare Abstandsschwankungen sind unbeachtlich.

OLG Koblenz, Beschl. v. 02.05.2002 – 1 Ss 75/02 = VA 2002, 156

424 Redaktioneller Leitsatz:

1. 34 Abs. 3 StVo stellt nicht auf eine konkrete Gefährdung ab. Vielmehr schreibt die Norm ausdrücklich vor, dass die Einhaltung des erforderlichen Mindestabstands von 50 m bei einem LKW über 3,5t auf der Autobahn bei einer Geschwindigkeit von 50 km/h gegeben sein muss.

2. Es stellt keine Verletzung des Gleichbehandlungsgrundsatzes und keinen Handlungsgrund für eine Verurteilung dar, wenn ein Kraftfahrer mit ausländischem Kennzeichen beim VAMA nicht verfolgt und belangt werden kann.

AG Lüdinghausen, Urt. v. 17.04.2002 – 10 OWi 15 Js 333/02-37/02 = DAR 2002, 368

425 ■ ViBrAM-BAMAS

Amtlicher Leitsatz:

1. Das Grundrecht auf informationelle Selbstbestimmung (BVerfGE 65, 1) steht der Anwendung des Video-Brücken-Abstandsmessverfahrens ViBrAM-BAMAS, welches die Polizei in Baden-Württemberg zur Überwachung des Sicherheitsabstandes insbesondere auf Autobahnen verwendet, nicht entgegen.

2. Rechtsgrundlage für die Fertigung von Videobildern zur Identifizierung des Betroffenen ist § 100 h Abs. 1 Satz 1 Nr. 1 StPO i.V.m. § 46 Abs. 1 OWiG.

OLG Stuttgart, Beschl. v. 29.01.2010 – 4 Ss 1525/09

426 Amtlicher Leitsatz:

1. Bei dem Video-Brücken-Abstandsmessverfahren ViBrAM-BAMAS handelt es sich um ein standardisiertes Messverfahren im Sinne der Rechtsprechung des BGH (St 39, 291; 43, 277).

2. a) Ist der Betroffene einer Ordnungswidrigkeit des Nichteinhaltens des vorgeschriebenen Abstandes schuldig, welche mit dem genannten Verfahren nachgewiesen wurde, muss der Tatrichter in den schriftlichen Urteilsgründen in der Regel nur das angewendete Messverfahren (ViBrAM-BAMAS), die Geschwindigkeit des Betroffenen sowie die Länge des Abstandes zwischen den Fahrzeugen des Betroffenen und des

Vorausfahrenden feststellen. Toleranzen brauchen weder zur Geschwindigkeit noch zum Abstand mitgeteilt zu werden.

b) Beträgt die festgestellte Unterschreitung des Abstandes zwischen den beiden Fahrzeugen weniger als ein Meter, bezogen auf den Abstand, der für die Bemessung der Rechtsfolgen nach Nr. 12.4 bis Nr. 12.6.5 der Anlage und des Anhanges zur BKatV maßgeblich ist, bedarf es unter Berücksichtigung sämtlicher Umstände des Einzelfalles der Überprüfung, ob der Vorwurf der Abstandsunterschreitung zu Recht erhoben ist. In diesen Fällen ist in den schriftlichen Urteilsgründen über die vorstehend genannte Punkte hinaus mitzuteilen, aufgrund welcher Umstände der Betroffene gleichwohl einer Unterschreitung des Abstandes im vorgegebenen Umfang schuldig ist. Der Mitteilung des gesamten Rechenwerkes des Verfahrens ViBrAM-BAMAS bedarf es auch in diesen Fällen nicht.

3. Vorbehaltlich der Aufklärungspflicht kann die vom ermittelnden Polizeibeamten mit Hilfe der EDV erstellte Auswertung, in der insbesondere die Geschwindigkeit des Betroffenen und die Länge des Abstandes errechnet wurden, in der Hauptverhandlung verlesen werden. Einer Vernehmung des Polizeibeamten bedarf es dann nicht.

OLG Stuttgart, Beschl. v. 14.08.2007 – 4 Ss 23/07 = = DAR 2007, 657 = Die Justiz 2008, 27 = NStZ 2009, 22 = NStZ-RR 2007, 382 = NZV 2008, 40 = VA 2007, 201 = VRR 2007, 475 = VRS 113, 124

Vidista

Redaktioneller Leitsatz:

1. Für den Fall, dass sich der Tatrichter anhand eines Fotos davon überzeugte, dass der Betroffene das festgestellte Fahrzeug fuhr, müssen die Urteilsgründe so gefasst sein, dass das Rechtsbeschwerdegericht prüfen kann, ob das Belegfoto überhaupt geeignet ist, die Identifizierung einer Person zu ermöglichen.

2. Diese Forderung kann der Tatrichter dadurch erfüllen, dass er in den Urteilsgründen auf das in der Akte befindliche Foto gem. §§ 267 Abs. 1 Satz 3 StPO, 71 Abs. 1 OWiG Bezug nimmt, wobei diese Bezugnahme deutlich und zweifelsfrei zum Ausdruck gebracht werden muss.

3. Sieht der Tatrichter hingegen von einer Verweisung ab, muss er dem Rechtsbeschwerdegericht, dem das Foto dann nicht als Anschauungsobjekt zur Verfügung steht, durch eine entsprechend ausführliche Beschreibung die Prüfung ermöglichen, ob es für eine Identifizierung geeignet ist.

4. In diesem Fall muss das Urteil Ausführungen zur Bildqualität enthalten und die abgebildete Person oder jedenfalls mehrere Identifizierungsmerkmale so präzise be-

Teil 4: Arbeitshilfen

schreiben, dass dem Rechtsmittelgericht anhand der Beschreibung in gleicher Weise wie bei Betrachtung des Fotos die Prüfung der Ergiebigkeit des Fotos ermöglicht wird.

5. Bei der Identifizierung einer Person anhand eines Videofilms ist es nicht ausgeschlossen, dass der Tatrichter auf Abzüge des Films, die sich in den Akten befinden, bei der Urteilsbegründung Bezug nimmt.

6. Nach den allgemeinen strafprozessrechtlichen Grundsätzen ist der Tatrichter weder verpflichtet, in den Urteilsgründen alle als beweiserheblich in Betracht kommenden Umstände ausdrücklich anzuführen, noch hat er stets im Einzelnen darzulegen, auf welchem Wege und aufgrund welcher Tatsachen und Beweismittel er seine Überzeugung gewonnen hat.

7. Eine solche Verpflichtung besteht auch nicht hinsichtlich solcher Tatsachen, die der Richter aufgrund eigener Wahrnehmung in der Hauptverhandlung feststellt.

OLG Brandenburg, Beschl. v. 17.02.2005 – 2 Ss (OWi) 132 B/04 = DAR 2005, 635

428 **Amtlicher Leitsatz:**

Auch bei standarisierten Geschwindigkeitsmessverfahren müssen Urteilsgründe Einlassung des Betroffenen und das Messverfahren erkennen lassen.

OLG Karlsruhe, Beschl. v. 16.10.2006 – 1 Ss 55/06 = NZV 2007, 256 = VA 2007, 12 = VRR 2007, 35 = VRS 111, 427 = ZAP EN-Nr. 104/2007 = zfs 2007, 113

429 **Redaktioneller Leitsatz:**

Anforderungen hinsichtlich der Darstellung der Geschwindigkeitsüberschreitung im Bußgeldurteil (Laser-Geschwindigkeitsmessgerät Typ LR 190-235/P).

OLG Brandenburg, Beschl. v. 29.09.2004 – 1 Ss (OWi) 194 B/04 = LNR 2004, 23819

430 ■ **VKS**

Redaktioneller Leitsatz:

Die Rechtsauffassung, die mittels einer Videoaufzeichnung vorgenommene Geschwindigkeitsmessung könnte auf einen Erlass eines Ministeriums gestützt werden, ist willkürlich und verstößt gegen Art. 3 Abs. 1 GG.

BVerfG, Beschl. v. 11.08.2009 – 2 BvR 941/08 = DAR 2009, 577 = NJW 2009, 3293 = NZV 2009, 618 = StRR 2009, 356 = SVR 2009, 427 = VA 2009, 172 = VRR 2009, 354 = ZAP EN-Nr. 609/2009 = zfs 2009, 589

A. Rechtsprechungslexikon

Amtlicher Leitsatz: 431

Das „bayerische" Brückenabstandsmessverfahren, bei dem drei Videokameras zum Einsatz kommen, deren Aufzeichnungen über einen Videobildmischer auf zwei Videobänder übertragen werden, ist zwar kein standardisiertes Messverfahren. Solange aber keine konkreten Anhaltspunkte für eine fehlerhafte Messung hinzutreten, entspricht sein Beweiswert jedoch einem standardisierten Messverfahren. Der darin liegende Eingriff in das Recht auf informationelle Selbstbestimmung der aufgezeichneten Fahrer ist im Verhältnis zu dem mit ihm verfolgten Zweck, des Schutzes der Allgemeinheit, der Sicherheit des fließenden Verkehrs wie auch des Schutzes von Leib und Leben des jeweiligen Vorausfahrenden angemessen und daher auch verfassungsrechtlich gerechtfertigt.

AG Schweinfurt, Urt. v. 31.08.2009 – 12 OWi 17 Js 7822/09 = DAR 2009, 660 = StRR 2009, 477 = VRR 2009, 470

Redaktioneller Leitsatz: 432

Für (Video)Messverfahren, bei denen der gesamte Fahrzeugverkehr videoüberwacht wird, während gleichzeitig Messdaten aufgezeichnet werden, die in einem späteren Auswerteverfahren einzelnen Bild- oder Videosequenzen zum Zwecke der Feststellung des Fahrzeugführers automatisch oder manuell zugeordnet werden, oder bei denen gleichzeitig mit Beginn des Messverfahrens die Videoaufzeichnung des gemessenen Fahrzeuges manuell oder automatisch beginnt, ohne dass bereits ein konkreter Tatverdacht gegen den Fahrer des gemessenen Fahrzeuges bejaht wurde, gibt es keine ausreichende gesetzliche Ermächtigungsgrundlage i.S. der Entscheidung des BVerfG vom 11.08.2009 – 2 BvR 941/08.

AG Meißen, Beschl. v. 05.10.2009 – 13 OWi 705 Js 54110/08 = StRR 2009, 478 = VRR 2009, 472

Messung durch Nachfahren

■ **Abzug für Messungenauigkeiten** 433

Amtlicher Leitsatz:

Bei der Geschwindigkeitsmessung durch Nachfahren ist ein Abzug für Messungenauigkeiten durch technische Gesamtfehler (Tachoabweichung, Reifenzustand etc) von 10 % der abgelesenen Geschwindigkeit zuzüglich 4 km/h, ein weiterer Abzug von 3 % aus der nach dem Abzug für technische Gesamtfehler verbleibenden Geschwindigkeit für Abstandsschwankungen und 3 km/h Abzug für Ablesefehler bei einem nicht jus-

Teil 4: Arbeitshilfen

tierten Tachometer in der Regel rechtlich nicht zu beanstanden (im Anschluss an OLG Stuttgart, Beschl. v. 21.02.2001 – 1 Ss 21/01).

Der Abzug für Ablesefehler braucht dann nicht in Ansatz gebracht zu werden, wenn das Fahrzeug mit einem digitalen Tachometer ausgerüstet ist.

OLG Stuttgart, Beschl. v. 20.12.2004 – 4 Ss 490/04 = Die Justiz 2005, 283 = VA 2005, 69 = VRR 2005, 4 = VRS 108, 223

434 ■ **Allgemeine Grundsätze zur Geschwindigkeitsmessung**

Amtlicher Leitsatz:

Zu den Anforderungen an die tatsächlichen Feststellungen bei einer durch Nachfahren zur Nachtzeit ermittelten Geschwindigkeitsüberschreitung.

OLG Hamm, Beschl. v. 04.11.2003 – 1 Ss OWi 729/03 = LNR 2003, 18819

435 ■ **Anforderungen an die Beweiswürdigung**

Amtlicher Leitsatz:

Zu den erforderlichen Feststellungen bei einer Geschwindigkeitsmessung durch Nachfahren und zu den Anforderungen an die Beweiswürdigung.

OLG Hamm, Beschl. v. 21.06.2001 – 4 Ss OWi 322/01 = VRS 102, 302

436 ■ **Anforderungen an die Feststellungen zu den Beleuchtungsverhältnissen**

Redaktioneller Leitsatz:

Zu den Anforderungen an die tatsächlichen Feststellungen bei einer Geschwindigkeitsmessung durch Nachfahren zur Nachtzeit.

OLG Hamm, Beschl. v. 09.09.2002 – 2 Ss OWi 643/02 = NZV 2003, 249 = VRS 104, 226

437 ■ **Anforderungen an die tatrichterlichen Feststellungen**

Amtlicher Leitsatz:

Zu den Anforderungen an die tatrichterlichen Feststellungen bei einer zur Nachtzeit durch Nachfahren gemessenen Geschwindigkeitsüberschreitung.

OLG Hamm, Beschl. v. 23.03.2004 – 3 Ss OWi 98/04 = LNR 2004, 13238

Amtlicher Leitsatz: 438

Zu den Anforderungen an die tatrichterlichen Feststellungen bei einer Geschwindigkeitsüberschreitung, der eine Geschwindigkeitsmessung durch Nachfahren zur Nachtzeit zugrunde liegt.

OLG Hamm, Beschl. v. 04.08.2008 – 2 Ss OWi 409/08 = VRR 2008, 432

▓ Anforderungen an die tatsächlichen Feststellungen 439

Amtlicher Leitsatz:

Zu den Anforderungen an die tatsächlichen Feststellungen bei einer Geschwindigkeitsmessung durch Nachfahren zur Nachtzeit.

OLG Hamm, Beschl. v. 15.12.2005 – 2 Ss OWi 844/05 = VRS 110, 279

▓ Anforderungen für eine Messung zur Nachtzeit bei i.d.R. schlechten Sicht- 440
verhältnissen

Amtlicher Leitsatz:

Bei einer durch eine Messung durch Nachfahren zur Nachtzeit festgestellten Geschwindigkeitsüberschreitung muss das tatrichterliche Urteil u.a. auch Feststellungen dazu enthalten, wie die Beleuchtungsverhältnisse waren, ob der Abstand zu dem vorausfahrenden Fahrzeug durch Scheinwerfer des nachfahrenden Fahrzeugs oder durch andere Sichtquellen aufgehellt war und damit ausreichend sicher erfasst und geschätzt werden konnte.

OLG Hamm, Beschl. v. 29.12.2006 – 2 Ss OWi 797/06 = NJW 2007, 1298 = NZV 2007, 257 = VA 2007, 73 = ZAP EN-Nr. 348/2007

▓ Anforderungen zur Geschwindigkeitsmessung durch Nachfahren mit Tacho- 441
metervergleich

Redaktioneller Leitsatz:

Der Abstand hintereinander fahrender Kfz kann durch eine Schätzung darin geübter Personen jedenfalls dann hinreichend verlässlich festgestellt werden, wenn die beteiligten Fahrzeuge aus nicht zu großer Entfernung über eine genügend lange Fahrstrecke ungehindert beobachtet werden können und es sich um eine beträchtliche Unterschreitung des notwendigen Sicherheitsabstandes handelt.

OLG Hamm, Beschl. v. 17.02.2006 – 2 Ss OWi 63/06 = DAR 2006, 338 = VRR 2006, 192 = VRS 110, 281

442 ■ **Besondere Feststellungen**

Amtlicher Leitsatz:

1. Bei einer nächtlichen Geschwindigkeitsmessung durch Nachfahren, auch innerorts, sind in den Urteilsgründen besondere Feststellungen über die Beleuchtungsverhältnisse und Orientierungspunkte zu machen, die die Zuverlässigkeit dieser Messung erkennen lassen.

2. Bei 100 m Verfolgungsabstand kann nicht ohne weiteres davon ausgegangen werden, dass die Scheinwerfer des Polizeifahrzeugs zur genügenden Aufhellung beitrugen und der Abstand ausreichend sicher geschätzt werden konnte.

OLG Oldenburg, Beschl. v. 02.05.1996 – Ss 56/96 = DAR 1996, 291 = VersR 1997, 254

443 ■ **Beweisverwertungsverbot bei ProVida-Messung**

Redaktioneller Leitsatz:

1. Zur Geschwindigkeitsmessung unter Verwendung der Verkehrsüberwachungsanlage (Videonachfahrsystem) ProVida 200 Modular und Ermittlung der tatsächlichen Geschwindigkeit mithilfe des ViDistA-Auswertungsverfahrens.

2. Zum Beweiserhebungs-/-verwertungsverbot bzgl. der Standfotos aus dem Tatvideo.

AG Lübben, Urt. v. 08.12.2009 – 40 OWi 1911 Js 19757/09 (204/09) = DAR 2010, 149

444 ■ **Beweiswürdigung/Konkurrenzverhältnis**

Amtlicher Leitsatz:

1. Zu den Anforderungen an die Feststellungen und die Beweiswürdigung bei einer durch Nachfahren festgestellten Unterschreitung des Sicherheitsabstandes.

2. Es besteht Tateinheit zwischen dem Nichtanlegen des Sicherheitsgurtes und einem auf der Fahrt ohne angelegten Sicherheitsgut begangenen Verkehrsverstoß.

OLG Hamm, Beschl. v. 17.02.2006 – 2 Ss OWi 63/05 = LNR 2006, 11234

A. Rechtsprechungslexikon

■ **Erforderliche Feststellungen** 445

Amtlicher Leitsatz:

1. Allein der Umstand, dass der Verteidiger mit der Begründung der Rechtsbeschwerde seine Ausführungen nur gegen die verhängten Rechtsfolgen richtet, rechtfertigt in der Regel noch nicht, von einer nachträglichen Konkretisierung der Rechtsbeschwerde im Sinne einer Beschränkung auf den Rechtsfolgenausspruch auszugehen.

2. Im Falle der Geschwindigkeitsmessung durch Nachfahren sind in den Urteilsgründen in der Regel nicht nur die Länge der Messstrecke, der – ungefähre – Abstand zum vorausfahrenden Fahrzeug und die Höhe des Sicherheitsabschlages festzustellen, sondern auch die Orientierungspunkte, die die Schätzung des Abstandes zu dem vorausfahrenden Fahrzeug des Betroffenen ermöglicht haben.

OLG Hamm, Beschl. v. 13.12.2001 – 3 Ss OWi 960/01 = VRS 104, 312

■ **Erforderlicher Toleranzabzug** 446

Amtlicher Leitsatz:

Bei einer Geschwindigkeitsmessung mit Hilfe des Police-Pilot-Systems in der Betriebsart „MAN" ist bei Geschwindigkeitswerten über 100 km/h ein Toleranzabzug von 5 % im Regelfall erforderlich und ausreichend.

KG Berlin, 26.05.2008 – 3 Ws (B) 123/08; 2 Ss 114/08 = DAR 2009, 39 (LS)

■ **Erforderlicher Umfang der Feststellungen** 447

Amtlicher Leitsatz:

Zum erforderlichen Umfang der Feststellungen bei einer Geschwindigkeitsmessung durch Nachfahren zur Nachtzeit.

OLG Hamm, Beschl. v. 05.04.2001 – 5 Ss OWi 246/01 = LNR 2001, 17351

Amtlicher Leitsatz: 448

Zum erforderlichen Umfang der tatsächlichen Feststellungen bei einer durch Nachfahren ermittelten Geschwindigkeitsüberschreitung, die vom Betroffenen eingeräumt wird.

OLG Hamm, Beschl. v. 29.11.2001 – 2 Ss OWi 1029/01 = DAR 2002, 226 = NZV 2002, 245 = NZV 2002, 282 = VRS 102, 218

449 **Amtlicher Leitsatz:**

Zum erforderlichen Umfang der tatsächlichen Feststellungen bei einer Geschwindigkeitsmessung durch Nachfahren zur Nachtzeit.

OLG Hamm, Beschl. v. 27.08.2007 – 2 Ss OWi 471/07 = VRS 113, 302

450 ■ **Feststellung einer Geschwindigkeitsüberschreitung durch Nachfahren zur Nachtzeit außerhalb geschlossener Ortschaften**

Amtlicher Leitsatz:

Zu den Anforderungen an die tatsächlichen Feststellungen bei einer Geschwindigkeitsüberschreitung, die durch Messung durch Nachfahren festgestellt worden ist.

OLG Hamm, Beschl. v. 06.09.2005 – 2 Ss OWi 512/05 = DAR 2006, 31 = NZV 2006, 108 – 109 = VRS 109, 373

451 ■ **Feststellungen zu den Beleuchtungsverhältnissen**

Redaktioneller Leitsatz:

1. Der Bußgeldrichter muss bei Verhängung eines Fahrverbots deutlich machen, dass er die Möglichkeit des Absehens von der Anordnung eines Fahrverbotes im Fall des Vorliegens besonderer Ausnahmeumstände gesehen und bei seiner Entscheidung bedacht hat.

2. Eine ausreichend zuverlässige Beurteilung der Gleichmäßigkeit des Abstands zwischen einem vorausfahrenden Fahrzeug und einem nachfahrenden Messfahrzeug ist grundsätzlich allein durch die optische Wahrnehmung und Einschätzung der nachfahrenden Polizeibeamten ohne Weiteres auch dann noch möglich, wenn bei einem Abstand von 100 m aufgrund von Nachtsichtverhältnissen nur noch die Rücklichter des vorausfahrenden Fahrzeugs erkennbar sind. Das gilt unter Berücksichtigung der technischen Anforderungen des § 50 StVZO an die Ausleuchtung der Fahrbahn durch die Kfz-Scheinwerfer jedenfalls dann, wenn für die Schätzung des gleich bleibenden Abstands trotz der Dunkelheit zu erkennende Orientierungspunkte vorhanden sind.

OLG Düsseldorf, Beschl. v. 05.10.2007 – IV – 2 Ss (OWi) 139/06 – (OWi) 73/07 II = VRR 2008, 111

A. Rechtsprechungslexikon

▪ **Folgen des Vorliegens einer besonders langen Messstrecke und eines geringen Abstands zum vorausfahrenden Fahrzeug**   452

Amtlicher Leitsatz:

Bei besonders langer Messstrecke und geringem Abstand zum vorausfahrenden Fahrzeug – hier 75 Meter Abstand bei einer Messstrecke von 3.000 Metern – können bei einer Geschwindigkeitsmessung durch Nachfahren zur Nachtzeit nähere Ausführungen zu den Sichtverhältnissen und zu den Orientierungspunkten zur Abstandsschätzung entbehrlich sein.

OLG Hamm, Beschl. v. 04.12.2006 – 4 Ss OWi 759/06 = VRS 112, 40

▪ **Genauigkeit der Messung durch hinterherfahrendes Polizeifahrzeug**   453

Amtlicher Leitsatz:

1. Die Abstandsermittlung bei Geschwindigkeitsmessungen durch Nachfahren ist tatrichterliche Aufgabe; maßgeblich sind die Besonderheiten des Einzelfalles.

2. Eine – nur optische – Schätzung des Abstandes ohne weitere Anhaltspunkte ist grundsätzlich auch zur Nachtzeit jedenfalls bei einem Abstand von 100 m möglich.

3. Etwaige Ungenauigkeiten bei Verwendung eines ungeeichten Tachometers und bei der Abstandsschätzung werden – nach unveränderter Senatsrechtsprechung – durch einen Abzug von 20 % der abgelesenen Geschwindigkeit ausgeglichen.

OLG Celle, Beschl. v. 16.03.2004 – 211 Ss 34/04 (OWi) = DAR 2005, 163 = NZV 2004, 419 = VA 2004, 155 = VRS 106, 460

▪ **Gerätetypische Betriebsfehler**   454

Amtlicher Leitsatz:

Wird bei der Geschwindigkeitsmessung durch ein nachfahrendes Polizeifahrzeug ein geeichtes Messgerät des Typs „Provida Proof Electronic PDRS-1245" verwendet, erfasst ein Toleranzwert von 5 % bei der Berechnung der Geschwindigkeit alle gerätetypischen Betriebsfehler; dazu gehören auch Abweichungen aufgrund des Reifendrucks. Entfernt sich das gemessene Fahrzeug sichtbar, bedarf es über den gerätebedingten Toleranzwert von 5 % hinaus keines weiteren Abschlags.

BayObLG, Beschl. v. 23.07.2003 – 1 ObOWi 246/03 = DAR 2004, 37 = NZV 2004, 49 = = VRS 105, 444

Teil 4: Arbeitshilfen

455 ■ **Grundsätze**

Amtlicher Leitsatz:

Zu den erforderlichen Feststellungen bei einer Geschwindigkeitsmessung zur Nachtzeit.

OLG Hamm, Beschl. v. 26.07.2006 – 4 Ss OWi 444/06 = LNR 2006, 32336

456 **Amtlicher Leitsatz:**

Zum erforderlichen Umfang der tatsächlichen Feststellungen bei einer zur Nachtzeit durchgeführten Geschwindigkeitsmessung durch Nachfahren.

OLG Hamm, Beschl. v. 18.03.2003 – 4 Ss OWi 10/03 = LNR 2003, 14504

457 ■ **Höhe des Sicherheitsabschlags**

Amtlicher Leitsatz:

Zur Höhe des Sicherheitsabschlags bei der Messung einer Geschwindigkeitsüberschreitung durch Nachfahren.

OLG Hamm, Beschl. v. 31.08.2006 – 2 Ss OWi 297/06 = VRR 2006, 472

458 ■ **Innerhalb geschlossener Ortschaften**

Redaktioneller Leitsatz:

Bei einer innerörtlichen Geschwindigkeits- und Abstandsmessung durch Nachfahren sind Anforderungen, die für Messungen durch Nachfahren außerhalb geschlossener Ortschaften entwickelt worden sind, bei denen die Sicht- und Beleuchtungsverhältnisse regelmäßig schlechter und die Abstände zum gemessenen Fahrzeug wesentlich größer sind, nicht anzuwenden.

OLG Hamm, Beschl. v. 19.03.2009 – 3 Ss OWi 94/09 = LNR 2009, 15852

459 ■ **Nachfahren zur Nachtzeit**

Amtlicher Leitsatz:

Zu den Anforderungen an die tatrichterlichen Feststellungen bei durch Nachfahren zur Nachtzeit gemessenen Geschwindigkeitsüberschreitung.

OLG Hamm, Beschl. v. 13.03.2003 – 2 Ss (OWi) 201/03 = DAR 2003, 429 = NStZ-RR 2004, 26 = NZV 2003, 494 = VRS 105, 229

■ **Nicht geeichtes Messgerät** 460

Redaktioneller Leitsatz:

Auch eine früher erfolgte Eichung ist lediglich formell korrekt, materiell aber als fehlerhaft anzusehen, wenn sie wegen der zur Tatzeit nicht vorhandenen, von der PTB aber geforderten, gesonderten Genehmigung einer Bauartzulassung in Bezug auf das CAN-Bus-System nicht eichfähig war; denn ein Messgerät ist nur dann gem. § 14a Abs. 1 Eichordnung eichfähig, wenn seine Bauart durch die PTB zur Eichung zugelassen ist. Ein (materiell) fehlerhaft geeichtes Gerät ist einem ungeeichten oder nicht ausreichend geeichten Gerät gleichzusetzen, sodass die Grundsätze, die bei Messungen mit ungeeichten Geräten gelten, entsprechend anzuwenden sind.

OLG Hamm, Beschl. v. 16.01.2009 – 3 Ss OWi 767/07 = LNR 2009, 19862

■ **Proof-Speed-Messgerät** 461

Redaktioneller Leitsatz:

Die Geschwindigkeitsmessung eines dem Polizeifahrzeug nachfahrenden Kfz mit einem Proof-Speed-Messgerätes bietet eine genügende Beweisgrundlage, wenn der gleich bleibende Abstand zwischen beiden Fahrzeugen sicher beobachtet werden konnte.

BayObLG, Beschl. v. 26.01.2001 – 2 ObOWi 17/01 = DAR 2001, 281 = NStZ-RR 2001, 252 = VRS 100, 378

■ **Reifenwechsel** 462

Amtlicher Leitsatz:

1. Eine Geschwindigkeitsmessung mittels Police-Pilot-System (PPS) ist auch dann verwertbar, wenn es nach einer Eichung des Gerätes zu einem Reifenwechsel von Winterreifen auf Sommerreifen gekommen ist und die nach der Gebrauchsanweisung für diesen Fall vorgesehene Neueichung unterblieben ist.

2. Steht fest, dass der Reifenwechsel das Messergebnis nicht zuungunsten des Betroffenen beeinflusst haben kann, ist kein höherer Toleranzabzug als von 5 % angezeigt. Dies ist jedenfalls dann der Fall, wenn die Sommerreifen einen größeren Umfang als die Winterreifen aufweisen (hier: Wechsel von Winterreifen der Größe 185/65 R 15 auf Sommerreifen der Größe 205/60 R 15).

Teil 4: Arbeitshilfen

AG Nordenham, Urt. v. 31.05.2007 – 5 OWi 441 Js 59850/06 (587/06) = VA 2008, 17 = VRR 2008, 37

463 ■ **Sichtverhältnisse**

Amtlicher Leitsatz:

1. Bei der Geschwindigkeitsmessung durch Nachfahren darf der Abstand nicht zu groß sein und sollte dem „halben Tachoabstand" entsprechen. Geringe Abweichungen von den Richtwerten können im Einzelfall unschädlich sein, wenn sie durch eine überlange Messstrecke ausgeglichen werden. Ein Abstand von 600 m ist aber so ungewöhnlich groß, dass er auch nicht annähernd zuverlässig zu überblicken ist und Abstandsschwankungen, insbesondere wenn sie noch durch die Sichtverhältnisse erschwert sind, nicht zuverlässig beurteilt werden können.

2. Einen Erfahrungssatz des Inhalts, dass gut sichtbar aufgestellte Verkehrszeichen nicht übersehen werden könnten, deren Nichtbeachtung also vorsätzlich wäre, gibt es nicht. Fahren auf der rechten Fahrspur Fahrzeuge erheblich langsamer, so kann daraus gleichfalls nicht geschlossen werden, der Betroffene habe damit gerechnet, dass diese wegen einer bestehenden Geschwindigkeitsbeschränkung so langsam fuhren, und die Geschwindigkeitsüberschreitung billigend in Kauf genommen.

BayObLG, Beschl. v. 09.04.1996 – 2 ObOWi 247/96 (LS) = DAR 1996, 288 = VersR 1997, 254

464 ■ **Skalenendwert**

Redaktioneller Leitsatz:

Wird mit einem Dienstfahrzeug ohne justierten Tachometer eine Geschwindigkeitsmessung durch Nachfahren durchgeführt, ist folgender Abzug erforderlich: Ein Sicherheitsabzug von 7 % des Skalenendwertes zuzüglich eines 12 %igen Abzugs der abgelesenen Geschwindigkeit. [s.a. OLG Düsseldorf, DAR 1988, 137]

OLG Köln, Beschl. v. 18.12.1990 – Ss 554/90 (Z) – 282 Z = DAR 1991, 193 = NZV 1991, 202 = VRS 1991, 467

465 ■ **Tachometervergleich**

Amtlicher Leitsatz:

1. Ein Bußgeldbescheid wird in seiner Wirksamkeit dann nicht beeinträchtigt, wenn für den Betroffenen trotz einer Fehlbezeichnung nicht infrage stehen kann, welcher Sachverhalt ihm zur Last gelegt werden soll. Die hinreichende Bestimmtheit verlangt

nicht, dass das Gericht bereits allein aus dem Inhalt des Bußgeldbescheids endgültig entnehmen kann, welche konkrete Handlung dem Betroffenen zur Last gelegt wird. Vielmehr kann in „Ergänzung" des Bußgeldbescheids auf den gesamten Akteninhalt Bezug genommen werden, um zu klären, welcher Sachverhalt auch für den Betroffenen erkennbar und unverwechselbar gemeint ist.

2. Bei einer Geschwindigkeitsmessung durch Nachfahren und Tachometervergleich bedarf es weiterhin näherer Feststellungen im tatrichterlichen Urteil zum (gleich bleibenden) Abstand zwischen dem Fahrzeug des Betroffenen und dem Polizeifahrzeug sowie zur Länge der Nachfahrstrecke. Wird die Geschwindigkeitsmessung nachts durchgeführt, bedarf es überdies auch näherer Feststellungen zu den Beleuchtungs- und Sichtverhältnissen, um die Zuverlässigkeit der Messung überprüfen zu können.

BayObLG, Beschl. v. 01.08.1994 – 2 ObOWi 343/94 = VersR 1995, 1458

■ **Umfang der Feststellungen** 466

Amtlicher Leitsatz:

Zum erforderlichen Umfang der tatrichterlichen Feststellungen bei einer durch Nachfahren zur Nachtzeit ermittelten Geschwindigkeitsüberschreitung.

OLG Hamm, Beschl. v. 21.12.2001 – 2 Ss OWi 1062/01 = LNR 2001, 17484

■ **Urteilsbegründung bei Tachometervergleichung** 467

Redaktioneller Leitsatz:

Die Begründung eines Urteils in einem Verfahren mit Geschwindigkeitsmessung durch Nachfahren mit Tachometervergleichung muss die Beobachtungen der jeweiligen Polizeibeamten mitumfassen, damit die Zuverlässigkeit geprüft werden kann.

Auch wenn nicht mit Sicherheit festgestellt werden kann, dass die Geschwindigkeit aufgrund der Verringerung des Messabstandes zwischen beiden Fahrzeugen verringert wurde, sondern es sich nur um eine Indiztatsache handelt, muss dieser Tatsache in der Gesamtwürdigung Rechnung getragen werden.

Es ist auch in einem Bußgeldverfahren nicht ausreichend das Ergebnis eines Sachverständigengutachten zu verwerten, ohne dass in der Begründung des Urteils auf die wesentlichen tatsächlichen Grundlagen (Anknüpfungstatsachen) und die hieraus resultierenden Schlussfolgerungen des Sachverständigen einzugehen.

OLG Hamm, Beschl. v. 27.01.1995 – 2 Ss (OWi) 3/95= NJW 1995, 2865 = NZV 1995, 199 = zfs 1995, 276

Teil 4: Arbeitshilfen

468   ■ **Vergleich mit der Geschwindigkeit eines nachfolgenden Polizeifahrzeugs**

Redaktioneller Leitsatz:

1. Für einen dem Schriftformerfordernis des § 67 Abs. 1 Satz 1 OWiG entsprechenden wirksamen Einspruch des Betroffenen gegen einen Bußgeldbescheid ist nicht unbedingt die Unterschrift des Erklärenden erforderlich. Vielmehr genügt es, dass aus dem Schriftstück der Inhalt der abzugebenden Erklärung und die Person, von der sie ausgeht, hinreichend zuverlässig entnommen werden können; außerdem muss feststehen, dass es sich nicht um einen Entwurf handelt, sondern dass das Schriftstück mit Wissen und Willen des Berechtigten der Verwaltungsbehörde zugeleitet worden ist.

2. Die Feststellung der Geschwindigkeit eines Kfz durch Vergleich mit der Geschwindigkeit eines nachfolgenden Polizeifahrzeugs kann grds. eine genügende Beweisgrundlage für die Annahme einer Überschreitung der höchstzulässigen Geschwindigkeit sein. In diesem Zusammenhang ist bei einem nicht geeichten bzw. nicht justierten Tachometer im Polizeifahrzeug grds. ein Toleranzabzug von 20 % der abgelesenen Geschwindigkeit notwendig, aber auch ausreichend, um bei guten allgemeinen Sichtverhältnissen grds. alle zugunsten des Täters in Betracht kommenden Fehlerquellen menschlicher und technischer Art zu berücksichtigen. Stets bleibt die Bemessung des abzuziehenden Sicherheitsabschlags jedoch Tatfrage, die der Tatrichter in seiner freien Beweiswürdigung unter Berücksichtigung aller im Einzelfall in Betracht kommender Umstände zu beurteilen und zu entscheiden hat.

OLG Rostock, 28.03.2007 – 2 Ss (OWi) 311/06 I 171/06 = VRS 113, 309

469   ■ **Verlässlichkeit**

Amtlicher Leitsatz:

Zu den Urteilsanforderungen bei der Geschwindigkeitsmessung durch Nachfahren.

OLG Oldenburg, Beschl. v. 18.03.1996 – Ss 71/96 = LNR 1996, 21385

470   ■ **Verwertbarkeit**

Redaktioneller Leitsatz:

Der Senat vertritt entgegen dem BGH die Auffassung, dass in Fällen der Geschwindigkeitsmessung durch Nachfahren und Tachometervergleich, die Feststellungen des tatrichterlichen Urteils die Nachprüfung zulassen müssen, ob die Voraussetzungen für eine verwertbare Messung vorlagen. Dem Urteil muss die Länge der Messstrecke, die Größe des Abstands und ob der verwendete Tachometer binnen Jahresfrist justiert war sowie welcher Sicherheitsabschlag vorgenommen wurde zu entnehmen sein.

A. Rechtsprechungslexikon

OLG Köln, Beschl. v. 05.11.1993 – Ss (B) 463/93 – 240 B = BRS 1986, 359 = DAR 1994, 248

Redaktioneller Leitsatz: 471

Die den inneren Tatbestand einer Überschreitung der zulässigen Höchstgeschwindigkeit betreffenden Rechtsbegriffe (insb. Vorsatz) müssen bei der Darstellung in die entsprechenden tatsächlichen Bestandteile aufgelöst werden, wenn der innere Tatbestand sich nicht von selbst aus der Schilderung des äußeren Sachverhalts ergibt. Insb. müssen also

Feststellungen zur Vorstellungs- und Willensseite getroffen werden. Eine vorsätzliche Geschwindigkeitsüberschreitung ergibt sich auch nicht ohne weiteres aus den Feststellungen zum äußeren Tatgeschehen. Denn bei einem Verstoß gegen eine durch Verkehrszeichen angeordnete Geschwindigkeitsbeschränkung ist stets die Möglichkeit in Betracht zu ziehen, dass der Betroffene das Verkehrszeichen übersehen hat. In der OLG-Rechtsprechung herrscht darüber Einigkeit, dass in Fällen von abgeurteilten Überschreitungen der zulässigen Geschwindigkeit aufgrund einer Geschwindigkeitsmessung durch Nachfahren und Tachometervergleich, die Feststellungen des tatrichterlichen Urteils die Nachprüfung zulassen müssen, ob die Voraussetzungen für eine verwertbare Messung vorlagen. Dem Urteil muss die Länge der Messstrecke, die Größe des Abstands und ob das verwendete Tachometer binnen Jahresfrist justiert war sowie welcher Sicherheitsabschlag vorgenommen wurde zu entnehmen sein. Bei einer Messung zur Nachtzeit, müssen i.d.R. besondere Feststellungen über die Beleuchtungsverhältnisse und Orientierungspunkte die Zuverlässigkeit der Messung erkennen lassen. Denn die Einhaltung eines gleich bleibenden Abstands ist nachts besonders schwer zu überwachen. Bei einem Abstand von 100 m kann nicht ohne weiteres davon ausgegangen werden, dass der vorausfahrende Pkw des Betroffenen durch die Scheinwerfer des nachfahrenden Polizeifahrzeugs aufgehellt war und der gleich bleibende Abstand ausreichend sicher erfasst und geschätzt werden konnte. Hieran ist auch nach der Entscheidung des BGH, 19.08.1993 – 4 StR 627/92 festzuhalten. Diese betrifft nur standardisierte technische Messverfahren. Hierzu zählt die Geschwindigkeitsmessung durch Nachfahren und Tachometervergleich nicht.

OLG Köln, Beschl. v. 19.10.1993 – Ss (B) 434/93 = NZV 1994, 77 = VRS 86, 199

▪ **Voraussetzung für die Verwertbarkeit einer Geschwindigkeitsmessung durch Nachfahren in der Nachtzeit** 472

Redaktioneller Leitsatz:

1. Bei Geschwindigkeitsmessungen durch Nachfahren zur Nachtzeit bedarf es bei Messung auf innerörtlichen Fahrtstrecken entlang noch angeschalteter Lichtzeichen-

Teil 4: Arbeitshilfen

anlagen keinerlei Feststellung zur Ausleuchtung der Beobachtungsstrecke, da dort üblicherweise eine gewisse Grundhelligkeit im Straßenbereich herrscht.

2. In diesem Fällen ist keine Auseinandersetzung des Tatrichters mit den individuellen Fähigkeiten der beobachtenden Polizeibeamten erforderlich, da bei Polizeibeamten im Streifendienst in Ermangelung abweichender Anhaltspunkte davon auszugehen ist, dass sie in der Lage sind, solche Geschwindigkeitsmessungen durchzuführen.

3. Ein Sicherheitsabschlag von 20 % des Ablesewertes ist bei derartigen Messungen ausreichend.

OLG Jena, Beschl. v. 10.04.2006 – 1 Ss 77/06 = VA 2006, 162 = VRR 2006, 353 = VRS 111, 195

Messverfahren

473 ■ **Absehen von der Verhängung eines Fahrverbotes**

Amtlicher Leitsatz:

Bloße Lästigkeiten bei der Berufsausübung und sonstigen Verrichtungen des täglichen Lebens sind zwangsläufige Folge jedweden Fahrverbots und rechtfertigen allein das Absehen vom Fahrverbot nicht.

OLG Hamm, Beschl. v. 23.02.2006 – 3 Ss OWi 39/06 = VRR 2006, 163

474 **Amtlicher Leitsatz:**

Der drohende Verlust des Arbeitsplatzes, der das Absehen von einem Regelfahrverbot rechtfertigen soll, wird i.d.R. nicht durch ein bloßes Schreiben des Arbeitgebers des Betroffenen hinreichend bestätigt werden können.

OLG Hamm, Beschl. v. 19.01.2006 – 3 Ss OWi 851/05 = VRR 2006, 123 = ZAP EN-Nr. 240/2006

475 ■ **Abzug für Messungenauigkeiten/Sicherheitsabzüge bei nicht justiertem Tachometer**

Amtlicher Leitsatz:

Bei der Geschwindigkeitsmessung durch Nachfahren ist ein Abzug für Messungenauigkeiten durch technische Gesamtfehler (Tachoabweichung, Reifenzustand etc) von 10 % der abgelesenen Geschwindigkeit zuzüglich 4 km/h, ein weiterer Abzug von 3 % aus der nach dem Abzug für technische Gesamtfehler verbleibenden Geschwindigkeit

A. Rechtsprechungslexikon

für Abstandsschwankungen und 3 km/h Abzug für Ablesefehler bei einem nicht justierten Tachometer in der Regel rechtlich nicht zu beanstanden (im Anschluss an OLG Stuttgart, Beschl. v. 21.02.2001 – 1 Ss 21/01).

Der Abzug für Ablesefehler braucht dann nicht in Ansatz gebracht zu werden, wenn das Fahrzeug mit einem digitalen Tachometer ausgerüstet ist.

OLG Stuttgart, Beschl. v. 20.12.2004 – 4 Ss 490/04 = Die Justiz 2005, 283 = VA 2005, 69 = VRR 2005, 4 = VRS 108, 223

■ **Akteneinsicht zur Überprüfung eines Messverfahrens** 476

Amtlicher Leitsatz:

Dem Verteidiger und einem von ihm mit der Überprüfung des Messverfahrens beauftragten öffentlich bestellten und vereidigten Sachverständigen ist im Rahmen der Akteneinsicht der gesamte von einem Messvorgang vorhandene Messfilm zur Verfügung zu stellen, wenn dies zur Beurteilung der Erfolgsaussichten des Einspruchs von Bedeutung ist.

AG Cottbus, Beschl. v. 17.06.2008 – 67 OWi 1611 Js – OWi 17966/08 (174/08) = VRR 2009, 118 = StRR 2009, 146

■ **Anforderungen an die Beweiswürdigung bei der Täteridentifizierung anhand** 477
eines unscharfen Fotos

Amtlicher Leitsatz:

1. Die Bezeichnung eines Messverfahrens als „Radarmessung" ist bei einem standardisierten Messverfahren ausreichend.

2. Zu den Anforderungen an das tatrichterliche Urteil im Fall der Täteridentifizierung anhand eines Lichtbildes.

OLG Hamm, Beschl. v. 25.08.2005 – 4 Ss OWi 575/05 = LNR 2005, 31891

■ **Anforderungen an die Verurteilung wegen einer fahrlässigen Geschwindig-** 478
keitsüberschreitung

Amtlicher Leitsatz:

Zur Verhängung eines Fahrverbotes bei zahlreichen Vorbelastungen des Betroffenen.

OLG Hamm, Beschl. v. 12.02.2004 – 3 Ss OWi 77/04 = SVR 2004, 194

Teil 4: Arbeitshilfen

479 **Anforderungen an Entbehrlichkeit von Mitteilungen bei Geständnis**

Amtlicher Leitsatz:

Nach ständiger Rechtsprechung des Senats muss der Tatrichter dem Rechtsbeschwerdegericht in seinem Urteil die rechtliche Nachprüfung der Zuverlässigkeit der Feststellung der Geschwindigkeitsüberschreitung ermöglichen. Hierzu gehört, dass er in den Urteilsgründen zumindest die zur Feststellung der eingehaltenen Geschwindigkeit angewandte Messmethode mitteilt und darüber hinaus darlegt, dass mögliche Fehlerquellen ausreichend berücksichtigt worden sind.

OLG Hamm, Beschl. v. 09.02.2004 – 2 Ss OWi 35/04 = DAR 2004, 407 = VRS 106, 458

480 **Anforderungen an tatrichterliche Beweiswürdigung**

Amtlicher Leitsatz:

Bei der Verurteilung wegen einer Geschwindigkeitsüberschreitung muss der Tatrichter, um dem Rechtsbeschwerdegericht die Kontrolle der Beweiswürdigung zu ermöglichen, in den Urteilsgründen zumindest das angewandte Messverfahren und den berücksichtigten Toleranzwert mitteilen.

OLG Hamm, Beschl. v. 14.05.2007 – 3 Ss OWi 327/07 = SVR 2008, 269 = LNR 2007, 36123

481 **Angabe des angewandten Messverfahrens und des Toleranzwertes**

Amtlicher Leitsatz:

Bei der Geschwindigkeitsüberschreitung, die durch ein standardisiertes Messverfahren festgestellt worden ist, hat der Tatrichter in den Urteilsgründen zumindest das angewandte Messverfahren und den von der gemessenen Geschwindigkeit in Abzug gebrachten Toleranzwert anzugeben.

OLG Hamm, Beschl. v. 07.10.2003 – 1 Ss OWi 623/03 = LNR 2003, 18050

482 **Amtlicher Leitsatz:**

Nach ständiger Rechtsprechung der Obergerichte muss der Tatrichter dem Rechtsbeschwerdegericht die rechtliche Nachprüfung der Zuverlässigkeit der Feststellung der Geschwindigkeitsüberschreitung ermöglichen. Hierzu gehören neben der Angabe des Messverfahrens auch der berücksichtigte Toleranzwert, soweit die Überzeugung des Tatrichters von der Überschreitung der zulässigen Höchstgeschwindigkeit auf mit anerkannten Geräten in weithin standardisierten Verfahren gewonnenen Messergebnissen beruht.

OLG Hamm, Beschl. v. 26.01.2006 – 3 Ss OWi 7/06 = VRR 2006, 163

■ **Aufdrängen einer weiteren Beweisaufnahme bei konkreten Anhaltspunkten für das Vorliegen technischer Fehlfunktionen des Messgerätes**   483

Redaktioneller Leitsatz:

Bei einem standardisierten Messverfahren drängt sich eine weitere Beweisaufnahme auf bzw. es liegt diese nahe, wenn konkrete Anhaltspunkte für technische Fehlfunktionen des Messgeräts behauptet werden.

OLG Hamm, Beschl. v. 11.12.2006 – 2 Ss OWi 598/06 = NZV 2007, 155 = VRR 2007, 195 = VRS 112, 126 = zfs 2007, 111

■ **Bedeutung des Geständnisses bei Fehlen von Feststellungen zur verwendeten Messmethode im Urteil**   484

Amtlicher Leitsatz:

Der Beweiskraft eines Geständnisses steht es in der Regel nicht entgegen, wenn im Bußgeldverfahren der Betroffene zwar den Vorwurf der Überschreitung der zulässigen Höchstgeschwindigkeit im Straßenverkehr vollumfänglich einräumt, gleichwohl das Amtsgericht aber nicht Feststellungen hinsichtlich der angewendeten Messmethode getroffen hat.

OLG Schleswig, 26.02.2003 – 1 Ss OWi 11/03 = NZV 2003, 394

■ **Berücksichtigung der Einlassung des Betroffenen/Verkehrsfehlertoleranz**   485

Amtlicher Leitsatz:

Auch bei standarisierten Geschwindigkeitsmessverfahren müssen Urteilsgründe Einlassung des Betroffenen und das Messverfahren erkennen lassen.

OLG Karlsruhe, Beschl. v. 16.10.2006 – 1 Ss 55/06 = NZV 2007, 256 = VA 2007, 12 = VRR 2007, 35 = VRS 111, 427 = ZAP EN-Nr. 104/2007 = zfs 2007, 113

Teil 4: Arbeitshilfen

486 ■ Berücksichtigung der wirtschaftlichen Verhältnisse

Amtlicher Leitsatz:

Bei der Ahndung von Verkehrsordnungswidrigkeiten dürfen die wirtschaftlichen Verhältnisse des Betroffenen in der Regel unberücksichtigt bleiben, wenn wegen der Zuwiderhandlung eine Geldbuße von nicht mehr als 500, – DM verhängt wird.

OLG Düsseldorf, Beschl. v. 31.05.2000 – 2a Ss (OWi) 68/00 – (OWi) 30/00 II = VRS 99, 131 = NZV 2000, 425 = DAR 2000, 534 (LS)

487 ■ Berücksichtigung des Toleranzwertes

Amtlicher Leitsatz:

Bei einer Verurteilung wegen einer Geschwindigkeitsüberschreitung ist die Angabe des Toleranzabzugs jedenfalls dann entbehrlich, wenn sich aus sonstigen Umständen ergibt, dass die vom Amtsgericht der Verurteilung zu Grunde gelegte Geschwindigkeit bereits um die um einen Toleranzabzug verminderte Geschwindigkeit handelt.

OLG Hamm, Beschl. v. 26.04.2004 – 2 Ss OWi 203/04 = DAR 2004, 464 = VRS 107, 114 = ZAP EN-Nr. 572/2004 = = VA 2004, 137

488 ■ Berufung auf ein standardisiertes Messverfahren

Amtlicher Leitsatz:

Die Berufung auf ein standardisiertes Messverfahren objektiviert eine Geschwindigkeitsüberschreitung nur dann ohne weiteres mit der Folge, dass mit der Begründung ein Beweisantrag des Betroffenen als zur Erforschung der Wahrheit nicht erforderlich abgelehnt werden kann, wenn im Einzelfall keine konkreten Anhaltspunkte für eine Fehlmessung dargetan werden.

OLG Celle, Beschl. v. 16.07.2009 – 311 SsBs 67/09 = NZV 2009, 575 = VA 2009, 195 = VRR 2009, 393 = zfs 2009, 593

489 ■ Beschränkung der Rechtsbeschwerde

Amtlicher Leitsatz:

1. Die Beschränkung der Rechtsbeschwerde auf den Rechtsfolgenausspruch ist nur dann wirksam, wenn in der tatrichterlichen Entscheidung hinreichende Feststellungen für die Rechtsbeschwerdegericht zu treffende Entscheidung über die Rechtsfolgen getroffen werden. Dazu gehört bei einer mit einem standardisierten Messverfahren fest-

gestellten Geschwindigkeitsüberschreitung zumindest die Mitteilung der angewandten Messmethode und die Mitteilung. welcher Toleranzabzug berücksichtigt worden ist.

2. Macht der arbeitslose Betroffene geltend, dass von einem Fahrverbot abgesehen werden müsse, weil er die Aussicht habe, eine neue Arbeitsstelle als Fahrer bekommen zu können, ist es bedenklich, wenn das Amtsgericht dazu ausführt, dass es, wenn der Betroffene eine Anstellung als Fahrer suchte, nahe gelegen hätte, den Bußgeldbescheid zu akzeptieren und das Fahrverbot unverzüglich anzutreten.

OLG Hamm, Beschl. v. 13.08.2001 – 2 Ss OWi 725/01 = DAR 2002, 39 = VRS 101, 282

■ **Beschränkung des Einspruchs/ausreichende Feststellungen**　　490

Amtlicher Leitsatz:

1. Im Bußgeldverfahren kann der Einspruch auf die Rechtsfolgen beschränkt werden.

2. Bei einer Geschwindigkeitsüberschreitung muss das tatrichterliche Urteil zumindest Angaben zur Messmethode und zu einem ggf. vorgenommenen Toleranzabzug enthalten.

OLG Hamm, Beschl. v. 12.05.2000 – 2 Ss OWi 408/00 = MDR 2000, 881 = VRS 99, 220

■ **Bindung der Oberlandesgerichte**　　491

Amtlicher Leitsatz:

1. Fasst der Bundesgerichtshof die vom Oberlandesgericht zu eng gestellte Vorlegungsfrage weiter, ist die gesamte Antwort des Bundesgerichtshofs auf die weiter gefasste Frage für die Oberlandesgerichte bindend.

2. Der Senat hält daran fest, dass es für sich allein genommen keinen sachlich-rechtlichen Mangel des Urteils darstellt, wenn sich die Verurteilung wegen Überschreitung der zulässigen Höchstgeschwindigkeit auf die Mitteilung des Messverfahrens und der nach Abzug der Messtoleranz ermittelten Geschwindigkeit stützt. Dies gilt auch für Geschwindigkeitsermittlungen im Wege des Laser-Messverfahrens.

BGH, Beschl. v. 30.10.1997 – 4 StR 24/97 = BGHSt 43, 277 = DAR 1998, 110 = DAR 1998, 177 = MDR 1998, 214 = NJW 1998, 321 = NStZ 1998, 360

Teil 4: Arbeitshilfen

492 ■ Brückenabstandsmessverfahrens

Amtlicher Leitsatz:

Das „bayerische" Brückenabstandsmessverfahren, bei dem drei Videokameras zum Einsatz kommen, deren Aufzeichnungen über einen Videobildmischer auf zwei Videobänder übertragen werden, ist zwar kein standardisiertes Messverfahren. Solange aber keine konkreten Anhaltspunkte für eine fehlerhafte Messung hinzutreten, entspricht sein Beweiswert jedoch einem standardisierten Messverfahren. Der darin liegende Eingriff in das Recht auf informationelle Selbstbestimmung der aufgezeichneten Fahrer ist im Verhältnis zu dem mit ihm verfolgten Zweck, des Schutzes der Allgemeinheit, der Sicherheit des fließenden Verkehrs wie auch des Schutzes von Leib und Leben des jeweiligen Vorausfahrenden angemessen und daher auch verfassungsrechtlich gerechtfertigt.

AG Schweinfurt, Urt. v. 31.08.2009 – 12 OWi 17 Js 7822/09 = DAR 2009, 660 = StRR 2009, 477 = VRR 2009, 470

493 **Amtlicher Leitsatz:**

1. § 100h Abs. 1 Satz 1 Nr. 1 StPO i.V.m. § 46 Abs. 1 OWiG bildet für die von der Polizei in Bayern im Rahmen des sog. Brückenabstandsmessverfahrens (VAMA) durchgeführten anlassbezogenen Videoaufzeichnungen zur Identifizierung Betroffener eine hinreichende gesetzliche Rechtsgrundlage für damit verbundene Eingriffe in das Recht auf informationelle Selbstbestimmung.

2. Ein Beweisverwertungsverbot für die mit diesem Messverfahren gewonnenen Ergebnisse besteht nicht.

OLG Bamberg, Beschl. v. 16.11.2009 – 2 Ss OWi 1215/09 = NJW 2010, 100 = DAR 2010, 26 = zfs 201, 50 = NZV 2010, 98 = VRR 2009, 468 = StRR 2009, 475

494 ■ Brückenabstandsmessverfahren/JVC-Piller CG-P 50 E

Amtlicher Leitsatz:

1. Die von der Polizei in Bayern vor dem 05.07.2007 im Rahmen des so genannten Brückenabstandsmessverfahrens praktizierten Videoabstandsmessungen unter Einsatz des Charaktergenerators vom Typ CG-P 50 E des Herstellers JVC/Piller erfüllen nicht die Voraussetzungen eines standardisierten Messverfahrens, wenn die Messung nicht in Kombination mit einer Videokamera des Herstellers JVC durchgeführt wurde.

2. In diesen Fällen darf sich das Tatgericht bei der Feststellung und Darstellung der Beweisgründe im Urteil nicht auf die Mitteilung des Messverfahrens, die entsprechend

den Richtlinien für die polizeiliche Verkehrsüberwachung ermittelten Ergebnis-Werte sowie auf die auch sonst bei einer Brückenabstandsmessung gebotenen Feststellungen, etwa zu etwaigen Abstandsveränderungen innerhalb der der eigentlichen Messstrecke vorgelagerten Beobachtungsstrecke beschränken.

OLG Bamberg, Beschl. v. 18.12.2007 – 3 Ss OWi 1662/07 = DAR 2008, 98 = VA 2008, 52 = VRR 2008, 73

■ **Bußgeldverfahren wegen einer Verkehrsordnungswidrigkeit** 495

Amtlicher Leitsatz:

1. Eine Beschränkung des Einspruchs auf die Anordnung des Fahrverbots ist in der Regel unwirksam, weil diese Rechtsfolge in einer so engen Beziehung zur festgesetzten Geldbuße steht, dass beide nicht losgelöst voneinander beurteilt werden können.

2. Eine Beschränkung des Einspruchs auf den Rechtsfolgenausspruch ist trotz Fehlens von Angaben zur Schuldform im Bußgeldbescheid dann wirksam, wenn der Bußgeldbescheid die Regelgeldbuße nach der Bußgeldkatalogverordnung anordnet, weil dann auf fahrlässige Begehungsweise und gewöhnliche Tatumstände zu schließen ist.

OLG Jena, Beschl. v. 04.03.2005 – 1 Ss 27/05 = NStZ-RR 2005, 277 = NZV 2006, 168 = VRS 109, 50

■ **Einräumung der Geschwindigkeitsüberschreitung durch den Betroffenen** 496
nach Einholung eines Sachverständigengutachtens/in Kenntnis von dessen Ergebnis

Amtlicher Leitsatz:

Räumt der Betroffene nach Einholung eines Sachverständigengutachtens und offenbar in Kenntnis von dessen Ergebnis die ihm zur Last gelegte Geschwindigkeitsüberschreitung ein, so ist das Amtsgericht aus Rechtsgründen nicht gehindert, dieses Geständnis der Verurteilung der Betroffenen zu Grunde zu legen.

OLG Hamm, Beschl. v. 30.03.2004 – 3 Ss OWi 832/03 = LNR 2004, 13742

■ **Erforderliche Feststellungen bei der Geschwindigkeitsmessung mittels Police-** 497
Pilot-System

Amtlicher Leitsatz:

1. Ist eine Geschwindigkeitsüberschreitung mittels des sog. „Police-Pilot-System" festgestellt worden, ist es in der Regel ausreichend, wenn das tatrichterliche Urteil

nur die Art des Messverfahrens und die nach Abzug der Messtoleranz ermittelte Geschwindigkeit mitteilt.

2. „Nässe" im Sinn der Zusatzschildes 1052-36 der StVO ist gegeben, wenn die gesamte Fahrbahn mit einem Wasserfilm überzogen ist.

OLG Hamm, Beschl. v. 15.11.2000 – 2 Ss OWi 1057/00 = DAR 2001, 85 = VRS 100, 61 = NZV 2001, 90 = ZAP EN-Nr 784/2000

498 **Erforderlicher Umfang der tatsächlichen Feststellungen**

Amtlicher Leitsatz:

Zum erforderlichen Umfang der tatsächlichen Feststellungen bei einer durch Nachfahren ermittelten Geschwindigkeitsüberschreitung, die vom Betroffenen eingeräumt wird.

OLG Hamm, Beschl. v. 29.11.2001 – 2 Ss OWi 1029/01 = DAR 2002, 226 = NZV 2002, 245 = NZV 2002, 282 = VRS 102, 218

499 **ES 1.0**

Amtlicher Leitsatz:

Bei der Lichtschrankenmessung mit einem Gerät der Marke ESO Typ ES 1.0 mittels passiver Messung ohne Lichtsender handelt es sich um ein standardisiertes Messverfahren im Sinne der Rechtsprechung des BGH (St 39, 291; 43, 277).

OLG Stuttgart, Beschl. v. 24.10.2007 – 4 Ss 264/07 = DAR 2007, 716 = Die Justiz 2008, 27 = NStZ-RR 2008, 123 = NZV 2008, 43= VA 2008, 18 = VRR 2007, 476

500 **ES 3.0**

Amtlicher Leitsatz:

1. Die Geschwindigkeitsmessung mittels des Messgerätes ES 3.0 des Herstellers eso ist standardisiertes Messverfahren im Sinne der Rechtsprechung des BGHSt 39, 291 [BGH, 19.08.1993 – 4 StR 627/92] = NJW 1993, 3081 [BGH, 19.08.1993 – 4 StR 627/92]

2. Ein Absehen von einem Regelfahrverbot nach einem grob pflichtwidrigen Geschwindigkeitsverstoß ist selbst bei Vorliegen etwaiger Härten dann nicht möglich, wenn zugleich ein Fall der Beharrlichkeit vorlag.

AG Lüdinghausen, Urt. v. 23.01.2009 – 19 OWi 89 Js 1585/08 – 146/08 = NStZ-RR 2009, 290 = NZV 2009, 205 = VRR 2009, 150 = VA 2009, 103

■ **Fehlende Angaben zum verwendeten Messverfahren** 501

Redaktioneller Leitsatz:

Ist in einem Urteil bzgl. einer Geschwindigkeitsüberschreitung anstelle eigener Ausführungen zum Tatgeschehen eine fotomechanische Abbildung des Bußgeldbescheides in die Urteilsurkunde eingefügt, und fehlen Angaben zum verwendeten Messverfahren, obwohl kein umfassendes und glaubhaftes Geständnis des Betroffenen vorliegt, und enthält das Urteil keine ausreichenden Feststellungen zu den wirtschaftlichen Verhältnissen des Betroffenen, führt jeder dieser Mängel zur Aufhebung des Urteils.

OLG Köln, Beschl. v. 08.06.2007 – 83 Ss-OWi 40/07 = VRR 2007, 403

■ **Fehlende Eichung aufgrund Umbereifung** 502

Amtlicher Leitsatz:

1. Das ProViDa-System ist als standardisiertes Messverfahren anerkannt, wobei in Fällen von mehr als 100 km/h ein Abzug von 5 % zugunsten des Betroffenen im Regelfall ausreichend ist.

2. Eine ProViDa-Messung bleibt trotz vorzeitigen Erlöschens der Eichung infolge Reifenwechsels verwertbar, wenn die Umbereifung sich nur zugunsten des Betroffenen ausgewirkt haben kann (hier: Umrüstung von Winter- auf Sommerreifen mit größerem Außendurchmesser).

OLG Koblenz, Beschl. v. 24.07.2001 – 1 Ss 203/01 = LNR 2001, 17655

■ **Gefährdung der wirtschaftlichen Existenz einer Person** 503

Amtlicher Leitsatz:

Liegen Umstände vor, die es möglich erscheinen lassen, dass das Fahrverbot wegen einer Gefährdung der wirtschaftlichen Existenz eine unangemessene Belastung darstellen könnte, muss der Tatrichter sich hiermit auseinander setzen und eine eingehende Begründung geben, falls er gleichwohl eine solche Gefahr im Ergebnis nicht annimmt.

OLG Hamm, Beschl. v. 24.01.2007 – 4 Ss OWi 891/06 = VRR 2007, 236

504 Geschwindigkeitsmessung mit dem Lasergerät Laveg

Redaktioneller Leitsatz:

Die in den tatrichterlichen Urteilsgründen hinsichtlich einer Geschwindigkeitsüberschreitung mitgeteilte Äußerung des Betroffenen, „er ziehe das Messergebnis nicht in Zweifel", enthält nicht ein Geständnis der gefahrenen Geschwindigkeit, sondern beinhaltet allein, dass der Betroffene die Zuverlässigkeit des Messgeräts und das Ergebnis der Messung nicht bezweifelt, sodass die Angabe des sog. Toleranzwertes in den Urteilsgründen nicht entbehrlich ist.

OLG Hamm, Beschl. v. 25.02.1999 – 2 Ss OWi 105/99= VRS 97, 144 = DAR 1999, 566 (LS)

505 Geständnis durch den Betroffenen

Amtlicher Leitsatz:

In einem Bußgeldurteil wegen Geschwindigkeitsüberschreitung bedarf es bei uneingeschränktem und glaubhaftem Geständnis des Betroffenen keiner Angaben zu dem angewandten Messverfahren und den Toleranzwerten. Ein uneingeschränktes Geständnis kann i.d.R. angenommen werden, wenn der Betroffene einräumt, mit der festgestellten Geschwindigkeit gefahren zu sein. Hat der Betroffene unter den unter Angabe des Messverfahrens, der Beweismittel und der drohenden Rechtsfolgen bezeichneten Verkehrsverstoß bereits bei seiner Anhörung gegenüber der Bußgeldbehörde eingeräumt, bedarf es keiner weiteren Ausführungen zur Glaubhaftigkeit des in der Hauptverhandlung wiederholten Geständnisses.

OLG Saarbrücken, Beschl. v. 19.05.2006 – Ss (B) 26/06 = VRR 2006, 355 = VRS 110, 433 = ZAP EN-Nr. 653/2006

506 Kombinierte Geschwindigkeits- und Abstandsmessung

Amtlicher Leitsatz:

1. Das ProViDa-System – auch Police-Pilot-System genannt – ist als standardisiertes Messverfahren zur Geschwindigkeitsermittlung anerkannt. Zum Ausgleich systemimmanenter Messungenauigkeiten reicht ein Toleranzabzug von 5 % der gemessenen Geschwindigkeit aus.

2. Das ProViDa-System ist zur kombinierten Geschwindigkeits- und Abstandsmessung besonders geeignet. Da die Abstände zu vorausfahrenden Fahrzeugen – anders als die Geschwindigkeit – nicht elektronisch gemessen, sondern unter Auswertung des Videobandes errechnet werden, genügt jedoch die bloße Bezeichnung des angewandten

Verfahrens im Urteil nicht. Die Auswertung und Berechnung müssen vielmehr in den Urteilsgründen verständlich und widerspruchsfrei dargelegt werden, um eine rechtsbeschwerdegerichtliche Überprüfung zu ermöglichen.

OLG Düsseldorf, Beschl. v. 13.06.2000 – 2b Ss (OWi) 125/00 – (OWi) 52/00 I = DAR 2001, 374 = VRS 99, 133

■ **Konkrete Einwendungen** 507

Redaktioneller Leitsatz:

Die Nennung des bei Geschwindigkeitsmessungen üblichen Messverfahrens und des Toleranzwertes ist neben der als erwiesen erachteten Geschwindigkeit ausreichend, wenn keine konkreten Einwendungen gegen die Tauglichkeit der Messung erfolgen und die Tatrichter durch die Messergebnisse, die mit anerkannten amtlich zugelassenen Geräten gewonnen wurden und täglich benutzt werden, überzeugt sind.

Es genügt, wenn der Tatrichter den Betroffenen anhand von drei charakteristischen Merkmalen auf einem Foto identifiziert.

Wenn der Bußgeldrahmen bei fahrlässiger Handlung durch Verhängung einer Geldstrafe i.h.v. 500,– DM voll ausgeschöpft ist, braucht keine Ausführung über eine an die Stelle des Fahrverbots tretende Geldstrafe zu erfolgen.

OLG Hamm, Beschl. v. 18.10.1994 – 2 Ss (OWi) 820/94 = NZV 1995, 118

■ **Konkrete Messfehler** 508

Amtlicher Leitsatz:

1. Das tatrichterliche Urteil muss bei einer Geschwindigkeitsüberschreitung nur dann nähere Feststellungen zu der Messung mit einem Radarmessgerät enthalten, wenn vom Betroffenen konkrete Messfehler gerügt werden.

2. Es ist im Übrigen daran festzuhalten, dass sich dem tatrichterlichen Urteil entnehmen lassen muss, dass der Tatrichter sich der Möglichkeit bewusst gewesen ist, gegen eine Erhöhung der Geldbuße von einem Regelfahrverbot absehen zu können.

OLG Hamm, Beschl. v. 30.11.1999 – 2 Ss OWi 1196/99 = DAR 2000, 129 = MDR 2000, 269 = VRS 98, 305

Teil 4: Arbeitshilfen

509 ■ **Lückenhafte Urteilsfeststellungen und Beweiswürdigung**

Redaktioneller Leitsatz:

1. Bei der Feststellung einer Geschwindigkeitsüberschreitung hat der Tatrichter u.a. das angewandte Messverfahren, die Messstrecke, die gemessene Geschwindigkeit sowie die zur Anwendung gekommenen Messtoleranzen in den Entscheidungsgründen mitzuteilen.

2. Anders als im Strafrecht, gilt im Ordnungswidrigkeitenrecht nicht das Gesamtstrafen-, sondern das Kumulationsprinzip, d.h. bei mehreren Ordnungswidrigkeiten ist die jeweils verwirkte Geldbuße einzeln festzusetzen. 3. Von einer natürlichen Handlungseinheit (Tateinheit) ist bei mehreren aufeinander folgenden Geschwindigkeitsverstößen nur dann auszugehen, wenn sich der gesamte Vorgang bei natürlicher Betrachtungsweise auch für einen unbeteiligten Dritten, z.B. bei einer Abfolge in einem engen zeitlichen Rahmen von ein bis zwei Minuten, in vergleichbaren Verkehrssituationen, als ein einheitliches zusammengehörendes Tun darstellt.

OLG Brandenburg, Beschl. v. 18.02.2008 – 1 Ss (OWi) 266 B/07 = LNR 2008, 10579

510 ■ **Mindestanforderungen an Urteilsgründe bei fahrlässiger Geschwindigkeitsüberschreitung**

Amtlicher Leitsatz:

Zum Umfang der erforderlichen Feststellungen bei einer Geschwindigkeitsüberschreitung, die durch ein standardisiertes Messverfahren festgestellt worden ist und zur Täteridentifizierung anhand eines vom Verkehrsverstoß gefertigten Lichtbildes.

OLG Hamm, Beschl. v. 05.02.2004 – 2 Ss OWi 62/04 = DAR 2004, 463 = VRS 106, 469

511 ■ **Mitteilung des Messverfahrens/Messwertes und Toleranzwertes**

Amtlicher Leitsatz:

Der Tatrichter muss, um dem Rechtsbeschwerdegericht die Kontrolle der Beweiswürdigung zu ermöglichen, neben dem angewandten Messverfahren und dem festgestellten Messwert auch den berücksichtigten Toleranzwert mitteilen.

OLG Hamm, Beschl. v. 20.08.2002 – 4 Ss OWi 693/02 = LNR 2002, 16564

A. Rechtsprechungslexikon

■ **Möglichkeit zur Nachprüfung der Zuverlässigkeit der Feststellung der Geschwindigkeitsüberschreitung im**   512

Amtlicher Leitsatz:

Nach ständiger Rechtsprechung der Obergerichte muss der Tatrichter dem Rechtsbeschwerdegericht in seinem Urteil die rechtliche Nachprüfung der Zuverlässigkeit der Feststellung der Geschwindigkeitsüberschreitung ermöglichen. Hierzu gehört (nur) die Angabe des Messverfahrens und des berücksichtigten Toleranzwertes, soweit die Überzeugung des Tatrichters von der Überschreitung der zulässigen Höchstgeschwindigkeit auf mit anerkannten Geräten in weithin standardisierten Verfahren gewonnenen Messergebnissen beruht.

Übersieht der Betroffene eine – auf Autobahnen häufig übliche – über die Breite mehrerer Fahrbahnen erstreckende hochgestellte Leuchtanzeige, die flexibel die Geschwindigkeitsanzeige an die gegebenen Verkehrsverhältnisse anzupassen in der Lage ist, wird wegen der besonderen Auffälligkeit dieser Anzeige ein Augenblicksversagen in der Regel ausgeschlossen sein.

OLG Hamm, Beschl. v. 18.08.2005 – 3 Ss OWi 374/05 = LNR 2005, 31370

■ **Notwendiger Umfang der Beweiswürdigung**   513

Amtlicher Leitsatz:

Auch im Bußgeldverfahren muss die Beweiswürdigung so beschaffen sein, dass sie dem Rechtsbeschwerdegericht die rechtliche Überprüfung ermöglicht.

OLG Hamm, Beschl. v. 04.07.2002 – 3 Ss OWi 354/02 = LNR 2002, 16466

■ **Pflicht des Tatrichters zur Mitteilung des angewandten Messverfahrens und**   514
des berücksichtigten Toleranzwertes

Amtlicher Leitsatz:

Bei der Verurteilung wegen einer Geschwindigkeitsüberschreitung muss der Tatrichter, um dem Rechtsbeschwerdegericht die Kontrolle der Beweiswürdigung zu ermöglichen, in den Urteilsgründen zumindest das angewandte Messverfahren und den berücksichtigten Toleranzwert mitteilen.

OLG Hamm, Beschl. v. 17.03.2005 – 1 Ss OWi 164/05 = = VA 2005, 125

515 ■ PoliScanSpeed-Messverfahren

Redaktioneller Leitsatz:

Das PoliScanSpeed-Messverfahren muss so nachgerüstet werden, dass eine nachträgliche Richtigkeitskontrolle durch einen Sachverständigen möglich ist. Anderenfalls entspricht das Verfahren nicht rechtstaatlichen Anforderungen.

AG Dillenburg, Beschl. v. 02.10.2009 – 3 OWi 2 Js 54432/09 = VA 2010, 14 = DAR 2009, 715 = VRR 2010, 38

516 ■ ProViDa-System

Amtlicher Leitsatz:

Der Tatrichter genügt den an die Feststellungen des Urteils zu stellenden Mindestanforderungen bei einer Verurteilung wegen einer Geschwindigkeitsüberschreitung, bei der die Geschwindigkeitsermittlung auf der Grundlage des ProViDa-Systems ermittelt worden ist, grundsätzlich nur, wenn er die Art des angewandten Messverfahrens und die nach Abzug der Messtoleranz ermittelte Geschwindigkeit angibt.

OLG Hamm, Beschl. v. 18.09.2008 – 2 Ss OWi 707/08 = LNR 2008, 23737

517 **Amtlicher Leitsatz:**

Ist die – überhöhte – Geschwindigkeit unter Anwendung des standardisierten ProViDa-Systems gemessen worden, so genügt es, wenn der Tatrichter im Urteil das angewendete Messverfahren und das nach Abzug der Messtoleranz ermittelte Messergebnis mitteilt.

OLG Düsseldorf, Beschl. v. 29.06.2000 – 2b Ss (OWi) 95/00 – (OWi) 59/00 I = VRS 99, 297 = DAR 2001, 133 (LS)

518 ■ Qualifizierter Rotlichtverstoß

Amtlicher Leitsatz:

Die Verurteilung wegen eines sog. qualifizierten Rotlichtverstoßes kann sich auch auf ein Geständnis des Betroffenen stützen.

OLG Frankfurt am Main, Beschl. v. 05.08.2003 – 2 Ss OWi 162/03 = NStZ-RR 2003, 314

A. Rechtsprechungslexikon

Rechtsbeschwerde 519

Redaktioneller Leitsatz:

Bei einer Geschwindigkeitsmessung durch Nachfahren zur Nachtzeit mittels eines nicht justierten Tachometers bedarf es zusätzlicher Feststellungen über Beleuchtungsverhältnisse und Orientierungspunkte.

OLG Zweibrücken, Beschl. v. 28.01.2002 – 1 Ss 271/01 = DAR 2002, 182 = NStZ-RR 2002, 223 = VA 2002, 125 = VRS 102, 392

Reflektionsfehlmessungen bei Radarmessverfahren 520

Amtlicher Leitsatz:

Bei dem Verkehrsradargerät Traffipax „speedophot" besteht wie bei allen Radarmessverfahren das Risiko von Reflektions-Fehlmessungen, wenn die Radarstrahlen von Flächen, insbesondere Metall und z. T. auch von Betonflächen, reflektiert werden.

OLG Hamm, Beschl. v. 17.06.2004 – 3 Ss OWi 315/04 = LNR 2004, 15073

Rotlichtverstoß 521

Redaktioneller Leitsatz:

Bei der Verurteilung wegen eines fahrlässigen Rotlichtverstoßes muss den Urteilsgründen zu entnehmen sein, ob der Betroffene nach Aufleuchten des Gelblichts vor der Ampelanlage das von ihm gesteuerte Fahrzeug ohne Gefährdung hätte zum Stehen bringen können. Dazu bedarf es der Mitteilung, mit welcher Geschwindigkeit sich der Betroffene im Zeitpunkt des Umschaltens von Grün auf Gelb der Lichtzeichenanlage näherte. Im Fall der Annahme eines qualifizierten Rotlichtverstoßes, festgestellt durch ein standardisiertes Messverfahren, muss den Urteilsgründen auch zu entnehmen sein, ob und welche Fehlertoleranz berücksichtigt wurde. Es bedarf darüber hinaus der Darlegung des Ergebnisses der Messungen bei Auslösen der Aufnahmekamera sowie der Anknüpfungstatsachen. Eine pauschale Verweisung auf eine Weg-Zeit-Berechnung der Ordnungsbehörde reicht dazu nicht aus.

OLG Karlsruhe, Beschl. v. 28.11.2008 – 3 Ss 220/08 = DAR 2009, 157 = NZV 2009, 201 = VA 2009, 65

522 ■ Sicherheitsabschlag bei Funk-Stoppverfahren

Redaktioneller Leitsatz:

Wird die Geschwindigkeit durch ein Funk-Stoppverfahren gemessen, ist der Unsicherheit des Messverfahrens durch einen Abschlag von 3 km/h Genüge getan.

KG, 28.09.1992 – 3 Ws B 188/92 = VRS 85, 62

523 ■ Stationäres standardisiertes Messverfahren

Amtlicher Leitsatz:

Bei der Verwendung eines stationären standarisierten Messverfahrens zum Beleg eines innerörtlichen qualifizierten Rotlichtverstoßes reicht es grundsätzlich aus,

1. dass das Urteil neben dem Hinweis, dass die Messung auf einem stationären standarisierten Verfahren beruht, die Nettorotzeit mitteilt und dass die Fluchtlinie der Kreuzung überfahren wurde;

2. Der Mitteilung der konkreten Messtoleranz bedarf es ausnahmsweise dann nicht, wenn ausgeschlossen werden kann, dass von der gemessenen und mitgeteilten Bruttolichtzeit unter Abzug des für den Betroffenen günstigsten Sicherheitsabschlags von 0,4 Sekunden die maßgebliche Nettorotzeit unter einer Sekunde liegt (in Fortführung OLG Frankfurt v. 9. Juli 2008, 2 Ss-OWi 283/08)

3. Die Verweisung im Urteil auf „die Lichtbilder" (§ 267 Abs. 1 S. 3 StPO, § 71 Abs. 1 OWiG) reicht auch ohne konkrete Verweisung dann aus, wenn eine Verwechselung ausgeschlossen ist und „die Lichtbilder" die im Urteil genannten Feststellungen eindeutig belegen.

OLG Frankfurt am Main, Beschl. v. 06.08.2008 – Ss-OWi 366/08 = NStZ-RR 2008, 322 = NZV 2008, 588 = VRR 2008, 363 = VA 2008, 213

524 ■ Toleranzabzug

Amtlicher Leitsatz:

StVO § 4 Abs. 1 Satz 1

1. Das ProViDa-System – auch Police-Pilot-System genannt – ist als standardisiertes Messverfahren zur Geschwindigkeitsermittlung anerkannt. Zum Ausgleich systemimmanenter Messungenauigkeiten reicht ein Toleranzabzug von 5 % der gemessenen Geschwindigkeit aus.

A. Rechtsprechungslexikon

2. Das ProViDa-System ist zur kombinierten Geschwindigkeits- und Abstandsmessung besonders geeignet. Da die Abstände zu vorausfahrenden Fahrzeugen – anders als die Geschwindigkeit – nicht elektronisch gemessen, sondern unter Auswertung des Videobandes errechnet werden, genügt jedoch die bloße Bezeichnung des angewandten Verfahrens im Urteil nicht. Die Auswertung und Berechnung müssen vielmehr in den Urteilsgründen verständlich und widerspruchsfrei dargelegt werden, um eine rechtsbeschwerdegerichtliche Überprüfung zu ermöglichen.

OLG Düsseldorf, Beschl. v. 13.06.2000 – 2b Ss (OWi) 125/00 – (OWi) 52/00 I = DAR 2001, 374 = VRS 99, 133

Toleranzwert 525

Amtlicher Leitsatz:

Wird bei der Geschwindigkeitsmessung durch ein nachfahrendes Polizeifahrzeug ein geeichtes Messgerät des Typs „Provida Proof Electronic PDRS-1245" verwendet, erfasst ein Toleranzwert von 5 % bei der Berechnung der Geschwindigkeit alle gerätetypischen Betriebsfehler; dazu gehören auch Abweichungen auf Grund des Reifendrucks. Entfernt sich das gemessene Fahrzeug sichtbar, bedarf es über den gerätebedingten Toleranzwert von 5 % hinaus keines weiteren Abschlags.

BayObLG, Beschl. v. 23.07.2003 – 1 ObOWi 246/03 = DAR 2004, 37 = NZV 2004, 49 = NZV 2003, VI Heft 12 = VRS 105, 444

Amtlicher Leitsatz: 526

Es ist rechtlich nicht zu beanstanden, wenn der bei der Geschwindigkeitsüberschreitung berücksichtigte Toleranzwert zwar nicht ausdrücklich angegeben, aber das Gerät, mit dem die Messung durchgeführt worden ist, benannt wird. Etwas Anderes gilt nur dann, wenn Besonderheiten bei der Messung einen höheren Toleranzabzug erforderlich machen.

OLG Hamm, Beschl. v. 25.11.1999 – 1 Ss OWi 1224/99 = VRS 98, 297

Traffipax Traffistar S 330 527

Amtlicher Leitsatz:

Die Geschwindigkeitsmessung mit dem Geschwindigkeitsüberwachungsgerät TRAFFIPAX TraffiStar S 330 ist ein sog. standardisiertes Messverfahren i.S. der Rechtsprechung des BGH (BGHSt 39, 291 [BGH, 19.08.1993 – 4 StR 627/92] = NJW 1993, 3081; BGHSt 43, 277 [BGH, 30.10.1997 – 4 StR 24/97] = NJW 1998, 321).

OLG Jena, Beschl. v. 14.04.2008 – 1 Ss 281/07 = ACE-VERKEHRSJURIST 2008, 26 = DAR 2009, 40 = VA 2008, 213 = VA 2008, 211 = VRR 2008, 352

528 ■ **Überprüfung der angewandten Methode zur Geschwindigkeitsmessung bzgl. Fehleranfälligkeit**

Redaktioneller Leitsatz:

Es steht der Wirksamkeit der Beschränkung der Rechtsbeschwerde auf den Rechtsfolgenausspruch nicht entgegen, wenn die Feststellungen keine Angaben zum angewandten Messverfahren und dem Toleranzabzug enthalten.

OLG Köln, Beschl. v. 15.11.2002 – Ss 458/02 (B) = DAR 2003, 87 = NStZ 2004, 22 = NZV 2003, 201 = VRS 104, 308 = zfs 2003, 261

529 ■ **Umfang der gerichtlichen Feststellungen**

Amtlicher Leitsatz:

1. Enthält das tatrichterliche Urteil wegen einer Geschwindigkeitsüberschreitung keine Angaben zu dem vorgenommenen Toleranzabzug von der gemessenen Geschwindigkeit des Betroffenen, bedeutet das Fehlen dieser Angabe nicht, dass die Feststellungen zu der dem Betroffenen vorgeworfenen Tat als lückenhaft anzusehen sind.

2. Ein Sonderfall, der ein Absehen vom Regelfahrverbot rechtfertigen würde, wird nicht dadurch begründet, dass der Zweck oder der Anlass einer Geschwindigkeitsbeschränkung für einen Kraftfahrer nicht ohne weiteres sofort erkennbar ist.

OLG Hamm, Beschl. v. 18.03.2004 – 3 Ss OWi 11/04

530 ■ **Umfang der Urteilsanfechtung bei Rechtsbeschwerde gegen amtsgerichtliches Urteil**

Redaktioneller Leitsatz:

1. Wird das Urteil mit der Behauptung angegriffen, die Verhängung eines Fahrverbots stelle eine unzumutbare Härte für den Betroffenen dar, so erfordert die Aufklärungsrüge neben der Benennung der Tatsachen, deren Aufklärung vermisst wird, die Angabe der Beweismittel, deren sich der Richter hätte bedienen sollen, die Darlegung der bekannten Umstände, aufgrund derer sich der Richter zur Beweisaufnahme hätte gedrängt sehen müssen und die Mitteilung des voraussichtlichen Ergebnisses der unterlassenen Sachaufklärung.

A. Rechtsprechungslexikon

2. Bei der Verurteilung wegen einer Geschwindigkeitsüberschreitung hat der Richter in den Gründen nicht nur die Geschwindigkeit und das angewandte Messverfahren, sondern auch den berücksichtigten Toleranzwert mitzuteilen; die bloße Angabe des verwendeten Gerätetyps reicht nicht aus, um eine rechtsbeschwerdegerichtliche Überprüfung zu ermöglichen.

OLG Brandenburg, Beschl. v. 15.12.2003 – 1 Ss (OWi) 234 B/03

▨ **Unterbliebene Einführung der als gerichtsbekannt verwerteten Tatsachen in die Hauptverhandlung**   531

Amtlicher Leitsatz:

1. Als gerichtskundig in die richterliche Überzeugungsbildung einbezogene Tatsachen müssen – nicht protokollierungspflichtig (BGHSt 36, 354) – in der Form Gegenstand der Hauptverhandlung gewesen sein, dass das Gericht darauf hingewiesen hat, es werde diese Tatsachen möglicherweise als offenkundig seiner Entscheidung zu Grunde legen.

2. Zwar muss der Tatrichter, um dem Rechtsbeschwerdegericht die Kontrolle der Beweiswürdigung zu ermöglichen, im Urteil grundsätzlich das angewandte Messverfahren und den berücksichtigten Toleranzwert mitteilen (BGH NJW 1993, 3081, 3083/3084). Dieser Darstellung bedarf es jedoch nicht, wenn der Betroffene uneingeschränkt und glaubhaft einräumt, die vorgeworfene Geschwindigkeit – mindestens – gefahren zu sein.

3. Die Überprüfung der eigenen Fahrgeschwindigkeit durch den Führer eines Kraftfahrzeugs ist ein derart selbstverständlicher Vorgang, dass es dann, wenn der betroffene Kraftfahrer das Ergebnis einer durchgeführten Messung bestätigt, im Urteil regelmäßig keiner näheren Ausführungen zur Eignung seiner Erkenntnisquelle und Zuverlässigkeit seines Wissens bedarf.

OLG Koblenz, Beschl. v. 09.12.2003 – 1 Ss 289/03 = JWO-VerkehrsR 2004, 91 = NStZ 2004, 396

▨ **Verdachtsunabhängige Verkehrsüberwachung mit VKS 3.01**   532

Redaktioneller Leitsatz:

Für (Video)Messverfahren, bei denen der gesamte Fahrzeugverkehr videoüberwacht wird, während gleichzeitig Messdaten aufgezeichnet werden, die in einem späteren Auswerteverfahren einzelnen Bild- oder Videosequenzen zum Zwecke der Feststellung des Fahrzeugführers automatisch oder manuell zugeordnet werden, oder bei denen gleichzeitig mit Beginn des Messverfahrens die Videoaufzeichnung des gemessenen Fahrzeuges manuell oder automatisch beginnt, ohne dass bereits ein konkreter Tatverdacht gegen den Fahrer des gemessenen Fahrzeuges bejaht wurde, gibt es keine ausreichende gesetzliche Ermächtigungsgrundlage i.S. der Entscheidung des BVerfG vom 11.08.2009 – 2 BvR 941/08.

AG Meißen, Beschl. v. 05.10.2009 – 13 OWi 705 Js 54110/08 = StRR 2009, 478 = VRR 2009, 472

533   ■ **Verfassungsmäßigkeit des „bayerischen" Brückenabstandsmessverfahrens**

Amtlicher Leitsatz:

Das „bayerische" Brückenabstandsmessverfahren, bei dem drei Videokameras zum Einsatz kommen, deren Aufzeichnungen über einen Videobildmischer auf zwei Videobänder übertragen werden, ist zwar kein standardisiertes Messverfahren. Solange aber keine konkreten Anhaltspunkte für eine fehlerhafte Messung hinzutreten, entspricht sein Beweiswert jedoch einem standardisierten Messverfahren. Der darin liegende Eingriff in das Recht auf informationelle Selbstbestimmung der aufgezeichneten Fahrer ist im Verhältnis zu dem mit ihm verfolgten Zweck, des Schutzes der Allgemeinheit, der Sicherheit des fließenden Verkehrs wie auch des Schutzes von Leib und Leben des jeweiligen Vorausfahrenden angemessen und daher auch verfassungsrechtlich gerechtfertigt.

AG Schweinfurt, Urt. v. 31.08.2009 – 12 OWi 17 Js 7822/09 = DAR 2009, 660 = StRR 2009, 477 = VRR 2009, 470

534   ■ **Verkehrsüberwachungsgerät VKS**

Amtlicher Leitsatz:

1. Bei der Abstandsmessung mit dem Verkehrsüberwachungsgerät VKS, Softwareversion 3.01 des Herstellers VIDIT handelt es sich um ein standardisiertes Messverfahren im Sinne der Rechtsprechung des Bundesgerichtshofes.

2. Bei einer Verurteilung wegen eines Verstoßes gegen §§ 4 Abs. 1, 49 Abs. 1 Nr. 4 StVO, dem eine Abstandsmessung mit diesem Gerät zugrunde liegt, muss der Tatrichter in den Urteilsgründen zur Messung grundsätzlich nur das angewendete Messverfahren, die gemessene Geschwindigkeit nebst Toleranzabzug sowie den ermittelten vorwerfbaren Abstandswert feststellen.

3. Sicherheitsabschläge von dem festgestellten vorwerfbaren Abstandswert sind nicht generell veranlasst.

A. Rechtsprechungslexikon

4. Ausführungen zur Ordnungsgemäßheit des Messverfahrens muss der Tatrichter in den Urteilsgründen nur dann machen, wenn entweder konkrete Anhaltspunkte für einen Messfehler vorliegen oder ein solcher von dem Betroffenen oder einem anderen Verfahrensbeteiligten behauptet werden.

OLG Dresden, Beschl. v. 08.07.2005 – Ss (OWi) 801/04 = DAR 2005, 637 == VRS 109, 196

■ **Video-Brücken-Abstandsmessverfahren ViBrAM-BAMAS**   535

Amtlicher Leitsatz:

1. Das Grundrecht auf informationelle Selbstbestimmung (BVerfGE 65, 1) steht der Anwendung des Video-Brücken-Abstandsmessverfahrens ViBrAM-BAMAS, welches die Polizei in Baden-Württemberg zur Überwachung des Sicherheitsabstandes insbesondere auf Autobahnen verwendet, nicht entgegen.

2. Rechtsgrundlage für die Fertigung von Videobildern zur Identifizierung des Betroffenen ist § 100 h Abs. 1 Satz 1 Nr. 1 StPO i.V.m. § 46 Abs. 1 OWiG.

OLG Stuttgart, Beschl. v. 29.01.2010 – 4 Ss 1525/09

Amtlicher Leitsatz: 536

1. Bei dem Video-Brücken-Abstandsmessverfahren ViBrAM-BAMAS handelt es sich um ein standardisiertes Messverfahren im Sinne der Rechtsprechung des BGH (St 39, 291; 43, 277).

2. a) Ist der Betroffene einer Ordnungswidrigkeit des Nichteinhaltens des vorgeschriebenen Abstandes schuldig, welche mit dem genannten Verfahren nachgewiesen wurde, muss der Tatrichter in den schriftlichen Urteilsgründen in der Regel nur das angewendete Messverfahren (ViBrAM-BAMAS), die Geschwindigkeit des Betroffenen sowie die Länge des Abstandes zwischen den Fahrzeugen des Betroffenen und des Vorausfahrenden feststellen. Toleranzen brauchen weder zur Geschwindigkeit noch zum Abstand mitgeteilt zu werden.

b) Beträgt die festgestellte Unterschreitung des Abstandes zwischen den beiden Fahrzeugen weniger als ein Meter, bezogen auf den Abstand, der für die Bemessung der Rechtsfolgen nach Nr. 12.4 bis Nr. 12.6.5 der Anlage und des Anhanges zur BKatV maßgeblich ist, bedarf es unter Berücksichtigung sämtlicher Umstände des Einzelfalles der Überprüfung, ob der Vorwurf der Abstandsunterschreitung zu Recht erhoben ist. In diesen Fällen ist in den schriftlichen Urteilsgründen über die vorstehend genannte Punkte hinaus mitzuteilen, aufgrund welcher Umstände der Betroffene gleichwohl einer Unterschreitung des Abstandes im vorgegebenen Umfang schuldig ist. Der Mit-

Teil 4: Arbeitshilfen

teilung des gesamten Rechenwerkes des Verfahrens ViBrAM-BAMAS bedarf es auch in diesen Fällen nicht.

3. Vorbehaltlich der Aufklärungspflicht kann die vom ermittelnden Polizeibeamten mit Hilfe der EDV erstellte Auswertung, in der insbesondere die Geschwindigkeit des Betroffenen und die Länge des Abstandes errechnet wurden, in der Hauptverhandlung verlesen werden. Einer Vernehmung des Polizeibeamten bedarf es dann nicht.

OLG Stuttgart, Beschl. v. 14.08.2007 – 4 Ss 23/07 = ACE-VERKEHRSJURIST 2007, 8 = DAR 2007, 657 = Die Justiz 2008, 27 = NStZ 2009, 22 = NStZ-RR 2007, 382 = NZV 2008, 40 = SVR 2008, 270 = VA 2007, 201 = VRR 2007, 475 = VRS 113, 124

537 **Video-Abstands-Messverfahren**

Redaktioneller Leitsatz:

1. Zur Abstandsmessung ist das Video-Abstands-Messverfahren (VAMA) geeignet.

2. Bis zu einer Geschwindigkeit von 154 km/h muss ein Sicherheitsabschlag auf den im Nahbereich festgestellten Abstand nicht erfolgen.

3. Um das Fahrverhalten der Beteiligten im Fernbereich zu beurteilen, ist es ausreichend, den Videofilms in Augenschein zu nehmen.

OLG Hamm, Beschl. v. 28.10.1993 – 1 Ss OWi 426/92 = DAR 1996, 382 = NZV 1994, 120

538 **Voraussetzung für die Verwertbarkeit einer Geschwindigkeitsmessung durch Nachfahren in der Nachtzeit**

Redaktioneller Leitsatz:

1. Bei der Geschwindigkeitsmessung durch Nachfahren zur Nachtzeit bedarf es bei Messung auf innerörtlicher Fahrtstrecken entlang noch abgeschalteter Lichtzeichenanlagen keinerlei Feststellung zur Ausleuchtung der Beobachtungsstrecke, da dort üblicherweise eine gewisse Grundhelligkeit im Straßenbereich herrscht.

2. In diesen Fällen ist keine Auseinandersetzung des Tatrichters mit den individuellen Fähigkeiten der beobachteten Polizeibeamten erforderlich, da bei Polizeibeamten im Streifendienst in Ermangelung abweichender Anhaltspunkte davon auszugehen ist, dass sie in der Lage sind, solche Geschwindigkeitsmessungen durchzuführen.

OLG Jena, Beschl. v. 10.04.2006 – 1 Ss 77/06 = VA 2006, 162 = VRR 2006, 353 = VRS 111, 195

A. Rechtsprechungslexikon

Vorsatz

Redaktioneller Leitsatz:

Die den inneren Tatbestand einer Überschreitung der zulässigen Höchstgeschwindigkeit betreffenden Rechtsbegriffe (insb. Vorsatz) müssen bei der Darstellung in die entsprechenden tatsächlichen Bestandteile aufgelöst werden, wenn der innere Tatbestand sich nicht von selbst aus der Schilderung des äußeren Sachverhalts ergibt. Insb. müssen also

Feststellungen zur Vorstellungs- und Willensseite getroffen werden. Eine vorsätzliche Geschwindigkeitsüberschreitung ergibt sich auch nicht ohne weiteres aus den Feststellungen zum äußeren Tatgeschehen. Denn bei einem Verstoß gegen eine durch Verkehrszeichen angeordnete Geschwindigkeitsbeschränkung ist stets die Möglichkeit in Betracht zu ziehen, dass der Betroffene das Verkehrszeichen übersehen hat. In der OLG-Rechtsprechung herrscht darüber Einigkeit, dass in Fällen von abgeurteilten Überschreitungen der zulässigen Geschwindigkeit aufgrund einer Geschwindigkeitsmessung durch Nachfahren und Tachometervergleich, die Feststellungen des tatrichterlichen Urteils die Nachprüfung zulassen müssen, ob die Voraussetzungen für eine verwertbare Messung vorlagen. Dem Urteil muss die Länge der Messstrecke, die Größe des Abstands und ob der verwendete Tachometer binnen Jahresfrist justiert war sowie welcher Sicherheitsabschlag vorgenommen wurde zu entnehmen sein. Bei einer Messung zur Nachtzeit, müssen i.d.R. besondere Feststellungen über die Beleuchtungsverhältnisse und Orientierungspunkte die Zuverlässigkeit der Messung erkennen lassen. Denn die Einhaltung eines gleich bleibenden Abstands ist nachts besonders schwer zu überwachen. Bei einem Abstand von 100 m kann nicht ohne weiteres davon ausgegangen werden, dass der vorausfahrende Pkw des Betroffenen durch die Scheinwerfer des nachfahrenden Polizeifahrzeugs aufgehellt war und der gleich bleibende Abstand ausreichend sicher erfasst und geschätzt werden konnte. Hieran ist auch nach der Entscheidung des BGH vom 19.08.1993 – 4 StR 627/92 festzuhalten. Diese betrifft nur standardisierte technische Messverfahren. Hierzu zählt die Geschwindigkeitsmessung durch Nachfahren und Tachometervergleich nicht.

OLG Köln, Beschl. v. 19.10.1993 – Ss (B) 434/93 = NZV 1994, 77 = VRS 86, 199

Zulässigkeit der Ablehnung eines Beweisantrages im Bußgeldverfahren wegen Geschwindigkeitsüberschreitung

Redaktioneller Leitsatz:

Bei einer während Dunkelheit mit einem Lasermessgerät durchgeführten Geschwindigkeitsmessung bedarf es einer vom Rechtsbeschwerdegericht nachvollziehbaren

Darlegung des Tatrichters, warum trotz widriger Verhältnisse vernünftige Zweifel an der Zuordnung des Fahrzeugs nicht bestehen.

OLG Hamm, Beschl. v. 29.08.2006 – 2 Ss OWi 358/06 = DAR 2007, 217 = NZV 2006, VI Heft 12 = SVR 2007, 314 = VRR 2007, 30 = VRS 111, 375 = zfs 2006, 654

■ Zweifel am Messergebnis

Amtlicher Leitsatz:

Bei Geschwindigkeitsmessungen mit standardisierten Messverfahren sind Zweifel am Messergebnis (mit der Folge eines höheren Toleranzabzugs) nur bei konkreten Anhaltspunkten für eine fehlerhafte Messung angebracht; abstrakt-theoretische Möglichkeiten eines Messfehlers genügen nicht.

OLG Zweibrücken, Beschl. v. 20.12.1999 – 1 Ss 279/99 = DAR 2000, 225 = NZV 2001, 48 = VRS 98, 147

■ Zweifel an Funktionstüchtigkeit von Geschwindigkeitsmessgeräten

Amtlicher Leitsatz:

1. Zweifel an der Funktionstüchtigkeit und der sachgerechten Handhabung von Geschwindigkeitsmessgeräten, deren tatsächliche Grundlagen in den Urteilsfeststellungen keinen Niederschlag gefunden haben, können im Rechtsbeschwerdeverfahren nicht aufgrund einer Sachrüge berücksichtigt werden.

2. Es stellt für sich allein genommen keinen sachlich-rechtlichen Mangel des Urteils dar, wenn sich die Verurteilung wegen Überschreitung der zulässigen Höchstgeschwindigkeit entweder auf ein uneingeschränktes, glaubhaftes Geständnis des Betroffenen oder auf die Mitteilung des Messverfahrens und der nach Abzug der Messtoleranz ermittelten Geschwindigkeit stützt.

BGH, Urt. v. 19.08.1993 – 4 StR 627/92 = BGHSt 39, 291 = DAR 1993, 474 = DRiZ 1994, 58 = MDR 1993, 1107 = NJW 1993, 3081 = NStZ 1993, 592 = NVwZ 1994, 94

PTB

Abstandsmessung mit dem Verkehrsüberwachungsgerät VKS

Amtlicher Leitsatz:

1. Bei der Abstandsmessung mit dem Verkehrsüberwachungsgerät VKS, Softwareversion 3.01 des Herstellers VIDIT handelt es sich um ein standardisiertes Messverfahren im Sinne der Rechtsprechung des Bundesgerichtshofes.

2. Bei einer Verurteilung wegen eines Verstoßes gegen §§ 4 Abs. 1, 49 Abs. 1 Nr. 4 StVO, dem eine Abstandsmessung mit diesem Gerät zugrunde liegt, muss der Tatrichter in den Urteilsgründen zur Messung grundsätzlich nur das angewendete Messverfahren, die gemessene Geschwindigkeit nebst Toleranzabzug sowie den ermittelten vorwerfbaren Abstandswert feststellen.

3. Sicherheitsabschläge von dem festgestellten vorwerfbaren Abstandswert sind nicht generell veranlasst.

4. Ausführungen zur Ordnungsgemäßheit des Messverfahrens muss der Tatrichter in den Urteilsgründen nur dann machen, wenn entweder konkrete Anhaltspunkte für einen Messfehler vorliegen oder ein solcher von dem Betroffenen oder einem anderen Verfahrensbeteiligten behauptet werden.

OLG Dresden, Beschl. v. 08.07.2005 – Ss (OWi) 801/04 = DAR 2005, 637 = VRS 109, 196

Bindung der Oberlandesgerichte

Amtlicher Leitsatz:

1. Fasst der Bundesgerichtshof die vom Oberlandesgericht zu eng gestellte Vorlegungsfrage weiter, ist die gesamte Antwort des Bundesgerichtshofs auf die weiter gefasste Frage für die Oberlandesgerichte bindend.

2. Der Senat hält daran fest, dass es für sich allein genommen keinen sachlich-rechtlichen Mangel des Urteils darstellt, wenn sich die Verurteilung wegen Überschreitung der zulässigen Höchstgeschwindigkeit auf die Mitteilung des Messverfahrens und der nach Abzug der Messtoleranz ermittelten Geschwindigkeit stützt. Dies gilt auch für Geschwindigkeitsermittlungen im Wege des Laser-Messverfahrens.

BGH, 30.10.1997 – 4 StR 24/97 = BGHSt 43, 277 = DAR 1998, 110 = DAR 1998, 177 = MDR 1998, 214 = NJW 1998, 321 = NStZ 1998, 360 = VersR 1998, 646

Teil 4: Arbeitshilfen

544 ■ **Fehlende Eichung aufgrund Umbereifung**

Amtlicher Leitsatz:

1. Das ProViDa-System ist als standardisiertes Messverfahren anerkannt, wobei in Fällen von mehr als 100 km/h ein Abzug von 5 % zugunsten des Betroffenen im Regelfall ausreichend ist.

2. Eine ProViDa-Messung bleibt trotz vorzeitigen Erlöschens der Eichung infolge Reifenwechsels verwertbar, wenn die Umbereifung sich nur zugunsten des Betroffenen ausgewirkt haben kann (hier: Umrüstung von Winter- auf Sommerreifen mit größerem Außendurchmesser).

OLG Koblenz, Beschl. v. 24.07.2001 – 1 Ss 203/01 = LNR 2001, 17655

545 ■ **Nicht geeichtes Messgerät**

Redaktioneller Leitsatz:

Auch eine früher erfolgte Eichung ist lediglich formell korrekt, materiell aber als fehlerhaft anzusehen, wenn sie wegen der zur Tatzeit nicht vorhandenen, von der PTB aber geforderten, gesonderten Genehmigung einer Bauartzulassung in Bezug auf das CAN-Bus-System nicht eichfähig war; denn ein Messgerät ist nur dann gem. § 14a Abs. 1 Eichordnung eichfähig, wenn seine Bauart durch die PTB zur Eichung zugelassen ist. Ein (materiell) fehlerhaft geeichtes Gerät ist einem ungeeichten oder nicht ausreichend geeichten Gerät gleichzusetzen, sodass die Grundsätze, die bei Messungen mit ungeeichten Geräten gelten, entsprechend anzuwenden sind.

OLG Hamm, Beschl. v. 16.01.2009 – 3 Ss OWi 767/07 = LNR 2009, 19862

546 ■ **Police-Pilot-System**

Amtlicher Leitsatz:

1. Das ProViDa-System – auch Police-Pilot-System genannt – ist als standardisiertes Messverfahren zur Geschwindigkeitsermittlung anerkannt. Zum Ausgleich systemimmanenter Messungenauigkeiten reicht ein Toleranzabzug von 5 % der gemessenen Geschwindigkeit aus.

2. Das ProViDa-System ist zur kombinierten Geschwindigkeits- und Abstandsmessung besonders geeignet. Da die Abstände zu vorausfahrenden Fahrzeugen – anders als die Geschwindigkeit – nicht elektronisch gemessen, sondern unter Auswertung des Videobandes errechnet werden, genügt jedoch die bloße Bezeichnung des angewandten Verfahrens im Urteil nicht. Die Auswertung und Berechnung müssen vielmehr in den

A. Rechtsprechungslexikon

Urteilsgründen verständlich und widerspruchsfrei dargelegt werden, um eine rechtsbeschwerdegerichtliche Überprüfung zu ermöglichen.

OLG Düsseldorf, Beschl. v. 13.06.2000 – 2b Ss (OWi) 125/00 – (OWi) 52/00 I = DAR 2001, 374 = VRS 99, 133

■ **Police-Pilot-System/Messungenauigkeiten**   547

Amtlicher Leitsatz:

1. Das ProViDa-System – auch Police-Pilot-System genannt – ist als standardisiertes Messverfahren zur Geschwindigkeitsermittlung anerkannt. Zum Ausgleich systemimmanenter Messungenauigkeiten reicht ein Toleranzabzug von 5 % der gemessenen Geschwindigkeit aus.

2. Das ProViDa-System ist zur kombinierten Geschwindigkeits- und Abstandsmessung besonders geeignet. Da die Abstände zu vorausfahrenden Fahrzeugen – anders als die Geschwindigkeit – nicht elektronisch gemessen, sondern unter Auswertung des Videobandes errechnet werden, genügt jedoch die bloße Bezeichnung des angewandten Verfahrens im Urteil nicht. Die Auswertung und Berechnung müssen vielmehr in den Urteilsgründen verständlich und widerspruchsfrei dargelegt werden, um eine rechtsbeschwerdegerichtliche Überprüfung zu ermöglichen.

OLG Düsseldorf, Beschl. v. 13.06.2000 – 2b Ss (OWi) 125/00 – (OWi) 52/00 I = DAR 2001, 374 = VRS 99, 133

■ **PoliScanSpeed-Messverfahren**   548

Redaktioneller Leitsatz:

AG Dillenburg, Beschl. v. 02.10.2009 – 3 OWi 2 Js 54432/09 = VA 2010, 14 = DAR 2009, 715 = VRR 2010, 38

■ **Sicherheitsabschlag**   549

Amtlicher Leitsatz:

Ein Sicherheitsabschlag von 3 % bei Messwerten über 100 km/h gleicht alle möglichen Betriebsfehlerquellen aus. Ein darüber hinaus gehender Sicherheitsabschlag ist rechtsfehlerhaft

OLG Hamm, Beschl. v. 25.02.2003 – 3 Ss OWi 1010/02

Teil 4: Arbeitshilfen

550 ■ Truvelo M 42/Verstoß gegen den Zweifelssatz

Amtlicher Leitsatz:

Es verstößt nicht gegen den Zweifelssatz, wenn im Falle einer Geschwindigkeitsmessung mit der Messanlage Truvelo M 42 der Feststellung der dem Betroffenen anzulastenden Geschwindigkeit der vom Standardgerät (Hauptrechner) ermittelte Wert auch dann zu Grunde gelegt wird, wenn er höher ist als der des Kontrollgeräts (Kontrollrechner).

OLG Koblenz, Beschl. v. 16.01.2003 – 1 Ss 183/02 = NZV 2003, 495 = VA 2003, 117

551 ■ Video-Abstands-Messverfahren

Redaktioneller Leitsatz:

Bei einer Abstandsmessung mittels des sog. Video-Abstands-Messverfahrens handelt es sich zumindest im Fall der Verwendung einer PAL-Videokamera um ein standardisiertes Messverfahren, bei dem kein Zusatztoleranzabzug vorzunehmen ist.

AG Lüdinghausen, Urt. v. 12.11.2007 – 19 OWi – 89 Js 1800/07-191/07 = DAR 2008, 160 = NZV 2008, 109 = NZV 2008, VIII Heft 1 = VA 2008, 34 = VRR 2008, 77

552 ■ Vidista VDM-R

Redaktioneller Leitsatz:

Zur einer durch das Wegstrecken-Zeit-Messgerät Vidista VDM-R ermittelten Geschwindigkeitsüberschreitung

AG Senftenberg, 11.08.2008 – 54 OWi 1211 Js-OWi 16355/07 (274/07)

553 ■ Voraussetzungen der Eichung eines Messgerätes zur polizeilichen Geschwindigkeitsmessung im Straßenverkehr

Redaktioneller Leitsatz:

1. Zum Umgang mit einer möglicherweise fehlerhaften Eichung von ProViDa-Fahrzeugen nach Geschwindigkeitsmessung.

2. Lehnt das Eichamt trotz vorher jahrelang erfolgter Eichungen die Eichung des Messgeräts ab, obwohl sich an dem Messgerät nichts verändert hat, so kommt jedenfalls in Verfahren wegen Geschwindigkeitsverstößen in denen kein Fahrverbot in Rede steht eine Einstellung nach § 47 OWiG in Betracht.

AG Lüdinghausen, Urt. v. 27.03.2007 – 10 OWi 89 Js 18/07 5/07 = DAR 2007, 409 = NZV 2007, 432 = VA 2007, 106 = VRR 2007, 196

Radarmessverfahren

■ **Anforderungen an die konkrete Bezeichnung des Messgeräts** 554

Amtlicher Leitsatz:

1. Die Bezeichnung eines Messverfahrens als „Radarmessung" ist bei einem standardisierten Messverfahren ausreichend.

2. Zu den Anforderungen an das tatrichterliche Urteil im Fall der Täteridentifizierung anhand eines Lichtbildes.

OLG Hamm, Beschl. v. 25.08.2005 – 4 Ss OWi 575/05 = LNR 2005, 31891

■ **Reflektionsfehlmessungen** 555

Amtlicher Leitsatz:

Bei dem Verkehrsradargerät Traffipax „speedophot" besteht wie bei allen Radarmessverfahren das Risiko von Reflektions-Fehlmessungen, wenn die Radarstrahlen von Flächen, insbesondere Metall und z.T. auch von Betonflächen, reflektiert werden.

OLG Hamm, Beschl. v. 17.06.2004 – 3 Ss OWi 315/04 LNR 2004, 15073

■ **Zweifel an Funktionstüchtigkeit** 556

Amtlicher Leitsatz:

1. Zweifel an der Funktionstüchtigkeit und der sachgerechten Handhabung von Geschwindigkeitsmessgeräten, deren tatsächliche Grundlagen in den Urteilsfeststellungen keinen Niederschlag gefunden haben, können im Rechtsbeschwerdeverfahren nicht aufgrund einer Sachrüge berücksichtigt werden.

2. Es stellt für sich allein genommen keinen sachlich-rechtlichen Mangel des Urteils dar, wenn sich die Verurteilung wegen Überschreitung der zulässigen Höchstgeschwindigkeit entweder auf ein uneingeschränktes, glaubhaftes Geständnis des Betroffenen oder auf die Mitteilung des Messverfahrens und der nach Abzug der Messtoleranz ermittelten Geschwindigkeit stützt.

BGH, 19.08.1993 – 4 StR 627/92 = BGHSt 39, 291 = DAR 1993, 474 = DRiZ 1994, 58 = MDR 1993, 1107 = NJW 1993, 3081 = NStZ 1993, 592 = NVwZ 1994, 94

Teil 4: Arbeitshilfen

Rotlichtverstoß

557 ◼ **Anforderungen an Urteilsbegründung**

Amtlicher Leitsatz:

Beruht die Feststellung eines Rotlichtverstoßes auf dem Ergebnis einer automatischen Rotlichtüberwachung muss der Tatrichter die Entfernung der Induktionsschleife von der Haltelinie, ggf. soweit vorhanden sogar die Entfernung einer zweiten Induktionsschleife von der ersten, und die jeweils auf den 2 Messfotos eingeblendeten Messzeiten mitteilen.

OLG Hamm, Beschl. v. 17.07.2006 – 3 Ss OWi 435/06 = SVR 2007, 270 = ZAP EN-Nr. 89/2007

558 ◼ **Anforderungen an Urteilsbegründung**

Amtlicher Leitsatz:

Beruht die Feststellung eines Rotlichtverstoßes auf dem Ergebnis einer automatischen Rotlichtüberwachung muss der Tatrichter die Entfernung der Induktionsschleife von der Haltelinie, ggf. soweit vorhanden sogar die Entfernung einer zweiten Induktionsschleife von der ersten, und die jeweils auf den 2 Messfotos eingeblendeten Messzeiten mitteilen.

OLG Hamm, Beschl. v. 17.07.2006 – 3 Ss OWi 435/06 = SVR 2007, 270 = ZAP EN-Nr. 89/2007

559 ◼ **Qualifizierter Rotlichtverstoß**

Amtlicher Leitsatz:

Die Verurteilung wegen eines sog. qualifizierten Rotlichtverstoßes kann sich auch auf ein Geständnis des Betroffenen stützen.

OLG Frankfurt am Main, Beschl. v. 05.08.2003 – 2 Ss OWi 162/03 = NStZ-RR 2003, 314

560 ◼ **Stationäres standardisiertes Messverfahren**

Amtlicher Leitsatz:

Bei der Verwendung eines stationären standardisierten Messverfahrens zum Beleg eines innerörtlichen qualifizierten Rotlichtverstoßes reicht es grundsätzlich aus,

1. dass das Urteil neben dem Hinweis, dass die Messung auf einem stationären standarisierten Verfahren beruht, die Nettorotzeit mitteilt und dass die Fluchtlinie der Kreuzung überfahren wurde;

2. Der Mitteilung der konkreten Messtoleranz bedarf es ausnahmsweise dann nicht, wenn ausgeschlossen werden kann, dass von der gemessenen und mitgeteilten Bruttolichtzeit unter Abzug des für den Betroffenen günstigsten Sicherheitsabschlags von 0,4 Sekunden die maßgebliche Nettorotzeit unter einer Sekunde liegt (in Fortführung OLG Frankfurt vom 9. Juli 2008, 2 Ss-OWi 283/08)

3. Die Verweisung im Urteil auf „die Lichtbilder" (§ 267 Abs. 1 S. 3 StPO, § 71 Abs. 1 OWiG) reicht auch ohne konkrete Verweisung dann aus, wenn eine Verwechselung ausgeschlossen ist und „die Lichtbilder" die im Urteil genannten Feststellungen eindeutig belegen.

OLG Frankfurt am Main, Beschl. v. 06.08.2008 – Ss-OWi 366/08 = NStZ-RR 2008, 322 = NZV 2008, 588 = VRR 2008, 363 = VA 2008, 213

▓ **Toleranzwert** 561

Redaktioneller Leitsatz:

Bei der Verurteilung wegen eines fahrlässigen Rotlichtverstoßes muss den Urteilsgründen zu entnehmen sein, ob der Betroffene nach Aufleuchten des Gelblichts vor der Ampelanlage das von ihm gesteuerte Fahrzeug ohne Gefährdung hätte zum Stehen bringen können. Dazu bedarf es der Mitteilung, mit welcher Geschwindigkeit sich der Betroffene im Zeitpunkt des Umschaltens von Grün auf Gelb der Lichtzeichenanlage näherte. Im Fall der Annahme eines qualifizierten Rotlichtverstoßes, festgestellt durch ein standardisiertes Messverfahren, muss den Urteilsgründen auch zu entnehmen sein, ob und welche Fehlertoleranz berücksichtigt wurde. Es bedarf darüber hinaus der Darlegung des Ergebnisses der Messungen bei Auslösen der Aufnahmekamera sowie der Anknüpfungstatsachen. Eine pauschale Verweisung auf eine Weg-Zeit-Berechnung der Ordnungsbehörde reicht dazu nicht aus.

OLG Karlsruhe, Beschl. v. 28.11.2008 – 3 Ss 220/08 = DAR 2009, 157 = NZV 2009, 201 = VA 2009, 65

Standardisierte Messverfahren

Zu weiterer Rechtsprechung s.a. bei den jeweiligen Messverfahren

Teil 4: Arbeitshilfen

562 ▪ **Ablehnung eines Beweisantrages**

Redaktioneller Leitsatz:

Bei einem standardisierten Messverfahren drängt sich eine weitere Beweisaufnahme auf bzw. liegt diese nahe, wenn konkrete Anhaltspunkte für technische Fehlfunktionen des Messgerätes behauptet werden.

OLG Hamm, Beschl. v. 11.12.2006 – 2 Ss OWi 598/06 = NZV 2007, 155 = VRR 2007, 195 = VRS 112, 126 = zfs 2007, 111

Redaktioneller Leitsatz:

Die Berufung auf ein standardisiertes Messverfahren objektiviert eine Geschwindigkeitsüberschreitung nur dann ohne weiteres mit der Folge, dass mit der Begründung ein Beweisantrag des Betroffenen als zur Erforschung der Wahrheit nicht erforderlich abgelehnt werden kann, wenn im Einzelfall keine konkreten Anhaltspunkte für eine Fehlmessung dargetan werden.

OLG Celle, Beschl. v. 16.07.2009 – 311 SsBs 67/09 = VRR 2009, 393 = VA 2009, 195 = ZAP EN-Nr. 48/2010 = zfs 2009, 593 = NZV 2009, 575.

563 ▪ **Abstandsmessung durch Schauen**

Amtlicher Leitsatz:

Ein Abstandsmessverfahren, das gerichtlichen Schuldfeststellungen zugrunde gelegt werden kann, muss grundsätzlich nach festen Regeln oder Richtlinien durchgeführt werden. Die mit der Anwendung betrauten Personen müssen geschult und ausreichend erfahren sein.

OLG Hamm, Beschl. v. 24.10.2000 – 3 Ss OWi 968/00 = LNR 2000, 16864

564 ▪ **Anforderungen an die Darlegung einer Abstandsmessung durch ein standardisiertes Verfahren**

Amtlicher Leitsatz:

Zu den Anforderungen an die Ausführungen im tatrichterlichen Urteil bei Nichteinhaltung des erforderlichen Sicherheitsabstandes

OLG Hamm, Beschl. v. 15.03.2004 – 2 Ss OWi 162/04 = VRS 106, 466

A. Rechtsprechungslexikon

■ **Anforderungen an die konkrete Bezeichnung des Messgeräts** 565

Amtlicher Leitsatz:

1. Die Bezeichnung eines Messverfahrens als „Radarmessung" ist bei einem standardisierten Messverfahren ausreichend.

2. Zu den Anforderungen an das tatrichterliche Urteil im Fall der Täteridentifizierung anhand eines Lichtbildes.

OLG Hamm, Beschl. v. 25.08.2005 – 4 Ss OWi 575/05 = LNR 2005, 31891

■ **Anforderungen an die tatsächlichen Feststellungen** 566

Amtlicher Leitsatz:

1. Ist eine Geschwindigkeitsüberschreitung mittels des sog. „Police-Pilot-System" festgestellt worden, ist es in der Regel ausreichend, wenn das tatrichterliche Urteil nur die Art des Messverfahrens und die nach Abzug der Messtoleranz ermittelte Geschwindigkeit mitteilt.

2. „Nässe" im Sinn des Zusatzschildes 1052-36 der StVO ist gegeben, wenn die gesamte Fahrbahn mit einem Wasserfilm überzogen ist.

OLG Hamm, Beschl. v. 15.11.2000 – 2 Ss OWi 1057/00 = DAR 2001, 85 = VRS 100, 61

■ **Berufung auf ein standardisiertes Messverfahren** 567

Amtlicher Leitsatz:

Die Berufung auf ein standardisiertes Messverfahren objektiviert eine Geschwindigkeitsüberschreitung nur dann ohne weiteres mit der Folge, dass mit der Begründung ein Beweisantrag des Betroffenen als zur Erforschung der Wahrheit nicht erforderlich abgelehnt werden kann, wenn im Einzelfall keine konkreten Anhaltspunkte für eine Fehlmessung dargetan werden.

OLG Celle, Beschl. v. 16.07.2009 – 311 SsBs 67/09 = NZV 2009, 575 = VA 2009, 195 = VRR 2009, 393 = zfs 2009, 593

■ **Brückenabstandsmessverfahrens** 568

Amtlicher Leitsatz:

Das „bayerische" Brückenabstandsmessverfahren, bei dem drei Videokameras zum Einsatz kommen, deren Aufzeichnungen über einen Videobildmischer auf zwei Video-

Teil 4: Arbeitshilfen

bänder übertragen werden, ist zwar kein standardisiertes Messverfahren. Solange aber keine konkreten Anhaltspunkte für eine fehlerhafte Messung hinzutreten, entspricht sein Beweiswert jedoch einem standardisierten Messverfahren. Der darin liegende Eingriff in das Recht auf informationelle Selbstbestimmung der aufgezeichneten Fahrer ist im Verhältnis zu dem mit ihm verfolgten Zweck, des Schutzes der Allgemeinheit, der Sicherheit des fließenden Verkehrs wie auch des Schutzes von Leib und Leben des jeweiligen Vorausfahrenden angemessen und daher auch verfassungsrechtlich gerechtfertigt.

AG Schweinfurt, Urt. v. 31.08.2009 – 12 OWi 17 Js 7822/09 = DAR 2009, 660 = StRR 2009, 477 = VRR 2009, 470

569 **Amtlicher Leitsatz:**

1. § 100h Abs. 1 Satz 1 Nr. 1 StPO i.V.m. § 46 Abs. 1 OWiG bildet für die von der Polizei in Bayern im Rahmen des sog. Brückenabstandsmessverfahrens (VAMA) durchgeführten anlassbezogenen Videoaufzeichnungen zur Identifizierung Betroffener eine hinreichende gesetzliche Rechtsgrundlage für damit verbundene Eingriffe in das Recht auf informationelle Selbstbestimmung.

2. Ein Beweisverwertungsverbot für die mit diesem Messverfahren gewonnenen Ergebnisse besteht nicht.

OLG Bamberg, Beschl. v. 16.11.2009 – 2 Ss OWi 1215/09 = NJW 2010, 100 = DAR 2010, 26 = zfs 201, 50 = NZV 2010, 98 = VRR 2009, 468 = StRR 2009, 475

570 ■ **Brückenabstandsmessverfahren/JVC-Piller CG-P 50 E**

Amtlicher Leitsatz:

1. Die von der Polizei in Bayern vor dem 05.07.2007 im Rahmen des so genannten Brückenabstandsmessverfahrens praktizierten Videoabstandsmessungen unter Einsatz des Charaktergenerators vom Typ CG-P 50 E des Herstellers JVC/Piller erfüllen nicht die Voraussetzungen eines standardisierten Messverfahrens, wenn die Messung nicht in Kombination mit einer Videokamera des Herstellers JVC durchgeführt wurde.

2. In diesen Fällen darf sich das Tatgericht bei der Feststellung und Darstellung der Beweisgründe im Urteil nicht auf die Mitteilung des Messverfahrens, die entsprechend den Richtlinien für die polizeiliche Verkehrsüberwachung ermittelten Ergebnis-Werte sowie auf die auch sonst bei einer Brückenabstandsmessung gebotenen Feststellungen, etwa zu etwaigen Abstandsveränderungen innerhalb der der eigentlichen Messstrecke vorgelagerten Beobachtungsstrecke beschränken.

OLG Bamberg, Beschl. v. 18.12.2007 – 3 Ss OWi 1662/07 = DAR 2008, 98 = VA 2008, 52 = VRR 2008, 73

■ **Darstellungsmangel durch fehlenden Nachweis der Sachkunde des Sachverständigen** 571

Amtlicher Leitsatz:

1. Von einem standardisierten Messverfahren kann nur dann gesprochen werden, wenn das Gerät von seinem Bedienungspersonal auch wirklich standardmäßig, d.h. in geeichtem Zustand, seiner Bauartzulassung entsprechend und gemäß der vom Hersteller mitgegebenen Bedienungs-/Gebrauchsanweisung verwendet wird, und zwar nicht nur beim eigentlichen Messvorgang, sondern auch bei den ihm vorausgehenden Gerätetests.

2. Dass ein Sachverständiger für „Straßenverkehrsunfälle" und/oder das „Kraftfahrzeugwesen" auch die zur Beurteilung eines Laser-Mess-Sachverhalts bei dem es zudem auch noch zu Verstößen gegen einschlägige Bedienungsvorschriften (und dadurch zur Nichteinhaltung der Voraussetzungen der Bauartzulassung und der Geräteeichung) gekommen war – erforderliche Sachkunde auf dem Gebiet der Laser-Messtechnik besitzt, versteht sich nicht von selbst und bedarf daher näherer Darlegung. Unterbleibt dies, leidet das Urteil an einem Darstellungsmangel.

3. Das Gericht darf sich dem Gutachten eines Sachverständigen nicht einfach nur pauschal anschließen. Will es seinem Ergebnis ohne Angabe eigener Erwägungen folgen, müssen die Urteilsgründe die wesentlichen Anknüpfungstatsachen und Darlegungen des Sachverständigen wiedergeben. Der allgemeine Hinweis auf die Ausführungen des Sachverständigen in der Hauptverhandlung reicht dazu nicht aus.

OLG Koblenz, Beschl. v. 12.08.2005 – 1 Ss 141/05 = DAR 2006, 101 = DS 2005, 387 = VA 2005, 214 = VRR 2005, 394

■ **Einhaltung der Gebrauchsanweisung des Geräteherstellers** 572

Amtlicher Leitsatz:

Die Einhaltung der Gebrauchsanweisung des Geräteherstellers ist in dem Sinne verbindlich, dass nur durch sie das hierdurch standardisierte Verfahren, das heißt ein bundesweit einheitliches, korrektes und erprobtes Vorgehen, sichergestellt ist. Kommt es im konkreten Einzelfall zu Abweichungen von der Gebrauchsanweisung, so handelt es sich nicht mehr um ein standardisiertes Messverfahren, sondern ein individuelles, das nicht mehr die Vermutung der Richtigkeit und Genauigkeit für sich in Anspruch nehmen kann.

Teil 4: Arbeitshilfen

KG Berlin, 11.03.2008 – 3 Ws (B) 67/08 = VRS 116, 446

573 **Erforderlicher Toleranzabzug**

Amtlicher Leitsatz:

Bei einer Geschwindigkeitsmessung mithilfe des Police-Pilot-Systems in der Betriebsart „MAN" ist bei Geschwindigkeitswerten über 100 km/h ein Toleranzabzug von 5 % im Regelfall erforderlich und ausreichend.

KG Berlin, 26.05.2008 – 3 Ws (B) 123/08; 2 Ss 114/08 = DAR 2009, 39 (LS)

574 **Erforderlicher Umfang der Feststellungen**

Amtlicher Leitsatz:

Zum erforderlichen Umfang der Feststellungen bei einer nach dem Pro-Vida-Verfahren durchgeführten Abstandsmessung.

OLG Hamm, Beschl. v. 11.03.2003 – 1 Ss OWi 617/03 = LNR 2003, 14467

575 **Amtlicher Leitsatz:**

Zu den erforderlichen Feststellungen bei einer Geschwindigkeitsmessung durch Nachfahren und zu den Anforderungen an die Beweiswürdigung.

OLG Hamm, Beschl. v. 21.06.2001 – 4 Ss OWi 322/01 = VRS 102, 302

576 **Amtlicher Leitsatz:**

Zum erforderlichen Umfang der tatsächlichen Feststellungen bei einer durch Nachfahren ermittelten Geschwindigkeitsüberschreitung, die vom Betroffenen eingeräumt wird.

OLG Hamm, Beschl. v. 29.11.2001 – 2 Ss OWi 1029/01 = DAR 2002, 226 = NZV 2002, 245 = NZV 2002, 282 = VRS 102, 218

577 **ES 1.0**

Amtlicher Leitsatz:

Bei der Lichtschrankenmessung mit einem Gerät der Marke ESO Typ ES 1.0 mittels passiver Messung ohne Lichtsender handelt es sich um ein standardisiertes Messverfahren im Sinne der Rechtsprechung des BGH (St 39, 291; 43, 277).

OLG Stuttgart, Beschl. v. 24.10.2007 – 4 Ss 264/07 = DAR 2007, 716 = Die Justiz 2008, 27 = NStZ-RR 2008, 123 = NZV 2008, 43= VA 2008, 18 = VRR 2007, 476

■ ES 3.0

Amtlicher Leitsatz:

1. Die Geschwindigkeitsmessung mittels des Messgerätes ES 3.0 des Herstellers eso ist standardisiertes Messverfahren im Sinne der Rechtsprechung des BGHSt 39, 291 [BGH, 19.08.1993 – 4 StR 627/92] = NJW 1993, 3081 [BGH, 19.08.1993 – 4 StR 627/92]

2. Ein Absehen von einem Regelfahrverbot nach einem grob pflichtwidrigen Geschwindigkeitsverstoß ist selbst bei Vorliegen etwaiger Härten dann nicht möglich, wenn zugleich ein Fall der Beharrlichkeit vorlag.

AG Lüdinghausen, Urt. v. 23.01.2009 – 19 OWi 89 Js 1585/08 – 146/08 = NStZ-RR 2009, 290 = NZV 2009, 205 – VRR 2009, 150 = VA 2009, 103

■ **Fehlende Eichung aufgrund Umbereifung**

Amtlicher Leitsatz:

1. Das ProViDa-System ist als standardisiertes Messverfahren anerkannt, wobei in Fällen von mehr als 100 km/h ein Abzug von 5 % zugunsten des Betroffenen im Regelfall ausreichend ist.

2. Eine ProViDa-Messung bleibt trotz vorzeitigen Erlöschens der Eichung infolge Reifenwechsels verwertbar, wenn die Umbereifung sich nur zugunsten des Betroffenen ausgewirkt haben kann (hier: Umrüstung von Winter- auf Sommerreifen mit größerem Außendurchmesser).

OLG Koblenz, Beschl. v. 24.07.2001 – 1 Ss 203/01 = LNR 2001, 17655

■ **Feststellungen zum angewandten Messverfahren**

Amtlicher Leitsatz:

Wird zum angewandten Messverfahren, mit dem eine Geschwindigkeitsüberschreitung festgestellt worden ist, lediglich mitgeteilt, der Betroffene sei mit einer „stationären Geschwindigkeitsmessanlage" gemessen worden, ist das nicht ausreichend, um nachzuvollziehen, ob die Messung mit anerkannten Geräten in einem weithin standardisierten Verfahren gewonnen worden ist.

578

579

580

OLG Hamm, Beschl. v. 19.05.2008 – 5 Ss OWi 255/08 = VA 2008, 191 = VRR 2008, 283

581 ■ **Geständnis**

Redaktioneller Leitsatz:

1. Gegen das Urteil eines AG in Bußgeldverfahren ist gem. § 79 Abs. 1 Satz 1 Nr. 2 OWiG die Rechtsbeschwerde zum OLG statthaft. Das Rechtsmittel hat Erfolg, wenn die im Urteil getroffenen Feststellungen und die diesen zugrunde liegende Beweiswürdigung den Schuldspruch und damit auch die verhängten Rechtsfolgen nicht tragen.

2. Die Urteilsgründe erweisen sich als lückenhaft i.S.v. § 267 Abs. 1 StPO, wenn nicht mitgeteilt wird, mit welchem Messverfahren eine angenommene Geschwindigkeitsüberschreitung festgestellt worden ist. Räumt der Betroffene den Verkehrsverstoß ein, reicht das für eine Verurteilung nicht aus. Zwar dürfen an die Urteilsgründe im Bußgeldverfahren keine übertrieben hohen Anforderungen gestellt werden, doch ist bei Geschwindigkeitsverstößen zumindest erforderlich, dass mitgeteilt wird, welches Messverfahren angewandt und welcher Toleranzwert berücksichtigt worden ist.

3. Erfüllt die Geschwindigkeitsermittlung die Voraussetzungen eines sog. standardisierten Messverfahrens i.S.d. Rechtsprechung des BGH, genügt es im Regelfall, wenn sich die Verurteilung wegen Überschreitung der zulässigen Höchstgeschwindigkeit auf die Mitteilung des Messverfahrens und die nach Abzug der Messtoleranz ermittelte Geschwindigkeit stützt. Denn mit der Mitteilung des angewandten Messverfahrens sowie des berücksichtigten Toleranzwertes wird im Rahmen eines durch Normen vereinheitlichten (technischen) Verfahrens eine für die Entscheidung des Rechtsbeschwerdegerichts in aller Regel hinreichende Entscheidungsplattform zur Beurteilung einer nachvollziehbaren tatrichterlichen Beweiswürdigung geschaffen (BGHSt 39, 291; BayObLGSt 1993, 55/56 f. und ständige obergerichtliche Rechtsprechung).

4. Die Angabe des Messverfahrens und des Toleranzwertes kann ausnahmsweise entbehrlich sein, wenn ein uneingeschränktes und glaubhaftes Geständnis vorliegt, die vorgeworfene Geschwindigkeit – mindestens – gefahren zu sein (BGHSt 39, 291). Immer setzt die Verurteilung wegen einer Geschwindigkeitsüberschreitung aufgrund eines glaubhaften Geständnisses des Betroffenen jedoch voraus, dass der Betroffene eine bestimmte (Mindest-) Geschwindigkeit nicht nur tatsächlich eingeräumt hat, sondern zusätzlich nach den konkreten Umständen auch einräumen konnte, gerade die vorgeworfene Geschwindigkeit – mindestens – gefahren zu sein. Diese Voraussetzungen werden unabhängig von den Anforderungen an die Darstellung in den Urteilsgründen jedoch nur in wenigen Fällen zu bejahen sein, schon weil der Betroffene hierzu in der Mehrzahl der Fälle schlechterdings nicht in der Lage sein wird.

A. Rechtsprechungslexikon

OLG Bamberg, Beschl. v. 17.11.2006 – 3 Ss OWi 1570/2006 = NJW 2007, 3222 = NStZ 2007, 321 = NStZ-RR 2007, 321 = zfs 2007, 291

▓ **Grundsätze für standardisierte Messverfahren**   582

Amtlicher Leitsatz:

Die von der obergerichtlichen Rechtsprechung aufgestellten Grundsätze für so genannte standardisierte Messverfahren gelten nur dann, wenn das jeweilige Messgerät vom Bedienungspersonal auch standardmäßig, d.h. in geeichtem Zustand, seiner Bauartzulassung entsprechend und gemäß der vom Hersteller mitgegebenen Bedienungs-/Gebrauchsanweisung verwendet worden ist, und zwar nicht nur beim eigentlichen Messvorgang, sondern auch und gerade bei den ihm vorausgehenden Gerätetests.

OLG Hamm, Beschl. v. 15.05.2008 – 2 Ss OWi 229/08 = NZV 2008, VI Heft 8 = VA 2008, 156 = VRR 2008, 352

▓ **Merkmal der Ordnungsgemäßheit eines Messverfahrens in der richterlichen**   583
Urteilsbegründung

Amtlicher Leitsatz:

1. Bei der Abstandsmessung mit dem Verkehrsüberwachungsgerät VKS, Softwareversion 3.01 des Herstellers VIDIT handelt es sich um ein standardisiertes Messverfahren im Sinne der Rechtsprechung des Bundesgerichtshofes.

2. Bei einer Verurteilung wegen eines Verstoßes gegen §§ 4 Abs. 1, 49 Abs. 1 Nr. 4 StVO, dem eine Abstandsmessung mit diesem Gerät zugrunde liegt, muss der Tatrichter in den Urteilsgründen zur Messung grundsätzlich nur das angewendete Messverfahren, die gemessene Geschwindigkeit nebst Toleranzabzug sowie den ermittelten vorwerfbaren Abstandswert feststellen.

3. Sicherheitsabschläge von dem festgestellten vorwerfbaren Abstandswert sind nicht generell veranlasst.

4. Ausführungen zur Ordnungsgemäßheit des Messverfahrens muss der Tatrichter in den Urteilsgründen nur dann machen, wenn entweder konkrete Anhaltspunkte für einen Messfehler vorliegen oder ein solcher von dem Betroffenen oder einem anderen Verfahrensbeteiligten behauptet werden.

OLG Dresden, Beschl. v. 08.07.2005 – Ss (OWi) 801/04 = DAR 2005, 637 = VRS 109, 196

Teil 4: Arbeitshilfen

584 ■ **Mitteilung des Messverfahrens und des Toleranzwertes**

Amtlicher Leitsatz:

1. Erfüllt die Geschwindigkeitsermittlung die Voraussetzungen eines standardisierten Messverfahrens, kann auf die Mitteilung des Messverfahrens sowie des Toleranzwertes in den Urteilsgründen nur in den wenigen Fällen eines echten ‚qualifizierten' Geständnisses des Betroffenen verzichtet werden. Voraussetzung hierfür ist, dass der Betroffene eine bestimmte (Mindest-) Geschwindigkeit nicht nur tatsächlich eingeräumt hat, sondern zusätzlich nach den konkreten Umständen auch einräumen konnte, gerade die vorgeworfene Geschwindigkeit – mindestens – gefahren zu sein, und dass der Tatrichter von der Richtigkeit dieser Einlassung überzeugt ist (Anschluss an BGHSt 39, 291 [BGH, 19.08.1993 – 4 StR 627/92]/303 f.)

2. Bei sinngerechter Interpretation von im Urteil pauschal wiedergegebener ‚geständiger Einlassungen' wird häufig davon auszugehen sein, dass der Betroffene lediglich den ihm nachträglich bekannt gewordenen Messvorgang als solchen und die aus diesem resultierende, d.h. ihm bereits ‚als gemessen' präsentierte Geschwindigkeit zur Tatzeit und gerade nicht deren Richtigkeit als das Resultat eigener originärer Wahrnehmung bestätigt hat.

OLG Bamberg, Beschl. v. 11.07.2006 – 3 Ss OWi 906/2006 = VRR 2006, 469

585 ■ **Möglichkeit der Falschmessung bzw. Fehlzuordnung des Messwertes eines Lasermessgerätes aufgrund erhöhten Verkehrsaufkommens**

Amtlicher Leitsatz:

1. Der Tatrichter entscheidet im OWi-Verfahren gemäß § 77 Abs. 2 Nr. 1 OWiG nach pflichtgemäßem Ermessen darüber, ob die beantragte Beweiserhebung erforderlich ist. Ihm steht insoweit ein gewisser Beurteilungsspielraum zu.

2. Bei einer während Dunkelheit durchgeführten Geschwindigkeitsmessung mit einem Lasermessgerät bedarf es einer vom Rechtsbeschwerdegericht nachvollziehbaren Darlegung des Tatrichters, warum trotz widriger Verhältnisse vernünftige Zweifel an der Zuordnung des Fahrzeugs nicht bestehen.

OLG Hamm, Beschl. v. 29.08.2006 – 2 Ss OWi 358/06 = DAR 2007, 217 = VRR 2007, 30 = VRS 111, 375 = zfs 2006, 654

A. Rechtsprechungslexikon

■ **Pflicht des Tatrichters zur Mitteilung des angewandten Messverfahrens/des**   586
berücksichtigten Toleranzwertes

Amtlicher Leitsatz:

Bei der Verurteilung wegen einer Geschwindigkeitsüberschreitung muss der Tatrichter, um dem Rechtsbeschwerdegericht die Kontrolle der Beweiswürdigung zu ermöglichen, in den Urteilsgründen zumindest das angewandte Messverfahren und den berücksichtigten Toleranzwert mitteilen.

OLG Hamm, Beschl. v. 17.03.2005 – 1 Ss OWi 164/05 = VA 2005, 125

Amtlicher Leitsatz: 587

1. Fasst der Bundesgerichtshof die vom Oberlandesgericht zu eng gestellte Vorlegungsfrage weiter, ist die gesamte Antwort des Bundesgerichtshofs auf die weiter gefasste Frage für die Oberlandesgerichte bindend.

2. Der Senat hält daran fest, dass es für sich allein genommen keinen sachlich-rechtlichen Mangel des Urteils darstellt, wenn sich die Verurteilung wegen Überschreitung der zulässigen Höchstgeschwindigkeit auf die Mitteilung des Messverfahrens und der nach Abzug der Messtoleranz ermittelten Geschwindigkeit stützt. Dies gilt auch für Geschwindigkeitsermittlungen im Wege des Laser-Messverfahrens.

BGH, Beschl. v. 30.10.1997 – 4 StR 24/97 = BGHSt 43, 277 = DAR 1998, 110 = DAR 1998, 177 = MDR 1998, 214 = NJW 1998, 321 = NStZ 1998, 360

■ **Pflicht zur Angabe des Geschwindigkeitsmessverfahrens**   588

Amtlicher Leitsatz:

Auch bei standarisierten Geschwindigkeitsmessverfahren müssen Urteilsgründe Einlassung des Betroffenen und das Messverfahren erkennen lassen.

OLG Karlsruhe, Beschl. v. 16.10.2006 – 1 Ss 55/06 = NZV 2007, 256 = VA 2007, 12 = VRR 2007, 35 = VRS 111, 427 = ZAP EN-Nr. 104/2007 = zfs 2007, 113

■ **PoliScanSpeed-Messverfahren**   589

Redaktioneller Leitsatz:

Das PoliScanSpeed-Messverfahren muss so nachgerüstet werden, dass eine nachträgliche Richtigkeitskontrolle durch einen Sachverständigen möglich ist. Anderenfalls entspricht das Verfahren nicht rechtstaatlichen Anforderungen.

AG Dillenburg, Beschl. v. 02.10.2009 – 3 OWi 2 Js 54432/09 = VA 2010, 14 = DAR 2009, 715 = VRR 2010, 38

590 ■ **ProVida**

Amtlicher Leitsatz:

Die Geschwindigkeitsmessung mittels eines elektronischen Gerätes zur Zeit-Weg-Messung beim Nachfahren (hier: ProVida) ist in der obergerichtlichen Rechtsprechung als standardisiertes Verfahren anerkannt. Das Vorliegen geltend gemachter Bedienungsfehler wird in der Regel unter Hinzuziehung eines technischen Sachverständigen abzuklären sein.

OLG Hamm, Beschl. v. 08.01.2008 – 4 Ss OWi 834/07 = SVR 2009, 102

591 **Amtlicher Leitsatz:**

1. Eine Überbürdung der Auslagen auf den Betroffenen kommt nicht nur bei einer Schuldfeststellung, sondern bereits bei Fortbestehen eines erheblichen Tatverdachts in Betracht.

2. Ergibt sich aus den in der Akte befindlichen Ausdrucken und Videoaufzeichnungen, dass der Betroffene die zulässige Höchstgeschwindigkeit überschritten und verbotswidrig rechts überholt hat, reicht dies für die Feststellung eines solchen Tatverdachts aus.

3. Bei einer Messung mit dem Messgerät „Provida 2000" handelt es sich um ein standarisiertes Messverfahren, bei welchem zum Ausgleich von Fehlerquellen ein Toleranzabzug von 5 % ausreichend ist.

AG Frankfurt am Main, Beschl. v. 07.10.2008 – 902 OWi 12/08 = VRR 2008, 443 = ZAP EN-Nr. 273/2009

592 ■ **ProViDa-System/Toleranzwert**

Amtlicher Leitsatz:

Bei einer Messung mit dem ProVida-System ist es, um möglichen Fehlern Rechnung zu tragen, ausreichend, wenn bei Fehlen besonderer Umstände ein Toleranzwert von 5 % der ermittelten Geschwindigkeit bei Werten über 100 km/h berücksichtigt wird.

OLG Hamm, Beschl. v. 22.09.2003 – 2 Ss OWi 518/03 = DAR 2004, 42 = VRS 106, 64

A. Rechtsprechungslexikon

Reflektionsfehlmessungen 593

Amtlicher Leitsatz:

Bei dem Verkehrsradargerät Traffipax „speedophot" besteht wie bei allen Radarmessverfahren das Risiko von Reflektions-Fehlmessungen, wenn die Radarstrahlen von Flächen, insbesondere Metall und z.T. auch von Betonflächen, reflektiert werden.

OLG Hamm, Beschl. v. 17.06.2004 – 3 Ss OWi 315/04 = LNR 2004, 15073

Rotlichtverstoß 594

Redaktioneller Leitsatz:

Bei der Verurteilung wegen eines fahrlässigen Rotlichtverstoßes muss den Urteilsgründen zu entnehmen sein, ob der Betroffene nach Aufleuchten des Gelblichts vor der Ampelanlage das von ihm gesteuerte Fahrzeug ohne Gefährdung hätte zum Stehen bringen können. Dazu bedarf es der Mitteilung, mit welcher Geschwindigkeit sich der Betroffene im Zeitpunkt des Umschaltens von Grün auf Gelb der Lichtzeichenanlage näherte. Im Fall der Annahme eines qualifizierten Rotlichtverstoßes, festgestellt durch ein standardisiertes Messverfahren, muss den Urteilsgründen auch zu entnehmen sein, ob und welche Fehlertoleranz berücksichtigt wurde. Es bedarf darüber hinaus der Darlegung des Ergebnisses der Messungen bei Auslösen der Aufnahmekamera sowie der Anknüpfungstatsachen. Eine pauschale Verweisung auf eine Weg-Zeit-Berechnung der Ordnungsbehörde reicht dazu nicht aus.

OLG Karlsruhe, Beschl. v. 28.11.2008 – 3 Ss 220/08 = DAR 2009, 157 = NZV 2009, 201 = VA 2009, 65

Stationäres Messverfahrens 595

Amtlicher Leitsatz:

Bei der Verwendung eines stationären standardisierten Messverfahrens zum Beleg eines innerörtlichen qualifizierten Rotlichtverstoßes reicht es grundsätzlich aus,

1. dass das Urteil neben dem Hinweis, dass die Messung auf einem stationären standardisierten Verfahren beruht, die Nettorotzeit mitteilt und dass die Fluchtlinie der Kreuzung überfahren wurde;

2. Der Mitteilung der konkreten Messtoleranz bedarf es ausnahmsweise dann nicht, wenn ausgeschlossen werden kann, dass von der gemessenen und mitgeteilten Bruttolichtzeit unter Abzug des für den Betroffenen günstigsten Sicherheitsabschlags von 0,4

Sekunden die maßgebliche Nettorotzeit unter einer Sekunde liegt (in Fortführung OLG Frankfurt vom 9. Juli 2008, 2 Ss-OWi 283/08)

3. Die Verweisung im Urteil auf „die Lichtbilder" (§ 267 Abs. 1 S. 3 StPO, § 71 Abs. 1 OWiG) reicht auch ohne konkrete Verweisung dann aus, wenn eine Verwechselung ausgeschlossen ist und „die Lichtbilder" die im Urteil genannten Feststellungen eindeutig belegen.

OLG Frankfurt am Main, Beschl. v. 06.08.2008 – Ss-OWi 366/08 = NStZ-RR 2008, 322 = NZV 2008, 588 = VRR 2008, 363 = VA 2008, 213

596 ▪ **Toleranzabzug**

Amtlicher Leitsatz:

StVO § 4 Abs. 1 Satz 1

1. Das ProViDa-System – auch Police-Pilot-System genannt – ist als standardisiertes Messverfahren zur Geschwindigkeitsermittlung anerkannt. Zum Ausgleich systemimmanenter Messungenauigkeiten reicht ein Toleranzabzug von 5 % der gemessenen Geschwindigkeit aus.

2. Das ProViDa-System ist zur kombinierten Geschwindigkeits- und Abstandsmessung besonders geeignet. Da die Abstände zu vorausfahrenden Fahrzeugen – anders als die Geschwindigkeit – nicht elektronisch gemessen, sondern unter Auswertung des Videobandes errechnet werden, genügt jedoch die bloße Bezeichnung des angewandten Verfahrens im Urteil nicht. Die Auswertung und Berechnung müssen vielmehr in den Urteilsgründen verständlich und widerspruchsfrei dargelegt werden, um eine rechtsbeschwerdegerichtliche Überprüfung zu ermöglichen.

OLG Düsseldorf, Beschl. v. 13.06.2000 – 2b Ss (OWi) 125/00 – (OWi) 52/00 I = DAR 2001, 374 = VRS 99, 133

597 **Redaktioneller Leitsatz:**

Bei einer Abstandsmessung mittels des sog. Video-Abstands-Messverfahrens handelt es sich zumindest im Fall der Verwendung einer PAL-Videokamera um ein standardisiertes Messverfahren, bei dem kein Zusatztoleranzabzug vorzunehmen ist.

AG Lüdinghausen, Urt. v. 12.11.2007 – 19 OWi – 89 Js 1800/07-191/07 = DAR 2008, 160 = NZV 2008, 109 =VA 2008, 34 = VRR 2008, 77

A. Rechtsprechungslexikon

■ **Toleranzabzug/kombinierte Geschwindigkeits- und Abstandsmessung**   598

Amtlicher Leitsatz:

1. Das ProViDa-System – auch Police-Pilot-System genannt – ist als standardisiertes Messverfahren zur Geschwindigkeitsermittlung anerkannt. Zum Ausgleich systemimmanenter Messungenauigkeiten reicht ein Toleranzabzug von 5 % der gemessenen Geschwindigkeit aus.

2. Das ProViDa-System ist zur kombinierten Geschwindigkeits- und Abstandsmessung besonders geeignet. Da die Abstände zu vorausfahrenden Fahrzeugen – anders als die Geschwindigkeit – nicht elektronisch gemessen, sondern unter Auswertung des Videobandes errechnet werden, genügt jedoch die bloße Bezeichnung des angewandten Verfahrens im Urteil nicht. Die Auswertung und Berechnung müssen vielmehr in den Urteilsgründen verständlich und widerspruchsfrei dargelegt werden, um eine rechtsbeschwerdegerichtliche Überprüfung zu ermöglichen.

OLG Düsseldorf, Beschl. v. 13.06.2000 – 2b Ss (OWi) 125/00 – (OWi) 52/00 I = DAR 2001, 374 = VRS 99, 133

■ **Toleranzwert**   599

Amtlicher Leitsatz:

Wird bei der Geschwindigkeitsmessung durch ein nachfahrendes Polizeifahrzeug ein geeichtes Messgerät des Typs „Provida Proof Electronic PDRS-1245" verwendet, erfasst ein Toleranzwert von 5 % bei der Berechnung der Geschwindigkeit alle gerätetypischen Betriebsfehler; dazu gehören auch Abweichungen aufgrund des Reifendrucks. Entfernt sich das gemessene Fahrzeug sichtbar, bedarf es über den gerätebedingten Toleranzwert von 5 % hinaus keines weiteren Abschlags.

BayObLG, Beschl. v. 23.07.2003 – 1 ObOWi 246/03 = DAR 2004, 37 = NZV 2004, 49 = VRS 105, 444

Amtlicher Leitsatz: 600

Bei einer Messung mit dem ProVida-System ist es, um möglichen Fehlern Rechnung zu tragen, ausreichend, wenn bei Fehlen besonderer Umstände ein Toleranzwert von 5 % der ermittelten Geschwindigkeit bei Werten über 100 km/h berücksichtigt wird.

OLG Hamm, Beschl. v. 22.09.2003 – 2 Ss OWi 518/03 = DAR 2004, 42 = VRS 106, 64

Teil 4: Arbeitshilfen

601 ■ **Traffipax Traffistar S 330**

Amtlicher Leitsatz:

Die Geschwindigkeitsmessung mit dem Geschwindigkeitsüberwachungsgerät TRAFFIPAX TraffiStar S 330 ist ein sog. standardisiertes Messverfahren i.S. der Rechtsprechung des BGH (BGHSt 39, 291 [BGH, 19.08.1993 – 4 StR 627/92] = NJW 1993, 3081; BGHSt 43, 277 [BGH, 30.10.1997 – 4 StR 24/97] = NJW 1998, 321).

OLG Jena, Beschl. v. 14.04.2008 – 1 Ss 281/07 = DAR 2009, 40 = VA 2008, 213 = VA 2008, 211 = VRR 2008, 352

602 ■ **Verwendung einer nicht geeichten Videokamera**

Redaktioneller Leitsatz:

1. Wird bei der amtlichen Überwachung des Straßenverkehrs zur Geschwindigkeitsermittlung von Fahrzeugen eine nicht geeichte handelsübliche Videokamera verwendet, so liegt dann kein Verstoß gegen § 25 Abs. 1 Nr. 3 Eichgesetz vor, wenn die Geschwindigkeit nicht automatisch mittels der Videokamera, sondern vielmehr durch eine nachfolgende Auswertung im Wege der Wegzeitberechnung (Zählen der Einzelbilder) ermittelt wird.

2. Eine unter Verstoß gegen § 25 Abs. 1 Nr. 3 Eichgesetz unrechtmäßig erlangte, videogestützte Geschwindigkeitsmessung bei der amtlichen Überwachung des Straßenverkehrs führt nicht zu einem Beweisverbot im Bußgeldverfahren, wenn die ermittelte Geschwindigkeit auch mittels eines geeichten Gerätes (Provida) hätte festgestellt werden können.

AG Cochem, Urt. v. 22.03.2004 – 2040 Js 54574/03 3 OWi = JWO-VerkehrsR 2004, 197 = VA 2004, 157 = ZAP EN-Nr. 538/2004

603 ■ **Video-Abstands-Messverfahren**

Redaktioneller Leitsatz:

Bei einer Abstandsmessung mittels des sog. Video-Abstands-Messverfahrens handelt es sich zumindest im Fall der Verwendung einer PAL-Videokamera um ein standardisiertes Messverfahren, bei dem kein Zusatztoleranzabzug vorzunehmen ist.

AG Lüdinghausen, Urt. v. 12.11.2007 – 19 OWi – 89 Js 1800/07-191/07 = DAR 2008, 160 = NZV 2008, 109 = VA 2008, 34 = VRR 2008, 77

A. Rechtsprechungslexikon

Video-Brücken-Abstandsmessverfahren ViBrAM-BAMAS 604

Amtlicher Leitsatz:

1. Bei dem Video-Brücken-Abstandsmessverfahren ViBrAM-BAMAS handelt es sich um ein standardisiertes Messverfahren im Sinne der Rechtsprechung des BGH (St 39, 291; 43, 277).

2. a) Ist der Betroffene einer Ordnungswidrigkeit des Nichteinhaltens des vorgeschriebenen Abstandes schuldig, welche mit dem genannten Verfahren nachgewiesen wurde, muss der Tatrichter in den schriftlichen Urteilsgründen in der Regel nur das angewendete Messverfahren (ViBrAM-BAMAS), die Geschwindigkeit des Betroffenen sowie die Länge des Abstandes zwischen den Fahrzeugen des Betroffenen und des Vorausfahrenden feststellen. Toleranzen brauchen weder zur Geschwindigkeit noch zum Abstand mitgeteilt zu werden.

b) Beträgt die festgestellte Unterschreitung des Abstandes zwischen den beiden Fahrzeugen weniger als ein Meter, bezogen auf den Abstand, der für die Bemessung der Rechtsfolgen nach Nr. 12.4 bis Nr. 12.6.5 der Anlage und des Anhanges zur BKatV maßgeblich ist, bedarf es unter Berücksichtigung sämtlicher Umstände des Einzelfalles der Überprüfung, ob der Vorwurf der Abstandsunterschreitung zu Recht erhoben ist. In diesen Fällen ist in den schriftlichen Urteilsgründen über die vorstehend genannte Punkte hinaus mitzuteilen, aufgrund welcher Umstände der Betroffene gleichwohl einer Unterschreitung des Abstandes im vorgegebenen Umfang schuldig ist. Der Mitteilung des gesamten Rechenwerkes des Verfahrens ViBrAM-BAMAS bedarf es auch in diesen Fällen nicht.

3. Vorbehaltlich der Aufklärungspflicht kann die vom ermittelnden Polizeibeamten mithilfe der EDV erstellte Auswertung, in der insbesondere die Geschwindigkeit des Betroffenen und die Länge des Abstandes errechnet wurden, in der Hauptverhandlung verlesen werden. Einer Vernehmung des Polizeibeamten bedarf es dann nicht.

OLG Stuttgart, Beschl. v. 14.08.2007 – 4 Ss 23/07 = = DAR 2007, 657 = Die Justiz 2008, 27 = NStZ 2009, 22 = NStZ-RR 2007, 382 = NZV 2008, 40 = VA 2007, 201 = VRR 2007, 475 = VRS 113, 124

VKS 605

Amtlicher Leitsatz:

1. Bei der Abstandsmessung mit dem Verkehrsüberwachungsgerät VKS, Softwareversion 3.01 des Herstellers VIDIT handelt es sich um ein standardisiertes Messverfahren im Sinne der Rechtsprechung des Bundesgerichtshofes.

Teil 4: Arbeitshilfen

2. Bei einer Verurteilung wegen eines Verstoßes gegen §§ 4 Abs. 1, 49 Abs. 1 Nr. 4 StVO, dem eine Abstandsmessung mit diesem Gerät zugrunde liegt, muss der Tatrichter in den Urteilsgründen zur Messung grundsätzlich nur das angewendete Messverfahren, die gemessene Geschwindigkeit nebst Toleranzabzug sowie den ermittelten vorwerfbaren Abstandswert feststellen.

3. Sicherheitsabschläge von dem festgestellten vorwerfbaren Abstandswert sind nicht generell veranlasst.

4. Ausführungen zur Ordnungsgemäßheit des Messverfahrens muss der Tatrichter in den Urteilsgründen nur dann machen, wenn entweder konkrete Anhaltspunkte für einen Messfehler vorliegen oder ein solcher von dem Betroffenen oder einem anderen Verfahrensbeteiligten behauptet werden.

OLG Dresden, Beschl. v. 08.07.2005 – Ss (OWi) 801/04 = DAR 2005, 637 = VRS 109, 196

606 ■ **Vorgaben an ein standardisiertes Geschwindigkeitsmessverfahren**

Redaktioneller Leitsatz:

Eine Geschwindigkeitsmessung, bei der die Gebrauchsanweisung des Herstellers des Messgeräts nicht beachtet worden ist, ist insgesamt unverwertbar und führt zum Freispruch des Betroffenen.

AG Rathenow, Urt. v. 02.04.2008 – 9 OWi 451 Js-OWi 6383/08 (37/08) = NZV 2009, 249 = VA 2008, 102 = VRR 2008, 392

607 ■ **Wiedergabe der Betroffeneneinlassung in Urteilsgründen auch bei standardisierter Abstandsmessung**

Amtlicher Leitsatz:

1. Auch in Bußgeldsachen muss den Urteilsgründen regelmäßig zu entnehmen sein, ob und wie sich der Betroffene in der Hauptverhandlung eingelassen und ob der Tatrichter der Einlassung gefolgt ist oder ob und inwieweit er sie für widerlegt angesehen hat.

2. Dies gilt auch, wenn die Feststellung eines Abstandsverstoßes auf einem standardisierten Messverfahren beruht. Denn auch dann besteht die Möglichkeit, dass sich der Betroffene z.B. bezüglich der Fahrereigenschaft, der Abstandsmessung oder der näheren Umstände der Verkehrsordnungswidrigkeit in eine bestimmte Richtung substantiiert verteidigt hat und nicht ausgeschlossen werden kann, dass der Tatrichter die Bedeutung dieser Einlassung verkannt oder rechtlich unzutreffend gewürdigt hat (Anschluss u.a. an OLG Karlsruhe NZV 2007, 256 f.).

OLG Bamberg, Beschl. v. 09.07.2009 – 3 Ss OWi 290/09 = DAR 2009, 655 (LS) =VA 2009, 212 =VRR 2010, 32

▌ **Zeichengenerator JVC/Piller CG-P 50 E/TG-3** 608

Redaktioneller Leitsatz:

Zur (abgelehnten) Wiederaufnahme eines Verfahrens, in dem eine Verurteilung wegen einer Geschwindigkeitsüberschreitung erfolgt ist, der eine Messung mit dem Zeichengenerator JVC/Piller, Gerätetyp CG-P 50 E/TG-3 zugrunde liegt.

AG Wunsiedel, Beschl. v. 17.07.2008 – 5 OWi 261 Js 14877/05 = VA 2008, 196 = VRR 2008, 476

Video-Abstands-Messverfahren

▌ **Anforderungen an die Darlegung einer Abstandsmessung durch ein standardisiertes Verfahren** 609

Amtlicher Leitsatz:

Zu den Anforderungen an die Ausführungen im tatrichterlichen Urteil bei Nichteinhaltung des erforderlichen Sicherheitsabstandes

OLG Hamm, Beschl. v. 15.03.2004 – 2 Ss OWi 162/04 = VRS 106, 466

Redaktioneller Leitsatz: 610

1. Zur Abstandsmessung ist das Video-Abstands-Messverfahren (VAMA) geeignet.

2. Bis zu einer Geschwindigkeit von 154 km/h muss ein Sicherheitsabschlag auf den im Nahbereich festgestellten Abstand nicht erfolgen.

3. Um das Fahrverhalten der Beteiligten im Fernbereich zu beurteilen, ist es ausreichend, den Videofilm in Augenschein zu nehmen.

OLG Hamm, Beschl. v. 28.10.1993 – 1 Ss OWi 426/92 = NZV 1994, 120 = VRS 86, 362

▌ **Differenzgeschwindigkeit** 611

Amtlicher Leitsatz:

1. Ein Geschwindigkeitsüberschuss von 9,8 km/h stellt beim Überholen eines LKW auf einer Bundesautobahn jedenfalls bei hohem Verkehrsaufkommen nicht eine „wesentlich höhere Geschwindigkeit" dar.

2. Zu den Besonderheiten der Messung der Differenzgeschwindigkeit durch ein Messverfahren (hier: VAMA), das durch in dem Verfahren selbst enthaltene Toleranzen das überholende und das überholte Fahrzeug „verlangsamt".

AG Lüdinghausen, Urt. v. 19.12.2005 – 10 OWi 89 Js 2124/05-248/05 = NStZ-RR 2006, 384 = NZV 2006, 492 = VRR 2006, 437 = ZAP EN-Nr. 485/2006

612 ■ PAL-Videokamera

Redaktioneller Leitsatz:

Bei einer Abstandsmessung mittels des sog. Video-Abstands-Messverfahrens handelt es sich zumindest im Fall der Verwendung einer PAL-Videokamera um ein standardisiertes Messverfahren, bei dem kein Zusatztoleranzabzug vorzunehmen ist.

AG Lüdinghausen, Urt. v. 12.11.2007 – 19 OWi – 89 Js 1800/07-191/07 = DAR 2008, 160 = NZV 2008, 109 = VA 2008, 34 = VRR 2008, 77

613 ■ Unterschreitung eines Gefährdungsabstands

Amtlicher Leitsatz:

Einer Verurteilung nach §§ 4 Abs. 1 S. 1, 49 Abs. 1 Nr. 4 StVO i.V.m. Nrn. 6.1, 6.2 (ab 01.01.2002 Nrn. 12.5, 12.6) BKatV ist der an der Messlinie mittels einer Videoabstandsmessanlage (VAMA) festgestellte Abstand zum vorausfahrenden Fahrzeug zu Grunde zu legen, wenn feststeht, dass der Betroffene auch über eine Strecke von 250 m – 300 m vor der Messlinie den Gefährdungsabstand schuldhaft unterschritten hatte. Geringfügige, nach der Lebenserfahrung regelmäßig auftretende, mit keinem der eingesetzten Messverfahren exakt fassbare und deshalb nie ausschließbare Abstandsschwankungen sind unbeachtlich.

OLG Koblenz, Beschl. v. 02.05.2002 – 1 Ss 75/02 = VA 2002, 156

614 ■ Verwertbarkeit

Amtlicher/Redaktioneller Leitsatz:

1. § 100h Abs. 1 Satz 1 Nr. 1 StPO i.V.m. § 46 Abs. 1 OWiG bildet für die von der Polizei in Bayern im Rahmen des sog. Brückenabstandsmessverfahrens (VAMA) durchgeführten anlassbezogenen Videoaufzeichnungen zur Identifizierung Betroffener eine hinreichende gesetzliche Rechtsgrundlage für damit verbundene Eingriffe in das Recht auf informationelle Selbstbestimmung.

2. Ein Beweisverwertungsverbot für die mit diesem Messverfahren gewonnenen Ergebnisse besteht nicht.

OLG Bamberg, Beschl. v. 16.11.2009 – 2 Ss OWi 1215/09 = NJW 2010, 100 = DAR 2010, 26 = zfs 201, 50 = NZV 2010, 98 = VRR 2009, 468 = StRR 2009, 475

■ **Video-Brücken-Abstandsmessverfahren ViBrAM-BAMAS**　　　　　615

Amtlicher Leitsatz:

1. Bei dem Video-Brücken-Abstandsmessverfahren ViBrAM-BAMAS handelt es sich um ein standardisiertes Messverfahren im Sinne der Rechtsprechung des BGH (St 39, 291; 43, 277).

2. a) Ist der Betroffene einer Ordnungswidrigkeit des Nichteinhaltens des vorgeschriebenen Abstandes schuldig, welche mit dem genannten Verfahren nachgewiesen wurde, muss der Tatrichter in den schriftlichen Urteilsgründen in der Regel nur das angewendete Messverfahren (ViBrAM-BAMAS), die Geschwindigkeit des Betroffenen sowie die Länge des Abstandes zwischen den Fahrzeugen des Betroffenen und des Vorausfahrenden feststellen. Toleranzen brauchen weder zur Geschwindigkeit noch zum Abstand mitgeteilt zu werden.

b) Beträgt die festgestellte Unterschreitung des Abstandes zwischen den beiden Fahrzeugen weniger als ein Meter, bezogen auf den Abstand, der für die Bemessung der Rechtsfolgen nach Nr. 12.4 bis Nr. 12.6.5 der Anlage und des Anhanges zur BKatV maßgeblich ist, bedarf es unter Berücksichtigung sämtlicher Umstände des Einzelfalles der Überprüfung, ob der Vorwurf der Abstandsunterschreitung zu Recht erhoben ist. In diesen Fällen ist in den schriftlichen Urteilsgründen über die vorstehend genannte Punkte hinaus mitzuteilen, aufgrund welcher Umstände der Betroffene gleichwohl einer Unterschreitung des Abstandes im vorgegebenen Umfang schuldig ist. Der Mitteilung des gesamten Rechenwerkes des Verfahrens ViBrAM-BAMAS bedarf es auch in diesen Fällen nicht.

3. Vorbehaltlich der Aufklärungspflicht kann die vom ermittelnden Polizeibeamten mit Hilfe der EDV erstellte Auswertung, in der insbesondere die Geschwindigkeit des Betroffenen und die Länge des Abstandes errechnet wurden, in der Hauptverhandlung verlesen werden. Einer Vernehmung des Polizeibeamten bedarf es dann nicht.

OLG Stuttgart, Beschl. v. 14.08.2007 – 4 Ss 23/07 = = DAR 2007, 657 = Die Justiz 2008, 27 = NStZ 2009, 22 = NStZ-RR 2007, 382 = NZV 2008, 40 = VA 2007, 201 = VRR 2007, 475 = VRS 113, 124

616 ■ VKS

Amtlicher Leitsatz:

1. Bei der **Abstandsmessung** mit dem Verkehrsüberwachungsgerät VKS, Softwareversion 3.01 des Herstellers VIDIT handelt es sich um ein standardisiertes Messverfahren im Sinne der Rechtsprechung des Bundesgerichtshofes.

2. Bei einer Verurteilung wegen eines Verstoßes gegen §§ 4 Abs. 1, 49 Abs. 1 Nr. 4 StVO, dem eine **Abstandsmessung** mit diesem Gerät zugrunde liegt, muss der Tatrichter in den Urteilsgründen zur Messung grundsätzlich nur das angewendete Messverfahren, die gemessene Geschwindigkeit nebst Toleranzabzug sowie den ermittelten vorwerfbaren Abstandswert feststellen.

3. Sicherheitsabschläge von dem festgestellten vorwerfbaren Abstandswert sind nicht generell veranlasst.

4. Ausführungen zur Ordnungsgemäßheit des Messverfahrens muss der Tatrichter in den Urteilsgründen nur dann machen, wenn entweder konkrete Anhaltspunkte für einen Messfehler vorliegen oder ein solcher von dem Betroffenen oder einem anderen Verfahrensbeteiligten behauptet werden.

OLG Dresden, Beschl. v. 08.07.2005 – Ss (OWi) 801/04 = DAR 2005, 637 == VRS 109, 196

617 ■ Zeichengenerator JVC/Piller CG-P 50 E/TG-3

Redaktioneller Leitsatz:

Zur (abgelehnten) Wiederaufnahme eines Verfahrens, in dem eine Verurteilung wegen einer Geschwindigkeitsüberschreitung erfolgt ist, der eine Messung mit dem Zeichengenerator JVC/Piller, Gerätetyp CG-P 50 E/TG-3 zugrunde liegt.

AG Wunsiedel, Beschl. v. 17.07.2008 – 5 OWi 261 Js 14877/05 = VA 2008, 196 = VRR 2008, 476

B. Ausgewählte Gesetze und Verordnungen

I. Bußgeldkatalog-Verordnung (BKatV)/Auszug

§ 1 BKatV   Bußgeldkatalog   618

(1) [1] Bei Ordnungswidrigkeiten nach den §§ 24, 24a und 24c des Straßenverkehrsgesetzes, die in der Anlage zu dieser Verordnung (Bußgeldkatalog - BKat) aufgeführt sind, ist eine Geldbuße nach den dort bestimmten Beträgen festzusetzen. [2] Bei Ordnungswidrigkeiten nach § 24 des Straßenverkehrsgesetzes, bei denen im Bußgeldkatalog ein Regelsatz bis zu 35 Euro bestimmt ist, ist ein entsprechendes Verwarnungsgeld zu erheben.

(2) [1] Die im Bußgeldkatalog bestimmten Beträge sind Regelsätze. [2] Sie gehen in Abschnitt I des Bußgeldkatalogs von fahrlässiger Begehung und gewöhnlichen Tatumständen und in Abschnitt II des Bußgeldkatalogs von vorsätzlicher Begehung und gewöhnlichen Tatumständen aus.

§ 2 BKatV   Verwarnung

(1) Die Verwarnung muss mit einem Hinweis auf die Verkehrszuwiderhandlung verbunden sein.

(2) Bei unbedeutenden Ordnungswidrigkeiten nach § 24 des Straßenverkehrsgesetzes kommt eine Verwarnung ohne Verwarnungsgeld in Betracht.

(3) Das Verwarnungsgeld wird in Höhe von 5, 10, 15, 20, 25, 30 und 35 Euro erhoben.

(4) Bei Fußgängern soll das Verwarnungsgeld in der Regel 5 Euro, bei Radfahrern 10 Euro betragen, sofern der Bußgeldkatalog nichts anderes bestimmt.

(5) Ist im Bußgeldkatalog ein Regelsatz für das Verwarnungsgeld von mehr als 20 Euro vorgesehen, so kann er bei offenkundig außergewöhnlich schlechten wirtschaftlichen Verhältnissen des Betroffenen bis auf 20 Euro ermäßigt werden.

(6) Werden durch dieselbe Handlung mehrere geringfügige Ordnungswidrigkeiten begangen, für die eine Verwarnung mit Verwarnungsgeld in Betracht kommt, so wird nur ein Verwarnungsgeld, und zwar das höchste der in Betracht kommenden, erhoben.

(7) Hat der Betroffene durch mehrere Handlungen geringfügige Ordnungswidrigkeiten begangen oder gegen dieselbe Vorschrift mehrfach verstoßen, so sind die einzelnen Verstöße getrennt zu verwarnen.

(8) In den Fällen der Absätze 6 und 7 ist jedoch zu prüfen, ob die Handlung oder die Handlungen insgesamt noch geringfügig sind.

§ 3 BKatV Bußgeldregelsätze

(1) Etwaige Eintragungen des Betroffenen im Verkehrszentralregister sind im Bußgeldkatalog nicht berücksichtigt, soweit nicht in den Nummern 152.1, 241.1, 241.2, 242.1 und 242.2 des Bußgeldkatalogs etwas anderes bestimmt ist.

(2) Wird ein Tatbestand der Nummer 119, der Nummer 198.1 in Verbindung mit der Tabelle 3 des Anhangs oder der Nummern 212, 214.1, 214.2 oder 223 des Bußgeldkatalogs, für den ein Regelsatz von mehr als 35 Euro vorgesehen ist, vom Halter eines Kraftfahrzeugs verwirklicht, so ist derjenige Regelsatz anzuwenden, der in diesen Fällen für das Anordnen oder Zulassen der Inbetriebnahme eines Kraftfahrzeugs durch den Halter vorgesehen ist.

(3) Die Regelsätze, die einen Betrag von mehr als 35 Euro vorsehen, erhöhen sich bei Vorliegen einer Gefährdung oder Sachbeschädigung nach der Tabelle 4 des Anhangs, soweit diese Merkmale oder eines dieser Merkmale nicht bereits im Tatbestand des Bußgeldkatalogs enthalten sind.

(4) [1] Wird von dem Führer eines kennzeichnungspflichtigen Kraftfahrzeugs mit gefährlichen Gütern oder eines Kraftomnibusses mit Fahrgästen ein Tatbestand
1. der Nummern 8.1, 8.2, 15, 19, 19.1, 19.1.1, 19.1.2, 21, 21.1, 21.2, 212, 214.1, 214.2, 223 oder
2. der Nummern 12.5 oder 12.6, jeweils in Verbindung mit der Tabelle 2 des Anhangs, oder
3. der Nummern 198.1 oder 198.2, jeweils in Verbindung mit der Tabelle 3 des Anhangs,

des Bußgeldkatalogs verwirklicht, so erhöht sich der dort genannte Regelsatz, sofern dieser einen Betrag von mehr als 35 Euro vorsieht, auch in den Fällen des Absatzes 3, jeweils um die Hälfte. [2] Der nach Satz 1 erhöhte Regelsatz ist auch anzuwenden, wenn der Halter die Inbetriebnahme eines kennzeichnungspflichtigen Kraftfahrzeugs mit gefährlichen Gütern oder eines Kraftomnibusses mit Fahrgästen in den Fällen
1. der Nummern 189.1.1, 189.1.2, 189.2.1, 189.2.2, 189.3.1, 189.3.2, 213 oder
2. der Nummern 199.1, 199.2, jeweils in Verbindung mit der Tabelle 3 des Anhangs, oder 224

des Bußgeldkatalogs anordnet oder zulässt.

(4a) [1] Wird ein Tatbestand des Abschnitts I des Bußgeldkatalogs vorsätzlich verwirklicht, für den ein Regelsatz von mehr als 35 Euro vorgesehen ist, so ist der dort genannte Regelsatz zu verdoppeln, auch in den Fällen, in denen eine Erhöhung nach den Absätzen 2, 3 oder 4 vorgenommen worden ist. [2] Der ermittelte Betrag wird auf den nächsten vollen Euro-Betrag abgerundet.

(5) ¹ Werden durch eine Handlung mehrere Tatbestände des Bußgeldkatalogs verwirklicht, die jeweils einen Bußgeldregelsatz von mehr als 35 Euro vorsehen, so ist nur ein Regelsatz, bei unterschiedlichen Regelsätzen der höchste, anzuwenden. ² Dieser kann angemessen erhöht werden.

(6) ¹ Bei Ordnungswidrigkeiten nach § 24 des Straßenverkehrsgesetzes, die von nicht motorisierten Verkehrsteilnehmern begangen werden, ist, sofern der Bußgeldregelsatz mehr als 35 Euro beträgt und der Bußgeldkatalog nicht besondere Tatbestände für diese Verkehrsteilnehmer enthält, der Regelsatz um die Hälfte zu ermäßigen. ² Beträgt der nach Satz 1 ermäßigte Regelsatz weniger als 40 Euro, so soll eine Geldbuße nur festgesetzt werden, wenn eine Verwarnung mit Verwarnungsgeld nicht erteilt werden kann.

§ 4 BKatV   Regelfahrverbot

(1) ¹ Bei Ordnungswidrigkeiten nach § 24 des Straßenverkehrsgesetzes kommt die Anordnung eines Fahrverbots (§ 25 Abs. 1 Satz 1 des Straßenverkehrsgesetzes) wegen grober Verletzung der Pflichten eines Kraftfahrzeugführers in der Regel in Betracht, wenn ein Tatbestand

1. der Nummern 9.1 bis 9.3, der Nummern 11.1 bis 11.3, jeweils in Verbindung mit der Tabelle 1 des Anhangs,
2. der Nummern 12.5.3, 12.5.4 oder 12.5.5 der Tabelle 2 des Anhangs, soweit die Geschwindigkeit mehr als 100 km/h beträgt, oder der Nummern 12.6.3, 12.6.4 oder 12.6.5 der Tabelle 2 des Anhangs,
3. der Nummern 19.1.1, 19.1.2, 21.1, 21.2, 83.3, 89a.2, 132.1, 132.2, 132.3, 132.3.1, 132.3.2, 152.1 oder
4. der Nummern 244 oder 248

des Bußgeldkatalogs verwirklicht wird. ² Wird in diesen Fällen ein Fahrverbot angeordnet, so ist in der Regel die dort bestimmte Dauer festzusetzen.

(2) ¹ Wird ein Fahrverbot wegen beharrlicher Verletzung der Pflichten eines Kraftfahrzeugführers zum ersten Mal angeordnet, so ist seine Dauer in der Regel auf einen Monat festzusetzen. ² Ein Fahrverbot kommt in der Regel in Betracht, wenn gegen den Führer eines Kraftfahrzeugs wegen einer Geschwindigkeitsüberschreitung von mindestens 26 km/h bereits eine Geldbuße rechtskräftig festgesetzt worden ist und er innerhalb eines Jahres seit Rechtskraft der Entscheidung eine weitere Geschwindigkeitsüberschreitung von mindestens 26 km/h begeht.

(3) Bei Ordnungswidrigkeiten nach § 24a des Straßenverkehrsgesetzes ist ein Fahrverbot (§ 25 Abs. 1 Satz 2 des Straßenverkehrsgesetzes) in der Regel mit der in den Nummern 241, 241.1, 241.2, 242, 242.1 und 242.2 des Bußgeldkatalogs vorgesehenen Dauer anzuordnen.

(4) Wird von der Anordnung eines Fahrverbots ausnahmsweise abgesehen, so soll das für den betreffenden Tatbestand als Regelsatz vorgesehene Bußgeld angemessen erhöht werden.

§ 5 BKatV   In-Kraft-Treten, Außer-Kraft-Treten

[1] Diese Verordnung tritt am 1. Januar 2002 in Kraft. [2] Gleichzeitig tritt die Bußgeldkatalog-Verordnung vom 4. Juli 1989 (BGBl. I S. 1305, 1447), zuletzt geändert durch Artikel 6 des Gesetzes vom 19. März 2001 (BGBl. I S. 386), außer Kraft.

Anlage 1, Teil 1 BKatV   **Bußgeldkatalog**

Anlage
(zu § 1 Abs. 1)

Abschnitt I

Fahrlässig begangene Ordnungswidrigkeiten

Lfd. Nr.	Tatbestand	StVO	Regelsatz in Euro (EUR), Fahrverbot in Monaten
Geschwindigkeit			
8	Mit nicht angepasster Geschwindigkeit gefahren		
8.1	trotz angekündigter Gefahrenstelle, bei Unübersichtlichkeit, an Straßenkreuzungen, Straßeneinmündungen, Bahnübergängen oder bei schlechten Sicht- oder Wetterverhältnissen (z.B. Nebel, Glatteis)	§ 3 Abs. 1 Satz 1, 2, 4, 5 § 19 Abs. 1 Satz 2 § 49 Abs. 1 Nr. 3, 19 Buchstabe a	100 EUR
8.2	in anderen als in Nummer 8.1 genannten Fällen mit Sachbeschädigung	§ 3 Abs. 1 Satz 1, 2, 4, 5 § 1 Abs. 2 § 49 Abs. 1 Nr. 1, 3	35 EUR
9	Festgesetzte Höchstgeschwindigkeit bei Sichtweite unter 50 m durch Nebel, Schneefall oder Regen überschritten	§ 3 Abs. 1 Satz 3 § 49 Abs. 1 Nr. 3	80 EUR
9.1	um mehr als 20 km/h mit einem Kraftfahrzeug der in § 3 Abs. 3 Nr. 2 Buchstabe a oder b StVO genannten Art		Tabelle 1 Buchstabe a

Lfd. Nr.	Tatbestand	StVO	Regelsatz in Euro (EUR), Fahrverbot in Monaten
9.2	um mehr als 15 km/h mit kennzeichnungspflichtigen Kraftfahrzeugen der in Nummer 9.1 genannten Art mit gefährlichen Gütern oder Kraftomnibussen mit Fahrgästen		Tabelle 1 Buchstabe b
9.3	um mehr als 25 km/h innerorts oder 30 km/h außerorts mit anderen als den in Nummer. 9.1 oder 9.2 genannten Kraftfahrzeugen		Tabelle 1 Buchstabe c
10	Als Fahrzeugführer ein Kind, einen Hilfsbedürftigen oder älteren Menschen gefährdet, insbesondere durch nicht ausreichend verminderte Geschwindigkeit, mangelnde Bremsbereitschaft oder unzureichenden Seitenabstand beim Vorbeifahren oder Überholen	§ 3 Abs. 2a § 49 Abs. 1 Nr. 3	80 EUR
11	Zulässige Höchstgeschwindigkeit überschritten mit	§ 3 Abs. 3 Satz 1, Abs. 4 § 49 Abs. 1 Nr. 3 § 18 Abs. 5 Satz 2 § 49 Abs. 1 Nr. 18 § 20 Abs. 2 Satz 1, Abs. 4 Satz 1, 2 § 49 Abs. 1 Nr. 19 Buchstabe b § 41 Abs. 1 i. V. m. Anlage 2 lfd. Nr. 16, 17 (Zeichen 237, 238) Spalte 3 Nr. 3, lfd. Nr. 18 (Zeichen 239) Spalte 3, lfd. Nr. 19, 20 (Zeichen 240, 241) Spalte 3 Nr. 3, lfd. Nr. 21 (Zeichen 239 oder 242.1 mit Zusatzzeichen, das den Fahrzeugverkehr zulässt) Spalte 3 Nr. 2 Satz 1 oder	

Teil 4: Arbeitshilfen

Lfd. Nr.	Tatbestand	StVO	Regelsatz in Euro (EUR), Fahrverbot in Monaten
		lfd. Nr. 23 (Zeichen 244.1 mit Zusatzzeichen, das den Fahrzeugverkehr zulässt) Spalte 3 Nr. 2 Satz 1 lfd. Nr. 49 (Zeichen 274), lfd. Nr. 50 (Zeichen 274.1, 274.2) § 49 Abs. 3 Nr. 4 § 42 Abs. 2 i. V. m. Anlage 3 lfd. Nr. 12 (Zeichen 325.1, 325.2) Spalte 3 Nr. 1 § 49 Abs. 3 Nr. 5	
11.1	Kraftfahrzeugen der in § 3 Abs. 3 Nr. 2 Buchstabe a oder b StVO genannten Art		Tabelle 1 Buchstabe a
11.2	kennzeichnungspflichtigen Kraftfahrzeugen der in Nr. 11.1 genannten Art mit gefährlichen Gütern oder Kraftomnibussen mit Fahrgästen		Tabelle 1 Buchstabe b
11.3	anderen als den in Nr. 11.1 oder 11.2 genannten Kraftfahrzeugen		Tabelle 1 Buchstabe c
Abstand			
12	Erforderlichen Abstand von einem vorausfahrenden Fahrzeug nicht eingehalten	§ 4 Abs. 1 Satz 1 § 49 Abs. 1 Nr. 4	
12.1	bei einer Geschwindigkeit bis 80 km/h		25 EUR
12.2	- mit Gefährdung	§ 4 Abs. 1 Satz 1 § 1 Abs. 2 § 49 Abs. 1 Nr. 1, 4	30 EUR
12.3	- mit Sachbeschädigung		35 EUR
12.4	bei einer Geschwindigkeit von mehr als 80 km/h, sofern der Abstand in Metern nicht weniger als ein Viertel des Tachowertes betrug	§ 4 Abs. 1 Satz 1 § 49 Abs. 1 Nr. 4	35 EUR

B. Ausgewählte Gesetze und Verordnungen

Lfd. Nr.	Tatbestand	StVO	Regelsatz in Euro (EUR), Fahrverbot in Monaten
12.5	bei einer Geschwindigkeit von mehr als 80 km/h, sofern der Abstand in Metern weniger als ein Viertel des Tachowertes betrug		Tabelle 2 Buchstabe a
12.6	bei einer Geschwindigkeit von mehr als 130 km/h, sofern der Abstand in Metern weniger als ein Viertel des Tachowertes betrug		Tabelle 2 Buchstabe b
13	Als Vorausfahrender ohne zwingenden Grund stark gebremst		
13.1	- mit Gefährdung	§ 4 Abs. 1 Satz 2 § 1 Abs. 2 § 49 Abs. 1 Nr. 1, 4	20 EUR
13.2	- mit Sachbeschädigung		30 EUR
14	Den zum Einscheren erforderlichen Abstand von dem vorausfahrenden Fahrzeug außerhalb geschlossener Ortschaften nicht eingehalten	§ 4 Abs. 2 Satz 1 § 49 Abs. 1 Nr. 4	25 EUR
15	Mit Lastkraftwagen (zulässiges Gesamtgewicht über 3,5 t) oder Kraftomnibus bei einer Geschwindigkeit von mehr als 50 km/h auf einer Autobahn Mindestabstand von 50 m von einem vorausfahrenden Fahrzeug nicht eingehalten	§ 4 Abs. 3 § 49 Abs. 1 Nr. 4	80 EUR

Anhang 1 BKatV Tabelle 1
Geschwindigkeitsüberschreitungen

Anhang
(zu Nr. 11 der Anlage)

a) Kraftfahrzeuge der in § 3 Abs. 3 Nr. 2 Buchstabe a oder b StVO genannten Art

		Regelsatz in Euro bei Begehung	
Lfd. Nr.	Überschreitung in km/h	innerhalb	außerhalb

Teil 4: Arbeitshilfen

		geschlossener Ortschaften (außer bei Überschreitung für mehr als 5 Minuten Dauer oder in mehr als zwei Fällen nach Fahrtantritt)	
11.1.1	bis 10	20	15
11.1.2	11-15	30	25

Die nachfolgenden Regelsätze und Fahrverbote gelten auch für die Überschreitung der festgesetzten Höchstgeschwindigkeit bei Sichtweite unter 50 m durch Nebel, Schneefall oder Regen nach Nummer 9.1 der Anlage.

Lfd. Nr.	Überschreitung in km/h	Regelsatz in Euro bei Begehung		Fahrverbot in Monaten bei Begehung	
		innerhalb	außerhalb	innerhalb	außerhalb
		geschlossener Ortschaften		geschlossener Ortschaften	
11.1.3	bis 15 für mehr als 5 Minuten Dauer oder in mehr als zwei Fällen nach Fahrtantritt	80	70	-	-
11.1.4	16-20	80	70	-	-
11.1.5	21-25	95	80	-	-
11.1.6	26-30	140	95	1 Monat	-
11.1.7	31-40	200	160	1 Monat	1 Monat
11.1.8	41-50	280	240	2 Monate	1 Monat
11.1.9	51-60	480	440	3 Monate	2 Monate
11.1.10	über 60	680	600	3 Monate	3 Monate

b) kennzeichnungspflichtige Kraftfahrzeuge der in Buchstabe a genannten Art mit gefährlichen Gütern oder Kraftomnibusse mit Fahrgästen

Lfd. Nr.	Überschreitung in km/h	Regelsatz in Euro bei Begehung	
		innerhalb	außerhalb

B. Ausgewählte Gesetze und Verordnungen

		geschlossener Ortschaften (außer bei Überschreitung für mehr als 5 Minuten Dauer oder in mehr als zwei Fällen nach Fahrtantritt)	
11.2.1	bis 10	35	30
11.2.2	11-15	40	35

Die nachfolgenden Regelsätze und Fahrverbote gelten auch für die Überschreitung der festgesetzten Höchstgeschwindigkeit bei Sichtweite unter 50 m durch Nebel, Schneefall oder Regen nach Nummer 9.2 der Anlage.

Lfd. Nr.	Überschreitung in km/h	Regelsatz in Euro bei Begehung		Fahrverbot in Monaten bei Begehung	
		innerhalb	außerhalb	innerhalb	außerhalb
		geschlossener Ortschaften		geschlossener Ortschaften	
11.2.3	bis 15 für mehr als 5 Minuten Dauer oder in mehr als zwei Fällen nach Fahrtantritt	160	120	-	-
11.2.4	16-20	160	120	-	-
11.2.5	21-25	200	160	1 Monat	-
11.2.6	26-30	280	240	1 Monat	1 Monat
11.2.7	31-40	360	320	2 Monate	1 Monat
11.2.8	41-50	480	400	3 Monate	2 Monate
11.2.9	51-60	600	560	3 Monate	3 Monate
11.2.10	über 60	760	680	3 Monate	3 Monate

c) **andere als die in Buchstabe a oder b genannten Kraftfahrzeuge**

Lfd. Nr.	Überschreitung in km/h	Regelsatz in Euro bei Begehung	
		innerhalb	außerhalb
		geschlossener Ortschaften	

Teil 4: Arbeitshilfen

11.3.1	bis 10	15	10
11.3.2	11-15	25	20
11.3.3	16-20	35	30

Die nachfolgenden Regelsätze und Fahrverbote gelten auch für die Überschreitung der festgesetzten Höchstgeschwindigkeit bei Sichtweite unter 50 m durch Nebel, Schneefall oder Regen nach Nummer 9.3 der Anlage.

Lfd. Nr.	Überschreitung in km/h	Regelsatz in Euro bei Begehung		Fahrverbot in Monaten bei Begehung	
		innerhalb	außerhalb	innerhalb	außerhalb
		geschlossener Ortschaften		geschlossener Ortschaften	
11.3.4	21-25	80	70	-	-
11.3.5	26-30	100	80	-	-
11.3.6	31-40	160	120	1 Monat	-
11.3.7	41-50	200	160	1 Monat	1 Monat
11.3.8	51-60	280	240	2 Monate	1 Monat
11.3.9	61-70	480	440	3 Monate	2 Monate
11.3.10	über 70	680	600	3 Monate	3 Monate

Anhang 2 BKatV   **Tabelle 2**
Nichteinhalten des Abstandes von einem vorausfahrenden Fahrzeug

Anhang
(zu Nr. 12 der Anlage)

Lfd. Nr.			Regelsatz in Euro	Fahrverbot
	Der Abstand von einem vorausfahrenden Fahrzeug betrug in Metern			
12.5	a)	bei einer Geschwindigkeit von mehr als 80 km/h		
12.5.1		weniger als 5/10 des halben Tachowertes	75	

12.5.2		weniger als 4/10 des halben Tachowertes	100	
12.5.3		weniger als 3/10 des halben Tachowertes	160	**Fahrverbot 1 Monat** soweit die Geschwindigkeit mehr als 100 km/h beträgt
12.5.4		weniger als 2/10 des halben Tachowertes	240	**Fahrverbot 2 Monate** soweit die Geschwindigkeit mehr als 100 km/h beträgt
12.5.5		weniger als 1/10 des halben Tachowertes	320	**Fahrverbot 3 Monate** soweit die Geschwindigkeit mehr als 100 km/h beträgt
12.6	b)	bei einer Geschwindigkeit von mehr als 130 km/h		
12.6.1		weniger als 5/10 des halben Tachowertes	100	
12.6.2		weniger als 4/10 des halben Tachowertes	180	
12.6.3		weniger als 3/10 des halben Tachowertes	240	**Fahrverbot 1 Monat**
12.6.4		weniger als 2/10 des halben Tachowertes	320	**Fahrverbot 2 Monate**
12.6.5		weniger als 1/10 des halben Tachowertes	400	**Fahrverbot 3 Monate**

II. Eichgesetz (EichG)/Auszug

Erster Abschnitt
Zweckbestimmung; Zulassung, Eichung und andere Prüfungen von Messgeräten

§ 1 EichG   Zweck des Gesetzes

Zweck dieses Gesetzes ist es,
1. den Verbraucher beim Erwerb messbarer Güter und Dienstleistungen zu schützen und im Interesse eines lauteren Handelsverkehrs die Voraussetzungen für richtiges Messen im geschäftlichen Verkehr zu schaffen,
2. die Messsicherheit im Gesundheitsschutz, Arbeitsschutz und Umweltschutz und in ähnlichen Bereichen des öffentlichen Interesses zu gewährleisten und
3. das Vertrauen in amtliche Messungen zu stärken.

§ 2 EichG   Eichpflicht und andere Maßnahmen zur Gewährleistung der Messsicherheit

(1) Messgeräte, die im geschäftlichen oder amtlichen Verkehr, Arbeitsschutz, Umweltschutz oder Strahlenschutz oder im Verkehrswesen verwendet werden, müssen zugelassen und geeicht sein, sofern dies zur Gewährleistung der Messsicherheit erforderlich ist. Das Gleiche gilt für Messgeräte im Gesundheitsschutz, soweit sie nicht in anderen Rechtsvorschriften geregelt sind.

(2) Die Bundesregierung wird ermächtigt, zur Gewährleistung der Messsicherheit in den in Absatz 1 genannten Bereichen oder zur Umsetzung von Rechtsakten der Europäischen Gemeinschaften durch Rechtsverordnung mit Zustimmung des Bundesrates zu bestimmen, welche Messgeräte nur in den Verkehr gebracht, in Betrieb genommen, bereitgehalten oder verwendet werden dürfen, wenn sie zugelassen und geeicht sind.

(3) Die Bundesregierung wird ferner ermächtigt, zu den gleichen Zwecken durch Rechtsverordnung mit Zustimmung des Bundesrates andere Maßnahmen vorzuschreiben, durch die eine ausreichende Messsicherheit zu erwarten ist. Sie kann dabei insbesondere die Wartung von Messgeräten, die Vornahme von Kontrolluntersuchungen und die Teilnahme an Vergleichsmessungen vorschreiben.

(4) Die Eichung wird, soweit in einer nach Absatz 2 erlassenen Rechtsverordnung nichts anderes bestimmt ist, von den zuständigen Behörden und von staatlich anerkannten Prüfstellen für Messgeräte für Elektrizität, Gas, Wasser oder Wärme vorgenommen (amtliche Eichung). Die Eichung neuer Messgeräte kann nach Maßgabe dieser Verordnung auch vom Hersteller vorgenommen werden (Eichung durch den Hersteller).

(5) Vor Erlass von Rechtsverordnungen nach den Absätzen 2 und 3 sind die betroffenen Kreise zu hören.

§ 3 EichG   Erlass von Ausführungsvorschriften

(1) Die Bundesregierung wird ermächtigt, durch Rechtsverordnung mit Zustimmung des Bundesrates Vorschriften zur Durchführung des § 2 und der auf Grund von § 2 erlassenen Rechtsverordnungen zu erlassen. Sie kann dabei insbesondere

1. Anforderungen an Messgeräte und ihre Verwendung festlegen,
2. die Gültigkeitsdauer der Eichung festlegen sowie die Wiederholung von Prüfungen und die Häufigkeit von Wartungsarbeiten vorschreiben,
3. Vorschriften erlassen über

   a) die Voraussetzungen, den Umfang und das Verfahren der Zulassung, der Eichung und sonstiger Prüfungen sowie die Voraussetzungen der Rücknahme und des Widerrufs der Zulassung,

   b) die Voraussetzungen, den Umfang und das Verfahren der Anerkennung von Prüfstellen und der öffentlichen Bestellung und Verpflichtung des Prüfstellenpersonals sowie die Voraussetzungen der Rücknahme und des Widerrufs der Bestellung, den Betrieb der Prüfstelle, die Aufsicht über die Prüfstelle und die Haftung für ihre Tätigkeit,

   c) die Voraussetzungen, den Umfang und das Verfahren der Anerkennung und Überwachung anderer mit der Durchführung dieses Gesetzes betrauter Stellen, sowie deren Zusammenarbeit untereinander und mit ausländischen Behörden und Stellen,

   d) die Mitwirkungspflichten des Besitzers eines Messgerätes bei der Eichung oder sonstigen Prüfung der messtechnischen Eigenschaften,

   e) die Überprüfung von Messergebnissen,

   f) die Ausnutzung von Fehlergrenzen und Abweichungen,

   g) den Schutz vorgeschriebener Kennzeichen,

   h) die Untersagung des Inverkehrbringens, der Inbetriebnahme, der Bereithaltung und der Verwendung in anderen Staaten mit EG-Zeichen versehener vorschriftswidriger Messgeräte durch die Physikalisch-Technische Bundesanstalt.

(1a) Die Bundesregierung wird ermächtigt, durch Rechtsverordnung mit Zustimmung des Bundesrates

1. die Anerkennung und Überwachung von Stellen nach Absatz 1 Satz 2 Nr. 3 Buchstabe c dem Bundesministerium für Wirtschaft und Technologie zuzuweisen,
2. die für die Durchführung des Gesetzes zuständigen Behörden und Stellen zu bestimmen,

3. Vorschriften über die Überwachung des Inverkehrbringens von Messgeräten durch die zuständigen Behörden zu erlassen, insbesondere über

   a) ein bei der Überwachung anzuwendendes einheitliches Konzept sowie die Abstimmung der Tätigkeit der Behörden,

   b) die behördlichen Maßnahmen einschließlich des Verbots oder der Beschränkung des Inverkehrbringens oder des Verwendens,

4. der Physikalisch-Technischen Bundesanstalt die Entscheidung darüber zuzuweisen, dass im Ausland hergestellte Messgeräte nach Maßgabe einer nach den Absätzen 1 und 2 in Verbindung mit § 2 Abs. 2 oder 3 erlassenen Rechtsverordnung Messgeräten, die dieser Rechtsverordnung entsprechen, gleichgestellt und insoweit von deren Anwendung ausgenommen sind; dabei kann auch das Verfahren einschließlich einer Veröffentlichung der Entscheidung geregelt werden.

(2) Die Bundesregierung wird ferner ermächtigt, durch Rechtsverordnung mit Zustimmung des Bundesrates

1. zum Schutze des geschäftlichen Verkehrs vorzuschreiben, dass

   a) Werte für Größen nur angegeben werden dürfen, wenn sie mit einem geeichten Messgerät ermittelt und nach einem bestimmten Verfahren umgerechnet sind,

   b) Gewichtswerte nur als Nettowerte angegeben werden dürfen,

2. zur Erleichterung des Handelsverkehrs Vorschriften zu erlassen über die Anerkennung in anderen Staaten durchgeführter Zulassungen, Eichungen und Prüfungen von Messgeräten,

3. zur Erleichterung des Handels mit Getreide Vorschriften über die Schüttdichte von Getreide zu erlassen.

(3) Vor dem Erlass von Rechtsverordnungen nach den Absätzen 1 bis 2 sind die betroffenen Kreise zu hören.

§ 4 EichG   Zusatzeinrichtungen

Soweit in den auf Grund dieses Gesetzes erlassenen Rechtsverordnungen nichts anderes bestimmt ist, stehen Zusatzeinrichtungen den Messgeräten gleich.

§ 5 EichG   Mitwirkung der Gemeinden

(1) Die Gemeinden haben die zuständigen Behörden bei der Durchführung örtlicher Eichtage außerhalb der Amtsstelle zu unterstützen. Soweit erforderlich, haben sie insbesondere

1. geeignete Räume bereitzustellen,
2. Zeit und Ort der Eichungen in ortsüblicher Weise bekannt zu geben,
3. Hilfskräfte zur Verfügung zu stellen.

B. Ausgewählte Gesetze und Verordnungen

(2) Die Gemeinden können von der zuständigen Behörde die Erstattung ihrer baren Auslagen verlangen.

**Zweiter Abschnitt
Fertigpackungen und Ausschankmaße**

§ 8 EichG   Erlass von Ausführungsvorschriften

(1) Das Bundesministerium für Wirtschaft und Technologie wird ermächtigt, im Einvernehmen mit dem Bundesministerium für Ernährung, Landwirtschaft und Verbraucherschutz, hinsichtlich der Anforderungen nach § 7 Abs. 2 auch im Einvernehmen mit dem Bundesministerium für Umwelt, Naturschutz und Reaktorsicherheit, zum Schutze des Verbrauchers, zur Erleichterung des Handels mit Fertigpackungen und zur Umsetzung von Rechtsakten der Europäischen Gemeinschaften durch Rechtsverordnung mit Zustimmung des Bundesrates Vorschriften zu erlassen insbesondere über

1. die Angabe von Nennfüllmengen bei Fertigpackungen und die Art und Weise dieser Angabe,
2. die Anforderungen an die Genauigkeit der Füllmenge,
3. die Kontrollen und Aufzeichnungen, die von den Betrieben zur Einhaltung der Genauigkeitsanforderungen nach Nummer 2 vorzunehmen sind, sowie die Messgeräte, die hierbei zu verwenden sind,
4. Messgeräte, die zur Kontrolle durch den Verbraucher bereitzuhalten sind,
5. Voraussetzungen und Methoden für eine einheitliche Füllmengenbestimmung,
6. Anforderungen an die Genauigkeit des Volumens von Behältnissen und ihre Kennzeichnung,
7. die Angabe dessen, der Fertigpackungen oder Behältnisse herstellt, in den Geltungsbereich dieses Gesetzes verbringt oder in den Verkehr bringt und über die Anbringung von Aufschriften und Zeichen auf Fertigpackungen und Behältnissen und ihre Anerkennung durch die Physikalisch-Technische Bundesanstalt,
8. Art und Umfang der von den zuständigen Behörden durchzuführenden Prüfungen zur Überwachung der Einhaltung der auf Grund der Nummern 2, 3, 5 und 6 erlassenen Vorschriften und über die Anerkennung in anderen Staaten durchgeführter Prüfungen,
9. die Angabe eines Grundpreises bei Fertigpackungen und über die Art und Weise dieser Angabe,
10. verbindliche Nennfüllmengen für Fertigpackungen und über die Pflicht zur Verwendung bestimmter Behältnisse bestimmten Volumens oder bestimmter Abmessungen für die Herstellung von Fertigpackungen,
11. Ausnahmen von § 7 Abs. 1,

12. die Gestaltung und Befüllung von Fertigpackungen, damit diese den Anforderungen des § 7 Abs. 2 genügen.

Das Bundesministerium für Wirtschaft und Technologie wird ferner ermächtigt, zu den gleichen Zwecken entsprechende Vorschriften für andere Verkaufseinheiten zu erlassen.

(2) Vor dem Erlass von Verordnungen nach Absatz 1 soll ein jeweils auszuwählender Kreis von Sachkennern aus der Verbraucherschaft und der beteiligten Wirtschaft gehört werden.

Dritter Abschnitt
Öffentliche Waagen

§ 10 EichG   **Wäger an öffentlichen Waagen**

(1) Wäger an Waagen, mit denen Wägegut Dritter für jedermann gewogen wird (öffentliche Waagen), sind öffentlich zu bestellen und zu verpflichten.

(2) Öffentlich bestellte Wäger haben die Ergebnisse ihrer Wägungen zu beurkunden.

(3) Das Bundesministerium für Wirtschaft und Technologie wird ermächtigt, durch Rechtsverordnung mit Zustimmung des Bundesrates

1. zur Gewährleistung richtiger Wägungen und Beurkundungen die Ausstattung, die Unterhaltung und den Betrieb öffentlicher Waagen, die Untersagung des Betriebes, das Aufbringen der zu wägenden Last und die dem Inhaber einer öffentlichen Waage obliegenden Anzeigepflichten zu regeln,

2. zur Gewährleistung der Unparteilichkeit Vorschriften über die Pflichten des öffentlich bestellten Wägers zu erlassen,

3. zur Durchführung der Absätze 1 und 2 Vorschriften zu erlassen über

   a) die Voraussetzungen und das Verfahren für die öffentliche Bestellung und Verpflichtung der Wäger,

   b) die Anforderungen an die Sachkunde der Wäger und ihre Prüfung,

   c) die Beurkundung der Wägungen und die Aufbewahrung der Unterlagen,

   d) die Kennzeichnung der öffentlichen Waagen.

Vierter Abschnitt
Zuständigkeiten

§ 11 EichG   **Behörden**

(1) Die Landesregierungen oder die von ihnen bestimmten Stellen bestimmen die für die Ausführung dieses Gesetzes zuständigen Behörden, soweit nicht die Physikalisch-

Technische Bundesanstalt zuständig oder auf Grund dieses Gesetzes etwas anderes bestimmt ist.

(2) Örtlich zuständig für die Eichung und sonstige Prüfung von Messgeräten an der Amtsstelle ist jede nach Absatz 1 sachlich zuständige Behörde, bei der eine solche Amtshandlung beantragt wird.

§ 12 EichG   (weggefallen)

§ 13 EichG   Aufgaben der Physikalisch-Technischen Bundesanstalt

(1) Die Physikalisch-Technische Bundesanstalt hat zur Sicherung der Einheitlichkeit des gesetzlichen Messwesens

1. Bauarten von Messgeräten zuzulassen,
2. Normalgeräte und Prüfungshilfsmittel der zuständigen Behörden und der staatlich anerkannten Prüfstellen auf Antrag zu prüfen,
3. die für die Durchführung dieses Gesetzes zuständigen Landesbehörden sowie die staatlich anerkannten Prüfstellen zu beraten und
4. die Zusammenarbeit der nach § 3 Abs. 1 Satz 2 Nr. 3 Buchstabe c anerkannten Stellen abzustimmen.

(2) Die Physikalisch-Technische Bundesanstalt hat ferner

1. das physikalisch-technische Messwesen wissenschaftlich zu bearbeiten, insbesondere wissenschaftliche Forschung auf diesem Gebiet zu betreiben und
2. Prüfungen und Untersuchungen auf dem Gebiet des physikalisch-technischen Messwesens vorzunehmen.

Fünfter Abschnitt
Kosten, Auskunft und Nachschau

§ 13a EichG   Kostenerhebung

Für

1. Amtshandlungen nach den §§ 2 bis 4, 8 bis 10, 21 und 25,
2. die Prüfung von Normalgeräten und Prüfungshilfsmitteln,
3. Maßnahmen zur Überwachung der Einhaltung der Vorschriften dieses Gesetzes.

§ 14 EichG   Kostenverordnung für Amtshandlungen

Das Bundesministerium für Wirtschaft und Technologie wird ermächtigt, durch Rechtsverordnung mit Zustimmung des Bundesrates die gebührenpflichtigen Amtshandlungen näher sowie die Gebührensätze für die einzelnen Amtshandlungen zu bestimmen.

§ 15 EichG   (weggefallen)

§ 16 EichG   **Auskunft und Nachschau**

(1) Die für die Einhaltung der Vorschriften dieses Gesetzes oder der auf Grund dieses Gesetzes erlassenen Rechtsverordnungen verantwortlichen Personen haben der zuständigen Behörde die für die Durchführung dieses Gesetzes erforderlichen Auskünfte zu erteilen.

(2) Soweit es zur Durchführung dieses Gesetzes erforderlich ist, sind die von der zuständigen Behörde mit der Überwachung beauftragten Personen befugt, Grundstücke und Betriebsräume des Auskunftspflichtigen sowie die dazugehörigen Geschäftsräume während der üblichen Betriebs- oder Geschäftszeiten zu betreten, Prüfungen und Besichtigungen vorzunehmen, Proben zu entnehmen und in die geschäftlichen Unterlagen des Auskunftspflichtigen Einsicht zu nehmen. Der Auskunftspflichtige oder eine für ihn handelnde Person hat die Maßnahmen nach Satz 1 zu dulden und die in der Überwachung tätigen Personen bei der Erfüllung ihrer Aufgaben zu unterstützen, insbesondere ihnen auf Verlangen die Räume und Unterlagen zu bezeichnen, Räume und Behältnisse zu öffnen und die Entnahme der Proben zu ermöglichen.

(3) Werden Fertigpackungen oder andere Verkaufseinheiten in den Geltungsbereich dieses Gesetzes verbracht und dabei vom Importeur unmittelbar an den Handel geliefert, so ist der Händler verpflichtet, Prüfungen auf Grund einer Rechtsverordnung nach § 8 Abs. 1 Satz 1 Nr. 8 in seinem Betrieb zu dulden und der zuständigen Behörde die erforderlichen Auskünfte zu erteilen. Werden Behältnisse in den Geltungsbereich dieses Gesetzes verbracht und dabei vom Importeur unmittelbar an den Abfüllbetrieb geliefert, so ist der Betriebsinhaber verpflichtet, Prüfungen auf Grund einer Rechtsverordnung nach § 8 Abs. 1 Satz 1 Nr. 8 zu dulden und der zuständigen Behörde die erforderlichen Auskünfte zu erteilen. Absatz 2 gilt entsprechend.

(4) Werden Fertigpackungen oder andere Verkaufseinheiten für Prüfungen auf Grund einer Rechtsverordnung nach § 8 Abs. 1 Satz 1 Nr. 8 als Probe entnommen und zerstört, so ist eine angemessene Entschädigung in Geld zu leisten, sofern sich kein Grund zur Beanstandung ergeben hat.

(5) Der zur Auskunft Verpflichtete kann die Auskunft auf solche Fragen verweigern, deren Beantwortung ihn selbst oder einen der in § 383 Abs. 1 Nr. 1 bis 3 der Zivilprozessordnung bezeichneten Angehörigen der Gefahr strafgerichtlicher Verfolgung oder eines Verfahrens nach dem Gesetz über Ordnungswidrigkeiten aussetzen würde.

§ 17 EichG   Befugnis zur Auskunftserteilung

Die Zolldienststellen sind befugt, den Eichaufsichtsbehörden der Länder Auskünfte zu erteilen über die Einfuhr von Fertigpackungen, offenen Packungen, Maßbehältnissen, Schankgefäßen und Messgeräten, die das Bundesministerium für Wirtschaft und Technologie im Einvernehmen mit dem Bundesministerium der Finanzen bestimmt. Der Einfuhr steht das sonstige Verbringen in den Geltungsbereich des Gesetzes gleich. Das Postgeheimnis (Artikel 10 Abs. 1 des Grundgesetzes) wird insoweit eingeschränkt.

§ 18 EichG   Abwehr und Unterbindung von Zuwiderhandlungen

Zur Abwehr oder Unterbindung von Zuwiderhandlungen gegen dieses Gesetz oder gegen die auf Grund dieses Gesetzes erlassenen Rechtsverordnungen haben die Beauftragten der zuständigen Behörden die Befugnisse von Polizeibeamten. Die Landesregierungen können diese Befugnisse durch Rechtsverordnung einschränken. Sie können diese Ermächtigung durch Rechtsverordnung auf andere Behörden übertragen.

Sechster Abschnitt
Bußgeldvorschriften

§ 19 EichG   Ordnungswidrigkeiten

(1) Ordnungswidrig handelt, wer vorsätzlich oder fahrlässig

1. Fertigpackungen, die entgegen § 7 Abs. 2 gestaltet oder befüllt sind, herstellt, herstellen lässt oder in den Geltungsbereich dieses Gesetzes verbringt,

2. entgegen § 16 Abs. 1 oder 3 Satz 1 oder 2 eine Auskunft nicht, nicht richtig oder nicht vollständig erteilt, entgegen § 16 Abs. 2 Satz 2 eine Maßnahme nicht duldet oder eine in der Überwachung tätige Person nicht unterstützt oder entgegen § 16 Abs. 3 Satz 1 oder 2 eine Prüfung nicht duldet,

3. nicht geeichte Messgeräte entgegen § 25 Abs. 1 Satz 1 verwendet oder entgegen § 25 Abs. 1 Satz 1 Nr. 1, 4 oder 5 bereithält,

4. einer Rechtsverordnung nach § 2 Abs. 2 oder 3, § 3 Abs. 1 oder 2, § 8 Abs. 1 Satz 1 Nr. 1 bis 7, 9, 10 oder 12, jeweils auch in Verbindung mit Satz 2, § 9 Abs. 3, § 10 Abs. 3 oder § 21 Satz 1 oder einer vollziehbaren Anordnung auf Grund einer solchen Rechtsverordnung zuwiderhandelt, soweit sie für einen bestimmten Tatbestand auf diese Bußgeldvorschrift verweist,

5. Verordnungen des Rates oder der Kommission der Europäischen Gemeinschaften im Sinne des § 21 zuwiderhandelt, soweit eine Rechtsverordnung nach Absatz 3 für einen bestimmten Tatbestand auf diese Bußgeldvorschrift verweist.

(2) Absatz 1 Nr. 2 gilt auch bei Verordnungen des Rates oder der Kommission der Europäischen Gemeinschaften im Sinne des § 21 und den zu ihrer Durchführung erlassenen Verordnungen.

(3) Das Bundesministerium für Wirtschaft und Technologie wird ermächtigt, im Einvernehmen mit dem Bundesministerium für Ernährung, Landwirtschaft und Verbraucherschutz durch Rechtsverordnung mit Zustimmung des Bundesrates die einzelnen Tatbestände der Verordnungen, die nach Absatz 1 Nr. 5 als Ordnungswidrigkeiten mit Geldbuße geahndet werden können, zu bezeichnen, soweit dies zur Durchführung der Verordnungen erforderlich ist.

(4) Die Ordnungswidrigkeit kann mit einer Geldbuße bis zu zehntausend Euro geahndet werden.

(5) Verwaltungsbehörde im Sinne des § 36 Abs. 1 Nr. 1 des Gesetzes über Ordnungswidrigkeiten ist, soweit das Gesetz von der Physikalisch-Technischen Bundesanstalt ausgeführt wird, die Behörde oder Stelle, die von der Landesregierung durch Rechtsverordnung bestimmt wird. Die Landesregierung kann die Ermächtigung auf die zuständige oberste Landesbehörde übertragen.

§ 20 EichG   Einziehung

(1) Ist eine in § 19 bezeichnete Ordnungswidrigkeit begangen worden, so können Gegenstände, die durch die Ordnungswidrigkeit hervorgebracht oder zu ihrer Begehung oder Vorbereitung gebraucht worden oder bestimmt gewesen sind oder auf die sich die Ordnungswidrigkeit bezieht, eingezogen werden.

(2) § 23 des Gesetzes über Ordnungswidrigkeiten ist anzuwenden.

Siebenter Abschnitt
Schlussvorschriften

§ 21 EichG   EG-Verordnungen

Soweit es zur Durchführung von Verordnungen des Rates oder der Kommission der Europäischen Gemeinschaften, die einer Regelung nach den §§ 7 und 8 entsprechen, erforderlich ist, kann das Bundesministerium für Wirtschaft und Technologie im Einvernehmen mit dem Bundesministerium für Ernährung, Landwirtschaft und Verbraucherschutz mit Zustimmung des Bundesrates durch Rechtsverordnung die erforderlichen Ausführungsvorschriften erlassen. Die §§ 11, 16 bis 18, 20 und 23 finden für die Durchführung der in Satz 1 genannten Rechtsakte der Europäischen Gemeinschaften und der zu ihrer Ausführung erlassenen Rechtsverordnungen entsprechende Anwendung.

§ 22 EichG (weggefallen)

§ 23 EichG Bezugnahme auf technische Regeln

Zur Festlegung technischer Anforderungen und Prüfverfahren kann in Rechtsverordnungen auf Grund dieses Gesetzes auf Veröffentlichungen sachverständiger Stellen verwiesen werden. Hierbei sind in der Rechtsverordnung das Datum der Veröffentlichung und die Bezugsquelle anzugeben.

§ 24 EichG Allgemeine Übergangsvorschriften

(1) Die Eichung und die eichamtliche Beglaubigung eines Messgeräts vor In-Kraft-Treten dieses Gesetzes gilt im bisherigen Umfang als Eichung im Sinne dieses Gesetzes; die Zulassung eines Messgeräts vor In-Kraft-Treten dieses Gesetzes gilt im bisherigen Umfang als Zulassung im Sinne dieses Gesetzes.

(2) Die amtliche Beglaubigung oder amtliche Prüfung von Messgeräten für Elektrizität vor In-Kraft-Treten dieses Gesetzes und die Beglaubigung nach den bis zum 30. Juni 1992 geltenden Vorschriften dieses Gesetzes gelten im bisherigen Umfang als Eichung im Sinne dieses Gesetzes.

(3) Die öffentliche Bestellung und Vereidigung eines Wägers an öffentlichen Waagen vor In-Kraft-Treten dieses Gesetzes gilt als öffentliche Bestellung im Sinne dieses Gesetzes.

(4) Die Verpflichtung und Vereidigung der Leiter von Elektrischen Prüfämtern, Prüfamtsaußenstellen und Nebenprüfämtern sowie ihrer Stellvertreter, gilt als öffentliche Bestellung im Sinne dieses Gesetzes.

(5) Die bei In-Kraft-Treten dieses Gesetzes bestehenden Befugnisse und Verpflichtungen der Elektrischen Prüfämter, Prüfamtsaußenstellen und Nebenprüfämter gelten im bisherigen Umfang weiter. Die Befugnis zur amtlichen Beglaubigung und amtlichen Prüfung von Messgeräten für Elektrizität und die nach den bis zum 30. Juni 1992 geltenden Vorschriften bestehende Befugnis zur Beglaubigung von Messgeräten für Elektrizität, Gas, Wasser und Wärme gelten als Befugnis zur Eichung.

(6) Soweit Prüfstellen vor dem 2. März 1985 staatlich anerkannt worden sind, kann die Anerkennung auch nachträglich mit einer Auflage verbunden werden.

§ 25 EichG Fortbestehen von Eichpflichten

(1) Es ist verboten,
1. Messgeräte zur Bestimmung
   a) der Länge, der Fläche, des Volumens, der Masse, der thermischen oder elektrischen Energie, der thermischen oder elektrischen Leistung, der Durchfluss-

stärke von Flüssigkeiten oder Gasen oder der Dichte oder des Gehalts von Flüssigkeiten,

b) des Wassergehalts von Speisefetten, des Feuchtgehaltes von Getreide oder Ölfrüchten, der Schüttdichte von Getreide, des Fettgehalts von Milch oder Milcherzeugnissen oder des Stärkegehalts von Kartoffeln,

c) des Fahrpreises bei Kraftfahrzeugen ungeeicht im geschäftlichen Verkehr zu verwenden oder so bereitzuhalten, dass sie ohne besondere Vorbereitung in Gebrauch genommen werden können,

2. die in Nummer 1 bezeichneten Messgeräte sowie Messgeräte zur Bestimmung des Drucks von Flüssigkeiten oder Gasen und der Temperatur

a) für Messungen nach dem Zoll- und Steuerrecht sowie dem Branntweinmonopolrecht,

b) zur Bestimmung von Beförderungsgebühren,

c) zur Schiffsvermessung und Schiffseichung,

d) zur Durchführung öffentlicher Überwachungsaufgaben,

e) zur Erstattung von Gutachten für staatsanwaltschaftliche oder gerichtliche Verfahren, Schiedsverfahren oder für andere amtliche Zwecke oder

f) zur Erstattung von Schiedsgutachten ungeeicht zu verwenden,

3. Messgeräte für die amtliche Überwachung des Straßenverkehrs ungeeicht zu verwenden,

4. Messgeräte zur Prüfung des Reifenluftdrucks an Kraftfahrzeugen in öffentlichen Tankstellen und Betrieben des Kraftfahrzeuggewerbes ungeeicht zu verwenden oder so bereitzuhalten, dass sie ohne besondere Vorbereitung in Gebrauch genommen werden können,

5. Messgeräte zur Bestimmung der Masse, des Volumens, des Drucks, der Temperatur, der Dichte oder des Gehalts bei der Herstellung von Arzneimitteln in Apotheken auf Grund ärztlicher Verschreibung oder bei Analysen in pharmazeutischen Laboratorien ungeeicht zu verwenden oder so bereitzuhalten, dass sie ohne besondere Vorbereitung in Gebrauch genommen werden können,

soweit nicht die Bundesregierung in einer Rechtsverordnung nach § 2 eine neue Regelung trifft. Satz 1 Nr. 2 Buchstabe d steht der Verwendung nichtgeeichter Messgeräte zur Durchführung öffentlicher Überwachungsaufgaben nicht entgegen, wenn

1. die Messgeräte ihrer Beschaffenheit nach nicht die Voraussetzungen der Eichfähigkeit erfüllen und in anderer Weise als durch Eichung sichergestellt ist, dass die Verwendung der Geräte zu einer genaueren Bestimmung von Messwerten führt, als sie nach dem Stand von Wissenschaft und Technik mit Hilfe geeichter Messgeräte erreicht werden kann oder

2. die Messsicherheit der Geräte für den Bereich, in welchem sie bei der Durchführung der Überwachungsaufgabe Verwendung finden, ohne Bedeutung ist.

(2) Absatz 1 Satz 1 Nr. 1, soweit sie die Bestimmung des Gehalts betrifft, und Nummern 2 und 3 gelten nicht für Messgeräte arten, die am 1. Januar 1985 nicht eichfähig waren.

(3) Den Messgeräten stehen gleich

1. Zusatzeinrichtungen, deren Wirkungsweise vom zugehörigen Messgerät beeinflusst wird oder die eine Wirkung auf das zugehörige Messgerät ausüben oder ausüben können, und

2. Zusatzeinrichtungen zur Ermittlung des Preises in offenen Verkaufsstellen.

§ 26 EichG   (weggefallen)

§ 27 EichG   Bezugnahme auf Vorschriften

Soweit in Gesetzen oder Verordnungen des Bundesrechts auf Vorschriften des Maß- und Gewichtsgesetzes verwiesen wird, beziehen sich diese Verweisungen auf die entsprechenden Vorschriften dieses Gesetzes.

III. Eichordnung (EichO)/Auszug

Teil 1
Pflichten beim Inverkehrbringen, Verwenden und Bereithalten von Messgeräten

§ 3 EichO   Sonstige Messgeräte

(1) Geeicht sein müssen:

1. Schallpegelmessgeräte, wenn sie im Bereich des Arbeits- oder Umweltschutzes zum Zwecke

    a) der Durchführung öffentlicher Überwachungsaufgaben,

    b) der Erstattung von Gutachten für staatsanwaltschaftliche oder gerichtliche Verfahren, Schiedsverfahren oder für andere amtliche Zwecke oder

    c) der Erstattung von Schiedsgutachten

    verwendet werden, ausgenommen Pegelmessglieder von Schallpegelmesseinrichtungen, die mit einer geeichten Kontrollvorrichtung nach Anlage 21 Abschnitt 3 Nr. 2.3 überprüft werden,

2. Messgeräte für die Abgasuntersuchung von Kraftfahrzeugen, wenn sie für die amtliche Überwachung des Straßenverkehrs, in Betrieben des Kraftfahrzeuggewerbes,

Teil 4: Arbeitshilfen

in öffentlichen Tankstellen oder sonst geschäftsmäßig verwendet oder bereitgehalten werden,

3. Atemalkoholmessgeräte für die amtliche Überwachung des Straßenverkehrs.

(2) Volumenmessgeräte für Laboratoriumszwecke der Anlage 12 dürfen im geschäftlichen oder amtlichen Verkehr oder bei der Herstellung oder Prüfung von Arzneimitteln nur verwendet oder bereitgehalten werden, wenn sie zugelassen sind und die Übereinstimmung des Messgeräts mit der Zulassung bescheinigt ist.

§ 3a EichO   Ausschankmaße

(1) § 9 Abs. 2 des Eichgesetzes ist nicht anzuwenden auf

1. Ausschankmaße für alkoholhaltige Mischgetränke, die unmittelbar vor dem Ausschank aus mehr als zwei Getränken gemischt werden,

2. Ausschankmaße für Kaffee-, Tee-, Kakao- oder Schokoladengetränke oder für Getränke, die auf ähnliche Art zubereitet werden,

3. Ausschankmaße für Kaltgetränke, die in Automaten durch Zusatz von Wasser hergestellt werden,

4. Ausschankmaße, die zur Ausfuhr nach Staaten außerhalb des Europäischen Wirtschaftsraums bestimmt sind.

(2) Bei der Verwendung und Bereithaltung für den Ausschank sind Ausschankmaße nur mit einem Nennvolumen von 1, 2, 4, 5 oder 10 Zentiliter oder 0,1, 0,2, 0,25, 0,3, 0,4, 0,5, 1, 1,5, 2, 3, 4 oder 5 Liter zulässig.

§ 5 EichO   Konformitätsbescheinigung

(1) Die Übereinstimmung von Messgeräten mit der Zulassung wird vom Hersteller oder von der zuständigen Behörde durch Anbringung des Konformitätszeichens bescheinigt (Ausstellung der Konformitätsbescheinigung).

(2) Wer die Konformitätsbescheinigung ausstellt, hat zu prüfen, ob die Messgeräte der Zulassung entsprechen. Zur Konformitätsprüfung dürfen nur Normale benutzt werden, die rückverfolgbar an ein nationales Normal angeschlossen sind und hinreichend kleine Fehlergrenzen einhalten; soweit in den Anlagen kein besonderer Wert festgelegt ist, gilt die Fehlergrenze als hinreichend klein, wenn sie ein Drittel der Fehlergrenze des zu prüfenden Messgerätes nicht überschreitet.

(3) Messgeräte, die der Zulassung entsprechen, sind nach der Prüfung mit dem Konformitätszeichen nach Anhang D Nr. 1 dauerhaft zu kennzeichnen. Bei Messgeräten zur einmaligen Verwendung darf das Zeichen auf der Verpackung aufgebracht sein. Messgeräte, die der Zulassung nicht entsprechen, dürfen mit dem Konformitätszeichen nicht gekennzeichnet werden.

(4) Geräteteile, die einen Eingriff in messtechnische Funktionen ermöglichen, sind, soweit die Zulassung dies vorsieht, nach der Prüfung durch Plomben, Klebemarken oder in sonst geeigneter Weise zu sichern.

(5) Wer die Konformitätsbescheinigung ausstellt, hat über die Prüfungen nachprüfbare Unterlagen zu fertigen und für die Dauer von fünf Jahren aufzubewahren. Wer eingeführte Messgeräte in den Verkehr bringt, hat Unterlagen über im Ausland durchgeführte Prüfungen ab der Einfuhr für die Dauer von fünf Jahren bereitzuhalten.

(6) Messgeräte mit einem Konformitätszeichen, deren Art oder Bauart nicht zur Ausstellung einer Konformitätsbescheinigung zugelassen ist oder die mit der Zulassung nicht übereinstimmen, dürfen nicht in den Verkehr gebracht, verwendet oder bereitgehalten werden.

(7) Wenn Tatsachen vorliegen, aus denen sich die Unzuverlässigkeit des Herstellers in Bezug auf die Ausstellung von Konformitätsbescheinigungen ergibt, kann die zuständige Behörde

1. dem Hersteller die Ausstellung von Konformitätsbescheinigungen oder
2. dem Einführer von Messgeräten dieses Herstellers das Inverkehrbringen

untersagen.

§ 6 EichO   Aufstellung, Gebrauch und Wartung

(1) Wer ein Messgerät nach § 25 Abs. 1 des Eichgesetzes, nach den §§ 1 bis 3 und 7h oder § 7b dieser Verordnung verwendet oder bereithält, muss

1. das Messgerät so aufstellen, anschließen, handhaben und warten, dass die Richtigkeit der Messung und die zuverlässige Ablesung der Anzeige gewährleistet sind,
2. den Hauptstempel des Messgeräts und eine zusätzliche Angabe „Geeicht bis ..." entwerten, sobald die Gültigkeit der Eichung nach § 13 vorzeitig erloschen ist,
3. eine in der Zulassung vorgeschriebene Wartungs- und Gebrauchsanweisung so beim Gerät aufbewahren, dass sie jederzeit verfügbar ist.

(1a) Wer ein Messgerät nach § 25 Abs. 1 des Eichgesetzes oder nach den §§ 2 bis 3 und 7h oder 7b dieser Verordnung verwendet, darf Fehlergrenzen nicht planmäßig zu seinem Vorteil ausnutzen.

(2) Wer nach Anlage 13 Abschnitt 6 Nr. 5 oder Anlage 18 Abschnitt 9 Nr. 4 oder Abschnitt 10 Nr. 4 oder nach der Zulassung verpflichtet ist, Messgeräte zu warten oder von einem Wartungsdienst warten zu lassen, hat übersichtliche Aufzeichnungen zu führen, aus denen der Zeitpunkt der Wartung, die durchgeführten Wartungsarbeiten sowie der Name der Person oder die Firma, die die Arbeiten durchgeführt hat, hervorgehen. Diese Aufzeichnungen sind für die Dauer von fünf Jahren aufzubewahren.

Teil 4: Arbeitshilfen

(3) Wer ein Messgerät in offenen Verkaufsstellen verwendet, muss das Messgerät so aufstellen und benutzen, dass der Käufer den Messvorgang beobachten kann.

(4) Wer eine Straßenfahrzeugwaage im geschäftlichen oder amtlichen Verkehr verwendet, darf das Gesamtgewicht des Fahrzeugs nicht durch achsweises Wägen ermitteln, wenn die Beruhigungsstrecken vor oder hinter der Waagenbrücke nicht mit dieser auf gleicher Höhe liegen und nicht gerade und waagerecht ausgeführt sind. Darauf ist durch ein Schild hinzuweisen. Achsweises Wägen ist außerdem unzulässig, wenn das Wägegut flüssig ist.

(5) Soweit in den Anlagen oder in anderen Rechtsvorschriften nicht anderes bestimmt ist, dürfen Waagen nur verwendet oder bereitgehalten werden, wenn sie mindestens der Genauigkeitsklasse III (Handelswaagen) angehören oder dieser Klasse vergleichbare Genauigkeitsanforderungen erfüllen.

§ 7 EichO   Pflichten bei der Eichung

(1) Messgeräte sind für die Eichung zu reinigen und ordnungsgemäß herzurichten. Messgeräte, die nicht am Gebrauchsort geeicht werden, sind bei der zuständigen Behörde oder an einem von ihr angegebenen Prüfungsort zur Eichung vorzuführen und nach der Eichung dort abzuholen.

(2) Messgeräte, die am Gebrauchsort geeicht werden, müssen ungehindert und gefahrlos zugänglich sein. Für ihre Eichung hat der Antragsteller Arbeitshilfe und Arbeitsräume zur Verfügung zu stellen.

(3) Die zuständige Behörde kann verlangen, dass der Antragsteller den Transport der Prüfmittel veranlasst oder besondere Prüfmittel bereitstellt.

(4) Wird die Eichung eines Messgeräts beantragt, für das eine EWG-Bauartzulassung nicht von der Bundesanstalt erteilt worden ist, so kann die zuständige Behörde vom Antragsteller die Vorlage einer Ausfertigung des Zulassungsscheines verlangen.

Teil 2
Ausnahmen von der Eichpflicht

§ 8 EichO   Messgeräte

Von der Eichpflicht ausgenommen sind Messgeräte nach Anhang A.

§ 9 EichO   Zusatzeinrichtungen

Von der Eichpflicht ausgenommen sind folgende Zusatzeinrichtungen, wenn sie keine Wirkung auf das Messgerät ausüben können (rückwirkungsfreie Zusatzeinrichtungen):

1. rückwirkungsfreie Zusatzeinrichtungen, die nicht für Zwecke verwendet oder bereitgehalten werden, für die die Verwendung geeichter Messgeräte vorgeschrieben ist,
2. im geschäftlichen Verkehr rückwirkungsfreie Zusatzeinrichtungen, die Messwerte zusätzlich darstellen, wenn
   a) das zugehörige Messgerät oder eine zu dem Messgerät gehörende andere geeichte Zusatzeinrichtung die ermittelten Messwerte unverändert und unlöschbar aufzeichnet oder speichert und
   b) diese Messwerte beiden von der Messung betroffenen Parteien zugänglich sind,
3. im geschäftlichen Verkehr über Versorgungsleitungen rückwirkungsfreie Zusatzeinrichtungen, die bei Messgeräten für Elektrizität, Gas, Wasser oder Wärme Messwerte zusätzlich darstellen, auch soweit die Voraussetzungen nach Nummer 2 nicht vorliegen,
4. im geschäftlichen Verkehr über Versorgungsleitungen zwischen Versorgungsunternehmen rückwirkungsfreie Zusatzeinrichtungen, die neue Messwerte bilden,
5. in offenen Verkaufsstellen rückwirkungsfreie Zusatzeinrichtungen zur Ermittlung des Preises und zur zusätzlichen Angabe von Messwerten und Preisen, wenn das zugehörige Messgerät oder eine zum Messgerät gehörende andere geeichte Zusatzeinrichtung die ermittelten Messwerte und zugehörigen Preise (Grund- und Verkaufspreis) unverändert auf einem Beleg abdruckt, der dem Käufer auf sein Verlangen zur Verfügung steht,
6. im amtlichen Verkehr, im Verkehrswesen und bei Messgeräten nach § 2 Abs. 2 Nr. 4 und § 3 Abs. 1 Nr. 1 und 2 rückwirkungsfreie Zusatzeinrichtungen, die Messwerte zusätzlich darstellen, wenn die Voraussetzungen nach Nummer 2 erfüllt sind oder der dargestellte Messwert mit der Anzeige des zugehörigen Messgerätes unmittelbar verglichen werden kann,
7. rückwirkungsfreie Zusatzeinrichtungen an Messgeräten, die bei der Herstellung und Analyse von Arzneimitteln verwendet werden.

Teil 4
Gültigkeitsdauer der Eichung

§ 12 EichO   **Allgemeines**

(1) Die Gültigkeitsdauer der Eichung ist auf zwei Jahre befristet, soweit sich nicht aus diesem Teil oder aus Anhang B etwas anderes ergibt.

(1a) Bei Messgeräten nach § 7h beginnt die erste Gültigkeitsdauer der Eichung mit dem Jahr, in dem die Metrologie-Kennzeichnung nach § 7m Abs. 1 auf dem Messgerät angebracht wurde.

Teil 4: Arbeitshilfen

(2) Die Bundesanstalt kann bei der Erteilung einer befristeten oder inhaltlich beschränkten Bauartzulassung eine kürzere Gültigkeitsdauer der Eichung festlegen. Das gilt nicht für die auf zehn Jahre befristete EWG-Bauartzulassung.

(3) Beträgt die Gültigkeitsdauer der Eichung nicht weniger als ein Jahr, so beginnt die Gültigkeitsdauer mit Ablauf des Kalenderjahres, in dem das Messgerät zuletzt geeicht wurde. Bei einer verspäteten Nacheichung in den ersten drei Monaten eines Kalenderjahres wird die Gültigkeitsdauer im Anschluss an die Gültigkeitsdauer der vorhergehenden Eichung bemessen.

§ 13 EichO   Vorzeitiges Erlöschen

(1) Die Gültigkeit der Eichung erlischt vorzeitig, wenn

1. das Messgerät die Verkehrsfehlergrenzen nicht einhält,
2. ein Eingriff vorgenommen wird, der Einfluss auf die messtechnischen Eigenschaften des Geräts haben kann oder seinen Verwendungsbereich erweitert oder beschränkt,
3. die vorgeschriebene Bezeichnung des Messgeräts geändert oder eine unzulässige Bezeichnung, Aufschrift, Messgröße, Einteilung oder Hervorhebung einer Einteilung angebracht wird,
4. der Hauptstempel, ein Sicherungsstempel oder Kennzeichnungen nach § 7m unkenntlich, entwertet oder vom Messgerät entfernt sind,
5. das Messgerät mit einer Zusatzeinrichtung verbunden wird, deren Anfügung nicht zulässig ist, oder
6. das Inverkehrbringen, die Inbetriebnahme, die Verwendung oder die Bereithaltung von Messgeräten untersagt oder einstweilen verboten wird.

(2) Absatz 1 Nr. 1, 2 und 4 gilt nicht für instandgesetzte Messgeräte, wenn das Messgerät nach der Instandsetzung die Verkehrsfehlergrenzen einhält, die erneute Eichung unverzüglich beantragt wird und die Instandsetzung durch das Zeichen des Instandsetzers nach Anhang D Nr. 6 kenntlich gemacht ist.

§ 14 EichO   Verlängerung

Wird die Messrichtigkeit von Messgeräten vor Ablauf der Gültigkeitsdauer der Eichung durch eine Stichprobenprüfung nachgewiesen, verlängert sich die Gültigkeitsdauer um den in Anhang B festgelegten Zeitraum. Die Stichprobenprüfung muss nach dem in Anhang B genannten Verfahren durchgeführt werden.

Teil 5
Zulassung

§ 14a EichO   Eichfähigkeit

(1) Ein Messgerät ist eichfähig, wenn seine Bauart durch die Bundesanstalt oder die Art des Maßgerätes allgemein zur Eichung zugelassen ist.

(2) Der von der Bundesanstalt erteilten EWG-Bauartzulassung steht die durch einen anderen Mitgliedstaat der Europäischen Gemeinschaften oder einen anderen Vertragsstaat des Abkommens über den Europäischen Wirtschaftsraum erteilte EWG-Bauartzulassung gleich. Sie ist in allen Mitgliedstaaten der Europäischen Gemeinschaften und in allen anderen Vertragsstaaten des Abkommens über den Europäischen Wirtschaftsraum gültig.

§ 15 EichO   Allgemeine Zulassung

(1) Messgerätearten sind zur Eichung allgemein zugelassen, soweit dies in den Anlagen bestimmt ist. Messgeräte einer allgemein zugelassenen Art müssen den Anforderungen dieser Verordnung und den anerkannten Regeln der Technik entsprechen.

(2) Die allgemeine innerstaatliche Zulassung ist die Zulassung von Messgerätearten zur innerstaatlichen Eichung.

(3) Die allgemeine EWG-Zulassung ist die Zulassung von Messgerätearten zur EWG-Ersteichung und zur innerstaatlichen Eichung.

§ 16 EichO   Bauartzulassung

(1) Die innerstaatliche Bauartzulassung ist die Zulassung von Messgerätebauarten zur innerstaatlichen Eichung.

(2) Die Bauart eines Messgeräts, die nicht zu einer allgemein zugelassenen Art gehört, wird zur innerstaatlichen Eichung zugelassen, wenn die Bauart richtige Messergebnisse und eine ausreichende Messbeständigkeit erwarten lässt (Messsicherheit). Die Bauart muss den Anforderungen dieser Verordnung und den anerkannten Regeln der Technik entsprechen. Soweit die Verordnung keine Anforderungen an die Bauart enthält oder anerkannte Regeln der Technik nicht bestehen, werden die Anforderungen bei der Zulassung festgelegt.

(3) Die Bauart eines Messgeräts, die von den Anforderungen dieser Verordnung oder den anerkannten Regeln der Technik abweicht, wird zur innerstaatlichen Eichung zugelassen, wenn die gleiche Messsicherheit auf andere Weise gewährleistet ist. Die Anforderungen an die Bauart werden bei der Bauartzulassung festgelegt.

(4) Die EWG-Bauartzulassung ist die Zulassung von Messgerätebauarten zur EWG-Ersteichung und zur innerstaatlichen Eichung. Eine EWG-Bauartzulassung kann erteilt werden für

1. Messgeräte zur Bestimmung der EWG-Schüttdichte im Sinne der Richtlinie 71/347/EWG des Rates vom 12. Oktober 1971 zur Angleichung der Rechtsvorschriften der Mitgliedstaaten über die Messung der Schüttdichte von Getreide (ABl. EG Nr. L 239 S. 1), zuletzt geändert durch die Akte über die Bedingungen des Beitritts der Tschechischen Republik, der Republik Estland, der Republik Zypern, der Republik Lettland, der Republik Litauen, der Republik Ungarn, der Republik Malta, der Republik Polen, der Republik Slowenien und der Slowakischen Republik und die Anpassungen der die Europäische Union begründenden Verträge - Anhang II: Liste nach Artikel 20 der Beitrittsakte - 1. Freier Warenverkehr - D. Gesetzliches Messwesen und Fertigpackungen (ABl. EU Nr. L 236 S. 64),

2. Alkoholometer und Aräometer im Sinne der Richtlinie 76/765/EWG des Rates vom 27. Juli 1976 zur Angleichung der Rechtsvorschriften der Mitgliedstaaten über Alkoholometer und Aräometer für Alkohol (ABl. EG Nr. L262 S. 143), geändert durch die Richtlinie 82/624/EWG der Kommission vom 1. Juli 1982 (ABl. EG Nr. L 252 S. 8),

3. Luftdruckmessgeräte für Kraftfahrzeugreifen im Sinne der Richtlinie 86/217/EWG des Rates vom 26. Mai 1986 zur Angleichung der Rechtsvorschriften der Mitgliedstaaten über Luftdruckmessgeräte für Kraftfahrzeugreifen (ABl. EG Nr. L152S. 48),

wenn die Bauart den Anforderungen der jeweiligen Richtlinie entspricht.

(5) Ist eine EWG-Ersteichung nicht vorgeschrieben, so gilt die EWG-Bauartzulassung als Genehmigung für den Vertrieb und die Inbetriebnahme.

§ 17 EichO   Zulassungsantrag

(1) Die Bauartzulassung wird von der Bundesanstalt auf schriftlichen Antrag des Herstellers oder seines Beauftragten erteilt. Aus dem Antrag muss hervorgehen, ob eine innerstaatliche Bauartzulassung oder eine EWG-Bauartzulassung beantragt wird.

(2) Der Antrag auf eine EWG-Bauartzulassung kann nur vom Hersteller oder seinem in einem Mitgliedstaat der Europäischen Gemeinschaften oder in einem anderen Vertragsstaat des Abkommens über den Europäischen Wirtschaftsraum ansässigen Beauftragten gestellt werden. Für eine bestimmte Gerätebauart kann der Antrag nur in einem einzigen Mitgliedstaat der Europäischen Gemeinschaften oder anderen Vertragsstaat des Abkommens über den Europäischen Wirtschaftsraum gestellt werden.

(3) Dem Antrag sind die zu seiner Prüfung erforderlichen Unterlagen beizufügen.

§ 18 EichO   Zulassungsprüfung

Die Bundesanstalt kann verlangen, dass der Antragsteller
1. für die Untersuchung von Messgerätemustern ein oder mehrere Messgeräte oder Teile der Messgeräte, einschließlich der erforderlichen Einrichtungen und Hilfsmittel, betriebsfertig vorstellt,
2. die zur Prüfung erforderlichen Normalgeräte sowie angemessene Prüfmittel und fachkundiges Personal zur Verfügung stellt.

§ 19 EichO   Zulassungserteilung

(1) Genügt die Bauart den Anforderungen der Zulassungsprüfung, so erteilt die Bundesanstalt einen Zulassungsschein. Im Zulassungsschein sind die Anforderungen an die Messgeräte festzulegen. Die Zulassung kann inhaltlich beschränkt, mit einer Befristung oder Bedingung erlassen oder mit einer Auflage verbunden werden. Die EWG-Bauartzulassung ist zehn Jahre gültig; sie kann um jeweils bis zehn Jahre verlängert oder kürzer befristet werden.

(2) Auf Antrag des Zulassungsinhabers kann festgelegt werden, dass zugelassene Bauarten von Messgeräten oder Teile davon mit demselben Zulassungszeichen auch unter dem Namen oder dem Zeichen einer anderen Firma oder unter einer anderen Handelsbezeichnung in den Verkehr gebracht werden dürfen.

§ 20 EichO   Gültigkeit der Zulassung

(1) Die Gültigkeit einer befristeten Bauartzulassung kann nach einer Änderung der Anforderungen nur verlängert werden, wenn die Bauartzulassung auch auf Grund der neuen Anforderungen hätte erteilt werden können.

(2) Wird die Gültigkeit einer befristeten Bauartzulassung nicht verlängert oder die Bauartzulassung widerrufen, so gelten die im Gebrauch befindlichen Messgeräte weiterhin als zugelassen.

§ 21 EichO   Inhaltliche Beschränkung der Zulassung

(1) Die Anzahl der Messgeräte, die in Übereinstimmung mit der zugelassenen Bauart hergestellt werden dürfen, ist nicht beschränkt, soweit sich nicht aus Absatz 2 etwas anderes ergibt.

(2) Bei Anwendung neuer Techniken, die nicht in dieser Verordnung vorgesehen sind, kann eine inhaltlich beschränkte Bauartzulassung erteilt werden. Sie kann folgende Beschränkungen enthalten:
1. Begrenzung der Anzahl der zugelassenen Messgeräte,
2. Verpflichtung, den zuständigen Behörden den jeweiligen Aufstellungsort mitzuteilen,

Teil 4: Arbeitshilfen

3. Beschränkung des Anwendungsbereichs,
4. besondere einschränkende Bestimmungen in Bezug auf die angewandte Technik.

(3) Ist eine Bauart nach Absatz 2 zur innerstaatlichen Eichung zugelassen, so können auch nach der Zulassung besondere Prüfungen an einigen Messgeräten diese Bauart vorgenommen werden.

(4) Die Zulassung nach Absatz 2 darf als EWG-Bauartzulassung nur erteilt werden, wenn

1. die EWG-Einzelrichtlinie für die betreffende Messgeräteart in Kraft getreten ist,
2. Fehlergrenzen für die Messgeräteart festgelegt sind und
3. zu erwarten ist, dass die Messgeräte der Bauart die festgelegten Fehlergrenzen einhalten.

Die Gültigkeitsdauer einer solchen Zulassung beträgt bis zu zwei Jahre. Sie kann um bis zu drei weitere Jahre verlängert werden.

§ 22 EichO   Verwahrung und Hinterlegung von Mustern und Unterlagen

(1) Die Bundesanstalt kann verlangen, dass der Zulassungsinhaber bis zum Ablauf von fünf Jahren nach Beendigung der Herstellung von Messgeräten der zugelassenen Bauart Teile eines Messgerätes, Modelle oder Zeichnungsunterlagen der zugelassenen Bauart bei ihr hinterlegt oder bei sich verwahrt, soweit dies zur Feststellung der Übereinstimmung eines Messgeräts mit der zugelassenen Bauart erforderlich ist; reicht dies nicht aus, so kann sie stattdessen die Hinterlegung oder Verwahrung eines Mustergeräts verlangen.

(2) Die Bundesanstalt ist berechtigt, vom Zulassungsinhaber zu verwahrende Geräte oder Geräteteile gegen Eingriffe zu sichern.

§ 23 EichO   Bekanntmachung der Zulassung

(1) Bauartzulassungen, ihre Nachträge, ihr Widerruf oder ihre Rücknahme werden im Amts- und Mitteilungsblatt der Bundesanstalt (PTB-Mitteilungen) bekannt gemacht.

(2) Der Zulassungsinhaber hat der Bundesanstalt auf ihre Anforderung die Zulassungsunterlagen in der zur Unterrichtung der Eichaufsichtsbehörden erforderlichen Anzahl vorzulegen.

§ 24 EichO   Zulassungszeichen

Zulassungszeichen für die innerstaatliche Bauartzulassung und die EWG-Bauartzulassung sind die Zeichen nach Anhang D Nr. 2.

§ 25 EichO Anbringen des Zulassungszeichens

(1) Der Zulassungsinhaber muss das im Zulassungsschein erteilte Zulassungszeichen auf allen Messgeräten der zugelassenen Bauart an sichtbarer Stelle anbringen, soweit eine Zulassung erforderlich ist und in den Anlagen oder in der Zulassung nichts anderes bestimmt ist. Messgeräte einer nicht zugelassenen Bauart darf er nicht mit einem Zulassungszeichen versehen.

(2) Ist eine Messgeräteart allgemein zur EWG-Ersteichung zugelassen, so kann der Hersteller diese Messgeräte unter seiner Verantwortung mit dem Zeichen nach Anhang D Nr. 2.5 versehen, wenn sie den Anforderungen an diese Messgeräteart genügen.

§ 25a EichO Rücknahme und Widerruf, einstweiliges Verbot

(1) Die Bauartzulassung ist zurückzunehmen, wenn bekannt wird, dass bei ihrer Erteilung die Messsicherheit nicht gewährleistet war. Die Zulassung ist zu widerrufen, wenn nachträglich Tatsachen eintreten, welche die Messsicherheit beeinträchtigen; sie kann widerrufen werden, wenn

1. der Inhaber der Zulassung nach ihrer Erteilung im Zulassungsschein bezeichnete Merkmale der Messgeräte ändert oder inhaltliche Beschränkungen oder Bedingungen nicht beachtet oder Auflagen nicht innerhalb einer ihm gesetzten Frist erfüllt,

2. Messgeräte, für deren Bauart eine Zulassung erteilt worden ist, dieser Zulassung nicht entsprechen.

(2) Wird festgestellt, dass Messgeräte einer Bauart, für die von einem anderen Mitgliedstaat der Europäischen Gemeinschaften oder einem anderen Vertragsstaat des Abkommens über den Europäischen Wirtschaftsraum eine EWG-Bauartzulassung erteilt worden ist, bei ihrer Verwendung einen Fehler allgemeiner Art erkennen lassen, der sie für ihre Zwecke ungeeignet macht, so kann die Bundesanstalt das Inverkehrbringen und die Inbetriebnahme der Messgeräte einstweilen verbieten. Das Gleiche gilt für Messgeräte, für die eine EWG-Ersteichung nicht erforderlich ist, wenn die Messgeräte die Anforderungen der EWG-Bauartzulassung oder der beschränkten EWG-Bauartzulassung nicht einhalten und der Hersteller nach erfolgter Abmahnung die Übereinstimmung mit diesen Anforderungen nicht herbeigeführt hat.

§ 26 EichO Änderung der zugelassenen Bauart

(1) Der Inhaber einer von der Bundesanstalt erteilten Zulassung hat die Bundesanstalt über alle Änderungen zu unterrichten, die er an der zugelassenen Bauart vornehmen will.

(2) Änderungen einer zugelassenen Bauart und Anfügungen an Messgeräte einer zugelassenen Bauart bedürfen einer Ergänzung zur Bauartzulassung, wenn sie die Messergebnisse oder die normalen Verwendungsbedingungen des Messgeräts beeinflussen

oder beeinflussen können. Die Bundesanstalt darf nur solche Bauartzulassungen ergänzen, die sie selbst erteilt hat.

(3) Nach einer Änderung der Anforderungen darf eine Bauartzulassung nur geändert werden, wenn die geänderte Bauart weiterhin den zur Zeit der Zulassungserteilung geltenden Vorschriften entspricht. Andernfalls darf nur eine neue Bauartzulassung erteilt werden.

§ 27 EichO   Zulassungsübertragung

Eine Bauartzulassung kann mit Zustimmung des Inhabers auf einen anderen übertragen werden. Die Übertragung der Zulassung setzt einen Antrag desjenigen voraus, auf den die Zulassung übertragen werden soll.

§ 28 EichO   Zulassung ohne Eichung

Für die Zulassung von Messgeräten, für die keine Eichung vorgesehen ist, gelten die Vorschriften über die Zulassung zur Eichung sinngemäß.

Teil 6
Eichung

§ 28a EichO   Eichung

(1) Messgeräte sind als geeicht zu stempeln, wenn sie eichfähig sind und den Anforderungen der Zulassung genügen.

(2) Die Eichung kann in einer Eichung für das Inland oder in einer Ersteichung mit Wirkung für den Bereich der Mitgliedstaaten der Europäischen Gemeinschaften und der anderen Vertragsstaaten des Abkommens über den Europäischen Wirtschaftsraum (EWG-Ersteichung) bestehen. Einem von der zuständigen Behörde als geeicht gestempelten Messgerät steht ein Messgerät gleich, das von einem anderen Mitgliedstaat der Europäischen Gemeinschaften oder einem anderen Vertragsstaat des Abkommens über den Europäischen Wirtschaftsraum mit dem Zeichen für die EWG-Ersteichung versehen worden ist.

(3) Die eichtechnische Prüfung kann als Einzelprüfung oder in den Fällen des § 29 Abs. 3 stichprobenweise als Sammelprüfung nach statistischen Methoden vorgenommen werden.

§ 29 EichO   Durchführung der Eichung

(1) Die Eichung besteht aus der eichtechnischen Prüfung und der Stempelung eines eichfähigen Messgeräts durch die zuständige Behörde.

B. Ausgewählte Gesetze und Verordnungen

(2) Die eichtechnische Prüfung kann in einem Vorgang erfolgen oder aus einer oder mehreren Vorprüfungen und einer Prüfung am Gebrauchsort bestehen.

(3) Die eichtechnische Prüfung kann bei der innerstaatlichen Eichung als Sammelprüfung nach statistischen Methoden für nachfolgende Messgerätearten vorgenommen werden:
1. (weggefallen)
2. Fässer aus Kunststoff oder Metall,
3. (weggefallen)
4. (weggefallen)
5. Messgeräte oder Teile von Messgeräten, die nur zum einmaligen Gebrauch bestimmt sind.

§ 30 EichO   Ersteichung

(1) Allgemein zur Eichung zugelassene Messgeräte können erstgeeicht werden, wenn sie den zum Zeitpunkt der ersten Eichung geltenden Anforderungen entsprechen.

(2) Neue oder erneuerte Messgeräte mit einer Bauartzulassung können erstgeeicht werden, wenn sie den zum Zeitpunkt der Zulassungserteilung geltenden Anforderungen und der Bauartzulassung entsprechen.

§ 31 EichO   Nacheichung

(1) Geeichte Messgeräte können nachgeeicht werden, wenn sie die geltenden Eichfehlergrenzen einhalten und den sonstigen Anforderungen entsprechen, die bei ihrer Ersteichung gegolten haben.

(1a) Messgeräte nach § 7h können nachgeeicht werden, wenn sie die Eichfehlergrenzen einhalten und den sonstigen Anforderungen entsprechen, die zum Zeitpunkt des Inverkehrbringens gegolten haben. Die Nacheichung besteht aus der eichtechnischen Prüfung und der Stempelung eines nach § 7m Abs. 1 gekennzeichneten Messgeräts durch die zuständige Behörde.

(2) Messgeräte mit einer Gültigkeitsdauer der Eichung von zwei Jahren oder weniger, die in den letzten vier Monaten vor Ende eines Jahres geeicht, aber nicht verwendet oder bereitgehalten wurden, können in den ersten beiden Monaten des folgenden Jahres mit einer vereinfachten Prüfung nachgeeicht werden (Jahreswendeverfahren).

§ 32 EichO   Befundprüfung

(1) Durch die Befundprüfung wird festgestellt, ob ein eichfähiges Messgerät die Verkehrsfehlergrenzen einhält und den sonstigen Anforderungen der Zulassung entspricht.

Teil 4: Arbeitshilfen

(1a) Bei Messgeräten nach § 7h wird durch die Befundprüfung festgestellt, ob sie die Verkehrsfehlergrenzen einhalten und den sonstigen Anforderungen entsprechen, die zum Zeitpunkt des Inverkehrbringens gegolten haben.

(2) Die Befundprüfung kann von jedem, der ein begründetes Interesse an der Messrichtigkeit des Messgerätes darlegt, bei der zuständigen Behörde oder einer staatlich anerkannten Prüfstelle beantragt werden.

(3) Bei der Befundprüfung an einem geeichten Messgerät gelten die Verkehrsfehlergrenzen und die sonstigen Anforderungen, die zum Zeitpunkt der Eichung gegolten haben. In allen anderen Fällen gelten die zum Zeitpunkt des Antrages auf Befundprüfung maßgebenden Verkehrsfehlergrenzen und sonstigen Anforderungen.

§ 33 EichO   Fehlergrenzen

(1) Die Fehlergrenzen sind die zulässigen Höchstbeträge für positive oder negative Abweichungen vom richtigen Wert. Als richtig gilt der Wert des Normals oder der Normalmesseinrichtung.

(2) Bei der Ersteichung und den Nacheichungen gelten die Eichfehlergrenzen.

(3) Bei der Verwendung und der Befundprüfung gelten die Verkehrsfehlergrenzen.

(4) Die Eichfehlergrenzen sind in den Anlagen festgesetzt. Die Verkehrsfehlergrenzen betragen das Doppelte der Eichfehlergrenzen, soweit in den Anlagen nichts anderes festgesetzt ist.

(5) Die Eichfehlergrenzen der Messgeräte einer Bauart, deren Art nicht in den Anlagen aufgeführt ist, werden bei der Zulassung festgesetzt. Die Verkehrsfehlergrenzen dieser Messgeräte betragen das Doppelte dieser Fehlergrenzen, sofern bei der Zulassung nichts anderes bestimmt wird.

(6) Bei Messgeräten nach § 7h entsprechen die Eichfehlergrenzen den Fehlergrenzen der entsprechenden messgerätespezifischen Anhänge der Richtlinie 2004/22/EG.

§ 34 EichO   Stempelzeichen

(1) Stempelzeichen sind:
1. das innerstaatliche Eichzeichen,
2. das EWG-Eichzeichen,
3. das Jahreszeichen für die innerstaatliche Eichung,
4. die Jahresbezeichnung für die innerstaatliche Eichung,
5. das Jahreszeichen für die EWG-Ersteichung und
6. das Entwertungszeichen.

(2) Eichzeichen und Jahreszeichen oder Eichzeichen und Jahresbezeichnung bilden zusammen den Hauptstempel.

(3) Das Eichzeichen wird als Sicherungsstempel und bei der Eichung in Stufen (Vorprüfung) als Stempelzeichen für die Vorprüfung verwendet. Zur Sicherung kann auch der Hauptstempel verwendet werden.

(4) Die Ausführung der Stempelzeichen ist in Anhang D Nr. 3 festgelegt.

§ 35 EichO   Kennzeichnung der Messgeräte

(1) Zur innerstaatlichen Eichung zugelassene Messgeräte werden bei der Eichung nach Maßgabe der Absätze 2 bis 4 mit innerstaatlichen Stempelzeichen gekennzeichnet.

(2) Messgeräte mit befristeter Gültigkeitsdauer der Eichung - mit Ausnahme der Messgeräte nach Absatz 4 - werden mit Stempelzeichen nach Anhang D Nr. 3.1 und 3.3 als geeicht gekennzeichnet. Der Hauptstempel oder das Messgerät darf mit dem Zusatz „Geeicht bis ..." in Verbindung mit der vollständigen Jahreszahl versehen sein.

(3) Messgeräte mit unbefristeter Gültigkeitsdauer der Eichung werden mit Stempelzeichen nach Anhang D Nr. 3.1 und 3.4 als geeicht gekennzeichnet.

(4) Messgeräte im geschäftlichen Verkehr bei der Abgabe von Elektrizität, Gas, Wasser oder Wärme werden mit Stempelzeichen nach Anhang D Nr. 3.1 und 3.4 als geeicht gekennzeichnet. Der Hauptstempel oder das Messgerät darf mit dem Zusatz „Geeicht bis ..." in Verbindung mit der vollständigen Jahreszahl versehen sein.

(5) Zur EWG-Ersteichung zugelassene Messgeräte werden bei der Ersteichung mit EWG-Stempelzeichen nach Anhang D Nr. 3.2 und 3.5 oder 3.6 gekennzeichnet. Sie können mit innerstaatlichen Stempelzeichen gekennzeichnet werden, wenn ihre Verwendung im Geltungsbereich dieser Verordnung vorgesehen ist. Bei der Nacheichung sind sie mit dem innerstaatlichen Stempelzeichen zu kennzeichnen.

(6) Bei der Vorprüfung sind die in der jeweiligen Stufe geprüften Teile mit dem Eichzeichen, gegebenenfalls in Verbindung mit einem Datumszeichen, zu kennzeichnen.

(7) Wird ein geeichtes Messgerät für vorschriftswidrig befunden und kann es nicht unmittelbar in einen ordnungsgemäßen Zustand versetzt werden, so ist der Hauptstempel zu entwerten.

Teil 4: Arbeitshilfen

Teil 7
Allgemeine Anforderungen an Messgeräte für die innerstaatliche Zulassung und Eichung

§ 36 EichO   Messrichtigkeit

(1) Messgeräte müssen so gebaut sein, dass sie für ihren bestimmungsgemäßen Verwendungszweck geeignet sind und unter Nenngebrauchsbedingungen richtige Messergebnisse erwarten lassen.

(2) Referenzbedingungen für die messtechnische Prüfung und Nenngebrauchsbedingungen sind in den Anlagen aufgeführt oder können bei der Bauartzulassung festgelegt werden.

§ 37 EichO   Messbeständigkeit

(1) Als messbeständig gelten Messgeräte, die richtige Messergebnisse über einen ausreichend langen Zeitraum erwarten lassen. Bei eichpflichtigen Messgeräten muss dieser Zeitraum mindestens der Gültigkeitsdauer der Eichung entsprechen.

(2) Bei der Zulassung kann gefordert werden, dass bei falschen Messergebnissen

1. deren Ausgabe verhindert wird,
2. die Messergebnisse deutlich als falsch erkennbar sind,
3. der Messvorgang selbsttätig unterbrochen oder
4. selbsttätig auf ein Ersatzmessgerät umgeschaltet wird.

§ 38 EichO   Prüfbarkeit

Messgeräte müssen so ausgeführt sein, dass sie gefahrlos und ohne besonderen Aufwand an Prüfmitteln und Zeit geprüft werden können.

§ 39 EichO   Zusatzeinrichtungen, Geräteverbindungen

(1) Die vorschriftsmäßige Verwendung von Messgeräten darf durch den Anschluss von Zusatzeinrichtungen oder anderen Geräten nicht beeinträchtigt werden.

(2) Bei nicht vernachlässigbaren Rückwirkungen darf der Anschluss nur erfolgen, soweit dies bei der Zulassung der Zusatzeinrichtung oder bei der des Messgeräts geregelt ist.

(3) Vorrichtungen zur Geräteverbindung müssen so ausgeführt und gekennzeichnet sein, dass die richtige und sichere Verbindung gewährleistet ist.

§ 40 EichO Schutz gegen Eingriffe und Bedienungsfehler

(1) Messgeräte müssen gegen eine Verfälschung von Messwerten durch Bedienungsfehler und Eingriffe hinreichend geschützt sein.

(2) Die richtige und zuverlässige Erfassung, Speicherung, Verarbeitung und Ausgabe der Daten muss unter den üblichen Betriebsbedingungen gewährleistet sein.

§ 41 EichO Darstellung von Messwerten und Daten

(1) Zahlenwerte und Einheitennamen oder Einheitenzeichen müssen einander eindeutig zugeordnet sein.

(2) Zahlenwerte als Brüche müssen in Form von Dezimalbrüchen angegeben werden, sofern in der Zulassung nichts anderes bestimmt ist.

(3) Skalen, Ziffernanzeigen und Strichmarken müssen so ausgeführt und angeordnet sein, dass der Messwert eindeutig und gut erkennbar abgelesen werden kann. Bei ihrer Ausführung sind die anerkannten Regeln der Technik zu beachten.

(4) Die Ausgabe von zusätzlichen Informationen darf nicht zu Verwechslungen mit Angaben führen, auf die sich die Eichung bezieht. Zur Unterscheidung können bei der Zulassung besondere Kennzeichnungen oder eine räumliche Trennung der Ausgaben gefordert werden.

§ 42 EichO Verwendungshinweise, Bezeichnungen und Aufschriften

(1) Auf Messgeräten einer zugelassenen Bauart müssen zusätzlich zum Zulassungszeichen der Name des Zulassungsinhabers oder sein Firmenzeichen, die Fabriknummer und das Baujahr angegeben sein, soweit in den Anlagen oder in der Zulassung nichts anderes bestimmt ist.

(2) Bei der Zulassung können weitere Verwendungshinweise, Bezeichnungen und Aufschriften gefordert werden.

(3) Ist die Verwendung eines Messgeräts eingeschränkt, so müssen Art und Umfang der Einschränkung auf dem Messgerät angegeben sein.

(4) Vorgeschriebene Verwendungshinweise, Bezeichnungen und Aufschriften müssen deutlich lesbar, dauerhaft und, soweit erforderlich, gut sichtbar angebracht sein. Schilder mit diesen Angaben müssen fest mit dem Messgerät verbunden sein oder durch Stempel gesichert werden können.

(5) Wartungs-, Gebrauchs- und Überwachungsanweisungen, deren Beifugung vorgeschrieben ist, sowie vorgeschriebene Verwendungshinweise, Bezeichnungen und Aufschriften müssen in deutscher Sprache abgefasst sein; das gilt nicht für Messgeräte, die zur Ausfuhr bestimmt sind. Die zuständigen Behörden können weitere Ausnahmen genehmigen.

(6) Firmenzeichen und Firmenaufschriften müssen so ausgeführt sein, dass sie nicht mit amtlichen Zeichen oder vorgeschriebenen Aufschriften verwechselt werden können.

(7) Verwendungshinweise, Bezeichnungen und Aufschriften dürfen nicht irreführend sein und die Ablesbarkeit des Messgeräts nicht beeinträchtigen.

§ 43 EichO   Stempelstellen

(1) An den Messgeräten muss eine geeignete Stelle für vorgeschriebene Stempel und Zeichen vorhanden sein (Hauptstempelstelle). Die Stempelstelle muss leicht zugänglich und so beschaffen und befestigt sein, dass die Stempelzeichen deutlich erkennbar sind.

(2) Sofern in den Anlagen oder bei der Zulassung nichts anderes festgelegt ist, erhält jedes Messgerät nur einen Hauptstempel; Teilgeräte, die einzeln geprüft werden dürfen, können einen eigenen Hauptstempel erhalten.

(3) Darf die Hauptstempelstelle nach den Anlagen oder der Zulassung geteilt werden, so müssen beide Teile so nahe, wie nach Ausführung des Messgeräts möglich, beieinander liegen und so beschaffen sein, dass auf dem einen das Eichzeichen und auf dem anderen das Jahreszeichen aufgebracht werden kann.

(4) Zur Sicherung der Messgeräte gegen Eingriffe, das Abtrennen oder Auswechseln von Teilen oder andere Änderungen müssen geeignete Stellen zum Aufbringen von Sicherungsstempeln vorgesehen sein (Sicherungsstempelstellen).

(5) An Messgeräten oder Teilen von Messgeräten, die einer Vorprüfung unterzogen werden, müssen geeignete Stellen zum Aufbringen der Stempelzeichen für die Vorprüfung vorgesehen sein.

(6) Sofern Messgeräte aus mehreren Teilen bestehen, die nicht fest zusammengebaut werden können, oder das Zerlegen von Messgeräten gestattet ist, müssen geeignete Stellen zum Aufbringen von Kennzeichen vorgesehen sein, welche die Zusammengehörigkeit der Teile erkennen lassen.

Teil 10
Einrichtungen und Betriebe im Bereich des gesetzlichen Messwesens

2. Abschnitt
Instandsetzungsbetriebe

§ 72 EichO **Instandsetzungsbetriebe**

(1) Die zuständige Behörde kann Betrieben, die geeichte Messgeräte in Stand setzen (Instandsetzer), auf Antrag die Befugnis erteilen, instandgesetzte Messgeräte durch ein Zeichen kenntlich zu machen (Instandsetzerkennzeichen), wenn sie mit den zur Reparatur und Justierung erforderlichen Einrichtungen und mit sachkundigem Personal ausgestattet sind.

(2) Die zuständige Behörde kann Angaben und Unterlagen zum Nachweis der in Absatz 1 genannten Voraussetzungen verlangen. Die Befugnis wird schriftlich für bestimmte Messgerätearten erteilt. Dem Instandsetzer wird ein Instandsetzerkennzeichen zugeteilt.

(3) Die Befugnis kann außer nach den Vorschriften der Verwaltungsverfahrensgesetze widerrufen werden, wenn der Instandsetzer die eichrechtlichen Vorschriften nicht beachtet.

(4) Für Messgeräte nach § 57b der Straßenverkehrszulassungsordnung kann an Stelle des Instandsetzerkennzeichens das dort vorgesehene Einbauschild verwendet werden.

(5) Der Instandsetzer darf nur Messgeräte mit dem Instandsetzerkennzeichen versehen, die von ihm instandgesetzt worden sind und bei denen die Gültigkeitsdauer nach § 12 noch nicht abgelaufen ist. Er hat im unteren Feld des Instandsetzerkennzeichens das Datum seiner Anbringung einzutragen und die zuständige Behörde von der Anbringung unverzüglich schriftlich zu verständigen.

(6) Der Instandsetzer hat den Hauptstempel und eine zusätzliche Angabe „Geeicht bis ..." nach der Instandsetzung zu entwerten. Entfernte Sicherungsstempel hat der Instandsetzer durch sein Stempelzeichen zu ersetzen.

(7) Stellt der Instandsetzer seine Tätigkeit ein, hat er die zuständige Behörde unverzüglich zu verständigen und ihr sämtliche Instandsetzerkennzeichen und Stempelzeichen zu übergeben.

(8) Die Ausführung des Instandsetzerkennzeichens und des Stempelzeichens ist in Anhang D Nr. 6 festgelegt.

§ 73 EichO (weggefallen)

Teil 11
Ordnungswidrigkeiten, Übergangs- und Schlussvorschriften

§ 74 EichO Ordnungswidrigkeiten

Ordnungswidrig im Sinne des § 19 Abs. 1 Nr. 4 des Eichgesetzes handelt, wer vorsätzlich oder fahrlässig

1. entgegen § 1 Abs. 1 Messgeräte verwendet oder bereithält,
2. nicht geeichte Messgeräte entgegen § 2 Abs. 1 oder § 3 Abs. 1 verwendet oder entgegen § 3 Abs. 1 Nr. 2 bereithält,
3. entgegen § 2 Abs. 3 Satz 2 Dosimetersonden verwendet oder nicht zurückgibt,
4. entgegen § 2 Abs. 3 Satz 7 nicht dafür sorgt, dass die dort genannten Vorschriften eingehalten werden,
5. entgegen § 3 Abs. 2 Volumenmessgeräte verwendet oder bereithält,
6. (weggefallen)
7. (weggefallen)
8. als Hersteller von Messgeräten,
   a) entgegen § 5 Abs. 2 Satz 2 Normale benutzt, die den dort bezeichneten Anforderungen nicht entsprechen,
   b) entgegen § 5 Abs. 3 Satz 3 Messgeräte mit dem Konformitätszeichen kennzeichnet,
   c) entgegen § 5 Abs. 4 Geräteteile nicht oder nicht in der vorgeschriebenen Weise sichert oder
   d) entgegen § 5 Abs. 5 Satz 1 Unterlagen nicht fertigt oder sie nicht oder nicht für die vorgeschriebene Dauer aufbewahrt,
9. entgegen § 5 Abs. 5 Satz 2 Unterlagen nicht oder nicht für die vorgeschriebene Dauer bereithält,
10. entgegen § 5 Abs. 6 Messgeräte in den Verkehr bringt, verwendet oder bereithält,
11. entgegen § 6 Abs. 1 Nr. 1 ein Messgerät nicht in der vorgeschriebenen Weise aufstellt, anschließt, handhabt oder wartet,
12. entgegen § 6 Abs. 1 Nr. 2 oder § 72 Abs. 6 Satz 1 den Hauptstempel oder eine zusätzliche Angabe nicht entwertet,
13. entgegen § 6 Abs. 1 Nr. 3 eine Wartungs- und Gebrauchsanweisung nicht oder nicht in der vorgeschriebenen Weise aufbewahrt,

14. entgegen § 6 Abs. 2 Aufzeichnungen nicht, nicht richtig, nicht vollständig oder nicht in der vorgeschriebenen Weise führt oder nicht oder nicht für die vorgeschriebene Dauer aufbewahrt,

15. entgegen § 6 Abs. 3 Messgeräte nicht in der vorgeschriebenen Weise aufstellt oder benutzt,

16. entgegen § 6 Abs. 4 Satz 1 oder 3 achsweise wägt,

17. entgegen § 6 Abs. 5 Waagen verwendet oder bereithält,

    a) entgegen § 7b Abs. 1 nichtselbsttätige Waagen in den Verkehr bringt oder entgegen § 7b Abs. 2 Satz 1 nichtselbsttätige Waagen in Betrieb nimmt, verwendet oder bereithält,

    b) entgegen § 7d Abs. 3 Zeichen anbringt,

    c) entgegen § 7d Abs. 5 Satz 1 oder § 7m Abs. 5 Satz 1 Kennzeichnungen anbringt,

    d) einer vollziehbaren Anordnung nach § 7f Abs. 1 Satz 1 Nr. 1 oder 2 oder Abs. 2 Satz 1 in Verbindung mit Abs. 1 Satz 1 Nr. 1 oder 2 oder § 7p Abs. 2 Satz 1 Nr. 2 oder 3, Abs. 3 Satz 1 oder Abs. 4 jeweils in Verbindung mit Abs. 2 Satz 1 Nr. 2 oder 3 zuwiderhandelt,

    e) entgegen § 7j Abs. 1 ein Messgerät in Verkehr bringt oder in Betrieb nimmt,

18. entgegen § 10 Abs. 1 Werte angibt, die nicht mit einem Messgerät bestimmt sind,

    a) entgegen § 10a Satz 1 Gewichtswerte nicht als Nettowerte angibt,

    b) entgegen § 10b Abs. 1 das Volumen nicht oder nicht ordnungsgemäß umrechnet oder das umgerechnete Volumen der Abrechnung nicht zugrundelegt,

19. entgegen § 11 Abs. 1 die Bezeichnung „EWG-Schüttdichte" verwendet,

20. entgegen § 11 Abs. 2 zur Angabe der Schüttdichte nicht die EWG-Schüttdichte verwendet,

21. entgegen § 25 Abs. 1 Satz 2 Messgeräte mit einem Zulassungszeichen versieht,

22. entgegen § 26 Abs. 1 die Bundesanstalt nicht über Änderungen unterrichtet,

22a. (weggefallen)

23. (weggefallen)

24. als Inhaber einer öffentlichen Waage

    a) entgegen § 64 Nr. 3 an der Waage nicht öffentlich bestellte Wäger beschäftigt oder

    b) entgegen § 70 Abs. 3 Unterlagen nicht oder nicht für die vorgeschriebene Dauer aufbewahrt,

24a. entgegen § 64a eine Anzeige nicht, nicht richtig, nicht vollständig oder nicht rechtzeitig erstattet,

25. als öffentlich bestellter Wäger
   a) entgegen § 69 Nr. 2 eine öffentliche Wägung nicht ablehnt,
   b) entgegen § 70 Abs. 1 ein nicht selbst ermitteltes Wägeergebnis beurkundet oder entgegen § 70 Abs. 2 ein Wägeergebnis nicht, nicht richtig, nicht vollständig oder nicht in der vorgeschriebenen Weise beurkundet oder
   c) entgegen § 71 Abs. 1 Satz 2 oder Abs. 2 Satz 2 die dort vorgeschriebenen Angaben nicht vermerkt oder

26. als Instandsetzer
   a) entgegen § 72 Abs. 5 Satz 1 Messgeräte mit dem Instandsetzerkennzeichen versieht,
   b) entgegen § 72 Abs. 5 Satz 2 das Datum nicht einträgt oder die zuständige Behörde nicht oder nicht rechtzeitig verständigt,
   c) entgegen § 72 Abs. 6 Satz 2 entfernte Sicherungsstempel nicht durch sein Stempelzeichen ersetzt oder
   d) entgegen § 72 Abs. 7 die zuständige Behörde nicht oder nicht rechtzeitig verständigt oder Instandsetzerkennzeichen oder Stempelzeichen nicht übergibt.

§ 75 EichO   Bezugsquelle und Niederlegung technischer Regeln

Die technischen Regeln des DIN Deutsches Institut für Normung e.V., auf die in dieser Verordnung verwiesen wird, sind beim Deutschen Patentamt in München archivmäßig gesichert niedergelegt und beim Beuth Verlag GmbH, Berlin und Köln, erschienen.

§ 76 EichO   Ausnahmen

(1) Das Bundesministerium der Verteidigung kann für Messgeräte der Bundeswehr, die den §§ 1 und 2 unterliegen, Ausnahmen von den Vorschriften dieser Verordnung zulassen, wenn zwingende Gründe der Verteidigung, einschließlich der Besonderheiten eingelagerten Geräts, oder die Erfüllung zwischenstaatlicher Verpflichtungen der Bundesrepublik Deutschland dies erfordern und die Messsicherheit auf andere Weise gewährleistet ist.

(2) Die für die zivile Verteidigung und den Katastrophenschutz zuständigen obersten Bundes- und Landesbehörden können für Messgeräte, die für Zwecke der zivilen Verteidigung und des Katastrophenschutzes verwendet werden oder eingelagert sind und den §§ 1 und 2 unterliegen, Ausnahmen von den Vorschriften dieser Verordnung zulassen, wenn die Messsicherheit auf andere Weise gewährleistet ist.

§ 77 EichO   Übergangsvorschriften

(1) Messgeräte nach § 7h, die den bis zum 12. Februar 2007 geltenden Vorschriften entsprechen, dürfen bis zum Ablauf der Gültigkeit der für diese Messgerätearten erteil-

ten Bauartzulassung oder im Falle einer unbefristet gültigen Bauartzulassung für einen Zeitraum bis längstens zum 30. Oktober 2016 nach den bis zum 12. Februar 2007 geltenden Vorschriften in den Verkehr gebracht und in Betrieb genommen werden.

(2) Vor dem 13. Februar 2007 allgemein zur Eichung zugelassene Messgeräte nach § 7h können bis zum 30. Oktober 2016 nach den bis zum 12. Februar 2007 geltenden Vorschriften in den Verkehr gebracht und in Betrieb genommen werden.

(3) Ausschankmaße können bis zum 30. Oktober 2016 nach den bis zum 12. Februar 2007 geltenden Vorschriften in Verkehr gebracht und in Betrieb genommen werden.

(4) Messgeräte nach Absatz 1 können bis zum 30. Oktober 2016 nach den bis zum 12. Februar 2007 durch die zuständigen Behörden und die staatlich anerkannten Prüfstellen nach den bis zum 12. Februar 2007 geltenden Vorschriften erstgeeicht werden.

(5) Messgeräte nach den Absätzen 1 und 2, die den vor dem 13. Februar 2007 anwendbaren Vorschriften entsprechen und die nach diesen Vorschriften bereits geeicht wurden, dürfen weiterhin nachgeeicht werden, wenn in den Anlagen nichts anderes bestimmt ist.

(6) Vor dem 1. September 2000 erstgeeichte Orts- und Personendosimeter nach § 2 Abs. 1, deren Nenngebrauchsbereich für die Energie 3 Megaelektronvolt nicht übersteigt, können unbefristet für Messungen in Strahlungsfeldern mit Energien zwischen 3 und 7 Megaelektronvolt weiterverwendet werden.

(7) Messgeräte nach § 1 Abs. 1 und § 3 Abs. 2, die bereits geeicht worden sind, bedürfen keiner Konformitätsbescheinigung.

§ 78 EichO Außer-Kraft-Treten von Vorschriften

(1) Mit dem In-Kraft-Treten dieser Verordnung treten außer Kraft

1. die Eichordnung vom 15. Januar 1975 (BGBl. I S. 233), zuletzt geändert durch Verordnung vom 8. März 1985 (BGBl. I S. 568),
2. die Prüfstellenverordnung vom 18. Juni 1970 (BGBl. I S. 795), zuletzt geändert durch Artikel 21 des Gesetzes vom 18. Februar 1986 (BGBl. I S. 265),
3. die Wägeverordnung vom 18. Juni 1970 (BGBl. I S. 799), zuletzt geändert durch Artikel 21 des Gesetzes vom 18. Februar 1986 (BGBl. I S. 265),
4. die Schankgefäßverordnung vom 5. November 1971 (BGBl. I S. 1782), zuletzt geändert durch Verordnung vom 14. Dezember 1979 (BGBl. I S. 2218),
5. die Verordnung über die Pflichten der Besitzer von Messgeräten vom 4. Juli 1974 (BGBl. I S. 1444), geändert durch Verordnung vom 14. Dezember 1979 (BGBl. I S. 2218),

Teil 4: Arbeitshilfen

6. die Zweite Verordnung über die Eichpflicht von Messgeräten vom 6.August 1975 (BGBl. I S. 2161), zuletzt geändert durch Verordnung vom 8. Mai 1981 (BGBl. I S. 422),

7. die Dritte Verordnung über die Eichpflicht von Messgeräten vom 26. Juli 1978 (BGBl. I S. 1139), zuletzt geändert durch Artikel 3 des Gesetzes vom 21. Februar 1985 (BGBl. I S. 401),

8. die Eichgültigkeitsverordnung vom 5. August 1976 (BGBl. I S. 2082), zuletzt geändert durch Verordnung vom 16. Juni 1983 (BGBl. I S. 707),

9. die Eichpflicht-Ausnahmeverordnung vom 15. Dezember 1982 (BGBl. I S. 1745),

10. die Allgemeine Verwaltungsvorschrift für die Eichung von Messgeräten - Eichanweisung - Allgemeine Vorschriften vom 12. Juni 1973 (BAnz. Nr. 117 vom 28. Juni 1973 - Beilage),

11. die Allgemeinen Verwaltungsvorschriften für die Eichung von Messgeräten - Eichanweisung - Besondere Vorschriften vom 3. März 1972 (BAnz. Nr. 51 vom 14. März 1972 - Beilage),

12. die Allgemeinen Verwaltungsvorschriften für die Eichung von Messgeräten - Eichanweisung - Besondere Vorschriften vom 13. Dezember 1977 (BAnz. Nr. 238 vom 21. Dezember 1977 Beilage),

13. die Allgemeine Verwaltungsvorschrift für Prüfstellen nach § 6 des Eichgesetzes vom 11. Dezember 1970 (BAnz. Nr. 236), geändert durch die Allgemeine Verwaltungsvorschrift vom 3. März 1972 (BAnz. Nr. 51 vom 14. März 1972 - Beilage).

(2) Die Eichpflicht für die in § 40 Abs. 3 des Eichgesetzes aufgeführten medizinischen Messgeräte wird durch die in dieser Verordnung getroffene Regelung ersetzt.

§ 79 EichO   EWG-Richtlinien

Richtlinien des Rates oder der Kommission der Europäischen Gemeinschaften zur Änderung der in den Anlagen genannten Richtlinien über einzelne Messgerätearten gelten von dem Tage an, zu dem die Bundesrepublik Deutschland diese Änderungsrichtlinien anzuwenden hat.

§ 80 EichO   Anerkennung

(1) Messgeräte, die nicht die CE-Kennzeichnung, die EWG-Bauartzulassung oder die EWG-Ersteichung erhalten können, und die in einem Mitgliedstaat der Europäischen Union oder der Türkei oder einem EFTA-Staat, der Vertragspartei des Abkommens über den Europäischen Wirtschaftsraum ist, rechtmäßig hergestellt oder in Verkehr gebracht wurden, werden einschließlich der Prüfungen und Kennzeichen als gleichwertig behandelt, wenn diese Messgeräte ein vergleichbares Niveau des Schutzes des Verbrauchers, des Wettbewerbs und anderer im öffentlichen Interesse bestehender Schutzgüter gewährleisten.

B. Ausgewählte Gesetze und Verordnungen

(2) Die Bundesanstalt stellt auf Antrag des Herstellers, seines Bevollmächtigten oder Einführers das Vorliegen der Voraussetzungen der Gleichwertigkeit nach Absatz 1 fest. Die Entscheidung ist für die zuständige Behörde verbindlich.

(3) Die Bundesanstalt kann die Entscheidung nach Absatz 2 auch auf Ersuchen der zuständigen Behörde treffen. Satz 1 gilt entsprechend für die Entscheidung über die Aufhebung einer Entscheidung nach Absatz 2.

(4) Die Bundesanstalt macht die Entscheidungen nach den Absätzen 2 und 3 bekannt.

§ 81 EichO   In-Kraft-Treten

(1) Diese Verordnung tritt unbeschadet des Absatzes 2 am ersten Tage des auf die Verkündung folgenden dritten Kalendermonats in Kraft.

(2) § 29 Abs. 4, Anlage 1 Abschnitt 1 Teil 1 und Anlage 15 Abschnitt 1 Teil 1 treten am Tage nach der Verkündung in Kraft.

Anhang 2 EichO   Besondere Gültigkeitsdauer der Eichung,
Anhang B (zu den §§ 12 und 14) - Auszug

Ordnungsnummer	Messgeräteart	Gültigkeitsdauer in Jahren
18.3	Radlastmesser und Geschwindigkeitsmessgeräte für die amtliche Überwachung des Straßenverkehrs	1

Anhang 4 EichO Verzeichnis der Stempel und Zeichen,
    Anhang D (zu den §§ 5, 7d, 13, 24, 25, 34, 35, 59, 68 und 72)

1. Konformitätszeichen (§ 5)
   Das Konformitätszeichen hat die Form eines „H". Es hat den Namen oder das Kennzeichen desjenigen zu enthalten, der die Übereinstimmung mit der Zulassung bescheinigt. Soweit in der Zulassung vorgesehen, ist außerdem das Jahr der Prüfung anzugeben.
   Beispiel: ... (Zeichen nicht darstellbar)

2. Zulassungszeichen (§ 24)
   2.1 Das Zulassungszeichen besteht aus einer Kennzeichnung in einem Symbol.
   2.2 Das Symbol für die innerstaatliche Bauartzulassung hat die Form eines stilisierten „Z". Die Kennzeichnung weist auf die Art und Bauart des Messgeräts oder der Zusatzeinrichtung hin.
   Beispiel: ... (Zeichen nicht darstellbar)

Teil 4: Arbeitshilfen

2.3 Das Symbol für die EWG-Bauartzulassung hat die Form eines stilisierten „Epsilon". Es enthält für die von der Bundesanstalt zugelassenen Messgeräte im oberen Teil den Buchstaben „D" sowie die zwei letzten Ziffern des Zulassungsjahres. Die Kennzeichnung im unteren Teil weist auf die Art oder Bauart des Messgeräts oder der Zusatzeinrichtung hin.
Beispiel: ... (Zeichen nicht darstellbar)

2.4 Bei einer beschränkten EWG-Bauartzulassung wird vor das Zeichen nach Nummer 2.3 ein „p" von gleicher Größe gesetzt.

2.5 Das Zulassungszeichen für allgemein zur EWG-Ersteichung zugelassene Messgeräte hat die Form eines stilisierten spiegelbildlichen „Epsilon".
Beispiel: ... (Zeichen nicht darstellbar)

2.6 Das EWG-Zulassungszeichen eines Messgeräts, für das keine EWG-Ersteichung vorgeschrieben ist, besteht aus dem Zeichen nach Nummer 2.3 in einem Sechseck.
Beispiel: ... (Zeichen nicht darstellbar)

2.7 Symbol und Kennzeichnung können bei Platzmangel auch anders angeordnet werden. Einzelheiten werden bei der Zulassung festgelegt.

3. Stempelzeichen der Eichbehörden (§ 34)

3.1 Das Eichzeichen für die innerstaatliche Eichung besteht aus einem gewundenen Band mit dem Buchstaben D, der Ordnungszahl der jeweiligen Eichaufsichtsbehörde und einem sechsstrahligen Stern. An Stelle des Sterns kann auch die Ordnungszahl des prüfenden Eichamtes verwendet werden.
Beispiel: ... (Zeichen nicht darstellbar)

3.2 Das Eichzeichen für die EWG-Ersteichung besteht aus einem stilisierten „e". Es enthält in der oberen Hälfte das Kennzeichen D und die Ordnungszahl der jeweiligen Eichaufsichtsbehörde sowie in der unteren Hälfte die Ordnungszahl der prüfenden Eichbehörde.
Beispiel: ... (Zeichen nicht darstellbar)

3.3 Das Jahreszeichen für die innerstaatliche Eichung besteht aus den beiden letzten Ziffern des Jahres, in dem die Gültigkeit der Eichung endet, in Schildumrandung.
Beispiel: ... (Zeichen nicht darstellbar)
Beträgt die Gültigkeitsdauer der Eichung weniger als ein Jahr, besteht der Eichstempel aus einer runden Klebemarke mit den Monatszahlen 1 bis 12 am Rand sowie dem Eichzeichen und dem Jahreszeichen in der Mitte. Der Monat des Ablaufs der Gültigkeitsdauer der Eichung ist auf der Klebemarke kenntlich zu machen.
Beispiel: ... (Zeichen nicht darstellbar)

B. Ausgewählte Gesetze und Verordnungen

3.4 Die Jahresbezeichnung für die innerstaatliche Eichung besteht aus den beiden letzten Ziffern des Jahres der Eichung ohne Schildumrandung.
Beispiel: ... (Zeichen nicht darstellbar)

3.5 Das Jahreszeichen für die EWG-Ersteichung besteht aus den beiden letzten Ziffern des Jahres der Eichung in einer sechseckigen Umrandung.
Beispiel: ... (Zeichen nicht darstellbar)

3.6 Hauptstempel für die EWG-Ersteichung von Längenmaßen, der an Stelle des Zeichens nach Nummern 3.2 und 3.5 verwendet werden kann.
Beispiel: ... (Zeichen nicht darstellbar)

3.7 Das Entwertungszeichen besteht aus zwei sich tangierenden Halbkreisen in nachstehender Ausführung:
Beispiel: ... (Zeichen nicht darstellbar)

4. Stempelzeichen der staatlich anerkannten Prüfstellen (§ 59)
Das Eichzeichen der Prüfstelle besteht aus dem Buchstaben E bei Messgeräten für Elektrizität, G bei Messgeräten für Gas, K bei Messgeräten für Wärme und W bei Messgeräten für Wasser sowie einem Kennbuchstaben der zuständigen Behörde und einer der Prüfstelle von der zuständigen Behörde zugeteilten Ordnungsnummer.
Beispiel: ... (Zeichen nicht darstellbar)
Als Jahresbezeichnung wird das Zeichen nach Nummer 3.4 verwendet. Bei der EWG-Ersteichung sind die Zeichen nach Nummer 3.2 und 3.5 zu verwenden. Abweichend von Nummer 3.2 enthält das Eichzeichen in der unteren Hälfte die Ordnungsnummer der Prüfstelle.

5. Stempel des öffentlich bestellten Wägers (§ 68) Muster: ... (Zeichen nicht darstellbar)

6. Kennzeichen und Stempelzeichen des Instandsetzers (§ 72)

6.1 Das Instandsetzerkennzeichen besteht aus einer dreieckigen Klebemarke in nachstehender Ausführung:
Beispiel: ... (Zeichen nicht darstellbar)
Die Klebemarke enthält im oberen Feld den Kennbuchstaben der zuständigen Behörde, im mittleren Feld eine dem Instandsetzer zugeteilte Nummer. Das untere Feld ist für die Angabe des Datums der Instandsetzung bestimmt. Die Farbe des Feldes der Klebemarke ist signalrot, die Farbe von Schrift und Zeichen ist schwarz.

6.2 Das Stempelzeichen hat nachstehende Form: Beispiel: ... (Zeichen nicht darstellbar)
Kennbuchstabe und Nummer des Stempelzeichens müssen mit den Angaben auf der Klebemarke übereinstimmen. Die Rückseite des Stempelzeichens in der Ausführung als Plombe darf mit einem Firmenzeichen versehen sein.

Teil 4: Arbeitshilfen

7. (gestrichen)
8. CE-Kennzeichnung
   Das CE-Kennzeichnung besteht aus den Buchstaben CE mit folgendem Schriftbild:
   (nicht darstellbar)
   Bei Verkleinerung oder Vergrößerung der CE-Kennzeichnung müssen die sich aus dem oben abgebildeten Raster ergebenden Proportionen eingehalten werden. Die verschiedenen Bestandteile der CE-Kennzeichnung müssen etwa gleich hoch sein; die Mindesthöhe beträgt 5 mm.
9. Kennummer der benannten Stelle
   Die Kennummer der benannten Stelle ist die der benannten Stelle von der Kommission der Europäischen Gemeinschaften zugeteilte Nummer.
10. EG-Eichzeichen

10.1   Das Zeichen für die EG-Eichung besteht aus einer grünen quadratischen Marke mit einer Kantenlänge von mindestens 12,5 mm, die als schwarzen Aufdruck den Großbuchstaben „M" trägt. Es darf nur zusammen mit dem CE-Kennzeichnung aufgebracht werden.

10.2   Das Zeichen für Zusatzeinrichtungen, die von der EG-Eichung ausgenommen sind, besteht aus einem Quadrat mit einer Kantenlänge von mindestens 25 mm, das als schwarzen Aufdruck den Großbuchstaben M auf rotem Hintergrund trägt und diagonal durchkreuzt ist.

IV. Gesetz über Ordnungswidrigkeiten (OWiG)/Auszug

621

Erster Teil
Allgemeine Vorschriften (§§ 1-34)

Erster Abschnitt
Geltungsbereich (§§ 1-7)

§ 1 OWiG   Begriffsbestimmung

(1) Eine Ordnungswidrigkeit ist eine rechtswidrige und vorwerfbare Handlung, die den Tatbestand eines Gesetzes verwirklicht, das die Ahndung mit einer Geldbuße zulässt.

(2) Eine mit Geldbuße bedrohte Handlung ist eine rechtswidrige Handlung, die den Tatbestand eines Gesetzes im Sinne des Absatzes 1 verwirklicht, auch wenn sie nicht vorwerfbar begangen ist.

§ 2 OWiG   Sachliche Geltung

Dieses Gesetz gilt für Ordnungswidrigkeiten nach Bundesrecht und nach Landesrecht.

§ 3 OWiG   Keine Ahndung ohne Gesetz

Eine Handlung kann als Ordnungswidrigkeit nur geahndet werden, wenn die Möglichkeit der Ahndung gesetzlich bestimmt war, bevor die Handlung begangen wurde.

§ 4 OWiG   Zeitliche Geltung

(1) Die Geldbuße bestimmt sich nach dem Gesetz, das zur Zeit der Handlung gilt.

(2) Wird die Bußgelddrohung während der Begehung der Handlung geändert, so ist das Gesetz anzuwenden, das bei Beendigung der Handlung gilt.

(3) Wird das Gesetz, das bei Beendigung der Handlung gilt, vor der Entscheidung geändert, so ist das mildeste Gesetz anzuwenden.

(4) [1] Ein Gesetz, das nur für eine bestimmte Zeit gelten soll, ist auf Handlungen, die während seiner Geltung begangen sind, auch dann anzuwenden, wenn es außer Kraft getreten ist. [2] Dies gilt nicht, soweit ein Gesetz etwas anderes bestimmt.

(5) Für Nebenfolgen einer Ordnungswidrigkeit gelten die Absätze 1 bis 4 entsprechend.

§ 5 OWiG   Räumliche Geltung

Wenn das Gesetz nichts anderes bestimmt, können nur Ordnungswidrigkeiten geahndet werden, die im räumlichen Geltungsbereich dieses Gesetzes oder außerhalb dieses Geltungsbereichs auf einem Schiff oder in einem Luftfahrzeug begangen werden, das berechtigt ist, die Bundesflagge oder das Staatszugehörigkeitszeichen der Bundesrepublik Deutschland zu führen.

§ 6 OWiG   Zeit der Handlung

[1] Eine Handlung ist zu der Zeit begangen, zu welcher der Täter tätig geworden ist oder im Falle des Unterlassens hätte tätig werden müssen. [2] Wann der Erfolg eintritt, ist nicht maßgebend.

§ 7 OWiG   Ort der Handlung

(1) Eine Handlung ist an jedem Ort begangen, an dem der Täter tätig geworden ist oder im Falle des Unterlassens hätte tätig werden müssen oder an dem der zum Tatbestand gehörende Erfolg eingetreten ist oder nach der Vorstellung des Täters eintreten sollte.

Teil 4: Arbeitshilfen

(2) Die Handlung eines Beteiligten ist auch an dem Ort begangen, an dem der Tatbestand des Gesetzes, das die Ahndung mit einer Geldbuße zulässt, verwirklicht worden ist oder nach der Vorstellung des Beteiligten verwirklicht werden sollte.

Zweiter Abschnitt
Grundlagen der Ahndung (§§ 8-16)

§ 8 OWiG Begehen durch Unterlassen

Wer es unterlässt, einen Erfolg abzuwenden, der zum Tatbestand einer Bußgeldvorschrift gehört, handelt nach dieser Vorschrift nur dann ordnungswidrig, wenn er rechtlich dafür einzustehen hat, dass der Erfolg nicht eintritt, und wenn das Unterlassen der Verwirklichung des gesetzlichen Tatbestandes durch ein Tun entspricht.

§ 9 OWiG Handeln für einen anderen

(1) Handelt jemand

1. als vertretungsberechtigtes Organ einer juristischen Person oder als Mitglied eines solchen Organs,

2. als vertretungsberechtigter Gesellschafter einer rechtsfähigen Personengesellschaft oder

3. als gesetzlicher Vertreter eines anderen,

so ist ein Gesetz, nach dem besondere persönliche Eigenschaften, Verhältnisse oder Umstände (besondere persönliche Merkmale) die Möglichkeit der Ahndung begründen, auch auf den Vertreter anzuwenden, wenn diese Merkmale zwar nicht bei ihm, aber bei dem Vertretenen vorliegen.

(2) [1] Ist jemand von dem Inhaber eines Betriebes oder einem sonst dazu Befugten

1. beauftragt, den Betrieb ganz oder zum Teil zu leiten, oder

2. ausdrücklich beauftragt, in eigener Verantwortung Aufgaben wahrzunehmen, die dem Inhaber des Betriebes obliegen,

und handelt er auf Grund dieses Auftrages, so ist ein Gesetz, nach dem besondere persönliche Merkmale die Möglichkeit der Ahndung begründen, auch auf den Beauftragten anzuwenden, wenn diese Merkmale zwar nicht bei ihm, aber bei dem Inhaber des Betriebes vorliegen. [2] Dem Betrieb im Sinne des Satzes 1 steht das Unternehmen gleich. [3] Handelt jemand auf Grund eines entsprechenden Auftrages für eine Stelle, die Aufgaben der öffentlichen Verwaltung wahrnimmt, so ist Satz 1 sinngemäß anzuwenden.

(3) Die Absätze 1 und 2 sind auch dann anzuwenden, wenn die Rechtshandlung, welche die Vertretungsbefugnis oder das Auftragsverhältnis begründen sollte, unwirksam ist.

§ 10 OWiG Vorsatz und Fahrlässigkeit

Als Ordnungswidrigkeit kann nur vorsätzliches Handeln geahndet werden, außer wenn das Gesetz fahrlässiges Handeln ausdrücklich mit Geldbuße bedroht.

§ 11 OWiG Irrtum

(1) [1] Wer bei Begehung einer Handlung einen Umstand nicht kennt, der zum gesetzlichen Tatbestand gehört, handelt nicht vorsätzlich. [2] Die Möglichkeit der Ahndung wegen fahrlässigen Handelns bleibt unberührt.

(2) Fehlt dem Täter bei Begehung der Handlung die Einsicht, etwas Unerlaubtes zu tun, namentlich weil er das Bestehen oder die Anwendbarkeit einer Rechtsvorschrift nicht kennt, so handelt er nicht vorwerfbar, wenn er diesen Irrtum nicht vermeiden konnte.

§ 12 OWiG Verantwortlichkeit

(1) [1] Nicht vorwerfbar handelt, wer bei Begehung einer Handlung noch nicht vierzehn Jahre alt ist. [2] Ein Jugendlicher handelt nur unter den Voraussetzungen des § 3 Satz 1 des Jugendgerichtsgesetzes vorwerfbar.

(2) Nicht vorwerfbar handelt, wer bei Begehung der Handlung wegen einer krankhaften seelischen Störung, wegen einer tief greifenden Bewusstseinsstörung oder wegen Schwachsinns oder einer schweren anderen seelischen Abartigkeit unfähig ist, das Unerlaubte der Handlung einzusehen oder nach dieser Einsicht zu handeln.

§ 13 OWiG Versuch

(1) Eine Ordnungswidrigkeit versucht, wer nach seiner Vorstellung von der Handlung zur Verwirklichung des Tatbestandes unmittelbar ansetzt.

(2) Der Versuch kann nur geahndet werden, wenn das Gesetz es ausdrücklich bestimmt.

(3) [1] Der Versuch wird nicht geahndet, wenn der Täter freiwillig die weitere Ausführung der Handlung aufgibt oder deren Vollendung verhindert. [2] Wird die Handlung ohne Zutun des Zurücktretenden nicht vollendet, so genügt sein freiwilliges und ernsthaftes Bemühen, die Vollendung zu verhindern.

(4) [1] Sind an der Handlung mehrere beteiligt, so wird der Versuch desjenigen nicht geahndet, der freiwillig die Vollendung verhindert. [2] Jedoch genügt sein freiwilliges und ernsthaftes Bemühen, die Vollendung der Handlung zu verhindern, wenn sie ohne

sein Zutun nicht vollendet oder unabhängig von seiner früheren Beteiligung begangen wird.

§ 14 OWiG   Beteiligung

(1) ¹ Beteiligen sich mehrere an einer Ordnungswidrigkeit, so handelt jeder von ihnen ordnungswidrig. ² Dies gilt auch dann, wenn besondere persönliche Merkmale (§ 9 Abs. 1), welche die Möglichkeit der Ahndung begründen, nur bei einem Beteiligten vorliegen.

(2) Die Beteiligung kann nur dann geahndet werden, wenn der Tatbestand eines Gesetzes, das die Ahndung mit einer Geldbuße zulässt, rechtswidrig verwirklicht wird oder in Fällen, in denen auch der Versuch geahndet werden kann, dies wenigstens versucht wird.

(3) ¹ Handelt einer der Beteiligten nicht vorwerfbar, so wird dadurch die Möglichkeit der Ahndung bei den anderen nicht ausgeschlossen. ² Bestimmt das Gesetz, dass besondere persönliche Merkmale die Möglichkeit der Ahndung ausschließen, so gilt dies nur für den Beteiligten, bei dem sie vorliegen.

(4) Bestimmt das Gesetz, dass eine Handlung, die sonst eine Ordnungswidrigkeit wäre, bei besonderen persönlichen Merkmalen des Täters eine Straftat ist, so gilt dies nur für den Beteiligten, bei dem sie vorliegen.

§ 15 OWiG   Notwehr

(1) Wer eine Handlung begeht, die durch Notwehr geboten ist, handelt nicht rechtswidrig.

(2) Notwehr ist die Verteidigung, die erforderlich ist, um einen gegenwärtigen rechtswidrigen Angriff von sich oder einem anderen abzuwenden.

(3) Überschreitet der Täter die Grenzen der Notwehr aus Verwirrung, Furcht oder Schrecken, so wird die Handlung nicht geahndet.

§ 16 OWiG   Rechtfertigender Notstand

¹ Wer in einer gegenwärtigen, nicht anders abwendbaren Gefahr für Leben, Leib, Freiheit, Ehre, Eigentum oder ein anderes Rechtsgut eine Handlung begeht, um die Gefahr von sich oder einem anderen abzuwenden, handelt nicht rechtswidrig, wenn bei Abwägung der widerstreitenden Interessen, namentlich der betroffenen Rechtsgüter und des Grades der ihnen drohenden Gefahren, das geschützte Interesse das beeinträchtigte wesentlich überwiegt. ² Dies gilt jedoch nur, soweit die Handlung ein angemessenes Mittel ist, die Gefahr abzuwenden.

Dritter Abschnitt
Geldbuße (§§ 17, 18)

§ 17 OWiG   **Höhe der Geldbuße**

(1) Die Geldbuße beträgt mindestens fünf Euro und, wenn das Gesetz nichts anderes bestimmt, höchstens eintausend Euro.

(2) Droht das Gesetz für vorsätzliches und fahrlässiges Handeln Geldbuße an, ohne im Höchstmaß zu unterscheiden, so kann fahrlässiges Handeln im Höchstmaß nur mit der Hälfte des angedrohten Höchstbetrages der Geldbuße geahndet werden.

(3) [1] Grundlage für die Zumessung der Geldbuße sind die Bedeutung der Ordnungswidrigkeit und der Vorwurf, der den Täter trifft. [2] Auch die wirtschaftlichen Verhältnisse des Täters kommen in Betracht; bei geringfügigen Ordnungswidrigkeiten bleiben sie jedoch in der Regel unberücksichtigt.

(4) [1] Die Geldbuße soll den wirtschaftlichen Vorteil, den der Täter aus der Ordnungswidrigkeit gezogen hat, übersteigen. [2] Reicht das gesetzliche Höchstmaß hierzu nicht aus, so kann es überschritten werden.

§ 18 OWiG   **Zahlungserleichterungen**

[1] Ist dem Betroffenen nach seinen wirtschaftlichen Verhältnissen nicht zuzumuten, die Geldbuße sofort zu zahlen, so wird ihm eine Zahlungsfrist bewilligt oder gestattet, die Geldbuße in bestimmten Teilbeträgen zu zahlen. [2] Dabei kann angeordnet werden, dass die Vergünstigung, die Geldbuße in bestimmten Teilbeträgen zu zahlen, entfällt, wenn der Betroffene einen Teilbetrag nicht rechtzeitig zahlt.

Vierter Abschnitt
Zusammentreffen mehrerer Gesetzesverletzungen (§§ 19-21)

§ 19 OWiG   **Tateinheit**

(1) Verletzt dieselbe Handlung mehrere Gesetze, nach denen sie als Ordnungswidrigkeit geahndet werden kann, oder ein solches Gesetz mehrmals, so wird nur eine einzige Geldbuße festgesetzt.

(2) [1] Sind mehrere Gesetze verletzt, so wird die Geldbuße nach dem Gesetz bestimmt, das die höchste Geldbuße androht. [2] Auf die in dem anderen Gesetz angedrohten Nebenfolgen kann erkannt werden.

§ 20 OWiG   **Tatmehrheit**

Sind mehrere Geldbußen verwirkt, so wird jede gesondert festgesetzt.

§ 21 OWiG Zusammentreffen von Straftat und Ordnungswidrigkeit

(1) ¹Ist eine Handlung gleichzeitig Straftat und Ordnungswidrigkeit, so wird nur das Strafgesetz angewendet. ²Auf die in dem anderen Gesetz angedrohten Nebenfolgen kann erkannt werden.

(2) Im Falle des Absatzes 1 kann die Handlung jedoch als Ordnungswidrigkeit geahndet werden, wenn eine Strafe nicht verhängt wird.

Fünfter Abschnitt
Einziehung (§§ 22-29)

§ 22 OWiG Voraussetzungen der Einziehung

(1) Als Nebenfolge einer Ordnungswidrigkeit dürfen Gegenstände nur eingezogen werden, soweit das Gesetz es ausdrücklich zulässt.

(2) Die Einziehung ist nur zulässig, wenn

1. die Gegenstände zur Zeit der Entscheidung dem Täter gehören oder zustehen oder
2. die Gegenstände nach ihrer Art und den Umständen die Allgemeinheit gefährden oder die Gefahr besteht, dass sie der Begehung von Handlungen dienen werden, die mit Strafe oder mit Geldbuße bedroht sind.

(3) Unter den Voraussetzungen des Absatzes 2 Nr. 2 ist die Einziehung der Gegenstände auch zulässig, wenn der Täter nicht vorwerfbar gehandelt hat.

§ 23 OWiG Erweiterte Voraussetzungen der Einziehung

Verweist das Gesetz auf diese Vorschrift, so dürfen die Gegenstände abweichend von § 22 Abs. 2 Nr. 1 auch dann eingezogen werden, wenn derjenige, dem sie zur Zeit der Entscheidung gehören oder zustehen,

1. wenigstens leichtfertig dazu beigetragen hat, dass die Sache oder das Recht Mittel oder Gegenstand der Handlung oder ihrer Vorbereitung gewesen ist, oder
2. die Gegenstände in Kenntnis der Umstände, welche die Einziehung zugelassen hätten, in verwerflicher Weise erworben hat.

§ 24 OWiG Grundsatz der Verhältnismäßigkeit

(1) Die Einziehung darf in den Fällen des § 22 Abs. 2 Nr. 1 und des § 23 nicht angeordnet werden, wenn sie zur Bedeutung der begangenen Handlung und zum Vorwurf, der den von der Einziehung betroffenen Täter oder in den Fällen des § 23 den Dritten trifft, außer Verhältnis steht.

(2) ¹In den Fällen der §§ 22 und 23 wird angeordnet, dass die Einziehung vorbehalten bleibt, und eine weniger einschneidende Maßnahme getroffen, wenn der Zweck der

Einziehung auch durch sie erreicht werden kann. ²In Betracht kommt namentlich die Anweisung,

1. die Gegenstände unbrauchbar zu machen,
2. an den Gegenständen bestimmte Einrichtungen oder Kennzeichen zu beseitigen oder die Gegenstände sonst zu ändern oder
3. über die Gegenstände in bestimmter Weise zu verfügen.

³Wird die Anweisung befolgt, so wird der Vorbehalt der Einziehung aufgehoben; andernfalls wird die Einziehung nachträglich angeordnet.

(3) Die Einziehung kann auf einen Teil der Gegenstände beschränkt werden.

§ 25 OWiG   Einziehung des Wertersatzes

(1) Hat der Täter den Gegenstand, der ihm zur Zeit der Handlung gehörte oder zustand und dessen Einziehung hätte angeordnet werden können, vor der Anordnung der Einziehung verwertet, namentlich veräußert oder verbraucht, oder hat er die Einziehung des Gegenstandes sonst vereitelt, so kann die Einziehung eines Geldbetrages gegen den Täter bis zu der Höhe angeordnet werden, die dem Wert des Gegenstandes entspricht.

(2) Eine solche Anordnung kann auch neben der Einziehung eines Gegenstandes oder an deren Stelle getroffen werden, wenn ihn der Täter vor der Anordnung der Einziehung mit dem Recht eines Dritten belastet hat, dessen Erlöschen ohne Entschädigung nicht angeordnet werden kann oder im Falle der Einziehung nicht angeordnet werden könnte (§ 26 Abs. 2, § 28); wird die Anordnung neben der Einziehung getroffen, so bemisst sich die Höhe des Wertersatzes nach dem Wert der Belastung des Gegenstandes.

(3) Der Wert des Gegenstandes und der Belastung kann geschätzt werden.

(4) Ist die Anordnung der Einziehung eines Gegenstandes nicht ausführbar oder unzureichend, weil nach der Anordnung eine der in den Absätzen 1 oder 2 bezeichneten Voraussetzungen eingetreten oder bekannt geworden ist, so kann die Einziehung des Wertersatzes nachträglich angeordnet werden.

(5) Für die Bewilligung von Zahlungserleichterungen gilt § 18.

§ 26 OWiG   Wirkung der Einziehung

(1) Wird ein Gegenstand eingezogen, so geht das Eigentum an der Sache oder das eingezogene Recht mit der Rechtskraft der Entscheidung auf den Staat oder, soweit das Gesetz dies bestimmt, auf die Körperschaft oder Anstalt des öffentlichen Rechts über, deren Organ oder Stelle die Einziehung angeordnet hat.

(2) ¹Rechte Dritter an dem Gegenstand bleiben bestehen. ²Das Erlöschen dieser Rechte wird jedoch angeordnet, wenn die Einziehung darauf gestützt wird, dass die Vor-

aussetzungen des § 22 Abs. 2 Nr. 2 vorliegen. ³ Das Erlöschen des Rechts eines Dritten kann auch dann angeordnet werden, wenn diesem eine Entschädigung nach § 28 Abs. 2 Nr. 1 oder 2 nicht zu gewähren ist.

(3) ¹ Vor der Rechtskraft wirkt die Anordnung der Einziehung als Veräußerungsverbot im Sinne des § 136 des Bürgerlichen Gesetzbuches; das Verbot umfasst auch andere Verfügungen als Veräußerungen. ² Die gleiche Wirkung hat die Anordnung des Vorbehalts der Einziehung, auch wenn sie noch nicht rechtskräftig ist.

§ 27 OWiG   Selbstständige Anordnung

(1) Kann wegen der Ordnungswidrigkeit aus tatsächlichen Gründen keine bestimmte Person verfolgt oder eine Geldbuße gegen eine bestimmte Person nicht festgesetzt werden, so kann die Einziehung des Gegenstandes oder des Wertersatzes selbstständig angeordnet werden, wenn die Voraussetzungen, unter denen die Maßnahme zugelassen ist, im Übrigen vorliegen.

(2) ¹ Unter den Voraussetzungen des § 22 Abs. 2 Nr. 2 oder Abs. 3 ist Absatz 1 auch dann anzuwenden, wenn

1. die Verfolgung der Ordnungswidrigkeit verjährt ist oder
2. sonst aus rechtlichen Gründen keine bestimmte Person verfolgt werden kann und das Gesetz nichts anderes bestimmt.

² Die Einziehung darf jedoch nicht angeordnet werden, wenn Antrag oder Ermächtigung fehlen.

(3) Absatz 1 ist auch anzuwenden, wenn nach § 47 die Verfolgungsbehörde von der Verfolgung der Ordnungswidrigkeit absieht oder das Gericht das Verfahren einstellt.

§ 28 OWiG   Entschädigung

(1) ¹ Stand das Eigentum an der Sache oder das eingezogene Recht zur Zeit der Rechtskraft der Entscheidung über die Einziehung einem Dritten zu oder war der Gegenstand mit dem Recht eines Dritten belastet, das durch die Entscheidung erloschen oder beeinträchtigt ist, so wird der Dritte unter Berücksichtigung des Verkehrswertes angemessen in Geld entschädigt. ² Die Entschädigungspflicht trifft den Staat oder die Körperschaft oder Anstalt des öffentlichen Rechts, auf die das Eigentum an der Sache oder das eingezogene Recht übergegangen ist.

(2) Eine Entschädigung wird nicht gewährt, wenn

1. der Dritte wenigstens leichtfertig dazu beigetragen hat, dass die Sache oder das Recht Mittel oder Gegenstand der Handlung oder ihrer Vorbereitung gewesen ist,
2. der Dritte den Gegenstand oder das Recht an dem Gegenstand in Kenntnis der Umstände, welche die Einziehung zulassen, in verwerflicher Weise erworben hat oder

3. es nach den Umständen, welche die Einziehung begründet haben, auf Grund von Rechtsvorschriften außerhalb des Ordnungswidrigkeitenrechts zulässig wäre, den Gegenstand dem Dritten ohne Entschädigung dauernd zu entziehen.

(3) In den Fällen des Absatzes 2 kann eine Entschädigung gewährt werden, soweit es eine unbillige Härte wäre, sie zu versagen.

§ 29 OWiG   Sondervorschrift für Organe und Vertreter

(1) Hat jemand

1. als vertretungsberechtigtes Organ einer juristischen Person oder als Mitglied eines solchen Organs,
2. als Vorstand eines nicht rechtsfähigen Vereins oder als Mitglied eines solchen Vorstandes,
3. als vertretungsberechtigter Gesellschafter einer rechtsfähigen Personengesellschaft,
4. als Generalbevollmächtigter oder in leitender Stellung als Prokurist oder Handlungsbevollmächtigter einer juristischen Person oder einer in Nummer 2 oder 3 genannten Personenvereinigung oder
5. als sonstige Person, die für die Leitung des Betriebs oder Unternehmens einer juristischen Person oder einer in Nummer 2 oder 3 genannten Personenvereinigung verantwortlich handelt, wozu auch die Überwachung der Geschäftsführung oder die sonstige Ausübung von Kontrollbefugnissen in leitender Stellung gehört,

eine Handlung vorgenommen, die ihm gegenüber unter den übrigen Voraussetzungen der §§ 22 bis 25 und 28 die Einziehung eines Gegenstandes oder des Wertersatzes zulassen oder den Ausschluss der Entschädigung begründen würde, so wird seine Handlung bei Anwendung dieser Vorschriften dem Vertretenen zugerechnet.

(2) § 9 Abs. 3 gilt entsprechend.

Siebenter Abschnitt
Verjährung (§§ 31-34)

§ 31 OWiG   Verfolgungsverjährung

(1) [1] Durch die Verjährung werden die Verfolgung von Ordnungswidrigkeiten und die Anordnung von Nebenfolgen ausgeschlossen. [2] § 27 Abs. 2 Satz 1 Nr. 1 bleibt unberührt.

(2) Die Verfolgung von Ordnungswidrigkeiten verjährt, wenn das Gesetz nichts anderes bestimmt,

1. in drei Jahren bei Ordnungswidrigkeiten, die mit Geldbuße im Höchstmaß von mehr als fünfzehntausend Euro bedroht sind,
2. in zwei Jahren bei Ordnungswidrigkeiten, die mit Geldbuße im Höchstmaß von mehr als zweitausendfünfhundert bis zu fünfzehntausend Euro bedroht sind,
3. in einem Jahr bei Ordnungswidrigkeiten, die mit Geldbuße im Höchstmaß von mehr als eintausend bis zu zweitausendfünfhundert Euro bedroht sind,
4. in sechs Monaten bei den übrigen Ordnungswidrigkeiten.

(3) [1] Die Verjährung beginnt, sobald die Handlung beendet ist. [2] Tritt ein zum Tatbestand gehörender Erfolg erst später ein, so beginnt die Verjährung mit diesem Zeitpunkt.

§ 32 OWiG   Ruhen der Verfolgungsverjährung

(1) [1] Die Verjährung ruht, solange nach dem Gesetz die Verfolgung nicht begonnen oder nicht fortgesetzt werden kann. [2] Dies gilt nicht, wenn die Handlung nur deshalb nicht verfolgt werden kann, weil Antrag oder Ermächtigung fehlen.

(2) Ist vor Ablauf der Verjährungsfrist ein Urteil des ersten Rechtszuges oder ein Beschluss nach § 72 ergangen, so läuft die Verjährungsfrist nicht vor dem Zeitpunkt ab, in dem das Verfahren rechtskräftig abgeschlossen ist.

§ 33 OWiG   Unterbrechung der Verfolgungsverjährung

(1) [1] Die Verjährung wird unterbrochen durch
1. die erste Vernehmung des Betroffenen, die Bekanntgabe, dass gegen ihn das Ermittlungsverfahren eingeleitet ist, oder die Anordnung dieser Vernehmung oder Bekanntgabe,
2. jede richterliche Vernehmung des Betroffenen oder eines Zeugen oder die Anordnung dieser Vernehmung,
3. jede Beauftragung eines Sachverständigen durch die Verfolgungsbehörde oder den Richter, wenn vorher der Betroffene vernommen oder ihm die Einleitung des Ermittlungsverfahrens bekannt gegeben worden ist,
4. jede Beschlagnahme- oder Durchsuchungsanordnung der Verfolgungsbehörde oder des Richters und richterliche Entscheidungen, welche diese aufrechterhalten,
5. die vorläufige Einstellung des Verfahrens wegen Abwesenheit des Betroffenen durch die Verfolgungsbehörde oder den Richter sowie jede Anordnung der Verfolgungsbehörde oder des Richters, die nach einer solchen Einstellung des Verfahrens zur Ermittlung des Aufenthalts des Betroffenen oder zur Sicherung von Beweisen ergeht,
6. jedes Ersuchen der Verfolgungsbehörde oder des Richters, eine Untersuchungshandlung im Ausland vorzunehmen,

7. die gesetzlich bestimmte Anhörung einer anderen Behörde durch die Verfolgungsbehörde vor Abschluss der Ermittlungen,
8. die Abgabe der Sache durch die Staatsanwaltschaft an die Verwaltungsbehörde nach § 43,
9. den Erlass des Bußgeldbescheides, sofern er binnen zwei Wochen zugestellt wird, ansonsten durch die Zustellung,
10. den Eingang der Akten beim Amtsgericht gemäß § 69 Abs. 3 Satz 1 und Abs. 5 Satz 2 und die Zurückverweisung der Sache an die Verwaltungsbehörde nach § 69 Abs. 5 Satz 1,
11. jede Anberaumung einer Hauptverhandlung,
12. den Hinweis auf die Möglichkeit, ohne Hauptverhandlung zu entscheiden (§ 72 Abs. 1 Satz 2),
13. die Erhebung der öffentlichen Klage,
14. die Eröffnung des Hauptverfahrens,
15. den Strafbefehl oder eine andere dem Urteil entsprechende Entscheidung.

[2] Im selbstständigen Verfahren wegen der Anordnung einer Nebenfolge oder der Festsetzung einer Geldbuße gegen eine juristische Person oder Personenvereinigung wird die Verjährung durch die dem Satz 1 entsprechenden Handlungen zur Durchführung des selbstständigen Verfahrens unterbrochen.

(2) [1] Die Verjährung ist bei einer schriftlichen Anordnung oder Entscheidung in dem Zeitpunkt unterbrochen, in dem die Anordnung oder Entscheidung unterzeichnet wird. [2] Ist das Schriftstück nicht alsbald nach der Unterzeichnung in den Geschäftsgang gelangt, so ist der Zeitpunkt maßgebend, in dem es tatsächlich in den Geschäftsgang gegeben worden ist.

(3) [1] Nach jeder Unterbrechung beginnt die Verjährung von neuem. [2] Die Verfolgung ist jedoch spätestens verjährt, wenn seit dem in § 31 Abs. 3 bezeichneten Zeitpunkt das Doppelte der gesetzlichen Verjährungsfrist, mindestens jedoch zwei Jahre verstrichen sind. [3] Wird jemandem in einem bei Gericht anhängigen Verfahren eine Handlung zur Last gelegt, die gleichzeitig Straftat und Ordnungswidrigkeit ist, so gilt als gesetzliche Verjährungsfrist im Sinne des Satzes 2 die Frist, die sich aus der Strafdrohung ergibt. [4] § 32 bleibt unberührt.

(4) [1] Die Unterbrechung wirkt nur gegenüber demjenigen, auf den sich die Handlung bezieht. [2] Die Unterbrechung tritt in den Fällen des Absatzes 1 Satz 1 Nr. 1 bis 7, 11 und 13 bis 15 auch dann ein, wenn die Handlung auf die Verfolgung der Tat als Straftat gerichtet ist.

§ 34 OWiG Vollstreckungsverjährung

(1) Eine rechtskräftig festgesetzte Geldbuße darf nach Ablauf der Verjährungsfrist nicht mehr vollstreckt werden.

(2) Die Verjährungsfrist beträgt
1. fünf Jahre bei einer Geldbuße von mehr als eintausend Euro,
2. drei Jahre bei einer Geldbuße bis zu eintausend Euro.

(3) Die Verjährung beginnt mit der Rechtskraft der Entscheidung.

(4) Die Verjährung ruht, solange
1. nach dem Gesetz die Vollstreckung nicht begonnen oder nicht fortgesetzt werden kann,
2. die Vollstreckung ausgesetzt ist oder
3. eine Zahlungserleichterung bewilligt ist.

(5) [1] Die Absätze 1 bis 4 gelten entsprechend für Nebenfolgen, die zu einer Geldzahlung verpflichten. [2] Ist eine solche Nebenfolge neben einer Geldbuße angeordnet, so verjährt die Vollstreckung der einen Rechtsfolge nicht früher als die der anderen.

Zweiter Teil
Bußgeldverfahren (§§ 35-110)

Erster Abschnitt
Zuständigkeit zur Verfolgung und Ahndung von Ordnungswidrigkeiten (§§ 35-45)

§ 35 OWiG Verfolgung und Ahndung durch die Verwaltungsbehörde

(1) Für die Verfolgung von Ordnungswidrigkeiten ist die Verwaltungsbehörde zuständig, soweit nicht hierzu nach diesem Gesetz die Staatsanwaltschaft oder an ihrer Stelle für einzelne Verfolgungshandlungen der Richter berufen ist.

(2) Die Verwaltungsbehörde ist auch für die Ahndung von Ordnungswidrigkeiten zuständig, soweit nicht hierzu nach diesem Gesetz das Gericht berufen ist.

§ 36 OWiG Sachliche Zuständigkeit der Verwaltungsbehörde

(1) Sachlich zuständig ist
1. die Verwaltungsbehörde, die durch Gesetz bestimmt wird,
2. mangels einer solchen Bestimmung
    a) die fachlich zuständige oberste Landesbehörde oder

B. Ausgewählte Gesetze und Verordnungen

b) das fachlich zuständige Bundesministerium, soweit das Gesetz von Bundesbehörden ausgeführt wird.

(2) ¹ Die Landesregierung kann die Zuständigkeit nach Absatz 1 Nr. 2 Buchstabe a durch Rechtsverordnung auf eine andere Behörde oder sonstige Stelle übertragen. ² Die Landesregierung kann die Ermächtigung auf die oberste Landesbehörde übertragen.

(3) Das nach Absatz 1 Nr. 2 Buchstabe b zuständige Bundesministerium kann seine Zuständigkeit durch Rechtsverordnung, die nicht der Zustimmung des Bundesrates bedarf, auf eine andere Behörde oder sonstige Stelle übertragen.

§ 37 OWiG Örtliche Zuständigkeit der Verwaltungsbehörde

(1) Örtlich zuständig ist die Verwaltungsbehörde, in deren Bezirk

1. die Ordnungswidrigkeit begangen oder entdeckt worden ist oder
2. der Betroffene zur Zeit der Einleitung des Bußgeldverfahrens seinen Wohnsitz hat.

(2) Ändert sich der Wohnsitz des Betroffenen nach Einleitung des Bußgeldverfahrens, so ist auch die Verwaltungsbehörde örtlich zuständig, in deren Bezirk der neue Wohnsitz liegt.

(3) Hat der Betroffene im räumlichen Geltungsbereich dieses Gesetzes keinen Wohnsitz, so wird die Zuständigkeit auch durch den gewöhnlichen Aufenthaltsort bestimmt.

(4) ¹ Ist die Ordnungswidrigkeit auf einem Schiff, das berechtigt ist, die Bundesflagge zu führen, außerhalb des räumlichen Geltungsbereichs dieses Gesetzes begangen worden, so ist auch die Verwaltungsbehörde örtlich zuständig, in deren Bezirk der Heimathafen oder der Hafen im räumlichen Geltungsbereich dieses Gesetzes liegt, den das Schiff nach der Tat zuerst erreicht. ² Satz 1 gilt entsprechend für Luftfahrzeuge, die berechtigt sind, das Staatszugehörigkeitszeichen der Bundesrepublik Deutschland zu führen.

§ 38 OWiG Zusammenhängende Ordnungswidrigkeiten

¹ Bei zusammenhängenden Ordnungswidrigkeiten, die einzeln nach § 37 zur Zuständigkeit verschiedener Verwaltungsbehörden gehören würden, ist jede dieser Verwaltungsbehörden zuständig. ² Zwischen mehreren Ordnungswidrigkeiten besteht ein Zusammenhang, wenn jemand mehrerer Ordnungswidrigkeiten beschuldigt wird oder wenn hinsichtlich derselben Tat mehrere Personen einer Ordnungswidrigkeit beschuldigt werden.

§ 39 OWiG Mehrfache Zuständigkeit

(1) ¹ Sind nach den §§ 36 bis 38 mehrere Verwaltungsbehörden zuständig, so gebührt der Vorzug der Verwaltungsbehörde, die wegen der Tat den Betroffenen zuerst vernommen hat, ihn durch die Polizei zuerst hat vernehmen lassen oder der die Akten von der

Polizei nach der Vernehmung des Betroffenen zuerst übersandt worden sind. ²Diese Verwaltungsbehörde kann in den Fällen des § 38 das Verfahren wegen der zusammenhängenden Tat wieder abtrennen.

(2) ¹In den Fällen des Absatzes 1 Satz 1 kann die Verfolgung und Ahndung jedoch einer anderen der zuständigen Verwaltungsbehörden durch eine Vereinbarung dieser Verwaltungsbehörden übertragen werden, wenn dies zur Beschleunigung oder Vereinfachung des Verfahrens oder aus anderen Gründen sachdienlich erscheint. ²Sind mehrere Verwaltungsbehörden sachlich zuständig, so soll die Verwaltungsbehörde, der nach Absatz 1 Satz 1 der Vorzug gebührt, die anderen sachlich zuständigen Verwaltungsbehörden spätestens vor dem Abschluss der Ermittlungen hören.

(3) Kommt eine Vereinbarung nach Absatz 2 Satz 1 nicht zu Stande, so entscheidet auf Antrag einer der beteiligten Verwaltungsbehörden

1. die gemeinsame nächsthöhere Verwaltungsbehörde,
2. wenn eine gemeinsame höhere Verwaltungsbehörde fehlt, das nach § 68 zuständige gemeinsame Gericht und,
3. wenn nach § 68 verschiedene Gerichte zuständig wären, das für diese Gerichte gemeinsame obere Gericht.

(4) In den Fällen der Absätze 2 und 3 kann die Übertragung in gleicher Weise wieder aufgehoben werden.

§ 40 OWiG Verfolgung durch die Staatsanwaltschaft

Im Strafverfahren ist die Staatsanwaltschaft für die Verfolgung der Tat auch unter dem rechtlichen Gesichtspunkt einer Ordnungswidrigkeit zuständig, soweit ein Gesetz nichts anderes bestimmt.

§ 41 OWiG Abgabe an die Staatsanwaltschaft

(1) Die Verwaltungsbehörde gibt die Sache an die Staatsanwaltschaft ab, wenn Anhaltspunkte dafür vorhanden sind, dass die Tat eine Straftat ist.

(2) Sieht die Staatsanwaltschaft davon ab, ein Strafverfahren einzuleiten, so gibt sie die Sache an die Verwaltungsbehörde zurück.

§ 42 OWiG Übernahme durch die Staatsanwaltschaft

(1) ¹Die Staatsanwaltschaft kann bis zum Erlass des Bußgeldbescheides die Verfolgung der Ordnungswidrigkeit übernehmen, wenn sie eine Straftat verfolgt, die mit der Ordnungswidrigkeit zusammenhängt. ²Zwischen einer Straftat und einer Ordnungswidrigkeit besteht ein Zusammenhang, wenn jemand sowohl einer Straftat als auch einer Ordnungswidrigkeit oder wenn hinsichtlich derselben Tat eine Person einer Straftat und eine andere einer Ordnungswidrigkeit beschuldigt wird.

(2) Die Staatsanwaltschaft soll die Verfolgung nur übernehmen, wenn dies zur Beschleunigung des Verfahrens oder wegen des Sachzusammenhangs oder aus anderen Gründen für die Ermittlungen oder die Entscheidung sachdienlich erscheint.

§ 43 OWiG   Abgabe an die Verwaltungsbehörde

(1) Stellt die Staatsanwaltschaft in den Fällen des § 40 das Verfahren nur wegen der Straftat ein oder übernimmt sie in den Fällen des § 42 die Verfolgung nicht, sind aber Anhaltspunkte dafür vorhanden, dass die Tat als Ordnungswidrigkeit verfolgt werden kann, so gibt sie die Sache an die Verwaltungsbehörde ab.

(2) Hat die Staatsanwaltschaft die Verfolgung übernommen, so kann sie die Sache an die Verwaltungsbehörde abgeben, solange das Verfahren noch nicht bei Gericht anhängig ist; sie hat die Sache abzugeben, wenn sie das Verfahren nur wegen der zusammenhängenden Straftat einstellt.

§ 44 OWiG   Bindung der Verwaltungsbehörde

Die Verwaltungsbehörde ist an die Entschließung der Staatsanwaltschaft gebunden, ob eine Tat als Straftat verfolgt wird oder nicht.

§ 45 OWiG   Zuständigkeit des Gerichts

Verfolgt die Staatsanwaltschaft die Ordnungswidrigkeit mit einer zusammenhängenden Straftat, so ist für die Ahndung der Ordnungswidrigkeit das Gericht zuständig, das für die Strafsache zuständig ist.

**Zweiter Abschnitt
Allgemeine Verfahrensvorschriften (§§ 46-52)**

§ 46 OWiG   Anwendung der Vorschriften über das Strafverfahren

(1) Für das Bußgeldverfahren gelten, soweit dieses Gesetz nichts anderes bestimmt, sinngemäß die Vorschriften der allgemeinen Gesetze über das Strafverfahren, namentlich der Strafprozessordnung, des Gerichtsverfassungsgesetzes und des Jugendgerichtsgesetzes.

(2) Die Verfolgungsbehörde hat, soweit dieses Gesetz nichts anderes bestimmt, im Bußgeldverfahren dieselben Rechte und Pflichten wie die Staatsanwaltschaft bei der Verfolgung von Straftaten.

(3) [1] Anstaltsunterbringung, Verhaftung und vorläufige Festnahme, Beschlagnahme von Postsendungen und Telegrammen sowie Auskunftsersuchen über Umstände, die dem Post- und Fernmeldegeheimnis unterliegen, sind unzulässig. § 160 Abs. 3 Satz 2 der Strafprozessordnung über die Gerichtshilfe ist nicht anzuwenden. Ein Klageer-

zwingungsverfahren findet nicht statt. ²Die Vorschriften über die Beteiligung des Verletzten am Verfahren und über das länderübergreifende staatsanwaltschaftliche Verfahrensregister sind nicht anzuwenden; dies gilt nicht für § 406e der Strafprozessordnung.

(4) ³ § 81a Abs. 1 Satz 2 der Strafprozessordnung ist mit der Einschränkung anzuwenden, dass nur die Entnahme von Blutproben und andere geringfügige Eingriffe zulässig sind. ⁴ In einem Strafverfahren entnommene Blutproben und sonstige Körperzellen, deren Entnahme im Bußgeldverfahren nach Satz 1 zulässig gewesen wäre, dürfen verwendet werden. ⁵ Die Verwendung von Blutproben und sonstigen Körperzellen zur Durchführung einer Untersuchung im Sinne des § 81e der Strafprozessordnung ist unzulässig.

(5) ¹Die Anordnung der Vorführung des Betroffenen und der Zeugen, die einer Ladung nicht nachkommen, bleibt dem Richter vorbehalten. ² Die Haft zur Erzwingung des Zeugnisses (§ 70 Abs. 2 der Strafprozessordnung) darf sechs Wochen nicht überschreiten.

(6) Im Verfahren gegen Jugendliche und Heranwachsende kann von der Heranziehung der Jugendgerichtshilfe (§ 38 des Jugendgerichtsgesetzes) abgesehen werden, wenn ihre Mitwirkung für die sachgemäße Durchführung des Verfahrens entbehrlich ist.

(7) Im gerichtlichen Verfahren entscheiden beim Amtsgericht Abteilungen für Bußgeldsachen, beim Landgericht Kammern für Bußgeldsachen und beim Oberlandesgericht sowie beim Bundesgerichtshof Senate für Bußgeldsachen.

(8) Die Vorschriften zur Durchführung des § 191a Abs. 1 Satz 1 des Gerichtsverfassungsgesetzes im Bußgeldverfahren sind in der Rechtsverordnung nach § 191a Abs. 2 des Gerichtsverfassungsgesetzes zu bestimmen.

§ 47 OWiG   Verfolgung von Ordnungswidrigkeiten

(1) ¹Die Verfolgung von Ordnungswidrigkeiten liegt im pflichtgemäßen Ermessen der Verfolgungsbehörde. ² Solange das Verfahren bei ihr anhängig ist, kann sie es einstellen.

(2) ¹ Ist das Verfahren bei Gericht anhängig und hält dieses eine Ahndung nicht für geboten, so kann es das Verfahren mit Zustimmung der Staatsanwaltschaft in jeder Lage einstellen. ² Die Zustimmung ist nicht erforderlich, wenn durch den Bußgeldbescheid eine Geldbuße bis zu einhundert Euro verhängt worden ist und die Staatsanwaltschaft erklärt hat, sie nehme an der Hauptverhandlung ncht teil. ³ Der Beschluss ist nicht anfechtbar.

(3) Die Einstellung des Verfahrens darf nicht von der Zahlung eines Geldbetrages an eine gemeinnützige Einrichtung oder sonstige Stelle abhängig gemacht oder damit in Zusammenhang gebracht werden.

§ 48 OWiG   (weggefallen)

§ 49 OWiG   Akteneinsicht des Betroffenen und der Verwaltungsbehörde

(1) Die Verwaltungsbehörde kann dem Betroffenen Einsicht in die Akten unter Aufsicht gewähren, soweit nicht überwiegende schutzwürdige Interessen Dritter entgegenstehen.

(2) ¹ Ist die Staatsanwaltschaft Verfolgungsbehörde, so ist die sonst zuständige Verwaltungsbehörde befugt, die Akten, die dem Gericht vorliegen oder im gerichtlichen Verfahren vorzulegen wären, einzusehen sowie sichergestellte und beschlagnahmte Gegenstände zu besichtigen. ² Die Akten werden der Verwaltungsbehörde auf Antrag zur Einsichtnahme übersandt.

§ 49a OWiG   Verfahrensübergreifende Mitteilungen von Amts wegen

(1) ¹ Von Amts wegen dürfen Gerichte, Staatsanwaltschaften und Verwaltungsbehörden personenbezogene Daten aus Bußgeldverfahren den zuständigen Behörden und Gerichten übermitteln, soweit dies aus Sicht der übermittelnden Stelle erforderlich ist für

1. die Verfolgung von Straftaten oder von anderen Ordnungswidrigkeiten,
2. Entscheidungen in anderen Bußgeldsachen einschließlich der Entscheidungen bei der Vollstreckung von Bußgeldentscheidungen oder in Gnadensachen oder
3. sonstige Entscheidungen oder Maßnahmen nach § 479 Ab. 2 der Strafprozessordnung;

Gleiches gilt für Behörden des Polizeidienstes, soweit dies die entsprechende Anwendung von § 478 Abs. 1 der Strafprozessordnung gestattet. ² § 479 Abs. 3 der Strafprozessordnung gilt sinngemäß.

(2) Die Übermittlung ist auch zulässig, wenn besondere Umstände des Einzelfalls die Übermittlung für die in § 14 Abs. 1 Nr. 4 bis 9 des Einführungsgesetzes zum Gerichtsverfassungsgesetz genannten Zwecke in Verbindung mit Absatz 2 Satz 2 und 4 jener Vorschrift in sinngemäßer Anwendung erfordern.

(3) Eine Übermittlung nach den Absätzen 1 und 2 unterbleibt, soweit für die übermittelnde Stelle offensichtlich ist, dass schutzwürdige Interessen des Betroffenen an dem Ausschluss der Übermittlung überwiegen.

(4) ¹ Für die Übermittlung durch Verwaltungsbehörden sind zusätzlich sinngemäß anzuwenden

1. die §§ 12, 13, 16, 17 Nr. 2 bis 5 und §§ 18 bis 21 des Einführungsgesetzes zum Gerichtsverfassungsgesetz und

2. § 22 des Einführungsgesetzes zum Gerichtsverfassungsgesetz mit der Maßgabe, dass an die Stelle des Verfahrens nach den §§ 23 bis 30 dieses Gesetzes das Verfahren nach § 62 Abs. 1 Satz 1, Abs. 2 und an die Stelle des in § 25 des Einführungsgesetzes zum Gerichtsverfassungsgesetz bezeichneten Gerichts das in § 68 bezeichnete Gericht tritt.

² Die für das Bußgeldverfahren zuständige Behörde darf darüber hinaus die dieses Verfahren abschließende Entscheidung derjenigen Verwaltungsbehörde übermitteln, die das Bußgeldverfahren veranlasst oder sonst an dem Verfahren mitgewirkt hat, wenn dies aus der Sicht der übermittelnden Stelle zur Erfüllung einer in der Zuständigkeit des Empfängers liegenden Aufgabe, die im Zusammenhang mit dem Gegenstand des Verfahrens steht, erforderlich ist; ist mit der Entscheidung ein Rechtsmittel verworfen worden , so darf auch die angefochtene Entscheidung übermittelt werden. ³ Das Bundesministerium, das für bundesrechtliche Bußgeldvorschriften in seinem Geschäftsbereich zuständig ist, kann insoweit mit Zustimmung des Bundesrates allgemeine Verwaltungsvorschriften im Sinne des § 12 Abs. 5 des Einführungsgesetzes zum Gerichtsverfassungsgesetz erlassen.

(5) ¹ Für Übermittlungen von Amts wegen sind ferner die §§ 480 und 481 der Strafprozessordnung sinngemäß anzuwenden, wobei an die Stelle besonderer Vorschriften über die Übermittlung oder Verwendung personenbezogener Informationen aus Strafverfahren solche über die Übermittlung oder Verwendung personenbezogener Daten aus Bußgeldverfahren treten. ² Eine Übermittlung entsprechend § 481 Abs. 1 Satz 2 der Strafprozessordnung unterbleibt unter der Voraussetzung des Absatzes 3. ³ Von § 482 der Strafprozessordnung ist nur Absatz 1 sinngemäß anzuwenden, wobei die Mitteilung des Aktenzeichens auch an eine andere Verwaltungsbehörde, die das Bußgeldverfahren veranlasst oder sonst an dem Verfahren mitgewirkt hat, erfolgt.

§ 49b OWiG   **Verfahrensübergreifende Mitteilungen auf Ersuchen; sonstige Verwendung von Daten für verfahrensübergreifende Zwecke**

Für die Erteilung von Auskünften und Gewährung von Akteneinsicht auf Ersuchen sowie die sonstige Verwendung von Daten aus Bußgeldverfahren für verfahrensübergreifende Zwecke gelten die §§ 474 bis 478, 480 und 481 der Strafprozessordnung sinngemäß, wobei

1. in § 474 Abs. 2 Satz 1 Nr. 1 der Strafprozessordnung an die Stelle der Straftat die Ordnungswidrigkeit tritt,

2. in § 474 Abs. 2 Satz 1 Nr. 2 und 3, § 480 und § 481 der Strafprozessordnung an die Stelle besonderer Vorschriften über die Übermittlung oder Verwendung personenbezogener Informationen aus Strafverfahren solche über die Übermittlung oder Verwendung personenbezogener Daten aus Bußgeldverfahren treten,

3. in § 477 Abs. 2 Satz 1 der Strafprozessordnung an die Stelle der Zwecke des Strafverfahrens die Zwecke des Bußgeldverfahrens treten,
4. in § 477 Abs. 3 Nr. 2 der Strafprozessordnung an die Stelle der Frist von zwei Jahren eine Frist von einem Jahr tritt und
5. § 478 Abs. 3 Satz 1 der Strafprozessordnung mit der Maßgabe anzuwenden ist, dass für die Übermittlung durch Verwaltungsbehörden über den Antrag auf gerichtliche Entscheidung das in § 68 bezeichnete Gericht im Verfahren nach § 62 Abs. 1 Satz 1, Abs. 2 entscheidet.

§ 49c OWiG   Dateiregelungen

(1) Für die Verarbeitung und Nutzung personenbezogener Daten in Dateien gelten vorbehaltlich besonderer Regelungen in anderen Gesetzen die Vorschriften des Zweiten Abschnitt des Achten Buches der Strafprozessordnung nach Maßgabe der folgenden Vorschriften sinngemäß.

(2) [1] Die Speicherung, Veränderung und Nutzung darf vorbehaltlich des Absatzes 3 nur bei Gerichten, Staatsanwaltschaften und Verwaltungsbehörden einschließlich Vollstreckungsbehörden sowie den Behörden des Polizeidienstes erfolgen, soweit dies entsprechend den §§ 483, 484 Abs. 1 und § 485 der Strafprozessordnung zulässig ist; dabei treten an die Stelle der Zwecke des Strafverfahrens die Zwecke des Bußgeldverfahrens. [1] Personenbezogene Daten aus Bußgeldverfahren dürfen auch verwendet werden, soweit es für Zwecke eines Strafverfahrens, Gnadenverfahrens oder der internationalen Rechts- und Amtshilfe in Straf- und Bußgeldsachen erforderlich ist. [1] Die Speicherung personenbezogener Daten von Personen, die zur Tatzeit nicht strafmündig waren, für Zwecke künftiger Bußgeldverfahren ist unzulässig.

(3) Die Errichtung einer gemeinsamen automatisierten Datei entsprechend § 486 der Strafprozessordnung für die in Absatz 2 genannten Stellen, die den Geschäftsbereichen verschiedener Bundes- oder Landesministerien angehören, ist nur zulässig, wenn sie zur ordnungsgemäßen Aufgabenerfüllung erforderlich und unter Berücksichtigung der schutzwürdigen Interessen der Betroffenen angemessen ist.

(4) [1] § 487 Abs. 1 Satz 1 der Strafprozessordnung ist mit der Maßgabe anzuwenden, dass die nach den Absätzen 1 bis 3 gespeicherten Daten den zuständigen Stellen nur für die in Absatz 2 genannten Zwecke übermittelt werden dürfen; § 49a Abs. 3 gilt für Übermittlungen von Amts wegen entsprechend. [1] § 487 Abs. 2 der Strafprozessordnung ist mit der Maßgabe anzuwenden, dass die Übermittlung erfolgen kann, soweit sie nach diesem Gesetz aus den Akten erfolgen könnte.

(5) Soweit personenbezogene Daten für Zwecke der künftigen Verfolgung von Ordnungswidrigkeiten gespeichert werden, darf die Frist im Sinne von § 489 Abs. 4 Satz 2 Nr. 1 der Strafprozessordnung bei einer Geldbuße von mehr als 250 Euro fünf Jahre,

in allen übrigen Fällen des § 489 Abs. 4 Satz 2 Nr. 1 bis der Strafprozessordnung zwei Jahre nicht übersteigen.

§ 49d OWiG   Mitteilungen bei Archivierung mittels Bild- und anderen Datenträgern

[1] Sind die Akten nach Abschluss des Verfahrens nach ordnungsgemäßen Grundsätzen zur Ersetzung der Urschrift auf einen Bild- oder anderen Datenträger übertragen worden und liegt der schriftliche Nachweis darüber vor, dass die Wiedergabe inhaltlich und bildlich mit der Urschrift übereinstimmt, so kann Akteneinsicht durch Übermittlung eines Ausdrucks von dem Bild- oder anderen Datenträger erteilt werden; Gleiches gilt für die Erteilung von Auskünften oder anderen Mitteilungen aus den Akten. [2] Auf der Urschrift anzubringende Vermerke werden in diesem Fall bei dem Nachweis angebracht.

§ 50 OWiG   Bekanntmachung von Maßnahmen der Verwaltungsbehörde

(1) [1] Anordnungen, Verfügungen und sonstige Maßnahmen der Verwaltungsbehörde werden der Person, an die sich die Maßnahme richtet, formlos bekannt gemacht. [2] Ist gegen die Maßnahme ein befristeter Rechtsbehelf zulässig, so wird sie in einem Bescheid durch Zustellung bekannt gemacht.

(2) Bei der Bekanntmachung eines Bescheides der Verwaltungsbehörde, der durch einen befristeten Rechtsbehelf angefochten werden kann, ist die Person, an die sich die Maßnahme richtet, über die Möglichkeit der Anfechtung und die dafür vorgeschriebene Frist und Form zu belehren.

§ 51 OWiG   Verfahren bei Zustellungen der Verwaltungsbehörde

(1) [1] Für das Zustellungsverfahren der Verwaltungsbehörde gelten die Vorschriften des Verwaltungszustellungsgesetzes, wenn eine Verwaltungsbehörde des Bundes das Verfahren durchführt, sonst die entsprechenden landesrechtlichen Vorschriften, soweit die Absätze 2 bis 5 nichts anderes bestimmen. [2] Wird ein Schriftstück mit Hilfe automatischer Einrichtungen erstellt, so wird das so hergestellte Schriftstück zugestellt.

(2) Ein Bescheid (§ 50 Abs. 1 Satz 2) wird dem Betroffenen zugestellt und, wenn er einen gesetzlichen Vertreter hat, diesem mitgeteilt.

(3) [1] Der gewählte Verteidiger, dessen Vollmacht sich bei den Akten befindet, sowie der bestellte Verteidiger gelten als ermächtigt, Zustellungen und sonstige Mitteilungen für den Betroffenen in Empfang zu nehmen; für die Zustellung einer Ladung des Betroffenen gilt dies nur, wenn der Verteidiger in der Vollmacht ausdrücklich zur Empfangnahme von Ladungen ermächtigt ist. [2] Wird ein Bescheid dem Verteidiger nach Satz 1 Halbsatz 1 zugestellt, so wird der Betroffene hiervon zugleich unterrichtet; dabei erhält

er formlos eine Abschrift des Bescheides. ³ Wird ein Bescheid dem Betroffenen zugestellt, so wird der Verteidiger hiervon zugleich unterrichtet, auch wenn eine Vollmacht bei den Akten nicht vorliegt; dabei erhält er formlos eine Abschrift des Bescheides.

(4) Wird die für den Beteiligten bestimmte Zustellung an mehrere Empfangsberechtigte bewirkt, so richtet sich die Berechnung einer Frist nach der zuletzt bewirkten Zustellung.

(5) ¹ § 6 Abs. 1 des Verwaltungszustellungsgesetzes und die entsprechenden landesrechtlichen Vorschriften sind nicht anzuwenden. ² Hat der Betroffene einen Verteidiger, so sind auch § 7 Abs. 1 Satz 1 und 2 und Abs. 2 des Verwaltungszustellungsgesetzes und die entsprechenden landesrechtlichen Vorschriften nicht anzuwenden.

§ 52 OWiG   Wiedereinsetzung in den vorigen Stand

(1) Für den befristeten Rechtsbehelf gegen den Bescheid der Verwaltungsbehörde gelten die §§ 44, 45, 46 Abs. 2 und 3 und § 47 der Strafprozessordnung über die Wiedereinsetzung in den vorigen Stand entsprechend, soweit Absatz 2 nichts anderes bestimmt.

(2) ¹ Über die Gewährung der Wiedereinsetzung in den vorigen Stand und den Aufschub der Vollstreckung entscheidet die Verwaltungsbehörde. ² Ist das Gericht, das bei rechtzeitigem Rechtsbehelf zur Entscheidung in der Sache selbst zuständig gewesen wäre, mit dem Rechtsbehelf befasst, so entscheidet es auch über die Gewährung der Wiedereinsetzung in den vorigen Stand und den Aufschub der Vollstreckung. ³ Verwirft die Verwaltungsbehörde den Antrag auf Wiedereinsetzung in den vorigen Stand, so ist gegen den Bescheid innerhalb von zwei Wochen nach Zustellung der Antrag auf gerichtliche Entscheidung nach § 62 zulässig.

Dritter Abschnitt
Vorverfahren (§§ 53-64)

I.
Allgemeine Vorschriften

§ 53 OWiG   Aufgaben der Polizei

(1) ¹ Die Behörden und Beamten des Polizeidienstes haben nach pflichtgemäßem Ermessen Ordnungswidrigkeiten zu erforschen und dabei alle unaufschiebbaren Anordnungen zu treffen, um die Verdunkelung der Sache zu verhüten. ² Sie haben bei der Erforschung von Ordnungswidrigkeiten, soweit dieses Gesetz nichts anderes bestimmt, dieselben Rechte und Pflichten wie bei der Verfolgung von Straftaten. ³ Ihre Akten

übersenden sie unverzüglich der Verwaltungsbehörde, in den Fällen des Zusammenhangs (§ 42) der Staatsanwaltschaft.

(2) Die Beamten des Polizeidienstes, die zu Ermittlungspersonen der Staatsanwaltschaft bestellt sind (§ 152 des Gerichtsverfassungsgesetzes), können nach den für sie geltenden Vorschriften der Strafprozessordnung Beschlagnahmen, Durchsuchungen, Untersuchungen und sonstige Maßnahmen anordnen.

§ 54 OWiG (weggefallen)

§ 55 OWiG **Anhörung des Betroffenen**

(1) § 163a Abs. 1 der Strafprozessordnung ist mit der Einschränkung anzuwenden, dass es genügt, wenn dem Betroffenen Gelegenheit gegeben wird, sich zu der Beschuldigung zu äußern.

(2) [1] Der Betroffene braucht nicht darauf hingewiesen zu werden, dass er auch schon vor seiner Vernehmung einen von ihm zu wählenden Verteidiger befragen kann. [2] § 136 Abs. 1 Satz 3 der Strafprozessordnung ist nicht anzuwenden.

II.
Verwarnungsverfahren

§ 56 OWiG **Verwarnung durch die Verwaltungsbehörde**

(1) [1] Bei geringfügigen Ordnungswidrigkeiten kann die Verwaltungsbehörde den Betroffenen verwarnen und ein Verwarnungsgeld von fünf bis fünfunddreißig Euro erheben. [2] Sie kann eine Verwarnung ohne Verwarnungsgeld erteilen.

(2) [1] Die Verwarnung nach Absatz 1 Satz 1 ist nur wirksam, wenn der Betroffene nach Belehrung über sein Weigerungsrecht mit ihr einverstanden ist und das Verwarnungsgeld entsprechend der Bestimmung der Verwaltungsbehörde entweder sofort zahlt oder innerhalb einer Frist, die eine Woche betragen soll, bei der hierfür bezeichneten Stelle oder bei der Post zur Überweisung an diese Stelle einzahlt. [2] Eine solche Frist soll bewilligt werden, wenn der Betroffene das Verwarnungsgeld nicht sofort zahlen kann oder wenn es höher ist als zehn Euro.

(3) [1] Über die Verwarnung nach Absatz 1 Satz 1, die Höhe des Verwarnungsgeldes und die Zahlung oder die etwa bestimmte Zahlungsfrist wird eine Bescheinigung erteilt. [2] Kosten (Gebühren und Auslagen) werden nicht erhoben.

(4) Ist die Verwarnung nach Absatz 1 Satz 1 wirksam, so kann die Tat nicht mehr unter den tatsächlichen und rechtlichen Gesichtspunkten verfolgt werden, unter denen die Verwarnung erteilt worden ist.

§ 57 OWiG Verwarnung durch Beamte des Außen- und Polizeidienstes

(1) Personen, die ermächtigt sind, die Befugnis nach § 56 für die Verwaltungsbehörde im Außendienst wahrzunehmen, haben sich entsprechend auszuweisen.

(2) Die Befugnis nach § 56 steht auch den hierzu ermächtigten Beamten des Polizeidienstes zu, die eine Ordnungswidrigkeit entdecken oder im ersten Zugriff verfolgen und sich durch ihre Dienstkleidung oder in anderer Weise ausweisen.

§ 58 OWiG Ermächtigung zur Erteilung der Verwarnung

(1) [1] Die Ermächtigung nach § 57 Abs. 2 erteilt die oberste Dienstbehörde des Beamten oder die von ihr bestimmte Stelle. [2] Die oberste Dienstbehörde soll sich wegen der Frage, bei welchen Ordnungswidrigkeiten Ermächtigungen erteilt werden sollen, mit der zuständigen Behörde ins Benehmen setzen. [3] Zuständig ist bei Ordnungswidrigkeiten, für deren Verfolgung und Ahndung eine Verwaltungsbehörde des Bundes zuständig ist, das fachlich zuständige Bundesministerium, sonst die fachlich zuständige oberste Landesbehörde.

(2) Soweit bei bestimmten Ordnungswidrigkeiten im Hinblick auf ihre Häufigkeit und Gleichartigkeit eine möglichst gleichmäßige Behandlung angezeigt ist, sollen allgemeine Ermächtigungen an Verwaltungsangehörige und Beamte des Polizeidienstes zur Erteilung einer Verwarnung nähere Bestimmungen darüber enthalten, in welchen Fällen und unter welchen Voraussetzungen die Verwarnung erteilt und in welcher Höhe das Verwarnungsgeld erhoben werden soll.

III.
Verfahren der Verwaltungsbehörde

§ 59 OWiG Vergütung von Sachverständigen, Dolmetschern und Übersetzern, Entschädigung von Zeugen und Dritten

Für die Vergütung von Sachverständigen, Dolmetschern und Übersetzern sowie die Entschädigung von Zeugen und Dritten (§ 23 des Justizvergütungs- und -entschädigungsgesetzes) ist das Justizvergütungs- und -entschädigungsgesetz anzuwenden.

§ 60 OWiG Verteidigung

[1] Ist die Mitwirkung eines Verteidigers im Verfahren der Verwaltungsbehörde geboten (§ 140 Abs. 2 Satz 1 der Strafprozessordnung), so ist für dessen Bestellung die Verwaltungsbehörde zuständig. [2] Sie entscheidet auch über die Zulassung anderer Personen als Verteidiger und die Zurückweisung eines Verteidigers (§ 138 Abs. 2, § 146a Abs. 1 Satz 1, 2 der Strafprozessordnung).

§ 61 OWiG Abschluss der Ermittlungen

Sobald die Verwaltungsbehörde die Ermittlungen abgeschlossen hat, vermerkt sie dies in den Akten, wenn sie die weitere Verfolgung der Ordnungswidrigkeit erwägt.

§ 62 OWiG Rechtsbehelf gegen Maßnahmen der Verwaltungsbehörde

(1) ¹ Gegen Anordnungen, Verfügungen und sonstige Maßnahmen, die von der Verwaltungsbehörde im Bußgeldverfahren getroffen werden, können der Betroffene und andere Personen, gegen die sich die Maßnahme richtet, gerichtliche Entscheidung beantragen. ² Dies gilt nicht für Maßnahmen, die nur zur Vorbereitung der Entscheidung, ob ein Bußgeldbescheid erlassen oder das Verfahren eingestellt wird, getroffen werden und keine selbstständige Bedeutung haben.

(2) ¹ Über den Antrag entscheidet das nach § 68 zuständige Gericht. ² Die §§ 297 bis 300, 302, 306 bis 309 und 311a der Strafprozessordnung sowie die Vorschriften der Strafprozessordnung über die Auferlegung der Kosten des Beschwerdeverfahrens gelten sinngemäß. ³ Die Entscheidung des Gerichts ist nicht anfechtbar, soweit das Gesetz nichts anderes bestimmt.

IV.
Verfahren der Staatsanwaltschaft

§ 63 OWiG Beteiligung der Verwaltungsbehörde

(1) ¹ Hat die Staatsanwaltschaft die Verfolgung der Ordnungswidrigkeit übernommen (§ 42), so haben die mit der Ermittlung von Ordnungswidrigkeiten betrauten Angehörigen der sonst zuständigen Verwaltungsbehörde dieselben Rechte und Pflichten wie die Beamten des Polizeidienstes im Bußgeldverfahren. ² Die sonst zuständige Verwaltungsbehörde kann Beschlagnahmen, Notveräußerungen, Durchsuchungen und Untersuchungen nach den für Ermittlungspersonen der Staatsanwaltschaft geltenden Vorschriften der Strafprozessordnung anordnen.

(2) Der sonst zuständigen Verwaltungsbehörde sind die Anklageschrift und der Antrag auf Erlass eines Strafbefehls mitzuteilen, soweit sie sich auf eine Ordnungswidrigkeit beziehen.

(3) ¹ Erwägt die Staatsanwaltschaft, in den Fällen des § 40 oder § 42 das Verfahren wegen der Ordnungswidrigkeit einzustellen, so hat sie die sonst zuständige Verwaltungsbehörde zu hören. ² Sie kann davon absehen, wenn für die Entschließung die besondere Sachkunde der Verwaltungsbehörde entbehrt werden kann.

§ 64 OWiG   Erstreckung der öffentlichen Klage auf die Ordnungswidrigkeit

Erhebt die Staatsanwaltschaft in den Fällen des § 42 wegen der Straftat die öffentliche Klage, so erstreckt sie diese auf die Ordnungswidrigkeit, sofern die Ermittlungen hierfür genügenden Anlass bieten.

Vierter Abschnitt
Bußgeldbescheid (§§ 65, 66)

§ 65 OWiG   Allgemeines

Die Ordnungswidrigkeit wird, soweit dieses Gesetz nichts anderes bestimmt, durch Bußgeldbescheid geahndet.

§ 66 OWiG   Inhalt des Bußgeldbescheides

(1) Der Bußgeldbescheid enthält

1. die Angaben zur Person des Betroffen und etwaiger Nebenbeteiligter,
2. den Namen und die Anschrift des Verteidigers,
3. die Bezeichnung der Tat, die dem Betroffenen zur Last gelegt wird, Zeit und Ort ihrer Begehung, die gesetzlichen Merkmale der Ordnungswidrigkeit und die angewendeten Bußgeldvorschriften,
4. die Beweismittel,
5. die Geldbuße und die Nebenfolgen.

(2) Der Bußgeldbescheid enthält ferner

1. den Hinweis, dass
   a) der Bußgeldbescheid rechtskräftig und vollstreckbar wird, wenn kein Einspruch nach § 67 eingelegt wird,
   b) bei einem Einspruch auch eine für den Betroffenen nachteiligere Entscheidung getroffen werden kann,
2. die Aufforderung an den Betroffenen, spätestens zwei Wochen nach Rechtskraft oder einer etwa bestimmten späteren Fälligkeit (§ 18)
   a) die Geldbuße oder die bestimmten Teilbeträge an die zuständige Kasse zu zahlen oder
   b) im Falle der Zahlungsunfähigkeit der Vollstreckungsbehörde (§ 92) schriftlich oder zur Niederschrift darzutun, warum ihm die fristgemäße Zahlung nach seinen wirtschaftlichen Verhältnissen nicht zuzumuten ist, und

3. die Belehrung, dass Erzwingungshaft (§ 96) angeordnet werden kann, wenn der Betroffene seiner Pflicht nach Nummer 2 nicht genügt.

(3) Über die Angaben nach Absatz 1 Nr. 3 und 4 hinaus braucht der Bußgeldbescheid nicht begründet zu werden.

Fünfter Abschnitt
Einspruch und gerichtliches Verfahren (§§ 67-80)

I.
Einspruch

§ 67 OWiG   Form und Frist

(1) [1] Der Betroffene kann gegen den Bußgeldbescheid innerhalb von zwei Wochen nach Zustellung schriftlich oder zur Niederschrift bei der Verwaltungsbehörde, die den Bußgeldbescheid erlassen hat, Einspruch einlegen. [2] Die §§ 297 bis 300 und 302 der Strafprozessordnung über Rechtsmittel gelten entsprechend.

(2) Der Einspruch kann auf bestimmte Beschwerdepunkte beschränkt werden.

§ 68 OWiG   Zuständiges Gericht

(1) [1] Bei einem Einspruch gegen den Bußgeldbescheid entscheidet das Amtsgericht, in dessen Bezirk die Verwaltungsbehörde ihren Sitz hat. [2] Der Richter beim Amtsgericht entscheidet allein.

(2) Im Verfahren gegen Jugendliche und Heranwachsende ist der Jugendrichter zuständig.

(3) [1] Sind in dem Bezirk der Verwaltungsbehörde eines Landes mehrere Amtsgerichtsbezirke oder mehrere Teile solcher Bezirke vorhanden, so kann die Landesregierung durch Rechtsverordnung die Zuständigkeit des Amtsgerichts abweichend von Absatz 1 danach bestimmen, in welchem Bezirk

1. die Ordnungswidrigkeit oder eine der Ordnungswidrigkeiten begangen worden ist (Begehungsort) oder

2 der Betroffene seinen Wohnsitz hat (Wohnort),

soweit es mit Rücksicht auf die große Zahl von Verfahren oder die weite Entfernung zwischen Begehungs- oder Wohnort und dem Sitz des nach Absatz 1 zuständigen Amtsgerichts sachdienlich erscheint, die Verfahren auf mehrere Amtsgerichte aufzuteilen; § 37 Abs. 3 gilt entsprechend. [2] Der Bezirk, von dem die Zuständigkeit des Amtsgerichts nach Satz 1 abhängt, kann die Bezirke mehrerer Amtsgerichte umfassen.

[3] Die Landesregierung kann die Ermächtigung auf die Landesjustizverwaltung übertragen.

§ 69 OWiG   Zwischenverfahren

(1) [1] Ist der Einspruch nicht rechtzeitig, nicht in der vorgeschriebenen Form oder sonst nicht wirksam eingelegt, so verwirft ihn die Verwaltungsbehörde als unzulässig. [2] Gegen den Bescheid ist innerhalb von zwei Wochen nach Zustellung der Antrag auf gerichtliche Entscheidung nach § 62 zulässig.

(2) [1] Ist der Einspruch zulässig, so prüft die Verwaltungsbehörde, ob sie den Bußgeldbescheid aufrechterhält oder zurücknimmt. [2] Zu diesem Zweck kann sie

1. weitere Ermittlungen anordnen oder selbst vornehmen,
2. von Behörden und sonstigen Stellen die Abgabe von Erklärungen über dienstliche Wahrnehmungen, Untersuchungen und Erkenntnisse (§ 77a Abs. 2) verlangen.

[3] Die Verwaltungsbehörde kann auch dem Betroffenen Gelegenheit geben, sich innerhalb einer zu bestimmenden Frist dazu zu äußern, ob und welche Tatsachen und Beweismittel er im weiteren Verfahren zu seiner Entlastung vorbringen will; dabei ist er darauf hinzuweisen, dass es ihm nach dem Gesetz freistehe, sich zu der Beschuldigung zu äußern oder nicht zur Sache auszusagen.

(3) [1] Die Verwaltungsbehörde übersendet die Akten über die Staatsanwaltschaft an das Amtsgericht, wenn sie den Bußgeldbescheid nicht zurücknimmt und nicht nach Absatz 1 Satz 1 verfährt; sie vermerkt die Gründe dafür in den Akten, soweit dies nach der Sachlage angezeigt ist. [2] Die Entscheidung über einen Antrag auf Akteneinsicht und deren Gewährung (§ 49 Abs. 1 dieses Gesetzes, § 147 der Strafprozessordnung) erfolgen vor Übersendung der Akten.

(4) [1] Mit dem Eingang der Akten bei der Staatsanwaltschaft gehen die Aufgaben der Verfolgungsbehörde auf sie über. [2] Die Staatsanwaltschaft legt die Akten dem Richter beim Amtsgericht vor, wenn sie weder das Verfahren einstellt noch weitere Ermittlungen durchführt.

(5) [1] Bei offensichtlich ungenügender Aufklärung des Sachverhalts kann der Richter beim Amtsgericht die Sache unter Angabe der Gründe mit Zustimmung der Staatsanwaltschaft an die Verwaltungsbehörde zurückverweisen; diese wird mit dem Eingang der Akten wieder für die Verfolgung und Ahndung zuständig. [2] Verneint der Richter beim Amtsgericht bei erneuter Übersendung den hinreichenden Tatverdacht einer Ordnungswidrigkeit, so kann er die Sache durch Beschluss endgültig an die Verwaltungsbehörde zurückgeben. [3] Der Beschluss ist unanfechtbar.

§ 70 OWiG Entscheidung des Gerichts über die Zulässigkeit des Einspruchs

(1) Sind die Vorschriften über die Einlegung des Einspruchs nicht beachtet, so verwirft das Gericht den Einspruch als unzulässig.

(2) Gegen den Beschluss ist die sofortige Beschwerde zulässig.

II.
Hauptverfahren

§ 71 OWiG Hauptverhandlung

(1) Das Verfahren nach zulässigem Einspruch richtet sich, soweit dieses Gesetz nichts anderes bestimmt, nach den Vorschriften der Strafprozessordnung, die nach zulässigem Einspruch gegen einen Strafbefehl gelten.

(2) [1] Zur besseren Aufklärung der Sache kann das Gericht
1. einzelne Beweiserhebungen anordnen,
2. von Behörden und sonstigen Stellen die Abgabe von Erklärungen über dienstliche Wahrnehmungen, Untersuchungen und Erkenntnisse (§ 77a Abs. 2) verlangen.

[2] Zur Vorbereitung der Hauptverhandlung kann das Gericht auch dem Betroffenen Gelegenheit geben, sich innerhalb einer zu bestimmenden Frist dazu zu äußern, ob und welche Tatsachen und Beweismittel er zu seiner Entlastung vorbringen will; § 69 Abs. 2 Satz 3 Halbsatz 2 ist anzuwenden.

§ 72 OWiG Entscheidung durch Beschluss

(1) [1] Hält das Gericht eine Hauptverhandlung nicht für erforderlich, so kann es durch Beschluss entscheiden, wenn der Betroffene und die Staatsanwaltschaft diesem Verfahren nicht widersprechen. [2] Das Gericht weist sie zuvor auf die Möglichkeit eines solchen Verfahrens und des Widerspruchs hin und gibt ihnen Gelegenheit, sich innerhalb von zwei Wochen nach Zustellung des Hinweises zu äußern; § 145a Abs. 1 und 3 der Strafprozessordnung gilt entsprechend. [3] Das Gericht kann von einem Hinweis an den Betroffenen absehen und auch gegen seinen Widerspruch durch Beschluss entscheiden, wenn es den Betroffenen freispricht.

(2) [1] Geht der Widerspruch erst nach Ablauf der Frist ein, so ist er unbeachtlich. [2] In diesem Falle kann jedoch gegen den Beschluss innerhalb einer Woche nach Zustellung die Wiedereinsetzung in den vorigen Stand unter den gleichen Voraussetzungen wie gegen die Versäumung einer Frist beantragt werden; hierüber ist der Betroffene bei der Zustellung des Beschlusses zu belehren.

(3) ¹ Das Gericht entscheidet darüber, ob der Betroffene freigesprochen, gegen ihn eine Geldbuße festgesetzt, eine Nebenfolge angeordnet oder das Verfahren eingestellt wird. ² Das Gericht darf von der im Bußgeldbescheid getroffenen Entscheidung nicht zum Nachteil des Betroffenen abweichen.

(4) ¹ Wird eine Geldbuße festgesetzt, so gibt der Beschluss die Ordnungswidrigkeit an; hat der Bußgeldtatbestand eine gesetzliche Überschrift, so soll diese zur Bezeichnung der Ordnungswidrigkeit verwendet werden. ² § 260 Abs. 5 Satz 1 der Strafprozessordnung gilt entsprechend. ³ Die Begründung des Beschlusses enthält die für erwiesen erachteten Tatsachen, in denen das Gericht die gesetzlichen Merkmale der Ordnungswidrigkeit sieht. ⁴ Soweit der Beweis aus anderen Tatsachen gefolgert wird, sollen auch diese Tatsachen angegeben werden. ⁵ Ferner sind die Umstände anzuführen, die für die Zumessung der Geldbuße und die Anordnung einer Nebenfolge bestimmend sind.

(5) ¹ Wird der Betroffene freigesprochen, so muss die Begründung ergeben, ob der Betroffene für nicht überführt oder ob und aus welchen Gründen die als erwiesen angenommene Tat nicht als Ordnungswidrigkeit angesehen worden ist. ² Kann der Beschluss nicht mit der Rechtsbeschwerde angefochten werden, so braucht nur angegeben zu werden, ob die dem Betroffenen zur Last gelegte Ordnungswidrigkeit aus tatsächlichen oder rechtlichen Gründen nicht festgestellt worden ist.

(6) ¹ Von einer Begründung kann abgesehen werden, wenn die am Verfahren Beteiligten hierauf verzichten. ² In diesem Fall reicht der Hinweis auf den Inhalt des Bußgeldbescheides; das Gericht kann unter Berücksichtigung der Umstände des Einzelfalls nach seinem Ermessen zusätzliche Ausführungen machen. ³ Die vollständigen Gründe sind innerhalb von fünf Wochen zu den Akten zu bringen, wenn gegen den Beschluss Rechtsbeschwerde eingelegt wird.

§ 73 OWiG **Anwesenheit des Betroffenen in der Hauptverhandlung**

(1) Der Betroffene ist zum Erscheinen in der Hauptverhandlung verpflichtet.

(2) Das Gericht entbindet ihn auf seinen Antrag von dieser Verpflichtung, wenn er sich zur Sache geäußert oder erklärt hat, dass er sich in der Hauptverhandlung nicht zur Sache äußern werde, und seine Anwesenheit zur Aufklärung wesentlicher Gesichtspunkte des Sachverhalts nicht erforderlich ist.

(3) Hat das Gericht den Betroffenen von der Verpflichtung zum persönlichen Erscheinen entbunden, so kann er sich durch einen schriftlich bevollmächtigten Verteidiger vertreten lassen.

§ 74 OWiG **Verfahren bei Abwesenheit**

(1) ¹ Die Hauptverhandlung wird in Abwesenheit des Betroffenen durchgeführt, wenn er nicht erschienen ist und von der Verpflichtung zum persönlichen Erscheinen entbunden war. ² Frühere Vernehmungen des Betroffenen und seine schriftlichen oder proto-

kollierten Erklärungen sind durch Mitteilung ihres wesentlichen Inhalts oder durch Verlesung in die Hauptverhandlung einzuführen. ³ Es genügt, wenn die nach § 265 Abs. 1 und 2 der Strafprozessordnung erforderlichen Hinweise dem Verteidiger gegeben werden.

(2) Bleibt der Betroffene ohne genügende Entschuldigung aus, obwohl er von der Verpflichtung zum Erscheinen nicht entbunden war, hat das Gericht den Einspruch ohne Verhandlung zur Sache durch Urteil zu verwerfen.

(3) Der Betroffene ist in der Ladung über die Absätze 1 und 2 und die §§ 73 und 77b Abs. 1 Satz 1 und 3 zu belehren.

(4) ¹ Hat die Hauptverhandlung nach Absatz 1 oder Absatz 2 ohne den Betroffenen stattgefunden, so kann er gegen das Urteil binnen einer Woche nach Zustellung die Wiedereinsetzung in den vorigen Stand unter den gleichen Voraussetzungen wie gegen die Versäumung einer Frist nachsuchen. ² Hierüber ist er bei der Zustellung des Urteils zu belehren.

§ 75 OWiG   **Teilnahme der Staatsanwaltschaft an der Hauptverhandlung**

(1) ¹ Die Staatsanwaltschaft ist zur Teilnahme an der Hauptverhandlung nicht verpflichtet. ² Das Gericht macht der Staatsanwaltschaft Mitteilung, wenn es ihre Mitwirkung für angemessen hält.

(2) Nimmt die Staatsanwaltschaft an der Hauptverhandlung nicht teil, so bedarf es ihrer Zustimmung zur Einstellung des Verfahrens (§ 47 Abs. 2) und zur Rücknahme des Einspruchs in der Hauptverhandlung nicht.

§ 76 OWiG   **Beteiligung der Verwaltungsbehörde**

(1) ¹ Das Gericht gibt der Verwaltungsbehörde Gelegenheit, die Gesichtspunkte vorzubringen, die von ihrem Standpunkt für die Entscheidung von Bedeutung sind. ² Dies gilt auch, wenn das Gericht erwägt, das Verfahren nach § 47 Abs. 2 einzustellen. ³ Der Termin zur Hauptverhandlung wird der Verwaltungsbehörde mitgeteilt. ⁴ Ihr Vertreter erhält in der Hauptverhandlung auf Verlangen das Wort.

(2) Das Gericht kann davon absehen, die Verwaltungsbehörde nach Absatz 1 zu beteiligen, wenn ihre besondere Sachkunde für die Entscheidung entbehrt werden kann.

(3) Erwägt die Staatsanwaltschaft, die Klage zurückzunehmen, so gilt § 63 Abs. 3 entsprechend.

(4) Das Urteil und andere das Verfahren abschließende Entscheidungen sind der Verwaltungsbehörde mitzuteilen.

§ 77 OWiG   Umfang der Beweisaufnahme

(1) ¹ Das Gericht bestimmt, unbeschadet der Pflicht, die Wahrheit von Amts wegen zu erforschen, den Umfang der Beweisaufnahme. ² Dabei berücksichtigt es auch die Bedeutung der Sache.

(2) Hält das Gericht den Sachverhalt nach dem bisherigen Ergebnis der Beweisaufnahme für geklärt, so kann es außer in den Fällen des § 244 Abs. 3 der Strafprozessordnung einen Beweisantrag auch dann ablehnen, wenn

1. nach seinem pflichtgemäßen Ermessen die Beweiserhebung zur Erforschung der Wahrheit nicht erforderlich ist oder

2. nach seiner freien Würdigung das Beweismittel oder die zu beweisende Tatsache ohne verständigen Grund so spät vorgebracht wird, dass die Beweiserhebung zur Aussetzung der Hauptverhandlung führen würde.

(3) Die Begründung für die Ablehnung eines Beweisantrages nach Absatz 2 Nr. 1 kann in dem Gerichtsbeschluss (§ 244 Abs. 6 der Strafprozessordnung) in der Regel darauf beschränkt werden, dass die Beweiserhebung zur Erforschung der Wahrheit nicht erforderlich ist.

§ 77a OWiG   Vereinfachte Art der Beweisaufnahme

(1) Die Vernehmung eines Zeugen, Sachverständigen oder Mitbetroffenen darf durch Verlesung von Niederschriften über eine frühere Vernehmung sowie von Urkunden, die eine von ihnen stammende schriftliche Äußerung enthalten, ersetzt werden.

(2) Erklärungen von Behörden und sonstigen Stellen über ihre dienstlichen Wahrnehmungen, Untersuchungen und Erkenntnisse sowie über diejenigen ihrer Angehörigen dürfen auch dann verlesen werden, wenn die Voraussetzungen des § 256 der Strafprozessordnung nicht vorliegen.

(3) Das Gericht kann eine behördliche Erklärung (Absatz 2) auch fernmündlich einholen und deren wesentlichen Inhalt in der Hauptverhandlung bekannt geben. Der Inhalt der bekannt gegebenen Erklärung ist auf Antrag in das Protokoll aufzunehmen.

(4) Das Verfahren nach den Absätzen 1 bis 3 bedarf der Zustimmung des Betroffenen, des Verteidigers und der Staatsanwaltschaft, soweit sie in der Hauptverhandlung anwesend sind. § 251 Abs. 1 Nr. 2 und 3, Abs. 2 Nr. 1 und 2, Abs. 3 und 4 sowie die §§ 252 und 253 der Strafprozessordnung bleiben unberührt.

§ 77b OWiG   Absehen von Urteilsgründen

(1) ¹ Von einer schriftlichen Begründung des Urteils kann abgesehen werden, wenn alle zur Anfechtung Berechtigten auf die Einlegung der Rechtsbeschwerde verzichten oder wenn innerhalb der Frist Rechtsbeschwerde nicht eingelegt wird. ² Hat die Staatsanwaltschaft an der Hauptverhandlung nicht teilgenommen, so ist ihre Verzichterklärung

entbehrlich; eine schriftliche Begründung des Urteils ist jedoch erforderlich, wenn die Staatsanwaltschaft dies vor der Hauptverhandlung beantragt hat.

³ Die Verzichtserklärung des Betroffenen ist entbehrlich, wenn er von der Verpflichtung zum Erscheinen in der Hauptverhandlung entbunden worden ist, im Verlaufe der Hauptverhandlung von einem Verteidiger vertreten worden ist und im Urteil lediglich eine Geldbuße von nicht mehr als zweihundertfünfzig Euro festgesetzt worden ist.

(2) Die Urteilsgründe sind innerhalb der in § 275 Abs. 1 Satz 2 der Strafprozessordnung vorgesehenen Frist zu den Akten zu bringen, wenn gegen die Versäumung der Frist für die Rechtsbeschwerde Wiedereinsetzung in den vorigen Stand gewährt, in den Fällen des Absatzes 1 Satz 2 erster Halbsatz von der Staatsanwaltschaft oder in den Fällen des Absatzes 1 Satz 3 von dem Betroffenen Rechtsbeschwerde eingelegt wird.

§ 78 OWiG   Weitere Verfahrensvereinfachungen

(1) ¹ Statt der Verlesung eines Schriftstücks kann das Gericht dessen wesentlichen Inhalt bekannt geben; dies gilt jedoch nicht, soweit es auf den Wortlaut des Schriftstücks ankommt. ² Haben der Betroffene, der Verteidiger und der in der Hauptverhandlung anwesende Vertreter der Staatsanwaltschaft von dem Wortlaut des Schriftstücks Kenntnis genommen oder dazu Gelegenheit gehabt, so genügt es, die Feststellung hierüber in das Protokoll aufzunehmen. ³ Soweit die Verlesung von Schriftstücken von der Zustimmung der Verfahrensbeteiligten abhängig ist, gilt dies auch für das Verfahren nach den Sätzen 1 und 2.

(2) § 243 Absatz 4 der Strafprozessordnung gilt nur, wenn eine Erörterung stattgefunden hat; § 273 Absatz 1a Satz 3 und Absatz 2 der Strafprozessordnung ist nicht anzuwenden.

(3) Im Verfahren gegen Jugendliche gilt § 78 Abs. 3 des Jugendgerichtsgesetzes entsprechend.

(4) Wird gegen einen Jugendlichen oder Heranwachsenden eine Geldbuße festgesetzt, so kann der Jugendrichter zugleich eine Vollstreckungsanordnung nach § 98 Abs. 1 treffen.

III.
Rechtsmittel

§ 79 OWiG   Rechtsbeschwerde

(1) ¹ Gegen das Urteil und den Beschluss nach § 72 ist Rechtsbeschwerde zulässig, wenn

1. gegen den Betroffenen eine Geldbuße von mehr als zweihundertfünfzig Euro festgesetzt worden ist,

2. eine Nebenfolge angeordnet worden ist, es sei denn, dass es sich um eine Nebenfolge vermögensrechtlicher Art handelt, deren Wert im Urteil oder im Beschluss nach § 72 auf nicht mehr als zweihundertfünfzig Euro festgesetzt worden ist,

3. der Betroffene wegen einer Ordnungswidrigkeit freigesprochen oder das Verfahren eingestellt oder von der Verhängung eines Fahrverbotes abgesehen worden ist und wegen der Tat im Bußgeldbescheid oder Strafbefehl eine Geldbuße von mehr als sechshundert Euro festgesetzt, ein Fahrverbot verhängt oder eine solche Geldbuße oder ein Fahrverbot von der Staatsanwaltschaft beantragt worden war,

4. der Einspruch durch Urteil als unzulässig verworfen worden ist oder

5. durch Beschluss nach § 72 entschieden worden ist, obwohl der Beschwerdeführer diesem Verfahren rechtzeitig widersprochen hatte oder ihm in sonstiger Weise das rechtliche Gehör versagt wurde.

²Gegen das Urteil ist die Rechtsbeschwerde ferner zulässig, wenn sie zugelassen wird (§ 80).

(2) Hat das Urteil oder der Beschluss nach § 72 mehrere Taten zum Gegenstand und sind die Voraussetzungen des Absatzes 1 Satz 1 Nr. 1 bis 3 oder Satz 2 nur hinsichtlich einzelner Taten gegeben, so ist die Rechtsbeschwerde nur insoweit zulässig.

(3) ¹Für die Rechtsbeschwerde und das weitere Verfahren gelten, soweit dieses Gesetz nichts anderes bestimmt, die Vorschriften der Strafprozessordnung und des Gerichtsverfassungsgesetzes über die Revision entsprechend. ² § 342 der Strafprozessordnung gilt auch entsprechend für den Antrag auf Wiedereinsetzung in den vorigen Stand nach § 72 Abs. 2 Satz 2 Halbsatz 1.

(4) Die Frist für die Einlegung der Rechtsbeschwerde beginnt mit der Zustellung des Beschlusses nach § 72 oder des Urteils, wenn es in Abwesenheit des Beschwerdeführers verkündet und dieser dabei auch nicht nach § 73 Abs. 3 durch einen schriftlich bevollmächtigten Verteidiger vertreten worden ist.

(5) Das Beschwerdegericht entscheidet durch Beschluss. Richtet sich die Rechtsbeschwerde gegen ein Urteil, so kann das Beschwerdegericht auf Grund einer Hauptverhandlung durch Urteil entscheiden.

(6) Hebt das Beschwerdegericht die angefochtene Entscheidung auf, so kann es abweichend von § 354 der Strafprozessordnung in der Sache selbst entscheiden oder sie an das Amtsgericht, dessen Entscheidung aufgehoben wird, oder an ein anderes Amtsgericht desselben Landes zurückverweisen.

§ 80 OWiG   Zulassung der Rechtsbeschwerde

(1) Das Beschwerdegericht lässt die Rechtsbeschwerde nach § 79 Abs. 1 Satz 2 auf Antrag zu, wenn es geboten ist,

1. die Nachprüfung des Urteils zur Fortbildung des Rechts oder zur Sicherung einer einheitlichen Rechtsprechung zu ermöglichen, soweit Absatz 2 nichts anderes bestimmt, oder
2. das Urteil wegen Versagung des rechtlichen Gehörs aufzuheben.

(2) Die Rechtsbeschwerde wird wegen der Anwendung von Rechtsnormen über das Verfahren nicht und wegen der Anwendung von anderen Rechtsnormen nur zur Fortbildung des Rechts zugelassen, wenn

1. gegen den Betroffenen eine Geldbuße von nicht mehr als einhundert Euro festgesetzt oder eine Nebenfolge vermögensrechtlicher Art angeordnet worden ist, deren Wert im Urteil auf nicht mehr als einhundert Euro festgesetzt worden ist, oder
2. der Betroffene wegen einer Ordnungswidrigkeit freigesprochen oder das Verfahren eingestellt worden ist und wegen der Tat im Bußgeldbescheid oder im Strafbefehl eine Geldbuße von nicht mehr als einhundertfünfzig Euro festgesetzt oder eine solche Geldbuße von der Staatsanwaltschaft beantragt worden war.

(3) [1] Für den Zulassungsantrag gelten die Vorschriften über die Einlegung der Rechtsbeschwerde entsprechend. [2] Der Antrag gilt als vorsorglich eingelegte Rechtsbeschwerde. [3] Die Vorschriften über die Anbringung der Beschwerdeanträge und deren Begründung (§§ 344, 345 der Strafprozessordnung) sind zu beachten. [4] Bei der Begründung der Beschwerdeanträge soll der Antragsteller zugleich angeben, aus welchen Gründen die in Absatz 1 bezeichneten Voraussetzungen vorliegen. [5] § 35a der Strafprozessordnung gilt entsprechend.

(4) [1] Das Beschwerdegericht entscheidet über den Antrag durch Beschluss. [2] Die §§ 346 bis 348 der Strafprozessordnung gelten entsprechend. [3] Der Beschluss, durch den der Antrag verworfen wird, bedarf keiner Begründung. [4] Wird der Antrag verworfen, so gilt die Rechtsbeschwerde als zurückgenommen.

(5) Stellt sich vor der Entscheidung über den Zulassungsantrag heraus, dass ein Verfahrenshindernis besteht, so stellt das Beschwerdegericht das Verfahren nur dann ein, wenn das Verfahrenshindernis nach Erlass des Urteils eingetreten ist.

§ 80a OWiG   **Besetzung der Bußgeldsenate der Oberlandesgerichte**

(1) Die Bußgeldsenate der Oberlandesgerichte sind mit einem Richter besetzt, soweit nichts anderes bestimmt ist.

(2) [1] Die Bußgeldsenate der Oberlandesgerichte sind mit drei Richtern einschließlich des Vorsitzenden besetzt in Verfahren über Rechtsbeschwerden in den in § 79 Abs. 1 Satz 1 bezeichneten Fällen, wenn eine Geldbuße von mehr als fünftausend Euro oder eine Nebenfolge vermögensrechtlicher Art im Wert von mehr als fünftausend Euro festgesetzt oder beantragt worden ist. [2] Der Wert einer Geldbuße und der Wert einer vermögensrechtlichen Nebenfolge werden gegebenenfalls zusammengerechnet.

(3) ¹ In den in Absatz 1 bezeichneten Fällen überträgt der Richter die Sache dem Bußgeldsenat in der Besetzung mit drei Richtern, wenn es geboten ist, das Urteil oder den Beschluss nach § 72 zur Fortbildung des Rechts oder zur Sicherung einer einheitlichen Rechtsprechung nachzuprüfen. ² Dies gilt auch in Verfahren über eine zugelassene Rechtsbeschwerde, nicht aber in Verfahren über deren Zulassung.

Sechster Abschnitt
Bußgeld- und Strafverfahren (§§ 81-83)

§ 81 OWiG   Übergang vom Bußgeld- zum Strafverfahren

(1) ¹ Das Gericht ist im Bußgeldverfahren an die Beurteilung der Tat als Ordnungswidrigkeit nicht gebunden. ² Jedoch darf es auf Grund eines Strafgesetzes nur entscheiden, wenn der Betroffene zuvor auf die Veränderung des rechtlichen Gesichtspunktes hingewiesen und ihm Gelegenheit zur Verteidigung gegeben worden ist.

(2) ¹ Der Betroffene wird auf die Veränderung des rechtlichen Gesichtspunktes auf Antrag der Staatsanwaltschaft oder von Amts wegen hingewiesen. ² Mit diesem Hinweis erhält er die Rechtsstellung des Angeklagten. ³ Die Verhandlung wird unterbrochen, wenn das Gericht es für erforderlich hält oder wenn der Angeklagte es beantragt. ⁴ Über sein Recht, die Unterbrechung zu beantragen, wird der Angeklagte belehrt.

(3) ¹ In dem weiteren Verfahren sind die besonderen Vorschriften dieses Gesetzes nicht mehr anzuwenden. ² Jedoch kann die bisherige Beweisaufnahme, die in Anwesenheit des Betroffenen stattgefunden hat, auch dann verwertet werden, wenn sie nach diesen Vorschriften durchgeführt worden ist; dies gilt aber nicht für eine Beweisaufnahme nach den §§ 77a und 78 Abs. 1.

§ 82 OWiG   Bußgelderkenntnis im Strafverfahren

(1) Im Strafverfahren beurteilt das Gericht die in der Anklage bezeichnete Tat zugleich unter dem rechtlichen Gesichtspunkt einer Ordnungswidrigkeit.

(2) Lässt das Gericht die Anklage zur Hauptverhandlung nur unter dem rechtlichen Gesichtspunkt einer Ordnungswidrigkeit zu, so sind in dem weiteren Verfahren die besonderen Vorschriften dieses Gesetzes anzuwenden.

§ 83 OWiG   Verfahren bei Ordnungswidrigkeiten und Straftaten

(1) Hat das Verfahren Ordnungswidrigkeiten und Straftaten zum Gegenstand und werden einzelne Taten nur als Ordnungswidrigkeiten verfolgt, so gelten für das Verfahren wegen dieser Taten auch § 46 Abs. 3, 4, 5 Satz 2 und Abs. 7, die §§ 47, 49, 55, 76 bis 78, 79 Abs. 1 bis 3 sowie § 80.

(2) ¹ Wird in den Fällen des Absatzes 1 gegen das Urteil, soweit es nur Ordnungswidrigkeiten betrifft, Rechtsbeschwerde und im Übrigen Berufung eingelegt, so wird eine rechtzeitig und in der vorgeschriebenen Form eingelegte Rechtsbeschwerde, solange die Berufung nicht zurückgenommen oder als unzulässig verworfen ist, als Berufung behandelt. ² Die Beschwerdeanträge und deren Begründung sind gleichwohl in der vorgeschriebenen Form anzubringen und dem Gegner zuzustellen (§§ 344 bis 347 der Strafprozessordnung); einer Zulassung nach § 79 Abs. 1 Satz 2 bedarf es jedoch nicht. ³ Gegen das Berufungsurteil ist die Rechtsbeschwerde nach § 79 Abs. 1 und 2 sowie § 80 zulässig.

(3) Hebt das Beschwerdegericht das Urteil auf, soweit es nur Ordnungswidrigkeiten betrifft, so kann es in der Sache selbst entscheiden.

Siebenter Abschnitt
Rechtskraft und Wiederaufnahme des Verfahrens (§§ 84-86)

§ 84 OWiG   Wirkung der Rechtskraft

(1) Ist der Bußgeldbescheid rechtskräftig geworden oder hat das Gericht über die Tat als Ordnungswidrigkeit oder als Straftat rechtskräftig entschieden, so kann dieselbe Tat nicht mehr als Ordnungswidrigkeit verfolgt werden.

(2) ¹ Das rechtskräftige Urteil über die Tat als Ordnungswidrigkeit steht auch ihrer Verfolgung als Straftat entgegen. ² Dem rechtskräftigen Urteil stehen der Beschluss nach § 72 und der Beschluss des Beschwerdegerichts über die Tat als Ordnungswidrigkeit gleich.

§ 85 OWiG   Wiederaufnahme des Verfahrens

(1) Für die Wiederaufnahme eines durch rechtskräftige Bußgeldentscheidung abgeschlossenen Verfahrens gelten die §§ 359 bis 373a der Strafprozessordnung entsprechend, soweit die nachstehenden Vorschriften nichts anderes bestimmen.

(2) ¹ Die Wiederaufnahme des Verfahrens zu Gunsten des Betroffenen, die auf neue Tatsachen oder Beweismittel gestützt wird (§ 359 Nr. 5 der Strafprozessordnung), ist nicht zulässig, wenn

1. gegen den Betroffenen lediglich eine Geldbuße bis zu zweihundertfünfzig Euro festgesetzt ist oder

2. seit Rechtskraft der Bußgeldentscheidung drei Jahre verstrichen sind.

² Satz 1 Nr. 1 gilt entsprechend, wenn eine Nebenfolge vermögensrechtlicher Art angeordnet ist, deren Wert zweihundertfünfzig Euro nicht übersteigt.

(3) ¹ Die Wiederaufnahme des Verfahrens zu Ungunsten des Betroffenen ist unter den Voraussetzungen des § 362 der Strafprozessordnung nur zu dem Zweck zulässig, die Verurteilung nach einem Strafgesetz herbeizuführen. ² Zu diesem Zweck ist sie auch zulässig, wenn neue Tatsachen oder Beweismittel beigebracht sind, die allein oder in Verbindung mit den früher erhobenen Beweisen geeignet sind, die Verurteilung des Betroffenen wegen eines Verbrechens zu begründen.

(4) ¹ Im Wiederaufnahmeverfahren gegen den Bußgeldbescheid entscheidet das nach § 68 zuständige Gericht. ² Wird ein solches Wiederaufnahmeverfahren von dem Betroffenen beantragt oder werden der Verwaltungsbehörde Umstände bekannt, die eine Wiederaufnahme des Verfahrens zulassen, so übersendet sie die Akten der Staatsanwaltschaft. ³ § 69 Abs. 4 Satz 1 gilt entsprechend.

§ 86 OWiG   Aufhebung des Bußgeldbescheides im Strafverfahren

(1) ¹ Ist gegen den Betroffenen ein Bußgeldbescheid ergangen und wird er später wegen derselben Handlung in einem Strafverfahren verurteilt, so wird der Bußgeldbescheid insoweit aufgehoben. ² Dasselbe gilt, wenn es im Strafverfahren nicht zu einer Verurteilung kommt, jedoch die Feststellungen, die das Gericht in der abschließenden Entscheidung trifft, dem Bußgeldbescheid entgegenstehen.

(2) Geldbeträge, die auf Grund des aufgehobenen Bußgeldbescheides gezahlt oder beigetrieben worden sind, werden zunächst auf eine erkannte Geldstrafe, dann auf angeordnete Nebenfolgen, die zu einer Geldzahlung verpflichten, und zuletzt auf die Kosten des Strafverfahrens angerechnet.

(3) Die Entscheidungen nach den Absätzen 1 und 2 werden in dem Urteil oder in der sonstigen abschließenden Entscheidung getroffen.

C. Richtlinien für die Geschwindigkeitsüberwachung der einzelnen Bundesländer

I. Baden-Württemberg

1. Verwaltungsvorschrift des Innenministeriums für die Verkehrssicherheitsarbeit der Polizei (VwV-VkSA)

Vom 19. Dezember 2006 – Az.: 3 – 1132.0/68 –

1. Ziel und Leitlinien

Verkehrssicherheit ist ein wesentlicher Bestandteil der Inneren Sicherheit. Primäres Ziel polizeilicher Verkehrssicherheitsarbeit ist es, schwere Verkehrsunfälle zu verhindern, Unfallfolgen zu minimieren und dem Sicherheitsbedürfnis der Bürger im Straßenverkehr Rechnung zu tragen.

Bei der Verkehrsprävention ist ein gesamtgesellschaftlicher Ansatz zu wählen, der frühzeitig im Erziehungsprozess ansetzt, alters- und zielgruppenspezifisch sowie an aktuellen Entwicklungen orientiert ist.

Die Verkehrsüberwachung erfolgt brennpunktorientiert. Die Verkehrsmoral ist durch ein niederschwelliges Einschreiten, auch bei vermeintlichen Bagatellverstößen, zu stärken.

Für eine erfolgreiche Umsetzung ist sowohl bei der Verkehrsprävention als auch bei der Verkehrsüberwachung ein ganzheitlicher Ansatz unter Einbeziehung kriminalistischer Erkenntnisse sowie eine zielgerichtete Öffentlichkeitsarbeit unverzichtbar.

Zur Erreichung dieser polizeilichen Ziele sind, wo immer möglich, strategische Partnerschaften mit Behörden, Institutionen und anderen gesellschaftlichen Trägern der Verkehrssicherheitsarbeit einzugehen.

Im Einzelnen konzentriert sich die Verkehrssicherheitsarbeit der Polizei auf die Bereiche

- Verkehrsprävention mit Verkehrserziehung
- Verkehrsüberwachung
- Verkehrsunfallaufnahme

Teil 4: Arbeitshilfen

- Mitwirkung bei Verkehrsaudits[1]
- Öffentlichkeitsarbeit.

Die VwV-VkSA orientiert sich an den bundeseinheitlichen Leitlinien für die Verkehrssicherheitsarbeit der Polizei.

Das Auftreten der Polizei im Verkehrsraum hat erhebliche Signalwirkung. Neben einem bürgerfreundlichen und kompetenten Verhalten ist der erwarteten Vorbildfunktion (z.B. Einhaltung der Verkehrsregeln) Rechnung zu tragen.

2. Analyse und Bewertung der Verkehrssicherheitslage

Aus den Erkenntnissen der Verkehrsunfallanalyse, den Ergebnissen der Verkehrsüberwachung sowie allgemeinen Erkenntnissen (z.b. Forschungsergebnisse) ist ein ständig aktuelles Verkehrssicherheitslagebild auf Landes-, regionaler und örtlicher Ebene zu erstellen.

Die in diesem Zusammenhang relevanten Aspekte der Kriminalitätslage sind zu berücksichtigen. Dies ermöglicht eine ganzheitliche Sicherheitsanalyse, lässt Zusammenhänge und Überschneidungen z.b. bei den Zielgruppen, Themen oder Örtlichkeiten erkennen und schafft die Voraussetzungen für eine engere Vernetzung in der Prävention und Repression.

Polizeiliche Konzepte und Maßnahmen der Verkehrssicherheit haben sich an den Lagebildern zu orientieren. Sie bilden die Grundlage für eine zielgerichtete präventive und repressive Arbeit. Ständige Analyse und Bewertung sind erforderlich, um zeitnah und flexibel auf Veränderungen zu reagieren.

Das Verkehrssicherheitslagebild Baden-Württemberg steht landesweit online zur Verfügung und enthält neben Standard- auch zahlreiche Sonderauswertungen (z.B. junge Fahrer, Alkohol/Drogen, motorisierte Zweiräder).

3. Verkehrsprävention

3.1 Allgemeine Grundsätze

Verkehrsprävention ist elementarer Bestandteil der Verkehrssicherheitsarbeit und umso erfolgreicher und wirkungsvoller, je breiter der gesellschaftliche Konsens ist.

---

[1] Verkehrsaudit: Verfahren zur Analyse/Begutachtung von Verkehrsräumen, um die Aspekte der Verkehrssicherheitsarbeit einfließen zu lassen. Findet regelmäßig bei in Planung befindlichen Verkehrsräumen Anwendung. Wird hier begrifflich auch für bereits bestehende Verkehrsräume verwendet. In der Regel werden dabei standardisierte Informationserhebungen durchgeführt.

C. Richtlinien für die Geschwindigkeitsüberwachung • I. Baden-Württemberg

Sie muss darauf ausgerichtet sein, über die komplexen Zusammenhänge des Straßenverkehrs zu informieren, Kenntnisse über die Verkehrsvorschriften zu vermitteln und über Unfallgefahren aufzuklären. Aktuelle Entwicklungen sind zeitnah aufzugreifen und umzusetzen. Diese polizeiliche Tätigkeit soll gleichzeitig genutzt werden, um vertrauensbildend in die Bevölkerung, vor allem gegenüber Kindern und Jugendlichen zu wirken.

Gerade bei der Verkehrserziehung ist die Verantwortung von Eltern, Kindertageseinrichtungen, Schulen, Verkehrsbehörden, Vereinen und Institutionen einzufordern.

Verkehrs- und Kriminalprävention sind grundsätzlich zu vernetzen, Synergieeffekte sind zu nutzen. Da vielfach die gleichen Zielgruppen, Themen, Methoden oder Örtlichkeiten betroffen sind und sich insoweit Schnittstellen bei der strategischen Ausrichtung, der Koordination, Planung und im praktischen Ablauf ergeben, ist ein abgestimmtes Handeln notwendig. Die Steuerung und Koordinierung der Kriminal- und Verkehrsprävention wird bei den Polizeipräsidien und Polizeidirektionen im Führungs- und Einsatzstab gebündelt. Alternativ hierzu ist auch eine Anbindung unmittelbar an die Dienststellenleitung möglich.

3.2 Aufbau der Verkehrsprävention in Baden-Württemberg

3.2.1 Verkehrssicherheitsaktion GIB ACHT IM VERKEHR

Die Verkehrssicherheitsaktion GIB ACHT IM VERKEHR, an der sich die Polizei beteiligt, bildet Forum und Plattform für eine auf breitem Konsens beruhende Verkehrsprävention. Durch zielgerichteten Ressourceneinsatz, wie auch durch die Beteiligung zahlreicher Verbände, ist eine breite gesellschaftliche Verankerung sichergestellt. Polizeiliche Verkehrspräventionsaktivitäten orientieren sich grundsätzlich an der Aktion GIB ACHT IM VERKEHR.

Die bei der Landespolizeidirektion Tübingen eingerichtete und landesweit zuständige Koordinierungs- und Entwicklungsstelle Verkehrsprävention (KEV) ist als Servicedienststelle auch beratend tätig und unterstützt die Dienststellen bei der Planung und Durchführung von Verkehrspräventionsmaßnahmen. Sie übernimmt ferner im Rahmen des Partnerverbundes GIB ACHT IM VERKEHR Koordinierungsfunktionen, auch über den polizeilichen Bereich hinaus und leistet Unterstützung bei der Entwicklung neuer landesweiter Verkehrspräventionsmedien.

An der konzeptionellen Entwicklungsarbeit wirken themen- und zielgruppenorientierte Arbeitsgemeinschaften (ARGE) mit. Sie setzen sich aus Experten der Partnerverbände, der Polizei und anderen verkehrssicherheitsrelevanten Einrichtungen zusammen. Da im Rahmen dieser Aktion landesweite Grundlagenarbeit geleistet wird, durch

Teil 4: Arbeitshilfen

die die Dienststellen insgesamt entlastet werden, ist das Engagement der in den ARGE beteiligten Polizeibeamtinnen und -beamten nachhaltig zu unterstützen.

3.2.2 Arbeitskreise Verkehrssicherheit

In den Stadt- und Landkreisen sollen behörden- und institutionsübergreifend Arbeitskreise Verkehrssicherheit initiiert, etabliert und dynamisch unter dem Aspekt des gesamtgesellschaftlichen Ansatzes fortentwickelt werden. Durch zielgerichtete Präventionsaktionen kann lokalen Verkehrssicherheitsdefiziten unmittelbar vor Ort begegnet werden.

3.3 Zielgruppenorientierung und Anforderungsprofil

Präventionsmaßnahmen haben sich nach Inhalten und Schwerpunkten an alters- gruppen- und verkehrsteilnahmespezifischen Erfordernissen auszurichten.

Die polizeilichen Präventionsmaßnahmen müssen frühzeitig einsetzen. Hierbei ist insbesondere dem ersten Kontakt im Elementar- und Primarbereich ein hoher Stellenwert beizumessen. Das positive Bild der Polizei bei den jungen Verkehrsteilnehmern kann entscheidend verstärkt werden, wodurch das Polizeiverständnis langfristig beeinflusst und geprägt wird.

In der Verkehrserziehung sind speziell fortgebildete Beamtinnen und Beamte einzusetzen. Die Tätigkeit erfordert pädagogische Begabung, methodisch didaktisches Verständnis, Kreativität und Kooperationsfähigkeit sowie fundierte Fachkenntnisse. Zugangsvoraussetzung ist in der Regel eine dreimonatige Hospitation.

Im Bereich der schulischen Verkehrserziehung sind die Empfehlungen der Kultusministerkonferenz und die gültigen Lehrpläne zu berücksichtigen.

3.3.1 Elementarbereich (Kindertageseinrichtungen, Vorschulen)

Im Elementarbereich steht das spielerische Einüben und Umsetzen verkehrsgerechter Verhaltensweisen insbesondere hinsichtlich des zukünftigen Schulwegs im Vordergrund. Maßgeblich sind hierbei Erziehungsberechtigte sowie die Erzieherinnen und Erzieher der Kindertageseinrichtungen gefordert und durch die Polizei zu unterstützen.

3.3.2 Primarbereich (Grundschule 1. – 4. Klasse/Sonderschulen)

Thematische Schwerpunkte sind in dieser Altersgruppe die Schulwegsicherheit der Einschulungsklassen sowie die Radfahrausbildung in der Jugendverkehrsschule. Zur Durchführung der Radfahrausbildung ist die gemeinsame VwV-Radfahrausbildung vom 10. September 2001 – Az.: 3-1132.2/28 (IM) in der jeweils gültigen Fassung zu beachten.

3.3.3 Sekundarbereich I (Hauptschule/Realschule/Gymnasium 5. – 10. Klasse/Berufliche Schulen/Sonderschulen)

Ziel der Aktivitäten in diesem Altersbereich ist die Vermittlung von Verkehrsvorschriften und Unfallgefahren und das Aufzeigen der Gefahren von Alkohol- und Drogenkonsum im Rahmen von Verkehrsunterrichten, Verkehrssicherheitsaktionen oder schulischen Projekttagen (Verkehrssicherheitstag). Die Polizei unterstützt diesen schulischen Auftrag in Form von Einzelbeiträgen und initiiert Projekte.

3.3.4 Sekundarbereich II (Gymnasium 11. – 13. Klasse/Berufliche Schulen)

Verkehrsthematisch stehen in diesem Alterssegment die Heranführung an den motorisierten Straßenverkehr, die vertiefende Aufklärung über Gefahren von Alkohol- und Drogenkonsum, die Problematik des „Mitfahrens" und gruppendynamischer Prozesse beim Autofahren im Mittelpunkt. Für die Vermittlung bieten sich insbesondere schulische Projekttage und pädagogisch begleitete Verkehrssicherheitsaktionen an.

3.3.5 Junge Erwachsene (18 – 24 Jahre)

Altersgruppenspezifische Unfallgefahren der noch unerfahrenen Fahranfänger wie fehlendes Fahrkönnen, Selbstüberschätzung, Alkohol- und Drogenkonsum, gruppendynamisches Verhalten oder aggressiver Fahrstil, sollen im Mittelpunkt der Präventionsmaßnahmen stehen. Eine enge Zusammenarbeit insbesondere mit berufsbildenden Schulen, Betrieben, Vereinen und Verbänden ist hierbei anzustreben.

3.3.6 Erwachsene (25 – 65 Jahre)

Die Zielgruppe der Erwachsenen ist in zweifacher Hinsicht von Bedeutung: Zum einen sind sie als direkte Verkehrsteilnehmer insbesondere über allgemeine Risiken des Straßenverkehrs, die Hauptunfallursachen und über die Folgen von Verkehrsunfällen aufzuklären. Zum anderen stehen sie in einer Mittler- und Vorbildfunktion als Eltern bzw. Erziehungsberechtigte im Mittelpunkt der Zielgruppenansprache.

3.3.7 Senioren (über 65 Jahre)

Aufgrund der demografischen Entwicklung muss die Präventionsarbeit für diese Zielgruppe vor allem in Zusammenarbeit mit Vereinen und Verbänden künftig verstärkt ausgebaut werden. Ziel ist es, die sichere Mobilität der älteren Menschen so lange wie möglich zu erhalten. Dazu sollen Senioren über Gefahrenstellen im unmittelbaren örtlichen Umfeld sowie über altersspezifische Leistungsminderungen und Kompensationsmaßnahmen informiert werden. Neben Informationen zu dem durch Senioren immer mehr genutzten individuellen Verkehrsmittel Pkw sind dabei auch Hinweise zu alternativen Verkehrsmitteln (z.B. ÖPNV, Fahrrad) aufzunehmen.

Teil 4: Arbeitshilfen

3.3.8 Menschen mit Behinderungen

Menschen mit Behinderungen sind über spezifische Verkehrsgefahren altersspezifisch und unter Berücksichtigung der individuellen Beeinträchtigungen aufzuklären.

Zugleich sind alle anderen Verkehrsteilnehmer dahingehend zu sensibilisieren, dass Menschen mit Behinderungen im Straßenverkehr aufgrund ihrer eingeschränkten Mobilität oder Sinneswahrnehmung auf Hilfe, Unterstützung und besondere Rücksichtnahme angewiesen sind.

3.4 Sponsoring

Ein Engagement von Bevölkerung, Wirtschaft, Verbänden und Vereinen in der Verkehrsprävention ist grundsätzlich erwünscht und zu begrüßen. Neben ideeller und personeller Unterstützung kann eine finanzielle Unterstützung im Rahmen der „Hinweise zum Sponsoring von Projekten im Rahmen der polizeilichen Prävention" (Schreiben des IM-LPP – vom 18. Oktober 2001, Az.: 3-1210/27) erfolgen.

3.5 Nachhaltigkeit und Evaluation

Für die Prävention gilt das Prinzip des lebenslangen Lernens. Maßnahmen der Verkehrsprävention müssen daher in der Regel mittel- bis langfristig angelegt werden, um einen Nachhaltigkeitseffekt zu erreichen. Eine sorgfältige konzeptionelle Vor-/Nachbereitung bzw. Evaluation der Präventionsmaßnahmen[2] ist hierzu unerlässlich.

4. Verkehrsüberwachung

4.1 Allgemeine Grundsätze

Die Polizei hat, orientiert an einer ständigen Analyse der Verkehrssicherheitslage, geltendes Recht durch konsequente, temporär und örtlich angepasste Überwachung und Ahndung von Verstößen durchzusetzen. Ein flächendeckender Kontrolldruck ist anzustreben.

Um bei den Verkehrsteilnehmern Akzeptanz zu erzielen, sind Überwachungsmaßnahmen durch umfassende Öffentlichkeitsarbeit zu begleiten (vgl. Ziffer 7).

Neben der schwerpunktmäßigen Bekämpfung der Hauptunfallursachen (Geschwindigkeit, Abstand, Überholen, Vorfahrt, Verkehrstüchtigkeit) gilt es, nach dem Prinzip

---

2 Siehe hierzu Qualitätssicherung polizeilicher Präventionsprojekte – Eine Arbeitshilfe für die Evaluation, Programm Polizeiliche Kriminalprävention der Länder und des Bundes (ProPK).

"wehret den Anfängen" auch bei vermeintlich unbedeutenden, jedoch gefahrenträchtigen Verstößen einzuschreiten und auf dieses Fehlverhalten aufmerksam zu machen.

Entscheidend für die Verkehrssicherheit ist ein verkehrssicherer und vorschriftsmäßiger Zustand des Fahrzeugs. Die Prüfung sollte u.a. den technischen Zustand, Ausrüstung, Beladung und die Zulassung der Fahrzeuge umfassen.

Besonders beeinträchtigt wird das Sicherheitsempfinden der Verkehrsteilnehmer durch Aggressionsdelikte. Rücksichtsloses Verhalten wie Drängeln, Nötigen und Rasen wird durch die hohe Verkehrsdichte zusätzlich negativ verstärkt. Die Polizei hat deshalb konsequent gegen derartige Verstöße vorzugehen, um die Verkehrsmoral und das Sicherheitsgefühl langfristig zu verbessern.

Soweit möglich sind Anhaltekontrollen[3] durchzuführen, da diese es ermöglichen, dem Verkehrsteilnehmer über ein verkehrserzieherisches Gespräch die Ziele der polizeilichen Maßnahmen zu verdeutlichen. Zugleich sind im Rahmen des ganzheitlichen Kontrollansatzes die Belange der Kriminalitätsbekämpfung möglichst umfassend zu berücksichtigen. Die Möglichkeit im Rahmen einer Verkehrskontrolle Fahndungsabgleiche durchzuführen, Verdachtsansätze zu erlangen oder konkrete Straftaten aufzuklären sind konsequent zu nutzen (z.B.: Drogen-, Schleusungs-, Fälschungs-, Eigentumskriminalität, politisch motivierte Kriminalität).

Daneben sind Maßnahmen einzuleiten, die eine Überprüfung der Eignung der Fahrzeugführer zum Ziel haben. Nicht nur bei alkoholischer, drogen- oder medikamentös bedingter Fahruntüchtigkeit, bei Hinweisen auf körperliche oder geistige Mängel, sondern auch bei sonstigen Zweifeln an der Eignung zum Führen eines Kraftfahrzeuges, insbesondere bei erheblichen oder wiederholten Verstößen gegen verkehrsrechtliche Vorschriften oder Strafgesetze, ist die zuständige Fahrerlaubnisbehörde hierüber zu unterrichten.

4.2 Durchführung

Die sichtbare polizeiliche Präsenz im Verkehrsraum ist ein wesentlicher Faktor zur Förderung normkonformen Verhaltens wie auch zur allgemeinen Verkehrs- und Kriminalprävention. Bei der Verkehrsüberwachung sind in der Regel uniformierte Polizeibeamte einzusetzen.

Die allgemeine Verkehrsüberwachung ist grundsätzlich Aufgabe der Polizeireviere. Unter allgemeiner Verkehrsüberwachung ist die umfassende Überwachung des Straßenverkehrs und die konsequente Ahndung von Verstößen zu verstehen, soweit dies nicht durch spezialisierte Verkehrsüberwachung erfolgt.

---

3   Die Regelbeschilderungen der RSA (Richtlinien für die Sicherung von Arbeitsstellen) sind für die Ausschilderung von Kontrollstellen verbindlich.

Teil 4: Arbeitshilfen

Die spezialisierte Verkehrsüberwachung durch die Verkehrspolizei unter Einsatz fachspezifisch fortgebildeter Beamter oder spezieller Verkehrsüberwachungstechnik umfasst insbesondere:

- Verkehrsüberwachung mit Großgeräten (z.b. Einseitensensoren, Lichtschranken, Brückenabstandsmessverfahren)
- Überwachung von Zweirädern und technisch erheblich veränderten Kfz,
- Überwachung des gewerblichen Güter- und Personenverkehrs. Die festgelegten Kontrollquoten[4] (Sozialvorschriften) sind zu erfüllen.

Neben der Polizei sind auch die Kommunen und unteren Verwaltungsbehörden im Bereich der Verkehrsüberwachung tätig. Zur Abstimmung und Koordination der Maßnahmen und Festlegung der Einsatzschwerpunkte sind gemeinsame Sicherheitsanalysen sowie der Austausch von Verkehrssicherheitslagebildern notwendig. Dies betrifft insbesondere den Bereich der Geschwindigkeitsmessungen, um dieser Hauptunfallursache mit schwer wiegendsten Unfallfolgen lagebildorientiert und effektiv begegnen zu können.

Polizeiliche Geschwindigkeitsmessungen sind vorrangig an Unfallbrennpunkten intensiv durchzuführen. Spezielle Messtechniken (z.b. Lasertechnologie, Video-Fahrzeuge) sind insbesondere für die Feststellung von gefahrenträchtigen Verstößen einzusetzen. Polizeiliche Geschwindigkeitskontrollen sind grundsätzlich mit Anhaltekontrollen zu verbinden. Reine Durchfahrtsmessungen sollen in der Regel nur auf schnell befahrenen oder mehrspurig ausgebauten Bundesstraßen oder Bundesautobahnen stattfinden.[5]

Geschwindigkeitsmessungen sollen grundsätzlich in einem Abstand von 150 m zu den jeweiligen beschränkenden Verkehrszeichen stattfinden. Davon kann bei gefährlichen Stellen (Unfallstellen, Gefahrstellen), sowie im unmittelbaren Umfeld von Schulen, Kindergärten oder Baustellen abgewichen werden.

4.3 Verwendung technischer Einsatzmittel zur Verkehrsüberwachung

Für die Durchführung von Verkehrsüberwachungsmaßnahmen haben die Dienststellen geeignete technische Einsatzmittel in ausreichendem Umfang bereitzustellen. Die Durchführung richtet sich nach dem Handbuch über technische Einsatzmittel in der Verkehrsüberwachung. Werden andere als dort beschriebene Verfahren angewandt, ist die Zustimmung des Innenministeriums einzuholen. Davon unberücksichtigt bleiben technische Geräte zur Verdachtsgewinnung.

---

4 Kontrollquoten gem. Richtlinie 88/599/EWG vom 23. November 1988 bzw. in der jeweils gültigen Fassung.

5 Auf den Erlass des Ministeriums für Umwelt und Verkehr vom 23. Dezember 2004, Az.: 34-3859.1/240 wird verwiesen.

5. Verkehrsunfallaufnahme und -bearbeitung

5.1 Allgemeine Grundsätze und Ziele

Ein Verkehrsunfall stellt für die Beteiligten ein außergewöhnliches Ereignis dar, zugleich ist es in vielen Fällen der erste Kontakt zur Polizei. Hier besteht die Möglichkeit, sich als bürgernahe, kompetente und hilfsbereite Polizei darzustellen und dadurch das Verhältnis zwischen Polizei und Bürger auch für zukünftige Kontakte positiv zu prägen. Die Sicherung zivilrechtlicher Ansprüche der Beteiligten ist durch den Austausch von geprüften Personalien und Fahrzeugdaten zu gewährleisten.

Wesentliche Ziele der polizeilichen Verkehrsunfallaufnahme sind:

- die Feststellung und Verfolgung der dem Verkehrsunfall zugrunde liegenden Rechtsverstöße,
- die Gewährleistung und Wiederherstellung der Sicherheit und Leichtigkeit des Verkehrs,
- die Erhebung von Daten zur Straßenverkehrsunfallstatistik und zur örtlichen Unfalluntersuchung und
- die Gewährleistung des Unfallopferschutzes.

5.2 Aufnahme und Bearbeitung der Verkehrsunfälle

Die Polizei hat jeden ihr bekannt gewordenen Unfall aufzunehmen. Im Rahmen der Unfallaufnahme hat sie grundsätzlich die Unfallstelle aufzusuchen und alle für das Verfahren notwendigen Maßnahmen zu treffen.

Für die Bearbeitung schwerer oder besonders komplexer Verkehrsunfälle, Verkehrsunfallfluchten und manipulierter Verkehrsunfälle sind Beamte zu qualifizieren.

Unfallgeschehen stellen teilweise stark belastende Ereignisse für die Betroffenen dar. Dem Opferschutz ist deshalb bei der Verkehrsunfallaufnahme (Aushändigung des Merkblatts über die Rechte von Verletzten und Geschädigten im Strafverfahren, Opferschutzbroschüre, Erteilung zusätzlicher Auskünfte und Informationen an die Beteiligten o.ä.) Rechnung zu tragen.

5.2.1 Umfang der Verkehrsunfallbearbeitung

Der Umfang der Unfallaufnahme orientiert sich an der Schwere des Tatvorwurfs und den Unfallfolgen. Bei der Unfallaufnahme sind die Art der Unfallbeteiligung, Verkehrstüchtigkeit der Personen, Verkehrssicherheit der Fahrzeuge, Verhalten der Personen sowie der Zustand des Verkehrsraumes zu überprüfen.

Teil 4: Arbeitshilfen

Im Interesses des ungehinderten Verkehrsflusses sind polzciliche Maßnahmen an der Unfallstelle zügig durchzuführen. Sofern keine Beeinträchtigung des Ermittlungserfolges droht, ist die Unfallstelle möglichst rasch zu räumen, insbesondere auch, um bei Staubildung die Gefahr von Folgeunfällen zu reduzieren.

Bemaßte Skizzen sind nur ausnahmsweise zu fertigen, soweit diese für das Straf- und Bußgeldverfahren erforderlich sind.

Über die Hinzuziehung eines Sachverständigen entscheidet grundsätzlich die zuständige Verfolgungsbehörde.

5.2.2 Bearbeitung von Verkehrsunfällen mit Personenschaden

5.2.2.1 Alle Unfälle mit Personenschaden sind im landeseinheitlichen elektronischen Unfallaufnahmeverfahren zu bearbeiten.

5.2.2.2 Ist eine Person getötet worden, ist die Leiche sicherzustellen bzw. zu beschlagnahmen.

Gemäß § 159 StPO ist die Staatsanwaltschaft oder das Amtsgericht unverzüglich zu unterrichten.

Können Unfalltote nicht sofort identifiziert werden, ist gemäß PDV 389 zu verfahren. Hierfür ist die Kriminalpolizei hinzuzuziehen.

5.2.2.3 Ist allein der Verursacher getötet worden und kann eine Mitverursachung Dritter ausgeschlossen werden, ist der Staatsanwaltschaft ein Unfallbericht zu übersenden.

5.2.3 Bearbeitung von Verkehrsunfällen mit Sachschaden

5.2.3.1 Verkehrsunfälle, denen eine bedeutende Ordnungswidrigkeit oder ein Straftatbestand zugrunde liegt, sind ebenfalls im landeseinheitlichen elektronischen Unfallaufnahmeverfahren zu bearbeiten.

5.2.3.2 In allen anderen Fällen ist das Aufnahmeblatt (Anlage 2) auszufüllen.

5.2.4 Sonderfälle

5.2.4.1 Verkehrsunfälle auf Bahnanlagen

Die Aufnahme und Sachbearbeitung aller Verkehrsunfälle i.S. der Anlage 1, die sich auf Bahnanlagen (Bahnübergänge, öffentlich zugängliches Gelände der Bahn) ereignen, obliegt der Landespolizei. Die Bahnbetriebsunfallaufnahme bleibt davon unberührt und ist Aufgabe der Bundespolizei.

Liegt der Schwerpunkt der Unfallursache beim Schienenfahrzeug bzw. Bahnbetrieb, übernimmt die Bundespolizei im Ermittlungsverfahren die Endsachbearbeitung. Die statistischen Meldeverpflichtungen der Landespolizei bleiben davon unberührt.

5.2.4.2 Beteiligung exterritorialer Personen

Hinsichtlich des Verhaltens gegenüber diesem Personenkreis ist die Anordnung der Landesregierung[6] zu beachten. Auf folgende Bestimmungen wird besonders hingewiesen:

- Name und Anschrift der Exterritorialen dürfen bei der Unfallaufnahme festgestellt werden.

- Der Unfallvorgang ist ohne weitere Verfolgungsmaßnahmen, entsprechend gekennzeichnet, beschleunigt an die zuständige Verfolgungsbehörde abzugeben. Die Unterrichtung des Auswärtigen Amts ist Sache dieser Behörde.

5.2.4.3 Beteiligung von Parlamentsmitgliedern

Bei der Beteiligung von Parlamentsmitgliedern sind insbesondere folgende Punkte zu beachten:

Abgeordnete genießen den Schutz vor Strafverfolgung (Immunität).

Folgende Maßnahmen sind jedoch zulässig:
- Bei der Aufnahme von Verkehrsunfällen können die Personalien des Abgeordneten, sowie das amtliche Kennzeichen und der Zustand seines Fahrzeuges festgestellt, die Vorlage des Führerscheins und Fahrzeugscheins verlangt, Fahr-, Brems- und andere Spuren, die von seinem Fahrzeug herrühren, gesichert, vermessen und fotografiert, sowie eine Blutprobe entnommen werden.

- Verwarnungen und die Einleitung von Bußgeldverfahren sind uneingeschränkt zulässig.

Der Unfallvorgang ist beschleunigt an die Verfolgungsbehörde zu übersenden.

5.2.4.4 Beteiligung von Polizeibeamten

Verkehrsunfälle, an denen Polizeibeamte beteiligt sind, sind nicht von der Organisationseinheit zu bearbeiten, der die beteiligten Polizeibeamten angehören.

5.3 Melde- und Unterrichtungspflichten

5.3.1 Verständigung der Angehörigen

---

6 Anordnung der Landesregierung über das Verhalten gegenüber Diplomaten und anderen bevorrechtigten Personen vom 22. Mai 1995 (GABl. S. 516).

Teil 4: Arbeitshilfen

Die Angehörigen getöteter Personen sind unverzüglich durch die Polizei zu benachrichtigen, soweit dies nicht durch andere geeignete Institutionen oder Personen erfolgt. Dies gilt auch für verletzte Personen, wenn diese selbst außerstande sind, ihre Angehörigen zu benachrichtigen. Auf die Notfallseelsorgedienste wird ausdrücklich hingewiesen.

5.3.2 Verständigung ausländischer Vertretungen

Werden bei einem Verkehrsunfall ausländische Staatsbürger getötet oder schwer verletzt, ist die zuständige konsularische Vertretung oder eine etwaige Handelsvertretung fernmündlich oder fernschriftlich unter Angabe von Personalien, Unfallort und -zeit, sowie kurzer Schilderung des Unfallhergangs zu unterrichten. Unterhält der betreffende Staat im Bundesgebiet keine Vertretung, ist das Auswärtige Amt zu verständigen.

5.3.3 Beteiligung ausländischer Streitkräfte

Bei Beteiligung von Fahrzeugen ausländischer Streitkräfte ist unverzüglich die Militärpolizei zu unterrichten.

Ist ein Dienstfahrzeug der ausländischen Streitkräfte an einem Verkehrsunfall mit Fremdschaden beteiligt, ist der Schadensregulierungsstelle des Bundes (Bundesanstalt für Immobilienaufgaben, Schadensregulierungsstelle des Bundes, Regionalbüro Süd, Krelingstr. 50, 90408 Nürnberg) nach dem NATO-Truppenstatut eine Mehrfertigung der Verkehrsunfallanzeige bzw. des Aufnahmeblatts direkt zu übersenden.

5.3.4 Massenunfälle

Bei Verkehrsunfällen mit 20 oder mehr beteiligten Fahrzeugen ist der Gesamtverband der Deutschen Versicherungswirtschaft e.V. (GDV) zu unterrichten, damit dort über den Einsatz der zuständigen Lenkungskommission zur schnelleren Schadensregulierung entschieden werden kann. Die Verständigung ist von der Landesmeldestelle für den Verkehrswarndienst durchzuführen.

5.3.5 Wildunfälle

Wurde Wild getötet oder verletzt, so ist der Jagdausübungsberechtigte unverzüglich zu benachrichtigen. Um die Sicherheit des Straßenverkehrs wieder herzustellen (z.B. Beseitigung von Verunreinigungen, Kadaver), sind durch die Polizei die zuständigen Stellen zu benachrichtigen. Erfolgt keine Bestätigung des Wildunfalls durch den Jagdausübungsberechtigten, sind dem Verkehrsteilnehmer die notwendigen Informationen zur Verfügung zu stellen.

5.4 Auskünfte und Akteneinsicht

Über die Gewährung von Akteneinsicht in Ermittlungsvorgänge und über die Erteilung von Auskünften aus Ermittlungsvorgängen entscheidet die zuständige Verfolgungsbehörde. Entsprechende Ersuchen sind dieser zusammen mit den Ermittlungsakten unverzüglich zu übersenden.

Solange die Polizei Vorgänge über Ermittlungsverfahren nicht an die Staatsanwaltschaft bzw. Bußgeldbehörde übersandt hat, kann sie Auskünfte aus Akten an Privatpersonen und sonstigen Stellen (z.b. Versicherungen, Krankenkassen, Rechtsanwälte, Beschuldigte/Betroffene bzw. deren Verteidiger) erteilen, soweit

- ein berechtigtes Interesse (vor allem zivilrechtliche Schadensregulierung) nachgewiesen werden kann und
- keine schutzwürdigen Interessen des Betroffenen (etwa Geheimhaltung des Aufenthaltsorts bei Schutzpersonen, Betriebs- oder Geschäftsgeheimnisse) entgegen stehen.

Soweit dies zur Erfüllung des im Auskunftsersuchen angegeben Verwendungszwecks erforderlich ist, sind folgende Auskünfte zulässig:

- Die Tatsache, dass ein nach Ort und Zeit bestimmter Unfall stattgefunden hat,
- sachbearbeitende Polizeidienststelle und Aktenzeichen,
- welchen Unfallbeteiligten eine Verwarnung angeboten wurde,
- Namen und Anschriften der Beteiligten und
- amtliche Kennzeichen der beteiligten Fahrzeuge.

Wird die Auskunft ohne Einschaltung eines Rechtsanwalts erteilt, ist der Empfänger darauf hinzuweisen, dass die personenbezogenen Auskünfte nur zu dem Zweck verwendet werden dürfen, für den die Auskunft erteilt wurde.

5.5 Örtliche Untersuchung der Verkehrsunfälle

Die örtliche Unfalluntersuchung dient der Feststellung von Unfallhäufungen im Straßennetz. Sie bildet die Grundlage für gezielte präventive sowie repressive Verkehrssicherheitsmaßnahmen der Polizei. Weiterhin bildet sie die Grundlage für die Tätigkeit der Unfallkommissionen zur Entschärfung der Unfallhäufungen, für verkehrsrechtliche Anordnungen oder bauliche Maßnahmen.

Hilfsmittel der örtlichen Unfalluntersuchung sind die seit dem 1. Januar 2003 eingeführten elektronischen Unfalltypensteckkarten sowie die Unfallblattsammlung.

Erfasst werden

Teil 4: Arbeitshilfen

- Verkehrsunfälle mit Personenschäden sowie
- Verkehrsunfälle mit Sachschäden, denen eine bedeutende Ordnungswidrigkeit oder eine Straftat nach §§ 315c oder 316 StGB zugrunde liegt.

5.5.1 Untersuchungsrelevante Straßenstellen

Sobald sich abzeichnet, dass sich an einzelnen Punkten, Strecken oder Flächen Unfallhäufungen ergeben, sind diese Stellen näher zu untersuchen. Die dabei heranzuziehenden Grenzwerte für die Bestimmung von Unfallhäufungen richten sich grundsätzlich nach den Empfehlungen des Institutes für Straßenverkehr (ISK), Band 12: „Auswertung von Straßenverkehrsunfällen Teil 1, Führen und Auswerten von Unfalltypensteckkarten" (insbes. dortige Nummer 4).

Abweichend von diesen Empfehlungen können bei Außerortsstrecken mit mehreren Fahrstreifen pro Richtung für 1 km Richtungsfahrbahn die doppelten Werte angesetzt werden, um die dort regelmäßig hohen Verkehrsdichten angemessen zu berücksichtigen.

5.5.2 Voruntersuchung

Die Voruntersuchung dient der Feststellung der unter Nummer 5.5.1 beschriebenen Häufungen.

Ist nach Prüfung der Gesamtumstände unter Berücksichtigung der Grundsätze der Empfehlungen des ISK eine nähere Untersuchung erforderlich, ist die zuständige Straßenverkehrsbehörde unter Übermittlung der vorhandenen Daten und Fakten (Unfalllisten, Unfallskizzen etc.) davon unverzüglich in Kenntnis zu setzen.

Das weitere Verfahren richtet sich nach dem Erlass des Ministeriums für Umwelt und Verkehr über die Bekämpfung von Unfallhäufungen und die Arbeit der Mobilen Verkehrssicherheitskommission vom 30. Dezember 2004, Az.: 34-3856.0/448 bzw. entsprechender Neuregelungen.

5.6 Straßenverkehrsunfallstatistik

Statistisch erfasst werden nur Verkehrsunfälle (i.S. Nummer 2.1 der Anlage 1), die infolge des Fahrverkehrs verursacht worden sind (nicht darunter fallen z.B. Alleinunfälle von Fußgängern, Reitern oder Unfälle zwischen diesen Verkehrsteilnehmern).

Die Daten gemäß § 2 Abs. 1 des Gesetzes über die Statistik der Straßenverkehrsunfälle (StVUnfStatG) werden auf elektronischem Weg dem Statistischen Landesamt übermittelt.

Bei Verkehrsunfällen, die nach § 2 Abs. 2 StVUnfStatG nur zahlenmäßig zu erfassen sind, aber im landeseinheitlichen elektronischen Verfahren bearbeitet wurden (Unfallkategorie 5 gemäß der Anlage 1, Nummer 2.4), wird die Zählfallinformation mit einer Standardrecherche monatlich zentral in einer Datenbank ermittelt und dem Statistischen Landesamt mitgeteilt.

Die Anzahl der im Aufnahmeblattverfahren bearbeiteten Unfälle der Kategorie 5 sind, gegliedert nach Innerorts-, Außerorts- bzw. BAB-Unfälle, auf Ebene der Polizeidirektionen, Polizeipräsidien und Landespolizeidirektionen (BAB-Unfälle) zusammenzuführen. Sie werden von dort als monatliche Summen in die entsprechende Eingabemaske eingegeben und ebenfalls von zentraler Stelle dem Statistischen Landesamt mitgeteilt.

6. Zusammenarbeit mit Verkehrsbehörden

Die Polizei wirkt bei örtlichen Verkehrsschauen, in den Verkehrsunfallkommissionen und im Rahmen des verkehrsbehördlichen Anhörungsverfahrens nach der VwV zu §§ 44 und 45 StVO mit und bringt ihre Erkenntnisse und Erfahrungen ein.

Bei Neubauplanungen von Straßen einschließlich Wohn- und Erschließungsstraßen ist eine frühzeitige Beteiligung einzufordern. Dabei sind sowohl verkehrssicherheitsrelevante, als auch Gesichtspunkte aus dem Bereich der Kriminalprävention abzustimmen und einzubringen (Auditverfahren).[7]

7. Öffentlichkeitsarbeit

Die Verkehrssicherheitsarbeit der Polizei ist ohne eine intensive Öffentlichkeitsarbeit nicht möglich. Durch offensive Berichterstattung über lokale oder regionale Maßnahmen lässt sich die Wirkung entscheidend optimieren. Berichte über aktuelle Ereignisse und Entwicklungen sollen dabei möglichst mit konkreten Verhaltensbotschaften verknüpft werden.

8. Fortbildung und Qualifizierung

Zur Gewährleistung eines einheitlichen Standards sind die spezifischen Fortbildungsangebote der Polizei zu nutzen. Diese sind den aktuellen Entwicklungen im Bereich der Verkehrssicherheitsarbeit, insbesondere bei der spezialisierten Verkehrsüberwa-

---

[7] Weitere Informationen: Integrative Prävention durch Audits zur Verkehrsraumgestaltung, BSV Büro für Stadt- und Verkehrsplanung, Dr.-Ing. Reinhold Baier GmbH, Studie im Auftrag der PFA Münster; Städtebauliche Kriminalprävention, LKA Baden-Württemberg; Städtebau und Kriminalprävention, Programm Polizeiliche Kriminalprävention der Länder und des Bundes (ProPK).

chung, anzupassen.[8] Die Qualifizierung über externe Angebote bedarf der Abstimmung mit der Akademie der Polizei.

9. Forschungsvorhaben

Zur ständigen Verbesserung der polizeilichen Maßnahmen ist es unabdingbar, neueste Forschungserkenntnisse nutzen zu können. Dabei sind die Belange der polizeilichen Tätigkeiten besonders zu berücksichtigen. Neben der bloßen Nutzung ist deshalb eine Initiierung und Beteiligung an Forschungsvorhaben von besonderem Interesse. Finanzielle und personelle Rahmenbedingungen sind jedoch zu beachten. Soweit möglich ist auch das Potenzial der landeseigenen Fortbildungseinrichtungen zu nutzen.

10. Schlussbestimmungen

Diese Verwaltungsvorschrift tritt am 1. Januar 2007 in Kraft. Sie tritt am 31. Dezember 2013 außer Kraft.

(Anm. der Red.: Vom Abdruck der Anlagen zur Verkehrsunfallaufnahme wurde abgesehen.)

2. Anordnung der Landesregierung und der Ministerien zum Erlass von Vorschriften (Vorschriftenanordnung – VAO)

Vom 23. November 2004 (GABl. 2005 S. 194)

1. Ziel

Die Landesregierung verfolgt das Ziel, Vorschriften zu vereinfachen und Überreglementierungen zu vermeiden. Sie will in ihrem Zuständigkeitsbereich und dem der nachgeordneten Landesbehörden den Vorschriftenbestand und die Regelungsdichte auf das unbedingt notwendige Maß begrenzen. Um dieses Ziel zu erreichen, werden die Hürden für den Erlass von Vorschriften in dieser Vorschriftenanordnung sehr hoch aufgestellt.

2. Geltungsbereich

2.1 Grundsatz

Diese Anordnung gilt für die Erarbeitung von Rechts- und Verwaltungsvorschriften und innerdienstlichen Anordnungen durch die Landesregierung oder einzelne Landesministerien.

---

[8] Auf die VwV-AkadPol vom 20. Dezember 1999 – Az.: 3-1160.5-AkadPol/1 -, insbesondere dortige Nummer 3 wird verwiesen.

2.2 Ausnahmen

2.2.1 Die Anordnung gilt nicht für

- Lehr- und Studienpläne sowie gleichartige Ausbildungsgrundlagen,
- Führungs- und Einsatzanordnungen im Bereich des Polizeivollzugsdienstes und gleichartige Weisungen zur Leitung von Einsatzkräften bei ihrer Vollzugstätigkeit und
- amtliche Hinweise ohne regelnden Inhalt, in denen klar gestellt ist, dass sie keine Bindungswirkung haben (im Folgenden „Hinweise").

2.2.2 Die Nummern 4 (Grundsätze für Regelungsvorhaben), 5 (höchstzulässige Zahl an Verwaltungsvorschriften), 9 (Verfallsautomatik) und 10 (Vorschriftenbereinigung) dieser Anordnung gelten nicht für

- Konstitutionsakte und
- andere Regelungen, die im Wesentlichen die Aufbauorganisation oder Zuständigkeiten der Landesbehörden zum Inhalt haben (z.B. Erklärung zur Großen Kreisstadt, Errichtung von Einrichtungen des Landes, Festlegung ihrer Aufgaben).

2.3 Entsprechende Anwendung

2.3.1 Bei der Mitwirkung des Landes an Regelungsvorhaben des Bundes oder der Europäischen Gemeinschaften und bei der Ausarbeitung von Regelungsentwürfen für Bundesratsinitiativen und Bundesratsanträge sind die Maßstäbe der Nummer 4 dieser Anordnung entsprechend anzuwenden, soweit nichts Anderes bestimmt (z.B. in dem vom Bundesministerium der Justiz herausgegebenen Handbuch der Rechtsförmlichkeit) oder üblich ist.

2.3.2 Die den Ministerien nachgeordneten Landesbehörden wenden diese Anordnung entsprechend an.

3. Begriffe

3.1 Regelungen

Regelungen im Sinne dieser Anordnung sind Rechts- und Verwaltungsvorschriften und innerdienstliche Anordnungen.

3.2 Rechtsvorschriften

Rechtsvorschriften sind Gesetze und Rechtsverordnungen.

3.3 Verwaltungsvorschriften, Hinweise

Verwaltungsvorschriften im Sinne dieser Anordnung sind generell-abstrakte Weisungen, welche die Landesregierung oder die Landesministerien gegenüber Landesbehörden oder vom Land beaufsichtigten öffentlich-rechtlichen Körperschaften, Anstalten und Stiftungen mit verbindlicher Wirkung treffen.

Für die Klassifizierung als Verwaltungsvorschrift kommt es weder auf die Bezeichnung noch auf die Veröffentlichung, sondern auf den Inhalt der Regelung an. Im Interesse einer einheitlichen Zuordnung sollen Verwaltungsvorschriften stets als solche bezeichnet werden. Der Begriff „Hinweise" darf nur für Mitteilungen ohne Bindungswirkung (Nummer 2.2.1, dritter Spiegelpunkt) verwendet werden.

3.4 Innerdienstliche Anordnungen

3.4.1 Innerdienstliche Anordnungen sind Regelungen, die für den inneren Betrieb, die Arbeitsabläufe, die Leitung, die Mitarbeiterführung oder andere innere Angelegenheiten von mehr als einer Landesbehörde gelten.

3.4.2 Bestehen Zweifel, ob eine innerdienstliche Anordnung oder eine Verwaltungsvorschrift vorliegt, ist die Regelung als Verwaltungsvorschrift zu behandeln.

4. Grundsätze für Regelungsvorhaben

Bei der Vorbereitung und beim Erlass von Regelungen sind die folgenden Grundsätze zu beachten:

4.1 Notwendigkeit des Regelungsvorhabens im Ganzen und seiner Teile

4.1.1 Eine Regelung soll – auch zur Sicherung des einheitlichen Vollzugs – nur erlassen werden, wenn sie einem wichtigen öffentlichen Interesse dient oder zur Wahrung der Rechte des Einzelnen unentbehrlich ist. Auch die einzelnen Teile einer Regelung müssen sich an diesem Maßstab messen lassen.

4.1.2 Die Möglichkeiten, das verfolgte Ziel nahezu ebenso gut auf andere Weise zu erreichen (beispielsweise durch Öffentlichkeitsarbeit, Absprache mit Organisationen und Verbänden, Vereinbarungen mit den Betroffenen, freiwillige Selbstverpflichtung der Betroffenen) sind auszuschöpfen.

4.1.3 Verbindliche Standards (personelle oder sachliche Vorgaben, die im Sinne einer Mindestanforderung qualitative oder quantitative Anforderungen enthalten) sind nur festzulegen, soweit sie unverzichtbar sind. Es ist stets zu prüfen, ob nicht weniger ein schneidende Maßnahmen, beispielsweise die Herausgabe von Informationsmaterial oder von Empfehlungen, die Festlegung des Regelungsziels oder ein weniger aufwändiger Standard, genügen. Wird ein verbindlicher Standard festgelegt, ist – soweit es rechtlich zulässig ist – für den Fall eine Ausnahme zuzulassen, dass die Maßnahme den Einzelnen wirtschaftlich unverhältnismäßig belastet.

4.1.4 Verfahrensrechtliche Sonderregelungen dürfen nur aus zwingenden Gründen geschaffen werden.

4.1.5 Verwaltungsvorschriften dürfen nicht erlassen werden, wenn eine hinreichende Koordinierung ohne unverhältnismäßigen Aufwand beispielsweise durch Dienstbesprechungen, Weitergabe von Informationen oder Einzelfallentscheidungen erreicht werden kann.

4.1.6 Genehmigungs- und Zustimmungsvorbehalte, beispielsweise zu Gunsten vorgesetzter oder am Verfahren zu beteiligender Behörden, dürfen nur festgelegt werden, wenn dafür ein unabweisbares Bedürfnis besteht. Dieses ist schriftlich zu begründen.

4.1.7 Regelungen, die dieselbe Materie betreffen, sollen in einem einheitlichen Regelwerk zusammengefasst werden. Das Gleiche gilt, wenn im wesentlichen inhaltsgleiche Regelungen für verwandte Materien und Fallgruppen erlassen werden sollen (Konzentration der Regelung), beispielsweise bei Zuständigkeits- oder Delegationsverordnungen.

4.1.8 Eine Erforderlichkeitsvermutung (4.1.1) dem Grunde nach besteht beispielsweise, wenn eine der folgenden Voraussetzungen erfüllt ist:

- Die Regelung wird in einer Rechtsvorschrift verlangt oder vorausgesetzt.
- Die Regelung muss zum Vollzug von Bundesrecht zwingend ergehen.
- Die Regelung ist zur Umsetzung EG- oder bundeseinheitlich festgelegter technischer Normen (z.B. DIN) notwendig.
- Die Regelung fasst mehrere bis dahin selbstständige und weiterhin erforderliche Regelungen zusammen und verkürzt damit deren Gesamtumfang deutlich.
- Die Aufgabe, auf die sich die Regelung bezieht, kann nicht einer privaten Lösung oder der mittelbaren Staatsverwaltung überlassen bleiben.

4.2 Regelungsdichte, Regelungstiefe

Regelungen sollen kurz, aus sich heraus verständlich und unter Verzicht auf vermeidbare Aufzählungen an typischen Fallgestaltungen ausgerichtet sein. Eine sachgerechte Entscheidung untypischer Fälle ist zu gewährleisten, ohne dass jede denkbare Fallgestaltung ausdrücklich erfasst wird; hierzu sollen die Regelungstechniken des Ermessensspielraums, der General- und Billigkeitsklauseln und des unbestimmten Rechtsbegriffs eingesetzt werden. Insgesamt soll Vielfalt in Kauf genommen werden, wenn übergeordnete Ziele nicht zwingend eine Gleichbehandlung oder Gleichförmigkeit erfordern. Verantwortung, auch Finanzverantwortung, soll, soweit vertretbar, delegiert werden.

4.3 Regelungsstufe

4.3.1 Kommen für eine Regelung verschiedene Regelungsstufen (Gesetz, Verordnung, Verwaltungsvorschrift oder innerdienstliche Anordnung, Hinweise) in Betracht, so soll die niedrigste Stufe gewählt werden. Hinweise haben Vorrang vor Verwaltungsvorschriften und innerdienstlichen Anordnungen.

4.3.2 Gesetze sollen keine Regelungen enthalten, die laufend fortgeschrieben werden müssen. Vordruckmuster und verwaltungstechnische Anweisungen sollen nicht in Rechtsvorschriften aufgenommen werden.

4.3.3 Die Aufnahme einer Verordnungsermächtigung in einen Gesetzentwurf kann zu einer Verschlankung des Gesetzes führen und das Gesetzgebungsverfahren erheblich entlasten. Vor Aufnahme einer Verordnungsermächtigung in einen Gesetzentwurf ist jedoch zu prüfen, ob für eine Regelung durch Rechtsvorschrift ein zwingendes Bedürfnis besteht.

4.4 Regelungsfolgenabschätzung

4.4.1 Die fachbezogenen und fachübergreifenden einschließlich der querschnittsbezogenen Wirkungen und Nebenwirkungen eines Regelungsvorhabens (Regelungsfolgen) sind abzuschätzen.

4.4.2 Die Auswirkungen auf die Lebenssituation von Frauen und Männern sind nach dem Muster der Anlage 1 grundsätzlich für jedes Regelungsvorhaben zu untersuchen. Die Anlage kann vom Sozialministerium im Einvernehmen mit den anderen Ministerien fortgeschrieben werden.

4.4.3 Zur Verwirklichung der „Zukunftswerkstatt Familien" ist grundsätzlich jedes Regelungsvorhaben auch auf seine Auswirkungen auf Familien zu überprüfen. Die Situation von Familien soll sich durch das Regelungsvorhaben möglichst verbessern, zumindest jedoch unverändert bleiben.

4.4.4 Bei Regelungsvorhaben mit großem Anwendungsbereich oder erheblichen Auswirkungen, insbesondere Kosten, sollen die Regelungsfolgen anhand des „Leitfadens zur Gesetzesfolgenabschätzung" und des ihm zu Grunde liegenden „Handbuchs Gesetzesfolgenabschätzung",[9] die Methodenangebote und Handlungsempfehlungen enthalten, abgeschätzt werden. Die Vorgehensweise (vorausschauende oder beglei-

---

9   Amtl. Anm.: Die Texte werden im elektronischen Informationssystem der Landesverwaltung bereitgestellt.

tende, abschnittsweise oder durchgängige Folgenabschätzung, retrospektive Bewährungsprüfung) richtet sich nach Art und Bedeutung des Regelungsvorhabens. Wird trotz Vorliegens der Voraussetzungen keine Regelungsfolgenabschätzung nach Satz 1 durchgeführt, sind die dafür maßgebenden Gründe schriftlich darzustellen.

4.4.5 Bei der Ermittlung von Kostenfolgen sind

- die Richtsätze des Finanzministeriums für die Veranschlagung der Besoldungen, Vergütungen und Löhne und
- die Verwaltungsvorschrift des Finanzministeriums über die Berücksichtigung des Verwaltungsaufwands bei der Festlegung von Verwaltungs- und Benutzungsgebühren und von sonstigen Entgelten für die Inspruchnahme der Landesverwaltung (VwV-Kostenfestlegung)

in der jeweils gültigen Fassung zu Grunde zu legen.

4.4.6 Die Ergebnisse der Regelungsfolgenabschätzung und ihre Berücksichtigung sind schriftlich darzustellen. Die Darstellung muss mindestens erkennen lassen, wie sich das Regelungsvorhaben auf

- Bürgerinnen und Bürger,
- Familien,
- die Wirtschaft,
- den Staatshaushalt,
- die Kommunen und sonstigen Träger der mittelbaren Staatsverwaltung,
- die Ablauforganisation in betroffenen Behörden und
- die Kommunikation in und zwischen Behörden sowie zwischen Behörden und Externen

auswirkt und worauf Prognosen, Annahmen und Berechnungen beruhen.

4.5 Erprobungsklauseln; Geltungsdauer

4.5.1 Erprobungsklauseln kommen in Betracht, wenn zur Erprobung einer Zielerreichung auf einem anderen als dem bisher geregelten Weg Ausnahmen zugelassen werden sollen.

4.5.2 Bei der Erarbeitung von Rechtsvorschriften ist stets zu prüfen, ob deren Geltungsdauer befristet werden kann.

4.5.3 Bei Rechtsvorschriften, die der Erprobung oder einem anderen vorübergehenden Zweck dienen, soll die Geltungsdauer befristet werden.

4.5.4 In jeder Verwaltungsvorschrift oder innerdienstlichen Anordnung ist ihre Geltungsdauer festzulegen. Sie ist auf die zur Erreichung des Regelungsziels voraussichtlich benötigte Zeit zu begrenzen. Sie beträgt bei veröffentlichten Verwaltungsvorschriften und innerdienstlichen Anordnungen höchstens, sieben, bei nicht veröffentlichten Verwaltungsvorschriften höchstens drei Jahre. Im letzten Fall kann die Geltungsdauer vor ihrem Ablauf nach Maßgabe des Satzes 2 um bis zu vier Jahre verlängert werden. Die höchstzulässige Geltungsdauer darf auch dann nicht überschritten werden, wenn lediglich Teile von Verwaltungsvorschriften oder innerdienstlichen Anordnungen geändert werden.

4.5.5 Nummer 4.5.4 gilt nicht für Verwaltungsvorschriften und innerdienstliche Anordnungen,

- deren einheitlicher Erlass von Bund und Ländern oder zwischen den Ländern auf Ministerebene vereinbart wurde, oder
- die in jedermann zugänglichen, ständig fortgeschriebenen Textausgaben amtlich herausgegeben werden.

4.6 Fassung der Entwürfe

4.6.1 Regelungen müssen bürgernah und verständlich nach den Richtlinien der Anlage 2 (Vorschriftenrichtlinien) gefasst sein.

4.6.2 Regelungen müssen so gestaltet sein, dass die zügige Durchführung von Verwaltungsverfahren gewährleistet ist. Die elektronische Abwicklung von Verwaltungsverfahren soll ermöglicht werden; in geeigneten Fällen ist sie vorzuschreiben. In den Fällen des Satzes 2 sollen die Geschäftsprozesse und die Regelungen erforderlichenfalls so geändert werden, dass die Beschleunigungsmöglichkeiten voll ausgeschöpft werden.

5. Höchstzulässige Zahl an Verwaltungsvorschriften

Die Zahl der von jedem Ministerium erfassten veröffentlichten und nicht veröffentlichten Verwaltungsvorschriften und innerdienstlichen Anordnungen soll je für sich den am 31. Dezember 2000 erzielten Stand nicht überschreiten. Die Landesregierung und die Ministerien setzen sich zum Ziel, den Bestand an Verwaltungsvorschriften und innerdienstlichen Anordnungen weiter abzubauen.

6. Vorschriftenprüfung

6.1 Fachprüfung

Jedes Ministerium stellt für seinen Verantwortungsbereich sicher, dass Regelungsentwürfe den Anforderungen dieser Anordnung genügen. Es legt den Anlass für das Regelungsvorhaben, das Regelungsziel, die Ergebnisse der Fachprüfung und die Regelungsfolgen in einem Prüfraster (Anlage 3) dar. Dieses kann vom Innenministerium im Einvernehmen mit den anderen Ministerien fortgeschrieben werden.

6.2 Ressortinterne Gegenprüfung

Entwürfe von Verwaltungsvorschriften oder innerdienstlichen Anordnungen sind innerhalb des zuständigen Ministeriums anhand des Prüfrasters und des Ergebnisses der Untersuchung nach Nummer 4.4.2 einer Gegenprüfung durch eine fachlich unabhängige Stelle zu unterziehen. Die Gegenprüfung erfolgt auf Plausibilität und umfasst grundsätzlich die Erforderlichkeit des Regelungsvorhabens (Nummer 4.1), den Regelungsumfang (Nummern 4.1.1 Satz 2 und 4.2), die Möglichkeiten einer Zusammenfassung von Regelungen (Nummer 4.1.8), die Regelungsfolgen (Nummer 4.4), die Begründung für den Verzicht auf eine Regelungsfolgenabschätzung (Nummer 4.4.4), die Geltungsdauer (Nummer 4.5) und die Veröffentlichungspflichten.

Die fachlich unabhängige Stelle wirkt auch darauf hin, dass die Zahl der am 31. Dezember 2000 geltenden veröffentlichten und nicht veröffentlichten Verwaltungsvorschriften des Ministeriums (vgl. Nummer 5) nicht überschritten wird.

6.3 Normenprüfung

6.3.1 Vor Durchführung des Anhörungsverfahrens oder in seinem Verlauf leiten die Ministerien die Entwürfe von Rechtsvorschriften, das Prüfraster mit den Ergebnissen der das Regelungsvorhaben betreffenden ressortinternen Vorschriftenprüfung und das Ergebnis der Untersuchung nach Nummer 4.4.2 dem Normenprüfungsausschuss zu.

6.3.2 Der Normenprüfungsausschuss setzt sich aus je einem Vertreter des Innenministeriums und des Justizministeriums zusammen; er prüft, ob die Entwürfe den Anforderungen dieser Anordnung genügen.

6.3.3 In Kabinettsvorlagen sind die wesentlichen Ergebnisse der Normenprüfung und nicht ausgeräumte Beanstandungen des Normenprüfungsausschusses zur Erforderlichkeit von Regelungsentwürfen, zur Privatisierungsfähigkeit der Aufgaben oder Aufgabenwahrnehmung und zu den Regelungsfolgen darzustellen.

6.3.4 Bei einer Rechtsverordnung eines Ministeriums, die dem Ministerrat nicht ohnehin aus anderem Grunde vorzulegen ist, hat der Normenprüfungsausschuss das Recht, die Vorkonferenz des Ministerrats mit nicht ausgeräumten Beanstandungen zu befassen.

6.4 Ombudsmann

Der Landesbeauftragte für Bürokratieabbau (Ombudsmann) kann bei allen Regelungsentwürfen eine Prüfung unter Bürokratieabbau- und Deregulierungsgesichtspunkten vornehmen und gegebenenfalls auf eine Änderung des Regelungsentwurfs hinwirken.

7. Besondere Verfahrensabschnitte

7.1 Beteiligungen

Das federführende Ministerium beteiligt die Ministerien, deren Geschäftsbereich berührt ist, frühzeitig bei der Ausarbeitung von Regelungsentwürfen (beispielsweise das Wirtschaftsministerium, wenn Vollzugsaufwand für die Wirtschaft in Betracht kommt). Es stellt außerdem die nach geltenden Regelungen durchzuführenden Beteiligungen (beispielsweise des Landesbeauftragten für den Datenschutz) sicher.

7.2 Vorentscheidung des Ministerrats

7.2.1 Bevor aufwändige Vorarbeiten durchgeführt werden, prüft das zuständige Ministerium, ob eine Vorentscheidung des Ministerrats herbeizuführen ist. Bestehen nicht auf anderem Wege beizulegende Meinungsverschiedenheiten, die den Geschäftskreis mehrerer Ministerien berühren, oder liegen Fragen von grundsätzlicher oder weittragender Bedeutung vor, so ist eine Vorentscheidung des Ministerrats immer geboten.

7.2.2 Kommt einem Regelungsentwurf politisches Gewicht zu, ist eine grundsätzliche Entscheidung des Ministerrats einzuholen, bevor die kommunalen Landesverbände, Gewerkschaften, Berufsverbände oder andere Beteiligte angehört werden.

7.3 Anhörung

7.3.1 Für die Anhörung der kommunalen Landesverbände sowie die Beteiligung der Spitzenorganisationen der Gewerkschaften und der Berufsverbände gelten folgende Grundsätze:

- Bei der Vorbereitung von Regelungen sind den kommunalen Landesverbänden die Entwürfe der Ministerien im Wortlaut zuzuleiten, soweit darin allgemeine Fragen geregelt werden, die Gemeinden oder Gemeindeverbände berühren. Enthalten Entwürfe Regelungen im Sinne des § 120 Satz 1 des Landesbeamtengesetzes, bei der Regelung der Rechtsverhältnisse der Richter in Verbindung mit § 8 des Landesrichtergesetzes, sind sie den Spitzenorganisationen der Gewerkschaften und Berufsverbände im Lande im Wortlaut zuzuleiten.

- Den genannten Verbänden ist Gelegenheit zu geben, zu den Entwürfen in angemessener Frist schriftlich oder mündlich Stellung zu nehmen. Die Frist soll so bemessen sein, dass unter Berücksichtigung von Inhalt und Umfang der Entwürfe eine der Bedeutung der vorgesehenen Regelungen entsprechende Prüfung und Beschlussfassung möglich ist.
- Den Ministerien wird empfohlen, Entwürfe, die von erheblicher Tragweite sind, jeweils gemeinsam mit den berührten Verbänden und den beteiligten Ministerien mündlich zu erörtern; davon unberührt bleibt die Möglichkeit, einzelne Fragen schon vor Mitteilung der Entwürfe zu erörtern, soweit hierfür ein Bedürfnis besteht.
- Wird ein Entwurf nachträglich wesentlich ergänzt oder geändert, ohne dass sich die vorangegangene Anhörung hierauf erstreckt hat, so ist den kommunalen Landesverbänden noch einmal Gelegenheit zur Stellungnahme zu geben, soweit die Gemeinden und Gemeindeverbände von der nachträglichen Ergänzung oder Änderung berührt sind. Das Gleiche gilt für die Spitzenorganisationen der Gewerkschaften und der Berufsverbände im Lande, soweit es sich um Fragen von grundsätzlicher Bedeutung handelt. Im übrigen wird auf die Regelungen in § 120 Landesbeamtengesetz hingewiesen.

7.3.2 Gelegenheit zur Stellungnahme erhalten müssen die Industrie- und Handelskammern und die Handwerkskammern, wenn die gewerbliche Wirtschaft unmittelbar berührt ist und die Gewerkschaften, wenn die Interessen der Arbeitnehmer unmittelbar berührt sind. Im übrigen ist es unbeschadet besonders geregelter Anhörungspflichten den Ministerien überlassen, welche Behörden, Körperschaften und Verbände sie anhören.

7.3.3 Bei jeder Anhörung oder Unterrichtung sind die Verbände, beteiligten Fachkreise oder öffentlichen Stellen um nähere Angaben zu den Regelungsfolgen einschließlich der Kosten der Ausführung der Regelung zu bitten, die bei den Regelungsadressaten des Fachbereichs, insbesondere auch bei mittelständischen Unternehmen, sowie bei Bürgern voraussichtlich entstehen werden. Kosten der Ausführung sind die durch den Vollzug der Regelung entstehenden personellen und sächlichen Aufwendungen.

7.4 Unterrichtung des Landtags über Staatsverträge und sonstige Abkommen

7.4.1 Die Landesregierung leitet dem Landtag, Staatsverträge (ohne Rücksicht auf ihre Bedeutung) und sonstige Abkommen von erheblicher politischer oder finanzieller Bedeutung rechtzeitig vor dem Abschluss zu. Dem Landtag wird dadurch Gelegenheit zur Stellungnahme gegeben.

Teil 4: Arbeitshilfen

7.4.2 Das spätere Zustimmungsverfahren nach Artikel 50 Satz 2 der Landesverfassung bei Staatsverträgen bleibt unberührt.

7.5 Kabinettsvorlagen

7.5.1 Kabinettsvorlagen, die den Erlass von Rechtsvorschriften zum Gegenstand haben, enthalten die Ergebnisse der Beteiligung anderer Ministerien, des Anhörungsverfahrens, der Vorschriftenprüfung und einen formulierten Beschlussvorschlag mit einer Empfehlung, ob eine pauschale Beschlussfassung ohne vorherige Sachdiskussion erfolgen kann.

7.5.2 Gesetzentwürfe sind mit Vorblatt, Begründung und Prüfraster dem Staatsministerium und nachrichtlich

- den übrigen Ministerien,
- der Vertretung des Landes Baden-Württemberg beim Bund,
- den Staatssekretären mit Kabinettsrang

zu übersenden.

7.5.3 Für dem Ministerrat zuzuleitende Entwürfe sonstiger Regelungen gilt Nummer 7.5.3 entsprechend mit der Maßgabe, dass sie keines Vorblatts und, wenn sie kurz und übersichtlich sind, auch keiner Begründung bedürfen. Im Prüfraster sind die notwendigen Erläuterungen zu geben.

7.5.4 Das Weitere zum Verfahren regelt das Staatsministerium.

7.6 Zuleitung von Gesetzentwürfen an die Landtagsfraktionen

Die Ministerien leiten dem Landtagspräsidenten und den Geschäftsstellen der Fraktionen des Landtags Gesetzentwürfe jeweils in dreifacher Fertigung zu dem Zeitpunkt zu, zu dem die Entwürfe den Verbänden, Körperschaften und Organisationen zur Stellungnahme zugeleitet werden.

8. Veröffentlichung von Regelungsentwürfen und Regelungen

8.1 Regelungsentwürfe

Regelungsentwürfe von öffentlichem Interesse, mit hohen Kostenfolgen oder mit sonstigen erheblichen Auswirkungen sind nach Eingang der Entwürfe bei den in Nummer 7.2.2 genannten Stellen während der Anhörungsdauer im Internet zu veröffentlichen.

8.2 Regelungen

Regelungen sind, soweit nichts anderes bestimmt ist, wie folgt zu verkünden oder bekannt zu machen:

- Rechtsvorschriften sind zu verkünden (Artikel 63 der Landesverfassung und Verkündungsgesetz).
- Verwaltungsvorschriften sind durch Abdruck in dem jeweils für den Geschäftsbereich des federführenden Ministeriums vorgesehenen amtlichen Bekanntmachungsblatt zu veröffentlichen. Sie können auch durch Aufnahme in eine allgemein zugängliche, ständig fortgeschriebene Textausgabe, die amtlich herausgegeben wird, oder in einem allgemein zugänglichen elektronischen Speichermedium veröffentlicht werden. Auf die Aufnahme in amtliche Textausgaben oder elektronische Speichermedien ist in dem sonst vorgesehenen amtlichen Bekanntmachungsblatt hinzuweisen.
- Innerdienstliche Anordnungen sind mit ihrem vollen Wortlaut in das elektronische Informationssystem der Landesverwaltung einzustellen.
- Von der Landesregierung oder von Landesministerien zu veröffentlichende Regelungen des Bundes und der Europäischen Gemeinschaften werden wie Landesregelungen bekannt gemacht.
- Für Konstitutionsakte und andere Regelungen nach Nummer 2.2.2, die nicht als Rechtsvorschriften ergehen, bestimmt das zuständige Ministerium die Art und Weise der Bekanntmachung.

8.3 Ausnahmen von der Pflicht zur Veröffentlichung

8.3.1 Ausgenommen von der Pflicht zur Veröffentlichung sind Verwaltungsvorschriften und innerdienstliche Anordnungen

- mit einer Geltungsdauer bis zu einem Jahr, soweit die Veröffentlichung nicht wegen der grundsätzlichen Bedeutung oder der Regelungsfolgen geboten ist,
- deren Veröffentlichung die Erreichung des Regelungsziels in Frage stellen würde oder
- die als Verschlusssache eingestuft sind.

8.3.2 Soll eine Veröffentlichung unterbleiben, ist dies in der Verwaltungsvorschrift oder innerdienstlichen Anordnung unter Angabe der in Nummer 8.3.1 abschließend aufgezählten Gründe festzustellen.

8.4 Amtliche Bekanntmachungsblätter

8.4.1 Amtliche Bekanntmachungsblätter sind

Teil 4: Arbeitshilfen

- der Staatsanzeiger für Baden-Württemberg,
- das Gemeinsame Amtsblatt des Innenministeriums, des Finanzministeriums, des Wissenschaftsministeriums, des Wirtschaftsministeriums, des Ministeriums für Ernährung und Ländlichen Raum, des Sozialministeriums, des Ministeriums für Umwelt und Verkehr sowie der Regierungspräsidien,
- das Amtsblatt des Kultusministeriums („Kultus und Unterricht") und
- das Amtsblatt des Justizministeriums („Die Justiz").

8.4.2 Die Behörden veröffentlichen amtliche Mitteilungen, die sich auf das Gebiet von Gemeinden oder Landkreisen beschränken, in der Form, die für die öffentliche Bekanntmachung dieser Gemeinden oder Landkreise vorgeschrieben ist.

8.5 Bekanntmachungsverzeichnisse

8.5.1 Zum 1. Januar eines jeden Jahres wird ein Vorschriften- und Bekanntmachungsverzeichnis der Landesregierung als Druckwerk oder als Datensammlung auf einem elektronischen Speichermedium herausgegeben. Es enthält die Fundstellen für alle am Stichtag geltenden

- Rechtsvorschriften,
- veröffentlichten Verwaltungsvorschriften,
- durch die Landesregierung oder Landesministerien veröffentlichten Regelungen des Bundes und der Europäischen Gemeinschaften und
- sonstigen Bekanntmachungen.

8.5.2 Die Ministerien erfassen die nach Nummer 8.3.1 von der Pflicht zur Veröffentlichung ausgenommenen Verwaltungsvorschriften mit Ausnahme der Verwaltungsvorschriften, die als Verschlusssache eingestuft sind, jeweils für ihren Bereich in einem ressortinternen Verzeichnis, das aktuell zu halten und in das elektronische Informationssystem der Landesverwaltung einzustellen ist. Das Verzeichnis enthält mindestens die genaue Bezeichnung, die Kurzbezeichnung, das Datum, das Aktenzeichen und die Geltungsdauer der Verwaltungsvorschrift.

8.5.3 Die Ministerien erfassen außerdem in ihrem ressortinternen Verzeichnis ihre innerdienstlichen Anordnungen entsprechend Nummer 8.5.2 getrennt von den nicht veröffentlichten Verwaltungsvorschriften.

8.5.4 Die Geheimschutzbeauftragten der Ministerien erfassen die Verwaltungsvorschriften, die als Verschlusssache eingestuft sind, mit der genauen Bezeichnung, der Kurzbezeichnung, dem Datum, dem Aktenzeichen und der Geltungsdauer jeweils für ihren Bereich.

9. Verfallsautomatik

9.1 Verwaltungsvorschriften und innerdienstliche Anordnungen, die nicht in ein Bekanntmachungsverzeichnis nach Nummer 8.5 aufgenommen sind, treten zum 31. Dezember des Jahres, in dem sie erlassen oder aus dem Bekanntmachungsverzeichnis gelöscht worden sind, außer Kraft, soweit sie nicht bereits auf Grund einer Festlegung nach Nummer 4.5.4 ihre Geltung verloren haben.

9.2 Veröffentlichte Verwaltungsvorschriften und innerdienstliche Anordnungen, die älter als sieben Jahre sind, und nicht veröffentlichte Verwaltungsvorschriften, die älter als drei Jahre sind und deren Geltungsdauer nicht verlängert wurde, treten jeweils zum 31. Dezember außer Kraft, soweit sie nicht schon früher ihre Geltung verloren haben. Hiervon ausgenommen sind die in Nummer 4.5.5 genannten Verwaltungsvorschriften und innerdienstlichen Anordnungen. Sie sind jedoch nach Ablauf von sieben Jahren einer Überprüfung nach Nummer 10.1 zu unterziehen.

9.3 Regelungen, die nach bisherigem Recht am 1. Januar 2005 noch gelten würden, treten abweichend von Nummern 9.1 und 9.2 frühestens am 31. Dezember 2005 außer Kraft, sofern nichts anderes bestimmt ist oder wird.

10. Vorschriftenbereinigung

10.1 Überprüfung von Regelungen in angemessenen Zeitabständen

Regelungen sind, auch wenn ihre Geltungsdauer begrenzt ist (Nummer 4.5), in angemessenen Zeitabständen darauf zu überprüfen, ob

- sie überhaupt oder in diesem Umfang noch erforderlich sind (Nummer 4.1),
- sie vereinfacht werden können, Standards abgesenkt werden können oder ganz auf sie verzichtet werden kann,
- sie noch aktuell sind, insbesondere mit geltendem Recht übereinstimmen,
- sie mit anderen Regelungen zusammengefasst werden können (Nummer 4.1.8) und
- ihre Geltungsdauer verkürzt werden kann oder in Ausnahmefällen verlängert werden muss.

Hierauf kann ausnahmsweise verzichtet werden, wenn eine Regelung nur sehr kurze Zeit gilt oder der Regelungsgegenstand eine derartige Überprüfung nicht geboten erscheinen lässt.

Die Durchführung dieser Überprüfungen ist durch organisatorische Maßnahmen sicherzustellen. Das Ergebnis einer Überprüfung bzw. der Verzicht hierauf ist aktenkundig zu machen.

10.2 Bewährungsprüfung

10.2.1 Regelungen, für die eine Regelungsfolgenabschätzung nach dem Leitfaden zur Gesetzesfolgenabschätzung durchgeführt wurde oder bei denen die Voraussetzungen der Nummer 4.4.4 vorlagen, sind, sobald eine Bewertung möglich ist, spätestens drei Jahre nach ihrem Inkrafttreten, einer Bewährungsprüfung durch das fachlich zuständige Ministerium zu unterziehen. Dabei sind die eingetretenen mit den prognostizierten Regelungsfolgen zu vergleichen und der Zielerreichungsgrad festzustellen.

10.2.2 Regelungen, die der Bewährungsprüfung mit dem Ergebnis unterzogen wurden, dass sie das Regelungsziel nicht erreicht haben, sind aufzuheben. Soweit keine eigene Befugnis zur Aufhebung besteht, ist ihre Aufhebung vorzuschlagen.

11. Schlussvorschriften

Diese Anordnung tritt am 1. Januar 2005 in Kraft.

Gleichzeitig treten außer Kraft

- die Richtlinien der Landesregierung zum Erlass von Vorschriften (Vorschriftenrichtlinien) vom 12. Mai 1997 (GABl. S. 365),
- die Anordnung der Landesregierung und der Ministerien über die Bereinigung von Verwaltungsvorschriften des Landes (Bereinigungsanordnung) vom 16. Dezember 1981 (GABl. 1982 S. 14), geändert durch Bekanntmachung des Innenministeriums vom 8. Januar 1997 (GABl. S. 74) und
- Nummer 3.3.13 der Dienstordnung für die Landesverwaltung Baden-Württemberg vom 9. Februar 1998 (GABl. S. 248).

Diese Anordnung wird spätestens im ersten Halbjahr 2008 einer Prüfung nach Nummer 10.2.1 unterzogen. Sie tritt spätestens am 31. Dezember 2011 außer Kraft.

(Anm. der Red.: Vom Abdruck der Anlagen 1 und 2 zur Vorschriftenanordnung – Prüffragen zu 4.4.2 der VAO und Vorschriftenrichtlinien – wurde abgesehen.)

II. Bayern – Richtlinie für die polizeiliche Verkehrsüberwachung (VÜ-Richtlinie – VÜR)

Bekanntmachung des Bayerischen Staatsministeriums des Innern vom 12. Mai 2006

– Az.: I C 4-3618.2-31 –

C. Richtlinien für die Geschwindigkeitsüberwachung • II. Bayern

1. Allgemeine Grundsätze

1.1 Ziele

Die Verkehrsüberwachung dient dazu, die Verkehrsteilnehmer zu verkehrsgerechtem und besonnenem Verhalten zu veranlassen. Ihre Maßnahmen sollen insbesondere dazu beitragen, Verkehrsunfälle zu verhindern oder Unfallfolgen zu mindern und Behinderungen und Belästigungen im Straßenverkehr sowie sonstige vom Straßenverkehr ausgehende schädliche Auswirkungen auf die Umwelt, soweit wie möglich, zu verhüten. Dabei steht die Verhinderung schwerer Verkehrsunfälle im Vordergrund.

1.2 Prioritäten

Eine lückenlose Verkehrsüberwachung ist weder möglich noch wünschenswert. Die Polizei richtet deshalb Maßnahmen der Verkehrsüberwachung nach Zahl, Art, Umfang, Einsatzort und Einsatzzeit in erster Linie an den Möglichkeiten aus, die genannten Ziele zu erreichen. Im Verhältnis der Ziele untereinander wird die Priorität in der Regel nach der angegebenen Reihenfolge bestimmt, wenn nicht besondere Umstände eine Abweichung erfordern.

1.2.1 Reduzierung von Verkehrsunfällen

Mit dem vorrangigen Ziel, die Anzahl der schweren Verkehrsunfälle zu verringern, ist die Verkehrssicherheitsarbeit im allgemeinen und die Verkehrsüberwachung im besonderen schwerpunktmäßig auf die **Bekämpfung der Hauptunfallursachen** auszurichten. Als **Hauptunfallursachen** sind **insbesondere** anzusehen:

- nichtangepasste Geschwindigkeit einschließlich der Überschreitung der zulässigen Höchstgeschwindigkeit
- Alkohol-, Drogen- und Medikamenteneinfluss bei Fahrzeugführern
- Nichtbeachten des Vorrangs an Lichtzeichenanlagen und der Vorfahrt
- Unterschreiten des vorgeschriebenen Sicherheitsabstands.

Besonders wichtig sind Überwachungsmaßnahmen an Stellen, an denen sich häufig Unfälle ereignet haben (**Unfallbrennpunkte**) oder an denen nach den örtlichen Umständen eine erhöhte Wahrscheinlichkeit dafür besteht, dass sich Unfälle ereignen werden (**Unfallgefahrenpunkte**).

1.2.2 Verminderung von Unfallfolgen

Hinsichtlich der Vermeidung schwerwiegender Unfallverletzungen kommt der Einhaltung der Gurtanlege- und der Kindersicherungspflicht besondere Bedeutung zu. Im Rahmen der polizeilichen Verkehrsüberwachung ist deshalb vorrangig die Kindersicherungs-, aber auch die Gurtanlege- sowie die Helmtragepflicht verstärkt mit zu überwachen. Außerdem kann die Verminderung von Unfallfolgen auch durch die Einhaltung von Technischen Leitlinien (z.B. Sichtdreiecke u.Ä.) bewirkt werden.

1.2.3 Verhütung von Behinderungen

Um Behinderungen so weit wie möglich zu verhüten bzw. zu beseitigen, sollen möglichst alle festgestellten Verkehrsverstöße im ruhenden bzw. im fließenden Verkehr nach den Grundsätzen des Verhältnismäßigkeitsgrundsatzes sowie des Opportunitäts- und Gleichheitsprinzips geahndet werden, soweit dies die personellen Möglichkeiten bzw. die Einsatzsituation zulassen.

1.2.4 Verhütung von Belästigungen und schädlichen Auswirkungen auf die Umwelt

Hinsichtlich der Verhütung von Belästigungen ist vor allem auf Lärm und Abgase abzustellen. Dies kann auch durch Maßnahmen der Regierungen und/oder nachgeordneter Behörden zur Luftreinhalte- und Lärmminderungsplanung erfolgen. Im Zusammenhang mit schädlichen Auswirkungen auf die Umwelt ist insbesondere auf die Nichtbeachtung von Vorschriften über den Bau und Betrieb sowie die Ausrüstung von Fahrzeugen zu achten. Hierzu zählen auch Gewichte, Achslasten, verkehrslenkende (wie z.B. vorgeschriebene Fahrtrichtung) und verkehrsbeschränkende Ge- und Verbote. Die Überwachung der einschlägigen Vorschriften ist deshalb im Rahmen der polizeilichen Aufgabenwahrnehmung unter Beachtung der vorgenannten Priorisierung mit zu berücksichtigen. Verstärkte polizeiliche Kontrollen kommen in diesem Rahmen bei damit verbundenen Sicherheitsgefahren in Betracht.

1.3 Einschreiten nach pflichtgemäßem Ermessen (Opportunitätsprinzip – § 47 OWiG)

Die Verfolgung von Verkehrsordnungswidrigkeiten ist – anders als die Verfolgung von Straftaten – in das pflichtgemäße Ermessen der Polizei gestellt (§ 53 Abs. 1 OWiG). Das bedeutet:

Nicht jede festgestellte Verkehrsordnungswidrigkeit muss verfolgt werden. Die Polizei kann im Einzelfall oder allgemein für bestimmte Fälle ganz oder teilweise, auch für bestimmte Zeiträume, von der Verfolgung absehen.

Pflichtgemäß ist das Ermessen, wenn es die zwingenden Rechtsgrundsätze (z.B. Grundsätze der Gleichbehandlung gleichgelagerter Fälle und der Verhältnismäßigkeit) beachtet und darüber hinaus nur von sachgerechten Erwägungen bestimmt wird. Stets sind die Ziele und Prioritäten der Verkehrsüberwachung zu berücksichtigen. Im Übrigen siehe Kapitel 2.6.

2. Durchführung der Verkehrsüberwachung

2.1 Grundsätzliches

Sichtbare Präsenz trägt wesentlich dazu bei, das subjektive Entdeckungsrisiko zu erhöhen und regelkonformes Verhalten zu fördern. Sie ist somit wesentlicher Bestandteil sowohl der polizeilichen Verkehrssicherheitsarbeit als auch der allgemeinen Kriminalprävention.

Im Zeichen ständig wachsender Aufgaben für die Polizei, bei nur begrenzt zur Verfügung stehenden sachlichen und personellen Mitteln, sind der polizeilichen Verkehrsüberwachung quantitative Grenzen gesetzt. Umso mehr ist es notwendig, die **Qualität der polizeilichen Verkehrsüberwachung** auf einem möglichst hohen Niveau zu halten. Dies erfordert insbesondere eine kontinuierliche Analyse der Unfallentwicklung im örtlichen Bereich, eine Fortschreibung der jeweiligen Einsatzkonzeptionen und auch entsprechende Controllingmaßnahmen.

Ein wichtiger Aspekt im Hinblick auf die Maßnahmen der Polizei ist **die zeitliche und örtliche Komponente.**

2.2 Zuständigkeit

Im Rahmen des integrativen Ansatzes ist die Überwachung des Straßenverkehrs Aufgabe **aller** Polizeivollzugsbeamten. Sie wird in der Regel von Beamten des uniformierten Vollzugsdienstes durchgeführt.

Die Zuständigkeit der Gemeinden zur Ermittlung und Verfolgung von Verstößen im ruhenden Verkehr und von Geschwindigkeitsverstößen bleibt unberührt. Um eine reibungslose und effiziente Zusammenarbeit zwischen der Bayerischen Polizei und den Gemeinden zu gewährleisten, sind die Tätigkeiten untereinander abzustimmen.

2.3 Einsatz von Angestellten

Werden zur Überwachung des Straßenverkehrs Angestellte eingesetzt (Art. 2 Abs. 2 POG), gilt Folgendes:

2.3.1 Zur Überwachung von Verstößen gegen Vorschriften des Straßenverkehrsrechts, die im ruhenden Verkehr festgestellt werden, zur Bedienung von Geschwindigkeitsmessgeräten, auch von Laser-Handmess-Geräten, können Angestellte nach Weisung der zuständigen Dienststelle uneingeschränkt eingesetzt werden.

2.3.2 Im Übrigen sollen Angestellte nur gemeinsam mit Polizeivollzugsbeamten eingesetzt werden. Anhaltungen (§ 36 Abs. 5 StVO, § 46 Abs. 2 OWiG in Verbindung

Teil 4: Arbeitshilfen

mit § 163b StPO) bleiben den Beamtinnen und Beamten des Polizeivollzugsdienstes vorbehalten.

2.4 Umfang der Überwachung

Zu überwachen sind:

2.4.1 die Verkehrsteilnehmer – insbesondere die Risikogruppen – im Hinblick auf ihr Verhalten, die Verkehrstüchtigkeit (insbesondere Fahrtüchtigkeit), die Fahrerlaubnis und andere Voraussetzungen zum Führen von Kraftfahrzeugen und die Benutzung der passiven Sicherheitseinrichtungen wie Gurte, Kindersitze und Helme;

2.4.2 die Fahrzeuge – z.B. im Hinblick auf Zulassung, Ausrüstung, Zustand und Ladung;

2.4.3 die Verkehrszeichen und Verkehrseinrichtungen (Art, Standort, Zustand, Zweckmäßigkeit, Sichtbarkeit und Gültigkeit). Bei Mängeln sind die für die Verkehrssicherung originär zuständigen Straßenverkehrsbehörden und/oder Straßenbaubehörden zu verständigen. Bei Gefahr im Verzug trifft die Polizei erforderliche vorläufige Maßnahmen selbst (§ 44 Abs. 2 StVO – „Eilzuständigkeit");

2.4.4 die verkehrsrechtlich öffentlichen Verkehrsflächen (baulicher oder witterungsbedingter Zustand, insbesondere Gefahrenstellen, z.B. Baustellenabsicherungen – soweit nicht Abschnitt 2.4.3 zutrifft). Dabei ist auch auf Gefahren zu achten, die von außen drohen (z.B. Lawinen, Abrutschen von Hängen, Gefährdung von Brücken durch Hochwasser); die für die Verkehrssicherung originär zuständigen Stellen sind zu verständigen. Bei Gefahr im Verzug trifft die Polizei selbst die erforderlichen vorläufigen Maßnahmen nach dem Polizeiaufgabengesetz oder nach dem Straßenverkehrsrecht (§ 44 Abs. 2 StVO – „Eilzuständigkeit").

2.5 Verfahren

2.5.1 Ankündigung von **Maßnahmen** der Verkehrsüberwachung

Maßnahmen der Verkehrsüberwachung sind grundsätzlich nicht anzukündigen, weil bei den Verkehrsteilnehmern im Interesse der Sicherheit des Verkehrs nicht der Eindruck erweckt werden darf, ohne Ankündigung müsse mit einer polizeilichen Kontrolle nicht gerechnet werden und es könnten deshalb die Verkehrsregeln ohne ahndungsrechtliches Risiko unbeachtet bleiben. Abweichend von diesem Grundsatz können Überwachungsmaßnahmen am Kontrollort angekündigt werden,

- bei einzelnen Kontrollarten, sofern dies in besonderen Weisungen vorgesehen ist;
- wenn die Ankündigung zweckdienlich erscheint, um die Verkehrsteilnehmer auf mögliche Beeinträchtigungen des Verkehrsablaufs aufmerksam zu machen;

- im Bereich von besonders unfallträchtigen Stellen/Strecken, ggf. mit dem ständigen Zusatzzeichen „Radarkontrolle", zu Zeichen 274;

2.5.2 Durchführung polizeilicher Verkehrskontrollen

Behinderungen und Belästigungen anderer Verkehrsteilnehmer und Dritter sind bei Verkehrskontrollen möglichst zu vermeiden. Gefährdungen sind nach menschlichem Ermessen auszuschließen. Um dieses Ziel zu erreichen, sollten die Anhaltungen abseits des normalen Fahrverkehrs (z.b. in Haltebuchten) durchgeführt werden.

2.5.3 Sonderrechte

Die Verkehrsüberwachung ist hoheitliche Aufgabe. Die Polizei ist daher von den Vorschriften der Straßenverkehrs-Ordnung befreit, soweit das zur Erfüllung dieser Aufgabe dringend geboten ist (§ 35 Abs. 1 StVO). Die öffentliche Sicherheit und Ordnung ist gebührend zu berücksichtigen (§ 35 Abs. 8 StVO). Insbesondere dürfen Sonderrechte nicht in Anspruch genommen werden, wenn dadurch der Verkehr gefährdet würde, in der Regel auch nicht, wenn der Verkehr sonst wesentlich beeinträchtigt würde.

Das gilt nicht für Gemeinden, die Aufgaben der kommunalen Verkehrsüberwachung wahrnehmen; für sie kommt, bei Vorliegen dringender Gründe, die Erteilung einer standortbezogenen Ausnahmegenehmigung (z.B. § 46 Abs. 1 Satz 2 Nr. 11 StVO) in Betracht.

Von einer Verfolgung ist regelmäßig abzusehen, wenn die Beeinträchtigung des übrigen Verkehrs außer Verhältnis zu der Schwere des Verstoßes steht.

2.5.4 Anhalten

Nach Verkehrsverstößen sind die Betroffenen grundsätzlich anzuhalten, da die verkehrserzieherische Wirkung einer Beanstandung mit Anhaltung ungleich höher einzuschätzen ist, als Beanstandungen im Nachsendeverfahren, und weil sich anlässlich einer Beanstandung wegen eines Verkehrsdelikts immer wieder Verdachtsmomente für andere Delikte ergeben können (ganzheitlicher Kontrollansatz – vgl. hierzu Nr. 2.10). Zudem entfallen bei Kontrollen mit Anhaltung zeitraubende und personalintensive Nachermittlungen. Grundsätzlich ist deshalb auch bei der technischen Verkehrsüberwachung eine möglichst hohe Anhaltequote anzustreben. Von einer Anhaltung ist abzusehen, wenn dadurch eine Gefährdung des Betroffenen oder anderer Personen zu befürchten ist oder wenn der übrige Verkehr unzumutbar behindert werden könnte.

Im Übrigen kann von einem Anhalten abgesehen werden, wenn
- die Erfüllung anderer polizeilicher Aufgaben vordringlich ist;
- in ergänzenden Weisungen für einzelne Kontrollarten etwas anderes bestimmt ist.

Teil 4: Arbeitshilfen

Wird der Betroffene angehalten, ist ihm der Verkehrsverstoß bekannt zugeben. Vor der Anhörung ist er über sein Aussageverweigerungsrecht zu belehren. Ist der Verstoß mit schädlichen Auswirkungen auf die Umwelt verbunden, soll er darauf hingewiesen werden. Zugleich soll versucht werden, den Betroffenen für künftiges verkehrsgerechtes Verhalten zu motivieren.

Im Übrigen wird auf den Leitfaden (LF) 371 „Eigensicherung" hingewiesen.

2.6 Verfolgung von Verkehrsordnungswidrigkeiten

Bei der Verfolgung von Verkehrsordnungswidrigkeiten sind folgende Gesichtspunkte zu berücksichtigen:

2.6.1 Bedeutung des Verstoßes

Von der Verfolgung eines Verstoßes darf **nicht** abgesehen werden, wenn der Betroffene grob verkehrswidrig oder rücksichtslos gehandelt hat. Ein Verstoß muss in aller Regel verfolgt werden, wenn der Betroffene beharrlich seine Pflichten als Fahrzeugführer oder Fahrzeughalter verletzt oder bereits wiederholt wegen des gleichen Verstoßes beanstandet wurde. Konsequent zu ahnden sind ferner Verstöße, die entweder für sich alleine oder aufgrund einer negativen Vorbildwirkung, z.B. für Kinder, zu Gefährdungen führen können. Hat ein Betroffener mehrere Zuwiderhandlungen begangen, von denen jede für sich ein Absehen von der Verfolgung zulassen würde, ist zu prüfen, ob die Gesamtheit der Verstöße noch unbedeutend ist. Bei der Verwarnung von geringfügigen Verstößen ist unter Berücksichtigung des jeweiligen Einzelfalles verstärkt zu prüfen, inwieweit nicht auch eine eingehende mündliche Verwarnung unter Verzicht auf die Erhebung eines Verwarnungsgeldes ausreichend ist.

Von der Verfolgung soll insbesondere bei nachstehend aufgeführten Verstößen nicht abgesehen werden:

2.6.1.1 Gefährlichkeit des Verstoßes

Verkehrsverstöße, die häufig zu Unfällen führen (unfallträchtig sind insbesondere Verstöße nach Abschnitt 1.2.1), sind in jedem Fall zu ahnden, auch wenn sie ohne Folgen bleiben.

2.6.1.2 Folgen des Verstoßes

Wurde durch die Zuwiderhandlung ein Anderer geschädigt, gefährdet oder erheblich behindert oder wurde der Verkehrsfluss erheblich beeinträchtigt, kann von der Verfolgung des Verstoßes nur ausnahmsweise abgesehen werden, z.B. wenn der Schaden unbedeutend, die Gefährdung gering und die Behinderung und Beeinträchtigung des Verkehrsflusses von kurzer Dauer war. Hat der Betroffene oder ein naher Angehöriger durch die Zuwiderhandlung ausschließlich selbst einen schweren Schaden erlitten, kann auf die Verfolgung des Verstoßes verzichtet werden, wenn das Verschulden des Betroffenen gering war und anzunehmen ist, dass er aus dem Unfall die notwendigen Lehren für künftiges Verhalten ziehen wird.

Von der Verfolgung eines Verstoßes soll <u>insbesondere</u> nicht abgesehen werden:
- bei Fahrzeugmängeln, welche die Verkehrssicherheit des Fahrzeugs erheblich beeinträchtigen, insbesondere bei schwerwiegenden Mängeln an Bereifung, Bremsen und Lenkung, oder die Umwelt erheblich belasten, z.b. durch eine unzulässig hohe Geräusch- und Abgasentwicklung;
- bei anderen Zuwiderhandlungen, wenn sie in erheblichem Maße mit schädlichen Auswirkungen auf die Umwelt verbunden sind;
- wenn keine Sicherheitsgurte, Helme oder Kindersitze angelegt, getragen oder benützt werden;
- bei einer vorwerfbaren Überschreitung der zulässigen Höchstgeschwindigkeit um mehr als 20 km/h;
- bei einer vorwerfbaren Überschreitung des zulässigen Gesamtgewichts um mehr als 5 v.H.;
- bei einer vorwerfbaren Überschreitung der zulässigen Stützlast um mehr als 50 v.H.

Bei Mängeln an lichttechnischen Einrichtungen soll von der Verfolgung nicht abgesehen werden, wenn
- bei mehrspurigen Fahrzeugen das Signalbild so verändert ist, dass sie als solche nicht mehr erkennbar sind;
- bei einspurigen Fahrzeugen die vordere oder die rückwärtige Beleuchtung nicht betriebsbereit ist.

Ausnahmsweise kann bei Mängeln an lichttechnischen Einrichtungen von der Verfolgung abgesehen werden, wenn zu erwarten ist, dass die Fahrt bis zu dem Zeitpunkt, ab dem eine Beleuchtung erforderlich ist, beendet sein wird.

Die Verpflichtung, bei Fahrzeugmängeln eine Mitteilung über Fahrzeugmängel zu erstatten, bleibt unberührt.

2.6.2 Auswirkungen des Verstoßes auf die Verkehrssicherheit des Fahrzeugs und auf die Umwelt

Bei Ordnungswidrigkeiten mit möglichen Auswirkungen auf die Verkehrssicherheit und die Umwelt ist der Mangel möglichst an Ort und Stelle zu beheben. Bei gravierenden Beeinträchtigungen ist die Weiterfahrt zu untersagen.

Teil 4: Arbeitshilfen

Von einer Unterbindungsmaßnahme kann nur Abstand genommen werden, wenn im Einzelfall die Gefährdung als gering anzusehen ist oder zusätzliche anderweitige Vorkehrungen getroffen werden können (z.b. die Begleitung durch Polizeibeamte zu einer Werkstatt).

Erlischt durch die technische Veränderung die Betriebserlaubnis (vgl. Beispielkatalog Änderungen an Fahrzeugen und ihre Auswirkungen auf die Betriebserlaubnis von Fahrzeugen – § 19 Abs. 2, 3, 4 und 5 StVZO [VKBl 1999 S. 451]), lebt die Betriebserlaubnis durch die Mängelbeseitigung nicht wieder auf. Auf § 17 StVZO wird besonders hingewiesen. Die Möglichkeit der Unterbindung der Weiterfahrt wird hiervon nicht berührt.

2.7 Beweissicherung/-führung

Wird ein Verstoß verfolgt, sind die für den Nachweis der Tat und der Täterschaft notwendigen Beweise umgehend zu sichern. Kann das beanstandete Fahrzeug nicht angehalten werden, empfiehlt es sich, nicht nur das amtliche Kennzeichen, sondern auch sonstige Identifikationsmerkmale für das Fahrzeug (z.B. Hersteller, Fahrzeug-Typ, Farbe, auffällige Ausrüstungsteile) und den Fahrer (z.b. Anzahl der Insassen, Geschlecht der das Fahrzeug führenden Person) festzuhalten. Zur Beweissicherung sind die dafür zur Verfügung stehenden technischen Hilfsmittel einzusetzen.

Überwachungsgeräte mit Video- und Fotodokumentation dürfen ohne diese nur eingesetzt werden, wenn die Beweise anderweitig gesichert werden können.

Lichtbildabzüge bzw. Ausdrucke eines digitalen Bildes sind in der Regel nur zu fertigen

- auf Anforderung der Verfolgungsbehörden,
- zur Vorlage bei der Staatsanwaltschaft, wenn nach Einspruch die Unterlagen an diese übersandt werden,
- zum Zweck der Beweissicherung und Fahrerermittlung sowie
- zur Akteneinsicht.

Lichtbildabzüge müssen das Negativ bzw. Dateiausdrucke den abgebildeten Sachverhalt in vollem Umfang wiedergeben. Ausschnittsvergrößerungen dürfen nur zum Zweck der Täterermittlung und Beweisführung gefertigt werden.

Lichtbildauszüge und digitale Bilder, die eine Ordnungswidrigkeitenanzeige mit einem Fahrverbot betreffen, sind drei Jahre ab Tattag aufzubewahren. In allen übrigen Fällen ein Jahr ab Tattag.

Negative und Video-Bänder sind grundsätzlich drei Jahre aufzubewahren.

2.8 Verkehrsüberwachung durch Polizeibeamte in ziviler Kleidung; Einsatz von Fahrzeugen, die nicht als Polizeifahrzeuge gekennzeichnet sind (neutrale Fahrzeuge)

Während die vorbeugende Verkehrsüberwachung und ein wesentlicher Teil der auf die Verfolgung von Verkehrsverstößen gerichteten Überwachung durch Polizeibeamte in Dienstkleidung mit gekennzeichneten Dienstfahrzeugen durchgeführt werden kann, ist es notwendig, vor allem zur Feststellung schwerwiegender, unfallträchtiger und häufig grob verkehrswidrig und rücksichtslos begangener Verstöße auch Polizeibeamte in ziviler Kleidung und neutrale Dienstfahrzeuge einzusetzen. Die Einsatzorte und -strecken sind nach dieser Zielsetzung auszuwählen. Einsätze dieser Art sollen besonders erfahrenen Beamten übertragen werden.

Die Beamten in neutralen Dienstfahrzeugen tragen je nach Art des Einsatzes Dienstkleidung oder zivile Kleidung. Die Fahrer neutraler Krafträder tragen zivile Krad-Bekleidung.

Das Anhalten von Fahrzeugen darf nur in einer Weise erfolgen, dass der Verkehrsteilnehmer eindeutig erkennen kann, dass er von der Polizei zum Anhalten aufgefordert wird. Hierzu sind der Anhaltestab bzw. der Anhaltesignalgeber zu verwenden. Der Kraftradfahrer betätigt den Anhaltesignalgeber und weist erforderlichenfalls durch Handzeichen zum Anhalten an.

Die Legitimationspflicht des Polizeibeamten ist in der Bekanntmachung vom 26. September 1977 (MABl S. 700) geregelt.

2.9 Tarnung von technischem Gerät

Die Verwendung tarnender Mittel beim Einsatz von technischem Gerät (z.B. in Mülltonnen) und Messfahrzeugen ist **nicht** zulässig. Die Ausnutzung baulicher und örtlicher Gegebenheiten ist **jedoch** zulässig (verdecktes Aufstellen).

2.10 Ganzheitlicher Kontrollansatz

Regelwidriges Verhalten im Straßenverkehr sowie allgemeine Delinquenz haben häufig Gemeinsamkeiten. Im Rahmen eines integrativen Ansatzes sind daher bei **allen Kontrollmaßnahmen** sowohl die Belange der Verkehrssicherheitsarbeit als auch der Kriminalitätsbekämpfung zu berücksichtigen.

Dabei soll im Rahmen der geltenden Rechtsvorschriften eine möglichst umfassende Kontrolle

Teil 4: Arbeitshilfen

- sowohl der Personen (Alkohol-, Drogen- und Medikamenteneinfluss der Fahrzeuglenker, Führerscheinüberprüfungen, Suchvermerke bzgl. Haft-/Vorführungsbefehle, Aufenthaltsrecht von Ausländern),
- der mitgeführten Gegenstände (z.b. Überprüfung von Autoradios, Handys, Ausweisen nach Suchvermerken in der SFD)
- als auch der Fahrzeuge (Fahrgestellnummern, Inhalt des Kofferraums, der mitgeführten Ladung, Fahrzeugbeschaffenheit und Ausrüstung)

vorgenommen werden.

2.11 Datenschutz

Die Bestimmungen zum Datenschutz sind zusätzlich zu dieser Richtlinie zu beachten.

3. Ahndung

Bei der Ahndung von Verkehrsordnungswidrigkeiten sind zu beachten:

- die Bekanntmachung über die Erteilung von Verwarnungen wegen Verkehrsordnungswidrigkeiten vom 7. Dezember 1989 (AllMBl S. 1133), geändert durch Bekanntmachung vom 15. Mai 1997 (AllMBl S. 387)
- die Bekanntmachung über die Aufgaben der Polizei bei der Verfolgung von Verkehrsverstößen vom 7. Dezember 1989 (AllMBl S. 1147), zuletzt geändert durch Bekanntmachung vom 12. November 2001 (AllMBl S. 676)
- die Bekanntmachung über die Ahndung von Verkehrsordnungswidrigkeiten vom 7. Dezember 1989 (AllMBl S. 1163), zuletzt geändert durch Bekanntmachung vom 28. August 2002 (AllMBl S. 710)
- die Sammlung der Rundschreiben zur Verfolgung und Ahndung von Verkehrsordnungswidrigkeiten (RdS) der Zentralen Bußgeldstelle im Bayerischen Polizeiverwaltungsamt (in der jeweils geltenden Fassung).

4. Gemeinden und Zweckverbände

Die vorstehenden Bestimmungen gelten entsprechend für Gemeinden und Zweckverbände, soweit sie Aufgaben der kommunalen Verkehrsüberwachung wahrnehmen.

5. In-Kraft-Treten, Außer-Kraft-Treten

Diese Bekanntmachung tritt am 1. Juni 2006 in Kraft. Gleichzeitig treten die Bekanntmachungen vom 17. Juli 1979 (MABl S. 451), zuletzt geändert durch Bekanntmachung vom 3. Mai 1995 (AllMBl S. 485), außer Kraft.

6. Ergänzende Weisungen

Ergänzende Weisungen, insbesondere zur technischen Durchführung einzelner Kontrollarten, bleiben vorbehalten.

III. Berlin

(Anm. der Red.: Die Richtlinien zur Geschwindigkeitsüberwachung befanden sich zum Zeitpunkt der Drucklegung in Bearbeitung und konnten nicht berücksichtigt werden.) 625

IV. Brandenburg

(Anm. der Red.: Bis zum Redaktionsschluss lagen keine aktuellen Richtlinien zur Geschwindigkeitsmessung dieses Bundeslandes vor.) 626

V. Bremen

(Anm. der Red.: Bis zum Redaktionsschluss lagen keine aktuellen Richtlinien zur Geschwindigkeitsmessung dieses Bundeslandes vor.) 627

VI. Hamburg

(Anm. der Red.: Bis zum Redaktionsschluss lagen keine aktuellen Richtlinien zur Geschwindigkeitsmessung dieses Bundeslandes vor.) 628

VII. Hessen – Verkehrsüberwachung durch örtliche Ordnungsbehörden und Polizeibehörden

Bezug: Bekanntmachung vom 26. Januar 2001 (StAnz. S. 675) 629

1. Ziele der Verkehrsüberwachung

Verkehrsüberwachung ist eine hoheitliche Aufgabe. Sie dient vorrangig der Unfallverhütung, darüber hinaus auch dem Schutz der Bevölkerung vor Gesundheitsbeeinträchtigungen insbesondere durch Lärm und Abgase sowie der Leichtigkeit des Verkehrs.

Im Interesse einer effizienten Verkehrssicherheitsarbeit sind Überwachungsmaßnahmen grundsätzlich zwischen den zuständigen Behörden abzustimmen.

2. Verkehrsüberwachung durch örtliche Ordnungsbehörden

Rechtsgrundlage für Maßnahmen der Verkehrsüberwachung durch allgemeine Ordnungsbehörden ist die Verordnung über die Zuständigkeit zur Verfolgung und Ahndung

Teil 4: Arbeitshilfen

von Verkehrsordnungswidrigkeiten nach § 24 und § 24a des Straßenverkehrsgesetzes vom 7. April 1992 (GVBl. I S. 134) in Verbindung mit § 5a der Verordnung über die Zuweisung von Aufgaben der Gefahrenabwehr an die allgemeinen Ordnungsbehörden vom 18. Juli 1972 (GVBl. I S. 255), zuletzt geändert durch Gesetz vom 18. Juli 2005 (GVBl. I S. 546), die auch die Verwendung technischer Mittel zur Verkehrsüberwachung regelt. Bei der Durchführung von Maßnahmen der Verkehrsüberwachung durch die örtlichen Ordnungsbehörden sind folgende Hinweise zu beachten:

Zur Verkehrsüberwachung sollten nur Hilfspolizeibeamtinnen und Hilfspolizeibeamte eingesetzt werden.

2.1   Ermächtigungsgrundlagen; Bestellungen:

Die örtlichen Ordnungsbehörden sind nach Maßgabe der §§ 163b, 163c StPO in Verbindung mit § 46 Abs. 1 OWiG befugt, die zur Feststellung der Identität von Betroffenen erforderlichen Maßnahmen zu treffen. Nach §§ 56, 57 OWiG dürfen sie Verwarnungsgelder erheben.

Der Aufgabenumfang ist in einer Bestellungsverfügung nach der Verwaltungsvorschrift zu § 99 Abs. 1 HSOG näher zu bezeichnen.

Zum Anhalten sind nur Hilfspolizeibeamtinnen und Hilfspolizeibeamte in Uniform einzusetzen.

2.2   Technische Hilfe durch Privatpersonen:

Die Verantwortung für den ordnungsgemäßen Einsatz technischer Hilfsmittel verbleibt auch in Fällen der technischen Hilfe durch Privatpersonen bei der örtlichen Ordnungsbehörde. Es bestehen jedoch keine Bedenken, dass eine Privatperson einer örtlichen Ordnungsbehörde technische Hilfe leistet und ein mobiles Geschwindigkeitsmessgerät aufbaut. Der Bedienstete der örtlichen Ordnungsbehörde muss sich sodann in alleiniger Verantwortung vom ordnungsgemäßen Aufbau überzeugen, vorgeschriebene Funktionsprüfungen vornehmen, Messungen durchführen und, wenn zur Beweisführung Bildaufzeichnungen gefertigt wurden, nach Abschluss der Messungen die Einsatzfilme/elektronischen Aufzeichnungen entnehmen. Das Entwickeln des Filmmaterials sowie das Herstellen der Bilder sollten durch die örtliche Ordnungsbehörde erfolgen. Insbesondere beim Fehlen eines gemeindeeigenen Fotolabors kann jedoch ein privates Fotolabor eingeschaltet werden, wobei die datenschutzrechtlichen Bestimmungen zu beachten sind (§ 4 HDSG). Für die elektronische Auswertung kann auch eine digitale Kopie eines Filmes genutzt werden. Die Auswertung der Einsatzfilme/elektronischen Aufzeichnungen hat in jedem Fall ausschließlich durch die örtliche Ordnungsbehörde zu erfolgen.

VII. Hessen – Verkehrsüberwachung durch örtliche Ordnungs- & Polizeibehörden

3. Ermittlungen durch Polizei und örtliche Ordnungsbehörden nach Verkehrsordnungswidrigkeiten

3.1 Absehen von Folgeermittlungen:

Wurden beim Einsatz von Verkehrsüberwachungsgeräten Lichtbilder oder Videoaufnahmen angefertigt und sind diese zur Identifizierung der Fahrzeugführerin oder des Fahrzeugführers nicht geeignet, sollte grundsätzlich von unverhältnismäßig zeitaufwändigen Ermittlungen abgesehen werden. Von weiteren Ermittlungen ist auch abzusehen, wenn ersichtlich wird, dass ein ausreichender Tatbeweis nicht möglich ist oder die Ermittlung der Fahrzeugführerin oder des Fahrzeugführers mit einem zur Bedeutung der Tat außer Verhältnis stehenden Aufwand verbunden wäre.

3.2 Einsichtnahme in das Personalausweisregister:

Muss geprüft werden, ob die auf dem Lichtbild als Fahrzeugführerin oder Fahrzeugführer abgebildete Person diejenige ist, der die Verkehrsordnungswidrigkeit zur Last gelegt wird (betroffene Person), kann die Personalausweisbehörde und hilfsweise, soweit die/der Betroffene nur einen Reisepass besitzt, die Passbehörde ersucht werden, das Lichtbild aus dem Personalausweis- oder Passregister zu übermitteln und insoweit Einsicht in das Register zu gewähren, wenn die betroffene Person zuvor erfolglos nach § 55 OWiG angehört und auf die Möglichkeit des Bildvergleichs hingewiesen worden ist. § 2b Abs. 3 Satz 1 bis 3 des Personalausweisgesetzes und § 22 Abs. 3 Satz 1 bis 3 des Passgesetzes sind zu beachten.

3.3 Aufsuchen von Betroffenen; Befragung Dritter:

Das Aufsuchen betroffener Personen oder, falls sie nicht angetroffen werden, die Befragung von Dritten, kommen in der Regel nur bei Verstößen in Betracht, die im Verkehrszentralregister zu speichern sind (§ 28 Abs. 3 Nr. 3 StVG). Bei der Befragung Dritter sind auf dem Beweisfoto zu erkennende unbeteiligte Personen abzudecken, es sei denn, dass auch diese Personen für das weitere Verfahren von Bedeutung sind.

3.4 Ermittlungsersuchen:

Die örtlichen Ordnungsbehörden sind – neben den Polizeibehörden – Behörden des Polizeidienstes im Sinne des § 161 Satz 1 StPO in Verbindung mit § 46 Abs. 1 OWiG. Die örtlichen Ordnungsbehörden haben Ermittlungsersuchen grundsätzlich mit eigenen Mitteln und Kräften durchzuführen. Dies betrifft auch Ersuchen außerhessischer Behörden, soweit es sich nicht um Ersuchen der Vollzugspolizei handelt. Örtliche Ordnungsbehörden richten Ermittlungsersuchen, die Ermittlungen innerhalb Hessens betreffen, grundsätzlich an andere örtliche Ordnungsbehörden. Ermittlungstätigkeiten, die von den örtlichen Ordnungsbehörden unter Anlegung eines strengen Maßstabes nicht mit eigenen Kräften oder Mitteln durchgeführt werden können, sind an die Polizeibehörden abzugeben.

Das Regierungspräsidium Kassel als Zentrale Bußgeldstelle des Landes Hessen richtet Ermittlungsersuchen grundsätzlich an die Polizeibehörden.

Stellen die Bediensteten der ersuchten Ordnungs- oder Polizeibehörden bei der Ausführung des Ermittlungsersuchens fest, dass eine andere Person als diejenige, gegen die sich das Verfahren bisher richtete, die Ordnungswidrigkeit begangen hat, und handelt es sich um eine geringfügige Ordnungswidrigkeit, so können sie diese Person verwarnen und ein Verwarnungsgeld erheben, soweit sie hierzu nach § 57 Abs. 2 OWiG befugt sind. Die ersuchende Behörde ist über diese Maßnahme zu unterrichten.

Anders lautende Vereinbarungen können zwischen den Behörden getroffen werden.

4. Einsatz von Geschwindigkeitsmessgeräten durch Polizei und Ordnungsbehörden

4.1 Messstellen:

Messstellen sind grundsätzlich nach folgenden in ihrer Reihenfolge priorisierten Kriterien auszuwählen:

- Unfallpunkte mit geschwindigkeitsbedingtem Unfallgeschehen
- Strecken mit geschwindigkeitsbedingter hoher Unfallbelastung
- Unfallgefahrenpunkte (zum Beispiel Fußgängerüberwege, Bushaltestellen, unübersichtliche Einmündungen und Kreuzungen, Autobahnbaustellen)
- besondere schutzwürdige Zonen (zum Beispiel Schulwege, Nahbereiche von Kindergärten, Schulen, Krankenhäusern und Altenheimen)
- Zonen mit zulässiger Höchstgeschwindigkeit (Zeichen 274.1/274.2 StVO) sowie verkehrsberuhigte Bereiche (Zeichen 325/326 StVO)
- Messstellen aus sonstigen Gründen

Messstellen sollen in der Regel mindestens 100 m vom Beginn beziehungsweise Ende einer Geschwindigkeitsbeschränkung entfernt eingerichtet werden. Diese Entfernung kann aus besonderem Grund (zum Beispiel Unfallpunkt, Unfallgefahrenpunkt) unterschritten werden.

Zur Einrichtung ortsfester Messstellen ist die Hessische Polizeischule anzuhören.

VII. Hessen – Verkehrsüberwachung durch örtliche Ordnungs- & Polizeibehörden

4.2 Durchführung von Messungen:

Mit der Bedienung der Geräte sind nur Bedienstete zu beauftragen, die an der Hessischen Polizeischule hierfür entsprechend ausgebildet wurden oder bereits vor dem 1. Januar 1996 im Einsatz von Geschwindigkeitsmessgeräten unterwiesen wurden. Ausnahmen können die Regierungspräsidien nach Anhörung der Hessischen Polizeischule für den Einzelfall zulassen. Die aktuelle Bedienungsanleitung des Geräteherstellers in der jeweils von der Physikalisch-Technischen Bundesanstalt (PTB) genehmigten Fassung ist zu beachten. Die vorgeschriebenen Messprotokolle sind zu fertigen und bei Geräten, die besonderen Aufstellungskriterien unterliegen, mit einer Handskizze zu versehen. Beim Einsatz von Messgeräten, die nicht für den unbeaufsichtigten Betrieb zugelassen sind, ist der Verkehrs- und Messablauf bei jeder Messung zu beobachten.

Wird bei Messgeräten Blitzlicht benutzt, ist das Blitzgerät mit einem geeigneten Filter abzudecken. Ziffer 2.2 gilt entsprechend.

Auf die nachhaltige Wirkung von Anhaltekontrollen im direkten Anschluss an Geschwindigkeitsmessungen wird besonders hingewiesen.

4.3 Fehlertoleranz:

Es sind nur zweifelsfreie Messergebnisse zu verwenden. Lichtbilder von Messfotos müssen das Negativ komplett abbilden, Ausschnittsvergrößerungen zur besseren Erkennung der Fahrerin/des Fahrers oder des amtlichen Kennzeichens des Fahrzeuges sind zulässig.

Vom jeweiligen Messwert ist zu Gunsten der betroffenen Person der von der PTB festgelegte Verkehrsfehler (ersichtlich aus PTB-Gerätezulassung oder Eichprotokoll) in Abzug zu bringen. Ergibt die Berechnung des Verkehrsfehlers einen Dezimalbruch, ist auf die nächste ganze Zahl aufzurunden und dieser Wert vom Messwert abzuziehen.

Der Verkehrsfehlerabzug gilt nur für Messwerte innerhalb des eichamtlich beglaubigten Messbereichs. Verbleibt nach Abzug des Verkehrsfehlers eine Geschwindigkeitsüberschreitung von nicht mehr als 5 km/h, so ist diese als unbedeutende Ordnungswidrigkeit zu werten und in der Regel von einer weiteren Verfolgung abzusehen.

Liegen die Messwerte über dem eichamtlich beglaubigten Messbereich, ist beim Vorwurf der Geschwindigkeitsüberschreitung vom oberen Messgrenzwert der Eichung auszugehen und von diesem der entsprechende Verkehrsfehler abzuziehen.

5. Kontrolle mittels technischer Aufzeichnungen durch die Polizei

Bei Kraftfahrzeugen, die nach den in § 57b Abs. 1 StVZO genannten Bestimmungen mit einem Fahrtschreiber oder einem Kontrollgerät ausgerüstet sein müssen, können

Teil 4: Arbeitshilfen

Geschwindigkeitsüberschreitungen durch Sichtauswertung der Aufzeichnungen auf Schaublättern, bei digitalen Kontrollgeräten durch Auswerten des Speichers festgestellt werden.

Von weiteren Ermittlungen ist abzusehen, wenn unter Berücksichtigung der Schwere des Regelverstoßes die Ermittlung des Sachverhaltes oder der/des Betroffenen einen unangemessen hohen Ermittlungsaufwand erfordert.

Als Tatort ist, sofern genauere Angaben nicht möglich sind, der Kontrollort anzugeben. Nachgewiesene Auslandsfahrten sind dabei auszuschließen. Sofern keine anderen Feststellungen vorliegen, ist zu Gunsten der Betroffenen davon auszugehen, dass die jeweils festgestellte Geschwindigkeitsüberschreitung auf einer Bundesautobahn begangen wurde. Von der Differenz der tatsächlich gefahrenen und der am Tatort zulässigen Höchstgeschwindigkeit sind 6 km/h als Fehlertoleranz des Gerätes abzuziehen. Geschwindigkeitsüberschreitungen von nicht mehr als 5 km/h sind in der Regel nicht zu verfolgen.

Ist von einer Fälschung technischer Aufzeichnungen (§ 268 StGB) auszugehen, ist die zuständige Verfolgungsbehörde um Anordnung der Sicherstellung und Untersuchung durch einen Sachverständigen zu ersuchen.

6. Feststellung von Mängeln an Fahrzeug oder Ladung durch die Polizei

6.1 Allgemeines:

Mängel sind möglichst umgehend zu beheben. Kann dies nicht an Ort und Stelle geschehen, ist nach den folgenden Bestimmungen zu verfahren.

6.2 Verfahren bei Mängeln an Fahrzeug oder Ladung:

6.2.1 Geringfügige Mängel:

Geringfügig sind solche Mängel, die bei unmittelbarer Weiterfahrt die Verkehrssicherheit nicht wesentlich beeinträchtigen. In diesen Fällen kann die Weiterfahrt gegebenenfalls mit entsprechenden Auflagen gestattet werden.

6.2.2 Schwerwiegende Mängel:

Schwerwiegende Mängel sind solche, die bezüglich ihres Gefährdungspotenzials analog § 19 Abs. 2 Nr. 2 StVZO zu bewerten sind. In diesen Fällen hat die Fahrzeugführerin beziehungsweise der Fahrzeugführer gemäß § 23 Abs. 2 StVO das Fahrzeug mit der gebotenen Vorsicht auf dem kürzesten Weg aus dem Verkehr zu ziehen. Weitere notwendige Maßnahmen sind von der Polizei nach pflichtgemäßem Ermessen zu treffen. Betreffen die Mängel lediglich die Ladung, kann nach entsprechender Sicherung oder Umladung die Weiterfahrt gestattet werden.

6.2.3 Ausfertigung einer „Mitteilung über Fahrzeugmängel" (Vordruck Nr. 3.430):

Können Fahrzeugmängel nicht an Ort und Stelle beseitigt werden, ist Vordruck Nr. 3.430 auszufertigen. Die Erstschrift (rosa) verbleibt bei der Polizei. Die Zweitschrift (weiß) ist der Fahrzeugführerin beziehungsweise dem Fahrzeugführer auszuhändigen, ersatzweise gut sichtbar am Fahrzeug anzubringen. Kann ein Fahrzeug mit amtlichen Kennzeichen oder Versicherungskennzeichen nicht angehalten werden, ist die Fahrzeughalterin beziehungsweise der Fahrzeughalter festzustellen und die Zweitschrift an den Wohnort zu übersenden.

Der verantwortlichen Person ist eine dem jeweiligen Fahrzeugmangel angemessene Frist zu setzen, innerhalb der sie durch Rücksendung der bestätigten Zweitschrift die Mängelbeseitigung nachweisen kann. Die Frist soll in der Regel 10 Werktage nicht überschreiten.

Die für die Bestätigung jeweils in Betracht kommenden Stellen sind auf dem Vordruck anzukreuzen.

Wird die Behebung der Fahrzeugmängel nicht spätestens bis zum achten Tag nach Fristablauf nachgewiesen und werden auch keine beachtenswerten Gründe für die Fristüberschreitung vorgebracht, ist die Erstschrift an die zuständige Zulassungsbehörde mit dem Ersuchen zu übersenden, Maßnahmen gemäß § 17 StVZO zu ergreifen. Geht die Bestätigung erst nach Absendung der Erstschrift an die Zulassungsbehörde ein, ist die Bestätigung nachzusenden.

Bei Mängeln an Fahrzeugen der Bundeswehr, der Polizei oder des Zolldienstes ist die Zweitschrift des Vordrucks Nr. 3.430 der Fahrzeugführerin beziehungsweise dem Fahrzeugführer zu übergeben und die Erstschrift unverzüglich an deren beziehungsweise dessen Dienststelle zu übersenden. Auf beiden Ausfertigungen ist der Vermerk unter der Mängelrubrik zu streichen, auf der Erstschrift außerdem der Vermerk auf der Anschriftenseite und auf der Zweitschrift die Anschrift der Polizeidienststelle.

Bei Mängeln an Fahrzeugen der Stationierungsstreitkräfte einschließlich Privatfahrzeugen, die von den Behörden der Truppe zugelassen wurden, ist die Zweitschrift des Vordrucks Nr. 3.430 der Fahrzeugführerin beziehungsweise dem Fahrzeugführer auszuhändigen und die Erstschrift unverzüglich an die örtlich zuständige Dienststelle der Militärpolizei zu übersenden. Im Übrigen gilt der letzte Satz des vorigen Absatzes.

Teil 4: Arbeitshilfen

6.3 Verfahren bei Unfallschäden:

Bei Unfallschäden ist grundsätzlich analog Ziffer 6.2 zu verfahren. Von der Ausfertigung des Vordrucks Nr. 3.430 kann abgesehen werden, wenn zu erwarten ist, dass die durch den Unfall entstandenen Mängel ordnungsgemäß behoben werden. Der Vordruck ist dagegen direkt an die Zulassungsstelle zu senden, wenn Anhaltspunkte dafür vorliegen, dass der Verantwortliche die schwerwiegenden Mängel nicht oder nicht zeitgerecht beseitigt.

6.4 Verfahren bei fehlender Betriebserlaubnis:

Wird bei der Überprüfung eines betriebserlaubnispflichtigen Fahrzeugs festgestellt, dass für das Fahrzeug bisher keine Betriebserlaubnis erteilt wurde oder aufgrund einer Fahrzeugänderung die Betriebserlaubnis erloschen ist (§ 19 Abs. 2 StVZO), gelten die Ziffern 6.2.1 (geringfügige Mängel) und 6.2.2 (schwerwiegende Mängel) entsprechend. Die zuständige Zulassungsbehörde ist mit Vordruck Nr. 3.430 über das Fehlen der Betriebserlaubnis zu benachrichtigen. Die Zweitschrift verbleibt bei der Polizeidienststelle.

Es ist anzugeben, ob bisher keine Betriebserlaubnis erteilt wurde beziehungsweise welche Fahrzeugänderung zum Erlöschen der Betriebserlaubnis geführt hat.

Legt der Fahrzeugführer zumindest glaubhaft dar, dass eine Fahrt zum beziehungsweise vom amtlich anerkannten Sachverständigen oder Prüfer für den Kraftfahrzeugverkehr oder zur beziehungsweise von der Zulassungsbehörde zur Erlangung einer Betriebserlaubnis vorliegt, ist zur Überwachung der Erteilung der Betriebserlaubnis nach Nr. 6.2.3 zu verfahren. Soweit erforderlich, ist die Fahrzeugidentifizierungsnummer (FIN) mit aufzuführen.

6.5 Ausländische Fahrzeuge:

Bei Mängeln an Fahrzeugen, die nicht im Geltungsbereich der StVZO zugelassen sind, finden die Bestimmungen über die Ausfertigung des Vordrucks Nr. 3.430 keine Anwendung.

7. Schlussvorschriften

Mein Erlass „Verfolgung von Verkehrsordnungswidrigkeiten; Verkehrsüberwachung durch örtliche Ordnungsbehörden" vom 26. Januar 2001 (StAnz. S. 675) wird hiermit aufgehoben.

Dieser Erlass tritt am Tage nach der Veröffentlichung in Kraft.

VIII. Mecklenburg-Vorpommern – Erlass zur Geschwindigkeitsüberwachung im öffentlichen Straßenverkehr in Mecklenburg-Vorpommern

1. Rechtslage

Das Ministerium für Wirtschaft und Angelegenheiten der Europäischen Union hat aufgrund des § 26 Abs. 1 des Straßenverkehrsgesetzes in Verbindung mit Artikel 19 des Gesetzes über die Funktionalreform vom 05. Mai 1994 (OVO Bl. M-V S. 566) mit der Zuständigkeitsverordnung-Verkehrsordnungswidrigkeiten vom 14.03.1995 (GVO BL M-V S. 222) den Landräten, Oberbürgermeistern und Bürgermeistern der kreisfreien Städte Zuständigkeiten für die Verkehrsüberwachung, unbeschadet der Zuständigkeit der Polizei, übertragen. Damit bezweckt ist eine größtmögliche Zentralisation der Zuständigkeit bei entsprechend qualifizierten Behörden, die einheitlichen Weisungen zugänglich sind und bei denen Aufklärung und Ahndung in denselben Händen liegen.

630

Eine einheitliche und rasche Erledigung der Folgemaßnahmen wird unter Verwendung moderner technischer Einrichtungen und unter Einhaltung datenschutzrechtlicher Bestimmungen im Interesse einer effektiven Verwaltung gewährleistet.

Eingriffe in den fließenden Verkehr, die Anhaltebefugnis nach § 36 Abs. 5 Straßenverkehrs-Ordnung und Messungen auffahrenden Fahrzeugen sowie Messungen von Geschwindigkeitsüberschreitungen nach § 3 Abs. 1 Satz 3 StVO (Sichtweite weniger als 50 m) bleiben ausschließlich der Polizei vorbehalten.

Dieser Erfass regelt die Durchführung von stationären Geschwindigkeitsmessungen Bei diesen ist die Messeinrichtung während des Messvorganges nicht in Bewegung. Die stationären Messungen können sowohl mit mobilen Anlagen, bei denen die Messeinrichtungen nach dem Messvorgang leicht umsetzbar sind, als auch mit ortsfesten Anlagen, „sog. Starkästen", bei denen die Messeinrichtung fest mit dem Untergrund verbunden ist, durchgeführt werden.

2. Grundsätze

Die Verkehrsunfallentwicklung in Mecklenburg-Vorpommern gibt nach wie vor Anlass zu Besorgnis. Überhöhte Geschwindigkeit ist weiterhin eine der Hauptunfallursachen.

Der Überwachungsbedarf an Unfallhäufungsstellen, an Stellen mit besonderen Gefährdungen und in Tempo 30 Zonen nimmt in dem Maße zu, in dem flankierende Maßnahmen der Verkehrsberuhigung nicht ausreichen.

Neben der polizeilichen Verkehrsüberwachung erhält die Verkehrsüberwachung durch die Kreisordnungsbehörden zunehmende Bedeutung. Kreisordnungsbehörden über-

Teil 4: Arbeitshilfen

nehmen vorrangig die Überwachung der zulässigen Höchstgcschwindigkeit in Straßenbereichen, in denen ein Anhaften der Fahrzeuge nicht möglich ist oder unverhältnismäßig aufwendig wäre.

3. Ziel der Verkehrsüberwachung

Vorrangiges Ziel der Verkehrsüberwachung ist die Verkehrsunfallprävention. Durch die Verkehrsüberwachung sollen Unfälle verhütet und Unfallfolgen gemindert sowie auch schädliche Umwelteinflüsse begrenzt werden. Die Fahrzeugführer sollen zu verkehrsgerechtem und rücksichtsvollem Verhalten veranlasst werden.

Aus den Messungen sollen Anregungen für die Straßenverkehrsbehörden zur Änderung der Beschilderung und für die Straßenbaubehörden zur Straßengestaltung abgeleitet werden.

4. Durchführung der Geschwindigkeitskontrollen

4.1 Allgemeines

Die Geschwindigkeitsüberwachung ist eine hoheitliche Aufgabe. Sie obliegt der Polizei und den Kreisordnungs- oder Straßenverkehrsbehörden. Zu ihrer Durchführung können Geräte und Fahrzeuge gemietet werden. Beschäftigte privater Dienstleister dürfen nur für nichthoheitliche Aufgaben als technische Hilfskräfte nach Maßgabe der Ziff. 4.7 eingesetzt werden. Für die Durchführung von Geschwindigkeitskontrollen können weitergehende Einzelheiten mit Anleitungen des Wirtschaftsministeriums geregelt werden.

4.2 Messorte

4.2.1 Auswahl der Messorte

Eine lückenlose Verkehrsüberwachung findet keine Akzeptanz bei der Bevölkerung, sie ist weder sinnvoll noch möglich. Es sind Prioritäten zu setzen und Schwerpunkte zu bilden.

Überwachungsmaßnahmen sind dort zu konzentrieren, wo sich Unfälle ereignen (Unfallhäufungen jnd sonstige Unfalauffälligkeiten, die Folge von überhöhten Geschwindigkeiten sind) oder wo die Wahrscheinlichkeit besteht, dass sich Unfälle ereignen werden (Stellen mit besonderen Gefährdungen). Das sind insbesondere solche Stellen, an denen wiederholt wichtige Verkehrsregeln missachtet werden und die Wahrscheinlichkeit groß ist, dass sich Unfälle mit schwachen Verkehrsteilnehmern ereignen werden und die nicht durch verkehrsregelnde und bauliche Maßnahmen entschärft werden können.

Überwachungsmaßnahmen an Autobahnen und Kraftfahrstraßen sind insbesondere an Unfallhäufungen und sonstigen Unfallauffälligkeiten i.V.m. der Unfallursache Geschwindigkeit oder bei konkret dokumentiertem Bedarf in Bereichen mit Beschränkungen gemäß § 45 Abs. 1 Nrn. 1 bis 6 StVO durchzuführen, für Arbeitsstellen bedarf es keiner Begründung.

Grundlage für die Verkehrsüberwachung sind die Ergebnisse der Unfallauswertung, insbesondere die örtliche Unfalluntersuchung und die Empfehlungen der Verkehrsunfallkommissionen.

Die Messorte sind einvernehmlich mit den örtlich zuständigen Polizeiinspektionen festzulegen, zu dokumentieren und in einer Übersicht zu ordnen.

Mit der Festlegung von Messorten für mobile Anlagen sollen Messorte für ortsfeste Anlagen ergänzt, und damit eine jederzeit lagegerechte Geschwindigkeitsüberwachung erreicht werden.

Kontrollen sollen nicht kurz vor oder hinter geschwindigkeitsregelnden Verkehrszeichen durchgeführt werden. Der Abstand bis zur Messstelle soll nicht kleiner als 100 m sein. Abweichungen vom Regelabstand unter 100 m sind zu begründen und in der Dokumentation zum Messort nachzuweisen. Auf Autobahnen und Kraftfahrstraßen ist zu geschwindigkeitsregelnden Verkehrszeichen ein Abstand von 250 m nicht zu unterschreiten.

Geschwindigkeitskontrollen sind auch dort durchzuführen, wo innerhalb geschlossener Ortschaften eine Geschwindigkeit über 50 km/h zugelassen ist (z.B. Ausfallstraßen).

4.2.2 Messorte für ortsfeste Anlagen

Ortsfeste Messgeräte sollen dort eingesetzt werden, wo eine langfristige Einflussnahme auf das Verkehrsverhalten erforderlich ist und wo vor allem die Einhaltung der zulässigen Höchstgeschwindigkeit auch in verkehrsschwachen Tageszeiten durchgesetzt werden muss.

Ihr Einsatz kann dort erforderlich werden, wo die Aufstellung mobiler Anlagen aus Platzgründen, wegen erschwerten Zuganges oder wegen unzumutbaren Aufenthaltes des Bedienungspersonals mobiler Anlagen nicht vertretbar ist.

Die Errichtung von ortsfesten Anlagen hat gemäß der „Anleitung zur Aufteilung von ortsfesten Geschwindigkeitsüberwachungsanlagen in Mecklenburg-Vorpommern (Anl oGÜA M-V)", des Landesamtes für Straßenbau und Verkehr Mecklenburg-Vorpommern vom 30. November 2001, Az.: 0331-621-25-824-2 zu erfolgen.

Teil 4: Arbeitshilfen

Die Einrichtung, der Abbau und die Umsetzung von ortsfesten Messanlagen bedarf der Zustimmung des Landesamtes für Straßenbau und Verkehr Mecklenburg-Vorpommern.

4.2.3 Messorte für mobile Anlagen

Messorte für mobile Anlagen sollen ergänzend zur punktuellen Wirkung ortsfester Anlagen eingerichtet weiden. Mobiles Messgerät und Fahrzeug müssen sicher aufgestellt werden können. Bei Messungen an Autobahnen und Kraftfahrstraßen ist das Betreten und die Benutzung von Fahrbahnen und deren Seitenstreifen zum Zwecke der Vorbereitung, der Durchführung und den Abschluss von Überwachungsmaßnahmen nicht zulässig. Das gilt auch für Geschwindigkeitsmessungen in Verbindung mit der Abstandsüberwachung. Im übrigen ist die Anleitung des Wirtschaftsministeriums vom 1. März 2003 einzuhalten.

Messorte für mobile Messgeräte sind vorzugsweise dort vorzusehen, wo die Einsatzbedingungen ortsfester Anlagen zur Geschwindigkeitsüberwachung nicht gegeben sind oder derartige Anlagen nicht kurzfristig erstellt werden können (Übergangsmaßnahme).

Die Messorte und die Einsatzzeiten für mobile Geschwindigkeitsmessungen sind auf der Grundlage des Erlasses des Wirtschaftsministeriums und des Innenministeriums Mecklenburg-Vorpommern vom 5. Februar 2001 zur gemeinsamen Strategie kommunaler und polizeilicher Maßnahmen zur Überwachung der zulässigen Fahrgeschwindigkeit im öffentlichen Straßenverkehr, zu bestimmen.

Durch den Einsatz mobiler Messgeräte ist flexibel auf den ständig steigenden Überwachungsbedarf in Schwerpunktzeiten und auf sich örtlich verändernde Konfliktpunkte zu reagieren.

4.3   Messgeräte. Fahrzeuge und andere Mittel

Kontrollen zur Feststellung von Geschwindigkeitsüberschreitungen dürfen nur mit den von der Physikalisch-Technischen Bundesanstalt (PTB) und nach den Bestimmungen des Eichgesetzes zugelassenen Geräten durchgeführt und ausgewertet werden.

Beim Einsatz der Geräte sind die Betriebsanweisung des Herstellers und die innerstaatliche Zulassung der PTB einzuhalten. Sie müssen gemäß ihren Zulassungsbestimmungen geeicht sein. Urkunden darüber sind bei den zuständigen Behörden aufzubewahren.

4.4 Planung der Kontrollen

Die Polizei verfügt über die zur Beurteilung der Verkehrssicherheitslage dienlichen Informationen. Es wird empfohlen, bei der Vorbereitung und Durchführung von Geschwindigkeitskontrollen diese Erfahrungen zu nutzen.

Auf der Grundlage der Erkenntnisse aus der örtlichen Unfalluntersuchung und Konfliktbeobachtungen an Gefahrenpunkten sind die Messzeiten und die Durchführung von Schwerpunkteinsätzen mit den zuständigen Polizeidienststellen bzw. mit den Unfallkommissionen einvernehmlich festzulegen.

4.5 Anfertigung von Beweismitteln

Die Fahrzeuge sind von vorne und, wenn erforderlich, auch von hinten zu fotografieren. Ist beim Einsatz von Fotogeräten die Ausleuchtung durch Blitzlichtgeräte notwendig, ist darauf zu achten, dass Fahrzeugführer nicht geblendet werden. Es sind nur dafür zugelassene Blitzanlagen zu verwenden. Der Fahrernachweis ist durch Fotodokumentation sicherzustellen.

4.6 Nachweis der Kontrollen

Über jede durchgeführte Geschwindigkeitskontrolle (auch für ortsfeste Anlagen) sind Protokolle (Urkunden i.S. des § 267 StGB) entsprechend Anhang 3 zu fertigen und zusammen mit den Negativfilmen aufzubewahren.

4.7 Aufgabenabgrenzung zu privaten technischen Hilfskräften

Die alleinige Verantwortung für die Durchführung der Geschwindigkeitskontrolle obliegt den Bediensteten der Behörden.

Sie führen die Messungen persönlich durch. Sie haben dafür zu sorgen, dass die Kontrollen nur in den dafür vorgesehenen und abgestimmten Messorten und Zeiten erfolgen.

Sie zeichnen für die Richtigkeit der Geräteaufstellung im Protokoll gemäß 4.6; eventuell eingesetzte private technische Hilfskräfte können als Zeuge gegenzeichnen. Privater technischer Hilfskräfte dürfen sich Behörden nur für nachstehend abschließend aufgeführte Handlungen bedienen:
- Führung der Messfahrzeuge,
- Hilfe bei der Aufstellung, Justierung und beim Abbau der Messgeräte,
- Überprüfung der Funktionssicherheit und Obergabe der Messgeräte im betriebsbereiten Zustand,

Teil 4: Arbeitshilfen

- Filmwechsel und Beseitigung technischer Ausfälle, soweit es am Messort möglich und zulässig ist,
- Aufbau und Wartung ortsfester Anlagen.

5. Personal

5.1 Gesundheitliche Eignung

Der Dienstherr gewährleistet, dass das Seh- und Hörvermögen der in der Überwachung des fließenden Verkehrs eingesetzten Bediensteten nicht eingeschränkt ist.

5.2 Einbeziehung privater technischer Hilfskräfte

Private Anbieter haben für sich und für ihre technischen Hilfskräfte durch Führungszeugnis nach § 30 Bundeszentralregistergesetz (BZRG) nachzuweisen, dass keine Tatsachen vorliegen, die sie für die Tätigkeit als Unternehmen oder als technische Hilfskräfte bei der Geschwindigkeitskontrolle als unzuverlässig erscheinen lassen. Sie haben *zu* gewährleisten, dass die eingesetzten technischen Hilfskräfte zu den in Ziff. 4.7 genannten Tätigkeiten befähigt sind und gemäß der technischen Ausstattung fortgebildet werden. Entsprechen Anbieter oder technische Hilfskräfte diesen Anforderungen nicht, sind sie nicht mehr einzusetzen, ggf. sind die Verträge mit den privaten Anbietern zu kündigen. Ziffer 5.2 gilt auch für Anbieter und für die Ausführung von Aufgaben nach Ziffer 6.2 und 6.3.

5.3 Aus- und Fortbildung

Die zur Durchführung von Geschwindigkeitskontrollen eingesetzten Bediensteten der Behörden müssen über Kenntnisse im Straßenverkehrsrecht und Ordnungswidrigkeitenrecht verfügen und haben sich entsprechend fortzubilden. Sie müssen für die Aufstellung und Bedienung der Geräte nach den Auflagen der Physikalisch-Technischen Bundesanstalt und der Gerätehersteller ausgebildet sein. Zur Einweisung in technische Neuerungen und zur Vermeidung möglicher Bedienungsfehler haben die eingesetzten Kräfte an Fortbildungsmaßnahmen teilzunehmen und sich eine erfolgreiche Teilnahme bestätigen zu lassen. Anerkannt werden Zertifikate von Polizeischulen oder Herstellern der Mess- und Auswertetechnik oder von Händlern und Vermietern dieser Technik, wenn sie vom Hersteller ausdrücklich zur Durchführung von Aus- und Fortbildungsmaßnahmen bei Ordnungsbehörden autorisiert worden sind und eine von Hersteller erworbene Befähigung hierfür nachweisen können.

Die Bediensteten, die die Auswertung der Geschwindigkeitsmessung durchführen, sollen die Befähigung zum mittleren allgemeinen Verwaltungsdienst nachgewiesen haben.

6. Verwertung der Messungen

6.1 Beweismittel

Beweismittel sind der unversehrte Messfilm, die Fotoserie, das Messprotokoll und die Datensätze, die im Rahmen der Messung erfasst und aufbereitet werden. Es ist sicherzustellen, dass eine Einsichtnahme Dritter in die Beweismittel nicht möglich ist. Wenn private Anbieter das Beweismaterial aufbereiten, ist sicherzustellen, dass keine Daten beim Auftragnehmer zurückbleiben (weitere Voraussetzungen Ziff. 7.).

6.2 Filmentwicklung

Stehen den Behörden keine Geräte zur Entwicklung der Messfilme zur Verfügung, können die Filme auf der Grundlage eines Vertrages von privaten Anbietern entwickelt werden. Das gleiche gilt für die Anfertigung von Fotoserien. Insbesondere ist dann von jedem gemessenen Fahrzeug eine Fotoserie anzufertigen, auch von nicht verwertbaren Aufnahmen.

6.3 Übergabe der Beweismittel

Die Behandlung und Übergabe der Beweismittel ist bei Hinzuziehung privater Anbieter, gemäß Ziff. 7 und der Anhänge 1 und 2 im Vertrag zu vereinbaren. Es ist sicherzustellen, dass sämtliche Beweismittel der Behörde übergeben werden.

6.4 Auswertung der Beweismittel

Die Auswertung der Beweismittel ist nur von den Behörden vorzunehmen.

Nur zweifelsfreie Fälle und einwandfreie Messergebnisse dürfen zur Anzeige einer Verkehrsordnungswidrigkeit führen. Die zu beanstandenden Kraftfahrzeuge sind für jede Geschwindigkeitskontrolle in zeitlicher Reihenfolge nach der Auswertung zu erfassen. Es sind die von der PTB festgelegten Toleranzwerte bei der Ermittlung der vorwerfbaren Geschwindigkeitsüberschreitung zu berücksichtigen. Jede Überschreitung der zulässigen Höchstgeschwindigkeit stellt eine Ordnungswidrigkeit dar. Verbleibt nach Abzug der herstellerseitig vorgegebenen Toleranzwerte eine Überschreitung der zulässigen Höchstgeschwindigkeit von nicht mehr als 5 km/h (Opportunitätstoleranz), so soll die Geschwindigkeitsüberschreitung als unbedeutender Verstoß gewertet werden.

6.5 Fahrerermittlung

Im Interesse der Vereinfachung und Beschleunigung des Verfahrens sind Ermittlungen zu eigenen Messungen grundsätzlich von den Bußgeldbehörden selbst zu führen und

Teil 4: Arbeitshilfen

notwendige Ermittlungsersuchen an die für den Wohnsitz der Betroffenen oder des Betroffenen zuständige Behörde zu richten. Eine Inanspruchnahme der Polizei kommt nur in begründeten Ausnahmefällen in Betracht, wenn die Schwere und die Bedeutung der Ordnungswidrigkeit diesen Verwaltungsaufwand rechtfertigt und alle Möglichkeiten der zuständigen Ordnungsbehörde ausgeschöpft sind. Ermitt-lungsersuchen an andere Bundesländer sind in der Regel unter Beachtung des vorgenannten Grundsatzes an die Polizei zu richten.

7. Datenschutz/Verpflichtung (Anhang 1 und 2)

Beim Umgang mit Daten im Zusammenhang mit der Verkehrsüberwachung, Verfolgung und Ahndung von Verkehrsordnungswidrigkeiten sind die Landräte, Oberbürgermeister (Bürgermeister) kreisfreier Städte für die Einhaltung der Datenschutzvorschriften verantwortlich.

Sie haben zu gewährleisten, dass in Vertrage mit privaten Anbietern die Regelungen des Landesdatenschutzgesetzes Mecklenburg-Vorpommern vom 24.7.1992 in der zur Zeit gültigen Fassung, zum Umgang mit personenbezogenen Daten im Auftrag, zum Datengeheimnis und zu technisch organisatorischen Maßnahmen einbezogen weiden. Unterauftragsverhältnisse sind auszuschließen.

Es ist sicherzustellen, dass nach Aufbereitung der Messung – dazu gehört die Filmentwicklung, die Anfertigung der Fotoserien und der Datensätze – die Beweismittel unverzüglich und im gesamten Umfang an die Ordnungsbehörde übergeben werden. Hierzu ist ein Übergabeprotokoll zu fertigen.

Die als technische Hilfskräfte eingesetzten Mitarbeiter privater Anbieter sind zum Datengeheimnis zu verpflichten.

Die Anhänge 1 und 2 enthalten verbindliche Vorgaben zur Vertragsgestaltung und Verpflichtungserklärung, die in einem Abschnitt „Datenschutz/Datensicherung" des Vertrages zu vereinbaren sind.

8. Statistik

Ergebnisse aus Geschwindigkeitskontrollen (außer Polizei) sind in einer statistischen Erfassung nachzuweisen und auszuwerten sowie für eine Landesauswertung dem Landesamt für Straßenbau und Verkehr bis zum 31. März des Folgejahres zu übersenden. Formvorgabe und Inhalt der zu übersendenden Statistik verfügt das Landesamt.

Die Gesamtstatistik des Landes MV über die Ahndung von Verkehrsordnungswidrigkeiten wird gesondert geregelt.

9. Kosten/Verwarngeld- und Bußgeldeinnahmen

Die den Kreisen und kreisfreien Städten als Kreisordnungsbehörden entstehenden Personal- und Sachkosten werden durch das Buß- und Verwarngeld sowie durch das Gebührenaufkommen nach dem Ordnungswidrigkeitengesetz ausgeglichen (§ 1 Finanzausgleichsgesetz i.d.F. der Bekanntmachung vom 01.06.1993, GVO Bl. M-V 1993 S. 618).

10. Wirksamkeit der Geschwindigkeitskontrollen

Die Wirksamkeit der Geschwindigkeitskontrollen ist mindestens einmal im Jahr zu bewerten. Dabei sind folgende Ziele zu verfolgen:

- Analyse der Überwachungstätigkeit (Erforderlichkeit/Zweckmäßigkeit),
- äußere Effektivitätskontrolle im Hinblick auf das Verkehrsunfallgeschehen und das Verhalten der Verkehrsteilnehmer (Auswertung in der Verkehrsunfallkommission),
- innere Effektivitätskontrolle im Hinblick auf taktische, organisatorische, methodische, personelle und materielle Durchführung,
- Verarbeitung von Hinweisen und Beschwerden aus der Bevölkerung,
- Anregungen für Straßenverkehrsbehörden und Straßenbaubehörden, z.B. Änderungsvorschläge für die Beschilderung, Straßengestaltung,
- Schlussfolgerungen für die Verkehrsaufklärungsarbeit, z.B. in Betrieben, Schulen, gegenüber der Presse.

11. Öffentlichkeitsarbeit

Die präventive Wirkung von Verkehrsüberwachungsmaßnahmen ist durch umfassende Unterrichtung der Öffentlichkeit zu unterstützen.

Soweit es zweckmäßig erscheint, können bevorstehende Maßnahmen angekündigt werden. Ortsgenaue Angaben zu Verkehrsüberwachungsmaßnahmen sind jedoch nicht mitzuteilen. Bei der Berichterstattung ist darauf zu achten, dass nicht nur Ergebnisse sondern auch die Gründe für die Erforderlichkeit der Verkehrsüberwachung herausgestellt werden.

12. Inkrafttreten

Dieser Erlass tritt am 01.12.1995 in Kraft.

Gleichzeitig werden die Erlasse Az.: V670a-621.303 vom 16.03.1992, vom 27.07.1992 und der Erlass Az.: 670a-521.5-2-4 vom 14.10.1992 aufgehoben.

(Anm. der Red.: Vom Abdruck der Anlagen/des Anhangs wurde abgesehen.)

IX. Niedersachsen

1. Richtlinien für die Überwachung des fließenden Straßenverkehrs durch Straßenverkehrsbehörden

631 Gem. RdErl. d. MI u. d. MW vom 25. November 1994 (Nds. MBl. S. 1555) – 21.2-01461/6 –

1. Allgemeines

Neben der vorrangig für die Verkehrsüberwachung zuständigen Polizei sind nach § 44 Abs. 1 der Straßenverkehrs-Ordnung (StVO) vom 16.11.1970 (BGBl. I S. 1565), zuletzt geändert durch Artikel 3 der Verordnung vom 25.10.1994 (BGBl. I S. 3127), auch die Straßenverkehrsbehörden für die Verkehrsüberwachung zuständig.

Die Straßenverkehrsbehörden führen neben der Überwachung des ruhenden Straßenverkehrs die Überwachung der Einhaltung zulässiger Höchstgeschwindigkeiten sowie der Lichtzeichen an Signalanlagen durch.

Die Anhaltebefugnis nach § 36 Abs. 5 StVO ist der Polizei vorbehalten.

Die Übertragung von Verkehrsüberwachungsaufgaben einschließlich deren Ausführung auf Private ist ausgeschlossen.

2. Ziel

Vorrangiges Ziel der Verkehrsüberwachung ist die Verkehrsunfallprävention. Durch die Verkehrsüberwachung sollen Unfälle verhütet und Unfallfolgen gemindert sowie schädliche Umwelteinflüsse begrenzt werden. Daneben sollen die Verkehrsteilnehmer zu verkehrsgerechtem und rücksichtsvollem Verhalten veranlaßt werden.

3. Durchführung

Lückenlose Verkehrsüberwachung ist nicht möglich, daher sind Prioritäten zu setzen und Schwerpunkte zu bilden. Überwachungsmaßnahmen sind dort zu konzentrieren, wo sich häufig Unfälle ereignen (Unfallbrennpunkte) oder die Wahrscheinlichkeit besteht, daß sich Unfälle ereignen werden (Gefahrenpunkte). Das sind insbesondere solche Stellen, an denen wiederholt wichtige Verkehrsregeln mißachtet werden und die nicht durch verkehrstechnische Vorkehrungen zu entschärfen sind.

Grundlage für die Verkehrsüberwachung sind die Ergebnisse der Unfallauswertung, insbesondere die örtliche Unfallanalyse und die Empfehlungen der Verkehrssicherheitskommissionen.

3.1 Ort

Die Straßenverkehrsbehörden führen Verkehrsüberwachung auf allen öffentlichen Straßen in ihrem Zuständigkeitsbereich mit Ausnahme auf Bundesautobahnen aus.

3.2 Mittel

Die Überwachung der Einhaltung zulässiger Höchstgeschwindigkeiten (vgl. **Anlage**) sowie der Lichtzeichen an Signalanlagen erfolgt durch mobile und stationäre technische Überwachungssysteme. Die Verkehrsüberwachungssysteme müssen gemäß den Bestimmungen des Eichgesetzes zugelassen sein.

3.3 Personal

Das Meßpersonal der Straßenverkehrsbehörden für den Umgang mit mobil-stationären Meßgeräten muß qualifiziert sein, mit dem eingesetzten Meßgerät beweissichere Geschwindigkeitsmessungen vorzunehmen.

Qualifikationsmerkmale sind insbesondere:

- Kenntnis der mit der Verkehrsüberwachung verbundenen Vorschriften (Gesetze, Erlasse, Rechtsprechung),
- Kenntnis der technischen Abläufe bei der Verkehrsüberwachung mit Meßgeräten,
- Befähigung zur Prüfung, ob das Gerät technisch einwandfrei arbeitet und gültig geeicht ist,
- Sicherheit bei der Einrichtung der Meßstelle und der Bedienung der Meßgeräte,
- Kenntnis der Einsatzgrenzen und Fehlerquellen der Meßgeräte,
- Befähigung zur Führung des Meßprotokolls sowie zur Registrierung und Dokumentation von Geschwindigkeitsverstößen,
- ggf. Befähigung, die Auswertung (Prüfung auf Beweiseignung) der Meßfilme vorzunehmen.

Außer der Geräteeinweisung durch den Hersteller können die weiteren Qualifikationsmerkmale z.B. bei den Kommunalen Studieninstituten erworben werden.

Für den ausschließlichen Umgang mit festinstallierten stationären Geräten kann sich die Ausbildung des Meßpersonals auf die Vermittlung sicherer Kenntnisse über die vom Hersteller vorgegebenen und von der Physikalisch-Technischen Bundesanstalt (PTB) genehmigten Auswertebestimmungen beschränken.

Der Qualifizierungsnachweis (Zeitpunkt, Dauer, Art und Inhalt der Ausbildung) ist aktenkundig zu machen.

Teil 4: Arbeitshilfen

4. Öffentlichkeitsarbeit

Die präventive Wirkung von Verkehrsüberwachungsmaßnahmen kann durch umfassende Unterrichtung der Öffentlichkeit entscheidend verbessert werden. Soweit es zweckmäßig erscheint, können bevorstehende Maßnahmen angekündigt werden. Bei der Berichterstattung ist darauf zu achten, daß nicht nur Ergebnis, sondern auch die Gründe für die Erforderlichkeit der Verkehrsüberwachung herausgestellt werden.

5. Koordination zwischen den Straßenverkehrsbehörden und der Polizei

Die Polizei verfügt über die zur Beurteilung der Verkehrssicherheitslage erforderlichen Informationen. Auf der Grundlage der Erkenntnisse aus der örtlichen Unfalluntersuchung sind die Auswahl der Meßstellen, die Festlegung der Meßzeiten und die Durchführung von Schwerpunkteinsätzen zwischen den Straßenverkehrsbehörden und der Polizei auf örtlicher Ebene abzustimmen.

Den Straßenverkehrsbehörden wird empfohlen, sich bei Planung und Ausführung von Verkehrsüberwachungsmaßnahmen im fließenden Verkehr von der Polizei fachlich beraten zu lassen.

6. Anzeige, Verfolgung und Ahndung von Verkehrsordnungswidrigkeiten

Die Zuständigkeit der Landkreise und kreisfreien Städte (Bußgeldbehörden) zur Verfolgung und Ahndung von Verkehrsordnungswidrigkeiten (§ 6 Nr. 5 Zust.VO OWi) bleibt unberührt. Ergibt sich im Rahmen der Verkehrsüberwachung durch die Straßenverkehrsbehörden der Verdacht einer Ordnungswidrigkeit nach § 24 des Straßenverkehrsgesetzes, so ist dies zur Anzeige zu bringen. Zu diesem Zweck haben die Bußgeldbehörden den Straßenverkehrsbehörden Datenermittlungsbelege und Sammelanzeigen – so wie sie von der Polizei verwendet werden – zur Verfügung zu stellen. Die Anzeigen sind unverzüglich der zuständigen Bußgeldbehörde zuzuleiten. Im Interesse der Vereinfachung und Beschleunigung des Verfahrens sind Ermittlungen grundsätzlich von den Bußgeldbehörden selbst zu führen und notwendige Ermittlungsersuchen an die für den Wohnsitz der Betroffenen oder des Betroffenen zuständigen Bußgeldbehörde zu richten. Eine Inanspruchnahme der Polizei kommt nur in begründeten Ausnahmefällen in Betracht.

Da insoweit die Voraussetzungen für einen Länderanteil gemäß § 2 des Gesetzes zur Ausführung des Gesetzes über Ordnungswidrigkeiten vom 9.2.1971 (Nds. GVBl. S. 39) nicht vorliegen, wird auf den Anteil des Landes aus den Bußgeldeinnahmen, die auf Anzeigen der Straßenverkehrsbehörden zurückzuführen sind, verzichtet.

Anlage – Einsatz von Geschwindigkeitsmeßgeräten

1. Bei der Durchführung von Geschwindigkeitskontrollen sind vor allem die unter Nr. 3 der Richtlinien genannten Grundsätze zu beachten.

2. Geschwindigkeitsmeßgeräte unterliegen der gesetzlichen Eichpflicht. Einzelheiten sind der PTB-Zulassung zu entnehmen. Urkunden darüber sind bei den zuständigen Behörden aufzubewahren.

3. Beim Einsatz der Geschwindigkeitsmeßgeräte sind die Betriebsanweisung des Herstellers und die innerstaatliche Zulassung der PTB zu beachten.

4. Kontrollen sollen nicht kurz vor oder hinter geschwindigkeitsregelnden Verkehrszeichen durchgeführt werden. Der Abstand bis zur Meßstelle soll mindestens 150 m betragen. Er kann in begründeten Fällen unterschritten werden (z.B. Gefahrenstellen, Gefahrzeichen, Geschwindigkeitstrichter).

5. Es sind die von der PTB festgelegten Toleranzwerte bei der Ermittlung der vorwerfbaren Geschwindigkeitsüberschreitung zu berücksichtigen.

6. Über die Geschwindigkeitskontrollen sind Protokolle (Urkunden i.S. des § 267 StGB) zu fertigen und zusammen mit den Negativfilmen aufzubewahren. Die zu beanstandenden Kraftfahrzeuge sind in zeitlicher Reihenfolge auf einem Kontrollblatt einzutragen. Nur zweifelsfreie Fälle und einwandfreie Meßergebnisse dürfen zur Anzeige einer Verkehrsordnungswidrigkeit führen. Der Fahrernachweis ist durch Fotodokumentation sicherzustellen.

7. Sofern es der Verkehrsraum, die Art des Einsatzes und die Konstruktion des Überwachungsgerätes zulassen, sind Fahrzeuge von vorn zu fotografieren. Stehen besondere Geräte für Frontaufnahmen zur Verfügung, so sind sie zusätzlich auch dann einzusetzen, wenn der mit dem Überwachungsgerät gekoppelte Fototeil eine Heckaufnahme fertigt. Ist beim Einsatz von Fotogeräten die Ausleuchtung durch Blitzlichtgeräte notwendig, so ist darauf zu achten, daß Fahrzeugführer nicht geblendet werden. Es sind nur gedämpfte Elektronenblitzgeräte zulässig.

2. Verfolgung von Verkehrsordnungswidrigkeiten (VeVerkOwiRE)

RdErl. d. MI vom 2. Dezember 1996 (Nds. MBl. 1997 S. 3) – 21.1-05140/12.3 – Geändert durch RdErl. vom 22. Februar 2001 (Nds. MBl. S. 297)

Teil 4: Arbeitshilfen

1. Allgemeines

1.1 Begriff der Verkehrsordnungswidrigkeiten

Verkehrsordnungswidrigkeiten sind vorsätzliche oder fahrlässige Zuwiderhandlungen gegen Vorschriften einer auf Grund des § 6 Abs. 1 des Straßenverkehrsgesetzes (StVG) erlassenen Rechtsverordnung, insbesondere der Straßenverkehrs-Ordnung (StVO) und der Straßenverkehrs-Zulassungs-Ordnung (StVZO), oder gegen Anordnungen auf Grund dieser Rechtsverordnungen (§ 24 StVG) und vorsätzlich oder fahrlässig begangene Zuwiderhandlungen gegen § 24a StVG.

1.2 Unverzügliche Bearbeitung

Verfahren wegen Verkehrsordnungswidrigkeiten sind so einfach und so schnell wie möglich zu bearbeiten. Ein verzögerter Verfahrensablauf beeinträchtigt die verkehrserzieherische Wirkung der Maßnahmen.

1.3 Zuständigkeit

Für die Verfolgung von Verkehrsordnungswidrigkeiten sind die Landkreise und kreisfreien Städte (Bußgeldbehörden) und bis zur Abgabe der Sache an die zuständige Bußgeldbehörde die Polizeibehörden zuständig (§ 6 Nr. 5 Zust.VO OWi).

1.4 Opportunitätsprinzip

Die Verfolgung von Verkehrsordnungswidrigkeiten liegt im pflichtgemäßen Ermessen der Bußgeldbehörde/Polizei (§§ 47, 53 des Gesetzes über Ordnungswidrigkeiten – OWiG). Sie können

- von der Verfolgung der Tat absehen,
- wegen Geringfügigkeit der Tat eine Verwarnung erteilen,
- ein Ermittlungsverfahren betreiben.

Von der Verfolgung einer Verkehrsordnungswidrigkeit kann u.a. abgesehen werden, wenn

- die Zuwiderhandlung unbedeutend ist und eine Belehrung oder ein Hinweis ausreichend erscheint,
- bereits vor Aufnahme von Ermittlungen ersichtlich ist, daß ein ausreichender Tatnachweis oder die Feststellung der betroffenen Person nicht möglich erscheint oder der Ermittlungsaufwand außer Verhältnis zur Bedeutung der Tat steht.

Mit dem Opportunitätsprinzip ist auch vereinbar, die Verfolgung von für die Verkehrssicherheit nicht oder kaum bedeutsamen Zuwiderhandlungen zugunsten einer nach-

C. Richtlinien für die Geschwindigkeitsüberwachung • IX. Niedersachsen

drücklicheren Verfolgung gefährlicher und unfallträchtiger Zuwiderhandlungen im Straßenverkehr zu beschränken.

1.5 Vordrucke

Die Bearbeitung von Verkehrsordnungswidrigkeiten erfolgt mit Hilfe der Datenverarbeitung.

Für das automatisierte Verfahren sind der Tatbestandskatalog für Verkehrsordnungswidrigkeiten (PolN 162) und als Anzeige sowohl im Verwarnungs- als auch im Bußgeldbereich ein Datenermittlungsbeleg (PolN 163) oder eine Sammelanzeige zu verwenden.

Die im Tatbestandskatalog enthaltenen Hinweise zu dessen Anwendung und Anleitungen für das Ausfüllen des Datenermittlungsbeleges sowie Hinweise zur Sammelanzeige sind zu beachten.

Die Angabe der Dienststelle sollte möglichst durch Stempelaufdruck erfolgen.

2. Verwarnungsverfahren

2.1 Allgemeines

Die Verwarnung ist ein wichtiges Verkehrserziehungsmittel. Sie dient dazu, einer betroffenen Person bei einer lediglich geringfügigen Verkehrsordnungswidrigkeit das Fehlverhalten möglichst sofort vorzuhalten, ohne über die Tat eingehende Ermittlungen vorzunehmen. Die Verwarnung soll eine betroffene Person anhalten, die Verkehrsvorschriften künftig besser zu beachten.

Verwarnungen können mündlich oder schriftlich erteilt werden.

2.2 Geringfügige Verkehrsordnungswidrigkeiten

Bei einer unbedeutenden Verkehrsordnungswidrigkeit kommt eine Verwarnung ohne Verwarnungsgeld in Betracht.

Bei einer geringfügigen Verkehrsordnungswidrigkeit kann eine betroffene Person verwarnt und von ihr ein Verwarnungsgeld erhoben werden. Auf diese Weise kann ein Verfahren rasch und ohne großen Aufwand erledigt werden. Das Verwarnungsgeld beträgt mindestens 10 DM und, wenn das Gesetz nichts anderes bestimmt, höchstens 75 DM (§ 56 Abs. 1 OWiG). Einer betroffenen Person ist die begangene Verkehrsordnungswidrigkeit vorzuhalten.

Teil 4: Arbeitshilfen

Ob eine Verkehrsordnungswidrigkeit als geringfügig angesehen werden kann, richtet sich nach der Bedeutung der Zuwiderhandlung und nach dem der betroffenen Person zu machenden Vorwurf. In der Regel liegt ein derartiger Sachverhalt vor, wenn im Tatbestandskatalog ein Regelsatz unter 80 DM ausgebracht ist. Eine Verwarnung ist aber auch nicht ausgeschlossen in Fällen, in denen für eine Verhaltensweise im Tatbestandskatalog ein Regelsatz von 80 DM oder mehr ausgebracht ist, wenn sich die Verkehrsordnungswidrigkeit im Rahmen einer Gesamtbetrachtung der in Satz 1 genannten Voraussetzungen ausnahmsweise als geringfügig erweist. In derartigen Fällen ist bei einer unbaren Verwarnung in Feld-Nr. 50 des Datenermittlungsbeleges der Betrag des angebotenen Verwarnungsgeldes einzutragen und unter „Bemerkungen" eine entsprechende Begründung erforderlich.

Grob verkehrswidriges oder rücksichtsloses Verhalten steht grundsätzlich der Erteilung einer Verwarnung entgegen.

Eine Verwarnung ist unzulässig gegenüber Exterritorialen und bevorrechtigten Personen sowie gegenüber Kindern.

2.3 Zuständigkeit

Verwarnungen wegen Verkehrsordnungswidrigkeiten können erteilen

- die zuständigen Bußgeldbehörden (§ 56 OWiG),
- die hierzu ermächtigten im Außendienst tätigen Beschäftigten dieser Behörden (§ 57 Abs. 1 OWiG),
- die hierzu ermächtigten Beamtinnen und Beamten des Polizeidienstes (§ 57 Abs. 2 OWiG).

2.4 Wirksamkeit der Verwarnung

Die Verwarnung mit Verwarnungsgeld ist ein mitwirkungsbedürftiger Verwaltungsakt. Sie wird nur wirksam, wenn die betroffene Person nach Belehrung über ihr Weigerungsrecht mit der Verwarnung einverstanden ist und das Verwarnungsgeld sofort bar zahlt oder innerhalb einer Woche überweist (§ 56 Abs. 2 OWiG). Nach wirksamer Verwarnung ist die Tat nur noch beschränkt verfolgbar (§ 56 Abs. 4 OWiG).

2.5 Verwarnungsverfahren durch die Polizei

2.5.1 Verwarnung an Ort und Stelle

Bei einer geringfügigen Verkehrsordnungswidrigkeit ist die Angelegenheit möglichst durch eine Verwarnung an Ort und Stelle zu erledigen. Das gilt auch bei Verkehrsunfällen. Zahlt die betroffene Person das Verwarnungsgeld, so ist ihr eine der Höhe des

Verwarnungsgeldes entsprechende Bescheinigung über die Zahlung des Verwarnungsgeldes (PolN 166) auszuhändigen.

Von der Polizei kann ausnahmsweise auch dann noch eine Verwarnung erteilt und ein Verwarnungsgeld erhoben werden, wenn eine betroffene Person in Fällen der Nr. 2.5.2 Abs. 2 bei der Polizeidienststelle vorspricht und der Datenermittlungsbeleg noch nicht an die Bußgeldbehörde abgegeben worden ist. Der zuvor ausgefüllte Datenermittlungsbeleg ist in diesem Fall zu dem bei der Polizei verbleibenden Kontrollabschnitt des Verwarnungsgeldvordrucks PolN 166 zu nehmen.

2.5.2 Einleitung eines Verwarnungsverfahrens

Ist eine betroffene Person nicht in der Lage, das Verwarnungsgeld an Ort und Stelle zu bezahlen, oder möchte sie sich schriftlich äußern, so ist ein Datenermittlungsbeleg auszufüllen und die Durchschrift der betroffenen Person mit dem Hinweis auf die auf diesem Blatt enthaltene Belehrung auszuhändigen.

Wird bei einer Verkehrsordnungswidrigkeit im ruhenden Verkehr die betroffene Person nicht an Ort und Stelle angetroffen, so ist ebenfalls ein Datenermittlungsbeleg auszufüllen und die Durchschrift gut sichtbar am Fahrzeug zu hinterlassen.

Kommt bei einer Verkehrsordnungswidrigkeit im fließenden Verkehr eine Verwarnung in Betracht und kann die betroffene Person ausnahmsweise nicht angehalten werden, so ist zur Einleitung eines schriftlichen Verwarnungsverfahrens ein Datenermittlungsbeleg oder ggf. eine Sammelanzeige auszufüllen.

3. Einleitung eines Bußgeldverfahrens durch die Polizei

Bei allen nicht geringfügigen Verkehrsordnungswidrigkeiten und in Fällen, in denen eine Verwarnung abgelehnt wird, ist zur Feststellung des Sachverhaltes umgehend ein Datenermittlungsbeleg auszufüllen und die Durchschrift – soweit möglich – der betroffenen Person auszuhändigen.

3.1 Anhörung der betroffenen Person

Im Interesse der Verkehrsaufklärung ist die betroffene Person möglichst unmittelbar im Zusammenhang mit dem Verkehrsverstoß anzuhalten und auf ihr Verhalten hinzuweisen. Ihr ist grundsätzlich an Ort und Stelle Gelegenheit zu geben, sich zum Vorwurf zu äußern (§ 55 Abs. 1 OWiG).

Vor der Anhörung ist die betroffene Person darauf hinzuweisen, daß es ihr freisteht, sich zu dem Vorwurf zu äußern.

Teil 4: Arbeitshilfen

Das Ergebnis der Anhörung ist möglichst wortgetreu auf dem Datenermittlungsbeleg zu wiederholen. Längere Ausführungen können zusammengefaßt werden, müssen aber den wesentlichen Inhalt richtig wiedergeben.

Verweigern Betroffene eine Äußerung, so ist auch das zu vermerken. Zur Angabe der Personalien sind sie im Rahmen des § 111 OWiG verpflichtet.

3.2 Kennzeichenanzeigen

Können Betroffene bei Verstoßen im fließendem Verkehr ausnahmsweise nicht angehalten werden, ist zur Einleitung eines Bußgeldverfahrens ein Datenermittlungsbeleg oder eine Sammelanzeige auszufüllen.

3.3 Anzeigen durch Dritte

Es ist ebenfalls nur ein Datenermittlungsbeleg auszufüllen und ggf. das von der anzeigenden Person übersandte Schreiben beizufügen.

3.4 Sonderfälle

3.4.1 Verkehrsunfälle

Die Anzeige erfolgt mit den Vordrucken, die bei der Unfallaufnahme verwendet werden. Wegen des engen Sachzusammenhangs zwischen der Aufnahme und der Bearbeitung von Verkehrsunfällen sowie der Verfolgung etwaiger Verkehrsverstöße hat die Polizei Verkehrsordnungswidrigkeiten mit Unfallfolgen bis zum Abschluß der Ermittlungen zu bearbeiten. Anhörungen zum Unfallhergang sind möglichst an Ort und Stelle vorzunehmen, um der Bußgeldbehörde sofort einen entscheidungsreifen Vorgang übersenden zu können. Ist eine abschließende Bearbeitung vor Ort nicht möglich, kann nur mit Zustimmung der Bußgeldbehörde abweichend von der in Satz 2 getroffenen Regelung verfahren werden. Wird eine Verwarnung erteilt und zahlt die betroffene Person das Verwarnungsgeld an Ort und Stelle, so ist das weitere Verfahren nach dem Unfallaufnahmeerlaß zum Abschluß zu bringen.

3.4.2 Technische Gutachten

Bei Anforderung eines technischen Gutachtens ist der Datenermittlungsbeleg bis zum Eingang des Gutachtens bei der Polizei zurückzuhalten und zusammen mit dem Gutachten der Bußgeldbehörde zuzuleiten. Die in der Regel später eingehende Rechnung ist mit Vordruck PolN 287 nachzureichen.

3.4.3 Sichergestellte Fahrzeuge

Dem Datenermittlungsbeleg ist die Niederschrift über die Sicherstellung eines Fahrzeuges (PolN 189) beizufügen.

3.4.4 Sicherheitsleistungen

Dem Datenermittlungsbeleg sind die Niederschrift über eine Sicherheitsleistung (PolN 140 a) und die entgegengenommene oder beschlagnahmte Sicherheitsleistung beizufügen.

4. Weitere Aufgaben der Polizei

4.1 Beweisfotos

Die Polizei wertet das von ihr zur Beweissicherung gefertigte Filmmaterial aus. Nur soweit Beweisfotos von mindestens durchschnittlicher Qualität vorliegen, sind Anzeigen zu erstatten. In den Fällen der Nr. 2.5.2 Abs. 3 und Nr. 3.2 sind die Beweisfotos (das gesamte Meßfoto, die Ausschnittvergrößerung der Fahrerin oder des Fahrers in zweifacher Ausfertigung sowie, falls zur Lesbarkeit erforderlich, eine Ausschnittvergrößerung des Kennzeichens und/oder des Displays) den Anzeigen beizufügen. Sofern auch andere Personen auf dem Foto abgebildet sind, sind möglichst Ausschnittvergrößerungen zu fertigen, auf denen nur die Person auf dem Fahrerplatz erkennbar ist.

Die Auswertung des Filmmaterials kann in Absprache mit der Polizei auch von der Bußgeldbehörde vorgenommen werden.

4.2 Abgabe an die Bußgeldbehörden

Die Datenermittlungsbelege und Sammelanzeigen sind am Ende jeder Dienstschicht, zumindest einmal täglich auf der Dienststelle abzugeben. Die gesammelten Belege sind nach Prüfung – unter Beachtung der einer betroffenen Person zugestandenen Vorsprachemöglichkeit – spätestens am auf die Zuwiderhandlung folgenden Tage der Bußgeldbehörde zuzuleiten.

4.3 Nachermittlungen

Ermittlungsersuchen der Bußgeldbehörden ist grundsätzlich zu entsprechen (§ 161 Satz 2 StPO i.V.m. § 46 Abs. 1 OWiG). Eine Ablehnung kommt nur ausnahmsweise in Betracht, wenn auf Grund einer kritischen Prüfung die vorhandenen Beweismittel eine erfolg versprechende Beweisführung nicht erwarten lassen. In Verfahren, denen eine Anzeige einer Straßenverkehrsbehörde zugrundeliegt, ist Ermittlungsersuchen jedoch nur in besonders begründeten Einzelfällen nachzukommen.

Teil 4: Arbeitshilfen

Bei Ermittlungsersuchen von Behörden außerhalb von Niedersachsen sind bis auf weiteres Ermittlungen durchzuführen.

5. Verfahren bei kommunaler Überwachung des fließenden Verkehrs

5.1 Die Straßenverkehrsbehörden haben anläßlich der Überwachung des fließenden Verkehrs festgestellte Verstöße unverzüglich der zuständigen Bußgeldbehörde anzuzeigen. Dabei sind die in Nr. 1.5 vorgesehenen Vordrucke zu verwenden. Hiervon abweichende Regelungen können nur einvernehmlich zwischen Bußgeldbehörde und Straßenverkehrsbehörde getroffen werden.

5.2 Die Auswertung des Filmmaterials obliegt den Bußgeldbehörden. Dabei ist nach Nr. 4.1 Abs. 1 zu verfahren.

6. Aufgaben der Bußgeldbehörde im Ermittlungsverfahren

Die Bußgeldbehörde hat im Bußgeldverfahren dieselben Rechte und Pflichten wie die Staatsanwaltschaft im Strafverfahren (§ 46 Abs. 2 OWiG), soweit nichts anderes bestimmt ist (§ 46 Abs. 3 bis 5, §§ 47 bis 50 und 55 OWiG).

Soweit Halterfeststellungen erforderlich sind, erfolgen diese durch die Bußgeldbehörde.

Bei Kennzeichenanzeigen mit Beweisfoto ist durch Vergleich des Fotos mit den Halterdaten festzustellen, ob die Halterin oder der Halter des Kraftfahrzeuges als betroffene Person in Frage kommt. Soweit das wegen des unterschiedlichen Geschlechts oder des Alters ausgeschlossen werden kann, ist wie auch bei Firmenfahrzeugen der Halterin oder dem Halter des Kraftfahrzeuges ein Zeugenanhörungsbogen zu übersenden. In Verwarnungsverfahren ist aus Gründen der Verfahrensbeschleunigung zugleich die Möglichkeit einzuräumen, die Angelegenheit durch Zahlung des verwirkten Verwarnungsgeldes zum Abschluß zu bringen. In den übrigen Fällen sind Halterinnen oder Halter von Kraftfahrzeugen, mit denen eine geringfügige Verkehrsordnungswidrigkeit begangen worden ist, zunächst als betroffene Personen anzusehen und schriftlich zu verwarnen. Dabei ist ihnen in Kombination mit dem Verwarnungsgeldangebot die Möglichkeit der Anhörung einzuräumen für den Fall, daß sie mit der Durchführung des Verwarnungsverfahrens nicht einverstanden sind oder das Verwarnungsgeld nicht zahlen. Bei nicht geringfügigen Verkehrsordnungswidrigkeiten erfolgt die Anhörung durch Übersendung eines Anhörungsbogens.

In Fällen des Absatzes 3 sind vorhandene Beweisfotos beizufügen. Dabei ist sicherzustellen, daß auf dem Foto nur die Person auf dem Fahrerplatz zu erkennen ist.

Schweigt die Halterin oder der Halter eines Kraftfahrzeuges bei einer Kennzeichenanzeige, kann aus der Haltereigenschaft allein nicht geschlossen werden, daß diese Person das Kraftfahrzeug zur Tatzeit gefahren hat. In derartigen Fällen haben die Bußgeldbehörden, soweit nicht eine Einstellung des Verfahrens geboten ist, die betroffene Person an Hand des vorliegenden Beweismaterials zu ermitteln und ihr Gelegenheit zur Äußerung zu geben.

Ermittlungsersuchen an andere Behörden sind jedoch nur zu stellen, wenn das Verfahren bei kritischer Prüfung der Beweislage und in Anbetracht des zu erwartenden Ermittlungsaufwandes auch im eigenen Zuständigkeitsbereich weiterverfolgt würde. Die Ersuchen sind landesintern an die für den Wohnsitz der jeweiligen Halterin oder des jeweiligen Halters des Kraftfahrzeuges zuständige Polizeidienststelle, in den Fällen der Nr. 5 an die zuständige Bußgeldbehörde und länderübergreifend in jedem Fall bis auf weiteres an die Polizei zu richten.

Aus Gründen der Verfahrensbeschleunigung können Ersuchen ausschließlich um einen Fotoabgleich oder um Übersendung einer Kopie eines im Paß- oder Ausweisregister vorhandenen Fotos landesintern auch unmittelbar an die für den Wohnsitz der jeweiligen Hallerin oder des jeweiligen Halters des Kraftfahrzeuges zuständige Paß- oder Personalausweisbehörde gerichtet werden.

Spätestens vor Abschluß der Ermittlungen ist einer betroffenen Person rechtliches Gehör zu gewähren (§ 55 OWiG). Der Abschluß der Ermittlungen ist in der Akte zu vermerken (§ 61 OWiG).

7. Einstellung des Verfahrens

7.1 Das Verfahren ist gemäß § 46 Abs. 1 OWiG i.V.m. § 170 Abs. 2 Satz 1 StPO einzustellen, wenn aus tatsächlichen oder rechtlichen Gründen die Voraussetzungen für eine Ahndung der Ordnungswidrigkeit fehlen (z.B. Fehlen der Verantwortlichkeit, Tatbestand einer Ordnungswidrigkeit wird nicht erfüllt, Mangel an Beweisen, betroffene Person ist nicht zu ermitteln, Verfolgungsverjährung, wirksame Erteilung einer Verwarnung in derselben Sache, Rechtfertigungsgrund).

7.2 Das Verfahren kann bei vorübergehenden Hindernissen tatsächlicher oder rechtlicher Art gemäß § 46 Abs. 1 OWiG i.V.m. § 205 StPO vorläufig eingestellt werden, wenn der Sachverhalt soweit wie möglich aufgeklärt ist sowie die notwendigen Beweismittel gesichert sind. Die Bußgeldbehörde hat in regelmäßigen Abständen zu prüfen, ob der Hinderungsgrund noch fortbesteht (vgl. hierzu Nr. 104 der Richtlinien für das Strafverfahren und das Bußgeldverfahren – RiStBV – vom 1.1.1977).

7.3 Das Verfahren kann nach § 47 Abs. 1 OWiG eingestellt werden, wenn die weitere Verfolgung und Ahndung der Ordnungswidrigkeit nach pflichtgemäßem Ermessen nicht geboten erscheint.

Das Verfahren kann nach dem Opportunitätsprinzip z.b. eingestellt werden, wenn die Aufklärung des Sachverhaltes so aufwendig wäre, daß dies zur Bedeutung der Tat und der zu erwartenden Geldbuße in keinem angemessenen Verhältnis stehen würde. Auch kann ein unter Würdigung aller Umstände besonders geringer Vorwurf zu einer Einstellung führen. Eine Einstellung kommt im Interesse der Verkehrssicherheit regelmäßig nicht in Betracht, wenn es sich um eine Hauptunfallursache handelt.

7.4 Wird Anzeige von einer dritten Person erstattet und weicht die Einlassung der betroffenen Person in wesentlichen Punkten von den Angaben der anzeigenden Person ab („Aussage gegen Aussage"), so ist das Verfahren einzustellen, wenn weitere Beweismittel nicht vorliegen und eine Klärung des tatsächlichen Geschehens im Wege weiterer Ermittlungen nicht möglich erscheint.

7.5 Die Einstellung des Verfahrens ist keine Sachentscheidung und hat daher keine Rechtswirkung. Die Verfolgung kann erneut aufgenommen werden, wenn dazu Anlaß besteht und die Verjährung noch nicht eingetreten ist.

7.6 Weigert sich die Halterin oder der Halter eines Kraftfahrzeuges, mit dem eine nicht geringfügige Verkehrsordnungswidrigkeit begangen worden ist, die betroffene Person zu benennen und ist diese auf andere Weise nicht zu ermitteln, so ist das Verfahren einzustellen und über den Sachverhalt die zuständige Straßenverkehrsbehörde zu unterrichten, um ggf. eine Anordnung nach § 31a StVZO (Führung eines Fahrtenbuches) zu treffen.

7.7 Die Einstellung ist der betroffenen Person formlos schriftlich mitzuteilen, sofern sie zu der Verkehrsordnungswidrigkeit angehört worden ist, wenn sie um einen Bescheid gebeten hat oder sonst ein besonderes Interesse an der Unterrichtung ersichtlich ist (§ 46 Abs. 1 OWiG i.V.m. § 170 Abs. 2 Satz 2 StPO). Nr. 88 RiStBV ist zu beachten.

7.8 Eine Mitteilung der Einstellung an die eine Anzeige erstattende Person ist nur notwendig, wenn diese ersichtlich die Durchführung eines Bußgeldverfahrens gegen die angezeigte Person erstrebt (§ 46 Abs. 1 OWiG i.V.m. § 171 Satz 1 StPO). Die Angabe der Grunde für die Einstellung des Verfahrens ist grundsätzlich nicht erforderlich.

7.9 Bis zur Abgabe eines Vorgangs an die zuständige Bußgeldbehörde kann auch die Polizei Verfahren in Fällen der Nr. 7.1 einstellen. Falls sie in Fällen der Nr. 7.3 eine Einstellung für geboten hält, vermerkt sie dies im Datenermittlungsbeleg unter „Bemerkungen".

8. Kostentragungspflicht der Halterin oder des Halters eines Kraftfahrzeuges

Stellt die Bußgeldbehörde ein Verfahren wegen eines Halt- oder Parkverstoßes ein, weil die betroffene Person nicht vor Eintritt der Verfolgungsverjährung zu ermitteln ist oder die Ermittlungen einen unangemessenen Aufwand erfordern, so hat sie der Halterin oder dem Halter des Kraftfahrzeuges die Kosten des Verfahrens aufzuerlegen (§ 25a StVG). Die Gebühr beträgt 25 DM (§ 107 Abs. 2 OWiG). Die Kostenentscheidung ergeht in Form eines Kostenbescheides, der mit der Einstellungsverfügung verbunden ist. Die gemäß § 25a Abs. 2 Halbsatz 2 StVG erforderliche Anhörung der Halterin oder des Halters des Kraftfahrzeuges erfolgt im Regelfall mit der Anhörung nach § 55 OWiG.

9. Akteneinsicht

Die Gewährung von Akteneinsicht obliegt der Bußgeldbehörde. Entsprechende Ersuchen sind ihr unverzüglich vorzulegen.

Bei Verkehrsunfällen kann die Polizei, solange sie den Vorgang noch nicht an die Bußgeldstelle übersandt hat, Versicherungen, Unfallbeteiligten und Geschädigten auf Anfrage Auskunft über Name, Anschrift, und Kfz-Kennzeichen der Unfallbeteiligten erteilen; bevollmächtigten Rechtsanwältinnen oder bevollmächtigten Rechtsanwälten kann darüber hinaus ein Abdruck der Verkehrsunfallanzeige (Blätter 1 bis 4) zur Verfügung gestellt werden. Zur Frage der Unfallursache oder des Verschuldens darf gegenüber Versicherungen, Unfallbeteiligten und Geschädigten nicht Stellung genommen werden. Der Inhalt einer erteilten Auskunft ist aktenkundig zu machen. In Zweifelsfällen ist die Entscheidung der Bußgeldbehörde einzuholen.

10. Aufbewahrungsfristen

Akten über Verwarnungs- einschließlich Anschlußbußgeldverfahren und über Kostenbescheide gemäß § 25a StVG sind sechs Monate aufzubewahren. Die Aufbewahrungsfrist beginnt mit Ablauf des Monats, in dem die Akten abgeschlossen sind. Nach Ablauf der Aufbewahrungsfrist sind die Akten unverzüglich auszusondern und zu vernichten, es sei denn, sie werden in einem laufenden Verfahren benötigt.

Bei der Polizei verbleibende Durchschriften von Anzeigen (Datenermittlungsbelege, Sammelanzeigen, Verkehrsunfallanzeigen/Ausfertigung für die Polizei) und Beweismittel (Lichtbildnegative, Videoaufnahmen) sind drei Jahre aufzubewahren. Sie dürfen nur für die Verfolgung der Tat als Ordnungswidrigkeit oder gemäß den §§ 41 und 81 OWiG als Straftat genutzt werden. Die Aufbewahrungsfrist beginnt mit Ablauf des Monats, in dem sich der Vorfall ereignet hat. Nach Ablauf der Aufbewahrungsfrist sind die Durchschriften von Anzeigen auszusondern und zu vernichten, es sei denn, sie

Teil 4: Arbeitshilfen

werden in einem laufenden Verfahren benötigt. Das gleiche gilt für Lichtbildnegative; Videobänder sind zu löschen.

11. Schlußbestimmung

Die Bezugserlasse werden aufgehoben.

X. Nordrhein-Westfalen

1. Verkehrssicherheitsarbeit der Polizei Nordrhein-Westfalen (PolVSiARdErl)

633 RdErl. d. MI vom 19. Oktober 2009 (MBl. NRW. S. 502) – 41-61.02.01-3 –

1. Allgemeines

Die Verkehrssicherheitsarbeit umfasst präventive, repressive und öffentlichkeitswirksame Maßnahmen zur Förderung regelkonformen Verhaltens von Verkehrsteilnehmern. Eine Kombination dieser Handlungsfelder lässt die größte Wirkung erwarten.

2. Verkehrsunfallprävention

2.1 Ziele

Im Rahmen der Verkehrsunfallprävention sind insbesondere nachstehende Ziele zu verfolgen:

- Reduzierung von Verkehrsunfällen und Minderung der Folgen
- Sensibilisierung für die Gefahren des Straßenverkehrs
- Förderung normgerechten Verkehrsverhaltens
- Mitwirkung an der Beseitigung von Gefahrenstellen
- Stärkung des Sicherheitsgefühls der Bevölkerung

Dabei sind die Grundsätze der Polizeiarbeit sowie die Fachstrategie Verkehrsunfallbekämpfung zu berücksichtigen. Verkehrsunfallprävention ist mit der Verkehrsüberwachung und der Öffentlichkeitsarbeit zu verzahnen.

2.2 Inhalte

Verkehrsunfallprävention erfolgt problemorientiert unter Berücksichtigung des örtlichen Unfalllagebildes; sie soll zeitnah auf behördenspezifische Unfallauffälligkeiten reagieren.

Die Verkehrsunfallprävention wendet sich nach dem Prinzip des lebenslangen Lernens an alle Alters- und Zielgruppen, vorrangig an besonders gefährdete Verkehrsteilnehmer. Sie soll das Bewusstsein für Verantwortung im Straßenverkehr schärfen, positive Verhaltensmuster aufzeigen und rücksichtsvolles Verhalten fördern.

Ein Bestandteil der Verkehrsunfallprävention ist die Verkehrserziehung. Diese ist vorrangig Aufgabe von Erziehungsberechtigten, Kindertageseinrichtungen und Schulen; dabei werden sie von der Polizei Nordrhein-Westfalen unterstützt.

Entscheidend für die Nachhaltigkeit der Verkehrsunfallprävention ist darüber hinaus eine enge Kooperation zwischen Polizei und anderen Trägern der Verkehrssicherheitsarbeit, wie beispielsweise Kommunen, Verkehrswachten und Verbänden. Sie informiert diese über erkannte Verkehrsunfallphänomene, initiiert Präventionsprojekte und wirkt ggf. an diesen mit.

Verkehrsunfallprävention ist behördenintern abzustimmen; Belange der Kriminalprävention sind zu berücksichtigen.

2.3 Zielgruppen

In der Verkehrsunfallprävention sind besonders nachfolgenden Zielgruppen die im „Handbuch für Verkehrsunfallprävention" (veröffentlicht im Intranet der Polizei Nordrhein-Westfalen) beschriebenen Inhalte zu vermitteln:
- Kinder (0 bis 14 Jahre)
- Jugendliche (15 bis 17 Jahre)
- Junge Erwachsene (18 bis 24 Jahre)
- Erwachsene (25 bis 64 Jahre)
- Senioren (ab 65 Jahre – „Generation 65+")

2.4 Aufgaben

2.4.1 Verkehrssicherheitsberater

Verkehrsunfallprävention erfordert pädagogische, methodische und kommunikative Kompetenz. Sie ist in erster Linie durch besonders geschultes Personal (Verkehrssicherheitsberater) durchzuführen.

2.4.2 Bezirksdienst und andere Organisationseinheiten

Der Bezirksdienst wirkt in der zielgruppenorientierten Verkehrsunfallprävention mit. Darüber hinaus sind verkehrsunfallpräventive Aspekte von allen Polizeibeamten zu berücksichtigen.

Teil 4: Arbeitshilfen

3. Verkehrsüberwachung

3.1 Ziele

Im Rahmen der Verkehrsüberwachung sind insbesondere nachstehende Ziele zu verfolgen:
- Reduzierung von Verkehrsunfällen und Minderung der Folgen
- Förderung normgerechten Verkehrsverhaltens
- Stärkung des Sicherheitsgefühls der Bevölkerung

Dabei sind die Grundsätze der Polizeiarbeit sowie die Fachstrategie Verkehrsunfallbekämpfung zu berücksichtigen. Verkehrsüberwachung ist mit der Verkehrsunfallprävention und der Öffentlichkeitsarbeit zu verzahnen.

3.2 Inhalte

Die Verkehrsüberwachung umfasst alle Maßnahmen, die durch
- Überwachung der Befolgung von Verkehrsverhaltensregeln
- Überprüfung der Eignung und Berechtigung zum Führen von Fahrzeugen
- Überprüfung des Zustandes von Verkehrsmitteln

zur Verkehrssicherheit beitragen.

Die Verkehrsüberwachung hat sich an der Unfallentwicklung, insbesondere an Unfällen mit schweren Folgen, auszurichten. Dabei sind die Fachstrategie Verkehrsunfallbekämpfung sowie die Problemfelder des behördenspezifischen Verkehrsunfalllagebildes und die Bekämpfung der Hauptunfallursachen handlungsleitend.

Als Hauptunfallursachen gelten:
- nicht angepasste Geschwindigkeit oder Überschreiten der zulässigen Höchstgeschwindigkeit
- Teilnahme am Straßenverkehr unter Einfluss von Alkohol und/oder Drogen
- Nichtbeachten der Vorfahrt oder des Vorranges
- Fehler beim Abbiegen
- ungenügender Sicherheitsabstand
- Fehler beim Überholen oder Fahrstreifenwechsel
- falsches Verhalten von und gegenüber Fußgängern, Fahrradfahrern sowie motorisierten Zweiradfahrern

3.3 Einschreiten nach Verkehrsverstößen

Bei erkannten Verkehrsverstößen ist konsequent einzuschreiten. Verkehrsteilnehmer sind nach einem Verstoß grundsätzlich anzuhalten und über die mit dem Fehlverhalten verbundenen Gefahren aufzuklären. Hierdurch soll das Verständnis für die Beachtung von Verkehrsregeln gefördert werden.

Verbunden mit der Ansprache der Verkehrsteilnehmer ist eine ganzheitliche Kontrolle von Fahrzeugführer und Fahrzeug durchzuführen.

Gegen Verstöße im ruhenden Verkehr ist insbesondere dort einzuschreiten, wo Gefährdungen oder Behinderungen vorliegen. Die Zuständigkeit der Ordnungsbehörden bleibt unberührt.

3.4 Durchführung

3.4.1 Aufstellen von Polizeifahrzeugen

Im öffentlichen Verkehrsraum dürfen Polizeifahrzeuge zur Verkehrsüberwachung unter Inanspruchnahme von Sonderrechten auch außerhalb der Fahrbahn aufgestellt werden. Auf privaten Verkehrsflächen sind entgegenstehende Interessen des Grundstückseigentümers zu beachten.

Auf Autobahnen und autobahnähnlich ausgebauten Straßen sind Polizeifahrzeuge, die im Rahmen der Verkehrsüberwachung eingesetzt werden, grundsätzlich außerhalb von Fahrbahnen und Seitenstreifen aufzustellen.

3.4.2. Anhalten von Verkehrsteilnehmern

Das Anhalten hat unter Berücksichtigung der Sicherheit aller Verkehrsteilnehmer zu erfolgen. Bei schlechten Straßen-, Witterungs- oder Sichtverhältnissen ist besondere Vorsicht geboten.

Haltezeichen sind rechtzeitig und deutlich zu geben; sie müssen zweifelsfrei als polizeiliche Weisung erkennbar sein.

Auf Autobahnen und autobahnähnlich ausgebauten Straßen sind Verkehrsteilnehmer grundsätzlich außerhalb der Fahrbahnen und Seitenstreifen anzuhalten. Soweit möglich, sind Park- oder Rastplätze zu nutzen.

3.4.3 Verkehrskontrollen

Verkehrskontrollen sollen möglichst außerhalb des fließenden Verkehrs durchgeführt werden. Müssen Teile der Straße in Anspruch genommen werden, sind Kontrollen grundsätzlich auf Seitenstreifen oder auf der äußeren rechten Fahrbahnseite durchzuführen; auf Autobahnen und autobahnähnlich ausgebauten Straßen sind Park- und Rastplätze, Parallelfahrbahnen in Knoten, Anschlussstellen oder andere geeignete Verkehrsanlagen zu nutzen. Kontrollstellen sind ausreichend kenntlich zu machen, zu sichern und bei Dunkelheit ggf. auszuleuchten. Erfordert die Verkehrssituation eine entsprechende Beschilderung (z.b. auf Autobahnen), ist grundsätzlich die Anordnung der Straßenverkehrsbehörde einzuholen. Bei Bedarf sind die Straßenbaulastträger zu bitten, Verkehrszeichen zur Verfügung zu stellen.

Fahrzeuge exterritorialer Personen, der Bundeswehr, der Stationierungsstreitkräfte, des Zolldienstes, der Feuerwehr, des Krankentransportdienstes oder anderer Hilfsdienste sowie der Polizei sind nur aus konkretem Anlass anzuhalten und zu kontrollieren.

Kraftomnibusse im Linienverkehr einschließlich Sonderformen des Linienverkehrs sind möglichst nur an Ausgangs- oder Endpunkten zu überprüfen.

3.4.4 Überprüfung von Fahrzeugführern

Die Überprüfung von Fahrzeugführern soll sich insbesondere auf Berechtigung und Eignung zum Führen von Fahrzeugen sowie auf die Einhaltung von Verhaltensregeln beziehen (z.b. Fahrerlaubnis, Alkohol- oder Drogenbeeinflussung, Gurtpflicht).

Das Fahrpersonal des gewerblichen Personen- und Güterverkehrs ist ergänzend hinsichtlich spezifischer Verstöße zu überprüfen (z.B. Berechtigungen, Sozialvorschriften).

Behaupten Fahrzeugführer, personen- oder fahrzeugbezogene Dokumente, zu deren Mitführen und Aushändigen sie verpflichtet sind, vergessen bzw. verloren zu haben oder geben sie den Diebstahl dieser Dokumente an, sind im Interesse des Betroffenen Überprüfungen möglichst bereits an Ort und Stelle durchzuführen.

3.4.5 Überprüfung von Fahrzeugen

Die Überprüfung von Fahrzeugen soll sich insbesondere auf solche Mängel beziehen, durch die die Verkehrssicherheit beeinträchtigt werden kann (z.B. Bereifung, Bremsen, Beleuchtung, Ladungssicherung).

Fahrzeuge des gewerblichen Personen- und Güterverkehrs sind ergänzend hinsichtlich spezifischer Verstöße zu überprüfen (z.B. Berechtigungen, Gefahrgutvorschriften).

Bei Fahrzeugmängeln ist darauf hinzuwirken, dass der vorschriftswidrige Zustand unverzüglich behoben wird. Sind technische Mängel, die die Verkehrssicherheit wesentlich beeinträchtigen, nicht an Ort und Stelle zu beseitigen, ist dafür zu sorgen, dass das

C. Richtlinien für die Geschwindigkeitsüberwachung • X. Nordrhein-Westfalen

Fahrzeug mit der gebotenen Sorgfalt auf kürzestem Wege aus dem Verkehr gebracht wird. Bei verkehrsunsicheren Fahrzeugen ist die Weiterfahrt zu untersagen.

3.4.6 Kontrollbericht und Kontrollbescheinigung

3.4.6.1 Kontrollbericht

Wird Betroffenen nach Einzelfallprüfung die Weiterfahrt ohne erforderliche Berechtigungsnachweise gestattet, ist der Vordruck „Kontrollbericht" auszustellen. Dem Fahrzeugführer ist die Durchschrift auszuhändigen; die Erstschrift verbleibt bei der Polizei.

Ist die Beseitigung von Fahrzeugmängeln nicht sofort möglich, ist der Vordruck „Kontrollbericht" auszustellen. Dem Fahrzeugführer ist die Durchschrift auszuhändigen. Die Erstschrift ist der Straßenverkehrsbehörde des Zulassungsbereiches zuzuleiten.

Mit dem Kontrollbericht ist der Straßenverkehrsbehörde und dem Betroffenen vorzuschlagen, in welcher Weise die Mängelbeseitigung überprüft und bescheinigt werden soll. Bei ungültigen Prüfplaketten, erloschener Betriebserlaubnis oder erheblichen Fahrzeugmängeln ist eine Überprüfung des Fahrzeugs durch einen amtlich anerkannten Sachverständigen, einen Prüfer für den Kraftfahrzeugverkehr oder eine amtlich anerkannte Überwachungsorganisation vorzusehen.

In allen anderen Fällen genügt es, wenn die Mängelbeseitigung durch eine von einem Ingenieur oder Meister geleitete Kraftfahrzeug-, Elektro-, Vulkanisier- bzw. Landmaschinenwerkstatt oder durch eine Polizeidienststelle bestätigt wird. Die Bestätigung durch eine Polizeidienststelle soll nur dann erfolgen, wenn die Mängelbeseitigung durch einfache Inaugenscheinnahme ohne technische Hilfsmittel feststellbar ist.

3.4.6.2 Kontrollbescheinigung/EU-Straßenkontrollformular

Nach Verkehrskontrollen ist Fahrzeugführern auf Verlangen eine Kontrollbescheinigung auszuhändigen. Kontrollbescheinigungen sind bei weiteren Kontrollen bis zu 24 Stunden grundsätzlich anzuerkennen. Weisen Fahrzeugführer eine derartige Bescheinigung vor, kann sich die Überprüfung auf Verkehrstüchtigkeit und Fahrerlaubnis beschränken. Eine nochmalige Überprüfung des Fahrzeuges ist nur dann vorzunehmen, wenn hierzu ein konkreter Anlass besteht.

Nach Kontrollen im grenzüberschreitenden gewerblichen Personen- und Güterverkehr bzgl. der Einhaltung der EG-Sozialvorschriften, bei denen Sanktionen verhängt wurden, ist dem Fahrzeugführer zur Vermeidung von Doppelbestrafung im Ausland das EU-Straßenkontrollformular auszuhändigen.

3.5 Technische Verkehrsüberwachung

3.5.1 Allgemeines

Für die beweissichere Verkehrsüberwachung ist nur technisches Gerät zu verwenden, welches zugelassen ist und über eine gültige Eichung verfügt. Es ist nur geschultes Personal einzusetzen. Fahrzeugführer und Bedienkraft von Videofahrzeugen müssen darüber hinaus einsatzspezifisch fortgebildet sein.

Die für die Verkehrsüberwachungsgeräte aktuellen Herstellerangaben (Bedienungsanleitungen) sowie die in den Zulassungsscheinen der Physikalisch-Technischen Bundesanstalt gemachten Vorgaben (z.b. Toleranzwerte) sind zu beachten.

An Örtlichkeiten, an denen ein Anhalten nach Verkehrsverstößen, z.b. auf Autobahnen oder autobahnähnlich ausgebauten Straßen, nicht durchgeführt werden kann, ist stets eine Frontalaufnahme zu fertigen. In allen anderen Fällen ist eine Bildaufzeichnung zur Fahreridentifizierung nicht erforderlich.

Im Rahmen der Verkehrsüberwachung mittels Videoverfahren ist eine permanente Aufzeichnung personenbezogener Daten, etwa im Rahmen einer automatisierten Erfassung zur späteren Einzelauswertung, nicht zulässig. Grundlage für die Verfolgung und Ahndung einer durch Videoaufzeichnung dokumentierten Verkehrsordnungswidrigkeit oder Straftat ist das Vorliegen eines konkreten Tatverdachts. Erst wenn dieser Tatverdacht gegeben ist, darf die Erhebung und Speicherung personenbezogener Daten erfolgen.

Die Geschwindigkeitsüberwachung soll vorrangig an Unfallhäufungsstellen und auf Unfallhäufungsstrecken sowie in schutzwürdigen Zonen (z.b. an Kindertagesstätten, Schulen, Seniorenheimen) erfolgen. Einsatzorte und -zeiten sind zwischen Polizei und Ordnungsbehörden abzustimmen.

Verbleibt bei Geschwindigkeitsmessungen nach Abzug der Toleranzwerte eine Überschreitung der zulässigen Höchstgeschwindigkeit von nicht mehr als 5 km/h, so ist von einer Verfolgung abzusehen.

Bei Schrittgeschwindigkeit ist von 10 km/h als zulässige Höchstgeschwindigkeit auszugehen. Die Einhaltung der Schrittgeschwindigkeit darf durch Polizeibeamte auch ohne Nutzung technischer Verfahren festgestellt werden, sofern der Tatbestand keine Nennung eines konkreten Überschreitungswertes erfordert.

3.5.2 Einsatz von Videofahrzeugen

Der Einsatz von Videofahrzeugen ermöglicht es, Verkehrsverstöße im fließenden Verkehr beweissicher festzustellen und zu dokumentieren. Er dient vor allem der Verfolgung schwerwiegender Verkehrsverstöße. Das Fehlverhalten ist aufzuzeichnen, die für den Überwachungsvorgang wesentlichen Beobachtungen sind zu dokumentieren. Dem Beschuldigten/Betroffenen soll vor Ort die Möglichkeit gegeben werden, sich die Aufzeichnung anzusehen.

Bei Ende des Einsatzes sind die als Beweismittel notwendigen Sequenzen getrennt nach Straftaten und Ordnungswidrigkeiten unter Beachtung der datenschutzrechtlichen Bestimmungen auf Datenträgern zu archivieren. Die Löschung der Aufzeichnungen erfolgt, wenn diese als Beweismittel nicht mehr erforderlich sind, spätestens jedoch zum Zeitpunkt der Vernichtung zugehöriger Akten. Alle sonstigen Bilddaten sind nach Ende des Einsatzes vom Aufnahmemedium zu löschen.

3.5.3 Geschwindigkeitsmessung durch Nachfahren (außer in den Fällen zu 3.5.2)

Bei Geschwindigkeitsmessungen durch Nachfahren ist wie folgt zu verfahren: Die Messstrecke muss bei abgelesenen Geschwindigkeiten bis 90 km/h mindestens 400 m, bei Geschwindigkeiten von mehr als 90 km/h mindestens 500 m betragen. Während der Vergleichsfahrt ist ein – der Geschwindigkeit angepasster – annähernd gleicher Sicherheitsabstand und dauerhafter Sichtkontakt zum vorausfahrenden Fahrzeug zu halten. Dieser Abstand darf sich vergrößern, aber nicht verringern.

Wird eine Geschwindigkeitsmessung durch Nachfahren durchgeführt, sind von dem abgelesenen Tachometerwert 20 % als Sicherheitsabschlag abzuziehen. Dezimale sind dabei zu Gunsten des Betroffenen auf einen vollen Wert zu runden.

3.5.4 Feststellung von Geschwindigkeitsverstößen anhand technischer Aufzeichnungen

Technische Aufzeichnungen von Fahrzeugen, die mit Kontrollgeräten ausgerüstet sind, können zur Geschwindigkeitskontrolle herangezogen werden. Von der aufgezeichneten Geschwindigkeit sind 6 km/h zugunsten des Betroffenen abzuziehen.

Führen die Auswertungen zum Ergebnis, dass die zulässige Höchstgeschwindigkeit überschritten wurde und der Verstoß vor Ort nicht mit einem Verwarnungsgeld abgeschlossen werden kann, sind technische Aufzeichnungen als Beweismittel sicherzustellen, sofern die Daten nicht anders gesichert werden können. Dem Fahrzeugführer ist die Sicherstellung zu bescheinigen.

3.5.5 Überprüfung zulässiger Gewichte und Lasten

Kontrollwägungen dienen der Verkehrssicherheit und sind insbesondere dann durchzuführen, wenn Anhaltspunkte dafür vorliegen, dass die zulässigen Gewichte und Lasten

Teil 4: Arbeitshilfen

überschritten sind. Einzelheiten zum Verwiegen von Fahrzeugen werden mit gesondertem Erlass geregelt.

4. Öffentlichkeitsarbeit

Öffentlichkeitsarbeit beeinflusst das Verhalten von Verkehrsteilnehmern und trägt zur Verbesserung der Verkehrssicherheit bei.

Ein zentraler Ansatz der Öffentlichkeitsarbeit ist, die schwerwiegenden Folgen von Verkehrsunfällen sowie die Maßnahmen der Polizei zur Verkehrsüberwachung bewusst zu machen. In diesem Zusammenhang wird über Unfallursachen, häufige Fehlverhaltensweisen sowie Unfallrisiken informiert. Darüber hinaus werden Gefahren reduzierende Verhaltensweisen vermittelt und Beratungen hinsichtlich Ausrüstung und Ausstattung angeboten, die die Sicherheit im Straßenverkehr erhöhen sollen.

Besondere Maßnahmen und Aktionen der Verkehrsunfallprävention und der Verkehrsüberwachung sollten durch Öffentlichkeitsarbeit begleitet werden.

Das Innenministerium Nordrhein-Westfalen behält sich die öffentliche Bekanntgabe von landesweiten Aktionen und entsprechenden Ergebnissen, z.B. Kontrollen zum Jahreswechsel und zu Karneval sowie anderer landes-, bundes- oder europaweiter Kontrollen, vor.

5. Mitwirkung bei der sicheren Gestaltung des Verkehrsraums

An der Gestaltung des Verkehrsraums wird die Polizei als „Träger öffentlicher Belange" beteiligt.

Sie hat den Verkehrsraum zu beobachten und die Straßenverkehrsbehörden bzw. Straßenbaulastträger über Zustände oder Mängel zu unterrichten, die deren Tätigwerden erfordern. Hinweise auf Mängel im Straßenraum sind entgegenzunehmen und an zuständige Stellen weiterzuleiten.

Die Mitwirkung der Polizei bei der Erkennung und Beseitigung von Unfallhäufungsstellen/-strecken richtet sich nach den hierzu geltenden Richtlinien.

6. Beratungsstelle für Verkehrssicherheit

Die Beratungsstelle für Verkehrssicherheit beim Landesamt für Zentrale Polizeiliche Dienste Nordrhein-Westfalen sammelt und bewertet Informationen, die für die polizeiliche Verkehrssicherheitsarbeit von Bedeutung sind, und beantwortet fachliche Fragen. Sie stellt Polizeibehörden Erkenntnisse und Materialien in geeigneter Weise zur Verfügung. Die Kreispolizeibehörden übersenden ihr eigene Medien und Konzepte der Verkehrssicherheitsarbeit.

7. Vordrucke

Kontrollberichte und Kontrollbescheinigungen werden zentral beschafft. Der Jahresbedarf ist dem Landesamt für Zentrale Polizeiliche Dienste Nordrhein-Westfalen zum 1.1. eines jeden Jahres unmittelbar mitzuteilen; Fehlanzeige ist erforderlich.

Die landeseinheitlichen Messprotokolle sind dem Bestandsverzeichnis der Vordruckkommission der Polizei Nordrhein-Westfalen zu entnehmen.

8. Schlussbestimmungen

Im Interesse der Lesbarkeit dieses Erlasses wird nur eine Sprachform verwandt, wenn der jeweilige Begriff in anzuwendenden Rechtsvorschriften in dieser Form üblich ist.

Dieser Runderlass ergeht im Einvernehmen mit dem Ministerium für Bauen und Verkehr des Landes Nordrhein-Westfalen, dem Ministerium für Arbeit, Gesundheit und Soziales des Landes Nordrhein-Westfalen, dem Ministerium für Schule und Weiterbildung des Landes Nordrhein-Westfalen und dem Justizministerium des Landes Nordrhein-Westfalen.

Der RdErl. v. 22.5.1996 (SMBl. NRW. 2055) „Verkehrssicherheitsarbeit der Polizei Nordrhein-Westfalen" wird aufgehoben.

2. Verfolgung und Ahndung von Verkehrsordnungswidrigkeiten durch die Ordnungsbehörden (VkOwiRdErl)

RdErl. d. MI vom 27. Januar 2004 (MBl. NRW. S. 211) – 44 – 57.04.16 – 3 – Außer Kraft am 1. Januar 2009 durch Abschnitt 16 des RdErl. vom 27. Januar 2004 (MBl. NRW. S. 211)

1. Zuständigkeiten

1.1 Sachliche Zuständigkeit

Die Kreisordnungsbehörden sind zuständig für die Verfolgung und Ahndung von Verkehrsordnungswidrigkeiten nach den §§ 24 und 24a des Straßenverkehrsgesetzes (StVG); abweichend hiervon sind die örtlichen Ordnungsbehörden zuständig für die Verfolgung und Ahndung von Ordnungswidrigkeiten im ruhenden Straßenverkehr nach § 24 StVG. Die großen kreisangehörigen Gemeinden i.S. von § 4 der Gemeindeordnung sind neben den Kreisordnungsbehörden zuständig für die Verfolgung und Ahndung von Ordnungswidrigkeiten bei der Überwachung der Einhaltung der zulässigen Höchstgeschwindigkeit und der Befolgung von Lichtzeichenanlagen im Straßenverkehr, soweit sie die Ordnungswidrigkeiten selbst festgestellt haben (Verordnung zur

Teil 4: Arbeitshilfen

Bestimmung der für die Verfolgung und Ahndung von Verkehrsordnungswidrigkeiten zuständigen Verwaltungsbehörden – SGV. NRW. 45 –). Die Zuständigkeit der Polizeibehörden bleibt unberührt.

Die Zuständigkeit der örtlichen Ordnungsbehörden für Maßnahmen der Gefahrenabwehr im Rahmen der Überwachung des ruhenden Straßenverkehrs, der Kreisordnungsbehörden und der Großen kreisangehörigen Städte für die Überwachung der Einhaltung zulässiger Höchstgeschwindigkeiten und der Befolgung von Lichtzeichenanlagen im Straßenverkehr an Gefahrenstellen nach § 48 Abs. 3 des Ordnungsbehördengesetzes (OBG) bleibt unberührt.

1.2 Örtliche Zuständigkeit

Örtlich zuständig ist gemäß § 37 Abs. 1 Nr. 1 des Gesetzes über Ordnungswidrigkeiten (OWiG) die Ordnungsbehörde, in deren Bezirk die Verkehrsordnungswidrigkeit begangen oder entdeckt worden ist.

Auf Grund übereinstimmender Verwaltungspraxis in den Ländern sieht die gemäß § 37 Abs. 1 Nr. 2 OWiG zuständige Ordnungsbehörde bei Verkehrsordnungswidrigkeiten in der Regel davon ab, tätig zu werden. § 39 OWiG bleibt unberührt.

2. Verfolgung von Verkehrsordnungswidrigkeiten

2.1 Allgemeine Verfahrensgrundsätze

Wegen der allgemeinen Grundsätze für die Verfolgung von Verkehrsverstößen sowie wegen des Verfahrens bei Verwarnungen und Ordnungswidrigkeitsanzeigen wird auf den RdErl. v. 27. Januar 2004 (SMBl. NRW. 2051) „Verfolgung von Verkehrsverstößen durch die Polizei und Erhebung von Sicherheitsleistungen" verwiesen.

Abweichend von Nr. 2.4.1 des vorgenannten RdErl. können die Ordnungsbehörden vorrangig oder ausschließlich schriftliche Verwarnungen erteilen. Soll eine schriftliche Verwarnung erfolgen, ist entweder eine Verwarnung mit Zahlschein oder eine allgemeine Mitteilung über die beabsichtigte Ahndung des festgestellten Verkehrsverstoßes am Fahrzeug gut sichtbar anzubringen bzw. dem Betroffenen auszuhändigen.

Die Ordnungsbehörden regeln das Zahlungs- und Abrechnungsverfahren in eigener Zuständigkeit. Die im Text erwähnten Vordrucke sind als Anlagen dem o.g. Runderlass beigefügt. Sie sind ihrem materiellen Inhalt nach verbindlich. In der Form können sie – insbesondere im Hinblick auf eine EDV-gerechte Vordruckgestaltung – verändert werden.

C. Richtlinien für die Geschwindigkeitsüberwachung • X. Nordrhein-Westfalen

Durch die Ausstattung der Ordnungsbehörden (Bußgeldstellen) mit den notwendigen Kräften und Mitteln ist sicherzustellen, dass Ordnungswidrigkeitsverfahren so schnell wie möglich abgewickelt werden. Rn. 48.36 der Verwaltungsvorschrift zur Durchführung des Ordnungsbehördengesetzes (VwV OBG) ist zu beachten.

Werden zur Beweissicherung technische Geräte verwendet, so ist dabei der RdErl. v. 22.05.1996 (SMBl. NRW. Nr. 2055) „Verkehrssicherheitsarbeit der Polizei" zu beachten.

2.2 Besondere Verfahrensgrundsätze

Gehen Anzeigen Dritter wegen Verkehrsordnungswidrigkeiten bei den Ordnungsbehörden ein oder stellen sie im Zusammenhang mit ihren sonstigen Aufgaben z.B. als Straßenverkehrsbehörde selbst Verkehrsordnungswidrigkeiten fest, so haben sie im Interesse der Vereinfachung und Beschleunigung des Verfahrens notwendige Ermittlungen grundsätzlich selbst zu führen. Amtshilfeersuchen sind in Nordrhein-Westfalen an die nach § 48 Abs. 3 OBG zuständige Bußgeldstelle zu richten. Eine Inanspruchnahme der Polizei kommt nur in begründeten Ausnahmefällen in Betracht.

Bei Anzeigen Dritter ist die Mitteilung des Namens sowie des Wohnorts des Anzeigenden sowohl im Rahmen der Anhörung als auch im Bescheid erforderlich, aber auch ausreichend, soweit der Anzeigende in dem laufenden Ordnungswidrigkeitenverfahren zugleich Zeuge ist. Die zusätzliche Mitteilung der Wohnanschrift des Zeugens unterbleibt aus Gründen des Datenschutzes. Eine Benennung als Zeuge ist dann nicht erforderlich, wenn die ermittelnde Behörde in der Lage ist, durch eigene Nachforschungen Erkenntnisse zu dem Vorwurf ordnungswidrigen Verhaltens zu erlangen und damit der Zeuge für das weitere Verfahren entbehrlich ist. Ein überwiegendes Drittschutzinteresse des Anzeigenerstatters spricht gegen die Benennung als Zeuge, wenn im konkreten Einzelfall Gefährdungen für Leib, Leben, Eigentum, Besitz oder Hausfrieden des Zeugen bzw. seiner Angehörigen zu erwarten sind. Bloße Belästigungen gehören nicht hierzu.

Ist die Ordnungsbehörde, bei der die Anzeige eingeht, nicht zuständig, leitet sie die Anzeige an die zuständige Ordnungsbehörde weiter.

Die Ordnungsbehörde gibt die Sache an die Staatsanwaltschaft ab, wenn Anhaltspunkte dafür vorhanden sind, dass die Tat eine Straftat ist (§§ 41, 21 OWiG),

3. Anhörung des Betroffenen

Hat sich das Verfahren nicht durch Zahlung eines Verwarnungsgeldes erledigt, oder ist in einem Bußgeldverfahren der Betroffene nicht an Ort und Stelle gehört worden, ist ihm durch Übersendung eines Anhörungsbogens (Anlage 5) Gelegenheit zu geben, sich innerhalb einer Woche schriftlich zu äußern. Dies gilt ebenso, wenn der Betroffene an Ort und Stelle gegenüber den einschreitenden Polizeibeamten erklärt hat, sich schriftlich äußern zu wollen und dieses Begehren von der Polizei in der Ordnungswidrigkeiten-Anzeige vermerkt wurde.

Muss der Halter zuvor ermittelt werden, so ist gemäß Nr. 2.4 und 2.5 des RdErl. v. 27. Januar 2004 (SMBl. NRW. 2051) „Verfolgung von Verkehrsverstößen durch die Polizei und Erhebung von Sicherheitsleistungen" zu verfahren. Liegt eine Frontaufnahme vom Fahrer und Fahrzeug als Beweismittel vor, ist es nur dann erforderlich, einen Abzug des entsprechenden Bildausschnitts dem Anhörungsbogen beizufügen, wenn der Halter eine natürliche Person ist und wenn dafür im begründeten Einzelfall Veranlassung besteht. Der Abzug darf nur einen Bildausschnitt aufweisen, auf dem die Person des Fahrers abgebildet ist.

Ist in einem Ermittlungsvorgang der Halter keine natürliche Person oder kommt er als Betroffener nicht in Betracht, so ist dem Halter zunächst ein Zeugenfragebogen (Anlage 9/10) zu übersenden. Beruht das Verfahren auf der Anzeige eines Dritten, ist die Mitteilung des Namens sowie des Wohnortes des Anzeigenden sowohl bei der Anhörung als auch im Bescheid erforderlich. Die zusätzliche Mitteilung der Wohnanschrift ist im Interesse der schutzwürdigen Belange des Zeugen nicht zulässig.

Wird der Anhörungsbogen nicht innerhalb von zwei Wochen zurückgesandt, ist grundsätzlich ohne weitere Anhörung ein Bußgeldbescheid (Anlage 6) zu fertigen, sofern der Halter eine natürliche Person ist.

Bei Halt- oder Parkverstößen ist ggf. nach § 25a StVG (Kostentragungspflicht des Halters) zu verfahren.

Sendet der Halter den Anhörungsbogen mit dem Vermerk zurück, dass nicht er selbst, sondern ein anderer als Fahrzeugführer in Betracht kommt, und hat sich dieser im Anhörungsbogen noch nicht geäußert, ist dem betroffenen Fahrzeugführer ein Anhörungsbogen zuzusenden. Gibt der Betroffene die geforderten Angaben zur Person nicht oder nur unvollständig an, sind sie über die Ordnungsbehörde des Wohnorts zu ermitteln. Hat der Betroffene zur Sache keine oder nur unvollständige Angaben gemacht, gilt die Anhörung dennoch als erfolgt. Wird der Anhörungsbogen nicht zurückgesandt und ist der Halter keine natürliche Person, ist ein Anhörungsbogen an die für den Halter zuständige Ordnungsbehörde zu senden mit der Bitte, den Betroffenen zu hören. In dem Ersuchen ist die Anschrift des Halters anzugeben und darauf hinzuweisen, dass der Versuch einer schriftlichen Anhörung erfolglos geblieben ist. Die Entscheidung des Sachbearbeiters über die Anhörung als Betroffener ist schriftlich niederzulegen und durch Unterschrift oder Handzeichen zu dokumentieren.

4. Beweiserhebung

4.1 Vernehmung von Zeugen

Sind Zeugen zu hören, hat dies grundsätzlich schriftlich zu erfolgen. Hierfür sind unter Beifügung eines Freiumschlages das Anschreiben an Zeugen (Anlage 10) und der Zeugenfragebogen (Anlage 9) zu verwenden. Vernehmungen von Zeugen zu Protokoll kommen nur ausnahmsweise in Betracht. Hierüber entscheidet der Sachbearbeiter oder der Dienststellenleiter.

4.2 Lichtbildabgleich nach § 2b Abs. 2 Satz 2 Nr. 3 PersAuswG

Es ist im Einzelfall abzuwägen, ob ein im Vergleich zum Erfolg unverhältnismäßig hoher Aufwand vorliegt. Der Aufwand liegt in den notwendigen finanziellen Aufwendungen (personellen/sachlichen) sowie administrativen und/oder organisatorischen Schwierigkeiten der Behörde. Der Erfolg ist die Ahndung der konkreten Ordnungswidrigkeit. Dabei ist die Höhe der Verwarnung oder Geldbuße Richtschnur für das Gewicht des Erfolgs bei der Abwägung. Der Aufwand ist dann unverhaltnismäßig, wenn er in keinem vernünftigen Verhältnis zum angestrebten Erfolg steht oder mit an Sicherheit grenzender Wahrscheinlichkeit nicht zum Erfolg führt.

Daten beim Betroffenen werden, wenn die Prüfung des Einzelfalls keine andere Verfahrensweise geboten erscheinen lässt, in dieser Rangfolge erhoben:
* Anhörung des Betroffenen,
* Vorladung des Betroffenen,
* Lichtbildabgleich beim Personalausweisregister, wenn das Zeugnisverweigerungsrecht in Anspruch genommen wird, die Tat bestritten wird oder keine Reaktion auf die Vorladung erfolgt,
* Aufsuchen des Betroffenen.

Die oben stehende Regelung gilt für die Datenerhebung bei Tatverdächtigen entsprechend.

Hat der Betroffene seinen Wohnsitz nicht im örtlichen Zuständigkeitsbereich der ermittelnden Ordnungsbehörde, ist zu prüfen, ob der Aufwand einer weiteren Ermittlung durch den Schuldvorwurf gerechtfertigt ist.

Die Befragung anderer Personen ist keine Datenerhebung beim Betroffenen im Sinne von § 2b Abs. 2 Satz 2 Nr. 3 PersAuswG. Sie ist daher erst dann zu erwägen, wenn ein Lichtbildabgleich erfolglos ist.

Teil 4: Arbeitshilfen

Bei der Wahl des Mittels ist zu bedenken, in welchem Maße die konkrete Art der Datenerhebung beim Betroffenen im Verhältnis zum Lichtbildabgleich in dessen Persönlichkeitsrecht eingreift.

Die Behörde muss im Antrag bei der Personalausweisbehörde versichern, dass die Voraussetzungen des § 2b Abs. 2 Satz 2 Nr. 3 PersAuswG gegeben sind. Weitere Erläuterungen sind nicht erforderlich.

Sollte eine mögliche Ermittlung beim Betroffenen als unverhältnismäßig angesehen werden, müssen die Gründe dafür festgehalten werden. Diese können sich aus generellen Erwägungen der Behörde über den Aufwand von Ermittlungen ergeben, wenn die Erwägungen die wesentlichen Momente des Einzelfalls erfassen und der einzelne Vorgang auf sie nachvollziehbar verweist.

4.3   Akteneinsicht

Die Gewährung von Akteneinsicht richtet sich nach den §§ 49 bis 49b OWiG. Bei der Gewährung von Akteneinsicht sind grundsätzlich die Richtlinien über das Strafverfahren und das Bußgeldverfahren (RiStBV) anzuwenden. Auf Nr. 296 RiStBV i.V.m. Nr. 182 bis 189 RiStBV wird hingewiesen.

In Verkehrsordnungswidrigkeitsverfahren soll Akteneinsicht gewährt werden, wenn hierdurch keine wesentliche Verzögerung eintritt und der Ermittlungszweck nicht beeinträchtigt wird. Wird nicht unmittelbar mit dem Verfahren befassten Stellen (z.B. Versicherungen oder von diesen bevollmächtigten Rechtsanwälten) Einsicht gewährt, sind die Auszüge aus dem Verkehrszentralregister zurückzuhalten. Fotografien, die sich bei den Akten befinden, können ebenfalls eingesehen werden; ein Anspruch auf Herstellung eines Abzugs besteht jedoch nicht.

Vor Übersendung der Akten an die Staatsanwaltschaft ist einem Antrag auf Gewährung der Akteneinsicht (§ 147 Abs. 1 StPO) zu entsprechen (§ 69 Abs. 3 Satz 2 OWiG).

Werden Akten an andere Behörden als die Staatsanwaltschaft versandt, sind nach § 49a OWiG nur die für die Amtshilfe erforderlichen Aktenteile zu übersenden.

Werden Akten auf Anforderung an Private mit der Post versandt, ist gem. § 107 Abs. 5 OWiG je Sendung eine Gebühr von 12, – Euro zu erheben [5, – Euro bei elektronischer Aktenführung und elektronischem Versand (§ 107 Abs. 5 OWiG)].

5.   Einstellung des Verfahrens

Die Einstellung des Verfahrens ist geboten, wenn

a) nach dem Ermittlungsergebnis ein ausreichender Tatbeweis oder eine Feststellung des Betroffenen nicht möglich erscheint (§ 46 Abs. 1 OWiG i.V.m. § 170 Abs. 2 StPO),
b) der mit weiteren Ermittlungen verbundene Aufwand außer Verhältnis zur Bedeutung der Tat stehen würde (§ 47 Abs. 1 OWiG),
c) nach den Umständen des Einzelfalles ein Verzicht auf Ahndung angebracht erscheint (§ 47 Abs. 1 OWiG) oder
d) die Tat verjährt ist (§ 31 Abs. 1 Satz 1 OWiG).

Muss das Verfahren eingestellt werden, weil der Betroffene nicht festgestellt werden kann (Buchst. a), so ist zu prüfen, ob bei der Verkehrsbehörde angeregt werden soll, dem Fahrzeughalter die Führung eines Fahrtenbuches aufzuerlegen (§ 31a StVZO).

Die Einstellung ist auf der Ordnungswidrigkeiten-Anzeige unter Angabe des Grundes zu verfügen.

Ist der Betroffene zu dem Vorwurf gehört worden, so ist er von der Einstellung formlos in Kenntnis zu setzen (§ 46 Abs. 1 OWiG i.V.m. § 170 Abs. 2 StPO, § 50 Abs. 1 OWiG). Bei Minderjährigen soll außerdem der gesetzliche Vertreter verständigt werden.

Kann in einem Bußgeldverfahren wegen eines Halt- oder Parkverstoßes der Führer des Kraftfahrzeugs, der den Verstoß begangen hat, voraussichtlich nicht vor Eintritt der Verfolgungsverjährung ermittelt werden oder würde seine Ermittlung einen unangemessenen Aufwand erfordern, so ist zu entscheiden, ob nach § 25a StVG dem Fahrzeughalter die Kosten des Verfahrens auferlegt werden.

6. Verwarnung

Auf Grund von Ordnungswidrigkeitsanzeigen der Polizei kann eine schriftliche Verwarnung mit Verwarnungsgeld ausnahmsweise dann erteilt werden, wenn sich herausstellt, dass es sich nur um eine geringfügige Verkehrsordnungswidrigkeit handelt. Ein Bußgeldbescheid würde in einem solchen Fall den Betroffenen vor allem wegen der Kosten benachteiligen. Diese Vorschrift ist nicht anzuwenden bei Anschlussbußgeldverfahren.

7. Bußgeldbescheid

Kommt nach Abschluss der Ermittlungen unter Berücksichtigung der Äußerung des Betroffenen und etwaiger Zeugenaussagen ein Bußgeldbescheid in Betracht, so ist, mit Ausnahme bei Bagatelldelikten, eine Auskunft aus dem Verkehrszentralregister einzuholen und zur Akte zu nehmen.

Teil 4: Arbeitshilfen

Die Festsetzung der Geldbuße und die Anordnung eines Fahrverbots richten sich nach der Bußgeldkatalog-Verordnung (BGBl. III/FNA 9231-1-12) und dem Bundeseinheitlichen Tatbestandskatalog Straßenverkehrsordnungswidrigkeiten. Der Bußgeldbescheid ist grundsätzlich dem Betroffenen zuzustellen. Dies kann durch eingeschriebenen Brief, mit Postzustellungsurkunde oder gegen Empfangsbekenntnis geschehen (§ 50 Abs. 1 Satz 2, § 51 Abs. 1 OWiG i.V.m. dem Verwaltungszustellungsgesetz.

Einem Betroffenen ist der Bußgeldbescheid auch dann zuzustellen, wenn er nur beschränkt geschäftsfähig ist; dem gesetzlichen Vertreter des Betroffenen ist der Bußgeldbescheid formlos zuzuleiten (§ 51 Abs. 2 OWiG).

Hat der Betroffene einen gewählten Verteidiger, dessen Vollmacht sich bei den Akten befindet, oder ist ein Verteidiger bestellt, soll der Bußgeldbescheid nur diesem zugestellt werden. Der Betroffene wird von der Zustellung zugleich unterrichtet. Dabei erhält er formlos eine Abschrift des Bußgeldbescheides (§ 51 Abs. 3 OWiG).

Der Bußgeldbescheid gegen einen Jugendlichen soll auch dem Erziehungsberechtigten, der nicht gleichzeitig gesetzlicher Vertreter des Betroffenen ist, formlos mitgeteilt werden; bei mehreren Erziehungsberechtigten genügt die Mitteilung an einen von ihnen (§ 46 Abs. 1 OWiG i.V.m. § 67 Abs. 2 und Abs. 5 Satz 3 des Jugendgerichtsgesetzes – JGG).

Bei der Zustellung eines Bußgeldbescheides sind die Hinweise auf die Änderung des Verwaltungszustellungsrechts [RdErl. d. Innenministeriums v. 04.10.2002 (SMBl. NRW. 2010)] zu beachten. Wenn das Verfahren Anlass zur Frage gibt, ob sich der Inhaber einer Fahrerlaubnis als ungeeignet zum Führen von Kraftfahrzeugen erwiesen hat, wird der Bußgeldbescheid der nach § 68 der Straßenverkehrs-Zulassungs-Ordnung (StVZO) zuständigen Straßenverkehrsbehörde mitgeteilt. Hierbei ist der Grund für die Erteilung des Bußgeldbescheides besonders zu vermerken.

8. Fahrverbot

Zur Bestimmung der Wirksamkeit des Fahrverbots nach § 25 Abs. 2a StVG ist zu prüfen, ob gegen den Betroffenen in den letzten zwei Jahren vor der Ordnungswidrigkeit und bis zum Bußgeldbescheid bereits ein Fahrverbot verhängt wurde. Die Anordnung der Wirksamkeit des Fahrverbotes nach

a) § 25 Abs. 2a StVG oder

b) § 25 Abs. 2 StVG

hat im Bußgeldbescheid vor der Unterschrift zu erfolgen. Die Belehrung gemäß § 25 Abs. 8 StVG erfolgt auf der 2. Seite. [Auf Anlage 6 zum RdErl. d. Innenministeriums v. 27.01.2004 (SMBl. NRW. 2051) wird besonders verwiesen.]

Ein verhängtes Fahrverbot (§ 25 StVG) ist der nach § 68 der Straßenverkehrs-Zulassungs-Ordnung (StVZO) zuständigen Straßenverkehrsbehörde mitzuteilen.

Der Führerschein wird von der Kreisordnungsbehörde verwahrt, die das Fahrverbot angeordnet hat, oder von der Wohnsitzbehörde, wenn die anordnende Behörde dem zugestimmt hat. Die Verbotsfrist beginnt erst mit dem Tag, an dem der Führerschein in Verwahrung genommen wird. Übersendet der Betroffene den Führerschein durch die Post, so ist ihm der Tag des Eingangs zu bestätigen und mitzuteilen, mit Ablauf welchen Tages das Fahrverbot endet.

Der Betroffene ist in jedem Fall darauf hinzuweisen, dass er den Führerschein bei der Kreisordnungsbehörde zu einem von ihr benannten Termin abholen kann, wenn er dies rechtzeitig vorher erklärt, oder dass ihm andernfalls der Führerschein mit der Post zugesandt wird.

Dem Betroffenen ist der Führerschein zu dem benannten Termin auszuhändigen oder so rechtzeitig zu übersenden, dass er am letzten Werktag der Verbotsfrist bei ihm eintrifft. Der Betroffene ist darauf hinzuweisen, dass er vor Ablauf der Verbotsfrist kein Fahrzeug führen darf, für das das Fahrverbot gilt, selbst wenn er den Führerschein vorher erhält.

Erscheint der Betroffene entgegen seiner Erklärung nicht zu dem benannten Termin, ist ihm der Führerschein innerhalb von zwei Wochen nach dem Termin zuzusenden.

9. Verfahren nach Einspruch

9.1 Eigene Prüfung und Abgabe an die Staatsanwaltschaft

Ist der Einspruch rechtzeitig und in der vorgeschriebenen Form eingelegt, so prüft die Ordnungsbehörde, ob der Vorwurf aufrechterhalten werden kann oder der Bußgeldbescheid zurückzunehmen ist (§ 69 Abs. 2 OWiG). Zu diesem Zweck kann sie

- weitere Ermittlungen anordnen oder selbst vornehmen,
- von Behörden und sonstigen Stellen die Abgabe von Erklärungen über dienstliche Wahrnehmungen, Untersuchungen und Erkenntnisse (§ 77a Abs. 2 OWiG) verlangen.

Die Ordnungsbehörde kann dem Betroffenen auch Gelegenheit geben, innerhalb einer zu bestimmenden Frist dazu Stellung zu nehmen, ob und welche Tatsachen und Beweismittel er im weiteren Verfahren zu seiner Entlastung vorbringen will; er ist darauf hinzuweisen, dass es ihm nach dem Gesetz freistehe, sich zu der Beschuldigung zu äußern oder nicht zur Sache auszusagen.

Ist der Einspruch nicht rechtzeitig, nicht in der vorgeschriebenen Form oder sonst nicht wirksam eingelegt, so verwirft ihn die Ordnungsbehörde als unzulässig (§ 69 Abs. 1 Satz 1 OWiG).

Die Ordnungsbehörde übersendet die Akten an die Staatsanwaltschaft, wenn sie den Bußgeldbescheid nicht zurücknimmt oder ihn als unzulässig verwirft; sie vermerkt die Gründe dafür in den Akten, soweit dies nach der Sachlage angezeigt ist (§ 69 Abs. 3 Satz 1 OWiG). Über die Gewährung der Wiedereinsetzung in den vorigen Stand entscheidet die Ordnungsbehörde, solange das Gericht noch nicht mit der Sache befasst ist (§ 52 OWiG).

9.2 Beteiligung der Ordnungsbehörde am gerichtlichen Bußgeldverfahren

In der Regel soll die Ordnungsbehörde darauf verzichten, am gerichtlichen Bußgeldverfahren nach § 76 OWiG beteiligt zu werden, da bei Verkehrsordnungswidrigkeiten die Sachkunde des Gerichts und der Staatsanwaltschaft vorausgesetzt werden kann.

10. Vollstreckung des Bußgeldbescheides

10.1 Zulässigkeit

Die Vollstreckung ist zulässig, wenn der Bußgeldbescheid rechtskräftig geworden ist (§ 89 OWiG). Zuständig ist die Ordnungsbehörde, die den Bußgeldbescheid erlassen hat (§ 92 OWiG). Das gilt auch dann, wenn der Einspruch zurückgenommen oder verworfen wird.

10.2 Verfahren

Das Vollstreckungsverfahren richtet sich gemäß § 90 Abs. 1 OWiG nach dem Verwaltungsvollstreckungsgesetz für das Land Nordrhein-Westfalen. Daneben sind die Vorschriften des OWiG, insbesondere über Zahlungserleichterungen (§ 93), die Erzwingungshaft (§ 96) und die Vollstreckung gegen Jugendliche und Heranwachsende (§ 98), zu beachten.

11. Verfahren bei bestimmten Personengruppen

11.1 Geltung der Richtlinien für die Polizei

Wegen der Verfolgung von Verkehrsverstößen bei Kindern, Jugendlichen, Heranwachsenden, Stationierungsstreitkräften, Exterritorialen und Abgeordneten wird auf die Nr. 1.3 des RdErl. v. 27. Januar 2004 (SMBl. NRW. 2051) verwiesen. Ergänzend gelten die folgenden Richtlinien.

11.2 Personen ohne Inlandswohnsitz

Die Ordnungsbehörde hat den von Personen, die im Geltungsbereich der Strafprozess-Ordnung keinen festen Wohnsitz oder Aufenthalt haben, als Sicherheit geleisteten Geldbetrag oder die beschlagnahmte Sache zu verwahren.

Der Bußgeldbescheid ist dem Zustellungsbevollmächtigten zuzustellen. Ist ein solcher nicht bestellt, ist zu prüfen, ob eine Zustellung im Ausland erfolgen kann; andernfalls kommt eine öffentliche Zustellung in Betracht.

Sobald der Bußgeldbescheid rechtskräftig ist, wird die Sicherheitsleistung mit der Geldbuße und den Kosten verrechnet. Wird das Verfahren eingestellt, so ist der Betrag zurückzuerstatten. Das gilt auch, soweit die Sicherheitsleistung höher ist als Geldbuße und Kosten. In beschlagnahmte Sachen kann nach dem Verwaltungsvollstreckungsgesetz für das Land Nordrhein-Westfalen vollstreckt werden.

Die Sicherheitsleistung oder die beschlagnahmten Sachen stehen im Falle eines Einspruchs auch für die Vollstreckung einer gerichtlichen Bußgeldentscheidung zur Verfügung.

11.3 Stationierungsstreitkräfte

Im Bußgeldverfahren nehmen die Ordnungsbehörden die Aufgaben der Staatsanwaltschaft nach Art. 3 des Gesetzes zum NATO-Truppenstatut vom 18. August 1961 (BGBl. II S. 1183) wahr (§ 46 Abs. 2 OWiG).

Ordnungswidrigkeitsanzeigen gegen Personen, die der Militärgerichtsbarkeit unterliegen, sind zusammen mit dem Bußgeldbescheid den einzelnen Verbindungsstellen zuzuleiten. Hält die Militärbehörde ihre Zuständigkeit für gegeben, so unterrichtet sie die Bußgeldbehörde hiervon unter Rücksendung des Bußgeldbescheids; andernfalls leitet sie den Bescheid an den Betroffenen weiter.

Bei der Berechnung der Verbotsfrist eines Fahrverbots ist eine Entziehung des Führerscheins oder einer Zusatzbescheinigung durch die Behörden der Truppe zu berücksichtigen, sofern die Militärbehörde diese gem. Art. 9 Abs. 6a des Zusatzabkommens zum NATO-Truppenstatut mitgeteilt hat.

Der Militärgerichtsbarkeit unterliegen nicht

- Mitglieder des zivilen Gefolges und Angehörige mit deutscher Staatsangehörigkeit oder ständigem Aufenthalt in der Bundesrepublik Deutschland,
- Angehörige der Mitglieder des zivilen Gefolges der kanadischen Stationierungsstreitkräfte,

Teil 4: Arbeitshilfen

- Mitglieder des zivilen Gefolges und Angehörige der Stationierungsstreitkräfte der Niederlande und der USA,
- Jugendliche der französischen Stationierungsstreitkräfte,
- Mitglieder der Truppe und des zivilen Gefolges sowie Angehörige der dänischen, griechischen, italienischen, luxemburgischen, norwegischen, portugiesischen oder türkischen Stationierungsstreitkräfte.

11.4 Exterritoriale

Kann ein Verkehrsverstoß nicht geahndet werden, weil der Betroffene nach den §§ 18 – 20 des Gerichtsverfassungsgesetzes (GVG) der deutschen Gerichtsbarkeit nicht unterliegt, so haben die Ordnungsbehörden das Auswärtige Amt, bei Inhabern eines Konsularausweises die zuständige Staats-/Senatskanzlei zu unterrichten. Auf den RdErl. v. 01.06.1994 (SMBl. NRW. 2106) „Diplomaten und andere bevorrechtigte Personen" wird verwiesen.

12. Gnadengesuche

Gnadengesuche sind nach dem Erlass „Verfahren in Gnadensachen bei Verkehrsordnungswidrigkeiten" v. 05.08.2002 (SMBl. NRW. 2051) zu behandeln.

13. Örtliche Dateien

Besondere Dateien oder Listen zur Erkennung von Mehrfachtätern sind nicht zulässig. Unberührt bleiben Dateien oder Listen, die aus kassentechnischen Gründen oder zur Aktenerschließung geführt werden.

14. Aufbewahrung der Akten

Akten über Bußgeldverfahren, in denen wegen einer Verkehrsordnungswidrigkeit eine Geldbuße von mindestens 40,00 EUR festgesetzt oder ein Fahrverbot angeordnet wurde, sind drei Jahre aufzubewahren. In allen übrigen Fällen sowie bei Verwarnungsgeldverfahren beträgt die Aufbewahrungsfrist grundsätzlich zwei Jahre; – abweichend hiervon kann für diese Fälle vom Behördenleiter eine kürzere Dauer der Aufbewahrung angeordnet werden. Die Aufbewahrungsfrist beginnt mit dem Schluss des Jahres, in dem das Verfahren rechtskräftig abgeschlossen ist. Soweit das Interesse an einer Archivierung besteht, können die Bußgeldakten nach Ablauf der Frist den Archiven überlassen werden.

15. Mitteilung an das Kraftfahrt-Bundesamt

Rechtskräftige Bußgeldbescheide sind dem Kraftfahrt-Bundesamt gem. § 28 Abs. 4 StVG unverzüglich mitzuteilen, wenn eine Geldbuße von mindestens 40,00 EUR festgesetzt oder ein Fahrverbot angeordnet wird (§§ 13, 13b StVZO). Hierbei ist nach den Standards für die Übermittlung von Anfragen an die zentralen Register und Auskünften aus den zentralen Registern beim Kraftfahrtbundesamt (SDÜ-VZR-ANF – veröffentlicht im Bundanzeiger vom 09.10.2002, Nr. 188a) zu verfahren.

16. Schlussbestimmungen

Im Interesse der Lesbarkeit und damit der Verständlichkeit dieses Erlasses wird nur eine Sprachform verwandt, wenn der jeweilige Begriff in anzuwendenden Rechtsvorschriften in dieser Form üblich ist.

Der RdErl. tritt mit Wirkung vom 01.02.2004 in Kraft und mit Ablauf des 31.12.2008 außer Kraft.

Der RdErl. v. 15.10.1987 (SMBl. NRW. 920) wird aufgehoben.

Der RdErl. ergeht im Einvernehmen mit dem Justizministerium und dem Ministerium für Bauen und Verkehr.

XI. Rheinland-Pfalz – Richtlinie über die polizeiliche Geschwindigkeitsüberwachung (PolGeschwüRS)

Rundschreiben des Ministeriums des Innern und für Sport vom 1. Februar 2003 (344/20 250) (MinBl. S. 190)

1. Allgemeines

Mobilität ist Ausdruck einer modernen Industriegesellschaft. Der Mensch als Verkehrsteilnehmer steht auf Grund immer höherer Anforderungen aus Industrie und Wirtschaft, der ständigen Zunahme der Verkehrsmittel und den sich verändernden Bedingungen im Straßenverkehrsraum in einem Spannungsfeld „Mensch, Maschine und Straße". Auf Grund der seit Jahren steigenden Anzahl von Kraftfahrzeugen sowie der durch nicht angepasste und überhöhte Fahrgeschwindigkeit ausgehenden Gefahren für Verkehrsteilnehmer sind erhöhte Anstrengungen zur Verbesserung der Verkehrssicherheit erforderlich. Ziel einer qualifizierten Verkehrssicherheitsarbeit ist es, durch den Verbund aller Interventionen der Polizei und Einbindung der übrigen Träger von Verkehrssicherheitsmaßnahmen Unfallgefahren und deren Folgen zu minimieren sowie Sicherheitsbedürfnissen der Bürger im Straßenverkehr Rechnung zu tragen.

Teil 4: Arbeitshilfen

2. Ziele der Geschwindigkeitsüberwachung

Verkehrsunfallprävention ist vorrangiges Ziel der Geschwindigkeitsüberwachung. Unfälle sollen durch die Geschwindigkeitsüberwachung verhütet, Unfallfolgen gemindert sowie schädliche Umwelteinflüsse begrenzt werden. Daneben sollen die Verkehrsteilnehmer durch die Erhöhung der objektiven und subjektiven Entdeckungswahrscheinlichkeit zu verkehrsgerechtem und rücksichtsvollem Verhalten motiviert werden.

Verkehrsteilnehmer orientieren sich in ihrem Geschwindigkeitsverhalten oft am Verhalten anderer Verkehrsteilnehmer. Das beratende Gespräch mit Verkehrsteilnehmern ist deshalb von besonderer Bedeutung.

Damit die Fahrzeugführer ihre Geschwindigkeit örtlichen Straßen- und Verkehrsverhältnissen anpassen, sollen zunächst die erforderlichen baulichen und verkehrstechnischen Voraussetzungen im Straßenraum geschaffen werden. Die Verkehrsüberwachung stellt dazu die notwendige Ergänzung für ein abgestimmtes, ganzheitliches Verkehrssicherheitskonzept dar. Dabei kommt der Geschwindigkeitsüberwachung besondere Bedeutung zu.

3. Messstellen

Grundlage für die Geschwindigkeitsüberwachung sind die Ergebnisse der Unfallauswertung und die Erkenntnisse über sonstige Gefahrenstellen im Straßenverkehr. Insbesondere auf Straßen außerhalb geschlossener Ortschaften ist die Gefahr eines Verkehrsunfalles mit schweren Folgen oder eines tödlichen Verkehrsunfalles besonders groß. Die Bemühungen um mehr Verkehrssicherheit sollten sich daher verstärkt auf die klassifizierten Außerortsstraßen konzentrieren.

Auf das Schreiben des Ministeriums für Wirtschaft, Verkehr, Landwirtschaft und Weinbau „Örtliche Untersuchung der Straßenverkehrsunfälle" vom 10. Januar 2000 – Az.: 8706-20.3-2859/99, in der jeweils gültigen Fassung, wird hingewiesen.

Ist die zulässige Höchstgeschwindigkeit abweichend von § 3 Abs. 3 Nr. 1 StVO durch Verkehrszeichen besonders geregelt, ist zunächst zu prüfen, ob die Verkehrszeichen ordnungsgemäß angeordnet (§ 45 Abs. 9 StVO und VwV zu § 45 StVO), aufgestellt und zweifelsfrei erkennbar sind.

Geschwindigkeitsmessanlagen sollen nicht unmittelbar nach Beginn bzw. vor Ende des geschwindigkeitsbeschränkten Straßenabschnitts eingesetzt werden. Der Abstand bis zur Messstelle soll im Regelfall mindestens 100 m betragen. Die Entfernung kann unterschritten werden:

C. Richtlinien für die Geschwindigkeitsüberwachung • XI. Rehinland-Pfalz

1. Am Anfang einer Geschwindigkeitsbeschränkung bis auf 50 m, wenn die Geschwindigkeit stufenweise herabgesetzt ist und die Messstelle nicht innerhalb des Bereiches der ersten Geschwindigkeitsstufe liegt.
2. In angemessener Weise am Anfang einer Geschwindigkeitsbeschränkung, wenn es sich um eine Unfallhäufungsstelle, -linie oder -gebiet oder einen besonderen Gefahrenpunkt (z.B. Kindergarten, Schule, Seniorenheim etc.) handelt.
3. In angemessener Weise am Ende einer Geschwindigkeitsbeschränkung, wenn es sich um eine Unfallhäufungsstelle, -linie oder -gebiet handelt und auf Grund der örtlichen Verhältnisse sonst eine Messung nicht möglich wäre.

Die Durchführung einer Messung nach Ziffer 1 bis 3 ist auf dem Messprotokoll (gemäß Ziffer 4.1) unter Angabe des Grundes zu vermerken.

Da eine lückenlose Verkehrsüberwachung nicht möglich ist, sind Prioritäten zu setzen und Schwerpunkte zu bilden. Überwachungsmaßnahmen sind dort zu konzentrieren, wo sich häufig Unfälle ereignen (Unfallhäufungsstellen, -linien oder -gebiete) oder die Wahrscheinlichkeit besteht, dass sich Unfälle ereignen werden (Gefahrenstellen). Das sind insbesondere solche Stellen, an denen wiederholt wichtige Verkehrsregeln missachtet werden oder bei denen es sich um besonders schutzwürdige Bereiche, wie Schulwege, Nahbereiche von Kindergärten, Schulen, Krankenhäusern, Seniorenheimen, Kureinrichtungen u.Ä. oder verkehrsberuhigte Bereiche handelt.

Die Polizei stimmt ihre Einsatzkonzeption erforderlichenfalls mit der örtlichen Ordnungsbehörde ab.

4. Ankündigung der Kontrollen

Kontrollen können nach eigener Lagebewertung in den lokalen Medien angekündigt werden.

Von einer genauen Bekanntgabe von Messstellen und Einsatzzeiten soll jedoch abgesehen werden, um die allgemeine Präventivwirkung nicht zu beeinträchtigen.

5. Messpersonal und -technik

5.1 Geschwindigkeitsüberwachung mit speziellen Geschwindigkeitsmessgeräten

Für die Geschwindigkeitsüberwachung werden nur geeichte Geschwindigkeitsmessgeräte eingesetzt; sie sind unter Beachtung der Bedienungsanleitungen des Geräteherstellers in der jeweils von der Physikalisch-Technischen Bundesanstalt genehmigten Fassung aufzustellen und durch entsprechend ausgebildetes Personal zu bedienen.

Teil 4: Arbeitshilfen

Über die Aufstellung des Messgerätes, die Durchführung der Funktionsprüfung und gegebenenfalls den Ablauf des Messeinsatzes ist ein Messprotokoll zu fertigen. Insbesondere sind die verwendeten Geschwindigkeitsmessgeräte, die Überwachungsörtlichkeit bzw. Überwachungsstrecke, die Überwachungszeiten und die eingesetzten Beamten sowie vorhandenen Zeugen zu dokumentieren.

Sofern es der Verkehrsraum, die Art des Einsatzes und die Konstruktion des Überwachungsgerätes zulassen, sind Fahrzeuge frontal zu fotografieren. Beim Einsatz von Blitzlichtgeräten ist darauf zu achten, dass Fahrzeugführer nicht geblendet werden.

Eine effektive Geschwindigkeitsüberwachung soll grundsätzlich nur durch den Einsatz von mobilen Geschwindigkeitsmessanlagen erfolgen. Dadurch ist sichergestellt, dass auf Grund der aktuellen Verkehrsunfallanalyse die Geschwindigkeitsmessungen zielgerichtet zu unterschiedlichen Zeiten an unterschiedlichen Unfallhäufungs- oder Gefahrenstellen erfolgen können.

Die Einrichtung stationärer Geschwindigkeitsmessanlagen unterliegt der Zustimmung des Ministeriums des Innern und für Sport.

Toleranzwerte

Vom jeweiligen Messwert ist zu Gunsten der betroffenen Person folgender Wert als Gerätetoleranz abzuziehen:

Messwert bis	100 km/h	= 3 km/h
Messwert	101 – 133 km/h	= 4 km/h
Messwert	134 – 166 km/h	= 5 km/h
Messwert	167 – 200 km/h	= 6 km/h
Messwert	201 – 233 km/h	= 7 km/h
Messwert	234 – 250 km/h	= 8 km/h.

Beim Einsatz einer Verkehrsvideoanlage beträgt die Verkehrsfehlergrenze bei einem Messwert

| – bis | 100 km/h | – 5 km/h |
| – über | 100 km/h | – 5 % des Messwertes |

Dezimalstellen werden dabei zu Gunsten der Betroffenen nach unten abgerundet.

Die Toleranzwerte gelten nur für Messwerte innerhalb des eichamtlich beglaubigten Messbereichs.

Verbleibt nach Abzug der Gerätetoleranz eine Geschwindigkeitsüberschreitung von nicht mehr als 5 km/h, so ist diese als unbedeutende Ordnungswidrigkeit zu werten und in der Regel von der weiteren Verfolgung abzusehen (Opportunitätstoleranz).

5.2 Geschwindigkeitsüberwachung durch Nachfahren

Zur Feststellung einer Geschwindigkeitsüberschreitung des Vorausfahrenden ist seit langem das Nachfahren mit einem Polizeifahrzeug als genügende Beweisgrundlage anerkannt. Um Fehlerquellen und Zweifel an der Zuverlässigkeit der Feststellungen zu vermeiden, sind grundsätzlich folgende Voraussetzungen bei der Geschwindigkeitsmessung durch Nachfahren zu beachten:

- Eine Messstrecke mit einer Länge von mindestens 300 m, bei Geschwindigkeiten über 100 km/h mindestens 500 m
- Ein nicht zu großer gleich bleibender Abstand zum Betroffenen; als Richtwerte können 50 m bei Geschwindigkeiten von 61 – 90 km/h, höchstens 100 m bei Geschwindigkeiten von 91 – 120 km/h und ein entsprechend größerer Abstand bei Geschwindigkeiten über 120 km/h angenommen werden
- Eine ständige Geschwindigkeitskontrolle zur Minimierung von Schwankungen der Eigengeschwindigkeit ist anzustreben.

Bei unzureichenden Sichtverhältnissen sollen im zu erstellenden Nachfahrbericht insbesondere Hinweise auf die Beleuchtungsverhältnisse, Orientierungspunkte hinsichtlich Schätzung des Abstandes und Einhaltung eines gleich bleibenden Abstandes sowie ausreichend sichere optische Erfassung des Vorausfahrenden, zur Vermeidung von Verwechslungen, festgehalten werden.

Toleranzwerte

Die Dienstkraftfahrzeuge sind grundsätzlich mit einem ungeeichten Tachometer ausgerüstet. Zum Ausgleich von Fehlerquellen (Tachometerabweichung, Fehler beim Nachfahren, Reifenluftdruck und Fahrbahnbeschaffenheit u.Ä.) werden 20 % des abgelesenen Tachowertes zu Gunsten des Betroffenen abgezogen.

Es sollen nur so erhebliche Geschwindigkeitsüberschreitungen verfolgt werden, dass der Vorwurf trotz Fehlerquellen mit Sicherheit gerechtfertigt ist.

5.3 Geschwindigkeitsüberwachung mittels Fahrtschreiber und EG-Kontrollgerät

Schaublätter von Fahrzeugen, die mit Fahrtschreiber oder EG-Kontrollgerät ausgerüstet sind, können zur Geschwindigkeitskontrolle herangezogen werden.

Toleranzwerte

Von der aufgezeichneten Geschwindigkeit sind 6 km/h zu Gunsten der/des Betroffenen abzuziehen.

6. Anhalten

Das Anhalten ermöglicht die eindeutige Identifizierung der oder des Betroffenen und gibt Gelegenheit, in einem Verkehrsgespräch über die Gefährlichkeit von Geschwindigkeitsüberschreitungen zu informieren. Das Gespräch ist regelmäßig von präventiver Bedeutung und kann sich nachhaltig auf die Normakzeptanz des Betroffenen auswirken. Es ist deshalb anzustreben, Betroffene unmittelbar nach Feststellung der Geschwindigkeitsüberschreitung anzuhalten und ein Verkehrsgespräch durchzuführen.

7. In-Kraft-Treten

Dieses Rundschreiben tritt am 1. März 2003 in Kraft.

XII. Saarland – Richtlinien für die polizeiliche Verkehrsüberwachung

0. Einleitung

Mit den Richtlinien für die Polizeiliche Verkehrsüberwachung – abgekürzt VÜ-Richtlinien – wird unter Bezugnahme auf die PDV 100 „Führung und Einsatz der Polizei" die Ausführung des polizeilichen Auftrages zur Überwachung des Straßenverkehrs im Interesse einer landeseinheitlichen Verfahrensweise konkretisiert.

Sie stellen verbindliche Rahmenregelungen dar, lassen aber den Mitarbeiterinnen und Mitarbeitern die notwendigen Ermessens- und Handlungsfreiräume für eine orts-, zeit- und situationsangemessene Ausgestaltung der Verkehrsüberwachung im eigenen Verantwortungsbereich.

Die VÜ-Richtlinien beinhalten u.a.

- programmatische Aussagen (Leitgedanken) und allgemein gültige Grundsätze für den polizeilichen Verkehrsüberwachungsauftrag, in denen insbesondere die Vorgaben des Programms Innere Sicherheit (Fortschreibung 1994), der PDV 100 und der bundesweit abgestimmten Leitlinien für die polizeiliche Verkehrssicherheitsarbeit konkretisiert werden,
- spezifische Regelungen zu definierten Schwerpunkten der polizeilichen Verkehrsüberwachung,
- Hinweise zur Kontroll- und Überwachungsmethodik und
- eine Zusammenfassung aller wesentlichen Dienstanweisungen für den Einsatz der Verkehrsüberwachungstechnik.

Damit wird die Vielzahl der bisherigen Regelungen in einer einzigen Dienstvorschrift zusammengefasst.

1. Leitgedanken zur polizeilichen Verkehrsüberwachung

Verkehrsüberwachung ist wesentliches Element der Inneren Sicherheit

Polizeiliche Verkehrssicherheitsarbeit im Allgemeinen und Verkehrsüberwachung im Besonderen ist wesentlicher Bestandteil der Inneren Sicherheit.

Verkehrsunfallprävention ist damit ebenso wie Kriminalprävention eine Kernaufgabe der Vollzugspolizei.

Dem Prinzip der abgestuften Spezialisierung entsprechend richtet sich der Auftrag zur Verkehrsunfallprävention mit nach Dienststellenangehörigkeit und Ausbildung differenzierter Intensität bzw. unterschiedlicher Gewichtung an alle Polizeivollzugsbeamtinnen und -beamten.

Verkehrsüberwachung ist hoheitliche Aufgabe

Für die Gewährleistung der Sicherheit im Straßenverkehr ist Verkehrsüberwachung unverzichtbar. Der polizeiliche Beitrag sollte sich allerdings auf hoheitliche Handlungen mit großer Sicherheitswirkung und hohen Vollzugsanforderungen konzentrieren.

Private Dienstleister scheiden für die Wahrnehmung dieser Aufgabe mangels hoheitlicher Befugnisse aus grundsätzlichen Erwägungen aus.

Verkehrsüberwachung steht im Blickfeld der Öffentlichkeit

Die polizeiliche Verkehrsüberwachung verlangt als sensibles Aufgabenfeld gleichermaßen persönliche, soziale und fachliche Kompetenz bei Mitarbeiterinnen und Mitarbeitern.

Gerade der Umstand, dass alle Bevölkerungs- und Altersgruppen potenzielle Adressaten polizeilicher Verkehrskontrollen sind, bewirkt eine hohe Öffentlichkeitswirkung, ein entsprechendes Medieninteresse und eine kritische Beobachtung und Bewertung der polizeilichen Aktivitäten.

Die Sicherung einer qualitativ anspruchsvollen Ausführung der polizeilichen Verkehrsüberwachung erfordert daher die besondere Aufmerksamkeit der polizeilichen Führung.

Die besondere Sensibilität dieses Sanktionsbereiches stellt zudem hohe Anforderungen an die Qualität der Bürgeransprache.

Teil 4: Arbeitshilfen

Es ist immer ein Dialog mit dem Bürger anzustreben, wobei insbesondere Hintergrund und Sinn des polizeilichen Einschreitens zu erläutern sind.

Verkehrsüberwachung ist ein Beitrag zur Kriminalitätskontrolle

Präsenz im Verkehrsraum durch Verkehrsüberwachung ist auch ein wichtiger Beitrag zur Kriminalitätskontrolle und -prävention.

Sie trägt damit auch zur Verbesserung des Sicherheitsgefühls in der Bevölkerung bei.

Vielfach können im Rahmen der Verkehrsüberwachung wichtige Erkenntnisse und Ermittlungsansätze für allgemeine Straftaten gewonnen werden.

Prinzip der ganzheitlichen Kontrolle anwenden

Die Akzeptanz der Verkehrsüberwachung in der Bevölkerung, aber auch innerhalb der Polizei, ist entscheidend von der professionellen Ausführung des Verkehrsüberwachungsauftrages abhängig.

Wesentlicher Gesichtspunkt dieses Professionalitätsanspruches ist die Ausrichtung der Verkehrsüberwachung an dem Prinzip der ganzheitlichen Kontrolle.

Danach sind bei der Überprüfung von Mensch und Fahrzeug, ggf. auch des Verkehrsraumes, neben dem Verkehrssicherheitsgedanken und verkehrsrechtlichen Gesichtspunkten grundsätzlich auch allgemeinpolizeiliche Aspekte zu beachten.

Voraussetzungen für die Realisierung dieses Prinzips sind die Erhöhung der Anhaltequote zur Sanktionierung des Fehlverhaltens an Ort und Stelle und eine gezielte Überwachung mit selektivem Charakter.

Beim Einschreiten mit „Fingerspitzengefühl" agieren

Als grundlegende Erkenntnis ist bei der Durchführung der polizeilichen Verkehrsüberwachung zu berücksichtigen, dass sich

- der überwiegende Teil der Verkehrsteilnehmer im Wesentlichen normentreu verhält,
- die Mehrzahl der Verkehrsverstöße innerhalb eines gesellschaftlich tolerierten Grades der Normenabweichung bewegt und
- im heutigen Verkehrsgeschehen eine völlig konfliktfreie, stets normentreue Verkehrsteilnahme nicht realisieren lässt.

Diese Gesichtspunkte müssen insbesondere im Rahmen der Ermessensausübung beim polizeilichen Einschreitens wegen Ordnungswidrigkeiten berücksichtigt werden.

Bei der Ausführung des Verkehrsüberwachungsauftrages sind – über die Bindung an Recht und Gesetz hinaus – daher auch die aktuellen ordnungs- und gesellschaftspolitischen Rahmenbedingungen zu berücksichtigen.

Orientierung am Sicherheitsbedürfnis der Bürger

Die Polizei hat ihr Tätigwerden im Rahmen der Verkehrsüberwachung nicht nur an der objektiven Sicherheitslage, sondern auch am in der Bevölkerung vorherrschenden (subjektiven) Sicherheitsgefühl zu orientieren.

Sie muss daran ihre aufgabenbezogene Schwerpunktbildung ausrichten und weiterentwickeln.

Bei Verkehrsverstößen, die als unfallrelevant gelten oder über das bei der Verkehrsteilnahme allgemein hinnehmbare Gefahrenrisiko hinausgehen, sollte jedoch grundsätzlich eingeschritten werden.

Akzeptanz erhöhen durch mehr Transparenz der Maßnahmen

Zur Unterstützung und Verbesserung der Akzeptanz polizeilicher Verkehrssicherheitsarbeit im Allgemeinen und der Verkehrsüberwachung im Besonderen ist eine permanente, im Einzelfall auch zielgerichtete, Öffentlichkeitsarbeit erforderlich.

Die Ankündigung von Verkehrsüberwachungsmaßnahmen fördert die Transparenz gegenüber der Öffentlichkeit.

Auf die Bekanntgabe konkreter Einzelheiten zu den geplanten Überwachungsmaßnahmen ist dagegen zu verzichten – dies würde den Zielen der polizeilichen Verkehrsüberwachung zuwiderlaufen.

2.   Wesen und Ziele der polizeilichen Verkehrsüberwachung

Polizeiliche Verkehrsüberwachung ist die Gesamtheit aller Maßnahmen, mit denen die Polizei den Straßenverkehr beobachtet und auf die Einhaltung der Vorschriften kontrolliert, ohne dass bereits Anhaltspunkte für eine konkrete Gefahr oder für den Verdacht einer Straftat oder Ordnungswidrigkeit vorliegen. Dabei kommt es nicht darauf an, jede geringfügige Normverletzung zu ahnden.

Wichtig ist vielmehr die Konzentration auf gefährliche, unfallträchtige und belästigende Verkehrsverstöße.

Die Sanktionierung von Verkehrsverstößen ist zwar nicht der eigentliche Sinn und Zweck der Verkehrsüberwachung; die Feststellung und Ahndung, insbesondere von

Teil 4: Arbeitshilfen

unfallrelevanten Verstößen gegen straßenverkehrsrechtliche Vorschriften ist aber unverzichtbar zur Erreichung der Ziele.

Ziele der polizeilichen Verkehrsüberwachung sind

- allgemein die Verbesserung der objektiven Verkehrssicherheitslage (Reduzierung der Verkehrsunfälle, Minimierung der Unfallfolgen) und die Stärkung des subjektiven Sicherheitsgefühls im Straßenverkehr,
- die Verhinderung und die Feststellung von Straftaten und Ordnungswidrigkeiten im Straßenverkehr,
- die Verbesserung des sicherheits- und umweltbewussten Verkehrsverhaltens,
- die Reduzierung verkehrsunfallbegünstigender Faktoren im Verkehrsraum,
- die Erhöhung der polizeilichen Präsenz.

3. Schwerpunkte der polizeilichen Verkehrsüberwachung

- Die polizeiliche Verkehrsüberwachung umfasst
  - die Überprüfung der Verkehrsteilnehmer im Hinblick auf Verkehrstüchtigkeit, Fahreignung und Einhaltung der Verkehrsvorschriften,
  - die Kontrolle der Verkehrsmittel auf Zulassung, Ausrüstung, Ladung und technischem Zustand,
  - das Beobachten des Verkehrsraumes (Zustand, Gefahren, Abläufe),
  - die Beachtung der Verkehrssicherungspflichten,
  - die Einhaltung der den Umweltschutz fördernden rechtlichen Bestimmungen im Straßenverkehr.

Eine allumfassende Überwachung und Kontrolle im Straßenverkehr durch die Polizei ist aber nicht möglich.

- Die polizeiliche Verkehrsüberwachung konzentriert sich daher auf
  - die als Hauptunfallursachen bekannten Deliktsgruppen,
  - örtliche und zeitliche Delinquenzschwerpunkte,
  - den Schutz schwächerer Verkehrsteilnehmer,
  - besonders gefahrenerhöhende Umstände bei Verkehrsteilnehmern, Verkehrsmitteln und im Verkehrsraum,
  - umwelt- und gesundheitsschädigende Verhaltensweisen und Zustände im Straßenverkehr.

Im Rahmen der polizeilichen Verkehrsüberwachung sind auch die Belange der **Kriminalprävention** zu berücksichtigen, um

- das Entdeckungsrisiko für Straftäter zu erhöhen und

C. Richtlinien für die Geschwindigkeitsüberwachung • XII. Saarland

- das subjektive Sicherheitsgefühl der Bevölkerung zu verbessern.

Aus dem Gesamtspektrum des polizeilichen Verkehrsüberwachungsauftrages sind die nachfolgend in den Ziffern 3.1 bis 3.8 dargestellten Teilaspekten als vorrangig einzustufen.

3.1 Überprüfung Verkehrstüchtigkeit und Fahreignung

Wegen der hohen Sozialschädlichkeit und der überdurchschnittlichen Schwere der Folgen bei Verkehrsunfällen, die durch den Konsum von Alkohol, illegalen Drogen, oder Medikamenten verursacht werden, muss der Feststellung und Sanktionierung derartiger Delikte hohe Priorität eingeräumt werden.

Ein wünschenswerter **generalpräventiver Effekt** kann durch einen für Verkehrsteilnehmer wahrnehmbaren Überwachungsdruck erzielt werden. Hierzu sind häufige Einzelüberprüfungen und zusätzlich gezielte Großkontrollen erforderlich.

Entsprechend dem **Prinzip der ganzheitlichen Kontrolle** sind Verkehrsteilnehmer aus Anlass jedes polizeilichen repressiven Kontaktes grundsätzlich auf Verkehrstüchtigkeit und Eignung zu überprüfen.

Mit rechtsstaatlichen Prinzipien ist nicht vereinbar, wenn gegenüber offensichtlich verkehrsuntüchtigen Verkehrsteilnehmerinnen/Verkehrsteilnehmern nicht eingeschritten wird oder erst die Verwirklichung eines Tatbestandes (§§ 316, 315c StGB, § 24a StVG) abgewartet wird.

Nachweismethoden

Die legale Droge Alkohol, die Vielfalt der illegalen Drogen bzw. deren Stoffwechselprodukte und eine Reihe von Medikamenten lassen sich durch geeignete forensische Untersuchungsverfahren im Blut und im Urin – Alkohol zudem in der Atemluft – nachweisen.

Bei der Anordnung und Durchführung von Blutproben, dem Atemalkohol-Vortest, der Atemalkoholmessung und der Entnahme von Urinproben ist der einschlägige gemeinsame Erlass vom 1.11.1999 zu beachten (**ANLAGE 11**, Ziffer 1).

Alkohol kann mit Hilfe geeigneter Test- und Messgeräte auch in der Atemluft detektiert werden. Dabei ist zu differenzieren zwischen

- **Atemalkohol-Vortest** zur Verifizierung des Anfangsverdachts (ANLAGE 1.1)
- **Atemalkoholmessung** als gesetzlich zugelassenem Beweismittel für den Nachweis einer alkoholischen Beeinflussung bei Verdacht des § 24a StVG (ANLAGE 1.2).

Teil 4: Arbeitshilfen

Die im gemeinsamen Erlass formulierten Vorgaben zu diesen Methoden werden in **ANLAGE 1.1** (Atemalkohol-Vortest) und **ANLAGE 1.2** (Atemalkoholmessung) um konkretisierte Handlungsanweisungen ergänzt.

Beim Verdacht einer Verkehrsordnungswidrigkeit nach § **24a Abs. 1 StVG** ist unter Berücksichtigung der BGH-Rechtsprechung und der Verfassungsgrundsätze der Verhältnismäßigkeit und des gelindesten Mittels der **Nachweis** einer alkoholischen Beeinflussung **grundsätzlich** mittels **Atemalkoholmessung** zu führen.

Ist dies im Einzelfall wegen der

- fehlenden Zugriffsmöglichkeit auf ein geeichtes Atemalkoholmessgerät,
- Verweigerung der Mitwirkungspflicht durch Probanden oder
- physiologisch bedingten Unfähigkeit seitens der Probanden zur korrekten Beatmung des Atemalkoholmessgerätes

nicht möglich, ist dieser Umstand im Vorgang aktenkundig zu machen und eine Blutentnahme zum Nachweis der alkoholischen Beeinflussung anzuordnen.

Dem Nachweis des **Drogenkonsums** im Straßenverkehr kommt zunehmend stärkere Bedeutung zu – insbesondere als Ursache von Verkehrsunfällen.

Zur Unterstützung der Verdachtsschöpfung und – erhärtung stehen den Einsatzkräften, neben ihren theoretischen und praktischen Kenntnissen aus dem Drogenerkennungsprogramm, Drogen-Vortestverfahren auf Urin- und Speichelbasis zur Verfügung.

Die in Abstimmung mit der Staatsanwaltschaft formulierte Verfahrensregelung für die Kontrollpraxis zur Drogenerkennung im Straßenverkehr ist in **ANLAGE 1.3** beigefügt.

Mitteilungen an die Fahrerlaubnisbehörden

Erlangt die Polizei Kenntnis über Tatsachen, die auf nicht nur vorübergehende Eignungsmängel (oder auf Mängel hinsichtlich der Befähigung) einer Person zum Führen von Kraftfahrzeugen schließen lassen, so hat sie diese nach § 2 Abs. 12 StVG den Fahrerlaubnisbehörden zu übermitteln, soweit dies für die **Überprüfung der Eignung** erforderlich erscheint.

Ungeeignet sind in der Regel Personen, deren Fahrtüchtigkeit durch Krankheiten oder den Konsum verkehrsrelevanter Drogen (Alkohol, BTM und Medikamente) unter das erforderliche Maß herabgesetzt ist.

In **ANLAGE 1.4** ist das entsprechende Verfahren geregelt.

3.2 Überwachung Geschwindigkeit

Das Überschreiten der zulässigen Höchstgeschwindigkeit und eine an die Verkehrssituation bzw. den Straßenzustand nicht angepasste Geschwindigkeit dominieren als **Allein- und Mitursache** das Unfallgeschehen.

Überproportional viele Unfälle mit Toten und schwer Verletzten sind auf diese Ursache zurückzuführen.

Auswahl der Kontrollstellen

Örtlich und zeitlich sind Geschwindigkeitskontrollen an den Erkenntnissen aus der Verkehrsunfallanalyse und den Einsatzerfahrungen der Polizei zum Konflikt- und Gefährdungspotenzial im Verkehrsraum zu orientieren.

Sie sind in Abstimmung mit kommunalen Überwachungskräften auch in schutzwürdigen Bereichen (Zone 30, Wohngebiete, im Umfeld von Schulen und Kindergärten, u.ä.) vorzusehen.

Eine Bevorzugung von Kontrollörtlichkeiten mit zwar hoher Verstoßhäufigkeit, aber erkennbar geringem Konflikt- und Unfallrisiko, steht nicht mit dem Wesen und den Zielen der polizeilichen Verkehrsüberwachung im Einklang.

Die Messstelle soll grundsätzlich nicht unmittelbar hinter dem ersten maßgebenden geschwindigkeitsregelnden Verkehrszeichen, aber noch in dessen Wirkbereich eingerichtet werden.

Ein Abweichen von diesem Grundsatz ist allerdings bei Kontrollen in schutzwürdigen Bereichen oder beim Vorliegen spezifischer örtlicher Gegebenheiten angezeigt. Falls zutreffend, ist dies unter der Rubrik „Besonderheiten der Messstelle" im Messprotokoll zu dokumentieren.

Kontrollgrundsätze

Zur Gewährleistung des für die polizeiliche Verkehrsüberwachung allgemeingültigen Prinzips der ganzheitlichen Kontrolle sollten bei der Geschwindigkeitsüberwachung in geeigneten (z.B. innerorts) bzw. vorgeschriebenen Fällen (z.B. Laser-GMG) Anhaltekontrollen durchgeführt werden.

Vor der Einrichtung einer Kontrollstelle ist die ordnungsgemäße Beschilderung (Notwendigkeit, Erkennbarkeit und Widerspruchsfreiheit) zu prüfen und zu dokumentieren.

Teil 4: Arbeitshilfen

Bei Zweifeln an korrekten Voraussetzungen ist auf die Kontrolle zu verzichten und ein entsprechender Bericht zu fertigen und auf dem Dienstweg an die zuständige Straßenverkehrsbehörde zu senden.

Bekanntgabe von Geschwindigkeitskontrollen in den Medien

Die Bekanntgabe von Geschwindigkeitskontrollen durch die Polizei soll dazu beitragen, das Verantwortungsbewusstsein der Verkehrsteilnehmer zu stärken und damit auch die Verkehrsdisziplin zu erhöhen. Diese Maßnahme ist als Ergänzung der bisherigen Bemühungen der Polizei zur Reduzierung der Hauptunfallursache Geschwindigkeit zu verstehen. Dadurch kann der Öffentlichkeit auch verdeutlicht werden, dass es der Polizei nicht darauf ankommt „Kasse zu machen".

Durch die Pressestelle der Landespolizeidirektion sind wöchentlich ausgewählte Messörtlichkeiten in den Medien anzukündigen.

Die Ankündigung soll immer den Hinweis enthalten, dass über die bekannt gegebenen hinaus weitere Kontrollen erfolgen.

Die Messörtlichkeiten sind nach folgenden Kriterien zu anonymisieren:
- bei Bundesautobahnen Nennung eines BAB-Abschnitts, der mind. 3 Anschlussstellen umfasst, ohne Angabe der Richtungsfahrbahn, z.B. Autobahn A 6 zwischen AS St.Ingbert-West und AK Neunkirchen;
- bei Bundes- und Landstraßen Nennung eines Abschnitts, der mind. 3 Ortschaften einschließt, z.B. B 268 zwischen Heusweiler und Lebach;
- bei Städten und Gemeinden nur Nennung von Stadt- oder Ortsteil ohne Bezeichnung der Straße, z.B. Saarbrücken-Burbach.

Die Kontrollzeit ist mit der Angabe des Kontrolltages hinreichend präzisiert.

Die Mitteilung soll mit dem Hinweis erfolgen, dass überhöhte bzw. nicht angepasste Geschwindigkeit die fast allgegenwärtige Hauptunfallursache ist, und einen entsprechenden Verhaltensappell an die Verkehrsteilnehmer enthalten.

Technische Geräte zur Geschwindigkeitsüberwachung

Geschwindigkeitsmessgeräte, die zur Feststellung und Sanktionierung von Geschwindigkeitsüberschreitungen eingesetzt werden, unterliegen der Eichpflicht. Die **Eichung** ist jährlich bzw. nach technischen Eingriffen in die Geräte, wobei die Eichplomben beschädigt oder entfernt wurden, zu wiederholen.

Die Eichurkunden sind bei den Anwenderdienststellen aufzubewahren.

C. Richtlinien für die Geschwindigkeitsüberwachung • XII. Saarland

Um die Betriebssicherheit der Messgeräte sowie Korrektheit und Verwertbarkeit der Messung zu gewährleisten, müssen die Geschwindigkeitsmessgeräte gemäß den Bedingungen der PTB-Zulassungsurkunde und der Bedienungsanleitung des Herstellers aufgestellt, angeschlossen und bedient werden.

Die **Blitzgeräte der Fotoanlagen** sind zur Verhinderung einer möglichen Blendung ausschließlich unter Verwendung der mitgelieferten Rotfilter zu betreiben.

Geschwindigkeitsmessungen mit technischen Geräten sind, sofern im Einzelfall keine andere Regelung getroffen wird, zur Gewährleistung eines aufmerksamen Messbetriebs grundsätzlich von zwei Bediensteten durchzuführen, wobei mindestens eine/ einer an dem jeweiligen Messgerät ausgebildet sein muss.

Die Anwenderdienststellen stellen sicher, dass bei fehlerhafter Funktion bzw. technischen **Mängeln** des Messgerätes der Messbetrieb eingestellt wird und die notwendigen Reparaturarbeiten über die Fachdienste veranlasst werden.

Dokumentation des Messbetriebs

Über die Geschwindigkeitskontrollen sind **Messprotokolle** zu fertigen und zusammen mit den Negativfilmen aufzubewahren (**Ziffer 8.2**). Dem Messprotokoll ist ein Kontrollblatt mit den Detailangaben zu jeder Messung beizufügen.

Die **Auswertung** des Beweis- und Dokumentationsmaterials soll durch eine mit dem Messverfahren vertraute Auswertekraft erfolgen.

Einsatzspezifische Besonderheiten der Geschwindigkeitsmessverfahren sind in den **ANLAGEN 2.1 bis 2.5** geregelt.

Einräumung von Toleranzen

Zusätzlich zu den gemäß PTB-Zulassung und Eichschein individuell vorgegebenen **Gerätetoleranz** (Verkehrsfehlergrenzen) ist bei der Feststellung und Verfolgung von Geschwindigkeitsüberschreitungen grundsätzlich eine **Opportunitätstoleranz** zu gewähren.

Die Opportunitätstoleranz beträgt bei Geschwindigkeitsbeschränkungen
- bis einschließlich 50 km/h grundsätzlich **5 km/h**
- über 50 km/h **10 %** der auf dem beschränkenden Verkehrszeichens angezeigten zulässigen Höchstgeschwindigkeit.

Teil 4: Arbeitshilfen

Eine Reduzierung oder Erhöhung der Opportunitätstoleranz ist bei spezifischen Gefährdungsmerkmalen der Messstelle bzw. aus Kapazitäts- und Sicherheitsgründen bei Anhaltekontrollen möglich.

Dies ist im Messprotokoll aktenkundig zu machen.

Die für die Überwachung **verkehrsberuhigter Bereiche** und gekennzeichneter Haltestellen vorgeschriebene Schrittgeschwindigkeit gilt bis 10 km/h noch als eingehalten. Bei Messungen summieren sich Opportunitätstoleranz und Gerätetoleranz daher auf einen Einstellwert von 19 km/h.

Bei der Auswertung von **Diagrammscheiben** aus Fahrtschreibern und EG-Kontrollgeräten hinsichtlich der Geschwindigkeit sind 6 km/h als Toleranz einzuräumen.

Schriftliche Zeugenerklärung

Für die vereinfachte Beweisaufnahme gemäß § 77a OWiG sind die Formulare „Messprotokoll/Zeugenerklärung" zur Minimierung der Ausfallzeiten durch die Wahrnehmung von Gerichtsterminen möglichst umfassend zu nutzen.

3.3 Videoüberwachung bei gravierenden Verstößen

Fahrzeuggebundene Videoanlagen (Verkehrsvideoanlage) sind insbesondere zum Nachweis gravierender Geschwindigkeitsüberschreitungen und Abstandsunterschreitungen bzw. deren vorsätzlicher Begehungsform, der nicht angepassten Geschwindigkeit und der Straftatbestände der Straßenverkehrsgefährdung und Nötigung (**Aggressionsdelikte**) sind einzusetzen.

Betroffene bzw. Beschuldigte sollten unmittelbar nach dem Anhalten mit dem Verkehrsverstoß konfrontiert werden, um eine gewisse verkehrspädagogische Wirkung und Akzeptanzhaltung gegenüber der polizeilichen Beweisführung zu erzielen. Auch Einreden und Schutzbehauptungen können so vor Ort schnell geklärt werden.

Zur Überwachung des Sicherheitsabstandes, insbesondere auf den Autobahnen, steht das Video-Abstand-Messverfahren (VAM) zur Verfügung.

Der hohe Dokumentations- und Beweiswert von Videoaufnahmen trägt zudem in nicht unerheblichem Umfang zur Minimierung des Personal-, Sach- und Verwaltungsaufwandes bei.

Beim Einsatz von Videoanlagen bzw. bei der Verwertung, Archivierung und Weitergabe von Videosequenzen sind auch die einschlägigen datenschutzrechtlichen Bestimmungen des Saarländischen Polizeigesetzes (§§ 25 ff SPolG) und die Vorgaben des Landesbeauftragten für Datenschutz zu beachten.

Besondere Anforderungen sind an die Qualifikation des Bedienpersonals der Verkehrsvideoanlagen und Video-Abstand-Messanlagen zu stellen.

Diese ist bedarfsorientiert durch geeignete Beschulungs- und Qualifizierungsmaßnahmen sicherzustellen.

Die personale Qualifikation der Besatzung von Trägerfahrzeugen der Verkehrsvideoanlagen sollte auch Maßnahmen zur sicheren Beherrschung der Einsatzfahrzeuge einschließen. Hierzu ist die Absolvierung eines spezifischen Fahrsicherheitstrainings vorzusehen.

Videobänder sind Beweismittel i.S.d. § 147 StPO. Die in Ziffer 8 formulierten Grundsätze sind zu beachten.

Einsatzspezifische Besonderheiten der videogestützten Messverfahren sind in **ANLAGE 3.1** und **ANLAGE 3.2** geregelt.

3.4 Schutz verkehrsschwacher Personen

Fußgängerinnen/Fußgänger sowie Radfahrerinnen/Radfahrer, insbesondere Kinder und Senioren, aber auch hilfsbedürftige Personen, zählen einerseits zu den am meisten gefährdeten Verkehrsteilnehmern, andererseits tragen sie aber auch häufig durch eigenes Fehlverhalten zu ihrem hohen Unfallrisiko bei.

Unfallrelevantem Fehlverhalten gegenüber und seitens dieser Personengruppen ist insbesondere in schutzbedürftigen Bereichen (Wohngebiete, Schulen, Kindergärten, Spielplätze, Altenheime u.ä.) entgegenzuwirken.

Besonderes Augenmerk ist auf die Beachtung der Schutzvorschriften für Kinder (Benutzung von Rückhaltesystemen und Sicherheitsgurten) zu richten.

3.5 Überprüfung der Verkehrsmittel

Aus Statistiken zur technischen Hauptuntersuchung nach § 29 StVZO ist bekannt, dass bereits etwa 35 % der 6 – 8 Jahre alte Kraftfahrzeuge erhebliche technische Mängel aufweisen bzw. verkehrsunsicher sind.

Der Anteil technischer Mängel als alleinige Ursache oder Begleitursache von Verkehrsunfällen ist nicht präzise quantifizierbar (Dunkelfeld). Er dürfte sich nach neueren Untersuchungen aber zwischen 5 und 10 % bewegen.

Durch technische Mängel (mit-)verursachte Verkehrsunfälle verzeichnen überdurchschnittlich schwere Unfallfolgen.

Teil 4: Arbeitshilfen

Dies gilt auch für Verkehrsunfälle, die durch verlorene Ladung ausgelöst werden. Gerade den zunehmenden Missständen im Bereich der Ladungssicherung – nach der o.a. Untersuchung des VdTÜV ist die Ladung bei 3 von 4 LKW nicht verkehrssicher verstaut – muss verstärkt durch polizeiliche Kontrollen begegnet werden.

Kontrollschwerpunkte

Die auf polizeilicher Seite bestehenden Fachkenntnisse und praktischen Überprüfungsmöglichkeiten erfordern in diesem Überwachungssegment die Konzentration auf die Feststellung offenkundiger und häufig auftretender, verkehrssicherheitsrelevanter Mängel und die Überprüfung der Einhaltung gesetzlich definierter Prüffristen, z.b. nach den §§ 29 und 47a StVZO.

Für die Prüfung, ob durch Veränderungen, Anbauten u.ä. die Betriebserlaubnis des Fahrzeuges erloschen ist, ist grundsätzlich der vom Bundesministerium für Verkehr verfasste Beispielkatalog maßgeblich.

Ist die Betriebserlaubnis erloschen bzw. ist dies anzunehmen, sind entsprechende Maßnahmen einzuleiten.

Wird festgestellt, dass die Veränderung zwar gegen Bauvorschriften verstößt, aber keine Gefährdung darstellt, ist die Fahrzeughalterin bzw. der Fahrzeughalter durch Ausstellung eines Kontrollberichts aufzufordern, unverzüglich den vorschriftsmäßigen Zustand wieder herzustellen (§ 31 StVZO).

Die Weiterfahrt ist zu untersagen, falls gravierende Mängel vorliegen, die eine Verkehrsunsicherheit des Fahrzeuges begründen.

Ein Schwerpunkt der Überwachung von Verkehrsmitteln sollte die Feststellung belästigender, ökologisch und gesundheitlich schädigender Abgas- und Lärmemissionen sein. Diese sind in der Regel auf eine mangelhafte Wartung, Defekte oder Manipulationen zurückzuführen.

Beim obligatorischen Kontrollbericht sollten in diesen Fällen als Überprüfungsinstanz für die Mängelbeseitigung ausschließlich die amtlich anerkannten Kfz-Überwachungsorganisationen vorgegeben werden.

Wegen der fehlenden technischen Überwachung durch die im Kfz-Bereich tätigen Prüforganisationen müssen nichtmotorisierte Fahrzeuge (z.B. Fahrräder) und von der Prüfpflicht ausgenommene motorisierte Fahrzeuge (z.B. Mofas) von der Polizei auf ihren technischen Zustand untersucht werden.

Beleuchtungseinrichtungen

Neben dem allgemeinen, permanenten Kontrollauftrag hat die Polizei im Rahmen der alljährlich im Monat Oktober durchgeführten Internationalen Kfz-Beleuchtungsaktion verstärkt auf Mängel an den Beleuchtungsanlagen von Kraftfahrzeugen zu achten.

Dabei sollte die zur Dokumentation des ordnungsgemäßen Zustandes verausgabte Prüfplakette als Selektionskriterium für die Kontrolle genutzt werden.

Motorisierte Zweiräder und Fahrräder werden von dieser Aktion nicht erfasst. Da aber gerade die Benutzer dieser Fahrzeuge bei Beleuchtungsmängeln generell einem höheren Sicherheitsrisiko unterliegen, ist bei diesen besonders auf die Benutzung und Funktionsfähigkeit bzw. das Vorhandensein der Beleuchtungsanlagen zu achten.

Reifen

Obwohl ganzjährig sicherheitsrelevant, erfordern die besonderen Witterungsbedingungen in Herbst und Winter eine intensivere Kontrolle der Fahrzeugbereifung.

Reifen und Felgen sind einer Sichtkontrolle auf äußere Beschaffenheit und Übereinstimmung mit den im Fahrzeugschein eingetragenen Werten zu unterziehen.

Die Einhaltung der gesetzlich vorgeschriebenen Profiltiefe ist vorrangig zu überprüfen.

Ladung und Gewichte

Die (Be-)Ladung von Fahrzeugen des gewerblichen Güterverkehrs, aber auch der Transport von Gütern auf und in PKW und LKW bzw. Anhängern ist im Hinblick auf die Einhaltung der zulässigen Achs-, Stütz- und Dachlasten, der zulässigen Gesamtmasse und die ordnungsgemäße Sicherung der Ladung zu überprüfen.

Die Richtlinie VDI 2700 „Ladungssicherung auf Straßenfahrzeugen" zeigt bewährte Methoden der Ladungssicherung auf. Sie wird von den Richtlinien VDI 2701 und 2702 ergänzt.

Für die in der Kontrollpraxis erforderliche vertiefende Behandlung des Themas Ladungssicherung steht das bundesweit eingeführte „Handbuch Ladungssicherung" in gedruckter Form und auf CD zur Verfügung.

Die Feststellung einer Überladung kann auf stationären öffentlichen oder privaten Waagen, aber auch mit Hilfe von mobilen Radlastwaagen erfolgen. Zum Verfahren siehe **ANLAGE 4**.

Teil 4: Arbeitshilfen

Bei der Beförderung von Gefahrgütern auf der Straße ist zusätzlich Abschnitt 4 der Anlage B zur GGVS/ADR zu beachten.

Zu den Besonderheiten bei der Überprüfung und Begleitung von Großraum- und Schwertransporten siehe **ANLAGE 5**.

Bremsen

Die Fahrzeugbremsanlage ist beim Verdacht einer Fehlfunktion im Rahmen der tatsächlichen Möglichkeiten einer Sicht- und Funktionsprüfung zu unterziehen.

Dies gilt insbesondere für Fahrzeuge, die nicht den gesetzlich vorgeschriebenen technischen Prüfungen unterliegen.

Kontrollbericht (Mängelbericht)

Anlässlich von Fahrzeugkontrollen oder aus Anlass der Verkehrsunfallaufnahme festgestellte technische Mängel sind, sofern sie nicht an Ort und Stelle behoben werden können, im Kontrollbericht-Verfahren zu dokumentieren.

Das Verfahren ist in **ANLAGE 6** dargestellt.

3.6 Überwachung der gewerblichen Personen- und Güterbeförderung

Die polizeiliche Überwachung des gewerblichen Personen- und Güterverkehrs trägt entscheidend zu einem geregelten und sicheren Beförderungsablauf und zur Chancengleichheit im Transportgewerbe bei.

Hierbei ist eine konstruktive Zusammenarbeit mit allen an der Beförderung beteiligten Stellen durch regelmäßige Kontaktaufnahme sowie durch Zusammenkünfte zur Lösung von Einzelfallproblematiken und eine aufgabenorientierte Öffentlichkeitsarbeit erforderlich.

Die polizeiliche Überwachung erstreckt sich insbesondere auf

- die Überprüfung von Fahreignung und Verkehrstüchtigkeit des Fahrpersonals,
- die Einhaltung der Sozialvorschriften,
- die Beachtung der einschlägigen Bestimmungen der StVO, der BOKraft, des PersBefG, des Fahrschulgesetzes und des Saarl. Rettungsgesetzes
- den technischen Zustand der Transportmittel (Maße, Gewichte, technische Mängel und Ladungssicherung)

bei der gewerblichen Güterbeförderung auch auf

- die Einhaltung der gefahrgutrechtlichen Bestimmungen

- die Kontrolle von Schwer- und Großraumtransporten (**ANLAGE 5**),
- der VO zur Beförderung von Tieren auf der Straße
- die Überprüfung nach dem Güterkraftverkehrsgesetz (GüKG) und dem Kreislaufwirtschafts- und Abfallgesetz (KrW-/AbfG) und

Aufgrund der Vielzahl und Spezifität gesetzlicher Regelungen sind die Kontrollen grundsätzlich von Kontrollkräften durchzuführen, die über das hierzu erforderliche Fachwissen verfügen.

Kontrolle der gewerblichen Personenbeförderung

Kontrollen des gewerblichen Personenverkehrs können je nach Kontrollanlass sowohl in bürgerlicher Kleidung als auch in Uniform durchgeführt werden.

Beim **Linienverkehr** sollten die Kontrollen grundsätzlich an den Abfahrts- oder Endpunkten der Fahrzeuge erfolgen.

Kontrollen des **Gelegenheitsverkehrs** können zu jeder Zeit und an jedem Punkt der Fahrtstrecke erfolgen. Dabei sind die Anhalteörtlichkeiten so zu wählen, dass eine Gefährdung der Fahrgäste ausgeschlossen ist.

Die Kontrolle von **Schulbussen** sollte aus polizeilichen Gesichtspunkten grundsätzlich im Bereich der Haltestellen an den Schulen durchgeführt werden, da dort die anfahrenden Beförderungseinheiten zusammentreffen.

Kontrollen von **Taxis** und **Mietwagen** können zu jedem Zeitpunkt der Fahrt erfolgen. Es ist aber darauf zu achten, dass dadurch nach Möglichkeit keine höheren Beförderungsentgelte für die Fahrgäste anfallen.

Kontrolle der Sozialvorschriften

Zur Harmonisierung bestimmter Sozialvorschriften im Straßenverkehr hat die EU die Verordnung 3820/85 erlassen. Den Einbau und die Benutzung des Kontrollgeräts zum Nachweis der Einhaltung von Lenk- und Ruhezeiten regelt die EU-Verordnung 3821/85.

Im der Verkehrsrealität erfolgt die Dokumentation der Lenk- und Ruhezeiten überwiegend in Form der technischen Aufzeichnung.

Bei Lenkzeitverstößen oder Geschwindigkeitsüberschreitungen ist zur Beweissicherung das Schaublatt einzubehalten.

Teil 4: Arbeitshilfen

Beim Verdacht auf Manipulationen am Kontrollgerät ist dieses grundsätzlich als Beweismittel sicherzustellen. Der Ausbau sollte ausschließlich durch eine autorisierte Fachwerkstatt erfolgen.

Umsetzung der TechKontrollV

Die Verordnung über technische Kontrollen von Nutzfahrzeugen auf der Straße (TechKontrollV) basiert auf der Richtlinie 2000/30/EG. Sie ist am 1. September 2003 in Kraft getreten. Der Verordnungstext ist als **ANLAGE 7** beigefügt.

Die TechKontrollV verfolgt im Wesentlichen die Ziele

- Verbesserung der Verkehrssicherheit, des Umweltschutzes und des fairen Wettbewerbs,
- gezielte Auswahl und Kontrolle von Nutzfahrzeugen (Aufschlüsselung gemäß Ziffer 6 Kontrollbericht) aus allen Staaten (Inland, Mitgliedsstaaten, Drittländer), die mit hoher Wahrscheinlichkeit einen schlechten Wartungszustand aufweisen, außerhalb der vorgeschriebenen technischen Untersuchungen auf öffentlichen Straßen,
- Erhöhung der Wirksamkeit behördlicher Kontrollen, u.a. durch wirksame, verhältnismäßige und abschreckende Sanktionen,
- gegenseitige Unterrichtung der Behörden in den Mitgliedsstaaten über schwerwiegende Mängel und getroffene Maßnahmen.

Zu beachten ist aber, dass mit Umsetzung dieser Verordnung

- keine Verschärfung der technischen Vorschriften und keine konkrete Festlegung der Polizei auf die Anzahl der zu kontrollierenden Fahrzeuge erfolgt und
- Kosten und Verzögerungen für Fahrpersonal und Unternehmer so gering wie möglich gehalten werden sollen.

Nach einer der Kontrollhandlung vorgelagerten Selektion von Fahrzeugen, die sich augenscheinlich in einem schlechten Wartungszustand befinden (z.B. defekte Beleuchtung, übermäßige Rauchentwicklung, abgefahrene Reifen), ist unter Beachtung der in § 5 vorgegebenen abgestuften Prüfungsarten folgende **Kontrollsystematik** anzuwenden:

- Kontrolle eines Prüfberichts gemäß §§ 29, 47a StVZO, einer Bescheinigung nach Richtlinie 96/96/EG, eines Sicherheitszeugnisses für in Drittländern zugelassene Nutzfahrzeuge oder eines eventuell vorliegenden Prüfberichts gemäß § 6 TechKontrollV (Kontrollbericht),
- Sichtprüfung des allgemeinen Wartungszustandes (noch nicht mit konkreter Prüfung auf Wartungsmängel verbunden),
- Überprüfung auf Wartungsmängel.

Der **Kontrollbericht** gemäß § 6 und Muster der Anlage 1 TechKontrollV (**ANLAGE 7**) ist nur erforderlich, wenn Wartungsmängel festgestellt werden. In diesen Fällen ist dem Fahrpersonal zur Erleichterung eventueller weiterer Kontrollen eine Durchschrift auszuhändigen.

Beim Untersagen der Weiterfahrt wegen technischer Mängel oder Defekte ist der Grundsatz der Verhältnismäßigkeit besonders zu beachten.

Sind wegen der Erstellung eines Gutachtens längere Standzeiten oder eine Stilllegung erforderlich, ist die Anordnung der originär zuständigen Behörde einzuholen.

Für den Informationsaustausch zu festgestellten Mängeln und die Amtshilfe unter den Behörden der Mitgliedsstaaten ist in Deutschland als Zentralstelle das Bundesamt für Güterverkehr (BAG) zuständig. Mehrausfertigungen der Kontrollberichte nach § 6 TechKontrollV und Ersuchen um Amtshilfe sind daher unmittelbar an das BAG zu senden.

Eine Amtshilfe bei festgestellten Mängeln an Fahrzeugen aus Drittstaaten ist in der TechKontrollV nicht vorgesehen.

Umsetzung der GGKontrollV

Gefahrguttransporte stellen ein hohes Gefahrenpotenzial auf unseren Straßen dar. Ihre Kontrolle bildet daher einen spezifischen Schwerpunkt der Überwachung des gewerblichen Güterverkehrs.

Gemäß der Verordnung über Zuständigkeiten nach dem Gesetz über die Beförderung gefährlicher Güter ist die Vollzugspolizei zuständige Behörde für die Kontrolle auf öffentlichen Straßen.

Grundlage für die Durchführung von Kontrollen ist die „Verordnung über die Kontrollen von Gefahrguttransporten auf der Straße und in den Unternehmen (**GGKontrollV**)" vom 27. Mai 1997 (**ANLAGE 8**).

Die Kontrollen sollen in der Regel eine angemessene Zeitdauer (ca. 1/2 Stunde) nicht überschreiten.

Für geplante Kontrollen sind Anhalteörtlichkeiten zu wählen, an denen Fahrzeuge, welchen die Weiterfahrt untersagt wurde, gefahrlos für die Allgemeinheit abgestellt werden können.

Bei der Entnahme von Proben ist die Unterstützung von Fachbehörden im Rahmen der Amtshilfe in Anspruch zu nehmen.

Der Ablauf der Kontrolle orientiert sich an der von der GGKontrollV vorgegebenen **Prüfliste**. Es besteht jedoch keine Verpflichtung, in allen Fällen sämtliche Positionen der Prüfliste zu prüfen.

Lageorientiert sind insbesondere bei einzelfallbezogenen Gefahrgutkontrollen auch Einschränkungen des Kontrollumfanges bzw. veränderte Schwerpunktsetzungen der Kontrolltätigkeit möglich.

Dem Fahrpersonal ist die durchgeführte Kontrolle durch Aushändigung einer Ausfertigung dieser Prüfliste oder eines Kontrollvermerkes im Beförderungspapier zu bestätigen.

Das Vorzeigen der Prüfliste oder Kontrollbescheinigung einer vorangegangenen Überprüfung steht grundsätzlich einer weiteren Kontrolle nicht entgegen. In diesen Fällen ist nach pflichtgemäßem Ermessen unter Wahrung des Verhältnismäßigkeitsgrundsatzes zu entscheiden, ob und ggf. in welcher Intensität die erneute Kontrolle durchführt wird.

Bei der Einleitung eines Ordnungswidrigkeiten- oder Strafverfahrens ist die ausgefüllte Prüfliste der Fahrerin/dem Fahrer auf Verlangen auszuhändigen. Eine Zweitschrift der Prüfliste ist dem Vorgang beizufügen.

Die Erhebung der personenbezogenen Daten gemäß den Ziffern 7 bis 12 der Prüfliste ist nur zulässig, sofern die dort bezeichneten Personen bzw. Personengruppen für einen Mangel verantwortlich bzw. Beteiligte oder Zeugen im Verfahren sind.

Zusammenarbeit mit anderen Behörden

Andere Bundes- und Landesbehörden verfügen ebenfalls über Zuständigkeiten im Bereich der Kontrolle des gewerblichen Personen- und Güterverkehrs. Im Interesse einer effizienten Aufgabenerfüllung ist eine enge Zusammenarbeit und Abstimmung mit diesen erforderlich.

Bei größeren Kontrollen ist daher die Zusammenarbeit von Polizei, Bundesamt für Güterverkehr (BAG), Bundesgrenzschutz, Zoll und Landesamt für Arbeitssicherheit, Immissionsschutz und Gesundheit (vormals: Gewerbeaufsichtsamt) anzustreben.

Dabei ist sicherzustellen, dass das kontrollierte Fahrpersonal weiß, wann die Kontrolle der Polizei beendet ist und die Überprüfung durch Bedienstete der anderen Behörden beginnt.

Dieses erleichtert die Zuordnung der getroffenen Maßnahmen.

Berichtswesen

Die in den jeweiligen Berichtsmustern dokumentierten Zahlen zu überprüften Nutzfahrzeugen und dabei festgestellten Verstößen dienen als Datengrundlage für die gegenüber der EU bestehenden Berichtspflichten.

Es bestehen aktuell folgende Berichtspflichten gegenüber der EU:
- Kontrollvolumen und Anzahl der Verstöße gegen **Sozialvorschriften** sind mit dem Berichtsmuster nach Artikel 16 der Verordnung (EWG) 3280/85 zu melden,
- Meldung nach § 10 und Anlage 3 der TechKontrollV (**ANLAGE 7**) zur Anzahl der von der Polizei einer technischen Kontrolle unterzogenen Nutzfahrzeuge und der dabei festgestellten Mängel,
- die Zahl der bei Straßenkontrollen überprüften Gefahrgutfahrzeuge und die dabei festgestellten Verstöße gegen **Gefahrgutvorschriften** sind mit dem Berichtsmuster nach § 5 und Anlage 5 der GGKontrollV (**ANLAGE 8**) mitzuteilen.

Im Interesse einer rationellen Handhabung dieser statischen Meldeerfordernisse fungiert die Verkehrspolizeiinspektion (VPI) als zentraler Meldekopf. Die Polizeibezirke melden daher ihre Kontrollergebnisse mit dem vorgegebenen Excel-Erfassungsformular (**ANLAGE 9**) an die VPI. Diese fast die Ergebnisse landesweit zusammen und leitet sie jährlich bis zum 15. Februar über die Landespolizeidirektion dem Ministerium für Inneres, Familie, Frauen und Sport – D 5 – zu.

3.7 Überwachung des Verkehrsraums

Die Ausgestaltung des Verkehrsraumes hat wesentlichen Einfluss auf die Verkehrssicherheit.

Eine Vielzahl von Konfliktsituationen und Verkehrsunfällen, die primär dem nicht normgerechten Verhalten einzelner Verkehrsteilnehmer angelastet werden, werden nach den Erkenntnissen der Unfallforschung begünstigt oder verstärkt durch Mängel
- im Straßenraum (z.B. Sichtbehinderungen, Beleuchtung, Fahrbahnbelag, Querneigung, Fahrbahnglätte),
- der Verkehrsführung (z.B. optische Führung, Markierung, Akzeptanz der Vorfahrtregelung) und
- der Beschilderung (z.B. Wegweisung, Sichtbarkeit).

Bestandteil der polizeilichen Verkehrsüberwachung ist daher auch die kritische Prüfung des Verkehrsraumes und ggf. die Einleitung gefahrenabwehrender Maßnahmen bei erkannten Mängeln einschließlich eines Berichtes an die zuständige Stelle (Straßenverkehrsbehörden).

Teil 4: Arbeitshilfen

Soweit zur Gefahrenabwehr Maßnahmen unaufschiebbar sind, trifft die Polizei ausschließlich erforderliche **Sofortmaßnahmen** (Absicherung, Verkehrsregelung).

Es ist darauf hinzuwirken, dass die zeitliche Dauer von polizeilichen Sofortmaßnahmen durch entsprechende Vorsorge der Straßenbaubehörden auf ein Mindestmaß reduziert wird.

Bei vorhersehbaren, insbesondere länger andauernden Verkehrsregelungen bzw. -sperrungen und aus Anlass von Veranstaltungen sollte die Polizei bei den zuständigen Verwaltungsbehörden darauf hinwirken, technische Hilfsmittel einzusetzen, um den Personal- und Zeitaufwand der Polizei zu minimieren.

Überprüfung von Baustellen

Baustellen im Verkehrsraum erhöhen das allgemeine Gefahrenpotenzial im Straßenverkehr.

Ihre Überprüfung durch die Polizei im Rahmen des Streifendienstes oder auf besondere Veranlassung ist Bestandteil der polizeilichen Verkehrssicherheitsarbeit.

Hinweise hierzu in der VwV-StVO zu § 45 Abs. 6.

Überprüfung von Bürgerbeschwerden

Das dem Straßenverkehr immanente Gefahrenpotenzial sowie die Lärm- und Schadstoffemissionen sind für betroffene Bürgerinnen/Bürger häufig Anlass, polizeiliches Tätigwerden zu fordern.

Überhöhte Fahrgeschwindigkeiten und Lärmbelästigungen sind die häufigsten, i.d.R. subjektiv empfundenen, Beschwerdeanlässe.

Bürgerbeschwerden dürfen als Ausfluss des Petitionsrechtes nicht unbeachtet bleiben.

Andererseits muss aber der zur Bearbeitung erforderliche Aufwand in erträglichem Rahmen bleiben.

Im Interesse einer bürgernahen Polizeiarbeit sollten zumindest
- Ortsbesichtigungen (nach Möglichkeit gemeinsam mit dem/der Beschwerdeführer/in) zum Zwecke der Erkenntnisgewinnung über Straßensituation, Bebauung, sowie Verkehrsbelastung und
- die Gewinnung von Erkenntnissen aus der örtlichen Unfalluntersuchung (Unfalltypen-Steckkarte)

als Standardmaßnahmen und Entscheidungshilfen für oder gegen weiter gehende konkrete polizeiliche Interventionen dienen.

Schriftlich vorgetragene Beschwerden sind in der Regel auch schriftlich zu beantworten.

Beschwerden sind grundsätzlich bei dem örtlich und sachlich zuständigen Polizeibezirk zu bearbeiten; eine Durchschrift des Beschwerdevorgangs ist der Landespolizeidirektion zur Kenntnisnahme zuzuleiten.

Dieser Grundsatz gilt nicht für Beschwerden, die über den eigenen örtlichen und sachlichen Zuständigkeitsbereich hinausgehen bzw. von grundsätzlicher Bedeutung sind.

In diesen Fällen entscheidet die Landespolizeidirektion über die weitere Bearbeitung.

Verkehrswarndienst

Verkehrsstaus führen zu Frustration und Stress beim Verkehrsteilnehmer, aber auch zu einer Belastung der Umwelt.

Die frühestmögliche Meldung stauauslösender oder gefahrerhöhender Ereignisse im Rahmen des Verkehrswarndienstes gehört daher zu den vorrangigen Verpflichtungen aller Polizeibeamtinnen/Polizeibeamten.

Dabei ist die Rahmenrichtlinie für den Verkehrswarndienst (RVWD) und die dazu ergangene ergänzende Regelung im Erlass MfIS – D 5 – 76.00 vom 15. Juni 2001 zu beachten (**ANLAGE 11**, Ziffer 2).

4. Planung der Verkehrsüberwachung

Der Landespolizeidirektion obliegt die in enger Abstimmung mit der Verkehrspolizeiinspektion und den Polizeibezirken die Abstimmung der polizeilichen Verkehrsüberwachungstätigkeiten und die Erarbeitung von Planungsgrundlagen.

Politische, programmatische und fachliche Vorgaben des Ministeriums für Inneres und Sport sowie bundesweit vereinbarte Rahmenvorgaben sind dabei zu beachten.

Das Ergebnis ist jahresbezogen in einer Rahmenplanung der polizeilichen Verkehrssicherheitsarbeit mit Zielbestimmungen zu formulieren.

Die Erarbeitung von Verkehrsüberwachungskonzepten setzt die vorherige Analyse der Verkehrssicherheitslage und bisheriger Einsatzstrategien und Einsatztaktiken voraus.

Sinnvolle Einsatzplanungen sind daher von der Erstellung von und der Orientierung an aussagekräftigen Verkehrssicherheitslagebildern abhängig.

Teil 4: Arbeitshilfen

Hierfür sind u.a. heranzuziehen

- Erkenntnisse aus der örtlichen Unfalluntersuchung (Unfalltypensteckkarte),
- DV-Auswertungen des Lagebildes „Verkehrsunfall",
- statistische Auswertungen und empirische Erkenntnisse bisheriger Verkehrsüberwachungseinsätze, z.b. in Form aufbereiteter Analysen zur Wirkung von VÜ-Maßnahmen (Erfolgskontrolle), aber auch
- Veröffentlichungen in den Medien, Forschungsergebnisse, Aktivitäten von Bürgerinitiativen, Informationen der Straßenverkehrsbehörden, polizeiliche Beobachtungen.

Dem Anspruch auf Glaubwürdigkeit und Akzeptanz gegenüber dem Verkehrsteilnehmer muss durch eine sorgfältige Auswahl und Prüfung von Ort, Zeit und Anlass der Kontrollen entsprochen werden.

In der Planungsphase sind auch konzeptionelle Überlegungen zur einsatzbezogenen Öffentlichkeitsarbeit anzustellen.

Die **Evaluierung** der polizeilichen Verkehrsüberwachungsmaßnahmen ist vorzunehmen unter den Aspekten

- Öffentlichkeitsarbeit i.Z.m. Verkehrseinsätzen,
- Planungsgrundlage für zukünftige Einsätze und
- Erfolgskontrolle im Hinblick auf die Zielbildung.

5. Methoden und Taktiken

Die planmäßige Durchführung der Verkehrsüberwachung orientiert sich an etablierten bzw. neu zu entwickelnden Methoden und Taktiken. Ihre zielgerichtete Anwendung ist eine Führungsaufgabe.

Als wesentliche Methoden der Verkehrsüberwachung sind zu sehen

- die stationäre Überwachung in Form von Durchfahrts- oder Anhaltekontrollen bzw. durch vollautomatische Verkehrsüberwachungstechnik und
- die mobile Überwachung durch Fuß-, Rad- und motorisierte Streifen.

Polizeiliche Verkehrsüberwachung erfolgt offen oder verdeckt.

Mischformen sind möglich und in bestimmten Fällen einsatztaktisch sinnvoll.

Je nach Überwachungsziel ist zu entscheiden, ob die Einsatzkräfte in Uniform oder in ziviler Kleidung auftreten oder ob ein kombinierter Einsatz zweckmäßig ist.

In begründeten Fällen kann auch die Verwendung tarnender Mittel erforderlich sein.

Deren Notwendigkeit sollte durch eine begleitende Öffentlichkeitsarbeit **(Ziffer 3)** verdeutlicht werden.

6. Einsatz der Verkehrsüberwachungstechnik

Als eigentlicher Sachbeweis, aber auch als Stütze des Personalbeweises ist die Verkehrsüberwachungstechnik im Rahmen der Beweisführung unentbehrlich.

Sie ist daher eine wichtige Voraussetzung für die Rechtssicherheit, insbesondere in Ordnungswidrigkeiten- und Strafverfahren.

Der Einsatz der Verkehrsüberwachungstechnik ist personen- und aufgabenbezogen entsprechend geschultem Personal zu übertragen.

Die Beschulung erfolgt nach landeseinheitlichen Standards, die sich an rechtlichen und technischen Vorgaben orientieren. Der Bedarf ist jährlich für das Fortbildungsprogramm anzumelden.

Vorschriften, Bedienungshinweise und Einsatzempfehlungen zur Verkehrsüberwachungstechnik werden in den Anlagen konkretisiert und sind Bestandteil dieser Richtlinien.

7. Anhalte- und Kontrollgrundsätze

7.1 Rechtsgrundlagen

§ 36 Abs. 5 StVO ist die Rechtsgrundlage für alle präventiven verkehrsbezogenen Maßnahmen, die zur Überprüfung der Fahrtüchtigkeit des Fahrers, der mitzuführenden Papiere sowie des Zustandes, der Ausrüstung und Beladung der Fahrzeuge von der Polizei ergriffen werden.

Rechtsgrundlage für das Anhalten zur Verfolgung einer Straftat bzw. Ordnungswidrigkeit ist § 163 StPO bzw. § 46 Abs.1 OWiG i.V.m. § 163b StPO.

7.2 Allgemeine Grundsätze

Nach der Feststellung von Verkehrsverstößen sind Verkehrsteilnehmer nach Möglichkeit anzuhalten, um im Sinne der ganzheitlichen Kontrolle

- eine Überprüfung von Personen (Verhalten, Eignung und Berechtigung) und Fahrzeugen (Zustand, Ausrüstung und Zulassung) vorzunehmen,
- bei konkreten Verdachtsmomenten ggf. weiter gehende Maßnahmen (Dasta-Abfrage, Durchsuchung u.a.) durchzuführen und
- in einen Dialog mit Verkehrsteilnehmern eintreten zu können.

Teil 4: Arbeitshilfen

Beim Anhalten gibt der **Leitfaden 371** „Eigensicherung im Polizeidienst" die notwendigen Hinweise zum situationsangepassten Verhalten.

Vom Anhalten ist abzusehen, wenn damit eine unverhältnismäßige Gefährdung von Betroffenen, der Einsatzkräfte oder der anderen Verkehrsteilnehmerinnen/Verkehrsteilnehmer verbunden ist (z.b. schlechte Sicht- und Witterungsverhältnisse; ungünstige örtliche Gegebenheiten) oder die Amtshandlung von Betroffenen nicht zweifelsfrei erkannt werden kann (z.b. Grund des Einschreitens ist unklar, eindeutige Erkennbarkeit als Polizeibeamter nicht gegeben).

Beim Anhalten sind auch § 87 Saarländisches Polizeigesetz (Ausweispflicht) und der ergänzende Erlass (**ANLAGE 11**, Ziffer 3) zu beachten.

Danach haben sich Polizeivollzugsbeamtinnen/Polizeivollzugsbeamte bei jeder dienstlichen Tätigkeit gegenüber Betroffenen unaufgefordert mit ihrem Namen vorzustellen und ihre Dienststelle anzugeben.

Kontrollen ohne Anhalteposten sind grundsätzlich nur dann sinnvoll, wenn gewährleistet ist, dass die Nachbearbeitung zügig erfolgen kann und die Polizei durch Nachermittlungen nicht unverhältnismäßig beansprucht bzw. von ihren sonstigen originären Aufgaben abgehalten wird.

Sofern die vorgesehene Kontrollörtlichkeit die Einrichtung von Anhaltestellen nicht zulässt (z.B. BAB) oder dies aus einsatztaktischen Gesichtspunkten nicht sinnvoll ist, sind zur Beweissicherung die entsprechenden technischen Hilfsmittel (z.B. Zusatzfotoanlagen) einzusetzen.

Aus einsatztaktischen und einsatzpsychologischen Gründen ist es sinnvoll, zur Nachtzeit den Einsatz in Dienstkleidung (Uniform) durchzuführen, um beim Einschreiten eine bessere Erkennbarkeit als Polizeibeamte zu gewährleisten und Fehlreaktionen der angehaltenen Verkehrsteilnehmer auszuschließen.

Wegen der besonderen psychologischen Situation ist gegenüber dem Verkehrsteilnehmer beim Anhalten ein äußerst besonnenes Verhalten erforderlich. Auch hierzu enthält der **Leitfaden 371** „Eigensicherung im Polizeidienst" spezifische Hinweise.

7.3 Verkehrskontrollstellen

Im Interesse einer effizienten und koordinierten Abwicklung des Verkehrsüberwachungsauftrages sind Verkehrskontrollstellen landesintern bekannt zu geben. Kontrollstellen an der Landesgrenze zu Rheinland-Pfalz und an der Bundesgrenze zu Frankreich und Luxemburg sind mit den Behörden dieser Länder, ggf. unter Beteiligung des Ministeriums für Inneres und Sport, zeitgerecht abzustimmen.

Bei der Einrichtung von Anhalte- und Standkontrollen, insbesondere deren Beschilderung, ist **ANLAGE 10** „Einrichtung von Kontrollstellen" zu beachten.

7.4 Sonder- und Wegerechte

Zur Erfüllung hoheitlicher Aufgaben – hierzu gehört auch die Verkehrsüberwachung – ist die Polizei unter den Voraussetzungen des § 35 Abs. 1 StVO von den Vorschriften der StVO befreit.

Entsprechend gilt § 70 Abs. 4 StVZO für die Ausrüstungsvorschriften von Dienstkraftfahrzeugen.

Bei der Wahl der Kontrollörtlichkeit ist ein strenger Maßstab hinsichtlich der Inanspruchnahme von Sonderrechten anzulegen.

Dies gilt insbesondere für Behinderungen und Gefährdungen zum Nachteil anderer Verkehrsteilnehmer (z.B. beim Abstellen des Einsatzfahrzeugs auf dem Gehweg/Radweg).

Die erforderliche erhöhte Sorgfalt bei Inanspruchnahme von Sonderrechten gilt bei der Benutzung von zivilen Dienstfahrzeugen wegen der fehlenden äußeren Erkennbarkeit als Polizeifahrzeug in gesteigertem Maße.

Auch durch die Benutzung der aufsetzbaren blauen Rundumleuchte zur Verdeutlichung des Wegerechtes (§ 38 StVO) ist nicht die gleiche Signalwirkung zu erzielen, die von einem grünweißen Funkstreifenwagen ausgeht.

7.5 Verfolgungsmaßnahmen

Beim Versuch eines Verkehrsteilnehmers, sich der polizeilichen Kontrolle durch die Flucht zu entziehen, sind Verfolgungsmaßnahmen nur im Rahmen der Verhältnismäßigkeit zulässig.

Dabei ist zwischen Schwere des festgestellten oder vermuteten Verstoßes und der möglichen Beeinträchtigung der Verkehrssicherheit durch die Verfolgung abzuwägen.

Es gilt der Grundsatz, dass eine Verfolgung zum Zwecke des Anhaltens mit unkalkulierbarem Risiko für Leib und Leben aller Betroffenen bzw. anderer Verkehrsteilnehmer zu unterbleiben hat.

Im Bedarfsfall ist die Unterstützung durch Funkstreifenwagen anzufordern und ggf. auf den Ermittlungsweg auszuweichen (**ANLAGE 3.1**, Ziffer 2).

Teil 4: Arbeitshilfen

7.6 Eigensicherung

Auf die im Zusammenhang mit dem Anhalten von Verkehrsteilnehmern bedeutsamen Grundsätze der Eigensicherung weist der **Leitfaden 371** „Eigensicherung im Polizeidienst" detailliert hin.

Alle technischen Möglichkeiten zur Optimierung der Eigensicherung und der Sicherheit von betroffenen Verkehrsteilnehmern sind zu nutzen.

In den Einsatzfahrzeugen mitzuführende Warnwesten bzw. Sicherheitsüberwürfe sind zum eigenen Schutz anzulegen.

Besonders hohe Anforderungen bestehen an die Eigensicherung bei

- Kontrollen zur Nachtzeit, insbesondere mit zivilen Dienstfahrzeugen,
- Kontrollen auf den Bundesautobahnen und ähnlich ausgebauten Straßen,
- der Annäherung an das angehaltene Fahrzeug und während des eigentlichen Kontrollvorganges und
- dem Anhalten von Fahrzeugen bei Stand- und Anhaltekontrollen.

7.7 Kontrolle bevorrechtigter Personen

Exterritoriale und andere bevorrechtigte Personen unterliegen nicht der deutschen Gerichtsbarkeit (§§ 18,19 GVG).

Außer der Identitätsfeststellung sind grundsätzlich weder Maßnahmen der Strafverfolgung noch zur Verfolgung von Ordnungswidrigkeiten zulässig.

Zulässig bleiben aber Maßnahmen der Gefahrenabwehr nach dem Saarländischen Polizeigesetz, z.B. die (zwangsweise) Unterbindung der Weiterfahrt eines sichtlich betrunkenen Diplomaten.

Bestehen Zweifel an der Identität des Ausweisinhabers oder sind o.a. Personen Täter oder Opfer einer Straftat ist das Auswärtige Amt in Berlin zu informieren bzw. einzuschalten

7.8 Kontrolle von Geld- und Werttransportfahrzeugen

In diesen Fällen sind die im bundeseinheitlichen Konzept „Kontroll- und/oder Überwachungsmaßnahmen von Geld- bzw. Werttransporten durch die Polizei" (VS-NfD) formulierten Sicherheitshinweise zu beachten.[10]

---

10 Erlass MfIS – D 5 – 50.54 VS-NfD vom 6. Mai 2003.

8. Beweissicherung

Eine qualitativ hochwertige Beweissicherung besteht aus Sachbeweis (Foto, Video) und Personalbeweis (Feststellungen der Beamten, Zeugenaussagen). Dies gilt in besonderem Maße, wenn das Anhalten nicht möglich ist.

8.1 Mittel und Methoden

Zur Sicherung des Sachbeweises sind die zugewiesenen technischen Geräte anlassbezogen und einsatztaktisch sinnvoll einzusetzen.

Foto- und Videoanlagen zur Dokumentation des Verkehrsverstoßes und/oder zur Identifizierung des Fahrers können isoliert eingesetzt werden oder mit Anhaltekontrollen verbundene Überwachungseinsätze sinnvoll ergänzen.

Wegen der naturgetreuen Wiedergabe des vorwerfbaren Fehlverhaltens und der damit verbundenen exakten Rekonstruierbarkeit des Tatvorwurfes eignen sich Videoaufnahmen besonders gut für die Beweissicherung.

Wenn technische Mittel zur Beweissicherung nicht verfügbar sind bzw. der Bild- oder Videobeweis eine eindeutige Identifizierung nicht ermöglicht, sollten neben dem Kennzeichen des Tatfahrzeuges möglichst viele individuelle Merkmale zu Person, Fahrzeug und Tat schriftlich festgehalten werden.

Zur Gewährleistung einer konstant hohen Qualität der Beweissicherung ist durch innerdienstliche Kontrollmechanismen sicherzustellen, dass Fehlfunktionen bzw. -bedienungen der Gerätetechnik frühzeitig erkannt und durch entsprechende Maßnahmen (Reparatur, Beschulung) behoben werden.

8.2 Archivierung und Zugriff

Film- und Bildaufzeichnungen und Messprotokolle sind so zu archivieren, dass sie dem Zugriff und der Einsichtnahme Unberechtigter entzogen sind.

Die Aufbewahrungszeit sollte sich an den bei Ordnungswidrigkeiten gültigen Aufbewahrungsfristen der Bußgeldbehörden für Verfahrensakten orientieren (**ANLAGE 11**, Ziffer 4).

Sie beträgt in der Regel jedoch mindestens zwei Jahre ab Aufnahmedatum.

Bei Straftaten ist eine Aufbewahrungszeit von fünf Jahren einzuhalten.

Teil 4: Arbeitshilfen

Zur rationelleren Nutzung der Videobänder und aus Gründen des Datenschutzes sollten auf mehreren Bändern verteilte, noch nicht abgeschlossene Vorgänge auf Archivbänder überspielt werden.

8.3 Weitergabe von Videoaufzeichnungen

Ersuchen der Verfolgungsbehörden auf Übersendung von Videoaufzeichnungen sollte durch die Anfertigung einer Kopie des Bandes bzw. der betreffenden Videosequenz entsprochen werden.

Im Rahmen seines Rechts auf Akteneinsicht ist

- bei Straftatbeständen dem Beschuldigten und seinem bevollmächtigten Rechtsbeistand,
- bei Ordnungswidrigkeiten dem bevollmächtigten Rechtsbeistand des Betroffenen

Gelegenheit zur Ansicht des Foto-/Videobeweises zu geben.

Dies ist von der generell vorliegenden oder im Einzelfall einzuholenden Zustimmung der Verfolgungsbehörde und dem Vorliegen einer Vertretungsvollmacht abhängig zu machen.

Sie sollte nach Möglichkeit auf der feststellenden Dienststelle oder auf der Dienststelle, in deren Bereich der Rechtsbeistand ansässig ist, erfolgen.

Soweit dies nicht zumutbar (Anfahrtsweg) bzw. wegen der Verfügbarkeit des Videobandes nicht opportun ist, ist dem Rechtsbeistand der seinen Mandanten betreffende Verkehrsvorgang auf Anforderung auf ein von ihm zur Verfügung gestelltes Videoband (inkl. frankiertem Rückumschlag) zu überspielen.

Die Anfertigung und Übersendung von Videoprints kann im gegenseitigen Einvernehmen als Alternative gewählt werden.

8.4 Datenschutz

Werden im Rahmen der Fahrerermittlung zur Verfolgung und Ahndung nicht geringfügiger Verkehrsordnungswidrigkeiten unbeteiligten Dritten Lichtbilder vorgelegt, so ist durch geeignete Maßnahmen (Schwärzung, elektronische Rasterung u.ä.) sicherzustellen, dass eventuell auf dem Beweisfoto sichtbare unbeteiligte Begleitpersonen nicht identifizierbar sind.

Dies gilt nicht, wenn die Feststellung der Identität dieser Personen z.B. als Zeugen erforderlich ist.

9. Störung polizeilicher VÜ-Maßnahmen

Bei Störung von Verkehrsüberwachungsmaßnahmen (z.b. Warnung vor Geschwindigkeitskontrollen mit Transparenten oder durch Zeichen) können gegen die agierenden Personen Maßnahmen gemäß § 164 StPO i.V.m. § 46 Abs. 2 OWiG und bzgl. dabei benutzter Sachen Maßnahmen nach dem Saarländischen Polizeigesetz getroffen werden.

Zwangsmaßnahmen sind allerdings nur unter strenger Beachtung des Grundsatzes der Verhältnismäßigkeit zulässig.

10. Zusammenarbeit mit anderen Behörden/Institutionen

Neben der Vollzugspolizei verfügen auch andere Behörden über Kompetenzen zur Durchführung von Kontrollmaßnahmen im Straßenverkehr.

In beiderseitigem Interesse ist eine möglichst enge Koordination der Maßnahmen anzustreben.

Mit dem Bundesamt für Güterverkehr sollten gemeinsame Kontrollmaßnahmen des gewerblichen Personen- und Güterverkehrs vereinbart werden.

Nach Möglichkeit sind hierzu bzw. zu Anschlussermittlungen auch Angehörige des Landesamtes für Arbeitssicherheit, Immissionsschutz und Gesundheit hinzuzuziehen.

Bei der Durchführung technischer Überprüfungen, insbesondere bei Kontrollen von Gefahrguttransporten, Abfalltransporten und Fahrzeugen mit radioaktiver Fracht ist eine enge Kooperation mit anderen Fachdiensten, z.B. dem Landesamt für Umweltschutz, anzustreben.

Verstöße gegen abfallrechtliche Bestimmungen sind dem Dezernat LKA 45 durch Fertigung und Übersendung einer Anhaltemeldung zur Kenntnis zu bringen.

Auch mit dem Einzeldienst von Zoll und Bundespolizei ist aufgabenbezogen zusammenzuarbeiten.

Im Rahmen ihrer Fachaufsicht ist die Landespolizeidirektion verpflichtet, die Kontrollmaßnahmen mit den gemäß § 84 Saarländisches Polizeigesetz zur Durchführung von Geschwindigkeitsmessungen befugten Hilfspolizeibeamten der kommunalen Gebietskörperschaften in zeitlicher und räumlicher Hinsicht abzustimmen (**ANLAGE 11, Ziffer 5**).

(**Anm. der Red**. Vom Abdruck der Anlagen
- Verfahrensregelung zum Atemalkohol-Vortest
- Verfahrensregelung zur Atemalkoholmessung

Teil 4: Arbeitshilfen

- Verfahrensregelung Drogenerkennung im Straßenverkehr

wurde abgesehen.)

Anlage 2.1 Geschwindigkeitsmessung mit dem Radargerät „Multanova 6 F"

1. Einsatztaktik

Das Geschwindigkeitsmessgerät Multanova 6 F lässt mit seiner Messsensorik (Ausnutzung des Doppeleffektes bei Mikrowellen) nach taktischen Gesichtspunkten zu unterscheidende Einsatzvarianten zu
- stationäre Messung aus dem Fahrzeug heraus
- stationäre Messungen unabhängig vom Fahrzeug durch Stativbetrieb.

In allen Fällen ist durch die Einbausystematik die notwendige Fahrererkennung auf fotografischer Basis sichergestellt.

Durch einfachen Auf- und Abbau des Gerätes ist dieses für ständig wechselnde Kontrollörtlichkeiten mit und ohne Anhalteposten geeignet.

2. Messbetrieb

Die Aufstellung, Inbetriebnahme und Bedienung der Anlage hat sich strikt nach der Bedienungsanleitung der Herstellerfirma zu richten. Sie ist Bestandteil dieser Einsatzrichtlinie.

Für jede Messörtlichkeit ist ein eigenes Messprotokoll gemäß Muster (Anlage) anzulegen.

3. Auswertung

Im Sinne einer einfachen Beweisführung und im Interesse der Rechtssicherheit ist in allen Fällen, in denen sich zwei Fahrzeuge ganz oder teilweise im Radarstrahl von einer Verfolgung abzusehen.

4. Verkehrsfehlergrenzen

Gemäß PTB-Zulassungsurkunde sind zusätzlich zur Opportunitätstoleranz von 5 km/h zu Gunsten des Verkehrsteilnehmers folgende Toleranzwerte zu berücksichtigen:
- 3 km/h bei Messwerten bis 100 km/h bzw.
- 3 % des Messwertes bei Werten über 100 km/h.

C. Richtlinien für die Geschwindigkeitsüberwachung • XII. Saarland

Anlage 2.2   **Geschwindigkeitsüberwachung mit der Lichtschranke ESO**

1. Einsatztaktik

Wegen des großen zeitlichen Aufwandes für Auf- und Abbau des Messgerätes ist die Lichtschranke besonders für die länger andauernde Überwachung an Örtlichkeiten mit hohem Verkehrsaufkommen einzusetzen.

2. Messbetrieb

Die Aufstellung, Inbetriebnahme und Bedienung der Anlage hat sich strikt nach der Bedienungsanleitung der Herstellerfirma zu richten. Sie ist Bestandteil dieser Einsatzrichtlinie.

Für jede Messörtlichkeit ist ein eigenes Messprotokoll gemäß Anlage anzulegen.

Gemäß der Bedienungsanleitung und der PTB-Zulassung hat im Messfoto eine Abbildung aller Straßenteile zu erfolgen, auf denen sich messrelevante Bewegungsabläufe ereignen können. Muss hiervon wegen örtlicher oder fototechnischer Gegebenheiten abgewichen werden, so sind alle Bewegungsabläufe, die im unmittelbaren Bereich der Lichtschranken erfolgen und die Messung beeinflussen können, im Messprotokoll zu dokumentieren.

3. Auswertung

In Fällen, in denen eine Beeinflussung des Messergebnisses durch ein zweites Fahrzeug (zwei Fahrzeuge auf dem Beweisfoto im Bereich der Lichtschranken) nicht zweifelsfrei ausgeschlossen werden kann, ist die Messung zu verwerfen.

4. Verkehrsfehlergrenzen

Gemäß PTB-Zulassungsurkunde sind zusätzlich zur Opportunitätstoleranz von **5 km/h** folgende Toleranzwerte zu berücksichtigen:
- 3 km/h bei Messwerten bis 100 km/h bzw.
- 3 % des Messwertes bei Werten über 100 km/h.

Anlage 2.3   **Geschwindigkeitsmessung mit Laser-GMG**

1. Einsatztaktik

Das Laser-GMG ersetzt nicht die herkömmlichen Geschwindigkeitsmesssysteme, sondern ergänzt mit seinen einsatztaktischen Variationsmöglichkeiten die bisherige Überwachungstechnik sinnvoll.

Teil 4: Arbeitshilfen

Ortsspezifische Einsatzschwerpunkte sind insbesondere
- Unfallschwerpunkte und -strecken, die mit herkömmlicher Technik z.B. wegen der Linienführung der Straße oder erschwerter Aufbaubedingungen für fahrzeuggebundene Anlagen nur unzureichend überwacht werden können,
- verkehrsberuhigte Bereiche und Zone 30 sowie Innerortsstrecken mit geringer Verkehrsdichte (Wohnstraßen),
- die Peripherie von Schulen, Kindergärten, Spielplätzen pp.,
- Bundes- und Landstraßen mit geringem Verkehrsaufkommen, die wegen häufiger Geschwindigkeitsüberschreitungen ein hohes Unfallrisiko aufweisen.

Zielgruppenspezifische Einsatzschwerpunkte sind insbesondere
- die selektive Feststellung gravierender Geschwindigkeitsüberschreitungen, insbesondere auch von Kraftfahrerinnen/Kraftfahrern auf Innerortsstrecken, z.B. beim extremen Beschleunigen zwischen LZA, rücksichtslosem Verhalten in schutzbedürftigen Bereichen pp., und auf Außerortsstrecken,
- Selektivmessungen zur Vorprüfung des Geschwindigkeitsverhaltens von LKW und KOM auf den Bundesautobahnen,
- die Überprüfung des Geschwindigkeitsverhaltens von Radfahrerinnen/Radfahrern im Konfliktfeld Fußgänger/Radfahrer.

Wird ein Geschwindigkeitsverstoß mit Hilfe des Laser-GMG festgestellt, dann ist die/ der Betroffene anzuhalten, unmittelbar mit dem Messergebnis zu konfrontieren und nach den Anhalte- und Kontrollgrundsätzen (Ziffer 8) über Gefahren und Folgen von Geschwindigkeitsüberschreitungen bzw. der Notwendigkeit von Messungen an dieser Örtlichkeit aufzuklären.

Aus diesem Grundsatz sind u.a. die nachfolgend dargestellten einsatztaktischen Varianten abzuleiten:
- Anhalten nach festgestelltem Verstoß bei Messungen des auflaufenden Verkehrs mit situationsangepasstem Personaleinsatz zur Gewährleistung einer umfassenden Kontrolle, d. h. gleichzeitige Prüfung von Verkehrstüchtigkeit, technischem Zustand der Fahrzeuge, aufklärendes Gespräch und Sanktionierung/Ermittlung vor Ort zur Vermeidung von Nachermittlungen,
- Messungen mit abgesetzter Anhaltestelle, i.d.R. auf Land- und Bundesstraßen bzw. innerorts bei Messungen des abfließenden Verkehrs,
- selektive Messungen auf den Bundesautobahnen mit anschließendem Anhalten/ Sanktionieren auf Park- und Rastplätzen bzw. durch motorisierte Anhaltekommandos.

2. Messbetrieb

Die obergerichtliche Rechtsprechung erkennt das Laser-Messverfahren als so genannte standardisierte Messmethode[11] an.

Die vom Hersteller in seiner Gebrauchsanweisung formulierten Handhabungsvorschriften, die von der PTB in der Anlage zum Zulassungsschein festgelegten Auflagen und Bedingungen und die Empfehlungen der PTB zum Einsatz von Laser-Geschwindigkeitsmessgeräten (**ANLAGE 9**, Ziffer 6) bei der amtlichen Verkehrsüberwachung sind zu beachten.

Mögliche Ansatzpunkte für die Infragestellung des korrekten Messergebnisses, wie

- die Nichteinhaltung des von der PTB vorgegebenen Entfernungsbereiches (30 bis 350 Meter) für sanktionsfähige Messungen oder
- die Verwechselung des Messobjektes wegen dichten Verkehrs sind durch die sorgfältige Beachtung der Bedienungsvorschriften auszuschließen.
- Für jeden Messeinsatz ist ein eigenes Messprotokoll anzulegen, in dem die erfolgreiche Durchführung der vorgeschriebenen Tests bestätigt wird.

Das Messergebnis (unbereinigter, am Gerät abgelesener Messwert), der Distanzmesswert und die Überschreitung im km/h (um Verkehrsfehlertoleranz reduzierter Messwert) sind zusammen mit fahrzeugbezogenen Merkmalen in den dem Messprotokoll zuzuordnenden Kontrollblättern festzuhalten.

3. Auswertung

Bei diesem Messsystem ist eine nachträgliche Auswertung von Verstößen wegen des Verzichts auf Foto- bzw. Videodokumentation nicht vorgesehen.

4. Verkehrsfehlergrenzen

Als Verkehrsfehlergrenzen sind gemäß PTB-Zulassungsurkunde neben der Opportunitätstoleranz von 5 km/h folgende Werte zu Gunsten des Verkehrsteilnehmers zu berücksichtigen:
- 3 km/h bei Messwerten bis 100 km/h bzw.
- 3 % des Messwertes bei Werten über 100 km/h.

---

11 Standardisierte Messmethoden sind solche, die bei sachgerechter Bedienung zuverlässige Ergebnisse liefern.

Teil 4: Arbeitshilfen

5. Anwenderbeschulung

Der Beweiswert des Laser-GMG beruht auf dem Personalbeweis, d.h. die Angaben der Messbeamtin bzw. des Messbeamten über die ordnungsgemäße Bedienung des Gerätes als Voraussetzung für die richtige Messung der Geschwindigkeit eines Fahrzeuges.

Das Laser-GMG darf daher nur von Beamtinnen und Beamten bedient werden, die an einer Beschulungsmaßnahme teilgenommen haben und deren Qualifikation durch die ausbildende Stelle bescheinigt wurde.

Die Berechtigung zur Durchführung von Messungen mit dem Laser-GMG erlischt, wenn zwischen letztem Messeinsatz und neuem Messeinsatz eine Zeitspanne von mehr als 6 Monaten liegt.

Anlage 2.4. **Geschwindigkeitsmessung mit Infrarot-GMG Leica XV2**

1. Einsatztaktik

Wegen des schnellen Auf- und Abbaues ist diese Anlage sehr gut für eine kurzfristige Geschwindigkeitsüberwachung mit häufig wechselnden Kontrollstellen geeignet. Die kompakte Bauweise prädestiniert die Messanlage für den Einsatz in verkehrsberuhigten Bereichen, vor Schulen und Kindergärten, aber auch z.B. in Baustellenbereichen. Sie ist aber gleichfalls für die Geschwindigkeitsmessung auf Außerortsstraßen geeignet.

Wegen der von der Aufnahme getrennten Auswertetechnik ist das Messsystem vorrangig für Messungen ohne Anhalteposten einzusetzen.

2. Messbetrieb

Die Geschwindigkeitsmessung mit Hilfe des Infrarot-Geschwindigkeitsmessgerätes (IR-GMG) Leica XV2 ist von der obergerichtlichen Rechtsprechung als standardisierte Messmethode[12] anerkannt.

Das IR-GMG Leica XV2 kann sowohl im Hand-Held-Betrieb (Messung aus der Hand) als auch im Stativbetrieb eingesetzt werden.

Gemäß der PTB-Zulassung vom Juli 1996 sind Messungen aus einem stehenden Fahrzeug, auch durch geschlossene Scheiben, zulässig.

---

12 Standardisierte Messmethoden sind solche, die bei sachgerechter Bedienung zuverlässige Ergebnisse liefern.

Bei allen durchgeführten Messungen sind die in der Bedienungsanleitung des Herstellers formulierten Handhabungsvorschriften zur Aufstellung, Inbetriebnahme und Bedienung zu beachten. Sie ist Bestandteil dieser Einsatzrichtlinie.

Für jede Messörtlichkeit ist ein eigenes Messprotokoll anzulegen.

3. Auswertung

Der Beweiswert beruht auf einem Sachbeweis in Form eines bespielten Videobandes und den auf der Audiospur enthaltenen messrelevanten Daten. Diese Daten werden erst bei der Auswertung durch den Demodulator „übersetzt" und auf dem Monitor eingeblendet. Zugleich werden diese Daten in die spezielle „Softwaremaske" des angeschlossenen Computers übertragen und anschließend archiviert.

Als Beweismittel für die Verfolgungsbehörden dient zunächst das geprintete Videobild. Erst bei Gericht ist es ratsam, zu dem vorliegenden Videoprint den kompletten Verstoß mittels laufendem Videoband zu dokumentieren.

Auch bei der Auswertung müssen die vom Hersteller geforderten Auswertrichtlinien befolgt werden, um die Verwertbarkeit einzelner Verstöße zu überprüfen.

Die einzelnen Verstöße verbleiben auf den Original-Hi-8-Videobändern. Diese Originalbänder werden fortlaufend gekennzeichnet und für mindestens 2 Jahre, längstens aber bis zum Abschluss aller auf dem Band dokumentierter Verfahren, archiviert.

Wegen unterschiedlicher Gerätetechniken ist das Überspielen auf geeignete Träger für Gerichtstermine u.ä. sicherzustellen.

4. Verkehrsfehlergrenzen

Laut PTB-Zulassungsurkunde sind zusätzlich zur Opportunitätstoleranz von 5 km/h folgende Toleranzwerte zu berücksichtigen:
- 3 km/h bei Messwerten bis 100 km/h bzw.
- 3 % des Messwertes bei Werten über 100 km/h

Entstehende Dezimalstellen sind bei bereinigten Werten nach unten abzurunden.

5. Anwenderbeschulung

Der Betrieb und der damit verbundene Einsatz des GMG Leica ist gemäß der PTB-Zulassung grundsätzlich nur durch solche Beamtinnen und Beamten zulässig, die zuvor speziell durch Schulungen an diesem Gerät ausgebildet wurden. Über die Beschulungsmaßnahme wird eine Bescheinigung erteilt.

Teil 4: Arbeitshilfen

Anlage 2.5   Geschwindigkeitsmessung durch Nachfahren mit ungeeichtem Tachometer

1. Einsatztaktik

Aufgrund der schwierigen Beweisführung bei einem eventuellen Einspruchsverfahren bei Gericht und den von der Rechtsprechung vorgegebenen sehr hohen Sicherheitsabschlägen sollte eine Geschwindigkeitsmessung durch Nachfahren mit ungeeichtem Tachometer nur bei besonders gravierenden Geschwindigkeitsüberschreitungen durchgeführt werden.

2. Messbetrieb

Die Beamtinnen und Beamten fertigen noch vor Ort schriftliche Aufzeichnungen über die Verkehrsgegebenheiten und den eigentlichen Messvorgang, wie

- Länge der Vergleichsstrecke in Meter, die mindestens das zehnfache des halben angezeigten Tachowertes betragen sollte,
- gleich bleibender oder größer werdender Abstand zur bzw. zum Vorausfahrenden während des Messvorganges in Meter, der etwa dem halben angezeigten Tachowert entsprechen sollte,
- Insassen des Polizeifahrzeuges,
- Kennzeichen, Typ/Modell des Polizeifahrzeuges,
- Skalenendwert des Tachometers des Polizeifahrzeuges,
- abgelesene Geschwindigkeit vom nicht geeichten Tachometer des Polizeifahrzeuges.

Im Hinblick auf eine spätere Verhandlung vor Gericht sind genaue Aufzeichnungen über Beginn und Ende der Messung anhand markanter Fixpunkte an der Wegstrecke vorzunehmen.

Werden Geschwindigkeitsverstöße durch Nachfahren mit ungeeichtem Tachometer festgestellt, dann sollten die/der Betroffene angehalten, unmittelbar mit dem Verstoß konfrontiert, nach den Anhalte- und Kontrollgrundsätzen (Ziffer 8) über Gefahren und Folgen von Geschwindigkeitsverstößen aufgeklärt und einer umfassenden Kontrolle unterzogen werden.

3. Auswertung

Zur Erleichterung der Auswertung und im Interesse der Rechtssicherheit sind bei dem Messvorgang die schriftlichen Aufzeichnungen gemäß Ziffer 2 und der Berechnungsmodus der vorwerfbaren Geschwindigkeitsüberschreitung auf einem speziellen Messkontrollblatt zu dokumentieren.

Das Messkontrollblatt ist dem Vorgang beizufügen.

4. Verkehrsfehlergrenzen

Gemäß Entscheidung des OLG Saarbrücken vom 21.02.1995 sind bei dieser Messart folgende Toleranzen in Abzug zu bringen:
- 7 % vom Skalenendwert des Tachometers des messenden Polizeifahrzeuges und
- 15 % der auf dem Tachometer des Polizeifahrzeuges abgelesenen Geschwindigkeit.

Die Opportunitätstoleranz ist bereits in o.a. Toleranzen enthalten.

Anlage 3.3   Einsatz der Video-Nachfahreinrichtung (ProViDa)

1. Einsatztaktik

Die Video-Nachfahreinrichtung (ProViDa) ist in besonderer Weise für die beweissichere Verfolgung schwerer und unfallträchtiger Delikte im fließenden Straßenverkehr geeignet mit dem Ziel, tatbestandsmäßiges Verhalten zu dokumentieren und durch Vorhaltung, Akzeptanz und Einsicht bei der/dem Betroffenen zu erreichen.

Die Verfolgung geringfügiger Ordnungswidrigkeiten entspricht nicht der Zweckbestimmung dieses Einsatzmittels. Sie sollte daher den Ausnahmefall darstellen.

Der Einsatz der Video-Nachfahreinrichtung ist mobil und stationär möglich.

2. Messbetrieb

Das Verfahren ist nach der obergerichtlichen Rechtsprechung als so genannte standardisierte Messmethode[13] i.S.d. BGH-Entscheidung vom 19.08.1993 (BGHSt 39, 291) zu qualifizieren.

Die Besatzung besteht grundsätzlich aus zwei Beamtinnen/Beamten. Es sind Stammbesatzungen anzustreben, da das harmonische Zusammenwirken zwischen Fahrerin/Fahrer und Beifahrerin/Beifahrer Voraussetzung für den Einsatzerfolg ist. Während die Fahrerin/der Fahrer für den verkehrs- und fahrtechnischen Ablauf der Kontroll- und Streifenfahrt verantwortlich ist, hat die Beifahrerin/der Beifahrer die Videokamera, den Recorder und das Police-Pilot-Gerät zu bedienen.

---

13   Standardisierte Messmethoden sind solche, die bei sachgerechter Bedienung zuverlässige Messergebnisse liefern.

Teil 4: Arbeitshilfen

Die Beifahrerin/der Beifahrer übernimmt die Funktion des Streifenführers. Sie/er entscheidet über den Abbruch von Verfolgungsmaßnahmen aus Sicherheitsgründen.

Während eines Messvorganges darf die Brennweite der Videokamera nicht verändert werden.

Zu jedem eingeleiteten Verfahren ist ein Messblatt gemäß Muster anzulegen.

3. Eichung/Kalibrierung

Die Eichung der Verkehrs-Videoanlage hat mindestens einmal jährlich zu erfolgen. Bei einer Umrüstung von Sommer- auf Winterreifen oder umgekehrt sowie beim Aufziehen von Reifen verschiedener Hersteller oder Typen ist erneut der 1000-Meter-Abgleich durchzuführen.

Wird hierbei eine Abweichung von mehr als 1 % (kleiner als 990 m oder größer als 1010 m) festgestellt, muss die Anlage neu geeicht werden.

Der Reifendruck auf der Antriebsachse des Fahrzeuges ist aus Gründen der Messsicherheit regelmäßig (mind. wöchentlich) zu kontrollieren und im Fahrtenbuch zu protokollieren.

4. Auswertung

Über jedes Videoband ist Protokoll zu führen; festgestellte Verstöße werden chronologisch in das Feststellblatt eingetragen. Diese werden zentral gesammelt und archiviert. Auf Videobändern festgehaltene Aufzeichnungen, die zu einer Straf- bzw. Ordnungswidrigkeitsanzeige führen, sind als Beweismittel bis zur endgültigen rechtlichen Abwicklung ebenfalls aufzubewahren. Dabei können die für die Verfolgung relevanten Videoaufzeichnungen als Kopie archiviert werden. Auch dies ist auf dem Feststellblatt zu dokumentieren (**Ziffer 8.2 der VÜ-RiLi**).

In Anzeigen ist in der Rubrik „Beweismittel" der Hinweis „Video-Aufzeichnung" zu vermerken. Als Beweismittel werden Gerichten und Verfolgungsbehörden die erforderlichen Einzelbilder übersandt.

5. Verkehrsfehlergrenzen

Die Verkehrsfehlergrenze der Anlage beträgt gem. Eichbescheinigung bei Messwerten
- bis 100 km/h 5 km/h
- über 100 km/h 5 % des Messwertes.

Bei jedem Tatvorwurf sind die gemessenen Geschwindigkeiten um diese Werte zu berichtigen. Dezimalstellen bei Geschwindigkeits- und Abstandswerten sind zu Gunsten der Betroffenen nach unten abzurunden.

Anlage 3.2   Einsatz der Video-Abstands-Messanlage (VAM)

1. Einsatztaktik

Die Anlage dient zur Überwachung der Einhaltung vorgeschriebener Sicherheitsabstände und zur Geschwindigkeitsüberwachung des auflaufenden Fahrzeugverkehrs auf den Bundesautobahnen und vergleichbaren Schnellstraßen.

2. Messbetrieb

Auswahl und Markierung der Messstellen

Die für das Verfahren erforderlichen Markierungspunkte der vorgesehenen Messstrecken sind für jeden Fahrstreifen mit geeichten Messgeräten zu vermessen:
- bei gerader Straßenführung auf der Fahrstreifenmitte,
- bei Streckenkrümmungen nach links an der linken Fahrstreifenbegrenzung und
- bei Streckenkrümmungen nach rechts an der rechten Fahrstreifenbegrenzung.

Dabei sind festzulegen:
- der Nullpunkt in Höhe der vorderen Gesimskante des Brückenbauwerkes
- Messlinie M I Geschwindigkeits- und Abstands-Messlinie bei 100 m
- Messlinie M II Geschwindigkeits-Messlinie bei 150 m
- Messlinie M III Vergleichslinie bei 250 m (optional)
- Messlinie M IV Beginn der Beobachtungsstrecke bei 400 m.

Der Abstand zwischen den Messlinien ist als lichtes Maß, d.h. ohne Berücksichtigung der Breite der Markierungslinien auszuführen. In Kurven ist das lichte Maß am Innenradius zu orientieren. Die Markierung der Messstelle hat nach den in der Anlage festgelegten Vorgaben zu erfolgen.

Kräfte

Der Messtrupp besteht aus zwei Beamtinnen/Beamten zur Beobachtung des Verkehrsablaufs, Bedienung der VAM sowie zur Protokollführung.

Teil 4: Arbeitshilfen

Verfahren

Vor jedem Einsatz ist zu prüfen, ob
- die VAM-Anlage in technisch einwandfreiem Zustand ist,
- die Markierungen deutlich erkennbar sind,
- beschränkende Verkehrszeichen ordnungsgemäß sind (vor und nach der Kontrolle) und
- auf der Beobachtungs- und Messstrecke ungehinderte Sicht und freie Fahrt gewährleistet ist.

Kamera 1 – auf dem Brückenbauwerk – erfasst den auflaufenden Verkehr von Messlinie I bis Messlinie IV und dokumentiert das gesamte Fahrverhalten im Messbereich.

Kamera 2 dokumentiert Fahrzeugführer, Fahrzeug und Kennzeichen im Bereich von 40 – 80 m vor der Brücke. Sie kann alternativ auf der Brücke oder im Bereich des Mittelstreifens positioniert werden.

Die von den Kameras gelieferten Videobilder werden auf zwei Recordern aufgezeichnet und sind auf den Monitoren im Messfahrzeug sichtbar. Auf dem Videobild, das den Abstandsverstoß dokumentiert, ist neben der geeichten Stoppzeit auch das Datum eingeblendet. Die Realzeit kann zusätzlich eingeblendet werden.

In die Fahrerdokumentation wird parallel die ungeeichte Stoppzeit eingeblendet.

Die Überwachung des Verkehrs auf der Messstrecke erfolgt über die Monitoren der Aufzeichnungseinheiten.

Erscheint der Sicherheitsabstand zwischen zwei aufeinander folgenden Fahrzeugen als zu gering, ist mit Kamera 2 eine Videosequenz zur Identifizierung der Fahrzeugführerin/des Fahrzeugführers zu fertigen, wenn

- die Fahrgeschwindigkeit vermutlich mehr als 80 km/h beträgt bzw. bei Verstößen durch LKW oder KOM bei einer Geschwindigkeit von mehr als 50 km/h (§ 4 Abs. 3 StVO),
- der Abstand sich auf einer Strecke von mindestens 300 m nicht nennenswert durch Geschwindigkeitsreduzierung des Vorausfahrenden verringert hat,
- kein Fahrstreifenwechsel der im Messbereich befindlichen Fahrzeuge vorliegt, der sich auf den Messvorgang auswirken könnte.

Diese und andere erkennbare Verkehrsverstöße können zusätzlich über Mikrofon auf dem Videoband dokumentiert werden.

Bei jeder Kontrolle ist ein eigenes Messprotokoll zu fertigen.

3. Auswertung

Auswertung von Abstandsverstößen

Anhand der eingeblendeten geeichten Stoppuhrzeiten auf dem von Kamera 1 aufgenommenen Videoband können die Videobilder von Kamera 1 und 2 in Bezug gesetzt werden. Zu Beginn der Auswertung ist die Aufzeichnung auf Ereignisse zu prüfen, die eine Verfolgung ausschließen.

Bei Abstandsverstößen sind dies insbesondere Fahrstreifenwechsel, Geschwindigkeitsverringerungen des Vorausfahrenden und Bremsvorgänge innerhalb der Beobachtungsstrecke von mindestens 300 m.

Zur **Ermittlung der Durchschnittsgeschwindigkeit** wird mit Hilfe der Einzelbildschaltung des Videorecorders das vorausfahrende Fahrzeug so an die Messlinie M II des jeweiligen Fahrstreifens herangeführt, dass die Räder der Vorderachse des Vorausfahrenden sich unmittelbar vor oder auf der Markierung befinden. Die im Bild eingeblendete Stoppuhrzeit (= geichte Zeiteinblendung des Charaktergenerators) wird als Zeit 1 in das Auswertblatt zum jeweiligen Messprotokoll übernommen. Dann wird das Videoband weitergeführt, bis die Räder der Vorderachse des Vorausfahrenden sich unmittelbar auf oder hinter der Messlinie M I befinden. Die abgelesene Stoppuhrzeit wird als Zeit 2 im Auswertblatt festgehalten.

Aus der Differenz zwischen Zeit 2 und Zeit 1 errechnet sich die Durchfahrtzeit für die 50-m-Strecke.

Nach der Formel

$$(\text{Messstrecke} : \text{Durchfahrtzeit}) \times 3{,}6$$

ergibt sich die Durchschnittsgeschwindigkeit in km/h. Es ist zu Gunsten der/des Betroffenen abzurunden.

Die für die Geschwindigkeitsermittlung relevante Verkehrsfehlergrenze der Zeitmesseinheit laut Eichschein ist in den Umrechnungstabellen schon berücksichtigt.

Zur **Ermittlung des Abstandes** zwischen beiden Fahrzeugen wird der Bildlauf weitergeführt, bis die Räder der Hinterachse des vorausfahrenden Fahrzeuges sich unmittelbar vor oder auf der Messlinie M I befinden.

Die im Bild eingeblendete Stoppuhrzeit wird als Zeit 3 im Auswertblatt eingetragen. Dann wird der Bildlauf weitergeführt, bis die Fahrzeugvorderachse des nachfolgenden Fahrzeuges (Betroffene) sich unmittelbar auf oder hinter der Messlinie M I befindet. Die abgelesene Stoppuhrzeit wird im Auswerteblatt als Zeit 4 eingetragen.

Teil 4: Arbeitshilfen

Die Differenz aus Zeit 4 und Zeit 3 ergibt den Abstand der Fahrzeuge zueinander in Sekunden.

Der Abstand wird nach Eingabe der Zeitdaten in das SAAROWI-Verfahren automatisch an Hand der ermittelten Geschwindigkeit und dem zeitlichen Abstand (Zeit 4 – Zeit 3) in Metern errechnet. Es wird zu Gunsten der/des Betroffenen aufgerundet.

Auswertung von Geschwindigkeitsüberschreitungen/sonstigen Verstößen

Anhand der Realzeit in der Videokamera 1 ist die entsprechende Verkehrssituation auf dem Monitor wiederzugeben.

Handelt es sich um einen Geschwindigkeitsverstoß, ist die Auswertung wie oben beschrieben (Ermittlung der vorwerfbaren Geschwindigkeitsüberschreitung) für das betreffende Fahrzeug vorzunehmen. Andere Verstöße sind durch Auswertung und Beschreibung der Verkehrssituation zu dokumentieren.

4. Verkehrsfehlergrenzen

Die Verkehrsfehlergrenze des Zeitmessers ist bereits in die Umrechnungstabelle eingearbeitet.

Weitere Toleranzen sind nicht mehr zu gewähren, da sie bereits zu Gunsten der oder des Betroffenen wie folgt im Messverfahren berücksichtigt sind:

- bei der Ermittlung der Durchschnittsgeschwindigkeit durch die Breite der jeweiligen Messlinien (0,3 Meter) und den ungefähren Vorderraddurchmesser des gemessenen Fahrzeuges,
- bei der Abstandsermittlung durch den rückwärtigen Karosserieüberstand und den ungefähren Hinterraddurchmesser des vorausfahrenden Fahrzeuges und den vorderen Karosserieüberstand und den ungefähren Vorderraddurchmesser des nachfolgenden Fahrzeuges.

5. Anzeigenerstellung- und -bearbeitung

Die Bearbeitung der mit dem VAM-Verfahren festgestellten Verstöße erfolgt gemäß OWI-Richtlinien.

Bei Verstößen, die mit einem Verwarnungsgeld geahndet werden können, ist, falls eine Verfolgung geboten erscheint, bei der schriftlichen Verwarnung analog zu verfahren. Werden mehrere der vorgenannten Verstöße gleichzeitig festgestellt, ist der Sachverhalt in gleicher Weise in einer Anzeige darzustellen.

Den Ordnungswidrigkeitsanzeigen sind bei Abgabe an die Bußgeldstellen Videoprints zur Dokumentation des Verstoßes und zur Identifizierung der Fahrzeugführerin/des Fahrzeugführers beizufügen.

(**Anm. der Red.**: Vom Abdruck der übrigen Anlagen wurde angesehen.)

XIII. Sachsen

(***Anm. der Red.***: *Bis zum Redaktionsschluss lagen keine aktuellen Richtlinien zur Geschwindigkeitsmessung dieses Bundeslandes vor.*)

XIV. Sachsen-Anhalt – Grundsätze für die Verkehrsüberwachung durch Polizei und Kommunen (Verkehrsüberwachungserlass)

RdErl. des MI vom 6. März 2009 (MBl. LSA S. 208) – 23.3-12320

I. Verkehrsüberwachung durch die Polizei

Die vom Straßenverkehr ausgehenden vielfältigen Gefahren für alle Verkehrsteilnehmer erfordern permanent höchste Anstrengungen zur Verbesserung der Verkehrssicherheit. Hohe polizeiliche Präsenz im Verkehrsraum und jegliche Maßnahmen der Verkehrsüberwachung, die auf der Grundlage sorgfältiger Analysen der aktuellen Verkehrssicherheitslage zielgerichtet geplant und durchgeführt werden, sind ein wesentlicher Beitrag zur Gewährleistung der öffentlichen Sicherheit und Ordnung, Kriminalitätsprävention und -bekämpfung. Sie verlangen ein Höchstmaß an fachlicher, sozialer und persönlicher Kompetenz von allen mit dieser Aufgabe betrauten Bediensteten. Im Interesse eines effektiven Einsatzes in diesem Aufgabenfeld ist eine umfassende und enge Abstimmung der polizeilichen und kommunalen Verkehrsüberwachungstätigkeit unter Berücksichtigung der jeweils bestehenden Zuständigkeiten sicherzustellen. Die Möglichkeit, im Rahmen von Verkehrskontrollen Fahndungsabgleiche durchzuführen, Verdachtsansätze zu erlangen oder konkrete Straftaten aufzuklären, ist konsequent zu nutzen.

1. Ziel der Verkehrsüberwachung

Vornehmliches Ziel der Verkehrsüberwachung ist die Verbesserung der objektiven Verkehrssicherheitslage und die Stärkung der subjektiven Sicherheit im Straßenverkehr. Sie ist daher insbesondere darauf auszurichten, Verkehrsunfälle zu vermeiden oder deren erhebliche Folgen zu minimieren sowie sonstigen Verkehrsgefahren entgegenzuwirken.

Mit zielgerichteten Verkehrsüberwachungsmaßnahmen sollen Straftaten und Ordnungswidrigkeiten im Straßenverkehr festgestellt und verhindert werden. Daneben sollen Verkehrs verstoße verfolgt, der allgemeine Verkehrsraum sicherer gestaltet und konkrete Verkehrsabläufe verbessert werden. Einem möglichst hohen Überwachungsdruck, verbunden mit einer hohen Entdeckungswahrscheinlichkeit, kommt hierbei unter Berücksichtigung von Aspekten der allgemeinen Gefahrenabwehr und der Kriminalitätsbekämpfung besondere Bedeutung zu, da hierdurch die Verkehrsteilnehmer zu verkehrsgerechtem und rücksichtsvollem Verhalten angehalten werden können. Konsequentes, nachvollziehbares und transparentes Handeln im Bereich der Verkehrsüberwachung ist geeignet, die Verkehrsmoral der Verkehrsteilnehmer langfristig und nachhaltig zu verbessern.

Die Verkehrsüberwachung dient darüber hinaus der Minderung von verkehrsbedingten Umweltbeeinträchtigungen und der Verbesserung des sicherheits- und umweltbewussten Verkehrsverhaltens.

2. Grundlagen der Verkehrsüberwachung

Umfassende Analysen der Verkehrssicherheitslage sind die primäre Grundlage für die Verkehrsüberwachung. Für eine strategische delikts- und zielgruppenorientierte Verkehrsüberwachung sind insbesondere erforderlich,

a) eine regelmäßige, zielgerichtete und detaillierte Analyse der Elektronischen Unfalltypensteckkarte „EUSKa" und der im Rahmen der örtlichen Unfalluntersuchungen festgestellten Unfallhäufungsstellen und Unfallhäufungslinien,

b) Kenntnisse von bestimmten sich abzeichnenden Tendenzen in der Unfallentwicklung,

c) Kenntnisse über die unterschiedlichen Verkehrs- und Unfallcharakteristiken an Wochentagen, Wochenenden und Feiertagen, zu bestimmten Tageszeiten sowie innerhalb und außerhalb von Ortschaften sowie

d) Kenntnisse von Arten und Auswirkungen verschiedener Eignungsmängel bei Verkehrsteilnehmern.

Weitere Aspekte und Anhaltspunkte wie z.B.

e) Auswertungen und Erkenntnisse bisheriger Verkehrsüberwachungsmaßnahmen,

f) Bürgerinformationen oder Medienauswertungen,

g) straßenverkehrsbehördliche Informationen,

h) temporäre Besonderheiten (Schulbeginn, Großveranstaltungen und so weiter),

i) politische, konzeptionelle und fachliche Vorgaben des Ministeriums oder

j) allgemeine polizeiliche Beobachtungen

können daneben ebenso Grundlage von Verkehrsüberwachungsmaßnahmen sein.

C. Richtlinien für die Geschwindigkeitsüberwachung • XIV. Sachsen-Anhalt

Im Interesse einer wirkungsvollen Unfallverhütung soll hauptsächlich den besonders gefährlichen, zu den Hauptunfallursachen gehörenden Verhaltensweisen entgegengewirkt werden. Dazu zählen insbesondere die überhöhte oder unangepasste Geschwindigkeit, Fahruntüchtigkeit infolge von Alkohol-, Drogen- oder Mischkonsum sowie das Nichtbeachten der Vorfahrt oder des Vorrangs. Darüber hinaus ist vorrangig den Unfällen mit schweren Unfallfolgen zu begegnen, die z.B. durch die ungenügende Nutzung von Rückhaltesystemen und bei Unfällen unter Beteiligung von Fahrzeugen des gewerblichen Personen- und Güterverkehrs zu verzeichnen sind.

3. Transparenz und Öffentlichkeitsarbeit

Viele Maßnahmen der Verkehrsüberwachung erfahren eine hohe Beachtung in der Öffentlichkeit, ein erhebliches Medieninteresse sowie eine kritische Beobachtung und Bewertung. Deshalb sind nachhaltige Bemühungen um eine höchstmögliche gesellschaftliche Akzeptanz permanent erforderlich. Dazu ist eine professionelle Planung und Ausführung des Überwachungsauftrages unabdingbar. Eine umfassende und qualitativ hochwertige Bürgeransprache, mit der dem betroffenen Verkehrsteilnehmer das Ziel und die Notwendigkeit der jeweiligen Maßnahme umfassend erläutert wird, sowie eine im Einzelfall erforderliche zielgerichtete und transparente Öffentlichkeitsarbeit tragen hierzu bei.

Insbesondere im Rahmen der Ermessensausübung ist beim Einschreiten wegen Ordnungswidrigkeiten grundsätzlich zu berücksichtigen, dass sich der überwiegende Teil der Verkehrsteilnehmer im Wesentlichen normentreu verhält, sich eine Vielzahl der Verkehrsverstöße im Bagatellbereich bewegen und sich eine völlig konfliktfreie, normentreue Verkehrsteilnahme nicht realisieren lässt.

Gezielte Öffentlichkeitsarbeit trägt entscheidend dazu bei, die präventiven Wirkungen von Verkehrsüberwachungsmaßnahmen zu verbessern. Soweit es zweckmäßig erscheint, können Verkehrsüberwachungsmaßnahmen (z.B. Schwerpunktaktionen oder Ähnliches) ohne konkrete Angaben über Ort und Zeit in der Öffentlichkeit angekündigt werden.

4. Verkehrsüberwachung als Führungsaufgabe

Die Sicherung einer qualitativ anspruchsvollen Durchführung der Verkehrsüberwachung erfordert besondere Aufmerksamkeit und Führungsverantwortung. Vorgesetzte haben eine strategische Ausrichtung, zielbewusste Planung, Durchführung und ein begleitendes Controlling von Verkehrsüberwachungsmaßnahmen vorzunehmen und für einen sachgerechten Einsatz des Personals (z.B. der Kräfte der spezialisierten Verkehrsüberwachung) zu sorgen.

Teil 4: Arbeitshilfen

4.1 Planung und strategische Ausrichtung

Die Behörden erstellen, orientiert an Verkehrslagebildern, delikts- und zielgruppenorientierte Kontrollpläne und stimmen diese bei Bedarf behördenübergreifend ab. Werden Kräfte der Landesbereitschaftspolizei zur Unterstützung des polizeilichen Einzeldienstes (UPED) eingebunden, stellen diese keine eigenen Lagebeurteilungen an, sondern unterstützen die Dienststellen im jeweiligen Bereich und in erforderlichem Umfang.

Die vom Ministerium jährlich vorgegebenen europa-, bundes- oder landesweiten Schwerpunktaktionen im Bereich der Verkehrsüberwachung sind durch die Behörden und ihre nachgeordneten Bereiche in die Planung der Überwachungspraxis einzubeziehen.

4.2 Durchführungskontrollen

Durch zweckdienliche Kontroll- und Controllingmechanismen ist eine geeignete, sachgerechte und rechtmäßige Überwachungspraxis sicherzustellen. Dazu sind durch Vorgesetzte aller Führungsebenen die vorhandenen Controllinginstrumente intensiv zu nutzen. Dabei sind insbesondere die Auswertungen der Zentralen Bußgeldstelle einzubeziehen.

4.3 Evaluation der Maßnahmen

Die Maßnahmen der Verkehrsüberwachung und ihre Auswirkungen sind permanent und systematisch insbesondere dahingehend zu evaluieren, welchen Einfluss sie auf das Verkehrsunfallgeschehen und das Verhalten der Verkehrsteilnehmer ausüben. Diese Bewertungen stellen zugleich eine Entscheidungsgrundlage für künftige konzeptionelle Maßnahmeplanungen dar. Sie sollten daneben insbesondere taktische, organisatorische, methodische, personelle und materielle Aspekte berücksichtigen.

4.4 Informationspflicht

Die jeweiligen Vorgesetzten haben sicherzustellen, dass allen zur Verkehrsüberwachung eingesetzten Kräften regelmäßig aufgabenbezogene und aktualisierte Informationen zur Unfallsituation, aber auch zu den Ergebnissen der Evaluation in geeigneter Form zur Verfügung stehen. Diese stellen unabdingbare Voraussetzungen für eine zielgerichtete Bürgeransprache nach festgestellten Verkehrsverstößen dar. Soweit UPED-Kräfte zum Einsatz kommen, sind diesen von der unterstützten Dienststelle die erforderlichen Lagebeurteilungen und Informationen vor dem Maßnahmebeginn bekannt zu geben.

5. Umfang der Verkehrsüberwachung

Verkehrsüberwachung ist unter anderem im Einzelfall ständige Aufgabe aller Beamten des Polizeivollzugsdienstes. Sie umfasst nach dem Prinzip der ganzheitlichen Kontrolle alle polizeilichen Maßnahmen, die zur Gewährleistung der Verkehrssicherheit beitragen. Dazu gehören

a) Überprüfungen der Verkehrsteilnehmer (z.b. die Einhaltung von Verhaltensvorschriften oder Mitführungspflichten, Fahrtüchtigkeit),

b) Überprüfungen der Verkehrsmittel (z.B. Zulassung, fahrzeugbezogene Unterlagen, technischer Zustand, Ausrüstung, Beladung, Abmessung),

c) Überprüfung und Beobachtung des Verkehrsraumes auch außerhalb der Mitwirkung bei Verkehrsschauen (z.b. Straßenzustand, Leistungsfähigkeit, Knoten- und Streckenbelastungen, Zustand, Erkennbarkeit, Wirksamkeit von Verkehrszeichen).

Die Überwachung des ruhenden Verkehrs ist auch regelmäßig Sache der Polizei, wenn infolge von Verkehrsverstößen unmittelbare Gefahren entstehen oder konkrete Verkehrsbehinderungen zu erwarten sind. Die grundsätzliche Zuständigkeit zur Überwachung des ruhenden Verkehrs in Sachsen-Anhalt obliegt gemäß § 16 Abs. 1 der Verordnung über die Zuständigkeiten auf verschiedenen Gebieten der Gefahrenabwehr (ZustVO SOG) den Verwaltungsgemeinschaften sowie Gemeinden, die keiner Verwaltungsgemeinschaft angehören.

6. Mittel und Methoden

Mittel und Methoden der polizeilichen Verkehrsüberwachung sind grundsätzlich der Eigenart des Verkehrsverstoßes anzupassen. In Betracht kommen beispielsweise die

a) Überwachung in Form von Durchfahrts- oder Anhaltekontrollen,

b) Überwachung durch automatische Verkehrsüberwachungstechnik sowie

c) Überwachung durch motorisierte Streifen, Fuß- oder Fahrradstreifen.

Die verschiedenen Einsatzformen können allein oder in einsatztaktisch sinnvollen Kombinationen und je nach Lagebeurteilung offen oder verdeckt erfolgen. Unter Berücksichtigung des Überwachungsziels kann dabei ein Einsatz von Kräften in Uniform, ziviler Kleidung oder ein kombinierter Einsatz sachgerecht sein.

Vor dem Hintergrund, dass Verkehrsüberwachungsmaßnahmen stets ordnungspolitische Entscheidungen zu Grunde liegen, ist die Verwendung tarnender Mittel in der Regel nicht erforderlich. Soweit dennoch im Ausnahmefall die Verwendung solcher Mittel unumgänglich erscheint, ist parallel durch eine umfassende begleitende Öffentlichkeitsarbeit auf deren Erforderlichkeit hinzuweisen.

Teil 4: Arbeitshilfen

7. Anhalte- und Kontrollgrundsätze

Soweit möglich sind Anhaltekontrollen durchzuführen. Diese Kontrollform ermöglicht die eindeutige Identifizierung des Fahrzeugführers und eröffnet die Möglichkeit, dem angetroffenen Verkehrsteilnehmer in einem verkehrserzieherischen Gespräch die Erforderlichkeit und die Ziele der polizeilichen Maßnahme zu erläutern. Im Zuge des ganzheitlichen Kontrollansatzes sind im Rahmen solcher Kontrollen neben der regelmäßigen Überprüfung der Eignung des Fahrzeugführers auch Belange der Kriminalitätsbekämpfung zu berücksichtigen. Gleichzeitig ist das Vorhandensein erforderlicher Papiere (z.B. Führerschein, Zulassungsbescheinigung, Berechtigungsnachweise) zu überprüfen. Beim Anhalten sind die Grundsätze der Eigensicherung und die Sicherheit anderer Verkehrsteilnehmer zu berücksichtigen. Haltezeichen sind rechtzeitig und deutlich erkennbar zu erteilen. Kontrollen sind möglichst außerhalb des vom fließenden Verkehr genutzten Straßenraumes durchzufühlen. Von den Kontrollstellen ausgehende Gefahren für übrige Verkehrsteilnehmer sind nach Möglichkeit durch ausreichende Sicherungsmaßnahmen zu vermeiden.

Vom Grundsatz des Anhaltens kann abgesehen werden, wenn

a) eine Eigengefährdung, eine Gefährdung Betroffener oder anderer Verkehrsteilnehmer nicht auszuschließen ist,

b) der übrige Verkehr zu stark beeinträchtigt oder behindert wird,

c) die Amtshandlung nicht zweifelsfrei als solche erkannt werden kann,

d) die Erfüllung anderer polizeilicher Aufgaben vordringlich ist oder

e) an Kontrollorten ein Anhalten nur schwer möglich ist und der Tatnachweis und die Täterschaft mit ausreichenden Beweismitteln (z.B. Fotografie) erbracht werden kann.

Ist es erforderlich, einen Verkehrsteilnehmer, der sich der polizeilichen Kontrolle durch Flucht entziehen will, zu verfolgen, sind die jeweiligen Maßnahmen nur im Rahmen der Verhältnismäßigkeit zulässig. Zwischen der Schwere des vermuteten oder festgestellten Verstoßes und der durch die Verfolgung entstehenden Beeinträchtigung der Verkehrssicherheit ist abzuwägen. Ergibt sich eine eventuelle Unverhältnismäßigkeit erst während der Nacheile, ist diese unverzüglich abzubrechen. Im Bedarfsfall ist Unterstützung anzufordern und gegebenenfalls auf den Ermittlungsweg auszuweichen.

Auf Autobahnen und anderen schnellbefahrenen Straßen ist das Anhalten aus Dienstfahrzeugen durch vorhandene akustische und optische Hilfsmittel anzukündigen.

8. Opportunität

Das Opportunitätsprinzip nach § 47 Abs. 1 des Gesetzes über Ordnungswidrigkeiten wonach die Verfolgung von Ordnungswidrigkeiten im pflichtgemäßen Ermessen der

Verfolgungsbehörde steht und diese das Verfahren, solange es bei ihr anhängig ist, einstellen kann, ist auch auf alle Ordnungswidrigkeiten, die im Rahmen der Verkehrsüberwachung festgestellt werden, anzuwenden.

Die jeweils zuständige Verfolgungsbehörde ist angehalten, in jedem Einzelfall abzuwägen, inwieweit die zu treffende Entscheidung den in Nummer 1 genannten grundsätzlichen Zielen dient, und ob der Einsatz der Mittel dazu in einem angemessenen Verhältnis steht. Unbedeutende oder geringfügige Normenverstöße müssen nicht als Ordnungswidrigkeit geahndet werden. Von einer formalen Verfolgung festgestellter Ordnungswidrigkeiten und damit einhergehend von Verkehrsüberwachungsmaßnahmen in solchen Bereichen, in denen lediglich Bagatellverstöße zu erwarten sind, ist daher abzusehen.

9. Ausnahmen

Verkehrskontrollen sollen in der Regel nicht erfolgen bei Fahrzeugen

a) des diplomatischen und konsularischen Korps sowie anderer bevorrechtigter Personen,

b) ausländischer Streitkräfte,

c) der Bundeswehr, der Polizeien des Bundes und der Länder,

d) des Zollgrenzdienstes und der Zollfahndung sowie

e) der Feuerwehr, des Rettungsdienstes und des Katastrophenschutzes.

10. Themenfelder polizeilicher Verkehrsüberwachung

10.1 Alkohol und Drogen

Von Verkehrsteilnehmern, die unter Einfluss von Alkohol, Drogen und Medikamenten ein Fahrzeug im Straßenverkehr führen, gehen erhebliche Gefahren für sich selbst, aber vor allem für andere Verkehrsteilnehmer aus. Auf Grund der überdurchschnittlichen Schwere der Folgen bei Verkehrsunfällen, die infolge des Konsums von Alkohol, Drogen oder Medikamenten verursacht werden, ist die Verhinderung, Feststellung und Sanktionierung derartiger Delikte besonders wichtig. Neben der grundsätzlichen Überprüfung der Fahrtüchtigkeit im Rahmen allgemeiner Verkehrskontrollen sind deshalb regelmäßig auch gezielte Kontrollen, wenn erforderlich dienststellen- und behördenübergreifend, zu planen und durchzuführen. Auf eine umfangreiche Mitwirkung an entsprechenden europa- oder bundesweiten Schwerpunktaktionen ist hinzuwirken. Daneben ist durch umfassende Aus- und Fortbildungsmaßnahmen ein hoher Sensibilisierungsgrad der Kontrollkräfte für dieses Themenfeld anzustreben.

Auf die Informationspflicht der Polizei gemäß § 2 Abs. 12 Straßenverkehrsgesetz bei festgestellter Beeinträchtigung der Fahrtüchtigkeit (z.b. infolge alkoholischer, drogen- oder medikamentös bedingter Beeinflussung), bei Hinweisen auf körperliche oder geistige Mängel oder sonstigen Zweifeln an der Eignung zum Führen eines Fahrzeuges wird hingewiesen.

10.2 Geschwindigkeitsüberwachung

10.2.1 Allgemeines

Die Polizei hat regelmäßig darauf hinzuwirken, dass durch die zuständigen Behörden die erforderlichen baulichen und verkehrstechnischen Voraussetzungen im Straßenraum geschaffen werden, um ein den örtlichen Straßen- und Verkehrsverhältnissen angepasstes Geschwindigkeitsniveau zu erreichen. Die Geschwindigkeitsüberwachung stellt hierbei eine notwendige Ergänzung für eine abgestimmte, ganzheitliche Verkehrssicherheitsarbeit dar. Jedoch können Geschwindigkeitsüberwachung oder andere allgemeine Verkehrsüberwachungsmaßnahmen kein dauerhaftes Korrektiv für einen unsicheren Verkehrsraum sein.

10.2.2 Grundsätze

Vor dem Hintergrund des Zieles, mit Verkehrsüberwachungsmaßnahmen insbesondere die Anzahl der Verkehrsunfälle mit schweren Folgen zurückzudrängen, sind Geschwindigkeitsüberwachungsmaßnahmen vor allem zu gefährdungsrelevanten Zeiten auf Gefahrenstellen zu konzentrieren. Hierzu zählen erkannte Unfallhäufungsstellen und -linien, aber auch Gefahrengebiete, in denen sich häufig gefährdete Verkehrsteilnehmer bewegen (Fußgänger, Kinder, Senioren, Fahrradfahrer und so weiter).

Darüber hinaus soll zur Erhöhung der Entdeckungswahrscheinlichkeit und im Interesse einer möglichst flächendeckenden Überwachungstätigkeit die Geschwindigkeitsüberwachung auch an anderen Orten, besonders auch außerorts an unbeschränkten Strecken mit dem Ziel erfolgen, gravierende Überschreitungen zu ahnden. Geschwindigkeitskontrollen besitzen neben ihrer repressiven Wirkung ein hohes Maß an präventivem Charakter. Die Möglichkeit, dass Geschwindigkeitskontrollen durch die zuständigen Behörden zu jeder Zeit und an jedem Ort durchgeführt werden können, soll die Verkehrsteilnehmer anhalten, sich normentreu zu verhalten. Durch sachgerechte, nachvollziehbare und transparente Messstellenauswahl und Priorisierung ist das Vertrauen und die Einsicht der Betroffenen in die Objektivität der Geschwindigkeitsüberwachungsmaßnahmen nachhaltig zu stärken.

10.2.3 Messstellen

Vor einer Geschwindigkeitsmessung ist der umliegende Verkehrsraum insbesondere darauf zu überprüfen, ob eine ordnungsgemäße Verkehrszeichenbeschilderung vorliegt (z.B. Anbringung, Notwendigkeit oder Widerspruchsfreiheit) und ob die betreffenden Verkehrszeichen von den Verkehrsteilnehmern auch zweifelsfrei erkannt werden können. Fehlen die erforderlichen Voraussetzungen, ist auf eine Messung zu verzichten. Veränderungshinweise oder Veränderungsbedarfe sind, unabhängig von den regelmäßig stattfindenden Verkehrsschauen, umgehend der Straßenverkehrsbehörde zu übermitteln oder mit ihr abzustimmen.

Messstellen sollen grundsätzlich nicht kurz vor oder hinter geschwindigkeitsregelnden Verkehrszeichen oder in geringer Entfernung nach Ortstafeln eingerichtet werden. Der Abstand zwischen Verkehrszeichen oder Ortstafel und Messstelle soll mindestens 100 m betragen. In begründeten Fällen kann er unterschritten werden (z.B. Schulwege, kurze Ortsdurchfahrten in denen ansonsten keine Messungen möglich wären). Die Begründung für eine Abweichung ist auf dem Messprotokoll zu vermerken.

Zeitliche und räumliche Ausweichmöglichkeiten sowie lageangepasste Standort- oder Messstellenwechsel sind bei der Auswahl der Kontrollstelle zu berücksichtigen.

10.2.4 Geschwindigkeitsmessgeräte

Die Geschwindigkeitsmessung erfolgt mit Hilfe von mobilen und stationären Geschwindigkeitsmessgeräten, die entsprechend zugelassen und geeicht sein müssen. Im Interesse einer möglichst flexiblen Geschwindigkeitsüberwachung und einer größtmöglichen Flächenpräsenz sind vorrangig mobile Geschwindigkeitsmessgeräte einzusetzen. Stationäre Geschwindigkeitsüberwachungsanlagen wirken überwiegend punktuell und sind besonders für eine permanente Beeinflussung der Verkehrsteilnehmer dort geeignet, wo an Unfallhäufungsstellen die überhöhte Geschwindigkeit als die primäre Unfallursache festgestellt wurde.

Die in den Bedienungsanleitungen der Hersteller und den Zulassungsscheinen der Physikalisch-Technischen Bundesanstalt (PTB) genannten Voraussetzungen für den Einsatz und die Verwendung der Geschwindigkeitsmessgeräte sind zur Gewährleistung der Betriebssicherheit der Geräte, der Korrektheit und der Verwertbarkeit der Messung genau einzuhalten. Die ordnungsgemäße Funktion des Mess- und Fotogerätes ist vor Beginn einer Geschwindigkeitskontrolle zu überprüfen.

Das Technische Polizeiamt des Landes Sachsen-Anhalt stellt umfassende Marktbeobachtungen zur Fort- und Neuentwicklung der Verkehrsüberwachungstechnik sicher und informiert hierüber die für Verkehrsüberwachung zuständigen Polizeibehörden

Teil 4: Arbeitshilfen

und Einrichtungen und das für Verkehrsüberwachungsfragen zuständige Referat des Ministeriums regelmäßig in geeigneter Form, mindestens jedoch einmal jährlich.

10.2.5 Geschwindigkeitsmessung

Für die Geschwindigkeitsmessung darf nur Personal eingesetzt werden, das entsprechend ausgebildet und im Besitz einer Bedienberechtigung für das eingesetzte Messgerät ist. Nachschulungen und Fortbildungen sind in entsprechendem Umfang zu gewährleisten. Die Geschwindigkeitsmessung ist von mindestens einem an dem jeweiligen Messgerät ausgebildeten Bediensteten der für die Geschwindigkeitsüberwachung zuständigen Behörde oder Einrichtung vorzunehmen. Die Auswertung des Beweis- und Dokumentationsmaterials hat entsprechend der Bedienungsanleitung der Hersteller durch mit dem jeweiligen Messverfahren vertraute Bedienstete zu erfolgen.

Über die Geschwindigkeitsmessung ist ein Messprotokoll (entsprechend des gültigen Vordruckkataloges) zu fertigen. Ein Kontrollblatt (Vordruckkatalog) als Anlage zum Messprotokoll mit Detailangaben zur Geschwindigkeitsmessung ist immer dann zu fertigen, wenn nicht alle für eine Ordnungswidrigkeitenanzeige erforderlichen Beweisdaten aus dem Beweismittel (z.b. Foto) ersichtlich sind. Für die Einleitung von Ordnungswidrigkeitenverfahren dürfen nur zweifelsfreie Fälle und ordnungsgemäße Messergebnisse verwendet werden.

Bei der Überwachung zulässiger Höchstgeschwindigkeiten kommt insbesondere dem beratenden oder erzieherischen Gespräch mit den Verkehrsteilnehmern (Nummer 7) entscheidende Bedeutung zu. Um hier größtmögliche Akzeptanz und nachhaltige Erfolge zu erzielen, sollten Verkehrsteilnehmer nach festgestellten Verstößen grundsätzlich angehalten werden.

10.2.6 Toleranzen, Opportunität

Ein unbedeutender oder geringfügiger Normenverstoß im Sinne von Nummer 8 liegt grundsätzlich dann vor, wenn die Geschwindigkeitsüberschreitung nicht mehr als 10 v. H. der jeweils zulässigen Höchstgeschwindigkeit, zuzüglich der in der PTB-Zulassung oder im Eichschein individuell vorgegebenen Gerätetoleranz (Verkehrsfehlergrenze) beträgt, maximal jedoch 10 km/h.

In besonders begründeten Fällen kann eine Reduzierung oder Erhöhung dieser Opportunitätstoleranz vorgenommen werden. Die Begründung hierfür ist im Messprotokoll zu vermerken.

10.2.7 Geschwindigkeitsüberwachung durch Nachfahren

Bei erheblichen Geschwindigkeitsüberschreitungen, die trotz Messungenauigkeiten und entsprechenden Fehlerquellen den Vorwurf einer Geschwindigkeitsüberschreitung rechtfertigen, kommen Geschwindigkeitsmessungen auch durch Nachfahren in Betracht. Diese Methode wird durch die Rechtssprechung bereits seit längerem als zulässig angesehen. Derartige Geschwindigkeitsmessungen sollen in der Regel nur durch Polizeifahrzeuge erfolgen, die über ein geeichtes Kontrollgerät, einen geeichten oder justierten Tachometer verfügen. In Ausnahmefällen können jedoch auch Fahrzeuge verwendet werden, die nicht mit solchen Geräten ausgestattet sind. In allen Fällen ist eine sehr sorgfältige und beweissichere Geschwindigkeitsermittlung vorzunehmen. Zur Vermeidung von Zweifeln an der Zuverlässigkeit der ermittelten Geschwindigkeit sind dabei folgende Voraussetzungen zu beachten:

a) Die Messstrecke muss ausreichend lang bemessen sein. Bei einer abgelesenen Geschwindigkeit von bis zu 90 km/h muss die Messstrecke mindestens 400 m, bei über 90 km/h mindestens 500 m betragen.

b) Der Abstand zum vorausfahrenden Fahrzeug darf nicht zu groß sein und muss während der Geschwindigkeitsermittlung annähernd gleich bleiben. Als Richtwerte können hier 50 m bei Geschwindigkeiten von 60 – 90 km/h und höchstens 100 m bei Geschwindigkeiten von 91 – 120 km/h angenommen werden. Bei höheren Geschwindigkeiten ist ein entsprechend größerer Abstand zu wählen. Verringert sich der Abstand während der Nachfahrt ist von einer Geschwindigkeitsmessung abzusehen.

c) Die Straßen- und Sichtverhältnisse müssen eine ständige Beobachtung des zu überprüfenden Fahrzeuges gewährleisten. Ebenso sollte eine ständige Geschwindigkeitsüberprüfung zur Minimierung von Schwankungen der Eigengeschwindigkeit erfolgen.

Soweit möglich sind darüber hinaus zur Beweissicherung Hinweise auf die Beleuchtungsverhältnisse und Orientierungspunkte oder -hilfen zur Schätzung und Einhaltung des Abstandes und zur Erkennbarkeit des Vorausfahrenden insbesondere bei Messungen zur Nachtzeit zu notieren.

Erfolgt die Geschwindigkeitsermittlung mit einem Fahrzeug, dass über ein geeichtes Kontrollgerät, einen geeichten oder justierten Tachometer verfügt, sind zum Ausgleich von Fehlerquellen (z.B. Tachometerabweichung, Reifenluftdruck) zugunsten des Betroffenen 15 v. H. des abgelesenen Tachowertes abzuziehen. Erfolgt die Geschwindigkeitsermittlung mit einem Fahrzeug ohne ein geeichtes Kontrollgerät, einen geeichten oder justierten Tachometer, ist ein Toleranzwert von 20 v. H. des abgelesenen Tachowertes zugunsten des Betroffenen abzuziehen.

Ein mit dieser Methode ermittelter Geschwindigkeitsverstoß darf nur verfolgt werden, wenn die reduzierte Geschwindigkeit mindestens 20 km/h über der jeweils zulässigen Höchstgeschwindigkeit liegt.

10.3 Überwachung des gewerblichen Personen- und Güterverkehrs

Unfälle unter Beteiligung von Fahrzeugen des gewerblichen Personen- und Güterverkehrs führen häufig zu Personen- und Sachschäden mit überproportional schweren Folgen. Der in den zurückliegenden Jahren zu verzeichnende und in den künftigen Jahren zu erwartende enorme Anstieg des gewerblichen Güterverkehres erfordert eine umfassende und konsequente Überwachung dieses Bereiches.

Daneben trägt die polizeiliche Überwachung im gewerblichen Personen- und Güterverkehr entscheidend zu einem geregelten und sicheren Beförderungsablauf bei.

Die polizeiliche Überwachung erstreckt sich dabei insbesondere auf

a) die Überprüfung von Fahreignung und Verkehrstüchtigkeit des Fahrpersonals,

b) die Einhaltung der Sozialvorschriften,

c) den technischen Zustand der Transportmittel (z.B. Maße, Gewichte, technische Mängel und Ladungssicherung),

d) die Einhaltung gefahrgutrechtlicher Bestimmungen,

e) die Kontrolle von Großraum- und Schwertransporten (Abfahrtskontrollen),

f) die Einhaltung güterkraftverkehrsrechtlicher, abfallrechtlicher oder tierschutzrechtlicher Bestimmungen soweit es den öffentlichen Verkehrsraum betrifft und

g) die Beachtung sonstiger einschlägiger Bestimmungen.

In diesem Bereich ist die Hinzuziehung spezialisierter Kräfte zweckmäßig. Schwerpunktaktionen – auch mit anderen zuständigen Trägern von Überwachungsaufgaben – sind regelmäßig vorzunehmen. Dabei ist auf rationelle Arbeitsteilung und genaue Zurechenbarkeit der getroffenen Maßnahmen zu achten.

10.4 Verkehrsüberwachung mit Video-Fahrzeugen

Die Verkehrsüberwachung mit geeichten Video-Fahrzeugen ermöglicht es, Verkehrsabläufe, insbesondere im fließenden Verkehr, zu dokumentieren. Ihr Einsatz erfolgt daher grundsätzlich im fließenden Verkehr, vorrangig auf Autobahnen oder auf anderen Straßen außerhalb geschlossener Ortschaften. Video-Fahrzeuge sind vorrangig zum Nachweis von Verkehrsstraftaten (Aggressionsdelikten wie z.B. Straßenverkehrsgefährdung, Nötigung) oder schwerwiegenden Ordnungswidrigkeiten zu verwenden. Schwerpunkte der Überwachung stellen dabei vor allem

a) erhebliche Geschwindigkeitsüberschreitungen,

b) Fehler beim Überholen,

c) ungenügender Sicherheitsabstand oder

d) Verkehrsgefährdungen z.B. durch Fahrstreifenwechsel dar.

C. Richtlinien für die Geschwindigkeitsüberwachung • XIV. Sachsen-Anhalt

Der Beschuldigte oder der Betroffene ist grundsätzlich nach einem begangenen und dokumentierten Verstoß anzuhalten, gegebenenfalls zu belehren und mit dem Verkehrsverstoß zu konfrontieren. Das sich anschließende verkehrserzieherische Gespräch und die Betrachtung der Aufzeichnung soll eine selbstkritische Bewertung des eigenen Fahrverhaltens bewirken.

Bei jedem Einsatz des Video-Fahrzeuges hat die Sicherheit anderer Verkehrsteilnehmer, der verfolgten Person und der Überwachungskräfte Vorrang vor dem polizeilichen Überwachungsauftrag.

Für einen Einsatz im Video-Fahrzeug sind nur entsprechend geschulte und erfahrene Beamte vorzusehen. Regelmäßige Nachschulungen oder Fortbildungen (unter anderem auch zur sicheren Beherrschung der Einsatzfahrzeuge) sind zu gewährleisten. Die Besatzung eines Video-Fahrzeuges besteht immer aus zwei Beamten, wovon einer als Fahrzeugführer für den Verkehrs- und fahrtechnischen Ablauf verantwortlich ist und der andere Beamte die zur Beweissicherung erforderlichen Geräte bedient. Dabei sind die in der Bedienungsanleitung des Herstellers der Videoanlage und die im Zulassungsschein der PTB genannten Voraussetzungen einschließlich der dort genannten Toleranzen genau zu beachten. Nummer 10.2.6 findet keine Anwendung.

Nach Unfällen, Reparaturen oder sonstigen Veränderungen (z.B. Bereifung) ist unverzüglich eine Nacheichung zu veranlassen.

Beim Einsatz von Video-Anlagen sowie bei der Verwertung, Archivierung und Weitergabe von Videoausschnitten sind die einschlägigen datenschutzrechtlichen Bestimmungen zu beachten.

10.5 Überwachung der Befolgung von Lichtzeichenanlagen im Straßenverkehr (Rotlichtüberwachung) und von Vorfahrt- oder Vorrangverstößen

Die Überwachung der Befolgung von Lichtzeichenanlagen und von Vorfahrt- oder Vorrangverstößen erfolgt vordringlich an den Stellen, an denen nach einer eingehenden Analyse der Unfallentwicklung eine Überwachung der Einhaltung dieser Vorschriften sachgerecht und geboten erscheint. Sie kann durch automatische Rotlichtüberwachungsanlagen erfolgen oder durch den Einsatz von mobilen Videogeräten (z.B. von Video-Fahrzeugen). Auf die in diesem Verfahren zu beachtenden Datenschutzbestimmungen wird hingewiesen. Insbesondere ist die Dokumentation von Verstößen nur anlassbezogen und bei Vorliegen ausreichender Verdachtsmomente vorzunehmen.

Soweit automatische Rotlichtüberwachungsanlagen zum Einsatz kommen, ist für jede Anlage ein Standortprotokoll (entsprechend des gültigen Vordruckkataloges) zu führen.

Teil 4: Arbeitshilfen

II. Verkehrsüberwachung im fließenden Straßenverkehr durch Kommunen

11. Allgemeine Grundsätze

Für die Überwachung der Einhaltung zulässiger Höchstgeschwindigkeiten und der Befolgung von Lichtzeichenanlagen sind gemäß § 16 Abs. 2 ZustVO SOG die kreisfreien Städte und Gemeinden mit mehr als 20.000 Einwohnern in ihrem Gebiet, im Übrigen die Landkreise für ihr Gebiet (im weiteren Kommunen genannt) in Bereichen innerhalb geschlossener Ortschaften neben der Polizei zuständig.

Die Verkehrsüberwachungsmaßnahmen der Kommunen und der Polizei sollen sich ergänzen, um einen möglichst hohen Überwachungsdruck zu erzeugen und eine effektive Verkehrsüberwachung zu betreiben. Dabei finden die Grundsätze für die Verkehrsüberwachung durch die Polizei (Abschnitt I.) im Rahmen bestehender Zuständigkeiten auch für die Kommunen entsprechende Anwendung.

Die Auswahl der Mess- oder Überwachungsstandorte der Kommunen hat sich vorrangig am grundsätzlichen Ziel der Verkehrsüberwachung, der Aufrechterhaltung und Erhöhung der Verkehrssicherheit auszurichten und zu orientieren. Die kommunale Verkehrsüberwachung dient dementsprechend ebenfalls der Verkehrsunfallprävention und der Minderung von Unfallfolgen. Daneben stellen sie ein Instrument dar, mit dem im innerörtlichen Bereich z.B. unerwünschten Verkehrsströmen, Verkehrslärm oder anderen schädigenden Umweltbeeinflussungen entgegengewirkt werden kann. Fiskalische Erwägungen dürfen dagegen keine Grundlage für Verkehrsüberwachungsmaßnahmen darstellen.

Der Verfolgungsbehörde sind regelmäßig aktuelle Kopien der Eichscheine und Standortprotokolle von Messgeräten und Anlagen zur Verfügung zu stellen.

Das Landesverwaltungsamt führt im Rahmen seiner Fachaufsicht eine Übersicht darüber, welche Kommunen mit welchem Gerät im Land Sachsen-Anhalt Verkehrsüberwachung betreiben.

12. Zusammenarbeit

Die den Kommunen übertragene Geschwindigkeitsüberwachung und die Kontrolle der Befolgung von Lichtzeichenanlagen sind hoheitliche Aufgaben, bei denen es sich um Aufgaben des übertragenen Wirkungskreises handelt. Eine Übertragung dieser Aufgaben auf Privatpersonen oder private Unternehmen ist daher ausgeschlossen. Eine Einbeziehung Privater in Form von technischer Unterstützung durch Bereitstellung der Überwachungstechnik ist jedoch zulässig.

C. Richtlinien für die Geschwindigkeitsüberwachung • XV. Schleswig-Holstein

Verkehrslagebilder der Polizei, Erkenntnisse der örtlichen Unfalluntersuchungen, die Informationen der Polizei über Hauptunfallursachen, Unfallhäufungspunkte oder sich abzeichnende Tendenzen sollen regelmäßig auch Grundlage der kommunalen Verkehrsüberwachungsmaßnahmen sein. Zur Vermeidung von Doppelmessungen und zur Gewährleistung eines möglichst hohen Überwachungsdrucks stimmen sich die Kommunen daher mindestens zweimal jährlich mit den jeweils örtlich zuständigen Polizeidienststellen insbesondere hinsichtlich der Mess- und Überwachungsstandorte sowie der Überwachungszeiträume ab. Polizei und Kommunen führen daneben über die Verkehrsüberwachungsarbeit einen ständigen Erfahrungsaustausch durch.

13. Geschwindigkeitskontrollen durch Kommunen

Für die Geschwindigkeitsüberwachung der Kommunen sind grundsätzlich die Vorgaben für die Geschwindigkeitsüberwachung durch die Polizei (Nummer 10.2) zu Grunde zu legen. Die Überwachung der Einhaltung der zulässigen Höchstgeschwindigkeit durch die Kommunen erfolgt jedoch nicht durch Anhaltekontrollen. Die Anhaltebefugnis nach § 36 Abs. 5 Straßenverkehrs Ordnung obliegt ausschließlich den Beamten des Polizeivollzugsdienstes. Geschwindigkeitsmessungen mit Hand-Laser-Messgeräten, die ein anschließendes Anhalten des Verkehrsteilnehmers zur Verfolgung und gegebenenfalls Ahndung einer Verkehrsordnungswidrigkeit erforderlich machen, sind daher ausgeschlossen.

Die Ausbildung des zur Geschwindigkeitsüberwachung eingesetzten Personals kann im Technischen Polizeiamt bei freien Ausbildungskapazitäten und in Abstimmung mit diesem gegen Kostenerstattung erfolgen.

III. Schlussbestimmungen

14. Sprachliche Gleichstellung

Personen- und Funktionsbezeichnungen in diesem RdErl. gelten jeweils in weiblicher und männlicher Form.

15. Inkrafttreten, Außerkrafttreten

Dieser RdErl. tritt am Tage nach seiner Veröffentlichung in Kraft. Gleichzeitig tritt der Bezugs-RdErl. außer Kraft.

XV. Schleswig-Holstein

(Anm. der Red.: Bis zum Redaktionsschluss lagen keine aktuellen Richtlinien zur Geschwindigkeitsmessung dieses Bundeslandes vor. Das Landespolizeiamt arbeitet an einer gemeinsamen Geschwindigkeitsüberwachungsrichtlinie (Polizei/Kommunen).

Teil 4: Arbeitshilfen

Diese RiLi befand sich zum Zeitpunkt der Drucklegung noch in der polizeilichen Abstimmungsphase.)

XVI. Thüringen – Verwaltungsvorschrift zur Verfolgung und Ahndung von Straßenverkehrsordnungswidrigkeiten durch die Polizei und die Gemeinden (VwV VA-StVOWi)

Vom 1. Januar 2007 (ThürStAnz S. 171) – Az.: 41-3603.10-2/2005

1. Allgemeines

1.1 Rechtsgrundlagen

Aufgrund der §§ 1 und 2 der Thüringer Verordnung über Zuständigkeiten für die Verfolgung und Ahndung von Verkehrsordnungswidrigkeiten vom 21.04.1998 (ZustVOVOWi, GVBl. 1998, S. 149) erlässt das Thüringer Innenministerium folgende Verwaltungsvorschrift.

1.2 Zuständigkeit der Polizei

1.2.1 Sachliche Zuständigkeit

1.2.1.1 Gem. § 2 Abs. 4 PAG i.V.m. §§ 47, 53 des Gesetzes über Ordnungswidrigkeiten (OWiG) ist es Aufgabe der Polizei, Ordnungswidrigkeiten nach pflichtgemäßem Ermessen zu erforschen.

1.2.1.2 Für die Verfolgung von Verkehrsordnungswidrigkeiten nach §§ 24, 24a Straßenverkehrsgesetz (StVG) sind die Zentrale Bußgeldstelle (ZBS) als Bußgeldbehörde und bis zur Abgabe der Sache an die Bußgeldbehörde oder an die Staatsanwaltschaft die Dienststellen der Polizei und die Bereitschaftspolizei, soweit diese zur allgemeinen Dienstverrichtung herangezogen wird, zuständig. Ebenso ist die Zuständigkeit gegeben, wenn die Staatsanwaltschaft die Sache nach § 41 Abs. 2 oder § 43 Abs. 1 des OWiG an die Polizei zurück- oder abgibt [§ 1 Abs. 3 ZustVOVOWi].

1.2.1.3 Als Verfolgungsbehörde haben die Polizeidienststellen, soweit das OWiG nichts anderes bestimmt, im Bußgeldverfahren dieselben Rechte und Pflichten wie die Staatsanwaltschaft bei der Verfolgung von Straftaten (vgl. § 46 Abs. 2 OWiG).

1.2.1.4 Sind die Polizeidienststellen nicht Verfolgungsbehörde i.S.d. OWiG, ergeben sich ihre Aufgaben aus § 53 OWiG.

1.3 Zuständigkeit der Gemeinden

1.3.1 Sachliche Zuständigkeit

1.3.1.1 Ruhender Verkehr

Durch § 2 Abs. 1 ZustVOVOWi wurde den Gemeinden die Verfolgung und Ahndung von geringfügigen Verkehrsordnungswidrigkeiten nach § 24 StVG, die im ruhenden Verkehr festgestellt werden, übertragen.

1.3.1.2 Es sind dies in erster Linie Verstöße gegen die Vorschriften über das Halten und Parken. Daneben kommen auch Verstöße gegen Vorschriften über den Bau und die Ausrüstung von Kraftfahrzeugen (z.b. verwarnungsfähige Fahrzeugmängel) sowie gegen Vorschriften über die technische Fahrzeugüberwachung (§§ 29, 47a StVZO) in Betracht.

1.3.1.3 Geringfügig ist ein Verstoß, wenn im Bußgeldkatalog (Verordnung über die Erteilung einer Verwarnung, Regelsätze für Geldbußen und die Anordnung eines Fahrverbots wegen Ordnungswidrigkeiten im Straßenverkehr – Bußgeldkatalog-Verordnung – BKatV in der jeweils geltenden Fassung) dafür ein Regelsatz vorgesehen ist, der unter 40 Euro liegt.

1.3.1.4 Geschwindigkeitsüberwachung

Nach § 2 Abs. 2 ZustVOVOWi können die dort genannten Gemeinden auch Ordnungswidrigkeiten nach § 24 StVG verfolgen und ahnden, soweit diese Verstöße die Vorschriften über die zulässige Höchstgeschwindigkeit von Fahrzeugen betreffen.

1.3.1.5 Die Geschwindigkeitskontrollen der Gemeinden sollen sich auf den Bereich der geschlossenen Ortschaft beschränken. Unter Beachtung der Verkehrsunfallentwicklung und sich abzeichnender Unfallschwerpunkte können auch außerhalb der geschlossenen Ortschaften im Gemeindegebiet Geschwindigkeitskontrollen durchgeführt werden. Die Messstellen legen Gemeinden im Einvernehmen mit der zuständigen Polizeidirektion fest. Dabei sind die Kriterien der Richtlinie des Thüringer Innenministeriums für die polizeiliche Verkehrsüberwachung und deren Anlagen in der jeweils geltenden Fassung sowie die Regelungen der in Anlage 2 dieser VwV enthaltenen Mustervereinbarung zwischen der Gemeinde und der Polizeidirektion zu beachten. Geschwindigkeitskontrollen auf den Bundesautobahnen führt ausschließlich die Polizei durch.

1.3.1.6 Die Zuständigkeit der Gemeinden für die Verfolgung und Ahndung von Verkehrsordnungswidrigkeiten berührt nicht die gleichzeitige Zuständigkeit der Polizei für diese Aufgabe, § 2 Abs. 2 ZustVOVOWi.

Teil 4: Arbeitshilfen

1.3.2 Wahrnehmung der Aufgabe

1.3.2.1 Die Verfolgung und Ahndung der Verkehrsordnungswidrigkeiten ist Aufgabe im übertragenen Wirkungskreis, § 2 Abs. 1 und 2 ZustVOVOWi. Die Gemeinden haben die Kosten für den Personal- und Sachaufwand zu tragen. Ihnen fließen die Einnahmen aus den Verwarnungs- und Bußgeldern sowie Gebühren zu.

1.3.2.2 Die Gemeinden bestimmen selbst, ob sie von ihrer Zuständigkeit Gebrauch machen. In diesem Fall legen sie den Zeitpunkt fest, an dem sie die Aufgaben mit eigenen Dienstkräften übernehmen. Sie stimmen ihn rechtzeitig mit der örtlich zuständigen Polizeidirektion ab. Dabei sind die Kriterien der Richtlinie des Thüringer Innenministeriums für die polizeiliche Verkehrsüberwachung und deren Anlagen in der jeweils geltenden Fassung zu beachten sowie die Mustervereinbarung zwischen der Gemeinde und der Polizeidirektion gemäß Anlage 1 und bei beabsichtigter Wahrnahme der Zuständigkeit nach § 2 Abs. 2 ZustVOVOWi, Anlage 2 dieser VwV abzuschließen.

1.3.2.3 Rechtzeitig vor Aufnahme der Überwachungstätigkeit sind dem Thüringer Innenministerium die Aufnahmeabsicht schriftlich mitzuteilen und die mit der Polizeidirektion abgeschlossene Mustervereinbarung vorzulegen. Die Dienstkräfte müssen bei Aufnahme der Tätigkeit mindestens eine Ausbildung gemäß der Anlage 3 dieser Verwaltungsvorschrift absolviert haben.

1.3.3 Örtliche Zuständigkeit

Die örtliche Zuständigkeit der Gemeinden umfasst das gesamte Gemeindegebiet. Die Wahrnehmung der Aufgabe kann jedoch – im Einvernehmen mit der Polizei – auf Teile des Gemeindegebietes beschränkt werden.

1.4 Fachaufsicht gegenüber den Gemeinden

1.4.1 Fachaufsicht gegenüber den Gemeinden übt im Sinne dieser Vorschrift das Thüringer Innenministerium, Abteilung 2, Referat 25, aus. Ihm ist vorbehalten, in Umsetzung dieser Vorschrift weiter gehende Regelungen hinsichtlich der kommunalen Verkehrsüberwachung zu treffen.

2. Verfahren zur Ahndung von Verkehrsordnungswidrigkeiten

2.1 Begriff der Verkehrsordnungswidrigkeit

Verkehrsordnungswidrigkeiten im Sinne dieser Verwaltungsvorschrift sind die Ordnungswidrigkeiten nach §§ 24 und 24a StVG.

2.2 Opportunitätsprinzip

2.2.1 Die Erforschung und die Verfolgung von Verkehrsordnungswidrigkeiten liegen im pflichtgemäßen Ermessen der Bußgeldbehörde/Polizei (§§ 47 Abs. 1, 53 Abs. 1 OWiG). Sie können:

- von der Verfolgung der Tat absehen bzw. eine Verwarnung ohne Verwarngeld erteilen,
- wegen Geringfügigkeit der Tat eine Verwarnung erteilen,
- ein Ermittlungsverfahren betreiben.

2.2.2 Von der Verfolgung einer Verkehrsordnungswidrigkeit kann u.a. abgesehen werden, wenn die Zuwiderhandlung unbedeutend ist und kein öffentliches Interesse an einer Ahndung besteht, sodass eine Belehrung oder ein Hinweis ausreichend erscheint.

2.2.3 Mit dem Opportunitätsprinzip ist auch vereinbar, dass die Verfolgung von für die Verkehrssicherheit nicht oder kaum bedeutsamen Zuwiderhandlungen zugunsten einer nachdrücklicheren Verfolgung gefährlicher und unfallträchtiger Zuwiderhandlungen im Straßenverkehr zurücktritt. Unfallträchtige Verstöße (Hauptunfallursachen) lassen einen Verzicht auf Verfolgung nicht zu.

2.3 Allgemeine Verfahrensvorschriften

2.3.1 Anhörung des Betroffenen

Kommt nach Erkenntnissen der Polizei nur eine bestimmte Person als Betroffener in Betracht, so liegt eine zumutbare Datenerhebung bei diesem Betroffenen immer

- in der Anhörung des Betroffenen mittels Anhörungsbogen durch die Bußgeldbehörde,
- in der Vorladung des Betroffenen, wenn nicht sein bisheriges Verhalten erkennen lässt, dass er nicht erscheinen wird,
- im Aufsuchen des Betroffenen, wenn nicht der Aufwand der Polizei im Einzelfall unverhältnismäßig ist.

Ein unverhältnismäßig hoher Aufwand liegt grundsätzlich vor, wenn der Betroffene nicht im örtlichen Zuständigkeitsbereich der ermittelnden Polizeibehörde seinen Wohnsitz hat.

2.3.1.1 Ermittlungen beim Betroffenen

Sollte eine mögliche Ermittlung beim Betroffenen als unverhältnismäßig angesehen werden, müssen die Gründe dafür aktenkundig gemacht werden. Diese können sich aus generellen Erwägungen der Polizei über den Aufwand von Ermittlungen ergeben, wenn die Erwägungen die wesentlichen Momente des Einzelfalls erfassen und der einzelne Vorgang auf sie nachvollziehbar verweist. In diesem Fall kann vom Grundsatz der Datenerhebung beim Betroffenen abgesehen werden.

2.3.1.2 Wahl der Mittel

Bei der Wahl der Mittel ist zu bedenken, in welchem Maße die konkrete Art der Datenerhebung beim Betroffenen im Verhältnis zum Lichtbildabgleich in dessen Persönlichkeitsrecht eingreift. Ein Lichtbildabgleich kann weniger eingreifend sein als eine Datenerhebung bei Nachbarn oder am Arbeitsplatz des Betroffenen.

2.3.1.3 Ermittlungsersuchen

Ersuchen an andere Behörden zur Ermittlung des Fahrers sind nur zu stellen, wenn das Verfahren bei kritischer Prüfung der Beweislage und in Anbetracht des Ermittlungsaufwandes auch im eigenen Zuständigkeitsbereich weiter verfolgt würde. Die Ersuchen sind landesintern an die für den Wohnsitz des jeweiligen Halters des Kraftfahrzeuges zuständige Polizeidienststelle, länderübergreifend bis auf Weiteres, ebenfalls an die Polizei zu richten. In dem Ersuchen ist die Anschrift des Halters anzugeben und darauf hinzuweisen, dass der Versuch einer schriftlichen Anhörung und ein Lichtbildabgleich gem. Nr. 2.3.2 erfolglos geblieben sind.

2.3.2 Lichtbildabgleich mit Passfotos aus dem Personalausweis-/Passregister

2.3.2.1 Führt eine Anhörung nach 2.3.1 zu keinem Ergebnis, kann bei der zuständigen Meldebehörde ein Lichtbild des Halters oder, soweit es sich bei Fahrer und Halter offensichtlich um Personen unterschiedlichen Geschlechts handelt, auch ein Lichtbild des Ehepartners des Halters angefordert werden. Die Meldebehörde darf in diesen Fällen Daten aus dem Personalausweis- oder Passregister nach § 2b Abs. 2 Gesetz über Personalausweise (PAuswG) oder § 22 Abs. 2 Passgesetz (PassG) unter der Voraussetzung übermitteln, dass

- die ersuchende Behörde aufgrund von Gesetzen oder Rechtsverordnungen berechtigt ist, solche Daten zu erhalten,
- die ersuchende Behörde ohne Kenntnis der Daten nicht in der Lage wäre, eine ihr obliegende Aufgabe zu erfüllen,
- die Daten beim Betroffenen nicht oder nur mit unverhältnismäßig hohem Aufwand erhoben werden können oder nach der Art der Aufgabe, zu deren Erfüllung die Daten erforderlich sind, von einer solchen Datenerhebung abgesehen werden muss.

2.3.2.2 Ein unverhältnismäßig hoher Aufwand kann bereits dann angenommen werden, wenn nach Anhörung des Fahrzeughalters mehrere Betroffene abgeklärt werden müssten.

2.3.2.3 Die Polizei muss im Antrag bei der Personalausweis- bzw. Passbehörde versichern, dass die Voraussetzungen des § 2b Abs. 2 Satz 2 Nr. 3 PAuswG bzw. des § 22 Abs. 2 PassG gegeben sind. Das Ersuchen muss immer konkret auf die betroffene Person bezogen sein und darf nur von Bediensteten gestellt werden, die vom Dienststellenleiter dazu ermächtigt sind. Weitere Erläuterungen sind nicht erforderlich. Auf diese Weise übermittelte Daten und Hinweise sind im Ermittlungsvorgang aktenkundig zu machen.

2.3.3 Befragung Dritter/Vernehmung von Zeugen

Soweit der Fahrer durch die Anhörung und den Lichtbildabgleich mit dem Fahrzeughalter nicht ermittelt werden kann, dürfen unter Beachtung der Verhältnismäßigkeit auch Dritte (z.B. Nachbarn oder Betriebsangehörige bei Firmenfahrzeugen) befragt werden. Die Vernehmung von Zeugen erfolgt in der Regel nach der Anhörung des Halters bzw., wenn bekannt, des Betroffenen zum Tatvorwurf. Sind Zeugen zu befragen, hat dies grundsätzlich schriftlich zu erfolgen. Hierfür ist als gesonderter Vordruck im automatisierten Verfahren ein Zeugen-Fragebogen zu verwenden. Befragungen von Zeugen zu Protokoll kommen nur ausnahmsweise in Betracht. Dies ist in der Regel der Fall, wenn eine Befragung/Anhörung an Ort und Stelle erfolgen muss.

2.3.3.1 Die Befragung anderer Personen ist keine Datenerhebung beim Betroffenen im Sinne von § 2b Abs. 2 Satz 2 Nr. 3 Personalausweisgesetz (PAuswG) bzw. § 22 Abs. 2 Passgesetz (PassG). Sie ist daher im Einzelfall erst dann zu erwägen, wenn ein Lichtbildabgleich negativ ist.

2.3.3.2 Lichtbilder (Frontfotos) sind unbeteiligten Dritten im Rahmen der Fahrerermittlung zur Verfolgung und Ahndung von Verkehrsordnungswidrigkeiten grundsätzlich in der Form vorzulegen, dass Beifahrer und Mitfahrer abgedeckt werden. Sofern es im Interesse der Fahrerermittlung im Einzelfall erforderlich ist, zunächst die unbeteiligte Person (Beifahrer) zu identifizieren, bestehen keine Bedenken, wenn das Beweisfoto unbeteiligten Dritten vollständig und ohne Abdeckmaßnahmen vorgelegt wird.

2.3.4 Akteneinsicht

Für die Akteneinsicht in Verkehrsordnungswidrigkeiten wird auf der Grundlage von § 46 Abs. 1 OWiG i.V.m. § 147 StPO Folgendes bestimmt:

2.3.4.1 Zuständige Stelle

2.3.4.1.1 Die gemäß Punkt 1.2.1.2 dieser Vorschrift zuständige Zentrale Bußgeldstelle und bis zur Abgabe der Sache an diese Bußgeldbehörde die zuständige Polizeidienststelle gewährt Akteneinsicht als aktenführende Stelle. Wird Akteneinsicht bei einer anderen als der aktenführenden Dienststelle beantragt, so leitet diese den Antrag an die aktenführende Stelle weiter.

2.3.4.1.2 Wird Akteneinsicht beantragt, nachdem die Unterlagen nach Einspruch der Staatsanwaltschaft übersandt wurden, so ist der Antrag dieser zuzuleiten und der Antragsteller davon zu verständigen.

2.3.4.2 Umfang der Akteneinsicht

2.3.4.2.1 Dem Verteidiger ist in jeder Lage des Verfahrens Einsicht in die Niederschrift über die Vernehmung des Betroffenen, in Gutachten von Sachverständigen und in Niederschriften über solche Untersuchungshandlungen zu gewähren, bei denen der Betroffene, sein gesetzlicher Vertreter oder Verteidiger anwesend waren oder deren Anwesenheit hätte gestattet werden müssen (§ 147 Abs. 3 StPO i.V.m. § 46 Abs. 1 OWiG). Der Betroffene hat keinen Anspruch auf Akteneinsicht; ihm kann jedoch Akteneinsicht in der Dienststelle, Aktenauskünfte und Abschriften aus den Akten gewährt werden, wenn im Einzelfall keine schwerwiegenden Gründe und schutzwürdige Interessen des Betroffenen und Dritter dagegen sprechen (§ 147 StPO i.V.m. § 46 OWiG).

Zu den Akten des Bußgeldverfahrens gehören sämtliche verfahrensbezogenen Unterlagen, die zu den Akten genommen worden sind und auf die der Vorwurf in tatsächlicher und rechtlicher Hinsicht gestützt wird. Nicht zu den Akten zu nehmen sind Unterlagen, deren Existenz und Rechtsgültigkeit in der Verfahrensakte oder anderen dienstlichen Unterlagen hinreichend dokumentiert sind. Dazu zählen insbesondere Eichprotokolle, Bedienungsanleitungen, Bestallungsurkunden, Lebensakten, Beschilderungspläne.

Bestehen im Einzelfall begründete Zweifel an der Gültigkeit vorgenannter Unterlagen, so ist auf richterliche Anordnung die Einsichtnahme zu gewähren bzw. eine Kopie hiervon zur Verfügung zu stellen.

2.3.4.2.2 In den übrigen Akteninhalt darf vor Abschluss der Ermittlungen dem Verteidiger, dem Betroffenen und ggf. seinem gesetzlichen Vertreter auf Antrag nur Einsicht gewährt werden, wenn dadurch der Untersuchungszweck nicht gefährdet werden kann. Das gilt auch für die Besichtigung amtlich verwahrter Beweisstücke (§§ 147 Abs. 2, 406e StPO i.V.m. § 46 OWiG).

Der Untersuchungszweck kann z.B. dadurch gefährdet werden, dass der Betroffene noch nicht vernommene Zeugen beeinflusst. Die Besichtigung von Fotonegativen und von Beweisfotos kann dagegen in der Regel den Untersuchungszweck nicht gefährden.

2.3.4.2.3 Nach Abschluss der Ermittlungen ist dem Verteidiger und nach Maßgabe von Nr. 2.3.4.2.1 Satz 2 dem Betroffenen und seinem gesetzlichen Vertreter auf Antrag Akteneinsicht in vollem Umfang zu gewähren. Einsicht in die Ermittlungsakten kann auch dem Bevollmächtigten von Kraftfahrzeugversicherungsgesellschaften gewährt werden, wenn ein berechtigtes Interesse dargelegt wird und sonst keine Bedenken bestehen. Die Ermittlungen sind abgeschlossen, wenn der Bußgeldbescheid erlassen worden ist.

2.3.4.2.4 Hat der Bußgeldbescheid Rechtskraft erlangt oder ist das Verfahren eingestellt worden, so kann uneingeschränkte Akteneinsicht jedem gewährt werden, der ein rechtliches Interesse darlegt. Auch Behörden, die an dem Verfahren nicht beteiligt waren, oder Träger der Sozialversicherung nach dem Sozialgesetzbuch (gesetzliche Krankenkassen, Berufsgenossenschaften, Landesversicherungsanstalten usw.) kann Akteneinsicht gewährt werden, wenn sonst keine Bedenken entgegenstehen.

2.3.4.3 Form der Akteneinsicht

2.3.4.3.1 Die Akteneinsicht ist in dem unter 2.3.4.2 beschriebenen Umfang grundsätzlich in der Dienststelle zu gewähren. Bei der Einsichtnahme können Abschriften aus den Akten gefertigt werden. Die Dienststellen sind nicht verpflichtet, selbst Abschriften oder Ablichtungen herzustellen. Dem Verteidiger soll im Sinne des § 147 Abs. 4 StPO auf Antrag auch gestattet werden, die Akten mit Ausnahme der Beweisstücke zur Einsichtnahme kurzfristig mitzunehmen, soweit nicht wichtige Gründe entgegenstehen. Negative von Beweisfotos dürfen nicht mitgegeben werden.

2.3.4.3.2 Wird beantragt, die Akten zu übersenden, so ist wie folgt zu verfahren:

Vor Abschluss der Ermittlungen dürfen die Akten nur dem Verteidiger des Betroffenen übersandt werden. Dessen Antrag auf Übersendung soll entsprochen werden, sofern zum Zeitpunkt des Ersuchens die Akten nicht für Ermittlungen benötigt werden. Droht die Verjährung einzutreten, so unterbleibt die Versendung der Akten. Das ist in der Regel der Fall, wenn zwischen dem Zeitpunkt, zu dem die Versendung möglich ist, und dem Verjährungstermin nicht mehr als 4 Wochen liegen. Nicht zu übersenden sind jedoch Fotonegative und Videobänder im Original.

2.3.4.3.3 Bei Verkehrsstrafsachen im Rahmen von Verkehrsunfällen ist die Polizei, solange sie den Vorgang noch nicht abschließend an die zuständige Staatsanwaltschaft bzw. an die für das Bußgeldverfahren zuständige Ahndungsbehörde abgegeben hat, ermächtigt, bevollmächtigten Rechtsanwälten auf Verlangen Name, Anschrift, amtliches Kfz-Kennzeichen und wenn bekannt die Versicherungsgesellschaft anderer Unfallbeteiligter mitzuteilen und darüber hinaus eine Mehrfertigung der Verkehrsunfallanzeige zur Verfügung zu stellen, soweit hiergegen nicht im Einzelfall Bedenken bestehen (vgl. § 406e Abs. 2 StPO). Bei Verkehrsunfällen im Zusammenhang mit Straftaten ist in Zweifelsfällen die Entscheidung der zuständigen Staatsanwaltschaft herbeizuführen. Zur Frage der Unfallursache und des Verschuldens darf nicht Stellung genommen werden. Das Formblatt Thür. E4-10-../.. ist hierfür zu verwenden. Bei beschleunigter Gewährung von Akteneinsicht an bevollmächtigte Rechtsanwälte in Verkehrsstrafsachen im Rahmen von Verkehrsunfällen ist die im Zusammenhang mit dieser Regelung

Teil 4: Arbeitshilfen

stehende Auskunft an bevollmächtigte Rechtsanwälte kostenfrei, da es sich hierbei um Auskünfte einfacher Art handelt.

2.3.4.3.4 Nach Abschluss der Ermittlungen können die Akten an den in Nr. 2.3.4.2.3 genannten Kreis der Berechtigten übersandt werden. Die Übersendung erfolgt an Rechtsanwälte unmittelbar. Bei anderen Berechtigten sind die Akten an das örtlich zuständige Amtsgericht oder eine örtliche Polizeidienststelle mit der Bitte zu übersenden, im Wege der Amtshilfe Akteneinsicht in der Geschäftsstelle zu gewähren.

2.3.4.3.5 Handelt es sich um Akten/Dokumentationen auf elektronischen Datenträgern, sind diese mit dem entsprechenden Ersuchen an die örtlich zuständige Verkehrspolizeiinspektion zu übersenden, die in der Regel über die erforderliche Wiedergabetechnik verfügt.

2.3.4.3.6 Nach Rechtskraft des Bußgeldbescheides oder nach Einstellung des Verfahrens können die Akten an den in Nr. 2.3.4.2.4 genannten Kreis von Berechtigten übersandt werden. Die Übersendung erfolgt an Rechtsanwälte, Behörden und Träger der Sozialversicherung nach dem Sozialgesetzbuch und Kraftfahrzeugversicherer unmittelbar; im Übrigen gilt das eben beschriebene Verfahren entsprechend.

2.3.4.3.7 Für die Rückgabe der Akten ist ein angemessener Termin zu setzen. Die Aktenversendung ist in geeigneter Form zu überwachen.

2.3.4.3.8 Akten dürfen nur innerhalb der Bundesrepublik Deutschland versandt werden.

2.3.4.4 Kosten

Die Akteneinsicht ist für den Betroffenen, seinen gesetzlichen Vertreter und seinen Verteidiger bis zur Rechtskraft oder nach Einstellung des Verfahrens kostenfrei, soweit diese zum Zweck des Ordnungswidrigkeitenverfahrens erfolgt und in der Dienststelle wahrgenommen wird. Für die Übersendung von Akten in und außerhalb von Bußgeldverfahren wird eine Gebühr nach § 107 Abs. 5 OWiG erhoben. Dies gilt nicht nur für den Verteidiger des von einem Bußgeldverfahren Betroffenen, sondern auch für den Anwalt eines durch eine Ordnungswidrigkeit Verletzten und auch für Rechtsanwälte, die die Aktenübersendung zur Regulierung zivilrechtlicher Ansprüche beantragen.

2.3.5 Einstellung des Verfahrens

2.3.5.1 Das Verfahren ist gemäß § 46 Abs. 1 OWiG i.V.m. § 170 Abs. 2 Satz 1 StPO einzustellen, wenn aus tatsächlichen oder rechtlichen Gründen die Voraussetzungen für eine Ahndung der Ordnungswidrigkeit fehlen (z.B. Fehlen der Verantwortlichkeit, Tatbestand einer Ordnungswidrigkeit wird nicht erfüllt, Mangel an Beweisen, betroffene Person ist nicht zu ermitteln, Verfolgungsverjährung, wirksame Erteilung einer Verwarnung in derselben Sache, Rechtfertigungsgrund).

2.3.5.2 Das Verfahren kann nach § 47 Abs. 1 OWiG eingestellt werden, wenn die weitere Verfolgung und Ahndung der Ordnungswidrigkeit nach pflichtgemäßem Ermessen nicht geboten erscheint.

2.3.5.3 Zum Beispiel kann das Verfahren nach dem Opportunitätsprinzip eingestellt werden, wenn die Aufklärung des Sachverhaltes so aufwändig wäre, dass dies zur Bedeutung der Tat und der zu erwartenden Geldbuße in keinem angemessenen Verhältnis stehen würde. Auch kann ein unter Würdigung aller Umstände besonders geringer Vorwurf zu einer Einstellung führen. Eine Einstellung kommt im Interesse der Verkehrssicherheit regelmäßig nicht in Betracht, wenn es sich um eine Hauptunfallursache handelt.

2.3.5.4 Wird eine Sache durch die Staatsanwaltschaft nach § 41 Abs. 2 oder § 43 Abs. 1 OWiG an die Verwaltungsbehörde (Polizei) zurück- oder abgegeben, sind im Rahmen des Opportunitätsprinzips das Vorliegen und die Verfolgung einer Ordnungswidrigkeit zu prüfen. Hierbei sind die Verjährungsfristen und Punkt 2.3.5.6 zu beachten.

2.3.5.5 Weigert sich der Halter eines Kraftfahrzeuges, mit dem eine nicht geringfügige Verkehrsordnungswidrigkeit begangen worden ist, die betroffene Person zu benennen und ist diese auf andere Weise nicht zu ermitteln, so ist das Verfahren einzustellen und über den Sachverhalt die zuständige Straßenverkehrsbehörde zu unterrichten, um ggf. eine Anordnung nach § 31a StVZO (Führung eines Fahrtenbuches) zu treffen.

2.3.5.6 Die Einstellung ist in der Akte unter Angabe des Grundes zu verfügen. Ist der Betroffene zu dem Vorwurf gehört worden, so ist er von der Einstellung formlos in Kenntnis zu setzen und, wenn eine anwaltliche Vertretung angezeigt ist, ist die Einstellung dessen Rechtsanwalt mitzuteilen (§ 46 Abs. 1 OWiG i.V.m. § 170 Abs. 2 StPO, § 47 Abs. 1 OWiG, § 50 Abs. 1 OWiG, § 51 Abs. 2, Abs. 3 OWiG, RiStBV Nr. 108). Bei Minderjährigen soll außerdem der gesetzliche Vertreter verständigt werden.

2.3.5.7 Solange die Sache nicht an eine andere Behörde abgegeben worden ist, entscheidet über die Einstellung der Leiter der Verfolgungsbehörde. Dieser kann hierzu auch einen/e Beamten/-in des höheren oder gehobenen Dienstes beauftragen.

2.3.6 Kostentragungspflicht des Halters eines Kraftfahrzeuges

2.3.6.1 Stellt die Bußgeldbehörde ein Verfahren wegen eines Halt- oder Parkverstoßes ein, weil die betroffene Person nicht vor Eintritt der Verfolgungsverjährung zu ermitteln ist oder die Ermittlungen einen unangemessenen Aufwand erfordern, so werden dem Halter des Kraftfahrzeuges oder seinem Beauftragten die Kosten des Verfahrens auferlegt (§ 25a Abs. 1 Satz 1 StVG), es sei denn, dass eine Entscheidung nach Satz 2

(§ 25a Abs. 1 StVG) getroffen wird. Die Höhe der Gebühr ergibt sich aus § 107 Abs. 2 OWiG.

2.3.6.2 Die Kostenentscheidung ergeht in Form eines Kostenbescheides, der mit der Einstellungsverfügung verbunden ist. Die gemäß § 25a Abs. 2 Halbsatz 2 StVG erforderliche Anhörung des Halters des Kraftfahrzeuges erfolgt im Regelfall mit der Anhörung nach § 55 OWiG.

2.3.7 Aufbewahrungsfristen

2.3.7.1 Die Aufbewahrungsfristen für Akten über Verwarnungseinschließlich Anschlussbußgeldverfahren, Kostenentscheide gemäß § 25a StVG und Einstellungsakten bestimmen sich nach den Festlegungen der Richtlinie zum Umgang mit dienstlichem Schriftgut sowie zur Akten- und Schriftgutaussonderung in den Behörden, Einrichtungen und Dienststellen der Thüringer Polizei (RLAktenThürPol).

2.3.7.2 Bei der Polizei verbleibende Durchschriften von Anzeigen (Datenermittlungsbelege, Sammelanzeigen, Verkehrsunfallanzeigen/Ausfertigung für die Polizei) und Beweismittel (Lichtbildnegative, Videoaufnahmen u.a.) sind drei Jahre aufzubewahren. Sie dürfen nur für die Verfolgung der Tat als Ordnungswidrigkeit oder als Straftat gemäß den §§ 41 und 81 OWiG genutzt werden. Die Aufbewahrungsfrist beginnt mit Ablauf des Monats, in dem sich der Vorfall ereignet hat. Nach Ablauf der Aufbewahrungsfrist sind die Durchschriften von Anzeigen auszusondern und zu vernichten, es sei denn, sie werden in einem laufenden Verfahren benötigt. Das Gleiche gilt für Lichtbildnegative; Videobänder sind zu löschen.

2.3.7.3 Die Einstellungsakten sind auf Grundlage der Festlegungen in der Richtlinie zum Umgang mit dienstlichem Schriftgut sowie zur Akten- und Schriftgutaussonderung in den Behörden, Einrichtungen und Dienststellen der Thüringer Polizei (RLAktenThürPol) in der jeweils gültigen Fassung aufzubewahren. Die Aufbewahrungsfrist beginnt mit dem Ende des Jahres, in dem die Akten abgeschlossen worden sind.

2.3.7.4 Die Gemeinden richten sich bei den Aufbewahrungsfristen nach den allgemeinen Vorschriften. Zu beachten ist insbesondere die Richtlinie über die Aufbewahrung von Akten und sonstigem Schriftgut in der Verwaltung des Freistaats Thüringen in der jeweils gültigen Fassung.

2.3.8 Verständigung der zuständigen Verwaltungsbehörden

2.3.8.1 Ergeben sich aus dem einer Verkehrsordnungswidrigkeit zu Grunde liegenden Sachverhalt Tatsachen, deren Kenntnis für die Verwaltungsbehörde (insbesondere Zulassungsstelle, Führerscheinstelle) bedeutsam ist, so ist dieser von der anzeigenden Stelle darüber Mitteilung zu machen. Die zuständige Verwaltungsbehörde (Genehmigungsbehörde) ist insbesondere dann zu verständigen, wenn gegen Genehmigungen oder Erlaubnisse bzw. deren vollziehbare Auflagen verstoßen wurde.

2.3.8.2 Die Führerscheinstelle ist immer zu verständigen (Formblatt Thür. E4-17-../..), wenn Anhaltspunkte vorliegen, die die Eignung des Betroffenen zum Führen von Kraftfahrzeugen im öffentlichen Straßenverkehr in Frage stellen (§§ 2 Abs. 12, 33 ff. StVG u. §§ 2, 3, 4, 11 – 14 FeV).

2.3.9 Sicherheitsleistung

Zur Sicherstellung des Straf- oder Bußgeldverfahrens gegen Personen ohne festen Wohnsitz oder ständigen Aufenthalt in der Bundesrepublik Deutschland kann eine angemessene Sicherheitsleistung erhoben werden (Gemeinsame Verwaltungsvorschrift des Thüringer Innenministeriums und des Thüringer Justizministeriums vom 25. November 2003, JMBl., Nr. 1, S. 4 bis 6 vom 26.02.2004).

2.4   Anwendungsbereich für besondere Personengruppen

2.4.1 Exterritoriale

Exterritoriale, d.h. Personen, die von der deutschen Gerichtsbarkeit befreit sind (§§ 18 bis 20 des Gerichtsverfassungsgesetzes – GVG –), können nicht verfolgt werden. Zu diesem Personenkreis gehören insbesondere:

*   Staatsoberhäupter und Regierungsmitglieder anderer Staaten (einschließlich Gefolge), Diplomaten und andere Mitglieder einer diplomatischen Mission einschließlich ihrer Familienangehörigen und Bediensteten,
*   Konsuln einschließlich der Honorarkonsuln (Wahlkonsuln) und andere Mitglieder konsularischer Vertretungen, soweit sie die Ordnungswidrigkeit bei der Wahrnehmung konsularischer Aufgaben begangen haben,
*   andere Personen, soweit sie durch entsprechende Sonderausweise als Bevorrechtigte legitimiert werden.

2.4.1.1 Derartige Anzeigen sind unverzüglich der Bußgeldbehörde zuzuleiten.

Diese stellt die Unterrichtung des Auswärtigen Amtes sicher (Nr. 193, 194, 195 Abs. 4 und 196 bis 199 sowie 299 der Richtlinien für das Strafverfahren und das Bußgeldverfahren RiStBV sind zu beachten).

2.4.1.2 Verkehrsverstöße durch andere, nicht exterritoriale Personen, können ohne Rücksicht auf deren Staatsangehörigkeit verfolgt werden.

2.4.2 Mitglieder des Bundestages

Gegenüber Mitgliedern des **Bundestages** oder eines Gesetzgebungsorgans eines **Landes** ist die Verfolgung von Verkehrsordnungswidrigkeiten durch Verwarnungen und die Einleitung von Bußgeldverfahren uneingeschränkt zulässig (vgl. Nr. 298 RiStBV).

2.4.3 Mitglieder der ausländischen Streitkräfte

Hinsichtlich in der Bundesrepublik stationierter ausländischer Truppen wird auf das NATO-Truppenstatut (NTS) und das NATO-Truppenstatut – Zusatzabkommen (NTS-ZA) sowie den Punkt III. zum NTS-ZA-Anhang verwiesen. Die Verfolgung von Verkehrsordnungswidrigkeiten, die von Mitgliedern der **ausländischen Streitkräfte**, des zivilen Gefolges und Angehörigen begangen werden, ist grundsätzlich möglich. Dies gilt auch dann, wenn ein Dienstfahrzeug gefahren wird. Gelegentlich von Dienstfahrten begangene Verkehrsordnungswidrigkeiten sind hiervon ausgenommen; bei ihnen erfolgt in der Regel eine Meldung an die zuständige Militärbehörde.

2.4.4 Kinder

Kinder, d.h. Personen, die zur Zeit der Tat noch nicht vierzehn Jahre alt sind, können nicht vorwerfbar handeln (§ 12 Abs. 1 Satz 1 OWiG). Es kommt daher weder eine Verwarnung noch eine Ordnungswidrigkeiten-Anzeige in Betracht.

2.4.5 Jugendliche

2.4.5.1 Verkehrsordnungswidrigkeiten von Jugendlichen, d.h. Personen, die zur Zeit der Tat vierzehn, aber noch nicht achtzehn Jahre alt sind (§ 1 Abs. 2 des Jugendgerichtsgesetzes – JGG –) können verfolgt werden, wenn sie nach ihrer sittlichen und geistigen Entwicklung reif genug sind, das Unrecht ihres Verhaltens einzusehen und nach dieser Einsicht zu handeln (§ 12 Abs. 1 Satz 2 OWiG i.V.m. § 3 Satz 1 JGG).

2.4.5.2 Bei Verkehrsordnungswidrigkeiten kann das im Allgemeinen angenommen werden, sofern nicht im Einzelfall besondere Umstände dagegen sprechen. Auf der Ordnungswidrigkeiten-Anzeige mittels OE-Erfassungsbeleg (Thür. E4-31-.././..) ist die Anschrift des gesetzlichen Vertreters anzugeben.

2.4.6 Heranwachsende

Verkehrsordnungswidrigkeiten durch Heranwachsende, d.h. Personen, die zur Zeit der Tat achtzehn, aber noch nicht einundzwanzig Jahre alt sind (§ 1 Abs. 2 JGG), können uneingeschränkt verfolgt werden.

2.5 Gleichmäßige Ahndung – Bundeseinheitlicher Tatbestandskatalog

2.5.1 Im Interesse eines gleichmäßigen Vollzugs sind Verkehrsordnungswidrigkeiten nach den im Bundeseinheitlichen Tatbestandskatalog für Straßenverkehrsordnungswidrigkeiten (BT-KAT-OWi) in der jeweils geltenden Fassung enthaltenen Regelsätzen und den in dieser Verwaltungsvorschrift enthaltenen Regelungen zu ahnden.

2.5.2 Der BT-KAT-OWi gilt als Tatbestandskatalog des Freistaates Thüringen. Die dort enthaltenen Tatbestände

- übernehmen die Regelungen der BKatV,
- gliedern die dort enthaltenen Tatbestandsbeschreibungen in häufige Begehungsvarianten auf,
- setzen die allgemeinen Erhöhungsregeln von der BKatV um,
- stellen weitere Tatbestände auf, die die BKatV nicht berücksichtigt.

Sie dienen der Verbesserung der Verkehrssicherheit und enthalten in der Regel keine Erhöhung der Ahndungssätze; Ausnahme bilden nur Tatbestände mit höherer Unfallhäufigkeit und schwerer Unfallcharakteristik – z.B. unangepasste Fahrweise bei Nebel oder Glatteis, gefährliches Überholen, zu geringe Abstände und ähnliche Fälle.

3. Verwarnung

3.1 Verwarnungsverfahren

3.1.1 Grundsatz

Eine Verwarnung kann mündlich oder schriftlich erteilt werden. Sie ist nach Möglichkeit mündlich zu erteilen.

3.1.2 Bedeutung der Verwarnung

3.1.2.1 Durch die Erteilung einer Verwarnung, ggf. unter Erhebung eines Verwarnungsgeldes, kann ein Ordnungswidrigkeitenverfahren ohne großen Aufwand für die Verfolgungsbehörden erledigt werden.

3.1.2.2 Für den Betroffenen ergibt sich der Vorteil, dass das Ordnungswidrigkeitenverfahren mit Wirksamkeit der Verwarnung abgeschlossen ist und die Tat nicht mehr als Ordnungswidrigkeit verfolgt werden kann (vgl. § 56 Abs. 4 OWiG).

3.1.3 Mündliche Verwarnung

3.1.3.1 Wird die Verwarnung mündlich erteilt und soll ein Verwarnungsgeld erhoben werden, so ist der Betroffene unter Hinweis auf den begangenen Verkehrsverstoß über sein Weigerungsrecht zu belehren und ausdrücklich zu fragen, ob er mit dieser Verwarnung einverstanden und zur Zahlung des Verwarnungsgeldes bereit ist.

3.1.3.2 Ist der Betroffene mit der Verwarnung nicht einverstanden, so ist ihm an Ort und Stelle mitzuteilen, dass die Einleitung eines Bußgeldverfahrens erfolgt. Ihm ist Gelegenheit zu geben, sich zu dem Vorwurf zu äußern. Der Beamte hält den wesentlichen Inhalt der Äußerungen fest und erstattet eine Anzeige wegen einer Ordnungswidrigkeit mittels OE-Erfassungsbeleg (Thür. E4-31-../..).

3.1.3.3 Ist der Betroffene mit der Verwarnung einverstanden und zahlt er das Verwarnungsgeld an Ort und Stelle, so ist ihm eine Bescheinigung (Thür. E4-16-../..) auszuhändigen, aus der der Grund der Verwarnung, die Höhe des Verwarnungsgeldes und die Bezahlung hervorgehen.

3.1.3.4 Bei durchreisenden Ausländern sollte das Verwarnungsgeld möglichst an Ort und Stelle eingezogen werden. Falls der Betroffene versichert, dass er das Verwarnungsgeld nicht an Ort und Stelle bar in Euro entrichten kann, so ist es zulässig

- einen dem Euro-Betrag etwa entsprechenden Betrag in ausländischer Währung entgegenzunehmen,
- einen von einer Stelle der Deutschen Bundesbank bestätigten Scheck, der auf einen dem Euro-Betrag etwa entsprechenden Betrag in ausländischer Währung ausgestellt ist, entgegenzunehmen,
- einen Reisescheck, der auf den festgesetzten Euro-Betrag oder auf einen dem Euro-Betrag etwa entsprechenden Betrag in ausländischer Währung ausgestellt ist, entgegenzunehmen.

3.1.3.5 Es können nur solche ausländischen Währungen entgegengenommen werden, für die ein amtlicher Wechselkurs notiert ist.

3.1.3.6 Wird ein Geldbetrag in ausländischer Währung oder ein auf ausländische Währung lautender Scheck entgegengenommen, so hat der die Verwarnung aussprechende Beamte auf dem Quittungs- und Stammabschnitt der Bescheinigung (Thür. E4-16-../..) den Euro-Betrag handschriftlich zu streichen und den dafür entrichteten Betrag an Devisen einzusetzen.

3.1.3.7 Übersteigt der Devisenbetrag die Höhe des Verwarnungsgeldes nur unerheblich, so kann in Euro gewechselt werden.

3.1.3.8 Ist der Betroffene mit der Verwarnung einverstanden, zahlt er aber das Verwarnungsgeld nicht an Ort und Stelle, weil er nicht sofort zahlen kann, so ist der Betroffene durch die Bußgeldbehörde schriftlich zu verwarnen. In diesen Fällen ist vor Ort ein OE-Erfassungsbeleg mit Art der Verwarnung „VP" (Thür. E4-31-../..) zu fertigen.

3.1.3.9 Eine Geldannahme in bar ist bei der Dienststelle nach Fertigung des Vordrucks (OE-Erfassungsbeleg) und dessen Erfassung nicht mehr zulässig.

3.1.3.10 Unbare Zahlungen sind in der Zahlstelle bei der Bußgeldbehörde zu vereinnahmen. Unterbleibt die Zahlung innerhalb von 2 Wochen, so ist zur Durchführung des Bußgeldverfahrens eine schriftliche Anhörung nicht mehr notwendig.

3.1.3.11 War zum Zeitpunkt der Einzahlung des Verwarnungsgeldes bereits ein Bußgeldbescheid erlassen, so kann die Verwarnung nicht mehr wirksam werden. Das Verwarngeld wird in diesem Fall auf die zu zahlende Geldbuße angerechnet und es werden nur noch die Gebühren und Auslagen nachgefordert.

3.1.4 Schriftliche Verwarnung

3.1.4.1 Liegen die Voraussetzungen für die Erteilung einer Verwarnung mit Verwarnungsgeld vor und kann eine mündliche Verwarnung an Ort und Stelle nicht erteilt werden, ist der Betroffene durch die Bußgeldbehörde schriftlich zu verwarnen. Eine schriftliche Verwarnung kommt auch in Betracht, wenn der Polizei eine Ordnungswidrigkeit durch eine Anzeige bekannt wird.

3.1.4.2 Eine schriftliche Verwarnung kann auch dann erteilt werden, wenn von einem Polizeivollzugsbeamten eine Ordnungswidrigkeiten-Anzeige mittels OE-Erfassungsbeleg (Thür. E4-31-../..) oder Formblatt VOWi-Sammelliste (Thür. E4-28-../..) erstattet worden ist, jedoch die Festsetzung einer Geldbuße nicht angemessen erscheint. Die Entscheidung ist in Abhängigkeit des Bearbeitungsstandes dem Leiter der Verfolgungsbehörde, einem von ihm besonders beauftragten Beamten des gehobenen oder höheren Dienstes oder der Zentralen Bußgeldstelle vorbehalten.

3.1.4.3 Von der schriftlichen Verwarnung kann abgesehen werden, wenn das zu erhebende Verwarnungsgeld 5 Euro betragen würde.

3.1.4.4 Das Verwarnungsangebot erfolgt durch den Vordruck „Schriftliche Verwarnung/Anhörungsbogen oder Zeugenfragebogen" mit anhängendem Zahlschein.

3.1.4.5 Dem Betroffenen ist mitzuteilen, dass er die Verwarnung ablehnen kann, dann aber mit der Einleitung eines Bußgeldverfahrens mit Gebühren und Auslagen rechnen muss und ihm für diesen Fall gemäß § 55 Abs. 1 OWiG Gelegenheit gegeben wird, sich zu dem Vorwurf zu äußern. Nach Eingang einer Äußerung ist unverzüglich über die Weiterverfolgung der Ordnungswidrigkeit zu entscheiden.

3.1.4.5 Hat der Betroffene das Verwarnungsgeld innerhalb von einer Woche (§ 56 Abs. 2 OWiG) nicht gezahlt, ist davon auszugehen, dass er mit der Verwarnung nicht einverstanden ist. Es ist ein Bußgeldbescheid zu erlassen; eine weitere Anhörung findet grundsätzlich nicht statt. Die Geldbuße soll der Höhe des angebotenen Verwarnungsgeldbetrages entsprechen.

3.1.5 Halterermittlung

Kann der Betroffene nicht sofort festgestellt bzw. angehalten werden, so ist der Halter des Kraftfahrzeugs mittels automatisierten Verfahrens durch die Bußgeldbehörde beim Kraftfahrt-Bundesamt zu ermitteln. Dies gilt auch für Fahrzeuge mit Versicherungskennzeichen gemäß § 60a StVZO.

3.1.6 Verwarnung im ruhenden Straßenverkehr

3.1.6.1 Kann die Verwarnung im ruhenden Straßenverkehr nicht an Ort und Stelle erteilt werden, weil der Betroffene nicht an seinem Fahrzeug angetroffen wird, so ist eine Mitteilung an den Fahrzeugführer (Thür. E4-28-../.. Blatt 2) über die vorgesehene Ahndung des festgestellten Verkehrsverstoßes gut sichtbar am Fahrzeug anzubringen. Die Erfassung erfolgt dann mittels OE-Erfassungsbeleg (Thür. E4-31-../..) Anzeigenart (VK) und auf dessen Grundlage die Verwarnung im schriftlichen Verfahren oder bei bußgeldbewehrten Tatbeständen (AK) und die Ahndung im Bußgeldverfahren durch die Bußgeldbehörde.

3.1.6.2 Unterbleibt die Zahlung des Verwarnungsgeldes innerhalb der festgesetzten Frist, so ist zur Durchführung des Bußgeldverfahrens eine schriftliche Anhörung nicht mehr notwendig.

3.1.7 Wirksamkeitsvoraussetzungen, Rechtswirkungen

3.1.7.1 Einverständnis des Betroffenen

Die Verwarnung ist wirksam, wenn der Betroffene nach Belehrung über sein Weigerungsrecht mit ihr einverstanden ist und das Verwarnungsgeld entweder sofort zahlt oder innerhalb der festgelegten Frist einzahlt (vgl. § 56 Abs. 2 Satz 1 OWiG).

3.1.7.2 Die Belehrung über sein Weigerungsrecht soll dem Betroffenen deutlich machen, dass die Erledigung des Verfahrens durch die Verwarnung von seiner Mitwirkung abhängt. Der Betroffene soll darauf hingewiesen werden, dass er im Falle seiner Weigerung mit einem Bußgeldverfahren zu rechnen hat. Der Hinweis ist jedoch nach Form und Inhalt so zu geben, dass die freie Entschließung des Betroffenen nicht beeinträchtigt wird.

3.1.7.3 Die Zahlung des Verwarnungsgeldes ersetzt die ausdrückliche Erklärung des Einverständnisses. Erklärt der Betroffene nach ursprünglicher Weigerung, die Verwarnung anzunehmen und das Verwarnungsgeld zahlen zu wollen, so ist die Verwarnung zu erteilen.

3.1.8 Rücknahme

Eine wirksame Verwarnung darf nicht zum Nachteil des Betroffenen zurückgenommen oder geändert werden. Eine wirksame Verwarnung kann zu Gunsten des Betroffenen auf dessen Antrag zurückgenommen werden, wenn diese fehlerhaft war oder die Voraussetzung für ihre Erteilung nicht vorlag. Die Entscheidung darüber trifft der Leiter der zuständigen Verfolgungsbehörde. Der Leiter der Verfolgungsbehörde kann hierzu auch einen/e Beamten/-in des höheren oder gehobenen Dienstes beauftragen.

3.2   Geringfügige Verkehrsordnungswidrigkeiten

Die im Tatbestandskatalog aufgeführten Verkehrsverstöße mit einem Ahndungssatz bis 35 Euro sind Beispiele für geringfügige Verkehrsordnungswidrigkeiten. Grob verkehrswidriges Verhalten oder Rücksichtslosigkeit schließt die Annahme einer geringfügigen Verkehrsordnungswidrigkeit aus.

3.3   Höhe des Verwarnungsgeldes

3.3.1 Bei Verkehrsordnungswidrigkeiten wird das Verwarnungsgeld im Rahmen des § 56 Abs. 1 Satz 1 OWiG erhoben. Die Bemessung richtet sich nach der Bedeutung des Verkehrsverstoßes.

3.3.2 Maßgebend sind die im Bundeseinheitlichen Tatbestandskatalog ausgebrachten Beträge, die 35 Euro nicht übersteigen. Sie sind Regelsätze, die von fahrlässiger Begehung und gewöhnlichen Tatumständen ausgehen. Bei vorsätzlichem Handeln ist das Verwarnungsgeld in der Regel, jedoch nicht schematisch (§ 17 Abs. 3 OWiG) zu verdoppeln, wenn sich aus den Umständen des Falles ergibt, dass der Betroffene besonders verantwortungslos gehandelt hat. Ergibt sich dadurch im Einzelfall ein Betrag von 40 Euro und höher, so ist ein Bußgeldverfahren einzuleiten.

3.3.3 In der Regel wird bei geringfügigen Ordnungswidrigkeiten von gewöhnlichen Tatumständen auszugehen sein. Sie können dann nicht mehr angenommen werden, wenn auf Grund besonderer Umstände (z.B. die Auswirkungen auf die Verkehrssicherheit oder auf den Verkehrsablauf, aber auch das Verschulden des Betroffenen) die Zuwiderhandlung im Einzelfall die Wertigkeit der Masse gleichartiger Verstöße erkennbar über- bzw. unterschreitet. Eine Folge des Verstoßes (z.B. konkrete Behinderung bei verbotswidrigem Parken) ist für sich allein noch kein Anlass, nicht mehr gewöhnliche Tatumstände anzunehmen.

Teil 4: Arbeitshilfen

3.3.4 Ist im Bußgeldkatalog ein Regelsatz für das Verwarnungsgeld von mehr als 20 Euro vorgesehen, so kann er bei offenkundig außergewöhnlich schlechten wirtschaftlichen Verhältnissen des Betroffenen bis auf 20 Euro ermäßigt werden (§ 2 Abs. 5 BKatV, § 17 Abs. 3 OWiG).

3.3.5 Bei Fußgängern soll das Verwarnungsgeld in der Regel 5 Euro, bei Radfahrern 10 Euro betragen, sofern der Bußgeldkatalog nichts anderes bestimmt (§ 2 Abs. 4 BKatV).

3.3.6 Bei Zuwiderhandlungen, die im Tatbestandskatalog nicht enthalten sind, richtet sich die Höhe des Verwarnungsgeldes nach der Bedeutung des Verstoßes und dem Vorwurf, der den Betroffenen trifft.

3.4   Ermächtigung

3.4.1 Die Befugnis nach § 56 OWiG, bei geringfügigen Ordnungswidrigkeiten den Betroffenen zu verwarnen, hat das Polizeiverwaltungsamt (Zentrale Bußgeldstelle) als Verwaltungsbehörde.

3.4.2 Zur Erteilung von Verwarnungen nach § 57 Abs. 2 OWiG werden gem. § 58 Abs. 1 OWiG auch ermächtigt:

- alle Polizeivollzugsbeamten der Polizeidienststellen und der Bereitschaftspolizei, die die Befähigung für ihre Laufbahn erworben haben,
- die Angestellten nach § 2 Abs. 2 POG.

3.4.3 Für die Verfolgung von Ordnungswidrigkeiten nach § 8 Fahrpersonalgesetz (FPersG) in Verbindung mit §§ 21 – 25 FPersV, § 19 GüKG und § 10 Gefahrgutverordnung Straße (GGVSE) ist die Ermächtigung zur Erteilung von Verwarnungen durch Zuständigkeitsverordnungen gegeben.

3.4.4 Nach § 2 Abs. 1 ZustVOVOWi sind die Gemeinden bei geringfügigen Verkehrsordnungswidrigkeiten, die im ruhenden Verkehr festgestellt werden und gemäß § 2 Abs. 2 ZustVOVOWi die in der Anlage[14] der ZustVOVOWi genannten Gemeinden bei Verstößen der Vorschriften über die zulässige Höchstgeschwindigkeit, befugt, zu verwarnen. Die §§ 56 und 57 Abs. 1 OWiG sind entsprechend zu beachten.

3.5   Mehrere Beteiligte

Ist eine Ordnungswidrigkeit von mehreren Personen gemeinsam begangen worden, so können Betroffene, die mit einer Verwarnung einverstanden sind, auch dann verwarnt werden, wenn andere Betroffene die Verwarnung ablehnen oder die Zahlung des Verwarnungsgeldes verweigern.

---

14   Amtl. Anm.: Hier nicht abgedruckt.

3.6 Mehrere Ordnungswidrigkeiten

3.6.1 Werden durch dieselbe Handlung mehrere geringfügige Ordnungswidrigkeiten begangen (Tateinheit), für die eine Verwarnung mit Verwarnungsgeld in Betracht kommt, so wird nur ein Verwarnungsgeld, und zwar das höchste in Betracht kommende, erhoben. Dieses kann angemessen erhöht werden. Hierbei ist immer zu prüfen, ob die Ahndung trotz Verletzung mehrerer Vorschriften insgesamt noch geringfügig ist.

3.6.2 Eine gesonderte Ahndung einer geringfügigen Ordnungswidrigkeit ist dann ausgeschlossen, wenn sie tateinheitlich mit einer Straftat (vgl. § 21 OWiG) oder mit einer nicht mehr als geringfügig anzusehenden Ordnungswidrigkeit oder zusammen mit mehreren geringfügigen Ordnungswidrigkeiten, die zusammen die Grenze der Geringfügigkeit (35 Euro) überschreiten, begangen wird.

3.6.3 Die Handlung kann jedoch als geringfügige Ordnungswidrigkeit geahndet werden, wenn eine Strafe nicht verhängt oder ein Bußgeldbescheid nicht erlassen wird.

3.6.4 Hat der Betroffene gegen dieselbe Vorschrift mehrfach verstoßen oder sonst durch mehrere Handlungen geringfügige Ordnungswidrigkeiten (Tatmehrheit) begangen, ist er wegen der einzelnen Verstöße grundsätzlich getrennt zu verwarnen.

3.6.5 Dabei ist in Ausübung pflichtgemäßen Ermessens zu prüfen, ob unter Berücksichtigung von Sinn und Zweck des Verwarnungsverfahrens die Ahndung einzelner Ordnungswidrigkeiten entfallen kann. Das ist dann der Fall, wenn angenommen werden kann, dass der Betroffene, dem die einzelnen Verstöße vorzuhalten sind, bereits durch eine Verwarnung und Erhebung eines Verwarnungsgeldes künftig die Verkehrsvorschriften beachten wird.

3.6.6 Andererseits kann die Begehung mehrerer geringfügiger Ordnungswidrigkeiten, insbesondere wenn bekannt wurde, dass der Betroffene wegen gleichartiger oder ähnlicher Verstöße wiederholt verwarnt worden ist, ein Indiz dafür sein, dass die tatmehrheitlich begangenen Handlungen insgesamt gesehen nicht mehr als geringfügig anzusehen sind und deshalb eine Ordnungswidrigkeitenanzeige zu erstatten ist.

4. Bußgeldverfahren

4.1 Bußgeldverfahren/Anzeigenbearbeitung

4.1.1 Ordnungswidrigkeitenanzeige

Ist die Ordnungswidrigkeit nicht mehr als geringfügig anzusehen, kommt eine Anzeige in Betracht. Hierfür ist durch die anzeigende Stelle der Vordruck „OE-Erfassungsbeleg" (Thür. E4-31-../..) zu verwenden und an die ZBS zur weiteren Verfolgung zu übersenden.

Die weitere Bearbeitung erfolgt mit Hilfe der Datenverarbeitung. Für das automatisierte Verfahren ist der Tatbestandskatalog für Verkehrsordnungswidrigkeiten anzuwenden. Insbesondere die Rundschreibensammlung (RdS) der ZBS mit Anleitungen für das Ausfüllen des OE-Erfassungsbeleges sowie Hinweisen zur Sammelliste ist zu beachten.

4.1.2 Anhörung des Betroffenen an Ort und Stelle

4.1.2.1 Dem Betroffenen ist grundsätzlich noch an Ort und Stelle Gelegenheit zu geben, sich zu der Beschuldigung zu äußern (§ 55 Abs. 1 OWiG). Die Anhörung an Ort und Stelle beschleunigt das Verfahren, da die Anzeige mit der Äußerung des Betroffenen ohne Verzug weitergeleitet werden kann.

4.1.2.2 Vor der Anhörung ist der Betroffene darauf hinzuweisen, dass es ihm freisteht, sich zu der Beschuldigung zu äußern oder nicht zur Sache auszusagen. Der Betroffene braucht nicht darauf hingewiesen zu werden, dass er auch schon vor seiner Vernehmung einen von ihm zu wählenden Verteidiger befragen kann (§ 55 Abs. 2 OWiG).

Das Ergebnis der Anhörung ist in Form eines Vermerks auf dem Anhörungsbogen bzw. OE-Erfassungsbeleg oder sonst in geeigneter Form festzuhalten. Dabei ist eine kurze Äußerung möglichst wortgetreu wiederzugeben. Längere Ausführungen können zusammengefasst werden, müssen aber den wesentlichen Inhalt richtig wiedergeben. Die Unterschrift des Betroffenen unter dem Vermerk ist nicht erforderlich. Dem Betroffenen ist jedoch die Möglichkeit zu geben, seine Einlassungen auch selbst niederzuschreiben und eigenhändig zu unterschreiben.

Verweigert der Betroffene eine Äußerung, so ist auch das zu vermerken. Zur Angabe seiner Personalien (ausgenommen Familienstand und Beruf, insbesondere bei geringfügigen Verkehrsordnungswidrigkeiten) ist er im Rahmen des § 111 OWiG verpflichtet.

4.1.3 Kennzeichenanzeigen im automatisierten Verfahren

4.1.3.1 Werden Verkehrsverstöße festgestellt und die Polizei trifft den Betroffenen am Tatort nicht an oder konnte ihn nicht anhalten, so ist ein dafür vorgesehener Erfassungsbeleg (Thür. E4-31-../.. und E4-28-../..) auszufüllen und der Zentralen Bußgeldstelle zu übersenden, die die weitere Bearbeitung (Halterfeststellung, Anhörung, Bußgeldbescheid usw.) übernimmt. Der Erfassungsbeleg VOWi-Sammelliste Thür. E4-28-../.. ist nicht für Verstöße im ruhenden Verkehr zu verwenden.

4.1.3.2 Bei Kennzeichenanzeigen mit Beweisfoto ist auf dem Anhörungsbogen ein digitalisiertes Foto des Fahrers aufzubringen oder beizufügen. Abbildungen von mitfahrenden Personen sind dauerhaft zu schwärzen.

4.1.3.3 Soweit eine Identität zwischen Halter und Fahrer ausgeschlossen werden kann, z.B. wegen des unterschiedlichen Geschlechts, ist, wie auch bei Firmenfahrzeugen, dem Halter ein Zeugenfragebogen mit Beweisfoto zu übersenden. In Verwarnungsverfahren ist aus Gründen der Verfahrensbeschleunigung zugleich die Möglichkeit einzuräumen, durch Zahlung des Verwarnungsgeldes die Angelegenheit zum Abschluss zu bringen.

4.2 Geldbuße

4.2.1 Höhe der Geldbuße

4.2.1.1 Bei der Bemessung und Bestimmung der Bußgelder und sonstigen Sanktionen ist regelmäßig von fahrlässiger Begehung und gewöhnlichen Tatumständen auszugehen.

4.2.1.2 Im Falle einer vorsätzlichen Begehung ist eine schematische Verdoppelung des Bußgeldsatzes nicht angebracht. Das Bußgeld ist vielmehr auch dann nach den Grundsätzen des § 17 Abs. 3 OWiG – Bedeutung der Verkehrsordnungswidrigkeit und der Vorwurf, der den Betroffenen trifft – festzusetzen.

4.2.2 Regelsätze

4.2.2.1 Ein Regelfall, für den die Regelsätze vorgesehen sind, liegt vor, wenn die Tatausführung allgemein üblicher Begehungsweise entspricht und weder subjektiv noch objektiv Besonderheiten vorliegen.

4.2.2.2 Gewöhnlicher Tatausführung entspricht beispielsweise eine Geschwindigkeitsüberschreitung, wenn sie unter normalen Verhältnissen erfolgt und dadurch die Verkehrssicherheit nicht in besonderem Maße, z.B. bei hoher Verkehrsdichte oder im Kreuzungsbereich, leidet oder beeinträchtigt wird.

4.2.2.3 Gewöhnliche Tatumstände können dann nicht mehr angenommen werden, wenn auf Grund besonderer Umstände der Zuwiderhandlung im Einzelfall die Wertigkeit der Masse gleichartiger Verstöße erkennbar unter- bzw. überschreitet. Eine Folge des Verstoßes (z.B. Behinderung) ist für sich allein noch kein Anlass, nicht mehr gewöhnliche Tatumstände anzunehmen. Auch bei einer Voreintragung im Verkehrszentralregister kann dies der Fall sein.

4.2.2.4 Ist ein Regelfall nicht gegeben, ist der Tatbestandskatalog nicht anzuwenden. Näheres regelt § 3 BKatV.

4.2.2.5 Ist mit der Tat eine Gefährdung oder Sachbeschädigung verbunden und kommen hierfür keine eigenen Tatbestände in Betracht, ist der Regelsatz nach Maßgabe

Teil 4: Arbeitshilfen

der Tabelle 4 im Anhang zum Tatbestandskatalog zu erhöhen, maximal bis zum dort festgelegten Höchstbetrag.

4.2.2.6 Bei Ordnungswidrigkeiten nach § 24 des Straßenverkehrsgesetzes, die von nichtmotorisierten Verkehrsteilnehmern begangen werden, ist, sofern der Bußgeldregelsatz mehr als 35 Euro beträgt und der Tatbestandskatalog nicht besondere Tatbestände für diese Verkehrsteilnehmer (*Fußgänger und Radfahrer*) enthält, der Regelsatz um die Hälfte zu ermäßigen. Beträgt der nach Satz 1 ermäßigte Regelsatz weniger als 40 Euro, so soll eine Geldbuße nur festgesetzt werden, wenn eine Verwarnung mit Verwarnungsgeld nicht erteilt werden kann.

4.2.3 Nicht im Tatbestandskatalog aufgeführte Verkehrsverstöße

4.2.3.1 Die Nichtaufnahme eines Tatbestandes im Tatbestandskatalog führt nicht zu einer Freistellung des Betroffenen. Hierfür sind entsprechende Auffangtatbestandsnummern nach Vorgabe der ZBS zu verwenden. Das Bußgeld ist in diesen Fällen nach den Vorgaben des § 17 OWiG festzusetzen. Dabei sind Tatbestände ähnlicher Art und Schwere als Orientierung aus dem Bußgeldkatalog zu entnehmen.

4.2.3.2 Der im § 17 OWiG festgelegte Bußgeldrahmen ist zu beachten. Droht das Gesetz für vorsätzliches und fahrlässiges Handeln Geldbuße an, ohne im Höchstmaß zu unterscheiden, so kann fahrlässiges Handeln im Höchstmaß nur mit der Hälfte des angedrohten Höchstbetrages der Geldbuße geahndet werden. Bei Ordnungswidrigkeiten gemäß § 24a StVG ist der dort angedrohte Höchstbetrag zu beachten.

Ist jedoch der wirtschaftliche Vorteil, den der Täter aus der Ordnungswidrigkeit gezogen hat, größer als das gesetzliche Höchstmaß der Geldbuße, so kann es gem. § 17 Abs. 4 OWiG überschritten werden.

4.2.4 Tateinheit

Verletzt dieselbe Handlung mehrere Rechtsvorschriften, nach denen sie als Ordnungswidrigkeit geahndet werden kann oder eine solche Rechtsvorschrift mehrmals, so wird nur eine einzige Geldbuße festgesetzt. Sind mehrere Rechtsvorschriften verletzt, so wird die Geldbuße nach der Rechtsvorschrift bestimmt, welche die höchste Geldbuße androht. Diese kann angemessen erhöht werden, höchstens jedoch auf den gemäß § 3 Abs. 5 BKatV festgelegten Höchstbetrag.

4.2.5 Tatmehrheit

Sind mehrere Geldbußen verwirkt, so wird jede gesondert festgesetzt. Es ist möglich, diese auf einem Anzeigenvordruck (E4-31-../..) anzuzeigen und in einem Bußgeldbescheid zu erlassen.

4.3 Fahrverbot

4.3.1 Anordnung des Fahrverbots

4.3.1.1 Ein Fahrverbot ist in der Regel anzuordnen, wenn dies im Tatbestandskatalog vorgesehen ist.

4.3.1.2 Ein Regelfahrverbot (§ 25 StVG) kommt darüber hinaus bei beharrlicher Verletzung der Pflichten eines Kraftfahrzeugführers in Betracht. Beharrlich in diesem Sinne können auch weniger schwerwiegende Verstöße sein, die nach ihrer Art oder nach den Umständen ihrer Begehung für sich alleine betrachtet zwar noch nicht „grob" sind, aber in diesem Sinne beharrliche Pflichtverletzungen darstellen.

4.3.1.3 Ein Fahrverbot ist in der Regel auch gegen einen Fahrzeugführer anzuordnen, gegen den wegen einer Geschwindigkeitsüberschreitung von mindestens 26 km/h bereits eine Geldbuße rechtskräftig festgesetzt worden ist und er innerhalb eines Jahres seit Rechtskraft der Entscheidung eine weitere Geschwindigkeitsüberschreitung von mindestens 26 km/h begeht (§ 4 Abs. 2 BKatV).

4.3.1.4 Wird von der Anordnung eines Fahrverbotes im Einzelfall wegen besonderer Umstände ausnahmsweise abgesehen, so ist das als Regelsatz vorgesehene Bußgeld angemessen zu erhöhen.

4.3.2 Dauer und Wirksamkeit des Fahrverbots

4.3.2.1 Das Fahrverbot ist in der Regel für die Dauer anzuordnen, die im Tatbestandskatalog angegeben ist. Kommt ein Fahrverbot bei Tatbeständen in Betracht, für die der Tatbestandskatalog kein Fahrverbot enthält, so ist seine Dauer nach pflichtgemäßem Ermessen zu bestimmen. Sie soll einen Monat nicht übersteigen, wenn es sich um die erstmalige Anordnung eines Fahrverbots wegen beharrlicher Verletzung der Pflichten eines Kraftfahrzeugführers handelt.

4.3.2.2 Das Fahrverbot wird gemäß § 25 Abs. 2 Satz 1 StVG im Bußgeldbescheid angeordnet und mit der Rechtskraft der Bußgeldentscheidung wirksam. Sofern die Bußgeldbehörde eine Entscheidung gemäß § 25 Abs. 2a StVG getroffen hat, tritt die Wirksamkeit des Fahrverbotes, spätestens jedoch mit Ablauf von vier Monaten seit Eintritt der Rechtskraft der Entscheidung, ein.

4.3.2.3 Die Bußgeldentscheidung erlangt Rechtskraft, wenn der Betroffene nicht frist- und formgerecht Einspruch eingelegt oder auf einen Rechtsbehelf verzichtet hat oder dem Rechtsbehelf nicht stattgegeben wurde.

Ein Rechtsbehelfsverzicht muss in der gleichen Form wie der Rechtsbehelf erklärt werden. Mit dem Eingang der Verzichtserklärung (Thür. E4-32-../..) bei der Stelle, bei der das Verfahren anhängig ist, wird die Bußgeldentscheidung rechtskräftig.

4.3.2.4 Die Verbotsfrist wird jedoch erst von dem Tag an gerechnet, an dem der Führerschein in amtliche Verwahrung gelangt oder das Fahrverbot im ausländischen Fahrausweis vermerkt wird (§ 25 Abs. 3 und 5 StVG).

4.3.2.5 Erklärt ein Betroffener bei der Dienststelle auf den Einspruch verzichten zu wollen, so ist dies auf dem Formblatt „Vollzug eines Fahrverbotes/Verwahrung eines Führerscheines" (Thür. E4-32-../..) durch Ankreuzen zu vermerken. Alternativ empfiehlt es sich, die folgende schriftliche Erklärung mit der Unterschrift des Betroffenen aufzunehmen:

> „Ich erhebe keinen Einspruch gegen den Bußgeldbescheid der *Zentralen Bußgeldstelle* vom ..., AZ .... Ich beauftrage und ermächtige die ... (Dienststelle), diesen Rechtsbehelfsverzicht gegenüber der *Zentralen Bußgeldstelle* zu erklären."

Die Dienststelle unterrichtet anschließend unverzüglich in geeigneter Form (z.B. per Telefax) die Bußgeldbehörde über den Rechtsbehelfsverzicht.

4.3.3 Verwahrung und Beschlagnahme des Führerscheins

4.3.3.1 Ordnet die Bußgeldbehörde ein Fahrverbot an, so ist der Betroffene gleichzeitig anzuweisen, seinen Führerschein sofort nach Rechtskraft des Bußgeldbescheids im Fall einer Entscheidung gemäß § 25 Abs. 2a StVG, spätestens mit Ablauf von vier Monaten seit Eintritt der Rechtskraft, in amtliche Verwahrung zu geben. Im Falle einer Entscheidung gemäß § 25 Abs. 2a StVG ist der Betroffene nach Ablauf von 100 Tagen seit Rechtskraft des Bußgeldbescheides durch die Bußgeldstelle anzuschreiben und vorsorglich an den Termin für den Beginn des Fahrverbotvollzuges zu erinnern. Die zuständige Stelle nimmt den deutschen Führerschein gegen Empfangsbestätigung (Formblatt Thür. E4-32-../..) in amtliche Verwahrung und vermerkt in einem ausländischen Fahrausweis das Fahrverbot.

4.3.3.2 Für den Eintrag des Fahrverbotes in einen ausländischen Fahrausweis (§ 25 Abs. 2 und 3 StVG) wird folgender Text vorgeschlagen:

> „Fahrverbot vom ... bis ... in der Bundesrepublik Deutschland"
>
> Dienststelle
>
> Ort
>
> Datum
>
> i.A.

.....
Unterschrift

Wünscht der ausländische Betroffene eines Mitgliedsstaates der Europäischen Union, der keinen Wohnsitz in Deutschland hat, die Eintragung des Fahrverbotes in seinem Führerschein zu vermeiden, ist alternativ eine amtliche Verwahrung des ausländischen Führerscheines im Thüringer Polizeiverwaltungsamt/Zentrale Bußgeldstelle (PVA/ZBS) für die Dauer des Fahrverbotsvollzuges anzubieten. Für die Dauer der Hinterlegung ist eine Verwahrungsbescheinigung auszustellen. Der Führerschein ist von der ZBS so rechtzeitig zurückzusenden, dass der Betroffene mit dem Ende der Fahrverbotsfrist wieder im Besitz des Führerscheines ist.

Ist auf Grund der Beschaffenheit des ausländischen Fahrausweises (Kartenführerschein) eine Eintragung nicht möglich, ist bis zu einer bundeseinheitlichen Regelung durch die zuständigen Entscheidungsträger dem Betroffenen in einem gesonderten Schreiben die Wirksamkeit und der Zeitraum des Fahrverbotes innerhalb der Bundesrepublik Deutschland mitzuteilen.

4.3.3.3 Der Führerschein (auch Ersatz-, Dienst-, Internationaler Führerschein) ist bei der Bußgeldbehörde in amtliche Verwahrung zu geben, die das Fahrverbot erlassen hat.

4.3.3.4 Hat das PVA/ZBS das Fahrverbot erlassen und hat der Betroffene seinen Wohnsitz oder ständigen Aufenthalt im Freistaat Thüringen, haben die für den Wohnsitz oder ständigen Aufenthalt des Betroffenen zuständigen Thüringer Polizeidienststellen unter diesen Voraussetzungen den Führerschein in amtliche Verwahrung zu nehmen. Diese Verfahrensweise findet keine Anwendung, sofern der Betroffene seinen Wohnsitz oder gewöhnlichen Aufenthalt außerhalb von Thüringen hat. In dem Fall wird der Führerschein von der ZBS verwahrt.

4.3.3.5 In Fällen der Anordnung eines Fahrverbots durch eine Verwaltungsbehörde außerhalb Thüringens sind Führerscheine durch o.g. Polizeidienststellen nicht in amtliche Verwahrung zu nehmen. Der Betroffene ist an die anordnende Behörde zu verweisen.

4.3.3.6 Die ZBS unterrichtet die Polizeidienststelle zeitnah mit Wirksamwerden des Fahrverbotes durch einen Abdruck des Bußgeldbescheids von der Anordnung des Fahrverbots nur in den Fällen, wenn der Betroffene seinen Wohnsitz oder ständigen Aufenthalt in Thüringen hat. Im Falle einer Entscheidung gemäß § 25 Abs. 2a StVG erfolgt die Unterrichtung rechtzeitig vor Wirksamwerden des Fahrverbots. Die Polizeidienststelle hat unter den Voraussetzungen des Punktes 4.3.3.4 den Führerschein auf Verlangen des Betroffenen auch dann entgegenzunehmen, wenn ihr noch keine Mitteilung über die Anordnung des Fahrverbots zugegangen oder das im Bußgeldbescheid angeordnete Fahrverbot noch nicht wirksam ist. Es ist dann, wie in den Punkten 4.3.3.1 und 4.3.2.5 festgelegt, zu verfahren.

4.3.3.7 Liefert der Betroffene den Führerschein bei einer Polizeidienststelle ab, die für die Verwahrung nicht zuständig ist, so ist der Führerschein mit einem Abdruck der Empfangsbestätigung an die zuständige Polizeidienststelle zu übersenden. Die Verbotsfrist beginnt bereits mit der Entgegennahme durch die unzuständige Polizeidienststelle.

4.3.3.8 Der ZBS ist unverzüglich noch am Abgabetag mitzuteilen, wenn ein Betroffener seinen Führerschein abgeliefert hat. Damit kann sie davon absehen, eine Beschlagnahmeanordnung zu erlassen. Eine Beschlagnahmeanordnung hat sie in jedem Falle zu erlassen, wenn spätestens acht Tage nach Wirksamkeit des Fahrverbotvollzuges der Betroffene seinen Führerschein noch nicht in amtliche Verwahrung gegeben hat.

4.3.3.9 Die verwahrende Dienststelle verständigt den Betroffenen über den Beginn der amtlichen Verwahrung und von welchem Tage an der verwahrte Führerschein wieder aus amtlicher Verwahrung zurückgegeben werden kann. Auf ausdrücklichen Wunsch kann dem Betroffenen der Führerschein mit Postzustellung per Nachnahme zurückgesandt werden, dann aber so rechtzeitig, dass der Betroffene mit dem Ende der Fahrverbotsfrist wieder im Besitz des Führerscheines ist. Der Wunsch auf Rücksendung des Führerscheines ist bei Abgabe des Führerscheines in amtliche Verwahrung auf dem Verwahrbeleg (Thür. E4-32-../..) zu vermerken und durch den Betroffenen bestätigen zu lassen.

4.3.3.10 Die Bußgeldbehörde verfügt die Beschlagnahme des Führerscheines, wenn ihr innerhalb der gesetzten Frist (vgl. Nr. 4.3.3.1 u. 4.3.3.7) keine Mitteilung zugeht, dass der Führerschein abgeliefert wurde.

Die Beschlagnahme ist eine Maßnahme der Bußgeldbehörde, für deren Durchsetzung die Polizei Vollzugshilfe leistet. Die Bußgeldbehörde übersendet die Beschlagnahmeanordnung mit einem Abdruck und einem Abdruck des Bußgeldbescheides an die Polizeidienststelle.

Die Beschlagnahmeanordnung ist dem Betroffenen oder einem anderen Empfangsberechtigten gegen Empfangsbestätigung auf dem Abdruck auszuhändigen. Der Tag der Aushändigung der Beschlagnahmeanordnung und der Tag der Beschlagnahme des Führerscheins sind der Bußgeldbehörde anzuzeigen. Der Abdruck der Beschlagnahmeanordnung bleibt bei der Polizei.

4.3.3.11 Die vorstehenden Grundsätze gelten auch für die Verwahrung von Dienstführerscheinen nach § 26 FeV. Besitzt der Betroffene auch einen Zivilführerschein, so ist dieser ebenfalls zu verwahren. Von jedem Einschreiten gegen einen Inhaber eines Dienstführerscheins ist der Dienststelle, für die das von dem Betroffenen geführte Fahrzeug zugelassen ist, Mitteilung zu machen.

4.3.4 Kostenrechtliche Behandlung

4.3.4.1 Die Aufwendungen für die Entgegennahme, Verwahrung und Aushändigung des Führerscheins und der Eintrag in einen ausländischen Fahrausweis sind durch die Gebühr des Bußgeldbescheids abgegolten. Auslagen sind nicht zu erheben.

Für das Versenden des Führerscheins auf Verlangen des Betroffenen und die Aushändigung werden keine Gebühren erhoben. Die entstandenen Auslagen werden jedoch in voller Höhe geltend gemacht (vgl. §§ 1 Abs. 1, 6, 11 ThürVwKostG u. Anl. 1 § 1 ThürAllgVwKostO zu, Nr. 2.3).

4.3.4.2 Erlässt die Bußgeldbehörde eine Beschlagnahmeanordnung, weil der Führerschein nicht innerhalb der festgesetzten Frist abgeliefert wurde, so setzt sie für diese Anordnung eine Gebühr fest, mit der alle Amtshandlungen (insbesondere Beschlagnahme, Wegnahme und Eintragung des Vermerks in einen ausländischen Führerschein) abgegolten sind (vgl. §§ 1 Abs. 1, 6, 11 ThürVwKostG u. Anl. 1 zu § 1 ThürAllgVwKostO, Nr. 1.1.1). Dies ist auch der Fall, wenn eine Polizeidienststelle außerhalb des Freistaats Thüringen eine Beschlagnahmeanordnung im Wege der Amtshilfe vollzieht (vgl. § 11 ThürVwKostG). Wird für die Beschlagnahmeanordnung eine Gebühr festgesetzt, ist die zusätzliche Erhebung von Auslagen nicht statthaft. Die Festsetzung der Gebühren und Auslagen gem. § 107 OWiG bleibt unberührt.

5. Sonderregelungen für die Gemeinden

5.1 Anzuwendende Vorschriften

Soweit in den vorstehenden Vorschriften die Polizei oder Polizeivollzugsbeamte genannt sind, gelten diese Vorschriften nur dann für die Gemeinden und ihre Beamten, soweit sie ihrem Wesen nach auf sie anwendbar sind. Neben den gesetzlichen Vorschriften gelten die Richtlinien des Thüringer Innenministeriums für die polizeiliche Verkehrsüberwachung in der jeweils geltenden Fassung entsprechend.

5.2 Vereinbarungen zwischen Gemeinde und Polizei

Die Gemeinde und die zuständige Polizeidirektion legen in einer schriftlichen Vereinbarung fest, in welchem Umfang die Überwachung des ruhenden Verkehrs (Muster-Anlage 1) sowie die Geschwindigkeitsüberwachung (Muster – Anlage 2) von der Gemeinde wahrgenommen werden. Eine Ausfertigung der Vereinbarung ist dem Thüringer Innenministerium zeitgemäß unter Beachtung der Nr. 5.3 und 5.4 zu übersenden.

Teil 4: Arbeitshilfen

5.3 Zusammenarbeit zwischen Gemeinde und Polizei

Den Zeitpunkt der Aufnahme der Tätigkeit zur Verfolgung und Ahndung von Geschwindigkeitsverstößen bestimmen die Gemeinden im Einvernehmen mit den Polizeidirektionen, soweit die notwendigen organisatorischen, personellen und technischen Voraussetzungen gegeben sind. Die Bekanntgabe des Zeitpunktes erfolgt durch die Abteilung 2 des Thüringer Innenministeriums im Staatsanzeiger.

5.4 Ausbildung der Überwachungskräfte

Die Aus- und Fortbildung der Überwachungs- und Innendienstkräfte obliegt den Gemeinden. Sie können die Ausbildung einer dazu staatlich ermächtigten Ausbildungsinstitution übertragen. Für die Ausbildung der Dienstkräfte für die Geschwindigkeitsmessung wird die Teilnahme an Seminaren am Bildungszentrum der Thüringer Polizei empfohlen.

Die Gemeinde bestimmt einen Ausbildungsleiter, der, gegebenenfalls gemeinsam mit der Ausbildungsinstitution, die Ausbildungspläne zu erstellen hat. Die Mindestdauer der Grundausbildung für Überwachungskräfte des ruhenden Verkehrs beträgt 4 Wochen. Der Unterricht ist unter Berücksichtigung der örtlichen Verhältnisse möglichst praxisnah zu gestalten (praktische Übungen). Als Anhalt dient der als Anlage 3 beigefügte Ausbildungsplan.

5.5 Sachbearbeiter

Entscheidungen und Maßnahmen, die den Lauf des Verfahrens beeinflussen, z.B. Einstellung, Überleitung des Verfahrens, sind dem Leiter der Verfolgungsbehörde oder einem beauftragten Bediensteten vorbehalten, der die Befähigung zum gehobenen Verwaltungsdienst hat bzw. vergleichbaren Angestellten.

5.6 Berichterstattung

Die Gemeinden berichten jährlich zum 01.04. über die Landratsämter und das Thüringer Landesverwaltungsamt dem Thüringer Innenministerium für das vorangegangene Kalenderjahr die Zahl der Verwarnungen und Bußgeldbescheide, aufgeschlüsselt nach Höhe des Verwarnungs- und Bußgeldes sowie Anzahl und Dauer der Fahrverbote.

5.7 Verwarnung

Die Erhebung des Verwarnungsgeldes erfolgt grundsätzlich im unbaren Zahlungsverkehr. Den Gemeinden bleibt es jedoch unbenommen, die unmittelbare Zahlung des Verwarnungsgeldes (Barverwarnung) an die zur Überwachung eingesetzten Dienstkräfte zuzulassen. Die Entgegennahme eines von der Gemeinde festgesetzten Verwarnungsgeldes durch die Polizei und umgekehrt ist nicht zulässig.

5.8 Maßnahmen und Tätigkeiten im ruhenden Verkehr

5.8.1 Identitätsfeststellung

Die Zuständigkeit zur Identitätsfeststellung der Ordnungsbehörden der Gemeinden bei der Verfolgung von Ordnungswidrigkeiten bestimmt sich nach § 163b StPO i.v.m. § 46 Abs. 1 und 2 OWiG. Die unrichtige Angabe oder die Verweigerung der in § 111 Abs. 1 OWiG genannten Angaben stellt eine Ordnungswidrigkeit dar. Hierbei ist zu beachten, dass nicht alle Daten, die in § 111 OWiG zur Identitätsfeststellung für notwendig erachtet werden, auch im Einzelfall erhoben werden müssen. Soweit der Betroffene festgestellt ist, sind weitere Angaben zu Familienstand und Beruf nicht erforderlich.

5.8.2 Abschleppen

Es ist Aufgabe der Gemeinde, bei Vorliegen der Voraussetzungen verbotswidrig abgestellte Fahrzeuge abschleppen zu lassen. Die Gemeinden handeln dabei eigenverantwortlich ohne Beteiligung und Unterstützung der Polizei. Die Befugnis und das Verfahren für die Durchführung ergeben sich aus den Vorschriften des Ordnungsbehördengesetzes.

5.8.3 Weisungsbefugnis

Personen, die gegen die Vorschriften des ruhenden Verkehrs verstoßen, können zur Beseitigung des ordnungswidrigen Zustandes angewiesen werden. Die Befugnis und das Verfahren ergeben sich aus dem § 5 Ordnungsbehördengesetz.

5.8.4 Dienstkleidung

Die im Außendienst tätigen Dienstkräfte zur Überwachung des ruhenden Verkehrs sind durch eine besondere Dienstkleidung erkennbar.

5.8.5 Vordrucke

5.8.5.1 Für die Gemeinden sind die in den Verwaltungsvorschriften vorgeschriebenen Formblätter nicht verbindlich. Soweit die Formblätter Außenwirkung erzeugen, haben sie sich in Form, Farbe oder durch besondere Kennzeichnung deutlich von den Vordrucken der Polizei zu unterscheiden. Die Gemeinden können Muster der für die Polizei vorgeschriebenen Vordrucke von der örtlich zuständigen Polizeidienststelle erhalten.

5.8.5.2 Der Vordruck „Verwarnung mit Zahlungsaufforderung" (Windschutzscheibenbeleg) muss mindestens folgende Angaben enthalten:

Teil 4: Arbeitshilfen

- Tatort, Tatzeit,
- Verkehrsverstoß (Tatbestand),
- verletzte Vorschrift,
- Höhe des Verwarnungsgeldes,
- Belehrung über das Weigerungsrecht,
- Zahlungshinweise.

6. In-Kraft-Treten

Diese Verwaltungsvorschrift tritt am 1. Januar 2007 in Kraft und ist bis zum 31. Dezember 2011 befristet. Gleichzeitig werden aufgehoben:

- Verwaltungsvorschrift des Thüringer Innenministeriums zur Ahndung von Verkehrsordnungswidrigkeiten vom 19. Dezember 1991 (ThürStAnz Nr. 4/1992 S. 124 – 148) einschließlich der Änderung der Anlage 1 in der Fassung vom 22.04.2002 (ThürStAnz Nr. 19/2002 S. 1530)
- Verwaltungsvorschrift des Thüringer Innenministers zur Thüringer Verordnung über Zuständigkeiten auf dem Gebiet der Verfolgung und Ahndung von Verkehrsordnungswidrigkeiten vom 22. Juni 1998 (ThürStAnz Nr. 28/1998 S. 1227 – 1231)
- Verwaltungsvorschrift des Thüringer Innenministeriums über die Aufgaben der Polizei bei der Verfolgung von Verkehrsverstößen vom 1. Dezember 1998 (ThürStAnz Nr. 52/1998 S. 2359 – 2365)
- Bekanntmachung des Thüringer Innenministeriums über die Akteneinsicht in Verkehrsordnungswidrigkeitenverfahren vom 3. Juli 1991 (ThürStAnz Nr. 29/1991 S. 593 – 595)
- Erlass des Thüringer Innenministeriums vom 22.03.2005 über die beschleunigte Gewährung von Akteneinsicht an bevollmächtigte Rechtsanwälte in Verkehrsstrafsachen im Rahmen von Verkehrsunfällen.

Die in dieser Verwaltungsvorschrift genannten Formblätter und Vordrucke sind in der jeweils gültigen Fassung zu verwenden.

Anlage 1 – Muster einer Vereinbarung zwischen der Gemeinde und der Polizeidirektion über die Verfolgung und Ahndung von Verkehrsordnungswidrigkeiten, die Verstöße gegen die Vorschriften im ruhenden Verkehr betreffen.

§ 1 Rechtsstellung der Gemeinde

(1) Die Gemeinde ..... ist gem. § 2 Abs. 1 der Thüringer Verordnung über die Zuständigkeiten für die Verfolgung und Ahndung von Verkehrsordnungswidrigkeiten vom ..... (GVBl. Nr. ..., S. ...) für die Verfolgung und Ahndung von ge-

ringfügigen Verkehrsordnungswidrigkeiten, die im ruhenden Verkehr festgestellt werden, zuständig.

(2) Die mit der Verkehrsüberwachung betraute Dienststelle (Verkehrsüberwachungsdienst) der Gemeinde führt die Bezeichnung: .....

§ 2 Zuständigkeit

(1) Die örtliche Zuständigkeit des Verkehrsüberwachungsdienstes der Gemeinde erstreckt sich auf das gesamte Gemeindegebiet.

Die zeitliche Zuständigkeit ist nicht eingeschränkt und umfasst auch die Sonn- und Feiertage.

Im Einzelnen wird die örtliche und zeitliche Aufgabenwahrnehmung des Verkehrsüberwachungsdienstes wie folgt festgelegt:

(Es folgt die genaue Beschreibung des Überwachungsgebietes und der Zeitrahmen der Überwachungstätigkeit. Diese Festlegungen können auch in einer Anlage, die Gegenstand der Vereinbarung ist, getroffen werden.)

(2) Die Aufgaben und Befugnisse des Verkehrsüberwachungsdienstes sind durch die Thüringer Verordnung über die Zuständigkeiten auf dem Gebiet der Verfolgung und Ahndung von Verkehrsordnungswidrigkeiten und die dazu ergangene Verwaltungsvorschrift des Thüringer Innenministeriums geregelt.

(3) Verkehrsordnungswidrigkeiten im ruhenden Verkehr, die wegen der Schwere des Verstoßes oder aus sonstigen Gründen nicht verwarnt werden können, oder Zuwiderhandlungen im fließenden Verkehr teilt der Verkehrsüberwachungsdienst der Polizei mittels schriftlicher Anzeige mit, soweit es sich nicht um einen Geschwindigkeitsverstoß handelt und keine Vereinbarung über die Verfolgung und Ahndung von Geschwindigkeitsverstößen abgeschlossen wurde. Die Polizei übernimmt in diesen Fällen die Sachbearbeitung eigenverantwortlich.

§ 3 Tätigkeit der Polizei

(1) Die Zuständigkeit der Polizei zur Überwachung des ruhenden Verkehrs und zur Verfolgung und Ahndung von Verkehrsordnungswidrigkeiten bleibt unberührt.

(2) In den Überwachungsgebieten des Verkehrsüberwachungsdienstes führt die Polizei keine gezielten Maßnahmen zur Überwachung des ruhenden Verkehrs durch. Unabhängig davon kann die Polizei im Einzelfall auch innerhalb der Überwachungsgebiete des Verkehrsüberwachungsdienstes tätig werden.

§ 4 Abschleppen

(1) Das Abschleppen verbotswidrig abgestellter Fahrzeuge ist im Rahmen seiner Aufgabenwahrnehmung Aufgabe des Verkehrsüberwachungsdienstes. Die Befugnis ergibt sich aus dem Ordnungsbehördengesetz.

(2) Die Abschleppmaßnahme ist sofort unter Benennung der Fahrzeugart, des Fahrzeugtyps, des amtlichen Kennzeichens und des Ortes der Verwahrung der Polizeidirektion/Polizeiinspektion ..... telefonisch mitzuteilen.

§ 5 Nachermittlungen

(1) Die Gemeinde errichtet einen eigenen kommunalen Ermittlungsdienst, der die notwendigen Nachermittlungen unter Ausschöpfung aller rechtlichen und tatsächlichen Möglichkeiten in eigener Zuständigkeit durchführt.

(2) Die Polizei entspricht Ermittlungsersuchen der Gemeinde nur dann, wenn Ermittlungshandlungen eines Polizeibediensteten vor Ort erforderlich werden und sie dadurch nicht an der Erfüllung anderer wichtiger Aufgaben gehindert wird. Die Entscheidung darüber obliegt der Polizei.

§ 6 Sachbearbeitung und Datenverarbeitung

(1) Die Gemeinde ..... führt die Sachbearbeitung und Datenverarbeitung eigenverantwortlich durch.

(2) Auf Ersuchen gibt die Gemeinde ..... der Polizei Auskunft über die im Rahmen der Verkehrsüberwachung gewonnenen Daten, soweit dies zur Erfüllung polizeilicher Aufgaben zwingend notwendig ist.

(3) Die Bestimmungen des Datenschutzes bleiben unberührt.

§ 7 Zusammenarbeit zwischen Polizei und Gemeinde

(1) Polizei und Verkehrsüberwachungsdienst sind um eine enge und gute Zusammenarbeit bemüht. Von der Polizei und der Gemeinde werden ständige Verbindungsbeamte benannt.

(2) Die im Rahmen der Zusammenarbeit verwendeten Formulare werden einvernehmlich bestimmt.

§ 8 Schlussbestimmungen

Diese Vereinbarung wird auf unbestimmte Zeit geschlossen. Sie ist beiderseits jederzeit bei Einhaltung einer Kündigungsfrist von einem Jahr zum folgenden Jahresende widerrufbar. Änderungen sind einvernehmlich zu regeln.

Ort, den

....
Gemeinde   Polizeidirektion

Anlage: Regelung zur örtlichen und zeitlichen Aufgabenwahrnehmung

Anlage 2 – Muster einer Vereinbarung zwischen der Gemeinde und der Polizeidirektion über die Verfolgung und Ahndung von Verkehrsordnungswidrigkeiten, die Verstöße gegen die Vorschriften über die zulässige Höchstgeschwindigkeit von Fahrzeugen betreffen.

§ 1 Rechtsstellung der Gemeinde .....

(1) Die Gemeinde ..... ist gem. § 2 Abs. 2 der Thüringer Verordnung über die Zuständigkeiten auf dem Gebiet der Verfolgung und Ahndung von Verkehrsordnungswidrigkeiten vom ..... (GVBl. Nr. ..., S. ...) für die Verfolgung und Ahndung von Ordnungswidrigkeiten nach § 24 Straßenverkehrsgesetz, in gleicher Weise wie die Dienststellen der Thüringer Polizei zuständig, soweit die Verstöße die Vorschriften über die zulässige Höchstgeschwindigkeit von Fahrzeugen betreffen.

(2) Die mit der Verkehrsüberwachung betraute Dienststelle (Verkehrsüberwachungsdienst) der Gemeinde führt die Bezeichnung .....

§ 2 Zuständigkeit

(1) Die örtliche Zuständigkeit der Verkehrsüberwachung erstreckt sich auf den gesamten Gemeindebereich/
Bereich der geschlossenen Ortschaft(en) ...../Ortsteil ..... der Gemeinde ..... Die Messstellen werden im Einvernehmen mit der Polizei festgelegt.

(2) Die zeitliche Zuständigkeit ist nicht eingeschränkt; sie umfasst auch Sonn- und Feiertage.

(3) Die Gemeinde ..... führt die Geschwindigkeitskontrollen in ihrem Zuständigkeitsbereich nach Maßgabe der für die polizeiliche Geschwindigkeitsüberwachung geltenden Vorschriften durch.

(4) Zuwiderhandlungen, die mangels Zuständigkeit oder aus sonstigen Gründen nicht verfolgt werden können, teilt die Gemeinde mittels schriftlicher Anzeige der örtlich zuständigen Polizeiinspektion mit, die in diesen Fällen die Sachbearbeitung eigenverantwortlich übernimmt.

(5) Die Ausbildung der für die Aufgabe eingesetzten Kräfte obliegt der Gemeinde. Für die technische Ausbildung kann sie sich des Seminarangebots des Bildungszentrums der Thüringer Polizei bedienen. Die Gemeinde ..... weist zu Beginn der Überwachungstätigkeit die abgeschlossene Ausbildung ihrer Dienstkräfte nach.

§ 3 Tätigkeit der Polizei

(1) Die Zuständigkeit der Polizei zur Geschwindigkeitsüberwachung und Verfolgung festgestellter Verkehrsordnungswidrigkeiten im Bereich der Gemeinde ..... bleibt unberührt.

(2) Mit Beginn der Aufgabenwahrnehmung durch die Gemeinde wird dort eine regelmäßige Geschwindigkeitskontrolle durch die Polizei eingestellt. Soweit es sich um Unfallhäufungspunkte und -gefahrenstellen handelt, ist dies abhängig vom Umfang der Überwachungstätigkeit der Gemeinde.

(3) Durch rechtzeitige Information ist sicherzustellen, dass während der Messung(en) der Gemeinde im jeweiligen Umfeld des Messortes keine Geschwindigkeitsüberwachung durch die Polizei stattfindet.

§ 4 Nachermittlungen

(1) Die Gemeinde wird die im Zusammenhang mit der Verkehrsüberwachung erforderlichen Nachermittlungen unter Ausschöpfung aller tatsächlichen und rechtlichen Möglichkeiten in eigener Zuständigkeit durchführen.

(2) Nachermittlungen in Gemeinden, die ebenfalls Geschwindigkeitsüberwachung betreiben, werden von der Gemeinde dorthin geleitet. Für Betroffene, die ihren Wohnsitz nicht in der überwachenden Gemeinde haben, übernimmt die jeweils örtliche Polizeidienststelle die Nachermittlungen – jedoch nur im Rahmen ihrer personellen Möglichkeiten und unter Beachtung vorrangiger Aufgaben. Nachermittlungen für andere Gemeinden übernimmt in Amtshilfe die Gemeinde mit Befugnis zur Geschwindigkeitsüberwachung, in deren Gemeindegebiet der Betroffene seinen Wohnsitz hat.

§ 5 Datenverarbeitung

(1) Über die im Rahmen der Verkehrsüberwachung gewonnenen Daten erteilt die Gemeinde der Polizei Auskunft, wenn dies zur Erfüllung polizeilicher Aufgaben notwendig ist.

(2) Die Bestimmungen des Datenschutzes bleiben unberührt.

§ 6 Zusammenarbeit der Polizei mit der Gemeinde

(1) Die Polizei und die Gemeinde sind stets um eine enge und gute Zusammenarbeit bemüht.

(2) Die Gemeinde verwendet Vordrucke, die sich von den polizeilichen Formularen deutlich unterscheiden.

(3) Die Gemeinde teilt der Polizeidirektion den Beginn der Aufgabenwahrnehmung rechtzeitig mit.

§ 7 Schlussbestimmungen

Diese Vereinbarung tritt am ..... in Kraft und wird auf unbestimmte Zeit abgeschlossen. Eine beabsichtigte Kündigung durch die Gemeinde soll mindestens 3 Monate vorher angekündigt werden.

Ort, den

.....

Gemeinde   Polizeidirektion

Teil 4: Arbeitshilfen

D. Glossar

641 C

■ **CAN-Bus**

Es handelt sich um ein asynchrones, serielles Bussystem, das 1983 von Bosch für die Vernetzung von Steuergeräten in Automobilen entwickelt und 1987 zusammen mit Intel vorgestellt wurde, um die Kabelbäume zu reduzieren und Gewicht zu sparen.

■ **Codierschalter**

Bei ProViDa-Messanlagen (PDRS 1245). Mit dem Codierschalter wird die Impulsrate aus den Radumdrehungen entsprechend des Reifenabrollumfanges in der Kalibrierbox festgelegt und synchronisiert.

■ **Cosinuseffekt**

Bei Lasermessungen. Verkürzung der Reststrecke durch seitlich versetzte Messung vom Fahrbahnrand.

642 D

■ **Datenbox**

Bei ProViDa-Messanlagen. Speichert alle Einzeldaten und das Endergebnis einer Messung.

■ **Diode**

Eine Leuchtdiode (Licht emittierende Diode) ist ein elektronisches Halbleiter-Bauelement.

643 E

■ **Eichfehlergrenze**

Messabweichung eines Messgerätes unter Laborbedingungen während einer Eichung.

■ **EPROM**

Ein EPROM (löschbarer, programmierbarer Nur-Lese-Speicher) ist ein nichtflüchtiger, elektronischer Speicherbaustein, der v.a. Dingen in der Computertechnik eingesetzt wird.

D. Glossar

H 644

■ Hauptstempel

Eichamtlich auf dem Messgerät aufgebrachtes Siegel, um eine gültige Eichung zu dokumentieren.

I 645

■ Impulsgeber

Liefert in Abhängigkeit von der Drehung einer Welle einen elektrischen Impuls.

K 646

■ Kalibrierbox

Bei ProViDa-Messanlagen. Errechnet aus der Impulszahl des Impulsgebers am Rad eine Wegstrecke.

■ Kalibrierfotos

Testfotos. Dokumentieren die korrekte Funktion eines Messgerätes und sind unter Umständen für die Verwertbarkeit einer Messung entscheidend.

L 647

■ Lebensakte

Informiert über Eichzyklen, Reparaturen oder sonstige Eingriffe am Messgerät.

■ LED-Display

Anzeigeelement zusammengesetzt aus Licht emittierenden Dioden.

■ LED-Matrix

Großes Anzeigeelement aus Dioden (Fußballstadien, Bahnhöfe o.ä.)

■ Lichtpunktvisier

Bei Lasermessgerät LTI 20.20. Als optische Anpeilhilfe befindet sich in der Visiereinrichtung ein roter Lichtpunkt.

Teil 4: Arbeitshilfen

▪ Lichtschranke ESO µP 80 V III/4

Lichtschrankenmessgerät ESO mit Vierfachmessroutine und variabler Fotoeinrichtung.

648 **M**

▪ Messbasis

Bei Lichtschrankenmessgeräten. In der Messbasis befinden sich Messsensoren, die eine Messung auslösen. Die Entfernung zwischen den Sensoren bestimmt die Länge der Messbasis, über die zur Geschwindigkeitsermittlung die Zeitmessung erfolgt.

649 **P**

▪ Police-Pilot-System

Geschwindigkeitsmessverfahren durch Nachfahren ohne Videoaufzeichnung. Geschwindigkeit des Messfahrzeuges wird auf das Betroffenenfahrzeug unter bestimmten Voraussetzungen übertragen.

650 **R**

▪ RAM

Ein Speicher (Speicher mit wahlfreiem Zugriff), der besonders bei Computern als Arbeitsspeicher Verwendung findet. Die gängigsten Formen gehören zu den Halbleiterspeichern.

▪ Referenzfeld

Abstandsmessverfahren VKS: Eichamtlich vermessenes und auf der Fahrbahn markiertes Referenzfeld zur Abstandsbestimmung. Das Referenzfeld ermöglicht genaue PC gestützte Auswertungen der Videoaufzeichnung.

▪ Reifenabrollumfang

Ist die Strecke (Länge) aus einer Radumdrehung entsprechend dem Reifenumfang.

D. Glossar

S

■ Sicherungszeichen

Erklären die Eichgültigkeit eines Gerätes. Hierzu gehören Eichsiegel (Aufkleber) und Eichplomben (Draht mit verpresstem Metallsiegel)

■ Spannungsstabilisator

Produziert aus einer unstabilen elektrischen Spannung eine gleichbleibende stabilisierte Ausgangsspannung.

■ Spektrogramm

Ein Spektrogramm ist die Darstellung des zeitlichen Verlaufs des Spektrums des Signals. Stellt die Zusammensetzung eines Signals aus einzelnen Frequenzen im zeitlichen Verlauf dar.

■ Stempelstelle

Ort für die Durchführung einer Eichung mit anschließender Aufbringung von Sicherungszeichen.

■ Stufenprofil

Verfälschung der Messergebnisse durch annähernd waagerechte Flächen, z.B. Motorhauben.

■ Stufenprofilmessung

Verkürzung der Messbasis (Wegverkürzung) durch Einflüsse eines Stufenprofils und damit zur Berechnung von einer verfälschten zu hohen Geschwindigkeit.

T

■ Tachymeter

Vermessungsgerät in der Geodäsie. Skala auf Stopp- oder Armbanduhren, die eine Geschwindigkeitsermittlung ermöglichen.

■ Taktung

Zeitablauf, der in diskrete Zeitschritte unterteilt ist (1 sec Videobild entspricht z.B. 25 Bilder mal 0,04 sec).

Teil 4: Arbeitshilfen

▪ Triggersignale

Bei Lichtschrankenmessgeräten. Ein Trigger ist das Auslösen einer Veränderung eines bestehenden Signals und auch das Auslösen eines neuen Signals (auch in Tontechnik).

▪ Trippzähler

Kurzstreckenzähler oder Tageskilometerzähler.

653 **V**

▪ Verkehrsfehlergrenze

Messabweichung eines Messgerätes unter Einsatzbedingungen summiert zur Eichfehlergrenze.

▪ Vierfachmessroutine

Wie Zweifachmessroutine. Impulsvergleiche finden zusätzlich bei der Ausfahrtsmessung statt.

654 **Z**

▪ Zeichengenerator

Auch Charaktergenerator. Ermöglicht durch die Verarbeitung eines eingehenden Videosignals die Einblendung von Zahlen oder Text in die Videoaufzeichnung (s. JVC-Piller).

▪ Zweifachmessroutine

Messroutine bei Geschwindigkeitsmessungen mit Lichtschrankenmessgeräten:

Messbasis = 50 cm unterteilt in zwei mal 25 cm, auf denen drei Messungen (Impulsvergleiche) bei der Einfahrtsmessung stattfinden.

Die Messergebnisse werden verglichen von zwei mal 25 cm mit einmal 50 cm.

Stichwortverzeichnis

Die fett gedruckten römischen Zahlen bezeichnen den jeweiligen Teil; die mager gedruckten arabischen Zahlen beziehen sich auf die Randnummern.

µP 80, Anforderung an korrekte
Auswertung I 472
– Checkliste, korrekte Messung I 472
– Fehlermöglichkeiten I 446 ff.
– Fotoauslösung I 444 ff.
– Messprinzip I 432 ff.
– ordnungsgemäße Messung I 473 ff.
2000 VKÜ RG-Control I 918 ff.
– Anforderung an korrekte Auswertung I 923
– Checkliste, korrekte Messung I 925
– ordnungsgemäße Messung I 925
9052 VKÜ Rotlicht, Checkliste,
korrekte Messung I 930
– Dateneinblendung I 926
– Gelbphase, Dauer I 928
Abstand, Berechnung der
Geschwindigkeit des beanzeigten Fahrzeugs I 103
Abstandsmessung, Betrachtung
der Zeit I 104
– durch Nachfahren, Anforderung an das tatrichterliche Urteil **III** 88
– durch Vorausfahren, Anforderung an das tatrichterliche Urteil **III** 89
– Fahrstrecke I 104
– Fehlermöglichkeiten im Bewegungsablauf I 188 ff.
– ohne technische Geräte **III** 79 ff.
– – Nachfahren **III** 79
– – Vorausfahren **III** 79
– tatrichterliches Urteil, allgemeine Feststellung **III** 85 ff.
– – Besonderheiten bei den
einzelnen Messverfahren **III** 86 ff.
– Verkehrsaufkommen I 106

Abstandsmessverfahren,
Abstand als zeitlicher Abstand **I** 102 ff.
– Änderung von Geschwindigkeit und Abstand I 206 ff.
– Beispiele zur Auswertung I 193 ff.
– Checkliste, korrekte Messung I 193
– differenzierte Bußgeldandrohung I 102 ff.
– einzelne Messverfahren I 107 ff.
– Historie I 79 ff.
– Identifikationsbild, Zeitpunkt
der Fixierung I 234 ff.
– Marke Eigenbau I 243
– Rechtsprechung I 89 ff.
– Toleranzen I 94
– Videoabstandsmessverfahren,
Saarland I 108 ff.
Abstandsüberwachung, ES 3.0 I 242 ff.
– Videokamera, ohne Zeiteinblendung I 234 ff.
Abstandsunterschreitung **III** 62 ff.
– Allgemeines **III** 63 ff.
– Anforderung an das tatrichterliche Urteil **III** 83 ff.
– Bestimmung des erforderlichen Abstands **III** 63 ff.
– Messverfahren **III** 71 ff.
– – Brückenabstandsmessverfahren **III** 71
– – Police-Pilot-System **III** 71
– – Videoabstandsmessverfahren **III** 71
– nicht nur vorübergehende **III** 68 ff.
Akteneinsicht, Allgemeines **III** 111 ff.
– Auswertung der Bußgeldakte **III** 131 ff.
– Berechtigung **III** 117
– Besonderheiten im OWi-Verfahren **III** 113 ff.

1073

Stichwortverzeichnis

– Beweismittel	III 122 ff.
– Lebensakte	III 123 ff., 126 ff.
– Umfang	III 121 ff.
– Verfahren	III 115 ff.
– Zeitpunkt	III 113 ff.
– Zuständigkeit	III 116
Anforderung, korrekte amtliche Messung	I 76 ff.
Auftraggeber, morphologische Bildgutachten	II 8 ff.
Auswertefehler, Videoabstandsmessverfahren	I 118
Autobahnbrücke, Videoaufzeichnung aller Fahrzeuge	I 227 ff.
Baden-Württemberg, ViBrAM-BAMAS-Verfahren	I 127 ff.
Bayerisches Videoabstandsmessverfahren	I 122 ff.
– JVC-Piller	I 123
Bedienungsanleitung	I 72 ff.
Betroffener, Identifizierung anhand eines Radarfotos	III 135 ff.
– – Entwicklung der Rechtsprechung	III 136 ff.
Bewegungsablauf, Abstandsmessverfahren, Fehlermöglichkeiten	I 188 ff.
Beweisantrag, Ablehnung	III 172 ff.
– – verspätetes Vorbringen	III 175 ff.
– im OWi-Verfahren	III 155 ff.
– – bestimmte Behauptung	III 161 ff.
– – Beweistatsache	III 157 ff.
– – Bezeichnung des Beweismittels	III 164 ff.
– – Inhalt	III 156 ff.
Beweisaufnahme, OWi-Verfahren	III 152 ff.
Beweisbild, morphologische Bildgutachten	II 56 ff.
Beweismittel, Akteneinsicht	III 122 ff.
– OWi-Verfahren	III 164 ff.
Beweissicherung, ohne standardisiertes Messverfahren	I 224 f.
Beweisverwertungsverbot, Geschwindigkeitsmessung, durch Kommunen	III 25
– – durch Private	III 25 f.
Bezugnahme, Lichtbild in den Urteilsgründen, geeignetes Lichtbild	III 144 ff.
Bildgutachten, morphologisches	II 1 ff.
Bildmappe, Erstellung	II 59 ff.
– Skalierung der verwendeten Gesichtsbereiche	II 61
Brückenabstandsmessverfahren	III 71 ff.
– VAMA	I 124 ff.
Bundesverfassungsgericht, 2 BvR 941/08	I 227 ff.
Bußgeldakte, Auswertung	III 131
– – Checkliste	III 131
– – Eichurkunde	III 131
– – Messprotokoll	III 132
– – Qualität des Lichtbildes	III 134
– – Videomessung	III 131
CAN-Bus-Problematik	I 726 ff.
Cosinuseffekt, Messwertverfälschung, Lasermessung	I 343 ff.
Deskriptiver Vergleich, Einflussfaktoren	II 79 ff.
– – Alter	II 83
– – Auflösung	II 80
– – Ausleuchtung	II 81
– – Bedeutung akzessorischer Merkmale	II 85
– – Gewichtsschwankung	II 84
– – Krankheiten	II 84
– – Mimik	II 82
– – OP	II 84
– – Perspektive	II 87
– – Wertigkeit der Behaarung	II 86
– Extraktion der Merkmale	II 66 ff.

- Merkmalshäufigkeit, Einschätzung　II 89
- Merkmalsschemata　II 88
Eichfähigkeit　I 16 ff.
Eichfehlergrenze　I 50 ff.
- Bereifung　I 54
- - Fahrzeug　I 54
- Toleranzabzug　I 52
- Wegstreckenmessung　I 54
Eichgesetz, Grundlagen　I 2 ff.
Eichgültigkeit　I 35 ff.
Eichplombe　I 46 ff.
Eichsiegel　I 46 ff.
Eichung, Eichfehlergrenze　I 50 ff.
- gesetzliche Pflicht　I 10 ff.
- - Messgeräte für amtliche Überwachung des Straßenverkehrs　I 10 ff.
- Grundlage　I 3
- Gültigkeitsdauer　I 35
- - Befristung　I 36
- konkrete Vorgaben durch die PTB　I 16 ff.
- Lebensakte　I 63 ff.
- mechanische Stoppuhr　I 39
- Nacheichung　I 38
- PTB　I 5 ff.
- standardisiertes Messverfahren　I 23 ff.
- Verkehrsfehlergrenze　I 50 ff.
- Werdegang des Messgeräts, bis zum Einsatz　I 13 ff.
- Zuständigkeit　I 4
ES 3.0, Abstandsüberwachung　I 242 ff.
- Anforderungen, korrekte Auswertung　I 582
- Authentizität bei Messdaten　I 583
- Checkliste, korrekte Auswertung I 582
- Datenschutz bei digitalen Messdaten　I 583
- Fehler im Messbetrieb　I 579 ff.
- - falsche Fahrzeugposition in Fahrtrichtung　I 580 ff.

- Fehler in der Auswertung　I 579 ff.
- Fotoauslösung　I 566 ff.
- Fotolinie　I 566 ff.
- Integrität bei digitalen Messdaten　I 583
- Messfoto, Zuordnungskriterien bei der Auswertung　I 577 ff.
- Messprinzip　I 564 ff.
- Sensorkopf, Abstand zur Fahrspurbreite　I 576
- - Abstand zur Straße　I 576
- - Aufstellung　I 571 ff.
- - Justierung　I 571 ff.
- Testfoto　I 570
ES 1.0, Anforderung, korrekte Auswertung　I 556 ff.
- Checkliste, korrekte Auswertung I 557
- Einseitensensor　I 518
- Fehlermöglichkeiten　I 539 ff.
- - Aufstellgeometrie　I 548 ff.
- - Messwertzuordnung　I 539 ff.
- - nicht zu verwertende Messung　I 553 ff.
- - Testfotos　I 544 ff.
- Fotoauslösung　I 527 ff.
- Komplettabbildung des Messbereichs　I 532 ff.
- Messanlage　I 518 ff.
- Messbereich, Komplettabbildung　I 532 ff.
- Messprinzip　I 520 ff.
Fahrlässigkeit, Geschwindigkeitsüberschreitung　III 60 ff.
Fahrzeuginnenraum, Lasermessung, Fehlermöglichkeiten I 340 f.
Fahrzeugüberhang, Videoabstandsmessverfahren　I 119
Fahrzeugverglasung, Fehlermöglichkeiten, Lasermessung I 340 ff.
FG 21P, Lasermessgerät, Anforderung an den Visiertest　I 284 ff.
Form, Begründung der Rechtsbeschwerde　III 217 ff.

1075

Stichwortverzeichnis

Fotoauslösung, Lichtschrankenmessverfahren I 444 ff.
Frist, Begründung der Rechtsbeschwerde III 214 ff.
Gatso TC-RG1, Checkliste,
korrekte Messung I 952
– Induktionsschleifen I 948
– korrekte Auswertung, Anforderung I 951
– nicht verwertbare Messung I 954
– ordnungsgemäße Messung I 953
– – Geschwindigkeit I 955
– Rotphase, Beginn I 949
– – vorwerfbare I 950
– Sperrzeit, Ablauf I 950
– zweites Beweisbild I 950
Geschwindigkeitsbeschrän-
kung, Geltungsbereich III 22
Geschwindigkeitsmesssystem
durch Nachfahren I 655 ff.
– Fehlerproblematik I 656
– geeichter Tachograf I 656
– justierter Tachograf I 656
– nicht geeichter Tachograf I 658 ff.
– Police-Pilot-System I 656
– ProViDa-Messsystem I 656
– Radargerät, Moving-Betrieb I 657
– ungeeichter Tachograf I 656
– VASCAR 2000 I 656
– Vidista I 656 ff.
Geschwindigkeitsmesssystem
V-Control IIb, Checkliste,
korrekte Messung I 653
– Kamerasystem KA 1.0 I 647 ff.
– – Anforderungen an eine kor-
rekte Auswertung I 651 ff.
– – ordnungsgemäße Messung I 654 ff.
– – Testdurchführung I 651
Geschwindigkeitsmessung III 15 ff.
Geschwindigkeitsmessung
durch Nachfahren, allge-
meine Anforderungen III 46 ff.

– Checkliste, korrekte Messung I 747
– Festpunktmessung I 731 ff., 735 ff.
– gleicher Anfangs-
und Endabstand I 743 ff.
– Länge der Messstrecke III 48
– Länge des Verfolgungsabstands III 49
– Messung zur Nachtzeit III 52 ff.
– Polizeimotorrad I 748
– – Reifendimension I 752
– – Reifenform I 752
– – Schrägfahrtstrecke I 752
– Tachometer, Eichung III 50
– – Justierung III 50
– – Toleranzabzug III 51
– ungleicher Abstand zwischen
Messbeginn und Messende I 744 ff.
– ungleicher Anfangs-
und Endabstand I 731 ff., 735 ff.
– – auto2 Messung I 743 ff.
Geschwindigkeitsmessung,
Dokumentation, Lasermessung I 311 ff.
– durch Kommunen III 23 ff.
– – Beweisverwertungsverbot III 25
– durch Nachfahren III 45 ff.
– – allgemeine Anforderungen III 46 ff.
– durch Private III 23 ff.
– – Beweisverwertungsverbot III 25
– geschwindigkeitsbeschränken-
des Schild III 43
– in der Nähe der Geschwindigkeitsbeschränkung III 43 ff.
– Leivtec XV 3 I 238 ff.
– PPS/Videonachfahrsystem III 44 ff.
– Richtlinien III 43
Geschwindigkeitsmessver-
fahren, Identifikationsbild,
Zeitpunkt der Fixierung I 233
Geschwindigkeitsüberschreitung III 15 ff.
– allgemeine Fragen III 15 ff.
– fahren mit einem sog. „Sprinter" III 19 ff.

Stichwortverzeichnis

– Fahrlässigkeit III 60 ff.
– mehrere Verkehrszeichen III 18
– Rechtfertigungsgrund, Gefahrenabwehr III 59
– – Gesundheitsgefahren III 59
– Rechtfertigungsgründe III 58 ff.
– Vorsatz III 60 ff.
– Zusatzschild „bei Nässe" III 16
– Zusatzschild „werktags" III 17
Geschwindigkeitsüberwachung, Richtlinien I 62
Geständnis, standardisiertes Messverfahren III 36 ff.
Gutachter, Qualifikation II 8
– Stellung vor Gericht II 9
Handlasermessgerät, Visiertest I 274 ff.
Identifikationsbild, Zeitpunkt der Fixierung, Abstandsmessanlage I 233 ff.
– – Geschwindigkeitsmessverfahren I 233
Identifizieren, Bildvergleich II 6
– elektronische Identifikationssysteme II 7
– Erkennung von Gesichtern II 7
– Unterscheidbarkeit von Individuen II 4 ff.
Identifizierung des Betroffenen, anhand eines Radarfotos, Bezugnahme in den Urteilsgründen III 139 ff.
– – keine Verweisung auf das Beweisfoto III 146 ff.
Identitätsfeststellung, Vergleich, Messfoto mit Ausweisbild III 149 ff.
Identkamera, VKS select I 136 ff.
Informelle Selbstbestimmung, Eingriff III 3 ff.
– Rechtsprechung BVerfG (2 BvR 941/08) III 7 ff.
JVC-Piller, Bauartzulassung I 172 ff.

– bayerisches Videoabstandsmessverfahren I 123
– Charaktergenerator, CG-P50E I 171
– Gebrauchsanweisung I 172 ff.
– Messverfahren, technische Hintergründe I 181 ff.
– Neuzulassung I 167 ff.
– Zeichengenerator bei Abstandsmessungen I 149 ff.
– Zeitgeber bei Abstandsmessung I 149 ff.
Kalibrierungsbox, Police-Pilot I 690
Knickstrahlreflexion I 862 ff.
Korrekte amtliche Messung, Checkliste I 78
Lasermessgerät, Eichung I 244
– Fehlermöglichkeiten I 306 ff.
– – Aufweitung des Laserstrahls I 319 ff.
– – Ausbreitungsgrad des Laserstrahls I 328 ff.
– – benutzerabhängige Fehlerquellen I 315 ff.
– – Cosinuseffekt I 343 ff.
– – Dokumentation der Geschwindigkeitsmessung I 311 ff.
– – Durchführung der vorgeschriebenen Gerätetests I 307 ff.
– – Messung am Rand des Zielerfassungsbereichs I 325 ff.
– – Messung durch Fahrzeuginnenraum I 340 ff.
– – Messung durch Fahrzeugverglasung I 340 f.
– – Messung im Fahrzeugpulk I 332 ff.
– – Schulung der Messbeamten I 306 ff.
– – Zeitdauer der Messung I 317 f.
– – Zuordnungsfehler beim Überholmanöver I 332 ff.
– Funktionsweise I 251 ff.
– Messprinzip I 252 ff.
– Riegl FG 21P I 255 ff.

1077

Stichwortverzeichnis

Lasermessung, Videodokumentation, Leivtec XV 2   I 345 ff.
– – Nachtmessung   I 374 ff.
Lasermessverfahren, Anforderung, korrekte Auswertung   I 472
– Bilddokumentation, Leivtec XV 3   I 380 ff.
– Eichung   I 244
– Justierung, Aufhaltung des Lasermessstrahls   I 279
– – Auswahlkriterien der einzelnen Laufzeitergebnisse   I 279
– – Zielgenauigkeit   I 279
– Laveg   I 245
– Leivtec XV 2   I 245
– Leivtec XV 3   I 245
– ohne Bilddokumentation   I 245 ff.
– – PTB   I 247
– ohne Videoaufzeichnung, Displaytest   I 261
– – Geräteselbsttest   I 264
– – Gerätetest   I 259 ff.
– – Messdurchführung   I 259 ff.
– – notwendige Gerätetests   I 264 ff.
– – Nulltest   I 261, 264
– – Segmenttest   I 265
– – Selbsttest   I 261
– – Visiertest   I 261, 266
– Patrol/Traffipatrol   I 245
– PoliScanspeed   I 412 ff.
– Riegl FG 21P   I 245
– – Fehlermöglichkeiten beim Visiertest   I 294 ff.
– Riegl LR 90-235   I 245
– standardisiertes Messverfahren   III 31
– Ultra Lyte   I 245
– Videodokumentation, Funktionsweise   I 347 ff.
– – Leivtec   I 346 ff.
– – Messprinzip   I 347 ff.
– Visiereinrichtung, Bedeutung der korrekten Justierung   I 279 ff.
– Visiertest, Riegl FG 21P, Fehlermöglichkeiten   I 294 ff.
LaserPatrol, Visiertest   I 274
Laveg   I 245
– Visiertest   I 274
Lebensakte   I 63 ff.; III 126 ff.
– Anschluss von Zusatzeinrichtungen   I 66
– aufgetretene Mängel   I 66
– Beiziehung   I 69
– Beziehungsantrag   III 128
– Eichgültigkeit   I 64
– Einsicht   III 123 ff.
– Erweiterung   I 66
– Nacheichung   I 66
– PTB   I 70
– Recht auf Akteneinsicht   I 68
– Reparatur   I 66
Leivtec XV 2   I 245
– Anforderungen an den Temperaturbereich   I 359 ff.
– Anforderungen an die Messörtlichkeit   I 359 ff.
– Auswertung von Messungen   I 363 ff.
– Beschulung   I 378 f.
– Betriebstemperatur, Unterschreitung   I 363
– Durchführung von Messungen   I 359 ff.
– erforderliche Beweismittel   I 345
– Funktionsweise   I 347 ff.
– geräteinterne Überprüfung   I 355 ff.
– korrekte Messwertbildung   I 369
– Messbereich   I 351 ff.
– Messbild zum Messbeginn   I 367
– Messprinzip   I 347 ff.
– Messwinkel   I 352
– Nachtmessung   I 374 ff.
– nicht verwertbare Messung   I 373
– notwendige Gerätetests   I 355 ff.
– Überprüfung, durch Messbeamte   I 357 ff.
– Umgebungstemperatur, + 40   I 363

Stichwortverzeichnis

- verwertbare Messung I 371 ff.
Leivtec XV 3 I 245
- Allgemeines I 380 ff.
- Anforderungen an die Messörtlichkeit I 397 ff.
- Auswertung von Messungen I 398 ff.
- Beschulung I 410 ff.
- digitale fotografische Dokumentation I 380
- Durchführung von Messungen I 397 ff.
- erforderliche Beweismittel I 345
- Funktionsweise I 387 ff.
- gemessene Geschwindigkeitswerte I 390
- geräteinterne Überprüfung I 392 ff.
- Kamera I 381
- Messprinzip I 387 ff.
- Messung, fließender Verkehr I 402
- – weiteres Fahrzeug I 402
- Messwertbildung I 390
- Nachtmessung I 408 f.
- nicht verwertbare Messung I 406 ff.
- – zusätzliches Fahrzeug auf dem Bild I 406
- – zusätzliches Fahrzeug fährt auf den Sensor zu I 406
- Prinzip der Datenverarbeitung I 399 ff.
- RAM-Test I 395
- Selbsttest I 393
- Sensor I 381
- Überprüfung, durch den Messbeamten I 396
- Umgebungstemperatur I 398
- verwertbare Messung I 402 ff.
- zweites Fahrzeug mit gleicher Fahrtrichtung I 402
Leivtec, Allgemeines I 346 ff.
Lichtschranke, µP 80 I 431
Lichtschrankenmessverfahren I 430 ff.
- Aufstellgeometrie I 466 ff.
- Einseitensormessverfahren ES1.0 I 518 ff.
- – ES3.0 I 558 ff.
- Fehlermöglichkeiten I 446 ff.
- – nicht komplett abgebildete Messlinie I 460 ff.
- – parallel fahrende Fahrzeuge I 453
- – zwei Fahrzeuge seitlich versetzt I 446 ff.
- Fotoauslösung I 444 ff.
- Lichtempfänger I 431
- Lichtwerfer I 431
- LS4.0 I 474 ff.
- – Fehlermöglichkeiten I 491 ff.
- – Messprinzip I 475 ff.
- Messfoto I 444
- Messprinzip I 433 ff.
- Messsystem I 431
- Neigungswasserwaage I 466 ff.
- ordnungsgemäße Messung I 473 f.
- Testfotos I 470 ff.
LS4.0, Anforderung, korrekte Auswertung I 513 ff.
- Checkliste, korrekte Auswertung der Messung I 514
- Ermittlung des Geschwindigkeitsmittelwerts I 480
- Fehlermöglichkeiten I 491 ff.
- – Aufstellgeometrie I 506 ff.
- – Neigungswasserwaage I 506 ff.
- – Testdurchführung I 499 ff.
- – zwei oder mehrere Fahrzeuge im Messbereich I 491 ff.
- Fotoauslösung I 486 ff.
- Fotoposition I 486 ff.
- Messprinzip I 475 ff.
LTI 20.20 TS/KM, Visiertest I 274
Markierungsfehler, Videoabstandsmessverfahren I 117
Messfahrzeug, Wechsel der Bereifung I 54
Messgerät, Eichung I 35 ff.
- – Dauer I 35 ff.
- – Eichgültigkeit I 35 ff.

1079

Messlinie, nicht komplett abgebildete, Lichtschrankenmessverfahren **I** 460 ff.
Messörtlichkeit, Leivtec XV 2 **I** 359 ff.
Messprinzip, PoliScanspeed **I** 416 ff.
Messverfahren, saarländisches, Toleranzbetrachtung **I** 116 ff.
Metrischer Vergleich, Auswahl der Markierungspunkte **II** 95
– Linienführung **II** 91
– Merkmalsvergleich **II** 94
– Proportionsvergleich **II** 91, 93 ff.
Morphologische Bildgutachten II 1 ff.
– Accessoires **II** 38
– Anfechtung der Vergleichsaufnahmen **II** 55
– Arbeitsgrundlage **II** 14 ff.
– Aufbau **II** 51
– Auflösung **II** 32
– Auftraggeber **II** 8 ff., 10 ff.
– Ausleuchtung **II** 34
– Beurteilung **II** 65 ff.
– – deskriptiver Vergleich **II** 65 ff.
– – metrischer Vergleich **II** 90 ff.
– Beweisbilder **II** 15 ff., 56 ff.
– – auf Normalpapier **II** 19
– – Bildeignung **II** 15 ff.
– Bildaufzeichnung **II** 22
– Bildbearbeitung **II** 21
– Bildmappe, Erstellung **II** 59 ff.
– – Skalierung der verwendeten Gesichtsbereiche **II** 61
– Brennweite **II** 31 ff.
– Datenkompression **II** 23
– digitale Bildspeicherung **II** 22 ff.
– Farbtreue **II** 35
– Frisur **II** 37
– Grundlagen, Identifikation lebender Personen **II** 54
– Gutachtenart **II** 10 ff.
– Gutachter **II** 8 ff.
– Identifizieren **II** 2
– Kamera **II** 33
– Kamera-Objekt-Abstand **II** 31 ff.
– Mimik **II** 36
– mimische Differenzen **II** 57
– mögliche Erstattung **II** 102 ff.
– Perspektive **II** 39
– – Beurteilung der Kopfposition **II** 40
– Rechnung **II** 101
– Sonderfälle **II** 100
– Stammdaten **II** 52
– Vergleichsbilder, Aufnahmedatum **II** 44
– – Bildausschnitt **II** 30
– – Dokumentation der Identität **II** 44 ff.
– – Einbeziehung naher Familienangehöriger **II** 50
– – Einflussfaktoren **II** 29
– verlustfreie Kompression **II** 24
– Verweigerung der Anfertigung von Vergleichsaufnahmen **II** 44
– Verzerrung von Proportionen **II** 26 ff.
– Vorauswahl **II** 58
– Vorbehalte **II** 99
– Wiedererkennen **II** 3 ff.
MULTANOVA 6F **I** 814 ff.
– Aufbau der Messanlage **I** 831 ff.
– Empfindlichkeit der Doppelradarsonde **I** 837 ff.
– Fotoauslösung **I** 826 ff.
– Funktionsweise, 2. Auswertephase **I** 821
– – korrekte Ausrichtung **I** 822
– Messörtlichkeit **I** 831 ff.
– Messwertbildung **I** 823 ff.
– Reflexion, mögliche **I** 839
– Testfotos **I** 842 ff.
MULTANOVA 6FA **I** 815
MULTANOVA 6FAFB **I** 815
MULTANOVA 6FM **I** 815
Multanova MultaStar C **I** 941 ff.
– Anforderung korrekter Auswertung **I** 945
– Checkliste, korrekte Messung **I** 946

Stichwortverzeichnis

– ordnungsgemäße Messung **I** 946
– Wert der vorwerfbaren Rotzeit **I** 942
Nacheichung, herausgezögerter
  Termin **I** 38
Nachtmessung, Lasermessverfahren, Videodokumentation **I** 374 ff.
– Leivtec XV 2 **I** 374 ff.
– Leivtec XV 3 **I** 408 f.
Neigungswasserwaage **I** 466 ff.
NTSC-Videokamera **I** 184
OWi-Verfahren, Prüfung der
  Messung **III** 2
– Prüfung des Bußgeldbescheids **III** 2
– Vorbereitung der Hauptverhandlung **III** 2
PAL-Videokamera **I** 184
Patrol/Traffipatrol **I** 245
Piezo-Kabel-Geschwindigkeitsmessgeräte **I** 584 ff.
Piller-Problematik **I** 149 ff.
Police-Pilot, berechnerische
  Höchstgeschwindigkeit **I** 700
– geeichter Tachograf **I** 687
– Kalibrierbox **I** 690
– Rechner **I** 699
– Steuereinheit **I** 698
– Wegstreckenmesseinheit **I** 697
– Wegstreckenmessung **I** 700
– Zeitmesseinheit **I** 696
– Zeitmessung **I** 700
Police-Pilot-System **I** 656; **III** 71, 77 ff.
– Anforderung an das tatrichterliche Urteil **III** 87
– Videomessverfahren **III** 77
PoliScanspeed, Allgemeines **I** 412 ff.
– auffällige Messung **I** 427
– Checkliste, korrekte Messung **I** 423
– korrekte Messung **I** 424
– Messprinzip **I** 416
– nicht verwertbare Messung **I** 427

Polizeimotorrad, Geschwindigkeitsmessung durch Nachfahren **I** 748 ff.
ProViDa 2000 **I** 719
ProViDa PDRS 1245 **I** 717 ff.
ProViDa, geeichter Tachograf **I** 687
– Messmethoden **I** 703 ff.
– Video-Datengenerator **I** 701 f.
ProViDa-Messsystem **I** 656
PTB, Aufgaben **I** 8 ff.
– Bauartzulassung **I** 15 ff.
– konkrete Vorgaben, Eichung **I** 16 ff.
– – Zulassung **I** 16 ff.
– Lasermessverfahren, ohne
  Bilddokumentation **I** 247
– Zulassung, Ablauf **I** 13 ff.
– – von Messgeräten **I** 10 ff.
– Zuständigkeit **I** 5 f.
Qualifizierter Rotlichtverstoß **III** 99 ff.
– Allgemeines **III** 100
– Feststellung der Rotlichtzeit **III** 103 ff.
– – Einsatz einer Rotlichtkamera **III** 104 ff.
– Rotlichtzeit, Schätzung **III** 107 ff.
– Überfahren der Haltelinie **III** 101 ff.
Radargerät, Moving-Betrieb **I** 657
Radarmessverfahren **I** 754 ff.
– Fallbeispiele **I** 854 ff.
– Knickstrahlreflexion **I** 862
– Messanlage, nicht parallel zum
  Fahrbahnrand **I** 852 ff.
– standardisiertes Messverfahren **III** 31
– Streuung an der Fahrbahnoberfläche **I** 866 ff.
– – mögliche Strahlengänge **I** 873
Rechnung, morphologische
  Bildgutachten **II** 101
Rechtfertigungsgrund,
  Geschwindigkeitsüberschreitung **III** 58 ff.
Rechtsbeschwerde, Allgemeines **III** 177 ff.
– Begründung **III** 213 ff.

1081

– – Form	**III** 217 ff.
– – Frist	**III** 214 ff.
– – inhaltliche Anforderung	**III** 220 ff.
– – Sachrüge	**III** 231 ff.
– Beschränkung	**III** 186 ff.
– Einlegung	**III** 181 ff.
– – Antrag	**III** 185
– – Beschränkung	**III** 186
– – Form	**III** 184
– – Frist	**III** 182
– Verfahrensrüge	**III** 222 ff.
– Zulassung	**III** 195 ff.
– – bei Verfahrenshindernissen	**III** 207 ff.
– – Verletzung des rechtlichen Gehörs	**III** 204 ff.
– – Zulassungsantrag	**III** 211 ff.
– zulassungsfreie	**III** 189 ff.
– Zulassungsvoraussetzung	**III** 197 ff.
Reifenwechsel, Feststellung des unkritischen	**I** 58
– Sommer- auf Winterreifen	**I** 58
Richtlinien, Geschwindigkeitsmessung	**III** 43
Riegl FG 21P	**I** 245, 255 ff.
– Fehlermöglichkeiten bei Lasermessung, Schulung der Messbeamten	**I** 306 ff.
– Handlasermessgerät, Visiertest	**I** 274 ff.
– Messprotokoll	**I** 277
– Visiertest	**I** 267, 274
– – Anvisieren der Fahrzeuge	**I** 301 f.
– – Aufhaltung des Laserstrahls	**I** 287
– – Messdurchführung	**I** 299 ff.
– – Messort	**I** 299 f.
Riegl LR 90-235	**I** 245
Riegl LR 90-235/P, Visiertest	**I** 274
RK 3.0, Checkliste, korrekte Messung	**I** 939
– Gelbphase, Dokumentation der Dauer	**I** 936
– korrekte Auswertung, Anforderung	**I** 938
– Rotlichtverstoß, Dokumentation	**I** 933
Rotlichtüberwachung, 2000	
VKÜ RG-Control	**I** 918 ff.
– 9052 VKÜ Rotlicht	**I** 926 ff.
– Allgemeines	**I** 880 ff.
– automatische Berechnung der verwertbaren Rotzeit	**I** 940 ff.
– Fotoanlage RK 3.0	**I** 931 ff.
– Fotoanlage RK 3.1	**I** 931 ff.
– Gatso TC-RG1	**I** 947 ff.
– manuelle Rückrechnung	**I** 888
– Multanova MultaStar C	**I** 941 ff.
– MultaStar C speed, abgeschaltete Rotlichtüberwachung	**I** 946a
– standardisiertes Messverfahren	**I** 880
– stationäre Messanlage	**I** 890 ff.
– TRUVELO	**I** 906 ff.
– vorzuwerfende Rotzeit	**I** 883
Rotlichtverstoß	**III** 90 ff.
– allgemeine tatsächliche Feststellung	**III** 95 ff.
– Grenzfälle	**III** 91 ff.
– qualifizierter	**III** 99 ff.
– Spurwechsel	**III** 94
– Umgehungsfälle	**III** 93
Rotlichtzeit, qualifizierter Rotlichtverstoß	**III** 103
Rotzeit, automatische Berechnung	**I** 940 ff.
Sachrüge, Rechtsbeschwerde	**III** 231 ff.
Sachverständigenbeweis	**III** 166 ff.
Spurwechsel, Rotlichtverstoß	**III** 94
Standardisiertes Messverfahren	**I** 23 ff.
– Anforderungen	**III** 27 ff.
– Begriff	**III** 27 ff.
– Beweissicherung ohne	**I** 224 ff.
– CAN-Bus-Problematik	**I** 24
– Geständnis	**III** 36 ff.
– Lasermessverfahren	**III** 31
– Piezorichtlinie	**III** 29
– PoliScanspeed	**III** 32
– PPS/Videonachfahrsystem	**III** 44 ff.

Stichwortverzeichnis

– ProViDa	III 44
– Radarmessverfahren	III 31
– Rechtsprechungsübersicht	III 32
– Rotlichtüberwachung	I 880 ff.
– Toleranzabzug	III 29
– Toleranzwert	III 34 ff.
– Verstoß gegen Wartungsvorschriften	III 29
– Verteidigerverhalten	III 41 ff.
– Videonachfahrsystem ProViDa	I 25
Stationäre Messgeräte	I 584 ff.
Stationäres Messverfahren, Fehlermöglichkeiten im Bewegungsablauf	I 188 ff.
Stoppuhr, mechanische, Eichgültigkeitsdauer	I 39
Tachograf, allgemeine Ausfuhrung	I 688 ff.
– Allgemeines	I 684 ff.
– andere Messverfahren	I 717 ff.
– Auflösung der Wegstreckenmessung	I 690
– CAN-Bus-Problematik	I 726 ff.
– geeichter	I 656
– Geschwindigkeitsmessung	I 705 ff.
– gleicher Anfangs- und Endabstand	I 709 ff.
– justierter	I 656
– Kalibrierungsbox	I 690
– Messmethoden	I 703 ff.
– Messungen beim Verfolgen	I 709 ff.
– nicht geeichter, Ablesefehler	I 668 ff.
– – Abstandsfehler	I 671 ff.
– – Allgemeines	I 658
– – Anforderungen an die Überprüfbarkeit	I 678 ff.
– – Beobachtungsfehler	I 671 ff.
– – Checkliste zum Messvorgang	I 680
– – Checkliste zum Toleranzabzug	I 683
– – Messfehler	I 658
– – technischer Messfehler	I 658 ff.
– Toleranzbetrachtung	I 723 f.
– ungeeichter	I 656
– ungleicher Anfangs- und Endabstand	I 712 ff.
– Video-Datengenerator	I 701 f.
– ViDistA-Messverfahren	I 720 ff.
Temperaturbereich, Leivtec XV 2	I 359 ff.
Testfoto, ES3.0	I 570
– Lichtschrankenmessverfahren	I 470 ff.
Toleranzbetrachtung, Videoabstandsmessverfahren, Zeitfehler der Uhr	I 116
Traffipatrol, Visiertest	I 267
TRAFFIPAX Speedophot	I 754 ff.
– Anforderungen an den Messort	I 783
– Aufbau der Messanlage	I 767 ff.
– – Fahrbahnparallelität	I 772 ff.
– – Linksmessung	I 770
– – Rechtsmessung	I 769
– Aufbau im Kurvenbereich	I 780 ff.
– aufmerksamer Messbetrieb	I 804 ff.
– Doppelreflexion	I 797 ff.
– dreifache Reflexion	I 800
– Fotoauslösung	I 762 ff.
– Funktionsweise	I 756 ff.
– gerade Strecke	I 780 ff.
– Knickstrahlreflexion	I 791 ff.
– Messbeginn	I 810
– Messwertbildung	I 759 ff.
– – Winkelveränderung	I 760
– Reflexion	I 790 ff.
– Reichweite	I 784 ff.
– Testfotos	I 809 ff.
– – Ende des Messfilms	I 811
– – Ende der Messstelle	I 812
– Übertragung von Messwerten	I 801 ff.
Traffiphot	III I 890 ff.
– Checkliste, korrekte Messung	I 902
– digitale Fotoeinheit	I 891
– fehlerhafte Bezeichnung, nicht korrekte Auswertung	I 903 ff.
– fehlerhafte Bildzuordnung	I 905

1083

Stichwortverzeichnis

- Gelbphasendauer, Messung   I 897
- Rückrechnung auf den Zeitpunkt der Überwachung   I 899
- weiteres Fortbewegen des Fahrzeugs   I 895

Traffiphot S   I 584 ff.
- Anforderung, korrekte Anforderung   I 593
- Checkliste, korrekte Messung   I 594
- Gerätevarianten   I 586 ff.
- Messung, ordnungsgemäße   I 595 ff.
- ROBOT-SmartCamera IM   I 592
- Testdurchführung   I 592 ff.

Traffiphot S-digital   I 584 ff.

TraffiStar S 330, Anforderungen an eine korrekte Auswertung   I 604
- Authentizität, digitale Messdaten   I 607 ff.
- Checkliste, korrekte Messung   I 605
- Datenschutz, digitale Messdaten   I 607 ff.
- digitale Messdaten, asymmetrische Verschlüsselung   I 612 ff.
- – Erhaltung der Integrität   I 619
- – Hashfunktion   I 614
- – symmetrische Verschlüsselung   I 612
- Geschwindigkeitsmesssystem   I 597 ff.
- Integrität digitaler Messdaten   I 607 ff.
- Messung, ordnungsgemäße   I 606 ff.

TRUVELO   I 906 ff.
- Checkliste, korrekte Messung   I 916
- Dokumentation, Dauer der Gelbphase   I 909
- Gelbphase, Dauer   I 908
- korrekte Auswertung, Anforderungen   I 915
- Lampenspannung   I 910
- Messfilmauswertung   I 913
- ordnungsgemäße Messung   I 917
- Registrierfoto   I 911
- Überwachung von vier Fahrstreifen   I 908

TRUVELO M4²   I 625 ff.
- Checkliste, korrekte Messung   I 633
- Geschwindigkeitsüberwachung   I 625
- Messfühlerprofile   I 629
- Messung, nicht verwertbare   I 635 ff.
- – ordnungsgemäße   I 634
- Testdurchführung   I 631

TRUVELO VDS M5   I 637 ff.
- Anforderung an eine korrekte Auswertung   I 644
- Checkliste, korrekte Messung   I 645
- Modul Kamera   I 642
- Modul M5-Master   I 640
- Modul M5-Speed   I 641
- ordnungsgemäße Messung   I 646
- Testdurchführung   I 643

Überholmanöver, Zuordnungsfehler, Lasermessung   I 332 ff.

Ultra Lyte   I 245

Ultra Lyte 100, Visiertest   I 274

Urkundenbeweis   III 169 ff.

VAMA   III 71

VAMA-Brückenabstandsmessverfahren   I 124 ff.

VASCAR 2000   I 656

VASCAR, geeichter Tachograf   I 687, 717 ff.
- Videobild   I 719

Verfahrensfragen, ausgesuchte   III 110 ff.

Verfahrensrüge, Rechtsbeschwerde   III 222 ff.

Verkehr-Kontroll-Systeme   I 133 ff.

Verkehrsfehlergrenze   I 50 ff.

Verkehrsüberwachung, allgemeine Anforderung an die technischen Geräte   I 1 ff.

Verkehrsüberwachungsvorschriften, VKÜ   I 60

Verteidigerverhalten, standardisiertes Messverfahren   III 41 ff.

Stichwortverzeichnis

Verteidigung im OWi-Verfahren	III 2 ff.
ViBrAM-BAMAS-Verfahren	I 127
– Baden-Württemberg	I 127 ff.
Videoabstandsmessverfahren	I 98; III 71, 75 ff.
– Auswertefehler	I 118
– bayerisches	I 122 ff.
– Fahrzeugüberhang	I 119
– Feststellung, tatrichterliches Urteil	III 84 ff.
– Gesamtmessstrecke	I 113
– Geschwindigkeitsermittlung	I 111
– Messmarkierung	I 109
– Messörtlichkeit	I 109
– Saarland, Messverfahren	I 108 ff.
– – Toleranzen	I 115
– standardisiertes Messverfahren	III 75
– Toleranzabzug	III 75
– Toleranzen, Markierungsfehler	I 117
– Videoaufzeichnung	I 110
– Videostoppuhr CG-P50E	III 76
Videoaufzeichnung, aller Fahrzeuge von einer Autobahnbrücke herab	I 227 ff.
Videodokumentation, Lasermessverfahren	I 345 ff.
Videomessung im Straßenverkehr, Beweisverwertungsverbote	III 10 f.
– BVerfG (2 BvR 941/08)	III 3 ff.
– Prüffragen	III 9 ff.
– Rechtsprechungsübersicht	III 14
– Verfahrensfragen	III 12 ff.
– – Beweisanträge	III 13
Vidista	I 720 ff.
– geeichter Tachograf	I 68 f.
VIDIT/VKS	I 133 ff.
Visiertest, Handlasermessgeräte	I 274 ff.
– Lasermessverfahren, ohne Videoaufzeichnung	I 266 ff.
Visiertest, ordnungsgemäße Überprüfung	I 272
– Riegl FG 21P	I 274 ff.
Vitronic, PoliScanspeed	I 412 ff.
VKS 3.0, select-Anbindung	I 138 ff.
VKS 3.01	I 134; III 71
VKS select, Identkamera	I 136
– mobiles Messsystem	I 135 ff.
VKS, allgemeine Ausführungen	I 133 ff.
– Arbeitsweise	I 136
– Aufnahmebetrieb	I 136
– Aufnahmen, Interpolation	I 148l ff.
– Auswertung	I 144 ff.
– – Voraussetzung	I 144
– codiertes Videoband	I 143
– einzelne Messsysteme	I 134 ff.
– Identkamera, Einschaltdauer	I 136
– mobiles System, Version 3.1	I 134
– Passpunkte	I 145
– – Messung im Videobild	I 145
– select	I 135
– – Aufnahmebetrieb	I 136
– Signalverarbeitung	I 141 ff.
– stationäre Messanlage VKS 3.01	I 134
– Tatkamera, Aufzeichnung	I 148b ff.
– – Bewertung	I 148g ff.
– – Bildauflösung	I 148e
– – CCD-Sensor	I 148j ff.
– – Digitalisierung des Videosignals	I 148h
– – Erkennbarkeit von Details	I 148i
– – PAL-Norm	I 148d
– – Vergrößerung der Aufnahmen	I 148k
– Toleranzabzug	III 75
– Version 3.0, ohne select	I 140
– Videoaufzeichnung	I 148 ff.
– – Tatkamera	I 148a
– – zweite und dritte Identkamera	I 148h
– zurückgelegte Wegstrecke	I 141
VKS-System, 3.0, Softwarestand 3.1, allgemeine Ausführung	I 134 ff.

1085

– mobiles, 3.0   I 134
VKÜ, Richtlinien zur Geschwindigkeitsüberwachung   I 62
Vorsatz, Geschwindigkeitsüberschreitung   III 60 ff.

Wiedererkennen, ganzheitliche Wahrnehmung   II 3
Zeugenbeweis   III 165 ff.
Zuständigkeit, Eichung   I 4

Gut gerüstet ins verkehrsrechtliche Mandat mit LexisNexis® *Recht* – Verkehrsrecht

Sie kennen das: Alltag in der verkehrsrechtlichen Praxis = lästige Routinefälle nehmen Ihre wertvolle Arbeitszeit über Gebühr in Anspruch. Dabei gilt: 90% dieser Fälle haben Sie als Profi auf diesem Gebiet schnell vom Tisch. Warum also eine Online-Rechtsdatenbank speziell für Verkehrsrechtler?

Jetzt 4 Wochen gratis testen!

Ganz einfach, weil gerade im verkehrsrechtlichen Mandat die alte Regel gilt – Zeit ist Geld! Und **LexisNexis®** *Recht* **– Verkehrsrecht** spart Zeit – Ihre Zeit! Probieren Sie es aus.

Und das BESTE: LexisNexis® *Recht* – Verkehrsrecht bietet Ihnen nicht nur TOP-AKTUELLE Inhalte aus dem Verkehrsrecht!

Vielmehr bietet es Ihnen auch **rechtsgebietsübergreifend Gesetze, Urteile und Fachpresseauswertungen.** Denn: Arbeiten Sie wirklich nur im verkehrsrechtlichen Mandat?

Das ist LexisNexis® *Recht* – Verkehrsrecht

Rechtsgebietsübergreifend:

- **Entscheidungs- & Gesetzesdatenbank**
  - Mehr als 830.000 Entscheidungen aller Gerichtsbarkeiten und Instanzen.
  - Rund 1,3 Millionen Einzelnormen von Bund, Ländern und EU.
- **Fachpresse & Newsletter**
  - Über 140 Fachzeitschriften (inkl. NJW) werten wir regelmäßig für Sie aus und fassen alle Fachartikel kurz und knapp zusammen.
- **Fachbücher und Arbeitshilfen**
  - Rund 1.300 Vertragsvorlagen, Formulare, Checklisten und Musterschreiben zu allen wichtigen Rechtsgebieten.

+

Speziell zum Verkehrsrecht:

- **Zeitschriften (u.a.)**
  - Verkehrsrechts-Sammlung (VRS)
  - VRR – VerkehrsRechtsReport
- **Kommentare (u.a.)**
  - Lemke/Mosbacher: OrdnungswidrigkeitenG
  - Prütting/Wegen/Weinrich: BGB Kommentar
- **Handbücher (u.a.)**
  - Burhoff/Neidel/Grün: Geschwindigkeits- und Abstandsmessungen im Straßenverkehr
  - Jaeger/Luckey: Schmerzensgeld
  - Burhoff: Handbuch für das straßenverkehrsrechtliche OWi-Verfahren

Weiteres Plus für Sie: Bei Bedarf ist LexisNexis® *Recht* – Verkehrsrecht **flexibel erweiterbar um weitere Rechtsgebiete** wie z.B. Strafrecht – individuell zugeschnitten auf Ihr Kanzlei-Profil (gegen Aufpreis).

Jetzt testen: LexisNexis® *Recht* **– Verkehrsrecht für nur 49,80 € im Monat** (zzgl. MwSt.)**!**

Profitieren auch Sie von dieser Online-Datenbank speziell zum Verkehrsrecht zum günstigen Preis. Testen Sie **JETZT 4 Wochen GRATIS!**

www.lexisnexis.de/verkehrsrecht

PRAXISLÖSUNGEN FÜR RECHT & VERWALTUNG

| Mandantengewinnung | Recherche-Lösungen | Kanzlei-Management | Wissensmanagement |

Ihr kompakter Wegweiser durch das Straßenverkehrsrecht – Aktuell. Kompetent. Praxisnah.

Ob als Rechtsanwalt mit dem Tätigkeitsschwerpunkt Straßenverkehrsrecht, als Unfallsachverständiger oder Techniker – mit dem VRR sind Sie straßenverkehrsrechtlich **immer auf dem Laufenden**!

Die Maxime des VerkehrsRechtsReports lautet dabei immer: **Konzentration auf das Wesentliche**, d.h. kompakte Beiträge, wertvolle Praxistipps und kein wissenschaftlicher „Ballast"! So befassen sich spezielle Rubriken u.a. mit **Neuigkeiten aus Gesetzgebung und Rechtsprechung**, bieten Praxislösungen wie **Checklisten** und **Musterschreiben**, erläutern relevante **Vergütungsfragen** und informieren rund um das Thema **Unfallrekonstruktion**.

Sie finden alle für Ihre tägliche Praxis relevanten Rechts- und Wissensgebiete berücksichtigt:

> Verkehrszivilrecht
> Verkehrsstrafrecht
> Ordnungswidrigkeitenrecht
> Unfallanalysen
> Versicherungsrecht
> Verkehrsmedizin
> Gebührenrecht

Am besten sofort bestellen:

>>> www.lexisnexis.de/vrr-zeitschrift <<<

oder bei Ihrem Buchhändler

VRR - VerkehrsRechtsReport

erscheint monatlich
Jahres-Abo 139,80 € zzgl. Versandkosten
ISSN 1862-3980

Ihr Praxiswissen zum Fahrerlaubnisrecht
Damit punkten Sie garantiert

Fahrerlaubnisrecht in der Praxis

Diplom-Verwaltungswirt Volker Kalus

1. Auflage Oktober 2010
ca. 500 Seiten
gebunden, mit CD-ROM
Preis ca. 58,– €
ISBN 978-3-89655-518-2

Themenbezogene, praxisnahe Darstellung!

Von der Eignungsprüfung über das Punktesystem, die Fahrerlaubnis auf Probe und Tilgungsregelungen bis hin zur ausländischen Fahrerlaubnis: Der Leiter der Führerscheinstelle der Stadt Ludwigshafen, Diplom-Verwaltungswirt Volker Kalus, vermittelt Ihnen hier die **wichtigsten Themenbereiche des Fahrerlaubnisrechts**. Neben den **Rechtsgrundlagen** liefert er Ihnen viele nützliche **Arbeitshilfen** und erläutert Ihnen die **Hintergründe** von Maßnahmen und Entscheidungen. Darüber hinaus setzt er sich auch mit den Unstimmigkeiten der Rechtsgrundlagen und den damit in Verbindung stehenden Problemen auseinander.

Die themenbezoge Darstellung des Fahrerlaubnisrechts erleichtert Ihnen den Einstieg in die Materie: Sachzusammenhänge werden schnell deutlich.

Das Besondere: Schaubilder, Fallbeispiele und Materialien erläutern Ihnen die dargestellten Sachverhalte. Die beiliegende CD-ROM liefert Ihnen Musterschreiben zu vielen Themenbereichen

Jetzt 14 Tage zur Ansicht bestellen:

Telefon 0 18 05 / 55 48 34*

Fax 0 79 53 / 88 31 30 oder

E-Mail bestellung@lexisnexis.de

www.lexisnexis.de/zap

(*14 Cent/Min. a. d. dt. Festnetz,
max. 0,42 €/Min. a. d. Mobilfunknetzen)

Lenkt Sie sicher durch das aktuelle Verkehrsrecht!

Handbuch für das straßenverkehrsrechtliche OWi-Verfahren

RA Detlef Burhoff, RiOLG a.D. (Hrsg.)

2. Auflage 2009
1.539 Seiten
gebunden, mit CD-ROM
Preis 98,– €
ISBN 978-3-89655-393-5

Ein gutes Handbuch

... erkennt man daran, dass es oft genutzt wird. Und dass es aktuell ist! Durch den Erfolg der Erstauflage etablierte sich der „Burhoff" zu einem der beliebtesten Arbeitsmittel unter Verkehrsrechtlern.

Die 2. Auflage bietet Ihnen **15 neue Stichwörter**. Die **übrigen Stichwörter** wurden umfangreich aktualisiert und **teils erweitert**.

Dank der in der Verkehrsrechtsliteratur einzigartigen **ABC-Gliederung** wird die komplexe Rechtsmaterie so kompakt wie möglich dargestellt: Jedes Stichwort umfasst die angrenzenden Rechtsfragen und Probleme, bei umfangreichen Fragestellungen sorgen „Verteilerstichwörter" für Überblick. **So finden Sie stets schnell die gesuchte Antwort!**

Der „Burhoff" ist aber nicht nur ein effektives Nachschlagewerk, sondern auch eine echte Arbeitshilfe mit vielen **Praxistipps, Checklisten, Mustern** und **Literaturhinweisen**.

Auf der beiliegenden **CD-ROM: Muster** und **Gesetzestexte**, die Sie in Ihre Textverarbeitung übernehmen können.

Jetzt 14 Tage zur Ansicht bestellen:

Telefon 0 18 05 / 55 48 34*
Fax 0 79 53 / 88 31 30 oder
E-Mail bestellung@lexisnexis.de
www.lexisnexis.de/zap

(*14 Cent/Min. a. d. dt. Festnetz,
max. 0,42 €/Min. a. d. Mobilfunknetzen)